Island

Barbara C. Titz
&
Jörg-Thomas Titz

Der REISE KNOW-HOW
Verlag Därr GmbH ist Mitglied
der **Verlagsgruppe REISE KNOW-HOW.**

– REISE KNOW-HOW im Internet –

Aktuelle Reisetips und Neuigkeiten
Ergänzungen nach Redaktionsschluß
Büchershop und Sonderangebote
Leserforum rund ums Reisen

http://www.reise-know-how.de

Island

Färöer-Inseln

Barbara C. Titz
& Jörg-Thomas Titz

Naturparadies im Norden Europas

Die Deutsche Bibliothek – CIP-Einheitsaufnahme
Titz, Barbara:
Island, Färöer-Inseln : Naturparadies im Norden Europas /
Barbara C. Titz & Jörg-Thomas Titz. [Kt.: Heiner Newe].
- 2. Aufl. - Hohenthann : Reise-Know-How-Verlag Därr, 1999
(Reise-Know-how)
ISBN 3-89662-035-5

Auslieferung für den Buchhandel
Deutschland: Prolit Buchvertrieb, Postf. 9, 35463 Fernwald / Annerod
Schweiz: AVA Buch 2000, PF 89, CH-8910 Affoltern a.A.
Österreich: Mohr & Morawa Buchvertrieb, PF 260, A-1101 Wien
Niederlande: Nilsson & Lamm, Weesp

Impressum

1. Auflage 1997
2. Auflage Sept. 1999 (Redaktionsschluß August 1999)
REISE KNOW-HOW-Verlag Därr GmbH
Im Grund 12, 83104 Hohenthann,
Tel. 0 80 65 / 91 72, Fax 91 73, eMail: rkh.daerr@t-online.de
– Alle Angaben ohne Gewähr –

Umschlag-Konzept / -Design:
Manfred Schömann / Peter Rump, Bielefeld
Umschlag-Gestaltung: Michael Luck
Satz, Lektorat & Layout: Michael Luck
Fotos: Barbara C. Titz und Jörg-Thomas Titz (TIPHO Bildarchiv); S.251 und 258: dpa; S.218 und 321: Isländisches Fremdenverkehrsamt; S.324: Sólarfilma Reykjavík, Isländisches Fremdenverkehrsbüro
Karten: GeoKarta, Heiner Newe, Schönblickweg 16, 72213 Altensteig-Wart, mit Ausnahme der Karten und Pläne auf S.163, 285, 323, 381, 445, 501 (Michael Luck)
Schummerungen: Mountain High Maps®, Digital Wisdom©
Druck & Bindung: Fuldaer Verlagsanstalt FVA, Fulda

Wer im Buchladen kein Glück hat, bekommt das Reisehandbuch gegen Voreinsendung des Kaufpreises plus 5 DM für Porto und Verpackung (Scheck im Brief) direkt beim Verlag oder über die Internet-Homepage der REISE KNOW-HOW-Verlagsgruppe.

Inhaltsverzeichnis

Die Färöer-Inseln 589

Anhang 633

Island

Arktisches Shangri-La oder nur Vulkaninsel unter dem Polarkreis?

Aus 10 000 m Höhe sehen wir unter uns den heißen Sand der Sahara im gleißenden Sonnenlicht. Die Kontraste zur Insel im Norden Europas könnten kaum größer sein. Vielleicht aber gibt es sogar Gemeinsamkeiten zwischen den beiden extremen Landschaften. Manche Sandwüste im zentralen Hochland Islands mit den dunklen Vulkanbergen am Horizont ähnelt dem *Hoggar-Gebirge* in der algerischen Sahara. Die Stunden im Flugzeug schaffen uns genau die richtige Atmosphäre, die Arbeit der zurückliegenden Monate Revue passieren zu lassen und ein wenig über Island zu reflektieren. Worin liegt der Reiz dieses kleinen Landes, das immer mehr Reisende in seinen Bann zieht? Ist Island gar ein arktisches Shangri-La, das uns in der Einsamkeit einer urzeitlichen Vulkanlandschaft das eigene Ich entdecken läßt...?

Die meisten Reiseveranstalter verkaufen Island als **Insel des Abenteuers,** als extremes Land, als letzten Außenposten des zivilisierten Europa. Verloren liegt es hoch im Norden im sturmumtosten Ozean, Grönland näher als Europa. Eisberge treiben an seinen Küsten entlang, und Eisbären soll es bisweilen auch schon gegeben haben. Die Nähe zu Grönland wird stets betont. Erweckt dieses Wort in uns vielleicht schlummernde Sehnsüchte nach Arktis, nach menschenleerer Weite, nach ewigem Eis und Eskimos? Es ist schwierig, ein objektives Bild über Island zu vermitteln. Bleiben wir einfach bei den Tatsachen.

Island ist rein vulkanischen Ursprungs. Hier quillt an der Nahtstelle zwischen der nordamerikanischen und der eurasischen Kontinentalplatte glutflüssiges Magma aus der Tiefe der Erde an die Oberfläche. Was normalerweise unseren Augen verborgen bleibt, da es sich am Grunde des Meeres abspielt, können wir in Island hautnah erleben: die Entstehung von Land. Der mittelatlantische Rücken – so heißt hier diese Nahtstelle der Kontinentalplatten – tritt in Island auf 350 km Länge über die Oberfläche des Meeres und spaltet die Insel von Südwesten nach Nordosten verlaufend. Die Tektonik ist immer noch lebendig. Durchschnittlich alle fünf bis sechs Jahre kommt es zu einem Vulkanausbruch, wesentlich häufiger noch bebt die Erde.

Die Isländer sagen, sie lebten an der **Grenze der bewohnbaren Welt.** Damit ist nicht nur die geographische Grenze zwischen den polaren und gemäßigten Breiten gemeint. Seit der Besiedlung des Landes vor 1100 Jahren sind die Isländer auch ständig verheerenden Naturgewalten ausgesetzt. Die Vulkanausbrüche entlang der *Laki-Spalte* im Jahr 1783 zählen zu den größten Eruptionen seit Beginn der Geschichtsschreibung. Die Schäden waren damals immens, viele Menschen und Tiere kamen ums Leben. Auch in der Neuzeit, wie zuletzt im Herbst 1996 bei *Bárðarbunga* und im Dezember 1998 bei den *Grímsvötn,* tritt flüssiges Magma aus der Erde, zum Glück ohne allzu großen Schaden anzurichten.

Dem Reisenden bietet sich heute eine **kontrastreiche Landschaft,** geprägt vom Feuer aus der Erde und dem Eis der Gletscher, entstanden durch die Erosionskräfte von Wind und Wasser. Die so gestaltete Insel präsentiert sich in einem Bild, das es auf unserer Erde nur hier gibt: Solfataren, heiße Quellen, brodelnde Schlammpötte, Geysire und das vulkanische Gestein sind Teile der isländischen Landschaft.

Wenn das Wetter gut ist – und das kommt häufiger vor, als man gemeinhin annimmt – schafft die Sonne leuchtende, intensive Farben und phantastische Landschaftsbilder; von ihrer schönsten Seite zeigen sich dann die mächtigsten Wasserfälle und Gletscher Europas, an den Küsten Felsentore und bis zu 500 m hohe Kliffs, die im Sommer die Heimat von Trottellummen, Baßtölpeln und Papageitauchern, den bunten Clowns der Lüfte, sind.

Island ist gleichzeitig ein **modernes Land.** Die Verkehrsverhältnisse sind gut und werden von Jahr zu Jahr weiter verbessert. An den Küsten, wo die meisten Ortschaften liegen, sind die Straßen asphaltiert und in gutem Zustand. Auch Unterkunftsmöglichkeiten gibt es in ausreichender Zahl, vom Privatzimmer über Edda-Hotels bis zur Luxusherberge. Island ist ein touristisch ausgesprochen interessantes Reiseland, das zum Glück bis heute noch nicht unter dem Massentourismus zu leiden hat. Wer das Hochland erkunden möchte, ist allerdings auf ein geländegängiges Fahrzeug, auf ein sturmsicheres Zelt und Campingerfahrung angewiesen. Das Wegenetz im Hochland ist zwar ausreichend dicht, aber meist fährt man hier auf nichtasphaltierten und mit tiefen Schlaglöchern durchsetzten

Schneebedeckte Rhyolithberge bei Landmannalaugar

Schotter-, Lava- und Sandpisten. Da oft Brücken fehlen, müssen Bäche und tiefe Gletscherflüsse gefurtet werden. Hier unterwegs zu sein – Auge in Auge mit den Naturgewalten – in einer Landschaft, die manchmal noch an die Entstehungszeit unserer Welt erinnert, das macht für viele den eigentlichen Reiz dieser Vulkaninsel unter dem Polarkreis aus.

Anders als in den unendlich scheinenden und menschenleeren Weiten der Sahara ist man in Island selten allzu lange alleine. Man teilt das Abenteuer mit Gleichgesinnten, die man während der Sommermonate immer wieder trifft. Man kann mit den Isländern leben, die ihr Land ebenso bereisen wie wir. Auch nach Mitternacht wird noch gegrillt, und auf den Zeltplätzen spielen die Kinder ausgelassen und genießen die hellen Nächte der Mitternachtssonne. Man begibt sich spät zur Ruhe und fängt den Tag später an.

Die Isländer sind erfahrungsgemäß **freundliche und stets hilfsbereite Menschen,** die meistens Deutsch oder Englisch sprechen. Sie suchen den Kontakt zu den Fremden und pflegen ihn. Die Isländer betonen, daß sie nicht *auf* Island, also auf einer Insel, sondern *in* Island leben. So entkommen sie wenigstens sprachlich der Abgeschiedenheit ihres kleinen Landes. In der Weltpolitik spielt Island sowieso nur eine bescheidene Rolle. Die Pressemeldung über die Wahl von *Ólafur Ragnar Grímsson* zum neuen isländischen Staatspräsidenten, die am Wochenende des Endspiels der Fußball-Europameisterschaft stattfand, nahm in den Zeitungen vom 1. Juli 1996 nur wenige Zeilen ein.

Statistisch gesehen besitzen die Isländer die meisten Videorecorder, lesen die meisten Bücher und haben die meisten Kraftfahrzeuge im Verhältnis zur Einwohnerzahl. Aber auch die Selbstmordrate zählt zu den höchsten der Welt. Jeder dritte Isländer ist Raucher, fast die Hälfte aller Kinder wurde unehelich geboren, und die Scheidungsrate ist hoch. Hinter diesen statistischen Daten verbirgt sich mehr als nur Zahlen. In *Ísafjörður* in den Westfjorden erzählte uns Anfang Juli 1996 ein junger Isländer, daß er verzweifelt auf den Sommer und das helle Licht der Sonne warte. Monatelang schon leide er unter Depressionen und der Einsamkeit, die durch das düstere Licht des langen Winters noch verstärkt werden. Seine Worte rütteln uns auf, denn sie sind Zeugnis eines harten Lebens ohne Perspektive, oft in Einsamkeit. Der Weg zum Alkohol wird kürzer. Doch das möchte der Islandreisende nicht hören. Ihn zieht der nordische Zauber der Westfjorde in seinen Bann, er möchte das Abenteuer einer Trekking-Tour zum *Hornbjarg* erleben. Seine Sehnsüchte unterscheiden sich von denen der Isländer. Der Islandreisende erhofft sich die Erfüllung seiner Erwartungen durch die Ursprünglichkeit der Landschaft und durch das Erleben eines kleinen Abenteuers. Und die Erwartungen sind oft verklärt durch das, was er vielleicht zu Hause über Island gehört, gelesen oder gesehen hat.

In unserem Reiseführer führen wir Sie in ein Land, das bei jedem einen bleibenden Eindruck hinterlassen wird. Nur wer nicht gewillt ist, sich auf seiner Reise einem fremden Land und seinen Menschen zu öffnen, wird Island als abweisendes, kaltes und unwirtliches Land empfinden. Die übrigen aber werden von der Vulkaninsel aus Feuer und Eis in ihren Bann gezogen; viele kommen immer wieder. Island ist ein Traum, der zur Realität werden kann.

Ihre Barbara C. und Jörg-Thomas Titz

Island im Eiltempo & Routenvorschläge für Kurztrips

Ob Sommer, Herbst, Winter oder Frühjahr – in Island wird immer etwas geboten! Viele Reiseveranstalter bieten das ganze Jahr über attraktive **Kurzreisen** auf die Vulkaninsel an. Die Anreise erfolgt mit dem Flugzeug; die Pauschalangebote beinhalten einige Übernachtungen in Islands Hauptstadt *Reykjavík*. Island im Eiltempo! Wir wollen ihnen aufzeigen, auf welchen Ausflügen man bei einem Kurztrip nach Island die interessantesten und typischen Sehenswürdigkeiten der Insel bestaunen und den jungen Vulkanismus erleben kann.

Wir beginnen unsere Reise in **Reykjavík.** Das Stadtbild wird von bunten Häusern geprägt. Auch die älteren sind liebevoll renoviert worden. Vom Turm der *Hallgrimskirche* liegt uns das farbenfrohe Häusermeer zu Füßen; weit reicht der Blick über die Stadt bis zu den schneebedeckten Bergen *Esja* und *Snæfellsjökull.* Ebenso beeindruckend ist der Ausblick von der *Perlan,* dem „Warmwasserspeicher" auf dem Hügel *Öskjuhlið.* Die Architektur dieses modernen Bauwerks ist sehenswert: Die riesigen Speicherbehälter sind das Fundament einer gläsernen Kuppel; ein Café lädt zum Verweilen ein. In regelmäßigen Zeitabständen zischt im Innern der *Perlan* eine Wasserfontäne in die Höhe, Symbol für die Geysire und die geothermalen Energiequellen der Insel.

Reykjavík besitzt viele Museen und Kunstgalerien. Das ehemalige Wohnhaus des Malers **Ásgrímur Jónsson** (1876–1958) zeigt Gemälde und Zeichnungen; im **Ásmundur-Museum** sind Skulpturen des Bildhauers *Ásmundur Sveinsson* (1893–1982) ausgestellt. Das **Museum Listasafn Einars Jónssonar** zeigt die Skulpturen des Bildhauers *Einar Jónsson* (1874–1954). Das städtische **Kunstmuseum Kjarvalsstaðir** ist nach dem isländischen Landschaftsmaler *Jóhannes Sveinsson Kjarval* (1885–1972) benannt worden. Die **Nationalgalerie** *Listasafn Íslands* beherbergt Arbeiten isländischer Künstler aus dem 19. und 20. Jahrhundert. Das **Nationalmuseum** *Þjódminjasafnið* zeigt einen Querschnitt aus dem Leben der Isländer seit der Besiedlung des Landes. Ein wenig außerhalb der Stadt liegt das **Freilichtmuseum Arbær**. Alte Islandhäuser, die früher nur aus Holz, Torf und Grassoden gebaut wurden, sind im Museum restauriert worden und vermitteln dem Besucher die einst karge Lebensweise der Inselbewohner.

Ein Tagesausflug, der als **„Golden Circle"** ganzjährig angeboten wird, führt zu den typisch isländischen „Naturwundern": In **Þingvellir** am See **Þingvallavatn** begann einst die Geschichte des Landes. Die Schlucht **Almannagjá** ist Teil des mittelatlantischen Rückens, der geologisch Amerika von Europa trennt. Weiter geht die Fahrt zum grandiosen **Gullfoss,** dem „Goldenen Wasserfall" und nach *Geysir* im Haukadalur. Hier „kocht" die Erde, alle paar Minuten schießt aus dem **Geysir Strokkur** laut fauchend eine 10–20 m hohe Fontäne aus kochendem Wasser und Dampf empor. Der Rückweg führt vorbei an dem alten **Bischofssitz Skálholt,** der lange das kulturelle Zentrum Islands war. In **Hveragerði** sehen Sie, wie in mit geothermaler Energie beheizten Gewächshäusern Blumen, Gemüse und sogar Orangen und Zitronen gedeihen.

Auch bei der **„Blauen Lagune“** auf der Halbinsel *Reykjanes* brodelt und dampft die Erde. Das überschüssige Wasser des geothermalen Kraftwerks *Svartsengi* speist einen warmen See, der ein beliebter Badeort der Isländer ist. Nahe des Fischerdorfs **Grindavík** brüten an der felsigen Küste unzählige Seevögel. Unterwegs sehen wir die **rauhe Lavalandschaft** der Halbinsel. Über **Hafnarfjörður** und vorbei an **Bessastaðir,** dem Wohnsitz des isländischen Staatspräsidenten, erreichen wir wieder Reykjavík.

Wer gerne reitet, kann das Land abseits der Straßen auf dem Rücken eines **Islandpferds** erleben. Die **Südküste** mit ihren reißenden Gletscherflüssen und den zahlreichen Wasserfällen kann man auch auf einer Tagestour mit dem Bus erkunden. Vorbei an *Eyrarbakki,* dem wichtigen Handelszentrum des 18. Jahrhunderts, verläuft die Reiseroute entlang der großen Gletscher nach **Dyrhólaey.** Der Steilküste vorgelagert sind hier das berühmte **Felsentor** sowie die bekannten Vogelklippen. Auf der Rückfahrt kann man noch einen Abstecher zur **Gletscherzunge des Sólheimajökull** machen. Das Eis des Gletschers ist hier schwarz gefärbt durch die Lava früherer Vulkanausbrüche. Der **Flug nach Heimaey,** der größten der Westmänner-Inseln, dauert von Reykjavík aus nur eine halbe Stunde. Die Insel wurde durch den großen Vulkanausbruch im Jahr 1973 weltbekannt. Die Eruption begrub einen großen Teil der Stadt unter Asche und glühender Lava. Die Bewohner wurden damals in einer dramatischen Rettungsaktion evakuiert. Auch heute sind tiefere Schichten der Lava noch nicht vollständig abgekühlt. Ihre Wärme wird genutzt, um die Häuser zu heizen.

Im Winter führen abenteuerliche Ausflüge mit dem Snow-Scooter oder mit isländischen Super-Jeeps in eine **arktische Welt aus Eis und Schnee**.

Das große Island-Abenteuer lockt besonders auf **mehrtägigen Exkursionen.** Diese führen mitten hinein in die vom Vulkanismus gestaltete Landschaft, nach **Landmannalaugar** mit seinen farbenfrohen Bergen aus vulkanischem Liparit-Gestein, zu einer **Gletschertour auf den Vatnajökull,** dem größten Gletscher Europas, nach **Akureyri** und zum **Mývatn** – oder einfach einmal rund um die Insel.

Man kann diese Ausflüge – und eine Vielzahl weiterer natürlich auch – auf eigene Faust unternehmen, mit den öffentlichen Überland-Linienbussen oder mit dem Mietwagen. Informationsmaterial dazu liegt in allen Hotels und auf den Campingplätzen aus. Oder man erkundigt sich in der Tourist-Information. Island hat für jeden etwas zu bieten: Action, soviel wie man will – oder vielleicht doch eher einen beschaulichen Bummel durch die Straßen der Hauptstadt und abends ein Konzertbesuch.

Praktische Tips
von A – Z

Adressen

Diplomatische Vertretungen von Island

- **In Deutschland**
Botschaft der Republik Island
53173 Bonn, Kronprinzenstraße 6, Tel. 02 28/36 40 21 und 22, Fax 02 28/36 13 98

- **In der Schweiz**
Generalkonsulat
1206 Genf, 8, Rue du Mont-de Sion, Tel. 2/23 47 16 52, Fax 2/23 46 68 38
8023 Zürich, Bahnhofstr. 44, Tel. 1/2 11 13 38, Fax 1/2 11 80 68

- **In Österreich**
Generalkonsulat
1010 Wien, Naglergasse 2/3, Tel. 1/5 33 24 98, Fax 1/5 33 24 44 98 66

Diplomatische Vertretungen in Island

- **Botschaft der Bundesrepublik Deutschland**
Laufásvegur 31, IS-101 Reykjavík, Tel. 5 51 95 35 und 5 51 95 36

- **Konsulat der Schweiz**
Svissneska ræðismannsskrifstofan, Laugavegur 13, IS-101 Reykjavík, Tel. 5 51 71 72, Fax 5 51 71 79

- **Honorarkonsulat der Republik Österreich**
Austurstræti 17, IS-101 Reykjavík, Tel. 5 52 40 16, Fax 5 62 50 16

Isländisches Fremdenverkehrsamt

- **63263 Neu-Isenburg,** City Center, Carl-Ulrich-Str. 11, Tel. 0 61 02/ 25 43 88, Fax 25 45 70; Internet: http://www.scandinavien.de/island.

In der Schweiz und in Österreich gibt es kein Isländisches Fremdenverkehrsamt. Auskünfte erhält man bei **Icelandair:**

- CH-5634 Merenschwand, Industrie Nord 9, Tel. 0 56/6 75 55, Fax 0 56/ 6 75 56
- Int. Flughafen Wien, Tel. 71 11 00, Fax 7 11 19 30 01

- **Ferðamálaráð Íslands**
Lækjargata 3, Gimli, IS-101 Reykjavík, Tel. 5 35 55 00, Fax 5 35 55 01; Internet: http://www.icetourist.is

Anreise

Nach Island gelangt man mit dem **Flugzeug** (z.B. 3¾ Std. Flugzeit von Frankfurt) oder mit dem **Schiff** (Fähre). Beide Beförderungsmöglichkeiten können kombiniert werden. Auf hoher See kann man sich entweder zu Beginn des Urlaubs vom Streß des Berufslebens erholen oder einen erlebnisreichen Islandaufenthalt geruhsam ausklingen lassen.

Mit dem Flugzeug

Linienflüge nach Keflavík sind mit der isländischen Fluggesellschaft *Icelandair* nach dem Sommerflugplan 1999 von folgenden Flughäfen möglich (Auswahl): Düsseldorf (6.4.–30.10.) täglich 20 Uhr Frankfurt

(17.5.–12.9.) täglich 14 Uhr Hamburg (28.3.–30.10.) täglich 8.40 Uhr und 17.30 Uhr (außer So) Hannover (12.4.–30.10.) täglich 8.10 Uhr Köln/Bonn (6.4.–30.10.) Mo–Sa 7.40 Uhr und So–Fr 17 Uhr München (28.3.–30.10.) So–Fr 17 Uhr Zürich (22.5.–28.8.) Sa 22.20 Uhr Genf (25.5.–30.10.) täglich 7.25 Uhr Wien (5.4.–30.10.) So–Fr 16,50 Uhr Amsterdam (17.5.–30.10.) täglich 14 Uhr

Charterflüge bieten im Sommer *LTU* ab Düsseldorf und München, *Aero Lloyd* ab Frankfurt und *Deutsche British Airways* ab Berlin an. Auskünfte und Buchungen im Reisebüro oder bei *Kodiak-Reisen* (Oberrahser Str. 26, 41748 Viersen, Tel. 0 21 62/93 00 11, Fax 93 00 93). Islandreisende, die mit dem Fahrrad die Insel erkunden wollen, können ihr Bike im Flugzeug mitführen. Wer beispielsweise mit der Icelandair fliegt, kann außerdem 20 kg Gepäck (in der *Saga Business Class* 30 kg Freigepäck) mitnehmen, wenn das Fahrrad frühzeitig bei der Buchung angemeldet wird. Das Rad muß in speziellen flugtauglichen Fahrradverpackungen verstaut sein, die man entweder im Fahrradfachhandel oder direkt am Flughafen (vorher nachfragen) bekommt. Zum Transport im Flugzeug müssen die Pedale abgeschraubt, der Lenker quergestellt und der Luftdruck in den Reifen reduziert werden.

Vom Flughafen in Keflavík fahren der „Flýbus" (650 ISK), Linienbusse (Linie 22, ca. 17 DM) und Taxis nach Reykjavík. Tickets für den Bus sind an der Touristinformation im Flughafengebäude erhältlich. In etwa 45 Minuten erreichen Sie mit dem Flýbus direkt die großen Hotels *Loftleiðir* (Busterminal), *Saga, Holt, Ísland, Reykjavík, Holiday Inn* und *Esja* in Reykjavík. Von dort verkehren öffentliche Verkehrsmittel ins Zentrum.

In umgekehrter Richtung fährt der Flýbus abgestimmt auf die internationalen Flüge $2^1/_2$ Std. vor jedem Abflug vom Hotel Loftleiðir nach Keflavík.

Mit dem Schiff

Einzige durchgehende Fährverbindung von Dänemark oder Norwegen nach Island wird von der färöischen Reederei *Smyril Line* angeboten. Und auch diese Verbindung besteht nur während der Sommermonate. Die erste Fähre legt Mitte Mai ab, die letzte kommt Mitte September zurück.

Die **Fähre MS Norröna** fährt einmal pro Woche nach Island. Am Samstagabend legt sie im dänischen *Hanstholm* ab. Erste Anlaufstation ist *Tórshavn,* die Hauptstadt der Färöer-Inseln und Heimathafen der *Norröna.* Das Schiff erreicht diesen Hafen am Montagmorgen. Alle Passagiere, die nach Island weiterreisen wollen, müssen hier mit ihren Fahrzeugen die Fähre verlassen und zwei Tage auf den Färöer-Inseln Zwischenstation machen (zu den Inseln vgl. ab S.589). Das Schiff fährt währenddessen nach *Bergen* in Norwegen. Wer sich vor einer Islandreise in Südnorwegen aufhält, steigt erst hier zu und vermeidet dadurch die Zwischenübernachtungen auf den Färöer-Inseln. Am Dienstagnachmittag legt die Norröna in Bergen ab und erreicht am Mittwochnachmittag Tórshavn. Während die Autos auf dem Schiff verladen werden, bleiben den in Norwe-

Fortsetzung auf Seite 20

Fahrplan und -preise der Norröna im Überblick (gültig von Mitte Mai bis Mitte September)

Destination	Wochentag	an Uhr	ab Uhr
Hanstholm	Samstag	16.00	20.00
Tórshavn	Montag	06.00	08.30
Lerwick	Montag	22.00	22.30
Bergen	Dienstag	12.00	15.00
Lerwick	Mittwoch	01.30	02.00
Tórshavn	Mittwoch	15.00	18.00
Seyðisfjörður	Donnerstag	09.00	12.00
Tórshavn	Freitag	06.00	08.30

Die Uhrzeiten beziehen sich jeweils auf die Ortszeit. Auf der letzten Reise wird *Bergen* nach dem 7. September und *Lerwick* nach dem 8. September nicht mehr angelaufen; die Fahrzeiten verändern sich dadurch.
Die Norröna erreicht *Seyðisfjörður* bereits am Dienstag und ist am Donnerstag wieder in *Hanstholm.*

Die **Fahrpreise** für eine einfache Fahrt einschließlich Schlafplatz und ohne Mahlzeiten betragen 1999 pro Person in DM:

Destination	Liege (eigener Schlafsack empfohlen)		4-Bettkabine Standard		4-Bettkabine Du/WC		Doppelkabine Du/WC	
	NS	HS	NS	HS	NS	HS	NS	HS
Dänemark – Island	392	571	413	603	493	723	672	981
Dänemark – Färöer	251	365	272	395	328	480	416	605
Dänemark – Shetland	267	379	291	413	349	504	443	635
Norwegen – Island	331	472	352	501	392	560	517	741
Norwegen – Färöer	155	216	171	240	205	293	259	371
Norwegen – Shetland	125	176	141	200	168	240	211	301
Shetland – Island	275	389	296	424	339	485	416	595
Shetland – Färöer	125	176	141	200	168	240	211	301
Färöer – Island	235	341	251	365	277	403	339	491
Rundreise (1 Woche)	845	1211	936	1336	1951	1501	1349	1965

Einfahrt mit der Fähre in Seyðisfjörður

2-Bettkabine Luxus		PKW: Länge bis 5m, Höhe bis 1,80m		jeder weitere Meter		Motorrad		Fahrrad	
NS	HS	NS	HS	NS	HS	NS	HS	NS	HS
853	1243	328	480	67	96	128	189	16	21
624	904	197	288	37	59	80	115	16	21
637	912	213	304	43	61	85	120	16	21
627	893	261	371	53	75	101	147	16	21
339	485	123	176	24	35	48	67	8	11
277	397	101	147	19	29	40	56	5	8
517	739	189	275	40	53	75	107	11	13
277	397	101	147	19	29	40	56	5	8
403	589	152	219	29	43	61	88	8	11
1749	2499	-	-	-	-	-	-	-	-

gen Zugestiegenen zwei Stunden Zeit für einen Bummel durch Tórshavn. Am Donnerstagmorgen um 9 Uhr Ortszeit legt die Fähre schließlich in *Seyðisfjörður* an der Ostküste Islands an.

Die Rückreise erfolgt auf direktem Weg: Die Fähre legt die rund 1000 km nach Dänemark in zwei Tagen zurück. Dabei läuft die Norröna am Donnerstagmittag in Seyðisfjörður aus und kommt am Samstagnachmittag in Hanstholm an.

Auf dieser 1998 aufgenommenen Route fährt die Norönna wie schon vor einigen Jahren auf ihrem Weg nach Norwegen wieder über die Shetland-Inseln. Hier legt sie in Lerwick an, wo vor allem Reisende aus Großbritannien zusteigen.

Die **Hauptsaison** (HS) dauert 1999 vom 19.6–14.8 bzgl. der Abfahrt in *Hanstholm,* die **Nebensaison** (NS) vom 15.5.–12.6. und 21.8.–11.9. Bei der Rückfahrt von *Seyðisfjörður* beginnt die Hauptsaison am 24. Juni und dauert die ganze Saison mit Ausnahme der drei letzten Fähren am 2., 9. und 14. September.

Zu bestimmten Terminen bietet die Reederei um 30–40% **verbilligte Autopakete** an. Diese beinhalten die Fährkosten für einen PKW bis 7m Länge und 2,40m Höhe inkl. Schlafplatz für 2, 3 oder 4 Personen. Auf der Strecke Dänemark–Island–Dänemark gilt dieser verbilligte Tarif ab Hanstholm am 15.5., 22.5., 29.5., 5.6., 12.6., 19.6., 14.8., 21.8., 28.8., 4.9. und 11.9.; ab Seyðisfjörður am 20.5., 27.5., 3.6., 10.6., 17.6., 26.8., 2.9., und 14.9. Die Reisekosten nach Island und zurück betragen dann beispielsweise für zwei Personen mit Auto nur noch 1802 DM (Liege), und die einfachste 4-Bett-Kabine gibt es für 1882 DM. Eine dritte bzw. vierte Person reist für jeweils 508 DM (Liege) oder 550 DM (4-Bett-Kabine) mit.

Ermäßigungen

- **Kleinkinder** unter drei Jahren ohne eigenen Schlafplatz: frei.
- **Kinder** von 3 bis 7 Jahren ohne eigenen Schlafplatz: 10% des Tarifs für die Liege.
- Kinder von 8 bis 15 Jahren: 50% des Passagepreises.
- Unbegleitete Kinder im Alter von 12 bis 15 Jahren zahlen den vollen Reisepreis.
- Auf allen Routen während der Nebensaison sowie für die Abfahrten in der Hauptsaison auf der Strecke Tórshavn – Bergen oder umgekehrt wird für **Senioren** ab 65 Jahren eine Ermäßigung von 25% gewährt.
- **Studenten und Schüler** bis zu 26 Jahren (ein gültiger Studenten- bzw. Schülerausweis muß auf Verlangen vorgezeigt werden) erhalten auf den Reisepreis für die Liege oder die 4-Bett-Kabine Standard 25% Ermäßigung.
- Gruppenpreise sind auf Anfrage erhältlich.
- Auf Autopakete und Kombi-Tickets wird keine weitere Ermäßigung gewährt.

Zuschläge für PKW, Wohnwagen und Wohnmobile

Bei Übermaßen inkl. Dachgepäckträger werden folgende Zuschläge berechnet:

- **PKW über 1,80 m Höhe:** +50% auf den PKW-Preis
- **PKW über 2,40 m Höhe:** +75% auf den PKW-Preis

Leerbettzuschläge

- Luxuskabine: +100%
- Doppelkabine: +75%
- 4-Bett-Kabine: +50%

Kombi Tickets

Die *Smyril Line* hat passend zur Abfahrt bzw. Ankunft der Fähre eine **Busverbindung** Flensburg – Hanstholm – Flensburg eingerichtet. Der Bus fährt in Flensburg am Hauptbahnhof gegenüber dem Hauptausgang samstags um 10.30 Uhr ab und ist um 16 Uhr in Hanstholm am Fähranleger. Zurück fährt der Bus von Hanstholm um 16.30 Uhr und erreicht Flensburg um 22 Uhr. Der Fahrpreis für die einfache Strecke beträgt 85 DM (1999). Die **Mitnahme von Fahrrädern** ist möglich; Kosten pro Strecke und Rad 20 DM. Platz- und Fahrradreservierungen sind unbedingt erforderlich. Der Fahrpreis ist vorab bei der Reservierungsstelle (Reisebüro) zu entrichten; der Busfahrer nimmt keine Buchungen entgegen.

Für Reisende, die von Bergen aus nach Island starten, gibt es günstige **Kombi-Tickets für die Norwegenfähren** der *Color Line* Frederikshavn – Larvik/Bergen – Seyðisfjörður und Kiel – Oslo/Bergen – Seyðisfjörður. Weiterhin werden Kombi-Tickets für die Kombination Fähre/Flugzeug (Icelandair) angeboten. Diese Fahrten können in Norwegen bis zu zwei Wochen unterbrochen werden.

Alle diese Arrangements können im Reisebüro oder direkt bei den Generalagenten der Smyril Line gebucht werden. In Deutschland ist dies die Agentur *J.A. Reinecke & Co.*, Jersbeker Straße 12, 22941 Bargteheide, Tel. 0 45 32/65 19; in Österreich *The Ferry Center,* Breitenfurterstraße 401-313/Stiege 25/Objekt 1, 1230 Wien, Tel. 1/8 88 96 16.

Durch das Ein- und Ausladen der Fahrzeuge können Abweichungen von den genannten Zeiten entstehen, normalerweise werden die Verspätungen jedoch auf offener See wieder ausgeglichen.

Ebenfalls einmal wöchentlich von Hamburg über Antwerpen, Rotterdam und Immingham fahren **Frachtschiffe** der Reederei *Eimskip Deutschland* (Raboisen 5, in 20095 Hamburg 1, Tel. 0 40/3 23 33 00, Fax 32 33 30 60 bzw. *Úrval-Útsýn Travel Bureau,* Álfabakki 16, in 109 Reykjavík, Tel. 5 69 93 00, Fax 5 67 02 02) nach Island. Das Frachtschiff legt in Reykjavík an. Seit 1989 gelangt man so mit zwei Containerschiffen, die ganzjährig fahren, mit seinem Wagen nach Island. Das beladene Fahrzeug wird dabei in einem versiegelten Überseecontainer verschifft. Die Zahl der gut ausgestatteten Kabinen für Mitreisende ist auf fünf Standard- und eine Luxuskabine begrenzt. Während der Überfahrt wird man voll verpflegt und kann die Sporteinrichtungen (Sauna, Fitneßraum) der Mannschaft mitbenutzen. Die Überfahrt dauert auf dem Hinweg sieben, auf dem Rückweg fünf Tage. Insgesamt betrachtet ist die Überfahrt mit dem Frachtschiff nicht billiger als mit der Fähre.

Wer ordentlich zupacken kann und das Schiffsleben gewohnt ist, kann einmal unter der **Internetadresse** http://www.geo.de/reisen/ratgeber/billigwelt/mitsegeln nachsehen, ob eine Mitfahrgelegenheit nach Island auf einem Schiff angeboten wird. Koje und Essen sind frei, dafür muß die Überfahrt „erarbeitet“ werden.

Ausrüstung für den Camper

Camping in Island kann **Zelten unter widrigen Wetterbedingungen** bedeuten; der Campingurlauber sollte für Sturm, Regen, Temperaturen um den Gefrierpunkt und Schneefall ausgerüstet sein. Wer mit dem Wohnmobil reist, hat es einfacher. Die anderen brauchen ein **Zelt,** das besonders wasserfest und sturmsicher ist. Große und hoch gebaute **Familienzelte** wie auch billige Campingzelte halten dem Wind meist nicht lange stand. Besser geeignet sind **Expeditionszelte** für den Ganzjahreseinsatz, wie man sie in Sportgeschäften und bei Ausrüstern für Expeditionsreisen kaufen kann. Diese Zelte müssen nicht unbedingt teure Markenprodukte sein, auch manche preisgünstigen „no-name-Zelte" leisten gute Dienste und sind für eine längere Islandtour sehr gut geeignet. Auf unseren ersten zwei Islandreisen hatten wir beispielsweise nur ein Kuppelzelt dabei, das wir günstig in der Sportabteilung eines großen Supermarkts gekauft hatten. Nur die Nähte dieses Zelts mußten wir nachträglich mit einem *Seam Sealer* (Nahtversiegelungsmittel) versiegeln, da sie sich anfangs bei Wind dehnten und Wasser eindrang. Außerdem flatterte das Zelt lautstark knallend in den isländischen Stürmen und raubte uns manchen Schlaf. Seit einigen Jahren benutzen wir deshalb auf unseren Reisen ein hochwertiges Expe-

Campingplatz im Skaftafell-Nationalpark

ditionszelt. Das geodätische Kuppelzelt *VE-25®* von *The North Face* ist deutlich windstabiler und man kann auch bei heftigstem Sturm ruhig schlafen. Im Zelt ist es auch wärmer und dadurch gemütlicher.

Wichtige **Ausstattungsmerkmale** eines guten Zeltes sind, daß es aus einem reißfesten Innenzelt (z.B. aus Ripstop Nylon) und einem wasserdichten Außenzelt (z.B. aus silikonbeschichtetem Ripstop Nylon) besteht. Zwischen dem Innenzelt und dem Außenzelt zirkuliert ein Luftpolster, das für den Luft- und Feuchtigkeitsaustausch sorgt und als Isolation gegen Kälte und Hitze dient. Der Zeltboden sollte aus einem kräftigeren, ebenfalls absolut wasserdichten Gewebe bestehen. Eine zusätzliche **Zeltunterlage** aus faserverstärktem PVC oder Nylon schützt den Zeltboden vor Beschädigungen durch die scharfkantige Lava. Ebenso wichtig ist eine gute **Sturmabspannung** des Zeltes. Verzurren Sie ihr Zelt grundsätzlich immer so gut wie möglich und nutzen Sie alle Abspannmöglichkeiten! Für Islands Lavaböden sind massive **Heringe** aus Stahl- oder hochfesten Aluminiumprofilen am besten geeignet (in *Military Shops* günstig aus Bundeswehr- oder US-Armeebeständen erhältlich). Bei starkem Sturm hat es sich bewährt, um das Zelt einen Ring aus Lavablöcken zu legen und damit die Heringe und den unteren Saum des Außenzelts zu beschweren. Zum Einschlagen der Heringe nimmt man von zu Hause den **Gummihammer** aus der Werkstatt mit, zum Herausziehen besorgt man sich im Sportgeschäft einen **Heringszieher.** Für die **Zeltstangen** sind Aluminiumrohre aus Al7001-T6 gut, solche aus eloxiertem 7075-T9 des US-Herstellers *Easton Alloy* optimal. Hochwertige Zeltstangen aus glasfaserverstärktem Kunststoff sind zwar ebenfalls hoch beanspruchbar, billigere Ausführungen brechen allerdings leicht oder verformen sich unter Windbelastung.

Steht das Zelt, kann man es sich darin gemütlich einrichten. Auch wenn draußen der Regen prasselt und der Sturm tobt, sollte es im Zelt trocken, warm und heimelig sein. Dafür sorgt der richtige **Schlafsack.** Dieser sollte auch für Temperaturen deutlich unter dem Gefrierpunkt geeignet sein. Markenschlafsäcke werden schon seit einigen Jahren von den Herstellern anhand von Temperaturbereichen klassifiziert, die so hinsichtlich Einsatzzweck untereinander vergleichbar sind. Für Island empfehlen wir einen **Mumienschlafsack mit Kapuze** mit -7 bis -9°C Komfortbereich. Dabei ist es zweitrangig, ob der Schlafsack mit Daunen oder Synthetikfasern gefüllt ist. Beides hat Vor- und Nachteile. Unter den Schlafsack gehört eine Unterlage, welche die Kälte aus dem Boden abhält. Wir liegen im Zelt am liebsten auf selbstaufblasenden Isomatten (z.B. *Metzeler Thermo®* oder *Therm-A-Rest®),* die längst unsere guten, alten Luftmatratzen abgelöst haben. Ebenso geeignet sind aber auch normale Isomatten aus PE-Schaum (z.B. die *Ridge-Rest®-* oder *Evazote®-*Isomatten). Die grünen bzw. heute eher bunten Matten aus Polyurethanschaum isolieren nicht annähernd so gut wie die zuvor genannten und bieten zudem deutlich weniger Schlafkomfort.

Wir verwenden auf unseren Islandreisen **Gaskocher.** Sie haben den Vorteil, daß man sie gefahrlos auch im Zelt oder bei Kartuschenkochern im Auto für die schnelle Minutensuppe zwischendurch verwenden kann. Obwohl das Gas teuer ist, bevorzugen wir Kocher für die blauen Flaschen und Kartuschen von *camping gaz®*. Die Kartuschen C206 und CV470 sind in Island erhältlich, nicht aber die größeren Stahlflaschen. Diese können auch nicht gefüllt werden. Zwei Flaschen 907 reichen uns zusammen mit einigen Kartuschen gut für eine vierwöchige Campingtour. Die Gasflaschen bringen wir gefüllt von zu Hause mit. Übliche 5 kg- und 11 kg-Propangasflaschen können in Island an vielen Tankstellen befüllt werden. Dazu wird die Gasflasche einfach an einen größeren Flüssiggastank angeschlossen und solange Flüssiggas aufgepreßt, bis die entsprechende Füllmenge erreicht ist (wiegen!).

Benzinkocher sind ebenfalls geeignet. Auf Flugreisen und längeren Trekking-Touren hat sich der *DragonFly®* von MSR bewährt, dessen Flamme äußerst fein regulierbar ist. Verzichten Sie jedoch auf Spiritus- und Esbitkocher. Spiritus ist sehr teuer und Esbit nur in wenigen Geschäften erhältlich. Empfehlenswert ist auch ein kleiner **Gasgrill oder Holzkohlegrill** (Holzkohle ist überall erhältlich), da Lamm- und Hammelfleisch gegrillt und gut gewürzt einfach besser schmecken als aus der Pfanne. Auch Fische schmecken gegrillt vorzüglich!

Weiteres Zubehör für einen erholsamen Campingurlaub sind ein kleiner Campingtisch, Campingstühle und das notwendige Campinggeschirr. Eine Gas- oder Petroleumlampe sowie eine starke Taschenlampe mit Ersatzbirne und Ersatzbatterien vervollständigen die recht umfangreiche Campingausrüstung. Im Auto transportieren wir unser gesamtes Campinggepäck in den bewährten Aluminiumkisten von *Zarges.* Diese robusten Kisten dienen uns manchmal auch als Tisch oder Sitzgelegenheit. Aluminium hat jedoch die unangenehme Eigenschaft, durch Abrieb beim Scheuern schwarze Striemen an allen darin aufbewahrten Gegenständen hervorzurufen. Wen dies stört, kann die Alukiste mit dünnen Platten aus Sperrholz oder Kunststoff auskleiden. Im Fahrzeug müssen alle Kisten und anderes Gepäck gut verstaut und festgezurrt sein, denn die Schotterstraßen und Pisten sind holprig.

Bei Flugreisen muß man sich beim Gepäck auf das Notwendigste beschränken. Eine Campingausrüstung kann in Island geliehen werden. Dies bietet sich vor allem für die an, die das Land im Leihwagen erkunden. Die meisten Autoverleiher vermitteln auch die Campingausrüstung.

Im Hochland gibt es nur unbewirtschaftete Hütten und einfache Campingplätze. Wir empfehlen auf mehrtägigen Hochlandtouren eine Campingausrüstung mitzunehmen; oft ist das Zelten bequemer und ruhiger als das Übernachten in einer überfüllten Hütte.

„Camping people are not allowed to use the kitchen" – diesen Satz hört man in den Hütten immer wieder. Camper dürfen die Kochgelegenheiten der Hütten nicht benutzen und sich auch nicht in der Hütte aufhal-

Zuckmücken – eine Plage im Mývatn

ten. Auf das strikte Einhalten dieser Regelung achten die Hüttenwarte besonders. Der Hochlandreisende sollte sich deshalb darauf vorbereiten, bei Campingtouren mit dem Zelt hüttenunabhängig zu sein. Natürlich gibt es bei der Hütte Trinkwasser, und auch die sanitären Einrichtungen dürfen (müssen!) benutzt werden.

In den Hütten sind die **Hüttenbücher** eine wahre Fundgrube für realistische Erlebnisschilderungen und erfundene Histörchen. Manch ein „Künstler" hat seine Reiseeindrücke doppelseitig in farbenfrohen Skizzen und allerlei Sprüchen festgehalten. Aber auch „Tante Erna" grüßt aus Wanne-Eickel, die bei „Unwetter" mit dem Bus ankam und auf dem kurzen Weg zur Hütte völlig naß wurde.

„Es gibt kein schlechtes Wetter, es gibt nur unangepaßte Kleidung" – in der Tat sollte man seine **Kleidung** für den Urlaub an die Witterungsverhältnisse Islands anpassen. Frieren, Wohlfühlen und Schwitzen liegen eng beieinander. Heute gibt es **funktionelle Outdoor-Bekleidung,** die sich gemäß dem „Zwiebelsystem" lagenweise an die verschiedenen Witterungsbedingungen anpassen läßt. Die äußerste Schicht der Bekleidung (Jacke und Hose) sollte winddicht, wasserdicht und atmungsaktiv sein (Gewebe aus *Gore-Tex®, Sympatex®, Texapore®* o.ä.). Darunter trägt man eine Zwischenschicht aus Fleece (z.B. aus *Polartec® 200* der Firma *Malden Mills).* Diese Schicht dient der Wärmeisolation. Die dritte Schicht (Unterwäsche) liegt direkt auf der Haut. Sie muß den Körper warm und trocken halten und die vom Körper ständig abgegebene Feuchtigkeit an die äußere Kleidungsschicht weiterleiten, wo sie verdunstet. Wer bei Kälte leicht friert, kann ein langärmeliges Unterhemd und eine lange Unterhose aus dünnem *Polartec® 100* oder *Capilene®* anziehen. Die Zeiten, wo man der Kälte nur durch einen dikken Wollpulli und beengende dicke Baumwoll-Unterwäsche begegnen konnte und bei Regen eine feuchtigkeitsundurchlässige Jacke aus Ölzeug anzog, sind glücklicherweise schon lange vorbei.

An weiteren Kleidungsstücken sollte man für die warmen Tage eine kurze Hose und T-Shirts mitnehmen – und selbstverständlich auch Badesachen, außerdem Turn-, Wanderschuhe und Gummistiefel. Beim Wandern in eisigem Wind sind eine Mütze (am besten aus winddichtem Fleece) und warme Handschuhe angeraten.

Die typisch **isländischen Wollwaren** (Pullover, Mützen, Jacken) haben sich seit jeher im isländischen Wetter bewährt, obwohl ihr Tragekomfort heute nicht mehr an denjenigen moderner High-Tech-Bekleidung heranreicht. Auch wir finden die **Islandpullis** schick und tragen sie gerne. Den besten Komfort bieten die aus Schafswolle handgestrickten weichen Modelle. Billige Industrieware ist oft beengend, kratzt auf der Haut, geht beim Waschen ein und verfilzt schnell.

Einreise- & Zollbestimmungen

Für die **Einreise** nach Island benötigen Staatsbürger aus Ländern der Europäischen Union bis zu einem Aufenthalt von drei Monaten einen gültigen **Personalausweis oder Reisepaß.** Haben Sie vor, sich länger im Land aufzuhalten, müssen sie ein Visum bei der isländischen Botschaft beantragen.

Kraftfahrer müssen einen **nationalen Führerschein** und die internationale **grüne Versicherungskarte**, die für die Gesamtzeit des Aufenthalts gültig sein muß, für ihr Fahrzeug vorweisen. Ausgenommen vom Nachweis einer bestehenden Haftpflichtversicherung sind Fahrzeuge der Länder Belgien, Dänemark, Deutschland, Färöer-Inseln, Finnland, Frankreich, Großbritannien, Italien, Liechtenstein, Luxemburg, Monaco, Niederlanden, Norwegen, Österreich, Portugal, Schweden, Schweiz, Slowakien, Slowenien und Spanien. Ungeachtet dessen empfehlen wir die Mitnahme einer gültigen „Grünen Karte“. Sollte die Versicherungskarte abgelaufen sein, wird es am Zoll ein wenig kompliziert. Das Auto muß solange auf dem Zollgelände bleiben, bis die gültige Versicherungsbescheinigung vorliegt. Dazu muß der Fahrer zunächst ohne sein Auto nach Island einreisen und in *Seðisfjörður* aufs Postamt gehen (ca. 1km Fußweg). Von dort kann er telefonisch bei seiner zuständigen Versicherungsgesellschaft eine gültige Versicherungskarte anfordern, die beim Postamt per Telefax eingeht. Mit diesem Fax geht's zurück zum Zoll – und die Einreise mit dem PKW kann erfolgen.

Weitere **Einreisebestimmungen** besagen, daß Haustiere nach Island grundsätzlich nicht mitgenommen werden dürfen. Bei der Einreise ist das Mitführen von **Lebensmitteln**, die einen Wert von 4000 ISK nicht überschreiten dürfen, auf **drei Kilogramm pro Person** beschränkt. Streng verboten ist die Einfuhr von frischem oder geräuchertem Fleisch und von Fleisch- und Wurstprodukten, Eiern, Milch und Molkereiprodukten. Lediglich als Vollkonserven dürfen diese Lebensmittel mitgebracht werden. Die Zollbeamten in Seyðisfjörður machen Stichproben, erheben Gebühren auf zuviel eingeführte Lebensmittel und konfiszieren die nicht erlaubten. Kontrolliert werden insbesondere Campingfahrzeuge; hier müssen die Reisenden vielfach den Kühlschrank und die Lebensmittelboxen öffnen.

An alkoholischen Getränken darf jeder Tourist über 18 Jahren einen Liter Spirituosen (bis 47%) und einen Liter Wein (bis 21%) einführen. Wahlweise können statt einer der beiden Getränkesorten sechs Liter importiertes oder acht Liter isländisches Bier mitgebracht werden. Jeder Einreisende über 15 Jahren darf 250g Tabak oder 200 Zigaretten einführen.

Zollfreier Einkauf ist auf der Fähre und am Flughafen von *Keflavík* möglich.

Die Einfuhr von Waffen, waffenähnlichen Gegenständen, Drogen und Giften aller Art ist streng verboten. Medikamente dürfen ausnahmslos nur in kleinen Mengen und nur für den persönlichen Bedarf mitgebracht werden.

Ein PKW und auch LKW (Camper, „Expeditionsfahrzeug") darf für die Dauer von drei Monaten zollfrei eingeführt werden. Wenn er im Ausland zugelassen ist und nicht gewerblich genutzt wird, wird bei der Einreise ohne große Formalitäten eine auf die Dauer des Aufenthalts beschränkte Einfuhrgenehmigung erteilt. Auf alle mit Dieselkraftstoff betriebenen Fahrzeuge wird eine Steuer erhoben. Die Höhe der zu zahlenden **Dieselsteuer** hängt vom Fahrzeuggewicht und von der Verweildauer ab (siehe „Island mit dem Auto", ab S.65).

Wer eine **Angel- oder Reitausrüstung** mitnimmt, muß diese entweder fabrikneu vorweisen oder eine Bescheinigung vorlegen, daß die Gegenstände desinfiziert wurden. Wer diese Bescheinigung nicht hat, muß seine Ausrüstung beim Zoll desinfizieren lassen.

Bestimmte hochwertige **elektronische Geräte** (z.B. Computer, Videorecorder, Fernsehapparate u.ä.) müssen teilweise bei der Einreise deklariert und bei der Ausreise wieder vorgezeigt werden. Der Zöllner fragt Sie ggfs. danach.

Essen & Trinken

Einkaufen & Ladenöffnungszeiten

Die Läden in Island sind i.d.R. **von 9 bis 18 Uhr geöffnet,** manche Supermärkte auch bis 23 Uhr. An Samstagen, Sonn- und Feiertagen sind viele Geschäfte geschlossen oder öffnen samstags nur von 9 bis 12 Uhr. Souvenirgeschäfte haben meistens auch am Wochenende offen.

Durchschnittliche Lebensmittelpreise im Supermarkt

Äpfel	1 kg	250 ISK
Brot	500 g	200 ISK
Butter	250 g	90 ISK
Chinakohl	400 g	250 ISK
Coca Cola	1 l	160 ISK
Fisch, tiefgefroren	500 g	300 ISK
Käse	125 g	150 ISK
Kekse	200 g	90 ISK
Lammkoteletts zum Grillen, 4 St.		400 ISK
Milch	1 l	70 ISK
Orangensaft	1 l	100 ISK
Schokolade	1 Tafel	120 ISK
Tomaten	1 kg	300 ISK
Wurst	100 g	300 ISK

Es ist kein Problem, wochentags einen Laden zu finden, in dem man zumindest Grundnahrungsmittel einkaufen kann. In jeder etwas größeren Siedlung gibt es mindestens ein Geschäft. Oftmals sind Einkaufsmöglichkeiten Tankstellen angegliedert, in denen man auch am Wochenende bis spät in die Nacht einkaufen kann. In größeren Orten gibt es meistens einen oder mehrere Supermärkte. Die Warenangebote sind allerdings sehr unterschiedlich, ebenso die Preise. Allgemein gilt, daß man in Reykjavík am günstigsten einkauft. Je abgelegener der Ort, desto teurer sind die Waren. In den überwiegend von Touristen besuchten Gebieten sind die Preise noch ein wenig höher.

Selbst in kleineren Geschäften erhält man fast immer tiefgefrorenes Lammfleisch und Fisch. Die vielfältigsten und besten Einkaufsmöglichkeiten bestehen in Reykjavík, so daß man sich hier mit allem Notwendigen auf Vorrat eindecken sollte! Reisende, die mit der Fähre in Seyðisfjörður ankommen, kaufen ihren Reisebedarf am besten im KHB-Supermarkt in *Egilsstaðir* ein (bei der Esso-Tankstelle).

Einkaufen in Island ist nie billig! Auch die Grundnahrungsmittel sind deutlich teurer als bei uns und mit dem hohen skandinavischen Preisniveau zu vergleichen. Eine Ausnahme bilden Molkereiprodukte, deren Preis noch akzeptabel ist und die gut schmecken. Die Fleischpreise sind mit Ausnahme von Lammfleisch ebenfalls wesentlich höher als bei uns. Auch die Obst- und Gemüsepreise sind zum Teil doppelt so hoch. Bei isländischem Brot sollte man nicht allzu viel erwarten, da man meistens nur weiches Weißbrot bekommen kann.

Grund für die hohen Preise ist unter anderem, daß fast alle Waren nach Island eingeführt werden müssen. Auf alle importierten Produkte werden außerdem noch hohe Steuern und Einfuhrzölle erhoben.

Skandinavisch hohe Preise werden für alle alkoholischen Getränke verlangt. Mit Ausnahme von Leichtbier gibt es Alkohol auch nur in staatlich lizensierten Alkohol- und Tabakläden, in denen aber seit einigen Jahren schon jedermann unbegrenzt einkaufen kann. Eine 0,33-l-Dose Bier kostet beispielsweise 2,90 DM. Auf die Flasche Wein, isländischen *Brennivín* (= Branntwein) oder gar französichen Cognac sollte man während des Islandaufenthalts besser ganz verzichten.

Trinkwasser

Das **kalte** isländische **Leitungswasser** ist von guter Qualität, und der Genuß birgt keine gesundheitlichen Risiken. Auch das Wasser aus den vielen klaren und eiskalten Gebirgsbächen kann man bedenkenlos trinken. Viele kleinere Campingplätze holen ihr „Leitungswasser" direkt aus dem Fluß. Wer empfindlich ist, sollte dieses Wasser filtern. Auch in Island gelangen immer mehr Schadstoffe in das Oberflächenwasser. Freilaufende Schafe können das Wasser mit Fäkalien verunreinigt haben. Auch auf Trekking-Touren, wo wir vielfach auf das Wasser von kleinen Rinnsalen angewiesen sind, filtern wir dieses neuerdings mit dem *WaterWorks II®*-Keramikfilter von MSR. Ungenießbar ist das aus heißen Quellen sprudelnde, mineralienreiche und stark nach Schwefelwasserstoff riechende heiße Wasser. Trübes Gletscherwasser ist nur im Notfall zum Trinken geeignet. In vielen Geothermalgebieten riecht auch das **heiße Leitungswasser** immer ein wenig nach faulen Eiern. Gesundheitlich ist sein Genuß unbedenklich, und beim Kochen verliert es den unangenehmen Geruch. Bringen Sie kein silbernes Besteck oder Silberschmuck in Kontakt mit diesem Wasser, das Schwefelwasserstoff enthält. Das Silber reagiert damit und verfärbt sich infolge der Bildung von Silbersulfid schwarz.

Isländische Küche & Spezialitäten

Insgesamt ist die **isländische Küche** einfach und verwendet hauptsächlich die im Land selbst produzierten Le-

Lachsfluß (Laxá) im Laxárdalur

Trinkwasser aus dem Fluß

bensmittel. Deshalb gibt es ein großes Angebot an Fisch sowie an **Lamm- und Hammelfleisch.** *Hangikjöt* ist geräuchertes Lammfleisch, das gerne gegessen und traditionell zu Weihnachten serviert wird. *Saltkjöt* ist gesalzenes Lammfleisch, das man kalt oder warm essen kann. *Slátur* sind Schafswürste, die während der Schlachtzeit im September und Oktober hergestellt werden. Davon gibt es zwei Arten: Blutwurst *(blóðmör)* und Leberwurst *(lifrarpylsa).*

Als besondere Spezialität gelten **gesengte Schafsköpfe** *(svið),* die aber schon optisch nicht unbedingt jedermanns Geschmack entsprechen... Die halbierten und gesengten Schafsköpfe werden in Salzwasser gekocht und anschließend im Ofen braun überbacken. **Rindfleisch, Schweinefleisch** und **Geflügel** stehen eher selten auf dem Speisezettel, da die entsprechenden Tierarten in Island nicht verbreitet sind. Frische Eier erhält man hingegen fast überall. Viele Isländer essen wie früher auch heute noch zuhause gerne Pferdefleisch *(hrossakjöt);* in Restaurants wird es fast nie angeboten. Hoch im Kurs steht bei den Isländern auch amerikanisches **Fast Food.** Hot Dogs *(pylsur),* Pommes frites *(franskar)* und auch Pizzas haben – was die Menge des Verzehrs angeht – die traditionelle Küche längst überholt.

Bei den **Fischgerichten** gibt es vor allem Schellfisch *(ýsa),* den es auch häufig in den Läden zu kaufen gibt, Heilbutt *(lúða)* und Dorsch *(þorskur).* Während der Fangzeiten werden Lachs *(lax)* und Forelle *(silungur)* angeboten. Frischen Lachs erhält man von Mai bis September; er wird geräuchert *(reyktur),* gekocht *(soðinn)* oder gebeizt *(gravað)* verzehrt. Geräucherte Forellen vom *Mývatn* schmecken besonders „herzhaft", werden sie doch über getrocknetem Schafsdung geräuchert. Isländische Krabben *(rækja)* sind eine besondere Spezialität. Allgemein ist der isländische Fisch sehr wohlschmeckend, weil er hier fangfrisch erhältlich ist.

Ein für unseren Gaumen manchmal ungewöhnliches „Fischgericht" ist **Trockenfisch**. *Harðfiskur* ist luftgetrockneter, leicht gesalzener Fisch in unterschiedlichen Sorten, der vakuumverpackt in Supermärkten verkauft wird. In Wasser gekocht ergibt er eine vorzügliche Fischsuppe; man kann den kräftig riechenden Fisch aber auch in kleine Stücke geschnitten mit einem Butterbrot essen. Allgemein schmeckt der Trockenfisch umso herzhafter, je mehr seine Farbe von Weiß zu Gelb tendiert. Diese traditionelle Speise hat ihren Ursprung in dem einst kargen und entbehrungsreichen Leben der Menschen, die über keine andere Möglichkeit der Fischkonservierung verfügten. **Stockfisch** ist Fisch, der geköpft, ausgenommen und gesäubert auf hölzernen Trockengestellen durch Wind und Sonne acht bis zwölf Wochen lang getrocknet wurde. Die leicht im Wind pendelnden Stockfische erklingen beim genauen Hinhören in leisen Tönen – ein „Fischkonzert", hervorgerufen durch die aneinanderreibenden Körper. Stockfisch kann man nach „Eskimoart" roh essen, indem man ihn ein wenig weichklopft und kaut. Weicht man den Trockenfisch in Wasser ein und schneidet ihn in kleine Stücke, kann daraus ebenfalls eine schmackhafte Fischsuppe entstehen. *Hákarl* – fermentierter Hai – ist eine traditionelle Vorspeise. Ein Grönlandhai wird in kleine Stücke zerteilt und in Fässern im Boden vergraben. Nachdem er einige Monate „reifte", wird der angefaulte Fisch an der Luft getrocknet. Aus der Nähe riecht dieser Fisch wie starker Käse, auch sein Aussehen erinnert mehr an ein Milchprodukt als an einen Hai. Die Isländer essen den *hákarl* zusammen mit Unmengen von **„Schwarzem Tod"**, wie der hochprozentige isländische Schnaps genannt wird. Gerne verzehren sie auch *fiskibollur*, Fischklöße aus Fisch, Paniermehl und Gewürzen. Dieses Gericht hat auch unseren Zuspruch gefunden.

Als **isländisches Nationalgericht** kann **Skýr** gelten, ein quark- bzw. joghurtähnliches, vergorenes **Milchprodukt.**

Kuchen sind meist sehr süß und mit einer grell-farbigen Glasur überzogen. Lecker schmecken *kleinurringur með súkkulaði* – kleine Gebäckringe mit Schokoladenüberzug.

Eine Spezialität für die Isländer sind **Papageitaucher** *(lundi)*. An den Felsküsten werden Jahr für Jahr 200 000 dieser Vögel beim Landeanflug nach alter Sitte mit Netzen gefangen, die an einer langen Stange befestigt sind. Die Isländer achten jedoch sehr darauf, daß keine Elterntiere, die ihre Jungen aufziehen, darunter sind. Diese erkennt man leicht daran, daß die Vögel einen Schnabel voller kleiner Fische vom Meer mitbringen.

Nationalgetränk der Isländer ist **Kaffee.** Er wird überall, zu jeder Zeit, in großen Mengen und verhältnismäßig billig ausgeschenkt. In vielen Restaurants und Cafeterias gilt das „Nachschenkprinzip": Man zahlt einmal und kann ohne weitere Bezahlung unbegrenzt nachschenken bzw. nachbestellen. Typisch isländisch ist auch der **Kvöldkaffi, der Abendkaffee,** der aber nur im privaten Rahmen stattfindet.

Auch **Milch** *(mjólk)* wird gern getrunken. Im Supermarkt gibt es Frischmilch *(nýmjólk)*, fettreduzierte Fitmilch *(léttmjólk)*, Sauermilch *(súrmjólk)* und Magermilch *(undanrenna)*.

Restaurants & Trinkgeld

Seitdem die Alkoholbeschränkungen aufgehoben wurden, entstanden viele Restaurants, vor allem in Reykjavík. Eine **Tischreservierung** ist in einem Restaurant immer ratsam. Außerhalb

Fortsetzung auf Seite 34

Camping-Schlemmerküche

Aus unserer eigenen Camping-Schlemmerküche möchten wir einige **Rezepte für unterwegs** vorstellen.

✔ Frischer Lachs in Holländischer Sauce

Sollten Sie frischen Lachs bekommen, greifen Sie unbedingt zu! Als erstes fällt auf, daß der Fisch hier völlig geruchlos ist, ein Zeichen für seine Frische.

Zutaten: pro Person eine dicke Scheibe Lachs, Zitrone oder Essig, Salz, Holländische Soße (Trocken-Fertigprodukt aus dem Supermarkt), eventuell Milch.

Zubereitung: Der Lachs wird gesäubert, wenn nötig von Schuppen befreit und mit Zitrone oder etwas Essig gesäuert. Man bereitet dann eine Holländische Soße zu, die zur Verfeinerung des Geschmacks je zur Hälfte mit Milch und Wasser statt nur mit der angegebenen Menge Wasser angerührt wird. Der vorbereitete Lachs wird in die kochende Soße gegeben. Hier läßt man ihn ziehen, bis er gar ist (ca. 10–15 Min., je nach Größe). Als Beilage empfehlen wir Kartoffeln oder Spaghetti und Salat.

✔ Chinakohlsalat

Chinakohl erhält man relativ häufig und meistens auch zu einem noch passablen Preis.

Zutaten: 1 Chinakohl, Essig, Öl, Salz, 1 Zwiebel

Zubereitung: Man wäscht den Kohl als ganzes. Mit einem großen Messer halbiert man ihn zuerst und schneidet ihn dann in etwa einen halben Zentimeter schmale Streifen. Für die Soße nimmt man 2 Eßlöffel Essig, 3 Eßlöffel Öl, eine Prise Salz und verrührt die Zutaten gründlich. Dazu eine in kleine Würfel geschnittene Zwiebel. Nun geben wir den vorbereiteten Chinakohl mit der Zwiebel in die Soße und verrühren alles miteinander.

✔ Schollen

Auch große Schollen erhält man günstig ab 2 DM pro Stück. Wir kauften schon Exemplare, die wir wegen ihrer Größe nicht in unserer großen Pfanne zubereiten konnten – wir haben sie stattdessen gegrillt!

Zutaten: 1 Scholle pro Person, Zitrone oder Essig, Salz, Mehl.

Zubereitung: Man bereitet die Schollen küchenfertig zu; dazu muß man die Fische ausnehmen und den Kopf entfernen. Achten Sie darauf, daß Sie auch den Rogen oder die Milch vollständig entfernen. Die Flossensäume lassen sich mit einer Schere schmälern. Nun werden die Schollen gewaschen, mit etwas Zitrone oder Essig gesäuert, gesalzen und in Mehl gewälzt. In einer großen Pfanne erhitzt man auf dem Campingkocher Öl und brät den Fisch darin auf beiden Seiten jeweils für ca. 3 Min. Das übriggebliebene Fett läßt sich mit etwas Mehl andicken; Wasser dazu und gut rühren, fertig ist die Soße. Alternativ kann man die Schollen in Alufolie auch grillen. Dazu gibt es Kartoffeln und Salat.

✔ Gegrilltes Lammfleisch

Wir empfehlen den Campern, einen kleinen Grill mit Holzkohle oder Gas mitzunehmen. Denn sehr oft bekommt man Lammfleisch zu kaufen, das gegrillt besser schmeckt als aus der Pfanne. Oft ist es auch schon fix und fertig zum Grillen gewürzt.

Zutaten: 1–2 Scheiben Lammfleisch pro Person, entweder ist es bereits fertig gewürzt, oder man benötigt Salz, Pfeffer und Paprikapulver.

Zubereitung: Man macht den Grill betriebsbereit. Sollte das Fleisch bereits grillfertig sein, legt man es auf den Grill, am besten auf Folie, und läßt es gar werden. Ansonsten tupft man das Fleisch ab, würzt es reichlich mit Salz, Pfeffer und Paprika und legt es dann auf den Grill. Dazu Brot oder Kartoffeln.

✔ Birkenpilze Húsafell

Der Campingplatz von *Húsafell* liegt inmitten eines ausgedehnten Birkenwäldchens in unmittelbarer Nachbarschaft zu einer Wochenendhaussiedlung. In dem Wäldchen findet man ab Mitte August bei entsprechender Witterung Unmengen von Birkenpilzen. Ebenso wie die Skandinavier machen sich die Isländer nichts aus dem Verzehr von Waldpilzen. Wir als Pilzliebhaber nutzen hingegen gerne diese Leckereien der Natur.

Zutaten: ca. 300g Birkenpilze pro Person, Speck oder etwas Fett zum Braten, 1 Zwiebel, Mehl, 1 Ei, Salz, Pfeffer.

Zubereitung: Man reinigt die Pilze, entfernt die Lamellen und Insektenfraßstellen und schneidet die Pilze in dünne Scheiben. Dann läßt man etwas Speck aus – ersatzweise kann man auch etwas Fett in den Topf geben –, fügt eine in Würfel geschnittene Zwiebel hinzu und läßt sie glasig werden. Anschließend gibt man die Pilze dazu und läßt sie bei geschlossenem Deckel etwa 7 Min. kochen. Sollte sich zuviel Wasser bilden, insbesondere wenn die Pilze zuvor bei Regenwetter viel Wasser aufgenommen haben, sollte dieses zu einem großen Teil abgegossen werden. Die restliche Flüssigkeit mit den Pilzen dickt man mit Ei und ggfs. etwas Mehl an und schmeckt das Pilzgericht herzhaft mit Salz und Pfeffer ab. Dazu gibt es Brot oder Pellkartoffeln.

der Städte sind Restaurants eher selten. Dafür erhält man aber an fast jeder Tankstelle zumindest einen „Hot Dog".

Vor allem in Hotels gibt es in Island allgemein feststehende **Essenszeiten,** von denen kaum abgewichen wird. Danach gibt es Frühstück zwischen 8 und 9 Uhr, Mittagessen zwischen 12 und 13 Uhr, Kaffee zwischen 15 und 16 Uhr und Abendessen zwischen 19 und 20 Uhr. Viele Restaurants, vor allem die Schnellrestaurants, schließen bereits um 20 bzw. 21 Uhr.

Wer in Island essen gehen will, sollte sich auch hier auf **hohe Preise** einstellen. Als wir einmal in Reykjavík aus einem besonderen Anlaß schick essen waren, stand auf der Weinkarte eine Flasche *Bad Dürkheimer Feuerberg Riesling Kabinett* zu umgerechnet 100 DM. Bei uns in der Pfalz kostet dieser Wein weniger als ein Zehntel! Wir entschieden uns damals „spontan" für einen alkoholfreien Longdrink aus Brombeeren, Heidelbeeren und Himbeeren. Das isländische Lachsgericht mit Reis und Salat kostete umgerechnet 48 DM. Viele Restaurants bieten mehrgängige **Touristenmenüs** *(tilboðsréttir)* an, die mittags 22–28 DM *(Lunch)* und abends 30–46 DM *(Dinner)* kosten. Kinder zwischen 6 und 12 Jahren zahlen für das Touristenmenü die Hälfte, Kinder unter 5 Jahren essen gratis. Billigere, wenn auch einfachere Speisen erhält man in **Schnellrestaurants.** Hier trifft man am Wochenende auch viele isländische Familien.

Zubereitung von Forellen

Trinkgeld für jegliche Art von Dienstleistungen, auch in Restaurants, ist in Island **nahezu unbekannt.** Nur innerhalb von Reisegruppen ist es üblich, dem Reiseleiter und Busfahrer einen kleinen Obulus zukommen zu lassen.

Feiertage & Feste

Offizielle Feiertage in Island sind:

- 1. Jan. – Neujahr *(Nýársdagurinn)*
- dritter Donnerstag im April – erster Sommertag *(Sumardagurinn fyrsti)*
- 1. Mai – Tag der Arbeit
- ein Sonntag Anfang Juni – Tag des Seemanns *(Sjómannadagurinn)*
- 17. Juni – Nationalfeiertag
- erster Montag im August – Bankfeiertag *(Verslunnarmannahelgi)*
- 24. Dez. (ab 12 Uhr) – Heiligabend
- 25. und 26. Dez. – Weihnachten
- 31. Dez. (ab 12 Uhr) – Silvester

- **Christliche Feiertage** sind: Gründonnerstag, Karfreitag, Ostersonntag und -montag, Christi Himmelfahrt, Pfingstsonntag und -montag

Der erste Sommertag wird in Reykjavík mit Umzügen und Paraden gefeiert. Am Nationalfeiertag finden im ganzen Land Veranstaltungen statt. Die Kinder schminken sich ihre Gesichter häufig in den Landesfarben. Am verlängerten Wochenende des Bankfeiertags sind viele Isländer zu den Campingplätzen entlang der Ringstraße oder im Landesinnern unterwegs. In vielen Orten finden große Feste und Konzerte statt. Das größte Fest wird in *Heimaey* auf den Westmänner-Inseln gefeiert. Wem nicht an Trubel gelegen ist, sollte Orte wie *Landmannalaugar, Húsafell* oder *Þórsmörk* an diesem Tag meiden.

Ein traditionelles isländisches Fest ist das **Þórrablót.** Im alten isländischen Kalender, der bis ins 18. Jahrhundert hinein galt, war *Þórri* der vierte, härteste und entbehrungsreichste Wintermonat. Er begann um den 20. Januar und endete Mitte Februar. Von da an konnte das Jahr nur noch besser werden. Die Bauern baten *Thor (Þór)* an diesem ursprünglich heidnischen Fest um ein fruchtbares Jahr; die aufgetischten Speisen – gesenkte Schafsköpfe, sauer eingelegter Widderhoden *(hrútspungar)* und *hákarl* – sollten den Gott gnädig stimmen. Die Isländer feiern das Ende des Winters bis heute ausgelassen und „branntweinselig". Viele Hotels und Restaurants bieten dazu nicht nur für die Touristen ein traditionelles *Þórrablót*-Buffet an, das neben den alten Gerichten die ganze Breite der isländischen Küche zeigt.

Finanzen

Währung & Bargeldtausch

Die Währungseinheit ist die **isländische Krone (ISK) = 100 Aurar.** Münzen gibt es zu 1, 5, 10, 50 und 100 Kronen, Banknoten zu 500, 1000, 2000 und 5000 Kronen. Ende 1995 wurde eine neue goldfarbene 100-Kronen-Münze in Umlauf gebracht, welche die bisherige Banknote ablöste. Ein neuer 2000-Kronen-Geldschein zeigt den Künstler *Jóhannes Kjarval.*

Banken und Hotels, die Devisen wechseln, gibt es in allen größeren Orten. In der Regel haben sie Montag bis Freitag von 9.15 bis 16 Uhr geöffnet, donnerstags bis 17 oder 18 Uhr. Der **Wechselkurs** bei deutschen Banken betrug im August 1999 100 ISK = 1,97 DM im Ankauf und 3,15 DM im Verkauf; beim Umtausch in Island erhielt man für etwa 2,50 DM 100 ISK. Es ist wesentlich günstiger, wenn man sein Geld nicht zu Hause, sondern erst in Island bzw. auf den Färöer-Inseln oder auf der Fähre *Norröna* wechselt.

Auf den Färöer und der Norröna ist die dänische oder die färöische Krone das offizielle Zahlungsmittel, oft auch eine Kombination von beiden, da der Kurs derselbe ist. An den Kassen der Norröna werden auch DM, Schweizer Franken und andere Währungen akzeptiert.

Devisenbestimmungen

Ausländische Zahlungsmittel dürfen in unbegrenzter Höhe eingeführt werden. Gelegentlich müssen sie deklariert werden; Devisenausfuhr ist nur in Höhe des deklarierten Betrags erlaubt. Isländische Kronen dürfen bis zum einem Betrag von 14 000 ISK ein- bzw. ausgeführt werden.

Zahlungsmittel

Euroschecks

Problemlos bezahlen kann man mit Euroschecks, ausgestellt in Landeswährung zu höchstens 13 000 ISK. In Souvenirläden erhält man zuweilen einen kleinen Rabatt bei der Bezahlung mit Schecks (im Gegensatz zur Kreditkarte). **Bankautomaten,** an denen man mit der Euroscheckkarte Bargeld abheben kann, gibt es nach unseren Informationen bislang nur in Reykjavík im Kringlan-Einkaufszentrum. Es ist aber geplant, diese Auszahlungsmöglichkeit zumindest in Reykjavík auszuweiten. Unter Tel. 00 49/0 18 05/02 10 21 kann man seine deutsche Euroscheckkarte bei Verlust sperren lassen.

Reiseschecks

Reiseschecks von *Eurocard/Mastercard* (häufiger) oder *American Express* kann man in allen Banken und den großen Hotels gegen eine geringe Gebühr einlösen.

Postsparbuch

Geld vom Postsparbuch erhält man gebührenfrei auf allen Postämtern.

Kreditkarte

In Island ist es **durchaus üblich,** mit Kreditkarte zu bezahlen. Eurocard/Mastercard und *Visa* werden in den meisten Geschäften, Hotels, bei Fluggesellschaften, Tankstellen u.a. akzeptiert, American Express und *Diners Club* hingegen meist nur in den größeren Hotels. Bei den Banken kann man mit einer Kreditkarte von Eurocard/Mastercard oder Visa auch Bargeld bekommen; mit ersterer auch bei vielen Postämtern. Mit Diners Club ist dies nur bei der *Íslandsbanki* möglich. Da die Gebühren für Bargeld mit der Kreditkarte wesentlich höher als bei den anderen Zahlungsmitteln sind, empfehlen wir dies nur für den Notfall.

Im Fall eines Verlusts kann man seine Kreditkarte bei den Vertretungen in Reykjavík sperren lassen (s.o.).

Außerhalb der üblichen Banköffnungszeiten bekommt man Devisen auch bei *The Change Group,* Bankastræti 2, IS-101 Reykjavík, Tel. 5 52 37 35, geöffnet Mai–September

Vertretung	Straße	Telefon	Notruf-Nr. (24 h)
American Express	Lágmúli 4	5 69 93 00 u. 5 68 20 50	8 00 81 11
Eurocard / Mastercard	Ármúli 28	5 50 15 00	5 33 14 00
Diners Club	Engjateigur 9	5 88 00 50	00 45 36 72 36 72
Visa	Álfabakki 16	5 25 22 00 u. 5 25 20 00	gleiche Nummer Anrufbeantworter

Mo–Sa 8.30–20 Uhr, im Winter 9–17 Uhr, Austurstræti 20, IS-101 Reykjavík, Tel. 5 52 98 60, geöffnet Mai–September Di–So 9–23 Uhr, im Winter 11.30–19.30 Uhr, Im Falkenhaus, Hafnarstræti 3, IS-101 Reykjavík, Tel. 5 11 37 80, geöffnet Mai–September täglich 9–18 Uhr. In Akureyri bei Nonni Travel, Brekkugata 5, IS-600 Akureyri, Tel. 4 61 40 25, geöffnet Mai–15. September 8–20 Uhr.

Fotografieren & Filmen

Die klare Sicht, die satten Farben, die fremdartig anmutenden Gletscher und Lavalandschaften, freundliche Gesichter, die mächtigsten Wasserfälle Europas und an den Felsküsten Kolonien von Meeresvögeln – solche Motive machen Island für viele Foto- und Videoamateure zu einer Trauminsel. An dieser Stelle wollen wir einige **Foto- und Videotips** geben, die zur Gestaltung beeindruckender Urlaubsfotos und Videos beitragen können und aufzeigen, welche Ausrüstung optimal für eine Islandreise ist. Wer sich detaillierter in das Thema **Reisefotografie** einarbeiten möchte, sollte das gleichnamige Kapitel unseres Buches „Hohe Schule der Nah- und Makrofotografie" *(Umschau Verlag* Frankfurt) lesen oder das Buch „Die Welt im Sucher" von Helmut Hermann zu Rate ziehen *(Reise Know-How Verlag H. Hermann).*

Die Foto- und Videoausrüstung sollte nicht zu umfangreich sein, denn allzu viel Zubehör lenkt vom Motiv ab und verunsichert den Fotografen.

Im Freilichtmuseum Árbær in Reykjavík

Bei Flugreisen ist das Gepäck auf zumeist 20 kg pro Person begrenzt. Das Handgepäck darf je nach Fluggesellschaft 6–8 kg schwer sein – gewogen wird zum Glück nur selten. Die Fototasche nehmen wir grundsätzlich mit in die Kabine. Damit das Handgepäck unter den Sitz oder in die Gepäckablage darüber paßt, sind seine Maße auf 55x40x20 cm begrenzt.

Wer viel fotografiert, sollte zwei Kameragehäuse mitnehmen, denn unterwegs kann eine Kamera ja einmal versagen. Für Erinnerungsfotos genügt eine einfache **Autofokus-Sucherkamera** mit Zoom-Objektiv und eingebautem Elektronenblitzgerät; für engagierte Hobbyfotografen sind **Kleinbild-Spiegelreflexkameras** am besten geeignet. Die Objektive sollten einen Brennweitenbereich von 28–200 mm abdecken. Auf Flugreisen ziehen wir **Zoom-Objektive** mit variabler Brennweite solchen mit einer Festbrennweite vor. Unsere Reiseausrüstung besteht bei Flugreisen beispielsweise aus zwei *Leica R6.2*-Gehäusen und den Objektiven *Leica Vario-Elmar 1:3,5–4,5/28–70 mm*, *1:4/80–200 mm* und dem Makro-Tele *Tamron SP 1:2,5/90 mm*. Außerdem packen wir ein Elektronenblitzgerät mit Leitzahl 40, einen Grauverlaufsfilter, einen KR1,5-Filter („Skylight-Filter") und einen Polfilter (Polarisationsfilter) in die Fototasche. Verschiedene Auftraggeber wollen zur Veröffentlichung größere Diaformate haben. Wir fotografieren deshalb auch im 6x7-Mittelformat. Hier arbeiten wir mit der Pentax 67 und Objektiven von 45–200 mm Brennweite. Wir nehmen alle **Filme** und **Videokassetten** von zu Hause mit, denn diese sind in Island wesentlich teurer als bei uns. Diafilme, mit denen wir überwiegend fotografieren, und Leerkassetten für die Videokamera gibt es meistens nur in den größeren Städten.

Folgende Empfehlungen haben sich auf unseren Reisen, auf denen wir als Reiseleiter Foto-Amateure durch Island führten, bestens bewährt: Engagierte Fotografen sollten pro Reisewoche etwa 15 Diafilme mit je 36 Aufnahmen mitnehmen; wer nur Erinnerungsfotos auf Negativfilm macht, dem genügen fünf Filme pro Woche. Anfangs fotografiert man mehr als gegen Ende einer Reise, da all die neuen Eindrücke auch auf dem Bild festgehalten werden. Ein Teil der Filme findet in unserer Fototasche Platz, die restlichen kommen bei Flugreisen in den Koffer. Ersatzbatterien, Ersatzakkus, das Akku-Ladegerät sowie das Stativ verpacken wir ebenfalls im Reisekoffer, den wir aufgeben. Auf keiner unserer vielen Flugreisen haben wir bislang eine Beeinträchtigung der Aufnahmen durch die Röntgenkontrollle des Handgepäcks festgestellt; nach unserer Erfahrung sind die heutigen Röntgengeräte auf den Flughäfen „film safe". Neuerdings wird jedoch das aufgegebene Gepäck mit energiereicherer Strahlung geröntgt, um Sprengstoff und Drogen besser aufspüren zu können. Hochempfindliche Filme (ab 27 DIN = 400 ASA) könnten dadurch geschwärzt werden. Zumindest wird in manchen Presseberichten davor gewarnt. Eigene, negative Erfahrungen haben wir jedoch nicht.

Für Foto-Amateure, die sich nicht allzu sehr mit der Fototechnik belasten wollen, sondern einfach schöne Erinnerungsfotos oder auch Dias für den Vortrag unter Freunden mit nach Hause bringen wollen, genügt jeder 100 ASA (21 DIN) Negativ- oder Diafilm von einer bekannten Marke wie *Agfa*, *Fuji* oder *Kodak*. Nur wer hohe Ansprüche an seine Aufnahmen stellt oder seine Dias später kommerziell verwerten möchte, sollte einen Film wählen, der in seinem Farb- und Kontrastverhalten auf die reprografische Weiterverarbeitung abgestimmt ist und die Landschaft, das Licht und die Kühle des Nordens unterstützt. Wir fotografieren im Kleinbild- und 6x7-Mittelformat deshalb mit den Diafilmen *Fujichrome RVP 50 Velvia* und *RDP II 100 Provia®*. Für Motive mit hohen Kontrasten oder wenn wir pastelle Farbtöne originalgetreu wiedergeben wollen, bevorzugen wir den *Fujichrome RAP 100 Astia®*.

Wer mit dem eigenen Auto und der Fähre nach Island reist, kann wesentlich mehr Gepäck mitnehmen. In diesem Fall bevorzugen wir bei der Leica Festbrennweiten, die wir um ein 24 mm-Weitwinkelobjektiv und ein extremes Tele-Objektiv mit 560 mm-Brennweite ergänzen.

Unterwegs notieren wir jede Aufnahme in einem kleinen **Notizbuch**, das uns die spätere Beschriftung unserer Dias entscheidend erleichtert. Wir haben es uns angewöhnt, bei jedem neuen Film eine Seite des Notizbuches abzufotografieren, das unsere Anschrift und eine fortlaufende Filmnummer enthält. Anhand dieser können wir unsere Filme nach der Reise sortieren. Neuerdings notieren wir uns bei Landschaftsaufnahmen in entlegenen Gegenden auch die GPS-Koordinaten (vgl. S.45) und die Blickrichtung. Dadurch können wir später exakt ermitteln, wo die Aufnahmen entstanden sind.

Einige **typische Motive** in Island haben wir eingangs bereits erwähnt. Dazu einige **Fototips:** Interessante Motive aus dem Flugzeug sind Wolkenstimmungen, denen ein angeschnittener Flügel Vordergrund und räumliche Tiefe gibt. Derartige Bilder gelingen aus dem Fenster des Flugzeugs am besten mit einem 28 mm-Weitwinkelobjektiv. Landschaftsaufnahmen aus einem 10 000 m hoch fliegenden Linienflugzeug enttäuschen hingegen meistens, da das Land keine Strukturen erkennen läßt und schwach in den Farben und im Kontrast wird.

Wegen der großen Helligkeit der sonnenbeschienenen Wolken müssen Aufnahmen aus dem Flugzeug bei Dia-Filmen um etwa zwei Blenden- oder Zeitstufen reichlicher belichtet werden als die Belichtungsautomatik der Kamera anzeigt. Auch bei anderen Motiven muß der Fotograf korrigierend in die automatische Belichtungsmessung eingreifen und die Belichtungszeit oder die Blende korrigieren. Jeder **Belichtungsmesser** ist auf ein **mittleres Grau** mit einem Reflexionswert von 18% kalibriert. Motive, die deutlich heller als dieser mittlere Grauwert sind, müssen reichlicher belichtet werden; Motive, die dunkler sind, hingegen knapper. Solche Motive sind Landschaften aus tief schwarzer Lava wie die *Leirhnúkurspalte,* der *Vatnajökull* im gleißenden Licht der Sonne oder der helle Sand in der Bimssteinwüste *Ódáðahraun*. Die schwarze Lava muß um zwei Stufen knapper belichtet werden, der Gletscher im Sonnenlicht um zwei Stufen reichlicher und der helle Sand um eine Stufe mehr.

Negativfilme (Farbe und Schwarzweiß) haben einen wesentlich höheren Belichtungsspielraum als Diafilme. Die Bildhelligkeit und die Farb- bzw. Kontrastwiedergabe können bei Negativfilmen nachträglich noch beim Anfertigen der Abzüge korrigiert werden. Folglich kann bei diesen Filmen weitgehend auf eine Belichtungskorrektur verzichtet werden.

Papageitaucher, diese neugierigen Burschen, kommen am Kliff *Látrabjarg* bis zum Berühren nahe. Formatfüllende Aufnahmen sind hier mit dem Makro-Tele möglich. Meeresvögel, die auf den vorgelagerten Felsinseln nisten, erfordern hingegen ein sehr langes Teleobjektiv mit einer Brennweite von 400–600 mm und darüber. Meeresvögel fotografieren wir mit dem *Leica Telyt-R1:6,8/ 560mm* am *Novoflex* Schnelleinstellgriff. Bei diesen Aufnahmen mit dem langen Tele-Objektiv müssen wir unsere Kamera auf einem stabilen und schweren Stativ befestigen, das auch der ständig wehende Wind nicht erschüttert.

Polarisationsfilter reduzieren Reflexe auf nichtmetallischen Oberflächen, wie Wasser und Pflanzen, und intensivieren die Farbe. Auch die Wolken treten am blauen Himmel plastischer hervor. Die Wirkung eines Polfilters hängt vom Einfallswinkel des Lichts ab; bei 45 Grad ist sie am stärksten. Bei Gegenlicht oder wenn die Sonne senkrecht am Himmel steht, ist ein Polfilter fast wirkungslos. Durch den Einsatz dieses Filters können bei manchen Filmen mit einer sehr hohen Farbsättigung, wie etwa dem *Fujichrome Velvia,* die Farben in ihrem Ton verfälscht werden. Hier sollte der Polfilter nicht auf seine maximale Wirkung eingestellt werden. Bei hohen Kontrasten zwischen einem hellen Himmel und dunkler Lavalandschaft verhilft ein **Grauverlaufsfilter** zu ausgewogenen Bildern. Bei diesem drehbaren Filter ist eine Hälfte grau eingefärbt und mindert dadurch die Helligkeit des Himmels. Der **KR 1,5-Filter** ist ein schwach rötlich eingefärbter Farbkompensationsfilter, der die Farbtemperatur des Lichts senkt. Dadurch wird bei trübem Regen- oder Nebelwetter und bei wolkenlos blauem

Alter Kramerladen im Arbær-Freilichtmuseum in Reykjavík

Himmel ein **Blaustich der Dias vermieden.** Insgesamt wird die Bildwiedergabe „wärmer“. Ein KR 1,5- bzw. der stärkere KR 3-Filter sind notwendig, um z.B. Schneeflächen in ihrem natürlichen Weiß wiederzugeben.

Unsere Foto- und Videoausrüstung transportieren wir am besten in einer soliden Fototasche, die dicht schließt und dadurch den Inhalt vor Staub und Regen schützt. Sie sollte auch derbe Stöße abfedern, bequem zu tragen und zu handhaben sein. Unsere *Lowe Pro Maxi Mag35* bzw. die *Lowe MagnumAW* mit All-Wetter-Schutz haben sich selbst auf extremen Expeditionen bestens bewährt. Aluminiumkoffer sind uns auf Reisen zu unhandlich; wir benutzen sie nur, wenn wir mit dem Auto bis zu unserem Fotoziel fahren können und die Ausrüstung nicht weit tragen müssen.

Bei Foto- und Videoaufnahmen an Deck der Islandfähre *Norröna* stellt die stets mehr oder weniger stark vorhandene Gischt aus feinsten Salzwassertröpfchen eine Gefahr für die Objektive und die Kameraelektronik dar. Das Salzwasser trocknet schnell auf den Objektiven ein, die Salzkristalle können die empfindlichen Gläser zerkratzen und trüben. Das Salzwasser kann die Elektronik der Kamera lahmlegen, sollte die Feuchtigkeit ins Kameragehäuse eindringen. In den Solfatarenfeldern enthält der aus dem Erdinnern austretende Wasserdampf aggressive Säuren, die in der Luft fein verteilt sind und den Objektiven und der Kamera ebenfalls schaden können. In den „Wüstengebieten” Islands dringt der trockene, feine Sand und Staub durch alle Ritzen und kann die Mechanik stören, Ursache für unschöne „Telegrafendrähte” auf dem Film sein oder das Glas der Objektive zerkratzen. Unsere Kamera bewahren wir deshalb in solchen kritischen „Fotozonen” am besten stets in der gut verschlossenen Fototasche auf und entnehmen sie nur für die Aufnahme.

Wer gerne in **Schwarzweiß** fotografiert, kennt bestimmt die Wirkung und die Anwendungsmöglichkeiten der speziellen Schwarzweißfilter. Wir erwähnen hier deshalb nur die beiden wichtigsten, die wir in Island bei der Landschaftsfotografie vorteilhaft einsetzen können: Der Gelb-Filter und der Gelbgrün-Filter verhelfen zu einer im Kontrast richtigen Wiedergabe der weißen Wolken am blauen Himmel. Der Orange- und Rot-Filter dramatisiert die Wolken zu einer bedrohlich wirkenden Gewitterstimmung. Er hellt außerdem dunkelrote Lavabrocken auf, die sich dadurch auf dem Schwarzweißbild deutlich von der sie meist umgebenden schwarzen Lava abheben.

Videofilmer können in Island in Bild und Ton eindrucksvolle Szenen, wie die stürzenden Wasser des *Dettifoss* oder die haushohe Wasserfontäne des *Strokkur,* aufnehmen. Damit der Wind nicht die Klänge der Natur übertönt, sollte das **Mikrofon** besonders windgeschützt sein. Nach unserer Erfahrung werden pro Reisetag durchschnittlich dreißig Minuten lang Videoaufnahmen gemacht. Daraus ergibt sich die Anzahl der von zu Hause mitzunehmenden Leerkassetten. Videos, die aus der freien Hand gedreht werden, erinnern oft mehr an eine Ausflugsfahrt auf einem schwankenden Schiff als an festes Land; manch ein Zuschauer soll von den schwankenden Bildern sogar schon seekrank geworden sein... Verwenden Sie deshalb besonders bei Panoramaschwenks ein Stativ.

Videokameras haben einen recht hohen Stromverbrauch. Bei tiefen Temperaturen ist die Aufnahmezeit stark begrenzt. Die Mitnahme eines oder sogar mehrerer **Ersatzakkus** ist erforderlich, will man den ganzen Tag über aufnahmebereit sein. Steckdosen zum Aufladen der Akkus gibt es im Hochland nicht. Autoreisende können ihre Akkus mit einem **Auto-Ladegerät**, das an das 12V-Bordnetz angeschlossen wird, während der Fahrt aufladen. Auf einem Campingplatz am *Mývatn* wurden einem Teilnehmer aus unserer Reisegruppe einmal für das Aufladen seines Akku-Packs am Stromnetz umgerechnet 5 DM abverlangt; leider werden auch in Island die Touristen immer mehr

Ausbruch des Geysirs Strokkur

zur Kasse gebeten. Die hochgezüchtete Elektronik einiger Video-Kameras verweigert ihren Dienst, wenn es draußen zu feucht ist. Die Kamera piepst, und im Display erscheint die lapidare Meldung „too wet".

Gesundheit & Notfall

Der **landesweite Notruf** von **Krankenwagen** *(sjúkrabifreið)*, **Feuerwehr** *(slökkvistöd)* und **Polizei** ist **112.** In Island sind alle Busse und Taxen sowie viele Privatfahrzeuge mit Funk oder Mobiltelefon ausgestattet, so daß auch Hilfe herbeigeholt werden kann, wenn kein Telefon in der Nähe ist.

Alle **Krankenhäuser** *(sjúkrahús)* unterhalten **Notfallambulanzen.** In Reykjavík ist die chirurgische **Unfallstation und Notaufnahme** *(slysadeild)* des Städtischen Krankenhauses *(sjúkrahús Reykjavíkur)* unter Tel. 5 25 17 00 jederzeit erreichbar. Die **ärzliche Ambulanz** (innere Medizin) erreicht man werktags 8–16 Uhr unter 5 25 10 00 und 16–8 Uhr sowie am Wochenende/Feiertag unter 5 52 12 30. Den **zahnärztlichen Notdienst** erreicht man täglich 11–13 Uhr unter Tel. 5 68 10 41. Zwar verfügt nicht jeder Ort über ein eigenes Krankenhaus, aber überall im Land gibt es **ambulante Gesundheitszentren** *(heilsugæslustöð)*.

Das medizinische Zentrum der Gesundheitsfürsorgestation im *Landspítalinn (læknavaktin)* in der *Barónstígur 47* (im Stadtzentrum) hat ebenfalls einen ärztlichen Notdienst eingerichtet, den man täglich von 17–

8 Uhr und am Wochenende rund um die Uhr unter 5 52 12 30 erreicht. An Werktagen kann man hier von 8–17 Uhr ohne Voranmeldung auch einen Arzt konsultieren. Die ärztliche Versorgung ist, mit Ausnahme des Landesinnern, gut. Statistisch gesehen kommt ein Arzt auf 357 Einwohner.

Bürger aus den skandinavischen Ländern und Großbritannien sind in Island durch ihre nationale Krankenversicherung abgesichert, mit der die isländischen Behandlungskosten direkt verrechnet werden. Bürger aus allen anderen Ländern müssen die anfallenden Behandlungskosten und Medikamente vor Ort selbst bezahlen, wenn sie nicht das im Heimatland von der eigenen Krankenkasse ausgestellte Kostenübernahmeformular E-111 vorweisen können. Die isländischen Behandlungskosten sind hoch, da Ausländer als Privatpatienten behandelt werden. Diese Kosten werden später von der eigenen Krankenkasse möglicherweise nicht in vollem Umfang ersetzt. Die deutschen Krankenkassen erstatten gegen Vorlage der in deutsch abgefaßten Diagnose und Kostenrechnung meistens nur die dafür in Deutschland üblichen Gebührensätze. Es empfielt sich daher der Abschluß einer zusätzlichen **Reisekrankenversicherung.**

Apotheken *(apótek)* sind werktags von 9 bis 18 Uhr geöffnet. Die jeweiligen Dienstbereitschaften sind in den Schaufenstern angegeben. In *Reykjavík* und *Akureyri* haben einige Apotheken für Notfälle täglich bis 22 Uhr geöffnet, jedoch nur jeweils eine hat Nachtdienst. Auskunft erhält man über die Dienstbereitschaft unter Tel. 5 51 88 88. Für die meisten Medikamente ist ein Rezept erforderlich. Wir empfehlen, benötigte Medikamente in ausreichender Menge von zu Hause mitzunehmen.

An vielen Stellen im Land stehen **orangefarbene Rettungshütten** der isländischen Lebensrettungsgesellschaft *(Slysavarnafélag Íslands).* Darin befinden sich Notproviant, Dekken, ein Herd und ein Ofen mit Brennmaterial sowie meistens auch ein Notruftelefon oder Funkgerät. Die Hütten bieten Raum für vier bis sechs Personen. Die Rettungshütten dürfen **nur im Notfall** benutzt werden; sie sind keine Dauerunterkünfte, Mißbrauch ist strafbar! Sollten Sie einmal eine solche Rettungshütte benötigen, verständigen Sie bitte anschließend den nächsten Bauern oder eine Rettungsstation, damit verbrauchte Vorräte wieder aufgefüllt werden können. Bezahlen Sie das, was sie benötigt haben. Es wird erwartet, daß nach Benutzung ein kleines Entgelt in der Hütte hinterlegt wird.

Landkarten & Orientierung

Für eine Islandreise sind die neuesten **Straßenkarten** des isländischen Landvermessungsamtes *(Landmælingar Íslands)* unerläßlich. Man kann diese Karten schon zu Hause (bei *Arktis Verlag Schehle,* Bahnhofstraße 13–15, 87435 Kempten, Tel. 08 31/ 5 21 59 21, Fax 5 21 59 50; *NORDIS Buch-und Landkartenhandel GmbH,* Pf. 100343, 40757 Monheim, Tel. 0 21 73/95 37 12, Fax 5 42 78) oder preisgünstiger direkt in Island kaufen.

Isländische Landkarten gibt es in verschiedenen Maßstäben. Eine brauchbare **Übersichtskarte** von ganz Island hat den Maßstab 1:750 000 (z.B. Große Länderkarte Island, RV Reise- und Verkehrsverlag). Eine ähnliche Karte ist in Island bei vielen Tourist-Informationen kostenlos erhältlich. Darin sind alle wichtigen Straßen eingezeichnet; für Rundreisen reicht die Karte völlig aus. Eine nur geringfügig detailliertere **Autokarte** *(ferðakórt)* gibt es im Maßstab 1:500 000. Die empfehlenswerten **Generalkarten** *(aðalkort)* für den Autofahrer haben den Maßstab 1:250 000. Diese gibt es als Einzelkarten in 9 Blättern oder als Doppelkarten in 5 Blättern. Darin sind alle Straßen und befahrbaren Pisten eingezeichnet sowie die größeren Furten markiert.

Die detaillierteren Atlas-Karten *(atlasblöð)* im Maßstab 1:100 000 (insgesamt 87 Blätter) sind für Trekkingtouren und für geologische Exkursionen zu empfehlen. Darüberhinaus gibt es Detailkarten im Maßstab 1:100 000 *(Sérkort)* von den touristisch interessanten Gebieten *Þórsmörk-Landmannalaugar, Húsavík-Mývatn-Jökulsargljúfur, Hornstrandir, Suðvesturland* und *Skaftafell*. Vom *Mývatn,* den *Westmänner-Inseln* und der *Hekla* beträgt der Maßstab der Karten 1:50 000, vom *Þingvellir* und *Skaftafell* 1:25 000. Diese Karten empfehlen wir für Wanderer, da in ihnen auch die markierten Wanderwege eingezeichnet sind.

Stadtpläne, z. B. von *Akureyri* oder *Reykjavík,* sind im Maßstab 1: 15 000 erhältlich. Bei den Tourist-Informationen dieser Orte bekommt man Sonderausgaben meist kostenlos.

Für Autoreisende empfehlen wir die neun Blätter der isländischen **Generalkarte** im Maßstab 1:250 000. Da auch alle touristisch interessanten Pisten gut markiert und beschildert sind, benötigt man keine weiteren Karten und Hilfsmittel zur Orientierung. Nur in Einzelfällen kann es notwendig werden, daß man im Hochland auf selten befahrenen Nebenstrecken die grobe Richtung für die Weiterfahrt mit einem **Kompaß** oder mittels **GPS** *(Global Positioning System,* s.u.) ermitteln muß. Auch bei dichtem Nebel, der aber im Hochsommer eher selten vorkommt, ist ein Kompaß auf Wanderungen von Nutzen, oder wenn es darum geht, im Gelände an einem Kreuzungspunkt mehrerer Pisten die richtige für die Weiterfahrt ausfindig zu machen. Eine genaue **Orientierung mit dem Kompaß** ist in Island generell nur unter Vorbehalt möglich. Da das basaltische Vulkangestein vielfach selbst magnetisch ist, ruft es lokale Magnetfelder hervor, die die Kompaßnadel beeinflussen und zu Fehlmessungen führen. In Vulkangebieten kann man mit dem Kompaß deshalb allenfalls einen im Gelände sichtbaren markanten Punkt anpeilen und damit seine Marschrichtung grob festlegen. Ein exaktes Orientieren per Karte oder gar ein Bestimmen der Marschrichtung auf der Karte sind mit dem Kompaß nicht möglich.

An vielen Stellen auf der Erde stimmt die magnetische Nordrichtung außerdem nicht mit der geografischen überein; magnetischer und geografischer Nordpol weichen voneinander ab. Der Winkel zwischen diesen beiden „Nordrichtungen“, die **Deklination,** muß folglich bei einer

Schotterpiste im Vesturtal

Orientierung mit dem Kompaß korrigiert werden. In Island nimmt die Deklination von Ost nach West zu. An der Ostküste beträgt sie etwa 18° West, in Zentralisland 20° West und in der Westfjorden bis zu 25° West. Auf den Färöer-Inseln muß eine Abweichung von etwa 12° West korrigiert werden. Bei Expeditionsausrüstern ist eine **internationale Mißweisungskarte,** eine Weltkarte, auf der die jeweilige Deklination eingezeichnet ist, erhältlich.

Alle Hochlandpisten und Wanderwege sind jedoch hinreichend markiert, so daß man auch auf mehrtägigen Touren durch unbewohnte Gebiete nicht navigieren muß. Nur wer die markierten Pfade verläßt (das Fahren abseits freigegebener Pisten ist verboten!), sollte über entsprechendes Navigationswissen verfügen.

GPS-Satellitennavigation

Eindeutige Vorteile bei der exakten Positionsbestimmung bietet das heute schon bei vielen Fernreisenden verbreitete GPS. Diese einfache und problemlos nutzbare Navigationshilfe wurde ursprünglich 1973 vom US-Militär entwickelt und hat sich inzwischen auch im zivilen Bereich durchgesetzt. Wassersportler und Bergsteiger nutzen heute handliche GPS-Geräte für die genaue Orientierung.

Das Navigationssystem basiert auf 24 Satelliten, die, gleichmäßig auf sechs Orbitalbahnen um die Erde verteilt, diese alle zwölf Stunden in 20 000 km Höhe umkreisen. Die Signale dieser GPS-Satelliten werden vom GPS-Empfänger empfangen, der aus den Laufzeiten der hochfrequenten Signale die Positionskoordinaten errechnet. Die **Genauigkeit** (der minimale Positionsfehler) dieser GPS-Empfänger beträgt theoretisch ±15 m. In der Praxis variiert diese jedoch zwischen ±15 und ±100 m im Längen- und Breitengrad sowie bis zu ±130 m in der Höhe. Die Ursache liegt darin, daß die GPS-Signale der Frequenz 1575,42 MHz für zivile Geräte „verrauscht" werden, damit diese nicht zur Waffensteuerung verwendet werden können. Man bezeichnet dies als *selective availability,* abgekürzt *SA.* GPS-Signale des militärischen Bereichs nutzen andere Frequenzen, die nicht gestört werden. Hier ist heute eine Genauigkeit von deutlich unter ±1 m gegeben. Wegen der Unschärfe bei der Höhenmessung kann ein ziviles GPS-Gerät übrigens auch nicht den mechanischen Höhenmesser ersetzen, der auf der Messung des Luftdrucks basiert, sofern genauere Werte gemessen werden sollen. Wir nutzen in Island das GPS hauptsächlich,

Ansicht von Reykjavík (links oben die Perlan auf dem Hügel Öskjuhlid)

um unseren Standort genau zu bestimmen, bestimmte Orte im Hochland schneller zu finden oder besondere Sehenswürdigkeiten exakt auf der Karte einzutragen. Auch bei der Bestimmung unserer Landschafts-Fotomotive hilft uns das GPS.

Genau genommen aber ist selbst auf Reisen in die abgelegensten Landesteile ein GPS-System zur Ermittlung des weiteren Weges nicht erforderlich, wenn eine gute Karte und vielleicht ein Kompaß dabei sind.

Literatur & Videos

Bücher

APA Guides Island
Hrsg. Tony Perrottet. APA Publications Ltd. 1995

Barüske, Heinz
Island. Kunst- und Reiseführer mit Landeskunde, Stuttgart 1990

Behr, Klaus
Mai's Weltführer Island. Mai Verlag, Dreieich 1999

Bollason, Arthúr Björgvin
Island entdecken & erleben. Mairs Geographischer Verlag, Hrsg. „abenteuer & reisen" WDV-Verlag, München 1996

Cohnen, Susanne;
Hamacher, Volker
Island. Susanne Cohnen Verlag, Mönchengladbach 1995

Dressler, Fritz; Wetzig, Karl-Ludwig
Island. C.J. Bucher Verlag, München 1997

Einarsson, Þórleifur
Geologie von Island. Verlag Mál og Menning, Reykjavík, 1994

Escritt, Tony
Iceland. A Handbook For Expeditions. London 1986

Franke, Klaus D.
Island. DuMont Buchverlag, Köln

Gebhard, Peter
Island. Artcolor Verlag Hamm

Gorsemann, Sabine;
Kaiser, Christian
„Richtig wandern" Island. DuMont Buchverlag, Köln 1992

Gorsemann, Sabine
Island. Rowohlt Taschenbuch Verlag, Hamburg 1996

Gudmundsson; Kjartansson
Wegweiser durch die Geologie Islands. Bókaútgáfan Örn og Örlygur hf, Reykjavík 1984

Hartlap, Detlef; Strumann, Sven:
Marco Polo Reiseführer Island. Mairs Geographischer Verlag, Ostfildern 1997

Hörður Kristinsson
Die Blütenpflanzen und Farne Islands. Bókaútgáfan Örn og Örlygur hf, Reykjavík

Hanneck-Kloes, Gudrun Marie
Island. Ein Landschafts- und Erlebnisführer. Oase Verlag, Badenweiler 1990

Hansen, Walter
Asgard – Entdeckungsfahrt in die germanische Götterwelt Islands. Weltbild Verlag, Augsburg 1994

Jantzen, Heidrun und *Friedrich*
Island. Landschaften, Pflanzen- und Tierwelt. Landbuch Naturreiseführer, Hannover 1988

Kaut, Ellis; Roßhaupter, Erich
Island – eine Reise. Nymphenburger Verlag, München 1998

Klüche, Hans
Island und Färöer-, Shetland-, Orkney-Inseln – Preiswert Reisen, Band 19. Hayit Verlag, Köln 1986

Körtzinger, Arne
Allein durch Island – Fahrrad-Abenteuer. Pietsch Verlag Stuttgart 1992
Koch, Andreas; Völkek, Eva
Island. Schroll Verlag Wien / München 1995
Krafft, Maurice
Führer zu den Vulkanen Europas. Band 1: Allgemeines, Island. Enke Verlag, Stuttgart 1984
Kürtz; Stadler; Hanneck-Kloes
Island – Begegnung mit dem Horizont. Bucher Verlag, München 1996
Lange, Harald
Island. Insel aus Feuer und Eis. Verlag Ludwig Simon, München 1985
Luthardt, Ernst-Otto
Reise durch Island. H. Stürtz Verlag, Würzburg 1998
Märchen aus Island
Bechtermünz Verlag, Eltville 1999
Moser, Achill
Abenteuer Island. Pietsch Verlag, Stuttgart
Münzer, Ulrich
Island – Junges Land in Bewegung. Arktis Verlag Schehle, Kempten
Naundorf, Cathleen, Klüche, Hans
Island. Bruckmann Verlag, München 1997
Nyul, Oliver
Island, praktisches Reisehandbuch für den erholsamen Urlaub. Peter Meyer Reiseführer, Frankfurt am Main 1994
Perre, Erik van de
Landmannalaugar, Laugavegur (ausführliche Beschreibung des Fernwanderwegs). Conrad Stein Verlag, Kronshagen 1996
Pesse, Erik van de
Island. Bruckmann Verlag, München 1999
Paoluzzo, Marco
Island. Benteli Verlag. Wabern 1995
Quack, Ulrich
Reise-Handbuch Island. Iwanowski´s Reiseverlag, Dormagen 1996/97
Rausch, Ursula
Island. Walter-Reiseführer, Olten 1987
Richter, Hans Peter
Island Handbuch. Conrad Stein Verlag, Kiel 1988
Saslawskaja, Marina; Siwik, Hans
Island, Insel aus Feuer und Eis. Belser Verlag, Stuttgart
Schießl, Gabriele, Handl Christian
Rother Wanderführer Island. Bergverlag Rother. München 1997
Simrock, Karl
Die Edda. Phaidon Verlag, Essen 1987
Schmid, Max; Martin, Gerald
Island. Ellert und Richter Verlag, Hamburg 1995
Schnütgen, Achim
Island. DuMont Verlag, Köln 1999
Schnütgen, Achim
Island. Vulkaninsel zwischen Europa und Amerika. DuMont-Landschaftsführer, Köln 1988
Schutzbach, Werner
Island, Feuerinsel am Polarkreis. Ferd. Dümmlers Verlag, Bonn 1985
Steinbüchler, Hans
Island – Reise zum jüngsten Land der Erde. Rosenheimer Verlagshaus, Rosenheim
Swaney, Donna
Iceland, Greenland and the Faroe Islands. Lonely Planet, 1991
Titz, Barbara und *Jörg-Thomas*
Off road Handbuch Island. Pietsch Verlag, Stuttgart 1993
Troßmann, Thomas
Motorradreisen. Reise Know-How Verlag Därr GmbH, Hohenthann 1999

Mit breitbereiften Super-Jeeps über den Gletscher (Vatnajökull)

Uehli, Ernst
Nordisch-germanische Mythologe als Mysteriengeschichte. J. Ch. Mellinger Verlag, Stuttgart 1984
Weyer, Helfried
Island. Erinnerungen an die Schöpfung. Orbis Verlag, München 1985
Wiese, Eigel
Island – Reise zwischen Feuer und Eis. Pietsch Verlag, Stuttgart 1992
Wiktorin, Karl
Island ABC. Lundipress Verlag, Eichstätt 1997
ders.
Island erfahren. Reiseinformationen. Lundipress Verlag, Eichstätt 1989
Willhardt, Jens; Sadler, Christine
Island. M. Müller Verlag, Erlangen 1997
Wisniewski, Winfried
Reiseführer Natur Island. BLV Verlagsgesellschaft mbH, München 1992

Zeitschriften

HB Bildatlas Special Island. Bd 7
HB Naturmagazin draußen
Island, Bd 30
Iceland Review
Verschiedene Hefte. Verlag des Iceland Review Reykjavík
Merian-Hefte 6/25 und 8/42: Island
Nordis, das Nordeuropa Magazin
Verschiedene Hefte. Nordis Buch- und Landkartenhandel Monheim

Videos

Blum, Roland
Island – Sagaland der Pferde. Video-Reihe Documenta Hippologica, Georg Olms Verlag, Hildesheim 1995
Island Hochland-Expedition
Arktis Verlag Schehle, Kempten
Niesporek, Hans
Off road Abenteuer Island. Niesporek Video und Filmproduktion, Raunheim 1994

Island – Götter, Gletscher und Geysire. Atlantis Video, Neuer Pawlak Verlag 1991
Island – Golden Globe Videokassette. Komplett-Media, Grünwald 1994

Medien

Zeitungen & Zeitschriften

In Island erscheinen sechs Tageszeitungen und 71 Wochenzeitungen. Die größten überregionalen **Tageszeitungen** sind *DV* (unabhängig) und *Morgunblaðið* (= Morgenblatt, konservativ). *Tíminn* ist linksliberal, *Þjóðviljinn* sozialistisch und *Alþýðblaðið* sozialdemokratisch orientiert. Die kleine Zeitung *Dagur* ist nur lokal vertreten. Amerikanische, britische und dänische Tageszeitungen und Magazine bekommt man ganzjährig auch in den kleineren Städten. Deutsche Tageszeitungen gibt es ganzjährig nur in Reykjavík und Akureyri, im Sommer auch in anderen Städten, allerdings selten aktuell.

Aktuelle Informationen und Hintergrundwissen über Island gibt es im englischsprachigen Monatsmagazin *News from Iceland* und im vierteljährlich erscheinenden *Iceland Review.* Interessenten können diese Magazine beim Verlag *Iceland Review*, Höfdbakki 9, P.O. Box 12122, IS-132 Reykjavík, bestellen.

Rundfunk

Die öffentlich-rechtliche Rundfunkanstalt Islands wurde 1930 gegründet. Seit 1985 senden auch private, kommerzielle Anbieter. Es gibt heute in Island zwei staatliche Rundfunkstationen (RS1 und RS2) sowie viele lokale Privatsender. RS1 sendet in den Sommermonaten täglich im Anschluß an die Nachrichten um 7.30 Uhr Nachrichten und Wetterbericht auf Englisch (FM 93,5 MHz und 92,4 MHz). Eine Aufzeichnung dieser Meldungen kann rund um die Uhr unter der Telefonnummer 5 69 36 90 abgehört werden. Auf FM 90,9 MHz senden die *BBC* und die *Voice of America.* Auch auf FM 96,7 gibt es werktags um 9, 12 und 17 Uhr Nachrichten der BBC. Radio *Síglit* bringt vom 1.5.–30.9. Di–Sa zwischen 7 und 9 Uhr Nachrichten und Wettervorhersagen auf englisch.

Die **Deutsche Welle** hört man auf Kurzwelle (6075, 6115 und 6140 KHz), an der Südostküste teilweise auch auf dem 49 m-Band der Mittelwelle.

Fernsehen

Das öffentlich-rechtliche isländische Fernsehen begann 1966; seit 1986 gibt es auch einen privaten Fernsehsender (Pay-TV). Das Programm wird von nicht-synchronisierten US-Serien und Spielfilmen mit isländischen Untertiteln dominiert. Nachrichten in englischer Sprache werden im Videotext zu Kanal 1 auf Seite 130 angeboten. Wie in unseren Städten prägen heute auch in Island die kleinen Parabolantennen das Bild der Häuser. Damit läßt sich die „Zwei-Programm-Grenze" des isländischen Fernsehens überschreiten, und man nimmt teil an der Vielfalt internationaler Satellitensender.

WWW – Island im World Wide Web

Unsere Welt ist durch das **Internet** näher zusammengerückt. Ursprünglich wurde das Internet 1969 als ein für jedermann offenes digitales Datennetz ohne zentrale Verwaltung und Kontrolle vom US-Verteidigungsministerium entwickelt. 1989 „erfand" der britische Physiker *Timothy Berners-Lee* das Internet, wie wir es heute kennen. Er arbeitete damals am europäischen Kernforschungszentrum CERN in Genf und wollte ein **weltumspannendes Kommunikationsnetzwerk** für Physiker schaffen. Heute ist Tim Berners-Lee Professor am *Massachusetts Institute of Technology,* wo er sich mit Computertechnik beschäftigt. Gleichzeitig ist er Direktor des Konsortiums, das die technischen Standards für das *World Wide Web (WWW)* festlegt. Das World Wide Web ist die multimediale Seite des Internet, ein gigantisches Werbe- und Informationsmedium fast ohne Grenzen. Mehr als 100 Millionen Menschen können heute schon über das Internet kommunizieren – und ihre Zahl steigt stetig. Der Computer ermöglicht es uns heute, Island vom heimischen Schreibtisch aus auf einer **virtuellen Abenteuerreise** kennenzulernen.

Island ist im WWW auf vielfältige Weise vertreten. Aktuelle Informationen für Touristen, ein kurzer Abriß der Landesgeschichte und die neuesten Listen mit Adressen und Telefonnummern von Hotels, Privatunterkünften und Campingplätzen können kostenfrei aufgerufen werden. Für anderes werden Gebühren erhoben, und wer von zu Hause aus etwa einen typischen isländischen Pullover aus Schafswolle kaufen will, muß sein „online shopping" natürlich bezahlen. Ein Mausklick und die Angabe der Kreditkartennummer genügen, um über die elektronische Post (E-Mail) Bestellungen bei den im Internet werbenden Firmen aufzugeben.

Das Angebot an kostenfreien und gebührenpflichtigen Informationen wird ständig erweitert, eine Entwicklung, die nicht nur segensreich ist. Der polnische Science-fiction Autor *Stanislaw Lem* bezeichnete das WWW in einem Interview der Wirtschaftswoche vom 23.5.1996 als „elektronische Anarchie". Er sagte, das „Netz hat kein Zentrum, keinen Betreiber, keine Kontrolle". Gleichrangig stehen nützliche Fakten neben falschen Wahrheiten, und es wird zusehends schwieriger, aus der Vielzahl von Informationen die wichtigen zu erkennen und diese gezielt auszuwählen.

Infos zum Internet

Wer Näheres über das Internet und den Zugang dazu erfahren möchte, sollte sich an einen sog. **Service-Provider (Internet-Anbieter)** wenden:

AOL Bertelsmann Online	Tel. 0 18 05/31 31 64
Compuserve	Tel. 01 80/5 70 40 70
ecore	Tel. 09 51/93 22 70
Mannesmann Arcor	Tel. 08 00/1 07 08 00
MobilCom	Tel. 0 18 05/01 92 90 (preisgünstig!)
o.tel.o	Tel. 0 18 03/19 98
Talknet-Talkline	Tel. 0 18 03/20 03
TelePassport	Tel. 08 00/80 80 88
T-Online	Tel. 01 30/50 00 (preisgünstig!)

Diese Liste stellt nur eine kleine Auswahl an überregionalen Providern dar. Auch deren Preise unterscheiden sich deutlich voneinander, wobei jeder abhängig von der individuellen Nutzung „günstige“ und „teure“ Zeit- bzw. Tariffenster hat. Manche erheben Grundgebühren (20–30 DM/Monat) und locken mit Freistunden, bei anderen wie den sog. Internet-By-Call Providern kann man sich direkt ins Netz einwählen und bezahlt nur die Zeit, die man online ist (5–12 Pf/Min). Wir meinen, die Zukunft gehört den letzteren. Unter **http://provider-info.de** erhält man nähere Informationen zu den deutschen Providern und kann auch Preisvergleiche abrufen, die von einer unabhängigen Stelle erstellt wurden.

Gültige WWW-Adressen im Internet beginnen mit „http://“. Dahinter schließt sich die Internet-Adresse der gewünschten Infodatei an. Da man diese zunächst meist nicht kennt, geht man erst einmal „surfen“ im Internet: Man schaut nach, was der Computer so alles zu dem Schlagwort „Island“ verrät, und wählt im WWW die Seite eines bekannten Suchprogramms wie *Lycos, Yahoo!* oder *Magellan.* Diese Suchroutinen sind Datenbankprogramme, die das Internet nach den gewünschten Begriffen durchforsten. Wer ein englischsprachiges Suchprogramm verwendet, sollte nicht den Suchbegriff „Island“ eingeben, sondern „Iceland“. Es gibt auf der Welt einfach zu viele Inseln...

Allgemeine touristische Informationen gibt es unter:

- **http://www.icetourist.is,**
- **http://www.geysir.com,** und
- **http://www.norden.org** (Homepage des Nordic Councils Kopenhagen).

Die ersten beiden Adressen sind „digitale Tourist-Informationen“, die dritte liefert Fakten über die Wirtschaft und gibt Hinweise zur Kultur aller skandinavischen Länder. Darin gibt es Links zu zahlreichen weiteren Informationsquellen. Offizielle statistische Daten liefert *Hagstofa Íslands* unter **http://www.statice.is.** Den aktuellen Straßenzustandsbericht und die Befahrbarkeit der Hochlandpisten kann man bei *Vegagerðin* **(http://www.vegag.is)** abrufen. Man erfährt hier auch den aktuellen Wetterbericht, kann die Tagespresse einsehen (englische Kurzfassung), bekommt Veranstaltungshinweise, es gibt ein Shopping-Center und man kann über die Geschichte und Landeskunde nachlesen. Wer vertieft in die Geologie Islands einsteigen möchte, ruft das *Gísland Geographic Information System* unter **http://www.hi.is** auf. Hier kann man sich auch Detailkarten von Island ansehen, ausdrucken und für seine Reiseplanung verwenden. An der nordischen Mythologie Interessierte sollten einmal unter **http://www.aasgard.com** nachsehen (englischer Text).

Die Zeitschrift *Iceland Review* veröffentlicht aktuelle Wirtschaftsdaten, die Termine von Kulturveranstaltungen und Neues für Touristen, die unter der Internet-Adresse **http://www.centrum.is/icerev** abgerufen werden können. Zugang zum *Trade Council of Iceland* erhält man unter **http://www.icetrade.is.** Aktuelles aus der Reisebranche kann unter **http://www.skandinavien.de/island** abgerufen werden. Auch der Infodienst **http://rek.ch/aw** bietet umfangreiches Material über Island an. Die Vereinigung isländischer Bergführer *(Íslenskur Fjalla Leiðsögumenn)* veröffentlicht Vorschläge (isländisch und englisch) für geführte Bergtouren unter **http://www.solver.is/guid/ens/rammaren.** Vulkanismus ist das Thema des *Nordischen Vulkanologischen Instituts* **(http://www.norvol.is),** wobei dessen Angaben wissenschaftlicher Natur sind und aktuelle Forschungsergebnisse beeinhalten. Hier kann man sich auch ausführlich über die jüngsten Vulkanausbrüche und die Geologie Islands informieren (in englisch).

Die wirklich schönen Bilder von **„Landscapes of Iceland", http://www.eas.nalberta.ca/elj/icepics/iceindex,** machen Lust auf eine eigene Reise zu der Vulkaninsel.

Wesentliche Neuigkeiten über Island, die in der aktuellen Auflage unseres Buches noch nicht enthalten sind, können auf der Homepage des REISE KNOW-HOW Verlags **(http://www.reise-know-how.de)** abgerufen werden.

Die angegebenen Internetadressen sind natürlich nur ein kleiner Teil dessen, was das Internet zu Island bietet. Eine vollständige, aktuelle Auflistung kann man nicht erstellen. Unberücksichtigt blieben auch alle die privaten Homepages von Islandreisenden, die im Internet über ihre persönlichen Erlebnisse und Abenteuerreisen berichten.

Öffnungszeiten

Die üblichen **Geschäftszeiten** sind unter der Woche von 9–18 Uhr. Freitags sind viele Geschäfte bis 19 Uhr geöffnet, samstags bis mittags. In Reykjavík haben auch sonntags einige Läden geöffnet; außerhalb der Hauptstadt sind nur Souvernirgeschäfte am Sonntag geöffnet. Die Schalterstunden der meisten Banken sind Mo bis Fr 9.15–16 Uhr, einige Banken haben am Donnerstag bis 18 Uhr geöffnet. Postämter sind werktags von 8.30–16.30 Uhr und samstags von 9–12 Uhr geöffnet. Die angegebenen Öffnungszeiten gelten für die Sommermonate und für größere Orte; im Winter und in den kleineren Orten sind kürzere Öffnungszeiten üblich.

Post & Telefon

(Póstur og sími)

Postämter oder zumindest eine Poststelle gibt es in fast allen Orten. Briefkästen hingegen sind eher selten. In Island ist es üblich, seine Post auf den Postämtern abzugeben. Da die Post *(póstur)* und das Telefon *(sími)* in Island getrennt sind, können sie nicht in allen Postämtern telefonieren. Das Versenden von Telegrammen und Telefax ist jedoch überall möglich.

Die **Postgebühren** betragen für Briefe bis 20 g und Postkarten per Luftpost *(flugpóstur)* innerhalb Islands oder Skandinaviens 35 ISK, im übrigen Europa 45 ISK und außerhalb Europas 65 ISK. **Isländische Briefmarken** sind ein beliebtes Sammelobjekt. Jedes Jahr gibt es sehenswerte Neuerscheinungen mit unterschiedlichsten Motiven.

Das **Hauptpostamt von Reykjavík** *(Aðalposturinn)* liegt in der Straße *Ármúli 25*. Öffnungszeiten: Montag 8–17 Uhr, Dienstag bis Freitag 9–17 Uhr, Samstag 9–12 Uhr. An dieses Postamt kann man sich postlagernde Päckchen und Pakete schicken lassen. Im Zentrum befindet sich die Post in der *Pósthússtræti*. Im Kringlan-Einkaufszentrum ist die Post werktags bis 18 und im BSÍ-Bus-

bahnhof bis 19.30 Uhr, samstags bis 15 Uhr, geöffnet.

Das **Telefonsystem** ist 1995 auf siebenstellige Rufnummern umgestellt worden. Die zuvor gültigen Vorwahlnummern 90–98 wurden abgeschafft. Die neuen Rufnummern können aus den alten leicht abgeleitet werden (siehe Kasten).

Bei Gesprächen von einem Postamt aus wird eine Gebühr erhoben. Sie sollten daher die Münzfernsprecher in Hotels, Cafeterias, Restaurants oder Tankstellen bevorzugen. Die meisten Telefone nehmen nur Telefonkarten bzw. 1-, 5- und 10-Kronen-Münzen an; einige Telefonapparate schlucken auch 50-Kronen-Münzen. Billigtarife gelten von 23–6 Uhr sowie am Wochenende.

Innerhalb Islands kann man die neuen siebenstelligen Nummern direkt wählen. Bei **Ferngesprächen aus dem Ausland** nach Island lautet die **Vorwahl 354,** gefolgt von der siebenstelligen isländischen Rufnummer. Für Gespräche von Island ins Ausland wählt man für Deutschland 0049 + Ortsvorwahl (ohne „0") + Rufnummer. Die Vorwahl in die Schweiz lautet 0041, nach Österreich 0043.

Das **isländische Telefonbuch** ist nach den Vornamen geordnet, die den Familiennamen vorangestellt sind.

Alte Vorwahl (Region)	**Neue Nr.**
90 (Auslandsvorwahl)	**00**
91 (Reykjavík)	**55** bei Rufnummer aus fünf Ziffern bzw. **5** bei Rufnummer aus sechs Ziffern
92 (Halbinsel Reykjanes)	**42**
93 (Westen)	**43**
94 (Nordwesten)	**44**
95 (Norden, Westteil)	**45**
96 (Norden,Ostteil	**46**
97 (Osten)	**47**
98 (Süden)	**48**

Bei Autotelefonen und Handys entfällt die „9" der bisherigen Vorwahlnummern 989 (GSM-System) bzw. 985 (NMT-System).

Preise

Island hat den Ruf eines extrem teuren Reiselandes. Zwar ist das Preisniveau in den letzten Jahren aufgrund der Kursverluste der isländischen Krone und Preissenkungen in vielen Bereichen niedriger geworden, dennoch gibt es kaum etwas, das billiger als in Deutschland ist. Lebensmittel sind wesentlich teurer, auch die Grundnahrungsmittel. Billiger sind Hammel- und Schaffleisch oder Fisch, wenn man ihn direkt beim Fischer oder im Hafen kaufen kann. Dieselkraftstoff ist nur auf den ersten Blick wesentlich günstiger. Berücksichtigt man die Dieselsteuer, ist auch Diesel mindestens so teuer wie bei uns. Benzin dagegen ist deutlich teurer. Übernachtungspreise in Hotels sind durchgehend hoch. Zu den sehr teuren Artikeln in Island gehört auch der Alkohol.

Mehrwertsteuer-Rückerstattung

Ausländer können sich unter bestimmten Voraussetzungen einen Teil der in Island gezahlten Mehrwertsteuer (24,5%) rückerstatten lassen. Waren des täglichen Bedarfs (Lebensmittel, Zigaretten, alkoholische Getränke) sind davon ausgenommen. Für die Rückerstattung gibt es in den Geschäften, die an ihrem Logo **Iceland Tax Free Shopping** erkennbar sind, ein **Formular,** das am besten gleich im Laden ausgefüllt (Text in Englisch) und bei der Ausreise dem Zoll vorgelegt wird. Die Ausreise darf nicht später als 30 Tage nach dem Kauf der Waren erfolgen. Die Gesamtsumme aller gekauften Waren pro Rechnung muß mindestens 5000 ISK betragen. Mit Ausnahme von Wollsachen müssen alle anderen Waren beim Zoll im **original verpackten Zustand** vorgelegt werden; sie dürfen in Island nicht benutzt worden sein. Die Mehrwertsteuer wird entweder direkt am Zoll beim Verlassen des Landes (Fähre) oder einige Wochen später unter Einbehalt einer Gebühr erstattet. Man erhält einen Verrechnungsscheck in ISK ausgestellt an die im Formular angegebene Heimatadresse geschickt. Unterm Strich bekommen Sie nach Abzug aller Gebühren von der in Island gezahlten Mehrwertsteuer etwa die Hälfte auf ihrem Konto gutgeschrieben.

10 Kronen

5 Aurar

Reisen in Island

Autos und Busse sind die wichtigsten Verkehrsmittel in Island. Zwischen allen bedeutenden Orten besteht außerdem ein enges Flugnetz. Island hat keine Eisenbahn. Wer auf öffentliche Verkehrsmittel angewiesen ist, nimmt am besten den Bus.

Island mit dem Bus

Die **öffentlichen Linienbusse** fahren auf einem 7000 km langen Busnetz (vgl. Karte auf der nächsten Doppelseite). Alle Orte werden mehr oder minder häufig angefahren, die wichtigsten Städte täglich, entlegenere Orte meist nur jeden zweiten oder dritten Tag. Die Linienbusse und die öffentlichen Überlandbusse, welche das Hochland beispielsweise auf der *Kjölur-,* der *Sprengisandur-* oder der *Fjallabak-Route* durchqueren und neuerdings auch zur *Askja* fahren, halten unterwegs auch dort, wo keine Haltestellen sind, wenn Fahrgäste aussteigen wollen oder Wanderer mitgenommen werden möchten. Man kann so überall entlang der Ringstraße aus- und zusteigen und selbst abgelegene Wanderziele im unbewohnten Landesinnern erreichen.

Die isländische Busgesellschaft *BSÍ* bietet zwei preisgünstige **Buspässe** an: Der **Rundreisepaß Hringmiði** kostet pro Person 399,50 DM bzw. 16 000 IKR (Preisangaben BSÍ-Travel, Reykjavík, Sommer 1999) ohne die Westfjorde und 588,50 DM bzw. 23 600 IKR incl. Westfjorde. Man kann hiermit zeitlich unbegrenzt mit beliebig vielen Stopps Island auf der Ringstraße umfahren, wobei stets

Strecke	Fahrzeit	Entfernung	Fahrtkosten
Reykjavík – Akureyri	ca. 6 Std.	436 km	ca. 113 DM
Reykjavík – Höfn	ca. 8 Std.	476 km	ca. 132 DM
Reykjavík – Ísafjörður	ca. 10 Std.	537 km	ca. 171 DM
Akureyri – Egilsstaðir	ca. 5 Std.	280 km	ca. 102,50 DM

die einmal eingeschlagene Fahrtrichtung eingehalten werden muß. Der Paß ist gültig von Mitte Mai bis Ende September. Alle Linienbusse, die nicht im Rundreisepaß enthalten sind, wie auch die Stadtbusse in Reykjavík und Akureyri, müssen extra bezahlt werden.

Der **Omnibuspaß Tímamiði** ermöglicht auf allen Linienbusstrecken unbegrenzte Fahrt in beliebiger Richtung. Für die Hochlandstrecken müssen Zusatzgebühren entrichtet werden. Der Timamidi wird wochenweise ausgestellt und kann für den gekauften Zeitraum das ganze Jahr über genutzt werden. Er kostet p.P. für 1 Woche 436 DM (17450 IKR), 2 Wochen 633 DM (25300 IKR), 3 Wochen 809,50 DM (32400 IKR) und 4 Wochen 903 DM (36150 IKR). Der Buspaß kann an jedem Wochentag begonnen werden und ist dann für 7, 14, 21 oder 28 Tage gültig. Wer also seine Fahrt an einem Montag beginnt, für den endet der Einwochenpaß am darauffolgenden Sonntag.

Besitzer eines Buspasses erhalten 5% Preisnachlaß auf alle Ausflugstouren, die mit dem BONUS-Zeichen markiert sind, wenn diese Touren bei BSÍ oder zu Hause in einem Reisebüro gebucht werden. Vom 01.10. bis 30.04. kostet der Einwochenpaß nur ca. 265 DM.

Kinder unter 4 Jahren fahren umsonst; Kinder von 4–11 Jahren erhalten 50% Ermäßigung. Inhaber der beiden Buspässe erhalten weitere Rabatte bei Jugendherbergen, auf bestimmten Campingplätzen und Inlandsfähren. Üblich sind z.B. 10% Rabatt für einfache Schlafsackquartiere in *Edda-Hotels* und einigen Campingplätzen, außerdem für Inlandsfähren, wenn das Fährticket im BSÍ-Büro erworben wird. Der BSÍ-Fahrradverleih ermäßigt die Preise für Inhaber des Tímamiði um 50%, für Inhaber des Hringmiði um 20%, aber nur solange auch der Buspaß gültig ist. Wer mit dem Flýbus vom Flughafen Keflavík nach Reykjavík gefahren ist, bekommt den Fahrpreis bei Vorlage des Flýbustickets erstattet, wenn er am selben Tag noch einen Omnibuspaß bei BSÍ erwirbt. In Reykjavík fährt von Mitte Mai bis Mitte August morgens ein Gratisbus vom Campingplatz im *Laugardalur* zum *BSÍ*-Busbahnhof.

Der **Hochlandpaß** ist ein weiterer Buspaß, der auf allen Hochlandrouten gültig ist, die von BSÍ oder anderen Busunternehmen durchgeführt werden. Für 566,50 DM (1999) erhält man eine **30-Punktekarte,** die man abfahren kann. Für die einzel-

Fortsetzung auf Seite 60

Linienbusnetz

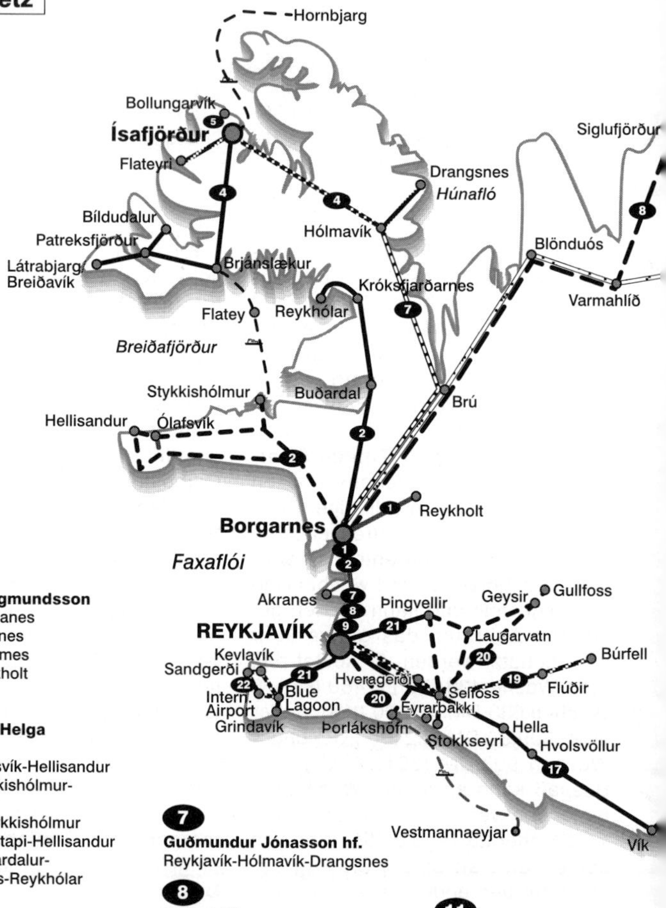

1

Sæmundur Sigmundsson
Reykjavík-Borganes
Reykjavík-Akranes
Akranes-Borgames
Reykjavík-Reykholt

2

Sérleyfisbílar Helga Pétursssonar
Reykjavík-Ólafsvík-Hellisandur
Reykjavík-Stykkishólmur-Grundarfjörður
Hellisandur-Stykkishólmur
Ólafsvík-Arnarstapi-Hellisandur
Reykjavík-Búðardalur-Króksfjarðarnes-Reykhólar

4

Allrahanda hf.
Flateyri-Ísafjörður-Hólmavík
Ísafjörður-Brjánslaekur
Patreksfjörður-Látrabjarg-Bjarkalundur

5

Valdimar Lúðvík Gíslason
Bolunggarvík-Ísafjörður

7

Guðmundur Jónasson hf.
Reykjavík-Hólmavík-Drangsnes

8

Suðurleið
Rejkjavík-Siglufjörður

9

Norðurleið hf.
Reykjavík-Akureyri

10

Ævar Klemenzson
Akureyri-Dalvík-Ólafsfjörður

11

S.B.A
Akureyri-Mývatn
Akureyri-Egilsstaðir

12

B.S.H. hf
Akureyri-Húsavík-Ásbyrgi
Akureyri-Húsavík-Vopnafjörður
Húsavík-Mývatn-Vopnafjörður

13

Kristmann Jónsson
Eiðar-Egilsstaðir

14

Austfjarðaleið
Egilsstaðir-Hallormsstaður
Egilsstaðir-Reyðarfjörður-
Eskilfjörður-Neskaupstaður

15

Sérleyfisbílar Suðurfjarða
Egilsstaðir-Fáskrúðsfjörður-
Stöðvarfjörður-Breiðdalsvík

16

Ferðapjónusta Austurlands
Egilsstaðir-Seyðisfjörður

17

Austurleið hf.
Höfn-Egilsstaðir
Reykjavík-Höfn
Reykjavík-Hvolsvöllur-Vík

18

Hjörtur Ásgeirsson
Höfn-Djúpivogur

19

Landleiðir hf.
Reykjavík-Fluðir-Búrfell

20

S.B.S. hf.
Reykjavík-Úlfjótsvatn
Reykjavík-Geysir-Gullfoss
Selfoss-Þingvellir-Laugarvatn
Reykjavík-Hvergerði-Selfoss-
Eyrarbakki-Stokkseyri
Reykjavík-Þorlákshöfn

21

Þingvallaleið hf.
Reykjavík-Þingvellir
Reykjavík-Grindavík
Grindavík-Blue Lagoon-Airport

22

S.B.K.
Reykjavík-Keflavík-Vogar-Hafnir-
Garður-Sandgerði-Airport
Keflavík-Innri-Njarðvik
Keflavík-Grindavík

Solange der Motor kein Wasser schluckt...

nen Hochlandrouten gelten die Punkte in nebenstehendem Kasten.

Die Buspässe des BSÍ erhält man an folgenden Busbahnhöfen: Reykjavík: BSÍ-Travel, Umferðarmiðstöð, Vatnsmýrarvegur 10, Tel. 5 52 23 00; Akureyri: Umferðarmiðstöð, Hafnarstræti 82, Tel. 4 62 44 42; Egilsstaðir, Ferðamiðstöð Austurlands, Kaupvangur 6, Tel. 4 71 20 00; Seyðisfjörður, Austfar, Fjarðargata 8, Tel. 4 72 11 11.

Der **zentrale Busbahnhof** (in der Zeit vom 01.06.–31.08. täglich von 7–23.30 Uhr geöffnet) von BSÍ-Travel, Vatnsmýrarvegur 10, ist der **Knotenpunkt** für alle Überlandbusse und die meisten Ausflugsbusse. Er liegt im Süden beim nationalen Flughafen, etwa 10 Minuten zu Fuß von der Innenstadt Reykjavíks entfernt. Hier gibt es ein Reisebüro mit Tourist-Information, ein Postamt (geöffnet Mo bis Fr 12–18.30 Uhr, Sa 9–13 Uhr), Gepäckaufbewahrung, eine Cafeteria und einen Fahrradverleih. Der **Fahrplan** *Leiðabók BSÍ* für die Überland-Linienbusse ist kostenlos erhältlich. Das 64 Seiten dicke **Handbuch für die Linienbusse** mit allen Fahrplänen gibt es auch in deutscher Sprache; in Deutschland erhält man es beim Isländischen Fremdenverkehrsamt. Die Überland-Linienbusse fahren am BSÍ-Busbahnhof morgens zwischen 8 und 9 Uhr ab und kommen abends zwischen 18 und 20 Uhr wieder in Reykjavík an (nicht derselbe Bus).

Fortsetzung auf Seite 64

Infos zum Hochlandpaß

Route Reykjavík – Sprengisandur – Mývatn (geführte Tour):
11 Punkte, mit Buspaß 10**, 8*** Punkte
Route Mývatn – Sprengisandur – Reykjavík (geführte Tour):
11 Punkte, mit Buspaß 10**, 8*** Punkte
Route Reykjavík – Kjölur – Akureyri:
8 Punkte, mit Buspaß 2* Punkte
Route Akureyri – Húsavík – Dettifoss und Umgebung (hin und zurück):
8 Punkte
Route Mývatn, Eldá – Dettifoss – Húsavík – Mývatn (geführte Tour):
8 Punkte
Route Húsavík – Mývatn – Kverkfjöll – Hvannalindir– Möðrudalur – Mývatn – Húsavík (geführte Tour, 3 Tage): 18 Punkte
Route Reykjahlið – Mývatn – Askja (geführte Tour, hin und zurück): 8 Punkte
Route Reykjahlið – Mývatn – Gjástykki: 4 Punkte
Route Höfn – Lónsöræfi (geführte Tour, hin und zurück): 8 Punkte
Route Skaftafell bzw. Kirkjubæjarklaustur (Linienbus) – Núpsstaður – Núpsstaðaskógur (geführte Tour, hin und zurück): 8 Punkte

*Punkte gelten für Besitzer eines Hringmiði oder Tímamiði
**Punkte gelten für Besitzer eines Hringmiði
***Punkte gelten für Besitzer eines Tímamiði

BSÍ bietet mehrere **Gutscheinsysteme für Übernachtungen** *(Open Voucher System)* an, die bei Individualreisenden sehr beliebt sind. Sie können bei BSÍ-Travel oder im heimischen Reisebüro erworben werden. Wer mit der Fähre ankommt, bekommt die Unterlagen nach Seyðisfjörður geschickt. Angeboten werden:
BSÍ FREE & EASY: 7 Gutscheine für Free&Easy Schlafsackplätze + Omnibuspaß (1 Woche) 661 DM + Rundreisepaß 628 DM + Rundreisepaß Westfjorde 802,50 DM; die Unterkünfte liegen alle in der Nähe der Bushaltestellen.
HOTEL EDDA: 7 Gutscheine für Schlafsackquartiere in EDDA-Hotels + Omnibuspaß (1 Woche) 701,50 DM + Rundreisepaß 668,50 DM + Rundreisepaß Westfjorde 843 DM.
BAUERNHÖFE: 7 Gutscheine für Schlafsackquartiere in Bauernhöfen + Omnibuspaß (1 Woche) 662,50 DM + Rundreisepaß 638,50 DM + Rundreisepaß Westfjorde 818,50 DM. Vielfach gibt es dort die Möglichkeit zum Angeln und Reiten.
JUGENDHERBERGEN: 7 Gutscheine für Jugendherbergen + Omnibuspaß (1 Woche) 661 DM + Rundreisepaß 628 DM + Rundreisepaß Westfjorde 802,50 DM
CAMPING: 7 Gutscheine für Campingplätze + Omnibuspaß (1 Woche) 507 DM + Rundreisepaß 480 DM + Rundreisepaß Westfjorde 667 DM

Abfahrts- und Ankunftszeiten der Linienbusse auf der Ringstraße
(Juni bis August)

Reykjavík – Akureyri

ab Reykjavík	an Akureyri	ab Akureyri	an Reykjavík
08.30 Uhr	14.30 Uhr	09.30 Uhr	15.30 Uhr
17.30 Uhr	23.20 Uhr	17.00 Uhr	23.10 Uhr

Akureyri – Egilsstaðir

ab Akureyri	an Egilsstaðir	ab Egilsstaðir	an Akureyri
08.15 Uhr	13.15 Uhr	15.00 Uhr	19.30 Uhr

Egilsstaðir – Höfn

ab Egilsstaðir	an Höfn	ab Höfn	an Egilsstaðir
15.00 Uhr	19.00 Uhr	08.30 Uhr	13.00 Uhr

Höfn – Reykjavík

ab Höfn	an Reykjavík	ab Reykjavík	an Höfn
08.30 Uhr	17.00 Uhr	08.30 Uhr	17.00 Uhr

Die Strecke von *Egilsstaðir* nach *Höfn* verläuft Mo, Mi und Fr auf der Küstenstraße entlang der Ostfjorde über *Reyðarfjörður, Fáskrúðsfjörður* und *Stöðvarfjörður*. Dadurch verlängert sich die Fahrzeit um ca. 1 Std.

Übersicht über die wichtigsten Überland-Linienbusverbindungen
in der Hauptsaison von Mai–September

Nr.	Hinfahrt	Rückfahrt
1	**Route Reykjavík – Borgarnes**	
	tägl. 13, 17,18.30, Mo–Sa 8	tägl. 11.15, 15.15, 20.15
2	**Reykjavík – Búðardalur – Króksfjarðarnes – Reykhólar**	
	Di, Do, Fr, So 9, Fr, So 19	Di, Do, Fr, So 16, Sa, Mo 7
2	**Reykjavík – Stykkishólmur – Grundarfjörður**	
	tägl. 9 Fr, So 19	tägl. 16.30, Sa, Mo 7.30
2	**Reykjavík – Ólavsvík – Hellissandur**	
	tägl. 9 Fr, So 19	tägl. 16.40, Sa, Mo 7.45
4	**Reykjavík – Hólmavík – Ísafjörður – Flateyri**	
	Di, Fr, So 10	Di, Fr, So 10.30
4	**Ísafjörður – Brjánslækur – Patreksfjörður – Látrabjarg**	
	Mo, Mi, Sa 9	Mo, Mi, Sa 16.25

Nr.	Hinfahrt	Rückfahrt
5	**Bolungarvík – Ísafjörður**	
	Mo–Fr 7.45, 13, 17	Mo–Fr 8.15, 14, 18
7	**Reykjavík – Hólmavík – Drangsnes**	
	Di, Fr, So 10	Di, Fr, So 15
8	**Reykjavík – Siglufjörður**	
	Fr 15.30, Mo, Mi 13.30	Di, Do 8.30, So 15.30
9	**Reykjavík – Akureyri**	
	tägl. 8.30, 17.30	tägl. 9.30, 17
10	**Akureyri – Dalvík – Ólafsfjörður**	
	Mo–Fr 7.30, 12.30, 18.30	Mo–Fr 6.30*, 8.45, 16.45
	Mo, Do 10, 21.45* (*bis Dalvík)	Mo, Do 21* (*ab Dalvík)
11,12	**Húsavík – Ásbyrgi – Hólmatungur – Dettifoss – Krafla – Mývatn**	
	tägl. 10	tägl. 11.30
11	**Akureyri – Mývatn – Akureyri**	
	tägl. 8.15, 8.15, 12, 20	tägl. 8, 16.15, 19.30
11	**Reynihlíð – Krafla – Dettifoss**	
	tägl. 8*, 11.30 (*bis Krafla)	tägl. 8.15*, 14 (*ab Krafla)
11	**Akureyri – Egilsstaðir**	
	Mo, Mi, Fr 8.15, tägl. 8.15	Mo, Mi, Fr 15, tägl. 15
12	**Akureyri – Húsavík – Raufarhöfn – Vopnafjörður – Egilsstaðir – Neskaupstaður**	
	Mo, Mi, Fr 7.30	Mo, Mi, Fr 7.40
12	**Húsavík – Mývatn**	
	tägl. 9.45, 17, 20	tägl. 8.45, 12.30, 16
12	**Akureyri – Húsavík**	
	Hinfahrt: Mo–Fr 7.30,10.30, 15.30, tägl. 8.15 Rückfahrt: Mo–Fr 8, 13.30, 17, tägl. 20	
14	**Norðfjörður – Egilsstaðir**	
	Mo–Sa 7.40, Di–Fr 11.50	Mo–Sa 9.20, Di–Fr 13.15
17	**Höfn – Reykjavík**	
	tägl. 8.30, Di–Fr 9.30, So 12	tägl. 8.30, Di–Fr 16, So 12
17	**Egilsstaðir – Höfn**	
	tägl. 15	tägl. 8.30
20	**Egilsstaðir – Seyðisfjörður**	
	Hinfahrt: Mo–Fr 8, 9.50, 17, Mi, Do 15.30, Mi 21.10, Sa, So 15.30 Rückfahrt: Mo–Fr 7.30, 8.45, 16.30, Do 10, Mi, Do 14.30, Mi 20, Sa, So 14.30	
20	**Reykjavík – Hveragerði – Selfoss – Eyrabakki – Stokkseyri**	
	Hinfahrt: tägl. 9,11.30*, 13*, 15, 18, 20*, 23*, Mo–Fr 17* (* bis Selfoss) Rückfahrt: Mo–Sa 6.45*, 9, So 11*, 21, tägl. 12.30, 16*, 18, 21.30* (*ab Selfoss)	

Nr.	Hinfahrt	Rückfahrt
20	**Reykjavík – Þorlakshöfn**	
	tägl. 11, 17.30	tägl. 11, 18.30, Mo–Fr 13
20	**Selfoss – Þingvellir – Laugarvatn**	
	tägl. 16.10	tägl. 17.45
20	**Reykjavík – Reykholt – Geysir – Gulfoss**	
	tägl. 9, 11.30	Di, Do, Fr 12.45, Fr 8 (ab Geysir)
21	**Reykjavík – Þingvellir**	
	tägl. 13.30	tägl. 17
21	**Reykjavík – Blaue Lagune – Grindavík**	
	tägl. 10.30, 13.30, 18	tägl. 12.30, 16, 19.45
22	**Reykjavík – Keflavík (Reykjanesbær) – Flughafen (von und zum Flughafen auf Anfrage)**	
	Hinfahrt: Mo–Fr 8.15, tägl. 10.30, 14.30, 17.15, 19, 22	
	Rückfahrt: Mo–Fr 6.45, tägl. 8.30, 12.30, 15.30, 17.15, 20.30	
22	**Keflavík (Reykjanesbær) – Blaue Lagune**	
	tägl. 10, 14, 16.30, 20	tägl. 10.30, 14.20, 16.55, 20.20

Fahrscheine für **Einzelfahrten** erhält man entweder bei den zuvor genannten Busstationen oder beim Fahrer. Auch hier fahren Kinder unter vier Jahren umsonst mit, ältere erhalten Ermäßigungen. Zwischen den größeren Orten in Island liegen oft ausgedehnte Entfernungen (vgl. S.57).

Die Überland-Linienbusse befahren die gesamte Ringstraße in vier Etappen: *Reykjavík – Akureyri – Egilsstaðir – Höfn – Reykjavík.* Diese Strecken werden von Mitte Mai bis Anfang Oktober täglich befahren. Nach *Ísafjörður* fährt der Linienbus zwei- bis dreimal in der Woche. Die regulären Bushaltestellen liegen meistens an zentralen Hotels oder großen Tankstellen. Unterwegs legen die Busse etwa alle zwei Stunden an einer Tankstelle oder einer Cafeteria eine Rast ein. Gegen einen geringen Aufpreis transportieren die Überlandbusse auch Fahrräder.

Taxis

Taxis sind überall im Land ein beliebtes Beförderungsmittel. Man erkennt die nicht immer in einheitlicher Farbe lackierten Fahrzeuge an einem „L" auf gelbem Grund neben dem Nummernschild. Die Leuchtanzeige „laus" an der Windschutzscheibe bedeutet, daß das Taxi frei ist. Ebenso wie anderswo ist auch bei den Taxifahrern ein Trinkgeld unüblich.

Die Taxigebühren sind vergleichbar mit denen in unseren Städten. Eine kurze **Stadtfahrt** in Reykjavík kostet etwa 1000 ISK. Die Preise für **Überlandfahrten** sollten individuell ausgehandelt werden (ca. 100 ISK pro Kilometer). Vielbefahrene Strecken wie der Weg vom Flughafen Keflavík nach Reykjavík und umgekehrt werden zu Festpreisen angeboten; diese Fahrt kostet etwa 5700 ISK. Es ist durchaus üblich, daß sich auf solchen Fahrten mehrere Personen ein Taxi teilen.

Island mit dem Auto

Die meisten Straßen an der Küste und nahezu alle in den dichter besiedelten Gebieten Islands sind asphaltiert und gut ausgebaut. Wir räumen das Vorurteil über den miserablen Zustand der isländischen Straßen, für deren Befahren man unbedingt einen Geländewagen brauche, hiermit aus. Island ist ein europäisches Reiseland und hat eine – gemessen an skandinavischen Verhältnissen – **gute Infrastruktur und ein gut ausgebautes Straßennetz.** Die Isländer unternehmen große Anstrengungen, ihre 12 500 km Straßen auszubauen und zu asphaltieren. Jedes Jahr verschwinden in den besiedelten Landesteilen mehr und mehr Schotterpisten. Nur abseits der Hauptverkehrswege und natürlich im Landesinnern sind auch heute noch die Straßen nicht asphaltiert. Die Pisten bestehen aus feinem grau-schwarzem Lavakies, grobem Schotter, Sand und Lehm. Tiefe Schlaglöcher, Spurrillen und große Steinbrocken sind eher die Regel als die Ausnahme. Diese Pisten sind bei Trockenheit staubig, bei Nässe verschlammt und glitschig.

Die meisten touristisch interessanten Sehenswürdigkeiten Islands sind heute mit einem normalen, zweiradangetriebenen PKW oder Wohnmobil erreichbar. Selbst das **Caravaning**

Festgefahren!

Warnschild am Beginn einer Piste

gewinnt immer mehr Anhänger; jedes Jahr setzen mehr Wohnwagengespanne mit der Fähre *Norröna* über nach Island. Alle verkehrswichtigen, nichtasphaltierten Straßen werden mehrmals im Jahr ausgebessert und geebnet. Auch sie können problemlos mit einem normalen Fahrzeug befahren werden. Nur muß man eben etwas langsamer und umsichtiger fahren.

Islands Straßen sind schmäler als die mitteleuropäischen. Steile Auf- und Abfahrten mit unübersichtlichen Kuppen und engen Kurven sowie unbefestigte Randstreifen sind häufig. Auf den nichtasphaltierten Strekken besteht die Gefahr, daß entgegenkommende oder vorausfahrende Fahrzeuge Steine aufwirbeln, die zu Glas- und Lackschäden am eigenen Fahrzeug führen können. Empfehlenswert ist die Montage von Schutzgittern oder Plexiglas vor den Scheinwerfern. Diese Scheinwerferschutzgitter können leicht selbst aus verzinktem Drahtgeflecht (Mückengitter) gefertigt werden, das es in Baumärkten zu kaufen gibt. Isländische Tankstellen bieten Scheinwerferschutzgitter mit speziellen Halterungen für fast alle Fahrzeugtypen an, die zwischen der Stoßstange und der Karosserie festgeklemmt werden. Besteht die Windschutzscheibe des Fahrzeugs nicht aus dem heute üblichen Verbundglas, sollte eine Ersatz-Windschutzscheibe aus Kunststoff mitgenommen werden. Diese ist z.B. bei Ausrüstern für Expeditionsreisen erhältlich. An den Hinterrädern sind Schmutzfänger vorgeschrieben, diese sollten auch an den Vorderrädern angebracht werden, um Schäden durch aufgewirbelte Steine auch am eigenen Fahrzeug (z.B. an tiefliegenden Tanks von Wohnmobilen) zu vermeiden.

Die Hochlandpisten und manche wenig befahrenen Nebenstraßen sind nur mit robusten, hochbeinigen Fahrzeugen wie Geländewagen befahrbar. Auf Islands unbefestigten Straßen wird das Fahrwerk der Autos extrem beansprucht. Bei allzu schneller Fahrweise sind Schäden am Fahrwerk, insbesondere auch an der Lenkung, den Radlagern, der Federung und an den Stoßdämpfern unvermeidlich.

Auf asphaltierten Straßen gilt außerorts eine Höchstgeschwindigkeit von 90 km/h. Auf nichtasphaltierten Straßen ist die Geschwindigkeit auf 80 km begrenzt. Innerorts gilt Tempo 50 bzw. in Wohngebieten 30 km/h.

Die Haupt- und Nebenstraßen sind numeriert. Man unterscheidet **Straßennummern** mit ein, zwei und drei Ziffern. Je mehr Ziffern die Straßenbezeichnung aufweist, desto untergeordneter ist die Straße. Hochlandpisten sind mit einem „F" und einer zweistelligen Nummer gekennzeichnet. Nebenstraßen, die mit drei Ziffern gekennzeichnet sind, stellen gelegentlich schon die Grenze dessen dar, was man einem normalen PKW an Schlaglöchern und grobem Schotter zumuten sollte. Völlig ungeeignet für diese nichtasphaltierten isländischen Straßen sind generell alle Fahrzeuge mit tiefer gelegtem Fahrwerk oder weit heruntergezogenem Frontspoiler. **Unterbodenfreiheit** ist das entscheidende Kriterium, um solche Strecken ohne Schaden befahren zu können. Im Hochland bleiben deshalb „normalen PKWs" die meisten Pisten verschlossen. Obwohl die Isländer einzelne Hochlandstrecken, für die eigentlich ein Geländewagen das geeignetere Fahrzeug wäre, mit dem PKW befahren, raten wir eindeutig davon ab. Die Gefahr, daß das Auto größeren Schaden nimmt, ist einfach zu groß. Wir haben in Island schon viele PKWs gesehen, die manche Streckenabschnitte nur unter größten Schwierigkeiten und mit Hilfe Dritter bewältigen konnten. Denken sie daran, daß eine unbefestigte Straße mit Lehm- oder Erdbelag bei Regen für PKW schnell unpassierbar wird; auf losem Schotter können manche Steigungen nur mit genügend Schwung gemeistert werden; ein Wiederanfahren am Berg ist unmöglich, die Räder drehen haltlos durch. Eine flache, harmlose Furt kann nach starken Regenfällen innerhalb von wenigen Stunden beträchtlich anschwellen.

Wer die Weite und Einsamkeit des Hochlands erfahren möchte, wer das Abenteuer sucht oder die vom Vulkanismus und Eis der Gletscher gestaltete Landschaft im Landesinnern hautnah erleben möchte, ist auf ein geländegängiges Fahrzeug angewiesen. Im Hochland ist nur der robuste, hochbeinige **Geländewagen** das Auto der Wahl. Selbst allradangetriebene PKWs erreichen auf den Hochlandpisten schnell ihre Grenzen. Ihr Fahrwerk ist weniger robust als das „echter" Geländewagen. Die Räder sind zu klein. PKW-Reifen mit Hochgeschwindigkeitsindex („HR" und „VR") sind untauglich für Pisten mit scharfkantiger Lava, da die Gummimischung dieser Reifen von der Lava schnell zerschnitten wird.

Warnung vor gefährlichen Fluten

Die Unterbodenfreiheit eines PKW mag vielleicht gerade noch ausreichen, damit Gesteinsbrocken nicht ständig am Bodenblech schrammen; die vorderen und hinteren Überhänge der Karosserie sind jedoch zu groß (d.h. der Böschungswinkel ist zu klein) und die Bauchfreiheit ist zu gering (d.h. der Rampenwinkel ist zu klein), um stufiges Gelände in Lavafeldern zu meistern. Haupthindernis ist auch die ungenügende Watfähigkeit der PKW, die allenfalls 30 cm beträgt. Viele Flüsse, die auf Hochlandpisten gefurtet werden müssen, sind doppelt so tief.

An dieser Stelle eine **Warnung!** Der Abenteuer-Reisende hat in Island keine grenzenlose Freiheit. Dem 4WD-Toben in unberührter Land-

Inlandfähren

	in Betrieb	Auskunft / Buchung
Westen		
Reykjavík – Viðey / Fähre *Viðey*		
	ganzjährig	Tel. 8 92 00 99, 5 81 10 10
Nordwesten		
Stykkishólmur – Flatey – Brjánslækur / Autofähre *Baldur*		
	ganzjährig	Fährbüro Stykkishólmur, Tel. 4 38 11 20
		Fährbüro Brjánslækur, Tel. 4 56 20 20
Ísafjörður – Ísafjarðardjúp, Hornstrandir / Fähre *Fagranes*		
	ganzjährig	Ísafjörður, Tel. 4 56 31 55
Ísafjörður – Veiðileysufjörður – Vigur / Fähren *Halldór Sigurðsson* und *Anna*		
	Mai–Sept.	West Tours Ísafjörður, Tel. 4 56 51 11
Norden		
Dalvík – Hrísey – Grímsey / Autofähre *Sæfari*		
	ganzjährig	Tourist-Information Akureyri, Tel. 4 62 77 33
Árskógssandur – Hrísey / Fähre *Sævar*		
	Mai–Sept.	Tourist-Information Akureyri, Tel. 4 62 77 33
Süden		
Þorlákshöfn – Heimaey / Autofähre *Herjólfur*		
	ganzjährig	Þorlákshöfn, Tel. 4 83 34 13
		Heimaey, Tel. 4 81 28 00

Außerdem fahren im Sommer die Personenfähren *Bliki* und *Kiddy* von *Ísafjörður* nach *Hornstrandir* (Auskunft/Reservierung bei West Tours Ísafjörður, Tel. 4 56 51 11). Die Personenschiffe *Brimrún* und *Hafrún* legen in *Stykkishólmur* zu Ausflugsfahrten im *Breiðafjörður* ab (Auskunft/Reservierung bei Eyjaferðir, Stykkishólmur, Tel. 4 38 14 50).

schaft sind strikte Grenzen gesetzt. Zu Recht! **Naturschutz hat Vorrang!** Die Landschaft und die dünne Pflanzendecke sind hier in der Nähe des Polarkreises sehr empfindlich. Die Spuren wilder Geländefahrten abseits der Pisten sind ökologische Wunden, die Jahrzehnte brauchen, um zu verheilen. Das Fahren außerhalb freigegebener Pisten wird streng geahndet. Im Hochland wird der Verkehr auch aus dem Flugzeug überwacht.

In Island ist der Geländewagen weder Statussymbol noch Modeerscheinung und schon gar nicht äußeres Zeichen von Draufgängertum und Abenteurernatur – er ist im Hochland schlichtweg ein unabdingbares Muß, reines Mittel zum Zweck, um sicher und ohne Schaden von einem Ort zu einem anderen zu gelangen, was für viele Isländer eine tägliche Notwendigkeit ist.

Isländer sind aber auch Autonarren. Manch ein Geländewagen erinnert eher an eine Miniaturausgabe des legendären „Big Foot", der mit seinen Riesenrädern die größten Hindernisse überwindet, als an ein alltagtaugliches Off-road-Gefährt. Höhergelegte Fahrwerke und dicke Reifen der Dimension 38x14,5 R 15 bestimmen immer mehr auch das Straßenbild Reykjavíks. Solche Reifen und Fahrzeuge („Super Jeeps") sind für die Isländer notwendig, um auf die Gletscher und im Winter auf Tiefschnee fahren zu können. Fahrzeuge mit derartigen Breitreifen, bei denen zusätzlich noch der Luftdruck stark reduziert ist, bleiben auch im tiefsten Neuschnee mobil.

Das **Tankstellennetz** ist ausreichend dicht. Für ausgedehnte Hochlandtouren empfielt sich trotzdem die Mitnahme von Reservetreibstoff. Wir empfehlen 20 Liter.

Benzinpreise (August 1999):

Bleifreies Normalbenzin 95 Oktan *(Bensín blýlaust)*	82,40 ISK
Bleifreies Superbenzin 98 Oktan *(Bensín blýlaust)*	87,10 ISK
Diesel *(Dísel)*	29,40 ISK
Petroleum *(Steinolía)*	38,20 ISK

Auf den ersten Blick (siehe Kasten oben) ist Diesel in Island sehr viel billiger als Benzin. Dafür wird aber bei der Einfuhr eines Dieselfahrzeugs nach Island eine Steuer fällig. Diese sog. **Dieselsteuer** richtet sich nach dem Leergewicht des Fahrzeugs und der Dauer des Aufenthalts. 1998 wurden für die Dieselsteuer beispielsweise folgende Beträge pro Woche berechnet:

- Fahrzeuggewicht bis 1 t: 81 DM
- von 2,4 bis 2,59 t: 122 DM
- von 7 bis 7,99 t: 263 DM

Mietwagen

Autovermieter gibt es in Island in allen größeren Orten. Der Mieter eines Leihwagens muß mindestens 20 Jahre alt sein. Wer den Mietpreis nicht mit einer Kreditkarte bezahlt, muß eine hohe Kaution hinterlegen. Mietwagen sind in Island sehr teuer. Zwischen einer Reservierung über den Reiseveranstalter oder Autoverleiher zu Hause und dem Anmieten vor Ort bestehen keine wesentlichen Preisunterschiede. In der Hauptsaison

Autovermieter (Bílaleiga) in Reykjavík und Umgebung

Autovermieter	Adresse	Telefon
Ab	Kópavogur, Smiðjuvegi 10	5 57 18 31
AbbA	Funahöfði 8	5 87 77 22
ÁG	Tangarhöfði 8-12	5 87 55 04
(Akureyrar)	Skeifan 9	5 68 69 15
AKA	Vagnhöfði 25	5 67 44 55
ALP	Vatnsmýrarvegur 10 (BSÍ-Busterminal)	5 51 75 70
	Kópavogur, Skemmuvegur 20	5 67 07 22
Átak	Kópavogur, Nýbýlavegur 24	5 54 60 40
Atlas	Hafnarfjörður, Helluhraun12	5 65 06 60
AVIS	Sigtún 5	5 62 44 33
Bílahöllinn	Bíldshöfða 5	5 67 49 49
Björn & Jón	Bíldshöfði 5	5 87 13 90
Bónus	Kleppsvegur 150	5 68 87 00
Budget	Ármúli 22	5 88 08 80
	Kópavogur, Dalvegur 20	5 64 12 96
Eagle Air	Flugvallarvegur (Inlandsflughafen)	5 61 44 00
Europcar/InterRent	Skeifan 9	5 68 69 15
(Akureyrar)	Keflavík Flughafen	4 25 03 00
Geysir	Dugguvogur 10	5 68 88 88
Greiði	Hafnarfjörður, Dalshrauni 9	5 55 24 24
Gullfoss	Dalvegur 20	5 64 12 55
Hasso Ísland	Hafnarfjörður, Hringbraut 62	5 55 33 40
Hertz/Iceland Air	Vallarvegur (Nähe Hotel Loftleiðir)	5 05 06 00
	Flughafen Keflavík	4 25 02 21
Húsavíkur	Hamarshöfða 8	5 53 92 44
Icelandic Car Rental	Súðavogur 54	5 88 68 08
Íslands Bílaleiga	Fossháls 27	5 87 44 44
J&S	Kópavogur, Álfhólsvegur 49	5 54 26 26
RVS	Sigtúni 5	5 61 94 00
SH	Kópavogur, Nýbýlavegur 32	5 54 54 77
Travel City	Hafnarstræti 2	5 62 30 20

Autovermieter außerhalb des Großraums Reykjavík

Autovermieter	Adresse	Telefon
Stólpi	Þjóðbraut 1, 300–**Akranes**	4 31 26 22
Europcar	600–**Akureyri**	4 61 30 00
Hertz	600–**Akureyri**	4 61 10 05
Hertz	**Egilsstaðir**	4 71 12 10
RÁS	Víkurbraut 17, 240–**Grindavík**	4 26 71 00
Hertz	**Höfn**	4 78 12 50
Húsavíkur	Garðarsbraut 66, 640–**Húsavík**	4 64 18 88
Hertz	**Vestmannaeyjar**	4 81 33 00

empfiehlt es sich, den Mietwagen bereits von zu Hause aus zu buchen, da gängige Wagenklassen im Juli und August in Island ausgebucht sein können. Hier einige **Beispiele für 7-tägige Spartarife** inkl. 24,5% Mehrwertsteuer und 700 Freikilometer, gültig vom 16.06–21.08.: Ein *VW Polo* oder *Nissan Micra* als typische Vertreter der Kleinwagen kosten 600 DM. Jeder zusätzlich gefahrene Kilometer wird mit 1 DM berechnet. Ein kleiner Geländewagen wie *Suzuki Vitara* oder *Daihatsu Feroza* kostet 1700 DM, jeder weitere Kilometer zusätzlich etwa 1,70 DM. Ein großer Diesel-Geländewagen wie *Mitsubishi Pajero* oder *Land Rover Discovery* kostet entsprechend etwa 2500 DM pro Woche, jeder zusätzliche Kilometer ungefähr 2,70 DM.

Nachdem die **Preise für Leihwagen** in den zurückliegenden Jahren stets auf einem **gleichbleibend hohen Niveau** lagen, sind sie in letzter Zeit etwas gefallen. Die Zahl der Mietwagen-Anbieter hat sich deutlich erhöht, und der Konkurrenzkampf wurde härter. Erkundigen Sie sich auf jeden Fall nach günstigen „special offers“. Diese kann man auch von zu Hause im Internet unter **http://www.superhighway.is** abfragen, wo verschiedene Autovermieter zu finden sind.

Die hohen Preise für Mietwagen ergeben sich aus der nur drei Monate dauernden Saison und der hohen Beanspruchung (Verschleiß!) der Fahrzeuge bei Fahrten auf unasphaltierten Strecken oder im Landesinnern. Die übliche **Haftpflicht- und Kaskoversicherung** der Leihwagen beinhaltet eine **Selbstbeteiligung,** die bei PKWs 3000 DM und bei Geländewagen 4300 DM beträgt. Mit

Tiefe Furt in der Eldgjá

einer **Zusatzversicherung** („CDW“) bekommt man im Fall eines Unfalls diese Selbstbeteiligung erstattet. Diese zusätzliche Versicherung kostet je nach Wagentyp 20 bis 30 DM pro Tag. Schäden an Reifen und am Unterboden des Fahrzeugs oder Wasserschäden, die auf Flußdurchquerungen zurückzuführen sind, werden jedoch von keiner Versicherung gedeckt!

Leihwagen sollten bei der **Übernahme des Fahrzeugs** auf ihren technisch einwandfreien Zustand und Schäden an der Karosserie überprüft werden. Insbesondere sollten alle Reifen auf Beschädigungen des Gummis inspiziert werden. Alle festgestellten Mängel sollten beim Verleiher schriftlich im Mietwagenvertrag festgehalten werden. Überprüfen Sie auch die Ausrüstung des Wagens auf Vollzähligkeit (Werkzeug, Wagenheber, vollwertiger Ersatzreifen – kein Notrad!). Dieser Aufwand schützt vor unberechtigten Nachforderungen bei der Rückgabe des Wagens. Hat man unterwegs mit dem Leihwagen eine Panne, sollte umgehend der Vermieter benachrichtigt werden; er spricht mit Ihnen die weitere Vorgehensweise ab oder schickt einen Pannenhilfsdienst.

Straßenverhältnisse

Die Straße Nr.1, die **„Ringstraße“**, verläuft in Küstennähe rund um die ganze Insel. Die Ringstraße ist Hauptverkehrsstraße und Lebensader des Landes, verbindet sie doch die wirtschaftlich wichtigsten Orte an der Küste miteinander und mit der Hauptstadt. Der „Ring“ der Straße Nr.1 wurde erst 1974 zur 1100-Jahr-Feier Islands durch Brückenbauten in den *Skeiðarársandur* geschlossen. Die 1411km lange Ringstraße ist keine mehrspurige Autobahn, sondern eine kurvige und bergige Landstraße mit Engstellen und Gegenverkehr. Drei Viertel der Ringstraße sind inzwischen asphaltiert, der Rest kann holprig, staubig oder bei Regen glitschig sein.

Die **Kennzeichnung der Straßen** orientiert sich an der Gliederung Islands in neun Provinzen. Alle Straßen, die mit Ziffer 2 beginnen, liegen im Süden, solche mit Ziffer 7 im Norden, und alle Straßen im Osten tragen die Anfangsziffer 9. An den Provinzgrenzen ändern die Straßen ihre Nummer. Nur die Ringstraße hat auf ihrem gesamten Verlauf die Nr.1.

Islands Verkehrswege lassen sich grob in **fünf Kategorien** einteilen.

- Bei Straßen der **Kategorie 1** (einstellige Straßennummer) handelt es sich um gut ausgebaute, ständig unterhaltene Hauptverkehrsverbindungen, die überwiegend asphaltiert sind. Dazu zählen die Straßen in den Großräumen Reykjavík, Keflavík und Selfoss sowie die Ringstraße.
- Auch Straßen der **Kategorie 2** (zweistellige Straßennummer) sind Hauptverkehrsadern. Sie sind teilweise asphaltiert, weisen sonst aber alle „holprigen“ Eigenschaften von Schotterstraßen auf.
- Straßen der **Kategorie 3** sind mit dreistelligen Nummern gekennzeichnet. Diese Straßen sind überwiegend nichtasphaltiert. Von Zeit zu Zeit werden Schlaglöcher und Querrillen mit schweren Raupenfahrzeugen geebnet und vom Regen- und Schmelzwasser unterspülte Abschnitte ausgebessert.

- Regelmäßig kontrollierte, befestigte und unterhaltene Pisten zählen zu den Straßen der **Kategorie 4**. Diese Strecken sind nicht asphaltiert. Sie weisen meist einen groben Schotterbelag auf oder bestehen aus festgefahrenem Naturboden. Straßen dieser Kategorie sind mit einem „F" *(= Fjallabak)* und einer zweistelligen Nummer gekennzeichnet. Solche Pisten erfordern meist schon ein geländegängiges Fahrzeug mit Allradantrieb und hoher Unterbodenfreiheit. Diese Straßen führen ins zentrale Hochland. Beispiele sind die Piste F 26 „Sprengisandsleið" oder die F 88 „Öskjuleið" zur *Askja.* Auf Straßen der Kategorie 4 wird der Autofahrer bereits mit allen Schwierigkeiten konfrontiert, die auf Islands Hochlandpisten auftreten können: Sand, tiefe Furten, stufige Lavafelder. Diese Pisten werden in aller Regel nur einmal zu Beginn der Sommermonate ausgebessert und markiert. Je länger das her ist und je mehr Regen in den Sommermonaten fällt, desto ausgefahrener sind die Spuren und umso tiefer und häufiger die Schlaglöcher!
- Zu den Straßen der **Kategorie 5** zählen wir die vielen nicht numerierten **Allradpisten,** die oftmals als Stichstraßen zu abgelegenen Plätzen im zentralen Hochland oder an den Rand der Gletscher führen. Ein robuster, allradangetriebener Geländewagen ist Voraussetzung, um diese Strecken risikolos befahren zu können. Die Pisten werden in aller Regel nicht permanent durch die Straßendienste unterhalten. Für ihre Befahrbarkeit müssen die Autofahrer manchmal selbst sorgen. Teile der Piste, die durch Schmelzwasser oder starken Regen unterspült und weggerissen worden sind, müssen umfahren werden. Ist dies nicht möglich, kann es passieren, daß derjenige, der eine solche Strecke nach der Öffnung im Sommer zum ersten Mal befährt, die Straße in aufwendiger Handarbeit erst selbst zum Befahren herrichten muß. Typisch für Straßen der Kategorie 5 sind nicht überbrückte Flüsse, das Fehlen einer durchgehenden Markierung und Beschilderung, Naturboden aus Fels, Erde und tückischem Weichsand und selbst im Hochsommer noch hoher Altschnee.

Auf allen isländischen Straßen muß man ständig darauf vorbereitet sein, daß **Schafe** unvermittelt **auf die Fahrbahn laufen.** Fahrer, die ein Tier verletzen oder töten, sind gegenüber dem Bauern, dem die Tiere gehören, zum Schadenersatz verpflichtet. Ein überfahrenes Muttertier kostet 10 000 ISK Strafe. Der Bauer haftet seinerseits nicht für Schäden am Fahrzeug.

Verkehrszeichen & -regeln

Die Verkehrszeichen und Verkehrsregeln in Island unterscheiden sich nur unwesentlich von den mitteleuropäischen. Das isländische Straßenverkehrsgesetz schreibt vor:

- ✗ auf allen Sitzen **Sicherheitsgurte** anzulegen,
- ✗ **auch tagsüber mit Abblendlicht** zu fahren,
- ✗ zumindest **an den Hinterrädern Schmutzfänger** zu montieren,
- ✗ kein Alkohol! **Promillegrenze** ist **0,5‰,**

- **Höchstgeschwindigkeit** innerhalb geschlossener Ortschaften 30 bzw. 50 km/h, außerhalb geschlossener Ortschaften 90 km/h auf Asphaltstraßen und 80 km/h auf Schotterstraßen,
- **Verbot, ausgeschilderte Pisten zu verlassen** oder gar abseits der Pisten zu fahren; gesperrte Pisten (Schild **LOKAÐ**) dürfen nicht befahren werden.

Die meisten Brücken in Island sind nur einspurig befahrbar. Die Fahrbahn auf der Brücke besteht häufig aus Holz. Bei Nässe kann sie deshalb äußerst glatt und rutschig sein. **EINBREIÐ BRÚ** bedeutet „einspurige Brücke“. Vorfahrt hat der, welcher die Brücke als erster befährt.

Islands Straßen haben viele unübersichtliche Höhen, die den Gegenverkehr verdecken. Solche Bergkuppen werden auf den Hauptstraßen durch ein Warnschild mit dem Zusatz **„BLINDHÆÐ“** (= „unübersichtliche Kuppe“) angekündigt. Hier bitte langsam und vorsichtig fahren! Das Schild **„MALBIK ENDAR“** (= „Asphalt endet“) bedeutet, daß der Asphaltbelag in einen Schotterbelag übergeht. Eine durchgezogene gelbe Linie am Straßenrand bedeutet Halteverbot, während eine gestrichelte gelbe Linie Parkverbot signalisiert.

Gjald kennzeichnet gebührenpflichtige Parkplätze. Parkschein lösen und vorne im Auto gut sichtbar auslegen!

Am Beginn verschiedener Hochlandpisten stehen Warnschilder, die stilisiert einen Geländewagen mit der Aufschrift „4WD“ sowie einen durchgestrichenen PKW zeigen. Auch wenn diese Pisten anfangs noch gut befahrbar zu sein scheinen, dürfen sie nur mit allradangetriebenen und geländegängigen Fahrzeugen befahren werden. Das Schild mit einem Geländewagen an einer Furt und der Aufschrift **„ÓBRÚAÐAR ÁR“** (= „Vorsicht Flüsse“) warnt vor tiefen Flüssen, die gefurtet werden müssen.

Im Sommer 1989 gab das Staatliche Straßenbauamt Islands gemeinsam mit dem Isländischen Naturschutzrat erstmalig eine **Übersichtskarte über die Befahrbarkeit der Hochlandpisten** heraus. Diese Karte wird während der Sommermonate wöchentlich jeweils am Donnerstag aktualisiert. Auf ihr sind die Gebiete schraffiert eingezeichnet, die noch nicht zum Befahren freigegeben sind. Die Karte ist folglich für die Planung einer Hochlandtour in den Monaten Juni und Juli, wenn viele Pisten noch gesperrt sind, unerläßlich. Sie hängt an den meisten Tankstellen, Touristenbüros und Campingplätzen aus.

Das isländische Straßenverkehrsamt in Reykjavík informiert täglich von 8–18 Uhr auf englisch unter Tel. 5 63 15 00 über den aktuellen Straßenzustand und die Befahrbarkeit der Hochlandstrecken. Man kann auch die Tonbandansage unter Tel. 8 00 63 16 abhören (24-Std. Service). Im Internet erhält man den aktuellen Straßenzustandsbericht unter *http://www.vegag.is.*

Öffnungszeiten der Hochlandstrecken

Wer das isländische Hochland mit dem Fahrzeug erkunden möchte, sollte neben der Fahrzeugwahl auch den Zeitpunkt seiner Islandreise genau planen. Die meisten Hochlandstrecken werden nicht vor Ende Juni

Öffnungszeiten der Hochlandstrecken

Hochlandstrecke	Tag der Öffnung frühestens	spätestens
Kjalvegur, F35		
1. Gullfoss – Kerlingarfjöll	24. Juni	24. Juni
2. Kerlingarfjöll – Blanda	22. Juni	26. Juli
Sprengisandsleið, F26	20. Juni	28. Juli
Skagafjarðaleið, F752	1. Juli	2. August
Eyjafjarðaleið, F821	6. Juli	15. August
Kaldidalsvegur, F550	24. Juni	20. Juli
Öskjuleið, F88		
1. Hrossaborg – Drekagil	29. Mai	4. Juli
2. Drekagil – Askja	18. Juni	14. Juli
Kverkfjallaleið	2. Juni	11. Juli
Lakagígar	14. Juni	27. Juli
Fjallabaksleið nyrðri, F208		
1. Sigalda – Landmannalaugar	22. Juni	30. Juli
2. Landmannalaugar – Eldgjá	12. Juli	2. August
3. Skaftártunga – Eldgjá	18. Juni	6. Juli
Fjallabaksleið syðri, F210		
1. Keldur – Hvanngil	4. Juli	4. August
2. Fljótshlið – Hvanngil	4. Juli	4. August
3. Hvanngil – Skaftártunga	4. Juli	1. August
Landmannaleið	24. Juni	27. Juli

geöffnet, einige sogar erst im August (vgl. die Liste oben).

Das Datum der Pistenöffnung richtet sich nach den Wetterverhältnissen. Zieht sich die Schneeschmelze im Hochland bis in die Sommermonate hin, werden die Pisten erst spät geöffnet. Einige Strecken können u.U. auch das ganze Jahr über geschlossen bleiben. Anfang September fällt dann oft schon wieder der erste Schnee. Dann werden die Pisten unbefahrbar und geschlossen.

Im Winter, wenn der Boden gefroren ist und hoher Schnee das Land bedeckt, darf man mit den speziell ausgerüsteten und umgebauten Super Jeeps auch abseits der Pisten offroad über den Schnee fahren – ein Spaß, der in Island viele Freunde hat.

Fahrtechniken

Gut unterhaltene Pisten mit einem **festen Belag** aus Lavagries oder feinem **Schotter** lassen sich ohne zugeschalteten Allradantrieb zügig mit

50 bis 60 km/h befahren. Manche Strecken erlauben sogar 80 km/h. Auf allen Pisten sollte man stets konzentriert und vorausschauend fahren; kommt ein Fahrzeug entgegen, reduziert man seine Geschwindigkeit, um nicht unnötig viele Steine aufzuwirbeln. Der Zustand von weniger häufig befahrenen Hochlandpisten kann sich ohne Vorankündigung ändern: Tief ausgespülte Längs- und Querrinnen, Schlaglöcher, weicher Sand, tiefe Pfützen, Schlamm, scharfkantige Lava mit hohen Stufen und kopfgroße Gesteinsbrocken auf der Piste sind normal.

Auf einigen Strecken weist die Fahrbahn waschbrettartige, quer über die Piste verlaufende Rillen auf. Bei allzu langsamer Fahrt wird das Fahrzeug ordentlich durchgerüttelt. Auf diesen **„Wellblechpisten"** fährt man besser etwas schneller und schaltet den Allradantrieb zu bzw. sperrt bei Fahrzeugen mit permanentem Allradantrieb das Zentraldifferential. Bei 50 bis 60 km/h federn die Räder nicht mehr voll in jedes Wellental ein. Der Wagen „schwebt" über die Unebenheiten und die Fahrt verläuft ruhiger. Ab 70 bis 80 km/h kann ein schwer beladenes Fahrzeug jedoch leicht seitlich ausbrechen, weshalb so hohe Geschwindigkeiten vermieden werden sollten.

Die Befahrbarkeit der Hochlandpisten hängt auch entscheidend vom Wetter ab. **Erdpisten** sind bei Trokkenheit zwar staubig, aber einfach zu befahren. Bei Nässe weicht die Erde auf, die Piste verschlammt und wird schmierig. Dann sind grobstollige Geländereifen von Vorteil. Ihr Profil reinigt sich beim Fahren von selbst und setzt sich nicht mit Erde oder Lehm zu. Mit feiner profilierten und breiten Straßenreifen fährt man wie auf Slicks; die Reifen können kaum mehr Kraft für den Vortrieb übertragen und verlieren ihre Seitenführung. Das Fahrzeug rutscht auch mit Allradantrieb und dreht sich auf der Stelle.

Weichsandgebiete durchfährt man zügig mit Allradantrieb im 2. Gang der Straßenübersetzung. Bei einer Geschwindigkeit von 30 bis 40 km/h hat das Fahrzeug genügend Kraft und Schwung, um auch durch tiefen Sand zu kommen. Sand erfordert enorm viel Motorleistung. Schwach motorisierte und schwer beladene Fahrzeuge überhitzen in den Sandwüsten leicht. Sandbleche, die in der Sahara unverzichtbar sind, kann man auf einer Islandreise getrost zu Hause lassen. Alle isländischen Sandpisten sind für einen Geländewagen unproblematisch.

In **steinigem Gelände,** in dem große Felsbrocken überklettert werden müssen, oder in Lavafeldern muß man bei zugeschaltetem Allradantrieb und eingelegtem Reduziergetriebe stellenweise so langsam wie möglich fahren. Große Brocken, denen man auf einer schmalen Piste nicht ausweichen kann, überfährt man ganz langsam mit den Rädern einer Wagenseite. Über hohe Stufen fährt man ebenfalls so langsam wie möglich, sonst federt das Fahrzeug so stark ein, daß der Rahmen aufschlagen kann.

Typisch für die isländischen Hochlandpisten sind **Flußdurchfahrten.** Furten sind immer potentielle **Gefahrenpunkte.** Hier können Nachlässigkeiten und Draufgängertum schnell das Ende einer Hochlandtour bedeuten. Mahnende Beispiele gibt es je-

Allein in der Wüste aus schwarzem Lavasand (im Tungnaásandur bei Langisjör)

des Jahr, weil aus Unkenntnis oder bei rallyemäßigem Fahrstil ein Fahrzeug in einer tiefen Furt abgetrieben und umgeworfen wurde. Opfer sind meist Touristen. Solche Unfälle sind vermeidbar, wenn man beim Furten ein paar **Regeln** beachtet und überlegt handelt. Ein Umkehren vor einem tiefen und reißenden Fluß sollte nicht als Schwäche gesehen werden, sondern zeugt von Verantwortungsbewußtsein. Das **oberste Gebot** auf einer Hochlandtour muß lauten: **Sicher ankommen!**

Einen Fluß durchfährt man nicht ohne **vorherige Prüfung.** Diese besteht zunächst darin, vor der Furt anzuhalten und den weiteren Verlauf der Piste am anderen Ufer auszumachen. Radspuren, die in das Wasser hineinführen, markieren nicht immer den einfachsten Weg durch den Fluß. Dabei ist keinesfalls der direkte, gerade Weg immer der beste. Bei breiten Flüssen mit Schotterbänken ist es manchmal besser, in Etappen von Schotterbank zu Schotterbank zu fahren. Wichtig beim Furten ist, möglichst durch flaches Wasser zu fahren, um im Fluß nicht mit dem Unterboden an einem großen Felsbrocken hängenzubleiben.
Die breiteste Stelle eines Flusses ist meist auch die flachste. Denken Sie daran, daß im Flußbett tiefe Rinnen ausgespült sein können, in denen die Strömung besonders stark ist. Dieses sind oft die Hauptarme des Flusses. Macht der Fluß einen Bogen, ist das Wasser vor dem angeströmten Prallhang tiefer als an dem gegenüberliegenden Gleithang.

In Lavagebieten können die Furten stufig sein. Fährt man zu schnell über eine derartige Lavaplatte, „plumpst" das Auto regelrecht ins Wasser. Der Motorraum kann dabei völlig durchnäßt werden.

Ist man sich über die Wassertiefe und den Untergrund nicht sicher, sollte die Furt zuerst zu Fuß durchwatet werden. Bedenken Sie dabei, daß das Wasser der isländischen Flüsse meist sehr kalt ist; Gletscherflüsse haben selbst im Sommer nur eine Temperatur von 4°C. Das eiskalte Wasser schmerzt beim Durchwaten. Man kann sich schnell unterkühlen und auch Probleme mit dem Kreislauf bekommen. Besser als mit Turnschuhen und in kurzer Hose durchwatet man eine Furt mit einer **hüfthohen Wathose,** wie sie Angler tragen. Von Watstiefeln, die in Höhe des Oberschenkels enden, raten wir aus Sicherheitsgründen ab: eine Unachtsamkeit oder ein tiefes Loch im Flußbett, und die Watstiefel füllen sich mit Wasser; sie werden schnell so schwer, daß man umgeworfen werden kann. In über knietiefem Wasser ist es ratsam, den Fluß stets mit dem **Blick flußaufwärts** gerichtet zu durchwaten. Die Strömung trifft so nicht die Kniekehlen. Hilfreich ist auch ein zwei Meter langer Stock zum Abstützen und Ausloten der Wassertiefe vor dem nächsten Schritt. Die Kraft des Wassers darf nicht unterschätzt werden!

Ist ein Fluß so tief und reißend, daß er zu Fuß nicht mehr gefahrlos durchwatet werden kann, sollte man ihn auch nicht durchfahren. Hat man jedoch einen passierbaren Weg durch den Fluß gefunden, kann man mit dem Fahrzeug die Furt wagen.

Bevor man in einen Fluß hineinfährt, sollten alle elektrischen Verbraucher, wie Scheinwerfer und Heckscheibenheizung, abgeschaltet werden. Schalten Sie den Allradantrieb zu und legen Sie den ersten oder zweiten Gang des Untersetzungsgetriebes ein. Sperren Sie bei einem Fahrzeug mit permanentem Allradantrieb das Zentraldifferential. Fahren Sie so langsam wie möglich in den Fluß hinein – die Uferböschungen eines Flusses sind manchmal sehr steil und bestehen aus losem Geröll. Haben Sie die Böschung passiert, geben Sie ein wenig Gas und bringen den Motor auf die Drehzahl, bei der er sein maximales Drehmoment hat. Dieses liegt bei Dieselmotoren um 2000 U/min, bei Benzinern um 3500 U/min. Durchfahren Sie den Fluß zügig mit gleichbleibend hoher Drehzahl, ohne den Fuß vom Gas zu nehmen, ohne zu kuppeln und ohne zu schalten. Wenn Sie merken, daß die Drehzahl zu sinken beginnt, müssen Sie mehr Gas geben. Tiefes Wasser und schwerer Boden erfordern enorm viel Motorkraft. Manchem PS-schwachen Geländewagen fehlt trotz Untersetzungsgetriebe im tiefen Wasser mit weichem Untergrund gelegentlich die Kraft. Der Motor wird abgewürgt, und das Fahrzeug sitzt fest.

Ist die Böschung am anderen Ufer sehr steil, geben Sie kurz davor Gas und nehmen den Anstieg aus dem Wasser mit Schwung.

In einem tiefen Fluß sollten Sie es unter allen Umständen vermeiden anzuhalten. Ein Fahrzeug, das einmal steht, kommt meist nicht mehr aus eigener Kraft frei. Um den Widerstand des Wassers zu überwinden, erfordert das Anfahren so viel Kraft, daß beim Gasgeben die Räder auf weichem Untergrund durchdrehen können und sich das Fahrzeug eingräbt. Hier brauchen Sie die Hilfe eines anderen Fahrzeugs, das ihr Auto herauszieht.

Betätigen Sie in einem Fluß, der tiefer als etwa 40 cm ist, nicht mehr die Kupplung. Beim Wiedereinkuppeln kann sich ein dünner Wasserfilm zwischen die Kupplungsscheiben legen, wodurch die Kupplung durchrutscht und keine Kraft mehr überträgt.

Wenn man zu schnell in einen Fluß hineinfährt oder im Flußbett tiefe Rinnen durchfährt, kann die **Bugwelle** über die Motorhaube schwappen. In diesem Moment klatscht ein Wasserschwall gegen die Windschutzscheibe, der für wenige Sekunden jede Sicht unmöglich macht. Erschrecken Sie in dieser Situation nicht! Fahren Sie weiter, ohne langsamer zu werden. Das Wasser ist schnell wieder von der Windschutzscheibe abgeflossen. Betätigen Sie die Scheibenwischer. Einem guten Geländewagen schadet ein solcher kurzzeitiger Wasserschwall nicht.

Nach einer tiefen Flußdurchfahrt funktionieren gelegentlich die Bremsen nicht mehr einwandfrei. Treten Sie nach einer Flußdurchfahrt beim Fahren einige Male auf die Bremse – so trocknen die Bremsscheiben.

Den „Off-Roader" verweisen wir auch auf unser **„Off Road Handbuch Island"** *(Pietsch Verlag Stuttgart* oder bei den Autoren), wo ausführlich die interessantesten Hochlandstrecken und Reiserouten abseits der asphaltierten Straßen beschrieben sind. Wir zeigen die dafür notwendigen Vorbereitungen und Ausrüstungen für Mensch und Maschine und führen den Leser mit einer kurzweiligen „Geländefahrschule" in die fahrtechnische Praxis ein.

Pannenhilfe & Werkstätten

In allen Ortschaften Islands gibt es meistens jemanden, der **Pannenhilfe** leisten kann. Fragen sie einfach beim ersten Haus nach, das sie erreichen. Man wird Sie von dort weitervermitteln oder sogar in eine Werkstatt abschleppen oder anderweitig helfen.

Vertragswerkstätten gibt es in Island zwar für alle Automarken, diese konzentrieren sich aber auf die Großräume *Reykjavík, Selfoss* und *Akureyri.* In den anderen Orten sind nicht alle Automarken durch Werkstätten vertreten. **Nothilfe** können jedoch in der Regel alle Werkstätten und auch viele Bauern leisten.

Ersatzteile sind wesentlich teurer als bei uns. Sind diese in Island verfügbar, werden sie kurzfristig per Linienbus oder Linienflugzeug angeliefert. Wenig gebrauchte Teile oder solche für in Island seltene Fahrzeugtypen müssen u.U. aus dem Ausland angefordert werden. Dies ist heute zwar innerhalb weniger Tage möglich, doch sind die **Transportkosten** und die zu zahlenden **Importzölle** sehr hoch, so daß diese Teile meist das Zwei- bis Dreifache des deutschen Preises kosten.

Bei Fahrten im Landesinnern ist es hilfreich, eine **Notausrüstung** mitzuführen. Diese besteht zumindest aus dem **wichtigsten Werkzeug** (Arbeitshandschuhe, Kombi- und Rohrzange, Radmutternschlüssel, Steckschlüssel mit Verlängerung in den Größen 6 bis 32 mm bzw. entsprechende Schraubenschlüssel, Schrau-

bendreher und Kreuzschlitzschraubendreher sowie Imbusschlüssel in verschiedenen Größen, eine kleine Feile, 2 m dünner Stahldraht, 2 m Elektrokabel, Ersatzsicherungen und Ersatzglühbirnen). Wir empfehlen darüberhinaus die Mitnahme eines vollwertigen Reserverads, eines mindestens 10 m langen Abschleppseils bzw. vorteilhafter eines Bergegurts mit zwei Schäkeln (erhältlich bei Expeditionsausrüstern), ein Starthilfekabel, eine große Schaufel, ein gefüllter 20-l-Reservekanister und reißfestes Klebeband.

Ein **Auslandsschutzbrief** ist für Island sinnvoll, da er im Schadensfall die hohen Bergungs- und Transportkosten decken hilft. Ein Auto, das beispielsweise durch einen Unfall oder einen schweren Schaden fahruntüchtig geworden ist, muß nach Ablauf der Aufenthaltsdauer auch als „Schrottauto" wieder aus Island ausgeführt werden.

Beim **Fahren in einer Gruppe** hat sich für Konvois die für jeden verpflichtende Vereinbarung bewährt, daß der Vordermann jeweils auf seinen Hintermann achtet und langsamer fährt oder notfalls anhält, wenn er ihn nicht mehr im Rückspiegel sieht. Außerdem wird vor Antritt der Fahrt festgelegt, wer aus der Gruppe eine bestimmte Strecke als erstes Fahrzeug und wer als letztes befährt. Auch diese Absprache gewährleistet schnelle Hilfe bei einer Panne oder einem Unfall.

Island mit dem Motorrad

(Mitarbeit: *Sven Strumann)*

Motorradfahren ist in Island wegen der Witterung und der Schotterstraßen weniger beliebt als bei uns. Isländische Motorradfahrer sind relativ selten anzutreffen. Motorrad gefahren wird von den Einheimischen meist nur im Großraum Reykjavík. Wegen der geringen Nachfrage nach Motorrädern gibt es in Island bislang keine Möglichkeit, ein Motorrad zu mieten.

Motorradreisen von Mitteleuropa nach Island werden hingegen immer beliebter. Obwohl Island im Prinzip mit fast jedem Motorradtyp zu befahren ist, raten wir zu einer **Enduro oder Reise-Enduro.** Insbesondere wer ins Hochland fährt, wird mit einer Straßenmaschine wenig Freude haben, da diese nicht für derartige Verhältnisse ausgelegt ist. Kleinere, leichtere Maschinen bieten auf sandigen Pisten und auf Strecken, die durch Lavafelder führen, Vorteile im Handling. Auch das Furten von flachen Bächen ist mit einer leichten Maschine einfacher als mit einer schweren; wo einem eine 125er wegen ihres geringen Gewichts (100 kg) ein unfreiwilliges Bad erspart, versackt eine schwere 750er schon einmal im weichen, sandigen Flußbett, und der Fahrer geht baden. Als völlig ungeeignet für die isländischen Straßen haben sich Chopper mit verlängerter Vorderradgabel erwiesen. Von zwei Maschinen, die wir auf der Fähre sahen, wissen wir, daß die Fahrt im einen Fall schon nach weniger als 20 km auf dem Paß zwischen *Seyðisfjörður* und *Egilsstaðir* mit einem Gabelbruch endete. Den zweiten Fahrer ereilte das gleiche Schicksal nach etwa 170 km auf einem früher noch nicht asphaltierten Abschnitt der Ringstraße. Auch verfügen die meisten Chopper nur über eine geringe Bodenfreiheit, so daß größere Steine auf der Straße und Bodenwellen sehr schnell zu Problemen führen können.

Gepäcktransport

Das optimale Verstauen und Verzurren des Gepäcks ist mit entscheidend, ob eine Motorradreise nach Island ein Erfolg wird. **Packen Sie ihr Motorrad nicht zu voll! Achten Sie auf eine gute Gewichtsverteilung mit niedrigem Schwerpunkt!**

Diese beiden Ratschläge meinen wir sehr ernst. Durch falsches Pakken verschlechtert sich das Fahrverhalten eines Motorrads drastisch, Unfälle können die Folge sein. Um im weichen Sand vernünftig vorwärtszukommen, sollte kein Gepäck an Stellen des Motorrads befestigt sein, die vom Schwerpunkt weit entfernt sind: also kein Gepäck hoch und einseitig hinter der Sitzbank befestigen; kein Gepäck auf einem „Scheinwerfergepäckträger" oder an den Lenkergabeln befestigen. Auch kein Gepäck an den Gabeltauchrohren und der Schwinge befestigen; dies erhöht die ungefederte Masse der Maschine und kann auf holprigen Pisten zu Brüchen am Fahrwerk führen.

Für das Gepäck am besten geeignet sind stabile und wasserdichte **Seitenkoffer** aus Kunststoff oder Leichtmetall. Diese werden möglichst dicht auf beiden Seiten des Motorrads befestigt und gleichmäßig schwer beladen. Der Kofferschwerpunkt sollte dabei nicht zu weit hinten liegen, optimal wäre noch vor der Hinterachse. Die Kofferoberkante sollte in Höhe der Sitzbankunterkante liegen, aber auch nicht zu tief, um die Unterbodenfreiheit nicht einzuengen. Verwenden Sie keine Riesenkoffer,

40 Liter Inhalt sind das höchste der Gefühle. Ebenfalls bewährt haben sich Gepäckrollen aus wasserdichter Plane, die man z.B. auf dem Sozius befestigen kann. Ein kleiner und eher flacher **Tankrucksack** eignet sich zur Unterbringung von empfindlichen und häufiger benötigten Dingen, wie etwa der Foto- oder Videokamera. Wir haben gute Erfahrungen mit einem Tankrucksack mit Magnetbefestigung gemacht, in dem wir unsere Kamera transportierten. Durch die Magnetbefestigung konnten wir ihn sekundenschnell abnehmen und mitnehmen, wenn wir uns für Aufnahmen von unseren Motorrädern entfernen mußten; andererseits hielt er selbst auf Hochlandpisten sicher genug.

Zum Befestigen des Gepäcks sollte man keine Gummi-Expander benutzen, sondern 20–30 mm breite Spanngurte aus Nylongewebe.

Bekleidung

Die Motorradbekleidung sollte guten Schutz bei Stürzen bieten und auch einen gewissen Schutz vor den vom Gegenverkehr hochgewirbelten Steinen und Staub. Es kommt immer wieder vor, daß man von diesen Steinen getroffen wird. Sehr wichtig sind darüberhinaus ein guter Regenkombi und stabile Motorradstiefel. Diese sollten, wenn möglich, auch wasserdicht sein, ansonsten gehören unbedingt Regengamaschen ins Gepäck. Als Kopfschutz ist ein Integralhelm einem Jethelm vorzuziehen, da der Integralhelm einen besseren Schutz gegen die von Autos aufgewirbelten Steine und den auf Schotterstraßen allgegenwärtigen Staub und Matsch bietet. Gute wasserdichte Handschuhe vervollständigen die Motorradbekleidung: Angesichts der selbst im Sommer oft niedrigen Temperaturen empfiehlt es sich, gefütterte Handschuhe zu verwenden oder ein Paar Winterhandschuhe einzupacken.

Motorradvorbereitung

Das Motorrad sollte sich vor der Abreise in einem technisch einwandfreien Zustand befinden: Eine umfassende **Inspektion,** Ölwechsel und Reinigen bzw. Austausch des Luftfilters gehören dazu. Alle Schrauben und Speichen sind auf festen Sitz zu kontrollieren.

Als Bereifung eignen sich gut profilierte Reifen am besten. Wer ins Hochland will, sollte auf jeden Fall robuste **Geländereifen** *(Michelin Desert* oder *Metzeler Safari)* mit dikken Schläuchen *(Michelin Motocross / Enduro)* aufziehen.

In Sandgebieten und auf den staubigen Pisten bereiten des öfteren die eingefetteten **Antriebsketten** Probleme. Als Abhilfe erscheint uns am geeignetsten, die Serienkette durch eine O-Ringkette auszutauschen und diese auf den Pisten außen trocken zu fahren, da sich ansonsten der mit kleinen Steinchen durchsetzte Staub und Sand mit dem Kettenfett vermischen und die Kette schnell verschleißt.

Die im Hochland zu furtenden Flüsse erfordern ein „wasserdichtes" Motorrad. Die Luftansaugung sollte in Höhe der Sitzbankunterkante liegen; eventuell muß der Luftansaugstutzen verlängert werden. Der Getriebekasten kann mit Silikon abgedichtet werden. Die Entlüftungsschläuche des Vergasers sollten nach oben verlängert bzw. beim Furten verschlossen werden.

Sehr empfehlenswert sind außerdem Windschilde vor den Handgriffen, da sie die Hände nicht nur vor Fahrtwind und Regen, sondern auch vor Steinen schützen. Besonders gut sind Ausführungen, die mittels einer Metallstrebe auch noch die Brems- und Kupplungshebel bei einem Sturz vor Bruch schützen.

Ersatzteile & Ersatzteilversorgung

Ersatzteile für Motorräder bekommt man in Island nicht in jedem Ort. Die beste Chance, passende Teile zu erhalten, hat man in Reykjavík. Ersatzteile, die es in Island nicht gibt, müssen aus dem Ausland eingeflogen werden. Außerdem kosten viele der in Island erhältlichen Ersatzteile ein Vielfaches dessen, was in Deutschland verlangt wird. Die isländischen Werkstätten sind zwar Meister im Improvisieren, und man wird sich bemühen, ihr Motorrad im Falle einer Panne wenigstens wieder fahrbereit zu bekommen, doch die wichtigsten Ersatz- und Verschleißteile sollte man vorsichtshalber von zu Hause mitnehmen. Normalerweise weiß jeder Motorradfahrer, was an seiner Maschine besonders reparaturanfällig ist bzw. regelmäßig gewartet werden muß. **Auf jeden Fall ins Gepäck gehören:**

✔ das wichtigste Werkzeug für alle Schrauben des Motorrads,
✔ Bowdenzüge für Bremse, Gas und Kupplung,
✔ Ersatzspeichen für das Vorder- und Hinterrad,
✔ Flickzeug, Luftpumpe und Ventile,
✔ Zündkerzen,
✔ Ersatzkette oder wenigstens einige Kettenglieder zum Reparieren,
✔ Ersatzbirnen und Ersatzsicherungen,

Verladung von Motorrädern auf das Sonnendeck der Fähre Norröna

- ✔ bei Fahrten ins Hochland zusätzlich ein Ersatzreifen mit Schlauch für das Vorder- und Hinterrad sowie ein Luftfilter.

Bei Reisen in einer Gruppe muß nicht jeder alle Werkzeuge und Ersatzteile mitführen; hier sollte man sich vorher absprechen, wer was mitnimmt, um Gewicht und Packvolumen zu sparen. Auch für Motorradfahrer empfiehlt sich der **Abschluß eines Schutzbriefes.**

Vertretungen

- **BMW**
  Es gibt keine isländische Vertragswerkstatt. Ersatzteile können über die PKW-Vertretung in Reykjavík beschafft werden (Suðurlandsbraut 14, Tel. 5 68 12 00).
- **Harley Davidson**
  Kein isländischer Vertragshändler.
- **Honda**
  Vertragshändler ist *Gunnar Bernhard,* Reykjavík, Vatnagarðar 24, Tel. 5 68 99 00.
- **Kawasaki**
  Es gibt keinen isländischen Vertragshändler. Ersatzteile kann *Sverrir Þoroddsson & Co* besorgen, Reykjavík, Sundaborg 7-9.
- **Moto Guzzi**
  Es gibt keine isländische Vertragswerkstatt.
- **Suzuki**
  Vertragshändler ist *SUZUKI Umboðið H/F,* Hafnarfjörður, Skútahraun 15C, Tel. 5 65 17 25.
- **Yamaha**
  Es gibt keinen isländischen Vertragshändler; Betreuung durch *YAMAHA Motor Denmark A/S,* Svenborgvej 337, DK–5260 Odense, Tel. 00 45 65 95 95 00.

Die offizielle Auskunft der Motorradfirmen, daß es keinen isländischen Vertragshändler gibt, bedeutet nicht, daß das Motorrad in Island nicht repariert werden kann. Einige freie Werkstätten kennen bestimmte Motorradmarken recht gut und wissen auch, wo man im Notfall Ersatzteile besorgen kann. Jedoch können Reparaturen nicht über die bei neuen Motorrädern bestehenden Garantieleistungen abgewickelt werden.

Straßenverhältnisse

Die Straßenverhältnisse in Island stellen höhere Anforderungen an das Fahrkönnen eines Motorradfahrers als in Deutschland. Erschwerend kommt hinzu, daß das Motorrad während einer Urlaubsreise durch die Beladung ein anderes, ungewohntes Fahrverhalten aufweist.

Die meisten Abschnitte der inzwischen größtenteils asphaltierten Ringstraße sind in der Regel auch von weniger geübten Motorradfahrern ohne Probleme zu bewältigen. Schwierig wird es jedoch, wenn geschotterte Abschnitte der Strecke kurz zuvor „gepflegt" wurden. Dabei wird die Straße zuerst von einem Sprühwagen mit Wasser besprüht und dann mit einer Baumaschine einige Zentimeter tief umgepflügt. Entgegen der Praxis in den skandinavischen Ländern verzichten die Isländer aber auf das anschließende Festwalzen der Straße. So fährt man auf bzw. in sehr lockerem Schotter, der den Reifen wenig Seitenführung bietet. Auf solchen Streckenabschnitten sollte man sehr vorsichtig und langsam fahren. Nicht wenige Motorradfahrer sind durch zu hohes Tempo auf diesem losen Belag schon gestürzt.

Vorsicht sollte man auf den Schotterstraßen auch bei Regen walten lassen, da manche Schotterdecken bei Nässe glatt wie Schmierseife werden. Wer nur über wenig Erfahrung im Motorradfahren abseits von Asphaltstraßen verfügt, sollte das Fahren auf Schotterstraßen und Pisten behutsam angehen, langsam fahren und sich mit der „ungewöhnlichen" Straße erst einmal vertraut machen. Auch die isländischen Asphaltstraßen sind weniger befahren und folglich weniger „sauber" als die Straßen in Mitteleuropa; auf ihnen können immer Sand und kleine Steine liegen, die einen allzu forsch fahrenden Motorradfahrer insbesondere beim Bremsen und in Kurven schnell in Schwierigkeiten bringen können. Bei den Tagesetappen sollte man die Kilometerleistung nicht zu hoch ansetzen: Auf Asphaltstraßen sind 50 km pro Stunde ein guter Wert, auf nichtasphaltierten Nebenstraßen legt man durchschnittlich 30 bis 40 km zurück, auf ausgesprochenen Pisten manchmal nur 20 km.

Nicht ungefährlich sind auch die **Holzbrücken,** die besonders häufig in Südisland zu finden sind: Die Fahrbahn besteht hier aus schmalen Holzlatten, die in Längsrichtung verlegt sind. Die Ansatzstellen haben in etwa die gleiche Wirkung auf das Motorrad wie Fräsrillen. Auf solchen Brükken, die bei Nässe zudem äußerst glitschig werden können, sollte man das Tempo ebenfalls deutlich reduzieren.

Mit dem Motorrad ins Hochland

Viele Hochlandstrecken sind für geübte Fahrer einfach zu befahren. Stehendes Fahren muß jedoch beherrscht und bequem möglich sein. Das größte Problem stellen häufig die Furten und der weiche Sand dar. Manche Flüsse sind fürs Motorrad zu tief oder weisen eine zu starke Strömung auf. Andererseits gibt es Strekken, die für Autos problematisch sind, da die Furten sehr tief ausgewaschen sind. Als Motorradfahrer kann man jedoch ein Stückchen flußauf- oder -abwärts fahren, wo die Flußtiefe eventuell geringer, die Zufahrt vom Ufer für PKW aber nicht möglich ist.

Besonders für Motorradfahrer empfiehlt es sich, die Furt vorher zu Fuß zu durchwaten, denn häufig verstecken sich im Flußbett große Steine, oder es gibt tiefe Rinnen und Löcher. Gefährlich kann auch der in manchen Furten vorhandene Treibsand sein. An belebteren Stellen, z.B. in *Landmannalaugar* oder *Þórsmörk,* befinden sich Fußgängerbrücken in der Nachbarschaft der Furten. Flüsse, deren Untergrund fest und eben ist und deren Tiefe weniger als 30cm beträgt, können auf direktem Weg durchfahren werden. Wichtig ist eine niedrige Geschwindigkeit bei hoher Motordrehzahl. Tiefere Flüsse und solche mit unebenem und weichem Untergrund furtet man am besten schräg flußabwärts, um dem Wasser einen Teil seiner Strömungskraft zu nehmen. Wer sich das Durchfahren eines Flusses nicht zutraut, kann sein Motorrad entsprechend bei laufendem Motor und eingelegtem ersten Gang (Kupplung schleifen lassen) auch durch den Fluß schieben.

Motorradreisen in Island beanspruchen Mensch und Maschine gleichermaßen hoch. Der Fahrer sollte körperlich fit sein und über ein gutes Fahrkönnen verfügen. Dann kann eine Fahrt mit dem Motorrad zu einem großartigen Erlebnis werden, da der Motorradfahrer das Land, seine Natur und seine Menschen unmittelbarer als der Autoreisende erlebt.

Island mit dem Fahrrad

(Mitarbeit: *Reinhard Pantke)*

Zugegeben: Staubige, schlammige Pisten, tiefer weicher Sand, Dauerregen und kühle Witterung lassen die windzerzauste Insel unter dem Polarkreis nicht gerade als optimales Fahrradland erscheinen. So galt vor einigen Jahren eine Bike-Tour durch Island noch als Abenteuer. Da sich die Straßenverhältnisse aber ständig bessern und viele Reisende „Natur pur“ ohne trennende Windschutzscheibe erleben wollen, ist Island auch als Radreiseziel immer populärer geworden.

Viele Radler stellen sich jedoch eine Fahrradreise durch Island als ein großes Abenteuer vor und sind frustriert, wenn sie tagelang nur durch den Regen strampeln und sich in flachen Ebenen des Hochlands gegen den Wind stemmen müssen.

Im Landesinnern sind die Entfernungen besonders groß und alle Wege mühsam und kräftezehrend. Mit dem Fahrrad schafft man in den Sandgebieten oft nur 2 bis 3 km in der Stunde. Meistens ist es weniger anstrengend, das Rad zu schieben. Eine 50 km breite „Sandwüste“ im Hochland mit dem Fahrrad zu durchfahren, etwa die Strecke zu den *Kverkfjöll* und durch das *Ódáðahraun* zur *Askja,* kann schon zwei Tage dauern. Unterwegs ist man völlig ungeschützt dem Wetter ausgeliefert. Sturm, Nässe und eisige Kälte sind auch im Hochsommer an der Tages-

Wer sein Fahrrad liebt... der muß es in Island auch hin und wieder schultern

ordnung. Der ständig aus wechselnden Richtungen wehende Wind stellt vielfach das größte Problem für eine Radtour auf der fast baum- und strauchlosen Insel dar. **Island zählt zu den windreichsten Ländern der Erde!** Extreme und tagelang anhaltende Stürme sind normal! Wer Pech hat, wird einfach von der Straße „geweht" oder muß Zwangspausen einlegen! Besonders unangenehm können aufgewirbelter Sand und Vulkanasche sein. Ein Helm, eine Schutzbrille und ein Tuch als Gesichtsschutz erweisen sich dann als sehr hilfreich.

In Island Fahrrad zu fahren, setzt eine **gute Kondition** voraus und verlangt **Durchhaltevermögen.** Weniger trainierte Biker erreichen schnell die Grenze ihrer Leistungsfähigkeit. Geschieht dies in einem unbesiedelten Gebiet, kann daraus eine ernsthafte Notlage entstehen. Wir sind schon einem Fahrradfahrer begegnet, der völlig erschöpft vom Rad fiel, als er im Hochland unser „rettendes" Auto entdeckte. Größere Fahrradtouren sollte man aus Gründen der eigenen Sicherheit nie alleine unternehmen.

Mountainbike oder Tourenrad?

Wegen der schlechten Straßenverhältnisse abseits der Hauptverkehrswege empfiehlt sich ein stabiles **Mountainbike.** Wer hauptsächlich auf der Ringstraße unterwegs ist, kommt mit einem **Tourenrad** mit breiter 37- oder 39-mm-Bereifung aus. Wer jedoch längere Etappen durch das Hochland fahren will, sollte auf jeden Fall ein Mountainbike haben. Mit schmalbereiften **Rennrädern** kann man allenfalls auf den asphaltierten Straßen fahren. Für Touren durchs Land sind diese Räder ungeeignet.

Von **Radtourenanhängern** raten wir bei Hochlandtouren ab, da das Fahren auf den weichen Sandpisten und holprigen Schotterstraßen damit zu anstrengend ist.

Um sein Gepäck optimal auf dem Fahrrad zu verteilen, gehören eine Lenkertasche, ein Vorderrad- und ein Hinterradgepäckträger an das Rad. Wie beim Motorrad muß auch beim Fahrrad auf einen niedrig liegenden Schwerpunkt und so wenig Gepäck wie möglich geachtet werden. Die linken und rechten Packtaschen sollten stets gleich schwer bepackt sein. Auch muß das Gewicht möglichst gleichmäßig auf die Vorderrad- und Hinterradtaschen verteilt werden. Die Lenkertasche sollte keine schweren Gegenstände enthalten. Eine Trinkflasche kann mit einer speziellen Halterung am Querrahmen zwischen dem Vorder- und Hinterrad befestigt werden. Unverzichtbar ist auch eine stabile Kette oder ein Bügel, um das Fahrrad gegen Diebstahl sichern zu können.

Fahrradtaschen werden auf Islandtouren extrem belastet, denn jede Unebenheit auf der Straße oder Piste schlägt ungefedert auf die Taschen – und den Fahrer. Eine gefederte Vorderradgabel hat da schon Vorteile und macht die Fahrt angenehmer. Die Beanspruchung der Packtaschen durch Scheuern ist wesentlich höher als bei normalen Radtouren. Dazu kommen Staub, aufgespritzter Schlamm und Nässe. Die Packtaschen müssen deshalb so robust wie möglich und wasserdicht sein. Solche bestehen heute meist aus Cordura Nylon und Polyester, die auf der Innenseite wasserdicht beschichtet sind. Wir haben beispielsweise beste Erfahrungen mit den wasserdichten Packtaschen von *Ortlieb.* Trotzdem sollte man seine Ausrüstung zusätzlich in wasserdichte Packsäcke einpacken.

Eine separate Gepäckbeförderung von Hotel zu Hotel oder Campingplatz zu Campingplatz gibt es in Island nicht.

Ersatzteile

Da Verschleißerscheinungen auch bei gutem Material auftreten, sollte man außer einer Großpackung Flickzeug zwei Ersatzschläuche, einen Satz Bremsgummis, Kettenglieder oder besser eine ganze Kette sowie Ersatzschrauben und bei längeren Hochlandtouren auch einen Ersatzmantel dabeihaben. Zusätzlich sollten auch Fett und Öl mitgenommen werden, da ansonsten besonders nach längeren Regenfällen oder einigen Flußdurchquerungen die Kette und andere Teile schnell rosten können und schwergängig werden. Staub und Schmutz verbacken leicht die Kette; manche Fahrradfahrer schwören deshalb auf das „Trockenfahren" ohne Fett. Gekapselte Lager verhindern das Eindringen von Wasser und Schmutz in die Radlager.

Eintrag im Buch einer Rettungshütte zwischen Húsavík und Mývatn

19. Juni 1992

„Gestern war es mir nicht möglich, die fünfzig Kilometer von Húsavík zum Mývatn zu radeln. Wind – das heißt Sturm, wie ich ihn noch nie zuvor erlebt habe, machte jegliches Vorankommen unmöglich. Wie eine Oase auf dem Mond erschien mir dann diese Hütte. Im warmen Schlafsack habe ich eine gemütliche Nacht verbracht. Es ist fraglich, ob ich heute überhaupt weiterkomme, denn draußen pfeift es immer noch wie bescheuert. Island bedeutet eben auch, eine ganz neue Radelphilosophie zu entwickeln. Auf jeden Fall – thank you life-saving association of Iceland for this wonderful emergency shelter!" – Harald aus Obertshausen

20. Juni 1992

„Erst heute Nacht hat sich der Sturm gelegt. Jetzt kann ich aufbrechen. Ich habe großen Durst. So long!" – Harald

23. Juni 1992

„Warum sollte es uns besser gehen wie Harald? Zum Sturm gesellte sich noch heftiges Schneetreiben! Wir, Claus mit XT600 und Peter mit Moto Guzzi California II, suchten Schutz in dieser Hütte. Die Nacht wurde begleitet vom Heulen des Sturms und dem Knarren der Hütte. Es war ein schönes, beruhigendes Gefühl, in der Geborgenheit dieser Hütte die rauhe, kalte und stürmische Nacht verbringen zu können. Thank's a lot to LIFE-SAVING ASSOCIATION OF ICELAND!" – Peter und Claus

Fahrradläden & Fahrradvermietung

Ausgesprochene Fahrradläden gibt es nur in Reykjavík und Umgebung sowie in Akureyri. Flickzeug bekommt man hingegen in den kleineren Orten zumeist auch in den Supermärkten oder an den Tankstellen.

In Island können Fahrräder auch gemietet werden. Die Preise liegen für ein Reiserad bei 15 bis 20 DM, für ein Mountainbike mit Satteltaschen bei 25 bis 35 DM pro Tag. Professionelle **Fahrradverleiher** sind in Reykjavík z.B.:

- **City Bicycle Borgarhjól**
  Hverfisgötu 50, Tel. 5 51 56 53
- **Tourist Rental Service**
  Vatnsmýrarvegur 9, Tel. 5 51 30 72
- **BSÍ-Travel**
  BSÍ-Busbahnhof, Vatnsmýrarvegur 10, Tel. 5 52 23 00 und 5 62 33 20, Fax 5 62 99 73. **Tip:** Besitzer des Omnibuspasses erhalten 50% Nachlaß auf die Ausleihe, solange der Paß gültig ist. Besitzer des Rundreisepasses erhalten 20% Nachlaß. Verliehen werden neue, stabile 18-Gang-Mountainbikes. **Preise** pro Rad: 1 Tag 30,50 DM, 1 Woche 190 DM, 2 Wochen 379,50 DM, 3 Wochen 443 DM, 4 Wochen 506,50 DM abzgl. der Nachlässe. Zu den Rädern können gegen einen geringen Aufpreis Packtaschen ausgeliehen werden. Wegen der hohen Nachfrage sollten die Räder und die Packtaschen möglichst frühzeitig reserviert werden (am besten bereits bei der Buchung der Reise).

Auf fast allen Campingplätzen informieren Aushänge am Schwarzen Brett über örtliche, vielfach preisgünstigere Möglichkeiten für „Rent a Bike“. Manch ein Biker verkauft sein Mountainbike vor dem Rückflug gewinnbringend, wie die Zettel mit Verkaufsangeboten und Kaufgesuchen am Schwarzen Brett des Campingplatzes in Reykjavík zeigen.

Ausrüstung

Was für das Rad gilt, sollte auch bei der Ausrüstung berücksichtigt werden: Zelt, Kleidung und Ausrüstung müssen wasserdicht und sturmfest sein. Atmungsaktive Regenbekleidung *(Gore-Tex),* ein zweites Paar Schuhe zum Durchqueren der Bäche (alte Turnschuhe empfohlen) und warme Handschuhe (auch im Sommer) gehören ins Gepäck. Da die meisten Campingplätze spartanisch eingerichtet sind, ist es notwendig, einen Benzin- oder Gaskocher und Geschirr mitzunehmen. Verzichten Sie auf Spirituskocher, denn dieser Brennstoff ist in Island so teuer wie Alkohol!

Fahrrad & öffentliche Verkehrsmittel

Die im Sommer täglich verkehrenden Überlandbusse nehmen gegen ein nach zwei Entfernungen gestaffeltes Entgelt Fahrräder mit: 0–100 km ca. 12 DM, über 100 km ca. 16 DM. Eine Garantie dafür gibt es aber nicht; wir hatten sogar den Eindruck, daß die Beförderung von Radfahrern mit ihren Rädern dem Gutdünken des jeweiligen Busfahrers überlassen ist. Für die Fahrräder sind am Heck der Busse spezielle Fahrradträger angebracht. In der Hauptsaison sollten Sie sich rechtzeitig einen Platz für das Fahrrad reservieren lassen, denn immer mehr Reisende wollen das

Land per Fahrrad erkunden, merken dann aber schnell, daß sie ihre Kondition überschätzt oder die Straßenverhältnisse unterschätzt haben und legen die weiteren Etappen mit dem Bus zurück. Auch bei schlechtem Wetter sind die Busse meistens voll.

Unterkunft

Im Unterschied zu Autofahrern drückt man bei Radlern, die in den weitläufigen Nationalparks und Naturschutzgebieten entlang „populärer Pisten" trotz des generellen Verbots wild zelten, schon mal beide Augen zu. Man sieht ein, daß sie die weiten Distanzen, die hier zwischen den Campingplätzen liegen, nicht immer an einem Tag zurücklegen können. Es versteht sich von selbst, daß der Biker keinerlei Abfälle zurückläßt! Für Fahrten ins Hochland sind unbedingt Mülltüten mitzunehmen. Müll darf nicht vergraben oder verbrannt werden, sondern ist in der nächsten Mülltonne zu entsorgen! Grundsätzlich sollte man, wann immer möglich, auf einem Campingplatz zelten. Wer auf landwirtschaftlich genutzten Flächen oder erkennbar privatem Gelände (eingezäunte Wiese) zelten möchte, sollte unbedingt vorher beim Eigentümer um Erlaubnis fragen und nach der Übernachtung jegliche Spuren seiner Anwesenheit beseitigen.

Verpflegung

Wer entlang der Ringstraße unterwegs ist, wird – abgesehen vom Ostteil – in der Regel mindestens einmal am Tag die Gelegenheit haben, etwas einzukaufen. Es ist trotzdem ratsam, immer zumindest einen kleinen Notproviant für zwei oder drei Tage mitzunehmen.

Hochlandfahrten sollten gut geplant sein, da man hier tagelang keine Einkaufsmöglichkeiten hat. Der Proviant ist großzügig zu kalkulieren, weil man durchaus mal ein paar Tage im Regen oder Sturm verlieren kann. In den ausgedehnten Lava- und Sandwüsten kann auch das Trinkwasser knapp werden, da alles Wasser schnell im Boden versickert; Quellen und Bäche sind hier selten. Ausreichend Trinkwasser für zwei bis drei Tage muß bei solchen Touren unbedingt mitgeführt werden. Wir empfehlen auch die Mitnahme eines Filters zur Wasserentkeimung (z.B. von *MSR, Katadyn* oder *SweetWater).* Damit kann man aus fast allen Gewässern einwandfreies Trinkwasser gewinnen.

Je weiter man sich von Reykjavík entfernt, desto teurer werden die Lebensmittel. Erschwinglich sind Milch- und Käseprodukte. Frischobst, Gemüse und Fleisch sollten aus Kosten- und Gewichtsgründen lieber vom Speiseplan gestrichen und durch Kekse, Müsli und Schokolade ersetzt werden. Traubenzucker, Multivitaminpräparate und Trockenobst stellen eine sinnvolle Ergänzung der manchmal monotonen Radler-Ernährung dar.

Ziele für Biker

Traumziele vieler engagierter Biker sind die Campgrounds in *Skaftafell* und *Landmannalaugar.* Hier kann man sich einige Tage von den Strapazen erholen und herrliche Tageswanderungen unternehmen.

Skaftafell erreicht man von Reykjavík entweder über *Hveragerði, Selfoss, Hella* und *Vík* direkt auf der Ringstraße (einfach 300 km) oder auf einem lohnenswerten Umweg über Landmannalaugar und die herrliche Hochlandstrecke F22 durch die *Jökuldalir,* die „Gletschertäler" (einfache Strecke ebenfalls 300 km, aber wesentlich zeitaufwendiger). Die Fahrt auf der Ringstraße verläuft zunächst durch grünes Weideland; dann entlang der Küste weiter im Bann der eisigen Gletscher und des rauschenden Meeres.

Reisebegleiter nach **Landmannalaugar** ist ein Hauch von Abenteuer. Wer will, kann diesen Ort von Nordwesten über *Þingvellir (Þingvallavatn, Almannagjá), Laugarvatn, Haukadalur (Geysir* und *Gullfoss), Búrfell* und die *Landmannaleið* (180 km) oder noch abenteuerlicher von Süden durch die „Gletschertäler" und die *Eldgjá* anfahren (250 km). Eine urweltartige Landschaft und zahlreiche, überwiegend flache Furten sind die Reisezutaten. Beide Routen lassen sich zu einer beeindruckenden, ungefähr **dreiwöchigen Rundreise** kombinieren (insgesamt 600 km): von Reykjavík über Þingvellir, Laugarvatn, Haukadalur, Búrfell und die Landmannaleið nach Landmannalaugar und weiter durch die Jökuldalir zur Ringstraße und nach Skaftafell. Der Rückweg erfolgt auf der Ringstraße über Vík, Hella, Selfoss und Hveragerði. Wer des Strampelns müde geworden ist, kann den Überlandbus nehmen.

Schlucht Brandsgil

Island zu Fuß

(Mitarbeit: *Sven Strumann)*

Island ist ein **interessantes Land zum Wandern**. Es gibt zahlreiche **markierte Wanderwege;** das Spektrum reicht von der leichten, einstündigen Rundwanderung bis zu anstrengenden, mehrwöchigen Trekking-Touren. Einige Wanderrouten führen von Hütte zu Hütte durch landschaftlich sehr reizvolle Gebiete. Es empfiehlt sich aber, auf diesen vielbegangenen Strecken die Hüttenplätze rechtzeitig zu buchen. Fast alle Wanderhütten sind nicht bewirtschaftet, und die Platzvergabe erfolgt nach der Reihenfolge des Eintreffens. Das Übernachtungsentgelt wird entweder abends vom vorbeikommenden Hüttenwart kassiert oder in eine an der Wand befestigte Kasse geworfen. „Vergessen" Sie die Bezahlung bitte nicht, denn nur so kann verhindert werden, daß immer mehr Wanderhütten verschlossen werden und nur noch den Mitgliedern des isländischen Touringclubs oder auf Voranmeldung zur Verfügung stehen. Viele Privathütten sind ebenfalls verschlossen; die Schlüssel müssen vorab beim jeweiligen Eigentümer abgeholt werden. Um auf Mehrtagestouren vor unangenehmen Überraschungen gewappnet zu sein, sollte man einmal das Etappenziel nicht erreichen, empfehlen wir, grundsätzlich ein Zelt mitzunehmen.

Wanderungen entlang der Ringstraße sind im Gegensatz zu Radtouren weniger erholsam. Der Boden ist hart, strengt beim Gehen an, und gelegentlich brausen die Autos vorbei. Bei Schotterbelag wird der Wanderer mit aufgewirbeltem Staub und den hochgeschleuderten Steinen konfrontiert.

Zur **Grundausstattung** des Wanderers gehören in jedem Fall stabile und trittsichere Wanderschuhe sowie gute, warme und wetterfeste Kleidung. Am besten kleidet man sich nach dem **Zwiebelsystem** in mehreren Lagen übereinander. Damit stellt man sich am besten auf wechselnde Temperaturen ein. Bei Wanderungen im Landesinneren empfiehlt sich die Mitnahme von Turnschuhen, damit man die brückenlosen Flüsse nicht barfuß durchwaten muß. Ein langer Wanderstock oder ein stabiler Holzstab verleihen in schwierigen Passagen und bei Flußdurchquerungen zusätzlichen Halt.

Längere Touren setzen ausreichend **Verpflegung und Trinkwasser** voraus. Eine Wanderung kann sich unerwartet verlängern, etwa durch einen plötzlichen Wetterumschwung oder weil der Wanderweg durch Witterungseinflüsse schwer passierbar geworden ist.

Wanderer bei Landmannalaugar

Wanderungen in abgelegenen Gebieten im Hochland oder auf *Hornstrandir* sollte man aus Sicherheitsgründen nicht alleine antreten und sich sogar die Mitnahme eines Handfunkgeräts oder Handys überlegen.

Nähere Informationen über Wandertouren, Hütten und interessante Strecken erhalten Sie in Reykjavík beim isländischen Touring Club

- **Ferðafélag Islands**
  Mörkin 6, Tel. 5 68 25 33,
  und beim
- **Outdoor- und Touring Club Utivist**
  Hallveigarstígur 1, Tel. 5 51 46 06.

Trampen

Island ist kein Land für Tramper! Nach unseren Erfahrungen müssen sie selbst an der Ringstraße häufig mehrere Stunden warten, bevor sie mitgenommen werden. Der Grund liegt darin, daß die meisten Autos vollbesetzt oder -beladen sind. Alleinreisende haben dabei eher die Chance, mitgenommen zu werden, als Gruppen.

Die schönsten Wandertouren in Island

Die schönsten isländischen Wandergebiete liegen nicht in der unmittelbaren Umgebung von Reykjavík. Empfehlenswert ist es daher, mit dem Überlandbus ein Wanderziel anzufahren und von dort aus die Tour zu starten.

Aus der Vielzahl schöner und markierter Wanderwege haben wir **sechs Touren** ausgewählt, die wir als besonders eindrucksvoll empfunden haben. Weitere Wanderziele beschreiben wir in den einzelnen Routenkapiteln.

☆ Farben der Natur

Landmannalaugar im *Fjallabak-Naturschutzgebiet* liegt in einer aktiven Vulkanzone mit dampfenden Solfataren und heißen Quellen. Das Gebiet ist gebirgig und reich an kleinen Seen und Bächen. Die Landschaft mutet bei entsprechendem Licht geradezu urweltlich an. Am beeindruckendsten sind jedoch die Farben der Natur. Das Spektrum reicht vom tiefen Schwarz der Obsidianlava und vom Dunkelbraun, Ocker, Rot und Grün des Liparit über das Blau des Himmels bis zum reinen Weiß der Gletscher und Wolken. Diese Landschaft können wir zu Fuß auf einmaligen Wanderungen erleben, die mit Recht zu den erlebnisreichsten Islands zählen. Alle Wanderwege im Gebiet sind markiert und gut begehbar; trotzdem ist Trittsicherheit unerläßlich. Da wir uns innerhalb des Naturschutzgebietes bewegen, dürfen wir diese Wege nicht verlassen.

Die erste Wanderung (4–5 Std.) führt uns von der Hütte zu den Fumarolen am Fuß der 855 m hohen *Brennisteinsalda,* auf den 940 m hohen Aussichtsberg *Bláhnúkur* und über die tiefeingeschnittene Schlucht *Brandsgil* zurück zum Campground.

Der mit einem Wanderer markierte Weg *(Laugavegur)* beginnt hinter der Hütte und führt vorbei an den heißen Quellen zum Lavafeld *Laugahraun.* Im Südosten erhebt sich der markante Bergrücken des Bláhnúkur. Auf schmalem, kurvenreichem Pfad geht es zunächst in der Lava aufwärts. Nach gut einer Stunde sehen wir die weißen Dampfschwaden der Fumarolen und Solfataren am Fuß des Brennisteinsalda. Die Luft riecht nach Schwefel, ein untrügliches Zeichen für den Vulkanismus. Hier verlassen wir den Wanderweg und folgen einem der ausgetretenen und markierten Pfade östlich zum Bláhnúkur. Wir queren die Ausläufer der Schlucht *Grænagil.* Steil führt uns der Pfad auf den 940 m hohen Gipfel (1 Std.). Von dem kleinen Gipfelplateau mit der eisernen Orientierungstafel haben wir eine überwältigende Rundumsicht: Im Norden liegt tief unter uns der Zeltplatz von Landmannalaugar am Rand des breiten und sandigen Flußbetts der *Jökugilskvísl.* Hinter dem langgezogenen Bergrücken des 725 m hohen *Norðurbarmur* fließt die *Tungnaá* durch ein wasserreiches Tal. Bis zum Horizont erstreckt sich ein Mosaik aus den kleinen Seen der *Veiðivötn* und schroffen Vulkanbergen, die selbst im Hochsommer mit Schnee bedeckt sind. Im Nordwesten sehen wir auf die graublaue Wasserfläche des *Frostastaðavatn* mit seiner kleinen Felsinsel hinab. Im Westen dampft das Land beim Brennisteinsalda, und bei guter Sicht können wir im Fernglas sogar die Dampfschwaden der Solfataren in den *Reykjadalir,* den „Rauchtälern", ausmachen. Von Süden bis Osten blicken wir über die weite, urwelthafte Vulkanlandschaft mit ihren Farben und Formen. Am Horizont leuchten die Eisfelder des 1192 m hohen *Torfajökull* im Licht.

Nach dieser Augenweide fällt uns der Entschluß zum Abstieg nicht leicht. Wir halten uns südöstlich und folgen dem Pfad ins Tal der *Brandsgil.* Unten angekommen müssen wir in dem steinigen Flußbett einige schmale Rinnsale queren. Der Wanderweg verläuft weiter talwärts im Bachbett. Unterwegs kommen wir an auffallend grünen Gesteinsschichten vorbei, ebenfalls eine Schöpfung der Vulkane. Nach 1–2 Std. Gehzeit erreichen wir wieder den Zeltplatz von Landmannalaugar.

☆ Urlandschaft

Die 5-Tages-Wanderung auf dem *Laugavegur* von Landmannalaugar über *Þórsmörk* nach *Skógar* gilt unter Kennern als die **schönste Wanderung in Island.** Die anspruchsvolle Route ist in der Saison stark frequentiert. Nur wer im voraus und rechtzeitig die Hütten gebucht und den Schlüssel abgeholt hat, kann jede Tagesetappe in einer unbewirtschafteten, aber umso heimeligeren und warmen Hütte abschließen. Andernfalls muß gezeltet werden. Die Verpflegung für fünf Tage und ein Schlafsack müssen im Rucksack mitgeführt werden. Trinkwasser kann unterwegs aus den vielen klaren Bächen entnommen werden. Den Schlüssel für die Hütten erhält man mit ein wenig Glück beim Hüttenwart in Landmannalaugar, sicherer jedoch im Büro des Clubs in Reykjavík *(Ferðafélag Íslands,* Mörkin 6, 108 Reykjavík, Tel. 5 68 25 33).

Auch diese Wandertour beginnt in Landmannalaugar. Der Wanderweg ist ebenfalls mit einem stilisierten Wanderer markiert. Die erste Stunde des Weges ist identisch mit der zuvor beschriebenen Halbtagestour. Wir durchwandern die moosbewachsene Lava im *Laugahraun* und erreichen die Fumarolen bei der Brennisteinsalda. Weiter geht es stets im Anblick der vulkanischen Urlandschaft zu den heißen Quellen von *Stórihver* und zum an Farben reichen *Hrafntinnusker* (4 Std.). Hier steht die erste Hütte (18 Plätze). Nach einer kurzen Rast gehen wir weiter. Wir queren im Gebiet des *Kaldaklofsfjöll* einzelne Schneefelder und erreichen nach weiteren 5–6 Std. am Abend des ersten Tages (ca. 25 km) die Hütte am Ufer des *Álftavatn.* Hier übernachten wir. Der nächste Tag führt uns durch die unendlichen Weiten der Geröll- und Sandwüste *Mælifellsandur,* in der wir einige eiskalte Gletscherflüsse durchwaten müssen. Nach 6–7 Std. stehen wir an der Hütte in *Emstrur.* Hier wird erneut übernachtet. Am dritten Tag durchwandern wir eine Bilderbuchlandschaft. Stets im Anblick des gewaltigen *Mýrdalsjökull* nähern wir uns auf dem abenteuerlichen Wanderweg *Þórsmörk.* Unterwegs queren wir tiefeingeschnittene Canyons und durchwaten kleine, aber reißende Gletscherflüsse. Die tiefste Furt (im Juni/Juli und nach starkem Regen bis zu oberschenkeltief, im August kaum noch knietief) liegt etwa 1 Std. vor Þórsmörk. Früher besonders schwierige Stellen sind zur Erleichterung der Wanderer heute gesichert und überbrückt. Nach sechs Stunden erreichen wir die Hütte und den Zeltplatz im Þórsmörk. Hier kann man die Wanderung beenden und mit dem Linienbus nach Reykjavík zurückfahren. Wir wollen am nächsten Tag jedoch weiterwandern. Ein wenig flußabwärts können wir die reißende und tiefe *Krossa* auf einer Fußgängerbrücke überqueren. Der markierte Wanderweg nach *Skógar* führt durch das breite Flußtal und die Schlucht *Strakagil* auf den 1100 m hohen Bergrücken *Fimmvörðurháls.* Die Wanderung verläuft zwischen den Eisfeldern der Gletscher *Eyjafjallajökull* im Westen und *Mýrdalsjökull* im Osten. Nach 6 Stunden und einem manchmal doch schweißtreibenden Anstieg erreichen wir die Hütte auf dem Fimmvörðurháls. Hier können wir übernachten oder gleich nach Skógar weitergehen. Wir entscheiden uns für die Übernachtung, da kleine Abstecher zu schönen Aussichtspunkten sowie das Betrachten und Fotografieren unterwegs doch immer mehr Zeit als geplant beanspruchen. Ausgeruht nehmen wir am nächsten Morgen den Abstieg nach Skógar in Angriff. Der Wanderweg folgt der holprigen Allradpiste durch die *Skógaheiði.* Der Fluß *Skóga* bildet hier eine tiefe Schlucht mit sehenswerten Wasserfällen. Nach 5–6 Std. erreichen wir bei einem Bauernhof den kleinen Ort Skógar und schließlich ein wenig westlich davon unterhalb des 60 m hohen *Skógafoss* den Zeltplatz, den Endpunkt unserer Trekking-Tour. Von Skógar verkehren die Linienbusse, die auf der Ringstraße nach Osten zum *Skaftafell* und nach *Höfn* oder westwärts nach Reykjavík fahren.

☆ Feuer und Eis

Die große Hütte *Sigurdarskali* (60 Plätze) unterhalb des *Kverkfjöll* ist der Ausgangspunkt dieser Tageswanderung zu Feuer und Eis. Umgeben vom ewigen Eis des 1800 m hohen *Kverkjökull* liegen hier im nahen *Hveradalur* die Solfataren und heißen Quellen eines geothermalen Gebietes. Der Weg dorthin ist zwar hinreichend markiert, einige Abschnitte verlaufen jedoch auf dem Gletscher. Bei Nebel, der in diesem Gebiet schnell und unvorhersehbar aufteten kann, kann man auf dem Gletscher leicht die Orientierung verlieren. Wir raten deshalb dazu, diese Wanderung mit einem ortskundigen Führer zu unternehmen. In der Hütte kann man sich für die Wanderung anmelden, die in der Saison bei gutem Wetter fast täglich durchgeführt wird, oder man findet Anschluß an eine Reisegruppe.

Von der Hütte folgen wir zunächst 6km der schmalen Allradpiste bis an den Rand des Gletschers. Wenn nicht die Möglichkeit besteht, im Bus einer Wandergruppe oder in einem privaten Geländewagen mitgenommen zu werden, müssen wir diesen Weg zu Fuß zurücklegen. Unterwegs sind einige schmale Schmelzwasserabflüsse zu durchwaten. Beim Parkplatz am Rand des Gletschers (1 Std.) beginnt der markierte Wanderpfad. Er führt vorbei an der blau schimmernden Eishöhle mit ihrem hausgroßen Gletschertor, aus dem ein reißender Gletscherfluß, die Jökulsa à Fjöllum, herausfließt. Nachdem in diesem Gebiet in den zurückliegenden Jahren mehrfach die Erde bebte, ist ein Teil der Eishöhle eingestürzt und ein Betreten lebensgefährlich geworden; immer wieder können riesige Eisbrocken herabstürzen, oder es ergießt sich ein Wasserschwall aus der Höhle. Auf dem Gletscher und den Schneefeldern ist der Verlauf des Weges mit Holzpfosten markiert. Der Weg steigt leicht an. Die Aussicht über das Eis auf die Vulkanberge ist grandios! Je nach Beschaffenheit des Schnees erreichen wir das *Hveradalur* nach 2–3 Std. Die Erdwärme hat hier das Eis geschmolzen. Der blanke Fels kontrastiert in seinen Farben zu dem grenzenlosen Weiß der Umgebung. Aus den Spalten zischen Dampfschwaden und legen den Geruch von Schwefel über das Land. Island wird hier für jeden zur Insel aus Feuer und Eis. Zurück geht es auf demselben Weg.

Im Juli 1998 gab es auf der Wanderung zu den Solfataren im Haukadalur einige **Schwierigkeiten.** Der vormals kurze und bequeme Weg über den Gletscher existierte nicht mehr, da das Eis geschmolzen war. Auch die Eishöhle war fast nicht mehr als solche zu erkennen; sie war eingestürzt. Stattdessen mußte man den reißenden Gletscherfluß durchwaten, was frühmorgens noch gut möglich war. Auch bei den Solfataren hat sich das Bild verändert. Das sie umgebende Eis ist weit zurückgegangen, und die kleinen, tiefblauen Schmelzwasserseen in der Umgebung sind verschwunden. Auf dem Rückweg spät abends war der Gletscherfluß kaum mehr gefahrlos zu durchwaten, bis über die Oberschenkel reichte das eiskalte Wasser, und die Strömung war gewaltig.

Manche Geologen äußern inzwischen die Befürchtung, daß bei dem seit 1996 unter dem Vatnajökull aktiven Vulkanismus auch bei den Kverkfjöll ein Vulkan ausbrechen könnte.

☆ Eisiges Tal

Im *Skaftafell-Nationalpark* können wir eine Vielzahl von kürzeren und längeren Wanderungen unternehmen. Bei der Information erhalten wir einen Faltplan, in dem alle Wanderwege eingezeichnet sind, eine unerläßliche Hilfe für jede Tour. Uns gefällt die etwa 20 km lange Tagestour zum Gletschertor des *Skeiðarárjökull* und der Rückweg über die *Skaftafellsheiði* und den *Svartifoss* besonders. Der Weg ist markiert und beginnt

Fluß Skeiðará in den Skeidararsandur, Skaftafell

beim Zeltplatz. Wir folgen zunächst dem Fahrweg in Richtung *Hof Bölti.* Nach 500 m zweigt der markierte Wanderpfad bei der Schlucht *Vestragil* in den *Skeiðarársandur* ab. Der Pfad verläuft entlang des Westhangs *(Vesturbrekka)* oberhalb der wasserreichen *Skeiðará* durch den Birkenwald und quert immer wieder kleine, tief eingeschnittene Täler mit schmalen Bächen, die man leicht überqueren kann. Nach einer guten Stunde erreichen wir die Brücke über die tosende *Morsá.* Wir überqueren den Fluß und folgen der Markierung durch die breite Sand- und Schotterebene im Tal der Morsá und Skeiðará. Bis zum Gletschertor sind es von hier aus noch etwa 3 Std. Auf der anderen Talseite gabelt sich der Weg. Nach Norden (rechts) verläuft das *Austurdalur,* umgeben von Liparitbergen. Im Talschluß bei *Kjós* kann gezeltet werden. Wir nehmen allerdings nicht diesen Weg, sondern folgen links in westlicher Richtung den Holzpflöcken entlang des *Bæjarstaðarskógur.* Bald erreichen wir den Wald im *Vesturdalur,* in dem für isländische Verhältnisse auffallend hohe und kräftige Birken wachsen. Hier müssen wir einen kleinen Bach, der aus dem Tal herausfließt, überqueren. Dampfschwaden und heißes Wasser zeigen uns erneut, daß wir uns in einer vulkanischen Zone befinden. Der Pfad führt am Hang des *Jökulfell* oberhalb der Skeiðará weiter nach Westen. Nach halbstündigem Klettern über die Felsen und einem letzten Anstieg auf eine der zahlreichen Felsterrassen können wir das Gletschertor sehen. Tosend ergießen sich daraus die grauen Fluten der Skeiðará.

Der Rückweg entspricht bis zur Brücke über die Morsá dem Hinweg. Ab hier folgen wir dem markierten Weg bergauf durch den Birkenwald und die Strauchheide zum Aussichtspunkt *Sjónarsker* und dem *Svartifoss* (2–3 Std.). Von dem Aussichtspunkt haben wir eine Rundumsicht auf unterschiedlichste Landschaften. Nach Westen, Norden und Osten schweift unser Blick über schwarze Sander und windgebeugte Sträucher zu den großen Gletschern *Skeiðarárjökull, Morsárjökull* und *Skaftafellsjökull.* Nach dieser Aussicht wandern wir weiter durch die *Skaftafellsheiði* zum Svartifoss mit seinen charakteristischen Basaltsäulen, einem „Amphitheater" aus der Entstehungsgeschichte Islands. Der Rückweg vom Wasserfall zum Zeltplatz gleicht einem halbstündigen Spaziergang; auf diesem Teilstück werden wir deshalb immer vielen Wanderern begegnen. Die Aussicht über die schwarzen Sandflächen und die silbrig im Licht glänzenden Wasserarme der Skeiðará auf das Meer begleitet uns auf dem Rückweg.

Auch auf dieser Tour müssen wir erkennen, daß sich das geologisch junge Island immer noch ständig verändert. Schuld daran sind die Vulkanausbrüche unter dem Vatnajökull von 1996 und 1998. Die gewaltigen Wasserfluten von 1996 haben den Rand des Skeiðarárjökull vor allem im Abflußgebiet der Gigjukvísl verändert. Ein breites, tief ausgewaschenes Tal ist entstanden. Eine Vulkanlandschaft, die heute vielleicht sogar noch sehenswerter ist als zuvor. Von Skaftafell werden geführte Touren bis zu der Stelle angeboten, wo die gewaltige Schmelzwasserwelle aus dem Gletscher austrat und für einige Monate phantastische Eisformationen schuf. Diese sind auf zahlreichen Postkarten abgebildet.

☆ Schwarze Lava

Die Wanderung (2–4 Std.) führt durch die Lava der zuletzt 1975 aktiven *Leirhnúkurspalte.* Der Ausgangspunkt (Parkplatz) liegt einen Kilometer hinter dem Kraftwerk *Kröflu-virkjun,* das man mit dem PKW vom *Mývatn* aus auf der Ringstraße und der ausgeschilderten Zufahrt zur *Krafla* erreicht (Straße 863). Von Reykjahlið am Mývatn gibt es geführte Ausflugsfahrten im Überlandbus dorthin. Die Busse fahren auch zur Krafla und nach Gjástykki, das weiter nördlich liegt. Eine Linienbusverbindung gibt es jedoch nicht.

Am Parkplatz links der Straße beginnt der ausgetretene „Trampelpfad". Dieser Weg gehört mittlerweile auch zum Ausflugsprogramm der Reiseveranstalter, so daß man hier selten allein unterwegs sein wird. Wir durchqueren zunächst eine typische *Þúfur-Wiese* und erreichen nach etwa einer Viertelstunde den Hang des *Leirhnúkur.* Hier „kocht" die Erde. In brodelnden Schlammpötten blubbert grauer Brei. Weißer Wasserdampf zischt aus den Solfataren. Der Boden leuchtet in hellem Braun, Schwefelgelb und dunklen Ockertönen. Nach dem Solfatarenfeld führt der Weg ein Stück über eine heideähnliche Vegetation, bis dann die schwarze Lava erreicht ist. Bleiben Sie hier im *Leirhnúkshraun* auf dem ausgetretenen Pfad. Abseits knirschen und zerbröseln die zerbrechlichen Lavabrocken bei jedem Tritt. Unter der Lava können tiefe Aushöhlungen verborgen sein, die bei Belastung einbrechen. Die junge Blocklava *(apalhraun)* erstreckt sich bis zum Horizont.

Vor uns erhebt sich ein hufeisenförmig geöffneter Vulkankrater, aus dem ein Teil dieser Lava ausströmte. Schon ein eigenartiges Gefühl zu wissen, daß an dieser Stelle eine glühende Magmakammer nur 2–5 km unter der Erdoberfläche liegt und jederzeit wieder ausbrechen kann. Der Vulkanismus wird jedoch ständig wissenschaftlich überwacht, und man hofft, frühzeitig und sicher zu erkennen, wann ein neuer Ausbruch erfolgen könnte.

Vom Kraterrand überblickt man das Lavafeld. Nach Regenfällen erkennt man den Spaltenvulkan besonders deutlich: Aus der langgezogenen *Leirhnúkurspalte* entweicht weißer Wasserdampf; in einigen Metern Tiefe ist die Erde immer noch so heiß, daß das Wasser verdampft.

Unsere Wanderung in der Lava können wir beliebig ausdehnen oder verkürzen. Wie ein Netz durchziehen zahlreiche gut erkennbare Pfade dieses Gebiet. Merken Sie sich aber die Richtung zum Parkplatz! Nach 2–4 Std. durch den schwarzen, dampfenden „Garten des Teufels" mit seinen Blumen aus bizarren Blöcken, Fladen- und Stricklaven mag manch einer froh sein, unbehelligt wieder „irdischen" Boden erreicht zu haben.

☆ „Clowns der Lüfte"

Nirgendwo sonst ist die bizarre Küstenlandschaft beeindruckender, sind die Meeresvögel zahlreicher und ihr Gekreische lauter und eindringlicher als in *Látrabjarg* in den Westfjorden. Zum Greifen nahe können wir hier besonders gut Papageitaucher, diese knurrenden und nach Schweinestall riechenden „Clowns der Lüfte" beobachten, wie sie sich von den Felsen ins Meer stürzen und mit einem Schnabel voller glasiger Sandaale zurückkehren, um damit ihre Jungen zu füttern.

Die befahrbare Schotterstraße 612 endet beim alten Leuchtturm von *Bjartangar.* Hier können wir zu einer unvergeßlichen Wanderung entlang der Steilküste mit ihren senkrecht ins Meer abfallenden Wänden aufbrechen. Einen Wanderweg gibt es nicht. Wir laufen auf dem meist nassen Gras entlang der windumtosten Klippen ostwärts; zur Sicherheit ist stets ein Abstand von mindestens zehn Metern zum Abgrund einzuhalten. Die Papageitaucher bauen ihre Brutröhren in den grasbewachsenen Boden, der beim Drauftreten einbrechen kann. Die Wanderung kann beliebig ausgedehnt werden. Zurück geht es auf demselben Weg.

Geübte Fernwanderer können diese Küste auf einer zweitägigen Trekking Tour erleben. Unterwegs ist man völlig sich selbst überlassen und auf die mitgenommene Verpflegung und das Zelt angewiesen. Durch wegloses Gelände mit einigen steilen und bei Nässe glitschigen Auf- und Abstiegen, die Trittsicherheit und Schwindelfreiheit erfordern, geht es am ersten Tag etwa 20 km weit (10 Std.) in östlicher Richtung entlang der Klippen bis zum *Keflavíkurbjarg.* Hier treffen wir auf eine Allradpiste, der wir in nordwestlicher Richtung (10 km, 3 Std.) zur Straße 612 folgen, auf der wir zu unserem Ausgangspunkt zurückkehren können (8 km, 2 Std.). Beim Keflavíkurbjarg fließen kleine Bäche über die hohen Klippen ins Meer; das Wasser ist trinkbar, und im Notfall steht hier auch eine Rettungshütte.

Inlandflüge

Das innerisländische **Linienflugnetz** ist gut ausgebaut, nahezu alle wichtigen Orte des Landes sind verbunden. Die Inlandsflüge starten in Reykjavík vom Leifur Eiríksson Flughafen. *Flugfélag Íslands* (Air Iceland) (Auskunft, Reservierung und Tickets am Flughafen, Tel. 5 70 30 30, Fax 5 70 30 01 sowie Hafnarstræti 1, Tel. 5 70 30 00, Internet: *http://airiceland.is*) fliegt nach Akureyri, Egilsstaðir, Hornafjörður, Húsavík, Ísafjörður und Vestmannaeyjar, außerdem nach Grönland (Kulusuk, Narssarssuaq, Constable Point) und auf die Färöer-Inseln. Ab Akureyri werden Flüge nach Ísafjörður, Vopnafjörður, Þórshöfn und auf die Insel Grímsey angeboten (Tickets ab Akureyri unter Tel. 4 60 70 00 und 7 50 30 30). *Íslandsflug* (Tickets Tel. 5 70 80 90 bzw. in Akureyri Tel. 4 61 40 50) fliegt nach Akureyri, Bíldudalur, Egilsstaðir, Gjögur, Ísafjörður, Sauðarkrókur und Vestmannaeyjar. Außerdem im Sommer nach Kulusuk auf Grönland. *Mýflug* bietet tägliche Linienflüge Reykjavík–Mývatn–Reykjavík. Tickets am Mývatn Tel. 4 64 44 00 oder in Reykjavík unter Tel. 5 70 30 30.

Die meist ein- oder zweimotorigen Propellermaschinen können auch auf kleinen Flugplätzen landen.Die Busse fahren zur Krafla und nach Gjástykki, das weiter nördlich liegt. Eine Linienbusverbindung gibt es jedoch

Ob er sich dem Fotografen wohl zuwendet, der Papageitaucher?

nicht. Die Inlandsflüge sind für den Islandtouristen nicht nur wegen der Zeitersparnis von Vorteil, sondern sie bieten bei gutem Wetter auch eine beeindruckende Aussicht auf die Gletscher und Gebirge der Insel. Da die Preise sich im Rahmen halten, ist ein solcher Flug durchaus eine Überlegung wert. Ein Linienflug von Reykjavík nach Akureyri kostet pro Person ungefähr 5200 ISK, nach *Ísafjörður* 5400 ISK und auf die *Westmänner-Inseln* 3800 ISK.

Neben den Linienflügen gibt es ein gut organisiertes System von **Charterflügen,** das von privaten Fluggesellschaften mit ihren kleinen Propellermaschinen betrieben wird. Mit diesen Flugzeugen gelangt man überall dorthin, wo es Landepisten gibt.

Es besteht auch noch die Möglichkeit, einen **Sightseeing-Flug** zu buchen. Solche Rundflüge bucht man entweder direkt an dem jeweiligen Flugplatz oder über ein isländisches Reiseunternehmen. Auch Flüge ins benachbarte Grönland werden angeboten.

Interessant sind folgende **Pauschalangebote für Flugtickets,** die allerdings nur vor der Abreise in Verbindung mit einem internationalen Flug der Icelandair gebucht werden können (Reisebüro):

- **Flug-Bus-Paß** – Vom 01.06.–30.09. kann eine Strecke in Island mit dem Linienflugzeug, die andere mit dem Linienbus zurückgelegt werden. Je nach Entfernung kostet der Paß zwischen 250 und 400 DM; Kinder bis 12 Jahre zahlen die Hälfte.
- **Island-Airpaß** – Innerhalb eines Monats können entweder zwei Inlandflüge für für 270 DM **(Mini Island Airpaß)** oder für 470 DM 4 Flüge, für 540 DM 5 Flüge und für 620 DM 6 Flüge **(Island Airpaß)** reserviert werden. Gültigkeitsdauer 1 Monat, Kinder bis 12 Jahre zahlen die Hälfte. Der erste Flug kann bereits von zu Hause reserviert werden.
- **Air Rover Ticket** – Für ca. 500 DM kann man innerhalb eines Monats bei beliebigem Startpunkt die Insel einmal im Flugzeug auf der Route *Reykjavík – Ísafjörður – Akureyri – Egilsstaðir – Höfn – Reykjavík* umrunden. Der erste Flug muß bereits vor der Ankunft in Island gebucht werden.
- ◆ **Holiday Ticket** – Ein „Vielflieger-Paß“, mit dem zwölf Tage lang beliebig oft auf beliebigen Inlandsrouten der Icelandair geflogen werden kann. Er kostet 750 DM; der erste Flug kann von zu Hause aus gebucht werden, alle weiteren frühestens 24 Stunden vor Abflug.
- ◆ **Nordwest-Entdeckerpaß** – Der „Vielflieger-Paß“ beinhaltet vier beliebige innerisländische Linienflüge sowie je einen Hin- und Rückflug nach *Narssarssuaq* in Grönland und nach *Vágar,* eine der Färöer-Inseln. Er gilt für einen Monat und kostet 1350 DM.

Reisezeit

Für eine Städtetour nach **Reykjavík** ist **das ganze Jahr Saison.** In zahlreichen Konzerten und Ausstellungen präsentieren sich die besten nordischen Künstler. Beim Bummel durch die Innenstadt mit ihren Geschäften spürt man das besondere Flair der isländischen Hauptstadt.

Von Anfang bis Mitte Juli kann man die hellen Nächte im Schein der Mitternachtssonne erleben. Jetzt ist **Hochsaison.** Die meisten Touristen kommen zwischen **Anfang Juni und Ende August** nach Island. 1996 kamen von Mai–August 118 432 Auslandsgäste nach Island. Von Januar–April waren es 38 482 und von September–Dezember 43 921 (Quelle: Hagstofa Íslands). Im Vergleich mit den Jahren davor nimmt die Zahl der Islandtouristen weiter kontinuierlich zu: 141 718 (1990), 142 561 (1992), 179 241 (1994) und 200 835 (1996). Im Jahr 2000, so schätzt man, könnte die Zahl der Auslandsgäste die Einwohnerzahl Islands erreichen. Die Deviseneinnahmen aus dem Tourismus beliefen sich 1996 auf 20 755 Millionen ISK. Die Fähre *Norröna* fährt im Sommer jede Woche in den kleinen Hafen von *Seyðisfjörður* ein. Während dieser Zeit pulsiert das Leben auf der Insel. Trekkingtouren in die abgelegenen Landesteile sind nach der Schneeschmelze ebenso möglich wie Reiterferien. Im Juli und August sind die meisten Hochlandpisten freigegeben. Mit Auto, Motorrad oder Mountainbike geht die Fahrt zu den heißen Quellen und Vulkanbergen im Landesinnern.

Die Saison für die Reisenden, die mit dem eigenen Fahrzeug nach Island gekommen sind, endet abrupt, wenn im September die letzte Fähre abgelegt hat. Wer mit dem Flugzeug oder dem Frachtschiff nach Island kam, erlebt das Land jetzt, wie es sich für den nahenden arktischen Winter rüstet. Die „Ruska“, die Buntfärbung der Blätter, zeigt sich für kurze Zeit in leuchtenden, herbstlichen Farben, besonders im *Þórsmörk* und in den Birkenwäldern. Die Stimmung, die dieses letzte Aufblühen der Natur vor Einbruch des Winters erweckt, empfinden viele Isländer auch beim Pferde- und Schafabtrieb Ende September – er ähnelt einem kleinen, bunten Volksfest. Wenn der erste Schnee gefallen ist und Stürme über das Land fegen, ruht draußen das Leben. Erst wenn von Dezember bis Februar die Wetterbedingungen zwar frostig und schneereich, aber über längere Perioden auch sonnig sind, erwacht die Wintersaison.

Seit einigen Jahren schon wird verstärkt für den **Wintertourismus** geworben. Mehrtägige Snowmobiltouren und Fahrten mit den isländischen Super Jeeps durch die tief verschneite Landschaft und über die Gletscher mit Zeltübernachtung im Eis versprechen das „kalte, weiße Abenteuer“. Verstärkt wird die isländische Winterlandschaft auch für Skiläufer erschlossen. Alpine Abfahrten gibt es in mehreren Gebieten. Langlauf auf gespurten Loipen ist im Raum Reykjavík möglich. Tourenskifahrer finden ihr Vergnügen bei einer geführten Gletscherüberquerung. Wer es bequemer liebt, fährt im beheizten Bus zum *Geysir* und erlebt den eisigen Norden bei den gefrorenen Wasserkaskaden des *Gullfoss.*

Sicherheit

Kriminalität ist in Island bislang nahezu unbekannt. Noch kann man sein Zelt oder sein Fahrzeug auch über längere Zeit unbeaufsichtigt auf einem Campingplatz oder irgendwo unterwegs stehen lassen, ohne daß etwas abhanden kommt. In Ausnah-

Rettungshütte des „Slysavarnafèlag Islands“

mefällen kommt es unter Jugendlichen zu kleineren Pöbeleien oder Sachbeschädigungen, meistens ist übermäßiger Alkoholkonsum Schuld daran.

Die Schattenseiten des Lebens machen sich aber auch in Island zusehends bemerkbar. Betrug die Arbeitslosenquote in den Jahren bis 1991 durchschnittlich nur zwischen 1,5 und 1,8%, stieg sie seither kontinuierlich bis auf 4,7% (1994) an. Seit 1996 (4,3%) sinkt die Arbeitslosenzahl wieder. Sie betrug 1998 noch 3,6%. Trotzdem fehlt es vielen jungen Isländern im eigenen Land an Zukunftsperspektiven, weshalb viele die Insel verlassen. Einige jedoch resignieren, werden wohnungslos und suchen Zuflucht bei hochprozentigem Schnaps.

Die **landesweite Notrufnummer** für **Polizei** *(lögrelan)*, **Feuerwehr** *(slökkvistöð)* und **Krankenwagen** *(sjúkrabifreið)* ist **112.**

Sport & Aktivitäten

Es gibt ein gutes und breites Sportangebot in Island; die wichtigsten Sportarten schauen wir uns etwas genauer an.

Angeln

Angeln ist eine sehr beliebte Beschäftigung in Island. In den sauberen Gewässern gibt es einen großen Fischreichtum, vor allem an Lachsen und Forellen. Die Angelsaison für Forellen ist von April bis September, die von Lachsen etwa von Mitte Juni bis Mitte September. Für das Angeln in den Binnengewässern wird grundsätzlich eine **Angelerlaubnis** benötigt, die vor Ort erhältlich ist. An Forellenflüssen kostet diese je nach Ergiebigkeit 50–200 DM/Tag; beim *Icelandic Farm Holidays-Verband* erhält man Gutscheine für 27 Forellengewässer. Außerdem gibt es dort einen **Icelandic Fishing Guide** *(Veiðiflakarinn),* der die wichtigsten Angelplätze beschreibt.

Fürs **Lachsangeln** ist es jedoch nicht einfach und zudem sehr teuer, eine Angelerlaubnis zu bekommen. Eine langfristige Voranmeldung für eine Lizenz in der *Laxá,* dem begehrten Lachsfluß, ist unverzichtbar. Die Tageskarte kostet abhängig vom Angelplatz bis zu 3500 DM! Bedenkt man jedoch, daß hierbei keine Fangbeschränkungen bestehen, kann sich der hohe finanzielle Einsatz durchaus bezahlt machen. Manch ein Lachsangler fängt unter günstigen Bedingungen innerhalb von 24 Stunden so viele Lachse, daß der Erlös aus dem Verkauf der Fische die Lizenzkosten übersteigt. In Island gibt es zahlreiche Lachsflüsse, in denen der atlantische Lachs gefangen werden darf. Die Lizenz fürs Lachsangeln in einem der weniger ergiebigen Flüsse erhält man ab 200 DM/Tag. Etwa 20 Flüsse gelten als gute Fanggründe und sind entsprechend teuer. Meist ohne Voranmeldung ist das Lachsangeln z.B. im Fluß *Eystri-Rangá* bei Hvolsvöllur möglich. Angellizenzen erhält man hier direkt im Informationszentrum *Sælubúið* im Rasthof *Hlíðarendi,* Austurvegur 1 (Tel. 4 87 87 81, Fax 4 87 87 82). Die Tageskarte für Forellen kostet 4000 ISK (100 DM), für Lachse 25 000 ISK (625 DM).

Altes Quellhäuschen beim Hof Keldur (Südisland)

Das **Angeln im Meer** ist sowohl an der Küste als auch auf hoher See lizenzfrei möglich und kostenlos. Die Saison dauert von Ende Mai bis Ende August. Von den meisten Orten mit einem Hafen werden Bootsfahrten zum Hochseeangeln angeboten. Jedoch ist der Fang von Lachsen in den isländischen Hohheitsgewässern ohne Lizenz untersagt.

Von Deutschland aus werden organisierte **Angeltouren** angeboten. In einigen Küstenorten starten Fischerboote zum **Hochseeangeln.** Auskunft erteilen die isländischen Reisebüros, die örtlichen Touristinformationen und die Hotels. Weitere **Informationen** erhält man bei:

- **Landssamband Veiðifélaga**
  The National Angling Association, Bolholt 6, IS-105 Reykjavík, Tel. 5 53 15 10, Fax 5 68 43 63, Internet *http://www.arctic.is/angling.* Hier erhält man die Angellizenzen. Für Lachse meist nur nach rechtzeitiger Vorbestellung (3 Monate), für Forellen auch kurzfristig (1 Tag).
- **The Angling Club Lax-Á**
  Reykjavík, Tel. 5 65 54 10 und 8 52 75 31, Fax 5 65 54 15, Internet: *http://www.is/fyr_stofn/lax-a/uk/anclub_uk;* vermittelt bzw. veranstaltet Lachs- und Forellenangeln, Hochseeangeln, Gänse- und Entenjagd.
- **Icelandic Farm Holidays**
  Hafnarstræti 1, 107 Reykjavík, Tel. 5 62 36 40, Fax 5 62 36 44

Golf

Über das ganze Land verteilt gibt es zahlreiche kleinere Golfplätze mit meistens neun Löchern. Plätze mit 18 Löchern findet man in *Akureyri, Hafnarfjörður, Hella, Keflavík* und *Reykjavík.* Fast alle können gegen eine Gebühr (500–1500 ISK) von Gästen mitbenutzt werden. Stellenweise gibt es ermäßigte Tagesgebühren. Fragen Sie nach den „green fees"! Alljährlich findet Ende Juni in Akureyri das Mitternachtsgolfturnier **„The Arctic Open"** statt. Nähere Informationen erteilen:

- **Akureyri Golf Club**
  Jaðar, 602 Akureyri,
  Tel. 4 62 29 74, Fax 4 61 17 55
- **Golfsamband Íslands**
  P.O. Box 1076, 121 Reykjavík,
  Tel. 5 68 66 86

Marathon

Der bekannteste isländische Lauf ist der alljährlich im August stattfindende **Reykjavík-Marathon.** Außerdem gibt es den **Island-Supermarathon** von Reykjavík nach *Egilsstaðir.* Dabei werden in fünf Etappen insgesamt 210 km zurückgelegt. Die Laufstrecke durchquert einmal das ganze Land in seiner Breite und führt abseits der Ringstraße durch das Hochland. Übernachtet wird in Schlafsackunterkünften.

Infos: *Athletic Union,* Laugardalur, IS-104 Reykjavík, Tel. 4 68 55 25, Fax 5 81 36 86.

Reiten

Auf vielen Bauernhöfen kann man sich ein Islandpferd leihen. Das Schild **„Hestarleigar"** (= Pferdeverleih) weist darauf hin. Außerdem werden organisierte **Reittouren** angeboten. Mehrtägige Touren auf dem Rücken eines Pferdes sind das besondere Island-Erlebnis. Viele Touren verlaufen entlang uralter Reiterwege abseits der Straßen. Übernachtet wird entweder auf Bauernhöfen, in Wanderhütten oder im Zelt. Das Gepäck und die Verpflegung für unterwegs transportieren Packpferde.

Die **Kosten für ein Leihpferd** beginnen bei umgerechnet 25 DM pro Stunde. Tages- und Mehrtagestouren werden ab etwa 150 DM pro Tag angeboten. Bei Tagestouren sind meistens die Abholung vom Hotel, der Rücktransport, Verpflegung und bei mehrtägigen Touren zusätzlich die Übernachtung im Preis inbegriffen.

In der Broschüre „Icelandic Farm Holidays" (s. unter Angeln) ist ver-

Badende in einem Warmwasserpool in Hveravellir – eher Entspannung als sportliche Betätigung

zeichnet, welcher Bauernhof Pferde verleiht und geführte Reitausflüge anbietet. Weitere **Veranstalter von Reitferien** sind:

- **Arinbjörn Jóhannsson**
  Brekkulækur, 531 Hvammstangi, Tel. 4 51 29 38, Fax 4 21 29 98
- **Austvadsholt**
  Landsveit, 851 Hella, Tel. 4 87 56 98
- **Brekkulækur**
  Miðfjörður, 531 Hvammstangi, Tel. 4 51 29 38
- **Eldhestar**
  Vellir, Ölfus, 810 Hveragerði, Tel. 4 83 48 84, Fax 4 86 55 77, Internet: http://www.degugger.se/eldhestar
- **Goðheimar**
  Staðarfell/Goðafoss, 641 Húsavík, Tel. 4 64 33 16 und 8 54 53 16, Fax 4 64 33 38
- **Hof Laxnes**
  Reykjavík, Tel. 5 66 61 79
- **Íshestar**
  Bæjarhraun 2, 220 Hafnarfjörður, Tel. 5 65 30 44 und Miðalur, 840 Laugarvatn, Tel. 4 86 11 69, Internet: http://www.arctic.is/travel/ishestar
- **Pólar Hestar**
  Grýtubakki, 600 Akureyri, Tel. 4 63 31 79, Fax 4 63 31 44
- ◆ **Stóra-Sandfell**
  Skriðudalur, 701 Egilsstaðir, Tel. 4 71 17 85

Schwimmen

Ein einzigartiger Genuß in Island ist das Schwimmen in den beheizten Schwimmbädern, die mit natürlich heißem Wasser gefüllt sind, und in den gefaßten heißen Quellen. Auch die Isländer schätzen dieses Vergnügen sehr. In den Schwimmbädern gibt es oft kleine Whirlpools mit unterschiedlich heißem Wasser (zwischen 36 und 44°C). Ein zusätzliches Angebot sind Sauna, Dampfbad und Solarium. Im Meer und in den Seen ist das Schwimmen wegen der niedrigen Wassertemperaturen nicht möglich.

Da Islands Campingplätze oft nur mit einer geringen Anzahl sanitärer Einrichtungen und warmen Duschen ausgerüstet sind – mehr rentiert sich wegen der kurzen Saison nicht – ist es auch eine Wohltat, im Schwimmbad einmal wieder ausgiebig duschen zu können. Die **gründliche Körperreinigung** vor dem Schwimmen, oft mit kostenloser Seife, ist in Island übrigens Pflicht. In den Schwimmbädern hängen lustige Piktogramme, die jedem Badegast zeigen, welche Körperteile er besonders sorgfältig einzuschäumen hat.

Skilaufen

In Island gibt es mehrere gut ausgebaute **alpine Winter- und Sommerskigebiete.** Das größte und bekannteste Sommerskigebiet liegt am *Kerlingarfjöll* östlich der *Kjalvegur-Hochlandstrecke* (geöffnet Mitte Juni bis Ende August). Dort befinden sich Schlepplifte, eine Skihütte und ein Campingplatz. Die Skiausrüstung kann vor Ort ausgeliehen werden. Weitere Skigebiete für den **Abfahrtslauf im Winter** liegen beim *Bláfjöll* in der Nähe Reykjavíks (geöffnet täglich 10–18 Uhr; Di, Do und Sa Flutlicht bis 22 Uhr) und auf dem *Hlídarfjall* bei *Akureyri* (geöffnet täglich von 13–18.45 Uhr, Di, Mi, Do bis 20.45 Uhr, am Wochenende 10–17 Uhr). Zu diesen Skigebieten gibt es vom BSÍ-Busbahnhof in Reykjavík bzw. vom Busbahnhof Akureyri aus eine Busverbindung. **Langlauf** auf gespurten Loipen ist außer beim Bláfjöll und dem Hlídarfjall auch vor den Toren Reykjavíks möglich. Diese Sportart fand bislang in Island noch keine weite Verbreitung. Einige deutsche Reiseveranstalter bieten Trekking-Touren auf Skiern an, zum Beispiel in der Umgebung von *Landmannalaugar.*

Bei der Kerlingarfjöll war 1998 kein Sommerskilauf möglich, da der Gletscher bei den Liftanlagen großflächig abgeschmolzen war.

Rafting

Wildwassertouren werden vor allem auf der *Hvíta* und anderen wasserreichen Flüssen in der Umgebung sowie auf der *Jökulsá Austari* und *Vestari,* der *Hjaltadalsá* und der *Blanda* angeboten. Wer sich dafür interessiert, erhält in Reykjavík nähere Auskünfte bei

- **Björn Gíslason**
  Vesturberg 78, Tel. 5 57 28 52
- **Björn og Vilborg**
  Háagerði 41, Tel. 5 68 25 04,
  Fax 5 68 35 04
- **Bátafólkið**
  The Boat People, Háagerði,
  Tel. 5 61 57 00, Fax 5 61 57 13
- **66° North**
  Reykjavík, Tel. 5 51 22 00, Fax 5 51 81 00; neben Raftingtouren auch Pferdetrekking, Super-Jeep-Fahren auf dem Langjökull und Land-Rover-Safaris
- **Ævintýraferðir**
  Borgarmýri 1, Tel. 4 53 50 66, Fax 4 53 60 04 Raftingtouren im *Sauðárkrókur*

- **Arctic rafting**
  700 Egilsstaðir, Tel. 4 71 23 20; Anmeldung in der Tourist-Info beim Campingplatz; Internet: *http://www.nett.is/arcticraft*
- **Ferðaþjónustan Suðurströnd**
  Stokkseyri, Tel. 4 83 15 50 und 8 98 91 97, Fax 4 83 15 90; Kajakfahrten in Südisland zwischen Schären und Seen, Jeep-Touren an der Mündung der Þjórsá und zum Leuchtturm Knarrarósviti.

Halbtagestouren kosten etwa 3000–4000 ISK, Ganztagestouren 6000–8000 ISK.

Wassersport

Obwohl Skibob, Wasserski, Surfen und Ruderbootfahren in Island nur sportliche Randerscheinungen sind, werden sie für Touristen und einheimische Fans angeboten:

- **Akureyri:** Skibob im Hafenbecken
- **Egilsstaðir:** Skibob auf dem *Lögurinn-See;* Informationen bei der *Farm Skipalækur,* Tel. 4 71 13 24
- **Grimsnes:** Skibob und Wasserski auf dem *Svínavatn;* Informationen unter Tel. 4 86 44 37
- **Laugarvatn:** Windsurfen und Ruderbootverleih, Tel. 4 86 11 51

Geführte Touren für Wanderer, Bergsteiger & Radfahrer

Wandern ist sicher eine der schönsten Möglichkeiten, um dieses Land kennenzulernen. Man kann dies sowohl auf eigene Faust tun (siehe „Island zu Fuß“, ab S.91) oder sich einer geführten Tour anschließen. Kurze Ausflüge und wochenlange Touren werden angeboten. Bei der Planung sollte berücksichtigt werden, daß geführte Wanderungen gelegentlich wegen der Witterung ausfallen oder die Termine abgeändert werden können.

Es werden auch geführte **Gletscher- und Bergtouren** angeboten, wobei das ganze Spektrum zwischen Anfängertouren und Extrembesteigungen abgedeckt wird. Einige isländische Reiseveranstalter bieten vor Ort geführte **Mountainbike-Touren** an. Diese Tagestouren wenden sich vielfach an den sportlichen Biker, der sich weder an einer holprigen Strekke noch an nassem Schlamm an Kleidung und im Gesicht stört. Wer sich lieber PS-starker Technik anvertraut, kann **Gletschertouren im Snowmobil oder Raupenfahrzeug** unternehmen. Die Preise für ein Snowmobil beginnen bei 80 DM pro Std.; Ganztagestouren im Raupenfahrzeug kosten ab 250 DM. Wer's besonders eilig und das nötige „Kleingeld“ hat, kann eine extravagante Tagestour mit Hin- und Rückflug buchen. Näheres über alle Arten solch geführter Touren erhält man bei:

☆**Gletscher- und Bergtouren**

- **Ferðafélag Íslands**
  Mörkin 6, 108 Reykjavík,
  Tel. 68 25 33
- **Islenski Alpaklubburinn**
  (Isländischer Alpinclub)
  P.O. Box 4186, 121 Reykjavík,
  Tel. 5 52 27 12 und 5 66 70 94
- **Útvist Touring Club**
  Hallveigarstígur 1, 101 Reykjavík,
  Tel. 5 61 43 30
- **Íslenskur Fjalla Leiðsögumenn**
  Vereinigung isländischer Bergführer, P.O. Box 886, 121 Reykjavík,
  Tel. 5 51 13 92.

Infotafel zu Snowmobil-Exkursionen auf dem Vatnajökull

- **Öræfaferðir**
  Hofsnes, 785 Fagurhólsmýri, Tel. 47 81 82 und 8 54 46 88. Touren zum Hvannadalshnúkur.
- **The Highland Outdoor Activity Center**
  Bei den Kerlingarfjöll, Hütte Asgardsá, Tel. 8 52 42 23. Angeboten werden geführte Wanderungen zur Eishöhle (1500 ISK), Kletter- und Abseilkurse, Gletschertouren und Eisklettern.

☆Gletschertouren mit Snowmobil und Raupenfahrzeug

- **Add-ís**
  Alttaland 17, Reykjavík; Snowmobil- und 4x4-Touren im Super Jeep auf den Langjökull inkl. Essenspaket; Januar bis Juni jeden Sa ab Reykjavík, Tel. 5 88 55 55 und 8 52 55 00
- **Jöklaferðir**
  Glacier Tours, 780 Höfn í Hornafirði, Tel. 4 78 10 00, Fax 4 78 19 01, Info-Center am Ortseingang, geöffnet tägl. 7.30–22.30 Uhr (Campingplatz daneben); Touren auf den Vatnajökull ab Reykjavík, Kirkjubæjarklaustur, Skaftafell und Höfn í Hornafirði. Bootsfahrten auf dem Jökulsárlón, Ganztagesausflüge im Super-Jeep nach Lónsöræfi. Internet: *http://www.glaciertours.com* und *www. eldhorn.is/glaciert.*
- **Guðbrandur Jóhannson**
  Höfn, Tel. 8 94 16 16, Ganztagesausflüge im Super-Jeep nach Lónsöræfi; pro Person 5400 ISK incl./4300 ISK ohne Lunchpaket
- **Langjökull hf**
  P.O. Box 1314, 121 Reykjavík, Tel. 5 61 48 33, Fax 5 61 48 38

- **Jöklajeppar, Bjarni Skarphéðinn Bjarnason**
  Silfubraut 15, 780 Höfn í Hornafirði, Tel. 4 78 15 67, Fax 4 78 21 67; Gletschertouren im Super-Jeep auf dem Vatnajökull
- **Snowmobile Expeditions Myrdalsjökull**
  Ýtri Sólheimar, Vík í Mýrdal, Tel. 4 87 13 45; Touren auf dem Sólheimajökull
- **Langjökull Glacier Tours**
  Hesthamrar 22, 112 Reykjavík, Tel. 5 67 12 05 und 8 54 14 33, Fax 6 57 17 07; Touren mit dem Motorschlitten auf dem Langjökull
- **Geysir Snow-Mobile Expeditions**
  Dugguvogur 10, 104 Reykjavík, Tel. 5 68 88 88, Fax 5 81 31 02; Touren auf Mýrdalsjökull und Eyjafjallajökull
- **Ferðaþjónustan Snjófell**
  355 Arnarstapi auf Snæfellsnes, Tel. 4 35 67 83, Fax 4 35 67 95; Touren auf dem Snæfellsjökull
- **Mountain Taxi Kristján G. Kristjánsson**
  Lindarbær, Reykholt, 320 Borgarfjörður, Tel. 4 35 14 44, 4 35 11 17, Fax 4 35 14 79; Jeep-Touren von 1–14 Tagen, außerdem Angeln und Jagen
- **Ice&Fire Expeditions**
  Húsavík, Tel. 4 64 22 00, Fax 4 64 22 01; 1–3 Tagestouren zu Gletschern, Wüsten und Vulkanen in Nordisland.

☆Exkursionen mit dem Flugzeug

- **Air Iceland**
  101 Reykjavík, Tel. 5 70 30 30, Fax 5 70 30 01; bietet Tagesausflüge mit dem Flugzeug zu Jeep Safaris nach Egilsstaðir, Snowmobile- und Super-Jeep-Touren auf dem Vatnajökull, Bootsfahrten auf dem Jökulsárlón oder zur Walbeobachtung in Húsavík, nach Akureyri und an den mystischen Mývatn sowie zu Vögeln und Vulkanen nach Vestmannaeyjar.
- **Íslandsflug**
  Reykjavík, Tel. 5 70 80 90, bietet ein ähnliches Programm wie Air Iceland, außerdem Tagesausflüge in die Westfjorde nach Ísafjörður und nach Grönland.
- **BSÍ**
  Vatnsmýrarvegur 10, 101 Reykjavík, Tel. 5 52 23 00 und 5 62 33 20, Fax 5 52 99 73
- **Flugleiðir**
  Laugarvegur 7, 101 Reykjavík, Tel. 5 05 05 00
- **Reykjavík Excursions**
  Bankastræti 2, 101 Reykjavík, Tel. 5 62 44 22 sowie im *Hotel Loftleiðir,* Tel. 5 62 10 11
- **Umferðarmiðstöðin**
  Hafnarstræti 82, 600 Akureyri, Tel. 4 62 44 42

Strom

Die Netzspannung beträgt wie bei uns 220 Volt bei 50 Hz Wechselstrom. In die Steckdosen passen die in Mitteleuropa üblichen flachen, zweipoligen Stecker. Kleinere Campingplätze sind meist ohne Strom.

Sprache

Die Verständigung in Island stellt kein größeres Problem dar. Praktisch jeder Isländer spricht Englisch, viele auch Deutsch. In jedem Hotel, auf den meisten Campingplätzen, in allen größeren Supermärkten und an den Tankstellen ist man auf Touristen eingestellt, die kein Isländisch sprechen. Dennoch ist es nützlich, wenn man die wichtigsten isländischen Bezeichnungen für Alltägliches kennt, Verkehrszeichen und Hinweisschilder versteht und ein paar Worte auf Isländisch sagen kann.

Isländisch gehört zu den **westnordischen Sprachen,** einer Unterfamilie der germanischen Sprachen. Zur indogermanischen Sprachfamilie gehören außer dem Französischen, dem Italienischen, dem Polnischen, dem Russischen und dem Indischen die germanischen Sprachen. Man unterscheidet einerseits die nordgermanischen Sprachen Englisch, Deutsch und Holländisch, andererseits die westnordischen Sprachen Dänisch, Färöisch, Norwegisch, Schwedisch und Isländisch.

Die isländische Sprache hat sich in den 1000 Jahren seit ihrer Entstehung nur sehr wenig verändert. Deshalb können die Isländer auch heute noch ohne Schwierigkeiten ihre mittelalterliche Literatur lesen. Isländisch ist einer der letzten direkten Zeugen der altnordischen Sprachen. Diese Tatsache wird dadurch unterstrichen, daß die isländische Sprache heute noch **zwei Runen aus der „Wikingerzeit"** beinhaltet, die es – außer auf färöisch – in keiner anderen nordischen Sprache mehr gibt: **Ð, ð und Þ, þ.**

Mit Ausnahme von unterschiedlichen Betonungen kennt man auf Island **keine Dialekte.** Die Sprache besteht etwa aus 100 000 Wörtern. Da es viele Wörter mit unterschiedlichem Sinn gibt, leiten sich aus diesen Wörtern etwa 600 000 Bedeutungen ab. Für uns ist die Sprache und

Hinweisschilder – oft zweisprachig

ihre Grammatik schwierig zu erlernen, die Aussprache kompliziert und ungewohnt.

Für die Isländer ist die Sprache einer der wichtigsten Faktoren zur Definition und Bewahrung kultureller und nationaler Identität. Um die traditionelle Eigenart der Sprache zu erhalten, werden bis heute Fremdwörter weitestgehend vermieden. Bereits 1779 wurde in Kopenhagen die „Isländische Gesellschaft der Gelehrten Künste“ gegründet, die sich um die Reinhaltung der Sprache von Fremdwörtern bemüht. Außerdem wacht seit 1964 das „Isländische Sprachkomitee“ über die Eigenständigkeit der isländischen Sprache. Notwendig gewordene Neuerungen und Fremdwörter sollen aus bereits vorhandenen Begriffen oder durch die Aneinanderreihung von isländischen Silben gebildet werden. Auch viele geographische Bezeichnungen haben „sprechende Namen“. Jeder Isländer kann beim Sprachkomitee Vorschläge für neue Wörter machen. Heute besteht jedoch die Gefahr, daß sich Fremdwörter, insbesondere Anglizismen, durch die Medien einschleichen und in der isländischen Sprache festsetzen.

Für Ausländer ist es schwierig, Isländisch zu erlernen. Die Grammatik ist komplex, und nur wenige Wörter können aus einer anderen Sprache abgeleitet werden. Zudem gibt es einige Buchstaben, die in unserem Alphabet nicht vorkommen.

Dennoch ist es wichtig, einige Wörter und Redewendungen zu kennen. Wir haben die wichtigsten Wörter für unterwegs zusammengestellt. Unsere Aufzählung erhebt aber keinen Anspruch auf Vollständigkeit. Wer mehr wissen will, sollte sich mit Hilfe eines Sprachführers oder Wörterbuchs umfassender informieren.

Allgemeine Ausspracheregeln

Betonung

Als Grundregel gilt: Isländische Worte betont man grundsätzlich **auf der ersten Silbe.** In zusammengesetzten Wörtern gibt es zusätzlich noch eine Nebenbetonung auf der ersten Silbe des letzten Wortteils. Ausnahmen werden durch Akzente markiert.

Vokale werden lang gesprochen

- an betonten Stellen, wenn kein Konsonant folgt, und
- vor zwei Konsonanten, wenn der erste ein p, t, k, s ist und der zweite ein j, r oder v. Folgen danach zwei Konsonanten, wird der Vokal kurz gesprochen.

Alle Vokale können einen **Akzent** bekommen. Meistens verändert sich dadurch auch die Aussprache:

- **a** vor ng oder nk wird wie au, vor gi als ai gesprochen
- **á** wird zum Diphtong; já (ja) wird jau gesprochen
- **é** wird zu jä; ég wird jehk gesprochen
- **í** wird zu einem langen ie
- **ó** wird zum Diphtong; „bók“ wird bouk gesprochen
- **ú** wird zu uu
- **ý** wird ebenfalls zu einem langen ie

Fortsetzung auf Seite 119

Kleiner Sprachführer

Häufig gebrauchte Wörter & Redewendungen

guten Morgen	góðan daginn
guten Tag	góðan dag
guten Abend	gott kvöld
gute Nacht	góða nótt
auf Wiedersehen	bless
hallo	hæ
ja, nein	já, nei
danke, vielen Dank	takk, takk fyrir
bitte	geriðsvo vel
entschuldigen Sie	fyrirgefðu, afsakið
was kostet das?	hvað kostar þetta?
DM	þýsk mörk
Telefon	sími
ich spreche kein	ég tala ekki
sprechen Sie	talið þér
wie heißt das auf	hvað heitir þetta á
isländisch	íslenskur
deutsch, Deutscher	þýskur, þjóðverji
englisch	enskur
französisch	franskur
Österreicher	Austurríkismaður
Schweizer	Svisslendingur

Zeitangaben, Kalender

heute = ídag / morgen = á morgun / gestern = í gær
vormittags = fyrir hádegi / nachmittags = eftir hádegi / Tag = dagur
Woche = vika / Monat = mánuður / Jahr = ár

Uhrzeit

Wieviel Uhr ist es?	Hvað er klukkan?
Es ist ein Uhr.	Hún er eitt.
Es ist halb zwei.	Hún er hálf tvö.
Es ist Viertel vor 2.	Hana vantar korter í tvö.
Es ist 10 nach 2.	Hún er tíu minú tur yfir tvö.

Wochentage

Sonntag	sunnudagur	Montag	mánudagur
Dienstag	þriðjudagur	Mittwoch	miðvíkudagur
Donnerstag	fimmtudagur	Freitag	föstudagur
Samstag	laugardagur	Feiertag	frídagur

Monate

Januar	janúar	Februar	febrúar	März	mars
April	apríl	Mai	maí	Juni	júní
Juli	júlí	August	ágúst	Sept.	september
Okt.	október	Nov.	nóvember	Dez.	desember

Jahreszeiten

Frühling	var	Sommer	sumar
Herbst	haust	Winter	vetur

Zahlen

0	núll	19	nítján
1	einn, ein, eitt	20	tuttugu
2	tveir, tvær, tvö	21	tuttugu og einn
3	þrír, þrjár, þrjú	30	þrjátíu
4	fjórir, fjórar, fjögur	40	fjörutíu
5	fimm	50	fimmtíu
6	sex	60	sextíu
7	sjö	70	sjötíu
8	átta	80	áttatíu
9	níu	90	níutíu
10	tíu	100	hundruð
11	ellefu	200	tvö hundruð
12	tólf	300	þrir hundruð
13	þrettán	400	fjögur hundruð
14	fjórtán	500	fimm hundruð
15	fimmtán	1000	þúsund
16	sextán	2000	tvö þúsund
17	sautján	1999	nitján hundruð níutíu og níu
18	átján	1 000 000	ein milljón

Ordnungszahlen

1.	fyrsti, fyrsta
2.	annar, önnur, annað
3.	þriðji
4.	fjórði
5.	fimmti
6.	sjötti
7.	sjöundi
8.	áttundi
9.	níundi
10.	tíundi

Reisen & Notfall

Angelschein	veiðileyfi
Apotheke	apótek
Arzt	læknir
Bad	snyrting
Bett	rúm
Berghütte	sæluhús, skali
Campingplatz, Camping	tjaldstædi, tjadsvæði
Dusche	sturta
Fahrplan	ferðaáætlun
Familienzimmer	fjölskylduherbergi
Freibad	sundlaug
Gästehaus, Pension	gistheimili, gistihús
geschlossen	lokað
Hallenbad	sundhöll
Heimatmuseum	byggðasafn
Jugendherberge	farfuglaheimili
Kochgelegenheit	eldunaraðstaða
Krankenhaus	sjúkrahús
Küche	eldhús
Matratze	dýna
Museum	safn
offen	opið
Pferdeverleih	hestaleiga
Post	póstur
Rucksack	bakpoki
Schlafsackunterkunft	svefnpokapláss
Schule	skóli
Sommerhotel	sumarhótel
Toilette	salerni (Damen = konur; Herren = karlar)
Touristeninformation	upplysingamiðstöð
Übernachtung auf dem Bauernhof	bændaþjónusta
Waschmaschine	þvottavél
Zahnarzt	tannlæknir
Zimmer	herbergi

Essen & Einkaufen

Abendessen	kvöldverður
Ausverkauf	útsala
Bank	banki
Bier	bjór
Brief	bréf
Briefmarke	frimerki
Briefumschlag	umslag

Brot	brauð
Butter	smjör
Eis	ís
Fast-Food-Restaurant	skyndibitastaður
Fisch	**fiskur**
gebeizt, geräuchert	grafinn, reyktur
gekocht, gebraten	soðinn, streiktur
Forelle	silungur, bleikja
Garnelen	rækjur
Heilbutt	lúða
Hering	síld
Lachs	lax
Rotbarsch	karfi
Schellfisch	ýsa
Scholle	skarkóli
Seelachs	ufsi
Fleisch	**kjöt**
Hackfleisch	kjötthakk
Hühnerfleisch	kjúklingur
Kalbfleisch	kálfakjöt
Lammfleisch	lambakjöt
Lammfleisch geräuchert	hangikjöt
Rindfleisch	nautakjöt
Schweinefleisch	svínakjöt
Frühstück	morgunverður
Geld	peningar
Geldwechsel	gjaldeyris
Imbißbude, Kiosk	söluskáli
Käse	ostur
Kaffee	kaffi
Kuchen	kökur
Laden	verslun (Kaupfélag / hagkaup = Supermarktketten)
Margarine	smjörlíki
Milch	mjólk
Orangensaft	appelsínusafi
Pommes frites	franskar
Postkarte	póstkort
Restaurant	veitingahús, -stofa
Sahne	rjómi
Sonderangebot	tilboð, sértilboð
Tee	te
Telefon	sími
Telegramm	símskeyti

Touristenmenu	sumarréttir
Wechselkurs	gengisskrá
Wein	vín
Wurst	pylsa
Zucker	sykur

Verkehr

(áætlunar-)ruta	Überlandbus
bannað	verboten
beint áfram	geradeaus
bensínstöð	Tankstelle
bilaleiga	Autoverleih
bílastæði	Parkplatz
jeepavegur	Weg für Allradfahrzeuge
bíll	Auto
blindhæð	unübersichtliche Kuppe
brottför	Abfahrt
ferja	Fähre
ferðaáætlun	Fahrplan
fjallahjól	Mountain-Bike
flugvöllur	Flugplatz
gata, braut, vegur	Weg, Straße
gönguleið	Fußweg
hætta	Gefahr
hringvegur	Ringstraße
inngangur	Eingang
koma	Ankunft
leiðabók	Fahrplanverzeichnis
leigubill	Taxi
lögregla	Polizei
miði	Fahrschein
reiðhjol	Fahrrad
skiptimiði	Umsteigeticket
stans	halt
strætó	Stadtbus
sumaráætlun	Sommerfahrplan
til hægri	nach rechts
til vinstri	nach links
umferðarmiðstöð	Busterminal
upplýsingar	Information, Auskunft
útgangur	Ausgang
útsýnispallur	Aussichtspunkt
varúð	Achtung
vegarlykkja	Umleitung
viðkomustaður	Haltestelle
virkjun	Kraftwerk

Himmelsrichtungen

Norden	noður
nördlich	nyrðri
Westen	vestur
westlich	vestri
Süden	suður
südlich	syðri
Osten	austur
östlich	eystri

Geographische Bezeichnungen
(pl. = Plural)

á, pl. ár	Fluß
bakki	Ufer
bjarg, pl. björg	Felsen
borg, pl. borgir	Stadt
botn	Boden
brekka	Abhang
brú	Brücke
dalur, pl. dalir	Tal
drangi	Felsen
eld-	Feuer-
eldfjall	Vulkan
ey, eyja, pl. eyjar	Insel
eyri	flaches Flußufer
fell	kleiner Berg, Hügel
fjall, pl. fjöll	Berg, Gebirge

fjörður, pl. firðir	Fjord
fljót	Strom, Fluß
foss, pl. fossar	Wasserfall
garður	Garten, Hof
gígur, pl. gígar	Krater
gjá, pl. gjár	Spalte, Schlucht
haf, pl. höf	Meer
hagi	Wiese, Weide
háls	Hügel
heiði, pl. heiðar	Heide, Hochfläche
hellir, pl. hellar	Höhle
hérað, pl. héruð	Bezirk, Gegend
hlíð, pl. hlíðar	Hang
hnjúkur (hnúkur)	Gipfel
hóll, pl. hólar	Hügel
hólmur	Inselchen
hraun	Lava, Lavafeld
hús	Haus
hver, pl. hverir	heiße Quelle
höfði	Bergrücken
höfn	Hafen
ís, pl. ísar	Eis
jökull, pl. jöklar	Gletscher
jökulsá	Gletscherfluß
kirkja	Kirche
klettur, pl. klettar	Felsen
laug, pl. laugar	warme Quelle
mýri, pl. mýrar	Moor
mörk	Wald
nes	Halbinsel, Landzunge
núpur	Bergspitze
ós	Mündung
reykur, pl. reykir	Dampf, Rauch
sandur, pl. sandar	Sand, Geröllfläche
skagi, pl. skagar	Halbinsel, Vorgebirge
skarð	Paß
skógur, pl. skógar	Wald, Forst
staður, pl. staðir	Ort, Platz, Stelle
stapi	freier Felsen
strönd, pl. strandar	Strand, Meeresküste
stöð	Station
sýsla, pl. sýslur	Landkreis, Distrikt, Landschaft
tangi	Landzunge
vatn, pl. vötn	Wasser, See
vegur, pl. vegir	Weg
vík, pl. víkur	Bucht
víti	Hölle, Explosionskrater
vogur, pl. vogar	Bucht
völlur, pl.vellir	Feld, Ebene

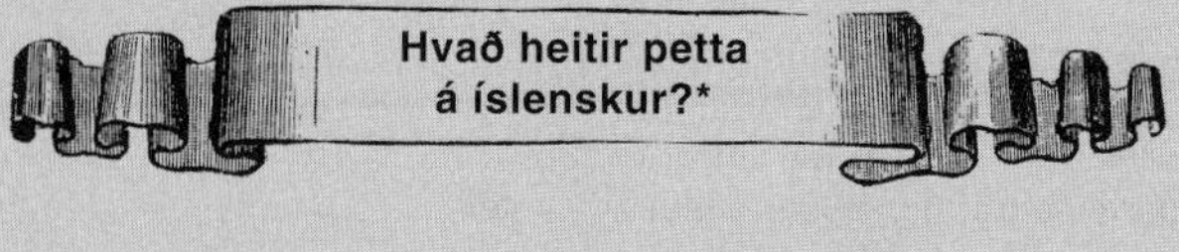

*Wie heißt das auf isländisch?

Im Isländischen kommen auch **Umlaute** vor:

- **ö** wird wie das deutsche ö in „Böller", vor ng oder nk jedoch als öi gesprochen, Stöng = stöing
- **Æ, æ** wird wie deutsch „Kaiser" gesprochen, læknir = laiknir

Doppelvokale werden folgendermaßen ausgesprochen:

- **au** wie öj; isländisch „braut" (Straße) wie bröjt
- **ei, ey** wie englisch „grey" (grau), aber als Doppellaut wie in „Heimaey" betont man e und i und spricht heïmaeï

Im Isländischen werden zwei **Konsonanten** verwendet, die in unserer Sprache nicht vorkommen:

- **Ð, ð:** weiches, stimmhaftes th, wie im Englischen „that"
- **Þ, þ:** stimmloses th, wie englisch „thing"; steht nur am Wortanfang
  Andere Konsonanten werden wie

folgt ausgesprochen:

- **g** vor u wird gw gesprochen
- **g** zwischen zwei Vokalen wird als j gesprochen
- **r** wird immer gerollt
- **s** entspricht dem deutschen stimmlosen s, vor nj oder sj wird es jedoch sch gesprochen
- **v** entspricht dem deutschen w
- **z** wurde im allgemeinen durch s ersetzt und kommt nur noch in Eigennamen und Fremdwörtern vor, in denen es auch als s gesprochen wird.
- **fl** wird pl gesprochen, fljót = plout
- **fn** wird pn gesprochen, hrafn = rapn
- **hv** wird zu kw, Hvravellir = kweravedlir
- **ll** wird zu dl, jökull = jökudl
- **mn** wird nach Vokalen á, é, í, ó, ú, y, ae, ei und ey zu dn
- **pt** wird als ft gesprochen

Uhrzeit

In Island gilt ganzjährig die **Greenwich Mean Time** (GMT). Eine Unterscheidung nach Sommer- oder Winterzeit gibt es nicht. Die **Zeitabweichung** zu Deutschland beträgt folglich im Winter minus 1 Std., im Sommer minus 2 Std.

Unterkunft

In letzter Zeit haben vor allem im Sommer die Übernachtungspreise spürbar angezogen. Dafür gibt es in der Nebensaison und für Übernachtungen ab 1 Woche vor allem in den Hotels und Bauernhäusern deutliche Preisnachlässe.

Hotels & Privatzimmer

Fast jedes Dorf hat zumindestens ein kleines, überwiegend privat geführtes Hotel, Gästehaus oder Privatzimmer, die auch meistens ganzjährig geöffnet sind. Da die Zahl der Betten begrenzt ist und diese oft durch Reisegruppen komplett belegt sind, empfiehlt es sich, die Unterkunft **rechtzeitig** zu **buchen.**

Die **Ausstattung** der Hotels reicht vom einfachen Landhotel bis zum Luxushotel. Das Preisniveau ist jedoch immer hoch, v.a. in Reykjavík. Bei Einzelzimmern mit Dusche/WC in einfachen Hotels in Reykjavík beginnen die Preise bei 160 DM; Doppelzimmer kosten ab 220 DM.

Ferienhäuser in Seljavellir

In Hotels für gehobene Ansprüche und Firstclass-Hotels kosten Einzelzimmer (EZ) 250–350 DM und Doppelzimmer (DZ) 350–450 DM jeweils incl. Frühstück.

In Island haben sich viele meist ganzjährig geöffnete Hotels zu **Hotelketten** zusammengeschlossen. Wer vor der Ankunft in Island die Übernachtungen in den einzelnen Hotels einer Kette bucht, erhält einen Preisnachlaß von ca. 20%. Zur besseren Übersicht haben wir deshalb die Hotels der großen Ketten an dieser Stelle aufgelistet.

Key Hotels (LYKILHÓTEL)
sind ein Zusammenschluß von derzeit fünf selbständigen privaten Hotels unterschiedlichen Standards.

Lykilhótel Cabin
Borgartúni 31, IS-105 Reykjavík, Tel. 5 11 60 30, Fax 5 11 60 31; neuerbautes Touristen-Hotel mit 281 Betten, verhältnismäßig kleine Zimmer mit Du/WC, TV und Telefon, einige Zimmer ohne Fenster; EZ 190 DM, DZ 220 DM.

Lykilhótel Garður
Hringbraut, IS-101 Reykjavík, Tel. 5 51 56 56, Fax 5 11 60 31, einfaches Sommer-Hotel mit 86 Betten und 60 Schlafsackplätzen, Zimmer mit Waschbecken; zentral gelegen; EZ 160 DM, DZ 200 DM.

Lykilhótel Örk
Breiðamörk 1, IS-810 Hveragerði, Tel. 4 83 47 00, Fax 4 83 47 75, modernes Hotel für gehobene Ansprüche mit 179 Betten, Zimmer mit Bad, Telefon und TV; Restaurant, Sauna, Schwimmbad, Tennisplätze, Golfplatz; EZ 250 DM, DZ 300 DM.

Lykilhótel Valhöll
Þingvöllum, IS-801 Selfoss, Tel. 4 82 26 22, Fax 5 11 60 31; 60 Betten, 20 Schlafsackplätze, Restaurant; nur im Sommer geöffnet, am Þingvallavatn gelegen; EZ 170 DM, DZ 220 DM.
Lykilhótel Norðurland
Geislagata 7, IS-600 Akureyri, Tel. 4 62 26 00, Fax 4 62 79 62; 48 Betten, Zimmer mit Bad, Telefon und TV; EZ 230 DM, DZ 270 DM. Im Hotelgebäude befindet sich auch der Schnellimbiß *Pizza 67*.

Zentrale Reservierung im *Lykilhótel Cabin* in Reykjavík. Kinder bis 11 Jahre übernachten im Zimmer der Eltern kostenlos.

Regnboga Hótel

(Regenbogen-Hotels, Rainbow-Hotels) ist ein Zusammenschluß ganzjährig geöffneter Hotels für die ein Gutscheinsystem angeboten wird. Die Übernachtungspreise liegen damit ca. 10% unter den regulären Preisen von EZ mit Du/WC 190–250 DM und DZ mit Du/WC 250–300 DM. Im Mai und September gibt es Ermäßigungen von 25%. Kinder bis 11 Jahre übernachten im Zimmer der Eltern kostenlos. **Zentrale Reservierungen** bei *Regnboga Hótel,* P.O. Box 653, IS-121 Reykjavík, Tel. 5 62 01 60, Fax 5 62 01 50. Zu den Regenbogen-Hotels gehören:
Hótel Vík
Síðumúla 19, IS-108 Reykjavík, Tel. 5 88 55 88, Fax 5 88 55 82; 46 Betten; nahe des Schwimmbads
Hótel Keflavík
Vatnsvegi 12, IS-230 Keflavík, Tel. 4 20 70 00, Fax 4 20 70 02; 120 Betten
Hótel Borgarnes
Egilsgötu 14-16, IS-310 Borgarnes, Tel. 4 37 11 19, Fax 4 37 14 43; 140 Betten
Hótel Stykkishólmur
Vatnsási, IS-340 Stykkishólmur, Tel. 4 38 13 30, Fax 4 38 15 79; 64 Betten
Hótel Ísafjörður
Silfurtorgi, IS-400 Ísafjörður, Tel. 4 56 41 11, Fax 4 56 47 67; 64 Betten, 80 Schlafsackplätze
Hótel Varmahlíð
IS-560 Varmahlíð, Tel. 4 53 81 70, 4 53 81 90, Fax 4 53 88 70; 38 Betten
Hótel Akureyri
Hafnarstræti 67, IS-600 Akureyri, Tel. 4 61 30 30, Fax 4 61 30 33; 36 Betten
Hótel Reynihlíð
Reynihlíð, IS-660 Reykjahlíð, Tel. 4 64 41 70, Fax 4 64 43 71; 82 Betten
Hótel Bláfell
Sólvöllum 14, IS-760 Breiðdalsvík, Tel. 4 75 67 70, Fax 4 75 66 68; 28 Betten, Schlafsackunterkunft, Hütten, Zeltplatz
Hótel Selfoss
Eyravegi 2, IS-800 Selfoss, Tel. 4 82 25 00, Fax 4 82 25 24; 40 Betten, Schlafsackunterkunft, Zeltplatz
Hótel Bræðraborg
Herjólfsgötu 4, IS-900 Vestmannaeyjar, Tel. 4 81 15 15, 4 81 29 22, Fax 4 81 20 07; 75 Betten, Schlafsackunterkunft, Zeltplatz

FOSSHÓTEL

betreibt 10 Touristen-Hotels entlang der Ringstraße:
Fosshótel City
Ránargötu 4, IS-101 Reykjavík,

Tel. 5 11 11 55, Fax 5 52 90 40; 51 Betten; einfaches Hotel in der Stadtmitte

Fosshótel Lind
Rauðarárstígur 18, IS-105 Reykjavík, Tel. 5 62 33 50, Fax 5 62 33 51; 106 Betten; Business-Hotel, Nähe Innenstadt im Geschäfts- und Finanzbezirk gelegen

Fosshótel Bifröst
IS-311 Borgarfjörður, Tel. 4 35 00 05, Fax 4 35 00 20; 148 Betten, 20 Schlafsackplätze; nur im Sommer geöffnet.

Fosshótel Áning
IS-560 Varmahlið, Tel. 4 53 81 30, Fax 4 53 60 87; 43 Betten, 60 Schlafsackplätze; nur im Sommer geöffnet, Fahrradverleih, Reiten.

Fosshótel Áning
Skagfirðingabraut 21, IS-550 Sauðárkrókur, Tel. 4 53 67 17, Fax 4 53 60 87; 140 Betten, 16 Schlafsackplätze; nur sommers geöffnet, Fahrradverleih, Reiten, Golf.

Fosshótel Harpa
Hafnarstræti 83–85, IS-600 Akureyri, Tel. 4 61 14 00, 4 61 10 14, Fax 4 62 77 95; 44 Betten, am Hafen gelegen.

Fosshótel Harpa
Kjarnalundi, IS-601 Akureyri, Tel. 4 61 14 00, 4 61 10 14, Fax 4 62 77 95; 70 Betten, nur im Sommer geöffnet; das Landhotel liegt 3 km südlich von Akureyri

Fosshótel KEA
Hafnarstræti 87–89, IS-600 Akureyri, Tel. 4 60 20 00, Fax 4 60 20 60; 135 Betten; Business-Hotel im Zentrum

Fosshótel Hallormsstaður
IS-701 Hallormsstaður, Tel. 4 71 17 05, Fax 4 71 21 97; 72 Betten, 30 Schlafsackplätze; im größten Waldgebiet Islands gelegen, nur im Sommer geöffnet.

Fosshótel Vatnajökull
IS-781 Hornafjörður, Tel. 4 78 25 55, 8 53 91 00, Fax 4 78 24 44; 52 Betten; an der Ringstraße bei Lindarbakki gelegen; angeboten werden Gletschertouren im Super-Jeep und Bootsfahrten auf dem Jökulsárlón

Preise im Sommer EZ ab 200 DM. DZ ab 270 DM, Schlafsackplätze 50–70 DM. **Zentrale Reservierung** bei *Fosshótel,* Rauðarstígur 18, IS-105 Reykjavík, Tel. 5 62 33 50, Fax 5 62 33 51.

Iceland Air Hotels
Zu dieser Gruppe gehören mehrere Häuser für gehobene Ansprüche:

Hotel Loftleiðir
Reykjavíkurflugvöllur, IS-101 Reykjavík, Tel. 5 05 09 00, Fax 5 05 09 05; 220 Betten.

Hotel Esja
Suðurlandsbraut 2, IS-108 Reykjavík, Tel. 5 05 09 50, Fax 5 05 09 55; 172 Betten.

Hótel Hérað
IS-700 Egilsstaðir, Tel. 4 71 15 00; EZ 200 DM, DZ 280 DM

Hótel Höfn
IS-781 Höfn í Hornafirði, Tel. 4 78 12 40, Fax 4 78 19 96; EZ 200 DM, DZ 280 DM, dient auch als Edda-Hotel

Hótel Kirkjubæjarklaustur
IS-880 Kirkjubæjarklaustur, Tel. 4 87 47 99, Fax 4 87 46 14; dient auch als Edda-Hotel

Eine **preiswerte Alternative** sind **Gästehäuser** *(gistiheimili)* und **Privatzimmer.** Die Zimmer sind einfach eingerichtet und verfügen über eine Waschgelegenheit, Dusche und WC im Zimmer oder auf der Etage. In Gästehäusern kosten Einzelzimmer ab 110 DM bzw. 150 DM das Doppelzimmer. Privatzimmer werden ab 100 DM (Einzelzimmer) bzw. 130 DM (Doppelzimmer) angeboten.

Das Isländische Fremdenverkehrsamt verschickt **Verzeichnisse mit den Hotels, Gästehäusern und Privatzimmern** in den wichtigsten Orten. Ein Hotelverzeichnis ist auch beim Isländischen Hotel- und Gaststätten-Verband erhältlich (Garðastræti 42, 101 Reykjavík, Tel. 5 52 74 10). Für eine Reservierung setzt man sich entweder direkt mit dem Hotel in Verbindung oder nimmt die Buchung über das Fremdenverkehrsamt oder über ein Reisebüro vor. Die meisten Veranstalter von Islandreisen bieten günstige Hotelreisen (auch für Edda-Hotels) als Pauschalarrangements an. Das Programm umfaßt ein- oder zweiwöchige Rundreisen, die entweder organisiert mit Reisebussen und Reiseleitung oder mit Hotelgutscheinen und einer wärmstens empfohlenen rechtzeitigen Vorausreservierung aller Hotels auf eigene Faust mit den Überland-Linienbussen oder dem PKW durchgeführt werden können.

Edda-Hotels

Edda-Hotels sind isländische **„Sommerhotels“:** Die Internatsschulen für isländische Kinder und Jugendliche bleiben während der Ferien im Sommer von Juni bis August geschlossen. In dieser Zeit werden die Schulen als Touristenunterkünfte genützt. Ausstattung und Leistungen der Edda-Hotels sind mit denen einfacher Hotels vergleichbar; die Zimmerkosten sind etwa ein Viertel niedriger (Einzelzimmer ohne Bad 105 DM, mit Bad und Frühstück 160 DM, Doppelzimmer 220 DM, Schlafsackunterkünfte, sofern angeboten, ab 38 DM). Die Restaurants sind ganztägig geöffnet. Ein großes Plus der Edda-Hotels ist ihre meistens sehr schöne landschaftliche Lage.

Da das Netz der bislang 19 Edda-Hotels (s. Karte nächste Seite) und der 28 angeschlossenen Hotels bzw. Gasthäuser ständig erweitert wird, kann man problemlos von einem Hotel zum anderen reisen.

Für Individualisten, die unabhängig von festen Hotelreservierungen reisen wollen, gibt es speziell für die Übernachtungen in Edda- und angegliederten Vertragshotels mit ähnli-

Fortsetzung auf Seite 126

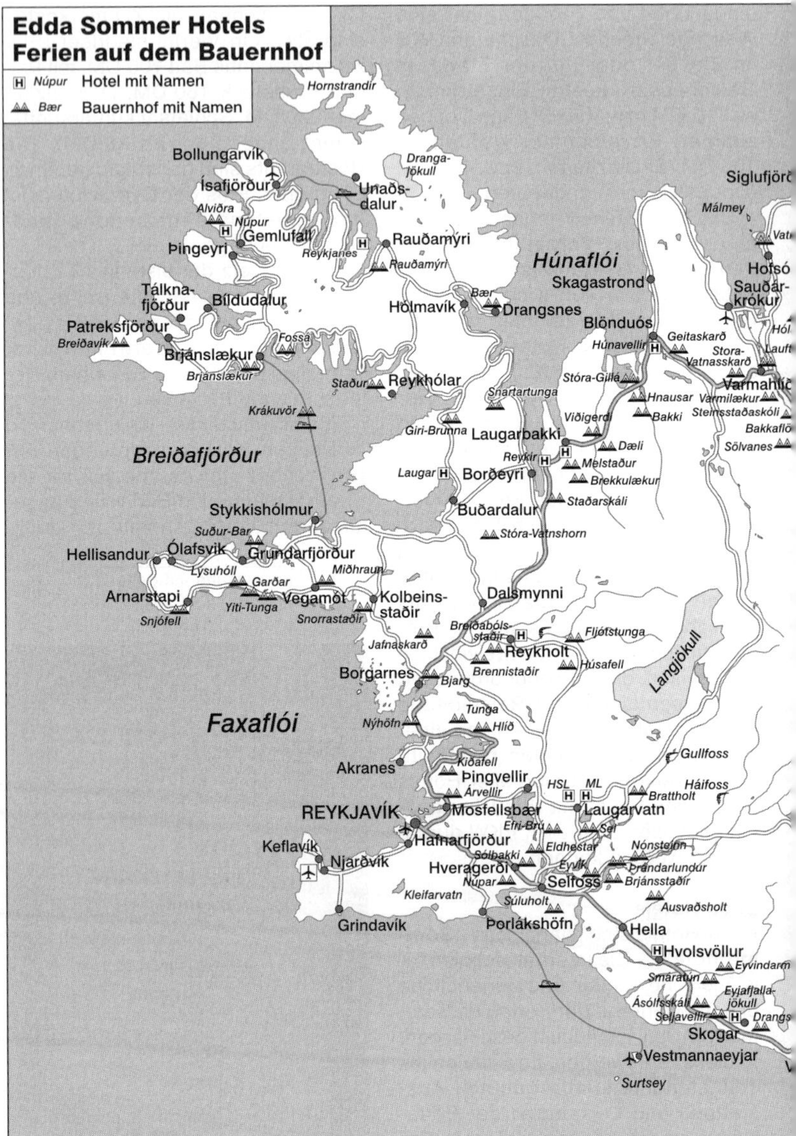
Edda Sommer Hotels
Ferien auf dem Bauernhof
Núpur Hotel mit Namen
Bær Bauernhof mit Namen
Hornstrandir
Bollungarvík
Ísafjörður
Drangajökull
Unaðsdalur
Alviðra
Núpur
Gemlufall
Þingeyri
Reykjanes
Rauðamýri
Rauðamýri
Húnaflói
Skagastrond
Siglufjörð
Málmey
Hofsó
Sauðárkrókur
Tálknafjörður
Bíldudalur
Patreksfjörður
Breiðavík
Fossá
Brjánslækur
Brjánslækur
Bær
Hólmavík
Drangsnes
Blönduós
Húnavellir
Geitaskarð
Stora-Vatnasskarð
Varmahlíð
Varmilækur
Steinsstaðaskóli
Bakkaflöt
Sölvanes
Staður
Reykhólar
Snartartunga
Stóra-Giljá
Hnausar
Bakki
Krákuvör
Viðigerði
Giri-Brúnna
Laugarbakki
Dæli
Breiðafjörður
Reykir
Melstaður
Laugar
Borðeyri
Brekkulækur
Staðarskáli
Stykkishólmur
Buðardalur
Suður-Bar
Stóra-Vatnshorn
Hellisandur
Ólafsvík
Grundarfjörður
Lysuhóll
Garðar
Miðhraun
Arnarstapi
Vegamót
Kolbeinsstaðir
Dalsmynni
Yiti-Tunga
Snjófell
Snorrastaðir
Breiðabólsstaðir
Fljótstunga
Jafnaskarð
Reykholt
Langjökull
Brennistaðir
Húsafell
Borgarnes
Bjarg
Tunga
Faxaflói
Nýhöfn
Hlíð
Gullfoss
Akranes
Kiðafell
Þingvellir
Árvellir
Háifoss
HSL
ML
Bratholt
REYKJAVÍK
Mosfellsbær
Laugarvatn
Efri-Brú
Sel
Keflavík
Hafnarfjörður
Eldhestar
Nónsteinn
Njarðvík
Sólbakki
Eyvík
Þrándarlundur
Hveragerði
Núpar
Selfoss
Brjánsstaðir
Kleifarvatn
Súluholt
Ausvaðsholt
Grindavík
Þorlákshöfn
Hella
Hvolsvöllur
Eyvindarm
Smáratún
Eyjafjallajökull
Ásólfsskáli
Seljavellir
Drangs
Skogar
Vestmannaeyjar
Surtsey

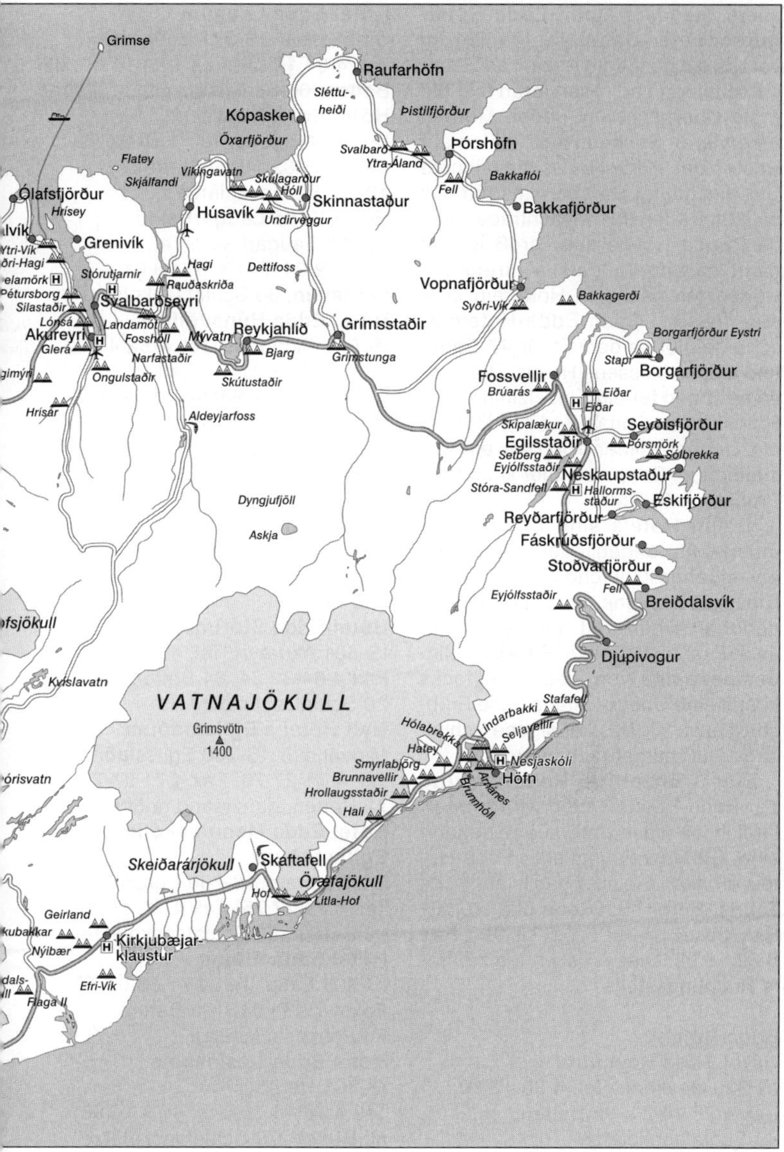
Grimse
Raufarhöfn
Sléttu-
heiði
Kópasker
Þistilfjörður
Öxarfjörður
Svalbarð
Ytra-Áland
Þórshöfn
Flatey
Skjálfandi
Víkingavatn
Skúlagarður
Bakkaflói
Ólafsfjörður
Hrísey
Hóll
Skinnastaður
Fell
Húsavík
Undirveggur
Bakkafjörður
Grenivík
Ytri-Vík
Hagi
Dettifoss
Stórutjarnir
Rauðaskriða
Vopnafjörður
Bakkagerði
Pétursborg
Svalbarðseyri
Syðri-Vík
Sílastaðir
Landamót
Lónsá
Grímsstaðir
Akureyri
Fosshóll
Mývatn
Reykjahlíð
Borgarfjörður Eystri
Glerá
Bjarg
Grímstunga
Stapi
Borgarfjörður
Narfastaðir
Öngulstaðir
Skútustaðir
Fossvellir
Brúarás
Eiðar
Hrísar
Aldeyjarfoss
Skipalækur
Seyðisfjörður
Egilsstaðir
Þórsmörk
Setberg
Sólbrekka
Eyjólfsstaðir
Neskaupstaður
Stóra-Sandfell
Hallorms-
staður
Dyngjufjöll
Eskifjörður
Reyðarfjörður
Askja
Fáskrúðsfjörður
Stöðvarfjörður
Fell
Eyjólfsstaðir
Breiðdalsvík
Djúpivogur
Kvíslavatn
VATNAJÖKULL
Stafafell
Lindarbakki
Hólabrekka
Seljavellir
Grimsvötn
1400
Hatey
Nesjaskóli
Smyrlabjörg
Höfn
Brunnavellir
Arnanes
Hrollaugsstaðir
Brunnhóll
Hali
Skeiðarárjökull
Skaftafell
Öræfajökull
Hof
Litla-Hof
Geirland
Kirkjubæjar-
klaustur
Nýibær
Efri-Vík
Flaga II

chem Standard **Open-Edda-Hotelgutscheine**. Dabei kaufen Sie im voraus die benötigte Anzahl an Hotelgutscheinen und reservieren fest die erste Übernachtung. Jeden Morgen reservieren Sie dann per Telefon auf Kosten des Edda-Hotels die nächste Übernachtung. Da aber v.a. von Juli bis Mitte August die Nachfrage nach den Edda-Hotels sehr groß ist, ist nicht garantiert, daß in ihrem gewünschten nächsten Hotel ein Zimmer frei ist. Open-Edda-Hotelgutscheine gibt es derzeit für 47 Edda- und angeschlossene Hotels. Die Preise betragen für ein Einzelzimmer mit Frühstück und ohne Bad 115 DM, für ein Doppelzimmer 160 DM; ein Zustellbett im Doppelzimmer kostet mit Frühstück 45 DM.

Vielen Hotels sind Schlafsackunterkünfte angegliedert, für die es ein eigenes Gutscheinsystem gibt. Diese Gutscheine sind auch für Jugendherbergen und andere Schlafsackunterkünfte gültig. Bei einer Mindestabnahme von sieben Schecks kostet eine Übernachtung ohne Frühstück etwa 38 DM. Der eigene Schlafsack muß mitgebracht werden.

Eine **frühzeitige Reservierung** der Edda-Hotels halten wir für unerläßlich, da diese Unterkünfte begehrt sind. Ein Verzeichnis aller Edda-Hotels erhalten Sie über das Isländische Tourist-Büro ITB, Skógarhlið 18, 101 Reykjavík, Tel. 5 62 33 00, Fax 5 62 58 95. Dies ist auch die zentrale Buchungsstelle.

Edda-Hotels

Hótel Edda Reykholti
IS-320 Reykholt, Tel. 4 35 12 60, Fax 4 35 14 21; 96 Betten, 45 Schlafsackplätze

Hótel Edda Laugum
Sælingsdal, IS-371 Búðardalur, Tel. 4 34 12 65, Fax 4 34 14 69; 65 Betten, 60 Schlafsackplätze, Zelten

Hótel Edda Núpi
IS-471 Þingeyri, Tel. 4 56 82 22, Fax 4 56 82 36; 65 Betten, 100 Schlafsackplätze

Hótel Edda Laugarbakki
IS-532 Laugarbakki, Tel. 4 51 29 04, Fax 4 51 28 01; 58 Betten, 30 Schlafsackplätze

Hótel Edda Húnavöllum
IS-541 Blönduós, Tel. 4 52 43 70, Fax 4 52 42 81; 50 Betten, 50 Schlafsackplätze

Hótel Edda Þelamörk
IS-601 Akureyri, Tel. 4 62 17 72, Fax 4 61 23 37; 60 Betten, 60 Schlafsackplätze

Hótel Edda Akureyri
Hrafnagilsstræti, IS-600 Akureyri, Tel. 4 61 14 34, Fax 4 61 14 23; 158 Betten

Hótel Edda Stórutjörnum
IS-601 Akureyri, Tel. 4 64 32 40, Fax 4 64 32 24; 84 Betten, 20 Schlafsackplätze

Nýtt Hótel á Egilsstöðum
Miðvangi 5, IS-700 Egilsstaðir, Tel. 4 71 27 70, Fax 4 71 27 71; 72 Betten, ganzjährig geöffnet

Hótel Edda Menntaskólinn Egilsstöðum
Tjarnarbraut, IS-700 Egilsstaðir, Tel. 4 71 27 75, Fax 4 71 27 76; 96 Betten, 50 Schlafsackplätze

Hótel Edda Eiðum
IS-705 Eiðar, Tel. 4 71 38 03, Fax 4 71 38 04; 100 Betten, 50 Schlafsackplätze

Hótel Edda Nesjaskóla
IS-781 Hornafjörður, Tel. 4 78 14 70, Fax 4 78 14 96; 50 Betten, 70 Schlafsackplätze

Hótel Höfn
IS-781 Höfn í Hornafirði,
Tel. 4 78 12 40, Fax 4 78 19 96;
65 Betten, ganzjährig geöffnet
Hótel Edda Ásgarður
IS-780 Hornafjörður, Tel.
4 78 13 65, Fax 4 78 19 96;
56 Betten, 15 Schlafsackplätze
Hótel Edda Kirkjubæjarklaustri
IS-880 Kirkubæjarklaustur,
Tel. 4874799, Fax 4 87 46 14;
150 Betten, 50 Schlafsackplätze,
ganzjährig geöffnet
Hótel Edda Skógum
Skógum, IS-861 Hvolsvöllur,
Tel. 4 87 88 70, Fax 4 87 88 58;
68 Betten
Hótel Edda Flúðum
Flúðum, IS-845 Flúðir,
Tel. 4 86 66 30, Fax 4 86 65 30;
48 Betten, 30 Schlafsackplätze,
Zeltplatz, ganzjährig geöffnet
Hótel Edda ML
Laugarvatni, IS-840 Laugarvatn,
Tel. 4 86 11 18, Fax 4 86 12 37;
170 Betten, 50 Schlafsackplätze
Hótel Edda ÍKÍ
Laugarvatni, IS-840 Laugarvatn,
Tel. 4 86 11 54, Fax 4 86 12 79;
51 Betten

Open-Edda Partnerhotels

Hótel Leifur Eiríksson
Skólavörðustig 45, IS-101
Reykjavík, Tel. 5 62 08 00,
Fax 5 62 08 04; 55 Betten, ganzjährig geöffnet; gegenüber der
Hallgrímskirche gelegen
Hótel Höfði
Skipholt 27, IS-105 Reykjavík,
Tel. 5 52 64 77, Fax 5 62 39 86
Sporthotel ÍSÍ
beim Schwimmbad im Laugardalur,
Reykjavík, Tel. 5 81 33 77,
26 Betten, einfaches Hotel
Hótel Mar
Brautarholt 22, IS-105 Reykjavík,
Tel. 5 52 55 99, Fax 5 62 55 99;
68 Betten, Schlafsackunterkunft
Gistiheimilið Björk
Ármúla 5, IS-108 Reykjavík,
Tel. 5 88 44 80, Fax 5 88 44 82;
24 Betten, 30 Schlafsackplätze; nur
im Sommer geöffnetes Gästehaus
Gästehaus Nr. 101
Laugavegi 101, IS-101 Reykjavík,
Tel. 5 62 61 01, Fax 5 62 61 05;
32 Betten, ganzjährig geöffnet
Gistihúsið Ísafold
Bárugötu 11, IS-101 Reykjavík,
Tel. 5 61 22 94, Fax 5 62 99 65;
22 Betten, ganzjährig geöffnet
Gästehaus Baldursbrá
Laufásvegur 41, IS-101 Reykjavík,
Tel. 5 52 66 46, Fax 5 62 66 47
Gästehaus Hof
Brautarholt 4, IS-105 Reykjavík,
Tel. 5 51 62 39
Gistiheimilið Berg
Bæjarhrauni 4, IS-220
Hafnarfjörður, Tel. 5 65 22 20,
Fax 5 65 45 20; 52 Betten, 70
Schlafsackunterkünfte, ganzjährig
geöffnet
Hótel Ósk
Vogabraut 4, IS-300 Akranes,
Tel. 4 31 33 14 und 4 31 31 91,
Fax 4 31 12 04; 64 Betten, nur im
Sommer geöffnet
Hótel Búðir
Búðum, Staðarsveit, IS-355
Snæfellsbær, Tel. 4 35 67 00,
Fax 4 35 67 01; 50 Betten, Zeltplatz, nur im Sommer geöffnet
Gistihúsið Langaholt
Görðum, Staðarsveit, IS-355
Snæfellsnes, Tel. 4 35 67 89 und
4 35 67 19, Fax 4 35 67 89;
50 Betten, Schlafsackunterkunft,
Zeltplatz, ganzjährig geöffnet

Hótel Höfði
Ólafsbraut 20, IS-355 Ólafsvík,
Tel. 4 36 16 50, Fax 4 36 16 51;
30 Betten, Schlafsackunterkunft,
Zeltplatz, ganzjährig geöffnet

Gästehaus Egilshús
Aðalgata 8, IS-340 Stykkishólmur,
Tel. 4 38 14 50, Fax 4 38 10 50;
24 Betten

Hótel Flókalundur
Vatnsfjörður, IS-451 Patreksfjörður,
Tel. 4 56 20 11, Fax 4 56 20 50;
33 Betten, Zeltplatz, nur im Sommer geöffnet

Hótel Ísafjörður
siehe bei Regenbogen-Hotels

Hótel Djúpavík
Strandir, Westfjorde,
Tel. 4 51 40 37, Fax 4 51 40 35,
ganzjährig geöffnet

Hótel Dalvík
Dalvík, Tel. 4 66 14 05

Hótel Reykjahlíð
Reykjahlíð am Mývatn,
Tel. 4 64 41 42, Fax 4 64 43 36; 18 Betten; älteres Haus an der Straße 87 nach Húsavík, einige Zimmer mit herrlichem Blick über den Mývatn

Hótel Kiðagíl
Bárðardalur, IS-645 Fosshóll,
Tel. 4 64 32 90, Fax 4 64 32 15;
23 Betten, 15 Schlafsackplätze,
Zeltplatz, nur im Sommer geöffnet

Gistiheimilið Árból
Ásgarðsvegi 2, IS-640 Húsavík,
Tel. 4 64 22 20, Fax 4 64 14 63;
15 Betten, 6 Schlafsackplätze,
ganzjährig geöffnet

Hótel Tangi
Hafnarbyggð, IS-690 Vopnafjörður,
Tel. 4 73 12 24, Fax 4 73 11 46;
24 Betten

Hótel Bláfell
Breiðdalsvík, siehe Regenbogen-Hotels

Hótel Framtíðin
Vogaland 4, IS-765 Djúpivogur,
Tel. 4 78 88 87, Fax 4 78 81 87;
44 Betten, Schlafsackunterkunft

Hótel Skaftafell
Freysnes, Tel. 4 78 18 45; einfache Gästezimmer im Bauernhof, Skaftafell-Nationalpark

Hótel Bræðraborg
Vestmannaeyjar, siehe Regenbogen-Hotels

Preise für eine Übernachtung/Person auf dem Bauernhof
(1999, in der Hochsaison)

Einzelübernachtung im Doppelzimmer	**Kat. I**	**Kat. II**	**Kat. III**
Übernachtung ohne Frühstück	70	80	115 DM
Übernachtung mit Frühstück	90	100	135 DM
Übernachtung mit Halbpension	150	160	190 DM
Übernachtung mit Vollpension	180	195	225 DM
Aufpreis Einzelzimmer/Nacht	35	35	35 DM
Schlafsackunterkunft 45 DM			

Diese Preise können je nach Lage und Serviceangebot des Bauernhofs etwas variieren. **Kinderermäßigung:** Im Zimmer der Eltern 0–6 Jahre kostenlos, 7–11 Jahre 50%.

Hótel Hvolsvöllur
Hlíðarvegi 7, IS-860 Hvolsvöllur,
Tel. 4 87 81 87, Fax 4 87 83 91;
53 Betten, Schlafsackunterkunft,
ganzjährig geöffnet

Ferien auf dem Bauernhof

Eine immer beliebter werdende Möglichkeit, relativ preisgünstig Urlaub in Island zu verbringen, sind **Ferien auf dem Bauernhof** *(bændaþjónusta)*. Rund 120 Bauernhöfe (vgl. Karte auf S.124) bieten fast im ganzen Land Privatzimmer mit unterschiedlicher Ausstattung an. Besonders für **Familien mit Kindern** ist dies eine interessante Art, Urlaub zu machen. Oft werden die Urlauber während ihres Aufenthaltes unmittelbar in das Leben der gastgebenden Bauersfamilie integriert, eine gute Gelegenheit, den Alltag und die Mentalität der Isländer genauer kennenzulernen. Bei einem etwas längeren Aufenthalt kann man sogar mit den hauseigenen Pferden ausreiten oder profitiert vom Angelgewässer, das auf dem Land der Farm liegt. Übernachtungen auf dem Bauernhof gibt es in **drei Kategorien:**

- **Kategorie I:** einfache Zimmer ohne Waschgelegenheit
- **Kategorie II:** besser ausgestattete Zimmer mit Waschbecken
- **Kategorie III:** komfortable Zimmer mit Dusche oder Bad und WC

Bauernhof unter dem Gletscher in Südisland bei Svínafell

Ferien kann man auch auf **verschiedenen Bauernhöfen** machen. Dafür gibt es **zwei Gutscheinsysteme:**

- **Open-Farm-Gutscheine** gelten auf bislang vierzig Bauernhöfen, die über das ganze Land verteilt sind. Die Reservierungen können hierbei erst einen Tag vor einer möglichen Übernachtung vorgenommen werden. In Zwei- oder Mehrbettzimmern bzw. in Schlafsackunterkünften kosten Open-Farm-Gutscheine für fünf Nächte pro Person: Nebensaison 420 DM, Einzelzimmerzuschlag 150 DM; Hochsaison 465 DM, Einzelzimmerzuschlag 175 DM (jeweils mit Frühstück).
  Für **Open-Farm-Schlafsackunterkünfte** zahlt man in der Nebensaison 210 DM, in der Hochsaison 230 DM. Die Hochsaison dauert vom 1. Juni bis zum 31. August.
- **Comfort-Farm-Gutscheine** bieten die Möglichkeit, Übernachtungen schon mehr als nur einen Tag im voraus zu reservieren. Diese Gutscheine beinhalten die Übernachtung mit Frühstück in Zweibettzim-

mern. Sie sind nur für die Kategorien I und II gültig, für die Kategorie III muß vor Ort ein Zuschlag bezahlt werden. Comfort-Farm-Gutscheine kosten pro Person für sieben Nächte (Mindestabnahme): Nebensaison 620 DM, Einzelzimmerzuschlag 200 DM, Zuschlag für Kategorie III 90 DM; Hochsaison 725 DM, Einzelzimmerzuschlag 245 DM, Zuschlag für Kategorie III 115 DM.

Nähere Informationen gibt es außer beim Isländischen Fremdenverkehrsamt beim Dachverband der „Icelandic Farm Holidays“:

- **Icelandic Farm Holidays/ Ferien auf dem Bauernhof**
  Hafnarstræti 1, 101 Reykjavík, Tel. 5 62 36 40, Fax 5 62 36 44, Internet: http://webscape.co.uk/iceland

Jugendherbergen

Das isländische Wort für **Jugendherbergen** *farfuglaheimili* bedeutet „Zugvögelheim“. Die 29 isländischen Jugendherbergen unterscheiden sich in Größe (8–104 Betten) und Ausstattung, entsprechen aber alle internationalem Standard. Unterkunft bekommt hier jeder, auch ohne Jugendherbergsausweis. Dieser verhilft lediglich zu einer Ermäßigung. In den Schlafräumen, meist mit zwei bis sechs Betten, erhält man ein Bett mit Kopfkissen und Decke. Einen Schlafsack muß man selbst mitbringen oder ausleihen. Verpflegung gibt es in den isländischen Jugendherbergen nicht, jedoch bestehen **Kochgelegenheiten.** Außerdem gibt es fließendes Wasser, Duschen und Zentralheizung. Oft werden in den Jugendherbergen spezielle **Familienzimmer** eigens für Familien mit Kindern angeboten. Viele Jugendherbergen sind nur in den Sommermonaten geöffnet. Die **Übernachtungspreise** liegen pro Person bei 35 DM, ein Leinenschlafsack ist für 8 DM zu mieten, Frühstück kostet 13–18 DM. Mitglieder zahlen pro Nacht etwa 30 DM.

Die **Busverbindungen** sind meistens gut, in fast allen Fällen sind die Jugendherbergen mit den Linienbussen zu erreichen.

Nähere **Informationen** erhält man über das Isländische Fremdenverkehrsamt oder den Verband der Isländischen Jugendherbergen:

- **Bandalag Íslendskra Farfugla BÍF**
  Sundlaugavegur 34,
  101 Reykjavík, Tel. 5 53 81 10,
  Fax 55 67 92 01

Eine rechtzeitige Anmeldung ist unerläßlich. Vor allem die Jugendherbergen an reizvoll gelegenen Orten und in Reykjavík sind oft vollständig ausgebucht. In vielen Jugendherbergen erhält man Tickets für Bus, Fähre und Flugzeug. Das angegliederte Reisebüro *Farfugla Travel* (Adresse s.o.) bietet außerdem Ausflüge und Rundreisen in einem Pauschalangebot mit Übernachtungen in Jugendherbergen an. Außerdem erhält man dort Mietwagen. Ein Nissan Micra oder Opel Corsa kostet pro Tag etwa 225 DM, ein Toyota Touring 4WD Station (Allrad-Kombi) 305 DM, jeweils incl. Steuer, Versicherung und unbegrenzter Kilometer. Hochlandfahrten und Flußdurchquerungen sind mit dem Allrad-Kombi nicht erlaubt. Bei Anmietung eines Fahrzeugs über 7 Tage gibt es 10% Rabatt.

Liste der Jugendherbergen

Akranes
Bermuda, Akursbraut 9, 300 Akranes, Tel. 4 31 34 78, Fax 4 32 22 78; 18 Betten, geöffnet 01.05.–01.09.

Akureyri
Stórholt 1, 600 Akureyri, Tel. 4 62 36 57, Fax 4 61 25 49; 49 Betten, ganzjährig geöffnet

Berunes
Berufjörður, 765 Djúpivogur, Tel./Fax 4 78 89 88, 28 Betten, Zeltplatz, geöffnet 15.05.–15.09.

Fljótsdalur
Fljótshlíð, 861 Hvolsvöllur, Tel. 4 87 84 98, 4 87 84 97; 15 Betten, geöffnet 15.04.–15.10.

Hafnarfjörður
Arahús, Strandgata 21, 220 Hafnarfjörður, Tel. 5 55 07 95 und 5 55 06 12, Fax 5 55 33 30; 23 Betten, ganzjährig geöffnet; Hraunbyrgi, Hraunbrún 57, 220 Hafnarfjörður, Tel. 5 65 09 00 und 8 53 42 05, Fax 5 55 12 11; 23 Betten, Zelten, 01.06.–31.08.

Hamar
Golfskállin, 310 Borgarnes, Tel. 4 37 16 63, Fax 4 37 10 41; 14 Betten, geöffnet 01.06.–15.09.

Húsey
Tunguhreppur, 701 Egilsstaðir, Tel. 4 71 30 10, Fax 4 71 30 09; 23 Betten, geöffnet 01.06.–30.09.

Hvalfjörður
Þyrill, Miðsandi, 301 Akranes, Tel. 4 33 88 24 und 4 33 88 16, Fax 4 33 88 52; 18 Betten, ganzjährig geöffnet

Hveragerði
Ból, Hveramörk 14, 810 Hveragerði, Tel. 4 83 41 98, 4 83 45 88, Fax 4 83 40 88; 33 Betten, geöffnet 01.05.–01.09.

Höfn
Nýibær, Hafnarbraut 8, 780 Höfn, Tel. 4 78 17 36, 4 78 12 57, Fax 4 78 12 57; 27 Betten, geöffnet 15.05.–30.09.

Mosfellsbær
Reykjahvoll, 270 Mosfellsbær, Tel. 5 66 72 37, Fax 5 66 72 35; 20 Betten, geöffnet 01.05.–31.10.

Njarðvík
Kristína, Holtsgata 49, 260 Njarðvík, Tel. 4 21 56 62, Fax 4 21 56 48; 60 Betten, ganzjährig geöffnet; Strönd, Njarðvíkurbraut 48-50, 260 Innri-Njarðvík, Tel./Fax 4 21 62 11; 28 Betten, ganzjährig geöffnet

Ósar
Vatnsnes, 531 Hvammstangi, Tel. 4 51 26 78 und 8 53 98 28, Fax 4 51 26 78; 18 Betten, Zeltplatz, ganzjährig geöffnet

Patreksfjörður
Stekkir 21, 450 Patreksfjörður, Tel. 4 56 16 75, Fax 4 56 15 47; 8 Betten, Zeltplatz, geöffnet 01.06.–01.09.

Reyðarfjörður
Tærgesenshúsinu, Búðargata 4, 730 Reyðarfjörður, Tel./Fax 4 74 14 47; 25 Betten, ganzjährig geöffnet

Reykholt
Biskupstungur, 801 Selfoss, Tel. 4 86 88 30 und 4 86 88 10, Fax 4 86 87 09; 70 Betten, geöffnet 05.06.–25.08.

Reykjanes
Ferðaþjónustan Reykjanesi, 401 Ísafjörður, Tel. 4 56 48 44, Fax 4 56 48 45; 70 Betten, Zeltplatz, ganzjährig geöffnet

Reykjavík
Sundlaugavegur 34, 105 Reykjavík, Tel. 5 53 81 10, Fax 5 88 92 01; 108 Betten, geöffnet 05.01.–20.12.

Hütte und Campingplatz Dreki am Rande der Lava- und Bimssteinwüste Ódáðahraun

Reynisbrekka
Mýrdalur, 870 Vík, Tel. 4 87 11 06, 4 87 12 43, Fax 4 87 13 03; 25 Betten, geöffnet 01.06.–15.09.

Seyðisfjörður
Hafaldan, Ránargata 9, 710 Seyðisfjörður, Tel. 4 72 14 10, Fax 4 72 16 10; 28 Betten, ganzjährig geöffnet

Stafafell
Lón, 781 Höfn, Tel. 4 78 17 17, Fax 4 78 17 85; 50 Betten, ganzjährig geöffnet

Stykkishólmur
Höfðagata 1, 340 Stykkishólmur, Tel. 4 38 10 95, Fax 4 38 14 17; 50 Betten, geöffnet 01.04.–30.9.

Sæberg
Rykir, Hrútafjörður, 500 Brú, Tel. 4 51 00 15, Fax 4 51 00 34; 32 Betten, Zeltplatz, ganzjährig

Vagnsstaðir
Suðursveit, Austur Skaftafellssýsla, 781 Höfn, Tel. 4 78 10 48 und 4 78 15 67, Fax 4 78 21 67; 26 Betten, Zeltplatz, geöffnet 01.06.–10.09.

Vestmannaeyjar
Faxastígur 38, 900 Verstmannaeyjar, Tel. 4 81 29 15, Fax 4 81 32 06; 35 Betten, Zeltplatz, geöffnet 15.05.–15.09.

Þingvellir
Hótel Valhöll, 801 Selfoss, Tel. 4 82 26 22, Fax 4 83 47 75; 27 Betten, Zeltplatz, geöffnet 01.06.–31.08.

Önundarfjörður
Korpudalur-Kirkjuból, 425 Flateyri, Tel./Fax 4 56 78 08; 18 Betten, Zeltplatz, das ganze Jahr über geöffnet

Hüttenunterkünfte & Ferienhäuser

Hüttenunterkünfte gibt es in ganz Island. Von verschiedenen Vereinen werden außerdem unbewirtschaftete **Berghütten** *(sæluhús;* s. Karte auf S.138) unterhalten. Diese Hütten stehen zwar in erster Linie den Vereinsmitgliedern zur Verfügung, es können aber auch Nichtmitglieder dort übernachten. Wir haben es nie erlebt, daß jemand abgewiesen wurde, egal wie überfüllt die Hütte bereits war. Im Sommer gibt es in einigen größeren Hütten einen **Hüttenwart,** der die Besucher einweist, die Übernachtungsgebühren (ca. 700 ISK für Mitglieder und 1000 ISK für Nichtmitglieder) kassiert und Auskünfte gibt. Alle Hütten sind mit Öfen, Kochgelegenheit und Geschirr ausgerüstet, meistens gibt es fließendes kaltes Wasser. Man schläft in Schlafräumen in mehrstöckigen Betten oder auf dem Boden auf ausgelegten Matratzen und benötigt seinen **eigenen Schlafsack.**

Hütten unterhalten der **Isländische Touristenverein** *(Ferðafélag Íslands,* Mörkin 6, 108 Reykjavík, Tel. 5 68 25 33) und die Touristenvereine der Städte *Akureyri (Ferðafélag Akureyrar)* und *Egilsstaðir (Ferðafélag Fljótsdalshérads).* Dort kann man die Hüttenunterkünfte auch vorausbuchen und die Schlüssel für die vielfach verschlossenen Berghütten erhalten, sofern sie vom Touristenverein unterhalten werden und nicht anderen Vereinen gehören.

Eine andere Art von Hütten sind die **„Hytter“**, aus Skandinavien bekannte kleine **Ferienhäuschen aus Holz,** die komplett gemietet werden und Schlafgelegenheiten für 4–6 Personen bieten. Solche Hütten sind in Island noch nicht sehr verbreitet, von Jahr zu Jahr werden es aber mehr. Sie gehören überwiegend Privatleuten (Bauern) und stehen auf deren Grundstück. Folglich kann man auch das Angebot des Bauernhofs an **Freizeitaktivitäten** (Angeln, Reiten, Wandern) nutzen. **Vier Kategorien** werden unterschieden:

Preise für ein Ferienhaus/Hütte
(durchschnittlich pro Woche in DM)

Kategorie	**A**	**B**	**C**	**D**
Nebensaison 15.05.–30.06. und 16.08.–15.09.				
4 Personen	624	919	1036	1109
6 Personen	-	1058	1179	1274
Hochsaison 01.07.–15.08.				
4 Personen	659	1019	1144	1109
6 Personen	-	1179	1300	1421

Bettwäsche pro Person in allen Kategorien 21 DM

- **Kategorie A:** einfache Hütte mit einem Zimmer; WC oft außerhalb
- **Kategorie B:** Schlafzimmer und WC getrennt von der Wohnstube
- **Kategorie C:** wie B, zusätzlich mit Dusche und Kühlschrank
- **Kategorie D:** wie C, nur größer und komfortabler, manchmal in zwei Ebenen

Alle Hütten sind mit WC, Kochgelegenheit bzw. Küche einschließlich Geschirr sowie Heizung ausgestattet.

In der Hochsaison werden die Hütten in der Regel **nur wochenweise vermietet;** die Anmietzeit beginnt stets am Freitag. In der Nebensaion wird eine Hütte auch schon einmal für weniger als eine Woche vermietet.

Schlafsackunterkünfte

Schlafsackunterkünfte *(svefnpokapláss)* sind eine für Island typische und relativ **preisgünstige Unterkunftsform.** Sie sind oft Edda-Hotels, Gästehäusern, Gemeindezentren, Jugendherbergen, Bauernhöfen und auch einigen Hotels angegliedert. Wer seinen eigenen Schlafsack mitbringt, kann in den Schlafsälen (Matratzenlager) zwar ohne Komfort, aber zu angemessenen Preisen übernachten. Die durchschnittlichen Preise für eine Übernachtung im Matratzenlager liegen bei knapp 25 DM pro Person, mit etwas mehr Komfort in Hotels bei etwa 38 DM.

Campingplätze

Die Zahl der Campingplätze *(tjaldstædi)* wird immer mehr erweitert. Das offizielle isländische **Camping-Verzeichnis** *(tjaldsvæði)* hat 1996 insgesamt 117 Zeltplätze (vgl. Liste auf den folgenden Seiten und Karte auf S.138) aufgelistet; nicht aufgeführt sind einige kleine private Areale, die zu Hotels oder Bauernhöfen gehören. In den letzten Jahren sind einige neue Campingplätze im offiziellen Verzeichnis dazugekommen, während andere darin nicht mehr aufgeführt sind. Da dies jedoch nicht bedeutet, daß es diese Campingplätze nicht mehr gibt oder man dort nicht mehr übernachten kann, haben wir diese in unserem Verzeichnis beibehalten. Die **neuen Campingplätze** sind:

Djúpmannabuð
Westfjorde, Mjóifjörður,
geöffnet 1.6.–15.9.

Drangsnes
Westfjorde, geöffnet 15.6.–31.8.

Þórshöfn
Nordostisland, geöffnet 1.6.–15.9.

Dæli Víðidal
Nordwestisland, geöffnet 1.6.–15.9.

Hrífunes
Südisland, Straße 209,
geöffnet 1.6.–30.9.

Ein schöner, kleiner Campingplatz *(Hamrargarðar)* liegt auch zwischen dem Seljalandsfoss und dem Gljúfurárfoss an der Straße 249.

Alle Campingplätze sind gebührenpflichtig und weisen einen unterschiedlichen Standard **(drei Kategorien A, B, C)** auf: von sehr einfach (Kategorie C: kaltes Wasser, Plumpsklo) bis hin zum gut ausgestatteten Platz der Kategorie A mit ausreichenden sanitären Einrichtungen, warmen Duschen, Waschmaschinen, Wäschetrocknern, Cafeteria, Tourist-Information, Laden, Schwimmbad und

Fortsetzung auf Seite 140

Campingplätze
(Stand 1999, Auflistung ab Reykjavík im Uhrzeigersinn)

1	Reykjavík, Sundlaugavegur	15.05. – 15.09.
2	Mosfellsbær	01.06. – 31.08.
3	Akranes	01.06. – 31.08.
4	Tunga í Svínadal	01.06. – 15.09.
5	Þórisstaðir	01.06. – 31.08.
6	Selsskogur í Skorradal	15.06. – 31.08.
7	Borgarnes	01.06. – 31.08.
8	Húsafell	01.06. – 10.10.
9	Varmaland	01.06. – 31.08.
10	Langaholt – Görðum	01.01. – 31.12.
11	Snæfellsbær – Ólavsvík/Hellissandur	01.06. – 31.08.
12	Kverná í Grundarfirði	15.06. – 31.08.
13	Stykkishólmur	15.05. – 30.09.
14	Búðardalur	01.06. – 31.08.
15	Laugar í Sælingadal	10.06. – 31.08.
16	Á Skarðsströnd	01.06. – 31.08.
17	Reykhólar	01.06. – 31.08.
18	Vatnsfjörður – Flókalundur	15.06. – 31.08.
19	Tálknarfjörður	15.06. – 15.08.
20	Núpur Dýrafirði	20.06. – 31.08.
21	Flateyri	15.06. – 31.08.
22	Ísafjörður, Framhaldsskólann	22.06. – 15.08.
23	Ísafjörður, Tungudalur (4 km)	20.06. – 20.08.
24	Bolungarvík	01.06. – 31.08.
25	Reykjanes, Ísafjarðardjúp	01.06. – 31.08.
26	Laugarhóll í Bjarnarfirði	15.06. – 31.08.
27	Hólmavík	15.06. – 31.08.
28	Staðarskáli, Hrútafirði	15.06. – 31.08.
29	Sæberg	15.06. – 31.08.
30	Hvammstangi	01.06. – 31.08.
31	Blönduós	01.06. – 31.08.
32	Skagaströnd	01.06. – 31.08.
33	Hveravellir	01.07. – 31.08.
34	Varmahlíð	01.06. – 31.08.
35	Steinsstaðaskóli	06.06. – 25.08.
36	Bakkaflöt	01.01. – 31.12.
37	Sauðárkrókur	01.06. – 31.08.
38	Hólar í Hjaltadal	06.06. – 31.08.
39	Siglufjörður	01.06. – 31.08.
40	Ólafsfjörður	01.06. – 31.08.

41	Dalvík	01.06. – 31.08.
42	Hrísey, Ferja	01.06. – 15.09.
43	Akureyri, Þórunnarstræti	10.06. – 31.08.
44	Húsabrekka	01.06. – 31.08.
45	Laugafell	07.07. – 31.08.
46	Grenivík	01.06. – 15.09.
47	Vaglaskógur	15.06. – 31.08.
48	Fosshóll, Goðafoss	01.05. – 15.09.
49	Laugar í Þingeyjarsýslu	01.06. – 31.08.
50	Jónasvöllur, Aðaldal	15.06. – 31.08.
51	Húsavík	01.06. – 31.08.
52	Lundur í Öxarfirði	20.06. – 20.08.
53	Jökulsárgljúfur, Ásbyrgi	01.06. – 15.09.
54	Jökulsárgljúfur, Ásbyrgisbotn	01.06. – 31.08.
55	Jökulsárgljúfur, Vesturdalur	15.06. – 31.08.
56	Hlíð í Reykjahlíð	01.06. – 10.09.
57	Eldá í Reykjahlíð	15.05. – 30.09.
58	Vogar, Mývatnssveit	01.06. – 31.08.
59	Grænavatn	01.06. – 31.08.
60	Skútustaðir	01.06. – 30.09.
61	Grímsstaðir á Fjöllum	15.06. – 15.09.
62	Herðubreiðarlindir	20.06. – 31.08.
63	Dreki, Dyngjufjöll	20.06. – 31.08.
64	Raufarhöfn	01.06. – 31.08.
65	Vopnafjörður	01.06. – 31.08.
66	Borgarfjörður eystri	01.06. – 31.08.
67	Stapi, Borgarfjörður	01.06. – 31.08.
68	Egilsstaðir	01.06. – 31.08.
69	Skipalækur, Fellabæ	15.05. – 15.09.
70	Altavík, Hallormsstað	15.06. – 31.08.
71	Seyðisfjörður	01.06. – 31.08.
72	Neskaupstaður	01.06. – 31.08.
73	Eskifjörður	01.06. – 31.08.
74	Reyðarfjörður	15.06. – 31.08.
75	Fáskrúðsfjörður	15.06. – 31.08.
76	Stöðvarfjörður	01.06. – 31.08.
77	Breiðdalsvík	01.06. – 31.08.
78	Berunes	15.05. – 15.09.
79	Berufjörður	15.06. – 15.09.
80	Djúpivogur	01.06. – 31.08.
81	Stafafell í Lóni	01.06. – 15.09.
82	Höfn í Hornafirði	01.06. – 15.09.
83	Skaftafell	01.06. – 15.09.
84	Kirkjubær	01.06. – 30.09.

85	Kleifar Kirkjubæjarklaustur	01.06. – 31.08.
86	Hólaskjól, Fjallabaksvegur	01.07. – 31.08.
87	Vík í Mýrdal	01.06. – 31.08.
88	Skógar	01.06. – 31.08.
89	Seljavellir	01.06. – 15.09.
90	Þórsmörk – Langidalur	01.06. – 31.08.
91	Þórsmörk – Básar	01.06. – 31.08.
92	Þórsmörk – Húsadalur	01.06. – 15.09.
93	Landmannalaugar	01.07. – 31.08.
94	Veiðivötn	01.06. – 31.08.
95	Nýidalur	01.07. – 31.08.
96	Vestmannaeyjar, Ferja	01.06. – 31.08.
97	Sælubúið Hvolsvelli	01.06. – 31.08.
98	Hella – Mosfell	01.01. – 31.12.
99	Hellirinn, Ægissíðu	01.06. – 31.08.
100	Leirubakki	01.06. – 31.08.
101	Árnes	01.06. – 31.08.
102	Brautarholt á Skeiðum	01.06. – 31.08.
103	Alfaskeið	01.06. – 31.08.
104	Flúðir	01.06. – 31.08.
105	Reykholt	15.05. – 15.09.
106	Brattholt	01.06. – 15.09.
107	Geysir	01.05. – 01.10.
108	Hlíðalaug	15.05. – 15.09.
109	Laugarvatn	10.06. – 31.08.
110	Þingvellir	10.06. – 31.08.
111	Selfoss – Gestshús	15.05. – 30.09.
112	Hveragerði, Reykjamörk	01.06. – 15.09.
113	Þorlakshöfn	15.05. – 01.10.
114	T-bær Selvogi	01.06. – 15.09.
115	Grindavík, Austurvegur	01.06. – 31.08.
116	Keflavík, Njarðvík	01.05. – 15.09.
117	Víðistaðatún, Hafnarfirði	01.06. – 31.08.

*

Campingplätze und Berghütten

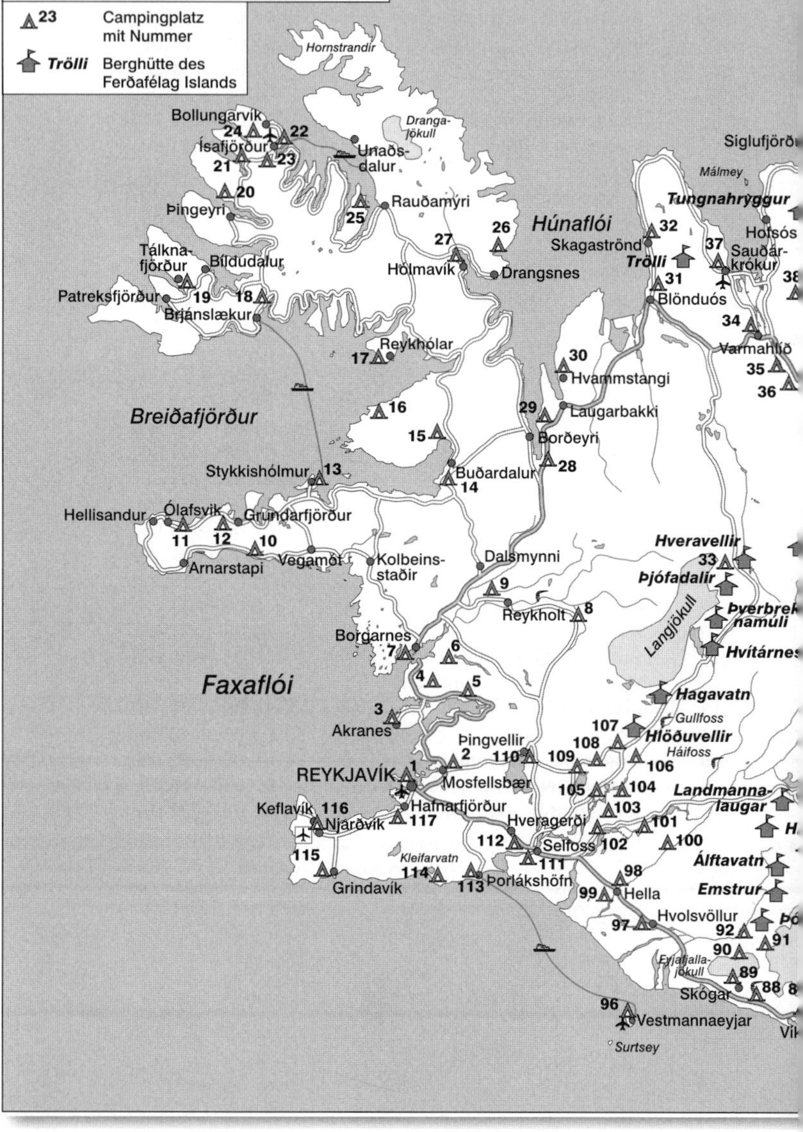

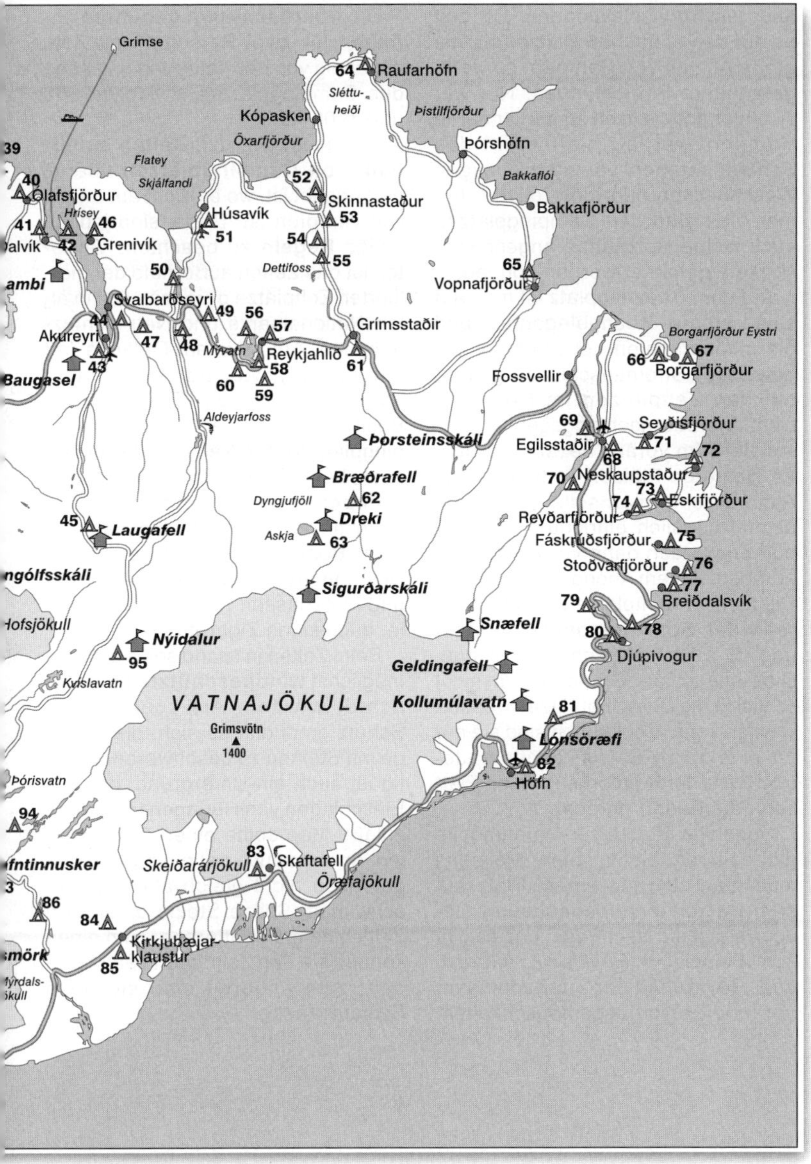
Grimse
Raufarhöfn
Sléttu-heiði
Kópasker
Þistilfjörður
Öxarfjörður
Þórshöfn
Flatey
Skjálfandi
Bakkaflói
Ólafsfjörður
Hrísey
Skinnastaður
Bakkafjörður
Húsavík
Grenivík
Dettifoss
Vopnafjörður
Svalbarðseyri
Akureyri
Grímsstaðir
Borgarfjörður Eystri
Mývatn
Reykjahlíð
Borgarfjörður
Baugasel
Fossvellir
Aldeyjarfoss
Seyðisfjörður
Þorsteinsskáli
Egilsstaðir
Bræðrafell
Neskaupstaður
Dyngjufjöll
Eskifjörður
Dreki
Reyðarfjörður
Laugafell
Askja
Fáskrúðsfjörður
Stoðvarfjörður
Sigurðarskáli
Breiðdalsvík
Snæfell
Nýidalur
Djúpivogur
Geldingafell
Kvíslavatn
VATNAJÖKULL
Kollumúlavatn
Grimsvötn
1400
Lónsöræfi
Höfn
Þórisvatn
Skeiðarárjökull
Skaftafell
Öræfajökull
Kirkjubæjar-klaustur
39
40
41
42
43
44
45
46
47
48
49
50
51
52
53
54
55
56
57
58
59
60
61
62
63
64
65
66
67
68
69
70
71
72
73
74
75
76
77
78
79
80
81
82
83
84
85
86
94
95

anderen Serviceleistungen. Oft gibt es auf den einfachen Plätzen für die große Anzahl von Campern zu wenige sanitäre Einrichtungen. Nur wer sich hier antizyklisch zu den anderen Campern verhält, vermeidet das Schlangestehen vor dem einzigen Waschbecken oder der Toilette. Immer öfter sind den Campingplätzen auch kleine Holzhütten angeschlossen, die gemietet werden können.

Auf dem Campingplatz ist man auf seine eigene Kochgelegenheit und die mitgebrachten Lebensmittel angewiesen. Stromanschlüsse gibt es auf den Zeltplätzen im Hochland nicht. Die Übernachtungsgebühr muß meistens im voraus bezahlt werden. An kleineren Plätzen findet man die Aufforderung, man solle sich schon einmal häuslich einrichten, die Gebühren werden dann von jemandem erhoben, der am Abend vorbeikommt. Die meisten Zeltplätze sind nur während der Sommermonate geöffnet und da auch unterschiedlich lange. Dies ist auch der Grund, warum nicht so viel in die Campingplätze investiert werden kann. Schließlich sind sie nur für eine kurze Saison geöffnet. Jedoch wird der Komfort auf vielen Plätzen dem Bedarf gerecht.

Spezielle Plätze für Wohnmobile gibt es noch relativ selten. Meistens muß man sich mit einem Platz auf dem Parkplatz zufriedengeben. Jedoch steigt die Nachfrage, und es gibt zum Beispiel in *Reykjavík, Akureyri* und *Reykjahlið* Stromanschlüsse, Ver- und Entsorgungsmöglichkeiten.

Die **Übernachtungsgebühren** betragen für zwei Personen mit Zelt, abhängig von der Kategorie und Lage des Campingplatzes, zwischen 800 und 1200 ISK.

Allgemein gilt, daß **Zelten außerhalb von Campingplätzen** überall dort erlaubt ist, wo es nicht ausdrücklich verboten ist. Dabei sind jedoch einige **Regeln** zu beachten: Verboten ist das Zelten außerhalb der markierten Zeltplätze grundsätzlich in allen Nationalparks und Naturschutzgebieten. Auf privatem Gelände (oft eingezäunt), v.a. auf kultiviertem Land, ist immer die Erlaubnis des Besitzers einzuholen. Liegt ein Campingplatz in der Nähe, sollte dieser auch benutzt werden. Beim **wilden Campen** muß ein sorgsamer Umgang mit der Natur selbstverständlich sein! Beachten Sie bitte strikt alle Bestimmungen des Naturschutzes und hinterlassen Sie keinerlei Abfälle, auch keine Zigarettenkippen!

Beim Zelten in Island sollte auf eine möglichst **windgeschützte Lage** geachtet werden. Als zusätzlicher Schutz empfiehlt es sich, die Heringe mit Steinen zu beschweren. Wichtig ist auch ein Untergrund, der das Einschlagen von Heringen überhaupt zuläßt. Man sollte einen Platz wählen, an dem auch bei plötzlichen Regenfällen nicht gleich alles davonschwimmt. Spitze Steine unter dem Zelt sollte man entfernen, zum einen können sie den Zeltboden zerschneiden, zum anderen sind sie beim Schlafen lästig.

Land & Leute

Island in Kürze

Staatsform:
Parlamentarisch-demokratische Republik seit 17. Juni 1944

Staatspräsident: *Ólafur Ragnar Grímsson*

Regierungschef: *Davíð Oddsson*

Staatsname: amtlich *Lýðveldið Ísland*

Staatswappen:
Auf einem Basaltblock in Gestalt der Insel steht ein Schild mit der Nationalflagge. Der Schild ist von vier „Landwächtern" umgeben, die aus dem Epos *Heimskringla* stammen und das Land nach allen vier Himmelsrichtungen schützen sollen. Vor 1944 zeigte der Schild die Königskrone Dänemarks.

Nationalflagge:
Blau mit rotem, weiß umränderten skandinavischem Kreuz

Länderkennzeichen: IS

Hauptstadt: Reykjavík, 106 617 Einw. (1998)

Sprache: Isländisch

Währung:
1 **Isländische Krone (ISK)** = 100 Aurar (AUR); 100 ISK = 2,50 DM beim Tausch in Island; bei deutschen Banken (Mai 1999): 100 ISK = 1,90 DM im Ankauf und 3,21 DM im Verkauf

Zeitzone:
WEZ; 11 Uhr Reykjavík = 12 Uhr MEZ; unter Berücksichtigung der Sommerzeit ist 10 Uhr Reykjavík = 12 Uhr MEZ

Nationalfeiertag: 17. Juni (Tag der Republik)

Fläche: 103 000 km^2, davon kultiviert: 1000 km^2; Weideland: 20 000 km^2; Ödland: 52 000 km^2; Gletscher: 12 000 km^2, von Lava bedeckt: 11 000 km^2; Binnengewässer: 3000 km^2; Sandwüsten: 4000 km^2

Küstenlinie: 5000 km

Entfernungen:
Grönland: 287 km, Färöer-Inseln: 420 km, Schottland: 798 km, Norwegen: 970 km

Höchster Berg: *Hvannadalshnúkur* (2119 m)

Längster Fluß: *þjórsá* (230 km)

Größter See: *þingvallavatn* (85 km²)

Einwohnerzahl:
272 064, davon 93,9% Isländer, 0,7% Skandinavier, 0,2% US-Amerikaner, 0,1% Deutsche, 0,8% Sonstige (1998)

Bevölkerungsdichte: 2,6 Einw. je km²; Urbanisation 92%

Religion: 94,8% evangelisch-lutherisch, 1% katholisch, 4,2% sonstige

Lebenserwartung: Frauen: 81 Jahre, Männer: 77 Jahre

Bruttosozialprodukt: 475,8 Mrd. ISK (1996)

Auslandsverschuldung: 257,9 Mrd. ISK (1996)

PKW pro 1000 Einw.: 445

Inflation: 3% (1998)

Arbeitslosenquote: 3,6% (1998)

Mehrwertsteuer-Satz: 24,5%

Tourismus: 200 835 Auslandsgäste (1996), 20,7 Mrd. ISK Deviseneinnahmen

*

Statistische Angaben: Isländische Botschaft
(Basic Statistics of Iceland, May 1998, *Ministry for Foreign Affairs)*

Geographie

Lage

Island liegt wenige Kilometer unterhalb des nördlichen Polarkreises **an der Grenze zwischen Nordatlantik und Europäischem Nordmeer.** Das Festland erstreckt sich von 63°23' bis 66°32' nördlicher Breite von Süden nach Norden und von 13°30' bis 24°32' westlicher Länge von Osten nach Westen. Auf der Halbinsel *Melrakkaslétta* markiert der Leuchtturm von *Þórgeirsdys,* der auf der Landzunge *Hraunhafnartangi* liegt, den nördlichsten Punkt des Festlandes. Er liegt nur etwa einen Kilometer südlich des Polarkreises. *Kötlutangi* im *Mýrdalssandur* ist der südlichste Festlandspunkt. Westlichster Punkt Islands und damit auch Europas ist *Kap Bjargtangar* am *Látrabjarg* (24°32' West, 65°32' Nord) in den Westfjorden. Im Osten endet das Festland an der felsigen Küste *Gerpir.* Das isländische Hoheitsgebiet ist noch um einiges größer, da es im Norden, Osten und Süden einige unbewohnte Inseln miteinbezieht. Der 65 km nördlich des Polarkreises liegende winzige Basaltfelsen *Kolbeinsey* (18°40' West, 67°8' Nord) ragt nur wenige Meter aus dem Meer (1999: 14 m lang, 24 m breit, 3–4 m hoch). Dies ist der nördlichste Punkt, der zu Island gehört. Diese durch Beton befestigte Landmarke hat für Islands Fischerei größte Bedeutung, weil sich dadurch bei Anwendung der 200-Meilen-Zone die Fischereizone auf 758 000 km² erweitert. Damit reicht sie bis zu den fischreichen Gewässern in der *Grönland See.* Die unbewohnte Schäre *Hvalbakur* (13°16' West, 65°35' Nord) 50 km östlich von *Djúpivogur* ist der östlichste Punkt und die 2,5 km² große, junge Vulkaninsel *Surtsey* (20°34' West, 63°17' Nord) der südlichste Punkt Islands.

Größe & Topographie

Island hat mit allen Inseln eine Fläche von 103 000 km². Das entspricht etwa der Größe der beiden Bundesländer Baden-Württemberg und Bayern zusammen. Das Festland allein ist nur wenige Quadratkilometer kleiner. Von Osten nach Westen erstreckt es sich über 520 km, von Norden nach Süden über 320 km. *Heimaey,* die Hauptinsel der *Westmänner-Inseln* ist mit 11,3 km² die größte Insel. Die Insel *Grimsey* (5,3 km²) liegt am Polarkreis.

Topographisch erhebt sich das Land von Meereshöhe bis auf 2119 m. Ein Viertel des Landes liegen unterhalb von 200 m über NN, 65% zwischen 200 m und 1000 m. Die Landschaft wird von Gebirgen, sandigen Hochebenen, tiefen Flußtälern, Seen, Gletschern, Vulkanen und Lavalandschaften bestimmt. Im Westen, Norden und Osten reichen Fjorde tief ins Land hinein. Im Süden gibt es einen breiten Streifen aus fruchtbarem Land, der Ackerbau und in geringem Ausmaß Viehzucht ermöglicht. Diese landwirtschaftlich nutzbare Fläche beträgt nur etwa 1000 km². Weitere 22 000 km² Weideland stehen für die Zucht der anspruchsloseren Schafe zur Verfügung. Die restlichen 80 000 km² sind unfruchtbar und meist unbewohnt. **Besiedelt sind nur die Gebiete in**

Felsenküste mit Lavaformationen bei Vik

Küstennähe. Hier liegen fast alle Ortschaften, und hier spielt sich weitgehend das Leben der Inselbewohner ab.

Flüsse, Wasserfälle, Seen

Island ist reich an Süßwasser. Dieses stammt aus den Niederschlägen und dem schmelzenden Eis der riesigen Gletscher. Das Wasser sammelt sich in insgesamt 250 Flüssen, von denen einige für die kleine Insel eine beachtliche Größe erreichen. Die breite *þjórsá* ist mit 230 km der **längste Fluß Islands**. Ihre durchschnittliche Wassermenge beträgt 400 m^3/s; während der Schneeschmelze kann die Wassermenge auf über 1000 m^3/s anschwellen. Die 206 km lange *Jökulsá á Fjöllum* ist der zweitlängste Fluß. Sie entspringt aus dem *Vatnajökull,* durchfließt die Sandwüste *Odáðahraun,* bildet den grandiosen Canyon *Jökulsárgljúfur* mit den Wasserfällen *Selfoss, Dettifoss, Hafragilsfoss, Réttarfoss* und *Vigabergsfoss* und mündet schließlich im äußersten Norden in den *Axarfjörður*.

Die großen Flüsse entstanden vor 10 000 Jahren, als die eiszeitlichen Gletscher schmolzen. Die Flüsse sind im Vergleich zum Land jung. Deshalb ist die Flußerosion noch nicht abgeschlossen, erkennbar an den Wasserfällen und Schluchten. Fast alle isländischen Flüsse haben wegen ihres starken Gefälles eine starke Strömung. Sie sind deshalb nicht schiffbar. An harten Gesteinskanten bildeten sich die **mächtigsten Wasserfälle Europas**. Der *Dettifoss* ist mit einer Fallhöhe von 44m, einer

Breite von 100 m und einer durchschnittlichen Wassermenge von 200 m³/s der größte von ihnen. Das vom Gletscherwasser abgeriebene Gestein macht das Wasser der *Jökulsá á Fjöllum* grau und trüb **(Gletschermilch)**; in einem Liter sind 2 g Gesteinsmehl enthalten. Beim *Gullfoss,* dem „Goldenen Wasserfall", fällt die *Hvítá* in zwei Stufen in eine 32 m tiefe Schlucht. Dieser zählt zusammen mit dem 10 m hohen, hufeisenförmigen *Goðafoss,* dem „Götterwasserfall", der von dem Fluß *Skjálfandafljót* gebildet wird, sowohl zu den wasserreichsten als auch zu den schönsten Wasserfällen Islands. **Die höchsten Wasserfälle** sind der 196 m hohe *Glymur*, der 100 m hohe *Fjallfoss* und der 63 m hohe *Skógafoss.*

Islands Wasserfälle stürzen in Kaskaden in tiefe Gletschertäler wie der *Hengifoss* und der *Haífoss;* sie stürzen über die Kliffs der ehemaligen Küste wie der *Skógafoss,* der *Seljalandsfoss* und der *Gljúfurárfoss;* sie tosen Verwerfungen hinunter wie der *Öxarárfoss* und der *Ófærufoss,* oder sie bilden ein „Amphitheater" aus **Basaltsäulen** wie der *Svartifoss,* der *Aldeyjarfoss* und der *Litlanesfoss.* Die Fallkante eines Wasserfalls besteht meist aus hartem Basalt. Darunter liegt weicheres Tuffgestein, das vom Wasser leichter abgetragen wird. Durch die Flußerosion wird der Basalt unterhöhlt, daraufhin bricht er ab. Mit der Zeit „gräbt" sich der Fluß landeinwärts, und am Fuß des Wasserfalls entsteht eine Schlucht. Aus der Größe und Form dieser Schlucht kann man Rückschlüsse ziehen auf die maximale Wasserführung des Flusses, die er einst zur Zeit der Gletscherschmelze hatte; die auffallend breite und tiefe Schlucht der *Jökulsá á Fjöllum* entstand durch zahlreiche Gletscherläufe.

Die Isländer nutzen die in den Flüssen gespeicherte Energie zur Stromerzeugung. Wo sich der Aufwand lohnt, wurden und werden **Stauseen** und **Wasserkraftwerke** gebaut. Die größten Kraftwerksprojekte entstanden an der *Þjórsá,* der *Hvítá* und *Blanda.*

In Island unterscheidet man **drei Flußtypen:** Quellflüsse, Gletscherflüsse und Abflüsse von Oberflächenwasser und Seen.

Quellflüsse sind tief, kalt und klar. Ihre Wassermenge schwankt nur unwesentlich; im Winter gefrieren sie nicht zu. Die Fließgeschwindigkeit ist niedrig, das Wasser daher ruhig. Das Flußbett ist sandig oder von feinem Geröll bedeckt. Die Ufer sind mit Pflanzen bewachsen. Man findet Quellflüsse meist auf wasserdurchlässigen Lava- und Tuffböden. Typische Quellflüsse sind die *Laxá* im *Aðaldalur* beim *Mývatn,* die *Brúará,* die *Rangá* und die *Lindaá* bei *Herðubreiðarlindir.*

Gletscherflüsse sind stets grau und trüb vom zermahlenen Gestein; der Grund ist nicht sichtbar. Ihre Strömungsgeschwindigkeit ist hoch, der Fluß dadurch meist turbulent und schäumend. Das Flußbett besteht aus grobem Schotter und großen Steinen, die Ufer sind vegetationslos. Im Verlauf eines Tages ändert sich die Wassermenge der Gletscherflüsse beträchtlich. Sie hängt von den Jahreszeiten, den Temperaturen und vom Wetter ab. In der Kälte der Nacht schmilzt auf den Gletschern nur wenig Eis; die Wasserführung eines

Gletscherflusses ist deshalb frühmorgens am geringsten. Gegen Abend erreicht der Wasserstand seinen höchsten Wert. Bei warmem Wind und anhaltend warmen Sommertagen, wie auch nach starkem Regen, der auf dem Eis des Gletschers nicht versickern kann, schwillt ein Gletscherfluß beträchtlich an. Solches „Sommerhochwasser“ kann einige Tage andauern und die Gletscherflüsse im brückenlosen Hochland unpassierbar machen. Gletscherflüsse sind gefährlich und voller Tükken. Die starke Strömung wäscht das Flußbett aus und läßt tiefe Rinnen entstehen. Im Winter führen Gletscherflüsse hingegen nur wenig Wasser oder gefrieren oft vollständig zu. In der Ebene verzweigen sie sich in viele Arme und bilden weite Sander, in denen die Flußarme nach einem Hochwasser immer wieder ihren Verlauf ändern. Gletscherflüsse erkennt man vielfach bereits am Namen *Jökulsá*. Sie unterscheiden sich durch Zusätze wie *á Fjöllum* (in den Bergen), *í Dal* (im Tal) oder *á Brú* (an der Brücke).

Dritter Flußtyp sind die **Abflüsse von Oberflächenwasser und aus Seen.** Auch diese auf den ersten Blick oft harmlosen Flüsse können tückisch und voller Gefahren sein. Sie bilden sich aus dem Zusammenfluß vieler kleiner Wildbäche. Nach Regenfällen und während der Schneeschmelze, die in Island bis in den Frühsommer hinein andauert, können sie innerhalb kürzester Zeit beträchtlich anschwellen. Diese Flüsse können alle Eigenschaften von Quell- und Gletscherflüssen aufweisen. Im Winter gefrieren sie meistens zu. Die Ufer sind vegetationslos.

Seen gibt es in Island unzählbar viele. Die meisten sind allerdings sehr klein; nur achtzig Seen haben eine Wasserfläche von über 1 km², 27 Seen sind größer als 5 km². Der **größte Binnensee** ist mit 84 km² der 114 m tiefe *Þingvallavatn*. Flächenmäßig entspricht seine Größe derjenigen des Chiemsees. Es folgen der *Þórisvatn* mit 82 km², der *Lögurinn* mit 53 km², der Lagunensee *Hóp* mit 45 km² und der 37 km² große, aber nur 4,5 m tiefe *Mývatn*. **Tiefster See Islands** ist mit 217 m der 11 km² große *Öskjuvatn* im Krater der *Askja*.

Gletscher

11% der Landfläche Islands sind von Gletschern bedeckt; das sind knapp 12 000 km². Der *Vatnajökull* ist mit 8456 km² der größte Gletscher Islands und auch Europas. Er ist mehr als doppelt so groß wie alle Alpengletscher zusammen, die es insgesamt „nur“ auf 3800 km² bringen. Der Eispanzer des *Vatnajökull* ist im Mittel 400 m dick, an seiner mächtigsten Stelle beträgt die Eiskappe sogar 1000 m.

Die Gletscher der Alpen sind in den Eiszeiten vor 70 000–10 000 Jahren entstanden. Auch Island war damals von einem dicken Eispanzer bedeckt.

Die größten Gletscher

Vatnajökull	8456 km²
Langjökull	953 km²
Hofsjökull	925 km²
Mýrdalsjökull	596 km²
Drangajökull	160 km²
Eyjafjallajökull	78 km²

Land & Leute

Nach Ende der letzten Eiszeit vor 10 000 Jahren stieg die Durchschnittstemperatur in Island um 2°C an. Während der folgenden Jahrtausende schmolz das Eis dieser alten Gletscher ab. Vor 2500 Jahren wurde das Klima wieder feuchter und kälter; in der Folge bildeten sich im Land erneut Gletscher aus.

Die heutigen Gletscher Islands sind jung. Sie entstanden erst vor 2500 Jahren und sind somit keine Überbleibsel der Eiszeit. Zur Zeit der Besiedlung, um das Jahr 1100, war die Vergletscherung des Landes noch nicht groß. Die ersten Siedler konnten damals das Gebiet des heutigen *Vatnajökull* auf ungefährlichen „Eisrouten" durchqueren. An der Südküste ansässige Bauern gelangten so zu ihren Weiden im Norden und trieben ihre Schafe über den Gletscher in die fruchtbaren Täler *Bárðardalur* und *Möðrudalur*. Auch Handelswege verliefen damals von dem alten Hafen *Kambstún* bei *Höfn* quer über den Vatnajökull zu den Siedlungen im Norden und Osten. Nach 1400 sank die Temperatur erneut, und die Gletscher begannen sich auszubreiten. Diese Kälteperiode endete vor 100 Jahren. Seither schrumpfen die Gletscher wieder. Hatte der *Drangajökull* in den Westfjorden vor 100 Jahren noch eine Fläche von 350 km^2, schmolz diese bis heute auf 160 km^2. An der Südostflanke des *Breiðamerkurjökull,* einem Ausläufer des *Vatnajökull,* haben sich beeindrukkende **Gletscherseen** gebildet, in denen haushohe Bruchstücke der kalbenden Gletscher schwimmen und als Eisberge langsam mit der Strömung ins Meer treiben. Der *Jökulsárlón* ist die bekannteste dieser „Gletscherlagunen". Hier kann man

Eisberge auf dem Jökulsárlón im Südosten des Breiðamerkurjökull

mit dem Boot in eine Wunderwelt aus 1000-jährigem, blauem, glitzernden Eis eintauchen. Ein wenig westlich davon liegen der *Fjallsárlón* und der *Breiðárlón,* auf denen ebenfalls Eisberge treiben. Wo sich die Gletscher zurückgezogen haben, bleibt eine **Moränenlandschaft** aus feinem, schwarzem Lavagestein zurück. Tiefe Täler, Fjorde und Ebenen mit zahlreichen Seen verdanken dem Rückzug der Gletscher ihre Entstehung. Aber auch die Gletscher selbst gestalten immerwährend die Landschaft. Die Schneegrenze liegt in Island bei 650 m über NN im Nordwesten, bei 1000 m im Süden und bei 1650 m im Nordosten. Sie bestimmt das Nährgebiet eines Gletschers, in dem sich der Schnee sammelt und verfestigt; schließlich entsteht daraus Gletschereis. Seine Masse drückt auf die älteren Eisschichten, die dadurch langsam talwärts fließen. Unter hohem Druck ist Eis nicht glasartig fest und spröde, sondern verformbar und zähflüssig. Mit einer Geschwindigkeit von durchschnittlich wenigen Metern pro Jahr fließt das Eis zum Meer, um im Zehrgebiet des Gletschers wieder abzuschmelzen. Fließt das Schmelzwasser im Innern des Gletschers durch Spalten, können Strudel entstehen, in denen mitgeführte Steine im Kreis bewegt werden. In solchen **Gletschermühlen** höhlen die Steine den Fels aus und bilden **Gletschertöpfe**. Wo das Wasser aus dem Gletscher austritt, können bis zu 40 m hohe **Gletschertore** entstehen. Das Schmelzwasser sammelt sich in den Gletscherflüssen und verdunstet. Als Schnee kehrt es in den Kreislauf zurück. Dieser hängt von den Niederschlägen und den Temperaturen ab, die das Jahr über herrschen. Die Bildung von Gletschereis und dessen Abschmelzen stehen sich nur in einem sehr schmalen Temperaturband im Gleichgewicht gegenüber. Ist es kälter, wachsen die Gletscher; ist es wärmer, gehen sie zurück. In den letzten zwanzig Jahren bestand offensichtlich in Island ein Gleichgewicht, denn die Gletscher stagnierten. Entgegen der weltweiten Klimaerwärmung muß es demnach in Island ein wenig kälter geworden sein. Neueste Messungen belegen sogar, daß einzelne Gletscher wieder wachsen. 1998 haben sich jedoch einige Gletscher wie die *Kverkfjöll* und die *Kerlingarfjöll* deutlich erkennbar zurückgezogen. Ob dies nur am milden, aber regenreichen Sommer lag, oder auf Klimaveränderungen zurückzuführen ist, muß noch wissenschaftlich untersucht werden.

Gletscher bilden vielfältige Formen aus. Nach der Topographie des Untergrunds und der Größe der Gletscher unterscheidet man hauptsächlich zwei Typen: Deckgletscher und Gebirgsgletscher.

Deckgletscher bedecken als geschlossene Eisfelder große Teile einer Landfläche. Je nach ihrer Ausdehnung unterteilt man sie in **Inlandeis**, das große Inseln (Grönland) oder ganze Kontinente (Antarktis) bedeckt, **Plateaugletscher** und **Eiskappen.** Die meisten und größten Gletscher Islands sind wie der Vatnajökull Plateaugletscher. Sie bedecken uhrglasförmig hochgelegene und flächenmäßig große Gebiete. Von ihren Rändern strömen Gletscherzungen in die Täler. Einzelne eisfreie Berggipfel können aus dem Eis herausragen; diese werden als **„Nuna-**

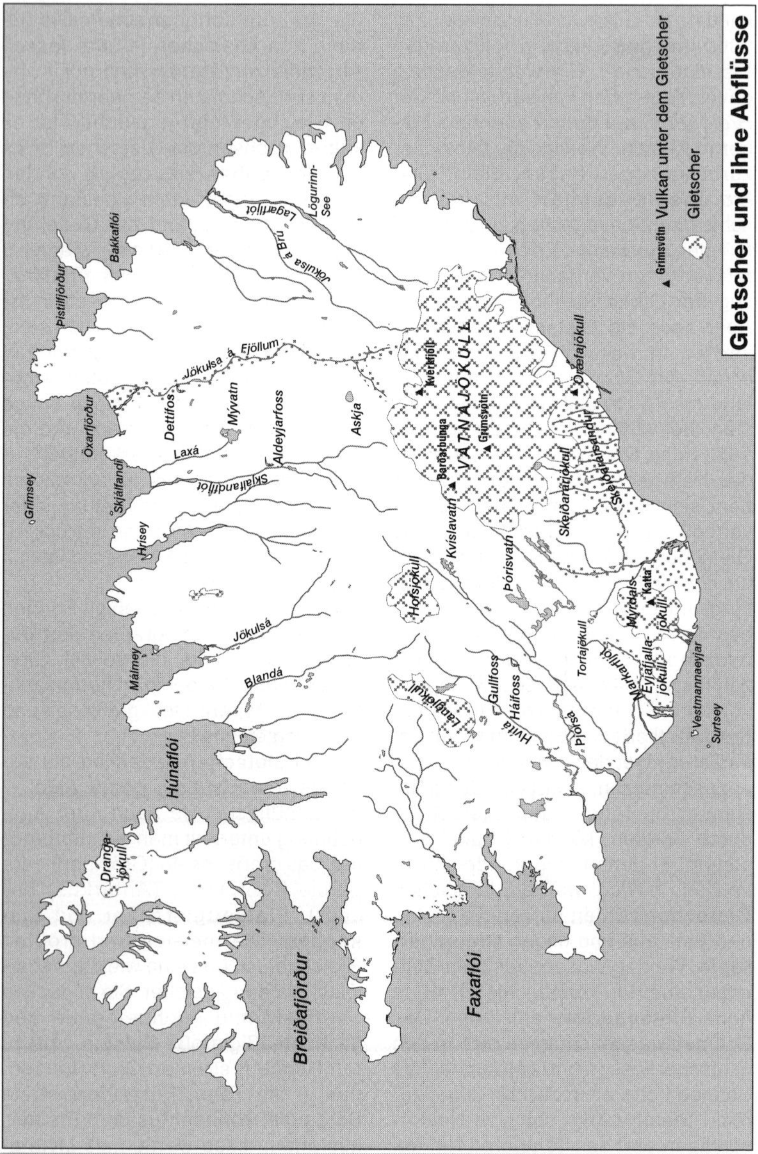

Gletscher und ihre Abflüsse

taks" bezeichnet. Weitere Plateaugletscher sind: *Langjökull* (953 km²), *Hofsjökull* (925 km²), *Mýrdalsjökull* (596 km²) und *Drangajökull* (160 km²). **Eiskappen** ähneln in ihrer Form den Plateaugletschern. Sie sind allerdings von geringerer Ausdehnung und bedecken meist nur eine kleine Insel oder einen einzelnen Berg. Typische Beispiele für diesen Gletschertyp gibt es in Spitzbergen.

Gebirgsgletscher sind in das Relief eines Gebirges eingelagert. Sie unterteilen sich in Talgletscher, Kargletscher und Hanggletscher. Der **Talgletscher** (z.B. der *Morsárjökull)* ist der Idealtyp eines Gletschers. Er füllt den gesamten Talgrund in Gestalt einer ausgedehnten Gletscherzunge aus. Weitere kleinere Talgletscher können aus Nebentälern zufließen. Eingebettet zwischen den Gebirgszügen gelangt von den umliegenden eisfreien Bergen viel Schutt auf den Gletscher. Als Folge bilden die schuttbeladenen Talgletscher starke Moränen. Nach dem Rückzug eines Talgletschers bleiben u-förmige Trogtäler zurück. **Kargletscher** bilden sich in den Hohlformen ehemals vergletscherter Talenden, den Karen. Sie sind auf drei Seiten von Felswänden umgeben und haben meist weniger als einen Quadratkilometer Eisfläche. Aus der mit Firn gefüllten Karmulde fließen kleine Gletscherzungen talwärts. Typische Kargletscher werden vom 1387 m hohen *Myrkárjökull* gebildet, der zwischen dem *Skagafjörður* und dem *Eyjafjörður* liegt. Die Gletscher im *Glérardalur* bei *Akureyri* sowie der 1248 m hohe *Þrándarjökull* und der 1180 m hohe *Hofsjökull* westlich von *Djúpivogur* sind ebenfalls Kargletscher.

Hanggletscher breiten sich in Form dicker Firn- und Eisfelder über einen Berghang aus; die umliegenden Berggipfel sind eisfrei. Ein Beispiel hierfür ist der *Snæfellsjökull.*

Gletscher können direkt und indirekt große **Katastrophen** auslösen. Bei den aus den Alpen bekannten Gletscherabbrüchen und Gletscherlawinen gelangen plötzlich große Mengen an Eis und Schutt in die Täler und zerstören Wälder und Siedlungen. Das Eis kann Wasser, ja sogar ganze Flüsse zu **Gletscher-Stauseen** aufstauen; das Schmelzwasser des Gletschers und Regenwasser können sich in Senken sammeln, bis bei zu großem Wasserdruck die natürliche Staumauer aus Gletschereis bricht. Der Gletscher-Stausee entleert sich schwallartig, und die Flut überschwemmt weite Gebiete. Diese **Gletscherläufe** (isl. *jökulhlaup)* kommen in Island häufig vor. Gletscher-Stauseen können sich auch unter dem Eis eines Gletschers ausbilden, wenn der Abfluß des Schmelzwassers aus dem Gletscher versperrt ist. Hat sich eine ausreichend große Menge Wasser angesammelt, hebt es das darüberliegende Eis an, und der Gletscher bricht auf. Der *Grænalón* am Westrand des *Skeiðarárjökull* entleert sich auf diese Weise einmal jährlich (Abflußmenge 1000–5000 m³/s) und überschwemmt den *Skeiðarársandur*. Ähnlich verhält es sich mit dem Ausbrechen von Moränenstauseen.

Kennzeichnend für Island sind darüberhinaus noch viel gewaltigere Gletscherläufe, die in ihrer schlimmsten Wirkung durch einen Vulkanausbruch unter dem Eis („subglazialer Vulkan") hervorgerufen werden. Sie treten in den aktiven, subglazialen Vulkanzonen Islands alle paar Jahre auf. Hierbei stürzen gigantische Wassermassen zu Tal, die weite Gebiete für einige Zeit unpassierbar machen und auf ihrem Weg alles niederwalzen. Beim Ausbruch der *Katla* 1918 war der ins Meer fließende Wasserschwall so gewaltig wie die Wasserführung im Mündungsgebiet des Amazonas (mit bis zu 200 000m³/s)! Die Küstenlinie östlich von *Vík* wurde dabei durch den Sand und Schutt 200m ins Meer hinaus verlagert. Im *Mýrdalssandur* liegen heute noch die 1000 Tonnen schweren Felsbrocken verstreut, die das Wasser damals aus dem Gebirge anschwemmte.

Auch am *Vatnajökull* kommt es regelmäßig zu Gletscherläufen, die von den *Grímsvötn* ausgehen. Beim „großen" Gletscherlauf 1934 betrug die Wasserführung nach Schätzungen zwischen 45 000 und 100 000 m³/s. Bei den *Grímsvötn* befindet sich in einer Caldera unter dem Gletscher ein 35–40 km² großes Thermalgebiet. Die Erdwärme taut das Eis kontinuierlich auf, und das Wasser sammelt sich in einer Senke. In einigen Jahren entsteht unter dem Eis ein See von mehreren Quadratkilometern Größe. Wenn der Wasserdruck die entsprechende Stärke erreicht hat, hebt das Wasser wie beim *Grænalón* das Eis an, und der See entleert sich. Durch die dabei auftretende, plötzliche Entlastung der Erdoberfläche kann unter dem Gletscher flüssige Magma austreten, das weitere Eismassen abtaut und den Gletscherlauf verstärkt. Dies war auch 1934 der Fall.

Ein **großer Gletscherlauf** ereignete sich **Anfang November 1996** als Folge des Vulkanausbruchs bei *Barðarbunga.* Das Wasser benötigte vier Wochen, bis es unter dem Eis des *Vatnajökull* herausströmte. Nachdem die Eruptionen am 13. Oktober 1996 zu Ende waren, schmolz der Gletscher weiter, und das Schmelzwasser floß in die Caldera bei den Grímsvötn. Hier staute es sich. Ein 50–250 m hoher Eispanzer schloß den See ein. Normalerweise entleert er sich, wenn der Wasserstand von 1400 m (Höhe der Grímsvötn-Caldera über N.N.) auf 1430–1450 m angestiegen ist. Dann hebt der Wasserdruck den Eispanzer an, und 3,5 km³ Schmelzwasser durchschnittlich fließen mit einer Geschwindigkeit bis zu 10 000 m³/s durch den Skeiðarársandur ab. 1996 staute sich das Wasser jedoch bis auf 1510 m. Der Jökulhlaup begann am 5. November morgens um 5.30 Uhr. Seismische Messungen ergaben, daß zu dieser Zeit der ungeheure Druck des Wassers den Eispanzer hob und das Wasser sich seinen Weg unter dem Eis talwärts bahnte. Am 5. November durchbrach das Wasser um 8.30 Uhr den Rand des Skeiðarárjökull. Ein 3–5 m hoher, gewaltiger Schwall einer schwarzen und nach Schwefel stinkenden Brühe ergoß sich bei der Skeiðará, der Gigjukvísl und den Núpsvötn in den Skeiðarársandur. Drei Stunden später war ein 35 x 20 km großes Gebiet überflutet. Um 11 Uhr erreichte der Wasserschwall seine größte Abflußmenge von 45 000 m³/s. Innerhalb von 60 Stunden flossen 4 km³ Wasser durch den Skeiðarársandur. Die Flut aus Wasser, hausgroßen Gletscherstücken, Sand und Geröll zerstörte 10 km der Ringstraße, zwei Brücken sowie die

Strom- und Telefonleitung. Nach 2½ Tagen war der Gletscherlauf abgeklungen. Die Flußläufe der Skeiðará und Gigjukvísl wurden völlig verändert. Die ins Meer eingetragenen 100 Millionen Tonnen Sedimente verlagerten die Küstenlinie um 100 m meerwärts. Der **Gesamtschaden,** der durch den Gletscherlauf verursacht wurde, wird auf 2,2 Milliarden ISK geschätzt. Menschen sind in dem unbewohnten Gebiet nicht zu Schaden gekommen.

Am 31.07.1999 haben vulkanische Aktivitäten nahe bei den *Kverkfjöll* (Vatnajökull) zu einem großen Gletscherlauf durchs Tal der Flüsse *Kreppa* und *Jökulsá á Fjöllum* geführt. Bei Grimsstadir wurden Teile der Ringstraße und zwischen Raufarhöfn und Húsavik die Brücke über den Fluß *Sandá* weggerissen.

Typisch für Island sind auch Gletscherzungen, die ohne Vorzeichen zu rutschen beginnen. Das Eis bewegt sich hierbei plötzlich mit mehr als 10 m pro Tag vorwärts. Solche **„surges"** (engl.) können mehrere Monate andauern. Die Gletscherzunge wächst dabei um einige Kilometer. In den zurückliegenden dreißig Jahren gab es in Island etwa 16 „surges". 1963/1964 wuchs der *Brúarjökull,* ein großer Gletscherausläufer des Vatnajökull, um 8 km. Ein solches Ereignis ist ein faszinierendes Naturschauspiel. 1994 kam der *Siðujökull* ins Rutschen: Das Eis schob sich deutlich sichtbar unter ständigem Krachen und Knirschen voran und riß dabei große Spalten und Löcher auf.

Das Eis der Gletscher ist ständig in Bewegung. Ausgeprägte Strömungslinien und zahlreiche Risse und Spalten im Eis sind die Folge. Diese und vermehrt noch die unsichtbaren, unter einer dünnen Schneedecke verborgenen Spalten können eine Gletscherbegehung gefährlich werden lassen. Da sich die Risse und Gletscherspalten von einem Tag zum anderen verändern können, sollte man die in Island beliebten **Gletscherwanderungen** und **-befahrungen** mit dem Schneescooter oder Geländewagen nie alleine, sondern nur unter der Anleitung eines erfahrenen Führers unternehmen.

Fjorde, Klippen & Felsentore

An den Steilküsten der einst vergletscherten Gebiete Islands drang das Meer nach dem Rückzug des Eises in die weiten Trogtäler ein. Im Norden, Westen und Osten des Landes entstanden **Fjorde**, die mit ihren zahlreichen Fingern bis zu 130 km tief in das Land hineinreichen. Die Küstenlinie Islands ist über 5000 km lang – eine einmalig schöne Landschaft. Die größten Fjorde im Nordwesten sind der *Breiðafjörður* und der *Ísafjörður;* im Norden der *Húnafjörður,* der *Skagafjörður* und der *Eyafjörður.*

Brücke im Skeidarársandur an der Ringstraße

Urzeitliche Eindrücke vermittelt die Vulkanlandschaft aus Lava und Bims im Ódáðahraun

Vielerorts hat die Brandung die Felsküste unterhöhlt; wenn das Höhlendach abbricht und die großen Gesteinsbrocken ins Meer stürzen, entsteht ein **Kliff**. Die Küste wandert dadurch langsam landeinwärts. In den *Westfjorden* sind die Kliffe am *Hornbjarg* 550 m und am *Látrabjarg* 440m hoch. Vor dem Kliff baut sich in der Brandung eine flache, vom Meer überspülte Brandungsplatte auf. An solchen Felsküsten sammeln sich im Sommer die Meeresvögel. An Stellen, an denen Klippen aus hartem Gestein wie ein Finger ins Meer ragen und die Brandung von beiden Seiten anstürmen kann, bilden sich **Felsentore.** Die beeindruckendsten befinden sich am *Kap Dyrhólaey,* auf der Halbinsel *Snæfellsnes* und am *Hvítserkur* im *Húnafjörður*.

Als die Gletscher nach dem Ende der letzten Eiszeit geschmolzen waren und das Land von der Last des Eises befreit war, hob sich die Insel um einige Meter. Einstige Brandungsplatten wie *Barðarströnd, Snæfellsnes* und *Eyjafjöll* wurden so zu trokkenen Tiefebenen. Landeinwärts erheben sich die Reste der inzwischen verwitterten und bewachsenen alten Kliffs. Im Süden lagern die großen Gletscherflüsse, die *Núpsvötn* vom *Skeiðarárjökull,* die *Skaftá* vom *Síðujökull* und die *Múlakvísl* vom *Mýrdalsjökull,* jedes Jahr Millionen Tonnen Sand und Schlamm vor der Küste ab und bilden neues Land. Diese Ebenen mit breiten Stränden aus schwarzem Basaltsand dehnen sich über Hunderte von Quadratkilometern aus und wachsen weiter. Die alten Steilküsten verlagerten sich landeinwärts; sie erheben sich einige Kilometer vom Meer entfernt. Das ehemalige Kliff *Lómagnúpur* ist heute eine 767 m hohe Landmarke an der Ringstraße.

Auch Fjorde können verlanden und zu flachen Buchten werden, wenn Gletscherflüsse ihre Gesteinsfracht hier ablagern. Beispiele dafür sind der *Axarfjörður* und der *Héradsfloí*. Sammelt sich in einem Fjord das von der Brandung abgetragene Geröll nur an einer Stelle, entsteht eine flache Halbinsel. Ursache dafür kann beispielsweise eine Schäre sein, welche die Strömung stört. Solche Halbinseln sind in den steilen Westfjorden vielfach die einzigsten Stellen, auf denen Siedlungen wie *Suðureyri* im *Súgandafjörður* oder *Ísafjörður* entstehen konnten.

An der Südküste haben sich bei *Höfn* und *Ingólfshöfði* durch die Ablagerung von Sand und Geröll auffallende Halbinseln, Strandseen und Landzungen *(Tombolo)* gebildet, deren Fläche sich mit Ebbe und Flut verändert. Landzungen, die immer aus dem Meer ragen, heißen *Eiði,* andere, die bei Flut unter Wasser stehen, *Grandi.*

Geologie

Insel aus Feuer und Eis

Island verdankt seine Existenz den Vulkanen. Hier quillt an der Nahtstelle zwischen der nordamerikanischen und der eurasischen Kontinentalplatte glutflüssiges Magma aus der Tiefe unserer Erde an die Oberfläche. Alle fünf bis sechs Jahre bricht in Island ein Vulkan aus. Vielfach begleiten Erdbeben die Eruptionen. Die geographische Lage Islands nahe des nördlichen Polarkreises läßt besondere Vulkantypen entstehen. Die größten Vulkane der Insel sind von Gletschern bedeckt. Das Feuer aus der Erde trifft in Island auf das Eis der Gletscher. Diese Naturgewalten haben ein einzigartiges Land gestaltet – die Insel aus Feuer und Eis.

Der Vulkanismus ist untrennbar mit der Entstehung unserer Erde verbunden. Um zu verstehen, was sich im Innern der Erde abspielt, gehen wir in Gedanken an den Beginn unserer Zeit zurück.

Die Entstehung der Erde

Die wissenschaftliche Lösung begründet die Entstehung der Erde mit der Zufallstheorie und nennt die Entstehung von Leben auf der Erde einen „glücklichen Zufall".

Die Entstehung der Erde ist nur ein winziger Abschnitt in der Geschichte des Sonnensystems. Darüber gibt es trotz aller wissenschaftlicher Erkenntnisse bis heute noch keine gültige Theorie. Vieles ist Hypothese, und die Computersimulationen zur Entstehung des Weltalls, unseres Sonnensystems und unserer Erde, enthalten unbeweisbare Annahmen. Heute gültige Modelle erklären die Entstehung der Erde folgendermaßen:

Angefangen hat alles mit einer **kosmischen Katastrophe.** Die Explosion eines Sterns ließ vor 15–20 Milliarden Jahren eine riesige Gaswolke aus Wasserstoff, Mineralien und Metallen entstehen. An dieses Chaos hat sich die Selbstorganisation unbelebter Materie angeschlossen. Die **„Urwolke“** verdichtete sich infolge der Schwerkraft und zog sich zusammen. Dabei stieg die Temperatur in ihrem Innern auf mehrere Millionen Grad an. Die Gas- und Staubteilchen begannen gleichzeitig immer schneller um den gemeinsamen Mittelpunkt der Urwolke zu rotieren. Dadurch stabilisierte sich die Wolke – eine glühende, aber vergleichsweise kalte **„Ursonne“** war entstanden. Diese zog sich weiter zusammen und nahm die Gestalt einer Kugel an. Durch die Schwerkraft stieg der Druck im Innern der glühenden Gaskugel auf 200 Milliarden bar an, die Temperatur erhöhte sich auf 15 Millionen Grad. Unter solchen Bedingungen begann der Wasserstoff atomar zu brennen. Diese **Kernfusion** setzte weitere Energie frei, und aus dem leichteren Wasserstoff bildete sich das schwerere Helium; eine neue „heiße“ Sonne war entstanden, in der sich fast die gesamte Materie der früheren Ursonne konzentrierte. Die neue Sonne induzierte im Weltraum ein ausgedehntes Magnetfeld. In diesem wurde der winzige Rest an Materie aus der Urwolke, die nicht zu einem Bestandteil der Sonne geworden war, elektrisch aufgeladen. Die Wissenschaftler schätzen diesen Rest auf weniger als 1%. Die weiterhin um die Sonne umlaufende Restmaterie wurde durch die Ionisierung abgebremst und verringerte ihre Rotationsgeschwindigkeit. Nach den Gesetzen der Himmelsmechanik (Gleichgewicht zwischen der Anziehungskraft des Zentralgestirns und der Fliehkraft der umlaufenden Körper) müßte diese jetzt langsamer um die Sonne kreisende Materie von ihr stärker angezogen werden, damit auf eine sonnennähere Umlaufbahn abgelenkt und schließlich der Sonne einverleibt werden. Dies geschah jedoch nicht. Die Restmaterie veränderte ihre Umlaufbahn um die Sonne nicht, da die Kraft des Magnetfeldes die verminderten Fliehkräfte der Restmaterie ausglich. Mit der Zeit bildeten sich aus der gas- und staubförmigen Restmaterie durch Kondensation größere Partikel, die elektrisch weniger stark aufgeladen waren. Dadurch wurde die Kraft des Magnetfeldes weniger wirksam, und die Partikel gerieten auf sonnennähere Umlaufbahnen. Die in den Partikeln enthaltenen Elemente wurden zudem nach ihrem spezifischen Gewicht sortiert; leichtere Elemente gerieten in sonnennähere Bahnen als schwerere. Insgesamt entstanden vier ringförmige Wolken, die unterschiedlich schwere Teilchen enthielten. Diese neuen Umlaufbahnen waren stark elliptisch. Der sonnenfernste Punkt lag stets dort, wo die Restmaterie auskondensiert war. Die einzelnen Partikel kreisten so auf einer Vielzahl unterschiedlicher, exzentrischer Bahnen um die Sonne. Da sich die Umlaufbahnen kreuzten, kam es auch immer wieder zu Kollisionen von Partikeln. Man hat errechnet, daß die sonnenfernste Umlaufbahn einen Durchmesser von zwölf Milliarden Kilometern hatte. Dies entspricht dem Durchmesser unseres heutigen Planetensystems.

Die ständigen Kollisionen dauerten hundert Millionen Jahre lang. Während dieser Zeit bildeten sich immer größere Brocken mit mehr als tausend Kilometer Durchmesser und neue Umlaufbahnen aus, bis schließlich die kritische Masse überschritten wurde, bei der die Wirkung der Schwerkraft die Entstehung neuer Planeten zuläßt. In den einzelnen Ringwolken kam es zu unterschiedlichen Zeiten zu einem sogenannten **Schwerkraftkollaps**, bei dem die jeweils größten und schwersten Brokken einer Wolke die gesamte Materie ihrer Bahn „einsammelten“.

Aus der sonnennächsten ersten Ringwolke entstanden so die Planeten Merkur, Venus und **Erde**. Die zweite Ringwolke, welche die erste ein wenig überlappte, bildete Mond und Mars; die dritte die Planeten Jupiter, Saturn, Uranus und Neptun; die sonnenfernste vierte Ringwolke schließlich ließ Pluto und Triton entstehen. Eine andere Theorie besagt, daß Pluto aufgrund seiner Größe und seiner verformten, langgezogenen Umlaufbahn nicht direkt aus einer Ringwolke entstanden ist. Er wurde vielmehr als „Vagabund“, der sich einst von irgendwoher in die Nähe der Sonne verirrt hatte, eingefangen.

Vor 4,5 Milliarden Jahren muß es zu einer Kollision der Ur-Erde mit einem kleinen Planeten der 2. Ringwolke gekommen sein. Der eisenhaltige Kern dieses Planeten verschmolz dabei mit der Erde, während sein Mantel und ein Teil des Erdmantels ins Weltall geschleudert wurden. Die Trümmer verdichteten sich zu einem neuen Planeten, unserem Mond.

Die Bahn des kleineren Mondes kreuzte die Bahn der Erde. Der Mond wurde schließlich von dieser „eingefangen“ und auf seine heutige Umlaufbahn um die Erde gezwungen. Ähnliches geschah mit Triton, heute ein Mond des Planeten Neptun.

Betrachten wir uns die **Entstehung der Erde im Detail.** Der feurige Anfang der Erde liegt **viereinhalb Milliarden Jahre** zurück. Als immer mehr und größere Brocken auf die Erde stürzten (Schwerkraftkollaps), heizte sich der Planet stark auf und schmolz. Diese Brocken bestanden hauptsächlich aus Nickel, Eisen und Silizium; sie enthielten aber auch geringe Anteile an radioaktiven Elementen. Durch radioaktiven Zerfall bildeten sich weitere Elemente. Die Energie der auf der Erdoberfläche einschlagenden Brocken und die Energie aus den radioaktiven Zerfallsreaktionen hielten den jungen Planeten eine Milliarde Jahre lang in einem zähflüssigen Zustand. Auch hier trennten sich die Elemente nach ihrem spezifischen Gewicht. Die schweren Elemente Nickel und Eisen sanken in das Innere ab, die leichteren Silikate reicherten sich an der Oberfläche an. Als das Bombardement aus der Ringwolke abnahm, kühlte die Erde langsam ab. Ihre Oberfläche verfestigte sich und bildete eine dünne, schaumartig erstarrte Kruste aus siliziumhaltigen Kalknatronfeldspäten, dem **Plagioklas**. Wissenschaftler bezeichnen diese Urkruste als „anorthositischen Schaum“. Einzelne Brocken trafen jedoch weiterhin auf die feste Erdoberfläche und zersprengten die Schaumkruste in Einzelteile, die wieder aufgeschmolzen wurden.

Obwohl die **Elemente des Lebens** Wasserstoff, Kohlenstoff, Stickstoff und Sauerstoff zu den leichten Elementen zählen, die sich deshalb in einer sonnenfernen Ringwolke hätten ansammeln müssen, findet man sie auf der Erde: Die Elemente haben die

Eigenschaft, sich mit schwereren chemisch zu verbinden. Die schwereren Moleküle reicherten sich bei der Auftrennung nach ihrem spezifischen Gewicht auf einer sonnennahen Bahn an. Aus diesen Verbindungen entstand vor viereinhalb Milliarden Jahren die Uratmosphäre der Erde. Es handelte sich um eine giftige, lebensfeindliche Gaswolke aus Wasserdampf, Kohlendioxid, Methan, Stickstoff und Ammoniak, ausgeschwitzt von urzeitlichen Vulkanen.

Im flüssigen Erdinnern entstanden unter der festen, aber immer noch einige hundert Grad heißen anorthosistischen Kruste Gase infolge chemischer Reaktionen und eine 13–14 km dicke Schicht aus Granit und Gneis. Diese Gesteine waren leichter als der Plagioklas und drängten deshalb nach oben. Dabei stieg der Druck unter der Oberfläche extrem an und riß die Kruste auf. Durch diese „Überdruckventile" entwichen die Gase und das flüssige Gestein. Während der Frühgeschichte unserer Erde müssen die vulkanischen Aktivitäten unvorstellbar stark gewesen sein. Feste Urkrustenblöcke und Platten aus Granit und Gneis „schwammen" auf einem See aus zähflüssigem Magma. Die ersten kleinen „Kontinente" mit einen Durchmesser von 30 bis 60 km waren entstanden. Sie werden *Kratone* genannt. Ständiges Umschichten und Wiederaufschmelzen ließ daraus schließlich die zwei Gesteinsgruppen entstehen, die auch heute noch die Kontinente bilden: Der leichtere Granit und Gneis bildete die Festlandskontinente, der schwerere Basalt, der aus der anorthositischen Urkruste entstand, bildete die Becken der Urozeane.

Immer mehr Gase wurden ausgeschwitzt. Der Wasserdampf sammelte sich in höheren Schichten der Uratmosphäre. Obwohl er in der kalten Atmosphäre kondensierte, erreichte kein Wassertropfen die Erdoberfläche. Zu heiß war das Gestein, und alles Wasser verdampfte noch in der „Luft". Die Wolken verhinderten weitgehend die Sonneneinstrahlung. Einige Millionen Jahre lang lag die junge Erde im Dunkeln. In der Atmosphäre tobten gigantische Stürme, Blitze unvorstellbaren Ausmaßes zuckten pausenlos am schwarzen Himmel. Dieses **infernalische Gewitter** ließ das Leben auf unserer Erde entstehen. Mit der Zeit kühlte die Erdoberfläche so weit ab, daß der erste Regen den Boden erreichte. Zehntausende von Jahren lang regnete es unaufhörlich. Ein Urozean entstand. Das ultraviolette Licht der Sonne spaltete die Moleküle der Uratmosphäre; die entstandenen Bruchstücke reagierten miteinander zu neuen Verbindungen. Wieder erklärt uns die Chaos-Theorie, daß sich jetzt durch die Selbstorganisation unbelebter Materie Moleküle bildeten, die **Bausteine des Lebens** sind: **Aminosäuren**. Einige dieser Moleküle konnten das Sonnenlicht absorbieren; photochemische Reaktionen führten wiederum zu neuen Verbindungen. Vor **dreieinhalb Milliarden Jahren** entstanden so die Vorläufer der **Pflanzenzellen**. Im Wasser waren sie vor der energiereichen ultravioletten Strahlung der Sonne geschützt. Sie nutzten einen Teil des Sonnenlichts, um aus Kohlendioxid und Wasser für sie verwertbare Nahrungsstoffe herzustellen. Dies waren Kohlenhydrate, die aus den

Elementen Wasserstoff, Kohlenstoff und Sauerstoff aufgebaut sind.

Die **Photosynthese** ermöglichte es nun den Zellen, sich gezielt weiterzuentwickeln. Als **erste Pflanzen** entwickelten sich blaugrüne Algen. Bei der Photosynthese entstand Sauerstoff als für die Pflanzen unverwertbarer Abfallstoff. Dieser wiederum reagierte mit Metallen wie Eisen und Nickel und bildete oxidische Erze. In Milliarden von Jahren haben sich immer neue Zellen entwickelt, die schließlich auch das giftige „Pflanzenabgas" Sauerstoff nutzen konnten. Die Urform tierischer Zellen entstand. Sie gewannen Energie aus der „Verbrennung" des Sauerstoffs zu Kohlendioxid. Die Atmung ist folglich die Umkehrung der Photosynthese. Bereits die ersten pflanzlichen und tierischen Zellen verwendeten nur einen geringen Teil ihrer Nahrung, um Energie zu gewinnen. Den weitaus größten Teil benutzten sie, um neue Zellen aufzubauen, also sich zu vermehren.

Vor 600 bis 700 Millionen Jahren setzte im Ozean eine lebhafte Entwicklung von pflanzlichem und tierischem Leben ein. Die ungemindert auf die Erde treffende ultraviolette Strahlung der Sonne verhinderte aber weiterhin, daß sich Leben an Land entwickeln konnte. Erst als der Sauerstoffgehalt in der Atmosphäre auf 2% angestiegen war, konnte dieser einen großen Teil der schädlichen Strahlung von der Erdoberfläche fernhalten. Vor 400 Millionen Jahren begannen die ersten Pflanzen auf das feste Land vorzudringen. Ihnen folgten die ersten Gliedertiere. Im *Devon* (vor 350 Millionen Jahren) verließen die ersten höheren Tiere den Ozean; es waren Quastenflosser, deren Schwimmblasen sich zu Lungen umgewandelt hatten und die sich auf durch Knochen gestützten Flossen an Land bewegen konnten. Im *Karbon* (vor 300 Millionen Jahren) entstanden riesige Steinkohlenwälder. Das Erdaltertum endet mit dem *Perm* (270–225 Millionen Jahre). Auf der Erde treten Reptilien auf. Die *Juraformation* (180–135 Millionen Jahre) ist das Zeitalter der Saurier. In der *Kreidezeit* (135–65 Millionen Jahre) starben die meisten Saurier aus. Auch dafür wird eine kosmische Katastrophe – der Einschlag eines großen Meteoriten auf der heutigen Halbinsel Yukatan in Mexiko – immer wahrscheinlicher. Wissenschaftler fanden 1998 Bruchstücke dieses auf 65 Millionen Jahre datierten urzeitli-

Leirhnúkurspalte beim Vulkan Krafla

Land & Leute

Warten auf den Ausbruch des Geysirs Strokkur im Haukadalur

chen Meteoriten in einer Tiefseebohrprobe aus dem Nordpazifik. Nach dem Meteoriteneinschlag verdunkelte sich die Sonne über mehrere Jahre hinweg. Die Erde kühle stark ab. Die großen Tiere konnten sich diesem schnellen Klimawechsel und der sich verändernden Umwelt nicht anpassen und starben. Zu Beginn des *Tertiärs* (65–1 Million Jahre) erscheinen die ersten „modernen" Säugetiere: pflanzenfressende Urhuftiere und fleischfressende Urraubtiere.

Am Ende des Tertiärs begann die eigentliche **Entwicklungsphase des Menschen.** Der *Homo heidelbergensis* lebte vor 350 000 Jahren, der *Homo neanderthalensis* vor rund 100 000 Jahren. In dieser Zeit trat auch der *Homo sapiens* zum ersten Mal auf. Die bisher ältesten Formen des *Homo sapiens* wurden in Frankreich gefunden. Der *Cro-Magnon-Mensch* lebte vor 30 000–10 000 Jahren. Von ihm haben sich die heute lebenden Menschenrassen herausdifferenziert.

Bei der Entstehung der Erde und des Lebens waren **drei Voraussetzungen** zufällig erfüllt: Erstens hatte unser Planet, der in einem Schwerkraftkollaps entstanden war, die richtige Masse, zweitens die richtige Elementzusammensetzung, um innerhalb des Sonnensystems genau in dem Abstand von der Sonne zu entstehen, wo er die optimale Sonneneinstrahlung für die Entwicklung von Leben erhielt. Zum dritten war die Schwerkraft der Erde genau richtig bemessen, um die ausgeschwitzte Uratmosphäre festzuhalten.

Aufbau der Erde

Die nahezu kugelförmige Erde besteht aus der Erdkruste, dem Erdmantel und dem Erdkern. An den jeweiligen Grenzen dieser Schalen ändern sich sprunghaft die Eigenschaften der Gesteine, wie ihre Dichte und chemische Zusammensetzung. Diese Grenzen werden als „Diskontinuitäten“ bezeichnet.

Der **Erdkern** besteht hauptsächlich aus Nickel und Eisen **(Nife-Schale)** und reicht vom Erdmittelpunkt in 6371 km Tiefe bis 2900 km. Hier herrschen Temperaturen bis 5000°C und ein Druck von 1–3 Millionen bar. Der innere Teil des Kerns ist fest (Dichte 16,8–17,2 g/cm^3) und reicht vom Erdmittelpunkt bis 5100 km. Der äußere Teil des Kerns (Dichte 9,4–11,5 g/cm^3) ist zähflüssig (Strömungsgeschwindigkeit durch Konvektion bis 100km/Jahr) und reicht von 5100 bis 2900 km.

An den Erdkern schließt sich der **Erdmantel** an. Der **untere Erdmantel** (Dichte 3,3–5,7 g/cm^3) reicht von 2900 km bis 250 km und besteht aus Gesteinen, die hauptsächlich Silizium, Eisen und Magnesium enthalten **(Sifema-Schale)**. Der untere Erdmantel ist zähflüssig, die Temperatur beträgt 1000–2000°C, der Druck 10 000–100 000 bar. Daran schließt sich der **obere Erdmantel** an. Er besteht aus der Asthenosphäre und der Lithosphäre. Die **Asthenosphäre** selbst ist unbeweglich und äußerst zähflüssig; sie reicht von 250 km bis etwa 180 bis 120 km. Darüber liegt die **Lithosphäre** (Gesteinshülle). In der Asthenosphäre und Lithosphäre herrschen Temperaturen bis 1500°C und Drücke bis 10 000 bar. Die Lithosphäre besteht aus sieben großen und festen Basaltplatten (nordamerikanische Platte, südamerikanische Platte, eurasische Platte, afrikanische Platte, antarktische Platte, indisch-australische Platte, pazifische Platte) sowie einigen kleineren, in welche die „leichten Kontinente“ eingebettet sind. Über Land sind diese Lithosphärenplatten 20–70 km dick, über den Ozeanen nur 5–10 km. Die Lithosphärenplatten bewegen sich auf der Asthenosphäre. Die Geschwindigkeit der durch Konvektion hervorgerufenen Strömung beträgt in der zähflüssigen Masse nur wenige Zentimeter im Jahr.

Die **kontinentale Erdkruste** gliedert sich in eine obere und eine untere Hülle. Die obere Hülle der kontinentalen Erdkruste besteht aus den leichteren, kieselsäurehaltigen Graniten und Gneisen (Dichte 2,7 g/cm^3) und ist 3,9 Millionen Jahre alt. Hier überwiegen die Elemente Silizium und Aluminium **(Sial-Schale).** In der schwereren unteren Hülle (Dichte 3,3 g/cm^3) überwiegen die Elemente Silizium und Magnesium **(Sima-Schale).** Die **ozeanische Erdkruste** besteht aus ebenfalls schweren, kieselsäurearmen Basalten und ist nicht älter als 180 Millionen Jahre.

Die ersten erkalteten und festen Landmassen auf der Erde hatten zwar bereits fast die gesamte Landfläche gebildet, sonst aber hatten sie noch keine Ähnlichkeit mit den heutigen Kontinenten. Vor 250 Millionen Jahren war die gesamte kontinentale Erdkruste in einem riesigen **Urkontinent Pangaea** vereint. Dieser war vom **Urozean Panthalassa** umgeben, der 70% der Erdoberfläche bedeckte. Durch Verschiebung der

Lithosphärenplatten entstanden im *Mäsozoikum* vor 200 Millionen Jahren die beiden eng beieinander liegenden Kontinente **Laurasia** auf der Nordhalbkugel und **Gondwana** auf der Südhalbkugel. Zwischen den beiden Kontinenten entwickelte sich das **Tethys-Meer**; Reste davon bilden heute das Mittelmeer. Im Verlauf von 150 Millionen Jahren zerfiel Laurasia in Nordamerika und Europa mit Teilen von Asien; Gondwana in Südamerika, Afrika, Indien, Australien und die Antarktis. Die Triebkraft für das Auseinanderbrechen von Kontinentalplatten ist die bereits erwähnte Konvektionsströmung aus heißem, glutflüssigem Gestein, das aus dem Erdinnern aufsteigt **(sog. Plumes)**. Infolge von Hitzestau unter großen Landmassen können **Superplumes** entstehen, bei denen das aufsteigende Gestein regelrecht zu wallen beginnt und seitlich unter der Landmasse abfließt, während weiteres aufgeschmolzenes Tiefengestein nachfließt. Dieses heiße Gestein schmilzt die Erdkruste lokal auf, und die Konvektionsströme zerren an der Erdkruste bis diese aufreißt. An solchen Stellen trennen sich die Platten voneinander.

Almannagjá – Bruchzone in der Erdkruste

Alle geologischen Vorgänge auf der Erde, wie Erdbeben, Vulkanausbrüche und Gebirgsbildung, spielen sich in der Lithosphäre ab. Die Plattentektonik beschreibt diese Vorgänge und erklärt uns auch den isländischen Vulkanismus.

Plattentektonik & Kontinentalverschiebung

Die größten und höchsten Gebirge der Erde liegen unter der Wasseroberfläche der Ozeane. Die Gesamtlänge dieser Gebirgsketten beträgt 60 000 km. Es sind riesige Bruchzonen in der ozeanischen Erdkruste, an denen glutflüssige Basalte aus dem Erdmantel (Asthenosphäre) aufsteigen und nach dem Abkühlen und Erhärten neue ozeanische Kruste bilden. Jährlich entstehen so 2–3 km^3 Erdkruste neu. Der hohe Wasserdruck, der auf dem Magma lastet, verhindert vulkanische Explosionen. Der entstandene neue Ozeanboden drückt die Lithosphärenplatten auseinander **(„sea-floor spreading“).** Damit „wandern“ auch die in den Lithosphärenplatten eingebetteten Kontinente. Eine solche „Spreizungszone“ der Erde ist der mittelatlantische Rücken (vgl. Karte). Hier trennen sich die im Westen gelegene nordamerikanische Lithosphärenplatte von der im Osten gelegenen

Verlauf des mittelatlantischen Rückens und Lithosphärenplatten

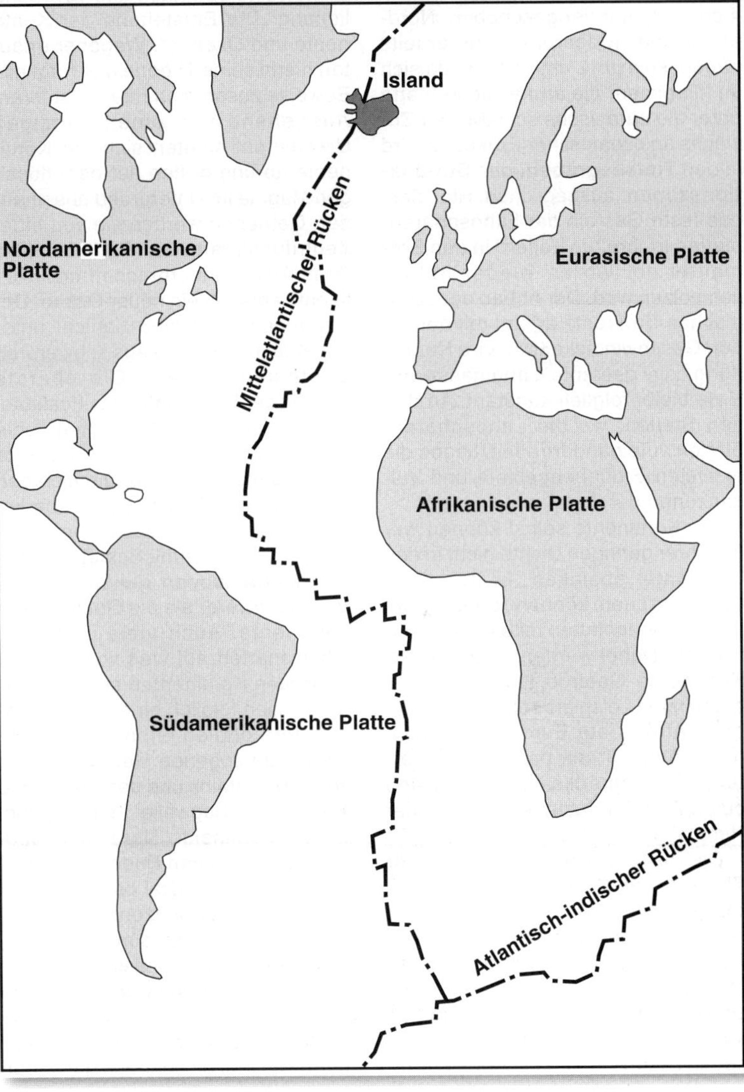

eurasischen. Die beiden Kontinente Nordamerika und Europa werden dadurch jährlich um durchschnittlich 3–4 cm auseinander geschoben. Nordafrika und Südeuropa andererseits nähern sich um 2 cm/Jahr an, da sich im Mittelmeer die afrikanische Platte unter die eurasische schiebt. Der Zuwachs an ozeanischer Erdkruste wird in den **Tiefseegräben,** den **Subduktionszonen,** ausgeglichen. Hier sinkt das feste Gestein der Lithosphärenplatten in „breiten Fällen" in den Erdmantel ab, wo es wieder aufgeschmolzen wird. Der Abbau der ozeanischen Erdkruste erfolgt mit derselben Geschwindigkeit wie ihre Neubildung; die gesamte Landmasse der Erde bleibt folglich konstant. An diesen Stellen, wo die Lithosphärenplatten aufeinandertreffen, liegen die aktivsten Erdbebengebiete und Vulkanzonen der Erde.

Die Kontinente selbst können wegen ihrer geringen Dichte nicht in den Erdmantel absinken. In den Subduktionszonen können jedoch zwei Lithosphärenplatten miteinander kollidieren. Dabei werden am Rand der Kontinente Gebirge aufgefaltet. So entstanden beispielsweise beim „Aufprall" Afrikas auf Europa die Alpen, beim „Aufprall" der pazifischen Platte auf Südamerika die Anden und beim „Aufprall" Indiens auf Asien der Himalaya.

Die Plattentektonik basiert auf der **Theorie der Kontinentalverschiebung** von *Alfred Wegener.* Vor ihm vermuteten bereits *Alexander von Humboldt* (1787) und *Frank B. Taylor* (1910), daß sich die Kontinente verschieben. Der Meteorologe und Polarforscher Wegener veröffentlichte seine Theorie erstmals 1912 auf einer Tagung der *Geologischen Gesellschaft* in Frankfurt am Main. 1915 folgte seine bedeutendste Veröffentlichung „Die Entstehung der Kontinente und Ozeane". Wegener erläutert hierin seine Theorie und trägt alle Beweise zusammen, die sie stützen: Ausgehend von einem einzigen Urkontinent spalten sich die Kontinente ab und driften auf dem flüssigen Magma im Untergrund auseinander. Getrieben werden sie von einer Zentrifugalkraft, der *Polfluchtkraft.* Beim Auseinanderbrechen der Kontinente entsteht ein neuer Ozean. Der Ozeanboden ist eine Schicht unter den Kontinenten, die aus schwereren Gesteinen besteht. Die oberste Schicht der Kontinente, das Festland, wird von leichteren Gesteinen gebildet. Die Küstenlinien der Kontinente Südamerika und Afrika, die sich beiderseits des Atlantiks gegenüberliegen, passen exakt zusammen. Gesteinsproben, die mit Schleppnetzen vom Meeresboden geholt wurden, waren schwerer als die Gesteine der Kontinente. Auch viele Tier- und Pflanzenarten auf weit voneinander entfernten Kontinenten sind ähnlich; sie müssen folglich einen gemeinsamen territorialen Ursprung haben. Die langgezogenen Bergketten der Rocky Mountains und der Anden sind „Falten einer Bugwelle", die entstand, als die Kontinente Nord- und Südamerika gegen den Boden des Pazifiks prallten. Der Ural hingegen entstand als „Knautschzone" beim Zusammenprall Europas mit Asien.

Wegeners Erkenntnisse wurden in den Kreisen der Geowissenschaftler angezweifelt und lange Zeit als utopisch abgetan. Seine Beharrlichkeit führte schließlich dennoch dazu, daß

Vulkanismus am mittelatlantischen Rücken und ozeanischen Graben

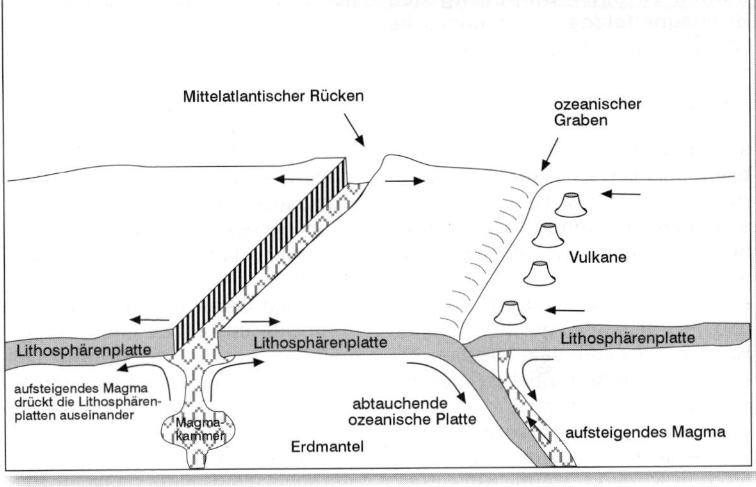

sich die Wissenschaftler intensiver mit seiner Theorie beschäftigten. Das deutsche Forschungsschiff „Meteor“ vermaß von 1925 bis 1927 den Meeresboden im Atlantik und bestätigte die Existenz eines gewaltigen Gebirgszugs. Ein anderes Forschungsschiff entdeckte eine weitere unterseeische Gebirgskette im Indischen Ozean. Nach dem Zweiten Weltkrieg wurden auf Handelsschiffen Echolote installiert. Die Schiffe überquerten regelmäßig den Atlantik von Europa nach Amerika. Die Meßergebnisse zeigten, daß der mittelatlantische Rücken in seinem Scheitel durch ein 1000–2000 m tiefes und 20–50 km breites Längstal **(Zentralgraben)** in zwei Hälften geteilt wird und in seinem Verlauf den Konturen der angrenzenden Kontinente folgt. 1968 entnahm das Forschungsschiff „Glomar Challenger“ im Rahmen groß angelegter Forschungsprojekte Bohrproben aus dem Boden der Ozeane und führte umfangreiche geophysikalische Messungen durch. Diese lieferten den endgültigen **Beweis für die Theorie der Plattentektonik:** In den Tiefen der Ozeane bildet sich an Stellen, wo Lithosphärenplatten zusammenstoßen, neue ozeanische Erdkruste. Dort, wo Lithosphärenplatten in den Erdmantel abtauchen, verschwindet die ozeanische Erdkruste wieder in gleichem Umfang. Die Gesteine der ozeanischen Erdkruste sind deshalb wesentlich jünger als die der kontinentalen.

Eine weitere Stütze für die Richtigkeit der Plattentektonik liefert der **Erdmagnetismus,** der im erstarrten

Lavagestein gespeichert ist. Im Verlauf der Erdgeschichte kam es wiederholt zu einer **Umpolung des Erdmagnetfeldes.** Der magnetische Nordpol lag dabei entweder wie heute beim geographischen Nordpol oder aber beim geographischen Südpol. Das Magma, welches am ozeanischen Rücken ausfließt, speichert beim Abkühlen unter die *Curie-Temperatur* von 570°C das jeweils herrschende Erdmagnetfeld in seinem magnetischen, magnetithaltigen Gestein (Fe_3O_4). Daraus können Wissenschaftler eine Zeitskala ablesen und die Entstehung der ozeanischen Rücken mit plattentektonischen Ereignissen (große Erdbeben, Vulkanausbrüche) korrelieren.

Alfred Wegener starb 1930 im Alter von 50 Jahren auf einer Expedition zum Nordpol. Heute weiß man, daß sich nicht die Kontinente verschieben, wie Wegener irrtümlich annahm, sondern die Lithosphärenplatten. Die Kontinente decken sich nicht mit den einzelnen Lithosphärenplatten. Diese „tragen" außer dem Festland auch die Ozeane. Die treibende Kraft für die wandernden Kontinente ist nicht die von Wegener postulierte „Polfluchtkraft", vielmehr lassen gewaltige Konvektionsströme die Lithosphärenplatten langsam auf der Asthenosphäre driften.

Die gespaltene Insel

Erdgeschichtlich ist Island noch sehr jung. Die Insel tauchte erst vor 20 Millionen Jahren über dem Meeresspiegel auf. Man nimmt an, daß hier auf dem mittelatlantischen Rücken ein *Hot spot* („heißer Fleck") liegt, in dem das flüssige Magma schlotartig aus dem Erdmantel aufsteigt, die Erdkruste aufbeult und Vulkanausbrüche hervorruft. Nach der Theorie des kanadischen Geologen *J.T. Wilson* (1963) verändert ein Hot spot seine Lage selbst über eine lange Zeitspanne von 100 Millionen Jahren nicht. Das ausfließende Magma kann so einen gewaltigen Höhenrücken entstehen lassen, der schließlich die Meeresoberfläche durchbricht.

Eine anderslautende Theorie besagt, daß Island ein Teil der **Thule-Landbrücke** war, die sich von den Britischen Inseln bis nach Grönland erstreckte und durch ihren Zusammenbruch zu einer Insel wurde. Diese Theorie ist durch die neueren Erkenntnisse der Plattentektonik widerlegt worden.

Island und seine Inseln sind ein Teil des mittelatlantischen Rückens, dessen Gipfel hier aus dem Atlantik herausragen. Im Nordosten Islands verschwindet dieser Gebirgszug wieder unter der Wasseroberfläche und taucht nach 65km bei der Insel *Kolbensey* erneut wenige Meter über den Ozean auf. Island ist ausschließlich durch Vulkanismus entstanden; 99,9% der Gesteine sind vulkanischen Ursprungs. Nur 0,1% sind marine und kontinentale Sedimente.

Das älteste datierte Gestein Islands ist 16 Millionen Jahre alter Basalt, der in den Westfjorden gefunden wurde. In den Ostfjorden fand man 13 Millionen Jahre alten Basalt. Die Insel hat sich offensichtlich von der Mitte her immer weiter in Richtung Westen und Osten ausgedehnt. Auch heute noch wächst Island jährlich um zwei Zentimeter. Dieses „Aufreißen" in der Scheitelzone des mittelatlantischen Rückens können wir in der

Schlucht *Almannagjá* (isl. *gjá* = Riß) in *Þingvellir* besonders gut erkennen. Hier ist das Land von tiefen, parallel verlaufenden Spalten und Gräben durchzogen. Das Gebiet liegt in der Zone des im Norden 120 km, im Süden 250 km breiten Zentralgrabens, in dem sich fast der gesamte heute noch aktive Vulkanismus konzentriert. Der Zentralgraben spaltet die Insel in zwei Hälften. Je weiter man sich nach Osten oder Westen von dieser „Symmetrieachse des Vulkanismus“ entfernt, desto älter werden die Vulkane. Im Osten, Nordwesten und Westen der Insel liegen bis zu 200 km breite Hochebenen aus Basalt. Diese *Plateaubasalte* werden durch den *Zentralgraben* voneinander getrennt.

Markante Vulkanberge prägen heute die isländische Landschaft. Deren Formen sind vielfältig und unterscheiden sich deutlich.

Vulkanismus & Vulkantypen

Die Plateaubasalte sind die ältesten vulkanischen Gesteine in Island. Ihre Entstehung fällt zusammen mit der der Insel im **Tertiär** (Zeit vor der Eiszeit, 20 Millionen–1 Million Jahre), sie bedecken 50% der Landfläche. Das Gestein ist durch die Erosion bereits stark abgetragen, die Berge sind höchstens 1200 m hoch. Trotzdem kann man noch gut die alten Lavaströme erkennen, die von den gewaltigen urzeitlichen Vulkanen stammen. Der Vulkanismus in der breiten Zone des Zentralgrabens ereignete sich im **Pleistozän** (Zeit während der Eiszeit, 1 Million–10 000 Jahre). Das vulkanische Gestein im Zentralgraben be-

Glasartig erstarrte Obsidian-Lava

steht aus mehreren Schichten. Die älteste Schicht aus körnigen grauen Basalten findet man im Randbereich des Zentralgrabens. Die *Móberg-Schicht* besteht aus *Palagonit,* Brokken eines gelblich-braunen, glasartigen Basalts. Dieses mengenmäßig am häufigsten vertretene Gestein ist bei den Vulkanausbrüchen während der Eiszeit entstanden, wo die Eruptionen unter dem Eis der Gletscher stattfanden. In den darauffolgenden, kürzeren Zwischeneiszeiten haben sich erneut jüngere graue Basalte gebildet.

Der Vulkanismus ist in Island bis heute aktiv. Auch nach der Eiszeit (im *Holozän,* Zeit seit 10 000 Jahren) gab es große Vulkanausbrüche. Man hat errechnet, daß in den zurückliegenden 15 000 Jahren allein aus dem Zentralgraben 340 km³ Lava und

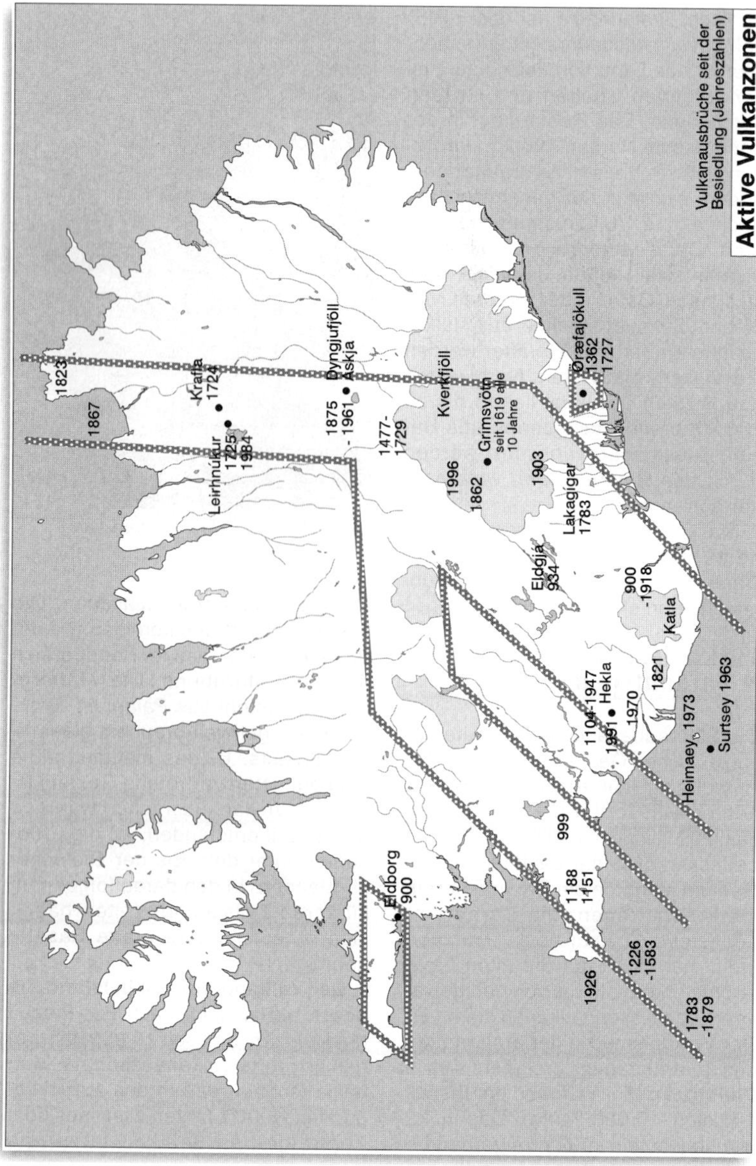
Aktive Vulkanzonen
Vulkanausbrüche seit der Besiedlung (Jahreszahlen)
1823
1867
Krafla 1724
Leirhnúkur 1725 1984
Dyngjufjöll Askja
1875 -1961
1477-1729
Kverkfjöll
Öræfajökull 1362 1727
Grímsvötn seit 1619 alle 10 Jahre
1996
1862
1903
Lakagígar 1783
Eldgjá 934
900 -1918
Katla
1821
Hekla
1104-1947
1991
1970
Heimaey 1973
Surtsey 1963
999
1188 1151
Eldborg 900
1926
1226 -1583
1783 -1879

50 km³ Asche aus 200 neu entstandenen Vulkanen ausgetreten sind.

Der **Ausbruch der Laki-Spalte** 1783–1784 war die größte Naturkatastrophe seit der Besiedlung Islands. Damals traten neben 12 km³ Lava, die sich über eine Fläche von 565 km² ausbreitete, schätzungsweise 20 Millionen Tonnen Kohlendioxid, 15 Millionen Tonnen Schwefeldioxid und andere giftige Gase aus. Der Vulkanausbruch verwüstete große Flächen Weideland und vergiftete die Gewässer. Durch den Ausbruch der Laki-Spalte und an seinen Folgen starben 10 000 Isländer, knapp ein Viertel der damaligen Bevölkerung; nahezu 80% aller Schafe und Pferde sowie 50% aller Rinder verendeten. Es folgten schlimme Hungersnöte. Viele Isländer, denen ihre Lebensgrundlage entzogen worden war, wanderten nach Amerika aus. Der Ausbruch der Laki-Spalte ist der größte Vulkanausbruch, der in schriftlicher Form überliefert ist: Pfarrer *Jon Steingrimsson* aus *Prestbakki* berichtet, daß es in der Woche vor dem Ausbruch zahlreiche kleine Erdbeben gab. Am 8. Juni 1783 um 9 Uhr mogens reißt südwestlich des Bergs *Laki* die Erde auf. Aus einer langen Spalte fließt dünnflüssige Lava aus, und unter hohem Druck entweichen heiße Gaswolken mit ohrenbetäubendem Lärm. Das glühende Gestein strömt in das nahegelegene Tal der *Skaftá* und begräbt zwei Kirchen und 14 Bauernhöfe unter sich. Am 29. Juli reißt nordöstlich von Laki eine weitere Spalte auf; die Lava fließt in das Tal des *Hverfisfljót*. Als die Eruptionen im Februar 1784 aufhören, ist eine 25 km lange Spalte entstanden, in der 115 kleine Krater wie Perlen in einer Kette aufgereiht sind. Die kleinsten Krater sind nur wenige Meter hoch, die größten erreichen eine Höhe von 100 m.

Die stärksten Vulkanausbrüche in diesem Jahrhundert waren 1947, 1970 und 1991 die Eruptionen der *Hekla,* 1961 die der *Askja;* 1963 bis 1967 tauchte die Insel *Surtsey* aus dem Meer auf, 1973 entstand der *Eldfell* auf *Heimaey;* 1984 riß am *Leirhnúkur* eine 10 km lange Spalte auf, und beim Ausbruch des Vulkans *Gjálp* bei *Bárðarbunga* im Oktober 1996 stand über dem Eis des *Vatnajökull* eine 10 km hohe Wolke aus Asche und Wasserdampf.

Nach geologischen Berechnungen sind zwischen 1500 und 1900 n.Chr. auf dem Festland und dem Meeresboden rund um Island insgesamt 16 Millionen km³ Lava ausgeflossen. Dies entspricht einem Drittel aller in diesem Zeitraum entstandenen Lavaausflüsse der Erde. Obwohl durchschnittlich alle fünf bis sechs Jahre in Island ein Vulkan ausbricht, ist die Chance gering, auf einer Islandreise einen Vulkanausbruch mitzuerleben. Der vorerst letzte Vulkanausbruch ereignete sich vom 18–28. Dezember 1998 bei den Grímsvötn. Auch dieser Ausbruch begann unter dem Eis des Vatnajökull. Ein großer Gletscherlauf wie im Jahr 1996 (s. Text auf der nächsten Seite) blieb diesmal aber aus, da sich das Wasser nicht in der Caldera bei den Grímsvötn aufstaute. Auch der Vulkan *Katla* unter dem *Mýrdalsjökull* scheint wieder aktiv zu sein: Anfang August 1999 meldete das Isländische Geologische Institut neun Senken im Eis des Gletschers. Die Vulkanologen erwarten hier einen neuen Ausbruch.

Der große Vulkanausbruch von 1996

Im Juli 1995 und August 1996 gab es beim Vulkan *Loki* kleinere Eruptionen unter dem Eis des Vatnajökull mit zwei kleinen Gletscherläufen. Am 29. September 1996 wurden erneut Erdbebenwellen registriert, die ihren Ausgang diesmal am nördlichen Rand des nahegelegenen Berges *Barðarbunga* hatten, einem 2009 m hohen Vulkanberg, der ebenfalls unter dem Eis des Vatnajökull liegt. Diese seismischen Wellen wurden von den Geowissenschaftlern als aufsteigendes Magma gedeutet. Am 30. September 1996 begannen 20 km südlich die Eruptionen. Am 1. Oktober konnte man in dem an dieser Stelle 450–600 m dicken Eispanzer bei *Gjálp* eine bis zu 2 km breite und 100 m tiefe Einsenkung erkennen. Im Verlauf des Tages traten zwei weitere Dellen im Eis auf. Sie lagen in einer 5–6 km langen Linie, die von Norden nach Süden verlief. Am Morgen des 2. Oktober durchbrach der Vulkan das Eis an der nördlichsten Stelle. Die gewaltige Eruptionswolke aus weißem Wasserdampf, Gasen und schwarzer Asche war 7000–8000 m hoch. Am 8. Oktober fraß sich der Vulkan auch an den beiden weiter südlich gelegenen Stellen durch das Eis. Dazwischen entstand eine 400 m breite Eisbrücke. Unter dem Eis floß die Lava aus einer kilometerlangen Spalte. Im Norden der Vulkanspalte bildete sich ein 3500 m langer und 2100 m breiter Graben im Eis. Am 12. Oktober konnte man hier einen neuen Vulkankegel erkennen, dessen Höhe mit 1560 m über N.N. bestimmt wurde. Er ist somit um 350–400 m höher als die Umgebung vor den Eruptionen. Der Vulkanausbruch endete am 13. Oktober. Die Hitze des Vulkans schmolz aber weiterhin große Mengen Eis. Das zu den Grímsvötn abfließende Schmelzwasser spülte unter dem Eis einen gewaltigen Canyon aus, dessen Decke nach und nach einstürzte. Dieser Eiscanyon war 6 km lang, 2 km breit und bis zu 500 m tief. Eine bizarr-schöne Eislandschaft aus schroffen, spitzen Nadeln, Spalten, hausgroßen Blöcken, Bögen, Kammern, Höhlen und Schmelzwasserseen.

Der Vulkanausbruch 1996 bei *Gjálp* war nach den Ausbrüchen der Katla (1918), der Hekla (1947) und Surtsey (1963–1967) der viertgrößte dieses Jahrhunderts. Schon im darauffolgenden Jahr hat neugebildetes Gletschereis den großen Canyon wieder aufgefüllt. Der Vatnajökull heilt seine Wunden schnell.

Die entstandenen Vulkanformen sind typisch für dieses Land, das lange Zeit unter dem Eis großer Gletscher lag. Vulkanologen unterteilen die isländischen Vulkane in sechs Gruppen: Zentralvulkane, Linearvulkane, Vulkankuppen, subglaziale Vulkane, submarine Vulkane und Pseudokrater.

Zentralvulkane

Beim Ausbruch eines **Zentralvulkans** (isl. *eldborg* = Feuerburg) fließt Lava unterschiedlicher Zusammensetzung aus dem Vulkanschlot, die schnell erkaltet und einen gleichmäßig geformten, hohen und steilen Kegel aufschichtet. Dadurch entstehen auffallende Vulkanmassive. Die klassischen Beispiele für Zentralvulkane sind die Feuerburgen von *Mýrar* und *Krísuvík.* Die markantesten Zentralvulkane hingegen sind Unterarten. **Stratovulkane** bilden ungleichmäßig geformte, meist mehrere tausend Meter hohe Kegel aus Lava und verfestigter Asche, die überwiegend mit Eis bedeckt sind. Die größten Stratovulkane sind der *Öræfajökull* mit dem 2119 m hohen *Hvannadalshnúkur,* dem höchsten Berg Islands, der *Eyafjallajökull* (1666 m), der *Tungnafellsjökull* (1523 m), die *Hekla* (1491 m) und der *Snæfellsjökull* (1448 m). Auch der *Dyngjufjöll* im *Ódáðahraun* ist das Überbleibsel eines einst mächtigen Stratovulkans. Hier liegt die **Caldera** der *Askja* mit dem *Öskjuvatn,* dem mit 217 m tiefsten See Islands. Die Caldera der *Askja* ist 50 km² groß, der See bedeckt eine Fläche von 11,7 km². Eine Caldera (span. = Kessel) ist ein **Einsturzkessel**, der entsteht, wenn sich eine Magmakammer unter einem Dach aus erstarrter Lava oder empor gedrückter Landmasse durch Lavaabflüsse schnell entleert und dabei einen großen Hohlraum hinterläßt. Das Gewicht des „Daches" bringt den Hohlraum zum Einsturz, und eine Caldera entsteht.

Der langgezogene Rücken der *Hekla* entstand dadurch, daß hier die Lava aus mehreren nebeneinanderliegenden, spaltenförmigen Kratern ausfloß. **Schildvulkane** (isl. *dyngja* = Haufen) sind über einen längeren Zeitraum und mehrmals tätig gewesen, wobei die Eruptionen kaum Asche förderten und sich die Lavaausflüsse teilweise überlagerten. Obwohl Schildvulkane weltweit eher selten anzutreffen sind, entstanden allein in Island 30 bis 50 dieser Vulkane. Die meisten liegen im *Ódáðahraun,* die kleineren sind in der Landschaft aber nur schwer als Vulkanberge auszumachen. Die Ausbruchstätigkeit, die einen Schildvulkan entstehen läßt, kam in Island bereits vor 3500 Jahren zum Stillstand. Selbst große Schildvulkane sind auffallend flach. Die dünnflüssige Lava fließt in breiter Front und extrem langsam aus dem Krater, bildet nur wenig geneigte Hänge mit einem großen Durchmesser der Vulkanbasis und lange, breite Zungen von Lavaströmen. Der *Skjaldbreiður,* der „Schildbreite", ist der **Namensgeber aller Schildvulkane**. Er liegt nordöstlich von *Þingvellir* und ist 1060 m hoch; sein Durchmesser beträgt an der Basis 10 km, am Gipfelkrater 350 m und der Hangwinkel 7–8°. Der Lavastrom des *Ketildyngja* ist 82 km lang, die glatte Fladenlava bedeckt eine Fläche von 330 km². Weitere Schildvulkane sind

Vulkantypen

Zentralvulkan (Stratovulkan)

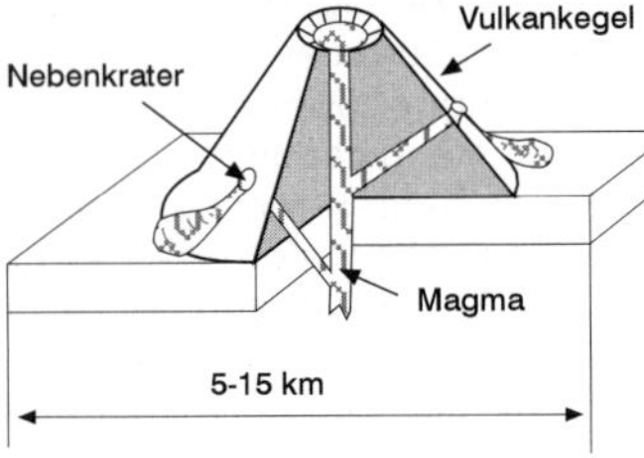

Schildvulkan

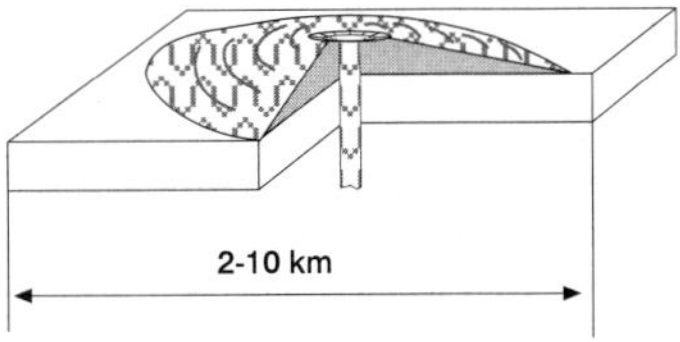

Ringwallkrater (Explosionskrater)

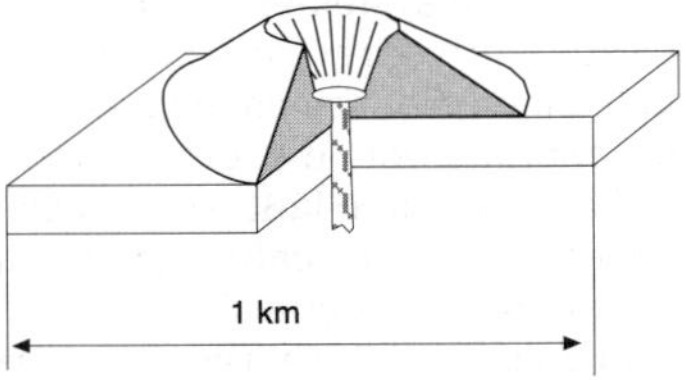

Maar mit Kratersee

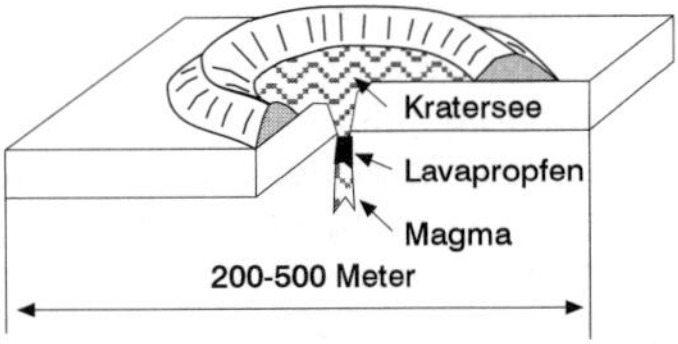

Linearvulkan (Spaltenvulkan)

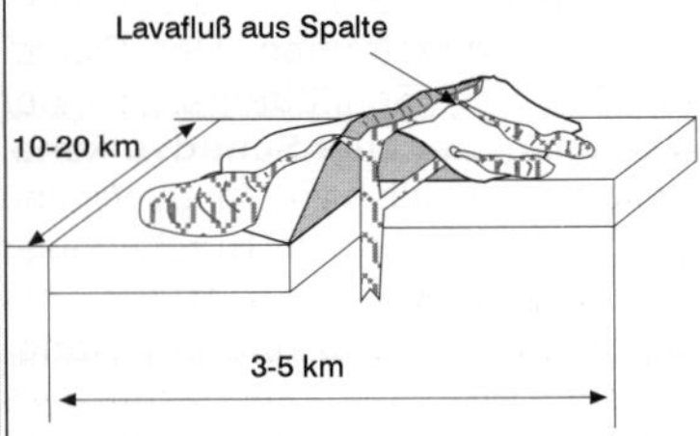

Tafelvulkan

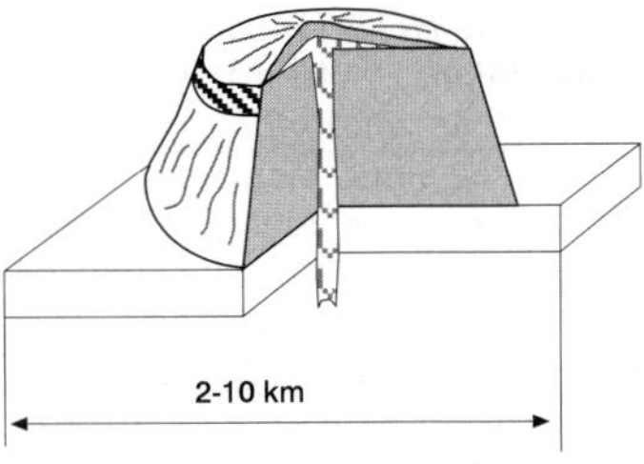

der *Ok*, der *Kerlingardyngja* und der *Tölladyngja*. Der einzige in letzter Zeit noch aktive Schildvulkan ließ in den Jahren von 1963 bis 1967 die Insel *Surtsey* entstehen.

Zu den Zentralvulkanen zählen auch die in Island seltenen **Explosionskrater und die Maare**. Explosionskrater entstehen, wenn durch vulkanische Gase oder durch den Dampf eingedrungenen Wassers – beide stehen unter hohem Druck – das Magma mit großer Wucht aus dem Vulkan herausgeschleudert wird. Die dabei entstehenden glühenden Lavafetzen fallen als Lavabomben, Schlacken, Bimsstein und Asche wieder zur Erde. Der *Hverfjall* und der *Lúdent* beim *Mývatn*, der *Hrossaborg* westlich der Piste zur *Askja* bei *Grímsstaðir*, der *Kerid* nördlich von *Selfoss* und der *Ljótipollur* nordöstlich von *Landmannalaugar* sind so entstanden. Nach einem explosiven Vulkanausbruch bleibt meist ein großer Krater stehen, der ringförmig von einem hohen Wall umschlossen wird **(Ringwallkrater)**. Ringwallkrater bestehen aus Tuffgestein und sind mit Basaltasche bedeckt. Sie ähneln den Mondkratern. Der Krater füllt sich häufig nach einiger Zeit mit Grundwasser, ein **Maar**, ein Kratersee, entsteht. Den beeindruckendsten Ringwallkrater mit 1000 m Durchmesser und 150 m Höhe hat der vor 2500 Jahren entstandene *Hverfjall;* der Ringwallkrater des *Hrossaborg* ist zum Teil bei seiner Entstehung weggesprengt worden; die schönsten Kraterseen sind die Maare des *Ljótipollur,* des *Kerid,* der *Grænavatn* bei *Krísuvík* und der *Víti* – dieser See im Krater der *Krafla* hat einen Durchmesser von 320 m und ist 33 m tief.

Linearvulkane

Der Linearvulkan ist der **charakteristischste Vulkantyp Islands.** Es sind **Spaltenvulkane**, die überwiegend dem Verlauf des mittelatlantischen Rückens folgen. Der Lavaausfluß ist meistens gewaltig, zählen Spaltenvulkane doch zu den größten Lavaproduzenten aller Vulkane. Der Ausbruch kann vielfältige Formen annehmen. Glühende Lavafontänen können gleich einer riesigen Feuerwand entlang einer kilometerlangen Vulkanspalte herausspritzen, oder die Lava kann explosionsartig aus einer einzigen Spalte herausgeschleudert werden. Auch gemischte Ausbrüche sind möglich. Wenn die Lava in der Luft erstarrt, bilden sie um die Ausbruchstelle kleine Schlakkenkrater. Unter Vulkanologen gelten die Spaltenausbrüche im Gebiet *Þrengslaborgir* und *Lúdentsborgir* im *Búrfellshraun* östlich des *Mývatn* als das beste Beispiel eines Linearvulkans. Der Ausbruch des *Vatnaöldur* bei den *Veiðivötn* südlich des *Þórisvatn* war der größte Vulkanausbruch nach der Eiszeit. Vor 6600 Jahren flossen hier 15 km^3 Lava aus, die den 150 km langen Lavastrom bei der *Þjórsá* bildeten, der sich über eine Fläche von 800 km^2 ausdehnt. Weitere Linearvulkane sind die Spaltenausbrüche von *Laki,* von *Leirhnúkur* und die *Eldgjá,* eine 40 km lange und 140 m tiefe Spalte, die vor 1000 Jahren entstand.

Vulkankuppen

Kennzeichnend für die drei Typen von Vulkankuppen – Quellkuppen, Staukuppen und Stoßkuppen – ist es, daß hier durch die vulkanische Aktivität kein Krater gebildet wird und auch keine Lava seitlich ausfließt. Die zähflüssige Lava bildet lediglich einen übergroßen „Tropfen". Gelangt dieser Tropfen nicht an die Oberfläche, drückt er die darüberliegende Gesteinsschicht nur in die Höhe. Die Folge ist die Entstehung einer **Quellkuppe**, die meist mit vulkanischem Tuff von anderen Ausbrüchen bedeckt ist. Durchdringt der „Lavatropfen" die Oberfläche, erkaltet die Lava schnell an der Luft und erstarrt: Es entsteht eine **Staukuppe** ohne Tuffbelegung. Erstarrt der „Lavatropfen" bereits im Schlot, kann er von dem nachdrückenden flüssigen Magma an die Oberfläche gedrückt werden. Dadurch bildet sich eine **Stoßkuppe.** Der bloßgelegte Lavapfropfen hat vielfach eine typisch nadel- oder turmförmige Gestalt **(Lavadom).** Auch bei einer Spalteneruption kann sich eine Stoßkuppe bilden, wenn die Lava vor dem Austritt bereits in der Spalte erstarrt. Bei solchen Eruptionen entstehen langgezogene Lavadecken.

Vulkankuppen sind in Island selten. Staukuppen sind beispielsweise der 934 m hohe *Baula* im *Norðurárdalur* und der *Hliðarfjall* westlich des *Mývatn*.

Entstehung eines Tafelberges

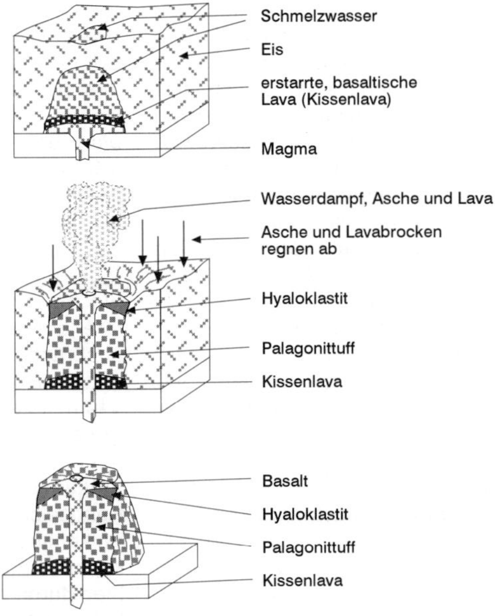

Unter dem Eis austretendes Magma läßt eine Schmelzwasserblase entstehen. Über dem Magma bildet sich Kissenlava.

Nach dem Abschmelzen des Eises regnen Vulkanaschen und Lava ab und bilden Lockerprodukte (Palagonittuff und Hyaloklastit)

Weiter ausfließendes Magma erstarrt und schichtet einen Schildvulkan aus Basalt auf. Die Höhe des Tafelberges entspricht der Mächtigkeit des ursprünglichen Eises.

Subglaziale Vulkane

In der isländischen Vulkanlandschaft stechen die mächtigen **Tafelvulkane** mit ihren steil abfallenden, kahlen Hängen und ihren eis- und schneebedeckten Gipfeln besonders ins Auge. Diese Tafelvulkane entstanden während der Eiszeit, als die Vulkane unter dem dicken Eispanzer ausbrachen (subglaziale Vulkane). Das flüssige Magma schmolz eine große Kaverne in das Eis, die sich mit Schmelzwasser füllte. Der auf dem Magma lastende hohe Druck der Eismassen verhinderte zunächst eine Eruption. Das Magma erstarrte in der Schmelzwasserblase zu Kissenlava. Mit steigender Aufschichtung des Lavakegels verminderte sich der Druck des Eises, und das nachdrükkende flüssige Magma zerriß beim Kontakt mit Wasser und wurde seitlich weggedrückt. Es entstanden **vulkanische Brekzien** (große Blöcke aus verfestigter, alter Lava) aus *Palagonittuff,* einem vulkanischen Glasbruch (wird auch als *Hyaloklastit* bezeichnet). Hatte der Vulkan die über ihm befindliche Eisdecke vollständig abgeschmolzen, floß gasarmes Magma aus und bedeckte den Palagonittuff mit einem Schild aus Basaltlava. Die Höhe vom Fuß des Tafelberges bis zum Beginn des Basaltschildes entspricht der Dicke des einstigen Gletschereises. Obwohl die weiter austretende Lava auf dem Basaltschild selbst nicht mehr direkt mit Wasser in Berührung kam, wurde ein Teil der Lava aus dem Vulkanschlot herausgeschleudert und kam beim Aufprall mit Wasser in Berührung; weiterhin bildeten sich so lockere Palagonittuffe, die auf dem Tafelvulkan einen kleinen Schildvulkan aufschichteten. Der schönste Tafelvulkan Islands ist der 1682 m hohe *Herðubreið* im *Ódáðahraun.* Weitere Tafelvulkane sind der *Þórisjökull, Eiríksjökull, Bláfjall, Búrfell* und *Hlöðufell.*

Auch heute noch brechen in Island Vulkane unter dem Eis der Gletscher aus. Die Stärke der Eruption und die Dicke des darüberliegenden Eispanzers reichen aber nicht mehr aus, um Tafelberge entstehen zu lassen. Heute verursachen diese subglazialen Vulkane „nur" gefährliche Gletscherläufe. In Island gibt es drei aktive Vulkane dieser Art: Die *Grímsvötn* unter dem Eis des *Vatnajökull* sind der größte. Unter dem Eis des *Mýrdalsjökull* liegt die *Katla;* der *Eyjafjallajökull* ist der kleinste subglaziale Vulkan.

Submarine Vulkane

Im Bereich des mittelatlantischen Rückens gibt es nördlich und südlich von Island auf dem Meeresboden zahlreiche Vulkane, deren Lavaaustritte gering sind und nur unter der Wasseroberfläche ablaufen. Der Druck des darüberliegenden Wassers verhindert auch hier meistens stärkere Eruptionen und kühlt die Lava schnell ab. Viele dieser **submarinen** oder **untermeerischen Vulkanausbrüche** machen sich an Land überhaupt nicht bemerkbar. Wenn ein submariner Vulkan doch einmal mit großer Stärke ausbricht, können neue Inseln entstehen. Beim Kontakt des über 1000°C heißen Magma mit dem 4°C kalten Meerwasser zerreißt die plötzliche Entgasung das Magma und läßt gewaltige Mengen an Dampf und hohe Drücke entstehen. Solche Ausbrüche verlaufen meistens explo-

Pseudokrater bei Skútustaðir

siv. Viele Kilometer hohe Wolken aus weißem Wasserdampf und schwarzer Asche stehen dann über der Ausbruchsstelle. Nachdem der Vulkankegel die Wasseroberfläche durchbrochen hat, wird aus dem explosiven Ausbruch ein effusiver. Jetzt fließt die Lava ruhig aus dem Krater, verfestigt sich beim Kontakt mit dem Meerwasser und häuft einen Vulkanberg auf.

Der letzte große submarine Vulkanausbruch ereignete sich 33 km vor der Südwestküste Islands am 24. November 1963. Die Insel *Surtsey* (benannt nach *Surtur,* dem Gott des Feuers) tauchte aus dem hier 100 m tiefen Meer auf. In den ersten fünf Tagen bildete sich über dem Wasserspiegel ein 60 m hoher Kegel aus schwarzer Asche. Ende Januar 1964 war Surtsey bereits 174 m hoch und hatte einen Durchmesser von 1300m. Die Wellen und der Wind trugen die lockere Asche jedoch schnell wieder ab. Die Insel wurde kleiner. Anfang April 1964 floß aus dem Krater flüssige Lava aus und verfestigte den Ascheberg. Auf einer von Süden nach Norden entlang des mittelatlantischen Rückens verlaufenden Linie bildeten sich in der Nachbarschaft Surtseys zeitweise zwei weitere kleine Inseln: *Styrlingur* und *Jölnir*. Die vulkanischen Aktivitäten dauerten bis 1967. Heute ist die kreisförmige Insel *Surtsey* 167 m hoch und bedeckt eine Fläche von 2,5 km^2. Wissenschaftler studieren hier, wie sich die ersten Pflanzen und Tiere auf der zuvor sterilen Vulkaninsel ansiedeln. Die Insel Surtsey darf deshalb nur mit einer Sondergenehmigung betreten werden, um die Forschungsarbeiten nicht zu gefährden. Diese wird ausschließlich an die an den Untersuchungen beteiligten Wissenschaftler erteilt. Von Reykjavík aus werden jedoch Rundflüge und von *Heimaey* auf den Westmänner-Inseln Bootsfahrten nach Surtsey angeboten.

Pseudokrater

Pseudokrater sind keine echten Vulkane. Ihren Kratern fehlt der Schlot, Magma ist hier nie ausgetreten. Sie entstehen, wenn ein heißer Lavastrom über wasserhaltigen Untergrund, ein Moor, einen Sumpf oder einen flachen See, fließt. Das Wasser verdampft unter der glühend heißen Lava explosionsartig und sprengt die Lavadecke weg. Es entsteht ein tiefer Krater. Die zurückfallenden Lavafetzen werden kegelförmig um den Krater aufgeschichtet. Pseudokrater gibt es in Island viele; ihre Durchmesser reichen von einem bis zu 400 m. Die schönsten Pseudokrater liegen in *Skútustaðir* am südlichen Rand des *Mývatn.* Weitere sehenswerte Pseudokrater liegen im *Alftaver,* einem mit kleinen Kratern übersäten Lavastrom nördlich des *Mýrdalsjökull,* der aus der *Eldgjá* floß. Südlich von *Húsavík* ist die *Aðaldalshraun* bei *Knútsstaðir* reich an Pseudokratern. Der *Rauðhólar* liegt im *Vesturdalur* nordwestlich des *Jökulsárgljúfur-Nationalparks* und der *Landbrotshólar* bei *Kirkjubæjarklaustur.*

Magma & Lava

Magma ist ein gallertartiger Brei aus silikathaltigem, geschmolzenen Gestein, das mit festen Partikeln vermischt ist und unter hohem Druck gelöste Gase enthält. Das Magma hat seinen Ursprung in der Asthenosphäre, in 100–300 km Tiefe. Die Temperatur beträgt dort bis zu 1500°C. Die Dichte des Magmas ist geringer als die des umgebenden festen Gesteins. Dadurch drängt das Magma durch Risse und Spalten im Gestein nach oben. Auf dem Weg dorthin schmilzt es andere Gesteine auf und schafft im Erdinnern große Hohlräume **(Magmakammern).** Hierin sammelt sich das Magma. Durch den Nachschub von unten nimmt der Druck in der Magmakammer immer mehr zu. Schließlich drückt das Magma einen Schlot nach oben oder reißt

Chemische Zusammensetzung des flüssigen Magmas (Oxide und gelöste Gase)

Kieselsäure	30–80%	Kohlendioxid	weniger als 1%
Eisenoxid	1–30%	Kohlenmonoxid	"
Magnesiumoxid	0–25%	Wasserstoff	"
Aluminiumoxid	6–24%	Schwefeldioxid	"
Calciumoxid	1–16%	Schwefeltrioxid	"
Natriumoxid	1–11%	Schwefelwasserstoff	"
Kaliumoxid	0–9%	Chlorwasserstoff	"
Wasser	0–4%	Ammoniak	"

eine Spalte auf – der Vulkan bricht aus. Bei einer solchen vulkanischen Eruption kann das Magma entweder explosiv herausgeschleudert werden oder ruhig aus dem Krater ausfließen **(effusiver Ausbruch)**.

Bei einem **explosiven Ausbruch** findet man in der näheren Umgebung der Ausbruchsstelle oft keinerlei Lava. Alles Material aus dem Erdinnern ist weit fort geschleudert worden, wobei eine bis zu 50 km hohe Dampf- und Aschewolke in die Atmosphäre wächst. Die zurückfallenden Aschen häufen hohe Schichten auf, die sich mit der Zeit zu **Tuff** verfestigen. Der feine Staub kann viele tausend Kilometer um den Globus getragen werden und auch noch weit entfernt von der Ausbruchsstelle die Sonne verdunkeln und klimatische Veränderungen hervorrufen.

Die Art des Ausbruchs hängt von der chemischen Zusammensetzung und dem Ursprung des Magmas ab.

Basaltisches, basisches Magma ist sehr heiß (1050–1250°C) und entstammt der *Sima-Hülle.* **Saures, rhyolitisches Magma** (750–900°C) hat seinen Ursprung in der *Sial-Hülle.* Der Säuregehalt des Magmas wird vom Anteil an **Kieselsäure** („wasserhaltiges Siliziumdioxid“, H_2SiO_3) bestimmt. Basisches Magma enthält nur 40–50% Kieselsäure, saures hingegen bis zu 80%. Wie das Mehl in einem Kuchenteig beeinflußt die Kieselsäure die Viskosität (Zähigkeit) des Magmas. Saures Magma mit viel Kieselsäure ist zähflüssiger als basisches. Die Viskosität des Magmas bestimmt letztendlich, wie vehement ein Vulkanausbruch abläuft. Bei dem hohen Druck im Erdinnern sind alle Gase im Magma gelöst. Zähflüssiges, saures Magma entgast auf seinem Weg zur Erdoberfläche nur langsam, wenn der „Preßdruck“ wegfällt. Obwohl die Temperatur des Magmas niedrig ist, dauert es lange, bis es nach dem Austritt erstarrt. Die freiwerdenden Gase zerreißen immer wieder diese bröselige Masse und verspritzen glühende Lavafetzen. Im schlimmsten Fall kann das Magma den Vulkanschlot durch einen Pfropfen verschließen. Das nachdrückende Magma „sprengt“ den Pfropfen weg, und der Ausbruch verläuft explosiv. Die glühenden Lavafetzen fallen als Bomben, Schlacken, Asche oder Bims wieder auf die Erde. Hat sich im Schlot vor dem Ausbruch ein Gaspolster gebildet, kann sich die freigesetzte heiße Gas- und Aschewolke als **Glutlawine** die Hänge des Vulkanbergs hinabwälzen. Eine Glutlawine ist wegen der in ihr enthaltenen Gesteinsteilchen schwer und kann nicht hoch aus dem Vulkan herausgeschleudert werden. 600–900°C heiß „schwappt“ sie über den Kraterrand und entwickelt hangabwärts enorme Geschwindigkeiten von mehreren 100 km in der Stunde. Nichts widersteht einer solchen „Energiewalze“ aus heißen Gasen, flüssigen Lavatropfen und glühenden Blöcken. In einer Glutlawine kam 1991 beim Ausbruch des Vulkans *Unzen* auf den Philippinen das bekannte französiche Vulkanologen-Ehepaar *Katja* und *Maurice Krafft* ums Leben.

Glutwolken dehnen sich oft über ein weites Gebiet aus und ebnen die Landschaft. Die verfestigten Bestandteile nennt man *Ignimbrite (lat. ignis* = Feuer, *nimbus* = Wolke). Diese findet man beispielsweise im *Þórsmörk.*

Lavahöhle im Basalt an der Küste bei Dyrhólaey

Aus dünnflüssigem, basaltischem Magma können die Gase leichter entweichen. Es ist deutlich heißer, bleibt länger flüssig und verstopft nicht den Schlot des Vulkans; basaltisches Magma fließt deshalb meist ruhig aus einem Vulkan. Flüssige Lava kann unter einer erkalteten Lavadecke weiterhin abfließen. Staut sich ein solcher Lavastrom jedoch vor dem Entleeren, können langgezogene **Lavahöhlen** entstehen. Die mit 1600 m Länge größten Lavahöhlen Islands sind *Viðgelmir, Surtshellir* und *Stéfanshellir.* Die Höhlen liegen im *Hallmundarhraun* nordwestlich des *Langjökull.*

In Island tritt hauptsächlich basaltisches Magma aus, im pazifischen Raum überwiegend zähflüssiges, saures Magma. Die Vulkanausbrüche, die vom mittelatlantischen Rükken ausgehen, verlaufen deshalb in der Regel weniger dramatisch als Eruptionen entlang der abtauchenden Lithosphärenplatten im pazifischen Raum.

Früher glaubten die Menschen, daß Vulkane die Schornsteine von Bränden im Innern der Erde seien und diese folglich Asche und Schlakke herausschleuderten. Nach dem verheerenden Ausbruch des Vulkans *Krakatau* in Indonesien 1883 veranlaßte die *British Royal Society* erstmals wissenschaftliche Untersuchungen der vulkanischen Produkte. Mikroskopische und chemische Analysen zeigten, daß die Vulkanasche kein „Verbrennungsprodukt" im üblichen Sinne ist, sondern aus winzigen, glasartig erstarrten Gesteinspartikeln besteht. Die Vulkanologen behielten die alten Bezeichnungen jedoch bei. Die bei einer Eruption freigesetzten lockeren Gesteinspartikel, deren

Durchmesser kleiner als 0,1 mm ist, heißen **Vulkanstaub;** Teilchen mit einem Durchmesser von weniger als 2 mm sind **Vulkanaschen.** Der Durchmesser der **Lapilli** („Steinchen" bzw. Tropfen) beträgt 2–30 mm. Der Strand bei *Vík* besteht aus solchen basaltischen Lapilli, schwarzen „Kaffeebohnen", die vom Meer rund geschliffen wurden. **Blöcke** (Bomben) sind größer als 30 mm im Durchmesser. Die verfestigten, alten Gesteine werden entsprechend als Staub- und Aschentuffe, Tuffe und vulkanische Brekzien bezeichnet. Alle Teilchen, die aus einem Vulkan geschleudert werden, faßt man unter dem Begriff **Pyroklastika** zusammen. Mengenmäßig machen diese Lockerprodukte oftmals über 90% des aus einem Vulkan ausgetragenen Gesteins aus; Lava fließt nur zu 10% aus.

Lava ist **entgastes Magma,** das mit Fließgeschwindigkeiten von wenigen Metern pro Minute bis 55 km/h (nur besonders dünnflüssige Lava auf Hawaii) austritt und dabei abkühlt. Die Temperatur der Lava kann man an ihrer Farbe feststellen: Hellgelbe Lava ist 1200°C heiß, hellrote 900–1000°C, dunkelrote 800°C, und schwarze Lava kann immer noch 600°C heiß sein. Wenn die Lava abkühlt und erstarrt wird sie zu Basalt, Rhyolith und anderen Gesteinen. In unserer Umgangssprache bezeichnen wir auch diese Gesteine weiterhin als Lava.

Lava kann beim Erstarren zwei Oberflächenformen ausbilden. **Aa-Lava,** oder isländisch *apalhraun,* bildet rauhe und scharfkantige Oberflächen, auf denen man barfuß gehend schmerzhafte „Aa-Schreie" ausstößt, wie die Hawaiianer sagen. **Pahoehoe-Lava,** oder isländisch *helluhraun,* bildet glatte und gerundete Oberflächen aus. Der polynesische Ausdruck „pahoehoe" bedeutet soviel wie „Lava, auf der man barfuß gehen kann".

Die unregelmäßige, scharfkantige Kruste der **Blocklava (Schlackenlava)** des „Aa-Typs" entsteht durch Blasenbildung beim Entgasen der erstarrenden Lavaschmelze. Ist die Lavaschmelze hingegen beim Erstarren bereits vollständig entgast, bilden sich glatte „Pahoehoe-Formen" aus. Solche **Fladenlava** ist dicht gepackt und schwer. Die Oberfläche eines Stroms aus Fladenlava kann ähnlich einem ruhigen Meer ein regelmäßiges Wellenmuster aufweisen. Die „Wellen" können aber auch wie Stricke miteinander verdrillt sein **(Stricklava).**

Die flüssige Lava kann beim Abkühlen auch unterschiedliche **Erstarrungsformen** ausbilden. **Säulen** werden hauptsächlich aus *Basalten,* aber auch aus *Phonolithen* und *Ignimbriten* gebildet. **Schollen** bestehen aus mehreren Zentimeter dicken Lavaplatten, die charakteristisch für Phonolithe sind. **Kissen** entstehen, wenn die Lava unter Wasser oder dem Eis eines Gletschers ausgeflossen ist. **Kissen-Lava („Pillow-Lava")** findet man in den isländischen Lavafeldern häufig. **Bims** ist ein poröses, lufthaltiges Gesteinsglas, das auf Wasser schwimmt. Es entsteht im Vulkanschlot aus rasch erstarrtem Lavaschaum, aus dem die Gase nicht mehr entweichen konnten. Im *Vikursandur (Óðáðahraun)* bedeckt schön ausgebildeter Bimsstein weite Flächen zwischen *Herðubreiðarlindir* und *Dreki.*

Vulkanische Gesteine & Mineralien

Vulkanische Gesteine entstehen aus dem glutflüssigen Magma des Erdinnern, das in der Erdkruste (Tiefengestein) oder an der Oberfläche (Ergußgestein) erstarrt. Das saure Magma (bis 80% Kieselsäure) aus der Sial-Hülle bildet die leichteren Gesteine, die wie der Granit aus Feldspat, Quarz und Glimmer aufgebaut sind. Basisches Magma (40–50% Kieselsäure) aus der Sima-Hülle läßt schwere, basaltische Gesteine aus Feldspat, Hornblende und Olivin entstehen. Magma mit einem mittleren Kieselsäuregehalt von ungefähr 65% bildet *Diorit.* Reicht der Gehalt an Kieselsäure nicht aus, um Feldspat zu bilden, entstehen Mineralien wie *Leuzit* und *Nephelit,* die man als **Feldspatvertreter** bezeichnet. Aus gleicher magmatischer Grundmasse können folglich abhängig vom Ursprung des Magmas und der Abkühlgeschwindigkeit verschiedenartige **Erstarrungsgesteine** entstehen. Es ist schwierig, zwischen diesen klare Grenzen zu ziehen. Oftmals sind Übergangsarten ausgebildet, die Merkmale mehrerer Gesteinstypen aufweisen. Dies macht die Klassifizierung der vulkanischen Gesteine äußerst komplex. Wir geben hier deshalb ohne Anspruch auf Vollständigkeit nur einen Überblick über die charakteristischen Gesteine und Mineralien Islands.

Tiefengesteine bilden sich, wenn das Magma in der Tiefe unter einer Decke anderer Gesteine erstarrt. Tiefengesteine kühlen sehr langsam ab und sind grobkristallin. Der leichte, helle *Granit* (spezifisches Gewicht 2,2 g/cm^3) ist das häufigste Tiefengestein. Sein Name leitet sich von dem lateinischen Wort *granum* = Korn ab. Granit ist eine Mischung aus den Mineralien Kalifeldspat *(Orthoklas),* Kalknatronfeldspat *(Plagioklas),* Quarz und Glimmer. Der rötliche *Sye-*

Übersicht über die wichtigsten vulkanischen Gesteine und die sie begleitenden Mineralien

Tiefengesteine	Ergußgesteine	Farben	Mineralien
Granit	*Rhyolith*	weiß, grau gelb, grün braun, rot	Kalifeldspat (Orthoklas) Kalknatronfeldspat (Plagioklas), Quarz, Glimmer
Syenit	*Trachyt*	weiß, grau rot	Feldspat, Hornblende (Amphibole), Glimmer
Diorit	*Andesit*	grau	Feldspat, Hornblende
Peridotit	*Basalt*	dunkelgrün schwarz	Feldspat Feldspatvertreter Hornblende, Olivin (Peridot)
Gabbro	*Basalt*	schwarz	Feldspat, Feldspatvertreter, Hornblende, Olivin

nit, die dunkelgrünen *Diorit* und *Peridotit* sowie der schwarze *Gabbro* sind schwerere Tiefengesteine (spezifisches Gewicht 3–3,4 g/cm³). Die Tiefengesteine bilden den Untergrund für alle anderen vulkanischen Gesteine; man findet sie deshalb überwiegend im Innern der Gebirge. Erst wenn geologische Einflüsse die darüberliegenden Gesteine abgetragen oder umgeschichtet haben, treten sie auch an der Oberfläche zutage. Granit und Gabbro findet man in Island hauptsächlich im Osten, Südosten und auf der Halbinsel *Snæfellsness.*

Erreicht das Magma die Erdoberfläche, bilden sich **Ergußgesteine (Eruptivgesteine),** die rasch erkalten und deshalb meist feinkristallin und glasartig erstarren. Die Ergußgesteine schichten vielfach die charakteristischen Vulkankegel auf. Alte Ergußgesteine sind *Granitporphyr, Quarzporphyr* und *Diabas,* jüngere *Rhyolith* (isl. Bezeichnung = *Liparit), Trachit, Andesit* und *Basalt.* Rhyolith ist an sich ein helles, fast weißes Gestein, das aus *Orthoklas*, *Plagioklas* und Quarz besteht. Eisensalze verwandeln den Rhyolith in ein farbenprächtiges Gestein. Sehenswerte isländische Rhyolith-Gebiete sind bei *Landmannalaugar, Borgafjörður eystri* und *Kerlingarfjöll.* Alle beeindrucken sie durch ein Farbenspiel aus Gelb, Dunkelgrün, Braun und Rot. Besonders schön ist der Anblick, wenn durch Schneefelder noch rein weiße Töne hinzukommen wie beim *Kerlingarfjöll.* Die Farben des Rhyolith entstehen dadurch, daß Wasser und Hitze in der Erde das Gestein zersetzen und Eisensalze auswaschen, die an-

Schneebedeckte Rhyolithberge bei Landmannalaugar

schließend wieder ausgefällt werden. Erfolgt die Zersetzung unter reduzierenden Bedingungen (Luftausschluß), entstehen grüne Mineralien, die zweiwertige Eisenverbindungen enthalten. Unter oxidierenden Bedingungen (Luftzufuhr) bilden sich braune Mineralien, die wie Rost dreiwertiges Eisen enthalten. Mischformen und unterschiedliche Konzentrationen ergeben dann die breite Palette an Farben und Farbtönen.

Eine besondere Form des Rhyolith ist der tiefschwarze, wie Pech glänzende *Obsidian*. Dieser bildet sich, wenn sehr heiße und dadurch dünnflüssige, kieselsäurereiche Lava durch Abschrecken in Wasser schnell erstarrt. Obsidian erhält so eine glasartige Struktur und wird sehr hart. Aus Obsidiansplitter wurden früher Pfeil- und Speerspitzen gefertigt. Feinstverteiltes Eisen verleiht dem Obsidian seine schwarze Farbe.

Lava besteht weiterhin aus kieselsäurehaltigen *Tholeiiten* und alkalischen, olivinhaltigen *Basalten*. Die Tholeiite entstehen bei geringerem Druck und in geringerer Tiefe als die Basalte. Sie spalten sich auf in die *Andesite* und *Rhyolithe*. Die alkalischen Basalte werden in *Trachyte* und *Phonolithe* unterteilt. Basalt enthält außerdem die Mineralien *Plagioklas, Leuzit, Nephelin, Olivin* und *Augit*.

In der Grundmasse der *Porhyrgesteine* können **Einsprenglinge** aus größeren, kristallisierten Mineralien eingeschlossen sein, beispielsweise grüne Olivinkristalle in schwarzem Basalt.

Erstarrt das Magma in Spalten der Erdkruste, spricht man von **Ganggesteinen.** Diese werden aufgrund ihrer kristallographischen Struktur zwischen den Tiefengesteinen und den Ergußgesteinen eingeordnet. Nördlich von Reykjavík sind auf der Halbinsel *Kjalarnes* bei *Saurbær* die grauen Basalte von zahlreichen derartigen Gängen durchzogen.

Basalt ist das vorherrschende Gestein in Island. Rund 80% der Lava besteht aus Basalt. Wenn die Lava stagniert und langsam abkühlt, kann der Basalt in Form vier- und sechseckiger Säulen erstarren. Die **Basaltsäulen** orientieren sich dabei stets im rechten Winkel zur Abkühlfläche, d.h. sie verlaufen in den Lavaschichten senkrecht. Schräg verlaufende Basaltsäulen entstehen durch tektonisch verursachte Verschiebungen der Gesteinsschichten. Neuere Basalte haben dabei im allgemeinen eine geringere Neigung als ältere. Waagerecht verlaufende Basaltsäulen können in Basaltgängen abgesondert worden sein. Die eigenartigsten Formen, kreuz und quer, ja sogar gewunden, entstanden in den Schlotgängen der Vulkane. Besonders schöne, senkrecht verlaufende Basaltsäulen findet man beim *Svartifoss, Aldeyjarfoss, Litljanesfoss, Gerðuberg* und in *Reynir* bei *Vík*. Das Naturdenkmal *Kirkjugólf* („Kirchenfußboden“) in *Kirkjubærjaklaustur* stellt die oberste Erstarrungsebene von Basaltsäulen dar.

Die vulkanischen Gesteine in Island kann man auch unter dem **Aspekt der Entstehungsgeschichte** der Insel betrachten. Im Pleistozän hat sich das Magnetfeld der Erde zum letzten Mal umgepolt. Die damals gebildeten Gesteine haben den Erdmagnetismus (invers bzw. entsprechend unserem heutigen) gespeichert. Aus der Zeit vor der Umpolung stammen die grauen Basalte, die als *Dolerite* bezeichnet werden. Diese findet man im *Jökuldalur* und auf der Halbinsel *Tjörnes.* Dasselbe Gestein, das in der Zeit nach der Umpolung, in der *Brunhes-Epoche,* entstanden ist, wird als *Palagonit* bezeichnet.

Neben den bereits erwähnten gibt es in Island weitere Mineralien, die aber nicht häufig vorkommen und wirtschaftlich meist nicht nutzbar sind. An metallisch glänzenden, sulfidischen Erzen findet man die kleinen messinggelben Würfel des *Pyrit* („Schwefelkies") und des *Chalkopyrits* („Kupferkies"), den silbrig blaugrau glänzenden *Galenit* („Bleiglanz") und den rötlich-gelben bis braunen *Sphalerit* („Zinkblende"). Nicht metallisch glänzende Mineralien sind meist Quarze wie die glasklaren Bergkristalle, die seltenen, rötlich, bläulich oder grünlich schimmernden *Amethyste,* der weiße *Chalcedon,* roter und grüner *Jaspis* und die milchig weißen bis gelblichen *Opale.* Eine Besonderheit ist der isländische **Doppelspat,** ein klarer und fehlerfreier Kalkspat, der wegen seiner Doppelbrechung des Lichts früher für die optische Industrie abgebaut wurde. Berühmt ist Island auch wegen seiner **Zeolithvorkommen.** Die bekannteste Fundstelle dieser *Skolesite* liegt im *Berufjörður* in Ostisland auf dem Land der Farm *Teigarhorn.* Dieser Fundort ist streng geschützt und darf nur in Begleitung eines Führers betreten werden.

Einige Mineralien kristallisieren in schönen **Drusen und Mandeln.** Diese entstehen, wenn Oberflächenwasser durch Risse und andere Kanäle in tief unter der Erdoberfläche liegendes Gestein eindringt. Mit der Tiefe steigt die Temperatur des Wassers und erhöht seine Reaktionsfähigkeit. Das heiße Wasser löst aus dem Gestein mineralische Bestandteile heraus. Steigt diese „Salzlösung" wieder zur Erdoberfläche auf, kühlt sie ab. Die gelösten Salze kristallisieren aus und setzen sich in Hohlräumen anderer Gesteine an der Wand ab. Die Mineralien wachsen dabei von außen nach innen und füllen die Hohlräume auf. Bei Drusen sind die Hohlräume nur zum Teil gefüllt; sind sie ganz mit Kristallen zugewachsen, spricht man von Mandeln.

Das **Sammeln von Mineralien** in den Naturschutzgebieten ist **verboten** und wird streng geahndet. Entlang der Ringstraße gibt es jedoch vereinzelt Verkaufsstände, wo die Bauern auf ihrem Land gefundene Mineralien verkaufen. In der Mineralienabteilung des naturkundlichen Museums in Reykjavík oder der privaten Mineraliensammlung *Steinasafu Petru* in der Fjarðarbraut 21 in *Stöðvarfjörður* an der Ostküste sind die typischen isländischen Gesteine und die schönsten Mineralienfundstücke ausgestellt.

Solfataren, heiße Quellen & Geysire

In Island gibt es etwa **250 Thermalgebiete** mit zusammen über **700 heißen Quellen.** Viele Orte, deren Namen die Silben *laug* („warme Quelle"), *varm* („warm"), *hver* („heiße Dampfquelle") oder *reyk* („Rauch") enthalten, weisen auf das Vorkommen von Thermalquellen hin. Die

Quellen stellen für die Isländer eine überaus positive Seite des Vulkanismus dar, eignen sie sich doch zur Warmwasserversorgung, zum Beheizen von Wohnungen und Schwimmbädern. Etwa 93% aller Haushalte werden mit heißem Wasser beheizt. In Reykjavík gibt es deshalb keine Schornsteine und keinen Rauch. Der heiße Dampf aus dem Erdinnern wird in zunehmendem Umfang auch zur Stromerzeugung genutzt, da allein durch Wasserkraft der Spitzenstrombedarf der Industriebetriebe heute nicht mehr gedeckt werden kann. Geeignete Flußstrecken, auf denen neue Wasserkraftwerke gebaut werden könnten, dürfen nicht mehr erschlossen werden, da diese Gebiete großflächig unter Schutz gestellt worden sind. Mangels anderer Möglichkeiten sind die Isländer auf die geothermale Energie angewiesen; noch größere Öl- und Gasimporte könnte sich das exportschwache Land nicht leisten.

Die geothermale Energie schont zwar die Ressourcen an Erdöl und Ergas, sie ist aber gar nicht so umweltfreundlich, wie man annehmen könnte und zudem noch teuer. In vielen Geothermalgebieten riecht die Luft nach Schwefel (Schwefeldioxid) und fauligen Eiern (Schwefelwasserstoff). Aus dem Erdinnern gelangt eben nicht nur reiner Wasserdampf an die Oberfläche, sondern auch eine Vielzahl von vulkanischen Gasen und Salzen. Diese erfordern aufwendige Reinigungsverfahren und wirken auf die eingesetzten Werkstoffe äußerst aggressiv. Die jährlich durch Korrosion an Rohrleitungen und Apparaten verursachten Kosten sind beträchtlich.

Kochendes Wasser spritzt aus einer heißen Quelle

Die interessantesten Thermalgebiete sind touristisch erschlossen und locken Isländer wie Fremde gleichermaßen an. In *Landmannalaugar* ist es ein warmer Bach und in *Hveravellir* eine gefaßte heiße Quelle, in denen man sich so richtig nach alter isländischer Weise bei einem heißen Bad entspannen kann. Das besondere Erlebnis sind allerdings die kleinen, touristisch unbedeutenden heißen Quellen in abgelegenen Gegenden, die seit jeher von den Einheimischen aufgesucht werden. Ein unscheinbares, ausgebleichtes Holzschild, auf welchem das kaum noch lesbare Wort „laug" steht, hat auch uns schon ein paar Mal zu einer warmen Quelle geführt, die uns unvergeßliche Badefreuden bescherte.

Die Thermalgebiete werden anhand der in 1000 m Tiefe herrschenden Temperatur in Hochtemperaturgebiete (Temperatur über 200°C) und Tieftemperaturgebiete (Temperatur unter 200°C) unterteilt. Die etwa 25 isländischen Hochtemperaturgebiete liegen alle in den aktiven Vulkanzonen entlang des Zentralgrabens. **Hoch- und Tieftemperaturgebiete** sind auch für den Laien leicht zu unterscheiden: In Hochtemperaturgebieten „kocht der Teufel sein Süppchen". Das Wasser dampft, zischt und spritzt aus zahlreichen Öffnungen. Beim Atmen beißen Schwefeldioxid und Chlorwasserstoff in der Nase, und überall stinkt es „dezent" nach fauligen Eiern. Wo der Grundwasserspiegel hoch ist, mischt sich der heiße Dampf mit dem kalten Wasser und läßt die typischen **Schlammpötte entstehen,** in denen ein grauer, kochender Brei aus Wasser und Gestein blubbert und spritzt. In den Schlammpötten hat sich das Wasser mit Schwefel- und Salzsäure vermischt und das vulkanische Gestein zu grauem *Montmorillonit* und *Kaolinit* zersetzt. Die Säuren entstehen durch die Oxidation des Schwefelwasserstoffs bzw. aus dem Chlorwasserstoff.

Typisch für Hochtemperaturgebiete sind *Fumarolen, Solfataren* und *Mofetten,* aus denen die vulkanischen Gase vermischt mit Wasserdampf austreten. In **Fumarolen** sind diese ätzenden Gase in der Tiefe bis über 1000°C heiß. Sie sind ein Zeichen dafür, daß hier der Vulkan nur ruht und jederzeit wieder ausbrechen kann. In der Umgebung dieser zischenden Dampfaustritte bilden sich

Solfatarenfeld Námaskarð; Krater eines Schlammpotts

Krusten aus weißen Silikaten, Carbonaten und Alkalichloriden, leuchtendgelbem Schwefel, braunen Eisensalzen und grünen kupferhaltigen Verbindungen. Aus **Solfataren** treten die gleichen Gase aus, nur sind diese mit einer Temperatur von höchstens 400°C wesentlich kälter. Solfataren sind nach der bei Neapel gelegenen Dampfquelle *Solfatara* benannt. Aus dem Italienischen stammt übrigens auch die Bezeichnung „Vulkan", abgeleitet von der Liparischen Insel *Vulcano* im Tyrrhenischen Meer.

Mofetten sind in Island selten. Hier tritt bis zu 150°C heißes, geruchsloses Kohlendioxid aus. Da dieses Gas schwerer als Luft ist, sammelt es sich in Bodensenken. In afrikanischen Vulkangebieten, wie den *Virunga-Vulkanen* in Zaire, ersticken immer wieder Tiere in solchen Senken; beim Austritt einer großen Kohlendioxid-Wolke 1986 beim *Nyos-See* in Kamerun starben 1700 Menschen und deren Vieh, als sich das Gas in ein tiefergelegenes Tal ergoß.

Die **bekanntesten Hochtemperaturgebiete** Islands sind *Reykjanestá* im äußersten Südwesten der Halbinsel *Reykjanes,* die „Blaue Lagune" bei *Svartsengi* nördlich *Grindavík,* die Dampfquelle *Austurengjahver* bei *Krísuvík* südlich von *Reykjavík, Námaskarð (Námafjall)* und *Krafla* nordöstlich des *Mývatn, Haukadalur* südlich des *Langjökull, Hveradalur* nördlich des *Kerlingarfjöll, Hveravellir* beim *Kjölur,* das Gebiet des *Torfajökull* zwischen *Landmannalaugar* und dem *Reykjafjöll,* die *Grímsvötn,* das *Hveradalur* beim *Kverkfjöll* und in den Westfjorden die gleichnamige Halbinsel *Reykjanes* zwischen dem *Reykjafjörður* und dem *Ísafjörður.*

Im *Haukadalur* südlich des *Langjökull* liegt **Geysir.** Dieses Thermalgebiet dehnt sich über 50 000 m^2 aus. Berühmt geworden ist der Ort wegen seiner **Springquellen** *Stóri-Geysir* („großer Geysir") und *Strokkur* („Butterfaß"). Das Wort „Geysir" stammt ursprünglich aus dem Isländischen. Es leitet sich von *geysa* (isl. = ergießen) ab. 1647 benannte *Brynjólfur Sveinsson,* der damalige Bischof von Island, die größte Springquelle in diesem Thermalgebiet mit dem Namen *Geysir.* Mit diesem Wort werden heute alle Springquellen auf der Welt bezeichnet. Der eigentliche isländische Name für Springquelle lautet jedoch *goshver.*

Der *Stóri-Geysir* ist etwa 10 000 Jahre alt. Sein mit einer flachen Terrasse aus weißem Kalksinter umgebenes Becken hat einen Durchmesser von 14 m und eine Tiefe von 120 m. Aus Überlieferungen weiß man, daß der erste Ausbruch im Jahr 1294 erfolgte. Damals wurde dieses Gebiet durch ein Erdbeben erschüttert, in dessen Folge der Geysir erstmals eine 60 m hohe Fontäne aus kochendem Wasser in die Luft schleuderte. Im Laufe der nachfolgenden Jahrhunderte brach der Stóri-Geysir regelmäßig aus, wobei die Zeitintervalle zwischen zwei Ausbrüchen ständig länger wurden. 1915 schließlich erlosch der Geysir. Die Isländer erweckten ihn daraufhin zu neuem Leben, indem sie den Wasserspiegel durch einen Kanal, der in das Sinterbecken geschlagen wurde, künstlich um 83 cm senkten. Der Geysir blieb aber nur kurze Zeit aktiv. In den Jahren zwischen 1950 und 1970 wurde er zu besonderen Anlässen, wie dem Samstag vor dem Bankfeiertag, mittels 50 kg Schmierseife wieder zu einem nicht mehr ganz so starken Ausbruch gebracht. Heute kann der Stóri-Geysir nicht mehr dazu bewegt werden, seine Wasserfontäne herauszuschleudern; vermutlich ist er endgültig erloschen. Blickt man in das blaue Wasser seines Bekkens, perlen nur noch einzelne Gasblasen an die Oberfläche. Die intensiv blaue Farbe des Wassers im Quellbecken entsteht durch die Lichtbrechung an den feinen Kalk- und Kieselsäurekristallen, die im heißen Wasser ausgefällt werden.

Der *Strokkur* ist der „kleine Bruder" des Stóri-Geysir. Er bricht auch heute noch alle fünf bis acht Minuten aus. Kurz vor einem Ausbruch quillt das heiße Wasser aus dem Schlund und wölbt einen „Wasserdom" mit ungefähr zwei Metern Durchmesser auf. Dieser zerreißt explosionsartig und läßt eine 10 bis 20 m hohe Wasserfontäne in die Luft schießen. Nach dem Ausbruch fließt das Wasser wieder zurück in den Schlund und verschwindet vollständig in der Tiefe, wo es sich in Spalten und nach unten verengenden Röhren sammelt. Während des Ausbruchs ist in der Tiefe kaltes Grundwasser in die Hohlräume im heißen Gestein geflossen. Die Hitze bringt das Wasser zum Kochen. Durch den Druck des zurückfließenden abgekühlten Oberflächenwassers kann das aufgeheizte Wasser vorerst nicht aufsteigen und verdampfen. Nach einigen Minuten ist die Wassertemperatur jedoch so stark angestiegen, daß der Verdampfungsdruck den der darüberliegenden Wassersäule übersteigt. Unten verdampft das überhitzte Wasser, und die Gasblasen drücken das darüberstehende Wasser nach oben. Dadurch vermindert sich auch der Druck von oben. Das stark überhitze Wasser dehnt sein Volumen jetzt schlagartig um das Tausendfache aus und verdampft explosionsartig („Siedeverzug"), der Geysir bricht aus. Durch den Zusatz von Schmierseife kann die Oberflächenspannung des Wassers herabgesetzt werden, so daß es den Schlot leichter verlassen kann. Diese Vorstellungen vom Ablauf eines Geysir-Ausbruchs hatte der deutsche Naturforscher *Robert Bunsen* bereits 1846, als er sich im *Haukadalur* aufhielt.

In den unauffälligen **Tieftemperaturgebieten** herrschen in 1000 m Tiefe weniger als 150°C. Alle isländischen Tieftemperaturgebiete liegen außerhalb der aktiven Vulkanzone. Hier gibt es weder Fumarolen noch Solfataren, Mofetten oder Schlamm-

Durchschnittliche Temperaturen (in °C) und Niederschläge (in mm)

	Januar	Juli	Januar	Juli
Reykjavík	-0,5	10,6	75,6	51,8
Akureyri	-2,2	10,5	55,2	33,0
Stykkishólmur	-1,3	9,9	67,5	42,0
Vestmannaeyjar	1,3	9,6	158,3	94,9
Kirkjubæjarklaustur	-0,4	11,2	145,0	120,8

pötte. Um die heißen Quellen haben sich Sinterablagerungen aus Kalk und Kieselsäure gebildet. Die Luft ist frei von Schwefeldioxid und Schwefelwasserstoff. Das mineralienreiche warme Wasser wird therapeutisch oder zu Heizzwecken genutzt. Die *Deildartunguhver* im *Reykholtsdalur* nordöstlich von *Borganes* ist die größte isländische heiße Quelle; sie fördert etwa 200 Liter Wasser in der Sekunde, das Gewächshäuser und Wohnungen beheizt.

Klima & Böden

(Mitarbeit: *Sven Strumann)*

Island hat ein **gemäßigt-ozeanisches Klima** mit kühlen Sommern und nicht zu kalten Wintern. Die Durchschnittstemperaturen liegen im Sommer bei 10–12°C, im Winter bei 0–3°C. Im Juli und August können sonnige Tage mit über 25°C auftreten. Die tiefsten Temperaturen im Winter erreichen im Hochland -38°C. Der Atlantische Ozean bewirkt, daß die Temperaturen im Landesinnern stärker schwanken als an der Küste. Während in *Vík* mit seinem ozeanisch geprägten Klima die Differenz zwischen den monatlichen Durchschnittstemperaturen gering ist, ist der Kontrast der Sommer- und Wintertemperaturen in *Reykjalið* am *Mývatn* (394 mm Niederschlag im Jahresmittel) mit seinem kontinentaleren Klima deutlicher ausgeprägt. Weite Teile des Landes liegen klimatisch und niederschlagsmäßig etwa in der Mitte dieser beiden Gebiete.

Die Jahresdurchschnittstemperatur beträgt in *Reykjavík* 4°C und in *Isafjörður* 2°C. Im Hochland gibt es weniger als 100 Tage mit einer Tagesdurchschnittstemperatur von über 6°C, während es im Südwesten immerhin 140 Tage sind (vgl. auch die Klimatabelle links unten).

Die mittlere Sonnenscheindauer am Tag beträgt in den Sommermonaten fünf bis sechs Stunden. Bedingt durch die nördliche Lage bleibt es von Juni bis August lange hell. In den Westfjorden steht die **Mitternachtssonne** im Juni sogar 24 Stunden am Himmel. In den südlicheren Landesteilen wird es zur Zeit der Mitternachtssonne (Juni/Juli) in der Nacht nur dämmrig, wenn die Sonne für zwei bis drei Stunden hinter dem Horizont verschwindet. Ab Mitte August kann man in Island bereits **Nordlichter** beobachten. Diese Lichterscheinungen entstehen in der Nähe der Pole durch elektrisch geladene Teilchenströme von der Sonne, die im Magnetfeld der Erde abgelenkt werden und beim Eintritt in die Atmosphäre die Moleküle und Atome zum Leuchten anregen. Grüne, blaue, gelbe und rote Farbschleier züngeln mit unterschiedlicher Helligkeit am Nachthimmel, um gleich darauf wieder zu verlöschen. Wenn im Winter das Land unter einer weißen Schneedecke verborgen ist, schaffen die Nordlichter eine Atmosphäre, die uns an die Entstehungsgeschichte der Vulkaninsel erinnert.

Nebel und Gewitter sind an der Küste seltener als im Landesinnern. Im Hochland hingegen können dichter Nebel und alles durchdringender Nieselregen (engl. drizzle rain) Wanderungen und Fahrten in den ausgedehnten Lavawüsten mühsam werden lassen und die Orientierung erschweren.

Islandwetter

Bezeichnend für das Wetter auf Island ist, daß das isländische Wort „verdur“ (= Wetter) in der Mehrzahl benutzt werden kann. Man kann daraus schließen, daß das typische Islandwetter häufig wechselt. Das „beste“ Wetter herrscht im Osten der Insel, aber auch im Norden sind lange sonnige Abschnitte im Sommer nichts Ungewöhnliches. Starker Wind weht fast immer. Typisch ist auch, daß man im Landesinnern manchmal den Eindruck hat, der Wind komme aus allen Richtungen gleichzeitig.

Für den Wanderer ist es immens wichtig, auf jede Art von Wetter eingestellt zu sein. Es herrscht ein beständiger Wechsel von Sonne, Regen, Wind, Hagel und Schnee. Dies ist nicht auf eine bestimmte Jahreszeit beschränkt; manchmal gibt es sogar mehrere verdur gleichzeitig. Warme und gegen Regen schützende Kleidung sowie trockene Sachen zum Wechseln sollten deshalb im Wandergepäck nie fehlen, auch wenn beim Start kein einziges Wölkchen den blauen Himmel trübt.

Bei Touren im Winter ist zu beachten: Sieht das Gebiet auch noch so harmlos aus, kann es immer auch ernstzunehmende Risiken in sich bergen. Man sollte nur dann zu einer Wanderung aufbrechen, wenn man entsprechend dafür ausgerüstet ist. Außerdem sollte man einen Mitreisenden, einen Hüttenwart oder jemand anderen über seine Route informieren, damit er im Bedarfsfall Hilfe holen kann.

Richtig schlechtes Wetter gibt es in Island jedoch nicht. Die Isländer ertragen ihr Wetter mit Humor. Ein Sprichwort sagt, daß jede graue Wolke auch einen Silberstreifen am Horizont hat. Wenn einem das Wetter nicht genehm ist, braucht man nur ein paar Minuten zu warten, und es ändert sich wieder. Vielleicht wird es besser, vielleicht regnet und stürmt es nur noch mehr – jedenfalls aber ändert sich das Wetter!

Für die nördliche Lage unterhalb des Polarkreises ist das Klima aber ausgesprochen mild. Dafür verantwortlich ist der **Irmingerstrom**, ein Seitenarm des **warmen Golfstroms**, der die Süd-, die Südost- und die Westküste im Uhrzeigersinn umfließt. Diese Küstenabschnitte bleiben im Winter eisfrei.

Im Norden und Nordosten umfließt der **kalte Ostgrönlandstrom** die Küste. Hier erreicht im Winter das Treibeis aus den arktischen Gewässern die Küsten und behindert die Schiffahrt. In manchen Jahren macht sich die arktische Kälte besonders unangenehm bemerkbar. Dann können hier die Schiffe durch große Treibeisfelder wochenlang am Weiterfahren gehindert werden. Auch die Temperaturen sind dann extrem tief, und das Treibeis und der Schnee schmelzen erst spät im Jahr. Dies hat dann im darauffolgenden Sommer verheerende Auswirkungen auf die Landwirtschaft und die Vegetation.

In Island treffen trockene polare Luftmassen aus dem Norden („Islandtief") mit feucht-warmen aus dem Süden zusammen. Die Warmluft steigt von Süden her an den Bergen auf und regnet sich dort ab. Das beschert der Süd- und Ostküste Niederschläge bis zu 4000 mm/Jahr, auf dem *Vatnajökull* sogar bis 8000 mm/ Jahr. Im Norden sind die Niederschläge mit knapp 500 mm/Jahr durchschnittlich deutlich geringer.

Island ist somit auch klimatisch eine „gespaltene" Insel. Diese Konstellation bewirkt nicht nur, daß das Wetter und die Temperaturen im Süden und Norden der Insel deutliche Unterschiede aufweisen, sondern auch, daß das Wetter äußerst wechselhaft ist und binnen kürzester Zeit umschlagen kann: typisches Islandwetter (s.a. Text links)!

Plötzliche Wetterstürze kommen das ganze Jahr über häufig vor. Durchschnittlich 212 Tage im Jahr regnet oder schneit es. Wir erlebten am 7. August 1993 auf dem Weg zur *Askja* einen Schneesturm, der die schwarze Lavalandschaft binnen einer Stunde mit einem lückenlosen Weiß bedeckte.

Die niederschlagsreichste Zeit ist der Herbst, im Frühjahr fällt am wenigsten Regen. Prasselnder Regen im Herbst und Tauwetter im Frühsommer lassen jedes Jahr die Hänge rutschen und Muren abgehen. Viele Straßen werden verschüttet und unpassierbar. Auch die Flüsse treten über die Ufer und überschwemmen weite Landstriche.

Eine bedeutende Rolle im isländischen Klima spielt der **Wind.** Windstille Tage sind eher die Ausnahme, starker Wind und Sturm dagegen die Regel. Der Wind sorgt meist für ge-

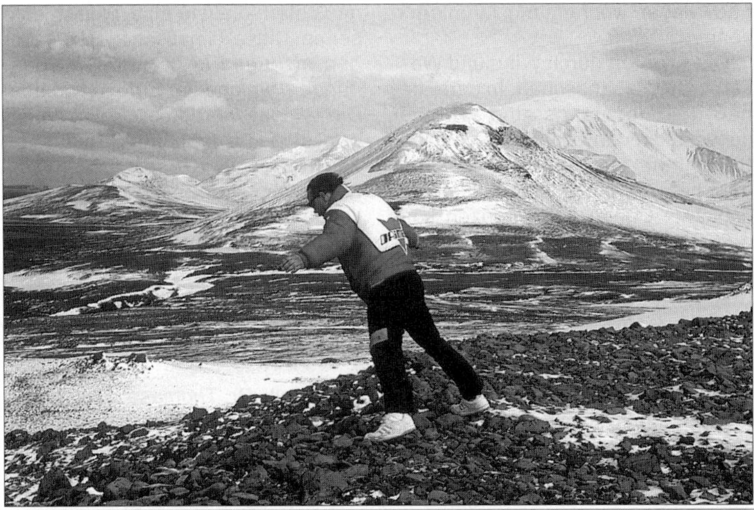

„Flugübungen" an stürmischem Grat beim Snæfell

Uhrzeit von Sonnenauf- und -untergang am jeweils Monatsersten

	Reykjavík		Ísafjörður	
	Aufgang	Untergang	Aufgang	Untergang
Januar	11.19	15.44	12.01	15.11
Februar	10.08	17.15	10.29	17.04
März	8.36	18.46	8.46	18.45
April	6.46	20.19	6.47	20.28
Mai	5.01	21.51	4.50	22.36
Juni	3.23	23.30	0.00	0.00
Juli	3.05	23.57	2.36	0.35
August	4.33	22.32	4.16	22.59
September	6.09	20.45	6.06	20.57
Oktober	7.35	18.58	7.42	19.01
November	9.10	17.12	9.27	17.04
Dezember	10.45	15.48	11.19	15.23

ringer empfundene Temperaturen, und im Winter verursacht er starke Schneeverwehungen, die den Autoverkehr in einigen Gebieten tage- oder sogar wochenlang lahmlegen können.

Die **Erosion** durch Wind und Wasser formt die Landschaft. In den Ebenen des Hochlands sind Windgeschwindigkeiten von 200 km/h keine Seltenheit. Der sandhaltige Wind durchlöchert mit der Zeit Felsen und schichtet Dünen auf. Pflanzen können sich auf dem ständig umgestalteten Boden kaum ansiedeln.

Die **Frostverwitterung** ist in Island sehr aktiv. Das Wasser dringt in das poröse Lavagestein ein und sprengt es beim Gefrieren auseinander. Die Gesteine zeigen vielfältige Verwitterungsformen. Gewaltige Felsbrokken zerfallen in dünne Scheiben aus „Gesteinsbrot". Häufig zerbröckeln die Felsen, durch Steinschlag entstehen am Fuß der steilen Berghänge riesige Schutthalden. Der ständige Wechsel zwischen Gefrieren und Tauen läßt an den grasbewachsenen Hängen **Terrasetten** entstehen, kleine Stufen, die wie eine Treppe aussehen. Diese klimatischen Bedingungen erzeugen in den Böden Spannungen, welche die Erde aufwölben. Die Wiesen werden buckelig, es bilden sich die typisch isländischen **Þúfur** (isl. = Wiese). Die Frostbewegungen im Boden fördern auch kleine Steine an die Oberfläche, wodurch ausgedehnte **Kiesebenen** mit charakteristischen **Steinringen** entstehen.

Fauna

(Mitarbeit: *Dr. Thomas Hövelmann)*

Die Tierwelt Islands unterscheidet sich deutlich von der, die wir aus Mitteleuropa kennen. Es gibt nur wenige Säugetiere, kaum Singvögel, keine Frösche und Eidechsen, keine Ameisen, Bienen oder Zecken. Nur gelegentlich wird man einen Schmetterling entdecken können, und Mükken gibt es fast nur in der Umgebung des *Mývatn* und entlang einzelner pflanzenbewachsener Bachläufe. Ursache für diese **Artenarmut** ist die isolierte Lage Islands. In der letzten Eiszeit, in der fast ganz Island von einem Eispanzer bedeckt war, starben die meisten Tierarten aus. Während in Mitteleuropa Tiere und Pflanzen die Möglichkeit hatten, nach dem Ende der Eiszeit aus den Rückzugsgebieten in Süd- und Osteuropa wieder einzuwandern, war dies – bedingt durch die weite Entfernung zum europäischen oder amerikanischen Festland – in Island nicht ohne weiteres möglich. So kommen heute in Island nur solche Tier- und Pflanzenarten vor, die entweder in den wenigen, kleinen eisfreien Gebieten überlebt haben, sehr mobil sind (Vögel) oder durch Zufall (Stürme, Treibholz) nach Island verschlagen worden sind. Hinzu gesellen sich einige Arten, die mit dem Menschen nach Island gelangten (Mäuse, Ratten).

Säugetiere

Aus den bereits genannten Gründen gibt es kaum von Natur aus vorkommende Säugetiere in Island. Einzig der **Polarfuchs** *(Alopex lagopus)* kann als natürlicher Bewohner des Landes angesehen werden. Er kam wahrscheinlich auf Eisschollen aus benachbarten arktischen Gebieten nach Island. Auch heute noch gelangen in manchen strengen Wintern auf diesem Weg einzelne Eisbären von Grönland an die Nordwestküste Islands. Sie werden jedoch schnell von den Isländern ausgemacht und wegen der Bedrohung für die Bevölkerung abgeschossen. Die große Bucht *Húnaflói* in Nordwest-Island heißt in der Übersetzung „Eisbären-Bucht".

Alle übrigen Säugetierarten wurden vom Menschen nach Island gebracht. Dies geschah entweder versehentlich, wie bei den Feld- und Hausmäusen und Wander- und Hausratten, oder sie waren als Nutztiere gedacht. Zu letzteren gehören die Schafe und Islandpferde (s.a. Text ab S.195). Im 18. Jahrhundert wurden Rentiere *(Rangifer tarandus)* von Norwegen zum Jagen auf die Insel gebracht. Die Tiere konnten sich bis heute in einer Herde von 2000 Tieren im Hochland Ostislands halten. Nerze *(Mustela vison)* sind mittlerweile durch aus den Pelztierfarmen ausgebrochene Tiere verwildert. Die Isländer schätzen diese Tiere nicht, da sie eine Gefahr für Vögel und ihr Gelege darstellen.

Auch im Atlantik leben Säugetiere. Mit ein wenig Glück kann der Reisende **Kegelrobben** *(Halichoerus grypus)* und **Seehunde** *(Phoca vitulina)* im strandnahen Gewässer oder auf den Felsen entdecken. Bartrobben *(Erignathus barbatus),* Ringelrobben *(Phoca hispida),* Sattelrobben *(Pagophilus groenlandicus)* und Klappmützen *(Cystophora cristata)* sind Besucher aus Grönland. Mitunter wird auch schon einmal ein Walroß *(Odobenus rosmarus)* auf einer Treibeisscholle an die Nordküste Islands getrieben.

Im Meer vor Island leben **verschiedene Walarten.** Am häufigsten trifft man entlang der Südwestküste der Halbinsel Reykjanes im Sommer und

Herbst auf Schwertwale *(Orcinus orca).* Neben Finnwalen *(Balaenoptera physalus),* Seiwalen *(Balaenoptera borealis)* und Pottwalen *(Physeter macrocephalus)* kann man auch Delphine *(Delphinus delphi)* und Tümmler *(Tursiops truncatus)* zu Gesicht bekommen.

Vögel

Von allen in Island lebenden Tiergruppen stellen die Vögel sicherlich die auffälligste und am zahlreichsten vertretene dar. Dies liegt vor allem daran, daß Vögel aufgrund ihres Aktionsradius relativ leicht in der Lage sind, die abgeschiedene Insel zu erreichen. Die bei uns so zahlreich vorkommenden Singvögel sucht man in Island jedoch meist vergebens, denn fehlende Nahrungsgrundlagen und Gehölze bieten nur wenig Lebensmöglichkeiten. Es kommen deshalb nur acht Arten von Singvögeln vor: Zaunkönig *(Troglodytes troglodytes),* Steinschmätzer *(Oenanthe oenanthe),* Rotdrossel *(Turdus iliacus),* Wiesenpieper *(Anthus pratensis),* Schneeammer *(Plectrophenax nivalis),* Birkenzeisig *(Acanthis flammea),* Kolkrabe *(Corvus corax)* und Bachstelze *(Motacilla alba).* Die meisten der ca. 75 Brutvogelarten sind an das Wasser gebunden. So herrschen Möwen-, Enten-, Taucher- und Lummenarten sowie Limikolen vor.

Papageitaucher

Am eindrucksvollsten kann man das Vogelleben an den großen **Vogelkolonien** am *Látrabjarg* in den Westfjorden, bei *Vík* an der Südküste, im Norden der Halbinsel *Melrakkaslétta* und im Südwesten der Halbinsel *Reykjanes* erleben. Hier nisten in den Klippen Millionen von Seevögeln, darunter die putzigen Papageitaucher, Dreizehenmöwen, Trottel- und Dickschnabellummen, Gryllteiste und Tordalken. Es ist auffällig, auf welch winzigen Felsvorsprüngen die Vögel sitzen und ihre Eier dort wochenlang ausbrüten. Dabei sorgt die spezielle Form der Eier dafür, daß sie nicht ins Meer rollen. Die Beobachtung einer großen Brutkolonie mit dem lauten Kreischen und hektischen Anlanden und Abfliegen der Vögel gehört zweifelsohne zu den Höhepunkten eines Islandaufenthaltes.

Aber auch im Landesinnern weist die Insel ein höchst interessantes Vogelleben auf. So kann man den einzelnen Lebensräumen charakteristische Arten zuordnen. Auf den zahllosen kleineren oder größeren Seen tummeln sich zahlreiche Entenarten, Odinshühnchen *(Phalaroptus lobatus)* und Sterntaucher *(Gavia stellata).* Der Klageruf eines Eistauchermännchens *(Gavia immer)* auf einem

Das Islandpferd

(von Islandpferdezüchterin Lillmor Strumann)

Das Islandpferd ist ein robustes, ausdauerndes und gehwilliges Pferd. Trotz seiner geringen Größe von 134–140 cm Stockmaß kann es problemlos auch Erwachsene tragen. Dies machten sich die Isländer zunutze, denn lange Zeit war das Pferd das einzige Transportmittel in Island. Ohne ein geeignetes Reitpferd wäre es kaum möglich gewesen, die weiten Entfernungen zwischen den Höfen zurückzulegen. Auch übernahmen die Pferde mit ihren Packsätteln den gesamten Lastentransport. Lange Kolonnen von Packpferden zogen früher durch das unwegsame Land, über Berge und durch Flüsse.

Auch beim Schafabtrieb im Herbst war das Islandpferd unentbehrlich. Bis heute ist es in unwegsamen Gegenden nicht zu ersetzten. Außerdem ist der Schafabtrieb ein großes Ereignis, das die Isländer nicht vermissen möchten. Darüberhinaus diente das Pferd damals wie heute als Fleischlieferant.

Nach der Motorisierung hatten die Islandpferde ihre einstige Bedeutung weitgehend verloren. 1940 wollte der isländische Staat sogar seine Pferdezucht aufgeben und alle Pferde schlachten lassen. Heute sind Islandpferde in erster Linie Sport- und Freizeitpferde. Ihre Zahl wächst ständig. Auch auf dem europäischen Festland, in den USA und Kanada nimmt die Beliebtheit des Islandpferdes zu. Allein im Zeitraum von Januar bis Oktober 1994 wurden 2058 Tiere exportiert.

Neben der Robustheit und Umgänglichkeit des Islandpferdes ist seine Fähigkeit zu tölten ein weiterer Grund für die ständig wachsende Beliebtheit des Tieres. Der „Tölt“ ist eine Gangart, die den Reiter nahezu erschütterungsfrei sitzen läßt. Er ist, wie der Schritt, ein Viertakt. Der Unterschied zum Schritt sind die höhere Geschwindigkeit und der Umstand, daß beim Tölt die Dreibeinstütze durch eine Einbeinstütze ersetzt wird. Viele Islandpferde beherrschen den Tölt bis ins hohe Tempo. Töltende Pferde gab es im Mittelalter auch bei uns, aber mit der Änderung des Verwendungszwecks als Wagenpferd und Armeepferd für die Kavallerie waren Tölter nicht mehr gefragt.

Neben dem Tölt sind viele isländische Pferde auch Meister im Paßgang. Beim Rennpaß fußen die beiden Beine einer Seite fast gleichzeitig auf und ab. Wesentlicher Unterschied zum Tölt ist die Sprungphase. Der Rennpaß wird nur über kurze Strecken und im hohen Tempo geritten. Der langsam gerittene Paß ist unerwünscht. Islandpferde sind somit „Fünfgänger“; sie können im Schritt, Trab, Galopp, Tölt und Paß geritten werden.

Das Islandpferd hat sich seit der Landnahme im 9. Jahrhundert, als norwegische Bauern Pferde aus Norwegen und Schottland mit auf die Insel brachten, kaum verändert. Es entspricht immer noch in etwa dem alten Germanenpony, wie man es z.B. von einer Statue Karls des Großen kennt. Schon um das Jahr 930 erließ das Alþing ein Einfuhrverbot für Pferde, das auch heute noch gilt. Das führt u.a. dazu, daß in Island geborene Pferde, die an Wettkämpfen auf dem Kontinent teilnehmen, nicht wieder zurück nach Island dürfen. Daher werden die Isländer niemals ihre besten Pferde auf Turniere außerhalb Islands zeigen.

Möchte man isländische Spitzenpferde sehen, lohnt es sich, das Landespferdetreffen, das „Landsmót", zu besuchen. Zu dem großen Ereignis kommen viele Isländer, auch Nichtreiter, zusammen. Das Landsmót ist eine der größten Veranstaltungen, die es in Island gibt. Das erste fand 1950 in Þingvellir statt. Es war damals schon ein großer Erfolg und wird seitdem alle vier Jahre abwechselnd in Nord- und Südisland durchgeführt. Auf dem letzten Treffen 1998 in Melgerðismelar im Eyjafjörður bei Akureyri fanden sich 12 000 Besucher aus Island und ganz Europa ein. Die edelsten Zuchtpferde wurden vorgestellt. Die besten Vier- und Fünfgänger ritten um Siegerehren und Plazierungen. Ein Höhepunkt ist jedesmal die Vorstellung der Ehrenpreishengste mit ihren Nachkommen. Beeindruckend ist auch die große Zahl an Pferden in unterschiedlichsten Farben. Nirgendwo sonst wird man soviele Pferde an einem einzigen Ort finden wie beim Landsmót, denn viele Isländer reiten zu diesem Treffen und nehmen einen großen Teil ihrer Pferde mit. Es ist schon ein Erlebnis, wenn man auf dem Weg zum Veranstaltungsort einer Herde freilaufender Pferde, begleitet von einigen Reitern, auf der Straße begegnet. Es gibt auch Veranstalter von Reittouren, die Ritte zum Landsmót anbieten. Ab dem Jahr 2000 wird das Landsmót alle zwei Jahre abgehalten. Sollte man nun nicht gerade im Jahr des Landsmót nach Island fahren, kann man auch ein „Vierteltreffen", ein „Fjördungsmót", besuchen. Dieses findet alljährlich, meist im Juli, statt.

Eine Reittour durch das Hochland gehört zu den Höhepunkten einer Islandreise. Es gibt zahlreiche Reiseveranstalter, die ein- oder mehrtägige geführte Ritte anbieten. Nur muß auf jeden Fall beachtet werden, daß kein gebrauchtes Sattelzeug nach Island mitgebracht wird. Gebrauchte Reitausrüstung muß nachweislich desinfiziert sein. Es ist vielfach weniger aufwendig, sich die Reitausrüstung vor Ort zu leihen. Aufgrund der Insellage und des Einfuhrverbots für Pferde gibt es in island keine Pferdekrankheiten wie Druse oder Influenza. Da die isländischen Pferde keinerlei Abwehrkräfte gegen diese Krankheiten besitzen, würden sich diese sehr schnell ausbreiten, sollten sie eingeschleppt werden.

vom Abendnebel verhüllten See kann ziemlich unheimlich klingen.

Die reichhaltigsten **Entenpopulationen** sind am *Mývatn* zu beobachten. Die Schnatterente *(Anas strepera)* kommt nur hier vor. Auch für die Kragenente *(Histrionicus histrionicus),* die in Europa nur auf Island beheimatet ist, ist der Ausfluß des *Mývatn,* die *Laxá,* der bevorzugte Lebensraum. Insgesamt wird der See von fünfzehn Entenarten mit etwa 100 000 bis 150 000 Individuen bevölkert.

Von wirtschaftlicher Bedeutung sind die Daunenfedern der Eiderenten *(Somateria mollissima).* Diese großen Meeresenten brüten an den Küsten im Norden oder auf kleinen Inseln im Meer, auch werden von den Bauern Nistplätze in der Nähe der Höfe angelegt. Um den Vögeln nicht zu schaden, entfernt der Bauer nach der ersten Eiablage nur einen Teil der Daunen. Erst nach Beendigung der Brutzeit werden dann sämtliche Daunen aus dem Nest geholt.

In den Gebieten mit ausgedehnter Heidevegetation trifft man regelmäßig auf den Goldregenpfeifer *(Pluvialis apricaria).* Kommt man seinem Bodengelege zu nahe, versucht der Vogel, den Eindringling von seinem Nest wegzulocken: Er simuliert einen gebrochenen Flügel und rollt sich scheinbar hilflos über den Boden. In sicherer Entfernung vom Nest wird er dann, urplötzlich genesen, auffliegen und in großem Bogen zum Nest zurückkehren.

Ebenfalls charakteristisch für die Tundrengebiete der Hochebenen sind die Singschwäne *(Cygnus cygnus),* enge Verwandte unserer heimischen Höckerschwäne. Woher der

Dreizehenmöwen

Name für diese majestätischen Vögel kommt, wird wohl ewig ein Geheimnis bleiben, erinnert ihr Ruf doch eher an eine rostige Autohupe...

Ein typischer Vogel der mit Buschwald bewachsenen Flächen ist die Rotdrossel *(Turdus iliacus),* die unserer Singdrossel sehr ähnlich sieht. Auch einige der wenigen anderen Singvögel, z.B. den Zaunkönig, wird man am ehesten hier entdecken.

Charakteristisch für die ausgedehnten Flachmoore sind Limikolen, wie der Sandregenpfeifer *(Charadrius hiaticula),* der Rotschenkel *(Tringa totanus),* die Uferschnepfe *(Limosa limosa)* oder der Alpenstrandläufer *(Calidris alpina).*

Ein auffälliges Verhalten legt die **Schmarotzerraubmöwe** *(Stercorarius parasiticus)* an den Tag. Diese zierliche Möwenart mit dem Gabel-

Die Vogelfelsen

Die steilen, unzugänglichen Felswände im Meer oder an der Küste bieten den Vögeln Schutz vor Feinden; im Meer finden sie reichlich Nahrung. Die mit den meisten Vogelarten besiedelten Vogelfelsen liegen an der nördlichen Küste. Hier stoßen kalte und warme Meeresströmungen aufeinander und durchmischen das Wasser, das sich dadurch mit Nährstoffen anreichert. Auch die Mitternachtssonne trägt dazu bei, daß sich während der längeren Sonnenscheindauer mehr Plankton als an der Südküste entwickelt.

Auf den Vogelfelsen sind die verschiedenen Vogelarten klar voneinander abgegrenzt. Auf den grasbedeckten Hochflächen brüten Mantelmöwen (Larus marinus) und Silbermöwen (Larus argentatus). Papageitaucher (Fratercula arctica) graben ihre langen Bruthöhlen in die Erde. Diese Vögel besiedeln das „oberste Stockwerk" der Vogelfelsen. Die nächste Etage nehmen Eissturmvögel (Fulmarus glacialis) ein. In der Mitte der Felsen, wo die Vorsprünge meist etwas breiter sind, nisten Tordalk (Alcoa tarda) und Trottellummen (Uria aalge). Beides sind relativ schwere Vögel, die beim Landeanflug nur schlecht manövrieren können. Ihre Brutplätze dürfen deshalb nicht zu dicht über dem Wasser liegen und müssen gut zu erreichen sein. Das „Erdgeschoß" wird von Dreizehenmöwen (Rissa tridactyla) bewohnt, die auf kleinen Felsvorsprüngen ihre Nester aus Tang bauen. Den Fuß der Vogelfelsen besetzen die Gryllteiste (Ceppus grylle), die nahe der Felsen im Meer fischen.

Die Seevögel sind auf den Vogelfelsen keine Nahrungskonkurrenten. Jede Vogelart hat andere Nahrungsansprüche. Papageitaucher und Tordalken bevorzugen kleine Sandaale, die sie am Meeresboden fangen. Die Lummen fangen größere Fische bis zur Größe eines Herings. Eissturmvögel und Dreizehenmöwen fressen kleine Krebse. Sofern in der Nähe der Vogelfelsen Fischabfälle von vorbeifahrenden Fischkuttern ins Meer geworfen werden, nutzen die Möwen und Eissturmvögel auch diese Nahrungsquelle.

schwanz ist überall in Island anzutreffen. Der Vogel erachtet es nicht für nötig, selbst sein Futter zu suchen, sondern er ist darauf spezialisiert, anderen Vögeln, wie Seeschwalben, das Futter in der Luft abzujagen. Dazu muß er natürlich besser fliegen können als seine Opfer. Mit etwas Glück kann man beobachten, wie die Schmarotzerraubmöwe im Flug ihre Nahrung anderen Vögeln stiehlt.

In der Vogelwelt Islands gibt es noch viel mehr zu entdecken: die ausgedehnten, unheimlichen Brutkolonien der großen schwarzen Skua-Raubmöwe *(Stercorarius skua)* in Südisland; die riesigen Brutkolonien der Kurzschnabelgans *(Anser brachyrhynchus)* südlich des *Hofsjökull* (65% der Weltpopulation dieser Art); die häufig vorkommenden, großen Kolkraben *(Corvus corax);* Merlin *(Falco columbarius),* Gerfalke *(Falco rusticolus)* und Schnee-Eule *(Nyctea scandiaca).* Von der Südwestspitze der Halbinsel

Reykjanes aus kann man mit dem Fernglas Schwärme von Baßtölpeln *(Sula bassana)* beobachten. Sie suchen auf dem Meer zwischen dem Festland und der 14 km entfernten Insel *Eldey* nach Nahrung. Auf der kleinen Insel brütet ein Viertel der Weltpopulation dieser Vögel.

Bei Wanderungen entlang der Küste ist manchmal Vorsicht geboten. Kommt der Wanderer einem Nest der Küstenseeschwalbe *(Sterna macrura)* oder der Raubmöwen zu nahe, fliegen die Muttertiere schmerzhafte Attacken. Man beugt einer Schramme am Kopf am besten mit einer Mütze vor.

Fische

In den zahlreichen, sauberen Flüssen und Seen Islands kommt eine reichhaltige Fischfauna vor. Der bekannteste Vertreter ist der **Lachs** *(Salmo salar)*, der jedes Jahr Tausende von Anglern nach Island lockt. Hier wird für teures Geld dem Angler ein besonderes Vergnügen geboten. Daneben kommen auch andere Arten vor, wie die Forelle *(Salmo trutta)*, der Saibling *(Salvelinus alpinus)* und der Dreistachelige Stichling *(Gasterosteus aculeatus)*.

Meeresfische sorgen für den Wohlstand des Landes. Der Fischreichtum erklärt sich dadurch, daß in den isländischen Gewässern polare und nordatlantische Arten zusammentreffen. Im Atlantik und der Nordsee werden Kabeljau *(Gadus morhua)*, Schellfisch *(Melanogrammus aeglefinus)*, Hering *(Clupea harengus)*, Lodde *(Mallotus villosus)*, Wittling *(Merlangius merlangus)*, Scholle *(Pleuronectes platessa)*, Heilbutt *(Hippoglossus vulgaris)*, Atlantischer Heilbutt *(Hippoglossus hippoglossus)* und Seelachs *(Pollachius virens)* gefangen; im Europäischen Nordmeer und der Grönland-See sind es der Schwarze Heilbutt *(Reinhardtius hippoglossoides)*, Polardorsch *(Boreogadus saida)* und Eishai *(Laemargus borealis)*. Außerdem haben Makrele *(Scomber scombrus)*, Seezunge *(Solea vulgaris)*, Seehecht *(Merluccius merluccius)*, Steinbutt *(Rhombus maximus)* und Thunfisch *(Thunnus thynnus)* eine große wirtschaftliche Bedeutung.

Insekten

Eine große Überraschung erlebt der skandinavienerfahrene Reisende, der erstmals nach Island kommt. Obwohl Gewässer und Klima günstige Lebensbedingungen für Stechmükken bieten, kommen diese Plagegeister hier praktisch nicht vor. Lediglich in einigen Gebieten um den *Mývatn* und entlang bewachsener Bachufer können sie vereinzelt auftreten. Das Fehlen von Insekten ist auf die Eiszeit, aber auch auf den ständigen starken Wind zurückzuführen. Die Mücken, denen der *Mývatn* (= Mükkensee) seinen Namen verdankt, sind harmlose Zuckmücken *(Chironomidae sp.)*. Wird man bei all dem Mückengewimmel, das an lauen Abenden schon recht störend werden kann, doch einmal gestochen, sind meist winzige Kriebelmücken *(Simulium sp.)* die Übeltäter. Auch andere, manchmal lästige Tiere wie Ameisen oder Zecken sucht man hier vergebens. Da auch keine Bienen vorkommen und Schmetterlinge und Hummeln nur in geringer Zahl vorhanden sind, hat sich Wissenschaftlern schon die Frage gestellt, wie denn die Pflanzen in Island überhaupt bestäubt werden.

Flora

(Mitarbeit: *Dr. Thomas Hövelmann)*

Bezüglich der Artenvielfalt gilt bei der Pflanzenwelt Islands ähnliches wie bei der Tierwelt. Auch ein Großteil der Pflanzenarten ist während der Eiszeiten ausgestorben. Heute kommen nur etwa **440 Pflanzenarten** in Island vor, was verglichen mit Norwegen (viermal soviel) oder Deutschland (sechsmal soviel) sehr wenig ist. Die meisten dieser Arten gibt es auch in Schottland oder Norwegen. Neun Arten gelten als amerikanisches Florenelement und werden sonst nirgendwo in Europa gefunden. Trotz der isolierten Lage Islands gibt es nur zwei endemische Arten: ein Habichtskraut und ein Frauenmantel. Niedere Pflanzen sind dagegen weit verbreitet. Es sind 569 Moos- und 520 Flechtenarten bekannt.

Früher herrschte unter den Wissenschaftlern die Meinung, daß während der Eiszeiten alle Arten ausstarben und die jetzt vorkommenden nachträglich wieder eingewandert seien. Mittlerweile gilt als erwiesen, daß die meisten der heute vorkommenden Arten in kleinen eisfreien Refugien überdauert haben. Lediglich ein kleiner Teil hat sich erst in jüngerer Zeit angesiedelt oder ist von Menschen mitgebracht worden.

Nur etwa die **Hälfte der Landfläche** Islands ist überhaupt **mit Vegetation bedeckt.** Weite Teile stel-

Moosbewachsene Vulkankrater in Lakagígar

len vegetationsfreie Gletscher oder Wasser- und Lavaflächen ohne Pflanzenbewuchs dar. Von der mit Pflanzen bedeckten Fläche entfallen große Gebiete auf Flachmoore und Schotterfluren, in geringerem Umfang sind Zwergstrauchheiden und Gebüsche vorhanden.

Wälder & Gebüsche

Man kann die isländischen Wälder nicht mit unseren mitteleuropäischen vergleichen. Unter dem rauhen, windigen und kühlen Klima mit seiner kurzen Vegetationszeit gedeihen nur niedrige, bis zu 15 m hohe, krüppelige Birkenwälder und -gebüsche. Diese Wälder bedecken heute eine Fläche von 1000 km^2. Die Moor-Birke *(Betula pubescens)* und die Eberesche *(Sorbus aucuparia)* sind die einzigen natürlich vorkommenden Baumarten, dazu kommen einige Weidenarten, die zu den Sträuchern zählen. In den Wäldern wachsen im Sommer Birkenpilze *(Leccinum scabrum),* die den Speiseplan der Campingküche bereichern können (s. dazu S.32).

Vor der Besiedlung Islands waren Buschwälder noch weit verbreitet und bedeckten etwa ein Fünftel des Landes. Nach der Besiedlung wurden sie jedoch in großem Umfang als Feuer- und Bauholz verwendet, so daß wenige Jahrhunderte später nahezu keine Bäume mehr vorhanden waren. Schafe, die immer wieder den Birkenjungwuchs auffraßen, und eine einsetzende Klimaverschlechterung taten ein übriges. Heute finden sich Birkenwälder und Gebüsche nur noch an kleinen, unzugänglichen und klimatisch begünstigten Hängen und Fjordufern. Größere Wälder gibt es in den Nationalparks und Staatsforsten, wie in *Hallormsstaður* (SO-Island am *Lögurinn-See),* im *Vaglaskógur* östlich *Akureyri* und in *Húsafell.* Die dort wachsenden Birkenwälder sind der Stolz des Landes und beliebte Ausflugsziele der Isländer. Selbst in den rauhen Westfjorden wächst im *Tungudalur* bei *Ísafjörður* ein kleiner Wald mit Birken und Fichten.

An die früher ausgedehnten Wälder erinnert heute noch mancher Ortsname: „-skógur“ (= -wald) z.B. kommt in vielen Geländebezeichnungen vor. Am *Skógafoss,* dem „Wald-Wasserfall“, ist heute aber weit und breit kein Baum mehr zu finden.

Vor einigen Jahren wurde in großem Umfang mit der **Aufforstung von Nadelbäumen** begonnen, um den Holzbedarf des Landes zumindest teilweise decken zu können. Dutzende verschiedener Baumarten wurden probeweise angepflanzt. Jedoch vertragen nur wenige das feuchte und im Winter relativ milde Klima. Häufig werden die Sibirische Lärche *(Larix sibirica)* und die Sitka-Fichte *(Picea sitchensis)* gepflanzt.

Im Tertiär, als die Durchschnittstemperatur um 10°C höher lag als heute, waren weite Teile der Insel mit Flachmooren und Mischwäldern bedeckt. Anhand von Fossilien konnte nachgewiesen werden, daß der Wald damals dem heutigen im Nordosten der USA ähnelte. Selbst die Blattlausarten entsprechen denen im heutigen Neu-England.

Durch den Vulkanismus wurden jedoch immer wieder Wälder und Vegetationsschichten unter Lava begraben. Als Folge sind heute stellenweise **Braunkohleflöze** zu finden. Diese fossilen Holzkohlenreste werden im Isländischen als *Surtarbrandur* bezeichnet, nach dem Riesen *Surtur*, der in der isländischen Mythologie die Erde mit Feuer vernichtet. In der Schlucht *Surtarbrandsgil* westlich von *Brjánslækur* kommen interessante Fossilien vor. Hier wurde früher auch Braunkohle abgebaut.

Die *Surtarbrandur-Schichten* deuten auf starke Niederschläge in damaliger Zeit hin und lassen Rückschlüsse auf die isländische Vegetation im Tertiär zu. Ungefähr fünfzig verschiedene Arten der damaligen Flora konnten bislang bestimmt werden, darunter Ahorn, Ulme, Buche und Sequoia. Gegen Ende des Tertiärs verschlechterte sich das Klima, und viele der bislang auf Island heimischen Pflanzen starben aus.

Während des **Pliozäns** wichen die Laubbäume Nadelbäumen. Aus diesem Zeitraum stammen die Fossilien (Abdrücke von Blättern und Insekten), die man auf der Halbinsel *Tjörnes* findet.

Mit Einsetzen der Eiszeiten im **Pleistozän** starb vermutlich die gesamte Tertiärflora aus. Das Klima verschlechterte sich, und Island wurde nach und nach von den Eismassen der sich ausbreitenden Gletscher bedeckt. Nur im Nordwesten und Norden blieben kleine Gebiete eisfrei. Der Eispanzer erreichte eine Dicke von über 1000 m, die Temperaturen lagen damals etwa 10°C tiefer als heute. Das Landschaftsbild veränderte sich im Laufe der glazialen Zeit deutlich. Die flachen, von Lava bedeckten Ebenen des Tertiärs verschwanden, und steile Vulkanberge bauten sich unter dem Eis auf.

Während der **interglazialen Perioden (Zwischeneiszeiten),** in denen ein Klima herrschte, das unserem heutigen ähnelt, siedelte sich eine arktisch-alpine Flora an. Der überwiegende Teil der Pflanzen gelangte, bedingt durch die Meeresströmungen und die Hauptwindrichtung, aus Europa nach Island.

In der Nacheiszeit, dem **Holozän,** war Island zwischenzeitlich vermutlich ganz von Gletschern befreit. Weite Birkenwälder bedeckten die Niederungen. Zu dieser Zeit muß ein wärmeres und trockeneres Klima als heute geherrscht haben.

Vor etwa 2500 Jahren setzte erneut eine Klimaverschlechterung ein, und die Gletscher dehnten sich wieder aus. Die tieferen Temperaturen sorgten für einen erneuten Rückgang der Vegetation, nur noch die Hälfte des Landes wies eine Vegetationsdecke auf.

Seither gab es immer wieder Klimaschwankungen. So herrschte kurz nach der Besiedlung Islands ein milderes Klima als heute. Damals war sogar der Anbau von Getreide möglich.

Zwergstrauchheiden

Relativ weite Gebiete werden von niedrigen Zwergsträuchern eingenommen, die maximal Kniehöhe erreichen. Es handelt sich dabei nur teilweise um natürliche Formationen (Tundra), teils entstanden die Heiden auch durch die Beweidung der Schafe. Bestandsbildende Arten sind Heidelbeere *(Vaccinium mytillus),* Rauschbeere *(Vaccinium uliginosum),* Krähenbeere *(Empetrum hermaphroditum),* Zwerg-Birke *(Betula nana)* und Bärentraube *(Arctostaphylos uva-ursi).* Die Besenheide *(Calluna vulgaris),* die beispielsweise in der Lüneburger Heide die eigentliche Zwergstrauchheide ausmacht, kommt in Island zwar auch vor, besitzt hier aber aufgrund der klimatischen Bedingungen nicht die Bedeutung wie in Mitteleuropa.

Man kann zwei Typen von Heiden unterscheiden, die sich bei unterschiedlicher Dauer der Schneebedeckung im Winter ausbilden. An Stellen, wo sich über lange Zeit eine dicke Schneedecke schützend über den Boden legt, dominiert die Heidelbeere. Eingestreut sind großblütige Arten wie der Wald-Storchschnabel *(Geranium sylvaticum).* Dagegen wird die Pflanzendecke an Standorten, die im Winter fast oder ganz schneefrei sind, wesentlich niedriger und weist Lücken auf. Hier findet man Arten wie die Gemsheide *(Loiseleuria procumbens)* oder die Diapensie *(Diapensia lapponica),* außerdem kommen hier häufig Flechten vor.

Moos & Flechtenheiden

Weit verbreitet sind Flechten und Moose auf den Lavafeldern; ein eindrucksvolles Beispiel ist die *Eldhraun* im Süden des Landes. Die Lava ist dort kilometerweit von einem dichten Moosteppich überzogen. Das Wollige Zackenmützenmoos *(Racomitrium lanuginosum)* ist vorherrschend. Andere Pflanzen außer Farnen findet man kaum. Es kann gefährlich sein, über diese Moosteppiche zu laufen, denn sie verdecken Löcher und Spalten in den Lavafeldern und sind bei Nässe glitschig.

Birkenwäldchen in Húsafell

Echte Engelwurz (Blütenstand)

Vegetation der Flachmoore

Moore haben sich seit der Landnahme stark ausgebreitet und die Birkenwälder verdrängt. Moore stellen heute eine der am weitesten verbreiteten Vegetationseinheiten Islands dar; Torfböden nehmen 18% der Landfläche ein. Bei den isländischen Mooren handelt es sich um grundwasserbeeinflußte **Flachmoore.** Für die Entwicklung von hochmoorbildenden Torfmoosen ist es zu kalt. Es kommen vor allem Moose, Seggen und das Schmalblättrige Wollgras *(Eriophorum angustifolium)* vor. Daneben gibt es häufig Fieberklee *(Menyanthes trifoliata)* und das Sumpfblutauge *(Potentilla palustris).*

Quellen-Vegetation

Quellen sind meist schon von weitem an der leuchtend hellgrünen Farbe der Quellmoose *Pohlia wahlenbergii* und *Philonotis fontana* zu erkennen. Hier findet man regelmäßig den Stern-Steinbrech *(Saxifraga stellaris).* Auch das Mierenblättrige Weidenröschen *(Epilobium alsinifolium)* und der Bach-Steinbrech *(Saxifraga rivularis)* kommen häufig vor. Die großen Stauden der Echten Engelwurz *(Angelica archangelica)* säumen die Ufer der *Lindaá* in *Herðubreiðarlindir.*

Eine Besonderheit stellen die heißen Quellen dar. In ihrer unmittelbaren Umgebung herrscht ein sehr mildes Kleinklima, so daß sogar die Azoren-Natternzunge *(Ophioglossum azoricum)* gedeiht, ein Farn, der sonst nur in warmen Gegenden wächst.

Ödland

Weite Teile Islands, wie der überwiegende Teil des zentralen Hochlandes, sind nahezu vegetationslos. Auf dem Schotter findet man einige Gesteinsflechten und vereinzelt Blütenpflanzen. Nur wenige Arten kommen mit den extremen Bodenverhältnissen zurecht. Der grobe Boden ist sehr wasserdurchlässig, so daß das Regenwasser schnell versickert. Daher findet man in erster Linie **Polsterpflanzen,** die in der Lage sind, Wasser und Nährstoffe in ihrem Polster zu speichern. Hier ist besonders das Stengellose Leimkraut *(Silene acaulis)* zu nennen, welches mit seinen kleinen rosa Blüten mit der steinigen Umgebung kontrastiert. Auch die Grasnelke *(Armeria maritima)* oder das Einblütige Leimkraut *(Silene maritima)* sind hin und wieder anzutreffen. In einigen Gebieten, besonders in den Westfjorden und im Osten des Landes, wächst der leuchtend gelbe Arktische Mohn *(Papaver radicatum).* Auf den Schotterflächen ausgetrockneter Flüsse sieht man oft das rotblühende Breitblättrige Weidenröschen *(Epilobium latifolium),* eine Art des amerikanischen Florenelements, die sonst in Europa nicht zu finden ist. Im Hochsommer sind stellenweise ganze Flächen der vegetationsfreien Flußbänke mit einem roten Blütenschleier überzogen und schon von weitem zu erkennen.

Einen guten Überblick über die in Island heimische Flora kann man sich in den Botanischen Gärten von Reykjavík und Akureyri verschaffen. Die Pflanzen sind hier aber meist nur mit ihrem isländischen und lateinischen Namen benannt.

Naturschutz & Nationalparks

Obwohl bereits 1928 in *Þingvellir* der **erste isländische Nationalpark** gegründet worden ist, war für die Isländer der Erhalt ihrer Naturräume lange Zeit nur von untergeordneter Bedeutung. Die geringe Einwohnerzahl und die schlechte verkehrstechnische Erschließung des Landes machten Naturschutzmaßnahmen, wie wir sie kennen, kaum erforderlich. Das änderte sich schlagartig **Anfang der 70er Jahre.** Damals wurden die **ersten Naturschutzgesetze** erlassen, als aufgrund von Studien nachgewiesen wurde, daß viele Gebiete bereits nicht mehr behebbare Schäden aufweisen (Fahrspuren und Trampelpfade, zerstörte Steinformationen, Müll, durch Fäkalien belastete Gewässer

Verhaltensregeln in der Natur

1. Verlasse deinen Rastplatz immer so, wie du ihn antreffen möchtest.
2. Vergrabe und hinterlasse keinen Müll, auch nicht unter Steinen.
3. Entzünde kein Feuer auf bewachsenem Land.
4. Breche keine Steine aus
   und errichte keine unnötigen Steinmännchen.
5. Verunreinige kein Wasser, zerstöre weder kalte noch heiße Quellen.
6. Beschädige keine Pflanzen.
7. Störe nicht die Tiere.
8. Beschädige keine Naturformationen.
9. Störe nicht unnötig die Ruhe des Hochlandes.
10. Fahre nicht außerhalb der gekennzeichneten Wege.
11. Folge den Wanderpfaden, wo solche markiert sind.
12. Beachte die Naturschutzgesetze
    und die Anweisungen der Naturschutzwarte.

in der Nähe von Hütten und Campingplätzen). Der Natur- und Umweltschutz genießt seither auch in Island den ihm gebührenden Stellenwert. Die Erschließung von immer mehr Weideland und landwirtschaftlich nutzbarer Flächen, die zunehmende Industrialisierung, der einsetzende Bauboom im Großraum Reykjavík und gigantische, bis heute kontrovers diskutierte Staudammprojekte führten bei der Bevölkerung ebenso zu einem Umdenken in Sachen Naturschutz wie der jährlich wachsende Tourismus mit seinen Begleitproblemen.

Insgesamt sind in Island heute annähernd **300 geschützte Gebiete**

Die bedeutendsten isländischen Schutzgebiete

Nationalparks

Name	**Fläche (km²)**	**Jahr der Gründung**
Skaftafell	1600	1984
Jökulsárgljúfur	151	1973
Þingvellir	50	1928
Snæfellsjökull	in Planung	

Naturschutzgebiete

Name	**Fläche (km²)**	**Jahr der Gründung**
Mývatn og Laxá	4400	1974
Hornstrandir	580	1985
Friðland að Fjallabaki	470	1979
Þjórsárver	375	1979
Herðubreiðarfriðland	170	1974
Dyrhólaey	5	1978
Haukadalur	3	1953
Flatey	1	1975
Hveravellir á Kili	170 ha	1975
Strönding við Stapa og Hellna (bei *Arnarstapi* auf *Snæfellsness)*	58 ha	1988
Hrísey (im *Eyjafjörður)*	40 ha	1977
Melrakkaey (im *Breiðafjörður* auf *Snæfellsness)*	9 ha	1974
Eldey	8 ha	1940

Naturdenkmäler

Name	**Fläche (km²)**	**Jahr der Gründung**
Askja í Dyngjufjöllum	50	1978
Lakagígar	125	1978
Eldborg í Hnappadal	150 ha	1974
Hraunfoss og Barnafoss	39 ha	1987

ausgewiesen. Die meisten dieser ökologisch empfindlichen Naturräume liegen im Hochland oder an den Küsten. Hier gelten besondere Vorschriften und Verhaltensregeln für das Befahren der Verkehrswege mit Kraftfahrzeugen und Fahrrädern, für das Zelten und den Zutritt zu Brutgebieten. Der isländische Naturschutzrat hat Regeln für das Verhalten in der Natur erlassen, die von allen beachtet und strikt eingehalten werden müssen (s. vorherige Seite). Verstöße werden geahndet. Es mag sein, daß derjenige, der gegen die Regeln verstoßen hat, nicht dabei ertappt wird oder nicht ermittelt werden kann – seine „Spuren" können die Verantwortlichen aber dazu veranlassen, weitere Beschränkungen auszusprechen. Das Nachsehen haben dann die nachfolgenden Reisenden.

Zuständig für den Naturschutz ist das „Ministerium für Erziehung und Kultur". Die Verwaltung der Naturschutzgebiete obliegt dem **isländischen Naturschutzrat** *(Náttúruverndarráð).* Dieser beschäftigt Aufseher (engl. *wardens),* kontrolliert die Einhaltung der Schutzbestimmungen und begleitet wissenschaftliche Forschungsarbeiten. Abhängig von der Größe und der ökologischen Bedeutung des Gebiets unterscheidet man **Nationalparks (Þjóðgarður), Naturschutzgebiete (friðland) und Naturdenkmäler (náttúruvætti).** Danaben gibt es weitere **Landschaftsschutzgebiete (folkvangur),** deren wirtschaftliche Nutzung und Bebauung eingeschränkt ist.

Auch in Island sind viele **Tiere und Pflanzen geschützt.** Der Aufenthalt oder das Fotografieren und Filmen in der Nähe des Nestes ist bei folgenden Vögeln untersagt: Gerfalke, Seeadler, Schnee-Eule und Krabbentaucher. Das Aufsuchen, Fotografieren und Filmen dieser Vögel erfordert eine Genehmigung durch die Behörden, die erst nach einer Stellungnahme des Naturhistorischen Museums in Reykjavík erteilt wird. In Island ist jedoch noch immer die **Vogeljagd** verbreitet. Diese ist an eine Reihe von Auflagen gebunden und grundsätzlich nur den Grundstückseigentümern erlaubt. Das Sammeln der Daunenfedern von Eiderenten ist ebenfalls den Eigentümern vorbehalten, auf deren Land sich eine Brutkolonie befindet. Im Bereich von Vogelfelsen ist jegliche Jagd verboten.

Viele Isländer arbeiten aktiv in Natur- und Umweltschutzprojekten mit, sei es, daß sie Reifenspuren im Gelände beseitigen, Wege anlegen, Unrat einsammeln oder von der Erosion gefährdete Hänge begrünen, Tiere zählen und Bäume pflanzen. Wer sich für die Teilnahme an einem isländischen Umweltschutzprojekt interessiert, kann sich in englischer Sprache an folgenden **Naturschutzverein** wenden:

- **Sálfboðaliðasamtök um náttúrvernd**
  P.O. Box 8468
  IS-128 Reykjavík

Land & Leute

Geschichte

Die Entdeckung Islands

Es ist historisch belegt, daß Island schon im 6. Jahrhundert von irischen Mönchen besiedelt wurde. Der *heilige Brendan* und seine Leute kamen damals in fellbespannten Booten auf die Insel, um nach einem verschollenen Mitbruder zu suchen. Von dieser Reise zeugt noch die Bezeichnung *Papeyfjörður,* Pfaffenfjord.

Es gibt aber auch noch ältere Berichte, die von früheren Fahrten nach Island berichten; jedoch konnten diese historisch nicht eindeutig verifiziert werden. So schreibt der französische Schriftsteller *Alain Bombard,* Odysseus wäre schon in Island gewesen. Seine Insel *Kalypso Ogygia* sei Island. Eine weitere Theorie besagt, daß die Römer Island entdeckt hätten. Im 3. Jahrhundert waren Teile der römischen Flotte in Britannien stationiert. Durch Stürme sei eines ihrer Schiffe nach Norden abgetrieben worden und hätte dabei Island erreicht. Als Beweis für diese Annahme gelten römische Münzen, die in Wikingerruinen gefunden wurden. Allerdings kann es sich dabei auch um Beutestücke der Wikinger gehandelt haben.

Eine andere Quelle berichtet, daß der griechische Astronom und Geograph *Pytheas* aus Massilia, dem heutigen Marseille, im Jahre 325 auf einer Expedition nach Island gelangt sei. Er befand sich auf einer Forschungsreise nach Britannien. Das äußerste Land vor dem ewigen Eis hätte er **„Ultima Thule“** genannt. Jedoch existiert der Originalbericht dieser Reisen nicht mehr.

860 bzw. 865 kamen norwegische Adlige, *Naddoður* und *Garðar Svavarsson,* nach Island. *Naddoður* verließ die Insel gleich wieder. Der schwedische Seefahrer *Garðar* überwinterte hingegen an der Nordküste der Insel und kehrte dann zurück. Vorher gab er der Insel noch seinen Namen, *Garðarsholmur,* Insel des *Garðar.* Von *Naddoður* stammt der

Wikingerschiff

Name *Snæland,* Schneeland. 865 wollte *Flóki Vilgerðarson* hier siedeln. Jedoch verhungerte das von ihm mitgebrachte Vieh bereits im ersten Winter wegen mangelnder Vorräte, so daß auch er nach Norwegen zurückkehrte. *Flóki* nannte die Insel Island, Eisland.

Besiedlung des Landes

Als erster dauerhafter Siedler Islands gilt *Ingólfur Arnarson.* Wegen Streitigkeiten in seinem Land mußte er zusammen mit seinem Halbbruder *Leifur Hródmarson* Norwegen verlassen. Ein altes Orakel sollte bestimmen, wo er sich niederließ. Dort, wo die Pfosten seines Hochsitzes, die er über Bord warf, an Land getrieben würden, sollte sein Aufenthaltsort sein. Man fand die Pfosten aber erst drei Jahre später. Vorher lebten Arnarson und seine Leute in *Ingolshöfði.* Von dort zogen sie nach Reykjavík, dem Fundort der Hochsitzsäulen. *Reykajvík* bedeutet „Rauchbucht", benannt nach dem hier in der Ferne aufsteigenden Dampf.

Über die Zeit der Besiedlung gibt es ein einzigartiges Dokument in Island, das *Íslendingabók,* das über diese Zeit und Geschlechtergeschichte des Landes Auskunft gibt. Demnach kam es nach veränderten Machtstrukturen in Norwegen zu einem regen Zustrom norwegischer Siedler. 860 nahm Kleinkönig *Haraldur* vom Oslofjord den Kampf gegen andere Regionalherrscher auf. Zwölf Jahre später gelang es ihm, seine Konkurrenten zu unterwerfen und als zentraler Machthaber im Land anerkannt zu werden. Um den von ihm geforderten hohen Abgaben zu entgehen, verließen viele Norweger das Land. Außerdem spielten wirtschaftliche Überlegungen wie Landnot in Norwegen eine Rolle.

Bis 930 gab es eine regelrechte Besiedlungswelle in Island. Die Zeit von 870 bis 930 wird deshalb auch als **Landnahmezeit** bezeichnet. In diesem Zeitraum soll Island mit 30 000 bis 40 000 Menschen besiedelt worden sein, überwiegend von Wikingern und Kelten. Die Leute, die sich hier niederließen, kamen in eine eher menschenfeindliche Umgebung. Ihnen wurde einiges abverlangt. Es gab aktive Vulkane, nur wenig Holz und kargen Boden.

Gründung des Alþing

Zwar übernahmen die Isländer norwegische Traditionen und profitierten vom hohen Bildungsstand Norwegens, doch wurden sie allmählich zu einem eigenen Volk. Das Land wurde damals von vier mächtigen Sippen, unter anderem von *Ingólfur Arnarsons* Leuten, beherrscht. Die Bewohner bestimmten an ihrer Spitze „Goden" als Priester und Häuptlinge. Diese hatten in erster Linie geistliche Aufgaben, dehnten ihren Bereich aber auch auf das Weltliche aus. Jedes **Godentum** war ein unabhängiger politischer Bezirk und verfügte über eine Thingstätte, an der Recht gesprochen wurde. Jeder Bewohner Islands mußte einem Godentum angehören. Die Godentümer konnten verkauft oder vererbt werden. Einzelne Personen konnten auch mehrere Godentümer auf sich vereinen. Aus dem Freistaat entstand so allmählich ein System, bei dem nur noch wenige das Sagen hatten.

Staatsgründung

Im Jahre 930 kam es zu einer Vereinigung aller Thingstätten mit einheitlicher Rechtsprechung. Ca. 50 km nordöstlich von Reykjavík, in der Ebene um den *Þingvallavatn,* fand das **erste Alþing** statt. Die Isländer bezeichnen es gern als das **älteste demokratische Parlament der Welt**. Bei ihrem ersten Treffen gaben sich die Isländer eine eigene Verfassung; damit war der Staat Island gegründet. Für jeweils drei Jahre wählten sie ein Staatsoberhaupt, den *Lögsögumaður,* den Gesetzessprecher. Als erster wurde *Ulfhjótur* gewählt, der den Anstoß für die Gründung des Alþing gegeben hatte. Er übte nur die rechtsprechende und gesetzgebende Gewalt aus. Die Exekutive, also die vollstreckende Gewalt, besaß er nicht. Seine Aufgabe war es auch, das geltende Recht auswendig vorzutragen, daher der Name **Gesetzessprecher**. Eine schriftliche Kodierung der Gesetze gab es nämlich anfangs nicht.

Vom Jahr 930 an trafen sich alle Isländer jedes Jahr für zwei Wochen im Juni auf dem *Þingvellir,* der „Thingebene", um Streitigkeiten zu schlichten. Außerdem war das Alþing ein Treffpunkt zum Austausch von Neuigkeiten. Es gab ein sportliches und kulturelles Rahmenprogramm, und es wurde Handel getrieben.

965 wurde das Land viergeteilt, und jedem Landesteil wurde ein Gericht zugeordnet. Hier wurden die lokalen Angelegenheiten geregelt. Konnte man sich dort nicht einigen, wurde der Sachverhalt beim Alþing vorgetragen. Zusätzlich zu den vier Gerichten gab es noch ein Appellationsgericht.

Einführung des Christentums

Der junge Staat stand einer ersten Belastungsprobe gegenüber, als es um die Wahl der Religion ging. Bisher hatten die Isländer vor allem an die **Asen,** die alten germanischen Götter, geglaubt (vgl. hierzu auch „Religion", ab S.233). Als sich in Norwegen das Christentum mehr und mehr durchsetzte, sollten auch die Isländer missioniert werden. Der norwegische König *Ólafur Tryggvason* schickte ab 955 Missionare aus, um das Christentum auch auf den Färöer-Inseln und in Island einzuführen. Die Fahrten der Glaubensboten verliefen jedoch zunächst nicht mit dem erhofften Erfolg. Im Jahre 1000 war dann beim Alþing die **Einführung des Christentums** Thema. Als zwischen den Anhängern der Asen und den Verfechtern des Christentums heftige Auseinandersetzungen drohten, brachte ein Bote die Nachricht von einem Vulkanausbruch im Süden des Landes. Die Anhänger der Asen deuteten diese Nachricht als Zorn der Götter. Ein schlauer Christ fragte daraufhin: „Und worüber zürnten die Götter, als die Lava zu unseren Füßen ausfloß?" Man einigte sich daraufhin diplomatisch: Zwar sollten sich alle Isländer taufen lassen, doch sollten die, die weiterhin den alten Göttern opferten, nicht bestraft werden. Mit der Annahme des Christentums mußte der zehnte Teil des Vermögens als Steuer an die Kirche abgeführt werden, damit sie sich finanzieren konnte. Allmählich wurde die Kirche zu einem wichtigen Machtfaktor im Staat. Sie hatte auch entscheidenden Einfluß auf die Bildung; Schulen und

Bildungsstätten wurden von der Kirche errichtet. 1056 entstand in *Skálholt* der **erste Bischofssitz**, 1106 wurde ein weiterer in *Hólar* gegründet.

Ende des Freistaats

Zu Beginn des 12. Jahrhunderts konzentrierte sich die Macht der Godentümer immer mehr auf einzelne Personen. Noch einmal 100 Jahre später herrschten nur noch wenige Familien über das ganze Land. Dadurch verschlechterte sich die politische Lage. Streitigkeiten breiteten sich immer weiter aus, auch blutige Unruhen waren die Folge.

Als zwei Bischofssitze neu zu besetzen waren, bestimmte der Bischof von Trondheim zwei norwegische Geistliche als Nachfolger. Diese versuchten ihren Einfluß auszudehnen, die Kirche vom Land unabhängig zu machen und sich Kirchenbesitz zu übereignen. Die Goden konnten dem wegen der Streitigkeiten in ihren eigenen Reihen nichts entgegensetzen. Der norwegische König wurde um Hilfe gebeten, um die Auseinandersetzungen zu schlichten. Dieser nutzte die Gelegenheit, seinen Einflußbereich auf Island auszudehnen. 1262 wurde ein **Unionsvertrag** geschlossen, in dem Island teilweise der norwegischen Krone unterworfen wurde. Damit war das Zeitalter des Freistaats vorläufig beendet.

Fremdregierungen

Island war zu dieser Zeit in einer desolaten Lage. Durch die zunehmende Holzknappheit – die ohnehin knappen Bäume waren schonungslos gerodet worden – waren die Bewohner nicht mehr in der Lage, Schiffe zu bauen. Durch einseitige Bodennutzung traten Vegetationsschäden auf. Ein Großteil des Viehs verendete im harten Winter, da die Vorräte nicht mehr ausreichten. Die Isländer unterwarfen sich daraufhin den Norwegern, wodurch sich die wirtschaftliche Situation vorerst wieder besserte.

Ab 1380 wurde das Land ganz von Norwegen regiert. Nun galten norwegische Gesetze, und das Alþing war praktisch bedeutungslos geworden.

In Dänemark kam 1375 der erst fünfjährige *Ólafur,* Sohn des norwegischen Königs und Enkel des vorherigen dänischen Königs *Valdemar IV.,* an die Macht. Sein Vater verstarb 1380. Dadurch erhielt *Ólafur* zusätzlich die norwegische Krone. Als *Ólafur* 1387 starb, wurde seine Mutter *Margarethe* Königin von Dänemark und Norwegen. Island wurde jetzt von Dänemark aus regiert.

Im 14. Jahrhundert starben in Island viele Menschen bei mehreren Vulkanausbrüchen der *Hekla* und des *Öræfajökull.* Im Winter drang Treibeis bis an die Küste vor. Hungersnöte und Seuchen waren die Folge. Der Handel erlag fast völlig. Die Situation der Isländer verschlechterte sich immer mehr. In den Jahren von 1402 bis 1404 starben außerdem zwei Drittel der Bevölkerung an einer Pestepidemie.

Als sich in Dänemark die Reformation der Kirche durchsetzte, widersetzten sich die Isländer anfangs dagegen. Dänemark reagierte mit Härte; 1550 wurde der letzte katholische Bischof in Island zusammen mit seinen beiden Söhnen hingerichtet.

Handelseinschränkungen

Als England und die Hanse Island günstige Waren anboten, wurde ein strenges Handelsmonopol von Dänemark erlassen. Die Dänen befürchteten, sonst Absatzprobleme mit ihren eigenen Waren in Island zu bekommen. 1602 wurde das **Handelsmonopol** mit Island nur noch an die skandinavischen Städte *Malmö, Helsingör* und *Kopenhagen* vergeben. Der Handel schwächte sich daraufhin merklich ab, und Island verarmte mit der Zeit wirtschaftlich immer mehr. Dennoch wurde das Handelsmonopol weiter verschärft; 1621 wurde den Isländern sogar die Seefahrt mit großen Schiffen untersagt. Die Dänen konnten die Exportpreise für isländischen Fisch nahezu nach Belieben festlegen. 1627 überfielen arabische **Piraten** die Westmänner-Inseln, plünderten und verwüsteten die Siedlungen und verschleppten viele Isländer als Sklaven nach Nordafrika. Auch das isländische Festland blieb von solchen Piratenüberfällen nicht verschont. Die Bevölkerungszahl Islands sank rapide, und das geschwächte Land konnte sich nicht mehr aus eigener Kraft regieren. 1682 wurde der dänische König absoluter Herrscher über Island.

Von 1707 bis 1709 wüteten die Pocken und forderten erneut ein Drittel der isländischen Bevölkerung; im Jahr 1703 lebten etwa 50 000 Isländer auf der Insel. Im 18. Jahrhundert kam es wieder zu einem verheerenden Vulkanausbruch. Durch den Ausbruch der *Lakispalte* starb fast ein

Der Gesetzesfelsen Lögberg in Þingvellir – Ursprung der isländischen Rechtsprechung

Viertel der Isländer. Der nächste strenge Winter und eine sieben Jahre dauernde Hungersnot forderten nach dem Vulkanausbruch 11 000 Menschenleben.

Freiheitsbewegungen in Island

Auf dem europäischen Festland tobten in dieser Zeit die Napoleonischen Kriege. Dänemark verbündete sich dabei mit Frankreich. Als Frankreich unterlag, mußte Dänemark Norwegen als Kriegsschuld an Schweden abtreten. Island, Grönland und die Färöer-Inseln blieben unter dänischer Herrschaft.

1800 wurde das Alþing aufgelöst. Schon vorher hatte es allenfalls die Bedeutung eines Landgerichts.

Um 1830 setzten in Europa **Freiheitsbewegungen** ein. Auch die Isländer beteiligten sich daran und strebten wieder nach Unabhängigkeit. Sie entsandten zwei Abgeordnete ins dänische Parlament, um ihren Willen kundzutun. Besonders *Jón Sigurðsson* (1811–1879) tat sich in der Selbstständigkeitsbewegung des Landes hervor. Sein Verdienst war es auch, daß 1843 das Alþing wiedereingesetzt wurde. Anfangs hatte es jedoch noch nicht seine ursprüngliche Bedeutung, sondern nur beratende Funktion.

1851 forderten die Isländer ein freies Bündnis mit Dänemark und ihre eigenen Völkerrechte zurück. Der dänische König schenkte den Isländern eine neue Verfassung zur 1000-Jahr-Feier der Besiedlung des Landes im Jahre 1874. Das Alþing bekam die Finanzkontrolle zurück. Außerdem erhielt es die gesetzgebende Funktion unter Aufsicht des dänischen Königs. Die exekutive Gewalt hatte ein Gouverneur, der allerdings noch dem dänischen Minister für isländische Angelegenheiten unterstand.

1904 hatten die Isländer wieder ihren ersten eigenen Minister. 1911 wurde in Reykjavík die erste isländische Universität gegründet. 1918 wurde Island unabhängiger Bestandteil Dänemarks mit eigener Innenpolitik. Nur die Außenpolitik unterstand weiterhin den Dänen. Ein Jahr später gründeten die Isländer eine eigene Fluggesellschaft. Im Jahre 1930 fand die 1000-Jahr-Feier der Gründung des Alþing statt.

Gründung der Republik Island

Als Dänemark 1940 im II. Weltkrieg von deutschen Truppen besetzt wurde, gestaltete Island auch wieder seine eigene Außenpolitik. Dies bedeutete gleichzeitig das Ende der politischen Verbindung zwischen den beiden Ländern. 1940 wurde Island von Großbritannien besetzt, 1941 waren es die Amerikaner, die die Besatzung fortführten. Sie bauten den Flughafen von *Keflavík* aus und sammelten ihre Kriegsschiffe in den isländischen Gewässern. Die Insel diente den Amerikanern im Kampf gegen Hitler als Basis für Waffenlieferungen an die Sowjetunion. Island war plötzlich zu einer strategisch wichtigen Drehscheibe im Nordatlantik geworden.

1951 schloß Island mit den USA ein **Verteidigungsbündnis,** das bis heute besteht. Die in Island stationierten amerikanischen Soldaten sollen auch die Sicherheit der Bevölkerung des

Landes garantieren. Gleichzeitig nährten die Amerikaner aber auch die tiefsitzende Furcht der Isländer vor allzu starkem fremden Einfluß. Manch ein Politiker war damals der Meinung, daß es „schon besser wäre, wenn die amerikanischen Freunde die Insel wieder verließen". Die Ausstrahlung eines lokalen Fernsehsenders für die amerikanischen GI´s in Keflavík und die Aufenthaltsdauer der amerikanischen Soldaten bei Ausflügen nach Reykjavík und in das Land wurden anfangs reglementiert. Heute befindet sich in Keflavik noch immer eine Radarstation des amerikanischen Militärs, die den Nordatlantik überwacht. 1996 einigten sich Island und die USA, daß in Keflavík „ständig mindestens vier US-Kampfflugzeuge stationiert sind".

Am **17. Juni 1944** wurde im *Þingvellir* die Republik Island ausgerufen. Der erste Ministerpräsident des Landes war *Sveinn Björnsson.* Der **Tag der Republikgründung** gilt seither als **Nationalfeiertag.**

Wappen Islands

Von 1980 an stand für 16 Jahre eine Frau an der Spitze des Staates Island. *Vigdis Finnbogadóttir* war das erste parlamentarisch gewählte weibliche Staatsoberhaupt der Welt. Seit 1996 ist *Ólafur Ragnar Grímsson* isländischer Staatspräsident.

Stellung in der Europa- & Weltpolitik

1946 trat der neugegründete Staat Island den **Vereinten Nationen** bei, 1949 der *NATO.* Jedoch besitzt das Land bis heute **keine eigenen Streitkräfte.** Seit 1950 ist Island **Mitglied im Europarat.** 1970 erfolgte der Beitritt zur *EFTA.* Island ist Mitglied des Europäischen Wirtschaftsraums *(EWR)* seit der Gründung 1994.

Um die Fischereigrenzen zu erweitern und damit den Fischertrag zu sichern, wurden von Island einseitig immer wieder die Fangzonen vergrößert. Dadurch kam es in den Jahren 1952 bis 1975 mit mehreren anderen europäischen Ländern zu Auseinandersetzungen, teilweise auch mit Waffengewalt. Die Streitigkeiten mit Großbritannien um die Ausdehnung der Fischereizone auf 50 Seemeilen gingen 1972 als **„Kabeljaukrieg"** in die Geschichte ein (vgl .auch S.226). Erst als die Isländer mit dem Austritt aus der NATO drohten, wurde der Konflikt auf Druck der USA beendet. 1975 erweiterten die Isländer ihre Fischereizone auf 200 Seemeilen.

Island nimmt – abgesehen von den Verpflichtungen aus der Mitgliedschaft in der NATO – eine weitgehend **neutrale Rolle in der Weltpolitik** ein. Auf halbem Weg zwischen der Sowjetunion und den USA fand deshalb 1986 das Gipfeltreffen zwischen

Wahlergebnisse der Alþingwahlen vom 8. Mai 1999

Partei	Stimmen %	Gewinn/Verlust %	Sitze im Alþing
Unabhängigkeitspartei	40,7	+ 3,6	26
Fortschrittspartei	18,4	- 4,9	12
Vereinigte Linke	26,8	-	17
Links-Grüne Bündnis	9,1	-	6
Liberale Partei	4,2	-	2

US-Präsident *Ronald Reagan* und dem sowjetischen Staatschef *Michail Gorbatschow* in Reykjavík statt.

Einen Beitritt in die *EU* lehnen die Isländer immer noch ab. Sie befürchten zu große wirtschaftliche Nachteile für ihr Land wegen des Wegfalls der Zölle sowie negative Auswirkungen auf die Fischereiwirtschaft.

Politik

(Mitarbeit: *Sven Strumann)*

Politisches System

Nach der ersten und nach wie vor gültigen **Verfassung vom 17.06. 1944** ist Island eine unabhängige, **parlamentarisch-demokratische Republik.** Staatsoberhaupt ist der Präsident *(forsæti Íslands),* der vom Volk in allgemeiner, direkter und geheimer Wahl für die Dauer von vier Jahren gewählt wird. Der Präsidentschaftsbewerber muß mindestens 35 Jahre alt und Isländer sein. Der **Präsident** kann beliebig oft wiedergewählt werden. Seine Aufgaben sind die Vertretung des Landes nach außen, Ernennung und Entlassung von Regierungsmitgliedern und die Verleihung der Staatsbürgerschaft an Einwanderer. Der Präsident hat ein eingeschränktes Vetorecht bei der Gesetzgebung. Er kann vom Parlament beschlossene Gesetzesvorlagen ablehnen; dies muß jedoch vom Volk bestätigt werden.

Die **Regierung des Landes** wird vom **Ministerpräsidenten** *(forsætisráðherra)* ausgeübt. Im **Alþing,** der Volksvertretung, sitzen 63 Abgeordnete. Sie werden jeweils für vier Jahre gewählt. Wählen kann jeder isländische Staatsbürger ab 18 Jahren. 1987 wurde das Wahlrecht geändert, um den politischen Einfluß der unterschiedlich dicht besiedelten Landesteile gerechter zu verteilen.

Verwaltungsmäßig besteht Island aus acht Regionen, die noch einmal in 23 Landesteile *(syslur)* unterteilt sind. Diese teilen sich wiederum in 158 Landgemeinden *(hreppar),* acht städtische Gemeinden und 31 kreisfreie Städte.

Bei den **letzten Parlamentswahlen im Mai 1999** siegte wie auch bei den Wahlen zuvor die konservative Unabhängigkeitspartei *(Sálfstæ›isflokkurinn, SF)* von Ministerpräsident *Daví› Óddsson.* Er ist seit acht Jahren im Amt und hat damit diese Funktion am längsten inne. Die SF, die 40,7% Stimmen erhielt und damit

3,6% hinzugewann, koaliert mit der liberalen Fortschrittspartei *(Framsóknarflokkurinn, FF)*, die 4,9% Stimmenverluste hinnehmen mußte. Dagegen war das Links-Grüne-Bündnis, eine Splitterpartei der Volksallianz, mit 9,1% der Stimmmen erfolgreich. Auch die Liberale Partei zog mit 4,1% ins Parlament ein, womit niemand gerechnet hatte. Enttäuscht war jedoch die Vereinigte Linke, die nur 26,8% der Stimmen erhielt. Mit ihrer Gründung hatte sich die politische Landschaft in Island grundlegend verändert. Vier Parteien, die Sozialdemokraten, die linke Volksallianz, die Frauenliste und das Volkserwachen, eine Splitterpartei der Sozialdemokraten, sind ein Wahlbündnis eingegangen, um eine große linke Partei zu bilden. Damit wollten sie der rechten Regierungspartei einen Machtblock entgegensetzen. Vor zehn Jahren, vor Ende des kalten Krieges, wäre eine solche Partei undenkbar gewesen. Am schwierigsten war es für die Volksallianz, ihre Mitglieder von dem Zusammenschluß zu überzeugen. Als Konsequenz traten einige Parlamentsmitglieder aus der Partei aus und gründeten das Links-Grüne Bündnis. 1995 hatten die zusammengeschlossenen Parteien noch 37,8% der Stimmen erhalten. Die Wahlbeteiligung bei den Parlamentswahlen lag bei 84,1%. Vier Jahre zuvor hatte sie 87,3% betragen. Der 1999 erzielte Wert ist niedrig für isländische Verhältnisse. Die Bevölkerung scheint sich damit dem Trend in anderen demokratischen Staaten anzuschließen. Erstmals setzt sich das Parlament zu einem Drittel aus Frauen zusammen, 15 neue Mitglieder kamen hinzu.

Parteien

Sjálfstæðisflokkurinn (SF); Unabhängigkeitspartei

Die konservative Unabhängigkeitspartei entstand 1929 aus liberalen und konservativen Parteien. In ihrem Parteiprogramm setzt sie sich für die freie Marktwirtschaft ein. Die SF ist die Partei des Handels, der Industrie und der Fischerei. Sie befürwortet den Verbleib von Island in der NATO; den EU-Beitritt lehnt sie jedoch ab. **Davið Oddsson** ist der Parteivorsitzende.

Framsóknarflokkurinn (FF); Fortschrittspartei

Die Fortschrittspartei wurde 1916 als politische Vertretung der Landwirtschaft gegründet. Sie setzt sich besonders für die Kleinbauern und landwirtschaftlichen Genossenschaften ein. Ihre politische Richtung ist gemäßigt linksliberal. **Halldor Ásgrímsson** ist Parteivorsitzender.

Alþuflokkurinn (AF); Sozialdemokratische Partei

Die Sozialdemokratische Partei wurde 1916 als gemäßigte sozialistische Arbeiterpartei gegründet. Der linke Parteiflügel spaltete sich 1930 als Kommunistische Partei ab. 1938 und 1956 wechselten weitere Mitglieder zur Kommunistischen Partei. 1994 spaltete sich erneut der linke Teil der Partei ab und bildete das Volkserwachen. Der Vorsitzende der Partei ist **Jón Baldvin Hannibalsson.**

Alþýðubandalagið (AL); Volksallianz

Die sozialistische Volksallianz entstand 1968 und ist ein Wahlbündnis der Kommunisten und des Flügels, der sich 1956 von den Sozialdemokraten abspaltete. Auch nach dem Verfall des Kommunismus verlor die Partei nicht an Bedeutung. Sie setzt sich für einen Austritt Islands aus der NATO ein. Den Parteivorsitz hatte bis zu seiner Wahl zum Präsidenten *Ólafur Ragnar Grímsson* inne. Nachfolgerin wurde **Margret Frímannsdottir.**

Þjódvaki; Volkserwachen

Im November 1994 wurde diese linkspopulistische Partei gegründet. Sie entstand aus einer Protesthaltung gegenüber den Sozialdemokraten heraus, die nach Meinung der abtrünnigen Parteimitglieder eine zu liberale Politik verfolgten. Bei den Wahlen 1995 konnte die Partei auf Anhieb 7,2% der Stimmen erreichen. Vorsitzende der Partei ist die ehemalige Sozialministerin **Jóhanna Sigurðardóttir.**

Samtök um Kvennalistinn (SUK); Frauenliste

1983 wurde die Frauenliste gegründet. Ihre Hauptziele sind die Durchsetzung der Rechte und der Gleichstellung der Frau. Außerdem will die Partei erreichen, daß die Arbeit der Hausfrauen höher bewertet wird. 1987 konnte die SUK mit 10,1% ihren bisher höchsten Stimmenanteil erreichen. Seither geht er jedoch sukzessive zurück. 1994 wurde die Kandidatin *Ingibjörg Sólrún Gisladóttir* mit 53% zur Bürgermeisterin der Stadt Reykjavík gewählt. In der Außen- und Wirtschaftspolitik verfolgt die Partei ähnliche Ziele wie die Volksallianz. Den Vorsitz der Partei übernahm **Sigríður Kristmundsdóttir.**

Vereinigte Linke

Zur Vereinigten Linken hatten sich 1998 die Sozialdemokraten, die Volksallianz, das Volkserwachen und die Frauenliste in einem Bündnis zusammengeschlossen. Angeführt werden sie von **Margrét Frímannsdóttir.** Die Partei geht davon aus, daß in den letzten Jahren gute Bedingungen für Betriebe in Island entstanden sind. Ihr Ziel ist es, für die Menschen zu sorgen. Dazu möchte sie deren Lebensverhältnisse verbessern und sich für Fortschritt und Gleichheit einsetzen. Das Wachstum und die Stabilität der Wirtschaft soll andauern.

Links-Grüne Bündnis

Diese Partei hat sich von der Volksallianz abgespalten. Sie wird angeführt von **Steingrímur J. Sigfússon.** Die Partei votiert gegen die Allmacht der Marktwirtschaft und für die Abschaffung der Militärbasis in Keflavík. Sie fordert den Austritt aus der NATO und will die Natur des Landes schützen, unter anderem durch die Einführung von Umweltsteuern.

Liberale Partei

Niemand hatte damit gerechnet, daß diese Partei ins Parlament einziehen würde. Sie wird angeführt von **Sverrir Hermannsson,** ehemals Minister der Unabhängigkeitspartei. Dem Fischer *Gudjón A. Kristjánsson* ist es zu verdanken, daß die Partei besonders viele Stimmen in den Westfjorden erhielt. Ihre Gründung geht auf das Quotensystem zurück, das der Regulierung der Fischerei dienen soll. Ziel der Gruppierung ist es, dieses System grundlegend zu verändern.

Fortsetzung auf Seite 220

Ólafur Ragnar Grímsson

Ein Porträt des Präsidenten der Republik Island

Islands fünfter Präsident heißt Ólafur Ragnar Grímsson. Er ist seit August 1996 im Amt, nachdem er bei den Präsidentschaftswahlen zwei Monate zuvor mit 40,9% aller Stimmen gewählt worden war. Mit 68 370 der abgegebenen Stimmen siegte er deutlicher als erwartet über seinen Herausforderer, den konservativen Kandidaten Pétur Hafstein, der nur 29,2% der Wähler auf sich vereinen konnte. Guðrún Agbarsdóttir, die Mitbegründerin der im Parlament vertretenen Frauenliste, erhielt 26% der Stimmen. Der Geschäftsmann Ástþór Magnússon stand an vierter Stelle mit 2,6%. Die Wahlbeteiligung lag bei 85,9%. Die langjährige, sehr beliebte Staatspräsidentin Vigdís Finnbogadóttir war bei dieser Wahl nicht mehr angetreten.

Ólafur Ragnar Grímsson wurde 1943 als Sohn des Friseurs und Stadtrats Grímur Kristgeirsson und der Hausfrau Svanhilður Ólafsdóttir in Ísafjörður geboren. Seine Kindheit verbrachte er in seiner Geburtsstadt und bei seinen Großeltern in Þingeyri. Er machte 1962 sein Abitur in Reykjavík. Bereits während seiner Schulzeit war er Präsident der schulinternen Diskussionsrunde „Zukunft“. Ólafur Ragnar Grímsson studierte Wirtschafts- und Politikwissenschaften in Manchester. 1965 legte er dort den Abschluß des Bachelor of Arts ab und promovierte fünf Jahre später. Im Rahmen seiner Doktorarbeit arbeitete er am Projekt „Kleinere europäische Demokratien“ mit.

Nach seiner Rückkehr nach Island wurde Ólafur Ragnar Grímsson Dozent für Politikwissenschaften an der Universität Reykjavík. 1973 erhielt er eine volle Professur. Er baute den Bereich der Sozialwissenschaften an der Universität mit auf. Dabei war sein Spezialgebiet die Entwicklung des politischen Systems in Island. Er verfaßte Lehrtexte über dieses Thema sowie Essays über internationale Angelegenheiten. Von 1966 bis 1970 war Ólafur Ragnar Grímsson verantwortlich für die Fernseh- und Radioprogramme, was zu einer offeneren politischen Diskussion führte.

Ólafur Ragnar Grímsson begann sich schon früh politisch zu engagieren. 1966 bis 1973 war er im Vorstand des Jugendverbandes der Fortschrittspartei, von 1971 bis 1973 im Vorstand dieser Partei. 1974 stellte er sich als Kandidat der Volksallianz zur Wahl als Volksvertreter von Ostisland. 1974 und 1975 war er stellvertretendes Mitglied des Parlaments. In diesen beiden Jahren war er auch Vorstandsvorsitzender der Volksallianz.

1978 und 1979 wurde Grímsson zum Volksvertreter der Volksallianz für den Bezirk Reykjavík gewählt. Die nächsten drei Jahre war er Vorsitzender der Parlamentsgruppe dieser Partei. Bis 1983 saß er im Parlament. Von 1988 bis 1991 war Ólafur Ragnar Grímsson Finanzminister in der Regierung von Steingrímur Hermannsson. 1991 und 1995 wurde er erneut zum Volksvertreter der Volksallianz in Reykjavík gewählt. Von 1987 bis zum Herbst vergangenen Jahres Parteivorsitzender der Volksallianz, war Grímsson auch Mitglied zahlreicher öffentlicher Körperschaften, u.a. des Wirtschaftsrates, des Vorstands des Isländischen Rundfunks und des Vorstands der Nationalen Energieversorgungsgesellschaft.

Ólafur Ragnar Grímsson war von 1984 bis 1990 Vorsitzender und anschließend internationaler Präsident der Internationalen Vereinigung „Parlamentarier für globale Aktionen". Bis heute ist er im Vorstand und im Exekutivkommitee. Dieser Vereinigung gehören 1800 Parlamentarier aus über 80 Ländern an. Sie organisierten von 1984 bis 1989 die Sechs-Nationen-Friedensinitiative, der auch der verstorbene schwedische Premier Olav Palme und der Inder Rajiv Ghandi angehörten. Ólafur Ragnar Grímsson wurde 1987 mit dem Indira-Ghandi-Friedenspreis dieser Vereinigung ausgezeichnet.

Von 1980 bis 1984 und dann wieder 1995 war Ólafur Ragnar Grímsson Mitglied der Parlamentarischen Versammlung des Europarates. Von 1982 bis 1984 war er Vorsitzender des Organisationskommitees der Parlamentarischen Konferenz des Europarates: „Nord-Süd: Europas Rolle". Diese Konferenz schuf die Voraussetzungen für die Arbeit des Europarates in den Nord-Süd-Beziehungen und die Gründung des Nord-Süd-Zentrums in Lissabon. Ólafur Ragnar Grímsson war in den letzten Jahren Berater isländischer Firmen, vor allem solcher, die in Asien und Südamerika neue Märkte erschließen wollten.

Ólafur Ragnar Grímsson heiratete 1974 Guðrún Katrín Þorbergsdóttir. Er ist der Vater von Zwillingstöchtern, Guðrún Tinna und Svanhildur Dalla, die 1975 geboren wurden. Beide studieren an der Universität in Reykjavík, Tinna Wirtschaftswissenschaften und Dalla Wirtschafts- und Politikwissenschaften.

Das isländische Rechtssystem

Der Oberste Gerichtshof *(Hæatiréttur)* hat seinen Sitz in Reykjavík und besteht aus acht Richtern, die vom Staatspräsidenten ernannt werden. Der vorsitzende Richter wird alle zwei Jahre von den übrigen Richtern gewählt.

1992 wurden Straf- und Zivilgerichtsbarkeit getrennt. Es bestehen acht Bezirksgerichte. Eine Reform des Strafrechts erfolgte zuletzt 1972. Das Zivilrecht geht auf das Jahr 1936 zurück, das Rechtssystem insgesamt hat seinen Ursprung in einer mittelalterlichen Gesetzessammlung, der **Grágás** („Graugans"). Diese entstand 1281 aus dem norwegischen Recht und wird seither immer wieder durch das Alþing aktualisiert.

Sozialwesen

Island ist ein **Sozialstaat.** Seit 1946 regeln Sozialgesetze unter anderem die Leistungen der Kranken-, Invaliden-, Renten- und Unfallversicherung. Der Staat zahlt außerdem für die Kinderfürsorge sowie für den Mutter- und Kinderschutz.

Jeder Isländer hat einen **Jahresurlaub von 24 Tagen.** Im Schnitt geht er mit **67 Jahren in Rente** – eine Ausnahme bilden die Seeleute und Fischer, die eher in Rente gehen. 60 000 Isländer sind gewerkschaftlich organisiert. Nur sie erhalten Unterstützung, wenn sie arbeitslos sind. Steigende Arbeitslosenzahlen und die hohe Staatsverschuldung lassen neuerdings auch in Island Kürzungen im Sozialbereich unausweichlich erscheinen.

Eine Besonderheit in Island ist das **Bausparprogramm:** Jeder Jugendliche, der in einem Arbeitsverhältnis steht – und das sind wegen der dreimonatigen Sommerferien sehr viele – muß 15% seines Lohnes auf ein Bausparkonto einzahlen. Wenn er heiratet oder das 27. Lebensjahr erreicht, wird ihm das Geld ausbezahlt. Er kann mit diesen Eigenmitteln eine Eigentumswohnung oder ein Haus erwerben und zinsgünstig finanzieren.

Gesundheitswesen

Die gute medizinische Versorgung der Isländer haben wir bereits kennengelernt (s. S.42). Mit einem Arzt für nur 357 Einwohner ist die **Ärztedichte eine der höchsten der Welt.** Allerdings haben die Mediziner dadurch in Island einen schweren Stand: Viele von ihnen sind unterbeschäftigt und auf eine Nebenbeschäftigung oder gar öffentliche Unterstützung angewiesen. 1990 waren 726 Ärzte, 219 Zahnärzte und 132 Apotheken registriert. 1992 gab es 57 Krankenhäuser mit 3924 Betten. Damit kommt auf 67 Einwohner ein Bett! Jeder Isländer muß für 10% seiner Arztkosten selbst aufkommen. Die Kosten für den Zahnarzt werden praktisch nicht bezuschußt. Die häufigsten Todesursachen in Island sind Kreislauferkrankungen und Krebs.

Bildungswesen

Der hohe Bildungsstand der Isländer hat eine lange Tradition. Bereits im Mittelalter war die hochentwickelte Literatur nicht die Kunst einiger weniger, sondern das ganze Volk hatte

Anteil daran. Die **Literaturbegeisterung** der Isländer ist bis heute erhalten geblieben. Die Isländer zählen zu den lesefreudigsten Völkern, in ihrem Land werden auch die meisten Bücher im Verhältnis zur Einwohnerzahl produziert. Auch die Zahl der Autoren ist in Island sehr hoch. Ohne Schwierigkeiten kann jeder Isländer einen Beitrag verfassen und diesen auch publizieren, wenn er anderen etwas mitteilen will. Seit Ende des 18. Jahrhunderts gibt es praktisch keine Analphabeten mehr. 1907 wurde die allgemeine Schulpflicht für 10–14jährige eingeführt, wobei die Kinder bis zum Alter von zehn Jahren zu Hause unterrichtet wurden. 1946 erweiterte man die Schulpflicht; sie umfaßt heute alle 7–16jährigen. Die Einschulung der Kinder erfolgt allerdings meist schon im sechsten Lebensjahr.

Das **isländische Schulsystem** entspricht im Niveau dem anderer hochentwickelter Länder. Das Schuljahr dauert von September bis Mai. Der Unterricht findet normalerweise bis zum Nachmittag statt. Nach der neunjährigen Pflichtschulzeit an einer der über 200 Grundschulen des Landes stehen allen Schülern weiterführende Schulen offen. Die Gymnasien werden auf dem Land meist als Internate geführt. Pflichtsprachen sind Englisch und Dänisch, als dritte Fremdsprache wählen 80% der Schüler Deutsch und 20% Französisch. Nach vier Jahren kann das Abitur abgelegt werden, das den Zugang zu einer Hochschule ermöglicht. Kuriosum am Rande ist, daß zum isländischen Abitur auch das Bestehen einer Schwimmprüfung gehört! Studienfächer mit Numerus clausus gibt es in Island nicht. Ungefähr ein Drittel der Abiturienten eines Jahrgangs studiert. An der Universität Reykjavík, der Hochschule in Akureyri und den Colleges waren 1994 über 6000 Studenten eingeschrieben. 2500 Isländer studierten an ausländischen Universitäten.

Die Studienzeit beträgt maximal vier Jahre; für diese Zeit erhält jeder Student ein staatliches Darlehen. Die größte Nachfrage besteht derzeit nach Philosophie. Aber nicht alle Studienfächer werden in Reykjavík angeboten; Tiermedizin oder Architektur müssen zum Beispiel nach wie vor im Ausland studiert werden. Das Auslandsstudium, vor allem in den skandinavischen Ländern und den USA, hat in Island einen hohen Stellenwert.

Gedenken an die Dichter (hier Stephan G. Stephanson): Indiz für die Leselust in Island

Seit 1988 gibt es in Akureyri eine unabhängige **Hochschule für Fischereimanagement,** was die hohe Bedeutung dieses Wirtschaftssektors für das Land unterstreicht. Lehrer-, Agrar- und Technik-Colleges führen zu weiteren berufsqualifizerenden Abschlüssen. Die Staatliche Schule für Kunst und Kunsthandwerk, das Konservatorium und die Schauspielschule sollen zu einer **Akademie der Künste** zusammengelegt werden und den Status einer Universität erhalten.

Eine Besonderheit in Island ist die von den Gemeinden geschaffene **Arbeitsschule** *(vínarskóli).* Diese bietet den Schülern die Möglichkeit, in den langen Sommerferien zu arbeiten und etwas Geld zu verdienen. Meistens arbeiten die Jugendlichen in der Landschaftspflege oder helfen bei der Aufforstung mit. Aber auch die Wirtschaft und der Handel, insbesondere die Tourismusbranche, bieten im Sommer gute Arbeitsmöglichkeiten.

Wirtschaft

Wirtschaftsdaten & Wirtschaftsklima

Von 1970 bis 1990 war die **Inflation** das wirtschaftiche Hauptproblem des Landes. Die Rate betrug in den Jahren 1980 bis 1986 durchschnittlich 46,7% mit einem Spitzenwert von 86% im Jahr 1983. Strenge Lohnkontrollen stoppten 1990 diese hohe Inflation; sie sank kontinuierlich von 15% im Jahr 1990 bis auf 1,7% im Jahr 1995. 1998 stieg sie wieder auf 3% an, ein Wert allerdings, der kein Grund zur Sorge ist.

Dafür traten **andere Probleme** auf. Die überwiegend private Wirtschaft war bis Ende der 80er Jahre durch Preisbindungen, Protektionismus und kreditpolitische Vorgaben des Staates sowie infolge der Kontrolle des Kapitalflusses von und nach Island stark vom Staat abhängig. Anfang der 90er Jahre wurden diese Beschränkungen und Kontrollen aufgehoben und die Wirtschaft liberalisiert. Einige Branchen waren unter diesen neuen Rahmenbedingungen auf dem Weltmarkt nicht mehr konkurrenzfähig. Konkurse häuften sich. Die Wirtschaft brauchte einige Zeit, um wieder wettbewerbsfähig zu werden. Dies kostete wie überall in den Industrieländern Arbeitsplätze: Die **Arbeitslosenquote** lag 1998 bei 3,6%.

Durch die Neuorientierung der Wirtschaft siedelten sich in Island High-Tech-Betriebe an, die verstärkt mit ausländischem Kapital gegründet wurden. Isländische Standortvorteile sind der hohe Bildungsstandard der Isländer, die langen Wochenarbeitszeiten von durchschnittlich 45 Stunden, eine geringe Fluktuation der Arbeitnehmer durch seltenen Wechsel des Arbeitsplatzes und kaum Produktionsausfälle als Folge von Streiks. Obwohl die Löhne hoch sind, erreichen die Lohnnebenkosten nicht das Ausmaß wie etwa in Deutschland. Gegenwärtig sind das permanent **hohe Defizit der öffentlichen Hand** (-3% im Jahr 1995) und die **steigende Auslandsverschuldung** (von 228,1 Mill. ISK im Jahr 1992 auf 257,9 Mill. ISK im Jahr 1996) die wesentlichen Wirtschaftsprobleme des Landes.

Das **Bruttosozialprodukt** stieg von 2600 Mill. US$ im Jahr 1985 auf

7318 Mill. US$ bzw. 525 432 Mill. ISK im Jahr 1997. Das Bruttosozialprodukt 1998 wurde auf 7500 Mill. US$ geschätzt.

Landwirtschaft & Viehzucht

Die landwirtschaftlich genutzte Fläche nimmt lediglich 1% der Gesamtfläche Islands ein. Die Wachstumsperiode dauert nur vier bis fünf Monate. Die Hauptzweige sind Heuproduktion und Haustierhaltung. Die Landwirtschaft ist ein wichtiger Arbeitgeber, ca. 5% der Bevölkerung finden hier Beschäftigung. Derzeit werden ca. 4500 Höfe bewirtschaftet, die meist als eigenständige Anwesen außerhalb der Orte stehen; diese typisch isländische Siedlungsweise prägt das Landschaftsbild. Die Höfe sind meist von ausgedehnten bewirtschafteten Flächen umgeben. Die landwirtschaftlichen Betriebe und das Land befinden sich zu 85% in Privatbesitz und gehören zu zwei Dritteln ihren Bewohnern. Die Pacht ist in Island nicht so verbreitet wie in Deutschland.

Bei der ersten Volkszählung in Island im Jahre 1703 waren 69% der Bevölkerung Bauern, zu Beginn des 20. Jahrhunderts war es nur noch die Hälfte. Im Laufe der nächsten neunzig Jahre reduzierte sich die Zahl der Isländer, die ihren Lebensunterhalt

Hveragerði – Nutzung der geothermalen Energieressourcen zur Beheizung von Gewächshäusern

mit der Landwirtschaft bestreiten, auf nur noch knapp 5%. Diese Tendenz besteht weiter. Im August 1998 unterhielten wir uns an einer Tankstelle in Vík mit einem Farmarbeiter, der uns erzählte, daß er bei freier Kost und Logis pro Monat 25 000 ISK (625 DM) verdiene.

Zu Beginn der Besiedlung Islands bauten die ersten Siedler Gerste und Hafer an. Durch die Klimaverschlechterung kam es zu Mißernten, so daß der Getreideanbau im 16. Jahrhundert eingestellt wurde. Im Süden Islands werden heute wieder vielversprechende Versuche mit dem Anbau von kälteresistenter Gerste und Hafer gemacht.

Heute wird der größte Teil der auf den landwirtschaftlich genutzten Flächen erzeugten Produkte im eigenen Land benötigt. Nur ein geringer Anteil davon wird im Rahmen eines Abkommens zur gegenseitigen Hilfe in andere nordische Länder ausgeführt, wenn dort beispielsweise in trockenen Sommern Heumangel besteht. Der Anbau von Kartoffeln und Rüben ist in Island wegen des kurzen Sommers problematisch. Dennoch können die Isländer 60–80% ihres Bedarfs an Kartoffeln selbst decken.

Seit 1924 nützt man die **geothermale Energie** für den Anbau von Gemüse **in Treibhäusern.** Seit einigen Jahren werden in den Treibhäusern vermehrt auch Blumen, Orangen, Zitronen und andere, zum Teil auch exotische Früchte angebaut. Für den Eigenbedarf wächst heute auf etwa 160 000 m^2 Fläche Gemüse, in erster Linie Tomaten, Gurken, Möhren, Weiß-, China- und Blumenkohl. Etwa 60% der Treibhauskulturen befinden sich in *Hveragerði,* einem Dorf, das zwischen *Selfoss* und *Reykjavík* liegt.

Rinder und Schafe sind seit jeher die beiden Grundpfeiler der isländischen Viehzucht. Der Inlandsmarkt wird vollständig mit eigenen Tieren versorgt, der Fleischimport ist verboten. Die **Schafzucht** leidet jedoch seit einigen Jahrzehnten unter Überproduktion. Zählte man 1986 675 000 Schafe, sind es heute noch 450 000. Mit dieser Reduzierung will man auch die zunehmende Zerstörung der Vegetation eindämmen, da die Schafe überwiegend frei auf dem Land gehalten werden. Auch für die Milchproduktion gelten inzwischen Höchstmengen. Lämmer und überschüssige Milchprodukte werden heute stark subventioniert in andere europäische Länder exportiert. Für die inländische Fleischproduktion spielt die Schafzucht aber nach wie vor eine große Rolle. Die Zucht von Geflügel und Schweinen hat in den letzten Jahren stark zugenommen.

Insgesamt ist die Agrarproduktion in den letzten Jahrzehnten wesentlich effektiver geworden. Vorher wurde in erster Linie ausschließlich für den Eigenbedarf produziert. Durch die Trockenlegung von Sümpfen und Mooren sowie die Kultivierung von natürlichem Grasland konnten zusätzliche Flächen für den Anbau und als ertragsreiche Weiden geschaffen werden. Durch den gezielten Einsatz von Düngemitteln wurde der landwirtschaftliche Ertrag weiter gesteigert. Die Landwirte können deshalb heute marktorientiert auch für den Export wirtschaften.

Nach wie vor sind **Pferde** ein wesentlicher Wirtschaftsfaktor. 1995 wurden in Island 78 000 Pferde gezählt. Obwohl sie heute nicht so sehr als Arbeitstiere eingesetzt werden, braucht man sie als Reittiere und Freizeitpferde. Sie werden auch in wachsender Zahl nach Europa und in die USA exportiert.

Zwischen 1960 und 1987 erlebte die **Zucht von Polarfüchsen und Nerzen** in Pelztierzuchtfarmen einen großen Aufschwung. Dieser endete abrupt mit einigen Konkursen in der Branche. Seit 1991 gibt es es erneut Versuche mit diesem Wirtschaftszweig. Gab es 1987 noch 87 000 Nerze und 9000 Polarfüchse, waren es 1995 noch 30 000 bzw. 7000 Tiere.

Fischfang & Fischzucht

Der Fischfang diente den Isländern jahrhundertelang nur zur Selbstversorgung. Lediglich in geringem Ausmaß wurden Lachs, Tran, Stock-, Salz- und Klippfisch exportiert. Nach Aufhebung des Handelsmonopols durch Dänemark im 19. Jahrhundert nahm die Fischerei einen wirtschaftlichen Aufschwung, und man konnte sich von diesem Zeitpunkt an besser am Markt orientieren. Mit Beginn des 20. Jahrhunderts wurde die isländische Fischereiflotte entscheidend vergrößert. Nach dem II. Weltkrieg wurde die isländische Trawlerflotte weitgehend erneuert, außerdem kam die Gefriertechnik zum Einsatz. Dies war auch der Zeitpunkt, ab dem die isländischen Fischer zu einer ernsthaften Konkurrenz für andere europäische Staaten wurden. Sowohl die gefangene Fischmenge als auch die Größe der Fischereiflotte vervierfachte sich bis 1986. Obwohl der Fischfang in den darauffolgenden Jahren zahlenmäßig zurückging, konnte der daraus erzielte Erlös weiter erhöht werden. Die **isländische Fischereiflotte** besteht aus 800 Fischkuttern und Trawlern mit insgesamt **131 000 Bruttoregistertonnen** (1996). In zunehmendem Maß wird die Fischverarbeitung vom Land an Bord verlagert, Gefriertrawler liefern bereits 20% der gesamten Produktion. 73% des Gesamtexports von Island besteht aus Fisch und Fischprodukten. Größte Abnehmer sind die USA, Großbritannien, Portugal, Japan und Deutschland. Der Fischfang und die fischverarbeitende Industrie sichern 11% der Isländer einen Arbeitsplatz.

Rund um Island werden etwa **25 verschiedene Sorten Fisch** sowie eine Hummerart, Garnelen und Kammuscheln gefangen. Am wichtigsten für die Industrie sind Kabeljau, Rotbarsch, Seelachs, Schellfisch, Hering und Garnelen. Kabeljau macht immer noch rund 40% des gesamten Fischexports aus, obwohl der Fang von 390 000 t (1987) auf 260 000 t (1992) sank und weiter abnimmt. Rotbarsch, Seelachs, Schellfisch und andere Weißfischsorten kommen auf etwa 250 000 t jährlich. Nach einem Spitzenfang von 590 000 t Hering im Jahr 1965 verschwand diese Fischart fast vollständig aus den isländischen Fanggründen – die Fischbestände waren zu stark dezimiert worden. Seit 1990 steigt die Menge des gefangenen Herings wieder an. Sie belief sich im Jahr 1990 auf 100 000 t, 1993 auf 117 000 t und 1996 auf 265 000 t. Lodden fängt man zwar auch in großen Mengen – 1996 1,183 Mill. t –, dennoch spielt dieser Fisch keine große wirtschaftliche Rolle, da er hauptsächlich zu Fischmehl und Fischöl verarbeitet wird.

Angler am Meer an der Südküste

In der **Fischzucht** hat der Lachs die größte Bedeutung. Die Nachfrage steigt stetig, so daß es schon lange nicht mehr ausreicht, die Brutfische in den achtzig Lachsflüssen auszusetzen. Sie werden seit Anfang der 80er Jahre vermehrt in der Küstenregion gezüchtet. Zur Laichablage kehren die Lachse dann oft in ihre heimischen Gewässer zurück. Vor allem im Südwesten der Insel gibt es Lachszuchtbecken mit geothermal beheiztem Meerwasser. Zur Aufzucht werden idealerweise 15 bis 20°C benötigt, eine Temperatur, die das Meer auf natürliche Art und Weise nie erreichen würde. Außer Lachsen züchtet man auch Regenbogenforellen und Aale. Mit jährlich 3000 t Lachs und 500 t Forelle entwickelt sich dieser Zweig jedoch nur schleppend. Eine vielversprechende Fischart ist die Nordmeer-Forelle (Saibling), von der 1992 400 t gefangen wurden. Dieser Fisch ist sehr gefragt und erzielt einen guten Preis.

Die **Fischereigrenzen** wurden von Island mehrfach ausgedehnt, um die Überfischung durch andere Länder zu verhindern und die eigenen Fangerträge zu vergrößern. Die anderen Fischereinationen nahmen dies jedoch nicht kommentarlos hin. 1958 begann deshalb der **„erste Kabeljaukrieg“**, 1972 folgte der **„zweite Kabeljaukrieg“**, und als schließlich die Fischereigrenzen von isländischer Seite drei Jahre später auf 200 Seemeilen ausgedehnt wurden, kam es zum **„dritten Kabeljaukrieg“**. Erst als Island mit dem Austritt aus der NATO drohte und die diplomatischen Beziehungen zu Großbritannien abbrach, um seine Forderungen zu unterstreichen, einigte man sich nach Vermittlung der USA und schloß 1977 einen Vertrag, in welchem die Nationalhoheit Islands innerhalb der 200-Seemeilen-Zone festgeschrieben wurde. Insbesondere beim dritten Kabeljaukrieg sind isländische Kutter und Trawler innerhalb der proklamierten neuen Fischereizone von englischen Kriegsschiffen mit Waffengewalt am Fischen gehindert worden.

Der umstrittene **Walfang** hat in Island eine lange Tradition, er wurde jedoch nur in vergleichsweise geringem Ausmaß betrieben. Ende des letzten Jahrhunderts wurden die ersten Walfangstationen in Island von Norwegern gegründet, 1930 errichteten die Isländer ihre erste eigene. In den letzten Jahren protestierten auch in Island verschiedene Umweltschutzorganisationen vehement gegen den Walfang. Die Isländer gerieten dadurch immer mehr unter Druck, so daß sie schließlich nur noch zu „wissenschaftlichen Zwecken" Wale fingen. Walfleisch wurde zuvor vor allem nach Japan exportiert. Walöl diente aber auch in Europa zur Herstellung von Kosmetika, Linoleum und Kunstharzen.

Exportwirtschaft & herstellende Industrie

Den größten Teil des isländischen Exports nehmen mit etwa 75% Fisch und Fischprodukte ein. Dieser Umsatz entspricht etwa einem Viertel des Bruttosozialproduktes des Landes. Unter anderem wegen fehlender Rohstoffe können die Isländer sonst kaum eigene Produkte ausführen und müssen viele Dinge, die nicht in Island gefertigt werden, teuer importieren. Es ist jedoch das Bestreben der isländischen Regierung, daß sich das Land von den Importen immer weiter unabhängig macht und der Exportmarkt für eigene Produkte erweitert wird.

An größeren Fertigungsbetrieben gibt es in Island eine **Düngemittelfabrik,** ein **Kieselgurwerk** und staatliche **Zementfabriken.** Sowohl in der Düngemittel- als auch in den Zementfabriken wird Muschelschill, Kalkmaterial aus tief im Meer liegenden Muschelbänken, als Rohstoff verarbeitet. Aus Diatomeenerde, die im *Mývatn* vorkommt, wird bei *Reykjahlið* Kieselgur hergestellt. Es dient zur Produktion von Filtern, Isoliermaterial und Dynamit und wird fast ausschließlich exportiert.

Die metallverarbeitende Industrie besteht vor allem aus einigen **Stahlschiffsbauwerften.** Die Isländer exportieren ihre **Fischerei-Technologie** erfolgreich: Fischereizubehör, Netze, elektronische Geräte zur Steuerung und Datenverarbeitung sowie Fischverarbeitungsmaschinen werden im Land hergestellt und sind durch Patente geschützt. Weitere Produkte der herstellenden Industrie sind **Wolle, Lederwaren, Sportbekleidung, Schuhe und Farben.** Isländische Wollpullover, Decken aus Schafswolle, Schals, Wollkostüme und andere Strickwaren sind begehrte Souvenirs. Das Strickgarn (isl. *lopi)* wird auch zu Teppichen weiterverarbeitet. Zunehmend erfolgreicher verläuft der Export von reinem isländischen **Trinkwasser,** das völlig unbelastet von Schadstoffen ist und wegen seines Mineralienreichtums besonders gut schmeckt. Dieses Wasser wird sowohl in den USA als auch in Europa zu kohlensäurehaltigem Mineralwasser und Limonade weiterverarbeitet.

Die Exportindustrie gibt etwa 30 000 Isländern Arbeit. Neben den USA und Großbritannien ist Deutschland Hauptabnehmer der isländischen Produkte. Bei **Importen nach Island** steht Deutschland vor Dänemark und Norwegen an erster Stelle.

Energiewirtschaft

Island verfügt mit **Wasserkraftwerken** und **geothermalen Energiequellen** über gewaltige nutzbare Energiemengen. Die technisch ausbeutbare **Wasserenergie** wird auf 64 000 Gigawattstunden (GWh) pro Jahr geschätzt, unter Berücksichtigung ökonomischer und ökologischer Aspekte könnten 45 000 GWh auch wirtschaftlich genutzt werden. 1993 wurden 4950 GWh Leistung aus der Wasserkraft gewonnen. Nach einem Gesetz von 1946 müssen die Stromerzeugung und der Vertrieb der Energie in staatlicher Hand liegen, wenn die Leistung einer Anlage 80 kWh übersteigt. Die Landeskraftwerks-Gesellschaft *landsvirkjun* liefert über ihr Netz 93,8% des gesamten isländischen Stroms.

Geothermalenergie wird hauptsächlich zum Beheizen von Gebäuden, von 15 ha überglaster Gewächshausfläche und etwa achtzig öffentlichen Schwimmbädern verwendet. Reykjavík und zwei Dutzend andere Gemeinden versorgen mit dieser Energie 86% der Bevölkerung. Aber auch einige Gehwege und Straßen werden in der Hauptstadt durch „unterirdische Heizung" im Winter schnee- und eisfrei gehalten. 1993 betrug die Gesamtleistung der genutzten geothermalen Energie 5000 GWh; theoretisch könnten insgesamt 125 000 GWh technisch erschlossen werden. Die genutzte geothermale Energie spart 770 000 t Heizöl pro Jahr ein.

Der **Energieverbrauch** Islands ist sehr hoch und rangiert in der Weltstatistik an fünfter Stelle bezüglich des Stromverbrauchs pro Kopf der Bevölkerung. Der Grund dafür liegt in einigen energieintensiven Industrien, welche die „billigen und grenzenlos verfügbaren" Energiequellen nutzen. 1995 betrug der Gesamtenergieverbrauch Islands 4653 GWh. Davon verbrauchten die Bevölkerung 46,3%, die Aluminiumhütte 36,6%, das Ferro-Silizium-Werk 14,2%, die Düngemittelfabrik 2,8% und der Flughafen Keflavík 1,7%. Diese Energie wurde zu 37% aus Wasserkraft, zu 31% aus geothermalen Quellen, zu 29% aus importiertem Erdöl und zu 3% aus

Die größten Wasserkraftwerke Islands

	Leistung	Inbetriebnahme
Búrfell	240 MWh	1970
Hrauneyjarfoss	210 MWh	1982
Sigalda	150 MWh	1976
Vatnsfellvirkjun	90 MWh	1999 (Baubeginn)
Blanda	50 MWh	1991

importierter Kohle gewonnen. Man plant sogar, 1200 Megawatt an isländischem Strom in die Niederlande zu exportieren. Dazu soll auf dem Meeresgrund ein 2000 km langes Stromkabel verlegt werden, das über Schottland zum europäischen Festland verläuft.

Die niedrigen Energiekosten machen die Einfuhr von Rohstoffen über weite Schiffswege rentabel. In *Straumsvík* 14 km südlich von Reykjavík wird deshalb seit 1969 **Aluminium** aus australischen Rohstoffen gewonnen. Durch das so produzierte Rohaluminium (88 000 t jährlich) werden 10% des Exporterlöses des Landes erwirtschaftet. Die Errichtung einer weiteren Aluminiumhütte ist geplant. 1979 entstand 17 km von *Akranes* entfernt am Nordufer des *Hvalfjörður* das **Ferro-Silizium-Schmelzwerk** *Grundartangi.* Mit importierten Rohstoffen werden hier jährlich 70 000 t 75%iges Ferrosilizium hergestellt, was zur Stahlproduktion vor allem in westeuropäischen Ländern verwendet wird. Seit 1954 werden in einem staatlichen **Düngemittelwerk** jährlich 62 000 t Kunstdünger produziert. Nahe des *Mývatn* pumpt die **Kieselgur-Anlage** *Kísiliðjan* jährlich 27 000 t Diatomite aus dem See heraus und trocknet das Material.

Verkehrswesen & Transport

Über einen sehr langen Zeitraum konnte man sich in Island nur zu Fuß oder auf dem Pferd fortbewegen oder auf diese Weise Lasten transportieren. Dabei forderten das wüstenähnliche Hochland und die Flußdurchquerungen viele Opfer. Erst zu Beginn dieses Jahrhunderts wurden einfache Straßen für Pferdefuhrwerke gebaut. Der Ausbau des heute 12 500 km langen Straßennetzes verlief langsam. Die Ringstraße beispielsweise, die heute rund um Island führt und die wichtigste Landverbindung zwischen den einzelnen Orten darstellt, wurde erst 1974 vollständig fertiggestellt. Bis zu dieser Zeit fehlten im südlichen Sandergebiet Dämme und Brücken, weshalb dieser wasserreiche Abschnitt für Fahrzeuge unpassierbar war.

Die **Verkehrsdichte** im Großraum Reykjavík entspricht in etwa der in unseren Großstädten. Auf abgelegeneren Straßen begegnen dem Autofahrer hingegen nur einige wenige Fahrzeuge am Tag! Statistisch gesehen ist auf jeden zweiten Isländer ein Auto zugelassen; 135 284 Autos waren 1995 registriert. Da es in Island **keine Eisenbahn** und **keine Straßenbahn** gibt, sind neben dem Auto, des Isländers „liebstem Kind", der Bus und das Flugzeug die wichtigsten Fortbewegungsmittel. Die **Busse** übernehmen fast den gesamten öffentlichen Personenverkehr und verbinden alle größeren Orte miteinander (s. dazu ab S.56). Neben den Linienbussen verkehren auch Ausflugsbusse verschiedener Veranstalter, die im Sommer regelmäßig touristisch sehenswerte Orte anfahren. Das innerisländische **Flugnetz** ist gut ausgebaut. Alle wichtigen Städte sind mit dem Flugzeug zu erreichen. Neben der staatlichen Fluggesellschaft *Icelandair* gibt es mehrere private Fluggesellschaften, die Linienflüge und Charterflüge anbieten. Durch den zunehmenden Ausbau des Flugnetzes werden Schiffe immer weniger zur Personenbeförderung eingesetzt. Der Versuch, eine ganzjährige Fährverbindung vom europäischen Festland nach Island zu realisieren, ist gescheitert. Doch bedingt durch die isolierte Insellage wird die Schiffahrt ihre Bedeutung für die Wirtschaft, insbesondere für den Import und Export, behalten.

Tourismus

Island erfeut sich als Reiseziel für den „zivilisationsmüden Naturfreund" zunehmender Beliebtheit. Für die isländische Volkswirtschaft gewinnt der internationale Femdenverkehr weiter an Bedeutung. Das Land bemüht sich durch den Ausbau der touristischen Infrastruktur, wie z.B. die Erweiterung von Campingplätzen, Parkplätzen oder den Ausbau des Transportwesens, die Zufriedenheit der Gäste weiter zu steigern. Die Zahl der Islandreisenden nimmt stetig zu. Waren es 1970 erst 50 000 Touristen, die das Land bereisten, hat sich die Zahl **1996** auf **200 835 Auslandsgäste** erhöht, die dem Land Deviseneinnahmen in Höhe von 20,8 Mrd. ISK brachten. Etwa die Hälfte der Touristen kam aus Dänemark, Norwegen, Schweden und Finnland. Rund ein Viertel waren Amerikaner, die ihren Europatrip in Island unterbrachen, um auch dieses Land kennenzulernen. An dritter Stelle folgten die deutschen Touristen sowie Österreicher, Schweizer und Italiener. Hinzu kamen noch knapp 10 000 Kreuzfahrttouristen.

Obwohl Island derzeit das Land mit der höchsten Zunahme an Touristen in Europa ist, entwickelt sich eine

Ringstraße Nr. 1 – allein auf weiter Flur

groß angelegte Tourismusindustrie nur langsam. Von Massentourismus kann glücklicherweise noch keine Rede sein, wenngleich viele touristische Attraktionen bereits extrem überlaufen sind. Mehr als die Hälfte aller Besucher kommt in den Sommermonaten Juni, Juli und August. Der Staat hat großes Interesse daran, sein Land das ganze Jahr über für Besucher attraktiv zu halten. Dazu soll die Bettenzahl in den Hotels und Privatunterkünften bis zu einem ökologisch vertretbaren Maß erhöht werden. Erste Zahlen belegen, daß der Wintertourismus in Island stark im Aufschwung begriffen ist. Im Dezember 1995 besuchten 7530 Touristen das tief verschneite Land. Davon kamen 1387 aus Deutschland, eine Steigerung von 9% gegenüber dem Vorjahr. In den Jahren 1987–1992 kamen von Januar bis April jeweils 21 000–23 000 und von September bis Dezember 25 000–30 000 ausländische Besucher nach Island. Danach nahmen die Besucherzahlen kontinuierlich zu. 1996 besuchten von Januar bis April 38 482 und von September bis Dezember 43 921 Ausländer die Insel.

Bevölkerung

(Mitarbeit: *Sven Strumann)*

Abstammung

Die isländische Bevölkerung stammt zum größten Teil von den Wikingern ab, die vor allem aus Norwegen und dem nordatlantischen Raum als erste Siedler nach Island kamen. Darüberhinaus haben die Isländer auch keltische Wurzeln, denn die Wikinger holten sich Iren und Schotten als Sklaven auf ihre Insel.

Für die Isländer ist **Ahnenforschung** ein wichtiges Thema. Genealogische Literatur wird gerne gelesen. Viele Isländer können ihre Herkunft bis ins Mittelalter oder in vielen Fällen sogar bis in die Zeit der Besiedlung zurückverfolgen. Die **Verwandschaftsverhältnisse** sind ein weiteres wichtiges Thema. Wenn man sich mit einem Isländer über einen anderen unterhält, den man irgendwo einmal getroffen hat, hört man manchmal den Satz: „Ja, den kenne ich; das ist ein Cousin meines Schwagers." Man könnte manchmal fast meinen, die Isländer wären alle irgendwie miteinander verwandt...

Bevölkerungsstruktur

In Island leben z.Z. an die **272 000 Einwohner.** Bei einer Landfläche von 103 000 km² herrscht hier die **niedrigste Bevölkerungsdichte Europas:** nur 2,6 Einwohner pro Quadratkilometer. Im Landesinnern ist die Bevölkerungsdichte noch wesentlich geringer, denn 106 000 Isländer wohnen allein in der Stadt *Reykjavík* und im Einzugsbereich der Hauptstadt sogar 160 000.

Außerhalb des Großraums Reykjavík ist *Akureyri* mit über 15 000 Einwohnern die zweitgrößte Stadt. Es folgen *Reykjanesbær* mit *Keflavík* (10 000 Einwohner), *Akranes* (5000), *Vestmannaeyjar* (4700), *Ísafjörður* (4500) und *Neskaupstaður* (1600).

Der **Ausländeranteil** an der isländischen Bevölkerung ist gering, er beträgt 6,1%. 1995 lebten in Island ungefähr 3400 Dänen, 1800 Amerikaner, 1000 Deutsche und knapp

10 000 Ausländer anderer Nationalität. Nicht alle besitzen aber die isländische Staatsbürgerschaft. Bei Immigranten beträgt der „Ausländeranteil" an der isländischen Bevölkerung nur 1,8%. Viele davon kamen als Landarbeiter nach dem II. Weltkrieg in das Land. Island legt sehr strenge Kriterien bei seiner **Einwanderungspolitik** an. Man möchte vermeiden, daß sich zu viele Ausländer in dem kleinen Land ansiedeln, um so eine Überfremdung zu verhindern. Die von der UNO festgelegten Quoten zur Aufnahme von Flüchlingen werden von Island nicht erreicht. Wohl auch wegen der Bedeutungslosigkeit dieser Zahlen – gemessen am Weltmaßstab – wird dies jedoch von der UNO akzeptiert.

Kinder füttern Wasservögel am Tjörnin, Reykjavík

Das **Bevölkerungswachstum** betrug in den zurückliegenden zehn Jahren durchschnittlich 1,6% pro Jahr. 1994 bis 1995 wurde jedoch mit 0,38% der seit 1900 niedrigste Bevölkerungszuwachs verzeichnet. In diesen Zahlen spiegeln sich die derzeitig schlechte Arbeitssituation und die eintönigen Lebensbedingungen der Isländer wider. Allein 1995 verließen 4400 Isländer ihr Land und siedelten sich meist in anderen skandinavischen Ländern an. Im gleichen Zeitraum betrug die Zahl der Immigranten 3000.

Die durchschnittliche **Lebenserwartung** liegt mit 81 Jahren bei den Frauen und 77 Jahren bei den Männern an der Weltspitze. Die **Säuglingssterblichkeit** ist mit 0,5% extrem niedrig. Über die Hälfte der in Island geborenen Kinder kommen unehelich zur Welt. Von den zwischen 1993 und 1995 geschlossenen Ehen wurde beinahe jede zweite wieder geschieden. 1995 gab es 65 450 Familien. 48% der Verheirateten hatten Kinder, 40% waren kinderlos. 11,3% waren alleinerziehende Mütter und 0,8% alleinerziehende Väter.

Die **Altersstruktur** gestaltete sich wie folgt: 24,3% der Isländer waren bis zu 14 Jahre alt, 64,4% gehörten zur Gruppe der 15- bis 64jährigen, und 11,3% waren älter als 65 Jahre.

Die isländische Namensgebung

Ähnlich wie im Fall ihrer Sprache (vgl. ab S.110) legen die Isländer auch bei der Namensgebung auf althergebrachte Traditionen wert. Bei den Isländern ist der **Vorname** der wichtigere Teil des Namens. In der Regel erhalten die Kinder den Vornamen des Vaters als Nachnamen mit der Endung „-son“ für Jungen und „-dottir“ für Mädchen: *Jónsdottir* ist beispielsweise die Tochter von *Jón* und *Ólafsson* der Sohn von *Ólaf*. Bei der Eheschließung gibt es grundsätzlich keine Namensänderung; die Geburtsnamen werden beibehalten. Isländer sprechen sich üblicherweise nur mit dem Vornamen an. Dieser Regel folgend sind die **Namenslisten in Telefon- oder Adreßbüchern nach den Vornamen geordnet.** Nur bei Einwandererfamilien wurde diese Tradition der Namensgebung früher durchbrochen. Sie behielten ihre herkömmlichen Nachnamen. Insgesamt haben bei den Isländern nur etwa 10% einen Nachnamen, der von der allgemeinen Regel abweicht.

Lebensstandard

Die Preise für Grundnahrungsmittel sind in Island fast doppelt so hoch wie in Deutschland (s.a. ab S.27). Dabei ist das durchschnittliche Einkommen eher niedriger. Dennoch ist der Lebensstandard hoch, denn das uns bekannte umfangreiche Warenangebot, das bekanntlich oft erst Bedürfnisse weckt, kennen die Isländer nicht. Außerdem sind die Kosten für Miete und Wohnungseigentum deutlich geringer als in Deutschland. Trotzdem sind die Pro-Kopf-Ausgaben und die Pro-Kopf-Verschuldung hoch.

Wie hoch der isländische Lebensstandard ist, kann man an folgenden Zahlen ablesen: Jeder zweite Einwohner hat statistisch gesehen ein Auto. Etwa jeder dritte Isländer verfügt über Radio und Fernsehen, jeder zweite über ein eigenes Telefon. 75% der Isländer leben in ihren eigenen vier Wänden. Übrigens ist der Baustil isländischer Häuser eher einfach. Verwendete Materialien sind hauptsächlich Beton und Wellblech. Die Isländer verstehen es aber, ihre Häuser durch bunte Farben, einen kleinen Gemüsegarten für den Eigenbedarf, Blumen und liebevolle Einrichtung gemütlich zu gestalten.

Die Isländer sind reiselustig. Während der Sommermonate nutzen sie die hellen Nächte für Ausflüge. Besonders die Menschen aus den Städten zieht es in die ländliche Umgebung. Oft treffen sich die Isländer auch an Wochenenden mit Freunden auf Campingplätzen. Viele junge Isländer verbringen die dunklen Wintermonate auf Reisen. Sie begeben sich oft auf das europäische Festland oder in die USA. So können sie neue Länder kennenlernen und entgehen dem monotonen Winter.

Religion

(Mitarbeit: *Sven Strumann)*

94,8% der Isländer gehören der **Evangelisch-Lutherischen Kirche** an. Laut Verfassung ist sie **Staatskirche.** Nur 1% der Bevölkerung sind Katholiken, und 4,2% gehören anderen Glaubensgemeinschaften an. Katholische Gemeinden von nennenswerter Größe gibt es nur in *Reykjavík, Akureyri* und *Hafnarfjörður.* Auch dort ähneln die Kirchen normalen Wohnhäusern, mit einem Kreuz über dem Eingang. Obwohl die katholische Kirche zahlenmäßig keine Bedeutung hat, besuchte 1989 der Papst das Land.

Ursprünglich brachten keltische Mönche den katholischen Glauben auf die Insel, doch konnte sich diese Religion nicht durchsetzen. Die Wikinger hatten ihren eigenen Glauben an die **nordischen Gottheiten:** Überall in der Natur gibt es übernatürliche Kräfte, die Göttern, Elfen, Zwergen und Riesen zugeschrieben werden. Diese Mächte wohnen dort, wo keine Menschen sind, auf unzugänglichen Bergen, in tiefen Seen, im Meer, im Innern der Erde, in der Luft; auch die Jahreszeiten und das Wetter haben ihre eigenen Geister. Es gibt gute und böse Mächte. Das (heidnische) Volk mußte lernen, sich mit den einen gut zu stellen und die anderen zu fürchten.Die „guten" *Lichtelfen* sind mächtig und schöner als jeder Mensch; die „schlechten" *Schwarzelfen* bringen Krankheiten und Verderben. *Zwerge* wohnen in Höhlen in den Bergen. Sie besitzen Gold und Edelsteine, stellen allerlei Waffen her. Sie sind meist böse und gefährlich, man sollte sich vor ihnen hüten. Das Echo ist der „Schrei eines Zwergs". Sonne und Mond beherrschen den Himmel. *Riesen* sind übermächtig, ihre Kraft kann aber leicht außer Kontrolle geraten. *Frostriesen* bringen lange, harte Winter; *Feuerriesen* verbrennen das Land. *Wotan,* der im Norden *Odin* genannt wird, führt in der germanischen Mythologie das mächtige Göttergeschlecht der Asen an. Dieses besteht aus der Göttermutter *Frigg;* aus *Thor,* dem Gott des Donners und Blitzes, des Wetters und der Ernte, dem Beschützer der Menschen; aus *Loki,* dem sowohl zerstörerischen als auch wohltätigen Gott des Feuers, der gerne Zwietracht sät unter den Göttern; aus *Baldur,* dem Gott der Sonne, des Lichts und der Reinheit; aus *Hel,* der Totengöttin und anderen. Wohnsitz der *Asen* und Mittelpunkt der Welt ist *Asgard.* Die Asen erhalten sich ewige Jugend, indem sie die goldenen Äpfel der Göttin *Idun* essen.

Das Göttergeschlecht der *Vanen* ist älter. Es symbolisiert Fruchtbarkeit und Wachstum. Geschwisterehe verleiht ihnen Zauberkraft. Oberster Gott der Vanen ist *Njörd.* Sein Wohnsitz ist *Vanaheim. Freya* ist die Göttin der Liebe und *Freyr* der Gott der Fruchtbarkeit.

Als die Asen von einem großen Vanenschatz erfuhren, wollen sie diesen mit Gewalt an sich bringen. Es kommt zu einem Krieg, der unentschieden endet. Geiseln werden ausgetauscht. Die Asen schicken *Hönir* und *Mimir,* die Vanen *Njörd, Freyr* und *Kvasir.*

Diese Glaubensrichtung **(Asenglaube),** welche die Erschaffung der Welt und der Menschen nicht als christliche Genesis versteht, sondern die Schöpfung als Mysteriengeschichte der nordischen Mythologie auffaßt, wurde 1973 wieder eingeführt. Als Reaktion auf die Zunahme von christlichen Sekten gründete der Bauer und Dichter *Sveinbjörn Beinteinsson* im Winter 1971/72 die Gemeinde, deren Anhängerzahl rapide zunimmt.

Geister & Elfen

Viele Isländer glauben nach wie vor an die Existenz von Geistern, Elfen und Trollen. Dies ist eigentlich auch kein Wunder, denn die dunklen Wintermonate, die bizarre Landschaft und das häufig trübe Wetter verlei-

In der Holzkirche von Húsavík

hen dem Land etwas Mystisches. Außerdem gab es in der Vergangenheit schon mehrfach **seltsame** und wissenschaftlich nicht zu erklärende **Ereignisse,** die auch den skeptischten Beobachter nachdenklich stimmten (s. Text unten). Der Glaube an die Elfen treibt teilweise aber auch skurrile Blüten: In *Hafnarfjördur* gibt es einen Stadtplan, in dem die Wohnstätten der Elfen eingezeichnet sind...! Die isländische Regierung hat sogar eine offizielle **Elfenbeauftragte** eingesetzt, deren Urteil bei allen neuen Bauprojekten eingeholt werden muß. Vielleicht ist dies auch nur eine geschickte Maßnahme, die verschärften Bestimmungen im Umwelt- und Naturschutz leichter umsetzen zu können...

Nach Ansicht vieler Isländer treiben auch Geister und Wiedergänger auf der Insel ihr Unwesen. Bekanntestes Beispiel ist der Geist, der im *Höfði,* dem Gästehaus der Regierung in Reykjavík, seinen Schabernack mit den hohen Staatsgästen treiben soll.

Es gibt bekanntlich böse und gute Geister. So wird das Land von vier guten „Schutzgeistern" aus dem Epos *Heimskringla* bewacht, von einem Adler im Norden, einem Bergriesen im Süden, einem Stier im Westen und von einem Drachen im Osten. Die vier „Schutzgeister" Islands sind im Staatswappen dargestellt (vgl. Abb. auf S.214) und auf die Rückseite der Geldmünzen geprägt.

Wer abends mit Isländern in gemütlicher Runde beisammen sitzt und das Thema auf Geister und Elfen lenkt, wird vor allem von älteren Isländern schaurig-interessante Geistergeschichten zu hören bekommen...

Straßenbau mit Hindernissen

Es war einmal beim Bau einer neuen Straße in der Nähe von Hveragerði, als die Baumaschinen streikten; ein Erdhügel, der auf der geplanten Trasse lag, sollte planiert werden. Auch Versuche, den Hügel mittels Sprengungen zu beseitigen, schlugen fehl; aus unerklärlichen Gründen explodierte das Dynamit nicht. Nach einiger Zeit erschien ein benachbarter Bauer auf der Baustelle und teilte den ratlosen Arbeitern mit, daß die in dem Erdhügel wohnenden Elfen mit ihm Kontakt aufgenommen hätten. Sie wären bereit, in einen anderen Hügel umzuziehen, allerdings müßte die Bautätigkeit bis zur Beendigung des Umzugs ruhen. Alle weiteren Versuche, den Hügel zu beseitigen, waren vergeblich, so daß man schließlich auf die Worte des Bauern hörte. Und tatsächlich, als der Bauer einige Zeit später die Nachricht brachte, die Elfen seien nun umgezogen, ging der Bau der Straße ohne weitere Verzögerung vonstatten.

Kultur

(Mitarbeit: *Petra Briefs)*

Während die Literatur in Island auf eine langwährende Tradition zurückblicken kann, hat das künstlerische Schaffen in Architektur, Musik, Malerei, Bildhauerei und Theater erst im Laufe des letzten Jahrhunderts an internationaler Bedeutung gewonnen. Allerdings hat sich daraus in relativ kurzer Zeit, binnen weniger Jahr-

Handelt es sich bei dem Tafelvulkan Herðubreið um das mythische Asgard, den Wohnsitz der germanischen Götter?

zehnte, ein reichhaltiges kulturelles Angebot entwickelt.

Literatur

Mit Beginn des Christentums begann sich die isländische Literatur zu entwickeln. Zu diesem Zeitpunkt wurde auch das lateinische Alphabet eingeführt und löste die vorherigen Runenzeichen der Isländer ab. Das Alphabet wurde durch zusätzliche Schriftzeichen ergänzt (z.B.: Æ, æ, Ð, ð, Þ, þ). Die Texte wurden dann nicht mehr lateinisch, sondern auf Isländisch abgefaßt. Der Bestand an mittelalterlicher Kultur ist sowohl von der Menge als auch von der Qualität her als sehr hoch einzuschätzen.

Die mittelalterliche Literatur Islands bestand anfangs aus Übersetzungen religiöser Texte aus dem Lateinischen. Das **Jahr 1117** wird allgemein als **Beginn der isländischen Literatur** angesehen. Ab diesem Jahr wurden die Gesetze beim jährlich stattfindenden *Alþing* nicht mehr ausschließlich auswendig vorgetragen, sondern auch schriftlich festgehalten. In dieser Zeit verfaßte *Ari Þórgilsson* (1067–1148) das **„Íslendingabók“**, das „Buch der Isländer“. Inhalt ist die Geschichte der Entdeckung und Besiedlung Islands von 870 bis etwa 1120 und die Annahme des Christentums. Danach erschien das **„Landnámabók“**, das „Buch der Landnahme“, in welchem 400 der ersten Siedler mit ihren Nachkommen aufgelistet wurden und es um die damaligen Eigentumsverhältnisse in Island geht. Die insgesamt fünf Register des

Landnámabók wurden zwischen dem 12. und 14. Jahrhundert von mehreren Clans in Auftrag gegeben, um Besitzansprüche auf Grund und Boden gegenüber anderen Familien und der Kirche zu rechtfertigen.

Der wohl bedeutendste Autor dieser Zeit ist der Dichter, Politiker, Historiker und Jurist *Snorri Sturluson* (1178–1241). Er schrieb eines der wichtigsten Geschichtsbücher Islands, die **„Heimskringla“** („Weltkreis“), in welcher im Stil einer Mysteriengeschichte von den norwegischen Königen in der Zeit vom 9. bis 12. Jahrhundert erzählt wird: *„Die weise Königin Ragnhild hatte viele Träume, ihr Gatte, König Halfdan, hingegen hatte nie Träume und verfiel deswegen oft in Gram. Auf Rat des klugen Thorleif schlief Halfdan eines Nachts in einem Schweinestall, wo auch er einen großen Traum hatte. Halfdan sah einen Mann, dessen Haar voller schöner Locken war; eine einzige übertraf jedoch alle anderen Locken an Länge. Thorleif deutete dem König diesen Traum dahin, daß er viele Nachkommen haben werde und einer aber mächtiger sein werde als alle anderen.“* – Die Nachkommen *Halfdans* sind die norwegischen Könige, und *Olaf der Heilige* ist in der größten Locke des Traumbildes verkündet worden.

Ausgelöst wurde diese literarische Entwicklung 1152 mit der Gründung des Erzbistums *Niðarós* in *Trondheim,* Norwegen. Nachdem der berühmteste und hochverehrte norwegische König *Olaf der Heilige* (1015–1030) bereits 1035 von der Kirche heiliggesprochen worden war, begann man jetzt verstärkt damit, das Leben der norwegischen Könige in der Literatur zu verarbeiten. Ein weiteres Werk von Snorri Sturluson ist die **„Prosa-Edda“,** ein bedeutendes Lehrbuch der Skaldendichtung. Durch seine Werke nahm der politische Einfluß des Dichters kontinuierlich zu – Snorri Sturluson wurde deswegen 1241 auf Befehl des norwegischen Königs *Hákon* ermordet.

Bei den ältesten Formen isländischer Dichtkunst unterscheidet man zwischen Sagas (Prosadichtung) sowie skaldischer und eddischer Dichtung (beides Reimdichtungen). Der Ursprung dieser Formen geht auf die norwegische Dichtung zurück. Jedoch bekamen sie in Island bald eigene Merkmale und erreichten dort eine außergewöhnliche Bedeutung. Die traditionelle isländische Literatur ist ein Beweis für die hochentwickelte Dichtung des germanischen Altertums. Sie spiegelt das von Mythen umgebene vorchristliche Leben wider und ist Zeuge der hohen literarischen Schule.

Sagas

Bei den Sagas, auf deutsch „Geschichten“, handelt es sich um eine Mischung aus erdichtetem Roman und dokumentarisch festgehaltenen historischen Fakten. Die ersten schriftlich überlieferten Sagas waren die **König-Sagas.** Sie berichteten über das Leben norwegischer Könige. Die **Íslendingasögur,** die Sagas der Isländer, basieren auf historischen Begebenheiten und handeln vom Leben der Geschlechter zur Zeit der Landnahme in den Jahren 870 bis 1030: von ihrem Aufstieg, von ihren Streitigkeiten, wie sie diese austrugen und von der isländischen Rechtsprechung. Bereits damals galt nicht mehr das Recht des Stärkeren, sondern man hielt sich an die Gesetze. Die **Sagas sind** folglich **Zeitdokumente,** wobei die Begebenheiten, Personen und Orte allerdings dichterisch bearbeitet worden sind, so daß man sich historisch nicht absolut darauf verlassen darf. Ereignisse, die schon Jahrhunderte zurücklagen und bis dahinnur mündlich überliefert worden waren, sind im 13. Jahrhundert in Form der Sagas erstmals niedergeschrieben worden.

Die bekannteste Isländer-Saga ist die **Egills-Saga,** die das Leben des Skaldensängers *Egill Skallagrímsson* zum Inhalt hat. Wahrscheinlich wurde sie von Snorri Sturluson verfaßt. Andere bekannte Sagas sind die *Laxdæla-Saga,* die *Gísla-Saga,* die *Grettis-Saga* und die *Guðruns-Saga.* In den Sagas sind skaldische Strophen als Texteinschübe vorhanden. Ihr Inhalt ist oft blutrünstig. Vorherrschende Themen sind Mord und Blutrache. Es sind aber auch Beschreibungen von alten Orten darin enthalten, die heute noch existieren.

Die Sagas wurden einst auf Pergament niedergeschrieben, welches in aufwendiger Handarbeit aus Kalbshäuten hergestellt wurde. Ein Zehntel dieser alten Pergamente ist heute noch vorhanden. Allein für das *Flateyjarbók* mit seinen 225 Blättern mußten 113 Kalbshäute zu Pergament verarbeitet werden. Das Buch wurde im Auftrag eines Landbesitzers, *Jón Hákonarson,* von zwei Priestern gegen Ende des 14. Jahrhunderts angefertigt. Es ist die größte aller Pergamenthandschriften. Der Inhalt handelt von den Sagas der norwegischen Könige, darunter *Olafur Tryggvason, Olaf der Heilige, Sverrir* und *Hákon Hákonarson.* Bis 1647 war das Buch in Privatbesitz auf der Insel *Flatey,* bevor es dem Bischof von *Skálholt* als Geschenk überreicht wurde. Einige Jahre später wurde es dem dänischen König vermacht und blieb bis 1971 im Besitz der Königlichen Bibliothek in Kopenhagen. Heute wird es im „Arni-Magnusson-Institut" in Reykjavík aufbewahrt (vgl. auch Text auf der nächsten Seite).

Zwar wurden noch bis ins 16. Jahrhundert hinein sagaähnliche Texte verfaßt, in ihrem literarischen und künstlerischen Wert jedoch nicht mit den früheren Werken vergleichbar.

Edda

Die Eddas entstanden zwischen 800 und 1200 und bestehen aus mythischen **Helden- und Götterliedern,** die sagenhafte Begebenheiten aus Island schildern. Sie erzählen anhand individualisierter Göttergestalten und Götterschicksale die **Schöpfung der Welt und der Menschen,** den Untergang dieser Welt (Götterdämmerung) aufgrund des Sündenfalls der Götter und die Erschaffung einer neuen Welt durch einen sündenfreien Gott. Die Inhalte der Eddas sind mit isländischen Naturphänomenen verknüpft. Die Strophen haben meist einen germanisch-heidnischen Charakter.

Einige Historiker sagen, *Edda* leite sich von der lateinischen Verbform „edo" = „ich verkünde" ab; andere führen den Namen auf einen alten Ausdruck für „Großmutter" zurück, die ihren Enkeln von der Vergangenheit erzählt. *Ernst Uehli* versteht das Wort „Edda" umfassender als die indogermanische Bezeichnung für das „schöpferische Weltenwort".

Árni Magnússon

Árni Magnússon (1663–1730), isländischer Gelehrter und **Professor für nordische Altertumskunde, Geographie und Geschichte** an der Universität von Kopenhagen, ist es zu verdanken, daß zahlreiche alte isländische Handschriften erhalten sind.

In den Klöstern entstanden einst alte isländische Handschriften und wurden hier auch verwahrt. Mit der Auflösung der Klöster während der Reformation kamen die wertvolle Dokumente auf Pfarrhöfe, Bischofssitze und teilweise auch in Privatbesitz. Vielfach blieben sie unbeachtet und wurden nicht sorgsam genug aufbewahrt. Als im 17. Jh. sich die Menschen in Dänemark und Schweden für die Geschichte der nordischen Länder im Mittelalter zu interessieren begannen, erwarben diese viele der alten isländischen Schriftstücke.

Daß heute überhaupt noch solche alte Schriften erhalten sind, ist ein wesentlicher Verdienst von *Árni Magnússon,* dem damals das königliche Archiv in Kopenhagen unterstand. Er sammelte die alten Handschriften. Dabei war sein Ziel vor allem, die Dokumente für die folgenden Generationen zu erhalten. Dazu erwarb er die Schriften, schrieb diejenigen ab, die er nur ausgeliehen bekam und versuchte, die Herkunft der Schirftstücke zu ergründen. Magnússons Aufgabe war es auch, die erste Volkszählung in Island durchzuführen. Dazu suchte er zusammen mit *Páll Vídalín* alle Isländer auf. Dabei konnte er sich weiter um den Verbleib von Handschriften kümmern. Die von erworbenen Schriftstücke brachte er in die Universitätsbibliothek von Kopenhagen, wo er sich weiter mit seiner Sammlung beschäftigte. 1728, beim große Brand von Kopenhagen, wurde auch ein Großteil der Bibliothek zerstört. Auch Árnis Bücher und Aufzeichnungen verbrannten dabei, die kostbarsten und ältesten Schriften seiner Sammlung wie Gesetzesbücher und Sagahandschriften konnten jedoch gerettet werden.

Mit welcher Akribie sich Árni Magnússon dem Sammeln der Handschriften widmete, wurde von *Halldór Laxness* in der „Islandglocke" festgehalten. Zu den Hauptpersonen zählt hier *Arnas Arnaeus,* dem Árni als Vorbild diente.

Vor seinem Tod vermachte Árni Magnússon sein Lebenswerk, „Den arnamagnæanske samling", der Universität von Kopenhagen. Dort wurden die Dokumente aufbewahrt, bis ab 1973 die bedeutendste Sammlung isländischer Handschriften nach Island zurückgebracht wurde. Über 1500 Handschriften, Urkunden und Dokumente werden heute im Árni-Magnússon-Institut in Reykjavík aufbewahrt und dienen dort weiteren Studien. Ein Teil der kostbarsten Relikte der isländischen Kultur ist hier auch der Öffentlichkeit zugänglich.

Stofnun Árna Magnuússonar, Suðurgata, 101 Reykjavík, Tel. 5 25 40 10, geöffnet 1.06.–30.09. täglich 13–17 Uhr, 1.10.–15.05. Di, Mi, Do 14–16 Uhr.

Im Jahr 1643 fand Bischof *Brynjulf Swendsson* zu *Skálholt* eine alte **Handschriftensammlung**, die aus über hundert Götter- und Heldenliedern, Spruchweisheiten, Zaubersprüchen und Sittenlehren unbekannter Dichter bestand. Vermutlich stammen die Schriften ursprünglich von dem isländischen Bischof *Sæmundar* (1056–1133), der damals die nur mündlich überlieferten Lieder aufschrieb. Brynjulf Swendsson fügte seiner Abschrift eigenhändig den Titel „Edda Sæmundar hinns fraða" (Edda Sämund des Gelehrten) zu. An dieser Stelle tritt der Name Edda übrigens das erste und einzige Mal explizit in Erscheinung. Diese Sammlung wird heute als **Lieder-Edda, Sæmundar-Edda** oder **ältere Edda** bezeichnet. Man hat herausgefunden, daß viele dieser alten Lieder wahrscheinlich aufgrund von mündlichen Überlieferungen von Snorri Sturluson in die Prosa-Edda eingearbeitet wurden. Die Lieder der älteren Edda sind ebenso wie Skaldenlieder versgebunden und reich an Metaphern. Die Edda ist die einzige zuverlässige Quelle für das Leben und die Weltanschauung der germanischen Völker dieser Zeit. Die Lieder-Edda bildet auch die Grundlage für den „Ring der Nibelungen" von *Richard Wagner.*

Das erste und berühmteste Götterlied der älteren Edda ist „Völuspá", in dem „die Seherin spricht" (isl. *völva spá*): *„Alle Edlen gebiet ich Andacht,... Ich will Walvaters Wirken künden, der ältesten Sagen, der ich mich entsinne..."* – Wie die Menschen im christlichen Glauben nach der Erschaffung der Erde vom Teufel in Versuchung geführt werden und im *Harmageddon* schließlich nur die Guten überleben, beinhaltet das gewaltige **Schöpfungslied der Völuspá** die Weltschöpfung durch die Asen (Götter) und deren Versündigung. In *Ragnarök* kämpfen die Asen gegen die Riesen (Dämonen), und es beginnt der Weltuntergang, die Apokalypse, die Götterdämmerung der germanischen Religionsvorstellung. Die sündigen Götter und die Dämonen werden vernichtet. Dann entsteht eine neue Welt.

Snorri Sturluson verfaßte um 1220 die **Snorra-Edda.** Diese wird auch **jüngere** oder **Prosa-Edda** genannt. Sie war ursprünglich ein Lehrbuch für junge Sänger zur Erlernung der skaldischen Dichtkunst. Es handelt sich dabei um die umfangreichste Quellenschrift nordischer Mythologie überhaupt. Für Snorri Sturluson

Holzkreuz der Kirche von Vidimyri

stand jedoch nicht die einfache Wiedergabe dieser Mythologie im Vordergrund, sondern ihre **christliche Interpretation.** In dieser Sicht sind die Asen nicht allein die mythischen germanischen Götter, sondern einst aus Troja nach Skandinavien eingewanderte Menschen, die dort wegen ihrer „Zauberkräfte" als Götter verehrt und zu „göttlichen Individuen" wurden.

Es entspricht altnordischer Dichtertradition, die Texte zu verschlüsseln und tatsächliche Begebenheiten zu umschreiben. In der Prosa-Edda werden **drei typische Stilmittel** verwendet. Beim „kenningar" wird eine auf Mythen anspielende, bildhafte Umschreibung eines Wortes verwendet. Des „Zwergs Überlisterin" ist beispielsweise eine Umschreibung für die Sonne. Die Sonnenstrahlen konnten in der germanischen Mythologie nämlich einen Zwerg zu Stein verwandeln. Beim „ukend heiti" wird ein Begriff durch ein anderes einfaches Wort ersetzt; ein Pferd ist zum Beispiel ein Renner. „Fornöfn" sind mythische Namen für Männer, Frauen, Waffen, Schiffe und anderes. Die Stätten der nordischen Göttersagen sind heute noch dort zu finden, wo einst die Dichter lebten, in der aktiven Vulkanzone Islands. Rätselhafte Ortsbeschreibungen und geheimnisvolle Hinweise auf mythische Begebenheiten in der Edda lassen sich mit realen Orten und Landschaften verbinden.

Landmarken der germanischen Götterwelt

Den Autoren *Karl Simrock,* der die alten Edda-Texte übersetzte und kommentierte, sowie *Walter Hansen* mit seinem Buch „Asgard, Entdekkungsfahrt in die germanische Götterwelt Islands" ist es zu verdanken, daß auf eine faszinierende, aber auch spekulative Weise die Verbindung der germanischen Mythen und damit der Edda mit den realen Landmarken in Island und der Geschichte des Landes hergestellt werden kann (vgl. auch die Karte).

Die wichtigste Kultstätte der Germanen, *Asgard,* der **Wohnsitz der Götter,** ist der weithin sichtbare 1682 m hohe Tafelvulkan *Herðubreið.* Zwischen Asgard und dem Himmel im christlichen Glauben gibt es Parallelen. *Odins* Thron *Hlidskjalf* steht im obersten Stockwerk der Götterburg, im *Walaskjalf,* der sich als schneebedeckter kegelförmiger Gipfel des Vulkanbergs 151 m über einem Hochplateau erhebt. Das Bergmassiv des Herðubreið besteht aus dem vulkanischen Glas *Hyaloklastit* und soll bei einem bestimmten Sonnenstand geheimnisvoll leuchten. Im unteren Teil des Bergs wohnen deshalb die **Lichtalfen,** mythische Urahnen guter Hausgeister, Elfen und Feen, die dem Menschen beistehen und ihn beschützen.

Am Fuße der Götterburg liegt – einer mythischen Thingstätte gleich – der **Versammlungsplatz der Götter,** die grüne Ebene *Idafeld,* bei der es sich nach Ansicht von Walter Hansen nur um das nahegelegene *Herðubreiðarlindir* handeln kann, das tatsächlich als grüne Oase mitten im endlos erscheinenden *Óðáðahraun* liegt. Auf dem Idafeld halten die Götter Gericht und vertreiben sich die Zeit mit Spielen; sie „würfeln" und bestimmen damit das Schicksal der Menschen.

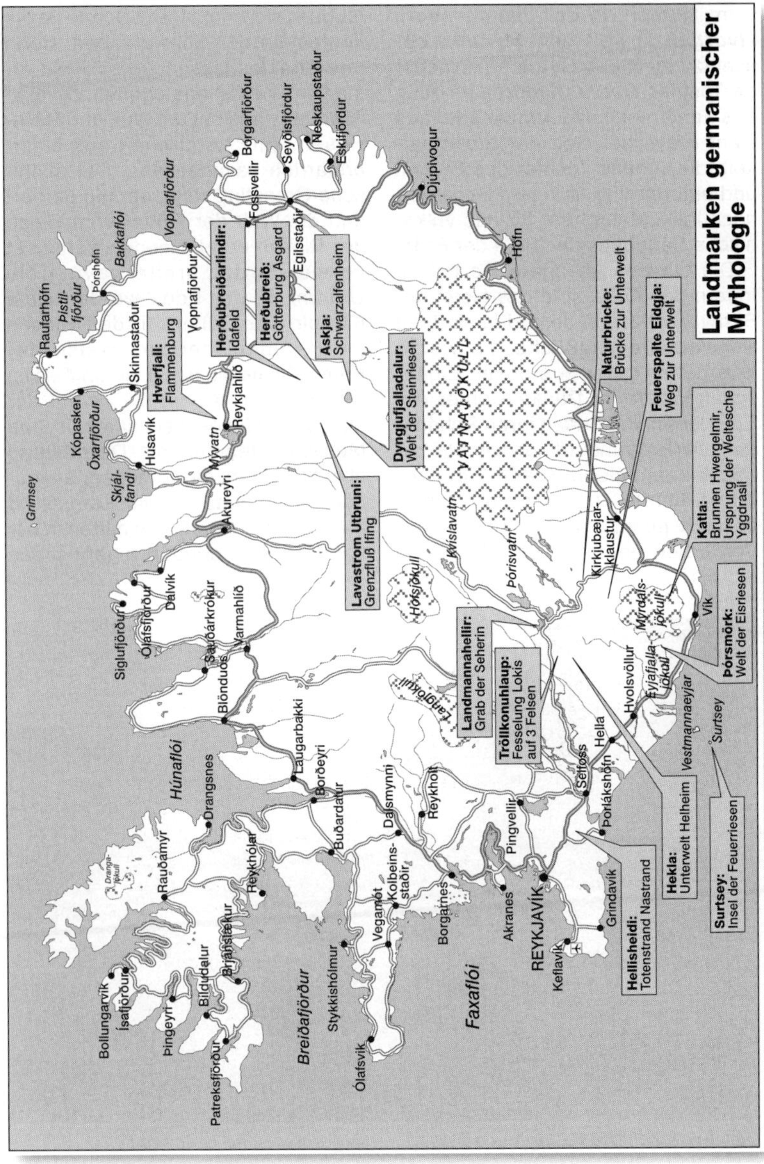
Landmarken germanischer Mythologie
Hverfjall: Flammenburg
Herðubreiðarlindir: Idafeld
Herðubreið: Götterburg Asgard
Askja: Schwarzalfenheim
Dyngjufjalladalur: Welt der Steinriesen
Lavastrom Utbruni: Grenzfluß Ifing
Naturbrücke: Brücke zur Unterwelt
Feuerspalte Eldgja: Weg zur Unterwelt
Katla: Brunnen Hwergelmir, Ursprung der Weltesche Yggdrasil
Þórsmörk: Welt der Eisriesen
Landmannahellir: Grab der Seherin
Tröllkonuhlaup: Fesselung Lokis auf 3 Felsen
Hekla: Unterwelt Helheim
Surtsey: Insel der Feuerriesen
Hellisheidi: Totenstrand Nastrand
VATNAJÖKULL
Grímsey
Raufarhöfn
Þistil-fjörður
Þórshöfn
Bakkaflói
Vopnafjörður
Kópasker
Öxarfjörður
Skjálfandi
Húsavík
Skinnastaður
Mývatn
Reykjahlið
Borgarfjörður
Seyðisfjörður
Neskaupstaður
Eskifjörður
Fossvellir
Egilsstaðir
Djúpivogur
Höfn
Siglufjörður
Ólafsfjörður
Dalvík
Akureyri
Sauðárkrókur
Varmahlíð
Blönduós
Hofsjökull
Kvíslavatn
Þórisvatn
Langjökull
Kirkjubæjar-klaustur
Mýrdals-jökull
Vík
Eyjafjalla-jökull
Hvolsvöllur
Hella
Selfoss
Þorlákshöfn
Vestmannaeyjar
Surtsey
Húnaflói
Drangsnes
Laugarbakki
Borðeyri
Búðardalur
Dalsmynni
Reykholt
Þingvellir
Reykhólar
Rauðamýr
Dranga-jökull
Bolungarvík
Ísafjörður
Þingeyri
Bíldudalur
Brjánslækur
Patreksfjörður
Breiðafjörður
Stykkishólmur
Ólafsvík
Vegamót
Kolbeins-staðir
Borgarnes
Akranes
REYKJAVÍK
Keflavík
Grindavík
Faxaflói

Im Norden, in der Flammenburg *Hverfjall* unweit des *Mývatn,* beschützt der **Riese Gymir** seine schöne Tochter *Gerda* durch einen Ring aus Feuer und Lava. Von Asgard aus sieht *Freyr,* der Gott der Fruchtbarkeit, die schöne Tochter des Riesen und entbrennt in feurigem Begehren nach ihr – Metaphern für das vulkanische Feuer aus der Tiefe der Erde.

Die dunklen Lavagewölbe tief im Innern der *Askja* sind das Heim der **Schwarzalfen.** In der Edda sind die Schwarzalfen häßliche, schwarze Zwerge mit guten wie bösen Eigenschaften, die im Dunkeln unter der Erde leben und dort in ihren Schmieden allerlei Wunderdinge wie *Mjölnir,* den blitzeschleudernden Hammer *Thors,* herstellen. Viele ihrer Schätze sind fluchbeladen und bringen Verderben über den, der sie unerlaubt an sich nimmt. Die Sonne ist die Todfeindin der Schwarzalfen, denn ihre Strahlen lassen sie zu Stein erstarren. Im nahegelegenen *Dyngjufjalladalur* beginnt die Welt der **Steinriesen,** eine Landschaft aus bizarr erstarrten Lavagebilden. Der mythische Grenzfluß *Ifing,* der nie gefriert und die Welt der Götter vom Reich der Riesen und Dämonen trennt, ist vermulich der breite Lavastrom *Útbruni.* In der Edda werden viele Kämpfe der Götter mit den Riesen beschrieben, beispielsweise der Kampf Odins mit dem Dämon *Fenriswolf* und der Kampf *Thors* mit der *Midgardschlange,* dem dämonischen Meeresungeheuer als Darstellung aller Gefahren, die vom Meer ausgehen. Schauplatz solcher Kämpfe ist auch das *Þórsmörk.* Die mitten in der Landschaft liegenden gigantischen

Die „Feuerschlucht" Eldgjá – der Weg in die germanische Unterwelt?

Lavablöcke, die von einem Gletscherlauf stammen, sind Eisriesen, die vom blitzezuckenden Hammer Thors zerschmettert wurden.

Nachdem die Götter *Midgard,* den **Wohnsitz der Menschen,** erschaffen haben, beauftragen sie in Abwesenheit von Thor, *„der nach Osten gezogen war, um Unholde zu schlagen"* (Gleichnis für den zu Ende gegangenen Sommer), einen zauberkundigen Riesen aus *Jötunheim,* dem **Wohnsitz der Riesen,** die Götterburg Asgard zu bauen. Der Baumeister verspricht, diese Burg in drei Wintern zu errichten. Als Lohn verlangt er die Sonne, den Mond und *Freyja,* die Göttin der Liebe. Die Asen einigen sich mit dem Baumeister, daß ihre Burg für diesen Lohn bereits in einem Winter erbaut werden müßte, bevor Thor wieder zurückkäme. Der Riese willigt ein, erbittet sich aber die Hilfe seines Hengstes *Swadilfari.* Der Bau macht gute Fortschritte, Swadilfari schleppt unermüdlich riesige Lavablöcke herbei. Als der Bau fast fertig ist, kommen bei den Göttern Zweifel auf: *„Wie können wir den Himmel so verderben, da wir ihm die Sonne und den Mond wegnehmen?".* Sie erbitten mit Nachdruck *(„er solle eines üblen Todes sein, wenn er nicht Rat fände...")* Hilfe vom listigen *Loki.* Dieser verwandelt sich in eine feurige Stute, der *Swadilfari* in die Weite folgt. Der Baumeister versucht vergeblich, sein Pferd wieder einzufangen – Asgard aber wird nicht wie vereinbart fertig. Die Asen beharren jedoch auf dem geschlossenen und beeideten Vertrag und verweigern dem Baumeister seinen Lohn. Dieser fühlt sich betrogen und entbrennt in fürchterlichem Zorn. Der gerade zurückkehrende Thor sieht den Erzürnten und zerschmettert ihn auf Geheiß der Götter mit Blitz und Donner. Einige Zeit später gebiert Loki ein achtbeiniges Fohlen, das zum tapfersten und stärksten Pferd der Götter heranwächst. Auf diesem Pferd *Sleipnir* reitet fortan der Göttervater *Odin...*

Mit der Vernichtung des Baumeisters haben die Götter große Schuld und die Rache der Riesen auf sich geladen. Diese besitzen übersinnliche Kräfte und symbolisieren als *Thursen* seelische Mächte, Empfindungen, Triebe und Leidenschaften, als *Joten* Naturmächte, die Lebenselemente Erde, Wasser, Feuer und Luft. Irdischer Gerichtsbarkeit mögen sich die Götter entziehen können, nicht aber dem Schicksal. So nimmt das Unheil seinen Lauf.

„Baldur schrecken böse Träume." Odin reitet daraufhin auf Sleipnir zum Grab der Seherin *Wala* am *„östlichen Tor zur Unterwelt"* und erweckt sie mit Zaubergesang zum Leben. Das **Grab der Seherin** ist die Höhle *Landmannahellir.* Der Seherin Prophezeihung verkündet den nahen Tod *Baldurs.* Baldurs Mutter *Frigg* versucht mit allen Kräften, dies zu verhindern; sie verhilft ihm zu Unverwundbarkeit, indem sie alle Dinge mit Ausnahme eines jungen Mistelbaumes den Eid schwören läßt, ihren Sohn zu verschonen. Die Asen aber treiben mit dem unverwundbaren Baldur auf dem Idafeld ihren Schabernack und werfen mit Steinen und Speeren nach ihm. Es gefällt Loki ganz und gar nicht, daß nichts und niemand Baldur in diesem Kampfspiel verletzen kann. Er verkleidet sich als alte Frau und beklagt bei Frigg das „böse Spiel" mit ihrem Sohn. Ohne Argwohn erzählt

Frigg, daß nur eine Mistel von ihrem Eid ausgenommen sei. Daraufhin fällt Loki den Mistelbaum und schnitzt daraus einen Speer. Diesen gibt er *Hödur,* dem blinden Gott der Dunkelheit und des Winters, der Baldur am nächsten steht, sich aber wegen seiner Blindheit nicht am Spiel beteiligt. *„Tu doch wie andere Männer... ich will dich dahin weisen, wo er steht".* Tödlich getroffen sinkt Baldur zu Boden – *„das war das größte Unglück, das Menschen und Götter betraf".* Die Asen sind erschrocken, ratlos und heulen jämmerlich.

Die Ermordung Baldurs ist ein weiteres Symbol für den Sündenfall der Götter und ihren moralischen Niedergang. Sie ist auch ein Vorzeichen für die Apokalypse, die Götterdämmerung. Baldur konnte nur mit der Mistel getötet werden, und wie bei den Nibelungen, wo *Hagens* Speer den bis auf eine Stelle unverwundbaren *Siegfried* tötet, wird das Geheimnis der Verletzlichkeit unbeabsichtigt von besorgten Frauen verraten.

Die germanische Mythologie kennt **zwei Totenreiche. Walhall** ist das Totenreich für die im tapferen Zweikampf gefallenen Helden, die *Einherier.* Von Walküren wachgeküßt, erlangen nur diese Helden Einlaß in den Totenpalast in Asgard. Hier trinken sie Met aus dem Euter der Ziege *Heidrun,* essen das zarte Fleisch des Ebers *Sährimnir* und bereiten sich auf den letzten Kampf vor, den sie ruhmvoll an der Seite der Götter gegen die Dämonen der Finsternis und des Feuers führen werden – vielleicht erklärt dieser Glaube auch die Kampfeslust der alten Germanen. Wer nicht im heldenhaften Zweikampf fällt, sondern altersbedingt, an einer Krankheit oder kampflos wie Baldur stirbt, kommt nach **Helheim (Niflhel),** ins Reich der Totengöttin *Hel,* in die Hölle.

Baldur, dem Gott der Sonne, ist folglich kein standesgemäßer Aufenthalt in Walhall vergönnt, ein Umstand, gegen den die Götter etwas unternehmen müssen. Baldurs mutiger Sohn *Hermodhr* reitet als Bote der Götter auf Odins Roß Sleipnir den gefahrvollen Weg zu Hel, um ihr ein Lösegeld zu bieten, damit sie Baldur heimkehren lasse nach Asgard. Der gefährliche **Helweg zur Unterwelt** führt durch die lange und tiefe Feuerspalte der *Eldgjá.* Die reißenden Fluten des Flusses *Gjöll,* die das Reich der Totengöttin begrenzen, können nur auf einer schmalen Brücke überquert werden, die von der Jungfrau *Modgudr* bewacht wird. Diese Brükke hatte ihre Entsprechung in der landschaftlichen Realität Islands: In der Eldgjá überspannte eine bogenförmige Naturbrücke aus Basalt oberhalb des *Ófærufoss* den Fluß *Norðariófæra.* Heute allerdings ist der einzige Weg ins Totenreich der germanischen Mythen versperrt, nachdem die „Gjöll-Brücke" während der Schneeschmelze im Frühjahr 1993 eingestürzt ist.

Auf Odins Pferd überspringt Hermodhr das hohe „Helgitter" des Zauns zur Unterwelt tief im Vulkan *Hekla,* überwindet den Höllenhund *Garm* („glühende Lava"), sieht seinen Bruder und verhandelt mit Hel, die verkündet: *„Wenn alle Dinge in der Welt, lebendige sowohl als tote, ihn beweinen, so soll er zurück zu den Asen fahren, er soll aber bei Hel bleiben, wenn eins widerspricht...".* Hermodhr überbringt diese Forderung den Asen. Sie senden Boten in alle Welt, damit jeder Baldur beweine. *„Als die Gesandten heimfuhren und ihr Gewerbe wohl vollbracht hatten, fanden sie in einer Höhle ein Riesenweib sitzen, das Thökk genannt war. ... Nicht im Leben noch im Tod hatt' ich Nutzen von ihm: Behalte Hel, was sie hat."* In Wirklichkeit ist es wieder der listige Loki, der hier in verwandelter Gestalt spricht. Baldur bleibt der Weg zurück nach Asgard versperrt.

Die **Weltesche Yggdrasil,** ein riesiger Baum, den niemand fällen kann und dessen Stamm glüht ohne zu brennen, ist das rätselhafte **Glaubenssymbol der Germanen für Werden und Vergehen der Welt. Drei Wurzeln** verankern Yggdrasil: Diese weisen zum Totenreich Helheim (Eldgjá und Hekla), zu den Eisriesen (Þórsmörk) und zu den Menschen (besiedelte Südküste). Unter Yggdrasil entspringen **drei Quellen:** Der Brunnen der Weisheit des Wasserriesen *Mimir* ist das Symbol eines mächtigen Gletschers *(Mýrdalsjökull).* Mimir trinkt mit dem *Gjallarhorn* täglich aus diesem Brunnen. Das *Gjallarhorn* ist das mythische Instrument, mit dem der Gott *Heimdall,* der Wächter der Asen, den Beginn der Götterdämmerung signalisiert. Aus *Urds Brunnen* entstammen die *Nornen,* die des Menschen Lebenszeit bestimmen. Der dritte Brunnen *Hwergelmir* entläßt vernichtende Wasserfluten mit Schwertern und Messern, die gleich einem Gletscherlauf Katastrophen auslösen. Unter diesem Brunnen haust der Drache *Nidhöggr,* dessen feurige Kraft wie ein Vulkan das Land zerstören kann. Diese Beschreibung trifft am besten auf die *Katla* zu. Auch der mythische Gjöll-Fluß entspringt dem Brunnen Hwergelmir. Die Weltesche Yggdrasil wird von Walter Hansen als **Eruptionswolke über dem Vulkan Katla** interpretiert, der passend zur isländischen Vulkanlandschaft unter dem Eis des *Mýrdalsjökull* ausbricht.

Um das Jahr 1000 waren die Menschen in Island aufgewühlt. Die eingeleitete Christianisierung bewirkte ein besonderes Spannungsverhältnis. Sterndeuter verkündeten damals das Ende der Welt. Die Sitten verfielen: *„Windzeit, Wolfszeit, eh die Welt zerstürzt",* heißt es im Lied Völuspá. Auf dem Höhepunkt dieser aufgerüttelten Stimmung brach erstmals seit Jahrhunderten völlig unerwartet die Katla unter dem Eis des Mýrdalsjökull aus: *„Schwarz wird die Sonne, die Erde sinkt ins Meer, vom Himmel fallen die heiteren Sterne, Glutwirbel umhüllen den allnährenden Weltbaum...". Heimdall* bläst laut in sein Horn und verkündet *Ragnarök,* den Weltuntergang, die Götterdämmerung. – Das Lied Völuspá ist ein bildreicher Augenzeugenbericht vom verheerenden Ausbruch des Vulkans Katla.

Auch *Snorri Sturluson* verarbeitete die Götterdämmerung des Lieds Völuspá in seiner Snorra-Edda. Die schrecklichen Vorahnungen werden in einem Zwiegespräch zwischen Odin und dem zauberkundigen Schwedenkönig *Gylfi* im Lied *Gylfaginning* („Gylfis Verblendung") laut: *„Zum ersten, daß der Winter kommen wird, Fimbulwinter („Schreckenswinter") genannt... Da wird der Fenriswolf los, und das Meer überflutet das Land, weil die Midgardschlange ... das Land sucht... Der*

Ingólfur Arnarson wirft seine Hochsitzsäulen ins Meer

Fenriswolf fährt mit klaffendem Rachen umher, daß der Oberkiefer den Himmel, der Unterkiefer die Erde berührt. ... Feuer glüht ihm aus Augen und Nase. Die Midgardschlange speit Gift aus, daß Luft und Meer entzündet werden... Und wenn diese Dinge sich begeben, erhebt sich Heimdall und stößt kraftvoll ins Gjallahorn und weckt alle Götter... Da reitet Odin zu Mimirs Brunnen und holt Rat... Die Esche Yggdrasil bebt und alles erschrickt im Himmel und auf Erden... Die Asen wappnen sich zum Kampf... Dem Thor gelingt es, die Midgardschlange zu töten: aber kaum ist er neun Schritte davongegangen, so fällt er tot zu Erde von dem Gifte, das der Wurm auf ihn spritzt. Der Fenriswolf verschlingt Odin... Darauf schleudert Surtur Feuer über die Erde und verbrennt die ganze Welt."

Die sündigen Götter und Dämonen sind gefallen, die alte Welt ist vernichtet. Aus dem Meer taucht eine neue Welt auf, **Muspelheim,** die verborgene Vulkaninsel, auch ein Symbol für die Schöpfung von Sonne, Mond und Sternen. Allen voran geht ein neuer Herrscher: **Surtur, der Gott des Feuers,** ist vielleicht ein Gleichnis für den Erzengel Michael: *„Da kommen Muspels Söhne hervorgeritten. Surtur fährt an ihrer Spitze, vor ihm und hinter ihm glühendes Feuer. Sein Schwert ist wunderscharf und glänzt heller als die Sonne."*

Zur Zeit der Edda-Dichter war die Südküste Islands ein dichtbesiedelter Landstrich. In *Oddi* stand die berühmte Skaldenschule, aus der die Edda-Dichter hervorgingen. Gleichzeitig kündigte sich aber ein geistiger Umbruch an, der Übergang zum Christentum. Genau zu dieser Zeit ereigneten sich die verheerendsten Vulkanausbrüche...

Skaldik

Die Skaldik ist eine altnordische **höfische Dichtung** und besteht aus **komplizierten Versen.** Die Sprache klingt vielfach gekünstelt und war und ist meist nur für Kundige dieser Dichtkunst verständlich. Sie läßt sich bis in das 9. Jahrhundert zurückverfolgen und wurde bis in das 13. Jahrhundert hinein mündlich weitergegeben. Die Skaldik beinhaltet Loblieder auf zeitgenössische Herrscher und bezieht sich auf geschichtliche Ereignisse, wie eine gewonnene Schlacht oder herrschaftliche Hochzeiten. Der Aufbau der einzelnen Strophen unterlag strengen Regeln. So sind z.B. die Anzahl der Silben und Hebungen und die Verwendung von Binnen-,

Stab- und Endreimen genau vorgeschrieben. Die Poeten, die sogenannten **Skalden,** wirkten nicht anonym wie die Verfasser der alten Sagas, sondern waren namentlich bekannt und genossen großes Ansehen. Sie übten ihre Dichtkunst vor allem an norwegischen Höfen aus.

Der berühmteste Skaldendichter ist **Egill Skallagrímsson** (900–983). Von vielen Literaturkritikern wird er sogar als der namhafteste nordische Dichter aller Zeiten bezeichnet. Er verließ Island, um an den Raubzügen der Wikinger teilzunehmen und wurde vom englischen König deshalb zum Tode verurteilt. Jedoch erhielt er eine Chance, diesem Urteil zu entgehen: Er sollte ein Gedicht verfassen, das dem König gefiele. Skallagrímsson gelang dies mit *Höfudlausu,* was „Haupteslösung" oder „Kopfgeld" bedeutet.

Rímur

Mit dem Untergang des isländischen Freistaates (1262–1264) war auch die literarische Blüte vorüber. Danach wurden hauptsächlich Rímur, **einfache Reimgedichte,** verfaßt. Die Rímur sind die isländische Form der Poesie des 14. Jahrhunderts, eine Art Balladen, die bis zu zwanzig Teile von je 100 bis 200 Strophen umfassen. Darin werden Geschichten von fremden Helden aus der mythischen Vorgeschichte erzählt. Aus alten Sagas und Volksdichtungen anderer Länder entstanden zur selben Zeit die **„Lygisögur"** („Lügensagas"), die über Hunderte von Jahren bei den Isländern beliebt waren. Bedeutende Dichter in dieser Zeit waren nur noch einige ausschließlich **religiös motivierte Lyriker.** Zu den bedeutenden Werken geistlicher Dichtung dieser Zeit gehören „Lilja" („Lilie"), ein Mariengedicht mit 100 Strophen von *Eysteinn,* das Mitte des 14. Jahrhunderts entstand, und die Literatur von *Jón Arason* (1484–1550), dem letzten katholischen Bischof Islands in Hólar. *Stefán Ólafsson* ist der wichtigste weltliche Dichter der damaligen Zeit.

Islands Literatur auf dem Weg in die Neuzeit

Jón Arason (1484–1550) begründete **1534** die **erste Druckereiwerkstatt** in Island ein. Zu Beginn des 16. Jahrhunderts wurde die erste Druckerpresse in Island eingeführt. Bischof *Guðbrandur Þorláksson* (1541–1627) übersetzte die lateinische Bibel ins Isländische. Im Jahre 1584 wurde diese **„Guðbrandsbibel"** gedruckt und galt jahrhundertelang als das geistliche Lehrbuch vieler Isländer. Das wissenschaftliche Interesse der Isländer nahm zu und bewirkte eine isländische Renaissance. Ihr wichtigster Vertreter war *Arngrímur Jónsson* (1568–1648). *Jón Ólafsson* (1593–1679) schrieb mit der *Æfisaga,* der „Lebensbeschreibung", die **ersten isländischen Reisebeschreibungen.** Besonderes Interesse galt, wie in Schweden und Dänemark auch, der eigenen Geschichte des Landes. Dadurch hatte man besonderes Interesse an altisländischen Quellen. In diesem Zusammenhang steht auch die Sammeltätigkeit von *Árni Magnússon* (vgl. S.240). Zu den Sammlern alter Dokumente gehörte auch *Þórmoður Torfason* (1636–1719), der auch *„Torfaeus"* genannt wurde. Der Geistliche *Hallgrímur Pétursson* (1614–1674) schuf Passionsgesänge *(passínsálmar),* die bis heute einen hohen Stellenwert bei der isländischen Bevölkerung haben.

Durch das Aufkommen von aufklärerischen Ideen setzte sich das **Interesse an der eigenen Geschichte** fort. Bischof *Finnur Jónsson* (1704–1789) dokumentierte die isländische Kirchengeschichte. Der aufklärerische Dichter *Eggert Ólafsson* (1726–1768) schrieb zusammen mit dem Arzt *Bjarni Pálsson* erstmals eine ausführliche Darstellung Islands. Die pietistische Haltung von *Jón Steingrímsson* (1728–1791) floß in seine Werke mit ein. Seine Selbstbiographie dokumentiert die Sozial- und Kulturgeschichte der damaligen Zeit.

Sigurður Pétersson (1759–1827) fungierte vor allem als Komödienschreiber. Er begründete die **Beginn des öffentlichen Theaters** in Island. *Magnús Stephensen* (1762–1833) hatte den Anspruch, das Wissen und den Geschmack seiner Mitbürger zu steigern.

Mit Beginn des 19. Jahrhunderts fand eine Rückbesinnung auf die traditionellen Sagas und Eddas statt, aus der sich die romantische und nationale Dichtung entwickelte – es kam zu einem Wiedererwachen der isländischen Kultur. Die Zeitschrift „Fjölnir", die von 1835–1847 erschien, begründete den Beginn der Romantik. Zu den Herausgebern zählte der im 19. Jahrhundert für seine **Naturgedichte** berühmte Dichter *Jónas Hallgrímsson* (1807–1845), ein Meister isländischer Romantik. Wichtige Vertreter der Lyrik waren *Bjarni V. Thórarensen, Grímur Þ. Thomsen. Benedikt S. Gröndal* und *Steingrímmur Þorsteinsson.* Mit *Sigurður Breiðfjörð* (1798–1846) und *Hjálmar Jónsson* gewann die Dichtung von Rímur noch einmal an Bedeutung. Aus den isländischen Jahrbüchern in Geschichtsform („Islands árbækur i sögu-formi 1262–1832"), die in 12 Bänden von *Jón Espólin* (1769–1855) in den Jahren 1821–1855 herausgegeben wurden, entwickelte sich eine neue Form der Prosa in Island. *Jón Þ. Thoroddsen* verfaßte den ersten neuen isländischen Roman. In der 2. Hälfte des 19. Jahrhunderts gewann das Drama in Island an Bedeutung, wichtige Vertreter waren hier *Jóhann Sigurjónsson, Matthías Jochumsson* und *Ingriði Einarsson.* Der Pfarrer und Dichter *Matthías Jochumsson* (1835–1920) verfaßte 1874 zum Gedenken an die Besiedlung Islands den Text für einen Lobgesang: *„Ó, guð vors lands"* – „Oh Gott unseres Landes". Der Komponist und Pianist *Sveinbjörn Sveinbjörnsson* (1847–1927) komponierte die Musik dazu. Auf der 1000-Jahr-Feier des Parlaments wurde dieses Lied 1930 in *Þingvellir* zur **isländischen Nationalhymne** *(lofsöngur).*

Jón Sveinsson (1857–1944) ist in seiner Heimat nahezu vergessen, in anderen europäischen Ländern jedoch, vor allem in Deutschland, hat er sich mit dem **Jugendbuch „Nonni",** einer Verarbeitung seiner Kindheitserinnerungen aus der Umgebung von Akureyri, einen Namen gemacht. Von der Literaturwissenschaft wird er kaum beachtet. Sveinsson kam 1944 bei einem Bombenangriff in Köln ums Leben. Dort liegt er auch begraben. Die Werke Sveinssons wurden beeinflußt von der wiedererlangten teilweisen Autonomie, die 1874 in einer wirtschaftlichen Notzeit in einer nur wenig industrialisierten

Halldór Laxness
(nach Petra Briefs)

Halldór Kiljan Laxness wurde am **23. April 1902**, unter dem Namen Halldór Gudjónsson, in Reykjavík als Sohn eines Straßenarbeiters **geboren** und wuchs auf dem elterlichen Bauernhof Laxness auf, den der Vater 1905 erworben hatte.

Bis zu seinem 17. Lebensjahr besuchte er in Reykjavík die Schule, das letzte Schuljahr als Gymnasiast, bevor er die Schule verließ, ohne seinen Abschluß zu machen. Schon beizeiten beschäftigte er sich mit Literatur und Musik und veröffentlichte 1919 den Roman „Das Kind der Natur". Von 1919 bis 1930 bereiste er Italien, Deutschland, Frankreich, Luxemburg, Amerika und Skandinavien. Im Januar 1923 konvertierte Halldór Laxness im Benediktinerkloster von Clervaux in Luxemburg vom lutherischen zum katholischen Glauben und nahm dabei den Namen des irischen Heiligen Kiljan an. In den Jahren 1932/33 hielt er sich in der Sowjetunion auf. Von 1945 an war er mit seiner zweiten Ehefrau Auður Sveinsdóttir verheiratet und hatte zwei Töchter und einen Sohn. Halldór Laxness ist am **9. Februar 1998** mit 95 Jahren in einem Pflegeheim in Reykjavík **verstorben.**

Laxness' zweites Buch „Der große Weber von Kaschmir" („Vefarinn mikli frá Kásmir"), welches 1927 erschien, schildert seinen Weg zum **Katholizismus.** Die Hauptfigur seines Romans, Steinn Elliði, bricht aus der isländischen bürgerlichen Enge auf in europäische Metropolen und wendet sich nach einer Sinnkrise und einem Klosteraufenthalt Gott zu. Als Halldór Laxness in Nordamerika die wirtschaftliche Depression miterlebte, setzte er sich engagiert für den Sozialismus ein. Sein nächster Roman „Salka Valka", ein zweibändiges Werk, handelt von den ausgebeuteten Unterschichten, die sich um bessere Lebensbedingungen bemühen. Die Heldin dieses Romans ist das junge Fischermädchen Salka Valka aus Nordisland. Sein Buch „Weltlicht" ist nach dem Tagebuch aus dem Nachlaß eines unbekannten Volksdichters entstanden.

Während des II. Weltkriegs wendete sich Halldór Laxness wieder der **isländischen Geschichte** zu, welche er in der „Islandglocke" („Islandsklukkan – Triologie") niedergeschrieben hat. Das Werk spielt im 18. Jahrhundert, die Hauptperson ist der Zinsbauer Jón Hreggviðson. Dieser gerät in die Fänge der Justiz und muß sich in einem jahrelangen Prozeß verantworten.

Nach dem Ende des Krieges befaßte sich der Autor mit **aktuellen Problemen.** In seinem Werk „Atomstation" („Atómstöðin") griff er die atomare Bedrohung und den Kalten Krieg an. Das Buch wurde als eine Kritik an isländischen Politikern verstanden. Laxness kritisierte damit die Militärbasis der Amerikaner in Keflavík. Die Ereignisse während des Prager Frühlings bewegten ihn zu einer Abkehr vom Kommunismus. In seinem Buch „Fischkonzert" („Brekkukotsannáll"), dem ersten von ihm seit seinem politischen Sinneswandel geschriebenen Roman, beschreibt Laxness die Verhältnisse im Reykjavík der Jahrhundertwende. Vom Humanismus geprägte, veröffentlicht er Werke wie „Zeit zum Schreiben" („Skáldatimi") und „Seelsorge am Gletscher" („Kristnihald undir jökli").

1955 bekam Halldór Laxness den **Literatur-Nobelpreis** überreicht. Die Nachricht über die Preisverleihung erhielt er überraschend auf der Fähre „Gullfoss" auf seiner Rückfahrt von Kopenhagen nach Island. Im Hafen von Reykjavík wurde er von etwa 20 000 Isländern jubelnd empfangen. Er ist der erste und bislang auch der einzige isländische Schriftsteller, dem dieser Preis zugesprochen wurde.

Das **Gesamtwerk** von Halldór Laxness umfaßt Sammlungen von Gedichtbänden, verschiedene Essaybände (über literarische, politische und kulturelle Themen) und Kurzgeschichten.

Auszeichnungen u.a.: 1952 Stalin-Preis, 1955 Literatur-Nobelpreis, 1969 Sonning-Preis; Ehrendoktorwürden der Universitäten Island und Edinburgh; Ehrenbürger der Gemeinde Mosfellsbær.

Veröffentlichungen u.a.: „Das Kind der Natur" (1919), „Der große Weber von Kaschmir" (1927), „Salka Valka" (1931), „Sein eigener Herr" (1934–35), Tetralogie „Weltlicht" (1937–40), Trilogie „Islandglocke" („Islandsklukkan") (1943), „Atomstation" (1952), „Das Fischkonzert" (1957), „Das wiedergefundene Paradies" (1960), „Seelsorge am Gletscher" (1968), „Zeit zu schreiben" (1976) und „Auf der Hauswiese" (1978).

Bühnenstücke u.a.: „Das Schornsteinspiel" (1966), „Der Silbermond" (1966), „Strickzentrale Sonne" (1966) und „Das Taubengastmahl" (1966).

Gesellschaft gewährt wurde. Die Folgen verarbeiteten zahlreiche Dichter, die zu Beginn noch den Realisten angehörten und dann eher zu den Neuromantikern gehörten, in ihren Werken. Dies sind *Einar Benediktsson, Þorsteinn Erllingsson, Gestur Pálsson, Hannes P. Hafstein. Jón Stefánsson, Guðmundur Friðjonsson, Einar Hjörleiffosn Kvaran* und *Dávið Stefánsson* und andere.

Im 20. Jahrhundert wurde von einigen Schriftstellern der isländische Roman wiederentdeckt. Zwischen den Jahren 1946 und 1953 debütierten die sogenannten **„Atomdichter“.** Dabei handelte es sich um eine Gruppe von fünf Poeten namens *Stefán Hörður Grímsson, Einar Bragi, Sigfús Dadason, Jón Óskar* und *Hannes Sigfússon.* Sie suchten neue Stil- und Ausdrucksformen in ihren Gedichten und benutzten ihre eigenen Symbole und Idiome. Zum Einsatz kamen entweder freie Rhythmen oder eine komplizierte Metaphorik. *Hannes P. Pétursson* war mehr durch die herkömmliche Lyrik beeinflußt

Die Autoren *Þór Vilhjálmsson* („Das Graumoos blüht“), *Ingriði Þórsteinsson* („Herbst über Island“), *Sigurður Magnússon* („Unter frostigem Stern“), *Guðbergur Bergsson* und *Svava Jakobsdóttir* beschritten in den 50er Jahren neue literarische Wege. Ihre Themen bestanden u.a. aus der Stadtflucht und den daraus resultierenden Problemen für die ländliche Gesellschaft und ihrer Suche nach der eigenen Identität. Nach dem Ende des II. Weltkriegs schrieben sie über die Stationierung der US-Armee in Keflavík, was ihrer Meinung nach den Ausverkauf der isländischen Nation bedeutete.

Neue literarische Höhepunkte setzten *Gunnar Gunnarsson* (1889–1975) und *Halldór Kiljan Laxness* (1902–1998; vgl. Text nebenan). Bekannte Romane von *Gunnarsson* sind „Die Leute von Borg“ (erschienen 1927), „Die Eidbrüder“ (1934) und „Der weiße Krist“ (1935). Gunnarsson lebte überwiegend in Dänemark und schrieb seine Bücher auch auf dänisch. Bei der Übersetzung ins Isländische griff er auf die Hilfe von Laxness zurück. In den 60er Jahren gewann der Roman an neuer Bedeutung durch *Guðbergur Bergsson, Jakobína Sigurðardótir, Svava Jakobsdóttir. Gyrdir Eliasson* (geb. 1961) verfaßte Kurzprosa und *Einar Kárason* (geb. 1955) Romane. In ihre Werken beziehen sie die herkömmliche isländische Natur und den alten Kulturraum mit ein.

Architektur

Mit den ersten norwegischen Siedlern kam auch ihre Bauweise nach Island. Es entstanden Einzelhöfe in Hanglage zum Wasser. Diese **Langhäuser** waren bis zu 30 m lang, 6 m breit und hatten eine aufwendige Dachkonstruktion, die von zwei Säulenreihen getragen wurde. Der Eingangsbereich lag an der Schmalseite des Hauses. In der Mitte des Gebäudes befand sich der Hauptraum, wo die Feuerstelle im Boden eingelassen war. Auf podestartigen Erhöhungen wurde geschlafen und gegessen. Als Baumaterial für diese Häuser verwendete man Holz. Später fiel der Hauptraum weg, weil mehrere kleine Räume besser zu heizen waren – Brennholz war in Island nicht in ausreichender Menge vorhanden.

Aufschlußreiche Erkenntnisse über die damalige Bauweise erhielt man durch die Ausgrabung der gut erhaltenen Überreste des **Stöng-Gehöftes.** Es war 1104 bei einem Ausbruch der *Hekla* unter Bimsasche verschüttet worden. Man stieß auf ein mittelalterliches Bauernhaus mittlerer Größe. Der Hof bestand aus zwei aneinandergefügten Haupthäusern, zwei kleineren Seitenhäusern, Kuhstall, Schmiede, Scheune und einem kleinen Vorratshaus. Eine Rekonstruktion des Gebäudes kann im *Þjórsá-Tal* in der Nähe des Búrfell-Wasserkraftwerks besichtigt werden.

Da Bauholz knapp war, fing man an, für den Hausbau **Torf** zu verwenden und das Dach mit **Grassoden** zu bedecken. Torf hat gegenüber Holz den Vorteil, eine bessere Wärmeisolation zu bieten. Ein weiterer Vorteil dieser Bauweise bestand darin, daß diese Häuser eher einem Erdbeben standhielten. Der Eingang der Torfhäuser befand sich an der Längsseite des Gebäudes. Am Gangende war die beheizbare *Badstófa,* eine Art Sauna und Wohn- und Schlafraum in einem. Die ersten sicheren Nachweise dieses Baustils stammen aus dem 15. Jahrhundert. Mit zunehmendem Wohlstand konnten es sich einige Bauern leisten, eine Längsseite des Hauses mit Holz zu verkleiden, was eine repräsentative Vorderfront ergab. Es sind bis heute noch sieben Höfe aus dieser Zeit erhalten, die man besichtigen kann: *Skógar, Glaumbær, Laufás, Arbær, Keldur, Burstabær* und *Gremjaðarstaður.* Bis heute treffen wir aber auch immer wieder auf die Überreste alter Häuser, die als Ställe und Scheune genützt wurden. Bis zum 18. Jahrhundert gab es in Island noch **keine Dörfer oder Städte.** Zentren des damaligen Lebens waren die Höfe auf dem Land, wo auch die für Island typische Architektur entstand.

Altes Islandhaus an der Südküste in Núpsstadaskógur

In Island fehlte früher eine reiche Oberschicht und ein gesellschaftliches, kulturelles und wirtschaftliches Zentrum. Die heutige Hauptstadt Reykjavík war noch im 18. Jahrhundert ein Dorf mit wenigen hundert Einwohnern. 1910 zählte die Stadt erst 1200 Einwohner. Außerdem herrschte in Island immer Baustoffmangel, Material zur Errichtung dauerhafter Bauten war nicht vorhanden. Architektonische Denkmäler wie Burgen, Schlösser, alte stattliche Kirchen oder Bürgerhäuser fehlen daher völlig.

Auch alte Bausubstanz gibt es in Island nicht – mit Ausnahme einiger in Freilichtmuseen erhaltener Torfhäuser und vereinzelter schlichter Kirchen. An zahlreichen Orten in Island stößt man jedoch auf sehenswerte Relikte des isländischen Baustils.

Die Errichtung von **Steinhäusern** wurde schnell wieder aufgegeben, da die Gebäude zu kalt und erdbebengefährdet waren. Außerdem waren die Baukosten für diese Häuser enorm hoch. Nur offizielle Gebäude wie Kirchen und Repräsentationsbauten wurden im 18. Jahrhundert aus Stein gebaut. Ab Mitte dieses Jahrhunderts wurden unter dänischem und norwegischem Einfluß **Holzblockhäuser** als Waren- und Vorratslager errichtet. Seit 1900 importierte man verstärkt Bauholz aus Norwegen. 25 Jahre später wurde den Isländern jedoch der Import zu teuer, außerdem hielt das Holz den Witterungseinflüssen nicht lange stand. So begann man, buntes **Wellblech** für die Wände und Dächer der Häuser zu verwenden. Das Wellblech wurde zu einem Bestandteil des **neuen isländischen Baustils.** Die Isländer verschönern ihre schlichten Häuser mit **kräftigen Farben.** Einfache und rein funktionelle Bauten entstanden im Betonstil. Das erste Betonhaus ist das zwischen 1876 und 1882 errichtete *Garðahús* (Pfarrhaus) in *Akranes.* Bis vor wenigen Jahrzehnten wurden die meisten isländischen Häuser in sehr einfacher Bauweise errichtet.

Heute nimmt Beton eine wichtige Stellung in der isländischen Architektur ein. Neben zahlreichen schlichten Häusern prägen moderne Gebäude das Stadtbild. Für besonderes Aufsehen sorgte in den letzten Jahren die *Hallgrímskirkja,* eine im Sakralbaustil vom Architekten *Gudjón Samúelsson* (1887–1950) entworfene Kirche in Reykjavík, deren Außenfassade Basaltsäulen darstellt. Von Samúelsson stammen auch die Entwürfe für die Universität, das Nationaltheater, die katholische Kirche sowie das Hotel *Borg.* Zur sehenswerten Architektur zählen auch das Flughafengebäude in *Keflavík* und die *Perlan* (vgl. S.271) auf dem Hügel *Öskjuhlið* in Reykjavík. Die Perlan wurde aus umgestalteten Wassertanks erbaut, auf denen sich ein Drehrestaurant mit Aussichtsplattform befindet. In *Akureyri* lieferte Samúelsson die Pläne für die Hauptkirche.

Malerei

Auch die Malerei gehört zu den jungen Künsten in Island. Bis zum 19. Jahrhundert zählte sie ausschließlich zur Volkskunst. Eine Ausnahme bildeten lediglich einige klerikale Kunstwerke.

Die Anfänge der isländischen Malerei sind in den aufwendigen und kunstvollen Ornamenten der **Buchmalerei** zu finden, wie z.B. in den Illustrationen der Bibelhandschrift „Stjórn" oder im „Flateyjarbók". Im 19. Jahrhundert kam die **Landschaftsmalerei** auf. Die ersten **Aquarelle** isländischer Landschaften malte *Ásgrímur Jónsson* (1876–1958). Von ihm stammen 200 Gemälde, 277 Aquarelle und zahlreiche Zeichnungen. *Þórarinn B. Þórláksson* (1867–1924) ist ebenfalls ein bekannter isländischer Maler. Er wuchs als Pfarrerssohn in Nordisland auf und ging später nach Reykjavík. Dort absolvierte er eine Buchbinderlehre und nahm nebenbei Zeichenunterricht. In Kopenhagen studierte er bis 1902 Kunst und kehrte danach nach Island zurück. Mit seinen Landschaftsbildern, Porträts, Interieurs, Stilleben und Altarbildern erhielt er auch international große Anerkennung.

Zu den bekanntesten modernen Künstlern zählt der Maler *Jóhannes Sveinsson Kjarval* (1885–1972), der erst als Landarbeiter und Fischer arbeitete, bevor er die Malerei zu seinem Beruf machte. Weitere bekannte Maler sind *Ásgrímur Jónsson* (1885–1972) und *Jón Stefánsson* (1881–1963), der durch seinen expressionistischen Stil bekannt wurde. Sein wohl bekanntestes Werk ist das Bild „Sommernacht", das die Landschaft des Her›ubrei› mit einbezieht. Jóhannes Sveinsson Kjarval vermachte 1968 viele seiner Werke der Stadt Reykjavík. Nach ihm wurde das 1973 eröffnete Kunstmuseum „Kjarvalsstaðir" benannt. Andere seiner Werke sind im *Ásmundur Sveinsson Museum* ausgestellt. *Gu›mundur Þorsteinsson* (1891–1924), auch bekannt als *Muggur,* illustrierte isländische Märchen. Auch *Gunnlaugur Scheving* (1904–1972) beschäftigte sich mit der Illustration von Märchen und Sagas; hauptsächlich stellte er aber Menschen bei der Arbeit und die Seefahrt dar. Bekannt wurden seine großflächigen, kubistischen Werke, bei denen er Fischer bei ihrer schweren Arbeit malte.

Zur Avantgarde zählt *Nína Tryggvadottir* (1913–1968), die erste **abstrakte Malerin** Islands. Ihre Glasmalereien und Mosaiken machten die Malerin auch im Ausland bekannt. Bei der Biennale, der internationalen Kunstausstellung in Venedig, machte der isländische Maler *Erró (Guðmundur Guðmundsson)* durch seine **„Escape-Bilder"** auf sich aufmerksam. Er ist einer der populärsten zeitgenössischen isländischen Maler. Er fand mit seinen von der Pop-Art beeinflußten, surrealistischen Bildern auch international Anerkennung. Seine Bilder stellen die unmenschlichen Zustände in der modernen, nur noch von Technik und Maschinen beeinflußten Zeit dar.

1965 wurde der **Verband junger Künstler (SÚM)** gegründet. Sein Ziel war es, neue Richtungen in ihre Kunst miteinzubeziehen. Der Vereinigung schlossen sich auch Architekten, Graphiker und Tänzer an. Beim Kunstfestival 1972 machte SÚM auf sich aufmerksam. Bald darauf wurde der Verband jedoch von neuen Expressionisten verdrängt. Zu ihnen gehört *Helgi Þorgils Friðjónsson* (geb. 1953), der in seinen Bildern Alltägliches auf verfremdete und absurde Weise darstellt. Damit setzt sich ein neuer Kunststil durch, der alles möglich macht und bis heute Gültigkeit hat. Einen anderen Stil wählte *Jón Óskar* (geb. 1954) mit seinen monumentalen Gemälden. 1972 entstand in Reykjavík **The Living Art Museum** *(Nýlistasafnið),* in dem Werke der 60er- und 70er-Jahre gesammelt und ausgestellt werden.

Bildhauerei

Der Maler und Bildhauer *Einar Jónsson* (1874–1954) steht für den Beginn einer eigenständigen isländischen Bildhauerei. Er studierte an der Kunstakademie in Kopenhagen. Viele seiner Werke sind in seinem ehemaligen Atelier, in dem nach ihm benannten Museum in Reykjavík unweit der *Hallgrímskirkja* ausgestellt. In der Stadt stehen das Standbild „Jón Sigurdsson" auf dem *Austurvöllur,* die Statue „Ingólfur Arnarson" auf dem *Arnarhóll* und das „Denkmal der Geächteten", von dem es eine Kopie auch in Akureyri gibt.

Als bekanntester Bildhauer Islands gilt *Ásmundur Sveinsson* (1893–1982). 1893 im Bezirk *Dalasýsla* in Westisland geboren, ging er 1915 nach Reykjavík, wo er die Holzschnitzerei erlernte. 1919 besuchte er die Zeichenschule in Kopenhagen, dann studierte er an den Kunstakademien in Stockholm und Paris. Er kehrte nach zehn Jahren Auslandsaufenthalt nach Reykjavik zurück und erbaute 1933 in der *Freyurgata* nahe der *Hallgrímskirkja* sein Haus, in dem sich heute die *Ásmundur-Sveinsson-Galerie* und ein Skulpturengarten befinden. In seinen Reykjavíker Ateliers in *Sigtún* entstanden seine berühmtesten Werke. Sveinsson arbeitete vielfach nach Vorlagen aus der isländischen Edda. Mit seinen Werken stellt er häufig die Natur und die in ihr tätigen Menschen dar.

Vor der Universität steht „Sæmundur auf dem Seehund", und auf dem Hügel *Öskjuhlið* ist „Die Wasserträgerin" zu sehen; in der *Snorrabraut* steht „Der Schmied", im *Laugardalur* „Die Wäscherinnen" und im Freilichtmuseum *Arbær* „Die Sennerin". Ásmundur Sveinsson starb im Dezember 1982 und vermachte seine Skulpturen der Hauptstadt.

Bedeutung als Bildhauer gewann auch *Sigurjón Ólafsson* (1908–1982), der den expressionistischen Stil bevorzugte und vor allem mit Basalt aus Island arbeitete. Die meisten seiner Werke sind in Reykjavík in dem nach dem Künstler benannten Museum ausgestellt. Sigurjón beeinflußte auch *Gerður Helgadóttir* (1928–1975), die sich als Bildhauerin, Glasmalerin und im Schaffen von Mosaiken einen Namen machte und internationale Anerkennung errang. Von ihr stammen die Glasfenster der Kirche von Skálholt. 1994 wurde in Kópavogur eine Galerie eröffnet und nach der Künstlerin benannt *(Gerðarsafn).* Hier sind über 1000 ihrer Werke zu sehen.

Musik

Islands musikalische Tradition reicht bis in die Landnahmezeit zurück. Jedoch hatte sie lange Zeit keine internationale Bedeutung. Zur alten Musik gehören auch Texte aus der Skaldik und dem Rímur. Der **Tvísöngur,** ein Zwiegesang, ist ein anderer Gesangstyp der damaligen Zeit. Später kamen die heute noch verbreiteten **Volkslieder** auf. Zur Begleitung dienten die *fiðla* und das *langspil,* Instrumente mit zwei bis vier Saiten. Das wahrscheinlich berühmteste isländische Volkslied ist das Reiterlied „A Sprengisandi". Es erzählt von einem einsamen Reiter, der nachts durch den vegetationslosen und sturmgepeitschten *Sprengisandur* im Hochland reitet. Er horcht dem heulenden Wind zu und erinnert sich an die alten Erzählungen von Geistern und Geächteten, die hier ihr Unwesen treiben. Um nicht von ihnen behelligt zu werden, gibt er seinem Pferd die Sporen: *„Ríðum, ríðum og rekum yfir sandinn... að vera kominn* *ofan í Kiðagil" – „Reite, reite und springe über den Sand...damit du schnell nach Kiðagil kommst ."* Damit die traditionellen Volkslieder nicht in Vergessenheit gerieten, wurden sie von *Bjarni Þorsteinsson* (1861–1938) zwischen 1906 und 1908 als **Liedersammlung** „Íslensk Þjóðlög" („Isländische Volkslieder") herausgebracht. Bei vielen Anlässen und Zusammenkünften singen die Isländer gerne gemeinsam Volkslieder. Mit der Annahme des Christentums wurde **Kirchenmusik** in Island wichtig. Dabei wurden die Lieder jedoch weniger mit der Orgel begleitet, sondern viel häufiger mit dem Harmonium. 1594 entstand die *Graduale,* in der von Bischof *Guðbrandur Þórláksson* evangelische Kirchenlieder zusammengetragen worden waren. Bis ins 19. Jahrhundert war dies das bedeutendste Volksgesangbuch.

Björk, Islands bekanntester Popstar

Seit Mitte des 19. Jahrhunderts studierten isländische Komponisten im Ausland. Ihre Werke wurden von der Romantik und europäischen Strömungen beeinflußt. Auch neue Instrumente wurden verwendet.

Die ersten isländischen Komponisten der **ernsten Musikrichtung,** die international Anerkennung erhielten, gibt es erst seit Ende des 19. Jahrhunderts. In dieser Zeit fand in Island auch das erste klassische Konzert statt. Der bekannteste isländische Komponist ist *Jón Leifs* (1899–1968). Er verfaßte drei Oratorien aus der Edda, eine Island-Kantate und eine Saga-Symphonie. Auch *Jón Ásgeirsson* (geb. 1928) und *Atli Heimir Sveinsson* (geb. 1938), verwendeten traditionelle Elemente aus der Sprache und Kultur in ihren Opern. Der Tenor *Kristján Jóhannson* (geb. 1947) war bereits an der Mailänder Scala und der Metropolitan Opera in New York zu hören. Heute gibt es in Reykjavík zwei Symphonieorchester, mehrere kleine Ensembles, eine Oper, das isländische Ballett und zahlreiche Chöre. Die **Hauptstadt** ist die **Musikmetropole des Landes**. In den Wintermonaten finden bis zu dreißig Konzerte monatlich statt!

Jazz sowie isländische **Pop- und Rockmusik** sind meist nur im Land selbst bekannt; nur wenige haben in den letzten Jahren international für Aufsehen gesorgt. Typisch für die isländische Musikszene ist, daß viele Gruppen nur für kurze Zeit bestehen. Der Rockmusiker *Buppi* verstand es, mit seiner rauchigen Stimme das Lebensgefühl der Jugend auszudrükken. *Stefán Hilmarsson* mit seiner Band ist heute ganz vorne in der isländischen Musikszene. International

Björk-Music

„Eisfee“ oder „isländische Popfee“, „Eisprinzession“ oder „Elfe aus dem Land der Geysire“ wird Björk genannt. Grund für diese „verwunschenen“ Namen ist ihr Musikstil, mit dem sie verwirrt und gleichzeitig ihre Zuhörer in den Bann zieht. Die junge Künstlerin ist schwer zu erfassen, deshalb wird sie mit geradezu mystischen Namen umschrieben.

Schon als „The Prodigy“ auf den Markt kam, eine Mischung aus Techno und Punk, konnte in absehbarer Zeit nicht mehr viel Besseres nachkommen, meinten die Kritiker. Doch dann erschien Björks Album „Homogenic“. Die Songs, melancholische Balladen, enthalten Elemente aus isländischem Folk, Klassik in Verbindung mit hämmernden, teils auch melancholischen computergesteuerten Beats. Streicher, Harfenklänge und an Sphärenmusik erinnernde Synthesizerklänge sind da zu hören. Zwar muß man sich an diesen Sound erst gewöhnen, doch dann läßt er einen nicht mehr los.

Björk scheint heute erwachsener, reifer geworden zu sein. Sie ist inzwischen auch Mutter. Anstatt schriller Songs in den höchsten Tonlagen geht es bei dem neuen Album um Grundlegendes. Auslöser für die Verwandlung der Sängerin war eine Krise, ausgelöst durch einen geisteskranken Fan, der sich im September 1996 vor der Kamera erschossen hatte. Dies bewirkte eine grundlegende Veränderung bei Björk. Sie kehrte in ihre Heimat zurück, wo sie neue Kräfte sammeln konnte. Island beeinflußte auch jeden ihrer Songs. Produziert wurde das Album jedoch nicht dort, sondern in Spanien.

bekannt wurden die Gruppen *Mezzoforte* und *Sugarcubes;* letztere hat sich inzwischen wieder aufgelöst. **Björk Guðmundsdóttir,** die Gründerin und frühere Sängerin der Sugarcubes, wurde 1965 geboren. Aufgewachsen in einer Hippiekommune, besuchte sie schon sehr früh die Musikschule. Mit elf Jahren brachte sie ihre erste Platte mit isländischen Volksliedern heraus. Von 1987 bis 1992 produzierte sie mit den Sugarcubes drei Alben. 1992 trennte sie sich von der Gruppe. Sie lebte von 1993–1997 in London und startete dort mit ihrem Album „Debut“, das sich über 2,5 Millionen Mal verkaufte, eine erfolgreiche Solokarriere. 1995 sang sie den Titelsong im Film „Tank girl“ und veröffentlichte ihr zweites Soloalbum „Post“. Sie selbst bezeichnet ihre Musik schlicht als „Björk music“: Ihre Stimme wirkt zerbrechlich wie dünnes Glas, sie schwebt geradezu über dem kalten Groove ihrer Musik, die beeinflußt ist von den verschiedensten Stilrichtungen: jazzige Elemente treffen auf Dancefloor, Techno verbindet sich mit Punk, klassische Klänge sind zu hören, Instrumente aus diversen Kulturkreisen kommen zum Einsatz. 1995 wurde sie bei den *MTV European Awards* zur besten weiblichen Künstlerin gewählt.

International bekannt geworden ist in den letzten drei Jahren die Gruppe *GUS GUS,* deren Musik – ähnlich wie im Falle Björks – schwer in gängige Schubladen einzuordnen ist: Das Spektrum reicht von ätherischen Balladen bis zu groovigem Dancefloor. Aufsehen erregt die Band immer wieder mit ihren einfallsreichen Multimedia-Livedarbietungen.

Beim *Grand Prix de la Chanson 1999* in Jerusalem belegte die isländische Sängerin *Selma Björnsdóttir* den zweiten Platz. Einen neuen isländischen Stil bietet „Bellatrix“, in Island bekannt als **Kolrassa Krokridandi,** eine „stachelige“, wirbelnde Band. Als scharf schneidend oder wahllos, kantig oder melodisch wird ihre Musik beschrieben. Die Gruppe wurde 1992 von vier 16jährigen Mädchen gegründet. In diesem Jahr gewannen sie gleich den jährlich stattfindenden Musikwettbewerb und produzierten ihre erste CD „Drapa“. Die rauhen Songs sind vom Folk beeinflußt, zeigen aber auch die frische Power der Band. Die erste LP der Band *Kynjasögur (Stranger Tales)* wurde als eines der besten Alben des Jahres in Island ausgewählt. Infolge trat Bellatrix in Skandinavien, Frankreich und Spanien auf. Ihr nächstes Album produzierte die Band in Chicago. *„Köld eru Kvennard“,* ein Sprichwort aus den alten isländischen Sagas („Traue keinen intrigierenden Frauen“), wurde wieder zu den besten isländischen Alben gewählt. Als die Band 1998 nach neuen Herausforderungen und Abenteuern Ausschau hielt, beschloß sie, ihr Markenzeichen „Dance-Rock“ auch auf dem europäischen Festland vorzustellen. Ihren ersten Auftritt hatten sie in Großbritannien. Sie wurden eingeladen, 1998 in Manchester aufzutreten, und kamen auf Anhieb unter die besten 100. Dabei wurden sie mit einer punkigen Björk verglichen. Der etablierte britische Produzent *Steve Lyon* mixte das Demoband. Die CD „G“ bekam hervorragende Musikkritiken.

DUO wurde im Januar 1999 von dem 17jährigen Sänger und Pianisten *Vedis* sowie dem 22jährigen Pianisten *Swein Runar* als isländisches Popduo gegründet. Mit dazu gehören auch *Bjarki* (Keyboard), *Kristján* (Gitarre), *Hinrik* (Bass) und *Kjartan* (Drums). *Edda Erlendsdottir* ist eine isländische Pianistin, die in Frankreich lebt. *Greip* besteht aus vier Männern und einer Frau. *Maus* spielt isländischen Punkrock.

Die weit über Island hinaus bekannte Gruppe **Mezzoforte** (bekanntester Hit: *Gardenparty* aus den 80er Jahren) besteht aus fünf Mitgliedern: *Eyúór Gunnarsson* (38) ist einer der fühernden Plattenproduzenten der isländischen Musikszene. Zu seinen Werken zählen einige der bestverkauften Alben in Island der letzten 5 Jahre. Auf den meisten Alben spielt er selbst Keyboard. Der Gitarrist *Friðrik „Frissi“ Karlsson* (39) studierte klassische Gitarre und war der erste Student, der auf dem FB College in Reykjavík graduierte. Er spielte auf vielen Alben mit, bekannt ist er auch als Songschreiber. Außer für Mezzoforte schreibt er auch für andere Lieder, darunter „Nighttiem“, der isländische Beitrag zur Eurovision 1993. Frissi lebt in London und spielt unter anderem Gitarre im Musical „Jesus Christ Superstar“ von Andrew Lloyd-Webbers, das im Londoner West End aufgeführt wird. *Gulli Briem* (36) ist einer der eifrigsten Session-Schlagzeuger in Island. Er spielt auch bei den Gruppen *Todmobile, Model, Mannakorn* und *GCD,* 1992 Islands beliebteste Rockguppe, *Bubbi Morthens* und noch anderen. Außerdem produzierte er ein eigenes Unterrichtsvideo für Schlagzeug und hält jedes Jahr Seminare für Drummer ab. *Jóhann Ásmundsson* (38) hat als Techniker und Sessionmusiker bei vielen isländischen Alben mitgewirkt. Man hört ihn bei frühen Aufnahmen von *Todmobile* und anderen Gruppen. „Joe" war zusammen mit Frissi Migleid von *Stjórnin/Heart 2 Heart.* Zur Zeit studiert Joe, um ein qualifizierter Berater von SAA zu werden, einer Organisation, die Leuten hilft, die Probleme mit Alkohol- und Drogenmißbrauch haben. Der Saxophonist *Óskar Guðjónsson* (24) kam als letztes Mitglied 1995 zu Mezzoforte. Er graduierte 1994 an der FIH Musikschule in Reykjavík und spielte bei vielen Bands wie *Funkstrasse, Bubbleflies* und anderen.

Quaraski hat sich dem Rap, *Subterranian* dem Hip Hop verschrieben. *Supermono* ist eine Popband aus Reykjavík. *Sólarmegin* singen ausschließlich a capella. *Bjorn Thoroddsen* gehört zu den bedeutendsten Jazzgitarristen Islands. Bekannteste Mitglieder der Popgruppe *Todmobile* sind *Bjarni Þórbalsson* und *Andrea Gylfadóttir.* Sugarcube-Mitglied *Thor Eldon* hat sich mit *Dr. Gunni* zu *„UNUN"* zusammengetan.

Film

1906 wurde das **erste Kino** in Reykjavík eröffnet. Anfangs wurden dort vor allem Filme mit Dokumentarcharakter, wie Berichte über Vulkanausbrüche, ausgestrahlt.

1979 wurde der **isländische Filmfond** gegründet. Die meisten isländischen Filme spiegeln die Geschichte, Literatur und Gegenwart des Landes wider. Der erste isländische Spielfilm „Land og synir" („Land und Söhne") von *Águst Guðmundsson* wurde 1980 produziert. Thema des Films ist die Landflucht während der Depression der 30er Jahre. Ebenfalls 1980 entstand „Óðal feðranna" („Der Hof des Vaters"), der die Landflucht in den 70er Jahren behandelt. 1984 thematisierte Guðmundssons Film „Gullsandur" („Goldener Sand") die Stationierung der amerikanischen Soldaten in Island. Später drehte er auch Filme über die isländischen Sagas. In Deutschland wurde er durch seine Kinder- und Jugendserie „Nonni und Manni" bekannt.

Þórstein Jónsson verfilmte 1984 den Roman „Atomstation" von Halldór Laxness. Dessen Tochter *Guðny Halldórsdottir* führte Regie bei der Verfilmung des väterlichen Romans „Am Gletscher". Internationale Beachtung fand der Film „Börn náttúrunnar" („Children of nature") von *Friðrik Þór Friðriksson.* Er erzählt die Geschichte zweier alter Menschen, die von ihren Familien in ein trostloses Altenheim in Reykjavík abgeschoben wurden. Der Mann und die Frau finden zueinander und erinnern sich gemeinsam an ihre alte Heimat, die Westfjorde. Sie wollen dort ihren Lebensabend verbringen und nicht in dem tristen Heim. Mit einem gestohlenen Auto gelangen sie in das Land ihrer Erinnerungen zurück. Sehenswert sind in dem Film v.a. die beeindruckenden Landschaftsaufnahmen der Westfjorde. Der Film wurde 1992 für den Oskar „Bester ausländischer

Film" nominiert. Der Film „Biðdagar" („Movie days") erzählt aus der Sicht eines Jungen von der Nachkriegszeit und der Technisierung des Landes. Auch der Film „Im Schatten der Raben" des Regisseurs *Hrafn Gunnlaugsson* brachte die Geschichte und Gegenwart des Landes einem internationalen Publikum näher.

Der isländische Film gewann in letzter Zeit zunehmend an internationaler Bedeutung. Die Themen reichen von historischen Vorlagen, vor allem Sagas, bis zur Abhandlung sozialer Probleme. Kennzeichnend für viele isländische Filme ist, daß sie Elemente der alten Mythen enthalten, die vielfach die Handlung mitbestimmen. Im Ausland gibt es immer häufiger **isländische Filmwochen.** Auch im deutschen Fernsehen werden hin und wieder isländische Filme gezeigt. In Island selbst werden diese Filme meistens von 100 000 Isländern im Kino gesehen – das ist fast der Hälfte der Bevölkerung.

Theater

Gegen Ende des 19. Jahrhunderts wurden mit „Útilegumennirnir eða Skugga Sveinn" („Die Gesetzlosen") und „Nýársnóttin" („Neujahrsnacht") die ersten Bühnenstücke aufgeführt. Im Jahre 1897 wurde die **Reykjavíker Theatergesellschaft** *(Leikfélag Reykjavíkur)* gegründet. Erst seit 1950 gibt es ein staatliches Schauspielhaus, das Nationaltheater in Reykjavík. Das Stadttheater von Akureyri wurde 1975 eröffnet. Darüber hinaus gibt es zahlreiche Amateurbühnen. Aufgeführt werden Stükke heimischer und ausländischer Autoren. Islands bedeutendste Dramatiker sind *Jóhann Sigurjónsson, Einar Kvaran, Guðmundur Kamban, Guðmundur Steinsson, Birgir Sigurðsson, Jónas Àrnason, Svava Jakobsdóttir, Davið Stefánsson, Kjartan Ragnarsson, Ólafur Haukur Símonarsson* und *Halldór Laxness.*

Im Land erfreuen sich die isländischen Theater eines noch größeren Besucherandrangs als die Lichtspielhäuser. Statistisch gesehen besuchen acht von zehn Isländern einmal jährlich eine der über 800 Theateraufführungen!

Eine Besonderheit des isländischen Theaters sind die seit 1970 regelmäßig von Ende Juni bis Ende August stattfindenden **Light Nights.** Diese **Multimediashow** basiert auf den isländischen Sagas, auf historischen Ereignissen, mysteriösen Geschichten und Legenden. Der erste Akt spielt in einem Torfgehöft, wo sich die Bewohner während des dunklen Winters im Wohnzimmer versammeln und ein Familienmitglied alte Geschichten und Legenden erzählt und Episoden aus den Sagas vorliest. Der zweite Akt spielt in einem Wikingerlanghaus und zeigt Episoden aus der Landnahmezeit. Light Nights ist die am längsten laufende Theaterproduktion in Island.

Städte, Routen,
Sehenswürdigkeiten

Übersichtskarte

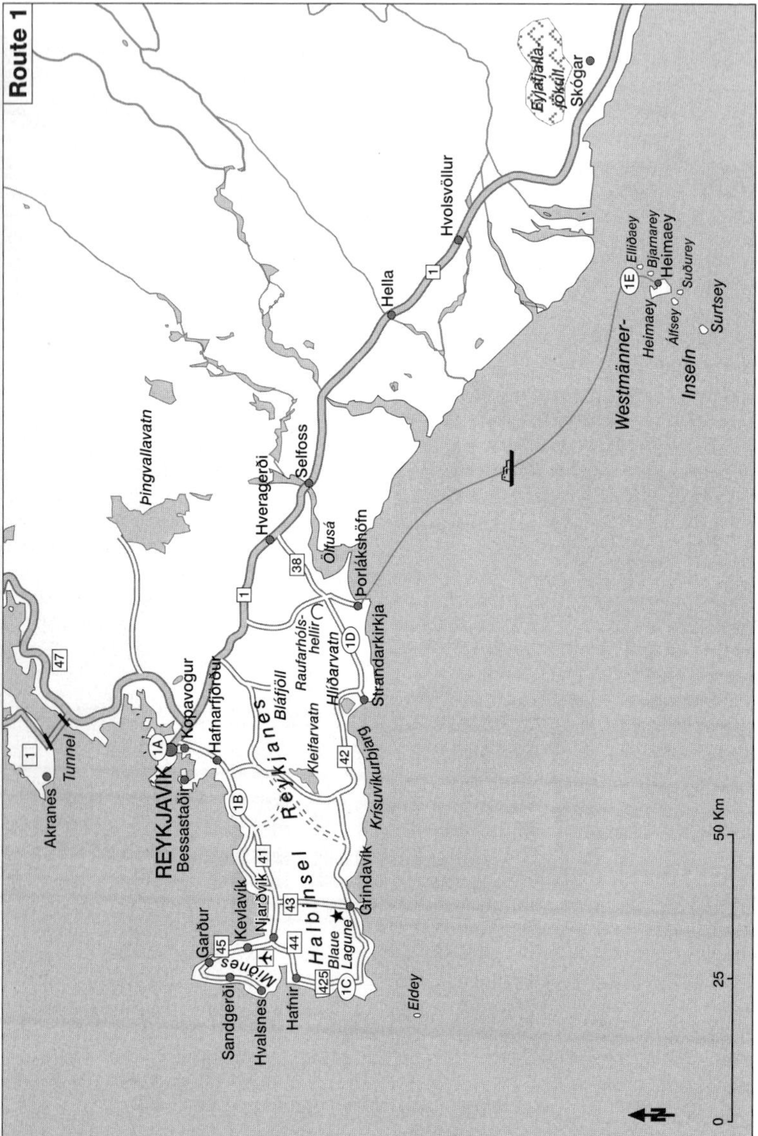

Reykjavík & die Halbinsel Reykjanes

Route 1 A: Stadtgebiet Reykjavík

Für Flugreisende, die am 40 km entfernten Flughafen *Keflavík* ankommen, ist die Landeshauptstadt häufig erste Station ihrer Islandreise. Auch bei allen anderen Besuchern des Landes sollte Reykjavík zum Pflichtprogramm gehören.

Stadtgeschichte

Die Geschichte der Stadt beginnt **874.** Ihre Gründung geht auf eine Sage zurück. **Ingólfur Arnarson** war der erste dauerhafte Siedler Islands. Bei seiner Ankunft im Jahr 870 warf er gemäß einem alten Wikingerbrauch seine Hochsitzsäulen über Bord. Sie galten als Symbol seiner norwegischen Heimat, die er nach Streitigkeiten verlassen mußte. Die Götter sollten darüber entscheiden, wo er sich in dem neuen Land niederzulassen hatte. Allerdings wurden die Säulen erst drei Jahre später von Arnarsons Leuten gefunden, und er siedelte sich im Folgejahr an dem Fundort an. Ingólfur Arnarson gab dem Ort seinen heutigen Namen: **Reykjavík, „Rauchbucht"**, benannt nach dem Dampf, der von den heißen Quellen im *Laugardalur* aufsteigt. Die Gründungssage ist auch im Stadtwappen Reykjavíks festgehalten: ein blaues Schild mit drei Wellenlinien, die von zwei Hochsitzsäulen durchzogen werden.

Über mehrere Jahrhunderte hatte Reykjavík nur geringe Bedeutung. Im 16. Jahrhundert trieben hier englische und deutsche Kaufleute Handel mit Fischen und Wolle. Später folgten dänische Händler. Der Isländer *Skúli Magnusson* siedelte ab Mitte des 18. Jahrhunderts Manufakturen in Reykjavík an. Dadurch erhielt die kleine Handwerker- und Fischersiedlung mit ihren 179 Einwohnern 1786 vom Dänenkönig Christian VII. die Stadtrechte verliehen. Damals war das dänische Handelsmonopol gerade gelockert worden. Die Bewohner hatten ihren Arbeitsplatz vor allem in der Wollverarbeitungs- und Fischindustrie. Reykjavík gewann erst an Bedeutung, als es 1796 alleiniger Bischofssitz wurde und 1845 das isländische Parlament, das Alþing, sowie der Oberste Gerichtshof hierher verlegt wurden. In der Folge stieg auch die Einwohnerzahl.

Einwohner

Besonders rasant vergrößerte sich Reykjavík nach dem II. Weltkrieg. Zu

Beginn der 70er Jahre entstanden riesige Wohnsiedlungen. Als am Anfang der 80er Jahre die Inflationsrate über 80% betrug, wurden Kredite so billig, daß sich viele Familien ein eigenes Haus leisten konnten. Es entstanden ausgedehnte Eigenheimsiedlungen, die zur Vergrößerung der Stadtfläche und der Vororte führten. Auch heute noch nimmt die Bevölkerung im Großraum Reykjavík jährlich um 1500 Menschen zu, die diese Gegend den ländlichen Regionen vorziehen. Die Stadt zählt mittlerweile **106 600 Einwohner.** Mit den Trabantenstädten *Kópavogur* (19 800 Einwohner), *Hafnarfjörður* (18 200 Einwohner), *Mosfellsbær* (5000 Einwohner), *Seltjarnarnes* (4600 Einwohner) und *Garðabær* (7800 Einwohner) wohnen hier 162 000 Menschen. Das entspricht weit mehr als der Hälfte der Bevölkerung von ganz Island, die 272 000 Personen zählt.

Bedeutung der Stadt

Fragt man sich, worin die Anziehungskraft dieser Stadt liegt, muß man sich vor Augen halten, daß das Leben hier viel mehr Annehmlichkeiten zu bieten hat als im übrigen Land. Reykjavík verfügt außerdem über eine gut ausgebaute Infrastruktur. Alle wichtigen Einrichtungen konzentrieren sich auf die Hauptstadt. Hier gibt es auch wesentlich mehr Arbeitsplätze als auf dem Land. Vor allem im Bereich der Dienstleistungen sind zahlreiche Menschen beschäftigt.

In der Innenstadt von Reykjavík

Aber auch Verwaltung, Handel, Wirtschaft und Verkehr bieten eine große Zahl von Arbeitsplätzen. Die meisten isländischen Unternehmen und Behörden haben ihren Sitz in der Hauptstadt.

Reykjavík ist der **bedeutendste Wirtschaftsstandort des Landes.** Die Stadt besitzt zwei Häfen, einer davon ist der **größte und wichtigste Hafen Islands.** Der **größte Inlandsflughafen** befindet sich ebenfalls in der Hauptstadt. Werftanlagen, Fisch- und Maschinenfabriken haben sich in Reykjavík angesiedelt. Die Ausbildungs- und Verdienstmöglichkeiten sind hier wesentlich besser als im übrigen Land. Reykjavík ist **eine von neun europäischen Kulturstädten im Jahr 2000.** Unter dem Motto „Die Natur vor Augen" lädt die vor einer einzigartigen Kulisse aus Bergen und Meer gelegene Stadt dazu ein, die einzigartige Verbindung zwischen Stadtleben und reiner Natur, Aktivität und Entspannung kennenzulernen. Eine der charakteristischen Eigenschaften der blühenden Reykjavíker Kulturszene ist das außerordentlich große Interesse und die Beteiligung, die von der gesamten Öffentlichkeit gezeigt wird. *„Reykjavík liegt mitten zwischen Europa und Amerika mit guten Beziehungen in beide Richtungen"*, heißt es in einer Beschreibung.

Touristen sollten ihren Aufenthalt in Reykjavík auch zum Einkaufen nützen, da hier das größte Warenangebot des Landes besteht und die Preise im allgemeinen niedriger sind als im Umland. Es gibt ein großes Angebot an Freizeitmöglichkeiten, das nirgendwo anders im Land überboten wird. Aber es existiert auch eine andere Seite von Reykjavík: mehr Lärm, mehr Autoabgase, größere soziale Probleme und eine enorme Steigerung der Grundstückspreise und Lebenshaltungskosten.

Die saubere Hauptstadt

Dennoch ist das Besondere an Europas nördlichster Hauptstadt, daß sie sehr sauber ist. Schornsteine kennt man hier praktisch nicht. Geheizt wird bereits seit den 40er Jahren mit geothermaler Energie. Heute sind fast alle Haushalte an dieses Netz angeschlossen. Fast überall lassen sich Brunnen bohren, mit denen heißes Grundwasser gefaßt werden kann. Dieses Wasser wird auch im Speicher auf dem Stadthügel *Öskjuhlíð* (vgl. auch Text auf S.271) gesammelt und fließt bei Bedarf zu den Häusern. Darüber hinaus ist geothermale Energie wesentlich kostengünstiger. Die Isländer zahlen dafür in etwa ein Zehntel dessen, was sie für Heizöl ausgeben müßten. In den Gemeinden, in denen die Bewohner nicht auf das naturheiße Wasser zurückgreifen können, gibt es Subventionen vom Staat. Dieses Wasser nützen die Reykjavíker jedoch nicht nur zum Heizen ihrer Häuser und Schwimmbäder. Sie leisten sich im Winter auch den Luxus von geheizten Straßen und Gehwegen, um so Glatteis vorzubeugen. Die Trinkwasserversorgung der Stadt wird durch Quellwasser gewährleistet, das nicht einmal aufbereitet werden muß. In den Flüssen des smogfreien Reykjavík tummeln sich Forellen und Lachse!

Fortsetzung auf Seite 270

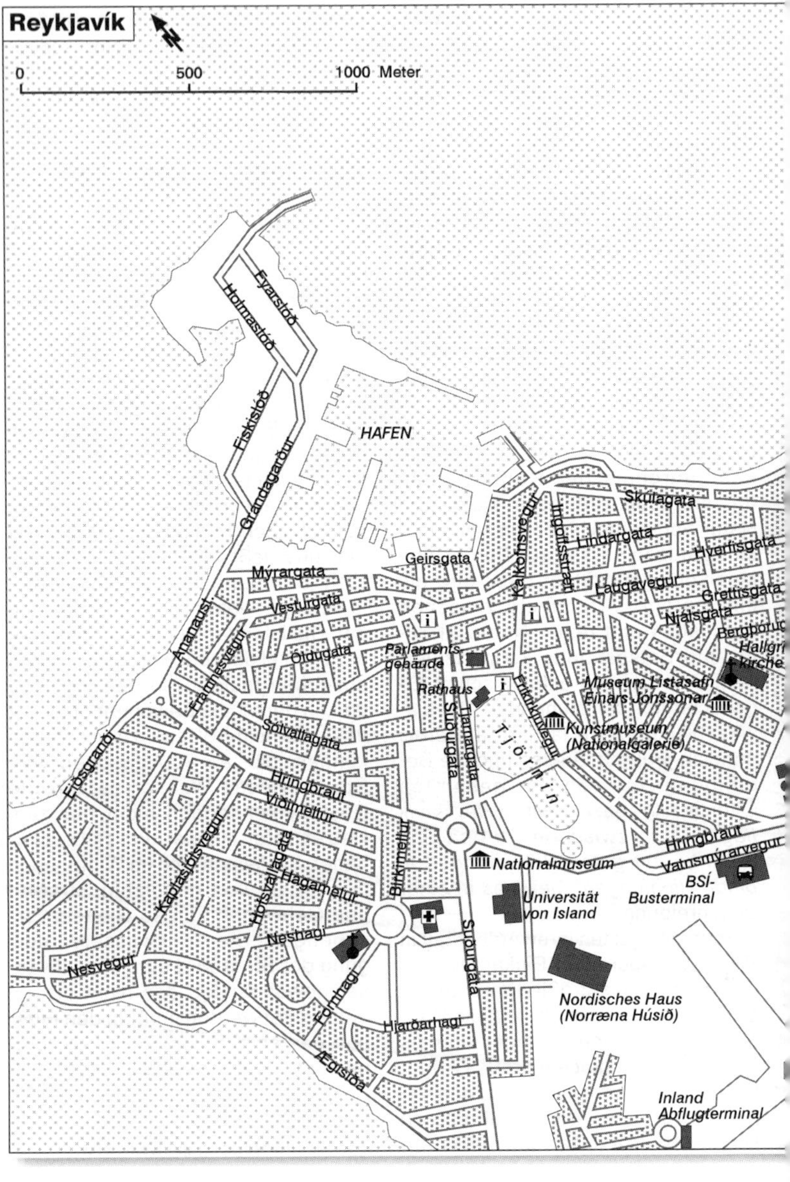
Reykjavík
0
500
1000 Meter
HAFEN
Eyarslóð
Hólmaslóð
Fiskislóð
Grandagarður
Mýrargata
Geirsgata
Vesturgata
Ánanaust
Framnesvegur
Öldugata
Parlaments-
gebäude
Rathaus
Suðurgata
Tjarnargata
Fríkirkjuvegur
Tjörnin
Sólvallagata
Hringbraut
Víðimelur
Eiðsgrandi
Kaplaskjólsvegur
Hofsvallagata
Hagamelur
Birkimelur
Neshagi
Nesvegur
Fornhagi
Hjarðarhagi
Ægisíða
Kalkofnsvegur
Ingólfsstræti
Skúlagata
Lindargata
Hverfisgata
Laugavegur
Grettisgata
Njálsgata
Museum Listasafn
Einars Jónssonar
Kunstmuseum
(Nationalgalerie)
Nationalmuseum
Vatnsmýrarvegur
BSÍ-
Busterminal
Universität
von Island
Nordisches Haus
(Norræna Húsið)
Inland
Abflugterminal

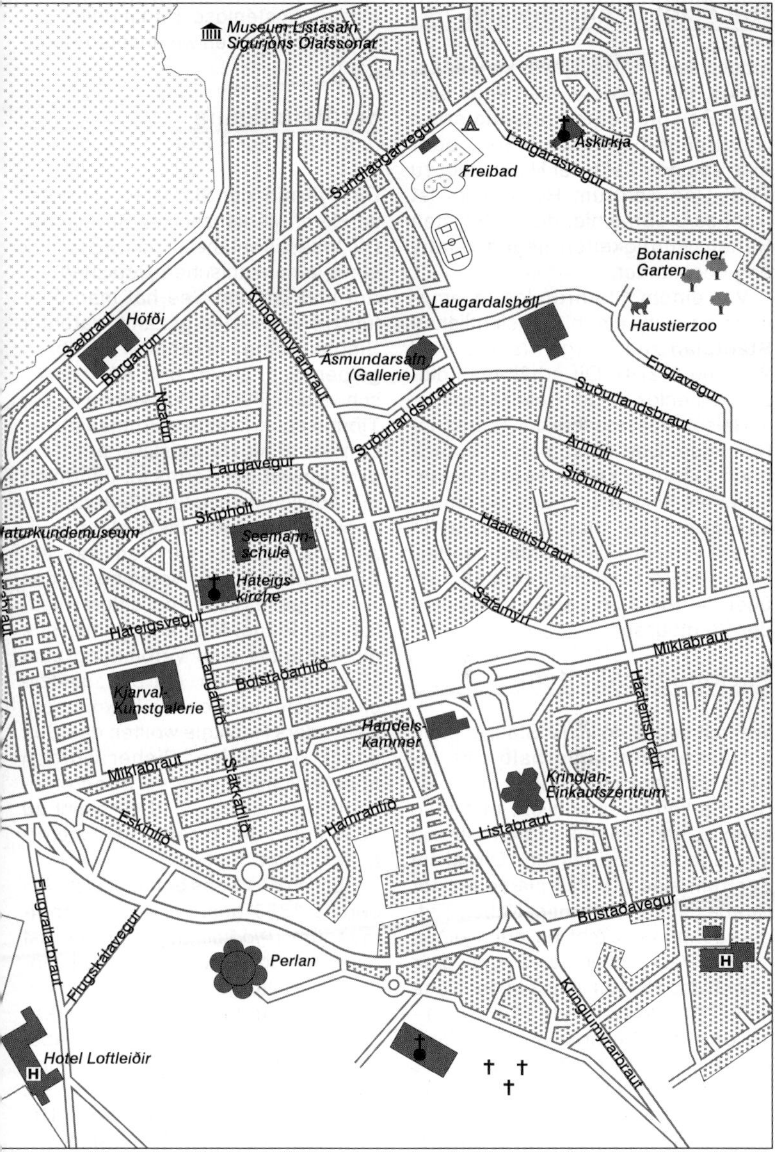
Museum Listasafn Sigurjóns Ólafssonar
Sundlaugarvegur
Laugarásvegur
Áskirkja
Freibad
Botanischer Garten
Laugardalshöll
Haustierzoo
Höfði
Sæbraut
Borgartún
Kringlumýrarbraut
Ásmundarsafn (Gallerie)
Engjavegur
Suðurlandsbraut
Suðurlandsbraut
Nóatún
Ármúli
Síðumúli
Laugavegur
Skipholt
Naturkundemuseum
Seemann-schule
Háaleitisbraut
Háteigs-kirche
Safamýri
Háteigsvegur
Miklabraut
Bólstaðarhlíð
Kjarval-Kunstgalerie
Lönguhlíð
Háaleitisbraut
Handels-kammer
Miklabraut
Stakkahlíð
Kringlan-Einkaufszentrum
Hamrahlíð
Listabraut
Eskihlíð
Flugvallarbraut
Bústaðavegur
Flugskálavegur
Perlan
Kringlumýrarbraut
Hotel Loftleiðir

Die Stadt kennenlernen

Möglichkeiten, Reykjavík kennenzulernen, gibt es viele. Man kann sich zum Beispiel einer organisierten Stadtrundfahrt anschließen, oder man erkundet Teile der Hauptstadt zu Fuß. Das Zentrum Reykjavíks ist nicht so großräumig; die wichtigsten Sehenswürdigkeiten liegen relativ eng beeinander.

Vor einem Stadtrundgang empfiehlt es sich, einen übersichtlichen **Stadtplan** zu besorgen (s.a. S.268/ 269 und S.274). Oft erhält man diesen kostenlos an der Hotelrezeption, in Reisebüros oder bei der Tourist-Information. Dort kann man sich auch nach Öffnungszeiten von Museen, Galerien, Kirchen und Geschäften erkundigen. Die „Map of Reykjavík" (Karte von Reykjavík) enthält außerdem weitere nützliche Informationen über die Stadt und einen Linienplan der Stadtbusse.

Parkmöglichkeiten

Wer mit dem Auto in die Stadt kommt, sollte werktags **außerhalb des Innenstadtbereichs** parken. Hier ist das Parken unentgeltlich, und man kann seinen Wagen so den ganzen Tag über stehen lassen. Direkt im Zentrum sind die Parkplätze an der Straße gebührenpflichtig. Neben Tiefgaragenplätzen gibt es auch einen großen Parkplatz in der *Tryggvagata* unweit des Hafens. Ganz in der Nähe findet am Wochenende (Sa, So 11–17 Uhr) ein **Flohmarkt** statt *(Flohmarkt Kolaportið).* Wer mit dem Bus fährt, kommt am *Lækjartorg,* dem zentralen Busbahnhof, an. Auch südwestlich des *Tjörnin,* dem Stadtsee, gibt es kostenlose Parkmöglichkeiten. Hier beginnen wir unseren Rundgang.

Stadtrundgang

(vgl. Karte auf S.274)

Der **Tjörnin,** der Stadtsee, ist ein besonderes Markenzeichen Reykjavíks. Die Wasserfontäne ist das Geschenk eines amerikanischen Botschafters. Auf und um den See hat man über fünfzig Vogelarten gezählt, darunter Singschwäne, erkennbar an ihren gelben Schnäbeln, und Küstenseeschwalben. Für die Schwalben ist der Tjörnin das wichtigste Brutgebiet des Landes. Eine Hinweistafel am Seeufer, unweit der Terrasse, informiert mit Abbildungen und Erläuterungen über die Vogelwelt. Im Winter benutzen die Reykjavíker den See als Eislaufbahn. Für die Verwendung des Tjörnin gab es schon die unterschiedlichsten Pläne. Man erwog, mit Hilfe eines Kanals eine Verbindung zum Meer herzustellen, um ein zusätzliches Hafenbecken zu bekommen. Besonders Radikale wollten den See sogar zuschütten. Bisher wurden aber lediglich moderne Seepromenaden geschaffen, und es bleibt zu hoffen, daß der schöne Stadtsee erhalten bleibt.

Südlich des Sees befindet sich das bereits 1863 gegründete **Nationalmuseum** *(Þjóðminjasafnið).* Hier ist eine umfangreiche Sammlung isländischer Kulturgeschichte zu sehen. Volkskundliche und handwerksgeschichtliche Dokumente sind ausgestellt. Wegen Renovierungsarbeiten ist das Museum jedoch bis zum 17. Juni 2000 geschlossen. Ursprünglich wurde das Haus als Kühl-

Die „Perle“ auf dem Öskjuhlíð

Der isländische Künstler Jóhannes Kjarval hatte die Idee, auf dem über 60 m hohen Hügel Öskjuhlíð ein Gebäude entstehen zu lassen, das ausschließlich der Kunst dienen sollte. Rund sechzig Jahre später, im Mai 1991, erteilten die kommunalen Heißwasserwerke „Hitaveita Reykjavíkur“ dazu den Auftrag an Ingimundur Sveinsson. Veranschlagt wurden für das Gebäude umgerechnet 35,5 Millionen DM. Perlan, die „Perle“, wurde in nur drei Jahren gebaut. Sechs europäische Länder und die USA haben neben Island das Baumaterial und die technische Ausstattung geliefert.

„Sie ist nicht allein Vielzweck-Restaurant, Konferenz- und Freizeitkomplex aus Stahl und reflektierendem Glas – Perlan ist gleichzeitig ein riesiges Reservoir geothermaler Energie, das Reykjavík und seine Umgebung versorgt.“ So wird das Bauwerk in einem Werbeprospekt beschrieben. Dort wird der **Warmwasserspeicher** auch als „technologisch ausgeklügelter Spielplatz der Bürger von Reykjavík“ bezeichnet und als „bedeutendes Glied in der Servicekette der kommunalen Heißwasserversorgung aus der Tiefe des Bodens bis hin zum Endverbraucher.“ 1992 waren es 136 000 Bürger, 55% der isländischen Bevölkerung, die vom Öskjuhlið aus mit heißem Wasser versorgt wurden.

Die umweltfreundliche **geothermale Heizmethode** wird in Reykjavík schon seit sechzig Jahren praktiziert. Heißwasser und Heizungsenergie werden aus vier Geothermalgebieten gewonnen, 55 Mill. m^3 Wasser insgesamt in das System eingespeist. Eines der Geothermalgebiete liegt mitten in der Innenstadt, in der Nähe vom Laugavegur. Dort werden aus zehn Bohrlöchern 310 Liter Wasser pro Sekunde gefördert, mit einer durchschnittlichen Temperatur von 127°C. Im Ellidaá-Tal am anderen Stadtende werden aus acht weiteren Bohrlöchern 220 Liter Wasser pro Sekunde mit einer Temperatur von 88°C gefördert. Außerdem gewinnt man heißes Wasser bei Mosfellssveit, sechsmal so viel wie in der Innenstadt. Seit 1990 wird auch Heißwasser vom Kraftwerk in Nesjavellir am Þingvallavatn zum Öskjuhlíð gepumpt. In Nesjavellir hat das Wasser eine Temperatur von 250°C. Mit diesem Wasser und dem entstehenden Dampf wird kaltes Wasser aufgeheizt. Das heiße Wasser, das auf dem Öskjuhlíð gesammelt wird, ist zur Zeit der Besiedlung Islands im Gebiet des Langjökull als Regen gefallen. So lange benötigte das Wasser für seinen Weg durch das Lavagestein.

Gigantische Zahlen sind auch mit dem Bauwerk verbunden: Läuft das Werk auf vollen Touren, können 400 MW Heizenergie und 40–80 MW Elektrizität erzeugt werden. Die gewonnene Energie wird außerdem noch zu anderen Zwecken verkauft. In vier der sechs Tanks, aus denen die „Perle“ besteht, werden 24 000 m^3 heißes Wasser (80°C) gespeichert. Die beiden anderen Tanks sind für das Wasser vorgesehen, das aus dem System zurückfließt. In der Hauptstadt gibt es drei Speicherkomplexe. Bei großer Kälte und bei hohem Bedarf in Spitzenzeiten wird auf das Wasser der „Perle“ zurückgegriffen. Über den Tanks befindet sich eine sechseckige Plattform und darüber eine 14 m hohe, reflektierende gläserne Kuppel, eingefügt in ein Netzwerk aus hohlen Stahlträgern. Diese werden im Winter von heißem, im Sommer von kühlem Wasser durchströmt. Auch unter dem Parkplatz liegen Heißwasserrohre, die ein Vereisen der Fläche verhindern sollen.

Besucher gelangen durch eine elektronisch gesteuerte Drehtür in den voll klimatisierten Eingangsbereich. Das Gebäude ist 30 m hoch und schließt etwa 20 000 m^3 umbauten Raum ein. Die einzelnen Abschnitte wirken durch das verwendete Glas und ihre Höhe großzügig, sind doch der Wintergarten 10 m, die Cafeteria 5 und das Restaurant unter der Kuppel 9 m hoch. Man wird empfangen von üppiger Vegetation im Wintergarten, wo Palmen und Feigenbäume wachsen, normalerweise „Bewohner" weit südlicherer Gefilde. Sprinkleranlagen versorgen die Bäume mit Feuchtigkeit. Das Gebäude besteht aus sechs Ebenen und einem Keller mit einer Fläche von insgesamt 3700 m^2. Davon sind 1000 m^2 im Wintergarten für Ausstellungen und Feiern vorbehalten. 600 Personen können sich hier bei Empfängen und Veranstaltungen aufhalten. Zusätzlich ist in diesem Raum die modernste Raumakustikanlage Islands installiert. Auch Privatleute können den Raum mieten. Richtet ein Brautpaar hier seine Hochzeitsfeier aus, wird dieses Ereignis an einer Basaltsäule verewigt. Dort ist dann ein isländischer Text zu lesen mit den Worten: „Auf solidem Fels gebaut."

Im Untergeschoß gibt es einen kleinen Konferenz- und Lehrbühnenraum, der fünfzig Personen Platz bietet und mit modernster Video-, Ton- und Projektionstechnik ausgestattet ist. Außerdem gibt es dort unten eine computergesteuerte Fontäne, die an einen Geysir erinnert. Alle paar Minuten schießt ein Wasserstrahl 15 m in die Höhe. Auch außerhalb des Gebäudes faucht ein kleiner Geysir, der dem Original nachempfunden ist. Vom Wintergarten aus führt neben Aufzügen auch eine Treppe zu den verschiedenen Stockwerken. In der vierten Etage befinden sich eine Cafeteria und eine Konditorei. An der Wand kann man sich auf Knopfdruck vom Tonband in verschiedenen Sprachen Informationen über die Umgebung anhören. Von der Aussichtsplattform, die sich auf derselben Ebene befindet, hat man eine grandiose Aussicht über die isländische Hauptstadt. Eine besondere Attraktion der „Perle" ist auch das Drehrestaurant, das sich ein Stockwerk höher befindet und 340 Besuchern Platz bietet. Binnen einer Stunde dreht sich das Restaurant mit angeschlossener Bar einmal um 360°. Hier wird unter anderem eine Perlan-Hausmarke ausgeschenkt. Sollte man dem Alkohol etwas zu reichlich zugesprochen haben, kann man sich an einer Säule orientieren , die alle vier Himmelsrichtungen ausweist. So läßt sich der jeweilige Standort exakt bestimmen.

Besucher, die an Technik oder moderner Architektur interessiert sind, sollten sich die „Perle" auf jeden Fall ansehen. In der Beschreibung heißt es: Mit seiner ausgeklügelten Technik „repräsentiert der Komplex eine gelungene Verbindung von Architektur und Elektronik."

Blick auf die „Perle" auf dem Öskjuhlíð

haus genutzt, später war eine Diskothek darin untergebracht, der offensichtlich die zu heißen Rhythmen zum Verhängnis wurden: Sie brannte 1972 aus. Unmittelbar neben dem Museum befindet sich die **Universität des Landes** *(Háskóli Íslands)* mit der Universitäts- und Nationalbibliothek *(Þjóðarbókhlaðan)*. Noch etwas weiter südlich steht das **Nordische Haus** *(Norræna Húsið)*, vom finnischen Architekt *Alvar Aalto* entworfen und 1968 fertiggestellt. Wie die anderen nordischen Häuser in Skandinavien soll es dem Kulturaustausch zwischen den nordischen Ländern dienen. Hier finden Kongresse, Lesungen, Konferenzen, Konzerte, Vorträge, Ausstellungen und Filmvorführungen statt. Im Innern des Baus befinden sich eine Bibliothek mit 30 000 Bänden, ein Lesesaal, eine Cafeteria sowie Ausstellungs- und Kongreßräume.

Wir gehen wieder zurück zum Tjörnin. Direkt am Ufer des Sees befindet sich die achteckige **„Harmoniehalle"** *(Hljómskállin)*, ursprünglich 1927 als Übungsraum des Blasorchesters erbaut. Daran schließt sich ein Park an mit dem Namen *Hljmskálagarður*. Auf der anderen Seite der Harmoniehalle befindet sich die **Nationalgalerie** *(Listasafn Íslands)*. Von dort gelangen Sie zur blechverkleideten **Freikirche** *(Fríkirkja)*, die mit einem Turm gekrönt ist. Die Kirche wurde im Jahre 1903 erbaut. Wo *Lækjargata* und *Vonarstræti* zusammentreffen, befindet sich das **Iðnó**, als Sitz der Handwerkervereinigung 1897 gebaut. Bis 1989 diente es als Schaupielhaus der Theatervereinigung Reykjavík.

Am gegenüberliegenden Tjörninufer entstand das **neue Rathaus.** Dieses Gebäude ist in der Stadt besonders umstritten. Die Reykjavíker führten kontroverse Diskussionen – über seine Errichtung und vor allem um seinen Standort: Das Rathaus wurde in den Stadtsee hineingebaut, dabei galt es doch, auf den Vogelreichtum des Sees Rücksicht zu nehmen. Einer der eifrigsten Befürworter des Baus war der ehemalige Bürgermeister und spätere Premierminister *Davíð Oddsson.* Die Architektur des Rathauses, entworfen von *Margrét Harðadóttir* und *Steve Christer,* findet teilweise Anerkennung, wird aber auch von manchen als schlichtweg häßlich abgetan. Hauptkritikpunkt ist, daß sich das Rathaus nicht in seine Umgebung mit den alten Stadtvillen rund um den See einfügt. Bereits 1944 nach der Staatsgründung sollte in Reykjavík ein neues

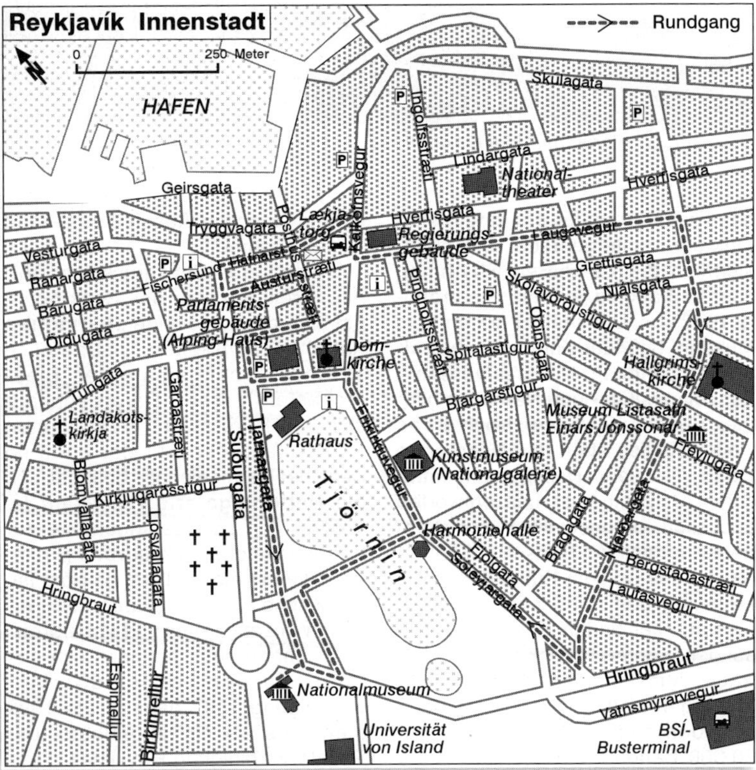

Rathaus entstehen, jedoch konnte man sich nicht auf die Bauweise einigen. 1986 fand die Grundsteinlegung statt, die Architekten waren die Gewinner eines Wettbewerbs. Im April 1992 wurde das Gebäude eingeweiht. Im Rathaus sind eine Tourist-Information und eine Cafeteria mit Ausblick auf den See untergebracht. Im Foyer befindet sich eine Reliefkarte des Landes, die einen guten Überblick über die geologische Struktur Islands gibt und die man sich unbedingt ansehen sollte.

In der parallel verlaufenden *Kirkjustræti* kommen wir zum **Alþingi-Haus,** in dem seit 1881 das Parlament tagt. Ursprünglich wurde das Alþing als erstes isländisches Parlament 930 in *Þingvellir* gegründet und später in die Hauptstadt verlegt (vgl. S.209). Außerdem beherbergte das Parlamentsgebäude die Landesbibliothek und die Altertumssammlung. Es diente auch der Universität als Raum, bis diese 1940 in ein eigenes Gebäude umzog. Vor dem Haus befindet sich eine Statue, die *Jón Sigurdsson* zeigt. Er war der Führer im isländischen Unabhängigkeitskrieg des 19. Jahrhunderts. Der 17. Juni, Sigurdssons Geburtstag, wird heute als Nationalfeiertag begangen. An diesem Tag erhielt Island 1944 außerdem wieder seine eigene Verfassung.

Am *Austurvöllur,* auf deutsch „Ostplatz“, unmittelbar neben dem Alþing-Haus, steht die älteste Kirche der Stadt: Die **Lutherische Domkirche** *(Domkirkjan)* stammt aus dem Jahre 1796 und wurde fertiggestellt, nachdem der Bischofssitz von *Skálholt* nach Reykjavík verlegt wurde. Im Innern steht ein Taufbecken, das von *Berthel Þórvaldsen* stammt.

Gehen wir die *Kirkjustræti* weiter, gelangen wir zur *Lækjargata.* Hier befindet sich die *Mentaskólinn i Reykjavík.* Die Geschichte dieses **alten Gymnasiums** reicht bis zum 11. Jahrhundert zurück. Bis 1847 war es die einzige Schule, deren Abschluß zum Besuch der Universität von Kopenhagen berechtigte. Zu den berühmtesten Schülern gehören zwei Nobelpreisträger: *Niels Finsen* erhielt die Auszeichnung 1903 für seine Verdienste in der Medizin, *Halldór Laxness* bekam 1955 den Literaturnobelpreis (vgl. S.251). Vor der Schule befindet sich die Skulptur „Das Gesicht der Sonne“ von *Ásmundur Sveinsson* aus dem Jahre 1969. Es ist das Geschenk von neun Schulklassen.

In der **Austurstræti,** einer der **Haupteinkaufsstraßen** der Stadt, liegen mehrere Buch- und Zeitschriftenläden, Pubs und ein Musikladen, der eine große Auswahl an isländischer Musik zu bieten hat. Weitere Hauptgeschäftsstraßen sind die *Hafnarstræti, Bankastræti* und *Skólavördustígur.*

In der *Aðalstræti* Nr.10 steht das angeblich **älteste erhaltene Haus der Stadt.** Es ist etwa 230 Jahre alt und befindet sich an Reykjavíks ältester Straße.

In der **Hafnarstræti,** die ursprünglich der früheren Küstenlinie folgte (daher der etwas kurvige Verlauf), befinden sich mehrere Geschäfte für Handarbeiten und Kunstgewerbe. Isländische Souvenirs kann man im **Falkenhaus** am Ende der Straße kaufen. Im Wollgeschäft *Víkurprjón* gibt es isländische Wolle und Wollwaren, außerdem Souvenirs und isländische Spezialitäten. Auch in einem weiteren Souvenirgeschäft werden handgestrickte Islandpullover, aber auch Keramik, Glas, Holzwaren und andere Mitbringsel angeboten. Weiterhin haben hier ein Geldwechsel, zwei Reiseveranstalter *(IFH Tours* und *Nonni Travel)* und eine Agentur der Fluggesellschaft *Air Iceland* eine Filiale.

Handgefertigte Strickwaren sind typisch für Island. Auch wir erwarben hier unsere Islandpullover, handgestrickt aus weicher dreifädiger Lopiwolle. Außer Wollwaren bekommt man dort Felle, Gefäße aus Lavagestein, Silberschmiedearbeiten und Bildbände über das Land, um nur einiges aufzuzählen. Im Falkenhaus wurden früher tatsächlich Falken gehalten, bis sie nach Dänemark abtransportiert wurden. Die Gerfalken wurden im Auftrag des dänischen Königs gefangen, der sie oft als Gastgeschenk an andere Herrscher weitergab. Aus Holz geschnitzte Falken am Dachfirst erinnern heute noch an die damals bei den Adligen sehr gefragten Vögel. Ein beliebtes Fotomotiv ist auch das stilisierte, in leuchtenden Farben angestrichene Wikingerboot auf dem Dach. Gegenüber vom Falkenhaus wurde 1993 ein kleiner Platz, der *Ingólfstorg,* angelegt. Hier laden Bänke zu einer Rast ein. Es gibt Imbißbuden. Aus zwei Basaltsäulen steigt Dampf empor.

Mit zu den ältesten Häusern gehört auch **Stjórnarraðid.** Es befindet sich schräg gegenüber des Busknotenpunktes *Lækjatorg.* Das Haus wurde im 18. Jahrhundert von den Dänen als Gefängnis erbaut. Als solches wurde es aber nur kurze Zeit genutzt. Der dänische Verwalter machte es später zu seinem Amtssitz. 1904 wurde das Gebäude von der isländischen Regierung übernommen. Heute ist es Regierungssitz und beherbergt die Büros des Staatspräsidenten, des Ministerpräsidenten und einiger Kabinettsmitglieder. Die **Statuen vor dem Gebäude,** Werke von *Einar Jónsson,* zeigen den dänischen König Christian IX. mit der ersten isländischen Verfassung in der Hand und den ersten isländischen Minister, *Hannes Hafstein.*

In der Nähe des Regierungsgebäudes erhebt sich der Hügel *Arnarhóll* mit dem Standbild von *Ingólfur Arnarson,* dem ersten Bewohner der Stadt. Die Statue stammt aus dem Jahr 1924.

Überquert man die *Lækjargata* – hier verläuft ein übertunnelter Bach, der einst die Alt- und Neustadt voneinander trennte – gelangt man in die *Bankastræti.* Hier liegt die **Haupttouristeninformation** *(Upplýsingamiðstöð Ferðamál).* Folgt man dieser Straße weiter, kommt man zum *Laugavegur* mit einer großen Buchhandlung und etlichen kleinen Geschäften und Boutiquen. In einer Parallelstraße, in der *Hverfisgata,* befindet sich die von 1906 bis 1908 erbaute **Nationalbibliothek,** die 500 000 Bände beherbergt. Im selben Gebäude ist das Nationalarchiv untergebracht. Unmittelbar daneben liegt das **Nationaltheater,** mit dessen Bau bereits 1928 begonnen wurde. Aus wirtschaftlichen Gründen konnte der Bau damals jedoch nicht fertiggestellt werden. Die amerikanische Armee nutzte das halbfertige Gebäude als Unterkunft während des II. Weltkriegs. Erst 1950 konnte das bis dahin vollendete Theater endlich eröffnet werden. Die Vorstellungen erfreuen sich großer Nachfrage. Unmittelbar im Theater oder bei der Tourist-Information kann man sich über den Spielplan informieren. Unweit des Regierungsgebäudes erstreckt sich eine weitere **Einkaufsstraße**, der *Laugavegur.*

Die **Hallgrímskirche** (vgl. Text auf der nächsten Seite) wurde nach *Hallgrímur Pétursson,* einem berühmten Pastor und Kirchenliederdichter des 17. Jahrhunderts, benannt. Will man die **Aussicht über die Stadt** genießen, besteigt man am besten den 73m hohen **Turm der Kirche.** Er ist das höchste Gebäude der Stadt und ragt mit seiner exponierten Stellung auf eindrucksvolle Weise aus dem Häusermeer heraus. Zur Aussichtsplattform des Kirchturms führt ein Aufzug. Von hier bietet sich ein grandioser Ausblick. Rundherum leuchten die bunten Dächer der Stadt. Wenn gute Fernsicht herrscht, kann man 100 km weit sehen. Man erkennt dann den Vulkan *Snæfell* auf der Halbinsel *Snæfellsnes.* Im Osten liegt hinter dem Gebiet der *Mosfellsheiði* der 803 m hohe Vulkan *Hengill.* Im Süden erstreckt sich die Halbinsel *Reykjanes.* Dort – unweit von Keflavík – befindet sich auch der internationale Flughafen.

Gegenüber der Hallgrímskirche erhebt sich das **Denkmal von Leifur Eiríksson,** von dem behauptet wird, daß er bereits im Jahre 1000, das heißt lange vor Kolumbus, Amerika entdeckt haben soll. Die Bronze-

Fortsetzung auf Seite 280

Blick auf Reykjavík mit dem Stadtsee Tjörnin im Vordergrund

Die Hallgrímskirkja

Kein anderes Bauwerk des Landes benötigte so viel Zeit zu seiner Fertigstellung und löste ähnlich viele widersprüchliche Meinungen aus wie dieses Gotteshaus.

Die Skólavarða-Höhe im damals schnell expandierenden Ostteil der Stadt war schon lange dafür ausgesucht worden, der Standort einer alles überragenden Kirche zu werden. Auch der Namensgeber für diese Kirche stand bald fest. Der Pastor Hallgrímur Pétursson (1614–1674) zählt zu Islands beliebtesten Dichtern. Seine Passions-Psalmen wurden von ganzen Generationen von Isländern gelesen und auswendig gelernt. Der Einfluß der Werke Péturssons auf das geistliche Leben ist unübertroffen. Auch der Stellenwert der Kirche ist in Island nicht zu unterschätzen, gehören doch beinahe 95% der Bevölkerung der lutherischen Nationalkirche an.

Der Staatsarchitekt Guðjón Samúelsson erhielt 1937 den Auftrag, die Pläne für die Kirche anzufertigen. Von ihm stammen auch die Baupläne für das Hauptgebäude der Universität, das Nationaltheater, die katholische Kirche in Reykjavík und für die Hauptkirche in Akureyri. Bestandteil von Guðjóns Baustil war es – wie auch bei anderen Architekten in den nordischen Ländern dieser Zeit –, nationale Elemente miteinzubeziehen. Eine Verbindung zwischen der isländischen Naturlandschaft und der Architektur sollte dabei hergestellt werden. Für den Bau wurden heimische Materialien wie Basalt verwendet. Die Hallgímskirche sollte außerdem die Landschaft Islands symbolisieren: Die Außenfassade stellt geometrisch angeordnete Basaltsäulen dar, der hohe, neugotische Innenraum steht für die immense, karge Weite des Landes, das weiße Interieur der Kirche soll an Gletscher erinnern. Es war zu erwarten, daß es für dieses Gebäude nicht nur Befürworter gab. Doch konnten sich die Gegner nicht durchsetzen, und mit dem Bau wurde 1947 begonnen. Erst 1974 allerdings waren der Turm und die Kirchenflügel fertiggestellt.

Waren die Gottesdienste in Ermangelung eines anderen Raumes zunächst im Keller abgehalten worden, stand von 1974 an ein würdigerer Raum zur Verfügung. Es dauerte aber noch einmal zwölf Jahre, bis das Hauptschiff 1986 geweiht wurde, gerade noch rechtzeitig zur 200-Jahr-Feier der Stadt. Die Glasarbeiten in den Eingangsportalen stammen von Leifur Breiðfjörð. Einar Jónsson schuf 1948 die Statue am Taufbecken. Sie stellt Christus dar, der mit seiner Taufe den heiligen Geist empfängt, und ist ein Geschenk des Künstlers. Außerdem stammt auch die kleine Statue rechts vom Eingang von Jónsson. Sie erinnert an den Namensgeber der Kirche. Gegenüber befindet sich eine Ausgabe der ersten isländischen Bibel, die 1584 in Hólar gedruckt wurde.

60% der Baukosten wurden von der Stadt getragen, die restlichen 40% wurden durch in- und ausländische, staatliche und private Spendengelder aufgebracht.

Mit der Fertigstellung der Kirche waren die Arbeiten aber noch lange nicht abgeschlossen. Das vorläufige Taufbecken mußte ersetzt, die Fenster sollten durch solche aus Bleiglas ausgetauscht werden, wobei die lichte Atmosphäre des Raumes jedoch nicht verloren gehen sollte. 1990 bekam der Orgelbauer Klais aus Bonn den Auftrag, eine neue Orgel zu bauen. Eine groß angelegte Spendenaktion war vorausgegangen.

Die Gemeinde der Hallgrímskirche zählt etwa 6000 Personen. Außer den Gottesdiensten, die am So um 11 Uhr, im Winter auch um 17 Uhr, Di 10.30 Uhr und in der Fastenzeit jeden Mittwoch um 20.30 Uhr stattfinden, gibt es noch eine Vielzahl von kulturellen Aktivitäten in der Kirche. Ausstellungen und Aufführungen finden hier statt. Der Motetten-Chor der Hallgrímskirche ist einer der besten des Landes und fand bei seinen Konzertreisen und Aufnahmen bereits internationale Anerkennung. Orgelmusik kann man Do und So um 12 Uhr hören, Orgelkonzerte finden So um 20.30 Uhr statt (800 ISK).

Die Kirche dient aber nicht nur als geistliches und kulturelles Zentrum, sondern ist auch ein Orientierungspunkt in der Stadt. Gleichzeitig lädt sie den Besucher ein, kurz innezuhalten und zur Ruhe zu kommen.

Der Turm der Kirche ist täglich 9–18 Uhr geöffnet, der Aufzug kostet 200 ISK für Erwachsene und 50 ISK für Kinder.

Skulptur Klyfjahesturinn vor der Tourist-Info

statue von *Stirling Calder* ist ein Geschenk des amerikanischen Volkes zum Jahrestag der Alþing-Gründung im Jahre 1930. Im „Kolumbusjahr“ 1992 entbrannte der Streit erneut, wer nun tatsächlich Amerika entdeckt hat. Neueste Erkenntnisse gehen davon aus, daß die Wikinger auf der Suche nach dem sagenhaften *Vinland,* dem „Weinland“ jenseits des Ozeans, offensichtlich nur die kleine Insel *L'Anse aux Meadows* vor Neufundland erreicht hatten.

Unweit der Kirche befinden sich drei Galerien. In der *Njarðagata* gelangt man zum **Einar-Jónsson-Museum** *(Listasafn Einars Jónssonar).* Dort können Werke des Bildhauers besichtigt werden. Die **Ásgrímur-Jónsson-Galerie** befindet sich in der *Bergstaðastræti* und zeigt das Lebenswerk des isländischen Malers.

Nicht weit davon entfernt befindet sich die **ASÍ Kunstgalerie** *(Listasafn ÁSI).*

Hiermit sind wir am Ende unseres Stadtrundgangs angelangt und kommen über die *Njarðargata* und die *Sóleyjargata* wieder zu unserem Ausgangspunkt, dem Tjörnin, zurück.

In der Nähe der Hallgrimmskirche liegt das **Reykjaviker Hallenbad** *(Sundhöll Reykjavíkur)* in der *Barónstígur* und noch etwas weiter östlich in der *Flókagata* das **Städtische Kunstmuseum Kjarvalsstaðir.**

Östlich der „Perlan“ befindet sich im *Bústaðavegur* die **Fossvogur Kirche** mit dem Friedhof. Folgt man dem *Bústaðavegur* weiter, gelangt man zum **Staatlichen Schauspielhaus** *(Útvarpshúsið)* und zum **Städtischen Krankenhaus** mit der Notaufnahme. Nördlich davon liegen das große **Einkaufszentrum Kringlan** und das **Stadttheater** *(Borgarleikhúsið).*

Weitere Sehenswürdigkeiten

Botanischer Garten (Grasagarður)

Die Entstehung des Botanischen Gartens geht auf das Jahr 1929 zurück, als *Eiríkur Hjartason* im *Laugardalur* Bäume pflanzte. Die Stadt erwarb 1955 das Gelände. Eine Sammlung von 200 isländischen Pflanzen bildete die Grundlage des Botanischen Gartens. Heute kommen etwa 300 Arten der 470 in Island vertretenen Pflanzen vor. Dem Botanischen Garten ist ein Haustierzoo angeschlossen, ein großer Anziehungspunkt vor allem für Kinder, sowie ein Familienpark.

Öffnungszeiten: Familienpark, Haustierzoo, Tel. 5 53 70 00, geöffnet

15.5–31.8. täglich 10–18, sonst 10–17 Uhr; Botanischer Garten, Tel. 5 53 88 70, geöffnet 1.6.–30.9. Mo–Fr 8–22, Sa, So 10–22 Uhr, 1.10.–31.5. Mo–Fr 8–15, Sa, So 10–16 Uhr.

Höfði

Das Holzhaus liegt am Hafen an der Straße *Borgartún* Ecke *Steintún.* Ursprünglich wurde es in Einzelteilen aus Norwegen herangeschafft und 1908 als französisches Konsulat erbaut. Später wurde das Gebäude als Privathaus genutzt. Die Isländer erzählen sich, daß es seit dieser Zeit hier spukt: Ein junges Mädchen soll einst auf tragische Weise ums Leben gekommen sein. Ihre Seele fand keine Ruhe und wandelt seither im Haus umher. Als später das Haus als englische Botschaft genutzt wurde, beschwerte sich der Botschafter über den nächtlichen Lärm, der dem umherirrenden Mädchen zugeschrieben wurde. 1958 kam das Haus in den Besitz der Stadt Reykjavík. Nach einer gründlichen Renovierung wird es als offizielles **Gästehaus der isländischen Regierung** genutzt. Hier fand auch das Gipfeltreffen von *Ronald Reagan* und *Michail Gorbatschow* im Jahre 1986 statt.

Hausberg Esja

Reykjavík – auf der Halbinsel *Seltjarnarnes* ganz im äußersten Südwesten des Landes gelegen – verfügt über einen Hausberg, den *Esja* (909 m), der über der Bucht *Faxaflói* nordöstlich der Stadt aufragt. Der Berg ist besonders gut vom Hafen aus zu sehen. Selbst im Sommer ist er schneebedeckt.

Ein Erlebnis ganz eigener Art schließlich ist ein **nächtlicher Spaziergang** durch das von der Mitternachtssonne beinahe taghelle Reykjavík. Dann leuchtet der Esja im Licht der rötlichen Sonne.

Die Statuen von Reykjavík

Die erste Skulptur in Island war ein Geschenk der Dänen zum 1000. Jahrestag der Besiedlung des Landes. 1874 übergaben sie den Isländern eine Statue des berühmten dänischen Bildhauers *Bertel Thorvaldssen.* Seitdem bemühen sich sowohl die Stadt als auch das Land darum, das Stadtgebiet mit weiteren Skulpturen zu verschönern, meistens stellen sie Persönlichkeiten dar, die an der Geschichte und der Kultur des Landes mitgewirkt haben. 1928 kam die erste Skulptur dazu, die nicht in Auftrag gegeben worden war, „Mutterliebe“ von *Nína Sæmundsson.* Die zahlreichen Statuen in der Stadt geben die Arbeiten von vielen Künstlern wieder und verschaffen so einen Überblick über die Entwicklung des isländischen Skulpturenschaffens im 20. Jahrhundert.

Bei der Tourist-Information ist eine Broschüre erhältlich, in der ein „Skulpturen-Rundgang“ durch Reykjavík beschrieben wird. Dort werden 32 Statuen beschrieben. Außerdem erhält man Hintergrundinformationen über die Künstler und die Persönlichkeiten, die in ihren Werken dargestellt sind.

Elliðavatn

Der Elliðavatn, 174 m hoch gelegen, ist der größte See auf dem Gebiet der Hauptstadt. Er entstand vor Tausenden von Jahren dadurch, daß ein Vulkanausbruch ein Gletschertal abriegelte, wo sich dann Wasser ansammelte. Um den See herum hat sich eine arktische Flora ausgebildet. Für den Rundweg um den See benötigt man etwa drei Stunden. Dieser Weg führt weiter zum *Rauðavatn.* Man kommt dabei an geschichtsträchtigen Ruinen vorbei, die aus der Wikingerzeit stammen. Möglicherweise handelt es sich hierbei sogar um den ersten Platz, an dem sich die Isländer zum Thing versammelt hatten, bevor sie sich in Þingvellir trafen.

Nicht weit entfernt liegt *Heiðmörk,* größtes und beliebtestes Naherholungsgebiet der Hauptstadt, das zum Joggen und Wandern einlädt. Im Winter wird hier eine Langlaufloipe gespurt, eine Seltenheit in Island. Seit 1949 wurden Tausende von Bäumen gepflanzt.

Viðey

Viðey, die Waldinsel, liegt nördlich der Stadt. Sie dehnt sich über 1,7 km^2 aus und ist damit die größte der Inseln im *Kollafjörður.* Die Insel besteht aus zwei unterschiedlich großen Teilen, die durch eine schmale Landbrücke miteinander verbunden sind. Im Nordwesten liegt *Vesturey.* Auf dem größeren Teil *Heimaey* im Südosten steht die zweitälteste Kirche Islands aus dem Jahr 1774 und das älteste Bauwerk Islands, das in seiner ursprünglichen Form erhalten geblieben ist, das Gutshaus *Viðeyjarstofa* aus dem Jahr 1755.

Die Enstehung von Viðey geht auf einen Stratovulkan zurück, den es hier vor zwei Millionen Jahren in der frühen Eiszeit einmal gab. Nachdem der Vulkan nicht mehr aktiv war, wurde er abgetragen, eine hügelige Landschaft entstand. Als sich die Gletscher nach der Eiszeit auf dem Gebiet des heutigen Reykjavík zurückgebildet hatten, stieg der Meeresspiegel an und überschwemmte die Insel. Vor etwa 10 000 Jahren tauchte das Land wieder aus dem Meer auf, der Meeresspiegel liegt heute 40–50 m niedriger als damals. Auf dem neuen Land siedelten sich Pflanzen an. Teilweise ist es sumpfig auf Viðey, teilweise herrscht Grasland vor. Über 150 Pflanzenarten hat man hier gezählt, und 30 Vogelarten bauen hier ihre Nester. Am meisten kommen die Eiderente und die Heringsmöwe, aber auch Kolkraben vor.

Bereits im 10. Jahrhundert war Viðey besiedelt, wie Grabungsfunde belegen. Im 12. Jahrhundert gab es hier schon eine Kirche, 1225 wurde ein Kloster dem Heiligen Augustin geweiht. Das Kloster bestand bis 1539, als es von Gefolgsleuten des dänischen Königs, die im nahegelegenen Bessastaðir residierten, geplündert wurde. Der letzte isländische Bischof *Jón Arason* widersetzte sich den europäischen Reformationsbewegungen und unternahm von Hólar aus einen Feldzug gegen das protestantische Südisland. Hierbei eroberte er Viðey, richtete das Kloster wieder ein und ließ Verteidigungsanlagen bauen. Nach seiner Hinrichtung wurde in ganz Island der lutherische Glaube eingeführt und das Kloster endgültig aufgehoben.

Der königliche Schatzmeister für Island, *Skúli Magnússon* (1711–1794), hatte auf Viðey seinen Amtssitz. Dafür wurde 1755 nach Plänen des dänischen Architekten *Nicolai Eigtved* (1701–1754) ein Gutshaus erbaut, das gleichzeitig das erste

Fortsetzung auf Seite 286

Das Freilichtmuseum Árbær (Árbærsafn)

1957 wurde von der Stadt Reykjavík am östlichen Stadtrand das Árbær-Museum **gegründet.** Erhaltenswerte alte Islandhäuser werden hier vor dem Verfall bewahrt und Besuchern zugänglich gemacht. Der Öffentlichkeit wird ein Eindruck von der Architektur und der Lebensart in der isländischen Vergangenheit vermittelt. Neben alten Gebäuden und ihrer Einrichtung präsentieren sich Isländerinnen in traditioneller Tracht. In den alten Häusern mit ihren vielen liebevollen Details ist die Zeit scheinbar stehengeblieben. Wer sich ein Bild davon machen will, wie die Bewohner des Landes früher gelebt haben, sollte sich dieses Museum unbedingt ansehen.

Der Besucher kann sich hier einen **Überblick über die verschiedenen isländischen Haustypen, Einrichtungsgegenstände und die Kleidung der Isländer** verschaffen. Zentrum des Museums ist der noch gut erhaltene Hof Árbær, der dem Museum auch seinen Namen gab. Dieser Hof, der sich im Besitz der Kirche befand, wird erstmals 1464 erwähnt, wie schriftliche Dokumente aus damaliger Zeit belegen. Es handelt sich um ein mittelgroßes Anwesen, das über Jahrhunderte bewirtschaftet wurde und lange Zeit Wohnraum für zwei Familien bot. Der letzte Bewohner verließ den Hof 1948. Man beschloß, das Gebäude nicht dem Verfall preiszugeben und eröffnete hier knapp zehn Jahre später das Museum.

In ganz Island wurden andere alte Höfe Stein für Stein abgebaut und um den Hof Árbær herum wieder aufgebaut. Die meisten Häuser standen in der Umgebung von Reykjavík. Das älteste ist das „Smiðshús", das „Haus des Schmiedes", das im Jahre 1820 gebaut wurde und im Stadtzentrum stand. Seine Bewohner waren um 1860 der Maler Sigurður Guðmundsson und der Lehrer Jón Árnason. Beide begannen hier mit einer Sammlung, aus der später das Isländische Nationalmuseum hervorgehen sollte. Weitere Häuser stammen ebenfalls aus dem 19. Jahrhundert: Suðurgata 7, Nýlenda, Hábær, Þingholtsstræti, Efstibær und Líkn.

Die Museumskirche, eine alte Torfkirche, wurde 1842 im nordisländischen Silfrastaðir am Skagafjörður erbaut. Im Innern ist noch das ursprüngliche Inventar zu sehen. 1960 brachte man die Kirche in das Museum. Im folgenden Jahr wurde sie im alten Stil wieder aufgebaut.

Im „Dillonshús" ist eine **Cafeteria** untergebracht, in der man einen kleinen Imbiß zu sich nehmen kann. Das Gebäude stammt aus dem Jahr 1835 und ist damit das zweitälteste. Es wurde nach dem irischen Lord Arthur E. Dillon benannt, der um 1830 nach Island kam. Er verliebte sich hier in die Isländerin Siri Ottensen. Dillon kehrte aber zurück nach Irland und ließ für Siri, die Mutter seines Kindes Sir Ottensen, das Haus erbauen. Sie eröffnete bereits damals darin ein Gasthaus.

Außer alten Gebäuden ist auch die Lokomotive zu sehen, die von 1914 bis 1917 für den Hafenausbau eingesetzt wurde.

In den vergangenen Jahren fanden im Árbær-Museum zahlreiche **Ausstellungen und Veranstaltungen** statt, die sich großer Nachfrage erfreuten. Unter anderem waren dies die „Tage des Kunsthandwerks", die „Tiertage" und Weihnachtsausstellungen. Das Angebot an Aktivitäten wird jedes Jahr erweitert. Während der letzten Jahre hat sich die Zahl der Schulklassen, die im Museum zu Gast sind, verdoppelt. Abgesehen vom Ausbau und der Erhaltung der Sammlungen sieht das Museum seine Hauptaufgabe darin, die Kulturgeschichte Reykjavíks darzustellen. Dazu dienen unter anderem diese Ausstellungen. Außerdem beschäftigt sich das Árbær-Museum mit Forschungsaufgaben, hauptsächlich mit Archäologie und der Geschichte der Architektur sowie der Stadtentwicklung Reykjavíks.

Das Freilichtmuseum liegt an der Kreuzung der Hauptverkehrsstraßen Höfðabakki und Vesturlandsvegur, der Fortsetzung der Miklabraut. In unmittelbarer Nähe fließt der Lachsfluß Elliðaár. Man erreicht das Museum mit den Buslinien 7 und 110 vom Lækjartorg oder der Linie 10 von Hlemmur aus.

Das Museum hat **geöffnet** von Juni bis August: Di–Fr 10–17 Uhr, Sa, So 10–18 Uhr. Im Winter kann man sich Informationen während der Bürozeiten einholen unter Tel. 5 77 11 11. Die Außenanlage kann das ganze Jahr über besichtigt werden.

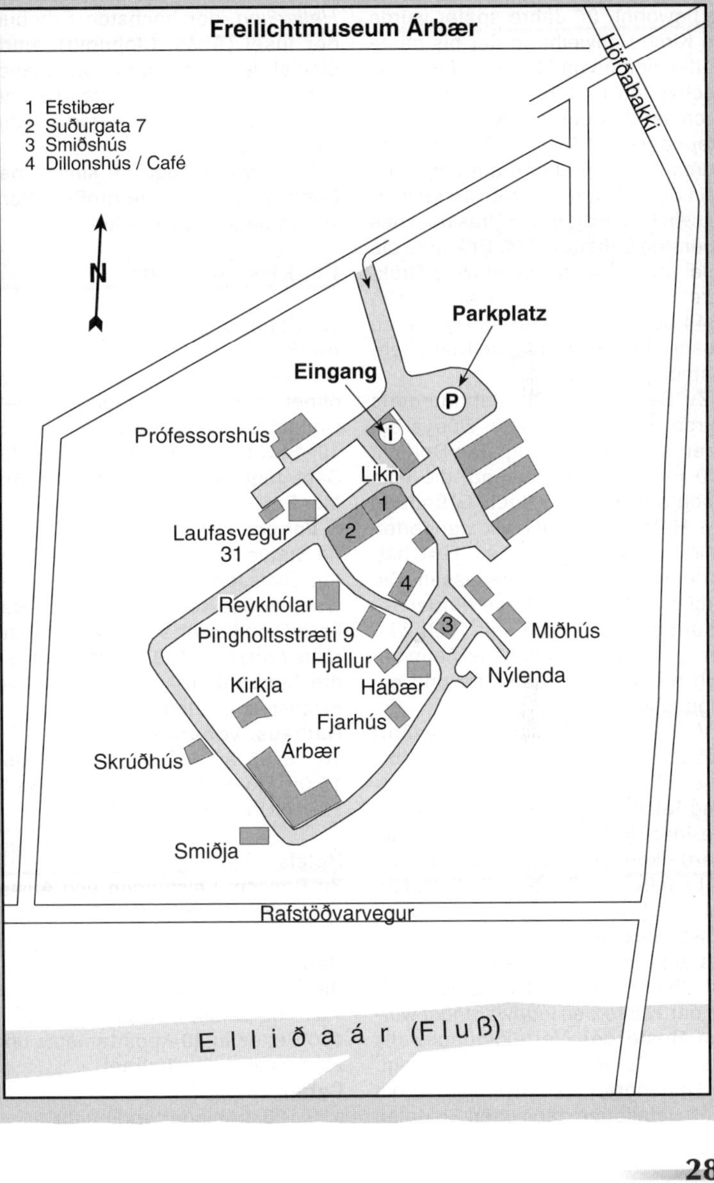
Freilichtmuseum Árbær
1 Efstibær
2 Suðurgata 7
3 Smiðshús
4 Dillonshús / Café
N
Höfðabakki
Parkplatz
P
Eingang
i
Prófessorshús
Likn
1
2
Laufasvegur 31
4
Reykhólar
3
Þingholtsstræti 9
Miðhús
Hjallur
Nýlenda
Kirkja
Hábær
Fjarhús
Árbær
Skrúðhús
Smiðja
Rafstöðvarvegur
Elliðaár (Fluß)

Steinhaus Islands war. Bis 1959 war es bewohnt. 20 Jahre später wurde die Kirche geweiht, in der bis heute Gottesdienste und Familienfeste wie Hochzeiten und Taufen stattfinden. Auch der Vertreter des Königs, *Ólafur Stephensen* (1731–1812), residierte einmal für neun Jahre auf der Insel. Sein Sohn *Magnus* (1762–1833) wurde sein Nachfolger und Präsident des Obersten Landgerichts. Er kaufte die Insel und verlegte die einzige Druckerei Islands hierher, die von 1819–1844 betrieben wurde. Viðey war zu dieser Zeit das wichtigste Kulturzentrum des Landes.

Zu Beginn des 20. Jahrhunderts wurde an der Ostküste Viðeys ein Überseehafen angelegt. Ein Dorf mit 100 Einwohnern entstand, die vom Fischfang lebten. Nach Gründung des Hafens in Reykjavík wanderten viele Einwohner dorthin ab, 1943 hatte der letzte das Dorf verlassen. Die Kirche und das Gutshaus wurden restauriert und werden seit 1988 wieder genutzt. Im Gutshaus befinden sich heute eine Gaststätte und ein Tagungsort.

Von Reykjavík/Sundahöfn fährt eine **Personenfähre** (20.5.–20.9. bis zu 8x täglich) nach Viðey; Reservierung Tel. 8 52 00 99 oder 5 81 10 10. Die Insel lädt zu Wanderungen ein, Pferde können geliehen werden. Es gibt zahlreiche Sehenswürdigkeiten, die durch Wege erschlossen sind: Unweit des Gutshofs wurden Relikte aus der Klosterzeit ausgegraben. Im Schulhaus gibt es Fotoausstellungen. An der Küste bei *Viðeyjarnaust* wurden Reste des Verteidigungswalls aus der Reformationszeit freigelegt. Im Dänengrab *Danadys* wurden die 1539 gefallenen dänischen Soldaten beerdigt. Auf dem 32 m hohen Hügel *Heljarkinn,* der höchsten Erhebung der Insel (Aussichtspunkt), wurde einmal versucht, Tabak anzubauen. Die Tabakmulde *(Tóbakslaut)* erinnert daran. In der Grotte *Paradís* treffen sich Liebende.

Nahe Viðey liegt die kleine **Insel Lundey,** auf der eine große Kolonie von Papageitauchern lebt.

Praktische Infos

Tourist-Information

Bankastræti 2
Tel. 5 62 30 45, Fax 5 62 30 57, geöffnet 11.05.–15.09. täglich 8.30–19 Uhr, 16.09.–10.05. Mo–Fr 9–17, Sa 10–14 Uhr, auch Geldumtausch Mai–Sept. täglich 8.30–20 Uhr; Okt–April Mo–Fr 9–17, Sa 10–14 Uhr.

Vor der Tourist-Info steht die kleine Statue *Klyfjahesturinn,* die *Sigurjón Ólafsson* 1959–1963 anfertigte. Ganz in der Nähe gibt es eine Bäkkerei/Konditorei sowie die Restaurants *Lækjarbrekka* und *Humarhúsið,* die bekannt für ihre isländischen Fischspezialitäten sind.

Rathaus, Vonarstræti
Tel. 5 63 20 05, geöffnet 01.05.–15.09. Mo–Fr 8.20–16.30 Uhr, Sa/So 12–18 Uhr, sonst nur Mo–Sa.

Hotels

Zu Preisen, Leistungen und Austattung siehe auch ab S.119.

Barón
Barónsstígur 2–4, 101 Reykjavík,
Tel. 5 62 32 04, Fax 5 62 37 79,
160 Betten in 40 Appartements und 20 Zimmern, Restaurant

Cabin
s. S.120, behindertengerecht

City
s. S.121
Hjá Dóru
Laugavegur 140, Tel. 5 62 32 04
Esja
s. Iceland Air Hotels, im Hotel gibt es ein Schnellrestaurant Pizza-Hut sowie ein Gesundheitszentrum, behindertengerecht, für gehobene Ansprüche
Garður
s. S.120, nur im Sommer geöffnet
Grand Hotel Reykjavík
Sigtún 38, 105 Reykjavík, Tel. 5 68 90 00, Fax 5 68 06 75, 190 Betten, Restaurant, für gehobene Ansprüche
Heimaform Hótelíbúðir
Pósthólf 5392, 125 Reykjavík, Tel. 8 98 30 00, Fax 8 72 19 98
Holt
Bergstaðastræti 37, Tel. 5 52 57 00
Ísland
Ármúli 9, 108 Reykjavík, Tel. 5 68 89 99, Fax 5 68 99 57, 238 Betten, Restaurant, behindertengerecht, für gehobene Ansprüche
Lind
s. S.122, behindertengerecht
Leifur Eiríksson
Skólavörðurstígur 45, 101 Reykjavík, Tel. 5 62 08 00, Fax 5 62 08 04, 55 Betten, Restaurant
Loftleiðir
s. S.122, behindertengerecht, für gehobene Ansprüche
Óðinsvé
Þórsgata 1, 101 Reykjavík, Tel. 5 52 56 40, Fax 5 52 96 13, 69 Betten, Restaurant
Öld
Njálsgata 65, Tel. 5 52 62 99
Reykjavík, Rauðarárstígur 37, Tel. 5 62 62 50, Fax 5 62 63 50,

150 Betten, Restaurant, behindertengerecht
Saga
Hagatorgi, 107 Reykjavík, Tel. 5 52 99 00, Fax 5 62 39 80, 330 Betten, Restaurant, Night-Club, behindertengerecht, für gehobene Ansprüche
Seemannshotel Örkin
Brautarholt 29, 105 Reykjavík, Tel. 5 68 07 77, Fax 5 68 97 47, 60 Betten
Vík
Síðumúli 19, 108 Reykjavík, Tel. 5 88 55 88, Fax 5 88 55 82, 46 Betten, Angeln, Bootsausflüge

Gästehäuser

101
Laugavegur 101, 101 Reykjavík, Tel. 5 62 61 01, Fax 5 62 61 05, 32 Betten, behindertengerecht

Aurora
Freyugata 24, Tel. 5 52 55 15,
Fax 5 51 48 94
Björk
Ármúli 5, 108 Reykjavík,
Tel. 5 88 44 80, Fax 5 88 44 82,
24 Betten, 30 Schlafsackplätze
Bólstáðarhlíð 8
Tel. 5 62 35 35
Dúna
Suðurhlíð 35d, 105 Reykjavík,
Tel. 5 88 21 00, Fax 5 88 21 02,
42 Betten, 22 Schlafsackplätze
Egilsborg
Þverholt 20, 105 Reykjavík,
Tel. 5 61 26 00, Fax 5 61 26 36,
30 Betten
Fjölskylduhúsið
Flökugata 5, 105 Reykjavík,
Tel. 5 51 98 28, Fax 5 51 24 48,
15 Betten
Flókagata 1
105 Reykjavík, Tel. 5 52 11 55,
Fax 5 62 03 55, 40 Betten,
30 Schlafsackplätze
Family House
Flókagata 5,
Tel. 5 51 98 28
Gisti Inn
Sóleyjargata 11, Tel. 5 61 30 05
Guðmundur Jónasson
Bogartún 34, 105 Reykjavík,
Tel. 5 11 15 00, Fax 5 11 15 11,
70 Betten

Häuser mit Dächern aus Wellblech

HB-Gisting
Borgarholtsbraut 44,
Tel. 5 54 42 28
HAH Appartements
Skálholtsstígur 2a, Tel. 5 11 22 66
Hjálpræðishersins
Gästehaus der Heilsarmee,
Kirkjustræti 2, 101 Reykjavík,
Tel. 5 61 32 03, Fax 5 61 33 15
Hólaberg 80
111 Reykjavík, Tel. 5 67 09 80,
Fax 5 57 36 20, 28 Betten,
32 Schlafsackplätze, im Sommer geöffnet
Hólmfrìður
Skölaviðurstígur 16, 101 Reykjavík,
Tel./Fax 5 62 54 82, 18 Betten, im Sommer geöffnet
Jörd
Skólavörðurstígur 13a, 101 Reykjavík, Tel. 5 62 17 39,
Fax 5 62 17 35, 14 Betten
Ísafold
Bárugata 11, 101 Reykjavík,
Tel. 5 61 22 94, Fax 5 62 99 65,
22 Betten
ÍSÍ Sportzentrum
Laugardalur, Tel. 5 81 33 77
Jónu
Safamýri 77, 108 Reykjavík,
Tel./Fax 5 53 76 54, Reiten, Angeln
Krían
Suðurgata 22, 101 Reykjavík,
Tel. 5 11 56 00, Fax 5 11 56 11,
32 Betten
Mar
Brautarholt 22, Tel. 5 52 55 99
Mattheu
Bugðulækur 13, 105 Reykjavík,
Tel. 5 53 32 07, Fax 5 68 49 47,
14 Betten
Óðinsgata
Óðinsgata 9, 101 Reykjavík,
Tel. 5 52 23 13, Fax 5 52 23 66,
18 Betten, im Sommer geöffnet
Room with a view
Laugavegur 18,
Tel. 5 52 72 62
Safamýri 77
Tel. 5 53 76 54
Skeggjagata 1
105 Reykjavík, Tel./Fax 5 62 22 40,
im Sommer geöffnet
Smárar
Snorrabraut 52, 105 Reykjavík,
Tel. 5 62 33 30, Fax 5 62 33 31, 40 Betten, 20 Schlafsackplätze, Reiten
Snorra
Snorrabraut 61, 105 Reykjavík,
Tel. 5 52 05 98, Fax 5 51 89 45
Sunna
Þórsgata 26,
Tel. 8 96 50 70
Svala
Skólavörðurstígur 30,
Tel. 5 62 35 44
Svanurinn
Lokastígur 24a, 101 Reykjavík,
Tel. 5 52 53 18, Fax 5 62 51 66,
16 Betten
Travel-Inn
Sóleyargata 31, 101 Reykjavík,
Tel. 5 61 35 53, Fax 5 62 83 70,
15 Betten
Tryggvagata 14
101 Reykjavík, Tel. 5 61 45 90,
Fax 5 62 84 09

Schlafsackunterkünfte

Gästehaus Björk, s. dort
Gästehaus Dúna, s. dort
Gästehaus Flókagata 1, s. dort
Hjálpræðishersins
Gästehaus der Heilsarmee, s. dort
Gästehaus Hof, s. dort
Gästehaus Hólaberg 80, s. dort
Gästehaus Smárar, s. dort
Gästehaus Snorra, s. dort
Gästehaus Tryggvagata 14, s. dort
Jugendherberge, s. dort

Jugendherberge

Die Jugendherberge (Sundlaugavegur 34, Tel. 5 53 81 10) befindet sich neben dem Campingplatz und ist ganzjährig mit Ausnahme der Weihnachtsfeiertage geöffnet. Vom 1.06.–15.09. fährt um 4.45 und 13.15 Uhr ein Flughafenbus (Flýbus) zum Flughafen nach Keflavík. Außerdem fährt vom 02.06.–04.09. um 7 Uhr ein Bus zum BSÍ-Bahnhof. Die Benutzung ist kostenlos.

Camping

Der Campingplatz *(Tjaldsvædi,* Sundlaugavegur, Tel. 5 68 69 44) liegt **im Laugardalur neben dem Schwimmbad** und in unmittelbarer Nähe der Jugendherberge. Er ist vom 15.05. bis zum 15.09. geöffnet. Der Zeltplatz ist häufig sehr voll, auch stehen oft ganze Zeltstädte von Reisegruppen hier. Sanitäre Anlagen sind in großer Anzahl vorhanden, ebenso Wohnmobil-Stellplätze, Kochgelegenheiten, Tische und Bänke. Seine Post kann man sich zum Campingplatz schicken lassen. Anschrift: Tjaldsvædi í Reykjavík, Sundlaugavegur, IS-105 Reykjavík. Vom 01.06.–15.09. fährt um 4.45 und 13.15 Uhr ein Flughafenbus zum Flughafen nach Keflavík. Außerdem verkehrt vom 02.06.–04.09. um 7 Uhr ein Bus zum BSÍ-Bahnhof. Die Benutzung ist kostenlos. Linienbus Nr. 5 von Lækjatorg. Vom Hotel Loftleiðir und dem BSÍ-Busbahnhof fährt der Linienbus Nr. 1 zum Lækjatorg.

Weitere Campingplätze im Großraum Reykjavík gibt es **in Mosfellsbær** beim Sportzentrum Varmá (Tel. 5 66 62 18, geöffnet 1.6.–31.8) und **in Hafnarfjörður,** Víðistaðatún (Tel. 5 65 09 02, geöffnet 1.6.–31.8.).

Restaurants

Amigos
Tryggvagata 8, Tel. 5 11 13 33

Á Næstu Grösum
Laugavegur 20b, Tel. 5 52 84 10. Jahrelange Erfahrung in gesunder Kochweise verschafft diesem vegetarischen Restaurant eine einzigartige Stellung in Island. Leckere Suppen, vegetarische und Körnergerichte, selbstgebackenes Brot, Kuchen, französischer und deutscher Wein werden angeboten. Geöffnet Mo–Fr 11.30–14, 18–22, Sa 11.30–21 Uhr; freitags scharfes und würziges Essen, von einem indischen Gastkoch angerichtet; vegetarisches Bankett 18–22 Uhr

Asía
Laugavegur 10, Tel. 5 62 62 10

Austur indíafélagi
Hverfisgata, Tel. 5 52 16 30, original indische Küche, kulinarische Reise durch Indien, Mubhalai, Tandoori; außergewöhnlich: isländische Meeresfrüchte werden von indischen Meisterköchen zubereitet. Zivile Preise. „Genießen Sie die Atmosphäre im nördlichsten indischen Restaurant der Welt bei einem frisch gebrühten indischen Kaffee", lautet das Motto des Hauses. Geöffnet täglich 18–22, So–Do bis 23 Uhr, Fr, Sa Sonderpreise: Vorspeisen 590 ISK, Abendessen 1500 ISK

Café Opera
Oper-Restaurant, Lækjargata 2, Tel. 5 52 94 99

Caruso
Þingholtsstræti 1, Tel. 5 62 73 35, spezialisiert auf isländische Lamm- und Fischgerichte, italienische Pizza und Pasta, angenehme, romantische Atmosphäre, günstig

Creole Grill
Laugavegur 178,
Tel. 5 53 40 20
Einar Ben
Veltusund 1, Tel. 5 11 50 90, ist nach einem isländischen Dichter benannt. Die Einrichtung erinnert an die Zeit der Jahrhundertwende, bei den Fisch- und Fleischgerichten gibt es sowohl isländische als auch internationale Spezialitäten. Delikatessen wie Seevögel (Papageitaucher), Muscheln sashimi (japanischer roher Fisch). Das Preisniveau beträgt 850–1250 ISK für Vorspeisen und 1500–2500 ISK für Hauptgerichte. Für Hummer, Schellfisch und andere Meeresspezialitäten zahlt man ab 3200 ISK. Geöffnet täglich außer Mo ab 18 Uhr.
Eldsmiðjan
Gourmet Pizzeria, Bragagata 38a, Tel. 5 62 38 38, in der Nähe der Hallgrimmskirche, Pizza aus dem Holzbackofen, die Pizzeria wirbt mit „den besten Pizzas der Welt“ und „ein unvergeßlicher Platz für Feinschmecker und Leute, die gute Pizza lieben“.
Firír Frakkar hjá Úlfari
Baldursgata, Tel. 5 52 39 39, romantisches kleines Restaurant im alten Reykjavík, spezialisiert auf Meeresfrüchte und Walfleisch. Fischgerichte 1180 ISK, bei allen Hauptgerichten Suppe inklusiv, geöffnet täglich 11–14.30, 18–23.30 Uhr, Sa, So abends geschlossen.
Fosshotel Lind
Rauðarárstígur 18,
Tel. 5 62 33 50
Gaukur á Stöng
Tryggvagata 22,
Tel. 5 51 15 56
Grand Hotel Reykjavík
Sigtún 38, Tel. 5 68 90 00
Grillið
Hagatorg, Tel. 5 52 50 33, ist ein exklusives Restaurant im obersten Stockwerk des Hotels Saga mit herrlichem Ausblick auf die Stadt und die Umgebung. Angeboten wird klassische französische Küche und innovative Gerichte von beiden Seiten des Atlantiks. Es gibt ein abwechslungsreiches Angebot an isländischen Fisch- und Fleischgerichten. Das Restaurant wird an Werktagen häufig von Geschäftsleuten und zu festlichen Anlässen besucht. Preise für Hauptgerichte zwischen 1930 und 3740 ISK. Reservierung vor allem am Wochenende empfehlenswert, nur Abendessen.
Grænn Kostur
Skólavörðustígur 8b,
Tel. 5 52 20 28, vegetarisches Restaurant mit niedrigen Preisen und schmackhaft gewürzten Speisen, alle Gerichte ohne Hefe, Zucker, Weißmehl, Eiern und Milchprodukte, Mitnahmeservice, geöffnet Mo–Sa 11.30–21, So 16–21 Uhr
Hotel Baron
Barónstígur 2-4,
Tel. 5 62 32 04
Hotel Saga
Hagatorg, Tel. 5 52 99 00
Humarhúsið
Amtmannsstígur 1, Tel. 5 61 33 03, erstklassige Küche und bester Service. Im Angebot sind eine Vielzahl von isländischen Fleisch- und Fischgerichten. Die Spezialität ist Hummer, angemessene Preise. Abends wird Reservierung empfohlen, geöffnet 11.30–23.30 Uhr.

Jónatan Livingston mávur
Tryggvagata 4–6, Tel. 5 51 55 20, es ist benannt nach dem Held des amerikanischen Autors Richard Bach. Frische Meeresfrüchte und Geflügel (je nach Saison), internationale Küche, isländische und Hausspezialitäten, Durchschnittspreise: 1800 ISK für Fisch- und 2400 ISK für Fleischgerichte, geöffnet So–Do 17.30–23.00 Uhr, Fr, Sa 17.30–23.30 Uhr. Auf Anfrage ist das Restaurant für Gruppen auch zu anderen Zeiten geöffnet, spezielle Gruppenspeisekarte. Im Restaurant befindet sich das größte Meeresaquarium Islands.

Kaffi Austurstræti
Austurstræti 6, Tel. 5 52 26 15, Restaurant, Bar. Es gibt eine offene Küche, in der man dem Chef bei der Zubereitung der Speisen zuschauen kann. Internationale Küche mit Schwerpunkt auf frischem Fisch auf Bestellung, vernünftige Preise: Suppe und Salat 640 ISK, Menü aus Suppe, Fisch, Kaffee, Käsekuchen ab 1400 ISK. Die Speisekarte umfaßt Suppen, Salate, Lamm, Rind, Pasta, Hamburger und Seevögel. Geöffnet So–Do 10.30–01 Uhr, Fr, Sa 11–03 Uhr, im Restaurant an Werktagen nur Mittagessen von 12–16 Uhr, am Wochenende nur Abendessen von 16–23 Uhr.

Kaffisetrið
Laugavegur 103, Tel. 5 52 54 44, bietet Speisen (Fast Food, schmackhafte Steaks, Kaffee, Brote und Kuchen) zu moderaten Preisen; Mittagessen incl. einem kleinem Bier für 790 ISK, ein großes Bier allein 300 ISK. Die Spezialität ist ein Mittagessen à la Chef mit ein oder zwei Gängen. Man sollte nicht zögern, den Chef auf spezielle Gerichte anzusprechen, die man gerne einmal probieren möchte. Er wird versuchen, die Wünsche zu erfüllen.

Kringlukráin
Kringlan 4–6, Tel. 5 68 08 78, bietet für jeden Geschmack etwas, von isländischer Küche bis zu deutscher Bratwurst und dänischen Fleischklößen. Speisen von 12–22 Uhr, jeden Abend Live-Musik mit verschiedenen Interpreten, am Wochenende große Auswahl an Musik-Events. Das Kringlukráin liegt direkt am Stadttheater, viele nützen es für einen Drink und einen Snack vor oder nach dem Theaterbesuch.

Lónið
Restaurant im Hotel Loftleiðir, Hlíðarfót, Tel. 5 62 75 75

Lækjarbrekka
Bankastræti 2, Tel. 5 51 44 30, berühmtes Restaurant und Caféhaus mit Schwergewicht auf isländischem Fisch, Lamm und traditionellen isländischen Gerichten. Täglich Touristenmenu und über 40 Gerichte à la carte zu erschwinglichen Preisen. Gebäck und Kuchen sind alle hausgemacht. Geöffnet täglich 11.30–24 Uhr.

Pasta Basta
Klapparstígur 38, Tel. 5 61 31 31, günstige Preise, hausgemachte Pasta, große Auswahl an Lamm, Meeresfrüchte und anderen Gerichten, Pasta 1100 ISK, Fleischgerichte 1900 ISK, Fisch 1450 ISK, Pastabuffet 720 ISK, Suppe inklusive. Geöffnet täglich 11.30–23.30 Uhr, Sa ab 18 Uhr

Pizzahúsið
Grensásvegur 10, Tel. 5 53 88 33, Pizzas in allen Variationen
Rauðará
Rauðarárstígur 39, Tel. 5 62 67 66, trad. isländische Küche, Lamm, Rind, verschiedene Meeresfrüchte vom Chef ausgewählt. Wochentags happy hour 17.30–19.30 Uhr.
Rex Bar
Austurstræti 9, Tel. 5 51 91 11, Restaurant, Bar, Gerichte aus aller Welt, Steaks, Fischgerichte, Vorspeisen, Dessert zu erschwinglichen Preisen. Bei Rex „ist weniger mehr".
Samurai
Ingólfsstræti 1a, Tel. 5 51 96 69
Skólabrú
Posthússtræti 17, Tel. 5 62 44 55, isländische Meeresfrüchte und Fleischgerichte, ausgewogene internationale Küche
Skrúður
Restaurant im Hotel Saga, Hagatorg, Tel. 5 52 99 00, skandinavisches Mittagessen, abends Buffet mit einer großen Auswahl an warmen und kalten Meeresfrüchten. Sandwiches, Kuchen und Snacks von 11–23.30 Uhr, Kindermenu, Buffetpreise mittags 1490 ISK, abends 2590 ISK.
Skíðaskálinn
Hveradalir, Tel. 5 67 20 20
Sólon Íslandus
Bankastræti 7a, Tel. 5 51 26 66
Veitingahúsið Esja
Suðurlandsbraut 2, Tel. 5 68 95 66, Meeresfischgerichte ab 1100 ISK, Fleischgerichte ab 1890 ISK. Eine Spezialität ist das Meeresfrüchtebuffet, mittags für 1100 ISK und abends für 1890 ISK, geöffnet täglich von 11.30–22 Uhr.

Fast Food

Überall in der Stadt findet man Wurstbuden *(pylsur)*. Imbißstände und Fast Food-Restaurants gibt es in Reykjavík immer mehr.

Kringlan
Kringlan 8–12, Tel. 5 68 92 00
McDonald's
Suðurlandsbraut 56,
Tel. 5 81 14 14;
Austurstræti 20, Tel. 5 51 74 44
Pizza 67
Tryggvagata 26;
Suðurlandsbraut 2, Tel. 5 33 20 00
Subway
Suðurlandsbraut 46,
Tel. 5 81 40 40;
Kringlan 8–12, Tel. 5 68 70 80;
Austurstræti 3, Tel. 5 51 70 00

Pubs & Cafés

Nordisches Haus
Cafeteria, Hringbraut,
Tel. 5 52 15 22, Kaffeespezialitäten in nordischer Atmosphäre

Café Sólon Íslandus
Bankastræti 7a, Tel. 5 51 26 66, das Künstlercafé in Reykjavík, Bar, Café. Es wird aufgesucht von isländischen Künstlern und Gästen, die eine Tasse Kaffee genießen, die sich in einer eleganten Atmosphäre wohlfühlen bei klassischer Musik und mit Kunstwerken im Foyer, geöffnet So–Do 10–01 Uhr, Fr, Sa 10–03 Uhr

The Dubliners
Hafnarstræti 4, Tel. 5 11 32 33, erste und einzige irischer Pub in Island, Guiness vom Faß, viele originalimportierte Einrichtungsgegenstände einsschließlich einer 400 Jahre alten Kirchentür.

Gaukur á Stöng
Tryggvagata, Tel. 5 51 15 56, „das älteste Pub in Reykjavík", einen Steinwurf vom Hafen entfernt, von allen Arten von Menschen besucht, ein beliebter Platz; um Warteschlangen zu vermeiden, sollte man früh kommen, jeden Abend Live-Musik, geöffnet So–Do 18–01 Uhr, Fr, Sa 18–03 Uhr das ganze Jahr über

La Dolce Vita Bar
Klapparstígur 38, Tel. 5 61 33 15, italienische Atmosphäre, Kaffee und Cocktails, geöffnet So–Do bis 01 Uhr, Fr, Sa bis 03 Uhr, italienische Speisen werden im Erdgeschoß serviert.

Kringlukráin
Kringlan 4-6, Tel. 5 68 08 78, traditioneller und sehr beliebter Pub, warme und kalte Speisen, großes Angebot an Bieren, Cocktails, Weinen und Spirituosen.

Kaffitár
Bankastræti 8, Tel. 5 11 45 40. Jeden Tag wird der Kaffee frisch geröstet, über 20 Kaffeesorten und Tees, Cappuccino, Käsekuchen und Desserts, geöffnet Mo–Fr 8–18, Sa 8–17, So 9–17 Uhr

Nachtclubs

„Das Abenteuer in der Nacht": Das **Nachtleben hat sich in den letzten Jahren stark verändert.** Bis 1989, als in den meisten Lokalen kein Bier verkauft werden durfte, gab es nur wenige und große Unterhaltungsplätze. Tausende von Leuten versammelten sich hier und verhalfen sich gegenseitig zu Wodka und Brennivin. Mit der Freigabe von Bier stieg die Anzahl von lizensierten Restaurants in der Stadt von 20 auf 150. Nun bevorzugen die Reykjavíker in ein Pub oder Café zu gehen. Es gibt eine **große Auswahl:** Pubs, Cafés in europäischem Stil, „härtere" Bars, „High Power Discos" genauso wie Seniorentanz. Viele werden von einer bestimmten Altersgruppe oder sozialen Schicht besucht. Die größte Auswahl und Anzahl an Unterhaltungsmöglichkeiten findet man im Zentrum. Bevor sie ausgehen, pflegen die Isländer sich für einige Zeit bei jemandem zuhause aufzuhalten, zu plaudern und ein paar Drinks zu nehmen, weil die Getränke außerhalb teuer sind. Die Leute kommen spät, vor 23 Uhr ist in den Diskotheken nichts los.

Astro
Austurstræti, Tel. 5 52 92 22, ist einer der aufregendsten Clubs in Reykjavík, mit moderner und

stilvoller Einrichtung, Holztischen, erstklassigen Speisen und Service, geöffnet Fr, Sa 23–3 Uhr
Klúbburinn
Hverfisgata 8–10, Tel. 5 51 68 10, große Bar, Tanzfläche, bequeme Plätze und großartige Atmosphäre
Þjóðleikhúskjallarinn
Hverfisgata 19, Tel. 5 51 96-36, einer der beliebtesten Clubs mit guter und lebendiger Atmosphäre.

Stadtbusse

Die gelben Stadtbusse in Reykjavík fahren zwischen 7 und 24 Uhr, tagsüber etwa alle 20 Minuten, abends und an Wochenenden alle 30 Minuten. Alle Stadtbushaltestellen sind mit dem blauen Firmenlogo „SVR" (= *Strætisvagnar Reykjavíkur)* gekennzeichnet. An Haltestellen, wo die Busse in beiden Richtungen abfahren, weist das Schild „Að Miðborg" die Richtung in die Innenstadt. Insgesamt gibt es zwanzig innerstädtische Buslinien und Flýbus (s.u.). Die **Hauptumsteigestationen (SVR-Bus-Terminals)** sind *Lækjartorg, Hlemmur, Grensás, Mjódd* und *Ártún.* **Einzel- und Mehrfahrscheine** sowie einen **Busfahrplan** *(ferðaáætlun)* erhält man in den SVR-Terminals Lækjartorg (geöffnet Mo–Fr 9–18 Uhr), Hlemmur (geöffnet Mo–Fr 8–18, Sa, So 12–20 Uhr), dem Rathaus und in den öffentlichen Schwimmbädern. Im Bus kann man nur Einzelfahrscheine lösen, wobei man aber kein Ticket erhält und der Busfahrer nicht wechselt. Halten Sie also abgezähltes Kleingeld bereit! **Einzelfahrscheine** kosten für Erwachsene 120 ISK, für Jugendliche von 13–15 Jahren 60 ISK und für Kinder unter 12 Jahren 25 ISK. **Mehrfahrtenkarten** sind billiger: 10 Fahrten für Erwachsene oder 20 Fahrten für Jugendliche kosten 1000 ISK, 22 Fahrten für Kinder 300 ISK. Wer umsteigen muß, benötigt ein **Umsteigeticket (skiptimiði),** auf dem ein Zeitlimit abgestempelt wird. Dieses Ticket ist 30–45 Minuten gültig und berechtigt zum einmaligen Umsteigen. Die Touristenkarte **Reykjavík-Card** *(gestakort)* ist einen (600 ISK), zwei (800 ISK) oder drei Tage (1000 ISK) gültig. Man erhält diese empfehlenswerte Karte am Informationsschalter des Rathauses, in der Tourist-Information, in Reisebüros und in den großen Hotels. Außer für die unbegrenzte Benutzung aller Stadtbusse und öffentlichen Schwimmbäder ist die Reykjavík-Card auch Eintrittskarte für den Zoo und die Eisbahn im *Laugardalur,* das städtische Kunstmuseum

Buslinien

Leið 1	Lækjartorg – Loftleiðir
Leið 2	Grandi – Vogar
Leið 3	Mjódd – Nes
Leið 4	Mjódd – Hagar
Leið 5	Skerjafjörður – Fossvogur
Leið 6	Mjódd – Grandar
Leið 7	Lækjatorg – Árbær
Leið 8	Breiðholt – Grafarvogur
Leið 9	Ártún – Sund
Leið 10	Hlemmur – Selás
Leið 11	Hlemmur – Sel
Leið 12	Hlemmur – Fell
Leið 14	Hlemmur – Rimar
Leið 15	Hlemmur – Hús
Leið 20	Ártún – Arnarholt
Leið 110	Lækartorg – Selás
Leið 111	Lækartorg – Sel
Leið 112	Lækjartorg – Fell
Leið 115	Lækjartorg – Grafarvogur

Kjarvalstaðir, das *Ásmundur-Sveinsson-Skulpturen-Museum,* das Reykjavíker Kunstmuseum und das *Hafnarhúsið.*

Flughafenbus

Der Flughafenbus **(flýbus)** fährt vom Hotel Loftleiðir zum internationalen Flughafen in Keflavík. Weitere Haltestellen sind einige große Hotels und die Jugendherberge im Laugardalur. Der Flughafenbus fährt jeweils zwei Stunden vor dem Abflug eines internationalen Flugs beim Hotel *Loftleiðir* ab (650 ISK).

Taxi

Hreyfill, Tel. 5 88 55 22
Bæharleiðir, Tel. 5 53 35 00
BSR, Tel. 5 61 00 00
Borgarbíll, Tel. 5 52 24 40

Notruf

112, landesweit

Polizei

Hauptwache
Hverfisgata 113-115, Tel. 5 69 90 20
Posten im Hauptgeschäftsviertel
Tryggvagata 19, Tel. 5 69 90 25

Medizinische Notfälle

Notfallstation *(Slysavarðsstofa)* im Städtischen Krankenhaus *(Sjúkrahús Reykjavíkur),* Háaleitisbraut, südlich Kringlan-Einkaufszentrum in Richtung Fossvogur:
Innere Medizin:
Mo–Fr 8–16 Uhr, Tel. 5 25 10 10
Mo–Fr 16–8 Uhr, Tel. 5 25 12 13
Sa, So 0–24 Uhr, Tel. 5 25 12 13
Chirurgie:
Mo–So 0–24 Uhr, Tel. 5 25 17 00
Zahnarzt:
Mo–So, 11–13 Uhr, Tel. 5 68 10 41

Apotheken

Medikamente gibt es nur in Apotheken. Die Öffnungszeiten sind unterschiedlich, grundsätzlich geöffnet sind sie von 9–19 Uhr. Auskunft über Dienstbereitschaft, Tel. 5 51 88 88.

Háaleitisapótek
Háaleitisbraut 68, Tel. 5 81 21 01, mit 24-Stunden-Service
Lyfja Apótek
Lágmúli 5, Tel. 5 33 23 00, nahe des Campingplatzes im Laugardalur, täglich geöffnet 9–24 Uhr
Hringbrautar Apótek
Hringbraut 119, Tel. 5 11 50 70, 15 Minuten vom Stadtzentrum entfernt, täglich geöffnet 9–21 Uhr

Theater

Wer am isländischen Kulturprogramm insgesamt Interesse hat, sollte das Angebot in Reykjavík ausnützen. **Veranstaltungshinweise** findet man in Hotels, Reisebüros, der Touristik-Information oder im *Nordischen Haus,* dem Kulturzentrum der Stadt (bei der Uni, Tel. 5 51 70 30).

Theatervorstellungen finden meist auf isländisch statt.

Reykjavíker Stadttheater
Borgarleikhúsið, Listabraut 3, Tel. 5 68 55 00
Loftkastalinn
Seljavegur 2, Tel. 5 52 30 00
Isländisches Nationaltheater
Hverfisgata 19, Tel. 5 51 12 00

Oper & Orchester

Isländische Oper (Íslenska Óperan)
Gamla Bió, Ingólfsstræti, Tel. 1 47 55 52

Isländisches Symphonieorchester
Háskólabíó Hagatorg,
Tel. 5 62 22 55

Kinos

In vielen Kinos werden ausländische Filme im Originalton gezeigt.

Bíóborgin
Snorrabraut 37, Tel. 5 51 13 84
Bíóhöllin
Álfabakki 8, Tel. 5 87 89 00
Háskólabíó
Hagatorg, Tel. 5 52 21 40
Kringlubíó
Kringlan 4-6, Tel. 5 88 08 00
Laugarásbíó
Laugarás, Tel. 5 53 20 75
Regnboginn
Hverfisgata 54, Tel. 5 51 90 00
Sogabíó
Álfabakki 8, Tel. 5 87 89 05
Stjörnubíó
Laugavegur 94, Tel. 5 51 65 00

Kunstgalerien

Gallerí Fold
Rauðarárstígur, Tel. 5 51 04 00
Listgallí
Engjateigur 17-19, Tel. 5 53 28 86
Sigurbjörn Jónsson
Stangarhylur 1a, Tel. 5 67 08 34
Ófeigur Listhús
Skólavörðustígur, Tel. 5 51 11 61

Museen

Die Stadt Reykjavík bietet eine spezielle Buslinie an, die zwischen den wichtigsten kulturellen Einrichtungen verkehrt. Der **Museumsbus** fährt täglich von Mitte Juni bis Anfang August außer montags jeweils um 13, 14, 15 und 16 Uhr. Die Fahrt beginnt am Lækjatorg und endet dort auch wieder nach 50 Minuten. Fahrkarten gibt es nur im Bus zum Preis von 300 ISK. Die Buslinie hat 18 Haltepunkte und stellt auch gleichzeitig eine Möglichkeit der Stadtrundfahrt dar. Wer an einer anderen Stelle aussteigen will, gibt dem Fahrer ein Klingelzeichen.

Árbær Reykjavík Museum (Freilichtmuseum)
Árbær, Tel. 5 77 11 11, geöffnet 1.06.–31.8. Di–Fr 9–17, Sa, So 10–18 Uhr. Eintritt 300 ISK, Kinder unter 16 Jahren frei. Zu erreichen mit Museumsbus, Bus Nr. 7, 10, 110. Internet: http://www.reykjavik.is/arbaer

Árni Magnússon-Institut (Handschriften)
Suðurgata, Tel. 5 25 40 10, geöffnet 1.6.–31.8. täglich 13–17, 1.9.–14.5. Di–Do 14–16 Uhr, geschlossen 15.05.–31.05. Eintritt 300 ISK (einsschließlich Katalog), 200 ISK für Gruppen, Studenten und Senioren, für Kinder unter 17 Jahren frei. Zu erreichen mit Museumsbus, Bus Nr. 5, 6, 7, 110, 111, 112, 115. Das Institut bewahrt mittelalterliche und spätmittelalterliche isländische Pergamenthandschriften. Das einzigartige Kulturerbe des Landes wurde im 17. und 18. Jahrhundert zusammengetragen. Sie enthalten die Geschichte, Mythen und Legenden der Isländer.

Ásgrímur Jónsson-Sammlung (Gemälde)
Bergstaðastræti 74, Tel. 5 51 36 44, geöffnet 1.6.–31.8. Di–So 13.30–16 Uhr, 1.9.–31.5. Sa, So 13.30–16 Uhr, Dezember und Januar geschlossen. Eintritt frei. Zu erreichen mit Museumsbus, Bus Nr. 1. Ásgrímur Jónsson (1876–1958),

einer der bedeutendsten isländischen Landschaftsmaler, war der erste Isländer, der die Malerei zu seiner Lebensaufgabe machte. In seiner fast 60jährigen Künstlerlaufbahn wurde er zuerst vom Naturalismus, dann vom Impressionismus und schließlich vom Expressionismus beeinflußt. Er malte seine Bilder in Öl und Aquarell und thematisierte auch Märchen in seinen Bildern. Das Museum ist ein Geschenk des Künstlers an den Staat. Die Sammlung wurde 1960 eröffnet und gehört seit 1988 zur Isländischen Nationalgalerie.

A.S.Í Labour Unions' Art Museum (Kunstausstellungen)
Freyjugata 41, Tel. 5 11 53 53, geöffnet ganzjährig Di–So 14–18 Uhr.

Ásmundur Sveinsson Museum (Skulpturen)
Sigtún, Tel. Tel. 5 53 21 55, geöffnet 1.5.–30.9. täglich 10–16 Uhr, 1.10.–30.4. täglich 13–16 Uhr. Eintritt 300 ISK, frei für Kinder unter 12 Jahren. Zu erreichen mit Museumsbus, Bus Nr. 2, 5, 10,12, 15. Die Skulpturen und Zeichnungen des Bildhauers Ásmundur Sveinnsson (1893–1982) sind in einem außergewöhnlichen Haus ausgestellt, das der Künstler

Hauptstraße Lækjargata am Abend

1942–1950 größtenteils selbst plante und baute. Seine Skulpturen erinnern an Formen, die in der isländischen Landschaft vorkommen. Der Bildhauer genießt ein hohes Ansehen bei den Isländern. Im Museum sind Stücke aus allen seinen Schaffensperioden ausgestellt. Es gibt Pläne, die Werke im Skulpturengarten zu beleuchten, damit sie auch in den langen dunklen Wintern betrachtet werden können.

Einar Jónsson Museum (Skulpturen)
Njarðargata, Tel. 5 51 37 97, geöffnet 1.6.–15.9. Di–So 13.30–16 Uhr, 16.9.–31.5. Sa, So 13.30–16 Uhr, Dezember und Januar geschlossen; der Skulpturengarten ist durchgehend geöffnet. Eintritt 200 ISK, frei für Kinder unter 12 Jahren. Zu erreichen mit Museumsbus und Bus Nr. 1. Das Museum ist seit 1923 prägend für das Stadtbild. Das Haus wurde nach den Plänen des Künstlers erbaut und wurde von Einar Jónsson bis zu seinem Tod 1954 bewohnt. Hier sind über 100 Werke aus dem 60jährigen Schaffen des Bildhauers ausgestellt. Die frühen Schnitzereien, Skulpturen, Gemälde, Fotografien und Dokumente von Jónsson stammen aus all seinen Schaffensperioden. Auch im Garten sind zahlreiche Skulpturen zu sehen.

Reykjavíker Elektrizitätsmuseum
Elliðar-Kraftwerk, Tel. 5 67 90 06, geöffnet 15.06.–31.08. Di–So 13–17, 1.9.–14.6. So 14– 16. Eintritt frei. Zu erreichen mit Bus Nr. 8, 10, 110. Im Tal der Elliðaá befindet sich das erste Elektrizitätswerk der Stadt. 1921 wurde hier das Kraftwerk in Betrieb genommen. Es gehört zum Museum, das gegenüber liegt. Hier sind die technische Ausstattung aus den ersten Jahren der Stromerzeugung und Geräte, die mit Strom betrieben wurden, zu sehen.

Gerðuberg Kulturzentrum
Gerðuberg 3-5, Tel. 5 67 40 70, geöffnet 1.6.–31.8. Mo–Do 9–21, Fr 9–17 Uhr, 1.9.–31.5. Mo–Do 9–22 Uhr, Fr 9–17, Sa, So 12–16 Uhr, 1999 von 29.06.–9.08. geschlossen. Zu erreichen mit Bus Nr. 8, 12, 112.

Living Art Museum (zeitgenössische Kunst)
Nýlistasafn, Vatnsstígur 3b, Tel. 5 51 43 50, geöffnet ganzjährig Di–So 14–18 Uhr.

Museum der Medizingeschichte (Lækningaminjasafnið)
Nesstofa, Seltjarnarnes, Tel. 5 61 10 16, geöffnet 15.5–14.9. Di, Do, Sa, So 13–17 Uhr, sonst auf Anfrage. Zu erreichen mit Bus Nr. 3.

Meeres- und Metallmuseum
Súðavogur 4, Tel. 5 81 46 77, geöffnet ganzjährig Di–Sa 13–17 Uhr und auf Anfrage. Zu erreichen mit Bus Nr. 4, 9.

Isländische Nationalgalerie (Gemälde)
Fríkirkjuvegur 7, Tel. 5 62 10 00, geöffnet ganzjährig Di–So 11–17 Uhr. Eintritt 300 ISK, Rentner, Behinderte 200 ISK, frei für Kinder unter 12 Jahren. Zu erreichen mit Museumsbus, Bus Nr. 1, 2, 3, 4, 5, 6, 7, 110, 111, 112, 115. Schwerpunkt des Museums ist die Kunst Islands und des Auslands im 19. und 20. Jahrhundert. Es handelt sich um die wichtigste Sammlung islandischer Kunst. Die Sammlung

ausländischer Kunst ist im Entstehen. In einem Teil des Museums finden Ausstellungen aus Museumsbeständen und Einzelausstellungen in- und ausländischer Künstler statt. Außerdem gibt es einen Vortragssaal, eine Bibliothek, ein Café und einen Verkaufsstand für Kunstbücher und Kunstpostkarten.

Isländisches Nationalmuseum (isländische Kultur und Geschichte)
Suðurgata 41, Tel. 5 52 88 88, geöffnet 16.5.–2.8. Di–So 11–17 Uhr. **Das Museum ist bis zum 17. Juni 2000 geschlossen.** Eintritt 300 ISK, Seniorenermäßigung, Behinderte und Kinder unter 16 Jahren frei. Zu erreichen mit Museumsbus, Bus Nr. 5, 6, 7, 110, 111, 112, 115. Das Museum gibt einen Überblick über die Geschichte des Landes von der Besiedlung bis zum 20. Jahrhundert. Waffen, Geräte und Schmuck aus der Zeit der Besiedlung, mittelalterliche Altardecken, Gedenktafeln aus Kirchen und Gegenstände von gestern sind hier zu sehen. Sonderausstellungen.

Naturhistorisches Institut Islands
Hlemmur 3, Tel. 5 62 98 22, geöffnet 1.6.–31.8. So, Di, Do, Sa 13–17, sonst So, Di, Do, Sa 13.30–16 Uhr. Eintritt frei. Zu erreichen mit Museumsbus, Bus Nr. 1, 2, 3, 4, 5, 6, 10, 11, 12, 14, 15. Durch die ausgestellten Tiere, Pflanzen, Steine, Mineralien und Fossilien erhält der Besucher einen Überblick über die Natur Islands. Tiere werden in ihrer natürlichen Umgebung dargestellt. Man erfährt etwas über die Entstehung des Landes, über aktive Vulkane und Plattentektonik. Hier gibt es einen der wenigen noch vorhandenen ausgestopften Riesenalke, die 1844 ausgestorben sind. Alle einheimischen Vögel und ihre Eier sind im Museum zu sehen.

Nordisches Haus
Hringbaut, Tel. 5 51 70 30, Ausstellungen geöffnet 4.7.–31.8. täglich außer Mo 13–18 Uhr, sonst 14–18 Uhr. Cafeteria: geöffnet ganzjährig Mo–Sa 9–18, So 12–18 Uhr; Bücherei: geöffnet ganzjährig Mo–Sa 13–18, So 14–17 Uhr. Eintritt für die Ausstellungsräume 200 ISK, frei für Senioren und Kinder unter 16 Jahren. Zu erreichen mit Museumsbus, Bus 5, 7, 110, 111, 112, 115. Das Nordische Haus wurde vom finnischen Architekten Alvar Aalto entworfen. Es wird von Schweden, Norwegen, Dänemark, Finnland und Island gemeinsam finanziert. Hier soll die Kultur aller nordischer Länder präsentiert werden. In den Ausstellungsräumen finden Kunst- und andere Ausstellungen statt, aber auch Vorträge, Konzerte, Konferenzen und Filmvorführungen. In der Bibliothek gibt es die neueste Literatur aus den nordischen Ländern. In der Cafeteria liegen die neuesten Zeitungen aus allen nordischen Ländern aus.

Numismatisches Museum
Einholt 4, Tel. 5 69 99 00, geöffnet ganzjährig Mo–Fr 9–17 Uhr und auf Anfrage.

Isländisches Phallusmuseum
Laugavegur 24, Tel. 5 88 87 05, geöffnet ganzjährig Mo, Do, 15–18, Sa, So 14–17 Uhr. Zu erreichen mit Bus Nr. 1, 2, 3, 4, 5, 6. Gezeigt werde 60 Phalli von Tieren.

Reykjavíker Photographiemuseum
Borgartún 1, Tel. 5632530, geöffnet ganzjährig Mo–Fr 12–15.30 Uhr. Zu erreichen mit Bus Nr. 1, 2, 3, 4, 5, 6, 10, 11, 12, 14, 15. Hier sind etwa 1,3 Millionen Fotografien ausgestellt, die von Amateuren und Profis angefertigt wurden. Es werden historische und zeitgenössische Bilder von isländischen und ausländischen Fotografen gezeigt.

Sigurjón Ólafsson Museum (Skulpturen)
Laugarnestangi 70, Tel. 5 53 29 06, geöffnet 1.6.–31.8. Di–So 14–17 Uhr, sonst Sa, So 14–17 Uhr, im Dezember und Januar geschlossen. Juni–August Konzerte Di 20.30 Uhr. Eintritt 200 ISK, frei für Kinder unter 12 Jahren. Zu erreichen mit Museumsbus und Bus Nr. 4. Das Museum wurde nach dem Tod des Künstlers in seinem Haus und Atelier eingerichtet. Es zeigt rund 300 Werke des Bildhauers aus Ton, Gips, Holz, Metall, Stein und Beton. Er arbeitete gleichzeitig in abstraktem und realistischem Stil. Er zählt zu den besten Porträtbildhauern dieses Jahrhunderts. Hier werden aber auch Werke anderer Künstler ausgestellt.

Städtisches Kunstmuseum Kjarvalsstaðir
Flókagata, Tel. 5 52 61 31, geöffnet täglich 10–18 Uhr. Eintritt 300 ISK, frei für Kinder unter 12 Jahren. Zu erreichen mit Museumsbus, Bus Nr. 3, 6, 110, 111, 112, 115. Hier wird hauptsächlich zeitgenössische Kunst ausgestellt von isländischen und ausländischen Künstlern. Vorträge und Symposien finden statt. Es finden auch Ausstellungen mit Werken von Jóhannes S. Kjarval, dem isländischen Maler des 20. Jahrhunderts statt. Während der Sommermonate gibt es Ausstellungen zu bestimmten Themen, mit denen sich verschiedene isländische Künstler beschäftigt haben. Zum Museum gehört eine Cafeteria, wo nationale und internationale Zeitungen und Kunstzeitschriften ausliegen. Von dort hat man einen guten Ausblick auf den Park um das Museum und die Perlan.

Im Reykjavíker Kunstmuseum im *Hafnarhusið* in der Tryggvagata ist vom 16.5.–23.8. täglich 10–18 Uhr eine Errró-Ausstellung zu sehen. Formell eröffnet wird das Museum aber erst im Jahr 2000.

Einkaufszentrum Kringlan

Wer seine Vorräte auffüllen oder sich einen **Überblick über das isländische Warenangebot** verschaffen will, der sollte sich zum Einkaufszentrum Kringlan begeben. Hier befinden sich über 100 Geschäfte und Restaurants, darunter auch das legendäre **Hard Rock-Café.** Vom Supermarkt bis zum Geschäft mit Luxuswaren wird beinahe alles geboten, was das Herz begehrt. Auch einen staatlichen Alkohol- und Tabakladen kann man hier aufsuchen.

Im Kringlan kann man leicht einen ganzen Tag verbringen. Besonders lohnenswert sind die Einkäufe, wenn Mitte August Ausverkauf *(útsala)* ist und viele non-food-Waren um 30–50% reduziert verkauft werden.

Das Einkaufszentrum liegt verkehrsgünstig an der Kreuzung Miklabraut/Kringlumýrarbraut (großes

Parkhaus, auch für Wohnmobile geeignet, Fahrzeug aber nicht über Nacht stehen lassen!). Beim Kringlan halten die Stadtbusse der Linien 5, 6, 14, 110, 111, 112 und 115 sowie die Busse der Linien 140 und 141 von Hafnarfjörður, Kópavogur und Garðabær. Öffnungszeiten: Mo–Do 10–18.30, Fr 10–19, Sa 10–16 Uhr.

Sonstiges

„Light Nights"

Seit 1970 findet diese **Multimediashow** in der Zeit von Ende Juni bis Ende August statt. Ihr Inhalt basiert auf isländischen Sagas, historischen Ereignissen und mysteriösen Vorkommnissen. Die Handlung beginnt immer gleich: Die Bewohner eines Torfgehöfts treffen sich im „Wohnzimmer" an einem der dunklen Winterabende. Ein Familienmitglied erzählt alte Geschichten und Legenden, oder es liest aus den Sagas vor. Diese Szene spielt sich wohl tatsächlich in vielen isländischen Wohnzimmern ab. Im zweiten Akt sieht man Episoden aus der Landnahmezeit, die in einem Wikinger-Langhaus spielen. „Light Nights" ist die am längsten laufende Theaterproduktion Islands. Die Show ist zu sehen im *Tjarnabío,* Tajarnagata 10e, Tel. 5 51 91 81, unweit des Tjörnin am neuen Rathaus. Aufführungen sind am Do, Sa und So jeweils um 21 Uhr. Die Vorstellungen finden auf isländisch statt, Zusammenfassungen sind auf Englisch, Deutsch und Französisch erhältlich.

„Volcano Show"

Am *Hellusund* unweit des Tjörnin kann man sich täglich bei der „Volcano Show" **über Vulkanausbrüche in Island und Umgebung informieren.** *Vilhjálmur Knudsen* und sein Sohn *Ósvaldur Knudsen* zeigen zwei Stunden lang ihr spektakuläres Film-

Die Elfenschule

Die Mehrzahl der Isländer kümmert sich um Elfen und andere übernatürliche Wesen, etwa ein Drittel von ihnen glaubt an deren Existenz, ganz wenige wollen Elfen sogar schon einmal gesehen haben. Elfen wohnen am liebsten in unscheinbaren Behausungen oder in Erdhügeln. In Reykjavík sind **12 Elfenwohnstätten gesetzlich geschützt.** Wo diese sind, wird hier nicht verraten, schließlich wollen wir diese guten Geister nicht vergrämen... Wer mehr über Elfen, ihre Wohnorte und den Einfluß, den sie auf Menschen haben, wissen will, muß zur Elfenschule gehen. Hier erklärt der Lehrer und Schulleiter *Magnús Skarphédinsson* seit 1994 Interessierten auf Isländisch, Schwedisch und Englisch dreimal pro Woche alles Wissenswerte über Elfen, über ihr Aussehen, ihren Aufenthaltsort, ihre Aktivitäten und das Wichtigste: wie man sie erkennen kann.

Die Elfenschule steht im Vegamuli 2, 108 Reykjavík, Tel. 5 88 60 50, Fax 5 88 60 54, Unterricht ist Mo, Mi, Fr 14–18 Uhr, Kosten: 3000 ISK incl. Begleitheft, Busfahrt zu den „Wohnstätten", abschließendem Pfannkuchenessen und Elfen-Urkunde.

Stadtbusse am Platz Lækjartorg

material, das sie in den letzten vierzig Jahren gedreht haben. Die preisgekrönten Vulkan- und Naturfilme zeigen unter anderem die Entstehung der Insel *Surtsey,* den Ausbruch der *Hekla* im Jahre 1970 oder die Evakuierung von 50 000 Menschen, als 1973 der Vulkan *Eldfell* auf *Heimaey* ausbrach. Auch über die *Krafla* in der Nähe des *Mývatn* wird informiert. Die Dokumentarfilmer aktualisieren ständig ihr Filmmaterial. Sie zeigen auch die Vulkanausbrüche von 1996 und 1998 und den großen Gletscherlauf von 1996 (vgl. S.170).

Schwimmbad (Sundlaug)

In der Nähe des Campingplatzes gelegen, wird auch sein Wasser mit geothermaler Energie beheizt. Der leichte Schwefelgeruch zeugt davon. Außer dem Schwimmbecken gibt es vier kleine Pools mit unterschiedlich warmem bzw. heißem Wasser. Jung und alt erfreuen sich besonders an der „vatnsrennibraut", der Wasserrutschbahn. In der Nähe liegen eine Sporthalle, das Stadion und die Eislaufhalle.

Solfar

Östlich des Hafens steht an einem Aussichtspunkt neben der Straße *Sæbraut* das **stilisierte Wikingerschiff** *Solfar* („Sonnenschiff"), geschaffen von *Jón Gunnar.* Der Künstler schenkte diese Skulptur der Stadt Reykjavík anläßlich der Feierlichkeiten zu „200 Jahre Stadtrechte" im Jahr 1986.

Der Stadtrat von Reykjavík stellt derzeit **Überlegungen** an, im Laugardalur ein großes **Wikinger-Freilicht-**

museum zu bauen, in dem die Lebensbedingungen der Wikinger dargestellt und rekonstruierte Häuser aus der Wikingerzeit zu sehen sein sollen. Solche Museen gibt es bereits in Skandinavien und England. Bisher hat Island sich wenig mit seinem Wikingererbe auseinandergesetzt. Das ist verwunderlich, da viele Touristen gerade auch wegen ihres Interesses an den Wikingern nach Island kommen. Im Laugardalur würde das Museum gut mit dem Haustierzoo und dem Familienpark harmonieren.

Ausflüge

Seltjarnarnes

Seltjarnarnes liegt an der westlichsten Spitze der Halbinsel, auf der Reykjavík liegt. Die Stadt hat knapp 5000 Einwohner, die meisten von ihnen arbeiten in der Hauptstadt. Hauptattraktion ist das1761–1763 erbaute Steinhaus **Nesstofa**, in dem heute ein **Medizinmuseum** (s.a. Museen Reykjavík) untergebracht ist. Hier wirkte im 18. Jh. der Physiker und Mediziner *Bjarni Pálsson.* Bis zur Gründung einer medizinischen Fakultät im Jahr 1876, erfolgte die gesamte medizinische Versorgung der Isländer von der Nesstofa aus. In einem benachbarten Gebäude werden alte Apothekeneinrichtungen gezeigt. Bjarni Pálsson wäre heute vielleicht auch als Bergsteiger bekannt geworden; er bestieg am 20. Juni 1750 zusammen mit *Eggert Ólafsson* zum ersten Mal den Vulkan Hekla. Seltjar-

Fabrikgebäude des Textilunternehmens Álafoss in Mosfellsbær (vgl. S.328)

narnes lädt zu Spaziergängen entlang des Vogelschutzgebietes *Bakkatjörn* und am Strand ein. Von dort hat man einen guten Ausblick auf die Bucht Faxaflói.

Mosfellsbær

Mosfellsbær liegt nordöstlich von Reykjavík. Innerhalb von knapp 20 Jahren ist die Zahl der Einwohner auf das Vierfache angestiegen. Heute leben hier über 5000 Menschen. *Halldór Laxness* war Ehrenbürger von Mosfellsbær. Er lebte hier, seitdem er sechs Jahre alt war. Für viele seiner Romanfiguren und Geschichten gibt es Vorbilder in der Stadt. Seit 1933 wird hier nach heißem Wasser gebohrt. Heute werden jeden Tag 74 000 t Wasser zum Heizen nach Reykjavík gepumpt. Auch Gewächshäuser, in denen Gemüse und Schnittblumen angebaut werden, werden mit Hilfe der heißen Quellen beheizt. In Mosfellsbær lassen sich unweit der Hauptstadt Wanderungen, Berg- und Reittouren in der Natur unternehmen und Vögel beobachten.

Kópavogur

In kaum 40 Jahren entstand aus einer ländlich geprägten Gemeinde die zweitgrößte Stadt Islands mit 19 800 Einwohnern. *Kópavogur* ist das Zentrum für Leichtindustrie und Service. Soziale und kulturelle Angebote wachsen mit der Einwohnerzahl an. Hier gibt es moderne Sportanlagen (u.a. ein Schwimmbad), einen Park und ein **Kunstmuseum** (Gerðarsafn, Hamraborg 4, Tel. 5 54 45 01). Große Ausstellungen und Messen finden hier statt. Alle zwei Jahre wird die Lebensmittelausstellung „Matur" abgehalten.

Das Wahrzeichen der modernen Stadt ist die weithin sichtbare **Kirche.** Die Bleiglasfenster illustrieren das menschliche Leben von der Geburt bis zum Tod und stammen von der Künstlerin *Gerður Helgadóttir* aus Kópavogur.

Ein Denkmal am Ende der Bucht Kópavogur erinnert an den Ort, wo isländische Volksvertreter 1662 gezwungen wurden, dem dänischen König die Souveränität abzutreten. Man kann noch Überreste einer alten Thingstätte erkennen.

Im **Naturkundlichen Museum** gibt es u.a. zahlreiche Meereslebewesen, Mineralien und Gesteine zu sehen.

In Kópavogur bestehen Übernachtungsmöglichkeiten: im **Gästehaus Kópavogs** (Álfhólsvegi 32, Tel. 5 54 41 60, Fax 5 54 41 65, 20 Betten, 20 Schlafsackplätze, ganzjährig geöffnet) und im **Gisting B.B.44** (Borgarholtsbraut 44, Tel. und Fax 5 54 42 28, 20 Betten, 20 Schlafsackplätze).

Garðabær

Garðabær entstand innerhalb von 30 Jahren, heute leben hier knapp 8000 Menschen. Die Stadt liegt auf einem Lavafeld, das bei den Vulkanausbrüchen beim Búrfell entstand. Bereits kurz nach der Besiedlung befand sich In Garðar eine der ersten Kirchen des Landes. Außerdem ist im Landnahmebuch der Hof *Vífilsstaðir* aufgeführt, in dem sich heute ein Sanatorium befindet. Hier erstreckt sich auch ein Wandergebiet entlang des Naturschutzgebietes Heiðmörk. Garðabær war früher von Landwirtschaft und Fischerei bestimmt, heute finden die meisten Bewohner in der Umgebung Arbeit.

Route 1 B: Von Reykjavík auf der Straße 41 nach Njarðvík und Keflavík (41 km)

Fährt man von Reykjavík weiter in südlicher Richtung, gelangt man über *Kópavogur* und *Garðabær* zu einem kleinen Vorgebirge. Der gesamte Teil, der sich westlich einer Linie *Reykjavík – Þorlákshöfn* erstreckt, gehört zur **Halbinsel Reykjanes.** Der Name setzt sich aus „reykur“ = Dampf und „nes“ = Landzunge zusammen. Die Halbinsel trägt ihren Namen zu Recht, raucht hier doch tatsächlich die Erde. Weithin sichtbar sind die **Solfataren von Gunnuhver und Rauðhólar.**

Viele Besucher Islands kommen zuerst nach Reykjanes, da im Norden der Halbinsel der internationale Flughafen von Keflavík liegt. Doch die meisten derer, die hier ankommen, schenken diesem eher kargen Teil der Insel keine weitere Bedeutung und reisen sofort weiter. Zu Unrecht, denn auch auf Reykjanes gibt es Sehenswürdigkeiten zu entdecken und etwas zu erleben. Zum einen sind das interessante Landschaften und geologische Besonderheiten, zum anderen besteht aber auch die Möglichkeit, sich sportlich zu betätigen. Vogelliebhaber sollten sich an der Südküste umsehen. Ein Tag reicht kaum aus, um die Sehenswürdigkeiten zu erkunden. Wanderer, Vogelkundler und Liebhaber warmer Bäder sollten deshalb viel Zeit einplanen;

Vulkanlandschaft auf der Halbinsel Reykjanes

Unterkünfte und Restaurants stehen bereit.

Auch mit dem **Überland-Linienbus** gelangt man nach Reykjanes. Er fährt nach Keflavík sowie nach *Sandgerði* und *Garður.*

Der kleine Landvorsprung vor Islands Hauptstadt **besteht überwiegend aus Lavafeldern,** die erst in jüngerer Zeit entstanden sind, so daß noch keine Erosionserscheinungen zu erkennen sind – mit Ausnahme der Halbinsel *Miðnes* im Nordwesten. Während der Eiszeit war sie von Eis bedeckt, das deutliche Spuren hinterlassen hat. Hinweise auf vulkanische Aktivitäten findet man hier viele: zahlreiche Vulkane, Risse in der Erde, Spalten, die sich über mehrere Kilometer erstrecken, Verwerfungen, ausgedehnte Lavaströme, Solfatarenfelder sowie mehrere Geothermalgebiete, die zum Teil zur Energiegewinnung genutzt werden. Reykjanes gehört zu der aktiven Vulkanzone; sie ist Teil des Zentralgrabens, der sich von Südwesten nach Nordosten über die Insel zieht. Hier tritt außerdem ein Teil des mittelatlantischen Rückens an die Oberfläche, ebenso wie in *Þingvellir* und am *Mývatn* (vgl. dazu ab S.166). Wenn auch diese Oberfläche vulkanen Ursprungs zuerst grau und öde erscheint, entdeckt man doch bei näherem Hinsehen graugrünes Moos, Voraussetzung für die Verbreitung höherer **Pflanzen**arten. Zweihundert Arten von Gräsern, Moosen und Blütenpflanzen wurden hier ausgemacht. Hin und wieder stößt man auch auf Birken oder andere Bäume. Obwohl in dieser Region relativ viel Niederschlag fällt – 800 mm/Jahr –, hält sich dieses Wasser nicht. Außer den beiden Seen *Kleifarvatn* und *Hlíðarvatn* gibt es nur wenige Oberflächengewässer. Das Regenwasser versickert schnell im porösen Lavaboden. Die Heidearten, die große Teile der Lavaströme bedecken, können Trockenheit vertragen. Auch den darin befindlichen Pflanzen kann die Trockenheit nichts anhaben. Auf Miðnes dagegen herrscht teilweise üppige Vegetation vor.

Das **Tiervorkommen** im Inselinneren ist eher gering. In der Heidelandschaft kommen Goldregenpfeifer und Wiesenpieper vor. Auf der Lava fühlt sich die Schneeammer wohl. In den wenigen Seengebieten leben Mittelsäger, Odinshühnchen und Küstenseeschwalben. Im südlichen Teil der Halbinsel gibt es einige Vogelfelsen mit den charakteristischen Arten sowie an der Südwestküste eine Küstenseeschwalbenkolonie.

Ein Großteil von Reykjanes, eine Fläche von 300 km^2, ist als **Naturschutzgebiet** ausgewiesen. Diese Region, *Reykjanesfólkvangur,* beginnt hinter *Hafnarfjörður* und erstreckt sich bis an die Südküste der Halbinsel, rund um den See Kleifarvatn. Durch das Gebiet führen Wege, die zu einer Wanderung einladen. Der Besucher sieht grandiose Berglandschaften, Lavaflächen und heiße Quellen. An das Naturschutzgebiet schließen sich zwei weitere in Richtung Reykjavík an; *Bláfjallafólkvangur,* im Winter ein beliebtes Skizentrum, und *Heidmörk,* eine hügelige Lavalandschaft. Das Innere der Halbinsel, größtenteils eine schroffe Lavalandschaft, ist praktisch unbewohnt. Die Küste wird von kleinen Fischerdörfern gesäumt.

Hafnarfjörður

Nach *Kópavogur,* der Trabantenstadt Reykjavíks, kommt man nach Hafnarfjörður. Dazu folgt man der Beschilderung nach Keflavík. Die alte Stadt Hafnarfjörður, mit **18 200 Einwohnern** die drittgrößte Islands, könnte man als Tor zu dieser Halbinsel bezeichnen. Davor erstreckt sich die Halbinsel *Álftanes.* Die Küste ähnelt einer Wattlandschaft mit sumpfigen Anteilen, Tümpeln und Brackwasserbereichen. Hier kommen isländische Vogelarten vor: Austernfischer, Alpenstrandläufer und Rotschenkel, wenn auch nur auf der Durchreise. Außerdem kann man Ringelgänse, Knutte und Steinwälzer beobachten, die auf Grönland brüten. Die Buchten bei *Arnarnes* und Hafnarfjörður weisen einen ähnlichen Vogelbestand auf. Südlich von Hafnarfjörður befindet sich der kleine **See Ástjörn.** Dort besteht seit dem Jahr 1978 ein Naturschutzgebiet von 25 ha Größe, in dem Ohrentaucher und Singschwäne vorkommen und Lachmöwen ein größeres Brutrevier haben.

Hafnarfjörður liegt etwa eine Viertelstunde von Reykjavík entfernt und war bereits eine wichtige Hafenstadt, als Reykjavík erst wenige Einwohner aufweisen konnte. Inzwischen sind beide Städte über die Verbindung von *Garðabær* und *Kópavogur* miteinander verbunden. Die wenigen Zwischenräume werden beständig mit neuen Häusern „aufgefüllt".

Hafnarfjörður bedeutet „Hafenfjord". Die Häuser sind um den Hafen herum angeordnet und wurden auf der 7000 Jahre alten Lava des *Búrfellsrhaun* erbaut. An manchen Stellen findet man noch Lava.

Geschichte

Im 15. Jahrhundert unterstand Hafnarfjörður englischen, ein Jahrhundert später deutschen Händlern, bis das Handelsmonopol von den Dänen ausgesprochen wurde. Das **„Flensborg Haus"** erinnert noch an die deutsche Vergangenheit. *Bjarni Sívertsen* (1760–1833) setzte sich für den Aufschwung der Stadt ein. Er erweitertete den Hafen, ließ eine Werft bauen, machte den Fischfang attraktiver und gründete ein Handelskontor. 1905 fuhr von hier der erste isländische Trawler zur See. Der Fischfang ist in seiner ökonomischen Bedeutung mittlerweile jedoch hinter die industrielle Produktion zurückgefallen. Im Jahr 1908 erhielt Hafnarfjörður die Stadtrechte. Zwar gehört der Ort zum Großraum Reykjavík, doch konnte er seine Eigenständigkeit bewahren. Hier gibt es immer noch einen Hafen und eigene Wirtschaftsstrukturen.

Sehenswürdigkeiten

Der **Park Hellisgerði,** auf deutsch „Höhlengarten", ein **botanischer Garten,** liegt zentral in der Stadtmitte. Er gilt als der **Wohnort zahlreicher Elfen.** Es gibt eigens einen Plan, in dem die Aufenthaltsorte der einzelnen Elfen verzeichnet sind. Es findet außerdem eine **Stadtführung zu den Elfensiedlungen** – „in die Welt der Verborgenen" – statt. Auskünfte erteilt die Tourist-Information.

Das ehemalige **Wohnhaus von Bjarni Sívertsen** ist das älteste Haus der Stadt. Es stammt aus dem Jahr 1803, liegt im Hafen und beherbergt heute das **Heimatmuseum.**

Direkt daneben ist das **Schifffahrtsmuseum** in einem Haus aus dem Jahr 1865 untergebracht. Auf dem nahen Trockendock können Schiffe besichtigt werden, die hier repariert werden, um anschließend wieder auf Fahrt zu gehen. Am Hafen befindet sich auch **Hafnarborg,** ein **Kunst- und Kulturzentrum** mit wechselndem Angebot an Austellungen und Konzerten heimischer Künstler sowie einem Café.

Zum Kulturprogramm der Stadt zählt auch das **Hafnarfjörður-Festival,** das seit 1991 alljährlich im Juni stattfindet und musikalische Darbietungen, Ballett, Film und Theater umfaßt.

Praktische Infos

Tourist-Information

Vesturgata 8
Tel. 5 65 06 61, Fax 5 65 29 14, geöffnet 16.05.–15.09. Mo–Fr 10–17, Sa, So 13–17 Uhr, sonst Mo–Fr 13–16 Uhr.

Unterkunft

Gästehaus Berg
Bæjarhraun, Tel. 5 65 22 20, 52 Betten, 70 Schlafsackplätze, ganzjährig geöffnet
Helguhús
Lækjarkinn 8, Tel. 5 55 28 42, 6 Betten, ganzjährig geöffnet
Gästehaus
Lækjarkinn 2, Tel. 5 65 51 32, 10 Betten, 10 Schlafsackplätzte, ganzjährig geöffnet
Bed-in
Brekkugata 13, Tel. 5 65 09 02, ganzjährig geöffnet
Íslandsgisting
Hvaleyrarbraut 23, Tel. 5 65 40 70
Jugendherberge Arahús
Strandgata 21, Tel. 5 55 07 95, 22 Betten, Schlafsackunterkunft
Jugendherberge Hraunbyrgi
Hjallabraut 51, Tel. 5 65 09 00, geöffnet 01.06.–31.08., 36 Betten, 60 Schlafsackplätze
Campingplatz Víðistaðatún
Hjallabraut, Tel. 5 65 09 02, komfortabel, Einkaufsmöglichkeit, Cafeteria, Tankstelle, Bushaltestelle

Essen & Trinken

Restaurant Hansen
Vesturgata 4, Tel. 5 65 11 30, täglich ab 12 Uhr geöffnet, isländische Küche in einem der ältesten Häuser von Hafnarfjörður; Pub und Veranstaltungsräume im Obergeschoß
Fjörukraín
Strandgata 55, Tel. 5 65 12 13, Restaurant, zünftige Wikingerfeste mit Live-Musik
Betri sæti
Strandgata 30, Tel. 5 65 56 14
Café Royal
Strandgata 28, Tel. 5 65 01 23
Gafl-Inn
Dalshraun, 13, Tel. 5 55 44 77
Hrói Höttur
Hjallahraun 13, Tel. 5 65 25 25, Pizza, Pita-Brot, Hamburger, Tagesgerichte, Lieferung ins Haus
Kaffi Fjörður
Fjarðargata 13-15 (im Einkaufszentrum), Tel. 5 55 37 50, Cafeteria mit schönem Ausblick auf den Hafen
Kaffiborg
in der Städtischen Galerie Hafnarborg, Strandgata 34, Tel. 5 55 05 44, große Auswahl an selbstgebackenen Kuchen
Kænan
Óseyrarbraut, Tel. 5 65 15 50,

mittags gutbürgerliches Essen und Grillgerichte
Kentucky Fried Chicken
Hjallahraun 15, Tel. 6 65 28 11, frittierte Hähnchen und Chickenburger
Nönnukot
Mjósund 2, Tel. 5 65 28 08, Nichtrauchercafé mit isländischen Spezialitäten
Pizza eldhúsið
Strandgata 21, Tel. 5 55 10 10
Pizzahöllin
Dalshraun 11, Tel. 5 65 15 15
Pizza-X
Fjarðargata 11, Tel. 5 55 44 44
Singapore
Reykjavíkurvegur 68, Tel. 5 55 49 99
Súfistinn
Strandgata 9, Tel. 5 65 37 40, Kaffeerösterei, Café, Sortiment an frischgerösteten Kaffeesorten aus aller Welt, Teesortiment, vegetarische Gerichte, Torten
Tilveran
Linnetstígur 1, Tel. 5 65 52 50
Vort daglegt brauð
Strandgata 49, Tel. 5 55 40 46

Kunst & Kultur

Heimatmuseum Sívertsens-hús Byggðasafn Hafnarfjarðar
Vesturgata 6, Tel. 5 65 54 20, geöffnet 01.06.–31.08.: täglich 13–17 Uhr, 01.09.–31.05: Sa, So 13–17 Uhr und nach Vereinbarung, der Eintritt ist frei
Siggubær
Kirkjuvegur 10, ehemaliges Wohnhaus, geöffnet 01.06.–31.08. Sa, So 13–17 Uhr
Smiðjan
Strandgata 50, Ausstellungen, geöffnet 01.05–30.09. 13–17 Uhr
Gallerí Jörð
Reykjavíkurvegur 66, Tel. 5 55 24 36, Kunst, Kunsthandwerk, Glaskunst
Gallerí Klettur
Helluhraun 16 , Tel. 5 65 07 85, Gemeinschaftsatelier, Galerie, Sa 10–14 Uhr und nach Absprache
Hafnarborg
Strandgata 34, Tel. 5 55 00 80, geöffnet täglich außer Di 12–18 Uhr
Isländisches Filmmuseum (Kvikmyndasafn Íslands)
Vesturgata 11-13, Tel. 5 65 59 93, geöffnet Mo–Fr 9–12.30 Uhr
Post- und Telegraphenmuseum (Póst- og símaminjasafnið)
Austurgata 11, Tel. 5 55 43 21, geöffnet Di, so 15–18 Uhr und nach Vereinbarung
Isländisches Seefahrtsmuseum (Sjóminjasafn Íslands)
Vesturgata 8, Tel. 5 65 42 42, geöffnet 01.06.–30.09. täglich 13–17 Uhr, sonst Sa, So 13–17 Uhr und nach Vereinbarung.
Atelier von Gestur und Rúna
Austurgata 17, Tel. 5 55 39 60, geöffnet nach Absprache
Kunstzentrum Straumur (Listamiðstöðin í Straumi)
an der Ausfallstraße nach Keflavík, Reykjanesbraut, Tel. 5 65 01 28, Ateliers, Wohnungen für isländische und ausländische Künstler
Theater Hafnarfjörður Hermóður og Háðvör (Hafnarfjarðarleikhúsið Hermóður og Háðvör)
Vesturgata 11, Tel. 5 55 05 53

Sonstiges

Polizei
Flatahraun 11, Tel. 5 55 11 66
St. Josefs-Krankenhaus
Suðurgata 41, Tel. 5 55 00 00

Ambulanz
Sólvangsvegur 2, Tel. 5 65 26 00
Apotheken
Apótek Hafnarfjörður
Fjarðargata 13-15, Tel. 5 65 55 50
Apótek Norðurbæjar
Miðvangur 41, Tel. 5 55 39 66
Apotheke im Supermarkt Fjarðarkaup
Hólshruan 1b, Tel. 5 55 68 00
Hallenbad
Herjólfsgata 10, Tel. 5 55 00 88
Schwimmbad Südstadt
Hringbraut 77, Tel. 5 65 30 80
18-Loch Golfplatz
Keilis-Platz, Hvaleyri, Tel. 5 65 33 60
Walbeobachtung, Hochseeangeln, Grillpartys
Boot Húni II, Tel. 5 65 06 61
Ausritte
Íshestar, Bækjarhraun 2,
Tel. 5 65 30 44
Fahrradtouren „Blue Biking"
Stekkjarhvammur 60, Tel. 5 65 20 89
Abenteuertörns zu historischen Plätzen
Langskip, Norðurtún 15,
Tel. 5 53 81 00
Angellizenz für die Seen Kleifarvatn, Djúpavatn und Hlíðarvatn bei Selvogur
Jagdgeschäft Lalli
Bæjarhraun 20, Tel. 5 65 35 97

Ausflug

Bessastaðir
Nördlich von Hafnarfjörður auf der Halbinsel Álftanes liegt Bessastaðir, die **Residenz des Staatspräsidenten.** Dieses Gebäude wurde ursprünglich in der Kolonialzeit 1763 als Gouverneurssitz erbaut. Davor erstreckt sich der *Skerjafjörður,* und der Blick öffnet sich auf die Hauptstadt. Hier befand sich auch einst der Hof von *Snorri Sturluson,* der zuerst den

Typisches Wohnhaus in Island aus Holz und mit Grasdach

Norwegern und später den Dänen zufiel. Der Dichter *Grímur Thomsen* kaufte den Hof schließlich zurück und machte ihn dem isländischen Staat zum Geschenk. Die angrenzende Kirche wurde 1823 fertiggestellt und zwischen 1946 und 1948 unter der Federführung von *Guðjón Samúelsson* renoviert. Von außen ist die Kirche sehr schlicht, ohne jegliche Verzierung. Die Kirchenfenster stammen von *Guðmundur Einarson* (1895–1963), einem Künstler aus dem *Miðdalur.* Sie stellen Personen und Szenen aus der isländischen Kirchengeschichte dar.

Das Aluminiumwerk in Straumsvík

Südlich von Hafnarfjörður, der Straße 41 folgend, gelangt man nach *Straumsvík,* wo in einer Schmelzhütte Aluminium hergestellt wird. Eigens zu diesem Zweck wurde 100 km entfernt das Wasserkraftwerk *Búrfell* angelegt, das den notwendigen Strom für die Aluminiumgewinnung produziert. Man erbaute auch einen eigenen Hafen für den An- und Abtransport von Rohstoffen und Endprodukten. Das Aluminiumwerk wird unter Schweizer Beteiligung betrieben, ein Versuch, ausländische Investoren für Island zu gewinnen. Damit wurden neue Arbeitsplätze geschaffen, und die Wirtschaft, die hauptsächlich auf dem Fischexport basiert, soll so vielseitiger gestaltet werden. Das Aluminiumwerk hat jedoch die Hoffnungen nicht erfüllt und stößt deshalb inzwischen auf Kritik, zumal es auch maßgeblich zur Umweltverschmutzung beiträgt.

Njarðvík & Keflavík

Auf der Landstraße 41 fährt man weiter durch **Lavafelder.** Sie entstanden erst nach der letzten Eiszeit und bestehen aus riesigen, gegeneinander geschobenen Lavaplatten. Ihre Anordnung ergab sich, als sich nach dem Freiwerden der Lava durch die allmähliche Abkühlung eine Kruste ausbildete. Diese wurde durch nachfolgende, noch flüssige Lava immer wieder aufgerissen. Etwa 10 km vor Keflavík kommen wir wieder durch ein Lavafeld, das aber schon vor der letzten Eiszeit entstanden sein muß. Die ansonsten rauhe Lavaoberfläche wurde hier von den Eismassen glatt geschliffen. 41 km nach Reykjavík erreichen wir Njarðvík und Keflavík. Beide Städte – heute **zu einer Stadt zusammengewachsen** – bestehen als Handelszentren seit dem Mittelalter. Keflavík ist mit 7700 Einwohnern der größte Ort der Halbinsel und besitzt den zweitgrößten Hafen Islands. In Njarðvík steht eine 1979 geweihte moderne Kirche.

Die meisten Bewohner von Njarðvík und Keflavík sind beim größten Arbeitgeber der Region, dem **Marine- und Luftwaffenstützpunkt Keflavík,** beschäftigt. 1987 wurde das 14 000 m² große Gebäude des internationalen *Leifur Eiríksson-Flughafens* von der damaligen Staatspräsidentin Vigdís Finnbogadóttir eingeweiht. Der Bau wurde von dem Architekten *Garðar Halldórsson* entworfen und ist eine isländisch-amerikanische Gemeinschaftsproduktion. Mit seiner Errichtung wurde der Wunsch der Isländer erfüllt, den zivilen Luftverkehr vom US-Militärstützpunkt zu trennen. Namhafte isländische Künstler haben sich hier mit ihren Kunstwerken verewigt. So befindet sich neben dem Flughafengebäude eine eigenwillige Skulptur, das „Jetnest“. Im Flughafen selbst geht es eher beschaulich zu.

Praktische Infos

Tourist-Information

Tourismusverband Suðurnes
Keflavík, Flughafen,
Tel. 4 25 03 30, Fax 4 21 61 99;
Keflavík, Busbahnhof,
Hafnargata 12, Tel. 4 21 55 51,
4 21 67 60, Fax 4 21 61 99

Unterkunft in Njarðvík

Gistiheimili Laufás
Þórustígur 10, Njarðvík,
Tel. 4 21 17 86
Gistiheimili Kristína
Holtsgata 49, Njarðvík,
Tel. 4 21 56 22

Das **Vulkangestein** macht diese Solfataren bei Leirhnúkur besonders farbenfroh.

Sturmumtoste Felsküsten

Die Küsten Islands und der Färöer-Inseln sind schroff und werden immer wieder von Stürmen umtost. Der beständig an Islands Südküste anbrandende Atlantik hat im Basaltfelsen beim **Kap Dyrhólaey** eine natürliche „Durchfahrt" geschaffen (großes Bild). Die steilen Klippen werden von **Papageitauchern** bewohnt (links oben).

Auf den **Färöer-Inseln** nutzt man natürliche, zum Meer hin offene Schluchten, wie die in *Gjógv,* als Hafen für die Boote der Fischer (rechts oben).

Im isländischen *Húnafjörður* ragt der markante **Basaltfelsen Hvítserkur** (rechts unten) aus dem Wasser. Das schwarze Gestein ist vom Kot der Dreizehenmöwen weiß gefärbt.

Island – die grüne Insel

Viele Bäche in Island werden von auffallend grünen Moosen gesäumt. Bei trübem Wetter leuchten diese besonders intensiv. Ihre satten Grüntöne kontrastieren gut zum schwarzen Lavasand (links oben). In **Landmannalaugar** bildet ein warmer Quellfluß (großes Bild) in der sonst eher vegetationsarmen Lavalandschaft ein kleines Biotop für den Hahnenfuß sowie für Moose und Sträucher. Der alte Lavastrom bei den

Hraunfossar, den „Lavawasserfällen", ist von niedrigen Birken und Büschen bewachsen (rechts unten). Aus der kleinen Quelle (rechts oben) fließt warmes, schwefelhaltiges Wasser, das die Algen üppig gedeihen läßt.

Die **Botanischen Gärten** von Reykjavík und Akureyri vermitteln einen Überblick über die Pflanzenwelt Islands und anderer arktischer Gebiete (rechts Mitte).

Stadt & Land

Das **Gehöft Glaumbær** (großes Bild) wurde zwischen 1840 und 1880 errichtet. Der Hof war bis 1947 bewohnt und ist heute ein Freilichtmuseum. Bis zur Jahrhundertwende wurden die isländischen Häuser hauptsächlich aus Torf erbaut. Sie bestanden aus einer tragenden Holzkonstruktion im Innern und Mauern (zweites Bild rechts, von oben), Wänden sowie einem grasbewachsenen Dach aus Torf. Auf den Färöer-Inseln verleihen die alten Häuser aus Holz (drittes Bild rechts, von oben) **Tinganes** sein besonderes Flair.

Wie im Bilderbuch spiegeln sich in Islands Ostfjorden die farbenfrohen Wohnhäuser von **Seyðisfjörður** im Fjord (oben).

Die Aussicht vom Turm der Hallgrímskirkja über **Reykjavík** ist ein Erlebnis (rechts unten). Von hier sieht man auf den Stadtsee Tjörnin, der von schmukken Wohnhäusern umrahmt ist.

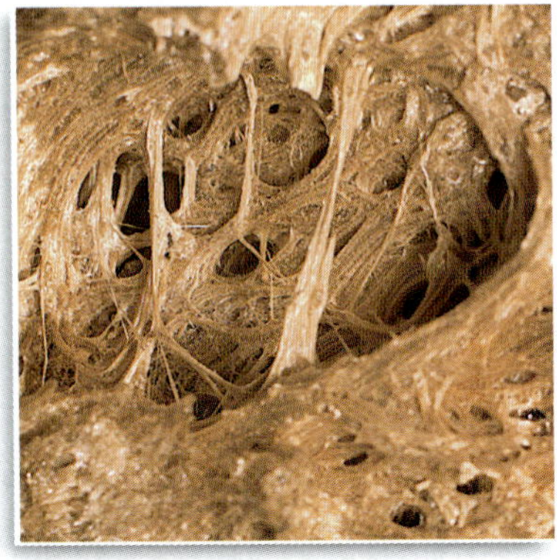

Lava

In Millionen von Jahren hat sich das Wasser der Flüsse seinen Weg durch das Lavagestein von den Bergen zur Küste geschaffen. Im Tal der Wasserfälle *Litlanesfoss* und *Hengifoss* besteht das braune Lavagestein aus **Basaltsäulen.** Hier ist die geologische Schichtung besonders gut zu erkennen (großes Bild).

Bimsstein (links oben) hat luftgefüllte Hohlräume und schwimmt auf

Wasser. Schwarze Asche von Vulkanausbrüchen bedeckt das Eis des **Sólheimajökull** (rechts oben). Gefrierendes Wasser sprengt mit der Zeit selbst das härteste Vulkangestein (rechts Mitte). Stricklava (rechts unten), schwarze Schlacken und ineinanderverkeilte Lavablöcke entsprechen am ehesten unseren Vorstellungen von einer Vulkanlandschaft.

Schnee & Eis

Die Gletscherlandschaften Islands sind einmalig auf der Welt. Der **Vatnajökull** ist größer als alle Gletscher der Alpen zusammen. Die Zungen des gewaltigen Gletschers erstrecken sich bis weit ins Land hinein (rechts oben). An der Südküste Islands kalbt der *Breiðamerkurjökull* in den **Jökulsárlon.** Riesige Eisberge treiben auf dem Wasser (gro-

ßes Bild), dazwischen fahren Boote. Bei den **Kerlingarfjöll** kann man im Hochsommer auf dem Gletscher Ski fahren (links oben). Der Vulkankegel des 1833 m hohen **Snæfell** ist ganzjährig mit Schnee bedeckt (rechts Mitte). Die Hitze aus dem Innern der Erde schmilzt das Eis der Gletscher, erwärmt das Wasser und läßt große **Eishöhlen** entstehen. Die bekannteste liegt bei den *Kverkfjöll* (rechts unten).

Harte Bedingungen für Pflanzen

Auf den sauren Moorböden Islands und der Färöer-Inseln, auf denen kaum andere Pflanzen gedeihen, fühlt sich das **Wollgras** wohl (großes Bild und Bild links oben). Die grünen **Algen** findet man im nährstoffreichen, fast eutrophen Wasser eines warmen Quellflusses in *Landmannalaugar* (rechts oben). Das **Zackenmützenmoos** besiedelt die ausgedehnten Lavafelder (rechts Mitte) an der Südküste Islands. Selbst in den Steinwüsten des Hochlandes finden die Pflanzen entlang kleiner Bäche einen Lebensraum, in dem neben Moosen das **Arktische Weideröschen** (rechts unten) blüht.

Traditionelles Island

Einsam und verlassen steht die kleine Kirche am Ufer des *Alftafjörður* im Norden der Halbinsel *Snæfellsnes*. Früher wie heute ist sie eine Zwischenstation für Christen, die zum **heiligen Berg Helgafell** bei Stykkishólmur pilgern (großes Bild). Der schlichte Altar in der **Kirche von Húsavík** ist mit einem großen Gemälde geschmückt (rechte Seite, links unten).

Die Isländer haben zahlreiche **Heimat- und Freilichtmuseen** eingerichtet, in denen die harten, entbehrungsreichen Lebensbedingungen ihrer Vorfahren ebenso für die Nachwelt festgehalten werden wie die alten Handwerkstechniken. Die junge Isländerin in Tracht fertigt im Árbær-Museum in Reykjavík ein Stickbild nach alter Tradition (rechte Seite, links oben).

Seit jeher steht der **Trockenfisch** auf dem Speiseplan der Isländer. Nach alter Tradition werden die Fische heute noch in den hölzernen Gestellen zum Trocknen aufgehängt (rechts oben). Wenn man den Fisch einige Stunden in Wasser eingeweicht hat, kann man daraus eine gute Fischsuppe machen.

Der geschützte **Hafen von Húsavík** bietet den Fischerbooten Schutz vor den eisigen Stürmen (rechts unten).

Geothermale Aktivitäten

Der isländische Vulkanismus läßt einzigartige Naturphänomene entstehen: Der **Strokkur** (rechts außen) ist der beeindruckendste Geysir. Die **Solfataren von Námaskarð** (großes Bild) und **von Hveravellir** (links oben) liegen in dem geothermal besonders aktiven Gebiet des Zentralgrabens.

Im warmen Wasser der **Blauen Lagune** (rechts Mitte) kann man sich herrlich entspannen.

Die **Gewächshäuser von Hveragerði** werden mit Erdwärme beheizt (rechts unten); hier reifen sogar Orangen und Bananen.

„Waterworld" Island

Die Gestaltung der geologisch jungen Insel Island durch die Erosion des Wassers ist noch voll im Gang. Auf der Vulkaninsel stürzen gewaltige Wasserfälle zu Tal. Der **Dettifoss** (rechte Seite, links oben) ist der mächtigste Wasserfall Europas. Die **Wasserfälle des Flusses Tungnaá** (großes Bild) bei *Hrauneyar* wird dagegen nicht jeder so erleben können – nur bei Hochwasser ergießt sich das Wasser derart eindrucksvoll in die Schlucht.

Die Basaltbrücke über den **Ófærufoss** (rechts oben) in der *Eldgjá* ist 1993 eingestürzt, also schon ein historisches Bild.

Im Jahr 1000 hat ein zum Christentum bekehrter Stammeshäuptling seine Götzenbilder in den **Goðafoss** („Götterwasserfall"; rechts unten) geworfen.

In *Herðubreiðarlindir* sind die Ufer und kleinen Inseln üppig mit **Engelwurz** bewachsen (Mitte rechts).

Unterwegs in Island

Auf einer Wanderung entlang der bei Regenwetter dampfenden **Leirhnúkurspalte** kann man den Vulkanismus Islands hautnah erleben (großes Bild).

Zu den meisten Sehenswürdigkeiten, wie dem **Skogafoss** an der Südküste (rechts oben), führen asphaltierte Straßen oder befestigte Schotterpisten. Geländegängige Fahrzeuge sind nur für Fahrten ins Landesinnere notwendig. Dorthin fahren im Sommer auch die **Linien- und Ausflugsbusse** (Mitte rechts). Motorradfahrer riskieren bei Hochlandtouren schon einmal nasse Füße (rechts unten).

Die beiden **Forellen** (oben Mitte) schmeckten uns auf dem Grill in Alufolie gegart besonders gut.

Grün & Grau

Wo es ständig feucht und das Wasser warm und reich an Nährstoffen ist, überwuchern **Algen und Moose** das Lavagestein (großes Bild).

Der 1682 m hohe Tafelvulkan **Herdubreið** (links oben) ist der markante Zeuge eines Vulkans, der unter dem Eis eines Gletschers ausbrach.

Trotz des nur kurzen arktischen Sommers gibt es in Island ausgedehnte **Birkenwälder** mit Heidel- und

Preiselbeersträuchern (rechts oben). Dort wachsen im August auch wohlschmeckende Birkenpilze.

In Hochtemperaturgebieten brodelt in den **Schlammpötten** grauer Gesteinsbrei (rechts Mitte). Das farbige Rhyolithgestein und die dampfenden Solfataren am Eisrand des Gletschers bei den *Kerlingarfjöll* (rechts unten) sind typisch für die **Insel aus Feuer und Eis**.

Der **Gljúfurárfoss** verbirgt sich hinter engen Felsen.
Von der Straße 249 führt ein Fußpfad dorthin.

Jugendherberge Strönd
Njarðvíkurbraut 52-54,
260 Njarðvík, Tel./Fax 4 21 62 11,
45 Betten, 45 Schlafsackplätze,
Angeln, Reiten, Fahrradverleih,
Bootsausflüge, ganzjährig geöffnet

Unterkunft in Keflavík

Flughotel
Hafnargata 57, Tel. 4 21 52 22,
Fax 4 21 52 23, 84 Betten,
Restaurant, ganzjährig geöffnet
Hotel Keflavík
Vatnsnesvegur 12, Tel. 4 20 70 00,
Fax 4 20 70 02, 120 Betten,
Restaurant, Fahrradverleih,
Bootsfahrten, ganzjährig geöffnet,
behindertengerecht
Gästehaus Keflavík
Vatnsnesvegur 9, Tel. 4 21 43 77
Campingplatz
Keflavík/Njarðvík, Tel. 4 21 14 60,
an der Straße 41 in der Nähe des
Supermarkts; komfortabel, Wohnmobilstellplätze

Essen & Trinken

In Keflavík außer im Flughotel bei:
Glóðin
Hafnargata 62, Tel. 4 21 17 77
Ráin
Hafnargata 19a, Tel. 4 21 46 01
Langbest
Hafnargata 62, Tel. 4 21 47 77
Boggabar
Víkurbraut 21
Duus-Kaffi
Duusgata 10
Pizza 67
Hafnargata 30

Museen

Popmuseum (Poppminjasafnið)
Veitingahúsinu Glóðinni,
Tel. 4 21 17 77
Heimatmuseum Suðurnesja
Vatnsnesvegur 8, Tel. 4 21 31 55,
4 21 67 00, geöffnet So 14–17 Uhr
Stekkjakot (Fischerhütte)
Fitjum, Tel. 4 21 67 60,
geöffnet 1.6.–31.8. tgl. 13–17 Uhr
Meeresmuseum (Sædýrasafnið)
Hafnir, Tel. 4 21 69 58, 4 21 69 46,
geöffnet Juni–August tgl. 14–17.30,
September–Mai tgl. 14–16 Uhr

Sonstiges

Flugauskunft
Keflavík, Tel. 5 05 05 00
Ambulanz
Skólavegur 8, Tel. 4 22 05 00
Apotheke
Suðurgata 2, Tel. 4 21 32 00;
Hringbraut 99, Tel. 4 21 65 65
18-Loch-Golfplatz
Hólmsvöllur í Leiru, Tel. 4 21 41 00
Bootsfahrten zur Wal- und Vogelbeobachtung
Tel. 4 21 67 60

Ausflug

Miðnes (Straße 45, 15 km)
Im äußersten Westen der Halbinsel schließt sich noch ein kleiner felsiger Landteil an, der Miðnes heißt. Das äußerste nördliche Landende, *Garðskagí,* ist für Vogelkundler von Interesse. Zu finden sind Baßtölpel, Krähenscharben, Skuas sowie Mantel- und Heringsmöwen. Im Frühjahr und im Herbst machen dort auch Zugvögel Station. Außerdem kann man auf den Felsen Ansammlungen von Kegelrobben beobachten. Im Watt kommen größere Mengen von Blasentang vor, der Lebensraum für zwei verschiedene Strandschneckenarten bietet. Außerdem findet man hier die Gehäuse von Purpur- und Wellhornschnecken.

Route 1

Auf der äußersten Nordwestspitze von Reykjanes liegen auch die beiden **Dörfer Garður** und **Sandgerði.** Nahe bei Garður liegen einige kleine Seen, Brutgebiete von Reiherenten und Mittelsägern. In der Umgebung stößt man auf Stare, Steinschmätzer und Wiesenpieper sowie Schneeammern. An der Küste zwischen Garður und Sandgerði gibt es einige Strandseen. Am größten der Seen brüten viele Küstenseeschwalben. Außerdem ist diese Region Durchzugsgebiet für Singschwäne, Graugänse, Steinwälzer, Knutts, Sanderlinge, Odinshühnchen, Stock- und Eiderenten. Auch Herings- und Mantelmöwen rasten hier.

8km südlich von Sandgerði liegt rechts der Straße die **Kirche Hvalsnes.** Sie wurde am Weihnachtstag des Jahres 1887 geweiht. Sie gehört zu den wenigen isländischen Kirchen aus behauenem Naturstein. 1644–1651 war der berühmte Dichter und Pastor *Hallgrímur Pétursson* Kirchenvorstand dieser Gemeinde. Aus dieser Zeit stammt auch der von ihm gemeißelte Grabstein für seine Tochter *Steinunn.* Eine der bekanntesten Dichtungen Hallgrímurs, „Allt eins og blomstrið eina" (wörtlich: „Alles wie ein Blümchen"), entstand nach dem Tod der Tochter im Jahr 1649.

Auf der unbefestigten Straße 425 gelangt man zu den **Ruinen von Batsendar.** Dieses Dorf, das am äußersten südlichen Zipfel von Miðnes lag, wurde im 18. Jahrhundert von einer Flutwelle zerstört. An der Südspitze gibt es außerdem einen Leuchtturm. Von hier aus sieht man die 50 m hohe

Felsnadel **Karl** („Mann"). Die Gegend ist ein Brutgebiet für Baßtölpel, Eissturmvögel, Lummen und Dreizehenmöwen. Von hier führt auch ein markierter Wanderweg entlang der Küste um die Bucht *Ósar* bis zur Straße 44. In der Bucht überwintern Eistaucher, Ohrentaucher, Singschwäne, Berg-, Eis- und Kragenenten.

Route 1 C: Von Njarðvík auf der Straße 44 nach Grindavík (35 km)

Auf der Straße 44 kommt man zuerst nach *Hafnir.* Südlich des Ortes führt ein mit Steinmännchen markierter Wanderweg zu den **Vogelfelsen von Hafnarberg.** Man kann auch über eine Allradpiste dorthin gelangen. Die Klippen zählen zu den größten Vogelfelsen Islands.

Über Lavafelder kommt man 12 km hinter Hafnir zum **Leuchttum Eykjanesviti,** der auf dem äußersten südwestlichen Landzipfel von Reykjanes liegt. An der Abzweigung erstreckt sich zwischen den Solfatarenfeldern des **Thermalgebiets Gunnuhver** eine **Salzgewinnungsanlage.** In der Nähe der Solfatarenfelder kommt eine große Kolonie von Küstenseeschwalben vor. Der Leuchtturm wurde hier bereits 1908 erbaut. In der Nähe ragen kleine Vogelfelsen aus dem Meer. Man sieht auch, daß Lava an dieser Stelle ins Meer geflossen ist. Die Landschaft im äußersten Südwesten trägt denselben Namen wie die gesamte Halbinsel.

Die Insel Eldey

Hier liegt 14 km von der Küste entfernt ein ganz besonderer **Vogelfelsen,** die Insel Eldey. Diese Felseninsel, die sich 77 m hoch erhebt und steil zum Meer hin abfällt, steht bereits seit 1940 unter Naturschutz. Betreten werden darf die Vogelinsel nicht. Hier brütet mit etwa 40 000 Exemplaren eine der größten Baßtölpelkolonien der Welt. Im Jahre 1844 brachen Leute von Hafnir aus auf und erlegten hier am 3. Juni den letzten Großen Alk. Damit war diese Vogelart unwiederbringlich ausgerottet. Der Riesenalk ähnelte etwas den Tordalken, war jedoch wesentlich größer und schwerer. Fliegen konnte er nicht. Ursprünglich brütete der Riesenalk nördlich des 40. Breitengrads in der Umgebung von Gewässern. Er wurde aber auch dort gejagt. Die ersten Wal- und Fischfänger im Nordmeer schätzten die großen Vögel als fleisch- und fettreiche Nahrung. Deshalb wurden die Alke in großer Zahl abgeschlachtet. Die Vögel legten jeweils nur ein Ei, pflanzten sich also nur langsam fort und konnten dadurch umso rascher dezimiert werden. Heute sind Riesenalke nur noch in ausgestopfter Form zu sehen.

Route 1 D: Von Grindavík nach Þorlákshöfn (74 km)

Grindavík & die Blaue Lagune

Die Straße führt nun weiter entlang der Steilküste *Staðarberg.* Etwas weiter östlich liegt **Grindavík,** eine Stadt mit bewegter Vergangenheit. Bereits im Mittelalter war sie als Handelszentrum von Bedeutung. 1532 tobte ein Konkurrenzkampf zwischen englischen Kaufleuten und denen der Hanse, der **„Krieg von Grindavík".** Einheimische, deutsche und dänische Kaufleute verbündeten sich gegen die englischen Händler. Die Auseinandersetzungen gipfelten in der Ermordung eines Engländers. Mit ihrer Niederlage mußten die Engländer ihre letzte Handelsniederlassung im Land aufgeben. Kaufleute der Hanse traten an ihre Stelle. 1627 fielen Piraten hier ein, nahmen Dänen und Isländer gefangen und kaperten zwei Handelsschiffe.

Heute ist es ruhiger geworden in Grindavík. Eine seltene Pflanze, die **Kriechdistel** *(Cirsium arvense),* kommt im Ort vor; der Sage nach wächst sie dort, wo christliches zusammen mit heidnischem Blut vergossen wurde. Rund um den Hafen gruppieren sich die Häuser. Ein Denkmal erinnert an die Familien ertrunkener Fischer. Im Norden des 2100 Einwohner zählenden Orts liegt der Park *Sólarvé* („Sonnenstätte"). Hier errichtete der Künstler *Tryggvi Hansen,* ein Anhänger des Asenglaubens, eine heidnische Kultstätte aus Steinquadern. Am längsten Tag eines Jahres treffen sich hier die Anhänger dieser neuen isländischen Glaubensrichtung zum kultischen Tanz. Beim Restaurant *Hafurbjörninn* steht eine weitere Skulptur des Künstlers; sie stellt den Meeresgott *Ægir* dar, wie er die Menschen mit seinen Armen umschließt. Hinter dem Restaurant steht ein kleiner Tempel, bei dem die Asenanhänger eine alte *baðstofa* eingerichtet haben.

Etwas außerhalb von Grindavík, 15 km vom Flughafen entfernt, liegt die **Blaue Lagune,** *Bláa Lónið,* am Fuß des Berges *Þorbjarnarfell.* Bei dieser wohl bekanntesten Bademöglichkeit Islands – jährlich wird sie von etwa 120 000 Gästen besucht – handelt es sich nicht um einen natürlichen See, sondern um eine Folge geothermaler Energiegewinnung.

Das Wasserkraftwerk *Svartsengi* fördert aus zwei Kilometern Tiefe mineralhaltiges Wasser von 240°C Temperatur. Es wird zum Beheizen der umliegenden Ortschaften und des Flughafens genutzt. Außerdem erzeugt man aus dem Wasserdampf Strom. Das noch 70°C heiße Wasser sammelt sich in der Blauen Lagune. Es ist von Natur aus angereichert mit Kieselerde, Salz und anderen Bestandteilen, die das Wasser graublau färben. Auf dem Grund des Sees befindet sich teilweise feiner Muschelsand, teils blauer Sand. Hautkranke, insbesondere solche, die an Schuppenflechte leiden (Psoriatiker), stellten eine heilende Wirkung des Wassers fest. Schon bald genoß die Blaue Lagune den Ruf eines Heilbades. Baden ist nur in einem etwa einen Hektar großen Teil der Lagune erlaubt. Man sollte sich dabei auch vor der scharfkantigen Lava in acht nehmen. Das Wasser hat hier etwa eine Temperatur von 40°C.

Das Bad mit seinem künstlich angelegten Strand ist ein großer **Anziehungspunkt für Einheimische und Touristen** und gehört zum festen Programm vieler Besichtigungstouren. Am See befinden sich auch ein Restaurant und ein Gästehaus. Im Sommer gelangt man mehrmals täglich mit öffentlichen Bussen hierher, im Winter verkehren sie seltener. Das Bad ist ganzjährig an jedem Tag geöffnet. Vom Flugzeug aus bietet sich bei schönem Wetter ein besonders lohnender Ausblick auf die Lagune. Wer in Keflavík zwischenlandet, kann mit dem Bus zur Lagune

S. 264

fahren und die Wartezeit bis zum Weiterflug mit einem Bad in angenehm warmem Wasser überbrücken.

Nach der Blauen Lagune wurde eine isländische Hautpflegeserie benannt, die „natürliche Bestandteile mit den Heilkräften der Blauen Lagune“ enthält.

Im Sommer 1999 wurde eine **künstliche Lavahöhle mit Sauna und Schlammpötten** eröffnet, in der sich die Gäste mit dem heilkräftigen Silikatschlamm aus der Lagune einreiben können. Es ist geplant, die heilende Wirkung des Schlamms verstärkt zu nutzen und ein Kurzentrum zu bauen.

Praktische Infos

Unterkunft

Hótel Bláa Lónið
Blaue Lagune, Svartsengi, 240 Grindavík, Tel. 4 26 86 50 und 4 26 70 50, Fax 4 26 86 51, 46 Zimmer, Angeln, Reiten, Fahrradverleih, das ganze Jahr über geöffnet

Gästehaus Fiskanes
Grindavík, Hafnargata 15, Tel. 4 26 82 80, Fax 4 26 87 42, im Sommer geöffnet

Campingplatz
Grindavík, Austurvegur, geöffnet 1.6.–31.8., einfach

Blaue Lagune beim geothermalen Kraftwerk Svartsengi

Essen & Trinken

Hafurbjörninn
Grindavík, Hafnargata 6,
Tel. 4 26 84 66
Sjómannastofan Vör
Grindavík, Hafnargata 9,
Tel. 4 26 85 70
Pizzeria Mamma Mia
Grindavík, Víkurbraut 31,
Tel. 4 26 78 60

Thermalbad Blaue Lagune

Blaue Lagune, Tel. 4 26 88 00, Fax 4 26 88 88, geöffnet 23.04.–30.09. tgl. 10–21 Uhr, 01.10.–24.04. Mo–Fr 11–19, Sa, So 10–20 Uhr; Cafeteria, Souvenirshop; 450 ISK

Sonstiges

Ambulanz
Grindavík, Víkurbraut 62,
Tel. 4 26 70 00
Apotheke
Grindavík, Víkurbraut 62,
Tel. 4 26 87 70
9-Loch-Golfplatz
Grindavík, Húsatóftir-Platz,
Tel. 4 26 87 20
Angeln
Grindavík, Seltjörn,
Tel. 4 21 29 96, 4 26 87 91
Ausritte
Grindavík, Vík, Tel. 4 26 83 03

Krísuvík & die Vogelfelsen Krísuvíkurbjarg

In der Umgebung von Krísuvík existieren Solfataren und brodelnde Schlammpötte. Außerdem tritt hier der **größte aktive Dampfstrahl der Welt** an die Oberfläche. Bei der Besichtigung sollte man sich an die markierten Wege halten. Unvorsichtiges Verhalten kann sonst Verbrühungen zur Folge haben!

Unweit von Krísuvík liegt der etwas unheimlich wirkende **See Kleifarvatn.** Man sagt, er sei die Heimat eines Wasserungeheuers. Wer davor nicht zurückschreckt, kann im fischreichen See Forellen angeln. Das Gewässer hat die Eigenart, trotz 100 m Tiefe ständig seinen Wasserstand zu ändern, ein bisher ungeklärtes Phänomen.

Auf dem Weg von Krísuvík nach Þorlákshöfn zweigt ein Fußweg zu den **Vogelfelsen Krísuvíkurbjarg** ab, die man nach einer Stunde erreicht. In diesen Felsen brütet **eine der größten Vogelkolonien Islands.** Hier kommen vor allem Dreizehenmöwen, aber auch Eissturmvögel, Tordalke, Brunnichs- und Trottellummen, Papageitaucher und Silbermöwen vor. Papageitaucher, Krähenscharben, Silbermöwen und schwarze Lummen wird man aber eher selten zu Gesicht bekommen. Auch Seerobben und Wale gibt es in dieser Gegend. Wieder auf der Straße 42 kommt man 7 km weiter am Schildvulkan *Geitahlíð* und am Krater *Stóra-Eldborg* vorbei.

Abstecher zur Strandarkirkja

Weiter gelangt man nach der Lagune *Hlíðarvatn,* wo man man im Spätsommer auf Eistaucher und Kormorane und an der Küste auf Seehunde und Kegelrobben trifft, auf einem kleinen Sträßchen zur Strandarkirkja. Mit dieser 1885 erbauten Kirche verbindet sich eine Legende, die auf einem Gemälde von *Matthías Sigfúss* im Kircheninneren festgehalten ist: Ein Schiff geriet auf der Fahrt nach Island in Seenot. Die Besatzung betete um ihre Rettung: Falls sie lebend davon kämen, wollten sie als Dank eine Kirche bauen. Sie kamen an den heutigen Standort der Kirche und erfüllten ihr Versprechen. Die Kirche gilt bis heute bei vielen Isländern als wundertätig. Viele Seeleute wandten sich deshalb in ihren Gebeten an diese Kirche. Als Dank für die Hilfe machten sie großzügige Spenden. Obwohl das Kirchlein keine Gemeinde zu betreuen hat, zählt es doch zu den reichsten der Insel.

Þorlákshöfn

Von der Straße 42 aus zweigt die Straße 38 in Richtung Süden ab mit dem Endpunkt Þorlákshöfn. Von dort aus verkehrt die **Fähre Herjólfur zu den Westmänner-Inseln.** Es wäre sicherlich sinnvoller gewesen, den Fährhafen weiter östlich zu bauen. Doch das flache Ufer mit seinen Sandern ist für den Bau eines Hafens vollkommen ungeeignet. Will man zu den Westmänner-Inseln gelangen, muß man folglich 2¾ Stunden Fahrt – oft in rauher See – auf sich nehmen.

Þorlákshöfn selbst hat 1200 Einwohner. Der Name des Orts geht auf *St. Þorlák* (1130–1193) zurück, den einstigen Bischof von Skálholt (1178) und einzigsten Heiligen Islands. Nach ihm sind zahlreiche Kirchen benannt worden. Meist wird der Ort nur deshalb aufgesucht, um zu den Inseln überzusetzen. Es gibt hier eine Bibliothek mit angeschlossenem **Volkskundemuseum,** in dem die Entstehungsgeschichte des Hafens dargestellt ist. Außerhalb der Stadt befindet sich auf dem höchsten Punkt des Lavafeldes *Eldborghraun* die **Höhle Raufarhólshellir.** Wer in das Innere der etwa 1 km langen Höhle vorstoßen möchte, sollte eine Taschenlampe mitnehmen.

Von Þorlákshöfn in Richtung *Hveragerði* und *Eyrarbakki* gelangt man an das **Mündungsdelta der Ölfusá.** Im Sommer und Herbst ist dies der Lebensraum unzähliger Vögel: Singschwäne, Stock- und Krickenten, grönländische Bläßgänse. Neuerdings quert die Straße 34 *Þorlakshöfn–Eyrarbakki–Selfoss* die Mündung der Ölfusá.

Praktische Infos

Unterkunft

Gästehaus Reykjabraut
Tel. 4 83 36 30
Campingplatz Þorlákshöfn
Beim Schwimmbad, Tel. 4 83 38 07, komfortabel, Einkaufsmöglichkeit, Cafereria, Tankstelle
Campingplatz T-bær Selvogi
Tel. 4 83 35 46, in Torfabær nahe der Strandarkirkja gelegen, einfach

Essen & Trinken

Restaurant Duggan
Hafnarskeið 7, Tel. 4 83 39 15, Menüs, kleine Gerichte
Skálinn
Óseyrarbraut 17, Tel. 4 83 38 01
Cafeteria im Wartesal der Fähre Herjólfur
Tel. 4 83 34 13
Kaffistofa
In Selvogur, Restaurant T-bær, Tel. 4 84 37 30

Autofähre nach Vestmannaeyjar

Þorlákshöfn:
Tel. 4 83 34 13, Fax 4 83 39 24
Vestmannaeyjar:
Tel. 4 81 28 00, Fax 4 81 29 91

Reykjavík:
Tel. 5 52 23 00, Rútuferðir/Bus ab BSÍ-Busbahnhof, abgestimmt auf die Abfahrt/Ankunft der Fähre (ca. 1½ Std.). *Herjólfur* fährt von Mai–September tgl. 12 Uhr, Do, Fr, Sa auch um 19 Uhr; von September–Mai Mo–Sa 12 Uhr, Fr auch 19 Uhr, So 18 Uhr. 480 Personen, 70 PKW; 3000 ISK/Erwachsener, Kinder 6–11 Jahre 1500 ISK, 50% Familienermäßigung, PKW 3000 ISK, jeweils für Hin- und Rückfahrt.

Museen

Bóka- og byggdasafn
(Bücherei und Heimatmuseum)
Im Haus Egilsbúð, Unubakki 4, Tel. 4 83 39 90, geöffnet Juli/August Mo–Fr 15–19.30, sonst Mo–Do 16–19.30 Uhr und nach Vereinbarung; Geschichte des Orts und seiner Bewohner; in einer Holzkiste mit Fenstern wurden bis 1942 Kranke zum nächsten Arzt getragen

Þorlakskirka
Tel. 4 83 39 90, 4 83 36 38, geöffnet Juni/Juli Sa, So 15–18 Uhr. In der 1985 geweihten Kirche ist das aus 56 einzelnen Segmenten zusammengesetzte Altargemälde von Gunnstein Gislason sehenswert. Außerdem wird in der Kirche ein Meßhemd von St. Þorlák aufbewahrt.

Sonstiges

Ambulanz
Tel. 4 83 38 38, 4 83 35 38

Apotheke
Ölfusapótek, Unubakki 4,
Tel. 4 83 38 68

Schwimmbad
Hafnarberg 41

9-Loch-Golfplatz
Þorlakshafnar-Platz

Das **Informationsblatt des Landschaftsschutzgebiets Reykjanesfólkvangur** enthält eine Karte, die sich gut als Wanderkarte eignet.

Route 1 E: Die Westmänner-Inseln

Zur Inselgruppe der Westmänner-Inseln – **Vestmannaeyjar** – gehören 15 Inseln, die rund 10–30 km von der Südküste entfernt sind. Außerdem zählen etwa dreißig Schären und Klippen dazu, in der Mehrzahl Überreste von Vulkanen aus der Eiszeit und der Voreiszeit. Nur die Hauptinsel Heimaey (s.u.) ist ständig bewohnt. Alle anderen Inseln, die mit Ausnahme von *Geirfuglasker, Súlnasker* und *Geldunger* auf die Silbe „-ey" enden, sind im Privatbesitz und für Touristen nicht frei zugänglich. Es lassen sich aber **Bootstouren** dorthin unternehmen. Dabei fährt das Schiff einmal um Heimaey herum und dann zur Insel *Bjarnarey.* Bei schlechtem Wetter entfällt die Inselumrundung, stattdessen nimmt das Schiff Kurs auf *Elliðaey.* Auch Touren zu weiter entfernten Inseln werden angeboten, allerdings ist dabei immer mit mehr oder weniger starkem Seegang zu rechnen; ruhige See gibt es nur an wenigen Tagen im Jahr, zählen die Westmänner-Inseln doch zu den stürmischsten Regionen Islands. An durchschnittlich 71 Tagen weht der Wind mit einer Stärke von 9 und mehr und erreicht nicht selten Orkanstärke! Dafür herrscht hier das mildeste Klima im ganzen Land, die Jahresdurchschnittstemperatur liegt bei gut 5°C. Mit 1500 mm pro Jahr fällt verhältnismäßig viel Niederschlag auf den Inseln.

Bereits Mitte des 9. Jahrhunderts waren die Westmänner-Inseln **Zufluchtsort für keltisch-irische Sklaven,** die den Wikinger *Hjörleifur Hróðmarsson,* ein Familienmitglied von *Ingólfur Arnarson,* ermordet hatten. Ingólfur kam ihnen aber auf die Spur und rächte sich. So kann man es im *Landnámabók* (vgl. S.237) nachlesen. Von diesen Sklaven stammt wohl auch der Name der Inselgruppe; die Wikinger nannten die Iren „Männer aus dem Westen". Bei den Sklaven handelte es sich aber nicht um die ersten Bewohner der Inseln; sie sind länger besiedelt als Island, wie Ausgrabungen belegen. Man fand Spuren, die aus dem frühen 7. Jahrhundert datieren. Ab Ende des 9. Jahrhunderts waren die Inseln ständig bewohnt. Einer der ersten Siedler war *Herjólfur Barðarson,* der sich im *Herjólfsdalur* ansiedelte. In der Nähe des Campingplatzes (s. S.326) kann man noch Siedlungsreste aus dieser Zeit erkennen. Bereits kurz nach der Christianisierung wurde auf den Inseln die erste Kirche erbaut. Im 12. Jahrhundert waren sie im Besitz des Bischofs von *Skálholt.*

1627 fielen **algerische Piraten** auf den Inseln ein. Sie töteten 36 und versklavten 242 der damals rund 500 Insulaner. Der Name eines Küstenabschnitts im Süden der Insel, *Ræningjatangi* („Seeräuberlandzunge"), erinnert noch an diesen Vorfall. 1630 wurde östlich vom Ort Heimaey die Befestigungsanlage *Skansinn* gebaut, um weiteren Piratenüberfällen vorzubeugen. Reste davon sind noch unter den Lavamassen zu erkennen.

Auch die Bewohner der Westmänner-Inseln hatten unter dem dänischen Handelsmonopol zu leiden. Erst ab Mitte des 19. Jahrhunderts, als der **Fischfang** an Bedeutung gewann, ging es mit der Wirtschaft bergauf. Bis heute werden auf den Inseln hohe Fangquoten und damit gute Einnahmen erzielt. Die Bewohner der Westmänner-Inseln zeichnen für 15% des isländischen Exports verantwortlich. Die meisten leben vom Fischfang und der fischverarbeitenden Industrie. Landwirtschaft wird seit dem Vulkanausbruch 1973 nicht mehr betrieben. Heute ist der Lebensstandard aufgrund des Fischreichtums hoch. Es gibt hier etwa 1500 Autos, aber nur 40 km Straße!

Hauptattraktion für Naturkundler sind die **Vögel.** Es gibt viele Vogelberge und wichtige Brutplätze von Baßtölpeln, Schwarzschnabel-Sturmtauchern, Wellenläufern und Sturm-

Ansicht der Insel Heimaey

schwalben. *Surtsey* (s.a. S.324) ist bevorzugter Rastplatz für Zugvögel auf ihrer Reise von oder nach Europa. Auch Seehunde und Kegelrobben sind hier anzutreffen. Doch auch Pflanzeninteressierte kommen auf ihre Kosten.

Insel Heimaey

Auf der **Hauptinsel der Westmänner-Inseln** – 6 km lang und höchstens 3 km breit, mit einer Fläche von etwa 14 km² – leben rund **5000 Menschen,** was ungefähr 2% der isländischen Gesamtbevölkerung entspricht.

Das Eigentümlichste gleich vorneweg: Auf Heimaey werden Vögel zum Verzehr gejagt! Im Juli und August ist sechs Wochen lang die **Jagd auf Vögel** freigegeben, auch das Sammeln von Vogeleiern ist in dieser Zeit erlaubt. Vor allem Papageitaucher, junge Eissturmvögel und Baßtölpel werden verspeist. Die Fangmethoden sind nicht mehr so brutal wie früher, damals wurden ganze Vogelkolonien mit Netzen überspannt. Besonders beliebt waren Lummeneier. Um an diese Delikatesse zu gelangen, ließen sich die Inselbewohner früher an langen Stangen oder Seilen in die Brutgebiete herab und sammelten die begehrten Eier ein. Daraus hat sich das Seilschwingen zu einer Art Volkssport entwickelt. Alljährlich am **2. August,** dem **Nationalfeiertag** auf den Westmänner-Inseln, kann man diesem Spektakel am Steilfelsen von *Herjólfsdalur* beiwohnen. Die Entstehung eines eigenen Nationalfeiertags geht darauf zurück, daß die Bewohner an der 1000-Jahr-Feier der Besiedlung Islands im Jahre 1874 wegen eines heftigen Sturms nicht teilnehmen konnten. So bereiteten sie ihre eigenen Feierlichkeiten vor, die bis heute begangen werden, jedes Jahr drei Tage lang. Auch die Nachfrage bei den Festlandbewohnern, an diesem Fest teilzunehmen, ist groß.

Der **Vulkanausbruch** auf Heimaey im Jahr **1973** ging weltweit durch die Medien. Einem vorangegangenen Erdbeben wurde noch keine besondere Bedeutung beigemessen, doch dann brach in der Nacht vom 22. auf den 23. Januar überraschend der Vulkan *Helgafell* aus. 5000 Jahre lang war er inaktiv gewesen. Aus einer beinahe zwei Kilometer langen Erdspalte, die sich nur wenige hundert Meter vor den Häusern auftat, wurden gewaltige Lavamassen frei und bewegten sich mit Geschwindigkeiten bis zu 100 m pro Stunde auf das Meer zu. Zeitweise stand eine bis zu 9 km hohe Wolke aus Asche und Gasen über dem Vulkan. Noch in der Nacht konnten binnen weniger Stunden alle 5300 Bewohner aufs Festland evakuiert werden. Nur einige Freiwillige blieben auf der Insel zurück. Außerdem gelang es, den Hafen zu retten, indem man den Lavastrom, der unaufhaltsam in seine Richtung floß, mit Hilfe von Wasser abkühlte, das aus dem Meer gepumpt wurde. Stündlich wurden 4500 m³ Meerwasser über den Vulkan gesprüht, und das über mehrere Monate. Hätte der Lavastrom die Hafeneinfahrt versperrt, wäre damit der Lebensnerv der Insel getroffen worden. Zwar wurde die Hafeneinfahrt um beinahe 700 m enger, aber dies bedeutet auch, daß er noch besser geschützt ist und heute als einer der sichersten Häfen des Landes gilt!

Insel Heimaey

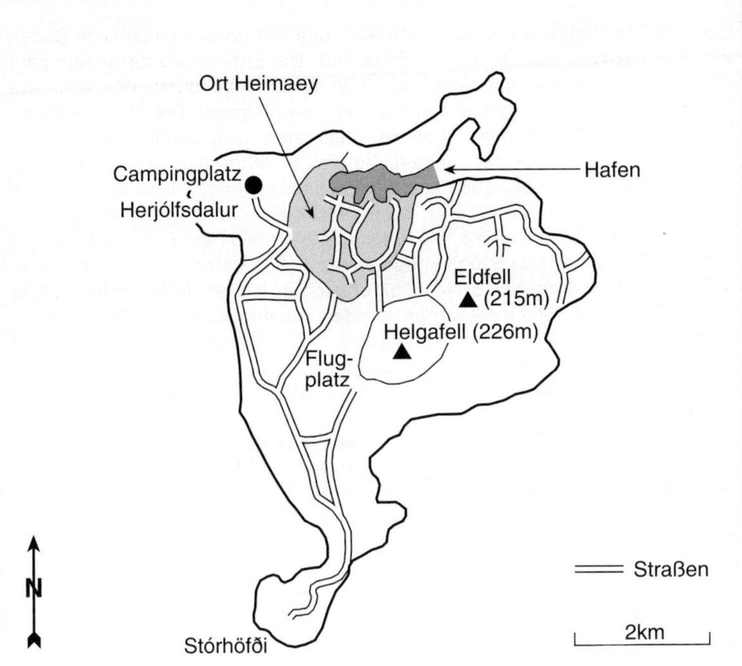

Nach kurzer Zeit trat nur noch an einer Stelle der Spalte Lava aus. Hier entstand der **Vulkankegel Eldfell** („Feuerberg"). Dieser neue Vulkan hat eine Höhe von 215 m. Ein Drittel der Häuser, etwa 400, wurde unter einer meterdicken Ascheschicht begraben. Durch die Asche und Lava gewann die Insel 2,5 km² an Fläche hinzu. Die ausgetretene Lavamenge schätzt man insgesamt auf 0,25 km³. Als die meisten Bewohner nach fünf Monaten zurückkehrten, legten sie mit der Unterstützung freiwilliger Helfer viele Häuser wieder frei. Viele Gebäude aber blieben für immer unter der bis zu 100 m dicken Lavaschicht begraben. Teile der Stadt mußten völlig neu errichtet werden. Wer den Vulkanausbruch auf Heimaey nacherleben will, sollte sich den preisgekrönten Film **„The Volcanic Show"** von *Vilhjálmur* und *Ósvaldur Knudsen* ansehen. Die Vorstellung findet von Mitte Mai bis Mitte September zweimal täglich im *Heiðarvegur* auf Heimaey statt (Tel. 4 81 10 45).

Nachdem die vulkanischen Aktivitäten abgeklungen waren, begann

Surtsey – Eine neue Insel entsteht

Der östliche Ausläufer der aktiven Vulkanzone Islands setzt sich nach Süden bis über die Westmänner-Inseln hinaus fort. Die Entstehung der Inseln geht auf submarine Vulkanausbrüche zurück. In dieser Gegend befinden sich etwa achtzig Vulkankrater, die meisten auf dem Meeresgrund. Die ältesten Inseln sind etwa 10 000 Jahre alt. Wie sie entstanden sind, konnte man bei der jüngsten Insel, Surtsey, beobachten, die erst 34 Jahre alt ist. Der Vulkanausbruch am 14. November 1963 kam völlig überraschend. Zuerst sah man nur Dampfwolken über dem Wasser, doch bereits einen Tag später konnte man einen Aschekegel im vormals 130 m tiefen Meer erkennen. Er hatte Ausmaße von 10 m Höhe und fast 500 m Länge. Anfang 1964 traten erstmals Lavamassen aus dem Vulkan aus. Mitte 1967 erlosch er wieder. Eine 2,5 km^2 große und bis zu 169 m hohe Insel war entstanden, die den Namen des Feuergottes „Surtur" aus der isländischen Mythologie erhielt. Insgesamt entstanden bei dem Ausbruch drei Inseln, doch wurden durch die Erosion zwei bereits wieder abgetragen. Auch an Surtsey „nagen" die Naturgewalten. Dennoch ist sie nach Heimaey die zweitgrößte der Westmänner-Inseln. Sofort nach ihrer Entstehung stellte man Surtsey unter Naturschutz. Die Insel darf nur mit Sondergenehmigung betreten werden. Von Reykjavík werden jedoch Rundflüge und von Heimaey Bootsfahrten nach Surtsey angeboten.

Eruptionen auf Surtsey am 03. Januar 1967
(© Sólarfilma Reykjavík, Isländisches Fremdenverkehrsbüro)

man die Energie aus dem Erdinnern zu nutzen. Der Eldfell sorgt für natürliches Warmwasser. Dazu wird Wasser auf die noch heiße Lava im Innern geleitet, worauf es verdampft. Dieser Dampf wird in Rohre gefaßt und dient zur Erwärmung von Trinkwasser. Da die Temperatur der Lava jedoch kontinuierlich abnimmt, muß man sich nach neuen Energiequellen umsehen. Die Strom- und Wasserversorgung der Inseln erfolgt vom Festland aus.

Sehenswürdigkeiten

In Heimaey ist die **Lanðarkirkja** sehenswert. Sie datiert aus dem Jahre 1776 und ist damit die zweitälteste Steinkirche des Landes. Nicht weit vom Eingang entfernt befindet sich das **Denkmal für die ertrunkenen Fischer.**

Sehenswert ist auch die **Trawlerflotte im Hafen;** manchmal liegen hier bis zu 100 Schiffe vor Anker.

An der Küste mit dem Namen *Ofanleitishamar* spielte sich 1984 eine spektakuläre Geschichte ab: Dort kenterte damals ein Fischerboot. Vier Mann der Besatzung kamen dabei ums Leben. Der 22jährige *Gunnlaugur Friðþórsson* aber schaffte es, die 6km bis zum rettenden Ufer in fünf Stunden schwimmend zurückzulegen. Diese erstaunliche Leistung dokumentiert der im Anschluß an die „Volcanic Show“ gezeigte Film „Beyond the limits“.

Ganz im Süden der Insel liegt das **Gehöft Stórhöfði.** Hier, am **südlichsten Punkt Islands,** wo sich eine meteorologische Station und ein Leuchtturm befinden, hat man einen guten Ausblick auf Heimaey und die nahegelegenen Inseln. Die Wetterstation gilt als die windreichste von ganz Europa!

Die **Vulkane Helgafell** und **Eldborg** kann man entweder mit dem Auto oder auch zu Fuß aufsuchen. Man erreicht den Krater des Eldfell nach einer etwa halbstündigen Wanderung; allerdings sollte man dabei vorsichtig sein, denn die Kraterhänge sind steil und von lockerer Lava bedeckt.

Heimaey ist **ideal geeignet zum Wandern.** An einem Tag kann man die ganze Insel zu Fuß umrunden.

Praktische Infos

Tourist-information

Vestmannabraut 38, Tel. 4 81 15 72, Fax 4 81 27 92, Mietwagen, Insel. und Bootsrundfahrten

Hotels & Gästehäuser

Hotel Bræðraborg
Herjólfsgata 4, Tel. 4 81 15 15, auch Schlafsackunterkunft

Hotel Gestgjafinn
Herjólfsgata 4, Tel. 4 81 25 77

Hotel Þórshamar
Vestmannabraut 28,
Tel. 4 81 29 00, Touristenmenus

Gamló
Kirkjuvegur 20, Tel. 4 81 26 95

Einarshöfn
Kirkjuvegur 15, Tel. 4 81 32 08

Ísbúðin
Brimhólabraut 1, Tel. 4 81 13 89

Gistiheimili Sunnuhóll
Vestmannabraut 28,
Tel. 4 81 29 00, Fax 4 81 16 96

Gistiheimili Árný
Illugagata 7, Tel./Fax 4 81 20 82, 7 Betten, das ganze Jahr über geöffnet

Gistihúsið Heimir
Heiðarvegur 1, Tel. 4 81 29 22
Gistihúsið Hvíld
Höfðavegur 16, Tel. 4 81 12 30

Campingplatz

Im Herjólfsdalur, in einem erloschenen Krater, 2 km vom Hafen entfernt; Tel. 4 81 10 88.

Jugendherberge

Farfuglaheimili Faxi
Faxastígur 38, Tel. 4 81 29 15, Schlafsackunterkunft, 35 Plätze, geöffnet vom 01.06. bis 15.09.

Essen & Trinken

Amigo
Heiðarvegur 10, Tel. 4 81 29 50, Fast-Food-Restaurant, Pizzas, Hamburger, asiatische Küche, alles auch zum Mitnehmen, junges Publikum
Restaurant Hertoginn
Hotel Þórshamar, Tel. 4 81 33 17, Fisch, Papageitaucher, Trottellummen, Menüs, gute Küche, Hauptgerichte 1600–2800 ISK
HB Restaurant
Pub, Hotel Bræðraborg, Heiðarvegur 3, Tel. 4 81 15 15, Fisch, Lamm, Rindersteaks, geräucherte Papageitaucher, Menüs, Hauptgerichte 1500–2500 ISK
Café-Restaurant María
Skólavegur 1, Tel. 4 81 31 52, Fleisch- und Fischgerichte, Steaks, Crêpes, Suppen, Salate, rel. großes Lokal
Lundinn
Kirkjuvegur 21, Tel. 4 81 14 26, einfache Seemannskneipe, kein Essen
Lanterna
Bárustígur 11, Tel. 4 81 33 93, typisches Insellokal, toll eingerichtet mit Netzen und alten Fotos, gemütlich, viele Einheimische, Fisch, Papageitaucher, Fleischgerichte, preisgünstig; unser Tip!

Dreizehenmöven und Trottellummen

Pizza 67
Heiðarvegur 5, Tel. 4 81 15 67, außer Pizza auch Papageitaucher und Hummer

Verkehrsverbindungen

Wer Heimaey kennenlernen will, kann entweder die **Autofähre von Þorlákshöfn** aus nehmen oder mit dem **Flugzeug** anreisen. Besonders frequentiert ist die Insel am ersten Wochenende im August, wenn der Nationalfeiertag gefeiert wird.

Flüge
Verbindungen mit der „Icelandair" mehrmals täglich von Reykjavík aus (Infos unter Tel. 4 81 15 20), Flugdauer 1/2 Stunde. Für den Früh- und Spätflug empfiehlt sich eine Reservierung. Ist das Wetter ungünstig, können Flüge kurzfristig abgesagt werden. Der Tagesausflug (hin und zurück) kostet 7000 ISK.

Fähre
Die Fähre fährt vom 01.06–01.09. ab Vestmannaeyjar tägl. 8.15 und Do, Fr, So auch 15.30 Uhr. Vom 01.10.–31.05. Mo–Sa 8.15 Uhr, Fr auch 15.30 und So 14 Uhr.Die Fahrt dauert planmäßig 2 Std. 45 Min., weitere Auskünfte Tel. 4 81 28 00 Vestmannaeyjar, Tel. 4 83 34 13 Þorlákshöfn, s.a. Þorlákshöfn.

Museen & Galerie

Naturkundemuseum, Aquarium Náttúrugrípasafnið
Heiðarvegur 12, Tel. 4 81 19 97, Mineraliensammlung, Meerwasseraquarium, ausgestopfte Vögel und Vogeleier, geöffnet 01.05.–15.09. täglich von 11–17 Uhr, im Winter Sa, So 15–17 Uhr

Heimatmuseum Byggðasafnið Ráðhúsströnd
Wirtschaftsgeschichte des 20. Jahrhunderts, Kunstgalerie mit Bildern von Kjarval, geöffnet 01.5.–15.09. tgl. 14–17 Uhr.

Gallerí Heimalist
Bárustígur 9, Tel. 4 81 22 50

Sonstiges

Polizei
Faxastígur 42, Tel. 4 81 16 66

Krankenhaus/Ambulanz
Tel. 4 81 19 55

Apotheke
Vestmannabraut 24, Tel. 4 81 11 16

Schwimmbad
Im Sportzentrum, Illugagata, Tel. 4 81 24 01

Golfplatz
Im Herjólfsdalur, Tel. 4 81 23 63

Kino, Filmvorführungen für Touristen im Sommer
s. Aushang am Versammlungshaus, Tel. 4 81 10 45

The Volcano Film Show
15.05–31.05, 01.9–30.09. täglich 15.30 Uhr; Juli, August 21 Uhr, englisch- und deutschspachiger Führer beantwortet Fragen vor und nach der Abendvorstellung. Die Filme, Erfahrungen vom Vulkanausbruch, Aufräumarbeiten und Wiederaufbau der Stadt, werden nur hier gezeigt, Tel. 4 81 33 66

Ferðaþjónusta
Tel. 4 81 15 15, täglich Bootsfahrten zu den Inseln und Wanderungen auf Heimaey

Lubba
Tel. 8 52 76 52, Bootsfahrten um die Westmänner-Inseln

Flugfélag Vestmannaeyja
Tel. 4 81 32 55, Rundflüge Gruppenflüge, Brekastígur, Tel. 4 81 19 09

Route 2: Der Westen & die Halbinsel Snæfellsnes

Route 2 A: Von Reykjavík nach Akranes (91 km)

Zwar gehört das Gebiet zwischen Reykjavík und Borgarnes – der **mittlere Westen Islands** – eher zu den unbekannteren Regionen des Landes, doch ist die Strecke alles andere als langweilig. Die beiden Fjorde *Hvalfjörður* und *Borgarfjörður* reichen hier tief ins Land hinein. Beinahe 1000 m hoch erheben sich der *Esja,* der Hausberg der Reykjavíker, und der Berg *Skarðsheiði* nördlich von Akranes.

Wenn man Reykjavík hinter sich gelassen hat, gelangt man auf der Ringstraße nach **Álafoss/Mosfellsbær.** Hier befindet sich das gleichnamige Textilunternehmen, dessen Wolle und Wollprodukte in Reykjavík und im ganzen Land verkauft werden. Im Ort selbst wird ein Fabrikverkauf angeboten. (Álafoss, Álafossvegi 23, 270 Mosfelsbær, Tel. 5 66 63 03, Fax 5 66 83 30, geöffnet Mo–Fr 10–18, Sa 10–14 Uhr; wechselnde Ausstellungen mit Kunsthandwerk, Café). Die Ringstraße führt dann um den Berg Esja herum und überquert einige Flüsse, die mit die größten Lachsvorkommen des Landes aufweisen. Der Name des Flusses, *Laxá,* der „Lachsfluß", der bei *Laxárnes* in den Hvalfjörður mündet, deutet auf den Fischreichtum hin. Seitdem am 1. Juli 1998 der 5,8 km lange, mautpflichtige **Tunnel** unter dem Hvalfjörður hindurch eröffnet wurde, hat sich der Verlauf der Ringstraße in diesem Abschnitt geändert. Sie führt nun durch den Tunnel auf die andere Seite des Fjords, umrundet den Berg Akrafjall im Osten und folgt ab dem Fjordarm Leirárvogur (Gunnarfjörður) wieder ihrem ursprünglichen Verlauf. Der alte Abschnitt der Ringstraße, der um den Hvalförður herumführt, wurde in Straße 47 umbenannt. Wir folgen dieser Straße.

Am Ende des Hvalfjörður zweigt direkt an der Tankstelle ein Fahrweg ins Tal der *Botnsá* ab. Nach 2 km endet dieser. Von hier kann man eine Wanderung unternehmen zum **Glymur,** mit 196 m der **höchste Wasserfall Islands.**

Im Osten der Halbinsel *Þyrilsnes* liegt der Hof *Þyrill.* Hier kommt man zu einer alten **Walfangstation.** Eine Rampe führt von dort ins Meer hinaus. Früher war die Anlandung eines gefangenen Wales ein Spektakel für viele Schaulustige, seit 1989 werden hier keine Wale mehr zerlegt. Der Walfang gab dem 30 km langen Fjord auch seinen Namen, *Hvalfjörður,* also „Walfjord". Obwohl der Walfang für Island nie von großer wirtschaftlicher Bedeutung war, unterliefen die Isländer das von der Internationalen Walfangkommission (IWC) ausgesprochene Fangverbot immer wieder. Damit zogen sie den Protest der Weltöffentlichkeit auf sich. Isländischer Fisch wurde international boykottiert. Dies hatte einschneidende Auswirkungen auf die isländische Wirtschaft. Die Befürworter des Walfangs mußten einlenken. Nach den Protesten der Tierschützer wurde die Zahl der erbeuteten Wale reduziert. Um aber nicht weiter an das Fangverbot gebunden zu sein, trat Island gleichzeitig aus der IWC aus.

Über Saurbær nach Akranes

Den Kirchturm von *Saurbær* sieht man bereits auf dem Hinweg von der gegenüberliegenden Fjordseite aus. Jedem Isländer ist der Pfarrhof dieser Kirche als Heimat des bekannten Psalmendichters *Hallgrímur Pétursson* bekannt. Er war von 1651 bis 1669 Pfarrer des Ortes und fand auf dem Friedhof in Saurbær seine letzte Ruhestätte. Hinter Saurbær quert die Straße die schmale Landzunge und führt zum *Grunnarfjörður.* Hier zweigt die Straße 51 ab, auf der wir nördlich des 574 m hohen *Akrafjalls* 14 km weiter nach Akranes fahren.

Fortsetzung auf Seite 332

Bergrücken auf Kjalarnes

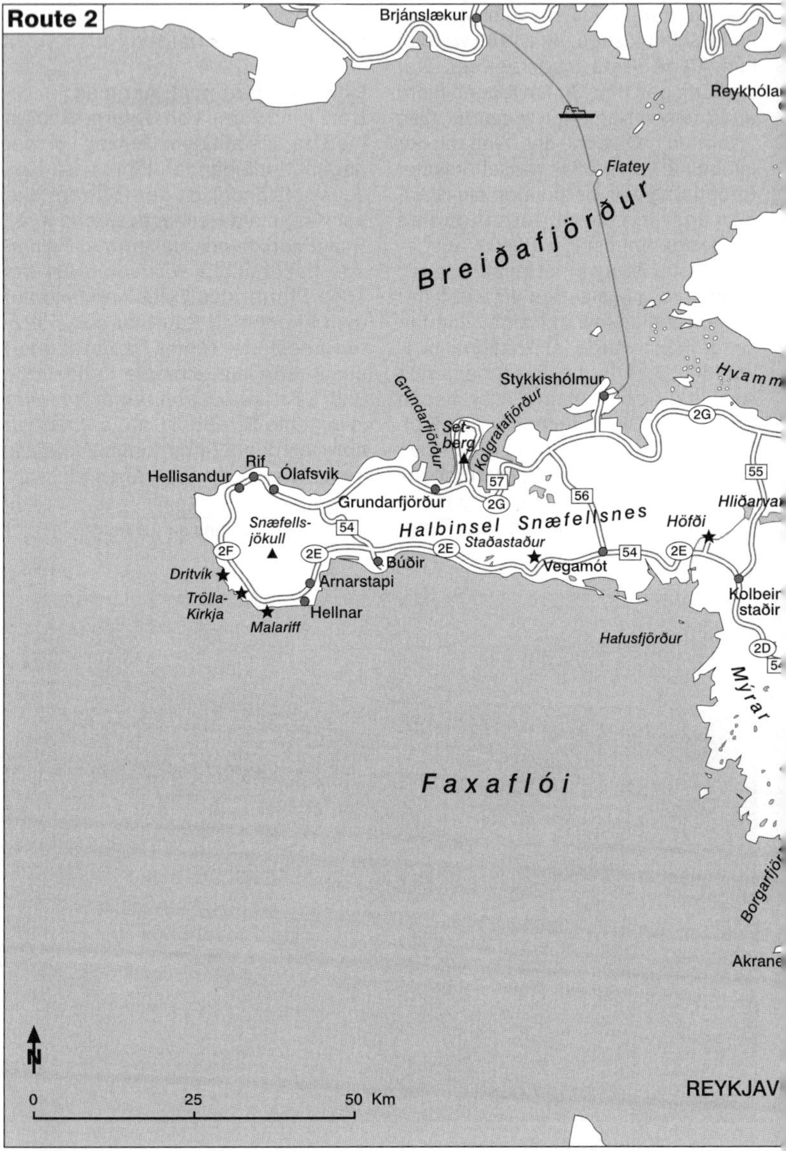
Route 2
Brjánslækur
Reykhólar
Flatey
Breiðafjörður
Hvamm
Stykkishólmur
Grundarfjörður
Kolgrafafjörður
Set-
berg
Rif
Hellisandur
Ólafsvik
Grundarfjörður
57
2G
56
55
54
Halbinsel Snæfellsnes
Snæfells-
jökull
Hliðarva
Höfði
2F
2E
Staðastaður
Vegamót
Búðir
Arnarstapi
Dritvík
Trölla-
Kirkja
Hellnar
Malariff
Kolbein
staðir
Hafusfjörður
2D
Mýrar
Faxaflói
Borgarfjö
Akrane
REYKJAV
0
25
50 Km

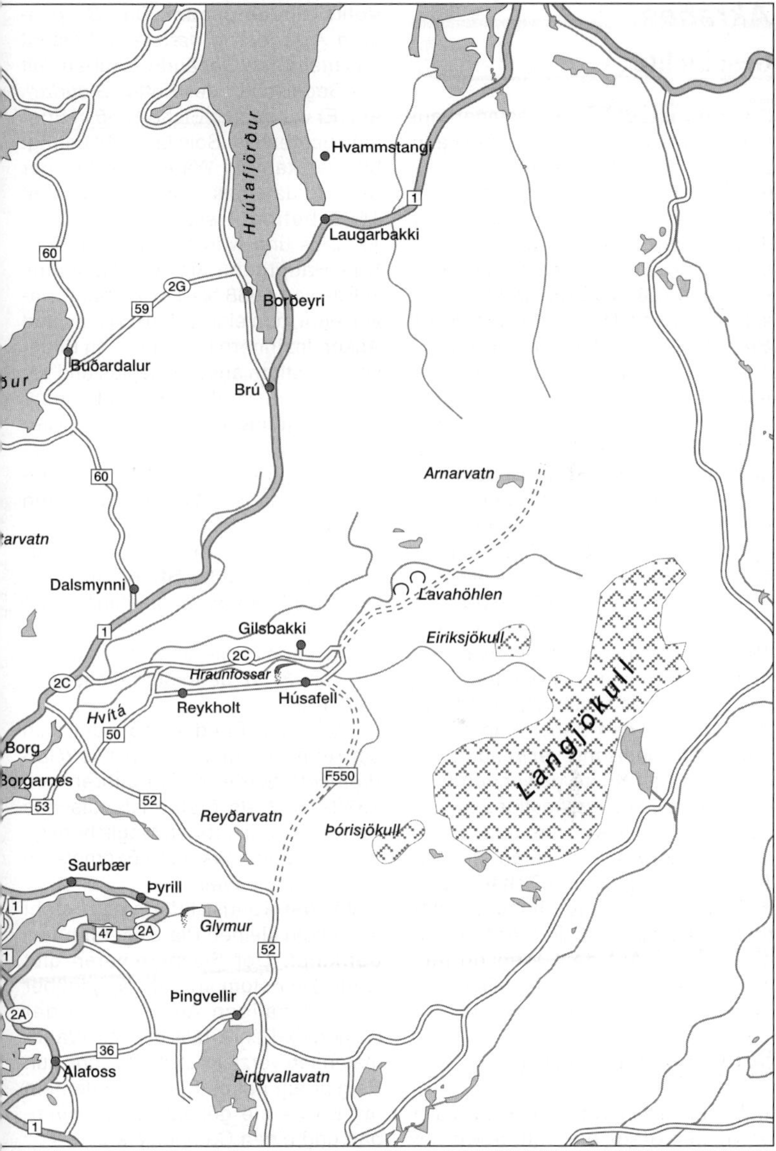
Hrútafjörður
Hvammstangi
1
Laugarbakki
60
2G
Borðeyri
59
Buðardalur
Brú
60
Arnarvatn
Dalsmynni
Lavahöhlen
1
Gilsbakki
Eiriksjökull
2C
Hraunfossar
2C
Reykholt
Húsafell
Langjökull
Hvítá
50
Borg
Borgarnes
F550
52
53
Reyðarvatn
Þórisjökull
Saurbær
Þyrill
1
Glymur
47
2A
52
Þingvellir
2A
36
Alafoss
Þingvallavatn
1

Akranes

Geschichte

Die **Hafenstadt** liegt vorgelagert auf einer kleinen Halbinsel. Der Ort kann auf eine lange Vergangenheit zurückblicken, anfangs jedoch verlief die Entwicklung eher schleppend. Vor den Wikingern sollen sich zwei irische Mönche in Akranes niedergelassen haben. 880 waren wohl die irischen Brüder *Þórmóður* und *Ketill Bresason* die ersten Siedler. Im 17. Jahrhundert wurde aus der kleinen Ansiedlung ein Dorf. Die dort ansässigen Familien nannten es *Skipaskagi* („Schiffshalbinsel"). Der Hafen gewann zunehmend an Bedeutung. 1941 erhielt Akranes die Stadtrechte. Danach übte die neugegründete Stadt eine besondere Anziehungskraft auf viele Isländer aus; die Einwohnerzahl stieg in kürzester Zeit von wenigen Hundert auf über 5000. 1958 wurde hier ein **Zementwerk** errichtet, das für die Versorgung des ganzen Landes zuständig ist. Anstatt Kalk wird für den Baustoff in dieser Fabrik Muschelsand verwendet, der an der nahen Küste gewonnen wird und deshalb kostengünstiger ist. Außerdem verfügt Akranes über einen der größten Fischereihäfen Islands. Auf den vorgelagerten Schären stehen zwei verschieden hohe Leuchttürme, die man mit dem Auto erreichen kann. Auf dem Weg dorthin kommt man an einigen Gestellen zum Trocknen von Stockfisch vorbei.

Sehenswürdigkeiten

Außer mehreren Baudenkmälern gibt es in der Stadt ein sehenswertes **Volkskundemuseum.** Das *Byggðasafn Akranes og nærsveita* besteht aus mehreren Gebäuden. Außen fällt ein Segelschiff, der Kutter *Sigurfari,* auf. Er wurde aus Eiche 1885 in England hergestellt. Sein Gewicht beträgt 86 t, er kam im Warenverkehr über den Nordatlantik zum Einsatz. Seit 1974 befindet sich das Schiff in Akranes und wurde hier restauriert. Das Hauptgebäude des Museums wurde von 1968 bis 1974 erbaut. Davor sieht man einige Walknochen und Anker. Im Innern befinden sich Bilder von Künstlern aus der Region und vor allem Gerätschaften und Fahrzeuge aus der jüngeren Geschichte. Hier sind auch Boote zu sehen, die am „Kabeljaukrieg" (vgl. S.226) teilgenommen haben, Walfangharpunen und anderes mehr.

Auf der anderen Straßenseite erinnert **„der irische Stein"** aus dem Jahre 1974 an die Besiedlung durch irische Mönche. Er ist ein Geschenk der irischen Regierung an das Museum zum 1100. Jahrestag dieser Besiedlung.

Über dem Friedhof befindet sich ein Turm. Das gelbe **Pfarrhaus** *(Garðahúsið)* wurde in den Jahren von 1872–1882 als erstes isländisches Betongebäude erbaut. Möglicherweise ist es auch das erste Exemplar in ganz Skandinavien.

Vor der Tourist-Information steht auf einem kleinen Platz ein **Fischerdenkmal.** Der Fischereihafen gibt lohnende Fotomotive ab. Gegenüber der ehemaligen Anlegestelle der Reykjavík-Fähre fällt die mit Wandmalereien verzierte Zementfabrik auf. Es gibt ein neues Sportzentrum, ein mit Erdwärme geheiztes Schwimmbad und einen Campingplatz.

Der **Akrafjall,** der **Hausberg von Akranes,** lädt zu einer Wanderung ein. Von oben hat man einen guten Überblick über die gesamte Halbinsel. Auch eine **Hochseeangeltour** kann von Akranes aus gestartet werden. Am nördlichen Ende der Bucht befindet sich **Langisandur,** der ein Kilometer lange **Sandstrand.** Der „Long Beach of Akranes“ mag manchen zu einem Bad im Meer verleiten, obwohl das Wasser eigentlich zu kalt dafür ist.

Praktische Infos

Tourist-information

Skólabraut 31, Tel. 4 31 33 27, geöffnet im Sommer Mo–Fr 10.30–12 und 13–17, sonst 13–15 Uhr; geführte Touren, Angellizenzen, Fahrradverleih.

Unterkunft

Hótel Barbró
Kirkjubraut 11, 300 Akranes, Tel. 4 31 42 40, 4 31 40 67, Fax 4 31 42 41, 28 Betten, Schlafsackplätze, ganzjährig geöffnet, Restaurant, Café mit selbstgebackenem Kuchen, Hochseeangeln, Reiten. Bootsausflüge

Hótel Ósk
Vogabraut 4, 300 Akranes, Tel. 4 31 33 14, 4 31 31 91, Fax 4 31 12 04, 64 Betten, im Sommer geöffnet, Restaurant, Angeln

Gästehaus Ólina Jónsdóttir
Háholti 11, 300 Akranes, Tel. 4 31 14 08, 4 31 28 11, 4 Betten, ganzjährig geöffnet

Gästehaus und Jugendherberge Bermuda
Akursbraut 9, 300 Akranes, Tel. 4 31 34 78, Fax 4 31 22 78, 30 Betten, ganzjährig geöffnet, Angeln, Reiten, Fahrradverleih, Bootsfahrten, Zeltplatz

Gästehaus Gréta Ólafsdóttir
Heiðargerði 19, 300 Akranes, Tel. 4 31 17 67, 2 Zimmer, Schlafsackplätze, Reiten, Angeln, im Sommer geöffnet

Jaðarsbakkir
Sportzentrum, Tel. 4 313311

Hof Þórisstaðir
Svínadal, 301 Akranes, Tel. 4 33 89 75, 4 32 02 00, Fax 4 32 01 01, im Sommer geöffnet, Angeln, Campingplatz

Hotel Heimar, Norræna Skólasetrið
Hvalfjarðarströnd, 301 Akranes, Tel. 4 33 89 66, Fax 4 33 89 77, 88 Betten, 88 Schlafsackplätze, Restaurant, Angeln, Reiten, für Behinderte eingerichtet, ganzjährig geöffnet

Gästehaus Mótel Venus
Hafnarskógur, Borgarfjörður, 301 Akranes, Tel. 4 37 23 45, Fax 4 37 23 44, 39 Betten, Restaurant, Angeln, Reiten, Zeltplatz, ganzjährig geöffnet

Camping

Campingplatz an der Straße 51, Tel. 4 31 33 27, komfortabel, Wohnmobil-Stellplätze, Einkaufsmöglichkeit, Cafeteria, Tankstelle, geöffnet 01.06.–31.08.

Essen & Trinken

Hótel Barbró (s. Unterkunft)

Restaurant Langisandur
Garðarbraut 2, Tel. 4 31 31 91, 8 96 31 91, geöffnet tgl. 10–22 Uhr, Fr, Sa bis 03 Uhr, umfangreiche Speisekarte, am Wochenende abends Live-Musik

Skútan
Café-Grill, Þjóðbraut 9,
Tel. 4 31 20 61, preisgünstige Gerichte, bei der Tankstelle
Pizza 67
Skólabraut 31, Tel. 4 31 37 67
Hrói Höttur
Vesturgata 52, Tel. 4 31 12 00
Ráðhús-Bäckerei
Stillholt 16-18, Tel. 4 31 35 00
Harðar-Bäckerei
Kirkjubraut 54, Tel. 4 31 23 99

Kunst & Kultur

Byggðasafn Akranes og nærsveita
Tel. 4 31 12 55, geöffnet von Mai bis August täglich 10.30–12 Uhr und 13.30–16.30 Uhr, ansonsten 13.30–16.30 Uhr; Außenbesichtigungen sind immer möglich.
Kirkjuhvoll
Kunstgalerie, Merkigerði,
Tel. 4 31 45 80, geöffnet tgl. 15–18 Uhr; das ehemalige Priesterhaus aus dem Jahr 1923 ist heute ein Künstlertreff; wechselnde Ausstellungen von Künstlern aus Island, Grönland und den Färöer-Inseln.

Sport & Freizeit

Schwimmbad Jaðarsbakkalaug
am Sportplatz, geöffnet Mo–Fr 7–21, Sa, So 9–18 Uhr
11-Loch Golfplatz
Garðavöllur, Tel. 4 31 27 11
Garðalundur
Nähe Museum Garðar, Grill- und Freizeitplatz

Sonstiges

Ambulanz, Krankenhaus
Merkigerði 9, Tel. 4 31 23 11
Apotheke
Kirkjubraut 50, Tel. 4 31 19 66
Kirche Akranes
Geöffnet werktags 13–16 Uhr; 1896 geweiht, Altarbild von *Sigurður Guðmundsson* (1870), goldverkleidetes Taufbecken auf Eichenholzsockel von *Ríkarður Jónsson,* Bemalung der Wände und Decke durch *Greta* und *Jón Björnsson* (1966)
Hochseeangeln
Tel. 4 31 41 75

Route 2 B: Von Akranes nach Borgarnes (37 km)

Von Akranes fahren wir die 14 km wieder zurück zur Ringstraße. Wir halten uns nun in Richtung Norden nach Borgarnes. Seit 1980 muß man nicht mehr den ganzen *Borgarfjörður* umfahren, sondern erreicht Borgarnes direkt über ein Damm- und Brückensystem.

Borgarnes

Borgarnes ist heute eine moderne und wohlhabende **Handelsstadt** sowie **Dienstleistungszentrum** für ein ausgedehntes Umland. Hier leben etwa 1700 Einwohner. Der Hafen dient weniger dem Fischfang, sondern ist vielmehr Umschlagplatz für isländische Industrieerzeugnisse. Dadurch ist Borgarnes unabhängig von den Fangerträgen der Fischer. Für die Bedeutung der Stadt ist in erster Linie die verkehrstechnisch günstige Lage maßgebend, vor allem seitdem durch die Brücke eine Verbindung zur Ringstraße besteht.

Die Stadt liegt malerisch am Borgarfjörður und öffnet den Blick auf die gegenüberliegenden Berge, Schären und Sandbänke. Die Stadt gibt sich betont geschichtsbewußt, indem sie

Borgarnes, das Digranes in der Egills-Saga

Der berühmteste aller Skalden-Dichter, *Egill Skallagrímsson* (900–983), stammte von dem Hof *Borg,* der östlich des heutigen Borgarnes liegt. In der Egills-Saga heißt der Ort am Borgarfjörður *Digranes.* In dem kleinen Park *Skallagrímsgarður* in Ortsmitte liegt *Skallagrímur Kveldúlfsson,* der Vater von Egill, begraben. Nach Wikingerart wurde er mit seinen Waffen und seinem Pferd in dem heute noch gut erkennbaren Grabhügel beigesetzt. Auf einem Relief daneben, das von der dänischen Künstlerin *Anne Marie Carl-Nielsen* stammt, ist Egill dargestellt, wie er seinen in einem Sturm ertrunkenen Sohn *Böðvar* trägt. Die kleine Halbinsel *Brákarey* an der Südspitze des Orts wurde nach der Sklavin *Brák* benannt, die Egill einst aus jugendlichem Leichtsinn durch einen Steinwurf tötete. Auch alle Straßen im Ort wurden nach Personen der Egills-Saga benannt.

alle Straßen nach Personen aus der Egills-Saga benannt hat.

Der Reisende findet im Ort eine umfassende Infrastruktur vor: Supermarkt, Kino, Bank, Post etc. In der *Skallagrímsgata* liegt ein mit Erdwärme beheiztes Schwimmbad. Sehenswert ist das **Gemeindemuseum** *Safnahús Borgarfjarðar* (s.u.).

Praktische Infos

Tourist-information

Borgarbraut 59, Tel./Fax 4 37 15 29, Tankstelle, Busstation, Restaurant, Bank, Supermarkt; im Sommer täglich von 8–23.30 Uhr geöffnet

Unterkunft

Hotel Borgarnes
Egilsgata 14-16, Tel. 4 37 11 19, modernes Hotel mit 140 Betten, Restaurant, ganzjährig geöffnet, Zeltplatz, behindertengerecht

Gästehaus Bjarg
Borganesi, liegt außerhalb des Ortes in Richtung Straße 54, Tel. 4 37 19 25, 14 Betten, ganzjährig geöffnet

Jugendherberge

Hamar
Golskálinn, Tel. 4 37 16 63, vor der Stadt gelegen, 14 Betten, geöffnet vom 01.06.–15.09.; hier dreht sich alles ums Golfen; Zeltplatz

Campingplatz

An der Ringstraße, Tel. 4 37 21 08, komfortabel, Einkaufsmöglichkeit, Cafeteria

Essen & Trinken

Restaurant Hótel Borganes
Gutes Restaurant mit isländischer Küche, Fisch, Lamm, Geflügel

Matstofan
Brákarbraut 3, Tel. 4 37 20 17

Búðarklettur
Brákarsund, Tel. 4 37 23 13

Hyrnan
Brúartorg, Tel. 4 37 12 00, großes Grill-Café, Fisch- und Fleischgerichte, Pizza, Hamburger, Kuchen

Lavastrom mit den Höhlen Surtshellir und Stefánshellir

Imbiß der Shell-Tankstelle
Brúartorg, Tel. 4 37 12 82

Kunst & Kultur

Gemeindemuseum
Safnahús Borgarfjarðar
Bjarnabraut 4-6, Tel. 4 37 21 27, geöffnet Mo–Fr 14–18 Uhr, 19.6.–18.8. auch Sa, So 14–18 Uhr. Das Museum ist ein Sammelsurium! Bibliothek, Naturkundemuseum mit präparierten Vögeln, Heimatmuseum, Kunstgalerie mit wechselnden Ausstellungen
Gallerí Hönd
Borgarbraut 59, Tel. 4 37 20 13, geöffnet tgl. 10–22 Uhr

Sonstiges

Ambulanz
Borgarbraut 65, Tel. 4 37 14 00
Apotheke
Borgarnesapótek, Tel. 4 37 11 68
Schwimmbad, Skallagrímsgata
9-Loch Golfplatz
Hamar, Tel. 4 37 16 63
Söguhringurinn
geführte Saga-Wanderung Juni–August, Info/Anmeldung bei der Tourist-Info
Bjössaróló
Skúlugata, großer Kinderspielplatz, Freizeitanlage

Route 2 C: Von Borgarnes nach Gilsbakki und Húsafell (110 km)

Die Ringstraße führt von Borgarnes durch das *Norðurárdalur* auf kürzestem Weg (90 km) weiter nach *Brú* am *Hrútafjörður,* dem Endziel der Route 2. Im Norðurárdalur erheben sich im Nordwesten markante Vulkankegel wie die 934 m hohe *Baula* oder die 1001 m hohe *Tröllakirkja.*

Im Osten der Ringstraße liegen *Hvanneyri, Gilsbakki, Húsafell* und große Lavahöhlen. Dorthin führt unsere Route 2 C. 20 km hinter Borgarnes verlassen wir in der Ebene *Stafholtstungur* die Ringstraße und überqueren die *Norðurá* auf einer Brücke. Südlich der Brücke liegt *Hvanneyri.* Der Abstecher dorthin lohnt sich für alle, die Interesse an alten Landmaschinen haben. Das **Landmaschinenmuseum** von Hvanneyri im alten Handwerkshaus *Ullarsel* kann nach Vereinbarung besichtigt werden (Tel. 4 37 00 00).

Wir fahren auf der Straße 52 weiter nach Osten, dann auf der Straße 50 in Richtung Norden. Nach 13 km biegen wir auf die Straße 522 ab, um gleich darauf auf der Straße 523 entlang der *Hvítá* nach Gilsbakki zu fahren. 2 km vor diesem Ziel liegt der Campingplatz von *Bjarnastaðir.* Hier trifft die Straße 523 auf die Straße 518; ihr folgen wir ein Stück und fahren dann links auf der kurzen Stichstraße nach **Gilsbakki.** Der Ort hat eine kleine **Kirche,** war einst ein Godensitz und ist Schauplatz mehrerer Sagen.

Nach der Besichtigung von Gilsbakki kehren wir auf die Straße 518 zurück und fahren auf ihr weiter nach Osten in Richtung Húsafell.

Abstecher zu den Lavahöhlen Surtshellir, Stefánshellir & Viðgelmir

Bei dem Hof *Kalmanstunga* zweigt kurz vor der Brücke über die Hvítá eine Piste zu den Lavahöhlen *Surtshellir, Stefánshellir* und *Viðgelmir* ab. Die ersten 10 km dieser Piste sind bis zu den Lavahöhlen auch mit einem PKW befahrbar.

Ihre Entstehung verdanken die Höhlen folgendem Phänomen: Ein Lavastrom erkaltete im *Hallmundarhraun* schnell an der Oberfläche und bildete eine unbewegliche feste Kruste, unter der die flüssige Lava weiter floß. Lange Fließkanäle blieben zurück und bildeten unterirdische Höhlen. Diese kann man besichtigen. Über ein großes Loch in der Lavadecke kann man in die schwarzen Lavaschächte der Surtshellir und Stéfanshellir hinabsteigen. Die Mitnahme einer starken Taschenlampe ist ratsam, denn im Innern ist es stockdunkel. **Surtshellir** ist 1,9 km lang und **Stéfanshellir** 1,6 km. Beide Höhlen sind 5–10 m hoch. Einst muß dies ein insgesamt 3,5 km langer Lavatunnel gewesen sein, denn beide Höhlen sind nur durch einen 20 m breiten Einsturz voneinander getrennt. Surtshellir wird von einer kleineren Lavaröhre, der *Beinahellir* (Knochenhöhle) geschnitten. Früher sollen sich Geächtete in diesem Höhlensystem versteckt haben.

2 km vom Bauernhof *Fjlótstunga* entfernt liegt etwas östlich die 1,5 km lange und ebenso hohe Höhle **Viðgelmir.** Der Bauernhof bietet nach Vereinbarung eine mehrstündige Höhlenführung an; die notwendige Ausrüstung wird gestellt, Preis ca. 4500 ISK (Tel. 4 35 11 98).

Der *Húsafell Travel Service* (Tel. 4 35 15 50, Fax 4 35 15 51) bietet im Sommer täglich eine Exkursion zur Lavahöhle Surtshellir an. Zu buchen auch beim Service Center in Húsafell (Tel. 4 35 13 78, 4 35 14 53, Fax 4 35 14 63); dort können auch Besichtigungen der Stéfanshellir- und Víðgelmir-Höhle arrangiert werden.

Húsafell

Húsafell ist ein **Erholungsort der Städter.** Zu allen Jahreszeiten hat das Gebiet hier einen besonderen Reiz. In Húsafell ist es oft warm, obwohl der Wind von überall her bläst. Inmitten eines Birkenwäldchens befinden sich viele Holzhütten und ein Schwimmbad. Viele Isländer pachten sich ein Stück Land, um darauf ein Sommerhaus zu errichten. Die Holzhäuser sind entweder in Privatbesitz oder gehören Vereinigungen. Man kann einige dieser Häuser mieten. Geheizt wird mit geothermaler Energie. Ein Prospekt beschreibt den Ort treffend als „schönen und friedlichen Platz mitten in Island, er liegt zwischen Lava und Gletschern und ist mit Birken bewachsen. Sie können hier angeln, schwimmen, die Natur beobachten, joggen, spielen oder einfach die wunderbare Schönheit der Natur erfahren."

Praktische Infos

Tourist-information

Húsafell Service Center
Tel. 4 35 13 78, 4 35 14 53, Fax 4 35 14 63; Vermietung von Ferienhäusern, Cafeteria; Angellizenzen, Pferdeverleih, Exkursionen zu den Lavahöhlen

Unterkunft

Fljótstunga
Hvitársíða
Tel. 4 35 11 98, Bauernhof mit ganzjähriger Vermietung von drei kleinen Hütten, Angeln (Forellen, Lachse), Reiten, Fahrradverleih; 10 km von Húsafell, 2 km von der Lavahöhle Víðgelmir entfernt

Ferðaþjónustan Húsfelli
Húsafell Travel Service,
Tel. 4 35 15 50, Fax 4 35 15 51, 10 Betten, 42 Schlafsackplätze, Zeltplatz, Schwimmbad, Restaurant, Reiten, Fahrradverleih, im Winter Motorschlittenverleih, ganzjährig geöffnet

Campingplatz

Tel. 4 35 13 78, komfortabel, Einkaufsmöglichkeit, Tankstelle, Bushaltestelle, Schwimmbad

---

Wenige Kilometer westlich von Húsafell gelangt man auf der 518 zu den **Hraunfossar,** den „Lavawasserfällen", die mit zu den schönsten Wasserfällen Islands gehören. Auf einer Breite von 1 km quellen unzählige kleine Wasserfälle aus einem Lavafeld und ergießen sich in die Hvítá. Nicht weit davon entfernt liegt der **Barnafoss.** Dieser „Kinderwasserfall" erinnert an zwei Kinder, die hier verunglückt sind.

Wir fahren nun auf der Straße 518 bis zur nächsten Kreuzung (4 km) und folgen dann der Straße 519 in Richtung Süden. Nach weiteren 4km wendet sich diese Straße nach Westen und verläuft im Tal der *Reykjadalsá,* dem **Reykholtsdalur.** Hier gibt es eine Vielzahl von heißen Quellen. Die Erdkruste ist an dieser Stelle besonders dünn. Viele der Quellen werden genutzt, um die Gewächshäuser der Region zu beheizen. Auch die Fernwärmeleitung nach Borgarnes und Akranes wird mit dem heißen Wasser gespeist. Die **Deildartunguhver** ist eine besonders ergiebige Quelle. Sie läßt pro Sekunde 180 Liter siedend heißes Wasser an die Oberfläche sprudeln. Im Reykholtsdalur kommen wir schließlich nach *Reykholt,* der Heimat von *Snorri Sturluson,* einem geschichtsträchtigen Ort also.

Reykholt

Der Besuch von Reykholt, dem Wohnort der *Sturlúnger,* sollte zum Programm aller Sagaanhänger gehören. In der Freistaatzeit waren die Sturlúnger eine der mächtigsten Sippen des Landes. Sie berufen sich auf den Sagahelden *Egill Skallagrímsson* als Vorfahren. Die Familie wurde Namensgeber für eine ganze Epoche, die **Sturlungerzeit.** Besonders stolz ist man in Reykholt auf den berühmtesten Vertreter dieses Geschlechts, auf Snorri Sturluson. Er wurde 1179 in *Hvammar* in Westisland geboren. Durch seine Heirat wurde er mit 21 Jahren vermögend und erhielt außerdem einen wichtigen Godentitel. Er wurde Herrscher zweier Godentümer. Damit nahm er auch am Alþing teil und wurde dort Gesetzessprecher. Dies war in der damaligen Zeit das wichtigste Amt im Staat. Wegen seiner herausragenden Verdienste – er konnte unter anderem einen Krieg zwischen Norwegen und Island verhindern – wurde er einige Jahre später ein zweites Mal in dieses Amt berufen. Seine guten Kontakte zum norwegischen Königshof brachten Snorri aber nicht nur Freunde, da das Königshaus ihn bei Streitigkeiten mit anderen Clans unterstützte. Durch eine erneute Heirat, dieses Mal mit der damals reichsten Frau der Insel, hatte er finanziell endgültig ausgesorgt und konnte sich vermehrt der Schriftstellerei widmen. Er schrieb die Edda nieder und verfaßte ein **Skaldenlehrbuch.** Nach einem seiner Besuche beim norwegischen König kehrte Sturluson gegen dessen Willen nach Island zurück. Der König verlangte daraufhin, ihn nach Norwegen zurückzubringen, notfalls mit Gewalt. Von den Gefolgsleuten des Königs wurde Snorri Sturluson 1241 in Reykholt ermordet (siehe Route 6).

Kopien von Snorris Werken sind in Reykholt ebenso zu sehen wie eine Bronzestatue, ein Geschenk des norwegischen Kronprinzen *Olav.* Eine Besonderheit ist auch, daß **Snorris Badeplatz** erhalten geblieben ist. Dabei handelt es sich um das einzige noch existierende Baudenkmal aus dem frühen Mittelalter. Vor nicht allzu langer Zeit entdeckte man außerdem, daß der Badeplatz durch einen unterirdischen Gang mit dem Wohnhaus verbunden war.

Praktische Infos

Unterkunft

Edda-Hotel Reykholt,
Tel. 4 35 12 60, Fax 4 35 14 21,
Restaurant, Angeln, Reiten, im Sommer geöffnet

Museum

Snorrastofa

Reykholt, Tel. 4 35 14 90, dokumentiert das Leben von *Snorri Sturluson* (1179–1241) und anderer Persönlichkeiten aus Reykholt; man nimmt an, daß Snorri auf dem Friedhof bei der alten Kirche beerdigt wurde, kennt die genaue Stelle aber nicht
Neue Kirche von Reykholt, 1996 geweiht, zu besichtigen 01.06.–31.08. tgl. 10–22 Uhr

Nach Reykholt bleiben wir auf der Straße 519, bis diese nach etwa 8 km an einer Tankstelle wieder auf die Straße 50 trifft. Wir fahren auf dieser in Richtung Süden bis zum *Lundarreykjadalur,* biegen hier auf die Straße 52 ein und fahren zur Ringstraße zurück. Weiter geht es auf ihr in Richtung Borgarnes. Nach 9km erreichen wir kurz vor der Stadt den Hof Borg. Hier biegen wir auf die Straße 54 ab, die uns zur Halbinsel Snæfellsnes bringt.

Der Hof Borg, Heimat von Egill Skallagrímsson

In der Zeit vor der Annahme des Christentums hat sich der Wikinger *Skallagrímur Kveldúlfsson* einst auf dem Gebiet des heutigen Borgarnes niedergelassen. Er gründete hier seinen „Borg" genannten Hof auf einer Landzunge, isländisch „nes". Daraus entstand der Name der späteren Stadt. Egill Skallagrímsson (ca. 900–983), der Sohn dieses Wikingers, ging als **berühmter Skaldendichter** des Nordens in die Geschichte ein. **Egills Grab** *(Skallagrímsgarður)* soll unweit der Stadt liegen. Aus dieser Zeit sind kaum noch Spuren vorhanden. Heute erinnert eine Statue von *Ásmundur Sveinsson* an den berühmtesten Sohn der Stadt. Diese Skulptur stellt eine Szene aus einem der bekanntesten Gedichte Skallagrímssons dar, „Sonatorrek", „Der Söhne Verlust". Sie zeigt, wie Egill seinen ertrunkenen Sohn trägt, eine Darstellung, die wir bereits aus Borgarnes kennen. Die Statue steht etwa 3 km außerhalb des Ortes, wo einst der Hof Borg stand.

Verfallenes Gehöft in Búlandshöfdi, Halbinsel Snæfellsness

Route 2 D: Von Borg über Mýrar zur Halbinsel Snæfellsnes

Vom Borgarfjörður bis zum *Eldborgarhraun* auf Snæfellsnes erstreckt sich eine flache Moorlandschaft. Während der letzten Eiszeit war dieses Gebiet ebenso wie der Borgarfjörður von Gletschereis bedeckt. Nach Ende der Eiszeit wurden die Gletscherflächen vom Meerwasser überspült. Nachdem sich diese Wassermassen wieder zurückgezogen hatten, blieb ein überwiegend feuchtes Gebiet zurück. Die Tiefebene *Mýrar* ist von unzähligen Flüssen und Seen durchzogen. Auf kleinen Straßen kann man vielerorts einen Abstecher ans Meer machen. Der Küste vorgelagert sind kleine Inselchen und Schären. Hier gibt es auch eine große Anzahl von Vögeln. In der Küstenregion und in den sumpfigen Gebieten treffen wir vor allem auf Watvögel, Sand- und Goldregenpfeifer, Odinshühnchen, Regenbrachvögel, Austernfischer oder Alpenstrandläufer. An den Seen und Tümpeln kommen einige Entenarten vor. In Gebieten, die von Gras bewachsen sind, dominieren Singvögel, wie Wiesenpieper und Steinschmätzer. Auch Papageitaucher sind teilweise auf den Schären anzutreffen.

Die Straße führt weiter durch flaches, wasserreiches und von vielen kleinen Seen bedecktes Gebiet, das landwirtschaftlich genutzt wird, nach Snæfellsnes. Am Lavafeld *Barnaborgarhraun,* aus dem weit sichtbar der Krater *Barnaborg* herausragt, gelangt man bald zur Abzweigung der Straße 55 (37 km von Borg), die durch das *Hnappadalur* die Halbinsel Snæfellsnes in Richtung Norden quert und nach 27 km am *Hvammsfjörður* in die Straße 57 einmündet. Die Straße führt durch das Seengebiet der *Rauðamelsheiði.* Unweit des Kraters *Gullborg* gibt es einige Tropfsteinhöhlen. Die bekannteste und am leichtesten zugängliche ist *Borgarhellir.* Wer sie besichtigen will, wendet sich an die Höfe *Heggstaðir* oder *Hraunholt;* von dort aus werden Führungen angeboten.

Route 2 E: Auf der Straße 54 nach Malarrif (88 km)

Westlich der Straße 54 erstreckt sich das Lavafeld *Eldborgarhraun.* Inmitten der Lava liegt der 112 m hohe **Lavaring Eldborg,** auf deutsch „Feuerburg", dessen ebenmäßige Form an einen Mondkrater erinnert. Hinter diesem Lavafeld beginnt unsere Rundfahrt auf der Halbinsel Snæfellsnes.

Die Halbinsel Snæfellsnes

Wie ein langer Finger erstreckt sich die Halbinsel Snæfellsnes von Westisland in den Nordatlantik. Die Landzunge bildet eine natürliche Begrenzung zwischen dem *Faxaflói* im Süden und dem *Breiðafjörður* im Norden. Außer mit dem Auto gelangt man auch mit dem Linienbus von Reykjavík in dieses Gebiet. Er verkehrt mehrmals täglich zu den Hauptorten von Snæfellsnes.

Auf der dünnbesiedelten Halbinsel gibt es auf eng umgrenztem Raum **die ganze Vielfalt isländischer Landschaften zu entdecken.** Im westlichen Teil der Insel dominiert der sagenumwobene **Gletscher Snæfellsjökull** (vgl. S.345). Hier treffen wir auf unterschiedliche Vulkantypen, farbige Lavafelder, Lavahöhlen, mineralhaltige Quellen, Fundorte von Fossilien und eine faszinierende Bergwelt. In der Mitte der Halbinsel erhebt sich ein Gebirgsmassiv aus Basaltgestein und trennt den Nordteil, der von Fjorden geprägt ist, vom Südteil. Im Süden herrscht eine sumpfige Graslandschaft vor.

Auf der Halbinsel kommen ganz junge, aber auch ganz alte Gesteine vor. Das „Rückgrat" der Halbinsel wird von tertiären und eiszeitlichen Basalten gebildet. Die Berge sind bis zu 900 m hoch und werden von dem erdgeschichtlich viel jüngeren Snæfellsjökull (1446 m) an der Westspitze der Insel überragt. Am Rand von Trogtälern erheben sich steile Bergflanken, ein deutlicher Hinweis auf die eiszeitliche Entstehung von Snæfellsnes. Die älteren Landschaftsteile sind von Zwergstrauchheiden bedeckt. Außerdem kommt hier der in Island seltene Schwedische Hartriegel vor. In den aktiven Vulkanzonen herrschen auf den frischen Lavaströmen Heidepflanzen vor. Wo der Boden mit den dicken Polstern des Zackenmützenmooses bedeckt ist, können sich hingegen nur wenige andere Pflanzen behaupten.

Auf Snæfellsnes gibt es **mehrere Naturschutzgebiete.** Im Süden der Halbinsel liegt das Reservat **„Ströndin við Stapa og Hellna"** unweit von *Arnarstapi.* Es ist 58 ha groß und besteht seit 1988. Im südwestlichen Teil von Snæfellsnes kommen an den Steilfelsen große Seevogelkolonien vor. Im *Grundarfjörður* liegt die **Insel Melrakkaey.** Sie ist 9 ha groß und wurde 1974 zum Naturschutzgebiet erklärt. Dort sind Eismöwen am Boden zu sehen, was es sonst sehr selten gibt. Außerdem gibt es Kormorane, Krähenscharben, Dreizehenmöwen und Papageitaucher. Entlang der Küsten kann man auch Singschwäne, Eiderenten, Austernfischer, Alpenstrandläufer, Herings- und Eismöwen beobachten.

Intakte Natur, ein Gletscher mit magischer Kraft, Vogelkolonien, Seehunde, beeindruckende Berge, 1000 Inseln, eine wunderbare Küstenlinie, Kliffs, goldene Sandstrände, schöne Felsformationen, Fischerdörfer – all das und noch mehr wird geboten: unterschiedlichste Freizeitaktivitäten, einschließlich Boots-, Sightseeing- und Gletschertouren, klettern, reiten, radfahren, fischen, Tiefseefischen, Golf, schwimmen und Museen. Diese Aktivitäten bucht man am besten in den Tourist-Informationen der Orte *Ólafsvík* und *Stykkishólmur.*

Nach Überquerung des Flusses *Halfjarðará* kreuzt die Straße 567 unsere Route.Nordwärts führt diese empfehlenswerte Stichstraße bis zu dem verlassenen Hof *Höfði.* In der Nähe der Farm *Gerðuberg* sind besonders gleichmäßig geformte, hohe Basaltsäulen zu sehen. Auf der weiteren Strecke erwarten uns markante Farben: Rote Lavaberge erheben sich zwischen teils moosbewachsenen, teils völlig schwarzen Lavagebilden. Vom Parkplatz bei der Farm *Ytri-Rauðamelur* führt ein kurzer Fußweg zur **Rauðamelsölkelda** („Mineralquelle beim roten Sandhügel")**, der größten Mineralquelle Islands.** Zuerst gelangt man zu einer Felswand, über die mehrere Wasserfälle rieseln. Dann durchquert man einen Bach. Die Quelle selbst ist mit einem Pfosten markiert. Das Quellwasser ergießt sich in ein ca. 60 cm breites Loch. Dem Wasser werden heilende Kräfte nachgesagt.

Geländegängige Fahrzeuge können auf einer Piste von Höfði zur Hauptstraße zurückfahren. In Richtung Süden kann man auf der 567 bis *Kolviðarnes* an der Küste fahren. Hier sind drei Buchten mit dem Namen *Löngufjörur* durch Sandbänke fast vollständig vom Meer abgeschnitten.

Die Straße 54 führt weiter durch eine sumpfige Graslandschaft nach Westen. Im Süden der Halbinsel fällt das Bergland ziemlich abrupt in ein 1 bis 2 km breites **Küstenvorland** ab, das nicht älter als 10 000 Jahre ist. Vorher prallte die Brandung an die bis zu 100 m hohe Steilküste. Dann verlandete das Meer immer mehr;

Baula (934 m), Vulkankegel aus Rhyolith

Strandseen entstanden. Nach und nach bildete sich das mit Seen durchsetzte Vorland, ein ideales **Brutgebiet für Wasservögel,** unter anderem für den Singschwan. Außerdem kommen dort Sterntaucher, verschiedene Entenarten, Lachmöwen und Graugänse vor. Im sumpfigen Gebiet um die Seen brüten Bekassine, Rotschenkel, Regenbrachvögel, Alpenstrandläufer und Odinshühnchen.

In Richtung Norden blickt man auf die Rhyolithberge des *Ljósufjöll.* Die Straße 56 führt hier über den Paß *Kerlingarskarð* auf ca. 300 m Höhe nach *Stykkishólmur* in den Norden der Halbinsel.

Kurz nach der Abzweigung überquert man auf der Straße 54 den Fluß *Straumfjarðará.* Einige Kilometer weiter zweigt die kurze Stichstraße 571 nach Norden ab. Hier befindet sich unweit des Hofes *Ölkelda* eine weitere **Mineralquelle.** Die *Ölkelda* („Mineralquelle") ist gefaßt, das Mineralwasser wird verkauft.

Etwa 4km nach dieser Abzweigung liegt nördlich der Straße 54 die kleine Kirche *Staðarstaður.* Hier lebte *Ari Þórgilsson* (1067–1148), der Verfasser des „Íslendingabók". Möglicherweise gehörte er auch zu den Verfassern des „Landnámabók".

Im weiteren Verlauf der Straße erstrecken sich nach Norden hin viele Seen, auf denen häufig Enten, Singschwäne, aber auch Eistaucher zu sehen sind. Die Stichstraße 572 führt zum Freibad *Lýsuholl.* Hier hat man Gelegenheit, in angenehm warmem, mineralhaltigem Wasser zu baden, das aus einer nahegelegenen Quelle stammt. Kurz vor der Abzweigung nach *Ólavsvík* bzw. *Búðir* kommen wir in *Kálfárvellir* an einem schönen **Wasserfall** (Barnafoss) vorbei.

Abstecher nach Búðir

Hier befindet sich ein altes **Hotel;** die ältesten Teile stammen bereits aus der ersten Hälfte des vorigen Jahrhunderts. Vom Hotel lassen sich **organisierte Reittouren, Bootsausflüge** mit Beobachtung von Walen und **geführte Ausflüge** auf den Gletscher unternehmen. Man erhält hier auch die **Genehmigung zum Lachs- und Forellenangeln.**

Nicht weit vom Hotel entfernt erstreckt sich ein heller Sandstrand, durchsetzt mit kontrastierenden schwarzen Lavabrocken. Auch hier wird so mancher verführt sein, ein Bad in dem leider allzu kühlen Naß zu nehmen.

In der anderen Richtung des Hotels befindet sich die **Búðarkirkja,** die bereits auf eine beinahe 300jährige Geschichte zurückblicken kann. Die heutige Kirche allerdings stammt aus der Mitte des 19. Jahrhunderts. Von der Kirche aus erreicht man zu Fuß das Lavafeld *Búðahraun.* Es zählt zu den besonders schönen in Island und zeichnet sich auch durch seine abwechslungsreiche Pflanzenwelt aus. Im dichten Buschwald kommen seltene Farnarten vor. Außerdem ist die Lava hier von kleinen Höhlen, Grotten und Lavaformationen durchsetzt. Weiter gelangt man zum 90 m hohen Vulkankrater *Búðaklettur* inmitten der Lavafläche. Von hier ergoß sich einst das flüssige Erdinnere auf das umliegende Land. Unter dem Krater liegt die 400 m lange Höhle *Búðahellir.* Einer Sage nach soll es von dieser Höhle einen mit Goldstaub bedeckten Lavatunnel bis zur Höhle Surtshellir im Hallmundarhraun bei Húsafell geben. Läuft man nun noch ein Stück weiter durch das bunte Lavafeld, kommt man an den Sandstrand *Hraunlandarif.*

Von Búðir kehren wir zur Straße 54 zurück. Wir verlassen sie und fahren auf der Straße 574 vorbei am See *Miðhúsavatn* nach Arnarstapi. Etwa 2 km vor Arnarstapi zweigt eine Allradpiste zum Snæfellsjökull ab (siehe Hintergrundtext nebenan).

Arnarstapi

Einen kurzen Abstecher sollte man zur Küste nach Arnarstapi machen. Arnarstapi bedeutet „Adlerfelsen", nach dem pyramidenförmigen Berg, auf dem Seeadler nisten. Es ist jedoch eher unwahrscheinlich, daß man einen dieser großen Vögel zu sehen bekommt, obwohl auf der Halbinsel noch etwa dreißig Paare vorkommen. Wahrscheinlicher ist es, daß eine Küstenseeschwalbe während der Brutzeit einen Scheinangriff auf Besucher fliegt. Eine Kopfbedekkung ist dann ratsam.

Arnarstapi selbst ist eine wahre Augenweide: kleine Häuser inmitten grüner Wiesen, Basaltsäulen unweit des Meeres, überragt vom Gletscher. Unmittelbar hinter dem Gästehaus endet die Straße. Hier erinnert ein steinernes **Monument** an den ersten Siedler der Halbinsel Snæfellsnes, den bärtigen Seemann *Barður.* Der malerische Hafen ist von steilen Felswänden umgeben, über die sich kleine Wasserfälle ins Meer ergießen. Darüber erhebt sich der mächtige

Der Snæfellsjökull – ein magischer Gletscher?

Dem Snæfellsjökull werden magische Kräfte nachgesagt. Bereits in den Sagas steht geschrieben, daß derjenige, der den Gletscher einmal gesehen hat, immer wieder dorthin zurückkehren wird.

Der 1446m hohe und von einer „Gletschermütze" bedeckte Stratovulkan liegt im Westen der nach ihm benannten Halbinsel und zählt sicherlich zu den schönsten Vulkanen Islands. Er entstand während der Eiszeit und brach auch danach noch einige Male aus. Große Lavafelder an den südlichen und südwestlichen Hängen, unter anderem das Beruvíkurhaun und das Háahraun, entstanden während heftiger nacheiszeitlicher Vulkanaktivitäten. Die Lavaströme an den Hängen des Vulkans sind von tiefen Rinnen durchzogen und verleihen ihm ein zerfurchtes Aussehen. Ist diese zerklüftete Oberfläche von einer dünnen Schneeschicht überzogen, wird dieser Eindruck noch verstärkt. Das letzte Mal war der Vulkan vor 1750 Jahren aktiv, seitdem ist er unter dem Eis erloschen. Das Gletschereis bedeckt heute noch eine Fläche von 11km^2, befindet sich aber auf dem Rückzug. Zu Beginn dieses Jahrhunderts bedeckte es noch 25 km^2.

Bei gutem Wetter ist von Reykjavík aus zu erkennen, wie sich der Snæfellsjökull über dem Faxaflói erhebt. Mit entsprechender Erfahrung läßt sich der „Schneeberggletscher", wie er übersetzt heißt, auch besteigen. Erstmals taten dies isländische Naturforscher im Jahre 1753. Von Arnarstapi aus kann man in etwa 4–6 Stunden auf den Berggipfel gelangen. Doch ist eine Besteigung wie bei allen anderen Gletschern nicht ungefährlich: Es müssen einige

Gletscherspalten überwunden werden. Außerdem kann Gefahr durch Schmelzwasser drohen. Wichtig ist, daß man sich über die Wetterlage und die Schneebeschaffenheit kundig macht. Will man den Gletscher aus der Nähe erkunden, empfiehlt es sich, sich einer organisierten Tour anzuschließen. Die am besten geeignete Zeit für Gletschertouren sind die Monate März bis Mai, aber auch im Sommer ist eine Begehung möglich.

Auf zwei Pisten gelangt man bis zum Gletscherrand. Eine zweigt 10 km südlich von Hellisandur ab und führt zum Nordteil des Gletschers. Eine weitere Allradstrecke F570 zweigt nördlich von Stapafell ins Landesinnere ab. Etwa nach 1 km kommt man auf diesem Weg an der versteckt liegenden Höhle Sönghellir, der „singenden Höhle“, vorbei. Die Höhle am Fuß des Gletschers ist durch ihr gutes Echo bekannt. Westlich des 657 m hohen Berges Náttmálahnúkur kommt man auf einem Fußweg zum Gletscher. Nach etwa 2 km gelangt man dann auf dem Paß Jökulháls auf einen weiteren Aufstiegsweg. Alle drei Wege führen auf den höheren der beiden Gipfel des Snæfellsjökull, den Jökulþúfur. Beide Gipfel erheben sich hoch über den Kraterrand und verleihen dem Berg sein charakteristisches Aussehen.

Für den mühsamen Aufstieg wird man durch eine grandiose Aussicht belohnt. Man überblickt einen Großteil der Halbinsel Snæfellsnes mit ihrer landschaftlichen Vielfalt. Im Süden kann man bei entsprechender Sicht bis Reykjavík sehen, im Norden ist der Blick frei auf die Steilküsten der südlichen Westfjorde, die sich hinter dem Breiðafjörður mit seinen unzähligen Inselchen erheben.

Der sagenumwobene Gletscher regte schon immer die Phantasie der Menschen an, die ihn gesehen haben. Auch in der Literatur kommt er mehrmals vor: In Jules Vernes´ (1828–1905) Roman „Reise zum Mittelpunkt der Erde“ kann man folgendes nachlesen: „Steig hinab in den Krater des Sneffels Yocul, den der Schatten des Skartaris vor dem ersten Juli liebkost, kühner Wanderer, und Du wirst zum Mittelpunkt der Erde gelangen.“ Am Gletscher beginnt die phantastische Reise des Hamburger Mineralogieprofessors *Otto Lidenbrock,* seines Neffen *Axel* und ihres isländischen Führers, dem Eiderjäger *Hans.* Sie steigen durch den erloschenen Krater ins Erdinnere hinab, entdecken ein Meer mit Gezeiten und Winden und treffen auf urzeitliche Saurier und Pflanzen aus dem Tertiär. Nachdem sie viele Abenteuer überstanden haben, gelangen sie durch den Stromboli in Italien wieder an die Erdoberfläche. Der Roman schildert eindrucksvoll auch das Reisen in Island vor 100 Jahren sowie das Leben der Bewohner.

Der zweite berühmte Roman, der am Snæfellsjökull spielt, ist „Weltlicht“ von Halldór Laxness. Auch in seinem Roman „Seelsorge am Gletscher“ geht es um den Gletscher bzw. um einen Pfarrer, der hier seine „Schäfchen“ betreut und in den Bann des Gletschers gezogen wird.

Snæfellsjökull. Oberhalb des kleinen Hafens gelangt man zu Fuß in etwa einer halben Stunde zur Steilküste. Das Meer hat dort mannigfaltige Formen geschaffen. Manchmal blieben nur Pfeiler oder Brocken stehen, manchmal sind es auch Brandungstore wie *Galtklettur,* der „Lochfelsen". Interessante Säulenformationen erheben sich hier ebenso wie vom Meer geschaffene Hohlkehlen. Für diese Formationen verantwortlich ist die unterschiedliche Härte des Gesteins. Weicheres Material wird schneller von der Brandung abgetragen, härteres widersteht länger der Wucht des Meeres. In den Vorsprüngen und Nischen der Steilküste fühlen sich die **Seevögel** wohl, die hier in großer Zahl vorkommen. Man muß gar nicht weit laufen vom Parkplatz an der Küste, dann hört man schon das ohrenbetäubende Geschrei der unzähligen Lummen, Eissturmvögel, Dreizehenmöwen, Tordalken und Kormorane. Die Exkremente der Tiere – die

Vogelfelsen, Nistschema

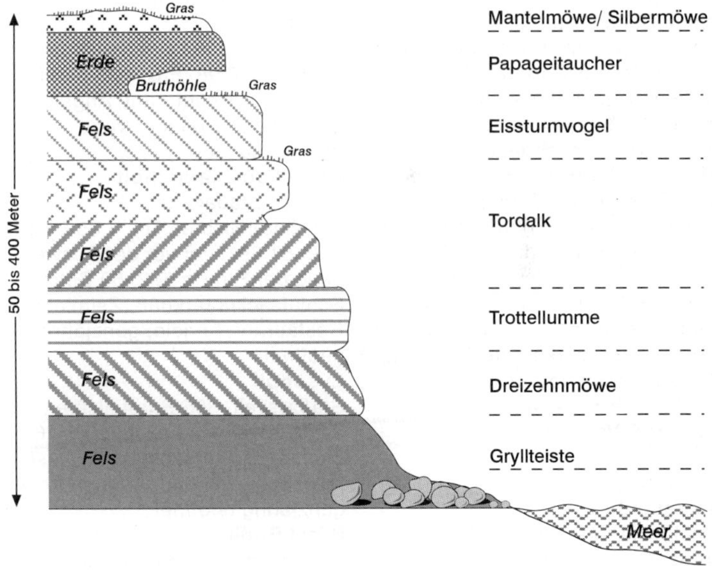

Gartenliebhaber schätzen sie als „Guano" – weisen schon rein olfaktorisch den Weg. Im Gebiet von Arnarstapi und *Lóndrangar* gibt es noch etliche andere **Vogelberge.**

Unmittelbar an der Straße erhebt sich der 526 m hohe Berg *Stapafell.* Er besteht aus *Hyaloklastit.* Etwa 2 km weiter, südlich des Snæfellsjökull, zweigt eine Stichstraße von der 574 nach *Hellnar* ab. Etwa auf halber Strecke gelangt man zum Hof *Laugarbrekka.* Hier wurde die Wikingerin *Guðriður Þórbjarnardóttir* geboren. Sie unternahm acht Seereisen und gelangte dabei unter anderem nach Rom – für die damalige Zeit eine beachtliche Leistung (s.a. Glaumbær). Vorbei an einer Kirche kommt man kurz darauf nach **Hellnar.** Dieser kleine Ort liegt am Meer und war einst ein wichtiges Fischerdorf. Die einzige Sehenswürdigkeit, die heute noch besteht, ist die in einer Bucht liegende **Höhle Baðstofuhellir,** die von einem Basaltbogen überspannt wird und bei bestimmten Lichtverhältnissen eigentümlich leuchtet. In der Nähe liegt die nicht ganz so beeindruckende Höhle *Sauðahellir.* Sie befindet sich etwas nördlich des Ortes. Sehr lohnenswert ist ein Spaziergang von hier entlang der Steilküste zurück nach Arnarstapi oder um die Landzunge Hellnanes. Von dort sieht man über die zerklüftete Küste auf den Leuchtturm von *Malarrif.*

Praktische Infos

Unterkunft

Snorrastaðir
Kolbeinsstaðahreppi, 311 Borgarnes, liegt im südöstlichen Eldborgarhraun, Tel. und Fax 4 35 66 27, 4 35 66 28, 24 Betten, Sommerhäuschen, Schlafsackunterkunft, Angeln, Reiten, ganzjährig geöffnet

Hótel Eldborg
Laugagerðisskóla, 311 Borgarnes, liegt an der Straße 567, Tel./Fax 4 35 66 02, 40 Betten, 80 Schlafsackplätze, Restaurant, Schwimmbad, Angeln, Reiten, Zeltplatz, im Sommer geöffnet

Stakkhamar
Liegt 5 km südlich der Straße 54 an der Küste, Tel. 4 35 66 67, 6 Betten, Sommerhaus, Reiten

Gästehaus Miðhraun
Miklaholtshreppi, 311 Borgarnes, liegt 4 km vor der Abzweigung der Straße 56, Tel./Fax 4 35 66 75, 14 Betten, Schlafsackunterkunft, Restaurant, Angeln, Reiten, ganzjährig geöffnet

Ytri-Tunga
Staðarsveit, 355 Snæfellsbær, Tel. 4 35 66 98, Fax 4 35 68 90, 20 Betten, Restaurant, Angeln, Strandspaziergänge, Vogelbeobachtungen

Gästehaus Langaholt
Garðar, Staðarsveit, 355 Snæfellsbær, Tel. 4 35 67 19, 4 35 67 89, liegt vor der Abzweigung der Straße 572, 50 Betten, Schlafsackunterkunft, Zeltplatz, Restaurant, Angeln, ganzjährig geöffnet

Lýsuhóll
Staðarsveit, 355 Snæfellsbær, Tel. 4 35 67 16, Fax 4 35 68 16, Zimmer, Schlafsackplätze, Restaurant, Schwimmbad, Angeln, Reiten, ganzjährig geöffnet

Hótel Búðir
Staðarsveit, 355 Snæfellsbær, Tel. 4 35 67 00, Fax 4 35 67 01,

50 Betten, Zeltplatz, Angeln, Reiten, Ruderboot-Verleih, Bootsfahrten, im Sommer geöffnet
Ferðaþjónustan Snjófell
Arnarstapi, 355 Snæfellsbær, Tel. 4 35 67 83, 8 54 51 50, Fax 4 35 67 95, Zimmer, Schlafsackplätze, Zeltplatz, Restaurant, Fahrradverleih, Motorschlitten-Verleih, Bootsfahrten, Walbeobachtungen, ganzjährig geöffnet
Gästehaus Gíslabær
Hellnar, 355 Ólafsvík, Tel. 4 38 67 57, 8 54 18 71, Zimmer, Schlafsackplätze, ganzjährig geöffnet

Sonstiges

Schneekatzenfahrt auf den Snæfellsjökull:
ab Snjófell/Arnarstapi, Tel. 4 35 67 83, 8 54 51 50; ab Gästehaus Höfði, Ólafsvík, Tel. 4 36 16 50; ab 4000 ISK, Mitternachtsfahrten ab 5000 ISK
Mountain Taxi
Lindarbær, Reykholt, 320 Borgarfjörður, Tel. 4 35 14 44, 8 52 56 65, Fax 4 35 14 79, Super-Jeep-Touren zum Snæfellsjökull
Hópferðabíl ar Helga Péturssonar
Tel. 5 52 23 00, 5 61 80 00, Gruppenfahrten zum Snæfellsjökull

Route 2 F: Von Malarrif nach Grundarfjörður (55 km)

Kurz nachdem wir auf die Straße 54 zurückgekehrt sind, kommen wir an den Kratersee *Bárðarlaug.* Etwa 5km weiter zweigt wieder eine kleine Stichstraße zum Meer hin ab. Man sieht von hier aus die beiden Felsen von *Lóndrangar.* Will man sie aus der Nähe betrachten, fährt man auf einer Piste bis kurz vor den **Leuchtturm von Malarrif.** Von hier gelangt man zu Fuß zu den Felstürmen. Auf dem Weg dorthin kommt man an den Vogelfelsen von *Þúfubjörg* und der grasbewachsenen Kraterruine *Svalþúfa* vorbei. An dem besonders schönen, fast vollständigen Vogelfelsen halten sich wieder große Seevogelkolonien auf, unter anderem eine große Anzahl von Trottellummen. Vor und über den Kolonien fliegen immer wieder Silber-, Mantel- und Schmarotzermöwen, die es auf Eier und Jungvögel abgesehen haben, aber auch den Altvögeln die gefangene Beute streitig machen. Man nimmt an, daß es sich bei den Felsen von Lóndrangar um Überreste von Vul-

Wasserfall bei Geirakót, Ólafsvík

kanschloten handelt. Der linke der beiden ist etwa 75 m hoch und weist bizarre Zacken auf. Der andere hat etwa eine Höhe von 60 m und einen Buckel. Von den Felsen an begeben wir uns an die **Westküste der Halbinsel**, wo das Meer auf eine Steilküste trifft, die von den Lavaströmen des Snæfellsjökull gebildet wurde.

Die Echohöhle Tröllakirkja

Wieder auf der Straße 574 zweigt etwa 5 km weiter eine Piste zur Tröllakirkja, der „Echohöhle", ab. Diese Formation aus Lavagestein ist nur bei Ebbe zu erreichen. Man parkt sein Fahrzeug auf dem Parkplatz und geht auf einem Trampelfpad bis zur Bucht *Djúpalón* und von dort am Strand weiter zur Höhle. Dieser ist hier mit glänzenden, schwarzen Kieselsteinen bedeckt und von zackigen Felsen aus schwarzem und rotem Tuffgestein umgeben. Nach rechts gelangt man auf einem schmalen Weg über steil abfallende Felsen in die **Bucht Dritvík.** Von hier überblickt man den felsenumsäumten Strand und blickt hinaus auf das Meer. Halten Sie jedoch etwas Abstand von den Klippen, denn der Abhang kann leicht abbrechen. Dritvík war im letzten Jahrhundert ein wichtiges Fischereizentrum. Heute ist die schwer zugängliche Bucht verlassen. Nur noch eine alte Schmiede und steingeschichtete Lagerräume sind von damals übriggeblieben. Am Strand liegen noch einige Steine, die zur „Musterung" von Matrosen dienten: Mit diesen Gewichten wurden die Kräfte der Bewerber ermittelt. Es galt, verschieden schwere Steine heben zu können. Wer am stärksten war, schaffte den *fullsterkur* („Ganzstarker"), einen Lavabrocken von 154 kg. Halbstarke konnten den 100 kg schweren *hálfsterkur* stemmen und „halbe Portionen" schafften gerade den *hálfdrættingur* mit 54 kg. Für Schwächlinge gab es früher noch den *amlóði,* doch der nur 23 kg schwere Stein ist zerbrochen – wahrscheinlich mußten ihn nach zuviel „Brennivín" auch die anderen Starken immer wieder fallen lassen. Was heute noch zu sehen ist, ist eine malerische Küste aus schwarzem Lavasand. Von hier aus lassen sich auch Robben auf den Schären beobachten.

Wieder zurück auf der 574 durchfährt man das Lavafeld *Beruvíkurhraun.* Dieses erscheint in schönen Farbabstufungen und ist von Moos und Sträuchern bewachsen. Im weiteren Verlauf der Straße kommt man an drei alten Kratern vorbei. Der Krater *Hólahólar* ist an einer Seite offen und in seiner Form einem Amphitheater ähnlich. Wo ein Fahrweg wieder in die Straße mündet, befindet sich der *Sauðhóll* und noch etwas weiter der *Stóri-Saxhóll.*

Nun sind wir an der **Nordküste der Halbinsel** angekommen. Hier verläuft die Straße nahe entlang der Küstenlinie, die immer wieder von Fjorden eingeschnitten ist. Die Steilhänge der gesamten Nordküste sind Brutgebiet für viele tausend Eissturmvögel. Auch die Eismöwe bildet hier große Kolonien.

Kurz vor *Hellisandur* erhebt sich eine hohe Antenne der amerikanischen Wetter- und Radarstation von *Gufuskálar* mitten in der flachen Lavalandschaft. Ein kleines Schild informiert darüber, daß dies mit 412 m das höchste „Bauwerk" Islands ist.

Etwas nördlich des Mastes befinden sich die Überbleibsel alter **Fischtrocknungsanlagen** aus dem 13. oder 14. Jahrhundert. Auf der anderen Straßenseite sind von den Fischern kleine Verstecke angelegt worden. Die **Fiskibyrgi, Fischburgen,** sind gut getarnte, alte Verstekke vor den Piraten, aus Lavasteinen aufgeschichtet. Hat man eines dieser Verstecke entdeckt, wird man noch viele andere finden können.

Hellissandur & Rif

Der nächste Ort auf dieser Strecke ist Hellissandur, der zusammen mit dem 3 km entfernten kleineren Rif eine Doppelgemeinde bildet. In Hellissandur leben die Menschen schon sehr lange vom Fischfang und seiner Verarbeitung. Es gibt noch Überreste eines Landungsstegs, der aus dem frühen Mittelalter stammen soll. Die **Kirche** des Ortes, die über lange Zeit die drittgrößte des Landes war, gibt es wahrscheinlich auch schon seit über 500 Jahren, so daß sie schon im Winter 1477 bestanden haben könnte, als sich *Kolumbus* hier aufgehalten hat. In einem Torfhaus, das früher als Lagerraum für Fische diente, befindet sich heute ein **Fischereimuseum** *(Sjómannagarðurinn, „Seemannsgarten“).* Es handelt sich um eine zweigieblige Fischerhütte mit torfbeschichteten Grundmauern. Sie wurde nach altem Vorbild eingerichtet und gibt Einblick in das Leben einer Fischerfamilie in früherer Zeit. Im Museum ist außerdem das Ruderboot „Bliki“ aus dem Jahr 1826 zu besichtigen. Auch alte Schiffsmotoren sind zu sehen. Außerdem gibt es ein **Naturkundemuseum** im Ort.

Praktische Infos

Unterkunft

Gästehaus Gimli
Keflavíkurgata 4, Tel. 4 36 68 25, auch Schlafsackunterkünfte, Snowmobilfahrten auf den Gletscher, ganzjährig geöffnet

Campingplatz

Tel. 4 36 66 37, geöffnet 01.06–31.08., einfach

Museen

Fischereimuseum
(Sjómannagarðurinn), Útnesvegur, Tel. 4 36 69 61, geöffnet 01.06.–31.08. tgl. außer Mo 9–18 Uhr; im Garten des Museums steht die Skulptur *Jöklarar* von *Ragnar Kjartansson.*
Naturkundemuseum
(Náttúrugripasafn),
Tel. 4 36 66 44, 4 36 67 10

Weiter gelangt man auf der Straße 574 nach **Rif.** Kurz vor dem Ort befindet sich auf dem **Vogelfelsen Keflavíkurbjarg** beidseits der Straße eines der größten Brutgebiet der Küstenseeschwalbe überhaupt. Bis zu 20 000 Paare kommen hier vor. An den breiten Stränden aus schwarzem Lavasand wachsen Strandroggen, Meersenf, Salzmiere und Mertensie. Der Hafen von Ríf wird von Hellissandur mitbenutzt. Im Gegensatz zur Südküste, die ungeeignet ist für den Bau von Häfen, da sie leicht versandet, gibt es im Norden mehrere Fischerorte. Im 15. Jahrhundert fielen in Rif englische Piraten ein. Ein **Gedenkstein,** der „Björnssteinn“, erinnert an den Statthalter *Björn Þór-*

Hochgelegter isländischer „Super-Jeep" mit Breitreifen

leifsson, der von den einfallenden Seefahrern ermordet wurde. Hinter dem kleinen Flugplatz treffen wir auf einen Brutplatz von Eiderenten.

Ólafsvík

Nach der Brücke über den Bach *Hólmkelsá* biegt kurz vor dem verlassenen Hof *Sveinsstaðir* eine Piste nach Südwesten ab, die nach *Hellisandur* zurückführt. Folgt man diesem Weg $1^1/_2$ km weit bis zur *Hólmkelsá,* kann man zu Fuß (1 km) zu dem flußaufwärts gelegenen Wasserfall *Kerlingarfoss* gelangen.

Auf dem Weg nach Ólafsvík kann man von der Straße 574 den westlich des 410 m hohen Bergs Enni gelegenen *Svöðufoss* sehen. Auf der Ostseite des *Enni* liegt Ólafsvík.

Der Ort selbst wird im Süden von Bergen umrahmt, im Norden erstreckt sich ein Sandstrand. Hier findet man Schalen der **Isländischen Kammmuschel,** die gefangen und industriell genutzt wird. Die übriggebliebenen Schalen werden zerkleinert und zum Teil sogar als Straßenbelag verwendet.

Ólafsvík blickt schon auf eine lange Geschichte zurück. Vom 17. bis 19. Jahrhundert galt es mit seinem Hafen als häufig frequentierter Handelsplatz und stand auch in Verbindung mit dänischen Kaufleuten. Ein gut erhaltenes hölzernes **Packhaus** stammt noch aus dieser Zeit. Mitte des 19. Jahrhunderts wurde es von einem dänischen Kaufmann erbaut und beherbergt heute das **Heimatmuseum** *Gamla pakkhúsið* („altes Lagerhaus"). Die Einwohnerzahl von Ólafsvík wuchs schnell auf heute **1000 Einwohner** an. Eine enorm wichtige Rolle spielt hier der Fisch. Es handelt sich um den wichtigsten Fischerort auf der Halbinsel. Die Stadt verfügt über eine große Fangflotte. Das Gefrierhaus und die fischverarbeitende Industrie weisen ebenfalls auf die Bedeutung des Fischfangs hin.

Im Ort steht ein Kulturhaus, in dem auch das Reykjavíker Symphonieorchester regelmäßig gastiert, ein Schwimmbad und ein Golfplatz sind ebenfalls vorhanden. Von Ólafsvík werden ebenso wie von Arnarstapi Touren auf den Snæfellsjökull angeboten.

Praktische Infos

Tourist-information
Gamla pakkhúsid, Tel. 4 36 15 43

Unterkunft
Gästehaus Höfði
Ólafsbraut 20, 355 Ólafsvík,
Tel. 4 36 16 50, Fax 4 36 16 51,
30 Betten, Schlafsackunterkunft, Zeltplatz, Restaurant, Angeln, Bootsausflüge, Schneekatzenfahrt auf den Snæfellsjökull, ganzjährig geöffnet

Gästehaus Ólafsvík
Ólafsbraut 19, 355 Ólafsvík,
Tel. 4 36 13 00, Fax 4 36 13 02,
52 Betten, Schlafsackunterkunft, Restaurant, Angeln, Bootsausflüge mit Hochseeangeln, ganzjährig geöffnet

Campingplatz
Vor der Stadt an der Straße 54, Tel. 4 36 15 43, komfortabel, Einkaufsmöglichkeit, Tankstelle, Bushaltestelle, geöffnet 01.06.–31.08.

Essen & Trinken
In den Gästehäusern (s.o.)

Grillskálinn
Tel. 4 36 13 62, Pizza

Imbiß der Olís-Tankstelle

Kunst & Kultur
Byggðasafn Ólafsvíkur
Gamla pakkhúsið
Geöffnet 01.06.–31.08.,
tägl. 9–20 Uhr, Tel. 4 36 15 43

Sport & Freizeit
Hochseeangeln mit dem Motorboot
Lukka SH-800, Buchung bei *Lukka,* Tel. 4 36 67 07 oder in den Gästehäusern Ólafsvík (Tel. 4 36 13 00) und Gimli Hellissandur (Tel. 4 36 68 25), ca. 3500 ISK (1 1/2 Std.)

Bootsfahrten zur Walbeobachtung
(4000 ISK, 3 Std.), geführte Touren zur Vogelbeobachtung, geführte Wanderungen, Buchung im Gästehaus Höfði

Sonstiges
Ambulanz
Engihlíð 28, Tel. 4 36 12 25

Apotheke
Ólafsbraut 24, Tel. 4 36 12 61

Polizei
Ólafsbraut 34, Tel. 4 36 12 19

Schwimmbad
Ennisbraut 9

9-Loch Golfplatz
Fróðárvellir, Tel. 4 36 16 66

Östlich von Ólafsvík trifft die F570, der *Snæfellsjökullvegur,* auf die Straße 54. 6 km weiter zweigt die Straße 57 nach *Grundarfjörður* von der Straße 54 ab, die hier die Halbinsel in Richtung Búðir quert. Bei *Geirakót* sieht man südlich der Straße einen malerischen mehrstufigen **Wasserfall** (Bild S.349). In den Buchten *Vallavík* und *Látravík* gibt es schöne Sandstrände. Neben der Straße rauschen immer wieder kleine Wasserfälle ins Tal, und man kann gut den Aufbau der Halbinsel aus terrassenförmig angeordneten Säulenbasalten erkennen. Buchten und kleine Landzungen wechseln sich auf der Meeresseite ab. Außerdem sind – wie auch auf der übrigen Halbinsel – immer wieder Lavabrocken zu Mauern aufgeschichtet, mit kleinen Treibholzstücken dazwischen. Holz für Zäune ist sehr teuer in Island und muß importiert werden.

Zum Meer hin vorgelagert liegt ein Halbinselchen mit dem **Basaltfelsen Stöð,** der geologisch bedeutsam ist, da sich anhand der Gesteinsschichten das Vorkommen von zwei Eiszeiten feststellen läßt. Den Fuß des Felsens bildet eine Basaltschicht mit Schrammen, die durch das Gletschereis entstanden. Die nächste Schicht besteht aus arktischen Muscheln, die aus dem Meer stammen, das nach der Eiszeit diese Felsen umgab. Darüber liegt eine Schicht aus Sand und Ton, in die Erlen- und Birkenblätter eingelagert sind. Diese müssen ebenfalls auf dem Meer hierher gelangt sein. Diese Schicht wurde von einer Lavaschicht überdeckt, die wiederum Schrammen von Gletschern aufweist, also auf eine weitere Eiszeit schließen läßt.

Grundarfjörður

Ebenfalls auf einer Landzunge liegt der weithin sichtbare **Kirkjufell.** Der 436 m hohe Berg hat eine sehr markante Form und ist dem Ort Grundarfjörður vorgelagert. In den steilen Bergen westlich davon nistet eine große Anzahl von Eismöwen, die man von der Straße aus beobachten kann.

Der Ort liegt am gleichnamigen Fjord und hat 800 Einwohner. Es handelt sich noch um eine junge Ortschaft, die vor allem nach dem Krieg entstanden ist. Auch hier ist der Haupterwerbszweig die **Fischindustrie.** Die Trockengestelle für den Stockfisch fallen besonders auf, und im Meer sind die runden Pontons für die Lachskulturen verankert. Im Hafen wird man ebenfalls Eismöwen und Eissturmvögel antreffen, die durch die Fischabfälle angelockt werden. Nicht weit von Grundarfjörður entfernt gibt es Skipisten für den Abfahrtslauf.

Praktische Infos

Unterkunft

Gästehaus Ásgeirshús
Borgarbraut 2, 350 Grundarfjörður, Tel./Fax 4 38 68 93, 4 38 69 91 und 4 38 69 83, 8 Betten, 10 Schlafsackplätze, Angeln, Reiten, ganzjährig geöffnet

Gästehaus Krákan
Sæból 13, 350 Grundarfjörður, Tel. 4 38 69 99, Restaurant, familiär geführt, ganzjährig geöffnet

Hof Setberg
Setberg, 350 Grundarfjörður, Tel. 4 38 68 17, Zimmer mit Schlafsackunterkunft, Angeln, Reiten, Fahrradverleih, ganzjährig geöffnet

Ferienhof Suður-Bár
An der Straße 576, 350 Grundarfjörður, Tel. 4 38 68 15, Fax 4 38 65 15, 22 Betten, Schlafsackplätze, Zeltplatz, Restaurant, Angeln, Reiten, Golf, Bootsausflüge, ganzjährig geöffnet
Sommerhaus Akurtraðir
Akurtröðum, 350 Grundarfjörður, Tel. 4 38 68 66, 4 38 67 80, Fax 4 38 68 05, 10 Betten, 40 Schlafsackplätze, Angeln, Reiten, im Sommer geöffnet
Hof Kverná
1 km östlich von Grundarfjörður an der Straße 57; 19 Betten, Schlafsackplätze auf dem Hof und in Sommerhäusern, Angellizenz kann erworben werden

Campingplatz

Beim Hof Kverná, komfortabel, Einkaufsmöglichkeit, Tankstelle, Cafeteria, Bushaltestelle

Essen & Trinken

Krákan
Sæból 13, Tel. 4 38 69 99, gute, preiswerte isländische Küche, Fisch, Meesresfrüchte, Lamm, Menüs, aber auch kleine Gerichte wie Pizza und Hamburger, geöffnet tgl. 9–23 Uhr, Fr, Sa bis 03 Uhr; am Wochenende Bootsausflüge
Kristján IX.
Grundargata 59, Tel. 4 38 69 88, 4 38 69 90 Schnellimbiß bei der Tankstelle, Grundargata 38, Tel. 4 38 67 00

Berg Kirkjufell bei Grundarfjörður

Sonstiges

Ambulanz
Hrannarstígur 7, Tel. 4 38 66 82

Apotheke
Grundargata 25, Tel. 4 38 67 45

Schwimmbad
Borgarbraut

9-Loch Golfplatz (Bár-Platz)
Tel. 4 38 68 15

Hochseeangeln
Tel. 4 38 67 81, 8 52 93 60

Route 2 G: Von Grundarfjörður nach Brú (165 km)

Um die östlich von *Grundarfjörður* vorgelagerte Halbinsel führt die Straße 576, die im nördlichen Teil in eine Piste übergeht. Auf ihr kommt man am knapp 400 m hohen *Setberg* vorbei.

Der nächste Fjord auf unserer Route ist der **Kolgrafafjörður.** Er schneidet das Land 10 km tief ein. Aus seinem Namen „Kohlengräberfjord" kann man Rückschlüsse auf eine kurze Zeit des Bergbaus in dieser Gegend ziehen. Hier kommt das in Island seltene Tiefengestein *Gabbro* vor. Auf einer Brücke überquert man den *Hraunsfjörður* und spart sich damit die Umfahrung, die nur auf einer Piste möglich ist.

Das Berserkjahraun

Man erreicht nun das **Lavafeld** Berserkjahraun. Um dieses Gebiet ranken sich Erzählungen, nachzulesen in den „Eyrbyggjasaga". In der Landnahmezeit soll hier der Weg von einem Bauern angelegt worden sein. Als Unterstützung holte er sich Berserker, grimmige Wikinger aus Norwegen. Als Lohn für die Arbeit versprach ihnen der Bauer Frauen des Ortes. Die Berserker aber wurden von den unverheirateten Frauen in eine Scheune gelockt, dort eingeschlossen, und die Scheune wurde in Brand gesteckt. Auch heute noch sollen die Seelen der Toten über das Berserkjahraun geistern, so daß man sich hier nicht allein aufhalten soll...

Durch das Gebiet führt eine Allradpiste, die kurz nachdem man den Hraunsfjörður verlassen hat, beginnt. Sie führt durch die 4000 Jahre alte Lava. Die Piste trifft im *Helgafellsveit* auf die Straße 56, kurz bevor diese in die 57 einmündet.

Bevor die Straße 58 nach *Stykkishólmur* abzweigt, kommt man am 527 m hohen **Berg Drápuhlíðárfjall** vorbei. Es handelt sich um einen Rhyolithberg, an dem man auch Jaspis finden kann. Nahe dem Gipfel ist ein kleiner See, in dem angeblich „Wunschsteine" zu entdecken sind. Wer in der Johannisnacht fündig wird, dem soll jeder Wunsch in Erfüllung gehen.

Auf dem Weg nach Stykkishólmur gibt es von der Straße 58 eine Abzweigung zum **Berg Helgafell,** dem „heiligen Berg" der Isländer. Im Spätmittelalter, von 1184 an, war dies der Standort eines Augustinerklosters, das vorher auf *Flatey* gegründet worden war und sich hier schnell entwikkelte. Viele wertvolle altisländische Handschriften entstanden in dem Kloster. Es bestand aber nur bis zur Reformation. Hier soll auch *Guðrun Osvifursdóttir* gelebt haben, eine der Hauptfiguren der *Laxadalssaga.* Außerdem ist der Berg Schauplatz einer **Legende.** Wer erstmals den Weg zu Guðruns Grab hinaufsteigt, das auf dem 73 m hohen Gipfel liegt, dem steht ein Wunsch frei. Voraussetzung ist jedoch, daß er sich bei der Besteigung nicht umdreht, streng in Richtung Osten blickt und kein einziges Wort spricht. Dabei muß er sich ganz auf seinen Wunsch konzentrieren, der nichts Böses bewirken darf. Wer nichts auf diesen alten Volksglauben gibt, sollte den Berg trotzdem besteigen, schon wegen der schönen Aussicht.

Stykkishólmur

Der Hauptort der Halbinsel ist mit **1300 Einwohnern** Stykkishólmur. Der Ort wurde wie Rom auf sieben Hügeln erbaut. Immer wieder war er Schauplatz von Sagas. Ein geschützter natürlicher Hafen verhalf dem Städtchen schon im vorigen Jahrhundert zu einer bedeutenden **Fischerei- und Schiffsbauindustrie.** Auch als Exporthafen wird er genutzt. Heute verkehren vom Hafen Ausflugsboote und die Fähre nach *Brjánslækur* in den Westfjorden. Aus der Blütezeit des Ortes sind noch mehrere Wohn- und Lagerhäuser erhalten geblieben. Zu den Gebäuden gehört das **Norwegische Haus** *(Norska Húsið),* das 1828 in der *Skólastígur* errichtet wurde. Die Bausubstanz wurde in Norwegen vorgefertigt, damit errichtete sich dann *Árni Þórlacius* sein Haus. Er war der erste Meteorologe des Landes und gründete 1845 in Stykkishólmur die erste Wetterstation Islands. Eine markante Kirche wurde 1992 fertiggestellt, ferner gibt es ein katholisches Konvent mit einem angeschlossenen Kindergarten. Es wurde von holländischen Nonnen seit den 40er Jahren errichtet. Heute wohnen in dem Kloster 12 Franziskaner-Nonnen. Als Hauptort der Halbinsel Snæfellsnes verfügt Stykkishólmur über eine gut ausgebaute Infrastruktur, auch ein Schwimmbad gibt es. **An der Hauptstraße** angesiedelt sind Tankstelle, Supermarkt, Restaurant, Gästehaus, Reisebüro und Tourist-Information. Von Stykkishólmur lassen sich Wander- und Reittouren unternehmen sowie die Fjordinseln mit dem Schnellboot erkunden.

Praktische Infos

Tourist-information

Borgarbraut, Tel. 4 38 11 50

Unterkunft

Hotel Stykkishólmur
Tel. 4 38 13 30, Vatnsás,
33 Zimmer, Restaurant, Angeln, Reiten, Fahrradverleih, Bootsausflüge, Golf, ganzjährig geöffnet
Hotel Eyjaferði
Tel. 4 38 14 50, Aðalgata 8,
24 Zimmer
Gästehaus Höfðagata 11
Tel. 4381258
Jugendherberge Stykkishólmur
(1.04.–30.09.), Sjónarhóll,
Tel. 4 38 10 95, Höfðagata 1,
50 Betten, Zwei- bis Sechsbettzimmer

Campingplatz

Tel. 4 38 11 50, in der Nähe vom Sportplatz, komfortabel, Einkaufsmöglichkeit, Cafeteria, Tankstelle, Bushaltestelle

Essen & Trinken

Im Hotel Stykkishólmur (s.o.)
Knúdsen
Aðalgata 2, Tel. 4 38 16 00
Snackbar in der Tankstelle

Bäckerei/Konditorei, Café
Tel. 4 38 11 16

Fähre Baldur
Stykkishólmur – Brjánslækur über *Flatey* (s.u.), Abfahrt ab Stykkishólmur tgl. 10 und 16.30 Uhr, Autoreservierung unter Tel. 4 38 11 20, Fax 4 38 10 93, Fährbüro Baldur, Smiðjustígur 3, geöffnet 01.06.–31.08. tgl. 9–19 Uhr; 1.9.–31.05. Mo–Fr 9–12, 13–17 Uhr. Die Fähre fährt vom 01.06.–31.08. täglich 2x, im Frühjahr und Herbst 1x täglich und im Winter 5x wöchentlich. Einfache Fahrt 1400 ISK/Person, Kinder unter 12 Jahre die Hälfte, PKW bis 5 m 1400 ISK

Kunst & Kultur
Volkskundemuseum Norska Húsið Hafnargötu 5, Tel. 4 38 16 40, geöffnet 1.06.–31.08., täglich 11–17 Uhr, sonst nach Vereinbarung

Sonstiges
Fahrradverleih
Aðalgata 2, Tel. 4 38 14 50
Pferdeverleih Hildibrandur
In Bjarnarhöfn, Tel. 4 38 15 81, erklärt Haifischfang
Ambulanz, Krankenhaus
St. Fransiskusspítalinn, Austurgata 7, Tel. 4 38 11 28
Apotheke
Hafnargata 1, Tel. 4 38 11 41
Polizei
Nesvegur 3, Tel. 4 38 10 08
Bibliothek
Bókhlöðustígur 17, Tel. 4381281
Schwimmbad, Skúlagata
9-Loch Golfplatz
Víkurvöllur, Tel. 4 38 13 30
Skilift (Winterbetrieb)
An der Straße nach Kerlingarskarð
Bootsausflüge
Eyjaferðir, Aðalgata 2a, Tel. 4 38 14 50
Bootsfahrten nach Flatey
Tryggvi Gunnarson, Tel. 8 53 00 00
Moderne Kirche
Besichtigung Mo–Fr 13–17 Uhr
Kapelle des Franziskanerinnen-Klosters
täglich geöffnet

Der Breiðafjörður

Zwischen den Westfjorden im Norden und der Halbinsel Snæfellsnes im Süden erstreckt sich der Breiðafjörður. Über der blaugrünen Wasseroberfläche erheben sich etwa **2500** unterschiedlich große **Inseln, Schären und Felsen.** Für die Isländer sind die Inseln im Breiðafjörður gemäß einem Sprichwort genauso wenig zählbar wie die Hügel im *Vatnsdalur* westlich von *Blönduós.*

Nachdem sich das Gletschereis zurückgezogen hatte, das während der letzten Eiszeit noch den ganzen Fjord bedeckte, entstanden durch die abtragende Kraft der Brandung diese Inseln im Meer. Noch im vergangenen Jahrhundert waren viele der fruchtbaren Inseln bewohnt. Heute gibt es nur noch wenige besiedelte Inseln. Dafür haben die Vogelkundler zahlreiche Inseln mit ihrem großen Vogelvorkommen für sich entdeckt. Die Schären sind ein wichtiges Brutgebiet für Krähenscharben, Kormorane und Eismöwen. Die Wattlandschaft ist ein wichtiges Durchzugsgebiet für Gänse, vor allem Weißwangen- und Ringelgänse, die auf Grönland brüten. Auch Seehunde und Kegelrobben kommen auf den Inseln vor.

„Heiliger Berg" Helgafell bei Stykkishólmur

Abstecher nach Flatey

Von Stykkishólmur gelangt man mit der **Fähre Baldur** in 2 Std. 50 Min. über den Breiðafjörður nach *Brjánslækur* in den Westfjorden. Dazwischen legt die Fähre nach 1 Std. und 40 Min. auf der „flachen Insel" Flatey an. Bereits seit 1926 gibt es diesen Fährbetrieb. Heute verkehrt das siebte Schiff seit Beginn der Breiðafjord-Überquerungen. Diese Roll-on-/Roll-off-Fähre lief im April 1990 vom Stapel. Sie hat ein Fassungsvermögen von 200 Personen und 20 PKW bzw. 12 PKW zusammen mit LKW und Bussen.

Es gibt mehrere Inseln mit dem Namen Flatey. Eine davon ist die größte der Inseln im Breiðafjörður, sie wurde berühmt durch den Fund des nach ihr benannten mittelalterlichen **Flateyjarbók.** Dieses **„Buch von Flatey"** ist die größte und prachtvollste aller isländischen Handschriften. Die Schrift entstand vermutlich Ende des 14. Jahrhunderts auf dem Hof *Viðidalstunga* bei *Laugarbakki.* Auf 225 Pergamentseiten sind Sagas niedergeschrieben, mit Illustrationen und Kalligraphien verziert. Sie handeln von den norwegischen Königen *Olav Tryggvason, Olav dem*

Flatey im Breiðafjörður

Heiligen oder *Håkon Håkonsson* und der Entdeckung Amerikas. Für die Erstellung des Buches wurden die Häute von 113 Kälbern verwendet. Irgendwann gelangte die Schrift dann in den Privatbesitz eines Bauern auf Flatey, wo sie sich bis 1647 befand. Dann erhielt sie der Bischof von *Skálholt* als Geschenk, wenig später kam sie zum dänischen König. 1971 wurde sie aus der Königlichen Bibliothek in Kopenhagen nach Reykjavík überstellt. Dort wurde sie zum Bestandteil der **Sammlung Árni Magnússon.** Auf Flatey selbst kann man in dem gelben Haus die im Jahr 1864 eingerichtete, älteste und mit einer Fläche von 16 m² kleinste Bibliothek Islands besichtigen. Anmeldung/Schlüssel im Postamt oder im Café im hellblauen Haus, Tel. 4 38 14 13, Fax 4 38 10 93. Das Café vermietet vom 01.06.–31.08. auch Zimmer und 15 Schlafsackplätze.

Im 12. Jahrhundert wurde auf Flatey ein **Kloster** gegründet, das eine zentrale Rolle in der Literatur spielte. Von dem Kloster ist heute nichts mehr erhalten. Schon 50 Jahre später war es nach Helgafell in der Nähe von Stykkisholmur verlegt worden, wo es schnell zu einem wichtigen geistigen, vor allem literarischen, Zentrum wurde. Im 18. Jahrhundert war Flatey die wichtigste Handels- und Poststation für den ganzen westlichen Teil Islands. Schiffe brachten Handelswaren vom Kontinent, die gegen heimische Waren, vor allem gegen Fisch und Seehundfelle, eingetauscht wurden.

Doch nicht nur Geschichtsinteressierten kann ein Ausflug nach Flatey empfohlen werden. Die kleine Siedlung mit bunt bemalten Holzhäusern – eine Seltenheit in Island – inmitten der grünen Wiesen ist wirklich sehenswert. Sie wurde erst in den letzten Jahren wiederhergestellt. Die Häuser und Höfe gehören zu den ältesten und besterhaltenen des ganzen Landes. Überwiegend stammen sie aus dem vorigen Jahrhundert. Auch Naturfreunde kommen auf ihre Kosten. Vögel brüten in großer Zahl, außerdem kommen Eiderenten vor. Ein Teil der Insel ist seit 1975 **Naturschutzgebiet.** Ausflüge auf die Nachbarinseln, die ebenfalls einen großen Vogelbestand aufweisen, werden angeboten. Auch Seehunde kann man antreffen. Wenn es sich einrichten läßt, sollte man einen Sonnenuntergang auf Flatey erleben!

Unterkünfte vermittelt die Tourist-Information von Stykkishólmur (S.357). Einfacher Campingplatz, Krákuvör, Tel. 4 38 14 51, am Meer gelegen.

Weiter geht es wieder auf der Staße 57. Kurz vor dem Hof *Hrisar* blickt man rechterhand auf das Lavafeld *Svelgsáhraun.* Unmittelbar dahinter erhebt sich der vielfarbige Liparitberg *Drápuhlíðarfjall.* Weiter umfährt man den *Álftafjörður.* Er ist benannt nach den Singschwänen (isl. *álft* = Singschwan), die hier den Sommer verbringen, wenn sie noch nicht geschlechtsreif sind. Man blickt vom Álftafjörður auf die hohen Berge im Landesinnern. Der höchste von ihnen ist der *Rauðamelsfjall.* Die Inseln des Breiðafjörður bilden eine malerische Kulisse für die **Kirche in Narfeyri,** die aus dem 19. Jahrhundert stammt. Sie befindet sich am Fuße des steilen *Eyrarfjall.* Bei *Breiðabólsstaður* steht eine Kirche inmitten von Krüppelbirken. Kurz vorher zweigt eine Stichstraße zur Küste nach *Drangar* ab. Hier soll *Erik der Rote* sein Unwesen getrieben haben. Wegen Totschlags angeklagt, wurde er geächtet, worauf er nach Grönland floh.

Wir sind nun an der Küste des *Hvammsfjörður* angekommen. Man nennt sie auch *Skógarströnd,* „Waldstrand". Im Fjord liegen viele kleine Inseln. Auch die größte, die Insel *Brokey* ist nicht mehr bewohnt.

Als nächstes erreichen wir die Abzweigung der Straße 55, die die Halbinsel Snæfellsnes von Nord nach Süd durchquert. An den Seen *Hólmláturs-vötn* vorbei gelangen wir ins *Hörðudalur.* 2 km nach der Überquerung des Flusses *Dunká* kommen wir an einer Schlucht vorbei. Nach der Überquerung weiterer Flüsse, der *Hörðudalsá* und der *Miðá,* mündet die Straße 57 in *Miðdalir* in die Straße 60 ein. Wir halten uns 8 km auf dieser Straße nordwärts, verlassen dann die Küste wieder und folgen der Straße 59 bis kurz vor *Búðardalur* in Richtung Osten. Die nächsten 30 km fahren wir im *Laxárdalur,* dem Schauplatz der **Laxdæla-Saga.** Es schließt sich die *Laxárdalsheiði* an, ein Moorgebiet mit vielen Seen. Bei *Borðeyri* erreichen wir den *Hrútafjörður* und folgen der Straße 61 wieder in Richtung Süden, bis wir nach 14 km in *Brú* an der Ringstraße ankommen, dem Ausgangspunkt unserer nächsten Route.

Route 3: Der Norden zwischen Hrútafjörður und Eyjafjörður

Route 3 A: Von Brú zur Halbinsel Vatnsnes

Im Norden wird ein großer Teil des Landes an der Küste landwirtschaftlich genutzt. Das Gebiet südlich von *Húnaflói* und *Skagafjörður* ist die Heimat der Sagahelden und der Islandpferde. Im Herbst kann man hier dem Pferde- und Schafsabtrieb beiwohnen. Das Gebiet ist ideal für Reittouren oder Wanderungen zu Vulkankratern, hohen Wasserfällen und tiefen Schluchten. An der Fjordküste der drei Halbinseln *Vatnsnes, Skagi* und *Tröllaskagi* liegen kleine Fischerdörfer, von denen aus sich Bootsausflüge aufs Meer oder zu den vorgelagerten Inseln unternehmen lassen. Der Kulturinteressierte kann Kirchen und alte Torfgehöfte besuchen. Der Zustand der Straßen ist größtenteils gut, manche Ziele lassen sich aber nur über holprige Pisten erreichen. Alternativ zur Hauptroute auf der Ringstraße kann man die drei in ihrem Charakter ganz verschiedenen Halbinseln umfahren: Die kleinste der drei ist Vatnsnes; sie ragt wie eine Zunge in die Bucht Húnaflói hinein. Skagi liegt zwischen dem Húnaflói und dem Skagafjörður. Tröllaskagi zwischen dem Skagafjörður und dem Eyjafjörður ist die größte Halbinsel, vorwiegend gebirgig, mit lebhaften Fischerdörfern und einem Bischofssitz.

Wir beginnen unsere Reise durch den Norden des Landes auf der Ringstraße bei **Brú.** Brú liegt an einer Brücke – daher der Name – und an der Abzweigung der Straße 61 von der Ringstraße. Im Ort gibt es eine Tankstelle und eine Post. 5 km weiter gelangt man auf der Ostseite des *Hrútafjörður* nach *Staður.* Links der Straße liegt **Staðarskáli,** wo wir unter anderem ein Hotel, eine Tankstelle und eine Cafeteria vorfinden. Am Ortsausgang steht ein ungewöhnliches Denkmal, das 1993 errichtet wurde. Es erinnert daran, daß sich hier einst der **Mittelpunkt der Landpostboten** befand, wo sich früher die Postreiter aus dem Süden und Norden trafen.

Praktische Infos

Tourist-Information

Im Hotel Staðarskáli

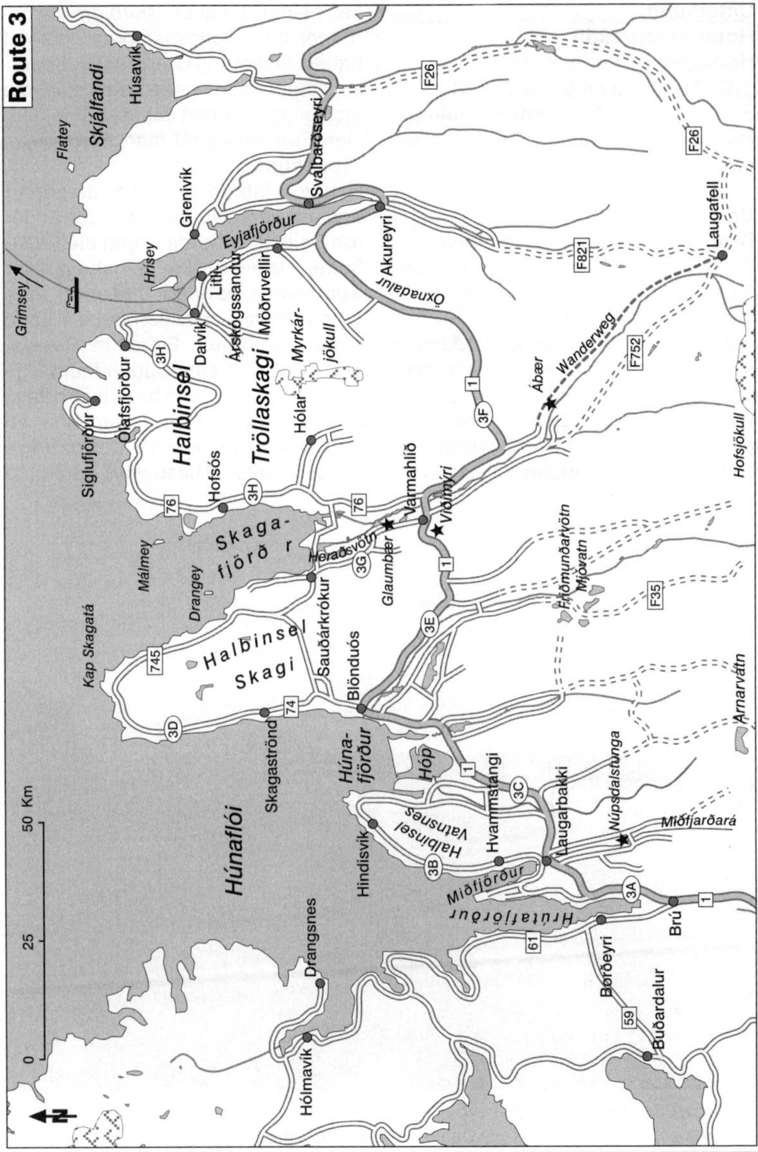
Route 3
Skjálfandi
Húsavík
Flatey
Grenivík
Svalbarðseyri
F26
Grímsey
Hrísey
Eyjafjörður
Akureyri
Öxnadalur
Litli-Árskógssandur
Möðruvellir
Dalvík
Árskógssandur
Myrkár-
jökull
Laugafell
F821
Ólafsfjörður
3H
Halbinsel
Tröllaskagi
Hólar
Siglufjörður
Hofsós
76
Wanderweg
Ábær
F752
3F
1
Hofsjökull
Málmey
Skaga-
fjörður
Héraðsvötn
Varmahlíð
Víðimýri
Glaumbær
3G
Drangey
Sauðárkrókur
Hnjómundarvötn
Mjóvatn
F35
Kap Skagatá
745
Halbinsel
Skagi
3E
Blönduós
74
3D
Skagaströnd
Húna-
fjörður
Hóp
Arnarvatn
Núpsdalstunga
Húnaflói
Hvammstangi
3C
Laugarbakki
Halbinsel
Vatnsnes
Hindisvík
3B
Miðfjörður
Miðfjarðará
3A
Hrútafjörður
Brú
50 Km
25
0
Drangsnes
61
Borðeyri
59
Búðardalur
Hólmavík
N

Unterkunft

Hotel Staðarskáli
Hrútafjörður, Tel. 4 51 11 50, 4 51 11 90, Fax 4 51 11 07, 24 Betten, 6 Schlafsackplätze, Hütten, Restaurant (vielfältige Speisekarte), ganzjährig geöffnet

Campingplatz

Beim Hotel Staðarskáli, einfach, Einkaufsmöglichkeit, Bushaltestelle

---

Auf dem Bergrücken *Hrútafjarðarháls* oberhalb des Fjords liegen zahlreiche kleine Seen, zu denen 2 km nördlich von *Staður* beim Gehöft *Brandagil* eine Piste hinführt. In *Þóroddsstaðir* soll der Sage nach „Grettir der Starke" seinen Gegner, *Þorbjörn Öxnamegni,* den „Ochsenstarken", getötet haben. Dabei soll Grettir seine Speerspitze abhanden gekommen sein, die man einige hundert Jahre später fand. Den Fundort nennt man *Spjótsmýri,* „Speermoor".

12 km fahren wir am Hrútafjörður entlang nach Norden. Auf der anderen Seite des Fjords liegen die Westfjorde. Da die Straße beinahe auf der Küstenlinie verläuft, hat man eine gute Aussicht über den tief ins Land eingeschnittenen Fjord. In *Reykjaskóli,* wo sich eine Jugendherberge und ein Schwimmbad befinden, zweigt die Ringstraße vom Ufer ab und quert die kleine Landzunge *Leggstaðanes.* Diese wird durch die

Hunafjörður, Steilküste der Halbinsel Vatnsnes (im Hintergrund Berge auf Halbinsel im Skagafjörður)

Schotterstraße 702 erschlossen. Das **Bezirksmuseum** *Byggðasafnið á Reykjum* liegt am Meer. In dem großzügigen Bau sind das Fischerboot *Ófeigur,* das zuletzt 1915 zum Haifischfang eingesetzt wurde, landwirtschaftliche Maschinen, Fahrzeuge und eine *Baðstofa,* der Wohn- und Schlafraum der alten Torfgehöfte, zu sehen. Die Ringstraße führt weiter durch fruchtbares Weideland.

Praktische Infos

Unterkunft

Jugendherberge Sæberg
Reykjum, Hrútafiði, Tel. 4 51 00 15, Fax 4 51 00 34, Campingplatz, 32 Schlafsackplätze, Schwimmbad, ganzjährig geöffnet

Byggðasafnið á Reykjum
Tel. 4 51 00 40, täglich geöffnet 01.06.–31.08., 10–19 Uhr

In **Melstaður** verfaßte der Gelehrte *Arngrímur Jónsson* (1568–1648) im 17. Jahrhundert landeskundliche Schriften über Island, die auch im Ausland Beachtung fanden. Hier spielte außerdem im 10. Jahrhundert die *Kormákssaga,* die Sage des Dichters *Kormákur Ógmundarson.*

Wer eine Unterkunft sucht, wende sich an das Gästehaus in *Melstaður* (Tel. 4 51 29 44).

Bei **Laugarbakki** gelangen wir an den nächsten Fjord, den *Miðfjörður.* Der Ort hat etwa 100 Einwohner. Die heißen Quellen dienen der Beheizung von Treibhäusern. Inzwischen ist der Fremdenverkehr auch hier zu einem wichtigen Erwerbszweig geworden.

In der Sage von *Grettir dem Starken* wird berichtet, daß in dieser Gegend früher Hengstkämpfe ausgetragen wurden. Im Ort gibt es ein Edda-Hotel, einen Campingplatz und das Thermalschwimmbad *Grettislaug* (geöffnet 16–20 Uhr).

Praktische Infos

Unterkunft

Edda-Hotel Laugarbakki
521 Hvammstangi, Tel. 4 51 29 04, Sommerhotel mit 20 Zimmern, Schlafsackunterkunft, Restaurant

Bauernhof Melstaður
Miðfirði, 531 Hvammstangi, Tel. 4 51 29 44, Fax 4 51 29 55; geführt von deutschsprachigem Pfarrer-Ehepaar, Gästezimmer im ehemaligen Priesterhaus (2500 ISK/Person), Schlafsackunterkunft, Angeln, geöffnet 15.6.–31.12.; mehrsprachige Morgenandacht in der Kirche

Abstecher ins Tal des Miðfjarðará

In Laugarbakki zweigt die Straße 704 ins Tal des Flusses *Miðfjarðará* und zur *Arnarvatnsheiði* ab. Die ersten 25 km der Straße lassen sich bis ins *Austurárdalur* mit einem normalen PKW befahren, der weitere Weg auf der Piste F578 zur *Arnarvatnsheiði* bleibt 4WD-Fahrzeugen vorbehalten (siehe Route 7).

Beim Gehöft *Bjarg* (Km 8) steht ein Denkmal, das an *Ásdís,* die Mutter des Sagahelden *Grettir Ásmundarson,* erinnert, der hier geboren wurde. Nach 18 km erreicht man entlang des Ostufers des *Miðfjarðará* den verlassenen Bauernhof *Núpsdalstunga.* Hier verläßt die Straße das Flußtal und wendet sich nach Osten ins Austurárdalur. Nach 7 km endet die Straße bei dem Gehöft *Aðalból.* 1 km zuvor führt eine kurze Piste nach *Efrinúpur,* dem „abgelegensten" Hof und Kirchenort des Tales. Auf der gegenüberliegenden Flußseite kann man auf der Straße 706 durch das Tal des *Miðfjarðará* zurück zur Ringstraße fahren. Auf dem Weg dorthin kommen wir nach **Brekkulækur.** Dieser Hof ist Pferdefreunden ein Begriff durch das Gestüt von *Arinbjörn Jóhannsson.* Hier werden **Reit- und Mountainbike-Touren** angeboten. Auch Übernachtungsmöglichkeiten gibt es. 9 km weiter erreichen wir südlich von Laugarbakki wieder die Ringstraße.

Unterkunft: *Reiterhof Brekkulækur,* Hvammstangi, Tel. 4 51 29 38, Fax 4 51 29 98, 24 Betten, ganzjährig geöffnet; Pferde-Trekking mit deutschsprachiger Führung von 7–14 Tagen (60 000–150 000 ISK), Teilnahme am Schafs- und Pferdeabtrieb (etwa 60 000 ISK); DZ mit Du 7500 ISK; *Barkarstaðir,* Tel. 4 51 26 36, 8 53 35 42.

Hinter Laugarbakki zweigt die Straße 72 nach *Hvammstangi* ab. Nördlich des Orts beginnt die Straße 711, die entlang der Küste um die Halbinsel herumführt und im *Viðidalur* wieder auf die Ringstraße trifft.

Route 3 B: Rundfahrt um die Halbinsel Vatnsnes

Insgesamt ist die Rundfahrt um die Halbinsel *Vatnsnes* 80 km lang (Straße 711). Wegen des schlechten Straßenzustands muß man dafür allerdings mehrere Stunden veranschlagen. Wir fahren zuerst auf der Straße 72 nach *Hvammstangi* (10 km).

Hvammstangi

Mit **700 Einwohnern** ist dies der größte Ort von Vatnsnes. Haupterwerbszweige sind der Fang von Tiefseegarnelen und der Handel. Es gibt eine Bank, eine Post und ein geothermal beheiztes Schwimmbad.

Eine gute Aussicht auf den Ort und die umliegenden Berge hat man von der **Felskuppe Káraborg** (476 m). Mit ihren Basaltstrukturen erinnert sie in der Tat etwas an eine Burg. Zu Fuß benötigt man für die Besteigung etwa zwei Stunden. Auch eine ruppige Piste führt hinauf.

Praktische Infos

Unterkunft

Hótel Selið
Norðurbraut 1, 530 Hvammstangi,
Tel. 4 51 27 17, Fax 4 51 27 28,
12 Betten, Rest., ganzjährig offen
Ferienhaus
Strandgata 6a, Hvammstangi,
Tel. 4 51 27 06, ganzjährig geöffnet,
Hütten
Ferienhaus Orlofshús
Tel. 4 51 27 06
Dæli
Víðidalur, an der Str. 718,
Tel. 4 51 25 66, Fax 4 51 28 66,
20 Betten, 44 Schlafsackplätze,
Campingplatz, ganzjährig geöffnet,
Reiten, Angeln
Veitingaskálinn Víðigerði
Víðigerði, Tel. 4 51 25 92, Fax
4 51 25 93, 8 Betten, 8 Schlafsackplätze, Restaurant, ganzjährig
geöffnet, Reiten

Campingplatz

Kikjuhvammur
Tel. 4 51 25 32, oberhalb des Ortes

Kunst & Kultur

Gamla pakkhúsið
Handelsmuseum im alten Packhaus

Gallerí Bardúsa
(Kunsthandwerk), Brekkugata (am Hafen), Hvammstangi, Tel. 4 51 24 05, Handwerk der Region, Wollwaren, Keramik, Schnitzereien, geöffnet Mo–Fr 9–18, Sa, So 14–17 Uhr sowie auf Anfrage

Sonstiges

Polizei
Höfðabraut 6, Tel. 4 51 23 64

Ambulanz
Nestún 1, Tel. 4 51 23 46

Apotheke
Tel. 4 51 23 45, neben der Ambulanz

Tankstelle, Werkstatt, Reifendienst
In Laugarbakki, Tel. 4 51 29 34

Post/Telefon
Lækjargata 2, Tel. 4 51 23 80

Schwimmbad
Hlíðarvegur 6, Hvammstangi, Tel. 4 51 25 32

Nach 10 km kommt man an den Schafspferch **Hamarsrétt,** der schön anzusehen ist. Von der Straße ist er nur schwer einsehbar. Er liegt 1 km südlich der Baches *Hamarsá* links unterhalb der Straße. Etwas entfernt davon steht ein Leuchtturm. Der Schafspferch scheint zwischen den Felsen und dem Meer eingeklemmt. Die Straße ist in dieser Gegend ziemlich verlassen. Hin und wieder sind weidende Schafe und Pferde zu erblicken. Die Aussicht auf die Bucht und die schneebedeckten Berge im Nordwesten der Halbinsel ist gut.

32 km hinter Hvammstangi passiert man das Kirchlein *Tjörn.* Hier zweigt die Stichstraße 712 ins Tal des Baches *Tunguá* ab. Nach etwa 7 km erreicht man auf der Straße 711 die Nordspitze von Vatnsnes. Hier liegt **Hindisvík.** Der Pfarrer *Sigurður Norland* (1923–1955) wollte hier einmal Fischer ansiedeln, da er den Ort ideal für einen Hafen hielt. Die Menschen teilten seine Meinung aber nicht. Heute trifft man hier deshalb nur auf Eiderenten, Möwen und Robben. Die Robben lassen sich auf den flachen Felsen in der Bucht gut beobachten.

Die Straße macht nun einen Bogen um das Kap *Nestá* herum und führt entlang der Ostküste zurück. An der Mündung des Salzwassersees *Sigriðarstaðavatn* in den Húnafjörður befindet sich ein Parkplatz. Nach etwa 200 m erreicht man das Meer. Von dort hat man den Blick frei auf den **Hvítserkur,** einen besonders markanten **Vogelfelsen aus Basalt.** Er wird vor allem von Dreizehenmöwen und Kormoranen bewohnt. Mit 15 m ist er zwar nicht besonders hoch, aber er fällt durch seine eigenartige Form auf, welche die Phantasie des Betrachters anregt. Nicht weit entfernt liegen der Hof *Ósar* und die Jugendherberge *Sunset,* wo man übernachten kann und Angellizenzen erhält.

Praktische Infos

Unterkunft

Hof & Jugendherberge
In *Ósar, Þverárhreppur,*
Tel. 4 51 26 78, 18 Betten, gemütliche Unterkunft, Küche, geöffnet 01.06.–30.09.

Obwohl die Straße 711 auf der Westseite des *Vesturhópsvatn* entlangführt, lohnt sich ein 8 km langer Umweg auf der Straße 717, die auf der Ostseite des Sees verläuft. **Borgarvìki** („Burgdorf"), ein auffälliges **Basaltgebilde** aus 10–15 m hohen Basaltsäulen, die eine kreisförmige Mulde umschließen, wurde von Menschenhand bearbeitet, aufgestockt und zu einer „Burg" gemacht. Borgarviki kommt auch in zwei Sagas vor, muß also in der Wikingerzeit entstanden sein. Besteigt man den Felsen, hat man aus 177 m Höhe einen lohnenden Ausblick. Nördlich des Sees erstreckt sich das das Schwemmland *Vesturhóp.* Auf der Südwestseite des *Vesturhópsvatn,* wo die Straße 717 wieder in die Straße 711 einmündet, liegt 1 km nördlich der alte **Pfarrhof Breiðabólsstaðir.** 1117/1118 wurden hier die Gesetze des jungen Staates niedergeschrieben, die zuvor nur mündlich überliefert wurden. *Jón Arason* richtete hier 1530 die erste Druckerei Islands ein.

In *Vatnshorn* erreichen wir die Ringstraße. Wir fahren durch das *Víðidalur.* Die Straße 715 führt zu dem 5 km südlich der Ringstraße liegenden **Guts- und Kirchhof Víðidalstunga.** Hier wurden im Mittelalter bekannte Bücher geschrieben, so 1394 das weltberühmte **Flateyarbók.**

Auf der Straße 718 kommen wir zur Ringstraße zurück. Nach einer Legende ist an der Entstehung der 20–25 m tiefen Schlucht *Kolugljúfur* das Trollweib *Kola* beteiligt gewesen. An dieser Schlucht fahren wir ebenfalls vorbei. Bei der Schlucht liegt der Wasserfall *Kolurfossar.* Kurz vor der Ringstraße bildet der Fluß *Fitjá* den Wasserfall *Kerafossar.*

Route 3 C: Vom Hóp nach Blönduós

Der Nehrung *Hóp* ist der *Þingeyrasandur* vorgelagert. Dieses Landstück trennt den flachen **See Hóp** auch vom Húnafjörður. Der See bedeckt eine Fläche von 45 km^2 und gehört damit zu den **größten** in Island.

Beim Hóp zweigt die Straße 722 in das *Vatnsdalur* ab. Auf diesem Weg kann man mit einem Geländewagen weiter zur *Arnarvatnsheiði* fahren (siehe Route 7). Die Straße 721 führt in Richtung Norden nach **Þingeyrar.** Der Kirchenort gehörte lange Zeit zu den bedeutendsten Höfen Islands. 1133 wurde ein Kloster gebaut, das den Ort zu einem kulturellen Zentrum machte. Die Goden trafen sich hier zum Thing. In dem Kloster sind zahlreiche Sagas entstanden. Mit der Reformation 1550 wurde das Kloster aufgelöst und verfiel. Die heutige Kirche wurde 1864–1877 aus Steinen errichtet, die man im Winter auf Schlitten über den zugefroerenen Hóp herantransportierte. In der Kirche ist das Altarbild aus Alabaster sehenswert, das von einem englischen Flügelaltar aus dem 15. Jahrhundert stammt.

Auf dem **Ferienhof Þingeyrar** (ganzjährig geöffnet, Tel. 4 52 43 65, Fax 4 52 45 69) kann man in Gästezimmern und einer Schlafsackunterkunft übernachten. Angeboten werden Reitausflüge, Angeln sowie Enten- und Gänsejagd.

Nahe der Ringstraße liegt das 4 km^2 große Hügelfeld von *Vatnsdalshólar* am Ausgang des *Vatnsdalur.* Die Hügel entstanden vor einigen tau-

Küste im Hunafjörður; Skagaströnd-Halbinsel

send Jahren durch einen Bergrutsch am *Vatndalsfjall.* Ein wenig nördlich der Ringstraße liegen die drei auffallenden Hügel *Þrístapar.* Hier fand am 12. Januar 1830 die letzte Hinrichtung in Island statt, bei der *Agnes* und *Friðrik* geköpft wurden, weil sie in *Illugastaðir* den Schmied *Natan Ketilsson* und einen Bauern ermordet hatten. Die Mörder sind auf dem Friedhof von *Tjörn* (an der Straße 745) begraben. In Illigastaðir im Laxárdalur östlich Blönduósbær sind Überreste der Schmiede erhalten.

Vom **Hof Stóra-Giljá** (vermietet zwei kleine Sommerhäuser mit je 6 Schlafplätzen und Küche, 5500 ISK, Tel. 4 52 42 94) stammt *Þorvaldur der Weitgereiste.* Er war der erste Missionar in Island. In einem großen Stein, der auf dem Grundstück des Hofs liegt, sollen zur Zeit der Christianisierung gute Geister gewohnt haben. Þorvaldur's Vater wollte sich nicht taufen lassen, um die Schutzgeister seines Hofes nicht zu erzürnen. Der Missionar soll daraufhin die Stärke des neuen christlichen Glaubens bewiesen haben, indem er den Stein mit seinen Gebeten zerspringen ließ. Bei diesem *Gullstein,* dem „Goldstein", wurde 1981 ein Denkmal errichtet, das an die Christianisierung Islands erinnert.

Blönduós

Blönduós hat **1000 Einwohner.** Erst 1988 erhielt der Ort die Stadtrechte. An der Mündung der *Blanda* gelegen, erstreckt sich Blönduós an beiden Flußufern. Der Verkehrsknotenpunkt ist lokales Handelszentrum. Hier wird Landwirtschaft und Kleingewerbe, vor allem im Textilbereich, betrieben. Bei der Fischerei ist der Garnelen- und Schellfischfang wichtig; eine richtige Hafenstadt ist Blönduós aber nie geworden, da die sandige Küste den Bau eines größeren Hafens nicht zuläßt. Dennoch haben die Bewohner Mitte der 90er Jahre den kleinen Hafen ausbauen lassen, so daß ein Trawler Garnelen und kleine Fischkutter Jakobsmuscheln aus dem Fjord holen können.

Ihren Namen hat die Stadt von der Blanda, die aus mehreren Quellflüssen, die am *Hofsjökull* entspringen, entsteht. Der Fluß mündet bei Blönduós in den Húnafjörður, an seiner Mündung haben sich einige kleine Inseln ausgebildet. Am nördlichen Ortsende gelangt man über eine Fußgängerbrücke auf die **Insel Hrútey,** seit 1975 **Naturschutzgebiet.** Die Insel liegt mitten im Fluß und weist eine interessante Fauna und Flora auf. Kurz hinter dieser Brücke liegt eine neue, erst 1993 geweihte **Kirche.** Der Kirchplatz ist ein guter Aussichtspunkt über die Stadt.

Ein kleines **Museum** informiert über das Kunsthandwerk der Gegend. Über die 1962 erbaute Brücke gelangt man über die Blanda in einen älteren Stadtteil. Unweit des Strandes gibt es einige Holzhäuser, die alte Kirche mit einem Altarbild des Malers *Kjarval* und das Hotel *Sveitasetrið.* In der Straße *Blöndubyggð* ist das rot angestrichene Holzhaus *Hillebrandthús* das älteste Haus der Stadt. Es stammt aus Skagaströnd, wo es vermutlich seit 1733 stand, und wurde 1877 nach Blöduós gebracht. Ein kurzes Stück am Meer entlang, kommt man zu einem Aussichtspunkt über die Bucht *Húnaflói.*

Praktische Infos

Touristeninformation

Am Campingplatz, Tel. 4 52 45 20, geöffnet 01.06.–31.08. täglich 8.30–22 Uhr

Unterkunft

Hótel Sveitasetrið
Aðalgata 6, Tel. 4 52 41 26, Fax 4 52 49 89, 17 Betten, Restaurant, ganzjährig geöffnet

Glaðheimar
Brautarhvammi, am Campingplatz, Tel. 4 52 44 03, 4 52 41 23, Fax 4 52 49 24, 35 Betten, Angeln, Reiten, ganzjährig geöffnet

Campingplatz

An der Ringstraße am Ufer der Blanda, Tel. 4 52 45 20, komfortabel, Einkaufsmöglichkeit, Schwimmbad, Cafeteria, Tankstelle, Bushaltestelle

Essen & Trinken

Restaurant Hotel Sveitasetrið
Bar, gehobene Küche

Blönduskálinn, Tel. 4 52 43 50

Essóskálinn
Tel. 4 52 42 98, bei der Esso-Tankstelle an der Ringstraße, Tagesmenüs, Hamburger, Pizza

Kunst & Kultur

Handarbeitsmuseum Heimilisiðnaðarsafnið
Árbraut 31, Tel. 4 52 41 53, 4 52 40 67, geöffnet 20.06.–30.08., Mo–Fr 15–17 Uhr; gezeigt werden alte isländische Handarbeiten wie Volkstrachten, Wandteppiche, Tischdecken und Woll-Einlagen *(leppar)* für Schuhe aus Fischhaut. Das Museum zeigt auch den

Nachlaß von *Halldóra Bjarnadóttir* (1873–1981), der ersten isländischen Pädagogin. Sie schuf in Island mehrere Ausbildungsstätten für Frauen. Weiterhin ist in dem Museum eine Mineralienaustellung der Fa. Álfasteinn untergebracht.
Spuni og Heimaiðjan
Kunsthandwerk, in der Tourist-Info

Sonstiges

Ambulanz, Apotheke, Krankenhaus
Flúðabakki, Tel. 4 52 42 06
Schwimmbad, Húnabraut
9-Loch Golfplatz, *Vatnahverfi*

Route 3 D: Rundfahrt um die Halbinsel Skagi

Die 119 km lange Rundfahrt um die Halbinsel *Skagi* führt von Blönduós nach *Sauðárkrókur* am *Skagafjörður.* Die Straßen 74 und 745 verlaufen auch hier entlang der Küste. 8km nördlich von Blönduós quert die Straße 744 die Halbinsel direkt. Sie führt durch das *Norðurárdalur* und trifft 20 km östlich im *Laxárdalur* wieder auf die Straße 745.

Auf der Straße 74 erreichen wir 2 km nach der Abzweigung der Straße 744 *Höskuldsstaðir.* Auf dem Friedhof des Gehöfts steht ein alter Runenstein aus dem 14. Jahrhundert.

Die Straße 74 endet in **Skagaströnd.** 630 Einwohner hat der Ort heute. Das Fischereizentrum war bereits im 16. Jahrhundert ein wichtiger Handelsplatz deutscher und englischer Kaufleute. Östlich des Orts liegt das enge *Hrafndalur* („Rabental"). Ein verfallener Fahrweg, der sich gut zum Wandern eignet, führt durch die Berglandschaft des *Skagastrandarfjöll* zu mehreren verlassenen Bauernhöfen. Zu beiden Seiten des Tals ragen hohe Berge empor, im Norden der 646 m hohe *Spákonufellsborg,* im Süden der *Illviðrishnjúkur* (707 m). Im Winter kann man in den Bergen östlich von Skagaströnd Ski fahren.

Praktische Infos

Campingplatz Skagaströnd

An der Straße 74, komfortabel, Schwimmbad, Einkaufsmöglichkeit, Cafeteria, Tankstelle, Bushaltestelle

Sonstiges

Informationen erhält man beim Campingplatz Skagaströnd. Übernachten und essen kann man im **Hotel-Restaurant Dagsbrún,** Tel. 4 52 27 30. In der Bogabraut 7 sind eine **Ambulanz** (Tel. 4 52 26 96) und eine **Apotheke** (Tel. 4 52 27 17). Bei *Háagerði* gibt es einen **9-Loch Golfplatz.**

Von Skagaströnd setzen wir unsere Rundfahrt auf der Straße 745 fort. Am langgezogenen *Króksbjarg* fällt die Küste mit 50 m hohen Klippen schroff ins Meer ab. In *Kálfhamarsvík* führt eine kurze Stichstraße am Ufer des Fjords zu einer sehenswerten Formation aus Säulenbasalt. Überall liegt hier an der Küste das weiße, rundgeschliffene Treibholz verstreut auf dem flachen Kiesstrand. Eine **Strandwanderung** lohnt sich, denn in diesem kaum besiedelten Landstrich gibt es manches zu entdecken, das vom Meer angeschwemmt wurde: hölzerne Planken von unbekannten Schiffen; zerrissene Fischernetze; Schwimmkugeln aus buntem

Kunststoff, weißem Styropor oder altem Holz.

Kap Skagatá ist der nördlichste Punkt der Insel. Eine schmale Piste führt ein wenig südlich davon zu der Seenplatte auf der Hochebene *Skagaheiði*. An den steilen Klippen von *Ketubjörg* kann man Seevögel beobachten. 2 km vor dem Gehöft *Selá* zweigt erneut eine Piste zur *Skagaheiði* ab. Sie führt zum See *Ölvesvatn* und in eine karge, subpolare Landschaft. Im Skagafjörður ragt die kleine Insel *Drangey* 135 m hoch aus dem Meer.

Nach der Bucht *Sælavandsvík* verläßt die Straße die Küste und führt durchs *Laxárdalur* nach *Sauðárkrókur*. Eine holprige Piste steigt aus dem Tal hinauf zum 434 m hohen *Réttarfell*, wo ebenfalls mehrere kleine Seen liegen. Mit dem Geländewagen kann man vom Réttarfell weiterfahren und auf einer abenteuerlichen Piste durch das Tal des Baches *Gauksstaðaá* eine etwa 18 km lange Rundfahrt machen; die Piste trifft wieder auf die Straße 745.

Sauðárkrókur

In *Sauðárkrókur* begann die Besiedlung erst im Jahr 1870. Die heute **2700 Einwohner** zählende Stadt wuchs schnell. Bereits seit 1858 ist sie ein wichtiges Handelszentrum, seit 1947 besitzt sie die Stadtrechte. Heute ist sie eine emporstrebende Gemeinde mit hoher Bedeutung für den Norden Islands. Sauðárkrókur ist das **Verwaltungszentrum der Region** rund um den *Skagafjörður*. Seine

Vogelfelsen Hvítserkur im Húnafjörður

Bedeutung als Wirtschaftsstandort und als Verkehrsknotenpunkt erhält der Ort durch den gut ausgebauten Hafen, eine eigene Trawler-Flotte, eine moderne Fischfabrik und einen Flugplatz. Das kompakte Stadtbild weist besonders viele Holzhäuser auf. Einen guten Überblick auf den Ort hat man vom höhergelegenen Friedhof aus.

Am Hafen sieht man, wie auf Holzgestellen Stockfisch getrocknet wird. Man kann sich aber auch im geothermal beheizten Schwimmbad, auf dem Golfplatz und im Winter in den Skigebieten des Hinterlands vergnügen. Eine lizenzfreie Angelmöglichkeit besteht am Strand. Auch Wanderer kommen in Sauðárkrókur auf ihre Kosten. Eine leichte Tour erschließt den 706 m hohen Hausberg der Stadt, den *Molduxi,* von wo aus man eine gute Rundumsicht hat. Zum 995 m hohen *Tindastóll* führt eine etwas anspruchsvollere Tour.

Am südlichen Ortsende von Sauðárkrókur biegt die Straße 75 2 km vor dem Flugplatz nach Osten ab und überquert auf Brücken und Dämmen die Mündung der *Héraðsvötn.* Im Süden breiten sich große Sand- und Wasserflächen aus, im Norden brandet das Meer; in wärmeren Gefilden wäre dies sicherlich ein idealer Badestrand. Die Besucher, die hierher kommen, erkunden die Gegend lieber auf dem Rücken eines Pferdes. In der *Skagfirðingarbraut* unterstreicht die lebensgroße Skulptur eines Islandpferds von *Ragnar Kjartansson* den hohen Stellenwert der Pferdezucht in dieser Region und verdeutlicht, daß die Islandpferde maßgeblich an der Bedeutung des Landstrichs teilhaben.

Praktische Infos

Tourist-Information

Tourist-Information im *Hotel Áning* (s.u.)

Unterkunft

Fosshótel Áning
Skagafirðingabraut 21, Tel. 4 53 67 17, Fax 4 53 60 87, im Sommer geöffnet, s.a. Fosshótels, S.122

Hótel Mælifell
Aðalgata 7, Tel. 4 53 52 65, Fax 4 53 56 40, 12 Betten, einfache Ausstattung

Gästehaus Mikligarður
Kirkjutorgi 3, Tel. 4 53 68 80, Fax 4 53 64 41, 6 Betten, Schlafsackunterkunft, ganzjährig geöffnet

Camping

Tel. 4 53 88 60, direkt neben dem Schwimmbad, geöffnet 01.06.–31.08.

Essen & Trinken

Hotel Áning und **Mælifell** (s.o.)

Ábær
Skagafirðingabraut, Tel. 4 53 67 17, gehört zum Hotel Áning

Pollinn
Pizzeria, Pub, Aðalgata 15, Tel. 4 53 64 54, geöffnet So–Mi 10–23 Uhr, Do bis 01 Uhr, Fr, Sa bis 03 Uhr

Kaffi Krókur
Café, Restaurant, Pub, Aðalgata 16, Tel. 4 53 62 99, geöffnet Mo–Do 11–24 Uhr, Fr, Sa, So 11–03 Uhr, Ausstellungen lokaler Künstler, isländische und internationale Küche, Fisch, selbstgebackener Kuchen, gute Cocktails, großer Saal für Reisegruppen

Museen & Ausstellungen

Safnahús Skagafirðinga
Faxatorg, Tel. 4 53 66 40, geöffnet Mo–Mi 15–19, Do 20–22, Fr 14–18 Uhr, Kunstsammlung und Bibliothek
Hist. Schmiede von Ingimundur
Suðurgata 5, Tel. 4 53 51 20, 4 53 58 01, 4 53 52 27, geöffnet Mo–Fr 16–19 Uhr, Sa, So nach Vereinbarung
Minjahúsið
Aðalgata 16b, Tel. 4 53 68 70, 4 53 57 01, 4 53 56 00, geöffnet tgl. 14–18 Uhr

Reiten

Topphestar
Ingimar Pálson, Tel. 4 53 56 54, 4 53 58 28, Tagesritte und Mehrtagestouren zum Mývatn und zum Schaf- und Pferdeabtrieb
Hestasport
Magnús Sigmundsson, Raftahlíð 20, Tel. 4 53 50 66

Sonstiges

Polizei
Suðurgata 1, Tel. 4 53 66 66
Ambulanz, Krankenhaus
Spítalastígur, Tel. 4 53 52 70
Apotheke
Hólavegur 16, Tel. 4 53 53 36
9-Loch Golfplatz
Hlíðarendi-Platz oberhalb des Ortes, Tel. 4 53 50 75
KS
Ártorg 1, großes Shopping-Center am Ortseingang bei der Tankstelle

Ausflüge

Fahrten **zu den Inseln Drangey** (Mi 10 Uhr und nach Vereinbarung) **und Glerhallvík** werden in einem Ausflugsboot für 20 Personen angeboten; Informationen unter Tel. 8 52 90 03.

Route 3 E: Von Blönduós nach Varmahlíð (51 km)

Die Ringstraße führt von Blönduós zunächst durch das *Langidalur,* das „lange Tal“, das von der Blandá durchflossen wird. Nach 13 km wird die **Gästefarm Geitaskarð** (Tel. 4 52 43 41; Angellizenzen, Reiten) passiert, Ausgangspunkt für Wanderungen über den langgezogenen Bergrücken *Langadalsfjall* in das nördlich davon gelegene Laxárdalur, einem Weidegebiet für Islandpferde. Kurz darauf passiert man auf der Ringstraße *Holtastaðir.* Geitaskarð und Holtastaðir waren einst Häuptlingssitze. Auf dem nahegelegenen Hof *Strjúgarstaðir* lebte im 16. Jh. der Dichter *Þórður Mangnússon.*

Alternativ zur Ringstraße kann man von Blönduós auf der Straße 731 südlich der Blanda entlangfahren. Man kommt hier am See *Svínavatn* vorbei. In *Langamýri* führt eine Brükke über die Blanda, durch das *Blöndudalur* erreicht man auf der Straße 731 nach wenigen Kilometern im Norden wieder die Ringstraße. Folgt man hingegen der Straße 732 südwärts, gelangt man auf die Hochlandstrecke *Kjalvegur F35* (s. Route 7).

In der kleinen Siedlung *Bólstaðarhlíð* gibt es eine **Tankstelle** und bei *Hunaver* einen Campingplatz. Hier zweigt die Straße 734 in das südlich gelegene *Svartárdalur* ab. Auch durch dieses Tal kann man ab *Fossar* mit einem Geländewagen weiter zur F35 gelangen. Auf der Ringstraße passiert man als nächstes den kleinen See *Vatnshlíðarvatn.* Etwas abseits der Straße folgt kurz darauf der Wasserfall *Gýjarfoss.* Beim

Aussichtspunkt *Arnastapi* steht ein **Denkmal,** das an den Dichter *Stephan G. Stephansson* (1853–1927) erinnert. Er wuchs hier auf und wanderte später nach Amerika aus. Nach der Abzweigung der Straße 762 und Überquerung des Passes *Vatnskarð* gelangt man auf einer Stichstraße nach **Víðimýri** im fruchtbaren Tal der *Héraðsvötn.* Dort steht eine alte **Kirche** *(Víðimýrarkirkja),* die im typischen Baustil des 19. Jahrhunderts errichtet wurde. Sie gehört sicherlich zu den **schönsten traditionellen Bauwerken** Islands (vgl. nachfolgende Ausführungen).

Nach dem kurzen Abstecher zur Víðimýrarkirkja fahren wir auf der Ringstraße die wenigen Kilometer weiter nach *Varmahlíð.*

Varmahlíð

Der Ort hat nur etwa **100 Einwohner** und erhielt seinen Namen von den geothermalen Quellen. Diese werden zum Heizen und für die Warmwasserversorgung genützt. Auch hier kann man Reittouren unternehmen. Außerdem bieten sich gute Wandermöglichkeiten und Gelegenheit zum Angeln. Auch ein Freibad befindet sich in Varmahlíð. Um einen Überblick über die Gegend zu bekommen, besteigt man am besten den Hausberg *Reykjarhóllinn.* Von dort geht die Sicht weit in den Skagafjörður und auf die Insel Drangey.

Praktische Infos

Tourist-Information

Tel. 4 53 88 60, vom 01.06.–31.08. täglich 10–21 Uhr geöffnet, Cafeteria, Kunsthandwerk

Unterkunft

Hotel Varmahlíð
Laugavegur; Tel. 4 53 81 70, ganzjährig geöffnet, Restaurant, Reiten, Angeln

Fosshotel Áning
Birkimelur, Tel. 4 53 81 30, Sommerhotel (01.06.– 31.08.), Restaurant, Schlafsackunterkunft, kleines Naturkundemuseum angeschlossen, Reiten, Bootsfahrten, Fahrradverleih

Bauernhof Lauftún
Tel. 4 53 81 33, in Varmahlíð, ganzjährig geöffnet

Bauernhof Stóra-Vatnsskarð
Tel. 4 53 81 52, auch Schlafsackunterkunft, Reitausflüge, ganzjährig geöffnet

Campingplatz Varmahlíð

An der Ringstraße, Tel. 4 53 82 30, einfach

Museen & Ausstellungen

Naturkundliches Museum
im *Fosshótel Áning*

ASH Keramik
Lundur, Tel. 4 53 81 60

Sonstiges

Reit- und Abenteuertouren
Tel. 4 53 50 66, 4 53 80 21, 4 53 82 11

River-Rafting, Abseilen von Steilfelsen, Ausritte
Tel. 4 53 82 30

Ausflug

Tal der Svartá
Die Straßen 751 und 752 führen von Varmahlíð aus nach Süden ins Tal der Svartá. Auf 20 km Länge wird das Tal landwirtschaftlich genutzt. Durch das *Mælifellsdalur* kann man eine **Bergwanderung** (Tagestour) zum 1138m

Víðimýrarkirkja

Die kleine Kirche steht **seit 1936 unter Denkmalschutz** und ist seitdem Eigentum des Isländischen Nationalmuseums. Der Direktor dieses Museums und spätere Staatspräsident von Island, Kristján Eldjárn, nennt die Kirche von Víðimýri „eines der stilechtesten und schönsten Beispiele alter isländischer Baukunst, die heute noch erhalten sind“. Sie wird immer noch als Gemeindekirche genützt. Víðimýri hat schon sehr lange eine Bauernkirche, in der bedeutende Pfarrrer tätig waren. Beispielsweise wirkte Guðmundur Árason, auf deutsch „der Gute", hier. Er war dann später, von 1203 bis 1237, Bischof von Hólar.

Die heutige Kirche wurde **1834 errichtet;** sie ist also auch mit eines der ältesten Gebäude Islands. Man nimmt an, daß an diesem Platz bereits seit dem Jahr 1000, dem Jahr der Annahme des Christentums, verschiedene Kirchen gestanden haben.

Die heutige Kirche entstand nach einem **Entwurf von Jón Samsonarson.** Er war außerdem Parlamentsabgeordneter und Landwirt im Keldudalur. Das **Baumaterial** der Kirche war **Treibholz,** das an der Küste der Halbinsel Skagi gefunden wurde, **und Torf** aus der Umgebung von Víðimýri. Die Innenausstattung ist im wesentlichen erhalten geblieben, aber der Torf mußte erneuert werden. Wie es zu damaliger Zeit üblich war, wurden für die Kirche ein spezielles Holzgerüst und ein Stützpfosten für das Dach errichtet. Die Torfwände werden von Fenstern an den Giebeln und oberhalb der Kanzel durchbrochen.

Die **Inneneinrichtung** besteht aus verschiedenen Gegenständen von früheren Kirchen, die noch gut erhalten sind. Beispielsweise stammt die Kanzel aus einer sehr alten Kirche. Das Altarbild stellt eine Abendmahlszene dar, datiert auf das Jahr 1616, und kam aus Dänemark hierher. Eine gerahmte isländische Schrift trägt die Jahreszahl 1780. Außer den elektrischen Lampen links und rechts vom Kirchengang erhellen große Kerzenleuchter den Raum während des Gottesdienstes. Die Kirchenbänke sind mit Schnitzereien vom Gang abgetrennt. Die Sitzordnung ist nicht mehr dieselbe wie früher. Ursprünglich saßen die Frauen auf der Nordseite und die Männer auf der Südseite der Kirche. Für die reichen Familien waren die vorderen Plätze reserviert, die ärmeren mußten sich mit denen im hinteren Kirchenteil zufrieden geben. Den Herrschern von Víðimýri war die Nordseite beim Chor vorbehalten, der noch einmal vom übrigen Kirchenteil abgetrennt ist.

Der viereckige **Friedhof** befindet sich unmittelbar neben der Kirche. In seiner ursprünglichen Form war er oval. Zum Schutz wurde um den Friedhof herum eine Mauer aus Torf und Steinen errichtet. Das Eingangstor mit Kirchenglocken befindet sich noch an seinem ursprünglichen Standort.

Von den Kirchenbesuchern wird ein **Eintrittsgeld** erhoben, das für die Instandhaltung der Kirche verwendet wird. Die Kirche ist geöffnet vom 01.06. bis zum 31.08. täglich von 9–18 Uhr, sonst nach Vereinbarung; Tel. 4 53 81 67.

Seit 1936 unter Denkmalschutz: die *Víðimýrarkirkja*

hohen *Mælifellshnjúkur* unternehmen. Vom Gipfel hat man einen guten Ausblick ins Tal und auf die umliegende Lavalandschaft.

Beim Hof *Breið* führt die Straße 755 noch 12 km weit in das immer enger werdende *Svartárdalur* hinein; die Straße geht schließlich in eine Piste über, die bald endet. In diesem Gebiet zweigen mehrere Pisten zu den umliegenden Seen und Bergen ab. Auf einer dieser holprigen Strekken kann man mit einem geländegängigen Fahrzeug quer über die *Eyvindarstaðarheiði* nach Westen zum Stausee *Blóndulón* gelangen. Fährt man von Breið auf der Straße 752 weiter und biegt in *Goðdalir* (zuvor Tankstelle) ins *Vesturdalur* ein, gelangt man mit einem Geländewagen auf die Hochlandpiste F752 und den *Sprengisandur* (siehe Route 7).

Wo es ein *Vesturdalur* („westliches Tal") gibt, muß auch ein *Austurdalur,* ein „östliches Tal", sein. Dieses erreicht man nach Goðdalir auf der Straße 758. Die befahrbare Straße durchs Austurdalur endet nach 15 km bei der kleinen Kirche von *Ábær.* Die Reste von alten Mauern weisen auf eine frühere Besiedlung des heute verlassenen Gehöfts hin. Zu Fuß kann man weiter flußaufwärts wandern.

Wandertip

Beim Kirchlein von Ábær beginnt eine 40 km lange, mehrtägige **Fernwanderung,** die durch das tief eingeschnittene Tal der *Austari-Jökulsá* zum *Laugafell* an der F752 führt. Auf dem Weg ist man ziemlich allein. Die ersten 8 km führen am Fluß entlang zu einer Hütte am Fuß des Berges

Sandafjall. Immer weiter dem Fluß nach ist 12 km später das *Jökuldalur* erreicht. Die Landschaft wird zunehmend abenteuerlicher. Das enge Tal ist von hohen Bergen eingerahmt, kleine Bäche rauschen herab. 25 km nach der Hütte führt der Wanderpfad an einer einfachen Schutzhütte vorbei; auf der anderen Talseite liegt die Schlucht *Pollagil.* Hinter der Schutzhütte treffen wir wieder auf eine Piste, der wir bis zur F752 und zum *Laugafell* folgen. Bei den warmen Quellen kann man in der Berghütte übernachten oder zelten (s. Route 7).

Route 3 F: Von Varmahlíð nach Akureyri (95 km)

Ab Varmahlíð durchfahren wir auf der Ringstraße eine saftige Weidelandschaft. Etwa 1km nach der Brücke über die *Héraðsvötn* weist ein Schild auf eine Basaltsäule hin, die an blutige Auseinandersetzungen erinnert: Am 21. August 1238 kämpften bei *Örlygsstaðir* 3000 Mann der drei einflußreichsten Sippen um die Vormacht in Island. Es gab 56 Tote, unter ihnen *Sighvatur Sturluson,* einer der mächtigsten Goden, und vier seiner Söhne. Trotzdem ging die Sturlunger-Sippe aus diesem als „größte Schlacht auf isländischem Boden" bezeichneten Kampf als Sieger hervor. Ein Fußpfad führt durch eine Weide 200 m hinauf zu der Säule. Der Aufstieg lohnt sich auch wegen der guten Aussicht.

Wieder auf der Ringstraße liegt 5 km weiter rechts der Straße der Pfarrhof *Miklibær,* einst Wohnort der Familie von *Berthel Þórvaldsen.* Þórvaldsen war klassizistischer Bildhauer, der auch in Kopenhagen und Rom Erfolge hatte. Auf dem Friedhof der 1973 geweihten Kirche liegt der Volksdichter *Hjálmar Jónsson,* genannt *Bólu-Hjálmar,* begraben (1796–1875). Er lebte von 1833—1843 in dem nahegelegenen Hof Bóla. Hinter der Kirche fließt der vielarmige Fluß *Héradsvötn,* der in den *Skagafjörður* mündet. Links der Straße erhebt sich der 1151 m hohe *Akrafjall.* Am Fuß des Berges lag einst ein alter Häuptlingssitz, der von *Skúli Magnússon* (1749–1794) bewohnt wurde.

Vor der Abzweigung der Straße 759 kommen wir nach *Silfrastaðir.* Dort, wo heute die schöne achteckige Steinkirche steht, die 1896 erbaut wurde, stand einst die Torfkirche, die heute im Freilichtmuseum *Árbær* in Reykjavík ihren Platz gefunden hat.

An der Brücke über den *Kotá* – rechts der Straße befindet sich noch die alte Brücke – kann man eine **interessante Wanderung** beginnen. Sie führt oberhalb der Klamm **Kotagil** entlang, einer der **tiefsten und eindrucksvollsten Schluchten** Islands. Allerdings ist diese Tour anstrengend, gilt es doch etwa 500 Höhenmeter zu überwinden. Dafür wird man durch die herrliche Aussicht in die Schlucht belohnt. In der Schlucht kann man an einigen Stellen versteinerte Holzreste entdecken, die darauf hinweisen, daß hier vor 5–10 Millionen Jahren Bäume wuchsen.

Nachdem man das *Norðurárdalur* durchquert hat, gelangt man auf den Paß der *Öxnadalsheiði.* Im weiteren Verlauf der Straße werden die hohen Berge immer wieder durch tiefe Schluchten durchbrochen. Unterhalb des *Selfjall,* der sich auf 1237 m Höhe erhebt, befindet sich eine Schutzhütte für Notfälle. Im Winter ist diese Straße durch ihre Höhe häufig unpassierbar. Das *Öxnadalur* („Axttal") ist von 1400 m hohen schneebedeckten Bergen umgeben. Unweit der Schutzhütte ragt nördlich der Straße der 1237 m hohe *Grjótáthnjúkur* in die Höhe, südlich der Straße der *Kinnafjall* (1106 m).

Hinter der Kirche von *Bakki* mit ihrer herrlichen Aussicht ins Tal der *Öxnadalsá* („Axttalfluß"), die nördlich der Straße 1 liegt, kommen wir zur 1175m hohen Felsnadel *Hraundangi,* die mit ihrer markanten Form wie ein Wahrzeichen das Tal überragt. Etwas weiter südlich liegt in 500 m Höhe der See *Hraunsvatn.* Er ist von der Ringstraße aus nicht einsehbar. In diesem See kann man Forellen angeln. Vom **Gästehaus Engimýri** (Pferdefarm, Öxnadalur, Tel. 4 62 68 38, 17 Betten, Zeltmöglichkeit, ganzjährig geöffnet) aus werden **geführte Wanderungen und Ausritte** angeboten. Auch **Angellizenzen** erhält man hier.

Die Öxnadalsá fließt am Ende des Tals in *Ytri-Bægisá* mit anderen Bächen zusammen und bildet den *Hörgá,* der ca. 15 km weiter in den *Eyjafjörður* mündet. In Ytri-Bægisá, wo eine Kirche aus dem Jahre 1858 steht, lebte einst der in Island sehr bekannte Pfarrer und Dichter *Jón Þórláksson* (1744–1819). Man kann bei Ytri-Bægisá auch auf der Straße 815 am nördlichen Ufer des Hörgá entlangfahren. Am Talende laufen die beiden Straßen wieder zusammen. In *Laugaland* gibt es ein **Edda-Hotel** mit Zeltplatz *(Þelamörk,* Tel. 4 62 17 72, 28 Zimmer, Schlafsackunterkünfte, Restaurant, Schwimmbad). Auf der Ringstraße sind es noch 12 km bis *Akureyri* (siehe Route 4).

Route 3 G: Von Varmahlíð nach Sauðárkrókur (27 km)

Von Varmahlíð führt die Straße 75 in Richtung Norden nach *Sauðárkrókur.* Nach 10 km erreichen wir auf dieser Strecke **Glaumbær.** Hier befindet sich einer der besterhaltenen Höfe aus dem 18./19. Jahrhundert, der als **Freilichtmuseum** seinen Besuchern zugänglich ist (vgl. Text ab der nächsten Seite).

Von Glaumbær nach Sauðárkrókur

Das Gebiet südlich des **Skagafjörður** ist bekannt für seine **Pferdezucht** und seine **Pferdeturniere.** Auf vielen Höfen in dieser Region werden hochwertige Reittiere gezüchtet. In dieser Gegend stehen viele Bauernhöfe, die Rinder-, Schaf- und vor allem Pferdezucht betreiben. Zahlreiche Höfe bieten außerdem Unterkunft und Verpflegung an. Außerdem veranstalten sie Reittouren.

Auf dem **Turnierplatz von Vindheimamelar** wird die Qualität und Leistungsfähigkeit der gezüchteten Pferde demonstriert; im Sommer finden fünf Vorstellungen pro Woche statt. Auch Ausritte oder längere Reittouren können von dort aus unternommen werden.

Auf dem weiteren Weg nach *Sauðárkrókur* kommt man in *Reynistaður,* einem geschichtlich wichtigen Kirchhof, und am *Miklavatn* vorbei. Diese Gegend wird landwirtschaftlich intensiv genutzt. Immer wieder trifft man auf Gestüte, denn die Hofbesitzer um Sauðárkrókur sind bei Pferdeinte-

Fortsetzung auf Seite 384

Das Freilichtmuseum Glaumbær

Das Museum zählt zu den **meistbesuchten Museen Islands.** Die verschiedenen Torfgebäude wurden in Glaumbær zwischen 1840 und 1880 errichtet. Der Hof war der größte in dieser Zeit und bis 1947 bewohnt.

Bis zur Jahrhundertwende war es üblich, die isländischen Häuser hauptsächlich als Torfhäuser zu errichten. Ein gut gebautes Haus konnte bei nicht allzu viel Niederschlag gut und gern 100 Jahre halten. Torf gibt es in Island reichlich, Holz dagegen ist seit dem Mittelalter knapp, nachdem die Wälder Islands für den Schiffsbau abgeholzt wurden und Bäume hier eher selten sind.

Bei einem **Torfhaus** bestehen die Wände und das Dach aus Torf. Zur Stabilisierung befindet sich darunter ein Holzgerüst. Das Dach gewinnt zusätzlich an Festigkeit durch das darauf wachsende Gras. Die dichten Graswurzeln verfilzen die Oberfläche, und der Torf wird vor Feuchtigkeit geschützt. Beim Bau eines Torfhauses ist der richtige Neigungswinkel des Daches entscheidend: Ist er zu flach, sind die Wassermassen zu groß, und das Dach läßt Wasser durch; ist er zu steil, fließt das Wasser zu schnell ab, und das auf dem Dach wachsende Gras bekommt zu wenig Feuchtigkeit ab, so daß der Torf aufreißt und das Dach ebenfalls wasserdurchlässig wird. Torf eignet sich auch deshalb zum Hausbau, weil er für eine gute Isolation sorgt.

Die Vorderfront der Häuser in Glaumbær besteht aus weißen Holzplanken, die importiert wurden. Hieran merkt man, daß es sich um einen wohlhabenden Hof gehandelt haben muß. Auch die Größe des Hofes und die alten Bilder, die im Eingangsbereich des Museums zu sehen sind, weisen auf den damaligen **Wohlstand** hin. Neun einzelne Häuser sind durch einen beinahe 20 m langen

Grundriß von Glaumbær

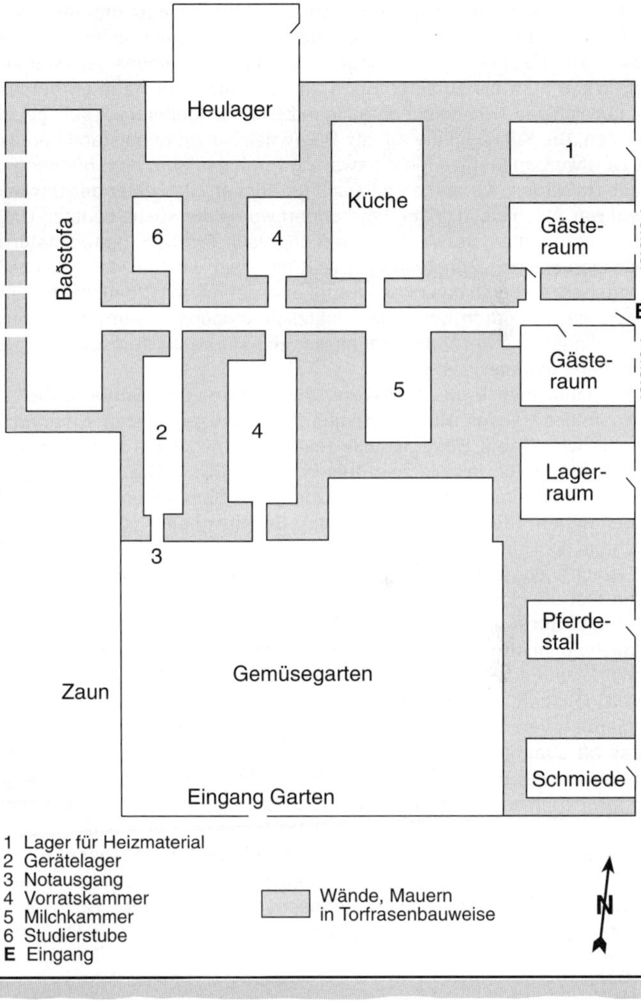

1 Lager für Heizmaterial
2 Gerätelager
3 Notausgang
4 Vorratskammer
5 Milchkammer
6 Studierstube
E Eingang

Gang miteinander verbunden. Nur die Schmiede, in der Gerätschaften hergestellt und repariert wurden, und einige Lagerräume liegen außerhalb. Die Räume sind größtenteils noch mit der Originalmöblierung aus dem 18./19. Jahrhundert ausgestattet. Die meisten wurden zwischen 1876 und 1879 gefertigt.

Betritt man das Museum, gelangt man zuerst in die **Gästezimmer,** die 1841 entstanden. In jenem Jahr übernachtete dort auch der Dichter Jónas Hallgrímsson. Die Räume sind mit Dingen des täglichen Lebens liebevoll eingerichtet. Wenn man die Erläuterungen zu den einzelnen Räumen durchliest, kann man sich das Treiben zur damaligen Zeit richtiggehend vor sein geistiges Auge rufen. Die Küche ist der älteste Raum des Hofes; er entstand bereits um 1750. Dort wurden Mahlzeiten für zwanzig Personen über dem offenen Feuer gekocht. Außerdem wurde Lammfleisch geräuchert, das unter der Decke aufgehängt war. Noch bis in unser Jahrhundert wurde die Küche benutzt. Um das Feuer zu unterhalten, verwendete man ebenfalls Torf oder getrockneten und deshalb geruchlosen Schafsdung. Die Küche war weniger der Verwitterung preisgegeben, da durch das offene Feuer eine geringere Luftfeuchte herrschte. Das Holz ist hier durch den Ruß zusätzlich konserviert worden. Hinter der Küche befindet sich der Vorratsraum, der sich durch die Torfisolation gut zur Lagerhaltung eignete.

Nun gelangt man in die **Baðstofa, die „Wohn- und Schlafstube",** den Hauptraum des Hauses. Hier wurde gearbeitet und geschlafen. Einer der drei Raumteile war für die Bauersfamilie reserviert. Insgesamt kamen bis zu 22 Personen hier unter, jeweils zwei teilten sich ein Bett. Die Fensterseite war den Frauen vorbehalten, die für ihre Arbeit, das Spinnen und Stricken, mehr Licht benötigten. Die Männer verrichteten Schnitzarbeiten, drehten Seile aus Pferdehaar und kämmten Wolle. Zur Unterhaltung wurden dabei oft Sagas oder Gedichte vorgelesen. Manchmal kam auch ein Vortragskünstler vorbei, der von Hof zu Hof zog. Die Baðstofa war unbeheizt, nur ihre Bewohner sorgten mit ihrer Körpertemperatur für etwas Wärme. Wegen der Kälte legte man deshalb auch die Kleidung zum Schlafen nicht ab und deckte sich zusätzlich mit Federbetten und Wolldecken zu. Das Bettzeug wurde vom Bettbrett gehalten, das individuell nach dem Geschmack des Besitzers mit Schnitzereien verziert wurde. Über dem Bett bewahrte man das Eßgeschirr auf, das oft ebenfalls mit schönen Schnitzereien geschmückt wurde. In der Baðstofa kann der Besucher eine Nationaltracht, Festkleidung, Werkzeug zur Wollverarbeitung sowie ein altes isländisches Saiteninstrument, das Langspil, sehen.

An der Südseite des Hauses befindet sich ein weiterer Ausgang. Er diente als Notausgang, beispielsweise im Falle eines Brandes. In der Nähe liegt die Milchkammer. Hier wurde Milch in Trennschüsseln geschüttet. Nach 36 Stunden hatte sich der Rahm abgesetzt; hieraus machte man Butter. Die übriggebliebene Milch wurde dann zu Skýr, einem Joghurt ähnlich, verarbeitet.

Unweit des Hofes befindet sich die **Kirche,** die zu diesem Gehöft dazugehörte. Lange Zeit war Glaumbær also auch Pfarrgemeinde. Die Kirche ist von einem Friedhof umgeben, dessen alte Grabsteine ein näheres Hinsehen lohnen.

Der Eigentümer des ursprünglichen Hofes war Þórfinnur Karlsefni, ein Begleiter von Leifur Eiríksson. Þórfinnur lernte auf Grönland Guðriður Þórbjarnardóttir kennen, die Tochter irischer Sklaven, und nahm sie zur Frau. Sie begleitete ihn auf seiner zweiten Amerikafahrt. Im Winter 1002/03 kam auf dieser Reise ihr Sohn Snorri zur Welt. Nachdem Þórfinnur gestorben war, kehrten Mutter und Sohn nach Glaumbær zurück. Guðriður unternahm später noch eine Pilgerfahrt nach Rom, möglicherweise als erste Isländerin überhaupt. Snorri Þórfinnson errichtete die erste Kirche von Glaumbær und wurde auf dem Friedhof dort beigesetzt; wo genau, weiß man nicht. Er gilt als der erste in Amerika geborene Europäer und gleichzeitig als der erste in Europa gestorbene Amerikaner. 1994 wurde ihm aus diesem Grund ein Denkmal auf dem Kirchhof gesetzt. Die Skulptur aus Bronze wurde im Jahr 1939 von *Ásmundur Sveinsson* gegossen. Sie trägt den Titel „Die erste weiße Mutter in Amerika".

Beim Museum wurde nach altem Vorbild ein neues, aber viel größeres Grassoden-Haus erbaut, in dem eine **Cafeteria** und ein **Souvenirshop** untergebracht sind.

Öffnungszeiten: täglich von 9–18 Uhr oder nach Vereinbarung; Tel. 4 53 61 73.

ressierten als Züchter wohlbekannt. Im September findet hier der „**Laufskálarétt**“ statt, eine der **wichtigsten Pferdeveranstaltungen** von Island. Hier werden die Pferde zusammengetrieben und ausgewählt. Da auch Touristen immer mehr Interesse an diesem Ereignis zeigen, bieten Farmen an, beim **Pferdeabtrieb** als Reiter teilzunehmen.

17 km nach Glaumbær ist *Sauðárkrókur* (siehe S.372) erreicht.

Die 27 km lange Straße 745 führt nördlich *Sauðárkrókur* entlang der Küste von *Reykjaströnd* nach *Reykir,* einem heute verlassenen Hof. *Grettir der Starke* soll einst von seinem Verbannungsort, der Insel *Drangey,* nach Reykir geschwommen sein, um Feuer zum Kochen zu holen. In einer warmen Quelle *(Grettislaug)* soll sich Grettir von der Anstrengung erholt haben. Heute kann die Quelle Grettislaug beim südlich gelegenen Hof *Fagranes* besichtigt werden. Ob dies jedoch tatsächlich „Grettirs Bad“ ist, weiß niemand so ganz genau. Jedenfalls ist die Sage für Sportler Anreiz genug, von der Insel Drangey durch den Skagafjörður zu schwimmen.

Route 3 H: Um die Halbinsel Tröllaskagi nach Akureyri (173 km)

Zwischen dem Skagafjörður im Westen und dem Eyjafjörður im Osten erstreckt sich die 50 km breite Halbinsel *Tröllaskagi.* Die Straße 75 überquert östlich von Sauðárkrókur das Mündungsdelta der *Héraðsvötn.* In der Ebene *Hagranes,* die sich zwischen den beiden Flußarmen der Héraðsvötn erstreckt, führt eine kurze Stichstraße auf eine sandige Landzunge nach *Landsendi.* Weit reicht von hier der Blick über den Fjord: Im Westen liegt Sauðárkrókur, im Nordosten *Hofsós.* Die ehemalige Thingstätte *Hegranes Þingstaður* liegt südlich der Straße auf einem Hügel. Hier trafen sich im 10–14. Jh. die Goden des Bezirks Skagafjörður und des Nordlands zum Thing. Spuren alter Unterkünfte sieht man heute noch. Hegranes wird auch in der Grettis-Saga genannt. Grettir der Starke kam zum Thing, um an einem Ringkampf teilzunehmen. Dabei soll es nicht mit rechten Dingen zugegangen sein... Er wurde geächtet und auf die Insel Drangey verbannt. Nach dem Delta fahren wir auf der Straße 76 nach Norden auf die Halbinsel Tröllaskagi. Nach 8 km zweigt die Straße 769 in östlicher Richtung ins *Hjaltadalur* zu dem ehemaligen Bischofssitz *Hólar* ab (11 km).

Auf dem Weg nach Hólar kommt man an **Neðriás** vorbei, wo 984 die **erste christliche Kirche des Landes** entstand. Heute befindet sich dort ein Hof mit einem Gestüt, von dem man Reitausflüge unternehmen kann.

Hólar

Hólar ist schön am Hang des etwa 1200 m hohen Berges *Hólabyrða* gelegen. Darüber leuchten die Eisfelder des 1387 m hohen *Myrkárjökull.* Wirkt der Ort heute auch eher unscheinbar, so war er im Mittelalter und in der frühen Neuzeit eines der **wichtigsten Kirchenzentren** des Landes. Zusammen mit *Skálholt* war Hólar von 1106 bis 1798 einer der beiden **Bischofssitze** in Island. Außerdem war es mit seiner Lateinschule von der Reformation bis 1802 das wichtigste **Bildungszentrum** des Landes. In dieser Zeit wurde dort auch die berühmte Druckpresse von Hólar eingerichtet. 1106 weihte *Jón Ögmundsson der Heilige* diesen Ort zum Bischofssitz und war auch der erste Bischof hier. Einer der berühmtesten Bischöfe war **Jón Arason.** Er war der letzte der 23 katholischen Bischöfe und wirkte in Hólar von 1524 bis 1550. Weil er sich dem von Dänemark aufgezwungenen Protestantismus bis zuletzt widersetzte, mußte er dafür mit seinem Leben bezahlen. Zusammen mit seinen beiden Söhnen wurde er 1550 hingerichtet.

Auch 13 „lutherische" Bischöfe wirkten in Hólar. Darunter war *Guðbrandur Þorláksson.* Er übte mit seiner Bibelübersetzung nachhaltigen Einfluß auf die isländische Sprache aus. 1798 mußte Hólar seine einflußreiche Position an Reykjavík abgeben. Die beiden bestehenden Bistümer wurden vereinigt, Hólar wurde als Bischofssitz aufgegeben. Als Pfarrgemeinde blieb der Ort weiterhin bestehen, seit 1986 wirkt hier auch wieder ein Weihbischof.

Größte Sehenswürdigkeit des Ortes ist die ehemalige **Kathedrale.** Mit 9x20 m gehört sie zwar zu den kleinen Kirchen, jedoch ist die 1763 geweihte Kirche die älteste noch erhaltene Steinkirche des Landes. Es handelt sich bereits um die siebte Kirche, die an dieser Stelle entstand. In den Jahren 1759 bis 1763 wurde sie unter der Leitung eines deutschen Maurermeisters nach den Plänen des dänischen Architekten *Lauritz de Thurah* erbaut. Gleich neben dem flachen Kirchenbau erhebt sich der 27 m hohe **Glockenturm,** der zu Ehren von *Jón Arason* errichtet und 1950 eingeweiht wurde. In seinem Baustil wurde er an die viel früher entstandene Kirche angepaßt.

Auf dem Friedhof gibt es einige alte Grabsteine zu sehen. Um **das Kircheninnere** besichtigen zu können, muß man an einer Führung teilnehmen. Dazu kann man sich an der Rezeption der Schule anmelden. Besonders auffällig und wertvoll ist der spätgotische Flügelaltar mit holzgeschnitzten Skulpturen. Ursprünglich stammt er aus Deutschland oder Holland und wurde kurz vor der Reformation hierher transportiert. Im Mittelteil ist die Kreuzigung Jesu auf dem Berg Golgatha dargestellt. Außerdem schmücken mit filigraner Holzschnitzerei verzierte Heiligenfiguren den Altar. Auffällig ist auch ein Triptychon, das aus Alabaster gefertigt ist und aus England stammt. Neben dem Kruzifix aus dem 16. Jahrhundert befindet sich das Taufbecken aus grönländischem Speckstein. Man erzählt sich, daß es übers Meer hierher geschwommen sei. Auf der Kanzel sind Apostel dargestellt, geschaffen von einem dänischen Künstler zur Zeit der Kirchenweihe. Das lithurgische Gerät ist ebenfalls sehr wertvoll, es stammt aus dem 13. Jahrhundert.

Wo sich einst die berühmte Lateinschule von Hólar befand, gibt es heute eine 1882 gegründete **Landwirtschaftsschule.** Sowohl in- als auch ausländische Studenten lernen hier. Besonderer Schwerpunkt der Ausbildung ist die Pferdezucht. Zudem wird Forstwirtschaft, Forellen-, Pelztier- und Schafzucht gelehrt. In Hólar befindet sich auch das **staatliche Pferdezuchtzentrum.** Über die Geschichte des Ortes informiert ein

Geschichtswanderweg (Sögulöð), auf dem man unter anderem zum Torfhaus *Nýibær* aus dem Jahre 1854 gelangt.

Praktische Infos

Tourist-Information

Alte Schule
Tel. 4 53 63 03, 4 53 63 00; geöffnet 04.06.–31.08., tgl. 9–18 Uhr Führungen durch die Kathedrale; Vermittlung von Reitausflügen und Reitunterricht, geführte Wanderungen, Angelkarte für Forellenteich

Unterkunft

Alte Schule
Tel. 4 53 63 03, 80 Betten, Schlafsackunterkunft; DZ mit Frühstück 5000 ISK, Sommerhäuser für 3–8 Personen, 5000–10 000 ISK/Tag
Farm Hólar
Tel. 4 53 59 62, geöffnet 01.06.–31.08.; beim Besitzer ist eine Karte mit Wanderwegen erhältlich; Reiten, Angeln

Campingplatz Hólar í Hjaltadal

Tel. 4 53 63 03, komfortabel, Schwimmbad, Einkaufsmöglichkeit, Cafeteria, Bushaltestelle

Essen & Trinken

Unðir Byrðunni
Tel. 4 53 63 03

Museum

Kleines Museum im alten Torfhaus von *Benedikt Vigfússon* mit alten Gebrauchsgegenständen rund ums Pferd und die Reiterei, zu besichtigen nach Vereinbarung bei der Tourist-Info

Sonstiges

Freibad, geöffnet 10–21 Uhr
Süßwasser-Aquarium
In der Schule, den großen Seen Islands nachempfunden, geöffnet tgl. 10–18 Uhr
Haustier-Zoo
Bryndís Björgvinsdóttir
Kunsthandwerk, Tel. 4 53 65 87

---

6 km vor *Hofsós* kommen wir zur **Torfkirche von Gröf (Grafarkirkja).** Im Hintergrund weitet sich das *Deildardalur* und erhebt sich der ausladende Gebirgszug *Ennishnjúkur.* Die *Grafarkirkja,* die mitten in den grünen Feldern gelegen ist und der von *Víðimýri* ähnelt, stammt aus der zweiten Hälfte des 17. Jahrhunderts. Im Innern ist der Schrankaltar besonders sehenswert. Der Kirchenbau, eine Holzkonstruktion, die an norwegische Stabkirchen erinnert, ist nur 6,25 m lang und 3,20 m breit. Von 1765–1953 fanden keine Gottesdienste statt; die kleine Kirche wurde als Lagerschuppen zweckentfremdet, bis sie nach ihrer Restauration 1953 erneut geweiht wurde. Sie kann vom 01.06.–31.08. täglich von 10–21 Uhr besichtigt werden; weitere Auskünfte unter Tel. 4 53 73 20, 4 53 79 30.

Wenige Kilometer nordwestlich liegt das ehemalige Handelszentrum des Skagafjörður *Grafarós.* Die Ausgrabungsstätte befindet sich auf einem Hügel, der vom Fluß *Grafará* und dem Meer umgeben ist.

Hofsós

Die **200 Einwohner** des Ortes leben vom Fischfang und von der Landwirtschaft. Einst war dies ein **bedeuten-**

des **Handelszentrum** am Skagafjörður. Unmittelbar vor der Brücke befindet sich auf der linken Seite das hölzerne **Packhaus.** Das schwarze Gebäude am Meer entstand 1777 und ist **eines der ältesten Häuser** des Landes. Als Baumaterial diente importiertes Holz aus Dänemark. Es stammt aus der Zeit, als hier noch reger Handel betrieben wurde. Einst wurde es von der Monopolgesellschaft für den Grönland-, Island- und Finnland-Handel in Einzelteilen hierher transportiert. 1991 restauriert, ist heute in dem Gebäude ein **Museum** untergebracht, in dem die verschiedenen Methoden zum Fang von Papageitauchern und anderen Seevögeln sowie zum Sammeln von Vogeleiern auf der Insel Drangey zu sehen sind. Außerdem befindet sich im Museum das Modell eines kleinen Vogelfelsens. Hinter dem Packhaus hat man einen Überblick über den Hafen und auf die Berge der Halbinsel *Skagi.* Die Kirche des Ortes stammt aus dem Jahr 1960.

Praktische Infos

Unterkunft

Höfðaborg
Túngata 4, Tel. 4 53 73 67, Schlafsackunterkunft und Camping, ganzjährig geöffnet
Farm Vatn
Höfðaströnd, Tel. 4 53 74 34, geöffnet vom 01.04.–10.10.

Essen & Trinken

Sólvik
Tel. 4 53 79 30, gegenüber dem Packhaus, Kaffee- und Backstube, geöffnet von Mai bis September täglich 10–22 Uhr
Höfðaborg
Túngata 4, s. Unterkunft
Sigtún
Suðurbraut, Tel. 4 53 73 93

Kunst & Kultur

Pakkhús
Packhaus der königlich-dänischen Handelsgesellschaft,
Tel. 4 53 79 35, geöffnet 10.06.–10.09., tgl. 11–18 Uhr
Vesturfarasetrið
Emigrations-Dokumentationszentrum, Tel. 4 53 79 35, geöffnet 10.06.–10.09., tgl. 11–18 Uhr, das Büro ist ganzjährig geöffnet;
Internet: http://www.krokur.is/~vestur
Íslenska Fánasaumastofan
Isländische Fahnennäherei,
Tel. 4 53 73 66

Sonstiges

Ambulanz
Suðurbraut 10, Tel. 4 53 73 54

Nördlich von Hofsós kommt man an dem Haff *Höfðavatn* vorbei, das von der 202 m hohen Halbinsel *Þórðarhöfdi* begrenzt wird. Auf dem Deich kann man zu Fuß zu der kleinen Landzunge wandern. Am Ufer des Haffs liegt **Vatn.** Hier bietet ein Bauernhof Gästezimmer an und vermietet Sommerhäuschen. Außerdem kann man Pferde- und Bootsausflüge unternehmen sowie Forellen und Lachse angeln. Nördlich des Haffs liegt *Lónkot* am Ufer des *Málmeyjarsunds.* Hier gibt es eine schöne und komfortable Jugendherberge. Die Stichstraße dorthin führt geradewegs über einen Golfplatz.

Fortsetzung auf Seite 390

Vesturfarasetrið, das isländisch-amerikanische Emigrationszentrum

Im Juli 1996 wurde das isländisch-amerikanische Emigrationszentrum in Hofsós **eröffnet.** In den Folgejahren ergänzte man es durch die Besucher-Information, das genealogische Zentrum, eine Bibliothek und Tagungsräume.

Lange Zeit wurde in Island das Thema „Emigration nach Amerika" totgeschwiegen und die Emigranten verurteilt, weil sie einfach ihr Land verlassen haben. Das Zentrum hat es sich zur Aufgabe gemacht, alle verfügbaren **Informationen über die Auswanderungswelle zwischen 1870 und 1914** zusammenzutragen, aber auch Verständnis für die Leute damals zu wecken. Damit wurde begonnen, einen Sinneswandel bei den Isländern zu bewirken und die Auswanderer nachträglich zu „rehabilitieren". Auch erhalten Personen, deren Verwandte damals in die Neue Welt aufbrachen, die Möglichkeit, etwas über die Auswanderer zu erfahren.

Das Emigrationszentrum wird zur Lehrerfortbildung, von Schulklassen, Studenten, Angehörigen der Auswanderer und sonstigen interessierten aufgesucht. Auch wird es immer wieder von Amerikanern besucht, die hier zu Besuch sind und deren Vorfahren Auswanderer aus Island waren. 1997 zählte das Museum 10 000 Besucher.

Das Museum lädt den Besucher zu einer **Reise zurück in die Zeit um die Jahrhundertwende** ein. Auf seinem Weg durch das ehemalige Handelshaus, das zum Emigrationszentrum umgebaut wurde, soll er etwas aus der Geschichte Islands in der Zeit von 1870 bis 1914 lernen. Er kann herausfinden, wie die Menschen damals in Island gelebt haben, warum sie beschlossen auszuwandern. Treibeis, schlechtes Wetter und Vulkanausbrüche erschwerten immer wieder das Leben der Menschen. „Mit Mut und Entschlossenheit verließen sie ihre Heimat, um sich selbst und ihren Familien ein besseres Leben in einem neuen Leben zu ermöglichen", sagte die frühere Staatspräsidentin *Vigdís Finnbogadóttir.* Der Besucher erfährt etwas über die Reise über den Atlantik und das Leben der Isländer in ihrer neuen Heimat. Dazu wird Island im 19. Jahrhundert dargestellt, seine Bevölkerung, die Auswandererzahlen und die Situation in der Natur. 16 000 Isländer hatten in 50 Jahren ihr Land verlassen. Das entsprach einem Fünftel der damaligen Bevölkerung. Die ersten, die auswanderten, waren Mormonen mit dem Ziel Brasilien. Im Emigrationszentrum werden die Hintergründe der Auswanderung dargestellt, Propaganda dafür und dagegen, Veränderungen im Handel und wie diese die Emigration beeinflußt hatten.

Es werden auch die „Agenten" in ihrer Funktion vorgestellt und die Vorbereitungen für die Abfahrt. Thema ist die Gesellschaft im Wandel und neue Möglichkeiten für die, die auf der Suche waren nach einem neuen Leben.

Das Leben in einem Fischerdorf ist dokumentiert, aber auch die Veränderungen in der Wirtschaft von 1870 bis 1914, Neuerungen in der Landwirtschaft, Entwicklungen in der Fischerei, die Industrialisierung und die Städteentwicklung. Es wird gezeigt, wie die Isländer ihr Land verlassen haben, wie es an Bord eines Auswandererschiffes aussah und welche Bedingungen dort herrschten. Eine Holzhütte, das erste Heim der Siedler in der Neuen Welt, ist dargestellt, aber auch Amerika, das verheißungsvolle „Land der unbegrenzten Möglichkeiten". Man erfährt viel über die isländischen Siedler in der Neuen Welt, ihre Nachbarn, ihre Arbeit und wie sie die alten Bräuche ihrer Heimat in der neuen Umgebung erhalten konnten. Einige Auswanderer kamen zu Reichtum und wurden berühmt.

Die Ausstellung über die Auswanderung erstreckt sich über drei Stockwerke. Im **genealogischen Zentrum** kann jeder Isländer seine Abstammung erfahren. Die **Bibliothek** erhielt viele Exponate von Gönnern sowohl aus Island als auch aus Amerika. Auch das Skagafjörður-Archiv hat zahlreiche Veröffentlichungen über Genealogie dorthin entliehen. Das Zentrum wird geführt von der Gesellschaft *Snorri Þorfinnsson,* benannt nach dem Sohn von *Þorfinnur Karlsefni* und *Guðríður Þorbjarnardóttir,* der ersten Isländerin in Amerika (s.a. Glaumbær).

Öffnungszeiten: Das Museum unweit des Hafens ist vom 10.06.–10.09. täglich 11–18 Uhr geöffnet, die übrige Zeit nach Vereinbarung, Tel. 4 53 79 35, Fax 4 53 79 36. Ein Veranstaltungskalender informiert über die wechselnden Ausstellungen.

Hófsos: Im Gebäude links befindet sich das Emigrationszentrum

Praktische Infos

Jugendherberge Lónkot
Tel. 4 53 74 32, Doppelzimmer und Schlafsackplätze für maximal 20 Personen, Aufenthaltsraum mit Kochgelegenheit, geöffnet 15.05.–30.09., große Nachfrage, deshalb frühzeitig reservieren; Forellenangeln und Bootsausflüge, Minigolf, Campingplatz, Restaurant, Sölva-Bar, Veranstaltungen (Musik, Tanz) in der grün-weißen Zelt-Pyramide

Sonstiges
Golfplatz
Am *Málmeyjarsund*

Die Inseln Drangey und Málmey

Vor der Küste liegen die beiden Inseln *Drangey* und *Málmey*. Von Hofsós kann man einen Bootsausflug dorthin unternehmen. Drangey liegt etwa in der Mitte des Skagafjörður, Málmey weiter nördlich und näher zur Küste.

Drangey ist unbewohnt und wird bereits in den Sagas erwähnt. Dort diente sie den Geächteten als Zufluchtsort. Der Berühmteste, der hier Zuflucht fand, war der Sagaheld *Grettir*. Er soll sich einst auf diese Insel zurückgezogen haben und von dort ans Festland geschwommen sein, um Feuer zu holen. *Grettir Ásmundarson* war einst wegen seiner Kraft und seines Mutes berühmt, wegen seiner Streitsucht und seines Übermuts war er gefürchtet. Als Grettir einmal ein Tal von einem Geist befreite, verfluchte dieser ihn, fortan ein einsames Leben als Ausgestoßener führen zu müssen. Isländer erzählen sich, daß es sich bei der kleinen vorgelagerten Insel um einen versteinerten Troll und bei Drangey um die versteinerte Kuh eines Trolls handele. Bis zu 135 m hoch erheben sich hier die Steilfelsen, ein ideales Brutgebiet für große Vogelkolonien. Vor allem Papageitaucher und Trottellummen kommen hier vor. Auch auf dem im Süden vorgelagerten Felsen *Kerling* nisten diese Vögel. Früher diente die Insel als Weideland für Schafe, die Vögel und ihre Eier waren eine wichtige Nahrungsquelle für die Menschen.

Málmey ist ein 4 km langes, schmales Lavagebilde, das durch den 5 km breiten Málmeyjarsund vom Festland getrennt ist. Auf der Insel wohnt noch eine einzige Familie. Auch hier befinden sich beeindrukkende Vogelfelsen, wie am *Kap Kringla* im Süden der Insel. Von den Siedlungen entlang der Küste kann man das Eiland per Boot erkunden.

Am *Miklavatn* zweigt die Straße 76 nach Norden zur Stadt *Siglufjörður* ab. Die Straße folgt auf 24 km Länge dem Küstenverlauf entlang der Bucht *Fljótavík*.

Am nördlichen Ende des Miklavatn liegt der **Hof Hraun:** Hier wird in zwei Häusern Unterkunft geboten. Es besteht außerdem die Möglichkeit zum Campen sowie zum Ausleihen von Pferden und zum Angeln von Forellen und Lachsen. Wenn man Glück hat, findet man in der Umgebung Heidelbeeren. Eine sandige Piste führt hinaus auf die schmale Landzunge, die den See vom Fjord trennt. An der Nordspitze der Halbinsel Tröllskagi liegt das *Kap Sauðanes* mit einem

Insel Drangey im Skagafjörður

Leuchtturm. Ein 800 m langer Tunnel führt uns unter dem Berg *Strákar* hindurch nach Siglufjörður.

Siglufjörður

Die **nördlichste Stadt Islands** liegt am Westufer des gleichnamigen Fjords. Über einen längeren Zeitraum war Siglufjörður Zentrum des Heringfangs. Hier wurden ab 1903 von norwegischen Handelsleuten Fischfabriken und Salzereien gebaut. Während der Fangsaison kamen Arbeiter aus dem ganzen Land in die Stadt. Es herrschte ein regelrechter **„Heringsrausch“.** Im Jahr 1916 wurden 200 000 Fässer mit Salzhering exportiert. In der Blütezeit des Heringsfangs erwirtschaftete Siglufjörður nahezu die Hälfte der Exporteinnahmen Islands.

Siglufjörður bekam infolge seiner rasanten Entwicklung 1918 die Stadtrechte verliehen. Die Bedeutung des Heringsfangs spiegelt sich auch im Stadtwappen wider, das drei Heringe zeigt. 1970 blieben die Heringsschwärme aus, und die Stadt verlor schlagartig an Bedeutung. Der bis dahin erworbene Wohlstand fand ein jähes Ende. Die Fischfabriken mußten schließen. Ein großer Teil der über 3000 Einwohner verließ die Stadt, besonders die jüngeren hielt nichts mehr. Sie bevorzugten die Hauptstadt oder zumindest *Akureyri.* Siglufjörður liegt zu isoliert und hat zu wenig zu bieten. So sank die **Einwohnerzahl** auf **1600.**

Die Umstrukturierung der Stadt erfolgte langsam. Man fing nun andere Fischarten und schuf neue Kleinbetriebe. Der Bau eines Flugplatzes schuf einen Direktanschluß nach Reykjavík und Akureyri. Der Fremdenverkehr gewann an Bedeutung.

In der Cafeteria *Bíogrillið* hängen Fotografien aus der guten alten Zeit. Auf der Halbinsel *Þórmódseyri,* die nach dem ersten Siedler der Stadt benannt ist, sind noch fünf alte, stillgelegte Heringsfabriken zu sehen.

In der 1932 geweihten Kirche befinden sich ein Altarbild von *Gunnlaugur Blöndal* und ein Taufstein von *Ríkarður Jónsson.* Vor der Kirche steht die Skulptur *Síldveiði* (Heringsfang) von *Ragnar Kjartansson.* Am Hafen erinnert das 1988 aufgestellte Denkmal *Lífsbjörg* an Schiffsbrüchige. Die Bronzetafel nennt die Namen von 62 Seeleuten aus Siglufjörður, die in den Jahren 1900–1988 ums Leben kamen. Wie der erste Name auf der Tafel besagt, verunglückte am 20.11.1900 der 30-jährige Fischer *Anton Vilhelm Sigurðsson;* als letzter wird *Gunnlaugur Pálsson* (21.05.1963–26.07.1988) genannt.

Von Siglufjörður führen markierte Wanderwege zur Ostküste und zur nördlichen Landzunge *Siglunes.* Unmittelbar im Süden der Stadt erstreckt sich ein kleiner Wald, auch ein beliebtes Ausflugsziel der Städter. Auf der 630 m hohen und 12 km langen Paßstraße *Siglufjarðarskarð* fühlen sich im Sommer die Geländewagenfahrer wohl! Außerdem ist hier Wintersport möglich. Es gibt zwei Lifte, gute Abfahrten und eine Sprungschanze.

Praktische Infos

Tourist-information

Stadtverwaltung, Tel. 4 60 56 00
Herings-Museum, Tel. 4 67 16 04

Unterkunft

Hotel Lækur
Lækjargata 10, Tel. 4 67 15 14, mit Cafeteria und Restaurant
Gästehaus Hvanneyri
Aðalgata 10, Tel. 4 67 13 78, ganzjährig geöffnet
Hóll Sportzentrum
Tel. 4 67 12 84, Schlafsackunterkunft
Hütten
Hafnargata 2, Tel. 4 67 19 19

Campingplatz

Suðurgata, im Süden des Orts, komfortabel, geöffnet 01.06.–31.08.

Essen & Trinken

Hotel Lækur (s.o.)
Bíókaffi, Bíógrillið
Aðalgata 30, Tel. 4 67 17 90, im selben Haus wurde 1924 ein **Kino** eröffnet, das bis heute in Betrieb ist
Billin
Lækjargata 10, Tel. 4 67 15 62

Sport

Sportzentrum in der *Hvanneyrarbraut,* Hallenbad, Warmwasserbecken, Sauna, Angeln
6-Loch Golfplatz (Hóll-Platz)
Tel. 4 67 17 71
Skilift im Winter
Im *Skarðsdalur,* Tel. 4 67 18 06

Kunst & Kultur

Heringsmuseum, siehe Text rechts
Heringsfestival
Am 1. Wochenende im August
Heringssalzen am Hafen
04.07.–08.08., Sa, So ab 15 Uhr
Gedenkstätte an
Pfarrer Bjarni Þorsteinsson
Bibliothek Siglufjörður,
Tel. 4 67 12 72

Síldarminjasafn, das Heringsmuseum in Siglufjörður

Im 1907 erbauten, rostrot gestrichenen Haus *Roaldsbakki* ist das Heringsmuseum untergebracht. Wer sich ein **Bild vom Leben in der Zeit des „Heringsrausches“** machen will, für den ist der Besuch des Museums ein unbedingtes Muß. Im untersten Geschoß sind Netze, Fässer, Schablonen zum Beschriften der Fässer und weitere Exponate rund um den Heringsfang zu sehen. Im Stockwerk darüber laufen alte Filme, die das Treiben zur Hochzeit der Stadt zeigen. In einem Nebenraum ist immer noch das alte Kontor eingerichtet, wo früher den Arbeitern der Lohn ausbezahlt wurde. Im großen Raum sind Bilder von früher zu sehen, alte Dokumente und kleinere Exponate rund um den Heringsfang. Ebenso das Endprodukt, der Fisch in Dosen.

In den oberen Stockwerken befinden sich die Wohn- und Schlafräume der Arbeiter. Sie sind einfach eingerichtet, in jedem der Zimmer gibt es mehrere Stockbetten sowie eine Küche mit allen Utensilien. Auf liebevolle Art wird gezeigt, wie die Menschen hier früher gelebt haben: Neben dem einen Bett steht ein heute altmodisch anmutendes Radio. An dem anderen hängen noch die Sonntagskleider, Wäsche, Schuhe und Arbeitskleidung sind zum Trocknen aufgehängt. Beim Betrachten der Räume gewinnt man den Eindruck, daß die Arbeiter demnächst von ihrer Arbeit zurückkehren würden.

Für Gruppen werden **Vorführungen** angeboten. Wie früher werden dann von den Arbeiterinnen, die eine große Schürze vorgebunden haben und ein Kopftuch tragen, vor dem Haus Heringe ausgenommen, gesalzen, und in große Fässer geschichtet. Zum Konservieren wird noch einmal Salz zugegeben. Bis zum obersten Rand müssen die Fässe gefüllt sein, bevor sie mit einem Deckel verschlossen werden. Für jedes volle Faß hebt die Arbeiterin kurz den Rock, damit eine Metallmarke in ihren Gummistiefel gesteckt werden kann. Die Marken tauscht die Arbeiterin später gegen ihren Lohn ein.

Bei den Vorführungen hat man Gelegenheit, den eingelegten Fisch zu probieren, dazu gibt es dunkles Brot und „Brennivin“. Auch ertönt ein trauriges Seemannslied auf dem Schifferklavier.

Alljährlich am ersten Augustwochenende findet das **Heringsfestival** *(Síldarævintýrið)* statt. Da erwacht das Treiben wie zur Zeit des „Heringsrausches“ durch die Theatergruppe noch einmal zu neuem Leben. Da sind viele Leute damit beschäftigt, Heringe zu salzen. Dabei wird musiziert, getanzt und gesungen.

Öffnungszeiten: Das Heringsmuseum *(Síldarminjasafn),* Snorragata 15, Tel. 4 67 16 04, ist vom 20.06.–20.08. täglich 10–18 Uhr, sonst täglich 13–17 Uhr geöffnet.

*

Sonstiges

Ambulanz, Krankenhaus
Hvanneyrarbraut, Tel. 4 67 21 00
Apotheke
Aðalgata 34, Tel. 4 67 22 22

Der **nördliche Teil der Halbinsel Tröllaskagi** ist gebirgig und verkehrsmäßig nicht erschlossen. Dorthin führt keine Straße. Man erreicht das Landesinnere lediglich über eine ruppige Piste oder auf einem der Wanderpfade. Um unsere Rundtour fortzusetzen, fahren wir deshalb auf derselben Strecke bis zum Miklavatn zurück. Die Straße 82 verläuft weit im Süden durch die *Lágheiði*. Man kommt am Wasserkraftwerk *Skeiðfossvirkjun* und am *Stífluvatn* vorbei. Hier liegt auch der Kirchhof *Knappstaðir*. Anschließend umfährt man den 1052 m hohen *Hreppsendasúlur*. Gegenüber erhebt sich der *Móafellshyrna* (1042 m). Diese sowie die umliegenden 1000 bis 1200 m hohen Gipfel im Süden und Osten sind auch im Sommer schneebedeckt, stellenweise sogar vergletschert. Die Straße folgt hier nicht dem direkten Weg nach *Ólafsfjörður,* sondern paßt sich den topographischen Gegebenheiten an. In dieser Höhe ist es problematisch, die Straße im Winter schneefrei zu halten. Deshalb befindet sich dort auch eine Schutzhütte. Nach Ólafsfjörður führt die Straße steil bergab. Auf beiden Straßenseiten werden die saftigen Wiesen von kleinen Bächen durchflossen, an dessen Ufern hellgrünes Moos wächst. Kurz vor Ólafsfjörður kommen wir am See *Ólafsfjarðarvatn* vorbei, der durch die Stadt vom Fjord getrennt wird. Der See ist abwechselnd mit Süß- und Salzwasser gefüllt, je nach der Höhe des Meeresspiegels. Dadurch kommen in dem Gewässer und in manchen Flußmündungen Fische beider Gewässerarten vor.

Ólafsfjörður

Ólafsfjörður machte seit der Jahrhundertwende eine Wandlung von einer kleinen Siedlung zum bedeutenden **Fischereihafen** durch. Der Ort entstand 1900 und wurde damals noch nicht wie heute vom Fischfang dominiert. Früher war er von Landwirtschaft und Handel geprägt. 1944 erhielt Ólafsfjörður die Stadtrechte. Heute leben hier etwa **1100 Einwohner,** deren Existenzgrundlage der Fischfang und die Fischverarbeitung sind. Neuerdings weitet sich auch der Fremdenverkehr zu einem eigenen Erwerbszweig aus, unterstützt durch den Bau eines kleinen Flugplatzes.

Ólafsfjörður liegt schön am gleichnamigen Fjord und ist von schneebedeckten Bergen, Vogelfelsen und kleinen Seen umgeben. Außerdem befinden sich ein mit Erdwärme beheiztes Schwimmbad am *Sundlaugarvegur,* ein Tennisplatz an der Schule und nicht weit entfernt ein 9-Loch-Golfplatz. Neben der Unterkunft in einem Hotel bietet sich hier auch Gelegenheit zum Zelten. Bei der Kirche steht ein Denkmal, das an Seeleute erinnert, die 1940 ertranken. Dieses Denkmal war das erste seiner Art in Island. Am *Ólafjarðarfjall* besteht die Möglichkeit zum Wintersport, es gibt einen Skilift und eine Sprungschanze. Im etwas weiter südlich gelegenen *Ólafsfjarðarvatn* kann man Forellen angeln. Die Erlaubnis dazu erhält man im Hotel.

Praktische Infos

Unterkunft

Hotel Ólafsfjörður
Bylgjubyggð 2, Tel. 4 66 24 00, 11 Zimmer, Restaurant, ganzjährig geöffnet

Campingplatz

Neben dem Schwimmbad am Sundlaugarvegur, komfortabel, Einkaufsmöglichkeit, Cafeteria, Bushaltestelle, Tankstelle

Essen & Trinken

Im **Hotel Ólafsfjörður** (s.o.)
Grill-Barinn
Ægisgata 10, Tel. 4 66 22 77, Pizza, Hamburger
Snackbar in der Tankstelle

Naturkundemuseum

Aðalgata 14, Tel. 4 66 26 51 und 4 66 22 07, geöffnet 01.06.–01.09. tgl. außer Mo 14–17 Uhr sowie nach Vereinbarung. Das Museum hat sich v.a. auf die Vogelwelt Islands spezialisiert. Es besitzt die umfangreichste Sammlung präparierter Vögel und Vogeleier in ganz Island. Ein Vogelfelsen mit der charakteristischen Brutordnung der Vögel wurde hier nachgebildet. Über die Vögel ist eine Broschüre erhältlich, in der alle isländischen Vögel aufgelistet sind. Auch andere präparierte Tiere werden gezeigt, beispielsweise Füchse und Nerze oder der Eisbär, der 1970 mit dem Treibeis zur Insel Grímsey gelangte.

Kunst & Kultur

Gallerí Súð
Kunsthandwerk, Aðalgata 1, Tel. 4 66 24 44

Sonstiges

Ambulanz
Hornbrekka, Tel. 4 66 24 80
Apotheke
Aðalgata 8, Tel. 4 66 23 80
Schwimmbad
Geöffnet Mo–Fr 7–20, Sa, So 9–16 Uhr
9-Loch Golfplatz
Skeggjabrekka-Platz, Tel. 4 66 26 11
Angeln im See
Ólafsfjarðarvatn, Tel. 4 66 24 00
Geführte Wanderungen
An Wochenenden im Sommer, Tel. 4 66 24 44

Die Straße 82 führt nach Ólafsfjörður über 22 km an der Steilküste *Upsaströnd* entlang nach *Dalvík*. Von der Straße bieten sich immer wieder herrliche Ausblicke auf den *Eyjafjörður* und die Insel *Hrísey*. Ein besonderes Erlebnis ist es, von hier aus einen Sonnenuntergang oder im Sommer die nächtliche Mitternachtssonne zu verfolgen. Kurz hinter Ólafsfjörður muß man sich entscheiden, ob man durch den 1991 fertiggestellten und 3,4 km langen, einspurigen Tunnel fährt. Damit passiert man den **längsten Tunnel Islands.**

Oder man wählt die alte Trasse, die über das 415 m hohe *Kap Ólafsfjarðamúli* führt. Oft ist diese Strecke aber selbst im Sommer unpassierbar wegen drohenden Steinschlags oder weil die Straße wegen eines Erdrutsches gesperrt ist. Auch wenn man nicht von einem Verbotsschild an der Weiterfahrt gehindert wird, sollte man hier besonders vorsichtig sein, denn eine Seitenbefestigung gibt es nicht. Die Straße verläuft nahe der Küstenlinie, der Ausblick über den Fjord und den Nordatlantik ist herrlich. Bei gutem Wetter reicht die Sicht bis zur Insel *Grímsey* am Polarkreis. Mitten im Eyjafjörður ragt der kleine Leuchtturm *Hólfssker* aus dem Meer. Sollte die Straße gesperrt sein, kann man bis zu einem kleinen Parkplatz fahren, von dort geht man noch einige Meter zu Fuß, bis man über den Ólafsfjörður blickt.

Kurz vor Dalvík kommt man am Hof *Karlsá* vorbei. Hier lebte der Schiffsbauer *Eyvindur Jónsson* (1678–1746), der auf hochseetüchtige Schiffe spezialisiert war. Ein Schiffsmodell wurde ihm zu Ehren hier errichtet.

Dalvík

1934 zerstörte das sogenannte **Dalvík-Erdbeben** zusammen mit einer nachfolgenden Flutwelle die Stadt fast völlig. Danach wurde sie neu aufgebaut; nach dem 2. Weltkrieg erweiterte man den Hafen. Heute hat Dalvík **1500 Einwohner** und ist vom Fischfang geprägt. Die Trawler-Flotte, Fischfabriken und die Fischverpackungsindustrie geben den Menschen Arbeit.

Sehenswert sind in der modernen Stadt der Hafen, die Kirche und das Heimatmuseum, das 1989 eingerichtet wurde. In Dalvík gab es bereits

In Olafsfjördur: Nasse Schotterstraßen haben ihre Spuren am Jeep hinterlassen

1901 Theateraufführungen, obwohl nur vier Familien als Zuschauer in Frage kamen. Ein Golfplatz und ein Schwimmbad laden zu sportlicher Betätigung ein, im Winter ist Skifahren am *Böggvisstaðafjall* möglich. Dort gibt es zwei Skilifte. Wintersportmöglichkeiten bestehen auch in der *Brekkusel Ski Lodge,* einem im Hinterland gelegenen Gebiet, das sich auch zum Wandern eignet.

Praktische Infos

Unterkunft

Gästehaus Sæluvistin
Stórhólsvegi 6, 620 Dalvík,
Tel. 4 66 30 88, Fax 4 66 16 61,
20 Betten, Zimmer mit TV, Video, Telefon, Kochnische, ganzjährig geöffnet; DZ mit Bad 7500 ISK, EZ mit Bad 5500 ISK; Angeln, Reiten, Bootsausflüge; Sommer-Hotel bei der Schule, 43 Betten, geöffnet 01.06.–31.08.

Ferðaþjónusta Dalvíkur
Skíðabraut, Tel. 4 66 14 05,
4 66 14 88

Brekkusel Ski Lodge
Tel. 4 66 10 10, Zimmer, Schlafsackunterkunft, Cafeteria, ganzjährig geöffnet

Campingplatz

Tel. 4 66 32 33, in der Nähe des Schulgebäudes, komfortabel, Schwimmbad, Einkaufsmöglichkeit, Cafeteria, Bushaltestelle, Tankstelle, geöffnet 01.06–31.08.

Essen & Trinken

Restaurant Valensia
Skíðabraut 3, Tel. 4 66 14 88

Café Menning
Hafnarbraut 14, Tel. 4 66 12 13, Ausstellungen und andere kulturelle Veranstaltungen

Pizza Menning
Restaurant, Hafnarbraut 14,
Tel. 4 66 12 36, Tanz und Musik

Pizza 67
Skíðabraut 4, Tel. 4 66 15 87

Verkehrsverbindungen

Von Dalvík aus verkehrt eine **Fähre nach Grímsey und Hrísey** *(Sæfari,* Tel. 4 62 77 33, s.a. unter Akureyri).

Es ist auch eine Kombination denkbar: Man fliegt die eine Strecke, die andere legt man mit der Fähre zurück. Infos: *Nonni Travel,* Akureyri, Tel. 4 61 18 41.

Natur- & Volkskundemuseum

Byggðasafn Dalvíkur, Hvoll, Tel. 4 66 14 97, geöffnet 01.06.–15.09. tägl. 01.09.–31.05., So 13–17 Uhr. Das Museum ist auf die Flora Islands spezialisiert und besitzt die größte Sammlung an Pflanzen und Blumen. Auch der größte Seehund Islands ist ausgestellt. Angegliedert sind Gedenkstätten an *Dr. Kristján Eldjárn* (1916–1982), ehemaliger Staatspräsident Islands, sowie an *Johann Pétursson* (1913–1984), der mit 2,34 m einmal der größte Mann der Welt war. Beide stammen aus dem nahegelegenen *Svarfaðardalur.*

Kunst & Kultur

Gallerí Iðja
Kunsthandwerk, Skíðabraut 4,
Tel. 4 66 16 05

Sonstiges

Ambulanz
Hólavegur, Tel. 4 66 15 00

Apotheke
Goðabraut 4, Tel. 4 66 12 34

Schwimmbad
Svarfaðarbraut, geöffnet im Sommer Mo–Fr 7–20, Sa, So 10–19 Uhr; schönes, großes Freibad
Skilift
Böggvisstaðafjall, Tel. 4 66 10 10, 4 66 10 05, Winterbetrieb
9-Loch Golfplatz (Arnarholts-Platz) Tel. 4 66 12 04
Bootsfahrten zur Walbeobachtung und Hochseeangeln
Sjóferðir, Ráðhúsið, Tel. 4 66 33 55; Abfahrten 20.05.–15.09. tgl. 9.30 Uhr; 16.06.–20.08. tgl. auch 18 Uhr
Lachs- und Forellenangeln
Im Hrísatjörn
Tel. 4 66 14 88

Ausflug

Von Dalvík ins Landesinnere
Kurz hinter Dalvík führen zwei Straßen ins Landesinnere. Es ist möglich, auf der 805 eine **kleine Rundfahrt** zu beginnen. Zuerst fährt man parallel zur *Svarfaðardalsá.* Im Sommer erwartet einen hier ein üppiges Grün, das auf den fruchtbaren Boden hindeutet, den auch die Bauernhöfe nutzen. Nach 10 km zweigt die Straße 807 ins *Skíðadalur* ab. Geradeaus führt die 805 noch 10 km weit ins *Svarfaðadalur* hinein. Wenn man der **Svarfadæla-Saga** Glauben schenkt, wurde dieses Tal bereits zur Zeit der Landnahme besiedelt. Die Sage berichtet weiter, daß sich die Bewohner um das Land stritten, da keiner mit anderen teilen wollte. Ausgrabungen sprechen für die Glaubwürdigkeit der Sage. Heute ist das Tal **Naturschutzgebiet,** ein idealer Ausgangspunkt für Wanderungen im Tal und in die Berge. In der kleinen **Kirche von Urðir** hing einst das **älteste isländische Kruzifix.** Vermutlich stammt die romanische Christusfigur, die aus Birkenholz geschnitzt ist, aus der zweiten Hälfte des 12. Jahrhunderts. Heute befindet sie sich im Besitz des Nationalmuseums in Reykjavík.

Auf der Straße 807 kommen wir auf der Ostseite des Tals zurück nach Dalvík.

Insel Grímsey

Die 5,3 km^2 große Insel Grímsey, rund 2 km breit und 6 km lang, ist das **nördlichste bewohnte Gebiet Islands.** Nur die kleine unbewohnte Schäreninsel *Kolbeinsey* befindet sich noch weiter im Norden. Beide Inseln sind permanent der starken Brandung ausgesetzt, die die Felsen unaufhaltsam bearbeitet.

Grímsey ist **41 km vom Festland entfernt** und liegt genau auf dem nördlichen Polarkreis; dieser teilt die Insel in einen arktischen und einen subarktischen Teil. Grímsey besteht überwiegend aus Klippen. Die Oberfläche der Insel ist von Mooren und Gras bedeckt. Benannt wurde sie nach ihrem ersten Siedler, dem Wikinger *Grím,* der sich zur Zeit der Landnahme hier niederließ. In der „Heimskringla" von *Snorri Sturluson* kann man über Grímsey nachlesen: Der norwegische König Olav wollte die Insel von den Isländern geschenkt bekommen. Bischof *Guðmundur der Gute* suchte hier um Asyl nach. Doch seine Feinde stellten ihm nach und ermordeten ihn.

Als auf dem Festland Hungersnöte wüteten, blieb die Insel weitgehend davon verschont, gab es doch Fisch, Seevögel und deren Eier. Dafür forderte das Meer seine Opfer: Im 18. Jahrhundert soll die Insel zunächst von einer Seuche heimgesucht worden sein, die fast die gesamte männliche Bevölkerung dahinraffte. Die überlebenden Männer aber wollten auf dem Festland Verstärkung holen und kamen bei der stürmischen Bootsfahrt ums Leben. Nur der Gemeindeseelsorger überlebte die Katastrophe.

Eine Kuriosität der Insel ist die Liebe ihrer Bewohner zum Schach. Davon wußte bereits *Daniel Willard Fiske,* Freund von *Mark Twain* und damals bester Schachspieler in den USA. Da er die Insel lieben gelernt hatte, wurde er zum Gönner ihrer Bewohner. Zuerst erhielt jeder Hof von ihm ein Marmor-Schachspiel. Später finanzierte er eine Schule und eine Bibliothek. Als der edle Spender 1904 starb, vermachte er den Inselbewohnern außerdem einen Teil seines Vermögens. Die Liebe der Bewohner zum Schachspiel glüht heute nur noch ein wenig im Verborgenen. Nach außen sind andere Leidenschaften sichtbar geworden, die es überall gibt: Fußball, Autos, Fernsehen...

Verlief die Entwicklung auf der Insel anfangs etwas langsamer – hier gibt es erst seit Ende des II. Weltkriegs Strom – so konnte sie inzwischen aufholen. Mit dazu beigetragen hat der Fischreichtum des umliegenden Meeres. Ein Beweis der Superlative war 1957 der Fang des 25kg schweren „Grímsey-Lachses“. Immer wieder sieht man auf der Insel die Trockengestelle für den Stockfisch, die ebenfalls einen Hinweis auf die Bedeutung des Fischfangs geben. Auch der Tourismus trägt zum Wohlergehen der Insel bei. Der „Polarkreis“ zieht die Touristen magisch an.

Papageitaucher

So konnte in letzter Zeit ein neues Freibad gebaut werden. Parabolantennen erlauben den Empfang von Satelliten-TV. Die Bewohner von Grímsey besitzen mehr als ein Dutzend Autos, obwohl es nur 3km Straße auf der Insel gibt.

Etwa **100 Personen leben auf Grímsey,** vor allem im Westteil der Insel. Básar liegt auf 66°33' nördlicher Breite und ist damit die nördlichste Siedlung Islands. Seitdem 1988 eine Schafseuche grassierte, gibt es auf der Insel keine Schafe mehr. Selbst die Haltung von Hunden und Katzen ist nicht erlaubt.

Auch in *Sandvík,* dem zweiten Ort der Insel, leben – wie wir richtig vermuten – die meisten Bewohner vom Fischfang. In dem kleinen Nest steht eine Kirche, deren Besuch sich lohnt; weiterhin ein Pfarrhaus, eine Schule, eine Bibliothek, eine Post, ein Freibad und ein kleiner Laden, in dem man auch ein Souvenir erstehen kann. Touristen können ein „Polarkreis-Zertifikat" vom Gemeindevorsteher bekommen, das den Besuch dieses nördlichen Eilands und die Überquerung des Polarkreises bestätigt.

Auf dem Flugplatz der Insel kann man auf einem Richtungsanzeiger die **Entfernungen zum Rest der Welt** studieren: 325 km sind es bis *Reykjavík,* 1949 km nach *London,* bis *Moskau* 3103 km, nach *New York* 4445 km, *Tokio* ist 8494 km entfernt, und *Sydney* ist 16 317 km weit weg.

Wer die Insel kennenlernen möchte, sollte sich einige Stunden Zeit dafür nehmen. Diese Zeit benötigt man, um einmal um die Insel zu laufen. Besonders Naturliebhaber kommen hier auf ihre Kosten. Vom Flugplatz gelangt man zum Nordteil der Insel. An der Ostküste gibt es eine rund **100 m hohe Steilküste,** ein Paradies für Seevögel. Gryllteisten, Trottellumen, Eissturmvögel, Tordalke und Papageitaucher trifft man hier an. Sechzig Vogelarten sind auf der Insel vertreten, unter anderem auch Krabbentaucher, die sonst kaum in Island vorkommen. Aber Naturfreunde seien auch vor den Angriffen der Skuas gewarnt, die dem Menschen schmerzhafte Wunden zufügen können, wenn die Vögel ihr Gelege oder ihre Küken in Gefahr sehen. Etwa 100 Pflanzenarten sind auf der Insel heimisch. Im westlichen Teil der Insel ist die Küste von Buchten zerklüftet. Dort erheben sich Riffe und Basaltsäulen.

Praktische Infos

Unterkunft

Gästehaus Básar
Tel. 4 67 31 03, Schlafsackplätze, Cafeteria; am Flugplatz gelegen

Félagsheimilið Múli
Sandvík, Tel. 4 67 31 38, Matratzenlager im Gemeindezentrum, Cafeteria

Verkehrsverbindungen

Regelmäßiger Flugverkehr – im Sommer täglich – besteht von Akureyri aus, die Flugzeit beträgt etwa 20 Minuten; Nachtflüge zur Zeit der Mitternachtssonne, Rundflüge mit Landung und Aufenthalt ab Akureyri und ab Mývatn; Preis für einen Aussichtsflug mit 1 1/2 Stunden Aufenthalt ca. 220 DM.

Litli-Árskógssandur

Weiter geht es auf der Straße 82 in Richtung Akureyri. Immer wieder bietet sich jetzt die Möglichkeit, auf kleinen Nebenstraßen näher ans Meer heranzufahren. Immer wieder auch stößt man auf Höfe, die hier an der Straße liegen. Von dem kleinen **Hafen** *Litli-Árskógssandur* hat man einen schönen Ausblick auf das gegenüberliegende Ufer des Eyjafjörður mit dem Ort *Grenivík* und auf die Insel Hrísey. Nach Hrísey verkehrt von hier aus eine **Fähre.** Árskógssandur ist auch von Akureyri aus mit dem Bus zu erreichen.

Praktische Infos

Unterkunft

Bauernhof Syðri-Hagi
Tel. 4 66 19 61, zwei Hütten mit sechs Betten, vier Schlafplätze im

Farmhaus; ganzjährig geöffnet; von hier Bootsausflüge mit Angelmöglichkeit
Bauernhof Ytri-Vík
Tel. 4 66 19 82, Platz für 28 Personen; Pferdeverleih, Forellenangeln; Verpflegung nur vom 01.06.–01.09.

Insel Hrísey

Nach *Heimaey* (vgl. S.322) ist Hrísey mit 11,5 km² die **zweitgrößte Insel** Islands. Sie ist 6,5 km lang und 1–2 km breit, grasbewachsen, fruchtbar und trotz einer 111 m hohen Erhebung im Norden flach. Auf der Insel im Eyjafjörður – der Name „Inselfjord" leitet sich wohl von der einen Insel Hrísey ab – sind Fauna und Flora noch weitgehend unberührt. Hier nisten viele verschiedene Vogelarten wie Küstenseeschwalben, Regenbrachvögel, Graugänse oder Sturmvögel. Die Aufmerksamkeit der Forscher gilt vor allem den hier lebenden **Alpenschneehühnern.** Sie sind wegen fehlender natürlicher Feinde zahm.

Der Nordteil der Insel, wo ein Wald entstehen soll, ist als totales **Naturschutzgebiet** auch für Wanderer tabu. Damit die jungen Pflanzentriebe nicht gleich wieder zerstört werden, besteht auf der Insel ein Verbot, Schafe zu halten. Auch sind die Jungvögel und Gelege hier vor ausgewilderten Nerzen sicher. Tiere dürfen auf der Insel nicht gejagt werden.

Bereits zur Landnahmezeit war die Insel bewohnt. Heute leben knapp **250 Einwohner** auf Hrísey, fast alle im gleichnamigen Fischerdorf. Sie nützen das Vorkommen heißer Quellen.

Im 19. Jahrhundert sorgte der Unternehmer *Jörundur Jónsson* mit dem Beinamen „Haifisch-Jörundur" für die Ansiedlung von Wirtschaftsbetrieben auf der Insel. Mit seinen Booten gelangten große Mengen Haifisch nach Hrísey, die in einer Fabrik weiterverarbeitet wurden. Jónsson machte die Fischerei zur Haupterwerbsquelle. Das ist sie bis heute geblieben. Dafür errichteten ihm die Bewohner oberhalb der Dorfkirche ein Denkmal.

Auf einer **Versuchsfarm** werden schottische *Galloway-Rinder* gezüchtet, die es sonst in Island nicht gibt. Wer das Fleisch probieren will, erhält es im Gästehaus *Brekka.* Haustiere gibt es auf der Insel keine, auch keine Füchse.

Mit Ausnahme des gesperrten Nordteils bietet sich die Insel für **Spaziergänge und Wanderungen** durch die sehenswerte Heide- und Moorlandschaft an. Man sollte den Umstand genießen, daß die Insel fast autofrei ist, und die noch weitgehend unberührte Natur auf sich wirken lassen. Auch Reiseveranstalter nehmen die Insel neuerdings in ihr Ausflugsprogramm mit auf.

Praktische Infos

Unterkunft

Gästehaus Brekka
Tel. 4 66 17 51, Schlafsackunterkunft, Fahrrad- und Bootsverleih, ganzjährig geöffnet
Eyland-Sommerhäuser
Tel. 4 66 17 45, für 4 bis 10 Personen, ganzjährig geöffnet, Fahrradverleih
Campingplatz Hrísey
Oberhalb des Hafens am Freibad, einfach

Verkehrsverbindungen

Die kürzeste Verbindung nach Hrísey besteht von Litli-Árskógssandur. Die **Fähre Sævar** startet von Mai bis September in der Zeit von 9.30–23.30 Uhr alle 2 Stunden. Die Personenfähre **Sæfari** fährt Mo und Do 10.45 Uhr von *Dalvík* nach *Grímsey* (Ankunft 14.15, Rückfahrt 17.30 Uhr) und Di 10.30 Uhr von *Dalvík* nach *Hrísey* (Ankunft 11 Uhr, Rückfahrt 14 Uhr) und zurück. Auf den Inseln hat man je 3 Std. Aufenthalt, bis das Schiff wieder zurückfährt. Infos/Buchung bei *Nonni-Travel* Akureyri, Brekkugata 3, Tel. 4 61 18 41, oder *FMN (Flutningamiðstöð Norðurlands),* Tryggvabraut 5, Tel. 4 61 36 00, oder unmittelbar am jeweiligen Fähranleger bei *Sævar/*Árskógssandur, Tel. 4 62 44 42, 4 62 77 33; *Sæfari/* Dalvík, Tel. 4 62 77 33. Preise: von Árskógssandur nach Hrísey ca. 20 DM (hin und zurück), von Dalvík nach Grímsey ca. 140 DM (hin und zurück).

Sonstiges

Tankstelle, Bank, Post, Schwimmbad

Im weiteren Verlauf der Straße 82 liegt rechterhand der Bauernhof *Stærri- Árskógur* in malerischer Umgebung. Die Straße verläuft nun nahe am Eyjafjörður. Zweigt man an der Bucht *Arnarnesvík* auf die parallel verlaufende Straße 812 ab, kann man in der flachen Ebene *Gálmaströnd* weiter an der Küste entlangfahren. Man gelangt hier nach *Hjalteyri* mit seinem Leuchtturm. Nach knapp 10 km trifft die 812 kurz vor *Möðruvellir* wieder auf die Straße 82.

Möðruvellir

Bereits 1296 befanden sich in Möðruvellir ein **Augustinerkloster,** ein Pfarrhof und die Residenz eines Amtsmannes. Bis zum 19. Jahrhundert war dieser Ort ein geistliches und ein Verwaltungszentrum. Die heutige Kirche ist für den kleinen Ort recht groß geraten, sie faßt 250 Personen und wurde 1848 erbaut. Das Altarbild im Kircheninnern wurde ein Jahr nach einem Kirchenbrand von dem dänischen Maler *E. J. Lehmann* 1866 kopiert. Das Original wurde zwar von dem Maler *Árngrímur Gislason* aus den Flammen gerettet, ging jedoch verloren, so daß heute nur noch die Kopie zu sehen ist. Zu den Kirchenschätzen gehören zwei alte Bücher. Eines davon ist die Kopie der Bibel von Bischof *Guðbrandur Þorláksson,* die 1584 in *Hólar* gedruckt wurde. Auf dem Friedhof neben der Kirche sind die Dichter *Bjarni Þórarensen* (1786–1841) und *Davíð Stefánsson* (1895–1964) begraben.

Zwei berühmte Isländer wurden in Möðruvellir geboren. *Jón Sveinsson,* besser bekannt als „Nonni", kam hier 1857 zur Welt und verbrachte seine Kindheit auf dem elterlichen Hof. Seine Eindrücke verarbeitete er in seinen Kinderbüchern, als er von 1869 an in Akureyri lebte. *Hannes Hafstein* (1881–1922), der erste Ministerpräsident von Island, lebte als Kind ebenfalls in Möðruvellir.

Nach der Brücke über die *Hörgá* erreichen wir 2 km südlich des Flusses wieder die Ringstraße und sind nach kurzer Fahrt in Akureyri, der „Hauptstadt des Nordens" (siehe nächste Route). Der Weg dorthin führt durch einen intensiv landwirtschaftlich genutzten Landstrich.

Route 4: Der Norden zwischen Akureyri und Mývatn

Route 4 A: Akureyri

Akureyri liegt am südlichsten Ende des Eyjafjörður, der hier 50 km tief in das Land hineinreicht. Bis zum Polarkreis sind es noch 95 km. Trotz dieser nördlichen Lage und obwohl die Stadt ganzjährig von schneebedeckten Bergen umgeben ist, herrschen im Sommer angenehm milde Temperaturen. Zudem halten die über 1400 m hohen Berge Stürme und Niederschläge zurück.

Akureyri wird von den Isländern auch **„Hauptstadt des Nordens"** genannt. Wie Reykjavík für den Süden Verkehrsknotenpunkt sowie Zentrum von Wirtschaft, Verwaltung und Ausbildung ist, hat Akureyri im Norden eine ähnliche Bedeutung. Die Stadt bietet außerdem gute Einkaufs- und Unterkunftsmöglichkeiten. Man benötigt eine Flugstunde, um von Reykjavík in das 436 km entfernte Akureyri zu gelangen. Lange Zeit war die Stadt mit ihren heute **15 000 Einwohnern** die zweitgrößte im Land. Doch inzwischen wird sie von *Kópavogur,* eine der Trabanten- und Wohnstädte von Reykjavík, und *Hafnarfjörður* übertroffen. Akureyri ist jedoch mit Abstand die größte Stadt Islands außerhalb des Großraums Reykjavík.

Stadtgeschichte

Ein sicherer Hafenstandort sowie gute klimatische Bedingungen schufen die Voraussetzung für eine frühe Besiedlung dieser Region. Sagas berichten, daß *Helgi der Magere* aus Irland der erste Bewohner der Gegend rund um Akureyri gewesen sein soll. Vermutlich ließ er sich im 9. Jahrhundert in *Kristnes* nieder, rund 10 km südlich der heutigen Stadt. Helgi und seine Nachfahren lebten hier als wohlhabende Bauern. Dank seines diplomatischen Geschicks wurde er bald zu einem der einflußreichsten Goden. Nach dem Ende der Sagazeit geriet Akureyri jedoch zunächst in Vergessenheit. Die erste urkundliche Erwähnung der Stadt ist aus dem 15. Jahrhundert bekannt; 1602 wurde Akureyri erstmals als Handelsplatz genannt. Aber erst als der Ort 1786 eine dänische Handelsniederlassung wurde – er zählte zu diesem Zeitpunkt gerade einmal zwölf Einwohner – begann der Aufschwung. Einflußreiche dänische Kaufleute aus *Helsingør,* die hier heimisch wurden, bestimmten das Bild der Stadt mit. So verdankt Akureyri auch den Dänen, daß viele Häuser mit einem Garten umgeben sind. Sie machten Akureyri zu einer **grünen**

Stadt. Bis heute wachsen Pflanzen in erstaunlicher Vielfalt. Immer wieder trifft man auch auf stattliche Bäume, nicht nur im Botanischen Garten (s.u.). Akureyri unterscheidet sich in dieser Hinsicht stark von Reykjavík.

1816, als 45 Personen im Ort wohnten, gab es bereits drei Warenhäuser. 1862 wählten die 286 Einwohner ihr erstes Stadtparlament; die Stadtrechte hatte Akureyri jedoch schon 75 Jahre früher erhalten. Nach dem II. Weltkrieg entstand das moderne Akureyri rund um den *Pollurinn,* den Teich hinter dem Hafenkai. Von dort gelangt man in den alten Stadtteil *Fjaran.* Hier, entlang der *Aðalstræti,* der *Lækjargata* und der südlichen *Hafnarstræti,* befindet man sich im **Museumsviertel** der Stadt.

Einen gewaltigen Aufschwung als Handelszentrum erhielt die Stadt, als 1886 die erste örtliche **Konsumgenossenschaft KEA** *(Kaupfélag Eyfirðinga Akureyrar)* gegründet wurde. Der Hafen, ein hohes Fischvor-

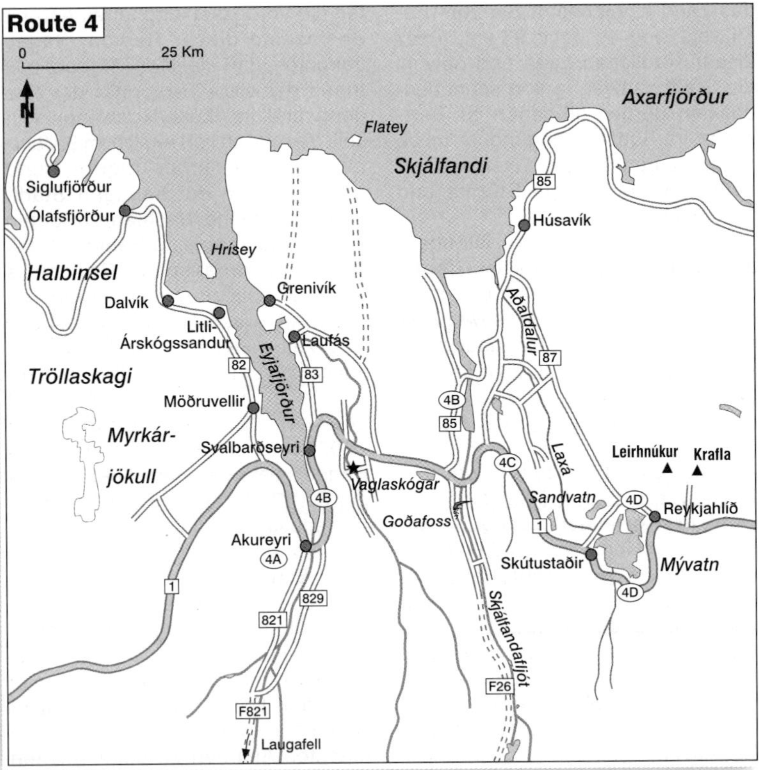

kommen und fruchtbare Ackerflächen trugen ebenfalls zum wirtschaftlichen Aufstieg bei. Die Einwohnerzahl der Stadt wuchs bis zur Jahrhundertwende auf 1000 an. 25 Jahre später hatte sich die Zahl der Einwohner verdreifacht, bis 1980 noch einmal vervierfacht. Ursprünglich sollte die KEA nach Aufhebung des dänischen Handelsmonopols den Markt mit einheimischen Produkten beleben. Außerdem bot der Hafen hervorragende Möglichkeiten zum Warenexport. Die Genossenschaft mit ihren Produktionsstätten und Vertrieben für Erzeugnisse aus der Land- und Fischwirtschaft besteht bis heute. Sie ist der größte Arbeitgeber der Region. Auf den Namen KEA stößt man auch bei Hotels und Supermärkten.

Wirtschaftliche Bedeutung Akureyris

Akureyri zählt zu den **wichtigsten Landwirtschaftszentren des Landes.** Schon der Name der Stadt – „akur" bedeutet Acker, „eyri" Sandbank – weist darauf hin. Außer der Zucht von Rindern, Schweinen und Schafen sowie der damit verbundenen Milchwirtschaft werden Kartoffeln und Rüben angebaut, die für die gesamte Versorgung Nordislands ausreichen. Das fruchtbare *Eyjafjarðardalur* gehört zu den landwirtschaftlichen Gebieten, die am intensivsten in ganz Island genützt werden.

Neben dem Handel bieten auch eine große Anzahl von Dienstleistungsbetrieben, Schiffswerften sowie die Textil-, Leicht- und Kleinindustrie Arbeitsplätze. Rund um den Hafen, der mit allen Einrichtungen für die internationale Seefahrt ausgestattet

Stadtwappen von Akureyri

und Sitz einer der größten Fischereiflotten ist, siedelten sich weitere **Industriezweige** an: fischverarbeitende Betriebe, die größte Konservenfabrik Islands, eine Großdruckerei, wollverarbeitende Fabriken, eine Bierbrauerei, eine Getränkeabfüllanlage und Lederwarenbetriebe, die vor dem Zusammenbruch des sozialistischen Systems vor allem für den russischen Markt von Bedeutung waren. Die Stadt verfügt außerdem über einen Flugplatz. Das Krankenhaus ist weithin bekannt. Es gibt eine Kunst- und Musikschule sowie mehrere Grundschulen und Gymnasien. Seit 1987 besitzt Akureyri eine Universität mit Studienschwerpunkten im Bereich der Gesundheit und Pädagogik, der kaufmännischen Berufe, des Industriemanagements und seit 1990 auch im Fischereiwesen.

Freizeit, Kunst & Kultur

Dem Besucher bietet Akureyri nicht nur alle wichtigen Versorgungsmöglichkeiten, sondern auch eine **Vielzahl von Sehenswürdigkeiten.** Dies macht die reizvolle Stadt zum unbedingten Muß einer Islandreise.

Blick auf Akureyri

Auch auf die Isländer übt sie eine starke Anziehungskraft aus und gilt mit ihrem städtischen Flair und der Fußgängerzone als etwas Außergewöhnliches. Liebevoll nennen die Isländer ihre Stadt **„Perle des Nordens"**.

Akureyri hat außerdem Bedeutung als Zentrum von Kultur und Kunst. Die Isländer nutzen gerne das Freizeitangebot der Stadt. Nach dem *Bláfell* bei Reykjavík ist das **Skigebiet** unweit von Akureyri das wichtigste Wintersportzentrum des Landes. Ab Oktober nehmen die Lifte ihren Betrieb auf. Von Akureyri aus lassen sich Wandertouren, Ausflüge zum *Goðafoss* und *Mývatn,* aber auch Schiffstouren zu den umliegenden Inseln oder Rundfahrten um die Halbinseln *Skagi* und *Tröllaskagi* unternehmen. Für Golffreunde finden die **„Arctic Open"** an der nördlichsten 18-Loch-Anlage der Welt statt (Jaðars-Platz). Im Hafen legen zunehmend **Kreuzfahrtschiffe** an, auf deren Programm ein Busausflug zum Mývatn steht.

Stadtrundgang

Die Sehenswürdigkeiten von Akureyri sind überschaubar und liegen nicht allzu weit auseinander. Wer die Stadt kennenlernen möchte, für den bietet sich ein **Rundgang zu Fuß** an. Sollten sie sich für die zahlreichen Museen Akureyris interessieren, müssen sie natürlich mehr Zeit einplanen.

Wer einen guten **Aussichtspunkt** sucht, beginnt den Rundgang am besten an der Orientierungstafel an der Kreuzung *Þórunnarstræti/Glerárgata* (Nähe Sportplatz). Von hier übersieht man den Fjord und die umliegenden

Berge. Das Denkmal in unmittelbarer Nähe stellt Helgi den Mageren und seine Frau dar. Helgi ist mit Schwert und Speer bewaffnet; der Sockel mit seinen Verzierungen erinnert an ein Wikingerschiff.

Zu den besonders alten Gebäuden der Stadt zählt auch das Wohnhaus *Gamli Lundur* in der *Lundargata,* das 1860 erbaut wurde. Nach seiner vollständigen Renovierung beherbergt es jetzt Kunstausstellungen. Im **Kunstzentrum Listagil** in der nahegelegenen *Kupvangsstræti* befinden sich eine Kunstschule, eine Galerie, ein Museum und ein Café.

Im alten Ortskern, der aus der *Hafnarstræti,* der Haupteinkaufsstraße und Fußgängerzone der Stadt, der *Brekkugata* und dem *Ráðhústorg* (Rathausplatz) gebildet wird, liegt heute das Geschäftszentrum der Stadt. Am Ráðhústorg treffen sich im Sommer Einheimische und Besucher. In der Hafnarstræti wurde 1997 ein Brunnen als Symbol für Freundschaft und Zusammenarbeit der nordischen Länder errichtet *(Vinabæjaskúlptúr).* Skulpuren nordischer Künstler aus Randers, Lahti, Ålesund, Akureyri und Västeras umrahmen die Anlage. Von den isländischen Künstlerinnen *Helga Valdemarsdóttir, Katrin Árnadóttir* und *Óláf Ase Benediksdóttir* stammt die Skulptur *blágrýti.*

Etwas westlich vom Ráðhústorg wohnte im **Davíðshús** (Bjarkarstígur 6) der Dichter *Davíð Stefánsson* (1865–1964). Davíð war Bibliothekar in Akureyris Stadtbibliothek, und sein literarisches Werk ist nicht nur in Island bekannt. Für sein Schaffen wurde der Poet 1961 vom Staat mit dem höchsten isländischen Orden, dem Falken mit Kreuz und Stern, ausgezeichnet. Möbel, Bücher und persönliche Gegenstände des Dichters sind im Davíðshús zu sehen.

In der Stadtbibliothek (Brekkugata 17) finden wir die gesamte Gegenwartsliteratur, die auf Isländisch gedruckt wurde.

Von der Altstadt führen 112 Stufen hinauf zum **Wahrzeichen der Stadt:** Die doppeltürmige Stadtkirche, die **Akureyrarkirkja,** erhebt sich über dem Zentrum Akureyris. Sie entstand in den Jahren 1939/40. Seit 1993 existiert die Kirche in ihrer heutigen Form. Die *Glerákirkja* oder „Eiskathedrale", wie sie auch genannt wird, ist *Matthías Jochumsson* gewidmet. Erbauer ist der Architekt *Gudjón Samúelsson,* der auch verschiedene andere Bauwerke in Reykjavík entworfen hat. Parallelen zwischen der Akureyrarkirkja und Reykjavíks *Hallgrímskirkja* sind zu erkennen: Auch an Akureyris Stadtkirche finden sich Nachbildungen von Basaltsäulen. Von der eher schlichten Betonkirche, die in unterschiedlichen Stilrichtungen erbaut wurde, hat man einen guten Überblick über die Stadt, den Hafen und den Fjord. Die Kirche besteht aus einem Hauptschiff und zwei Nebenschiffen mit rechteckigem Chorraum und Apsis. Ebenso wie das Äußere der Kirche ist auch das Innere schlicht gehalten. Dominant ist das Mittelschiff. Insgesamt faßt die Kirche bis zu 400 Personen.

Etwas Besonderes sind die **Kirchenfenster.** Ein Fenster des Chorraums stammt ursprünglich aus der zerstörten Kathedrale von *Coventry.* Die Briten brachten sie nach Kriegsbeginn hierher in Sicherheit. Nach

Fortsetzung auf Seite 410

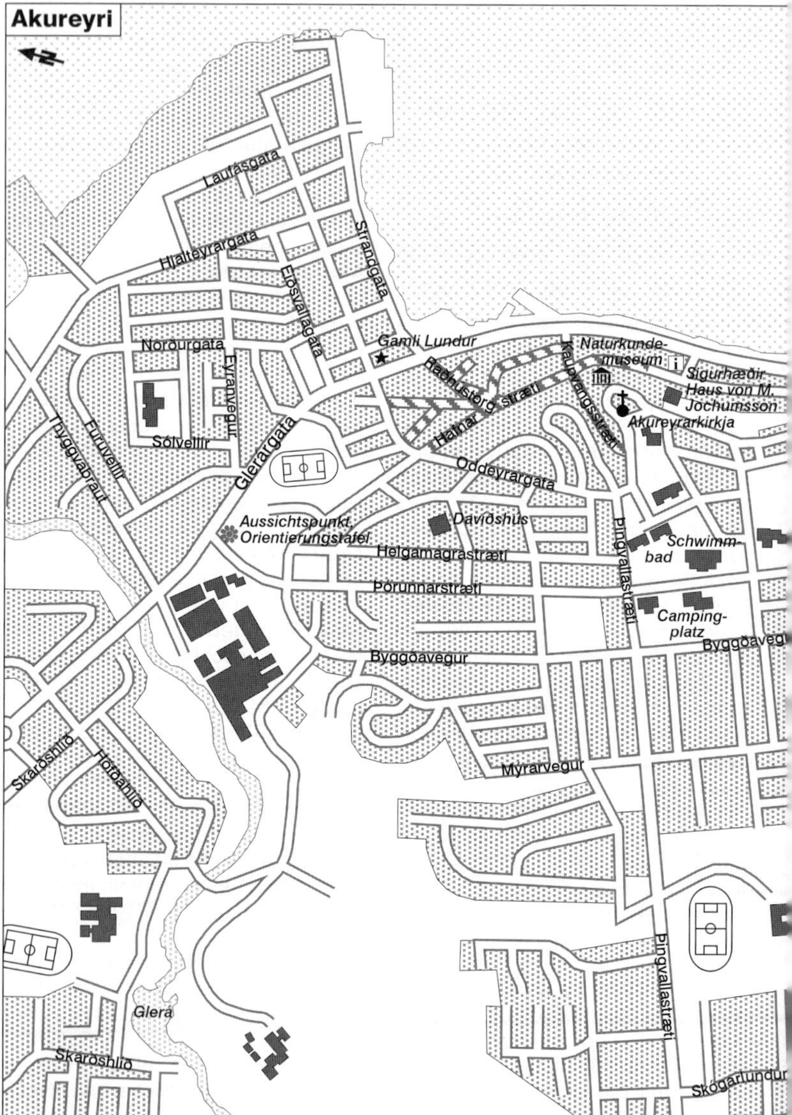
Akureyri
Laufásgata
Hjalteyrargata
Strandgata
Eiðsvallagata
Norðurgata
Eyrarvegur
Gamli Lundur
Naturkunde-
museum
Sigurhæðir
Haus von M.
Jochumsson
Ráðhústorg
Hafnarstræti
Kaupvangsstræti
Akureyrarkirkja
Sólvellir
Glerárgata
Þyggvabraut
Furuvellir
Oddeyrargata
Aussichtspunkt,
Orientierungstafel
Davíðshús
Helgamagrastræti
Þingvallastræti
Schwimm-
bad
Þórunnarstræti
Camping-
platz
Byggðavegur
Mýrarvegur
Skarðshlíð
Höfðahlíð
Glerá
Skógarlundur

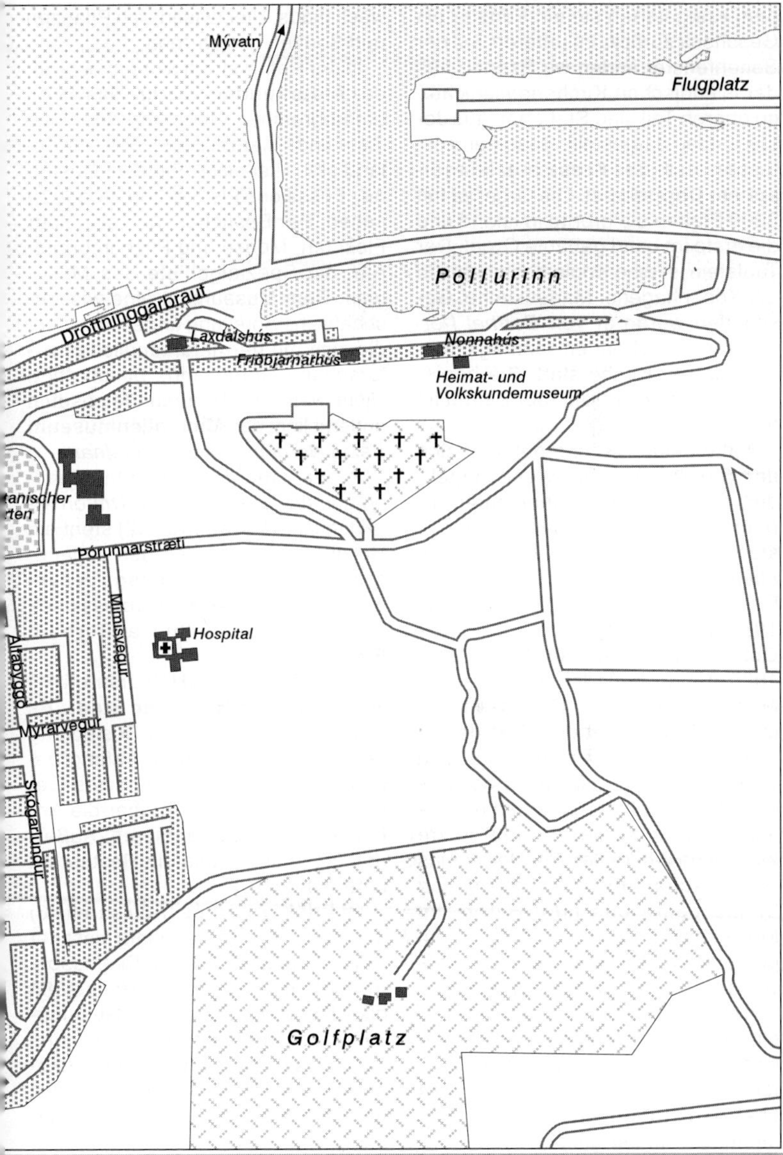
Mývatn
Flugplatz
Pollurinn
Drottninggarbraut
Laxdalshús
Friðbjarnarhús
Nonnahús
Heimat- und
Volkskundemuseum
tanischer
rten
Þórunnarstræti
Mímisvegur
Hospital
Álfabyggð
Mýrarvegur
Skógarlundur
Golfplatz

dem Krieg ließen sie ein Fenster als Geschenk zurück. Im unteren Teil der Seitenfenster finden wir Szenen aus der isländischen Kirchengeschichte, im oberen Teil sind Stationen aus Jesus' Leben dargestellt. Beachten sollte man auch das **Kreuz aus isländischem Doppelspat.** Die Orgel ist mit 3200 Pfeifen die größte in Island und die erste im Land gebaute Orgel. Der Taufstein ist eine Kopie desjenigen in der Kopenhagener Marienkirche. Geschaffen wurde er von *Berthel Þórvaldsen.* Im Juli finden sonntags Konzerte in der Kirche statt. Sie beginnen jeweils um 17 Uhr, der Eintritt ist frei.

Nahe bei der Kirche befindet sich der *Sigurhæðir,* der „Siegeshügel", den man über die Kirchenstufen erreicht. Hier, im Eyrarlandsvegur 3, steht das Haus von *Matthías Jochumsson,* der 1855 geboren wurde. Der Pastor und Dichter bewohnte das 1902 im norwegischen Stil erbaute Gebäude bis zu seinem Tod im Jahr 1920. Heute befindet sich darin ein **Museum** zu seinem Gedenken. Jochumsson verfaßte den Text der isländischen Nationalhymne „O, Gud vors Lands", „O, Gott unseres Landes". Darüber hinaus schrieb er Dramen und Gedichte. Er übersetzte zahlreiche Werke der Weltliteratur ins Isländische, unter anderem von Shakespeare und Lord Byron. Im Museum sind Gegenstände aus dem persönlichen Besitz des Dichters sowie einige seiner Werke zu sehen.

Beim Bummel durch die Hafnarstræti lädt das **Blómahús** zur Einkehr ein. Hier kann man unter Palmen Kaffee trinken und dabei die Aussicht über den Fjord genießen. Das „Blumenhaus" selbst gleicht einem Gewächshaus. Hier lassen sich Pflanzen und Souvenirs erwerben.

In der Hafnarstræti 81 befindet sich das **Naturkundemuseum,** das einen umfangreichen Überblick über das Tier- und Pflanzenvorkommen in Island gibt. Hier sind Pflanzen, Gesteine, Fossilien, Fische und Vögel zu sehen. Der Besucher kann sich über Flechten, Moose und Pilze informieren, die Spezialgebiete des Museums. Dem Museum ist eine wissenschaftliche Abteilung angeschlossen, die sich mit der naturkundlichen Erforschung Nordislands beschäftigt. Nicht weit vom Naturkundemuseum entfernt liegt das **Mineralienmuseum** *Félag Norðlenskra Steinasafnara.*

In der Nähe der Tourist-Information und der Bushaltestelle *Umferðarmiðstöðin* (Hafnarstræti 82) steht ein Holzhaus aus der Zeit des Jugendstils, das **Theater Leikfélag.** Es handelt sich um das einzige professionelle Theater-Ensemble außerhalb Reykjavíks.

Das **Laxdalshús** (Hafnarstræti 11) ist das **älteste Haus der Stadt.** Es wurde 1795 erbaut. Die Besiedlung der Stadt soll dort ihren Anfang genommen haben. Im Innern des Gebäudes kann man sich über die Anfänge Akureyris informieren. Außerdem ist in dem Haus ein Restaurant untergebracht.

Im **Fríðbjarnarhús** (Aðalstræti 46) aus dem Jahre 1856 wohnte einst der Buchhändler *Fríðbjörn Sveinsson.* Außerdem wurde in dem Haus 1884 die isländische Sparte des Guttemplerordens gegründet. Die Vereinigung hat sich dem Kampf gegen den Alkohol verschrieben. Sveinsson selbst war ein führendes Mitglied der Guttempler.

In der Aðalstræti 58 befindet sich das **Heimat- und Volkskundemuseum** *Minjasafnið.* Umgeben wird das Museum von einem Garten, der aus der ersten Baumschule Islands hervorging. Im Innern wird die Geschichte des Eyjafjörður und der Stadt anschaulich dargestellt. Dabei gehen die Exponate über das im Laxdalshúsið (s.u.) Gezeigte hinaus. Es wird vor allem auf die Lebensweise und die Bräuche des 19. und 20. Jahrhunderts abgehoben, die Zeit, als der überwiegende Teil der isländischen Bevölkerung von der Landwirtschaft und der Küstenfischerei lebte. Ausgestellt sind volkstümliche Kunst und Kunsthandwerk, Holzschnitzereien, Trachten und andere Textilien. Uhren, Werkzeuge aus dem Haushalt, der Landwirtschaft und der Fischerei sind ebenso zu sehen. Den Hauptteil der Ausstellungsräume nehmen Wohneinrichtungen aus verschiedenen Zeitepochen ein. Im selben Gebäude ist auch das **städtische Fotoarchiv** untergebracht. Neben dem Museum befindet sich eine Holzkirche, die 1846 in *Svalbarðseyri* an der Ostküste des Eyjafjörður erbaut wurde. 1970 wurde sie dort abgetragen und an ihrem heutigen Standort, auf dem Fundament von Akureyris ehemaliger Pfarrkirche, wiedererrichtet. Die Kirche wurde im typischen ländlichen Baustil des vergangenen Jahrhunderts erstellt. In Nordisland baute man zu dieser Zeit schlichte, schwarzgeteerte und innen unbemalte Holzkirchen, ohne Turm und mit einem Holzdach versehen.

Wer sich über die isländische Flora informieren will, begibt sich am besten in den **Botanischen Garten,** der in der Nähe des Campingplatzes liegt. Hier sind fast alle in Island vorkommenden Pflanzenarten sowie arktische und alpine Pflanzen zu sehen. Unter den 2000 Sorten sind auch Exemplare, die man so nahe am Polarkreis nicht vermuten würde. Der Garten besteht bereits seit 1912 und dient auch als Erholungspark. Wörtlich übersetzt bedeutet „Lystigarður“, wie ihn die Isländer nennen, Lustgarten, was etwas zu ihrem Verhältnis zu dem Park aussagt.

In unmittelbarer Nähe des Botanischen Gartens befindet sich das Gymnasium. Die **Menntaskóli,** ein schlichtes, aber eines der größten Holzgebäude der Stadt, stammt aus der Zeit der Jahrhundertwende. Die Schüler kommen aus dem ganzen nördlichen Landesteil, der sich von den Westfjorden bis nach *Egilsstaðir*

Stadtkirche Akureyrarkirkja

erstreckt. Seit 1992 befindet sich bei der Schule auch eine Skulptur von *Ásgrímur Jónsson*. Auf dem *Eyrarlandsvegur* in Richtung Kirche steht eine weitere Bronzeskulptur, die von *Einar Jónsson* stammt: *Útlaginn*, „der Geächtete". Ein zweites Exemplar dieser Skulptur steht in Reykajvík.

Einen **Veranstaltungskalender** für Akureyri finden sie in „What's on in Akureyri", einer Broschüre, die in der Tourist-Information und in den Hotels kostenlos erhältlich ist.

Praktische Infos

Tourist-Information/ Busbahnhof

Hafnarstræti 82, Tel. 4 62 77 33, geöffnet Juni bis August Mo–Fr 7.30–21 Uhr, Sa/So 12–20 Uhr, September–Mai Mo–Fr 8.30–17 Uhr

Hotels

Hotel Kea
Hafnarstræti 89, Tel. 4 60 20 00, 73 Zimmer, zentral gelegen

Hotel Norðurland
Geislagata 7, Tel. 4 62 26 00, 28 Zimmer

Hotel Óðal
Hafnarstræti 67, Tel. 4 61 19 00, 19 Zimmer, familiäre Atmosphäre

Hotel Harpa
Hafnarstræti 85, Tel. 4 61 10 14, 24 Zimmer

Hotel Edda
Hrafnagilsstræti, Tel. 4 61 14 34, geöffnet 18.06.–01.09., zentral gelegenes Sommerhotel mit 79 einfachen Zimmern, 7 mit Dusche/WC

Hotel Vin
Hrafnagil, 12 km südlich der Stadt, Tel. 4 63 14 00, 35 Zimmer, 100 Schlafsackplätze, Restaurant und Freibad, ganzjährig geöffnet

Hotel Íbúðir
Geislagata 10, Tel. 8 92 98 38, Fax 4 62 23 00, 24 Betten, ganzjährig geöffnet

Fósshotel Harpa
Siehe Fósshotels, S.122

Hotel Akureyri
Hafnarstræti 67, Tel. 4 61 30 30, Fax 4 61 30 33, 36 Betten, ganzjährig geöffnet

Hotel Edda Þelamörk
Siehe Edda-Hotels, S.126

Hotel Edda Stórutjörnum
Siehe Edda-Hotels, S.126

Gasthäuser & Schlafsackunterkünfte

Ás
Hafnarstræti 77, direkt neben dem Busbahnhof, Tel. 4 61 22 49, Schlafsackunterkünfte mit Kochgelegenheit

Ás
Skipagata 4, Tel. 4 61 22 48, 28 Betten, Frühstück, preisgünstig, ganzjährig geöffnet

Bakki
Bakkahlíð 18, Tel. 4 62 57 74, Ein- bis Vierbettzimmer, Schlafsackunterkünfte mit Kochgelegenheit

Brekkusel
Hrafnagilsstræti 23, Tel. 4 62 39 61, Zwei- und Dreibettzimmer, Frühstück, Kochlegenheit, ruhige Lage, ganzjährig geöffnet

Dalakofinn
Lyngholt 20, Tel. 4 62 30 35, Schlafsackunterkunft, Kochgelegenheit

Gilsbakki
Gilsbakkavegur 13, Tel. 4 61 23 40, Ein- bis Dreibettzimer, ruhig, Kochgelegenheit

Pater Jón Sveinsson – Autor von „Nonni und Manni"

Jón Sveinsson, auch Nonni genannt, ist neben Halldór Laxness einer der bekanntesten Schriftsteller Islands. **1857** in Möðruvellir im Hörgárdalur westlich von Akureyri **geboren,** war er das vierte von acht Kindern. 1865 zog er mit seinen Eltern nach Akureyri. In der Aðalstræti 54 steht das Haus (Nonnahús), in dem Jón Sveinsson die nächsten Jahre mit seinen Eltern und den vier Geschwistern verbrachte. 1870, ein Jahr, nachdem sein Vater gestorben war, wurde Jón von einem französischen Adligen eingeladen, nach Frankreich zu kommen. Hier sollte dem Jungen der Besuch einer höheren Schule finanziell ermöglicht werden. Da Jóns Mutter die Versorgung der Familie in dieser schwierigen Zeit über den Kopf wuchs, ließ sie ihren Sohn schweren Herzens gehen.

Zuerst fuhr Jón nach Kopenhagen, um von dort nach Frankreich zu gelangen. Durch den Ausbruch des deutsch-französischen Krieges wurde er aber an der Weiterfahrt gehindert. Deshalb verbrachte er ein Jahr in Dänemark und konvertierte hier zum katholischen Glauben. 1871 schließlich wurde er Schüler der Lateinschule im französischen Amiens, wo er 1878 seinen Abschluß bekam.

Ármann, genannt Manni, war Jóns jüngerer Bruder und engster Freund. Er kam ebenfalls nach Frankreich und besuchte dieselbe Schule wie sein Bruder. Manni studierte dann Philosophie in Belgien, wo er mit nur 24 Jahren starb.

Nach Beendigung der Schule trat Jón dem Jesuitenorden bei. Die nächsten fünf Jahre studierte er an verschiedenen Universitäten in Frankreich, Belgien und Holland Philologie, Philosophie und Theologie. 1883 wurde Jón Lehrer an der katholischen Schule in Ordrup/Dänemark. 1888 bis 1892 setzte er sein Studium der Theologie in England fort und wurde dort zum **Priester** geweiht. Anschließend kehrte er nach Ordrup zurück, unterrichtete dort weiter und war missionarisch tätig. Mit diesen Tätigkeiten verbrachte er die nächsten zwanzig Jahre, bis er sie 1912 gesundheitsbedingt aufgeben mußte. Ab diesem Zeitpunkt widmete er sich ausschließlich der Schriftstellerei und hielt in vielen Städten Vorträge und Lesungen.

Jón wurde Kinderbuchautor, schrieb seine Kindheitserinnerungen aus der Gegend von und um Akureyri in zwölf Bänden seiner Nonni-Bücher nieder. Auch seine Erlebnisse als Erwachsener in fremden Ländern hielt er in Buchform fest. Seine **Bücher** erschienen **überwiegend in deutscher Sprache.** Hier sind sie auch besonders beliebt. Sein erstes Buch verfaßte der Schriftsteller 1906. 1913 erschien sein bekanntestes Werk: „Nonni, Erlebnisse eines jungen Isländers von ihm selbst erzählt". Es wurde in einer internationalen Gesamtauflage von über 1 Million Exemplaren gedruckt. Sveinssons Bücher wurden in mehr als 40 Sprachen übersetzt, 12 seiner Bücher erschienen in isländischer Sprache.

Nonnahús – Museum zum Gedenken an den Schriftsteller Jón Sveinsson (1857–1944)

1988 wurde eine sechsteilige Weihnachtsserie mit dem Titel „Nonni und Manni" gedreht, die im deutschsprachigen Fernsehen zu sehen war. Die Sendereihe basierte auf den Büchern von Jón Sveinsson, jedoch hielt sie sich nur teilweise an die hier geschilderte Realität und betrieb vielmehr Werbung für Jóns Heimat. Sowohl in der Person des Nonni als auch bei seiner Familie gab es Abweichungen.

Jón kehrte nur zweimal zu einem Besuch nach Island zurück. Beim ersten Mal, im Jahre 1894, durchquerte er das Land mit dem Pferd. Seine Eindrücke sind nachzulesen in „Zwischen Eis und Feuer". 1930 kam er ein weiteres Mal auf Einladung der isländischen Regierung. Anlaß war die 1000-Jahr-Feier der Einberufung des Alþing. Bei diesem Besuch wurde Jón Sveinsson zum Ehrenbürger der Stadt Akureyri ernannt und erhielt den isländischen Falkenorden. Jón kam **1944** bei einem Bombenangriff **in Köln ums Leben.** Dort fand er auch seine letzte Ruhestätte.

Heute wird das Haus aus dem Jahre 1849 als Museum und als Gedenkstätte für Jón Sveinsson genützt. Das Haus selbst gilt als Musterbeispiel traditioneller isländischer Wohnhäuser. In dem Museum ist eine Sammlung von Büchern, aber auch von persönlichen Dingen des Paters zu sehen.

Salka
Skipagata 1, Tel. 4 62 26 97, Ein- bis Vierbettzimmer, auch Schlafsackunterkünfte, Kochgelegenheit, ganzjährig geöffnet
Gästehaus Hrafnagilsstræti 23
Tel. 4 62 39 61
Gästehaus Langahlíð 6
Tel. 4 62 34 72, Ein- und Zweibettzimmer, Schlafsackunterkünfte
Gästehaus Sunnuhlíð 5
Tel. 4 62 22 36
Studio, Appartements
Strandgata 13, Tel. 4 61 20 35, Kochgelegenheit, separate Gästewohnung für 2–4 Personen
Ferðaþjónustan Bænda Lónsá
Lónsá, Glæsibæjarhreppi, Tel. 4 62 50 37, Fax 4 61 25 49, ganzjährig geöffnet
Öngulsstaðir III
Öngulssoðum III, Tel. 4 63 13 90, Fax 4 63 13 90, 34 Betten, Schlafsackplätze
Húsabrekka
Gengt Akureyri, Tel. 4 62 49 21, Ferienhäuser, 34 Betten, Campingplatz, nur im Sommer geöffnet
Ferðaþjónustan Sveinbjarnargerði
Sveinbjarnargerði, 602 Akureyri, Tel. 4 62 45 00, Fax 4 61 20 96, Schlafsackplätze, ganzjährig geöffnet
Gästehaus und Hütten
Smáratúni 5, Svalbarðseyri, Tel. 4 62 50 43, Fax 4 61 26 43, 30 Betten, 40 Schlafsackplätze, Schwimmbad, ganzjährig geöffnet
Orlofsbyggðin Illugastaðir
Illugastöðum, Tel. 4 62 61 99, Fax 4 61 26 49
Ferienhäuser Skarð
Grýtubakkhreppi, Tel. 4 63 31 11, Campingplatz, nur im Sommer geöffnet
Sólgarðar
Brekkugata 6, Tel./Fax 4 61 11 33, 8 Betten, 10 Schlafsackplätze, nur im Sommer geöffnet
Gästehaus Súlur
Þórunnarstræti 93, Tel. 4 61 11 60, Fax 4 61 30 77, 20 Betten, 20 Schlafsackplätze, nur im Sommer geöffnet
Gästehaus Glerá
Hlíðarfjallsvegi, Tel. 4 62 57 23, auch Schlafsackunterkunft, ganzjährig geöffnet
Gästehaus Gula villan
Þingvallastræti 14, Tel. 4 61 28 60, Fax 4 62 77 95, 18 Betten, Schlafsackplätze, Schwimmbad, nur im Sommer geöffnet
Hotelappartements
Geislagata 10, Tel. 8 92 98 38, Fax 4 62 23 00, ganzjährig geöffnet
Sólgarðar
Brekkugata 6, Tel. 4 61 11 33
Gästehaus Úlla
Lönguhlíð 6, Tel. 4 62 34 72
Gästehaus Útsteinn
Klettastígur 6 und Skarðshlíð 46, Tel. 8 94 07 87
Gästehaus Árgerði
Tungusiða 2, Tel. 4 61 18 33

Jugendherberge

Stórholt 1, Tel. 4 62 36 57, Ein- bis Vierbettzimmer, Schlafsackunterkünfte, Gästeküche, Aufenthaltsraum mit TV, das ganze Jahr über geöffnet. Die Besitzerin spricht gut deutsch. Möglichkeit zu Kurzausflügen mit dem Minibus.
Lónsá
Glæsibæjarhreppur, 4 km nördlich der Stadt, Tel. 4 62 50 37, geöffnet 01.06.–01.10.

Camping

Campingplatz Þórunnarstræti
Tel. 4 62 33 79, zentral gelegen, komfortabel, mit Einkaufsmöglichkeit, Cafeteria und Schwimmbad, Wohnmobil-Stellplätze, Bushaltestelle und Tankstelle; geöffnet 10.06.–31.08. Immer am ersten Augustwochenende trifft sich Islands Jugend zum Feiern auf dem Campingplatz. In dieser Zeit gibt es für Touristen die Möglichkeit, im Wald *Kjarskógur* zu zelten. Dort gibt es zwar nur kaltes Wasser, aber die Umgebung ist sehr reizvoll.
Campingplatz Húsabrekka
Tel. 4 62 49 21

Essen & Trinken

Hotel Kea
Hafnarstræti 89, Tel. 4 60 20 00: Restaurant *Höfðaberg* (isländische und internationale Küche), Cafeteria *Súlnaberg*
Hotel Norðurland (s.o)
Hotel Edda (s.o.)
Bautin
Hafnarstræti 92, Tel. 4 62 18 18; Fischgerichte, Salatbuffet
Bing Dao
Strandgata 49, Tel. 4 61 16 17
Blómahúsið
Hafnarstræti 26, Tel. 4 61 32 00
Crown chicken
Skipagata 12, Tel. 4 61 30 10
Greifinn-Grill
Glerárgata 20, Tel. 4 61 26 90; Pizza, Lamm
Lindin
Leiruvegur, Tel. 4 61 30 08
Víð Pollinn
Strandgata 49, Tel. 4 61 27 57
Fiðlarinn
Skipagata 5, Tel. 4 62 71 00
Cafe Carólína
Kaupvangsstræti 23, Tel. 4 61 27 55
Pizza 67
Geislagata 7, Tel. 4 61 29 67
Sunnukráin
Sunnuhlíð, Tel. 4 61 26 70
Litla kaffistofan
Tryggvabraut, Tel. 4 61 30 00
Ráðhúskaffi
Ráðhústorg, Tel. 4 61 31 30
Kaffi Akureyri
Strandgata 7, Tel. 4 61 39 99
Subway
Kaupvangsstræti 1, Tel. 4 61 34 00, Fast-Food-Restaurant

Nachtleben

Oddvitinn
Strandgata 53 Tel. 4 62 60 20, Kneippe am Hafen, nur am Wochenende geöffnet, Tanz, am Wochenende Livemusik, beliebt bei den über 20jährigen
Við Pollinn
Strandgata 49, Tel. 4 61 27 57, Fr, Sa 18–3, So–Do 20–1, Sa, So auch 12–15 Uhr, in einem der ältesten Häuser der Stadt, einladendes Interieur, wochenends Livemusik, beliebt bei den über 20jährigen
Sjállinn
Góði dátinn, Geislagata 14, Tel. 4 62 27 70, Bierkeller, Disko, nur am Wochenende, Treffpunkt der Jugend Akureyris, auch Livemusik
Kaffi Akueyri
Ráðhúskaffi (s. Essen & Trinken), tagsüber Café, verwandelt sich Freitag- und Samstagnacht in einen lebhaften Pub, auch Livemusik
Bláa Kannan
Brandneues Café, rauchfrei, öffnet bereits um 8 Uhr morgens
Café Carólína
(s. Essen & Trinken) wird häufig von Künstlern wegen seiner inspirierenden Atmosphäre besucht

S. 404

Torgið
Ráðhústorg, geöffnet 19–1 Uhr, Fr, Sa bis 3 Uhr, Pub, Do manchmal Livemusik
Dropinn
Hafnarstræti 98, Tel. 4 62 25 25 geöffnet 20–1 Uhr, Fr, Sa bis 3 Uhr, besonders beliebt bei den 20- bis 25jährigen
Kjallarinn
Geislagata 14, Tel. 4 62 27 70, Fr, Sa 18–3, So–Do 20–1, Sa, So auch 12–15 Uhr, Livemusik am Wochenende, besonders bei den unter 20jährigen beliebt

Busse

Am **Busbahnhof** (Tel. 4 62 44 42), zentral gelegen in der Altstadt, **Hafnarstræti 82** (geöffnet Mo bis Fr 7.30–21, Sa und So 7.30–11.30 und 15–18.30 Uhr), beginnen und enden alle Überlandbuslinien mit Ziel *Reykjavík, Mývatn, Húsavík* und *Ólafsfjörður.*

Ganzjährig verkehrt mindestens einmal täglich ein Bus nach Reykjavík und zum Mývatn (8.15 Uhr). Von Mai bis August werden mehrmals wöchentlich *Egilsstaðir* und Husavík angefahren. Juli und August (Mi, Sa 9 Uhr) gehen Fahrten durch das Hochland (*Kjölur*-Route) nach Reykjavík. Die Fahrpläne können auch telefonisch erfragt werden; Tel. 4 62 44 41.

Skagafjörður–Glaumbær–Hólar: Di, Fr 9 Uhr; *BSH hf.: Dettifoss–Ásbyrgi–Hljóðaklettar,* täglich 8.15 Uhr; *Vatnajökull–Kverkfjöll–Askja,* im Juli und August Mo, Fr 8.15 Uhr, mit Übernachtung.

In der Innenstadt von Akureyri (Hafnarstræti)

Flüge

Icelandair, Tel. 4 61 22 00, oder **Reisebüro Ferðaskrifstofa Akureyrar,** Ráðhústorg, Tel. 4 62 50 00; im Sommer täglich fünf Linienflüge nach Reykjavík, Preis: 130 DM.

Flugfélag Norðurlands (Nordlandair), Tel. 4 61 21 00, Linienflüge zu elf Orten, Sightseeingflüge zur Insel Grímsey.

Flugfélag Íslands, Tel. 4 60 70 00, und **Íslandsflug,** Tel. 4 61 40 50, bieten Linienflüge zu diversen Zielorten.

Fährverbindungen

Die Personenfähre **Sæfari** fährt Mo und Do 10.45 Uhr von *Dalvík* nach *Grímsey* (Ankunft 14.15, Rückfahrt 17.30 Uhr) und Di 10.30 Uhr von *Dalvík* nach *Hrísey* (Ankunft 11 Uhr, Rückfahrt 14 Uhr) und zurück. Auf den Inseln hat man jeweils 3 Std. Aufenthalt, bis das Schiff wieder zurückfährt. Mo und Do fährt ein Zubringerbus um 10 Uhr von Akureyri nach Dalvík und abends wieder zurück. Weiter Auskünfte und Buchung werktags 8–16 Uhr bei *Nonni-Travel* Akureyri, Brekkugata 3, Tel. 4 61 18 41, oder bei *FMN (Flutningamiðstöð Norðurlands),* Tryggvabraut 5, Tel. 4 61 36 00.

Die Personenfähre **Þingey** fährt von Akureyri nach *Hjalteyri* und die Personenfähre *Sæfar* von *Arskógssandur* nach *Hrísey.* Auskünfte und Buchung bei Nonni-Travel.

Kunst & Kultur

Akureyrarkirkja
Juni–August geöffnet an jedem Tag 10–12 und 14–17 Uhr

Sigurhædir
Gedenkstätte von Matthías Jochumsson, Eyrarlandsvegur 3, geöffnet vom 15.06.–01.09., täglich 14–16 Uhr, Tel. 4 61 17 65

Heimat- und Volkskundemuseum Minjasafnið
Aðalstræti 58, Tel. 4 62 41 62, geöffnet 01.06.–15.09. täglich 11–17 Uhr; 16.09.–31.05. So 14–16 Uhr

Nonnahús
Gedenkstätte an Jón Sveinsson, Aðalstræti 54, geöffnet 01.06.–15.09. täglich 10–17 Uhr, Tel. 4 62 35 55

Naturkundemuseum Náttúrugripasafnið
Hafnarstræti 81,Tel. 4 62 29 83, geöffnet 01.06.–15.08. täglich Mo–Fr, So 10–17 Uhr; 16.08.–10.09. täglich Mo–Fr, So 13–16, ansonsten So 13–16 Uhr

Mineralienmuseum
Félag Norðlenskra Steinasafnara
Hafnarstræti 90, geöffnet 01.07.–15.08. Mo–Fr, So 10–17 Uhr und 01.06.–15.09. Sa 13–16 Uhr

Laxdalshús
Hafnarstræti 11, geöffnet 01.06.–15.09. 11–17 Uhr

Fríðbjarnarhúsið
Aðalstræti 46, Tel. 4 62 20 35, geöffnet 01.07.–31.08., Sa, So 14–17 Uhr

Davíðshús
Bjarkarstígur 6, geöffnet 15.06.–31.08. täglich 15–17 Uhr, Tel. 4 62 74 98

Botanischer Garten Lystigarður
Eyrarlandsvegur, täglich von 9–22 Uhr

Städtisches Kunstmuseum
Kaupvangsstræti 24, Tel. 4 21 26 10, geöffnet täglich außer Mo 14–18

Öffentliche Bibliothek
Brekkugata 17, Tel. 4 62 41 41, im

Sommer werktags 10–19, im Winter auch Sa 10–15
Theater Leikfélag Akureyrar
Hafnarstræti 47, Tel. 4 62 14 00
Kino Borgarbíó
Hólabraut 12, Tel. 4 62 35 00

Kunsthandwerk

Gallerí Grúska
Strandgata 19, Tel. 4 61 18 41, Artikel aus Keramik, Leder, Holz, Wolle, Souvenirs und Kosmetik aus isländischen Kräutern
Gullasmiðjan Stubbur
Vinnustofa í Laugalandsskóla, Tel. 4 63 14 24, handgefertigtes Holzspielzeug
Sunneva Design
Mode aus einheimischen Materialien, Hvannarvellir 14, Tel. 4 61 25 35
Folda
Dalsbraut 1, Tel. 4 61 11 67, Wollwaren-Fabrik, Fabrikverkauf geöffnet Mo–Fr 9–18, Sa 10–14 Uhr, gehört zu Alafoss; außer isländischer Wollwaren werden in Island hergestellte Bergsportkleidung und Souvenirs verkauft

Sport & Freizeit

Schwimmbad
Þingvallastræti 7, Tel. 4 61 44 55, Spielplatz
Glerá-Schwimmbad
Höfðahlíð, Tel. 4 62 15 39
Schwimmbad in Þelamörk
10 km nördlich von Akureyri
Golf
Jaðarsvöllur, Tel. 4 62 29 74, 18-Loch-Platz, wo auch das Arctic Open unter der Mitternachtssonne ausgetragen wird
Pferdeverleih
Litli-Garður, Tel. 4 61 22 45
Fahrradverleih
Skipagata 4, Tel. 4 61 22 48
Go-Cart, Minimotor, Schlittschuhbahn
Tel. 8 96 53 32, Mo–Fr 16–22, Sa, So 12–22
Wasserjet-Verleih
Strandgata, Tel. 8 96 53 32
Segeltörns im Eyjafjörður
Tel. 8 92 83 29
Angellizenz für den See Leitutjörn, Tel. 4 62 74 04
Skigebiet
Hlíðarfjall, Tel. 4 62 29 30
Botanischer Garten
Spítalavegur, unweit des Campingplatzes, geöffnet 01.06.–30.09. Mo–Fr 8–22, Sa, So 9–22 Uhr
Waldgebiet Kjarnaskógur
Tel. 4 62 40 47, Trimm-Dich-Pfad, Wanderwege, Spiel- und Grillplätze

Sonstiges

Polizei
Þórunnarstræti 140, Tel. 4 61 22 33
Krankenhaus
Eyrarlandsvegur, Tel. 4 63 01 00
Ambulanz
Hafnarstræti 99, Tel. 4 62 23 11
Post, Telefon
Hafnarstræti 102, Tel. 4 63 06 00

Ausflüge

Südlich von Akureyri liegt der 1213 m hohe **Aussichtsberg Súlur.** Der 15 km lange und ständig ansteigende Wanderweg (Gehzeit 6–8 Std. hin und zurück) beginnt beim Parkplatz des Naherholungsgebiets *Kjarnaskógur* südwestlich vom Flugplatz. Der Wanderverein von Akureyri (s.u.) hat den Weg zum Gipfel mit Holzpfosten markiert. Oben kann man sich in das Gipfelbuch eintragen und die herrliche Rundumsicht genießen.

Sportferðir
Tel. 4 66 16 30, geführte Ausflüge
Höldur
Tryggvabraut 12, Tel. 4 61 30 00, organisierte Jeep- und Schneekatzenfahrten
Reisebüro Nonni (Nonni-Travel)
Brekkugata 3, Tel. 4 61 18 41, Flug- und Schiffsausflüge, Ausritte, geführte Wanderungen u.a.
Ferðafelag Akureyrar (Wanderverein)
Strandgata 23, Tel. 4 62 27 20, Tagesausflüge, längere Wandertouren u.a., 01.06.–30.08. Mo–Fr 16–19 Uhr
Geführte Ausflüge mit Bus und Schiff
Eyjafjörður, Juni, August, Di–Fr 18 Uhr; *Walbeobachtung in Húsavík,* Mai–Oktober täglich, unterschiedliche Abfahrtszeiten; *Vatnajökull–Kverlfjöll–Askja,* Juni-August, Di, Fr, Tagestour; *Mývatn–Krafla–Dettifoss,* Juni–August, Di–Fr, Tagestour; Auskünfte und Buchung in der Tourist-Info oder bei Nonni-Travel

Route 4 B: Von Akureyri zur Laxá (50 km)

Gleich nachdem wir die Hauptstadt des Nordens hinter uns gelassen haben, zweigen die Straßen 821 und 829 in Richtung Süden ab. Sie führen links und rechts des Flusses *Eyjafjarðar* entlang zur Piste F821 und zum *Laugafell* (siehe Route 7, *Eyjarfjarðarleið).* Das Flußtal ist von steil aufragenden Bergen umgeben. In dem fruchtbaren Tal liegen mehrere große Farmen. Aus dem Tal stammen berühmte Männer, deren Geschichte sich teilweise bis in die Sagazeit zurückverfolgen läßt. *Helgi der Magere* baute hier im 9. Jh. seinen Hof *Kristnes.* Im 13. Jh. lebte in dem Tal *Sighvatur Sturluson,* ein Mitglied der damals herrschenden Sturlunger, und im 16. Jh. *Þórunn Jónsdottir,* die Tochter des Bischofs *Jón Arason.*

In *Grund* an der Straße 821 ist die große Holzkirche aus dem Jahr 1905 sehenswert. Die reich verzierte Kirche mit ihrem zwiebelförmigen Dach wurde von *Magnús Sigurdsson* erbaut.

Der Hof *Munkaþvéra* an der Straße 829 war Schauplatz einer Saga, die erzählt, wie *Víga-Glúmur* zum Christentum bekehrt wurde. Vom 1155–1550 stand an dieser Stelle ein Kloster, dessen bekanntester Schüler Jón Arason war. Er wurde vermutlich im nahegelegenen Hof *Gýta* geboren. Die heutige Kirche stammt aus dem Jahr 1844. Beim Friedhof steht eine Skulptur von *Guðmundur frá Miðdal,* die an Arason erinnert. Man nimmt an, daß hier auch *Sighvatur Sturluson* und seine Söhne begraben sind *(Grabstätte Sturlungareitur),* die 1238 in der Schlacht *Örlygsstaðabardagar* bei *Örlygsstaðir* in Norwest-Island ums Leben kamen.

Wir setzen unseren Weg auf der Ringstraße fort. Auf der Fahrt nach *Svalbarðseyri* sollte man die Gelegenheit nützen und sich mehrmals umdrehen, um die schöne Aussicht über den Fjord auf die Stadt zu genießen. Nach 10 km ist Svalbarðseyri erreicht.

Svalbarðseyri

Bereits die Seeleute der Hanse liefen diesen Handelsplatz an. Heute befindet sich in dem **200-Seelen-Ort** das Schlachthaus der Region und eine Pommes-frites-Fabrik. Der Ort verfügt außerdem über Bank, Post, Schule und Schwimmbad.

Praktische Infos

Unterkunft

Gästehaus Smáratún 5
Tel. 4 62 50 43, kleine Hütten oder Zimmer für ein bis vier Personen, Schlafsackunterkunft, Küche, TV-Raum, Lebensmittelladen, Cafeteria, ganzjährig geöffnet.
Gästehaus Hamraborg
Tel. 4 62 51 61 Ferienhof
Sveinbjarnargerði
Svalbarðssrönd, Tel. 4 62 45 00, 8 54 93 29, Fax 4 61 20 96, ganzjährig geöffnet

Campingplatz Húsabrekka

Svalbarðsströnd, Tel. 4 62 49 21, komfortabel, Einkaufsmöglichkeit, Wohnmobil-Stellplätze, Bushaltestelle, Schlafsackunterkunft, im Sommer geöffnet

6 km nördlich von Svalbarðseyri gabelt sich die Straße. Die Ringstraße wendet sich hier nach Osten. Die Straße 83 führt weiter nordwärts am Eyjafjörður entlang nach **Laufás,** heute **einer der schönsten Museumshöfe Islands** (Tel. 4 63 31 06, geöffnet 01.06.–15.09. täglich 10–18 Uhr). Er entstand aus einem Gehöft des 19. Jahrhunderts. Das Interieur des Hofes ist sehenswert. Die Hofhäuser sind seitlich ganz mit grasbewachsenem Torf bedeckt. So sorgte man früher für eine hervorragende Isolierung. Der Hof besteht aus Kontor, Küche, Wohn-, Schlaf- und Vorratsräumen sowie der *Baðstofa,* dem typischen Aufenthaltsraum eines alten isländischen Hauses. Die Schmiede und die Holzkirche aus dem Jahre 1865 liegen etwas abseits. Nahe bei der Brücke über die *Fnjóska* direkt vor dem Hof befinden sich Lachstreppen.

Die Straße 83 führt von Laufás durch ein landwirtschaftlich intensiv genutztes Gebiet weiter ins 10 km entfernte Städtchen **Grenivík** am *Eyjafjörður,* wo etwa 250 Menschen leben. Der Ort verfügt über Hafen, Fischfabrik, Campingplatz, Schwimmbad und Skipisten. Einige Kilometer weiter endet die Straße an der Steilküste *Latraströnd.* Von dort sieht man gut auf die Insel *Hrísey,* die etwa auf gleicher Höhe liegt. Südöstlich von Grenivík führt die Piste F839 durch das *Austurádalur* zum *Hvalvatnsfjörður,* dem „Wal-Gewässer-Fjord".

Wir fahren von Laufás auf der nichtasphaltierten Straße 835 zurück zur Ringstraße. Die Straße führt durch das Tal *Dalsmynni,* dann durch die Schlucht, die von der Fnjóska über Jahrtausende hinweg geschaffen wurde. Beim Gehöft *Háls* erreichen wir wieder die Ringstraße.

Abstecher zum Wald Vaglaskógur

Fährt man ein kurzes Stück nach Südwesten zur Straße 836, führt ein kurvenreicher Fahrweg hinauf zum Birkenwald Vaglaskógur, **Islands größtem Aufforstungsgebiet.** Dort liegt auch ein Campingplatz.

Nach diesem Abstecher geht es auf der Ringstraße durch das Tal *Ljósavatnsskarð* weiter nach Osten. Kurz vor dem See *Ljósavatn* liegt das In-

Die Laxá, einer der schönsten Flüsse Islands

ternat von *Stóru-Tjarnir,* das als Sommerhotel genutzt wird **(Edda-Hotel Stóru-Tjarnir,** Tel. 4 64 32 40, 26 Zimmer, Schlafsackunterkunft, Restaurant, Schwimmbad).

Hinter dem See zweigt die Straße 85 nach *Húsavík* ab. Die Straße verläuft die Westseite des großen Flusses *Skjalfandafljót* entlang nach Norden. Nach 12 km führt eine Brücke über den Fluß. Nun geht es ein kurzes Stück am Ostufer des Flusses entlang ins *Aðaldalur.* Im Tal verlassen wir die Straße 85, die weiter nach Húsavík führt, und fahren auf der Straße 845 zurück zur Ringstraße. Das Aðaldalur ist größtenteils von Lava bedeckt. Auch **Pseudokrater** gibt es hier. Begrenzt wird das Tal im Osten durch die *Laxá.* Die Straße 856, die nach Osten von der 845 abzweigt, führt ins *Laxárdalur.* Das Tal ist eine Sackgasse, so daß man wieder zur 845 zurückkehren muß.

Die Laxá

Die Quellflüsse der Laxá entspringen im *Mývatn: Syðstukvísl, Miðkvísl* und *Ystukvísl.* Auch die *Kráká* und der *Sortulækur,* ein Abfluß aus dem *Sandvatn,* sowie die *Helluvaðsá* aus dem *Arnarvatn* fließen in die Laxá, einen der **schönsten Flüsse Islands.** Oberhalb des Kraftwerks *Laxárvirkjun* gibt es in der Laxá immer wieder kleine grüne Inseln, Holmen und Stromschnellen. Hier tummeln sich Forellen. Im weiteren Verlauf des Flusses trifft man dann auf die Lachsgründe, die dem Fluß seinen Namen gaben. Lachstreppen unterstützen hier das Ziehen der so begehrten Fische. Der Fluß gehört zu den **ergie-**

bigsten Lachsgewässern Islands. Allerdings muß man für die Angellizenz auch mit die höchsten Preise im ganzen Land bezahlen, bis zu 5000 DM pro Tag. Dafür ist der Fang des edlen Speisefischs dann auch garantiert.

1970 wäre diese Einnahmequelle der Isländer beinahe versiegt. Man plante anstatt des Kraftwerks einen Staudamm zu bauen. Dann wären der Oberlauf der Laxá und die *Mývatnsheiði* überflutet worden. Drei Jahre später wurde dieser Plan jedoch aufgegeben. Gleichzeitig entstand das **Naturschutzgebiet Mývatn og Laxá.** Es umfaßt die Gemeinde *Skútustaðir* und einen 200 m breiten Streifen im Uferbereich der gesamten Laxá. Mit 4400 km^2 handelt es sich hierbei um das **größte Naturschutzgebiet Islands.** Per Gesetzeserlaß sollte das Gebiet geschützt und die Tier- und Pflanzenwelt weiter erforscht werden. Es wurde eine Forschungsstation eingerichtet. Jedes Bauvorhaben in diesem Gebiet muß vom Naturschutzrat abgesegnet werden. Heute wird vor allem darauf geachtet, daß die große Anzahl von Besuchern die Tier- und Pflanzenwelt nicht stört. Die **Pseudokrater bei Skútustaðir** unterliegen als Naturdenkmal zusätzlich besonderen Schutzmaßnahmen. Eine weitere Forschungsstation errichtete hier auch das Nordische Vulkanologische Institut.

Route 4 C: Vom Goðafoss zum Mývatn (54 km)

Die Straße 845 mündet am südlichen Ende des Aðaldalur bei *Einarsstaðir* wieder in die Ringstraße ein. Hier gibt es eine Kirche und eine Servicestation mit Tankstelle und Cafeteria. Obwohl der Weg zum Mývatn nach Osten führt, fahren wir zuerst auf der Ringstraße knapp 10 km nach Westen zum **Goðafoss.** Dieser gewaltige **Wasserfall des Skjálfandafljót** ist die Hauptattraktion zwischen Akureyri und dem Mývatn. Das Auto stellt man entweder auf dem Parkplatz bei der Tankstelle von *Fosshóll* ab und läuft über die alte Brücke zum Wasserfall oder auf dem Parkplatz im Bárðardalur westlich des Wasserfalls. In Fosshóll gibt es ein Gästehaus und einen Campingplatz (*Gästehaus Fosshóll,* Bárdardalur, 645 Fosshóll, Tel. 4 64 31 08, Fax 4 64 33 18, ganzjährig geöffnet, 22 Betten, 50 Schlafsackplätze, Restaurant, Reiten). In der *Galerie am Wasserfall* kann Kunsthandwerk erworben werden (Tel. 4 64 33 23). Der Name Goðafoss, „Götterwasserfall", stammt aus der *Kristni-Sage.* Demnach soll der Häuptling *Þórgeir* seinem neuen christlichen Glauben im Jahre 1000 dadurch Nachdruck verliehen haben, daß er alle alten Götzenbilder in die Fluten des Wasserfalls warf. Zwar fällt der Fluß Skjálfandafljót hier nur 10 m in die Tiefe, doch ist es durch die Breite des Wasserfalls eine beeindruckende Menge Wasser, die hinabstürzt. Zu Fuß gelangt man entlang der Schlucht zu mehreren guten Aussichtspunkten. Am ersten Katarakt hinter den Fällen kann man zum Ufer hinabsteigen, nur von dort ist der Blick frei auf zwei kleine Naturbrükken, die vom Fluß geformt wurden.

Über die Straßen 842 und 844 gelangt man im Süden durch das Bárðardalur zum *Sprengisandsleið* F26 (siehe Route 7).

Nach der Besichtigung des Wasserfalls geht es auf der Ringstraße über die Höhen der *Fljótsheiði* wieder zurück. Charakteristisch sind in dieser Landschaft die „Bültenwiesen", sogenannte *þúfur,* die durch Frostaufbrüche entstanden. Diese grasbewachsenen Bodenaufwölbungen sind bis zu 1 m hoch und 2 m breit. Von einer Anhöhe nordöstlich des Skjálfandafljót, die man auf dem Fahrweg nach *Vað* erreicht, hat man noch einmal einen guten Ausblick in die Schlucht des Skjálfandafljót und auf die kleine Insel *Þingey,* in der Landnahmezeit Tagungsort des örtlichen Thingverbandes.

Laugar

Nächster Ort nach Einarstaðir ist Laugar. Das kleine Dorf liegt etwas nördlich der Ringstraße. Wie der Name sagt, gibt es hier heiße Quellen, die bereits seit der Jahrhundertwende genützt werden. Im Ort gibt es eine Tankstelle, Bank, Post, ein Gäste-

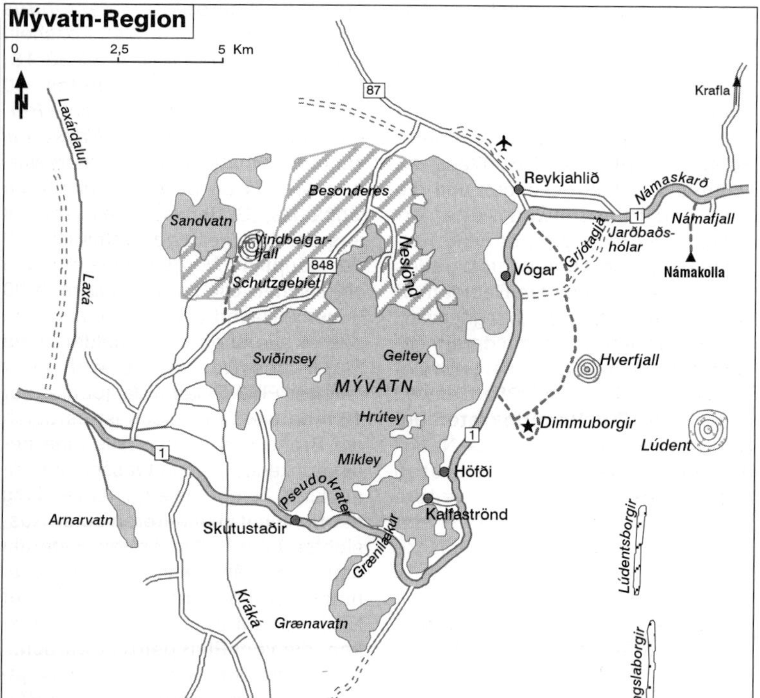

haus und das **Hotel Laugar** (Tel. 4 64 33 40, Fax 4 64 31 63, Sommerhotel mit 80 Zimmern, Campingplatz, Schlafsackunterkunft, Restaurant, Schwimmbad, Pferdeverleih). Außerdem befindet sich hier die Frauenfachschule Islands, *Héraðsskóli að Laugum,* die im Sommer als Hotel genützt wird. 1925 entstand in Laugar das erste Hallenbad des Landes.

Von Laugar führt die Ringstraße an dem kleinen See *Másvatn* vorbei zum südlichen Teil des Mývatn bei *Skútustaðir.*

Der Mývatn

Der Mývatn ist **einer der Höhepunkte jeder Islandreise.** Ca. 100 km von Akureyri entfernt, sollten für den Aufenthalt in dem Naturparadies mehrere Tage reserviert werden, denn nicht nur der See selbst ist sehenswert, sondern es lassen sich auch interessante Ausflüge unternehmen. Ein Werbeprospekt übertreibt nicht, wenn es vom Mývatn heißt, man bewege sich in einer Region, „...wo das Vogelleben einzigartig ist und das Pflanzenleben überschwenglich, wo es so viele Arten von Vulkankratern zu entdecken gibt, ungewöhnliche Lavaformationen, farbenfrohe Geothermalgebiete mit kochenden Schlammpötten, schwarzem Sand, tiefen Rissen und noch mehr...". Wegen der speziellen Vegetation, dem Tiervorkommen sowie den ungewöhnlichen geologischen Formationen ist der Mývatn mit keinem anderen Ort in Island vergleichbar. Die Kontraste und Gegensätze in der Naturlandschaft dieses Gebietes sind beinahe unglaublich, erst recht in Betracht der so kleinen Region.

Der Mývatn ist 45 km von der Küste entfernt. Er liegt fast 300 m über dem Meer und umfaßt eine Fläche von etwa 37 km^2. Die Uferlänge des Sees beträgt über 70 km. Damit ist er der **viertgrößte See Islands.** Das Seeufer besteht aus zahlreichen Buchten. Der Mývatn unterteilt sich in den *Ytriflói* im Nordosten und den jüngeren *Syðriflói* im Süden. Die mittlere Wassertiefe beträgt 2,5 m, an seiner tiefsten Stelle mißt der See nicht mehr als 4,5 m. Das flache Wasser erwärmt sich schnell. Der Mývatn wird über zwei Zuflüsse mit frischem Wasser gespeist. Im Süden fließt über den *Grænilækur,* den einzigsten Oberflächenzufluß, ständig 5√C kaltes Wasser nach, im Osten liefern Quellen unter dem durchlässigen vulkanischen Untergrund teilweise 20√C warmes Wasser. Durch den Warmwasserzufluß wird im Winter ein völliges Zufrieren des Sees verhindert. Das Wasser fließt nur über drei kleine Flußarme in die Laxá ab. Der See entstand in der Form, in der er sich heute darstellt, vor 2500 Jahren, als sich Wasser in einer flachen Talsenke staute.

Die **vulkanische Tätigkeit** nach der Eiszeit wird **am Mývatn in drei Zeiträume unterteilt:** Die **Lúdentperiode** begann nach der Eiszeit. Vor 8000 bis 9000 Jahren entstand 6 km südöstlich der Lúdentkrater, der namensgebend für diese Epoche wurde. Es kam zu zahlreichen Spalteneruptionen, außerdem bildete sich vor 3800 Jahren der Schildvulkan *Ketildyngja,* der hinter den Tafelvulkanen *Búrfell* und *Bláfell* 25 km südöstlich des Sees liegt. Die ausgetretene dünnflüssige Lava – sie wird **„ältere Laxárlava“** *(Laxárhraun el-*

Blick vom Aussichtsfelsen bei Höfdi über den Mývatn

dra) genannt – bedeckte die Ebene im Süden des heutigen Sees. Das Tal der Laxá wurde dabei versperrt. In den nächsten 1000 Jahren füllte sich der *Urmývatn* mit Wasser. Er erstreckte sich damals bis zum *Hverfjall.* Die **Hverfjallperiode** wurde durch eine kurze, aber heftige Vulkantätigkeit eingeleitet, die vor rund 2500 Jahren stattfand. Damals drang das Seewasser in den Förderkanal, nachdem zuvor eine gewaltige Eruption stattgefunden hatte. Dabei kamen heißes Magma und kaltes Wasser in Kontakt. Wasserdampfexplosionen waren die Folge. Die Magma riß auf und wurde nach oben geschleudert. So entstand vermutlich innerhalb weniger Tage der Kraterrand des Hverfjall. Das Lavafeld zwischen *Reykjahlíð* und *Vógar* stammt von einem Ausbruch in *Jarðbaðshólar.* 200 Jahre später kam es erneut zu einer heftigen Eruption aus den *Þrengslaborgir-* und *Dimmuborgirkratern.* Die ausgetretene **„jüngere Laxárlava“** *(Laxárhraun yngra)* breitete sich über den damaligen Urmývatn 60 km weit durch das Laxátal bis zum Aðaltal aus. Als die jüngere Laxárlava das Ostufer des Sees erreicht hatte, kühlte sie schnell ab und häufte eine neue Staumauer an. Die nachfließende Lava staute sich zu einem 10–20 m tiefen Becken und kühlte an der Oberfläche und dort, wo sie in Kontakt mit dem Seewasser kam, schneller ab. Die Staumauer brach schließlich unter dem Gewicht der ständig nachfließenden Lava.

Das Becken ergoß daraufhin seinen Inhalt an flüssiger Lava („Lavasee") in westlicher Richtung. Dabei entstand das heutige Ostufer des Sees. Die erkalteten Säulen und Röhren des Lavastaus blieben ebenso bestehen wie die Lavaplatten, die bereits erkaltet waren. Die Lavaformationen von *Dimmuborgir* und die Lavaskulpturen bei *Kalfaströnd* sind Reste diese Lavasees. Die heutigen **Pseudokrater** entstanden, als die glühende Lava mit dem Seewasser in Berührung kam (s.a. S.177).

1724, als ein Vulkanausbruch aus dem Krater *Vití* stattfand, begann die **Mývatnseldar-Periode** („Mývatn-Feuer"). Bis 1729 floß Lava aus der *Leirhnúkurspalte* unaufhörlich in Richtung Reykjahlíð. Dabei wurden Teile des Orts zerstört. 1975 fand im Gebiet des Mývatn der bislang letzte Ausbruch bei der Leirhnúkurspalte statt.

Das Mývatn-Gebiet liegt am Westrand der aktiven Vulkanzone Islands, die sich vom Südwesten bis zum Norden quer durch das Land zieht. Alle geologischen Formationen sind deshalb noch relativ jung. Sie entstammen der letzten Eiszeit oder sind noch später entstanden. Die markanten Berge rund um den See sind das Ergebnis von Vulkanausbrüchen unter dem Eis. Das gesamte Gebiet in der Mývatnniederung war einmal vergletschert. Kam es zu stärkeren Eruptionen und wuchs der Vulkankegel über das Eis hinaus, entstanden die charakteristischen **Tafelberge.** Beispiele dafür sind *Bláfjall, Sellandafjall, Búrfell* und *Gæsafjöll.* Bei geringeren Lavaausflüssen bildeten sich die Tuff- oder Palagonitrücken *Vindbelfur, Námafjall, Dalfjall* und *Hvannfell.*

Die Fauna im Gebiet des Mývatn

Woher der Name **Mückensee** für den Mývatn stammt, erfährt jeder Besucher sehr schnell am eigenen Leib: Myriaden von kleinen Mücken schwirren hier umher. Sie können die Zeltoberfläche völlig bedecken, und die eine oder andere verirrt sich auch schon einmal in Mund oder Nase, kurz: eine lästige Angelegenheit. Ein Trost vielleicht, daß die meisten der Tierchen nicht stechen. Sie bilden die Nahrungsgrundlage für Vögel und Fische. Bei der Mehrzahl der Insekten handelt es sich um **Zuckmücken** *(Chironomidae);* männliche Tiere vollführen in riesigen Schwärmen ihren Hochzeitstanz. Der Grund für die immense Vermehrung der Zuckmücken liegt im Überangebot an Plankton im See. Es gibt aber auch **Kriebelmükken** *(Simuliidae sp.),* deren Weibchen es auf menschliches Blut abgesehen haben; ihre Larven schlüpfen ausschließlich in der Laxá. Im Juni und August gibt es eine neue Larvengeneration, der Juli ist praktisch stechmückenfrei. Forellen, Kragen- und Spatelenten ernähren sich fast ausschließlich von diesen Larven.

Im Mývatn kommen Krebse und Wasserflöhe vor. Der See gehörte lange Zeit zu den fischreichsten in Island. Forellen *(Salmo trutta),* Sailblinge *(Salvelinus alpinus)* und Dreistachlige Stichlinge *(Gasterosteus aculeatus)* sind anzutreffen. Obwohl das Nahrungsangebot riesig ist, kommen erstaunlicherweise keine weiteren Fischarten im See vor. Lachse *(Salmo salar)* wandern die Laxá hinauf bis zum Kraftwerk *Brúar,* das ein Hindernis bildet, das die

Lachse nicht überwinden können; früher wanderten sie den ganzen Flußlauf hinauf.

Der **Vogelbestand** ist bei Ornithologen weltbekannt. Das Entenbrutgebiet an diesem See und am Lauf der Laxá ist einmalig auf der Erde. 14 der 15 Entenarten, die in Island vorkommen, mit Ausnahme der Eiderenten, brüten hier. Die Spatelente *(Bucephala islandica),* die Schnatterente *(Anas strepera)* und die Trauerente *(Melanitta nigra)* sind während der Brutzeit ausschließlich hier anzutreffen. Von den übrigen Entenarten sind nur wenige andere Brutplätze in Island bekannt. Der Mývatn ist der einzige Brutplatz der **Spatelente** in Europa. Sie baut ihre Nester in Lavaspalten. Jedes Jahr brüten hier etwa 2000 Entenpaare. Am zahlreichsten sind die Reiherenten *(Anthya fuligula),* die Bergenten *(Anthya marila)* und die Pfeifenten *(Anas penlope).* Zu den selteneren Entenarten zählen Schnatterenten, Spieß- und Löffelenten. Auch der Singschwan kommt am See vor. Er brütet zwar hauptsächlich an den umliegenden Gewässern, aber im Sommer ist er auch am Mývatn anzutreffen. In großer Anzahl kommt zudem der Ohrentaucher am See vor. Wer die Vögel beobachten möchte, sollte unbedingt ein leistungsstarkes Fernglas im Gepäck haben.

Säugetiere sind wie im übrigen Island auch am Mývatn kaum vertreten. Nur noch selten ist der Eisfuchs anzutreffen. Dafür gibt es den Nerz umso häufiger. Er kommt seit etwa dreißig Jahren in diesem Gebiet vor und wird stark gejagt, da er eine sehr große Gefahr für die Brutvögel darstellt.

Der Mývatn hat im Lauf der vergangenen 25 Jahre einiges von seiner ursprünglichen Faszination eingebüßt. Der Bestand an Enten nimmt kontinuierlich ab. Von 1970 bis 1978 hat sich die Anzahl beinahe halbiert. Bis heute ging der Bestand noch einmal von 8000 Paaren auf 2000 Paare zurück. Verantwortlich dafür sind die Motorboote auf dem See, die Förderung von Kieselalgenschlamm in der Kieselgurfabrik, Straßenbaumaßnahmen am Seeufer und wahrscheinlich auch die Nerze, die die Vögel und ihre Brut dezimieren.

Die Flora um den Mývatn

Für isländische Verhältnisse herrscht am Mývatn eine üppige und artenreiche Pflanzenvielfalt. Im nördlichen und östlichen Teil des Naturschutzgebietes kommen Birken und Zwergsträucher in größerer Zahl vor. Im Westen und Süden beherrschen Sümpfe und Moore das Landschaftsbild. Das Seeufer und die Inseln sind mit Birken, Weiden, Engelwurz und Hahnenfuß bewachsen. Außerdem kommt eine große Pflanze aus der Familie der Kohlgewächse vor, *Erysimum hieraciifolium,* die **„Königin des Mývatn“** genannt wird. Weit verbreitet sind auch Flechten, vor allem in orangen und weißen Färbungen. Besonders am oberen Rand der Pseudokrater sorgen die grüngelben Landkartenflechten für die charakteristische Färbung. An Wasserpflanzen kommen vor allem der Wasserhahnenfuß und das Laichkraut vor.

Auf dem Grund des Mývatn wachsen mehrere Algenarten. Wenn die *Anabaena-Alge* im Juli blüht, wird das ansonsten klare Seewasser trüb.

Der Mývatn liegt im Regenschatten des *Vatnajökull*, deshalb ist er eines der trockensten und sonnigsten Fleckchen Islands. Obwohl es hier oft kalt ist, gibt es auch viele warme Tage. Im Sommer ist es nicht ungewöhnlich, wenn die Temperaturen am Mittag auf über 20°C ansteigen.

Die Menschen des Mývatn

Über die Menschen, die früher im Mývatn-Gebiet lebten, ist insgesamt wenig bekannt, auch wenn einige bedeutende Kunsterzeugnisse gefunden wurden. *Vigá-Skuta,* der in *Skútustaðir* („Skútas Ort") lebte, ist ein bekannter und listiger Held. Als die Menschen in der Region das Heidentum ablegten, wurden sie am *Þangbrandspollur* in Skútustaðir christlich getauft. Heute ist der Ort Sitz der Pfarrgemeinde. Die jetzige Kirche dort wurde 1862/63 erbaut.

Die **Landwirtschaft** war für die Bewohner in der Mývatn-Region über die Jahrhunderte von großer Bedeutung. Bereits das *Landnámabók* verzeichnet einige Farmen hier. Wegen des guten Weidelandes wurde vor allem Schafzucht betrieben. Auch der Fischfang, vor allem von Forellen, war wichtig. Außerdem wurden Vogeleier gesammelt. An der *Krafla,* bei *Leirhnúkur, Námaskarð* und *Ketildyngja* baute man Schwefel ab. Die Produktion wurde jedoch im 17. Jahrhundert eingestellt. 1967 entstand 3 km östlich von Reykjahlíð die **Kieselgurfabrik Bjarnarflag.** Diese Fabrik trug mit zur Gründung von Reykjahlíð bei.

1975 wurde an der Krafla das **Dampfkraftwerk Kröfluvirkjun** zur Stromerzeugung in Betrieb genommen. Man begann außerdem mit dem Abbau von zerstoßener Lava, einige Jahre bevor man mit der Schwefelförderung aufhörte. Daraus entwikkelte sich ein neuer Industriezweig, bei dem wärmedämmendes Baumaterial für den Häuserbau produziert wird. Schließlich baggerte man am Grund des Mývatn nach Diatomiten, einem Süßwassersediment aus abgestorbenen Kieselalgen. Die damit verbundene Industrie nahm ihren Anfang in den Jahren 1966/67. Inzwischen hat sie sich zum bedeutendsten Wirtschaftszweig für die Bevölkerung am Mývatn entwickelt. Viele Isländer aus der Region sind auch am Bau von Kraftwerken beteiligt.

Der **Tourismus** nimmt am Mývatn immer mehr zu, Hotels und Zeltplätze mußten her. Besonders im Bereich von Transport und Service für die 100 000 Besucher, die jedes Jahr kommen, entstanden neue Arbeitsplätze. Viele Vereine sind in der Region von Bedeutung. Sommersportarten sind beliebt, Fußball ist die Sportart Nr. 1. Im Winter gibt es ein vielfältiges Gesellschaftsleben und ein umfangreiches musikalisches Angebot, zu dem auch eine Musikschule gehört, an der 10% der Bevölkerung Kurse belegt haben.

1997 lebten in der Mývatn-Region **230 Menschen.** Nur zwei größere Orte liegen am See, am Südufer *Skútustaðir,* im Nordosten *Reykjahlíð.*

Route 4 D: Rundfahrt um den Mývatn

Fährt man von Skútustaðir (s. S.434) aus am Ostufer des Sees entlang, führt die Straße nach der Farm *Garður* nordwärts. Über eine Stichstraße gelangt man zur **Halbinsel Kálfaströnd** mit ihren eigenartig geformten Lavagebilden, die typisch für den Mývatn sind. Etwas weiter in nördlicher Richtung liegt linkerhand **Höfði,** ein für jederman zugänglicher **Park und** ein **Naturschutzgebiet** mit reichhaltiger Vegetation. Geht man durch den hügelförmigen Park zu einem Aussichtspunkt, hat man einen lohnenden Ausblick auf den See und seine Lavaformationen. Entlang der Straße bis Reykjahlíð gibt es mehrere Campingplätze. Östlich des Mývatn liegen in der Lavalandschaft weitere Ausflugsziele, die im Routenteil 5 beschrieben sind.

Reykjahlíð

Der erste Bewohner von Reykjahlíð war *Árnór Þórgrímsson,* ein großer Held und guter Farmer. In der Anfangszeit des Christentums gab es bereits eine Kirche auf dem *Kirkjuhóll* („Kirchenhügel") in Reykjahlíð. Das berühmteste Ereignis, das überliefert ist, ist das **Mývatn-Feuer,** als die Eldhraun-Lava die Kirche am 27. August 1729 einschloß. Die Legende erzählt, daß die Bewohner sich aus Furcht vor dem Vulkanausbruch in ihre Kirche flüchteten, und, siehe, ihre flehentlichen Gebete wurden erhört: Die glühendheiße Lava floß um die Kirche herum, das Gotteshaus selbst blieb verschont. Zwar türmten sich damals glühende Lavaberge rund um die Kirche auf, und riesige Lavablöcke brachen in den Friedhof ein, aber alle Bewohner blieben unversehrt. Ein Gehöft, das nur ein kleines Stück von der Kirche entfernt lag, wurde hingegen von der Lava verschluckt.

Die Grundmauern der alten Kirche sind bis heute erhalten geblieben. An derselben Stelle wurde im Jahr 1876 eine neue Kirche errichtet, später aber wieder abgerissen, weil sie in schlechtem Zustand war. Die heutige Kirche wurde von *Jóhannes Sigfinnsson* (1896–1980), einem Bauer der Region, geplant und 1962 geweiht. Bei Ausgrabungen wurde eine Steinmauer freigelegt, die die Umrisse des alten Gehöfts erkennen läßt. Zwar gibt es in der heutigen Kirche keine kunsthistorischen Schätze, doch ist das Lavafeld um die Kirche eindrucksvoll genug. Wer sich über Phänomene des Vulkanismus informieren will und dies noch nicht in Reykjavík getan hat, hat hier noch einmal die Möglichkeit, sich die „Vulcano Show" von *Vilhjalmur* und *Ósvaldur Knudsen* anzusehen (vgl. S.302).

In Reykjahlíð gibt es **alle wichtigen Einrichtungen:** zwei Hotels, Gästehäuser, zwei Campingplätze, Tankstelle, Souvenirshop und Supermarkt, sogar eine Autowaschanlage. Da der Mývatn bei keiner Islandreise fehlen darf, sind die Campingplätze immer gut besucht. Einen Inlandsflugplatz findet man hier ebenfalls.

Praktische Infos

Tourist-Information

Reykjahlíðarskóli
(bei der Schule), Tel. 4 64 43 90, Fax 4 64 43 78, Juni–August tgl. geöffnet 9–22 Uhr; Ausstellungen der Infozentrale des Staatlichen Naturschutzamtes *(Gestastova)* zur Geologie, Fauna und Flora des Mývatn-Gebiets; Videothek, in der Videos über Island (Vulkanausbrü-

che) angesehen werden können, Lesesaal mit Büchern und Zeitschriften

Hlíð Travel Service
Hraunbrún, am Campingplatz, Tel. 4 64 41 03, Fax 4 64 43 05, Auto- und Fahrradverleih; morgens frische Brötchen

Reisebüro Eldá Travel Service
Ferðaþjónustan Eldá, beim Supermarkt, Tel. 4 64 42 20, Ferienzentrum

Diese Stellen vermitteln Ausflugstouren, Rundflüge sowie Unterkünfte in Privatzimmern und auf Bauernhöfen, sie vergeben Angellizenzen und organisieren Boots- und Reittouren.

Hotels

Hotel Reynihlíð
Mývatnsveit, Tel. 4 64 41 70; ganzjährig geöffnet, 42 Zimmer, Restaurant, Auto- und Fahrradverleih

Hotel Reykjahlíð
Mývatnsveit, Tel. 4 64 41 42, 13 Zimmer, ganzjährig geöffnet

Gästehäuser

Gästehaus Eldá
Tel. 4 64 42 20, 300 m vom Hotel Reynihlið, 15 Doppelzimmmer

Gästehaus Hraunbrún
Tel. 4 64 41 03, 14 Zimmer, Schlafsackplätze, ganzjährig geöffnet

Kirche von Reykjahlíð

Helluhraun 7
Tel. 4 64 42 20, Fax 4 64 43 21, 5 Zimmer, ganzjährig geöffnet
Ferienzentrum Eldá
Siehe Tourist-Info, 10 Zimmer, ganzjährig geöffnet
Stöng
An der Ringstraße, Tel. 4 64 42 52, ganzjährig geöffnet
Birkihraun 11
Tel. 4 64 42 85, Fax 4 64 43 80, 11 Zimmer, ganzjährig geöffnet
Skjólbrekka
Tel. 4 64 42 02, Schlafsackunterkunft für 60 Personen, ganzjährig geöffnet *Vogar,*
Tel. 4 64 43 99, Fax 4 64 43 41, 16 Zimmer, ganzjährig geöffnet
Skútustaðir II
Tel. 4 64 42 12, Fax 4 64 43 22, 12 Betten, geöffnet 01.05.–01.10.
Skútustaðir
Schule, Tel. 4 64 42 79, Schlafsackunterkunft, im Sommer geöffnet
Mývatn
Skútustaðir, Tel. 4 64 41 64
Grímstunga
Fjallahreppur, Tel. 4 64 42 94, 8 Betten, geöffnet 01.06.–01.10.

Die **Übernachtungspreise** am Mývatn liegen in den Hotels bei 160–240 DM für ein Einzelzimmer mit Bad oder Dusche und bei 240–280 DM für ein Doppelzimmer. In Gästehäusern kosten Einzelzimmer ohne Bad 90–110 DM, Doppelzimmer ohne Bad 130–150 DM und ein Schlafsackplatz 38 DM (Sommer 1999).

Camping

Hlíð í Reykjahlíð
Tel. 4 64 41 03, Aussicht über den See, liegt oberhalb des Dorfes in der Nähe des Flugplatzes; komfortabel, Einkaufsmöglichkeit, Cafeteria, Wohnmobil-Stellplätze, Tankstelle, Bushaltestelle, Auto- und Fahrradverleih; im Sommer „Zeltstädte“ der Reiseveranstalter. Hlíð vermietet auch Hütten unterschiedlicher Größe. Ein Schlafplatz in einer Hütte kostet 35 DM. Eine große Hütte für bis zu 10 Personen kostet 250 DM/Tag, eine kleine mit 4 Betten 130 DM.
Eldá í Reykjahlíð
Tel. 4 64 42 20, direkt am Seeufer, komfortabel, Einkaufsmöglichkeit, Cafeteria, Tankstelle, Bushaltestelle, Auto- und Fahrradverleih
Vógar, Mývatnsveit
Tel. 4 64 43 99, 3 km südlich des Dorfes, komfortabel, Einkaufsmöglichkeit, Cafeteria, Tankstelle, Bushaltestelle, Schlafsackplätze
Grænavatn
Tel. 4 64 41 94, einfach

Essen & Trinken

Restaurant Hótel Reynihlíð
Hverinn
Restaurant, Reykjahlíð, Tel. 4 64 41 55
Gamli bærinn
Reykjahlíð, Tel. 4 64 41 70, das Café wirbt damit, ein „original isländischer Landgasthof“ zu sein. Entsprechend lebhaft geht es am Abend zu bei Live-Musik und Karaoke. Täglich geöffnet.
Mývatn
Skútustaðir, Tel. 4 64 41 64

Verkehrsverbindungen

Von Reykjahlíð gibt es **regelmäßige Busverbindungen** nach Húsavík, Akureyri und Egilsstaðir; Auskunft und Buchung in der Tourist-Info. Im Sommer verkehrt ein Linienbus nach Reykjavík.

Mietwagen

Hlíð Travel Service
(s. Tourist-Info), Skútustaðir, Tel. 4 64 41 64, vermittelt Europcar/ Interrent/Bílaleiga Akureyrar

Sport & Freizeit

Schwimmbad Reykjahlíð
Tel. 4 64 42 25, vom 15.06.–31.08. tgl. 10–22 Uhr geöffnet
Schwimmbad Skútustaðir
Tel. 4 64 42 76
6-Loch Golfplatz (Krossdals-Platz)
Tel. 4 64 41 65
Bootsverleih
Eldá, Tel. 4 64 42 20
Pferdeverleih und Ausritte
Stöng, Tel. 4 64 42 52; *Bergsahestar,* Tel. 4 64 43 50, 4 64 42 20; *Skútustaðir,* Tel. 4 64 42 03, 4 64 42 79
Angellizenzen im Mývatn
Eldá, Tel. 4 64 42 20; Vogar, Tel. 4 64 43 99
Angellizenzen in der Laxá und anderen Flüssen
Arnarvatn I, Tel. 4 64 43 33
Mývatn-Marathon
Verschieden lange Laufstrecken ab Skútustaðir (Marathon-Lauf um den Mývatn, halber Marathon, 10 km, 3 km) im Licht der Mitternachtssonne; 1999 am 26. Juni; Auskunft/ Anmeldung bei Mývatn Marathon, Skútahrauni 8, IS-660 Reykjahlíð, Tel. 4 64 42 48, Internet: http:// www.kostir.ismennt.is/marathon

Sonstiges

Ambulanz
Helluhraun 17, Tel. 4 64 41 59, 8 53 24 94
Kunsthandwerk, Wollwaren, Souvenirs
Dyngjan beim Campingplatz Hlíð
Mývatnsmarkaður
Reykjahlíð, Tel. 4 64 42 37
Spezialkarte Mývatn
1:50 000, Landmælingar Íslands
Spezialkarte Húsavík / Mývatn
1:100 000

Ausflüge

Von Ende Mai bis Mitte September werden vom Ferienzentrum Eldá **Busausflüge** angeboten (Auskunft: Tel. 4 64 42 20): Rundfahrt um den Mývatn, nach Gjástykki und Dettifoss–Hljóðaklettar–Ásbyrgi. *Jón Árni Sigfússon* (Tel. 4 64 41 96) fährt die Routen Askja–Herðubreiðarlindir und Dettifoss–Ásbyrgi–Hljóðaklettar. *BSH* (Tel. 4 64 22 00) bietet eine 3-tägige Busfahrt nach Vatnajökull–Kverkfjöll–Askja an, Abfahrt jeweils Mo und Fr.

Rundflüge über das Gebiet des Mývatn und den Jökulsárgljúfur-Canyon können bei *Mýflug,* Tel. 4 64 41 00, oder direkt auf dem Flugplatz gebucht werden.

Vom Mývatn über den Hverfjall nach Dimmuborgir

Für die **Wanderung** benötigt man ohne die Erkundung der Lavaformationen von Dimmuborgir 3–4 Stunden. Wenige Meter südlich der Kreuzung, wo die 848 in die Ringstraße einbiegt, zweigt ein Wanderweg in Richtung *Grjótagjá* ab (ca. 2 km) und führt zum Krater Hverfjall (ca. 4 km). Man folgt dem Kraterrand im Westen und gelangt durch den *Hverfjallssandur* zu den Dimmuborgir-Kratern, die wir nach 6 km erreichen. Um nach Reykjahlíð zurückzukehren, wählt man entweder denselben Weg, oder man folgt dem Fahrweg nach Dimmuborgir und gelangt nach *Geiteyjarströnd,* das an der Straße 848 liegt, die um den Mývatn führt. 4,5 km sind es auf dieser Straße noch bis zum Ausgangspunkt der Tour.

Der Aussichtsberg Vindbelgjarfjall

Am Westufer des Sees, nur wenig südlich des Gehöfts *Vagnbrekka,* zweigt ein Wanderweg zum Vindbelgjarfjall ab. Man erreicht den Gipfel in 1–2 Stunden und hat von hier aus eine beeindruckende Sicht über den Mývatn.

Auf der Westseite des Sees führt die Straße 848 nach Skútustaðir zurück. Auf dem Weg dorthin ist die Straße insbesondere im nördlichen Teil während der Brutzeit der Vögel mit Schildern gesäumt, die das Betreten des Uferbereichs zum **Schutz der Vögel** untersagen. Um das einmalige Naturparadies mit zahlreichen Tümpeln und ergiebigen Moorflächen zu erhalten, sollte man sich strikt an diese Weisung halten. Sie gilt vom 15. Mai bis 20. Juli. Um dem Schutz des Sees Rechnung zu tragen, wurde sogar der Verlauf der Hauptverkehrsstraße, der Ringstraße, geändert. Bis zum Ende der 80er Jahre führte sie nördlich um den See herum. Seither läuft sie am Ost- und Südufer entlang.

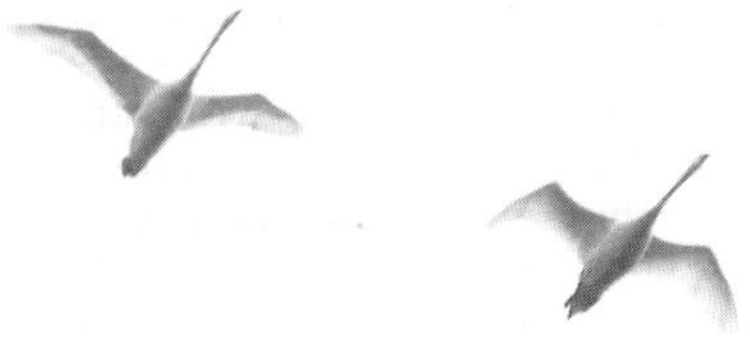

Im Nordwesten führt eine Stichstraße auf die **Halbinsel Neslönd.** Die Umgebung des Mývatn eignet sich auch auf der Westseite gut zum Wandern. Am *Móberg* und *Vindbelgjarfjall* (s.o.) trifft man auf Pseudokrater (s.u.). Dort hinauf führt ein eineinhalbstündiger Fußweg. Vom Gipfel hat man eine hervorragende Sicht auf den *Hverfjall* und die Landspitze *Neslandstangi.*

Über *Arnarvatn* gelangen wir wieder zu unserem Ausgangspunkt, Skútustaðir.

Skútustaðir

Unweit des Ortes offenbart sich auf einem in den See vorgelagerten Gelände ein eigenartiges Phänomen, die **Pseudokrater.** Um diese aus der Nähe zu betrachten, geht man am besten zu Fuß. Ansehen sollte man sie sich auf jeden Fall, denn diese Hügel gibt es nur in Island. Bei Skútustaðir sind sie am deutlichsten zu erkennen. Die Entstehung der Pseudokrater spielte sich folgendermaßen ab: Heiße Lava, hier mit Temperaturen um 2000√C, schob sich über ein wasserhaltiges Gebiet. Das konnten Seen, Moore oder Sümpfe sein. Durch die enorme Hitze entwich der Wasserdampf explosionsartig nach oben. Die Lava riß auf und bildete Krater. Da diese aber niemals selbst Lava oder anderes vulkanisches Material aus einem Schlot freisetzten, werden sie Pseudokrater genannt.

Auf der **Halbinsel Haganes,** nordwestlich von Skútustaðir, gibt es rund um den *Blátjörn* noch größere Pseudokrater, bis zu 25 m hoch und mit einem Durchmesser von bis zu 300 m.

Route 5: Der Nordosten

Der Nordosten Islands besteht aus zwei ganz unterschiedlichen Landschaftsformen: Nördlich des *Vatnajökull* erstreckt sich die **Fljótsdalsheiði** bis zum *Lögurinn-See.* Diese karg bewachsene Hochfläche ist weder bewohnt noch durch Straßen erschlossen. Im Westen schließt sich die **Jökuldalsheiði** an. Durchschnittlich 800–900 m hohe, langgezogene Bergrücken trennen dieses Gebiet vom Hochland, dem unbewohnten Landesinnern Islands. Beide Hochebenen sind geologisch junge Formationen. Dagegen wurden in den Ostfjorden, den *Austurfirðir,* die ältesten Gesteinsschichten Islands nachgewiesen. Hoch im Norden liegt die **Halbinsel Melrakkasletta,** der nördlichste Teil des isländischen Festlands.

Die Fjordküste im Osten Islands ist extrem zerklüftet und verwittert. Oft liegen mehrere Gesteinsschichten gut erkennbar übereinander. Auch Sedimente haben sich hier zwischen den Vulkanausbrüchen auf dem Basalt abgesetzt. Vom Vatnajökull ausgehend durchfließen **große Gletscherflüsse** dieses Gebiet: *Jökulsá á Brú* und *Jökulsá í Fljótsdal.* Auf ihrem Weg zum Meer wird die Jökulsá í Fljótsdal zum Lögurinn-See aufgestaut.

Ostisland liegt nicht nur außerhalb der aktiven Vulkanzone und hat kaum landwirtschaftlich nutzbare Flächen, auch was die Politik und die Kultur betrifft, setzt sich diese „Randlage" fort. Lediglich das Gebiet um den Lögurinn-See eignet sich für die Landwirtschaft. Die gut 10 000 Bewohner Ostislands leben überwiegend in den Küstenorten der Ostfjorde. Auch wenn die Islandreisenden, die die Überfahrt mit der Fähre gewählt haben, in *Seyðisfjörður* in Ostisland ankommen, so halten sie sich meistens nicht allzu lange in diesem Landesteil auf. Zu stark ist die Anziehungskraft des Mývatn oder der Gletscher im Süden, die nur 200 km entfernt liegen und auf der Ringstraße in einer knappen Tagestour zu erreichen sind. Wer sich dennoch die Mühe einer zeitraubenden Fahrt durch den Nordosten Islands macht, findet spektakuläre Landschaften und kleine Fischerdörfer vor und begegnet freundlichen Menschen.

Route 5 A: Vom Mývatn zur Halbinsel Tjörnes (119 km)

Im Norden des Mývatn zweigt die Straße 87 von der Ringstraße zu dem 54 km entfernten Ort *Húsavík* ab. Diese Straße wird auch als *Kísli-*

Wald Hallormsstadarskógur am Ufer des Lögurinn-Sees

vegur, „Kieselgurstraße", bezeichnet. Sie wurde gebaut, um das am Mývatn gewonnene Kieselgur nach Húsavík, dem nächstliegenden Hafen zu transportieren. Die Straße führt zunächst durch die *Grímsstaðaheiði* und die Lavalandschaft des *Hólasandur* zum See *Langavatn.* Hier kreuzt eine Straße, die nach Westen zu dem **Freilichtmuseum Grenjaðarstaður** im *Laxátal* führt (4 km). Das Torfgehöft stammt aus dem 19. Jahrhundert und wurde noch bis 1949 bewohnt. Heute ist darin ein Museum untergebracht, das dem Besucher die Heimatgeschichte des Tals und seiner Umgebung näherbringt. Auf dem Friedhof kann ein **Runenstein** aus dem Mittelalter besichtigt werden. Das Museum ist vom 01.06.–31.08. täglich von 10–18 Uhr geöffnet.

Fährt man an der Kreuzung nach Osten, erreicht man nach 1 km den nördlichen Seeabfluß, die *Reykjakvísl.* Hinter dem Fluß beginnt eine Piste, die über das 800 m hohe *Lambafjöll* zur *Reykjaheiði* und vorbei am *Höskuldsvatn* nach Húsavík führt. Für den Streckenabschnitt bis zum See ist ein Geländewagen notwendig. Wer sich von ruppigen Wegen, Schlamm und Furten nicht abschrecken läßt, sollte diese abenteuerliche Route wählen. Die Vulkanlandschaft entschädigt für die Mühen des Fahrens.

7 km nördlich des Langavatn liegt *Hveravellir.* Der Name weist auf die heißen Quellen in diesem geothermalen Gebiet hin. Von hier wird Húsavík mit warmem Wasser versorgt. Die Namen vieler Höfe, wie *Reykjarhóll,*

Reykjavellir, Litlureykir oder *Stórureykir* sind kennzeichnend für die vulkanischen Kräfte in der Tiefe. Vor 1970 gab es hier mehrere heiße Springquellen; sie fielen jedoch der Warmwasserversorgung Húsavíks und der umliegenden Gemeinden zum Opfer. Seither ist das Land um eine Attraktion ärmer. Nur noch aus der *Ystihver* kann in unregelmäßigen Abständen eine wenige Meter hohe Wasserfontäne heraussprudeln; meistens jedoch muß der Bauer, auf dessen Land die Quelle liegt, mit einigen Kilogramm Schmierseife nachhelfen, damit der kleine Geysir ausbricht. Früher soll seine Wasserfontäne bis zu 25 m hoch gewesen sein.

Die Straße 87 durchquert danach das landwirtschaftlich genutzte Gebiet *Reykjahverfi;* von den Bergen im Osten fließen hier zahlreiche kleine Bäche in die *Mýrarkvísl,* die westlich der Straße entlangfließt. Kurz vor der Küste mündet die 87 in die Straße 85 ein, die entlang des Fjords *Skjálfandi* nach Húsavík führt.

Húsavík

Húsavík bedeutet „Hausbucht". Der kleine Hafen kann bereits auf eine lange Geschichte zurückblicken. Der Wikinger *Garðar Svavarsson,* der als erster auf Island überwintert hat, gab dem Ort diesen Namen. So kann man es jedenfalls im Landnámabók nachlesen. Bedeutung gewann Húsavík als Handelsplatz der Hanse und der Skandinavier. 1882 begann hier die Genossenschaftsbewegung als Versuch, sich von den Kaufleuten unabhängig zu machen. 1950 erhielt der Ort die Stadtrechte und hat seitdem seine **Einwohnerzahl** auf **2500** verdoppelt. Heute sind Fischerei, Leichtindustrie und Landwirtschaft von Bedeutung. Früher diente der Hafen vor allem dem Transport von Schwefel, heute wird hier das Kieselgur aus dem Mývatn verladen. Húsavík ist der zentrale Ort der Region und besitzt eine gute Infrastruktur. Für die Verkehrsanbindung sorgen ein geschützter Hafen, ein moderner Flugplatz und Busse; Húsavík verfügt aber auch über ein Krankenhaus und hat alle wichtigen sozialen und kulturellen Einrichtungen für die Bevölkerung. Will man sich einen Überblick über die Stadt verschaffen, begibt man sich am besten auf den **Húsavíkurfjall,** den 417 m hohen Hausberg des Ortes, zu dem auch eine Straße hinaufführt. Von oben kann man bei gutem Wetter bis zur Insel *Grímsey* und zum Vatnajökull sehen. Im Winter ist der Berg ein vielbesuchtes Wintersportgebiet.

In der Stadt fällt die 1907 erbaute **Kirche** besonders auf. Der Jugendstilbau wurde aus norwegischem Holz gefertigt und wird von einem 26 m hohen Turm überragt. Das Altarbild aus dem Jahr 1931 im Kircheninneren ist sehenswert. Es zeigt die Auferstehung des *Lazarus* (s.a. Bild im Farbteil). Die *Húsavíkurkirkja* kann vom 01.06.–31.08. täglich von 9–11 und 15–17 Uhr besichtigt werden. Im **Volks- und Naturkundemuseum** ist unter anderem eine *Guðbrands-Bibel* aus dem Jahre 1584 zu sehen. Auch ein Eisbär, der 1969 auf Grímsey erlegt wurde, ist im Museum ausgestellt.

Ab Húsavík lassen sich **Boots- und Angeltouren** in die Bucht *Skjál-*

Fortsetzung auf Seite 440

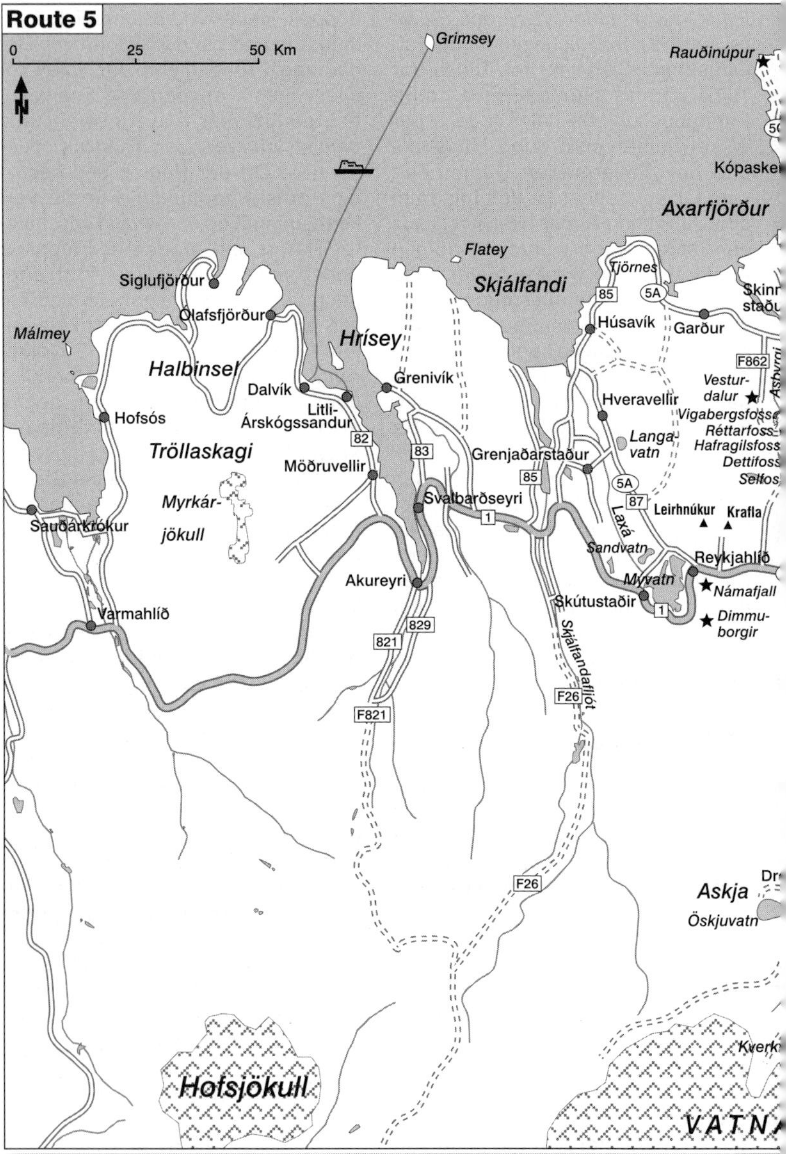
Route 5
0 25 50 Km
N
Grimsey
Rauðinúpur
Kópaske
Axarfjörður
Flatey
Skjálfandi
Tjörnes
85
5A
Skinr
staðu
Siglufjörður
Ólafsfjörður
Málmey
Hrísey
Húsavík
Garður
Halbinsel
Dalvík
Grenivík
F862
Vestur-
dalur
Hveravellir
Hofsós
Litli-
Árskógssandur
Vigabergsfoss
Réttarfoss
Hafragilsfoss
Dettifoss
Selfoss
82
Tröllaskagi
83
Grenjaðarstaður
Langa-
vatn
Möðruvellir
85
5A
Myrkár-
jökull
Svalbarðseyri
87
Leirhnúkur
Krafla
Sauðárkrókur
1
Laxá
Sandvatn
Reykjahlíð
Akureyri
Mývatn
Námafjall
Skútustaðir
1
Dimmu-
borgir
Varmahlíð
829
821
Skjálfandafljót
F26
F821
F26
Askja
Öskjuvatn
Hofsjökull
VATN

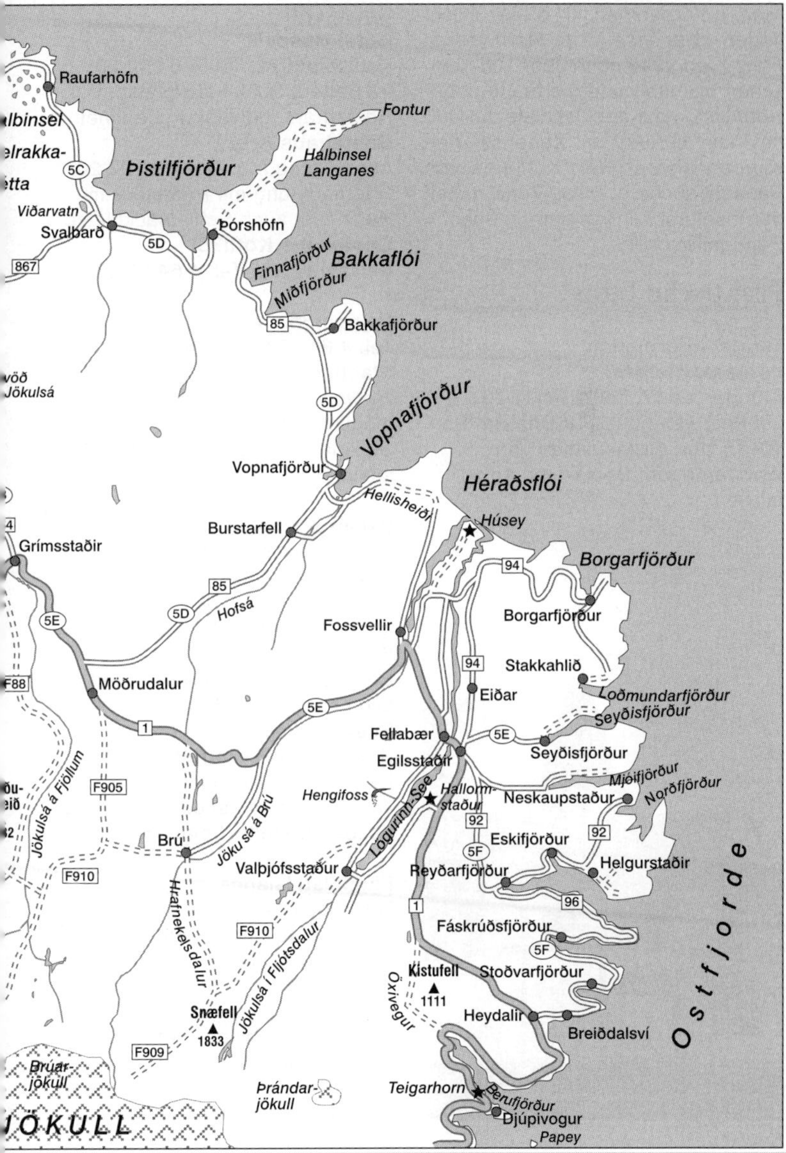
Raufarhöfn
Fontur
Þistilfjörður
Halbinsel Langanes
Viðarvatn
Svalbarð
Þórshöfn
Finnafjörður
Bakkaflói
Miðfjörður
Bakkafjörður
Vopnafjörður
Vopnafjörður
Héraðsflói
Hellisheiði
Húsey
Burstarfell
Grímsstaðir
Borgarfjörður
Borgarfjörður
Hofsá
Fossvellir
Stakkahlið
Möðrudalur
Eiðar
Loðmundarfjörður
Seyðisfjörður
Fellabær
Seyðisfjörður
Egilsstaðir
Mjóifjörður
Norðfjörður
Jökulsá á Fjöllum
Hengifoss
Lögurinn-See
Hallormstaður
Neskaupstaður
Jökulsá á Brú
Brú
Eskifjörður
Helgurstaðir
Valþjófsstaður
Reyðarfjörður
Hrafnkelsdalur
Fáskrúðsfjörður
Jökulsá í Fljótsdalur
Kistufell
1111
Stoðvarfjörður
Öxivegur
Snæfell
1833
Heydalir
Breiðdalsví
Ostfjorde
Brúarjökull
Þrándarjökull
Teigarhorn
Berufjörður
Djúpivogur
Papey
JÖKULL
5C
5D
867
85
5E
F88
1
F905
F910
F909
94
92
5F
96

fandi unternehmen. In dieser Bucht liegen zwei Inseln: im Nordwesten *Flatey,* wo 1942 noch über 100 Menschen wohnten und die heute unbewohnt ist, nahe der Ostküste die kleine Insel *Lundey* mit sehenswerten Klippen und großen Kolonien von Papageitauchern. Diese Vögel gaben der Insel auch ihren Namen (lundi = Papageitaucher).

Praktische Infos

Tourist-Information

Ferðaskriftstofa
Stórigarður 17, Tel. 4 64 11 73, geöffnet Mo–Fr 10–19 Uhr, Sa, So 10–15 Uhr; Organisation von Wanderungen, Boots- und Angelfahrten

Kirche in Húsavík

Unterkunft

Hotel Húsavík
Ketilsbraut 22, Tel. 4 64 12 20, 33 Betten, Schlafsackplätze, Bar, Restaurant, ganzjährig geöffnet
Gästehaus Arból
Ásgarðsvegur 2, Tel. 4 64 22 20, Übernachtung mit Frühstück im Holzhaus, auch Schlafsackplätze
Gästehaus Kötukot
Ketilsbraut 20, Tel. 4 64 23 23

Campingplatz

Tel. 4 64 22 99, am nördlichen Stadtrand neben dem Fußballplatz, *Heðinsbraut,* komfortabel, Einkaufsmöglichkeit, Cafeteria, Wohnmobil-Stellplätze, Tankstelle, Bushaltestelle, Hochseeangeln

Essen & Trinken

Restaurant des Hótel Húsavik
Restaurant Bakkin
Garðarsbraut 20, Tel. 4 64 23 33, geöffnet So–Do 11.30–23.30 Uhr, Spezialitäten: Pizza und Fisch; die Besitzerin sammelt Banknoten aus allen Ländern und stellt sie im Speiseraum aus.
Restaurant Hlöðufell
Heðinsbraut 3a, Tel. 4 64 22 70; Tanz-Cafeteria bei der Shell- und Esso-Tankstelle, beide Heðinsbraut

Flugfélag Íslands

Tel. 4 64 10 80, 4 64 10 30, **Linienflüge nach Reykjavík;** s.a. unter Ausflüge

Museen

Volks- & Naturkundemuseum Safnahúsið á Húsavík
Stórigarður 17, Tel. 4 64 18 60, im Sommer täglich geöffnet von 10–17 Uhr, Cafeteria

Hvalamiðstöðin (Wal-Museum)
Ketilsbraut 22, Tel. 4 64 25 20
Fiskiðjusamlag Húsavúkur
Tel. 4 64 13 88, Fischverarbeitung und Fangmethoden
Kaðlin handverkshús
Garðarsbraut 17, Tel. 4 64 20 60

Sonstiges

Krankenhaus
Auðbrekka 4, Tel. 4 64 05 00
Apotheke
Húsavíkurapótek, Tel. 4 64 12 12
Schwimmbad
Heðinsbraut
9-Loch Golfplatz (Kötlu-Platz)
Tel. 4 64 10 00
Skilift oberhalb des Orts
(im Winter)
Fahrradverleih, Reittouren
Saltvík, Tel. 4 64 20 65

Ausflüge

Norður-Sigling
Gamla Bauk við Húsavíkurhöfn, Tel. 4 64 17 41; Bootsfahrten zur Walbeobachtung in einem alten Eichenboot
Sjóferðir-Arnar
Arnar Sigurðsson, Litlagerði 8, Tel. 4 64 17 48; Walbeobachtung und Bootsfahrten in der Bucht Skjálfandi. Walbeobachtungen siehe auch Internet: http://www.nett.is/whale
Fjallasýn
Hrísateig 5, Reykjahveri, Tel. 4 64 39 40, 8 97 48 46, von September bis Mai Ausflüge mit Super-Jeep und Snow-Mobil, Skitouren; siehe auch Internet: http://www.est.is/fjallasyn
BSH
Tel. 4 64 22 00, Linienbusse nach Akureyri und Mývatn. Ausflüge im Juli und August: Mo–Fr Tagesfahrten zum Dettifoss und nach Ásbyrgi; Mo, Fr 3-tägige Fahrt zu Vatnajökull, Kverkfjöll und Askja

Rundfahrt um die Halbinsel Tjörnes

Wir setzen unsere Rundfahrt um die Halbinsel Tjörnes auf der Straße 85 fort. Die Halbinsel ist bei Geologen und geologisch Interessierten als **Fundort von Fossilien** bekannt.

Man verläßt Húsavík in Richtung Norden, fährt am Denkmal des Dichters *Einar Benediktsson* (1864–1940) vorbei, der als Kind auf dem nahen Hof *Héðinshöfði* lebte, und sieht bald die Insel Lundey. Sie erhebt sich 41 m hoch über dem Meer und ist von grasbewachsenen Böden bedeckt, in die die Papageitaucher leicht ihre Brutröhren graben können. 11 km hinter Húsavík erreicht man den Hof *Ytritunga.* Eine kurze Stichstraße führt zum Hafenplatz *Tungulending.* Dort kann man an der Steilküste den geologischen Aufbau der Halbinsel studieren und sehen, wie sie mit fossilienreichen Schichten durchsetzt ist. 2 Millionen Jahre alte Muscheln und andere Ablagerungen des Meeres kann man hier finden. In der **Fossiliensammlung** *Hallbjarnarstaðir* werden die schönsten Versteinerungen aus den Tjörnes-Schichten gezeigt. Das kleine Museum (Tel. 4 64 19 68) ist vom 01.06.—15.09. täglich von 9–20 Uhr geöffnet.

Wenig später erreichen wir bei *Máná* den nördlichsten Punkt der Halbinsel. Im kleinen **Heimatmuseum Þórshamar** in *Mánárbakki* (Tel./ Fax 4 64 19 57) sind Gegenstände aus alten isländischen Wohn- und Lebensverhältnissen dargestellt, die der Bauer des Hofs über Jahrzehnte gesammelt hat. Die Perle *sörvisperla* stammt aus der Zeit der Landnahme und zählt zu den ältesten Stücken. Das Museum ist täglich von 10–18 Uhr geöffnet.

10 km vor der Küste liegen die beiden kleinen *Mánáreyjar-Vogelinseln Lágey* und *Háey*. Die Straße wendet sich nun nach Osten und führt am *Öxarfjörður* entlang. Dieser trennt die Halbinsel Tjörnes auch von der Halbinsel Melrakkasletta. An dieser Fjordküste wird eine der größten Lachszuchtfarmen Islands betrieben. Man nützt hier das warme Wasser, das aus Erdspalten zufließt. Am südlichen Ende des Fjords durchfährt man das fruchtbare *Kelduhverfi*. Nördlich davon liegt das breite und sandige Mündungsdelta der Jökulsá á Fjöllum. Im Süden erstreckt sich bis zum Mývatn eine 50 km breite, vulkanisch besonders aktive Zone. 1975 gab es hier heftige Erdbeben, die im Zusammenhang mit den Eruptionen in der Leirhnúkurspalte standen. Das von zwei großen Grabensystemen durchzogene Land veränderte seine Oberfläche. Die Erde riß an manchen Stellen breit auf, an anderen schlossen sich die Spalten wieder. Das Land hob und senkte sich mehr als in den Jahren zuvor. Die markanteste Erhebung in dieser Lavalandschaft ist der tropfenförmige Bergrücken *Gjástykki*, der aus rotbrauner Lava besteht. Der letzte Ausbruch war hier im Januar 1981. Im Januar 1976 entstand während eines erneuten Erdbebens der 4 km^2 große See *Skjálftavatn*, der „Erdbebensee".

In **Garður** kann man in der Schule, die als Edda-Hotel genutzt wird, übernachten und Wanderungen in die Umgebung unternehmen. Bei der **Farm Hóll** besteht die Möglichkeit, in Hütten zu übernachten und Pferde zu leihen. Die Rundfahrt um die Halbinsel Tjörnin endet in *Ásbyrgi*. Hinter der Brücke über die Jökulsá á Fjöllum trifft die Straße 85 auf die Straße 864, die entlang des Jökulsá-Canyons von der Ringstraße östlich des Mývatn kommt.

Route 5 B: Vom Mývatn nach Ásbyrgi (106 km)

Diese Route beginnt in Reykjahlið am Mývatn. Sie führt auf der Ringstraße nach Osten bis Grímsstaðir, dann auf der Straße 864 entlang der Jökulsá á Fjöllum in Richtung Norden nach Ásbyrgi, einem besonders schönen Fleckchen Islands.

Auf der Ostseite des Mývatn gibt es einige vulkanisch entstandene Sehenswürdigkeiten. Hinter der Kieselgurfabrik *Bjarnarflag* westlich des *Námafjall* zweigt eine Piste nach Süden von der Ringstraße ab; sie trifft nach wenigen Kilometern bei *Vógar* wieder auf die Straße 1. Man gelangt auf diesem Weg, der auch mit einem normalen PKW zu befahren ist, zum *Jarðbaðshólar*, den Überresten einer miteinander verbundenen Reihe von Schlackekegeln, die aus der Entstehungszeit des Hverfjall stammen. Am Jarðbaðshólar dampft es aus vielen Ritzen. Hier liegt die **Erdspalte Grjótagjá.** Ein Lavastrom aus Blocklava hat eine langgezogene Höhle entstehen lassen, die mit Wasser gefüllt ist. Zur Erkundung dieser Höhle empfiehlt es sich, eine Taschenlampe mitzunehmen. Früher lud der warme See im Innern der Grjótagjá zu einem an-

Brücke über die Jökulsá bei Ásbyrgi

genehmen Bad ein. Doch seit den vulkanischen Aktivitäten im Jahr 1977 ist die Temperatur des Wassers von 42°C auf über 60°C gestiegen. Heute ist es tropisch schwül und feucht in der Höhle, baden kann man nicht mehr. Eine ähnliche vulkanische Spalte ist die *Stóragjá* bei Reykjahlið.

Das Gebiet, das sich im Osten an den Mývatn anschließt, ist noch Bestandteil des aktiven Vulkangürtels, der vom Öxarfjörður im Norden bis zum Vatnajökull im Süden reicht. Nur wenige Kilometer nordöstlich des Sees liegt das vulkanisch aktivste Gebiet, die *Krafla*. Vulkanausbrüche gibt es hier alle paar Jahre.

Dimmuborgir

In *Geiteyjarströnd,* etwa auf mittlerer Höhe des Mývatn, zweigt die Zufahrt nach Dimmuborgir ab (Parkplatz Borgarás). Hier herrscht extrem rauhe Aa-Lava vor, die einen großen, schildförmigen Lavadom aufschichtete. Dimmuborgir entstand vor 2300 Jahren, als sich hier ein etwa 20 m dicker Lavasee aufstaute. Die heiße Lava brachte das Grundwasser zum Verdampfen, der nach oben steigende Dampf zerriß die Lava und ließ sie erstarren. Dadurch bildeten sich auf einer Fläche von 1 km² die heute noch sichtbaren Lavagebilde: Türme, Kanäle, Überhänge, Höhlen, Brücken u.v.m. Dimmuborgir ist eines der trokkensten Gebiete Islands. Der Boden ist anfällig für Erosion, die Steine sind spröde und zerbrechlich.

Dimmuborgir bedeutet „dunkle Burgen". Man sagt, daß in dieser versteinerten Stadt Trolle hausen. Und wenn man sich die bizarren, braun-schwarzen Formen aus Lava genauer ansieht, kann man dies sogar glauben.

Über 1000 Besucher kommen in der Saison täglich hierher, im Jahr mehr als 50 000. Maßnahmen wie das Verbot, die Wege zu verlassen oder die Lavaformationen zu besteigen, sollen die sichtbaren menschlichen Spuren auf ein Minimum reduzieren. Jedoch gibt es keine Toiletten in Dimmuborgir, und auch Abfallkörbe fehlen. Befestigte Wanderwege mit Treppen und Brücken erschließen das Schutzgebiet, das eingezäunt wurde.

Wandertips

In Dimmuborgir gibt es drei markierte **Rundwege** (Wege 1–3) und einen markierten Wanderweg, der nach Reykjahlið führt (Weg 4):

Die **kürzeste Tour (Weg 1)** ist 500 m lang. Vom Parkplatz läuft man abwärts, dann hält man sich rechts. Der Weg führt durch den südlichen Teil von Dimmuborgir zum *Borgarskora-Tunnel* und wieder zurück zum Eingang.

Weg 2 ist 800 m lang; er führt in den südwestlichen Teil. Vom Parkplatz wenden Sie sich nach links in Richtung Hallarflöt, ein grasbewachsener Flecken, der von Lavasäulen, Felsen und Überresten von Lavaröhren umgeben ist, die alle eigene Namen haben. Sie gelangen zu den Felsen *Smyrilsklettar,* queren die Grjótagjá-Spalte und sehen in der Ebene *Gatklettsrjóður* den *Gatklettur,* eine durchlöcherte Wand aus Lava. Von hier führt der Weg über eine Lichtung in den Borgarskora-Tunnel und wie der Weg 1 zurück zum Eingang.

Der **längste Rundweg (Weg 3)** heißt *Kirkjuhringur,* „Kirchenroute". Er geht über 2400 m, dauert eine gute Stunde und führt durch das gesamte Dimmuborgir-Gebiet. Die Route folgt zunächst vom Parkplatz dem Weg 2 zum Gatklettur, dann geht es weiter zur „Kirche", einem hohen Gewölbe aus Lava. Von dort führt die Route nach *Helgarjóður,* benannt nach einem Pionier des Landschaftsschutzes dieser Region. Hinter einer Mauer aus Lava liegt *Stórarjóður.* Der weitere Weg zurück führt auf und ab über die hier wild ineinander verkeilten Lavabrocken. Nach Querung der Grjótagjá-Spalte trifft dieser Weg beim Borgarskora-Tunnel wieder auf die zuvor beschriebene Route.

Weg 4 führt vom Gatklettur rund um den Explosionskrater Hverfjall und zur Höhle in der Grjótagjá-Spalte. Die 2–3stündige Wanderung endet an der Stóragjá in Reykajhlíð.

In den frühen 40er Jahren war Dimmuborgir von Sand bedeckt, den der Wind herwehte. Teilweise waren die Lavagebilde ganz unter dem Sand verborgen. Um das völlige Verschwinden des einmaligen Naturdenkmals zu verhindern, übertrugen die Besitzer der Farm *Geiteyjarströnd,* auf deren Land Dimmuborgir liegt, dieses 1942 dem damaligen Naturschutzverband. Noch im selben Jahr wurde ein Gebiet von 4,2 km² eingezäunt. Außerdem wurde damit begonnen, im südlichen Teil Steinbarrieren als Windschutz zu errichten und Lymegras zu säen. Im Lauf der Jahre hat sich dieses Gras ausgebreitet und das Problem des Versandens effektiv bekämpft. Dimmuborgir und seine Umgebung konnten so größtenteils wiederhergestellt werden. Die damals ausgesäten Birken haben sich in einem solchen Maß ausgebreitet, daß viele sie heute als

„Eindringlinge" ansehen. 1944 bis 1946 wurden probeweise auch Fichten an einigen Stellen gepflanzt; sie gediehen aber nicht und mußten entfernt werden.

Námaskarð

Das **Solfatarengebiet** von Námaskarð liegt östlich des Mývatn an der Ringstraße. Es ist das bekannteste dieser Art in Island. Einen guten Überblick über das Hochtemperaturgebiet und den Mývatn hat man von dem Berg *Námakolla.* Bereits am Parkplatz liegt ein beißender Geruch in der Luft, unverkennbar riecht es nach faulen Eiern. Diese „Düfte" sind charakteristisch für Solfataren, doch lassen wir uns davon nicht abschrekken, sondern erkunden Námaskarð aus der Nähe. Dabei erleben wir Eindrücke für alle unsere Sinne: Unsere Nase gewöhnt sich schnell an den Schwefelgeruch, unsere Ohren lauschen den Geräuschen – dem dumpfen Blubbern der Schlammpötte, dem Fauchen des heißen Dampfes, der hier aus der Erde tritt –, unsere Augen sehen die Farben: Der kochende Brei in den Schlammpötten ist grau-blau, die Farbenpalette des

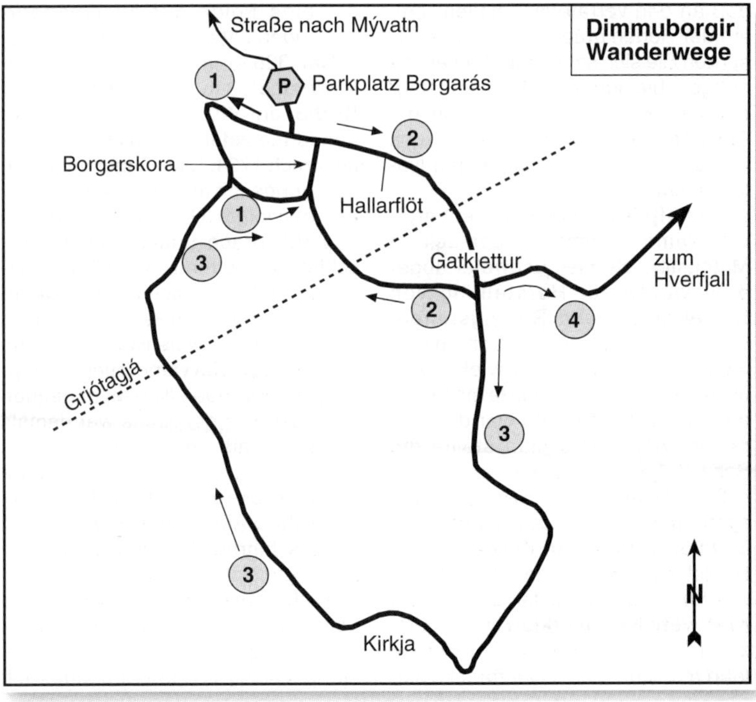

Schwefels reicht von einem fahlen Weiß über ein kräftiges Gelb bis zu einem satten Orange. Der Schwefel ist übrigens im heißen Wasser und Dampf gelöst, die an die Erdoberfläche gelangen. Zusammen mit Salzen lagert er sich rund um die Austrittsöffnungen ab. Ein kräftiges Rotbraun erzeugen Eisenoxide, und Weiß deutet auf Silikate hin. Am Berghang des nahen Námafjall ist auch das vulkanische Gestein voller Farben. Wenn wir den Boden mit unseren Händen berühren, fühlen wir die Hitze des Erdinnern.

Das Solfatarengebiet ist für Besucher frei zugänglich, jedoch wird bereits am Parkplatz davor gewarnt, daß an den verräterisch hellen Stellen der Boden brüchig sein kann. Ersparen Sie sich schmerzhafte Verbrühungen, bleiben Sie auf den angelegten Wegen, und beachten Sie die Absperrungen! Damit tragen Sie auch zum Erhalt dieses einzigartigen Naturdenkmals bei.

Námafjall bedeutet „Minenberg". Der Name stammt aus der Zeit im Mittelalter, als hier Schwefel abgebaut wurde zur Herstellung von Schießpulver und Sprengstoffen. Vom 13.–16. Jahrhundert lohnte sich dies, dann sank der Schwefelpreis. Im 18. Jahrhundert förderte man noch einmal Schwefel. 1845 war der Vorrat erschöpft, und man stellte die Schwefelgewinnung ein.

Beim Schild „Krafla" zweigt wenig später die 18 km lange Zufahrt (Straße 863) zum **Vulkan Krafla** von der Ringstraße ab. Auf der Fahrt durch das *Hlíðardalur* begleiten uns bis zum **Kraftwerk Kröfluvirkjun** silbrig glänzende Dampfrohre. Am Kraftwerk fährt man unter einer Rohrbrücke hindurch. Nördlich davon passieren wir den Parkplatz bei der Leirhnúkurspalte (s. „Island zu Fuß", S.98), kurz danach erreichen wir den Parkplatz am Fuß der Krafla.

Die Krafla gehört zur aktiven Vulkanzone Islands. Ein neuer Ausbruch ist in dieser Region bereits überfällig! Ursache für die hohe vulkanische Aktivität ist ein 30–40 km langes Spaltensystem, das tief in die Erdkruste bis zu einer mit flüssigem Magma gefüllten „Blase" reicht, die hier in einer geringen Tiefe von nur 3–5 km liegt. Der Inhalt dieser „Magmakammer" steigt ab und an zur Oberfläche, verursacht Erdbeben und reißt die Spalten in der Erdkruste auf, die eine Folge der auseinanderdriftenden Lithosphärenplatten sind.

Der 320 m im Durchmesser zählende und 33 m tiefe **Kratersee der Krafla,** der **Víti,** wie ihn die Isländer nennen, entstand bei einem Vulkanausbruch 1724. Eine länger anhaltende Periode mit mehreren Vulkanausbrüchen folgte. Nach der Entstehung des Víti brach unmittelbar im Anschluß die Leirhnúkurspalte erstmalig auf und verursachte einen weiteren gewaltigen Vulkanausbruch, in dessen Verlauf viele Höfe vernichtet wurden. Dem „Mývatn-Feuer" sind wir bereits im vorigen Kapitel begegnet. Der Ausbruch der Krafla war damals so stark, daß das Land im Umkreis von 10 km hoch mit schwarzer Asche und Schlacke bedeckt war. Diese vulkanischen Aktivitäten dauerten ein ganzes Jahrhundert lang an. Danach beruhigte sich der Vulkanismus.

Auch nach der Spalteneruption am Leirhnúkur im Jahr 1975 kam es in dieser Gegend mehrfach zu kurzen, starken Ausbrüchen, verbunden mit

Kratersee des Vulkans Krafla; im Hintergrund der Berg Bláfjall

Erdbeben. Die nach oben quellende Lavamenge war jedoch jedesmal so gering, daß sie nicht die Oberfläche erreichte. Jedoch hob und senkte sich dabei die Erde stellenweise beträchtlich. Auch einige Spalten vergrößerten sich. Diese unerwarteten Ausbrüche ereigneten sich gerade zu dem Zeitpunkt, als mit dem Bau des Dampfkraftwerks begonnen worden war. Durch die Veränderungen im Spaltensystem und den Austritt aggressiver vulkanischer Gase wurde der weitere Ausbau des Kraftwerks behindert. Seine langfristige Nutzung und die Wirtschaftlichkeit sind nicht mehr gewährleistet. *Osvaldur Knudsen* meint in seiner Vulcano-Show: „No good idea to build the power station right here" – „Keine gute Idee, das Kraftwerk genau an dieser Stelle zu bauen."

Die Vulkanologen nutzten die verstärkten vulkanischen Aktivitäten der letzten zwanzig Jahre für ihre Forschungsarbeiten. Mit Hilfe neuer Meßgeräte war man 1984 so weit, daß man an der Veränderung der Wasseroberfläche des Mývatn eine deutliche Anhebung dieses Gebiets erkennen konnte, was darauf hinweist, daß aus der unterirdischen Magmakammer verstärkt Lava in das Spaltensystem eindringt. Nördlich des Mývatn ist ein neuer Vulkanausbruch jederzeit möglich. Dank der überall installierten Meßgeräte hoffen die Wissenschaftler, einen Vulkanausbruch frühzeitig genug zu erkennen, damit die Bevölkerung dieses Gebiets gewarnt werden kann.

Die Ringstraße verläuft weiter durch das *Búrfellshraun.* 3 km vor der Brücke über die Jökulsá á Fjöllum zweigt die Piste Öskjuleið F88 nach Süden zur Askja ab (s. Route 7). Hinter der Brücke liegt Grímsstaðir.

Jökulsárgljúfur

Um zu einem Naturschauspiel der besonderen Art zu gelangen, fahren wir von Grímsstaðir auf der Schotterstraße 864 nach Norden. Der Weg führt auf der Ostseite der **Jökulsá á Fjöllum** entlang, mit 206 km der **zweitlängste Fluß Islands.** Der gewaltige „Gletscherfluß aus den Bergen" bringt große Mengen Geröll und Sand mit vom Vatnajökull, wo der Fluß am Nordrand des Gletschers aus dessen Schmelzwasser entsteht. Von ihrem Quellgebiet fließt die Jökulsá á Fjöllum nordwärts durch das zentrale Hochland im Osten der *Askja.* Im *Axarfjörður* mündet sie in den Nordatlantik. Das Wasser hat in mehreren Gletscherläufen unvorstellbaren Ausmaßes, die in den Jahren von 2500 v.Chr. bis zu Christi Geburt stattfanden, 20 km nördlich von Grímsstaðir eine beeindruckende, 25 km lange, 500 m breite und bis zu 120 m tiefe canyonartige Schlucht in das Lavagestein gefräst. In dieser Schlucht liegen die großen Wasserfälle der Jökulsá á Fjöllum: *Selfoss, Dettifoss, Hafragilsfoss, Réttarfoss* und *Vigabergsfoss.* Mit ihren gewaltigen Ausmaßen ist dies die **größte Schlucht Islands.** Sie ist das Kernstück des **Jökulsárgljúfur-National-**

Dettifoss – wasserreichster Wasserfall Europas

parks. Er erstreckt sich auf einer Fläche von 150 km² vom Selfoss aus 35 km nach Norden bis Ásbyrgi.

28 km sind es auf der Straße 864 von Grímsstaðir durch die dünenartige Hochebene *Hólssandur* bis zum **Dettifoss,** dem **größten Wasserfall Europas** und dem größten, der von der Jökulsá á Fjöllum gebildet wird. Zum Parkplatz führt eine Stichstraße. Auf einer Breite von fast 100 m stürzen hier pro Sekunde 200 m³ trübes, graues Gletscherwasser 44 m in die Tiefe.

Eine halbe Stunde zu Fuß flußaufwärts kommt man zum **Selfoss.** Der ausgetretene Pfad verläuft über die groben Felsen oberhalb des Canyons. Der Selfoss ist zwar „nur" 13 m hoch, er ist aber deutlich breiter als der Dettifoss. Seine Breite täuscht jedoch leicht, denn das Wasser stürzt von allen Seiten in eine schmale, v-förmige Schlucht. Der Wasserfall ist mindestens genauso eindrucksvoll und verblaßt zu Unrecht neben seinem „großen Bruder". Schuld trägt wohl der Umstand, daß man nicht mit dem Auto dorthin fahren kann, sondern zu Fuß gehen muß.

Fährt man auf der Straße 2 km weiter, gelangt man zum **Hafragilsfoss.** 27 m stürzt das Wasser hier in die Tiefe. Vom Wasserfall hat man eine besonders gute Sicht nach Norden in die tiefe und breite Schlucht. Man sieht auch, wie ein kleiner Bergbach in die Jökulsá á Fjöllum mündet. Sein klares Wasser ohne Gesteinsbeimengungen mischt sich mit dem trüben Gletscherwasser. An dieser Stelle fällt ein besonders schöner, pechschwarzer Felsen aus Obsidianlava auf, der vom Wasser gerundet und glattpoliert wurde.

Im weiteren Verlauf gibt es auf der Straße 864 einige sandige Abschnitte. Nach 12 km zweigt links eine ausgeschilderte Erdpiste (bei Nässe nur mit Allradantrieb befahrbar) nach *Forvöð við Jökulsá* ab. Die Piste endet nach 7 km auf einem Felsplateau. Eine 15minütige Wanderung bringt uns auf einem markierten Weg durch ein Wäldchen zu einer Wiese mit einem Rastplatz; Feuer machen und Zelten ist verboten. Ein schmaler Pfad führt weiter zu einem Aussichtsfelsen mit kleinen Höhlen (Leiteraufstieg), der hoch über den Wasserfällen **Réttarfoss** und **Vigabergsfoss** liegt. Blickt man flußaufwärts, sieht man den Réttarfoss. Direkt unterhalb des Aussichtsfelsens zwängt sich der Fluß tosend durch eine enge Felsspalte. Darüber fällt ein breites und glattpoliertes Felsplateau mit einer 11 m hohen Abbruchkante auf, der Vigabergsfoss. Allerdings ist er nur noch zu sehen, wenn der Fluß nach der Schneeschmelze viel Wasser führt. Normalerweise nimmt die Jökulsá á Fjöllum hier seit über fünfzig Jahren einen anderen Verlauf. Der Felsen in der Schlucht heißt *Grettishlaup.* Der Sage nach soll sich *Grettir* hier durch einen waghalsigen Sprung über den Fluß vor seinen Verfolgern gerettet haben. Auf der gegenüberliegenden Seite des Canyons erstreckt sich *Holmatungur,* eine bewaldete Hochebene mit Schluchten, Bächen und Wasserfällen.

Nach insgesamt 53 km seit Grímsstaðir erreichen wir auf der Straße 864 die Einmündung der Straße 85. Wir halten uns hier links, überqueren auf der 85 die Jökulsá á Fjöllum und fahren nach **Ásbyrgi.** Hier gibt es **zwei Campingplätze** *(Jökulsárgljúfur*

Ásbyrgi, gut ausgestattet, Einkaufsmöglichkeit, Tankstelle, Haltepunkt des Überland-Linienbusses, Tel. 4 65 21 95, und *Jökulsárgljúfur Ásbyrgisbotn,* einfach, Haltepunkt des Überland-Linienbusses), die wegen ihrer Lage zu den schönsten in Island zählen. Beim Parkwächter am Eingang des Zeltplatzes von Ásbyrgi erhält man eine Broschüre, in der einige Wanderungen beschrieben werden. Ásbyrgi ist bekannt wegen seiner eindrucksvollen Felsformationen. Von diesen Steilwänden hat Ásbyrgi, die „Asenburg", ihren Namen. Gleich einer Burg erheben sich die Felsen bis zu 100 m hoch und bieten ideal geschützte Brutplätze für Vögel. Das nützt auch der seltene Eissturmtaucher, der hier vorkommt. Zwischen den Felsen erstreckt sich eine 6km lange und einige hundert Meter breite Ebene, die mit Birken und Gras bewachsen ist. Der Felsen *Eyan* ist 90 m hoch, er teilt die hufeisenförmige Schlucht. Man kann ihn vom Campingplatz aus auf einem unmarkierten, aber gut ausgetretenen Pfad besteigen, der auch in der Broschüre eingezeichnet ist. Von dem Felsen hat man die beste Übersicht über die Schlucht Ásbyrgi. Die Sage erklärt ihre Entstehung folgendermaßen: Ásbyrgi sei der Hufabdruck von *Odins* achtbeinigem Pferd *Sleipnir.* Geologisch betrachtet ist Ásbyrgi der Überrest eines alten, gewaltigen Wasserfalls der Jökulsá á Fjöllum, die hier einmal direkt ins Meer stürzte. Ursprünglich bildeten sich auf beiden Seiten des Felsens Eyan zwei Wasserfälle aus, deren Fallkanten sich mit der Zeit durch Erosion flußaufwärts verlagerten. Schließlich vereinigten sich die beiden Wasserfälle zu einem einzigen großen Wasserfall und ließen die hufeisenförmige Schlucht entstehen. Tektonisch bedingt hat sich das Flußbett der Jökulsá á Fjöllum nach Osten verlagert, und der Wasserfall verschwand.

4-WD-Tips

Von Ásbyrgi kann man entlang der Westseite der Jökulsá á Fjöllum zurück zur Ringstraße fahren (53 km). Die Straße F862 verläuft zunächst von Ásbyrgi durch die *Ásheiði* ins **Vesturdalur** (13 km), wo es einen einfachen **Campingplatz** gibt *(Jökulsárgljúfur Vesturdalur,* Haltepunkt des Überland-Linienbusses). Ganz in der Nähe stehen die Reste einer gezackten Kraterreihe aus rötlichem Rhyolith, die *Rauðhólar,* die den Wassermassen der Jökulsá á Fjöllum zu trotzen vermochten. Etwas weiter südlich erheben sich zwei einzelne Felsen, *Karl og Kerling,* der „Mann und das Weib". Die *Hljóðaklettar,* die „Echofelsen", stehen am Ende der Straße 862. Diese auffallende Basaltformation entstand durch Magmaaustritte vor rund 8000 Jahren. Hierbei wurde das Magma von dem Gletscherfluß überströmt, der es zu Säulen erstarren ließ. Seit ihrer Entstehung sind diese Gebilde der Erosion ausgesetzt; ein Labyrinth aus Felsen, Höhlen und Toren hat sich ausgebildet, das jeden Ton in einem vielfachen Echo widerhallen läßt.

Die Weiterfahrt auf der Piste ist nur mit einem geländegängigen Fahrzeug möglich. Die Strecke weist tiefe, ausgewaschene Längsrillen auf, ist stellenweise versandet und quert mehrere ausgetrocknete Flußbetten mit steilen Böschungen. Bei Nässe sind einige Abschnitte verschlammt

Jökulsá á Fjöllum beim Vigabergsfoss

und rutschig. Nach 27 km zweigt ein Fahrweg nach *Hólmatungur* ab. Diese Stichstraße führt von Westen her zu den Wasserfällen Réttarfoss und Vigabergsfoss. 5 km weiter zweigt die Zufahrt zum Hafragilsfoss und Dettifoss ab. Nach einem schlechten Stück auf einer tief ausgefahrenen Erdpiste ist nach insgesamt 53 km im *Búrfellshraun* wieder die Ringstraße erreicht.

Route 5 C: Rundfahrt um die Halbinsel Melrakkaslétta

Im äußersten Nordosten Islands liegt die unfruchtbare und überwiegend flache, 1000 km² große Halbinsel Melrakkaslétta. Dies ist der am dünnsten besiedelte Landstrich an der Küste Islands. Die Landschaft ist überwiegend von Mooren und Tundra bedeckt, die den Stürmen und dem Schneetreiben schutzlos ausgesetzt sind. Im Winter ist das Gebiet von der Seeseite durch Treibeis isoliert. Dieses unwirtliche Land ist der **Lebensraum des Polarfuchses,** nach dem es benannt wurde: Melrakkaslétta bedeutet „Fuchsebene".

Die Straße 85 führt entlang der Küste auf 97 km Länge um die Halbinsel herum. Von der Brücke über die Jökulsá á Fjöllum westlich von Ásbyrgi fahren wir entlang des Mündungsdeltas des Gletscherflusses durch eine breite Sandebene. Nach 4 km erreichen wir *Lundur í Öxarfirði,* wo es einen Campingplatz gibt. Hier zweigt eine kurze Stichstraße nach Osten ab, die zu den Vulkanbergen *Hafrafell* und *Skálafjall* führt. Dort entspringen mehrere Bäche, die in den *Sandá* und den *Brunná* münden. Diese beiden Flüsse sind Mündungsarme der Jökulsá á Fjöllum. Sie begrenzen das Delta der Jökulsá im Osten.

Wenige Kilometer nördlich von Lundur kann man auf einer sandigen Piste in den *Austursandur* zwischen Brunná und Jökulsá á Fjöllum einfahren. Die Piste endet an einigen verlassenen Gehöften nahe der Küste.

Auf der Straße 85 erreicht man bei *Daðastaðir* die Küste des *Öxafjörður.* Zuvor kann man sich von einem **Aussichtsberg bei Núpur** einen guten Überblick über das große Delta der Jökulsá verschaffen. Entlang der Küste gelangen wir weiter nach **Kópasker.** Dieses **Fischerdorf** zählt etwa 200 Einwohner, deren überwiegender Teil vom Garnelenfang lebt. Hier gibt es eine Tankstelle mit Cafeteria, ein Postamt, eine Bank und ein Gästehaus (Tel. 4 65 21 21), einen Zeltplatz und ein kleines Heimatmuseum. Die Spuren eines Erdbebens aus dem Jahr 1976 sind an einigen Häusern des Ortes auch heute noch zu sehen.

Wir fahren weiter nach Norden. Im Osten erstreckt sich der langgezogene, 200 m hohe Bergrücken *Leirhafnarfjöll.* Er begrenzt die flache *Sléttuheiði* in der Mitte der Halbinsel. Diese Ebene wird von Norden nach Süden vom *Blikalónsdalur* durchzogen. Nur Reiterwege führen durch diese Region. Beim 205 m hohen Berg *Gefla* – vom Gipfel hat man eine herrliche Aussicht über den Fjord und die Sléttuheiði – zweigen beim Leuchtturm *Rauðinúpur* zwei Stichstraßen zur Küste ab; insbesondere die nördliche ist empfehlenswert. Sie führt an zwei Bergseen vorbei zu einer Bucht mit einer sehenswerten Küste östlich des Leuchtturms. Die Straße 85 durchquert nun die Halbinsel. Bei der Bucht *Sigurðarstaðavík* erreicht sie erneut die Küste. In **Hraunhafnartangi** markiert ein Leuchtturm den **nördlichsten Punkt des isländischen Festlands.**

Entlang des Meeres fahren wir durch eine Landschaft mit vielen kleinen Buchten gen Süden. Im Westen wird die Straße von zahlreichen Seen gesäumt, die inmitten einer ausgedehnten Moorlandschaft liegen. Nächster größerer Ort ist **Raufarhöfn,** mit knapp 400 Einwohnern das **nördlichste Dorf Islands.** Früher war der Ort einmal ein Zentrum der Heringsfischerei und der Fischverarbeitung. Heute muß man hier selbst die Angel auswerfen; im Fluß *Delðará* beißen Lachse an, in den nahen Seen Forellen. Die Angellizenz erhält man im Hotel (s.u.). Übernachten kann man außerdem in einem Gästehaus oder auf dem Campingplatz (s.u.). Auch ein Schwimmbad gibt es hier.

Im Süden liegen die Seen *Deildarvatn, Þernuvatn* und *Viðarvatn* neben der Straße. Die Rundfahrt um die Halbinsel Melrakkaslétta endet 30 km südlich von Raufarhöfn beim Viðarvatn. Hier mündet die Straße 867 in die 85 ein, die im Süden der Halbinsel direkt vom Öxarfjörður über die *Öxarfjarðarheiði* verläuft (38 km).

Praktische Infos

Unterkunft

Gästehaus Bakkagata 8
670-Kópasker, Tel. 4 65 21 21, ganzjährig geöffnet, Jugendherberge, Zeltplatz, Restaurant

Hótel Norðurljós
Aðalbraut 2, 675-Raufarhöfn, Tel. 4 65 12 33, Fax 4 65 13 83, 50 Betten, Schlafsackplätze, Zeltplatz, ganzjährig geöffnet; Restaurant, Reiten, Angeln, Tourist-Information

Camping

Campingplatz in Raufarhöfn
Beim Schwimmbad, Tel. 4 65 11 51, geöffnet 01.06.–31.08., komfortabel, Einkaufsmöglichkeit, Cafeteria, Bushaltestelle, Tankstelle
Einfacher Campingplatz in Kópasker
neben der Esso-Tankstelle

Museum

Bóka- og byggðasafn Norður Þingeyinga
Kópasker, Snartarstöðum, Tel. 4 65 21 71, 4 65 21 35 (Heimatmuseum)

Route 5 D: Vom Viðarvatn nach Vopnafjörður und zur Ringstraße (187 km)

Die Straße 85 führt über *Svalbarð* entlang des *Þistilfjörður* weiter nach **Þórshöfn.** Der kleine Fischereihafen (400 Einwohner) auf der Ostseite des *Lónafjörður* ist das Versorgungszentrum in diesem abgelegenen Landstrich.

Praktische Infos

Unterkunft

Gästehaus Svalbarðsskóli
Svalbarð, Tel. 4 68 11 40, 4 68 13 85
Hótel Jörvík
Þórshöfn, Tel. 4 68 11 49
Ytra-Áland
Tel. 4 68 12 90, 4 68 13 90
Gästehaus Fell
Skeggjastaðahreppi, 685-Bakkafjörður, Tel. 4 73 16 96, ganzjährig geöffnet, Angeln

Camping

Einfacher Campingplatz bei *Lækjarflöt*

Sonstiges

Ambulanz
Miðholti 4, Þórshöfn, Tel. 4 68 12 15, 4 68 12 16
Angellizenzen
Kverká, Tel. 4 68 13 60;
Efra-Lón, Tel. 4 68 12 42;
Hlíð, Tel. 4 68 11 09;
Sauðaneós, Tel. 4 68 11 66;
Fell, Tel. 4 68 16 96

Abstecher auf die Halbinsel Langanes

Nördlich von Þórshöfn gelangt man auf der Straße 869 auf die Halbinsel Langanes, die wie ein dünner Zeigefinger zwischen dem Þistilfjörður und dem *Bakkaflói* 40 km weit ins Meer hineinragt. An den Küsten kann man zahlreiche Seevögel beobachten. Die nichtasphaltierte Straße führt bei den Binnenseen von *Sauðanes* an der Nordküste entlang nach *Skálanesvík* zu den Klippen von *Hrafnabjörg* (20 km). Nur mit einem Geländewagen kann man von hier auf einer wenig befahrenen, sehr schmalen Piste an der Küste weiterfahren. Nach 30 km geht es zum Leuchtturm von *Fontur,* dem äußersten Zipfel der Halbinsel. Hier erinnert ein Denkmal an britische Seeleute, deren Schiff im Sturm an der Steilküste zerschellte.

Die Straße 85 quert westlich von Þórshöfn die hier 10 km breite Halbinsel Langanes und erreicht am Finnafjörður die Bucht Bakkaflói. Nächster Ort auf der Route ist das Fischerdorf **Bakkafjörður** (130 Einwohner). Die kleine Kirche aus dem Jahr 1845 und verträumte Holzhäuschen lohnen einen kleinen Bummel durch den Ort (einfacher Zeltplatz bei der Schule, Jugendherberge). Vom Hafen hat man eine schöne Aussicht auf die Halbinsel Langanes und den 719 m hohen Berg *Gunnólfsvíkurfjall.*

Die Straße 85 zweigt schon 4km vor Bakkafjörður ab und führt über die *Sandvíkurheiði* ins *Vesturárdalur,* quert das *Hofsárdalur* und erreicht nach 36 km **Vopnafjörður,** mit seinen **650 Einwohnern** einer der größeren Orte im Nordosten des Landes. Die Haupterwerbsquelle ist auch hier der Fischfang, aber der Tourismus nimmt an Bedeutung zu. Vopnafjörður wird von schneebedeckten Bergen umgeben, die steil zum gleichnamigen Fjord hin abfallen, der die Heimat unzähliger Seevögel ist. Die Lage in dem malerischen Fjord lockt viele Touristen an. Für sie gibt es ein **Hotel** *(Hótel Tangi,* Hafnarbyggð, Tel. 4 73 12 24, Restaurant, Buchung von Bootstouren zu den Vogelfelsen, Leihpferde, Angellizenzen), zwei Gästehäuser, die das ganze Jahr geöffnet haben *(Skjól,* Vatnsdalsgerði, Tel. 4 73 13 32 und 8 53 17 32, Fax 4 73 13 62; *Syðri Vík,* Tel. 4 73 11 99, Fax 4 73 14 49), einen **Campingplatz** (gut ausgestattet, Einkaufsmöglichkeit, Tel. 4 73 11 22) sowie ein Schwimmbad im *Selárdalur.* Außerdem eignet sich der Ort als Ausgangspunkt für Wanderungen, z.B. auf die Landzunge *Kolbeinstangi,* zum Reiten, für Bootsfahrten zu den vogelreichen Klippen im Fjord oder zum Angeln von Forellen.

4-WD-Tip

Fährt man von Vopnafjörður weiter am Fjord entlang, kann man auf einer 16 km langen geschotterten Paßstraße (Straße 917) über die 700 m hoch gelegene **Hellisheiði** ins Tal der *Jökulsá á Brú* fahren. Auf der eindrucksvollen Strecke, die Steigungen bis zu 24% aufweist, hat man anfangs eine schöne Aussicht auf den Vopnafjörður, später auf die Bucht Héraðsflói und über das Mündungsgebiet der Jökulsá á Brú und des *Lagarfljót.* Die steile Bergstraße ist 1990 verbreitert und ausgebaut worden. Wegen der langanhaltenden Steigungsstücke auf losem Schotter ist diese Straße mit einem Allradfahrzeug einfacher zu befahren als mit einem zweiradgetriebenen PKW. Im Sommer verkehren hier auch Überlandbusse.

Die Straße 85 verläuft von Vopnafjörður durch das Tal der *Hofsá* zurück zur Ringstraße (73 km). Nach 15 km führt die Straße durch das Tal der *Teigará* steil hinauf zum **Burstarfell.** In dem gleichnamigen Gehöft ist ein kleines **Museum** *(Minjasafnið,* Tel. 4 73 14 66, geöffnet 15.6.–15.9. tägl. 10–19 Uhr) eingerichtet, dessen älteste Gebäude aus dem Jahr 1770 stammen. Die sechs kleinen Torfhäuschen mit ihren roten Holzfassaden, weißen Fensterrahmen und grasgedeckten Dächern sind sehenswert. In dem Museum wird gezeigt, wie sich das Leben der Bewohner langsam an die Moderne angepaßt hat, wie eine Wasserleitung und Strom in die alten Torfhäuschen gelegt wurden und wie der Haushalt in den Jahren bis 1966 geführt wurde. Bis zu dieser Zeit war der Hof bewohnt. Doch schon 1943 hatte der letzte Bewohner mit dem klingenden Namen *Methúsalem Methúsalemsson* (1889–1969) sein Gehöft dem Staat vererbt mit der Auflage, es einmal zu einem Museum zu machen.

In der Nähe liegen die beiden Seen *Nykurvatn* und *Þuríðarvatn* unmittelbar an der Straße. Von einem Aussichtspunkt hat man eine gute Sicht ins Hofsárdalur und auf die umliegenden Berge. Durch eine immer öder werdende Landschaft gelangt man schließlich einige Kilometer nördlich des Gehöfts *Möðrudalur* auf die Ringstraße.

Route 5 E: Von Grímsstaðir nach Seyðisfjörður (154 km)

127 km sind es auf der Ringstraße von *Grímsstaðir* nach *Egilsstaðir* am Lögurinn-See; nach weiteren 27 km erreichen wir dann auf der Straße 93 *Seyðisfjörður.*

27 km hinter Grímsstaðir gelangen wir auf der Ringstraße zur Abzweigung der Straße 85 nach Vopnafjörður. Südlich des Gehöfts Möðrudalur trifft die Hochland-Piste F905 auf die Ringstraße (s. Route 7). Die Landschaft auf beiden Seiten der Ringstraße ist auf den nächsten 40 km wenig abwechslungsreich. Die Straße führt durch die *Jökuldalsheiði,* eine flache Hochebene, nur von Schotter und Gras bedeckt, auf der Schafe die einzigen Bewohner sind. Nach der Abfahrt ins Jökuldalur zweigt die Straße 923 in Richtung Süden ab, entlang der Jökulsá á Brú über *Eiriksstaðir* geht es nach *Brú* (31 km). Von dort kann man mit einem Geländewagen auf einer wenig befahrenen Piste (F910, F909) durch das *Hrafnekelsdalur* zum 1833 m hohen *Snæfell,* ins *Fljótsdalur,* zum Lögurinn-See und nach Egilsstaðir gelangen.

Die Ringstraße verläuft entlang des nördlichen Ufers der Jökulsá á Brú (in manchen Karten übrigens wird dieser Fluß hier im Tal auch als *Jökulsá á Dal* bezeichnet) nach **Brúarás** (34 km). In diesem Ort ist ein Internat angesiedelt, das im Sommer vom 20.06.–20.08. als Edda-Hotel genutzt wird (Tel. 4 71 10 46). Zudem gibt es eine Cafeteria und eine Bushaltestelle. Auch als Ausgangspunkt für Wanderungen im Tal der Jökulsá á Brú und für Tagestouren in die Tundra der *Smjörvatnsheiði* eignet sich der Ort.

Abstecher nach Húsey

Hinter Brúarás überquert man die Jökulsá á Brú. Nach der Brücke zweigt die Stichstraße 925 ab, die entlang der Ostseite der Jökulsá á Brú nach 30 km an dem Hof Húsey zwischen Jökulsá á Brú und Lagarfljót endet. Die Straße ist in schlechtem Zustand. Anfangs fährt man direkt am steil abfallenden Flußufer entlang, dann ändert sich die Landschaft. Das Land wird weiter, Marschen bestimmen das Bild. Nachdem man an einigen verlassenen Höfen und dem wiederhergestellten Torfhof *Galtastaðir* vorbeigefahren ist, kommt man schließlich in Húsey zum **Hof von Örn Þórleifsson,** dem Robbenjäger, der nicht nur den Isländern aus allerlei Veröffentlichungen und aus dem Fernsehen bekannt ist.

Was man gar nicht vermutet: Es gibt hier eine **Jugendherberge,** die von Örn unterhalten wird. Wohl auch durch dessen Bekanntheitsgrad, er spricht zudem deutsch, erfreut sich diese Jugendherberge großer Nachfrage. Eine Reservierung ist deshalb unbedingt notwendig *(Örn Þórleifsson,* Húsey – Hróarstunga, Egilsstaðir, Tel. 4 71 30 10, Schlafsackunterkünfte, keine Verpflegung).

Wer sich für diesen Abstecher entscheidet, kommt auch in den Genuß der eindrucksvollen Natur. 170 Pflanzenarten sind zu bestaunen, Salzwiesen, Dünen und der Strand mit dem Namen *Héraðssandur,* „Walknochensand", bestimmen das Bild. Im Mündungsgebiet der beiden großen Flüsse kommen dreißig verschiedene Vogelarten vor. An der Flußmündung und am Meer kann man Robben beobachten.

Auch auf einem historischen **Postweg** läßt sich eine Wanderung unternehmen. Es gibt hier zudem zahlreiche Felshöhlen, in denen Trolle ihr Unwesen treiben sollen.

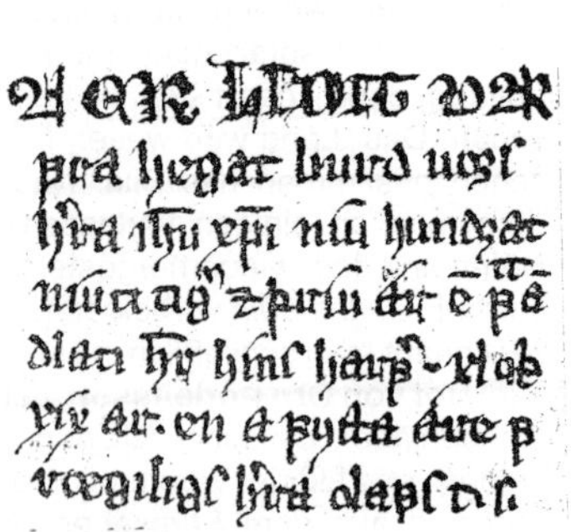

Altisländische Schrift

Von der Brücke über die Jökulsá á Brú sind es auf der Ringstraße noch 16 km, die uns durch ein flaches Weide- und Heidegebiet entweder nach *Fellabær* oder auf der anderen Seite des Lagarfljót nach *Egilsstaðir* führen.

Fellabær / Egilsstaðir

Beide Orte gehören zusammen, gemeinsam haben sie fast **2000 Einwohner.** Eine 301 m lange Brücke aus dem Jahr 1958 verbindet die beiden Orte. Die Namen der Felsen *Ferjusteinar* und *Ferjuklettur* erinnern an die ehemalige Fähre, die hier bis 1905 über das Lagarfljót führte. Bedeutung kommt den beiden Orten vor allem als Verkehrsknotenpunkt und als örtliches Handelszentrum zu. Auch einige landwirtschaftliche und industrielle Betriebe gibt es. Egilsstaðir wird von vielen, die mit der Fähre in Island ankommen, zuerst aufgesucht. Hier gibt es einen gut sortierten und relativ preiswerten Supermarkt, Tankstellen und Autoreparaturwerkstätten, eine Busstation, einen Flugplatz, Niederlassungen von Mietwagenfirmen und Reisebüros. Auch ein Schwimmbad, einen Golfplatz und Wintersportmöglichkeiten bietet Egilsstaðir.

Egilsstaðir ist eine **junge Ortschaft.** Sie wurde erst 1947 gegründet und erhielt 1987 Stadtrechte. Auch die Kirche ist neueren Datums. Sie wurde von *Hilmar Ólafsson* entworfen, der einige Jahre in Stuttgart studierte. Geweiht wurde die Kirche am 16. Juni 1974. Davor fanden die Gottesdienste außerhalb in der Kirche von *Vallanes* oder im Schulhaus statt.

Der Lögurinn-See

Mit 52 km² Fläche und 35 km Länge ist der Lögurinn-See oder der „See des Lagarfljót" der **drittgrößte See Islands.** Er liegt nur 20 m über dem Meer, ist aber bis zu 112 m tief und damit auch der **tiefste Punkt Islands.** Der See wird von einem Sandstrand gesäumt und ist von hohen Bergen umgeben. Er soll die Heimat eines Seeungeheuers, des „Lagarfljótsormurinn", auf deutsch „Lagarfljótswurm", sein. Den Lögurinn-See kann man von Egilsstaðir aus auf der **Straße 931** umfahren. Die Halbtagestour ist insgesamt 82 km lang.

Beginnen wir unsere **Rundfahrt** auf der Südseite des Sees. Dazu fahren wir zunächst 11 km auf der Ringstraße weiter und biegen südlich von Vallanes auf die Straße 931 ab und erreichen nach wenigen Kilometern Hallormstaður. Hier gibt es ein 650 ha großes **Waldgebiet,** eine Seltenheit in Island! Seit Beginn dieses Jahrhunderts wurden 50 verschiedene Baumarten, darunter Kiefern, Fichten und Lärchen, angepflanzt. Der Wald steht unter Naturschutz. Der älteste Lärchenwald Islands, *Guttormslundur,* der nach dem Begründer der isländischen Forstwirtschaft benannt wurde, ist 1938 angelegt worden. Es gibt eine Forstschule und einen Waldlehrpfad. Unterkunft (s.u.) findet man in einem Hotel, in Gästehäusern oder auf dem Campingplatz Atlavík in unmittelbarer Nähe des Sandstrands und von Wald umgeben; damit zählt er sicherlich zu den besonders schönen Campingplätzen Islands. Am ersten Augustwochenende finden hier Open-Air-Konzerte statt.

Am südlichen Ende des Sees, in **Valþjófsstaður,** überquert die Straße den Lagarfljót und führt entlang des nördlichen Ufers zurück. Sehenswert ist die Rekonstruktion der prachtvoll geschnitzten Kirchentür von Valþjófsstaður; das Original stammt aus dem Jahr 1200 und steht im Nationalmuseum Reykjavík. Diese Türe gehörte ursprünglich zu einem reichen Bauernhof. Durch Schlagen des eisernen Ringes an der Türe wurden früher Geschäfte und Eide besiegelt. 2 km von der Kirche entfernt befand sich das 1496 gegründete Augustinerkloster Skríduklaustur. Hier ließ sich der Dichter Gunnar Gunnarson (1889–1975) nieder, der in Valþjófsstaður geboren wurde. Sein Hof wurde von einem deutschen Architekten entworfen und Anfang der 40er Jahre aus Feldsteinen errichtet.

In Bessastaðir trifft die Piste vom Snæfell bzw. vom Hrafnekelsdalur auf unsere Straße. Knapp 3 km weiter folgt an einer Brücke ein kleiner Parkplatz, von dem aus man zum **Hengifoss** wandern kann (2 Std., Hin- und Rückweg). Der 118 m hohe **Wasserfall** zählt zu den höchsten des Landes. Der Fußpfad dorthin führt steil im Tal der Hengifossá aufwärts. Auf dem Weg kommt man an einem weiteren Wasserfall, dem **Litlanesfoss,** vorbei. Die Basaltsäulen in der Schlucht sind hier besonders sehenswert. Oberhalb dieses Wasserfalls hat man den besten Blick auf den Hengifoss und den hufeisenförmigen Kessel des Falls. Gut erkennbar ist auch die Schichtung der Erdkruste, auffallend sind die roten Bänder aus Rhyolith und schwarze Braunkohleflöze.

In Fellabær endet unsere Rundfahrt wieder an der Ringstraße.

Hotels
Fosshótel Hallormsstaður: 72 Betten, 30 Schlafsackplätze, Tel. 4 71 17 05, Fax 4 71 21 97, im Sommer geöffnet, Bootsverleih, Restaurant
Sommerhotel *Hússtjórnarskólans* (Hauswirtschaftsschule): Hallormstað, 28 Betten, Schlafsackplätze, Zeltplatz, Tel. 4 71 17 67, Fax 4 71 27 61, im Sommer geöffnet, Reiten, Bootsverleih

Gästehäuser und Bauernhöfe in der Nähe
Eyjólfsstaðir, Tel. 4 71 21 71; *Hús,* Tel. 4 71 20 03, 8 54 29 03

Camping in Atlavík
Tel. 4 71 17 74, Fax 4 71 21 74; Einkaufen, Tankstelle, Bushaltestelle, geöffnet 15.06.–31.08.; wegen der Lage am Seeufer viele lästige Mücken!

4-WD-Tip
Von Bessastaðir führt die holprige Schotterstraße F910 **zum 1833 m hohen Vulkan Snæfell (59 km) und an den Rand des Brúarjökull (79 km).** In engen Kehren geht es zunächst steil hinauf zur Fljótsheiði (600 m), einem grünen Weideland. Nach 44 km führt die Piste ins Hrafnekalsdalur auf der F909 zum Snæfell. Am Fuß des Bergs steht die unbewirtschaftete Hütte Snæfellskali, in der man übernachten und zelten kann. Die Hütte ist Ausgangspunkt für eine Besteigung des Snæfell. Auf markierten Wegen erreicht man den Gipfel in 4–6 Std. Von der Hütte führt eine markierte (Schild „Vatnajökull") Piste an den Rand des Brúarjökull, einen Ausläufer des Vatnajökull.

Trekking-Tour
Eine herrliche Trekking-Tour führt in 3–5 Tagen vom Snæfell **nach Lónsöræfi.** Für diesen Weg muß man Verpflegung und am besten auch ein Zelt mitführen, Trinkwasser findet man unterwegs genug. Auch sollte man sich im Orientieren auskennen sowie Erfahrungen im Gletscherbegehen (Steigeisen empfehlenswert) haben. Am ersten Tag geht es von der Hütte beim Snæfell nach Süden zum 3 km breiten *Eyjabakkajökull,* der überquert werden muß. Der Gletscher ist flach und ohne tückische Spalten. Am Abend des ersten Tags erreichen wir das östlich gelegene, 883 m hohe *Geldingafell.* Nördlich davon gibt es eine unbewirtschaftete Schutzhütte. Am zweiten Tag erreicht man den kleinen See *Kollumúlavatn* bei Lónsöræfi. Auch hier gibt es eine Schutzhütte. Es lohnt sich, einen Tag zu bleiben und die Umgebung zu erkunden. Im Osten liegt das *Viðidalur,* das bis vor wenigen Jahrzehnten noch bewohnt war. Durch eine urweltartige Lavalandschaft aus farbigem Rhyolith erreichen wir am nächsten Tag *Illkambur* (Schutzhütte) und die Piste F980. Am 4. bzw. 5. Tag schließlich geht es entlang der Piste zurück zur Ringstraße bei *Stafafell.* Übernachtungsplätze in den Hütten, die von der *Fljótsdalshérað Travel Association* betreut werden, reserviert man am besten über die Tourist-Info in Egilsstaðir. Hier kann man sich auch über eine geführte Trekking-Tour informieren.

Furt durch die Skyndidalsá im Tal der Jökulsá í Lóni

Praktische Infos

Tourist-Information

Beim Campingplatz
Tel. 4 71 23 20, Fahrradverleih, Angellizenzen
Ferðamiðstöð Austurlands
(Reisezentrum Ostislands), Skógarlönd 3, Tel. 4 71 20 00; Reisebüro, Vermittlung von organisierten Rundreisen

Unterkunft

Nýtt Hótel á Egilsstöðum
Miðvangi 5, Tel. 4 71 27 70, s. Edda-Hotels
Hótel Edda Menntaskólinn
Tjarnarbraut, Tel. 4 71 27 75, Sommerhotel, s. Edda-Hotels
Hótel Herað
Tel. 4 71 27 70, Restaurant
Pension, Laufas 5, Tel. 4 71 11 67
Gästehaus Helgafell
Tel. 4 71 13 22, an der Brücke über das Lagarfljót
Skipalækur
Fellabær, Tel. 4 71 13 24, Zimmer im Bauernhaus, Ferienhäuschen am Seeufer, Schlafsackunterkunft, Campingplatz, ganzjährig geöffnet
Gästehaus Ekkufell
An der Straße 931,
Tel. 4 71 13 44, Fax 4 71 25 47
Gästehaus Randaberg
Eiðavegur, Tel. 4 71 12 88
Hamragerði
Tel. 4 71 20 31

Camping

Egilsstaðir
Tel. 4 71 23 20, komfortabel, in der Nähe des Supermarkts und der Tankstelle, Wohnmobil-Stellplätze, Bushaltestelle

Skipalækur
Fellabær (s.o.), Camping am Lögurinn-See, komfortabel, Einkaufsmöglichkeit, Wohnmobil-Stellplätze, Bushaltestelle

Essen & Trinken

Café Nielsen
Tjarnarbraut 1, Tel. 4 71 26 26, nettes Café
Cafeteria K.H.B.-Supermarkt
Kaupvangur 6, Tel. 4 71 12 00, einfach, wenig Auswahl
Shell-Tankstelle
Cafeteria, Fagradalsbraut, Tel. 4 71 18 99, groß, preisgünstig
Pizza 67
Lyngás 3, Tel. 4 71 24 24

Museum

Minjasafn Austurlands
(Ostisländisches Heimatmuseum) Laufskógum 1, Tel. 4 71 14 12, Fax 4 71 14 52, geöffnet 01.06.–31.08. täglich außer Mo 11–17 Uhr. Das Museum zeigt Gegenstände aus dem Arbeitsleben der Bewohner, Wohnräume des 19. Jh. und ein Wikingergrab, das beim Fluß Þórisá gefunden wurde; kleines Café, Souvenirshop

Sonstiges

Krankenhaus
Lagarás, Tel. 4 71 14 00
Apotheke
Lagarás 18, Tel. 4 71 12 73
Schwimmbad
Tjarnarbraut 26, Tel. 4 71 14 67
9-Loch Golfplatz (Ekkufells-Platz) Tel. 4 71 11 13
Bootsfahrten auf dem Lagarfljót
Tel. 4 71 23 20
Wildwasserfahrten auf den Flüssen Jökulsá á Brú, Grímsá und Eyvindrá
arctic Rafting, Tel. 4 71 15 26, 8 98 04 10; Juni–August
Freilichtbühne Hér fyrir austan
Selskógar, 28.06.–16.08. jeden Mi abend Musik, Tel. 4 71 16 73
Kunsthandwerk
Randalín, Selás 12, Tel. 4 71 24 33, 4 71 13 20; *Eik Listiðja,* Miðhús, Tel. 4 71 13 20; Hobby-Werkstatt, Selás 1, Tel. 4 71 22 55; *Gallerí Völvan,* Lyngás 3, Tel. 4 71 11 55; Open-Air-Markt, Tel. 4 71 23 20
Jeep-Touren
Jeppaferð, Tel. 4 71 23 20

Reiten

Lomma Hestar
Utnyrdingsstaðir, Tel./Fax 4 71 17 27; das besondere Ereignis für Pferdefreunde ist *hestasmölum,* wenn in der zweiten Septemberwoche die jungen Pferde eingefangen werden, die den Sommer im Loðmundarfjörður verbracht haben.
Íshestar
Im Angebot ist eine mehrtägige Reittour von Hallormstaður zum Snæfell und zurück; Infos bei Íshestar, Bæjarhraun 2, 220 Hafnarfjörður, Tel. 5 65 30 44, Fax 5 65 21 13

Abstecher nach Borgarfjörður

Von Egilsstaðir kann man auf der Straße 94 einen Abstecher nach Borgarfjörður unternehmen (71 km). **Eiðar** besitzt schon seit dem vergangenen Jahrhundert eine Internatsschule, die heute im Sommer als Edda-Hotel dient (Tel. 4 71 38 03, Zimmer, Schlafsackplätze, Restaurant, Schwimmbad). Im *Eiðarvatn* können Forellen geangelt werden. In dieser Gegend wurde früher Eisenerz gefördert, das hier auch verhüttet wurde.

Die Straße führt weiter entlang des Lagarfljót durch sumpfiges Weideland nach *Hjaltastaður.* 6km nördlich des Gehöfts verbindet die Straße 944 das Tal des Lagarfljót mit dem der Jökulsá á Brú. Die Straße 94 wendet sich dann nach Osten und durchquert die dünenhafte Schwemmlandschaft vor der Bucht *Héraðsflói.* Über den Paß *Vatnsskarð* erreicht man als nächstes die Bucht *Njarðvík.* Auf der Paßhöhe liegt ein Aussichtspunkt, der 431 m hohe *Sönghofsfjall.* Bevor in den 50er Jahren diese Straße gebaut wurde, war der Borgarfjörður isoliert. Das „Huldufólk", wie die bösen isländischen Geister genannt werden, soll hier sein Unwesen getrieben haben. Man erzählt sich, daß einst ein Bauer auf seinem Weg nach Njarðvík auf *Naddi,* einen dieser Geister, traf. Der Bauer kämpfte mit Naddi, der halb Tier-, halb Menschengestalt hatte. Erst als der Bauer gelobte, ein Kreuz zu errichten, wenn er mit dem Leben davonkäme, ließ der Geist von ihm ab und verschwand in den Fluten des Meeres. Dieses Kreuz aus dem Jahr 1306 kann man neben der Straße entdecken.

Oberhalb der Bucht erstreckt sich das *Dýrfjöll,* ein 1136 m hohes Bergmassiv. Der alte Vulkanberg besteht aus Tuff und Rhyolith und wird von einem Gipfel aus Basalt überragt. Der Steilküste folgend erreicht man nach knapp 8 km **Borgarfjörður.** Damit man diesen Ort von anderen mit gleichem Namen unterscheiden kann, trägt er auch den Namen „Borgarfjörður Eystri" oder „Bakkagerði". In dem abgelegenen Dorf wohnen die meisten der 100 Einwohner in kleinen Holz- und Torfhäusern. Der Ort ist Ausgangspunkt zu abenteuerlichen **Wanderungen** in die Bergeinsamkeit des Dýrfjöll, zu den Vogelfelsen an der Küste oder in das Tal der *Fjarðará.* Man kann zudem Bootsausflüge machen oder die Umgebung auf dem Rücken eines Islandpferdes erkunden. Der Maler *Johannes Kjarval* stammt von hier. Er hat das Altarbild in der Kirche gemalt. Nahe beim Ort sollen in einem Elfenhügel, dem Felsen *Álfasteinn,* gute Geister wohnen. Álfasteinn heißt auch der Laden, in dem preisgünstig isländische Gesteine und Mineralien verkauft (und auch ausgestellt) werden; der Laden (geöffnet Mo–Fr 10–18 Uhr, im Sommer auch Sa/So 13–18 Uhr, Tel. 4 72 99 77) ist gleichzeitig Tourist-Information (ebenso das Gästehaus *Fjarðarborg);* als **Unterkünfte** stehen bereit: das Gästehaus Fjarðarborg (Tel. 4 72 99 20, Schlafsackunterkunft, Cafeteria, Organisation von Jeeptouren und Jeepverleih, geöffnet 15.06.–31.08), Gästehaus *Borg,* Tel. 4 72 98 70, 8 54 44 70 das Gehöft *Stapi* (Tel. 4 72 99 83, Schlafsackunterkunft, guter Zeltplatz, Einkaufsmöglichkeit, Tankstelle, Jeepverleih) und der Campingplatz *Borgarfjörður eystri* (Tel. 4 72 99 19, komfortabel, Einkaufsmöglichkeit, Tankstelle).

Von Borgarfjörður kann man noch knapp 30 km durch das Tal der Fjarðará zum *Loðmundarfjörður* weiterfahren *(Loðmundarfjarðarleið,* ab Húsavík Piste für Allradfahrzeuge). An diesem abgelegenen Fjord liegen einsame Gehöfte mit kleinen Kirchen: *Húsavík, Stakkahlíð* und *Klyppstaðir.* Im Sommer kann man in Stakkahlíð übernachten (Schlaf-

Frachter vor der Küste Ostislands

sackunterkunft, Verpflegung erhältlich). Die Strecke ist Teil eines interessanten Fernwanderwegs, der auf 60 km Länge (2–3 Tage) von Borgarfjörður nach Seyðisfjörður führt. Zwischen Borgarfjörður und Seyðisfjörður verkehren im Sommer auch Boote, und es werden Jeeptouren angeboten (Abfahrtszeiten und Buchung in den Tourist-Informationen der beiden Orte).

Von Egilsstaðir fahren wir auf der Straße 93 nach Seyðisfjörður. Die Straße überquert hinter Egilsstaðir die Hochebene *Fjarðarheiði* auf einem 620 m hohen Paß. Auf dem Weg dorthin sollte man sich gelegentlich umdrehen, um den Ausblick auf den Snæfell und den Lögurinn-See zu genießen. Nach der Paßhöhe kommt man an einem Aussichtspunkt vorbei, von dem die Aussicht auf Seyðisfjörður und den gleichnamigen Fjord sehr schön ist. Neben der Straße steht ein Denkmal, das an die erste Postverbindung Islands erinnert. Bereits 1906 wurde im Meer ein 615 km langes Telegraphenkabel von den *Orkney-Inseln* nach Seyðisfjörður verlegt. Die Straße verläuft entlang des Tals der Fjarðará hinunter in den Fjord. Der Fluß bildet auf seinem Weg sehenswerte Wasserfälle.

Seyðisfjörður

Im Jahre 1834 entstand Seyðisfjörður als Handelsstation. Ertragreiche Heringsfänge und ein gut geschützter Hafen verhalfen dem heute **800 Einwohner** zählenden Ort schnell zum Aufschwung. Noch im letzten Jahrhundert erhielt er die Stadtrechte. Um die Jahrhundertwende hatte Seyðisfjörður seine wichtigste Zeit. Die Holzhäuschen, inzwischen restauriert, stammen aus dieser Glanzzeit. In den Sommermonaten legt einmal in der Woche die **Fähre „Norröna"** im Hafen von Seydisfjörður an und bringt neue Besucher auf die Insel. Donnerstags wird es deshalb oft eng im Ort, wenn die ankommenden und abreisenden Islandfreunde aufeinandertreffen.

An der Brücke über den Fluß *Fjarðará* steht das **Denkmal an Otto Wathne** aus dem Jahr 1900. Der Norweger gehörte zu den Mitbegründern der fischverarbeitenden Industrie in dieser Region. Die günstige Lage des Hafens trug mit dazu bei, daß in Seyðisfjörður im 2. Weltkrieg englische und amerikanische Soldaten stationiert waren. 1944 versenkten deutsche Soldaten einen im Fjord vor Anker liegenden Tanker. In der *Hafnargata* erinnert vor dem Rathaus eine Kanone an diese Zeit. Aus Anlaß der 100-Jahr-Feier der 1895 verliehenen Stadtrechte legte man 1995 zwischen der alten und der neuen Schule einen kleinen Platz *(torgið)* an. In der **Blauen Kirche** *(Bláa Kirkja)* geben von Juni–August jeden Mittwochabend zeitgenössische Musiker Konzerte (Tel. 4 72 14 89). Vom 1.–5. Juli 1998 wurde ein Wikinger-Festival veranstaltet, das großen Zuspruch fand.

An beiden Ufern des Seyðisfjörður führen Stichstraßen entlang. Im Norden gelangt man zum Wasserfall der *Vestdalsá* und zum Leuchtturm von *Brimnesfjall* (15 km). Im Süden führt die Straße durch ein kleines „Industriegebiet" und endet nach wenigen Kilometern bei einem Gehöft.

Praktische Infos

Tourist-Information

Austfar Informationszentrum
Fjarðargata 8, Tel. 4 72 11 11

Unterkunft

Hotel Snæfell
Tel. 4 72 14 60, Austurvegur 3, am Fährhafen, Restaurant, ganzjährig geöffnet, blaues Haus

Gästehaus Kiddý
Tel. 4 72 11 26

Gästehaus Hafaldan
Ránargata 9, Tel. 4 72 14 10, 14 Betten, 28 Schlafsackplätze, Jugendherberge, ganzjährig geöffnet; Angeln, Bootsfahrten nach Loðmundarfjörður

Gästehaus Þórsmörk
Ferðaþjónusta Bænda,
Tel. 4 72 13 24, Zimmer, Schlafsackunterkunft, ganzjährig geöffnet, Bootsausflüge nach Loðmundarfjörður

Jugendherberge

Hafaldan, Tel. 4 72 14 10,
28 Betten, ganzjährig geöffnet

Camping

Seyðisfjörður, Tel. 4 72 11 44, in der Ortsmitte, komfortabel, Einkaufsmöglichkeiten, Wohnmobil-Stellplätze, Bushaltestelle; meist zur Ankunft der Fähre Mi/Do überbelegt

Essen & Trinken

Restaurant Hótel Snæfell Cafeteria der Esso- und Shell-Tankstelle

Museum

Tækniminjasafn
Technik-Museum im ehem. Wohnhaus von *Otto Wathne* aus dem Jahr

1894, Hafnargata 44, Tel. 4 72 15 96, geöffnet im Sommer täglich außer Mo 14–17 Uhr. Das Museum informiert über die Entwicklung der Fotografie, Telegrafie und Medizin. Die eine Hälfte des Hauses, in dem auch schon die Post und die Telefongesellschaft untergebracht waren, dient als Rathaus, die andere als Museum.

Fjarðarsel

Außerhalb des Orts an der Straße nach Egilsstaðir gelegen. Das **erste isländische Wasserkraftwerk** aus dem Jahr 1913 liefert heute noch Strom. Im Kraftwerksgebäude ist ein kleines Museum eingerichtet. Besichtigung werktags.

Sonstiges

Krankenhaus

Suðurgata 8, Tel. 4 72 14 05, 4 72 14 06

Apotheke

Austurvegur 32, Tel. 4 72 14 03

Frú Lára-Wollfabrik

1994 gegründet, Herstellung isländischer Wolle

Route 5 F: Die Ostfjorde

Bleibt man von Egilsstaðir aus auf der Ringstraße, gelangt man erst wieder nach 76 km bei *Heydalir* an die Küste. Alternativ kann man auf der 134 km langen Küstenstraße 92/96 entlang der Ostfjorde nach Heydalir fahren. Wegen der herrlichen Fjordlandschaften nehmen wir diese längere Strecke.

31 km hinter Egilsstaðir gelangt man auf der Straße 92 nach *Reyðarfjörður* am gleichnamigen Fjord. Auf der Nordseite dieses Fjords liegt **Eskifjörður** (15 km), ein typisch isländisches Fischerdorf mit **1000 Einwohnern,** das 1974 die Stadtrechte erhielt. Der Ort verfügt über eine kleine Trawlerflotte und verarbeitet den Fang in zwei Fischfabriken. Das ostisländische **Fischereimuseum** ist in einem hölzernen Handelshaus untergebracht und zeigt Stücke zum Herings-, Haifisch- und Walfang. Außerdem gibt es hier ein Schwimmbad, einen 9-Loch-Golfplatz sowie Gelegenheiten zum Angeln und zum Wintersport.

Nur wenig östlich von Eskifjörður liegt der Hof *Helgustaðir.* In den umliegenden Bergwerken wurden vom 17. Jh. bis 1947 lupenreine Kalkspate (isländischer Doppelspat) gewonnen, die weltweit zu Linsen für optische Geräte weiterverarbeitet wurden. Seit 1975 ist Helgustaðir Naturschutzgebiet.

23 km nördlich von Eskifjörður liegt *Neskaupstaður* am *Norðfjörður.* Die Straße 92 führt über den 705 m hohen Paß **Oddskarð.** Die umliegenden Berge sind im Winter ein **beliebtes Skigebiet.** Durch einen 626 m langen Tunnel gelangt man durch das Tal der *Hengifossá* ins *Fannardalur* und nach **Neskaupstaður,** wo die Straße endet. Mit etwa 1500 Einwohnern ist dieser Ort der größte an der Ostküste Islands. Er besteht seit 1882 und entstand ursprünglich als Handelsposten. Seit 1960 ist der Heringsfang von großer Bedeutung. Eine Fischmehlfabrik, ein Betrieb zur Verarbeitung von gesalzenem Fisch und die Heringsfabrik sichern die Arbeitsplätze der Bevölkerung. Man findet im Ort alle wichtigen Einrichtungen einschließlich Flugplatz und Krankenhaus. Lachse und Forellen können hier geangelt werden, man kann wandern und Bootsausflüge in die Fjor-

de unternehmen. Auch ein kleines Naturkundemuseum gibt es in Neskaupstaður.

Praktische Infos

Tourist-Information

In Neskaupstaður im *Hotel Egilsbuð;* das Reisebüro *Austfjarðaleið,* Gilsbakki 10, organisiert verschiedene Ausflüge.

Unterkunft

in Eskifjörður:
Hotel Askja
Hólsvegur 4, Tel. 4 76 12 61, 7 Zimmer, Restaurant, ganzjährig geöffnet

in Reyðarfjörður:
Hótel Búðareyri
Tel. 4 74 13 78
Gästehaus Tærgesenshús
Búðargata 4, Tel./Fax 4 74 14 47, 8 92 22 07
Jugendherberge
ganzjährig geöffnet

in Neskaupstaður:
Hotel Egilsbuð
Egilsbraut 1, Tel. 4 77 13 21/ 4 77 23 23, 5 einfache Zimmer
Sommerhotel Egilsbuð
16 gut ausgestattete Zimmer, Küche, Fjordblick, geöffnet 01.06.–31.08.

Camping

in Reyðarfjörður:
komfortabel, Einkaufsmöglichkeit, Tankstelle, Bushaltestelle

in Eskifjörður:
komfortabel, Einkaufsmöglichkeit, Tankstelle, Bushaltestelle

in Neskaupstaður:
Tel. 4 77 13 29, komfortabel, Einkaufsmöglichkeit, Tankstelle, Bushaltestelle

Essen & Trinken

in Eskifjörður:
Hótel Askja, Valhöll und in der Cafeteria der Shell-Tankstelle

in Reyðarfjörður:
Außer im Hotel und im Gästehaus bei der Tankstelle *Olís,* Tel. 4 74 11 47, und bei der Shell-Tankstelle

in Neskaupstaður:
Pizza 67
Egilsbraut 1, Tel. 4 77 18 67
Tankstelle Olís
Hafnarbraut 19, Tel. 4 77 14 76

Im Fossárdal bei Eyjólfsstadir

Museen

in Eskifjörður:
Ostisländisches Fischereimuseum
Sjóminjasafn Austurlands
Tel. 4 76 11 79, vom 15.6.–01.09. täglich 14–17 Uhr geöffnet
Mineraliensammlung
Tel. 4 76 11 77
Kunsthandwerk, Strandgata 33

in Neskaupstaður:
Naturkundemuseum
Náttúrugrípasafn
Miðstræti 1, geöffnet 15.06–31.08. Mo–Fr 13–17 Uhr

Sonstiges

in Eskifjörður:
Ambulanz
Strandgata 31, Tel. 4 76 12 52

in Reyðarfjörður:
Ambulanz
Búðaeyri 15, Tel. 4 74 14 01
Angeln im *Andapollur* (Ententeich)
Tel. 8 53 55 56

in Neskaupstaður:
Krankenhaus
Mýrargata 20,
Tel. 4 77 14 03, 4 77 14 00
Apotheke
Egilsbraut 7, Tel. 4 77 11 18
Angellizenz für den Fluß *Norðfjarðará*
Tröllanaust, Tel. 4 77 14 44
Wasserjet-Verleih
bei der Tankstelle Olís
Hochseeangeln
Tel. 4 77 13 21, 8 53 17 18

Von Reyðarfjörður fahren wir auf der Straße 96 am Fjord entlang weiter. Nach der Landspitze beim *Kap Vattarnes* (Leuchtturm) erreichen wir den *Fáskrúðsfjörður.* In diesem Fjord und dem gleichnamigen Ort erinnert noch heute manches an die einst hier stationierten 5000 französischen Seeleute, deren Fangflotte in *Buðir* zwischen 1852 und 1953 ihren Stützpunkt hatte. Zu sehen ist eine französische Kirche mit Friedhof; ein ehemaliges französisches Krankenhaus wird als Wohnhaus genutzt. Zu den Vogelkolonien auf der kleinen Insel *Skrúður* werden Bootsausflüge angeboten (Info beim Hof Vattarnestangi).

Praktische Infos

Hotel Bjarg
Skólavegur 49, Tel. 4 75 14 66, 6 einfache Zimmer, Tourist-Information, Restaurant
Camping Fáskrúðsfjörður
In Búðir, Tel. 4 75 12 98, komfortabel, Einkaufsmöglichkeit, Tankstelle, Bushaltestelle, geöffnet 15.06.–31.08.

Hinter Búðir queren wir den Fjord und fahren auf der gegenüberliegenden Seite weiter. Der 743 m hohe Vulkanberg *Sandfell* ist geologisch interessant. Hier kann man den Aufbau der 12 Millionen Jahre alten Ostfjorde studieren.

Nächster Fjord auf unserer Route ist der *Stöðvarfjörður.* Gäbe es nicht die berühmte **Mineraliensammlung „Steinasafn Petru“** *(Petra Sveinsdóttir,* Sunnuhlíð, Tel. 4 75 88 34, täglich geöffnet 10–18 Uhr), könnte man über diesen Fjord und seinen Hauptort *Kirkjuból* nur berichten, daß die 300 Bewohner überwiegend vom Fischfang leben. Die *Galleri Snærós* (Fjarðarbraut 46) verkauft handgefertigte Keramik und Wollwaren.

Nach dem Stöðvarfjörður endet die mühsame Fahrt entlang der Ostfjorde in der Bucht *Breiðdalsvík.* Hier erreichen wir in Heydalir wieder die Ringstraße, die von Egilsstaðir kommend durch das *Suðurdalur* und über den 470 m hohen Paß *Breiðdalsheiði* nach *Breiðdalsvík* führt, wo im Hinterland Landwirtschaft betrieben wird. Die Ringstraße umrundet einen langgezogenen Bergrücken, der sich vom 1111 m hohen *Kistufell* bis zum Meer erstreckt, und führt dann an der Küste in den *Berufjörður.* Kurz vor dem Paß Breiðdalsheiði kann man die Strecke, die auf der Ringstraße in den Berufjörður führt, um etwa 50 km abkürzen. Dazu quert man auf der Straße 939 das Kistufell im Westen. Dieser *Öxivegur* ist eine 20 km lange, schmale und holprige Bergpiste, die bei vorsichtiger Fahrweise auch mit einem normalen PKW befahren werden kann. Die zu furtenden Bäche führen im Sommer kaum Wasser. Die Abfahrt in den Berufjörður ist steil und kurvenreich.

Praktische Infos

Unterkunft in Breiðdalsvík

Hotel Bláfell
Tel. 4 75 67 70, 15 Zimmer, Schlafsackplätze, Restaurant, Angellizenzen
Camping
Beim Hotel Bláfell, Tel. 4 75 67 70, Einkaufsmöglichkeit, Tankstelle, Bushaltestelle

---

Im Berufjörður, der 18 km weit ins Land hineinragt und von zerklüfteten Bergketten umgeben ist, liegt *Berunes* (Jugendherberge, geöffnet vom 15.05.–15.09., Tel. 4 78 89 88, alter Bauernhof, Zeltplatz). Hier fielen 1627 algerische Piraten ein und plünderten die Höfe. Von Berunes aus kann man eine Bootsfahrt auf die nahegelegene und heute nur noch im Sommer von Schafhirten bewohnte **Vogelinsel Papey** machen. Auf Papey steht eine der kleinsten Kirchen des Landes; sie hat nur zwölf Sitzplätze. Für den einsamkeitsliebenden Besucher steht ein einfacher Zeltplatz ohne Versorgungsmöglichkeiten bereit.

Vom Berufjörður sind es noch 40 km bis *Djúpivogur* am gegenüberliegenden Fjordufer. Westlich von Berunes kommen wir durch *Gautavík,* das einst ein wichtiger Handels- und Anlegehafen war.

Wenn man den Fjord halb umfahren hat, gelangt man zu dem Hof *Eyjólfsstaðir,* wo sich 2 km von der Ringstraße entfernt eine Schlafsackunterkunft und ein Campingplatz befinden. In einem Nebengebäude wurden schöne Gästezimmer (16 Betten) mit Küche eingerichtet. Unser Tip zum Übernachten! Von hier kann man eine Wanderung durch das *Fossárdalur,* das „Tal der Wasserfälle", unternehmen.

5 km vor Djúpivogur erreicht man den Hof *Teigarhorn.* Bei Mineralogen ist dieses Gebiet als Fundort für Zeolithe bekannt. Der Bauer bietet bei Ebbe Führungen zu den Fundstellen an der Küste an. Die schönsten Fundstücke sind in einem Verkaufsraum ausgestellt.

In **Djúpivogur** enden die Ostfjorde. Begrenzt werden sie hier von dem kegelförmigen, 1069 m hohen *Búlandstindur.* Djúpivogur selbst liegt

Hinweisschild auf die Mineralienfundstelle Teigarhorn

auf der Landspitze *Búlandsnesið.* Nachdem das nördlich gelegene Gautavík als Handelsstützpunkt bedeutungslos geworden war, wurde Djúpivogur gegen Ende des 16. Jahrhunderts ein wichtiger Handels- und Umschlagplatz für die Kaufleute der Hamburger Hanse, später für dänische Händler. An die Blütezeit des Ortes erinnert das **Kaufmannshaus Langabuð.** Das Haus wurde ursprünglich 1790 als Blockhaus gebaut und ist in Teilen noch in seiner ursprünglichen Form erhalten. Djúpivogur hat heute etwa 400 Einwohner. Der Ort eignet sich gut als Ausgangspunkt für Wanderungen durch das Búlandsdalur oder in die umliegenden Berge. Vielleicht bekommt man dabei sogar ein Rentier oder einen Polarfuchs zu sehen.

Praktische Infos

Unterkunft in Djúpivogur

Hotel Framtíð
Vogalandi 4, Tel. 4 78 88 87, 24 Doppelzimmer, Schlafsackplätze, Restaurant, Tourist-Information, Fahrradverleih; einfacher Campingplatz nebenan

Essen & Trinken

Außer im Hotel bei **Við voginn** (Tel. 4 78 88 60) und bei der **Esso-Tankstelle.**

Museum

Langabuð
Altes Packhaus der Fa. *Örum & Wulf,* Tel. 4 78 82 20; das rote Haus stammt aus dem Jahr 1850; Café (geöffnet bis 22 Uhr), Souvenirshop, geöffnet tgl. 11–18 Uhr. Zum Museum gehören das Kunstmuseum mit Werken des Bildhauers *Ríkharður Jónsson,* die Ministerstube *Eysteinn Jónsson* (zum Gedenken an den isländischen Minister und dessen Gattin Sólveig Eyjólfsdottir. Eine Statue des Ministers steht gegenüber der Bank) und *Kvennasmiðjan,* wo Kunsthandwerk (Trolle) zum Verkauf angeboten wird.

Sonstiges

Ambulanz
Eyjaland, Tel. 4 78 88 40
Apotheke
Varða 1, Tel. 4 78 89 17
9-Loch Golfplatz (Hamrar-Platz in Hamarsfjörður)
Tel. 4 78 88 65, 4 78 81 48
Papeyjarferðir
Tel. 4 78 81 83, 8 54 44 38, Bootsfahrten zur Insel Papey, Hochseeangeln

Route 6: Der Süden

Route 6 A: Von Djúpivogur nach Höfn (100 km)

Südlich von *Djúpivogur* verläuft die Ringstraße um den *Hamarsfjörður.* In *Hamar* zweigt eine schmale Piste für Allradfahrzeuge ab, die 8km weit entlang des Bachs Hamarsá ins *Hamarsdalur* bis zu einer privaten Hütte führt. Von hier kann man zu Fuß weiter talaufwärts an den Rand des 1248 m hohen *Þrándarjökull* wandern (Tagestour).

Auf der Ringstraße läßt sich die im Westen liegende **grandiose Berglandschaft** aus Gletschern, Wasserfällen und tief eingeschnittenen Tälern nur erahnen. Die steil zum Meer hin abfallenden Berge versperren die Aussicht auf dieses Land. Auch im *Álftafjörður* zweigen drei holprige Stichstraßen (nur für Allradfahrzeuge befahrbar) ab, die ins Hinterland führen. Von *Geithellur* ins *Geithellnardalur* und von *Múli* ins *Múladalur.* Beide Täler sind etwa 35 km lang mit Wasserfällen und tiefen Schluchten. Im windgeschützten Múlatal wachsen Büsche und zahlreiche Pflanzen. Beide Täler liegen zwischen den beiden kleinen Gletschern *Þrándarjökull* und *Hofsjökull.* In dieser Gegend laden wenig begangene Pfade zu „abenteuerlichen" Wanderungen auf eigene Faust und Entdeckungen ein. In Múli bietet *Hestaferðir* (Múli, Álftafirði, 765 Djúpivogur, Tel. 4 78 89 46) **Reittouren** von 1, 2 und 14 Tagen Dauer an. Auf dem Rücken eines Islandpferds geht es im Galopp über die Ebenen des Álftafjörður oder zu den Felsformationen des *Tröllatjörn.* Auf der 14-tägigen *Landshornatour* durchquert man mit einer Pferdeherde ganz Ostisland. Von Múla führt der abenteuerliche Reiterweg nördlich des Vatnajökull ins Hochland, durch das Ódáðahraun zur Askja und weiter nach Norden. Übernachtet wird in einfachen Hütten oder in Zelten. Packpferde transportieren die Ausrüstung.

Die dritte Piste führt von *Hof* durch das Tal der *Hofsá* in Richtung des 1190 m hohen *Hofsjökull.* Am Ende der Piste liegt der Wasserfall *Stórifoss.* Wer sich in diese Gegend abseits der Ringstraße wagt, erlebt ein

Stück kaum erschlossenen Islands mit seiner urzeitlichen Vulkanlandschaft.

Die Ringstraße verläuft weiter an der Küste entlang und umrundet die 700–800 m hohe *Lónsheiði.* Bei *Starmýri* zweigt die Straße 971 ab, die die Lónsheiði direkt überquert. Diese Straße ist wegen häufiger Bergrutsche jedoch nicht immer durchgängig befahrbar.

Nachdem die Ringstraße *Kap Hvalnes* (Leuchtturm) umrundet hat, durchfahren wir das Mündungsdelta der *Jökulsá í Lóni,* die wir auf einer Brücke überqueren. Hier hat sich ein Haff ausgebildet, das *Lónsvík* genannt wird und Heimat vieler **Seehunde** ist. Vom Hof *Stafafell* führt ein Wanderweg (auch Reiterweg) entlang des Nordufers des Flusses zu beeindruckenden Vulkanbergen aus buntem Rhyolith und zu spektakulären **Schluchten und Tälern:** *Hvannagil, Hnappadalur, Jökulsárgljúfur* usw.

Auf der Westseite der *Jökulsá í Lóni* führt die Piste F980 in die **spektakuläre Lavalandschaft von Lónsöræfi** (Naturschutzgebiet). Bei *Kollumúli* hat der Gletscherfluß eine tiefe Schlucht in das Lavagestein gegraben, das hier wie bei Landmannalaugar aus farbigem Rhyolith besteht. Lónsöræfi ist ein echter Geheimtip! Ein tolles, unbewohntes Wanderge-

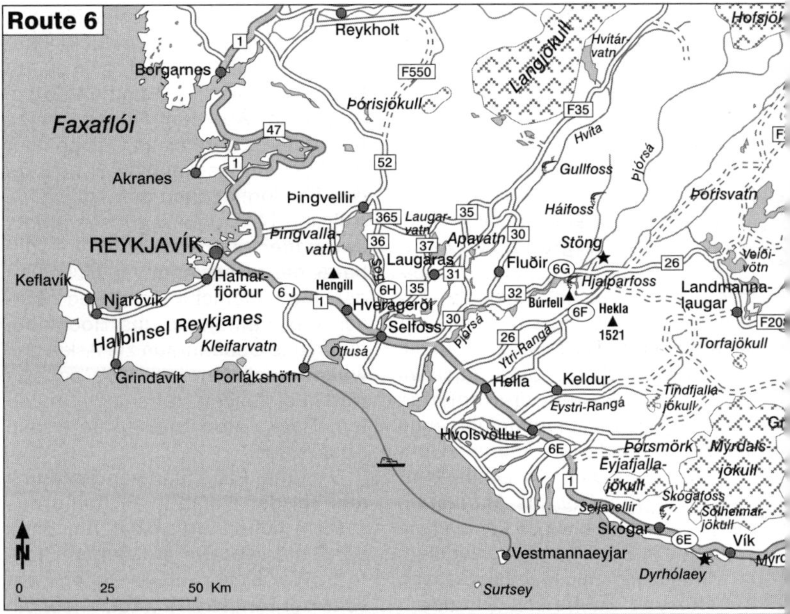

biet, in dem die Isländer noch weitgehend unter sich sind. Eine einsame Trekkingroute führt von Lónsöræfi zum Snæfell (Schutzhütten). Mit etwas Glück kann man unterwegs Rentiere entdecken und schöne Gesteine und Drusen finden. Landschaftlich besonders sehenswert sind außer den bunten Berghängen die Felsformationen von *Tröllakrókar.* Eine Hängebrücke führt über die tosende Jökulsá í Lóni.

Die Piste dorthin ist bis zur oberschenkeltiefen Furt durch den Fluß *Skyndidalsá* (11 km) einfach zu befahren. Der weitere Weg (noch 15 km) bleibt großen Geländewagen vorbehalten.

Praktische Infos

Unterkunft

Farfuglaheimili Stafafell í Lóni
Tel. 4 78 17 17, 47 2- bis 4-Bett-Zimmer, Schlafsackunterkunft, ganzjährig geöffnet. Es gibt zwei Sommerhäuschen mit Kochgelegenheit und einen einfachen Campingplatz; Pferdeverleih.

Ausflüge

Guðbrandur Jóhannsson
Höfn, Tel./Fax 4 78 17 99, 8 94 16 16

Jöklaferðir
Höfn, Tel. 4 78 10 00, Fax 4 78 19 01

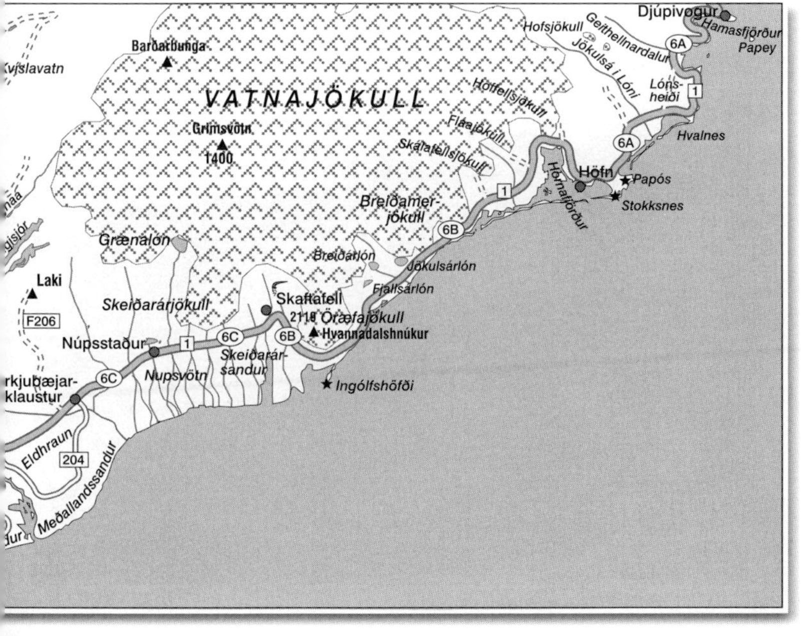

Fjallaferðir
Stafafell Travel Service,
Tel. 4 78 17 17, 5 66 85 87,
Fax 4 78 17 85

Alle drei bieten im Sommer Fahrten im Super-Jeep nach Lónsöræfi und geführte Wanderungen an.

Der Vatnajökull

Der südöstliche Teil Islands wird durch den mächtigen Vatnajökull beherrscht, dessen Eispanzer bis zu 1000 m dick ist und der eine Fläche von 8456 km² bedeckt, was der Größe von halb Schleswig-Holstein entspricht. Damit ist der „Wassergletscher" der mit Abstand **größte Gletscher Europas.** Seine großen Gletscherzungen reichen bis zur Küste: *Fláajökull, Heinabergsjökull, Skálafellsjökull, Breiðamerkurjökull, Öræfajökull, Skeiðarárjökull.* Der Vatnajökull ist in den letzten 100 Jahren um 10% seines Volumens geschrumpft. Am Südrand des Gletschers erhebt sich der **Hvannadalshnúkur,** mit 2119 m der **höchste Berg Islands.** Der gewaltige Vatnajökull ist unser Wegbegleiter im Süden Islands von Höfn bis Skaftafell.

Nach der Mündung der Jökulsá í Lóni führt die Ringstraße auf den Paß *Almannaskarð.* Neben der Straße stehen die Reste nachgebildeter Torfhäuschen, die einmal als Kulisse für den Film „Das wiedergefundene Paradies" von *Halldór Laxness* dienten. Von der 488 m hohen Paßhöhe hat man eine herrliche Aussicht über den *Skarðsfjörður* auf Höfn und den Vatnajökull.

Bauernhof am Fuß des Vatnajökull

S. 470

Abstecher nach Stokksnes

Nach der Paßhöhe zweigt eine Stichstraße nach Stokksnes ab (5 km), wo man eine interessante Wanderung entlang der Küste machen kann. Wir empfehlen, diese **Rundwanderung** (5–6 Std.) bereits von der Paßhöhe aus zu beginnen. Die Straße, auf der wir gehen, führt an der Küste des Skarðsfjörður entlang, um die Berge des *Fjarðarfjall,* dessen höchste Erhebung der 888 m hohe *Klifatindur* ist. Die öffentliche Straße endet nach 4 km bei dem Hof *Horn;* zur militärischen Radarstation Stokksnes darf man nicht fahren (Verbotsschilder). Auf dem Dammweg gehen wir ein Stück weiter in Richtung Stokksnes bis zur Bucht *Hornsvík.* Immer an der Küste entlang erreichen wir nach etwa 1 1/2 Stunden das Wrack eines hier 1983 gestrandeten Fischerboots. Bei der kleinen Landzunge *Hafnartangi* beginnt ein verfallener Fahrweg, auf dem wir weiterwandern, bis der Weg ausläuft. Dieser führte im II. Weltkrieg zu einer Radarstation der Briten, aus der die heutige Station Stokksnes entstand. Am Hang des *Vesturhorn* steigt der Wanderpfad auf 50–100 m an. Vor uns liegt das *Brunnhorn,* ein 454 m hoher Berg mit drei auffallenden Gipfeln. Nachdem wir einen begehbaren Weg über den sandigen Paß *Sandskarð* zwischen dem Vesturhorn und dem Brunnhorn gefunden haben, geht es wieder hinunter zur Küste (3 Std.). Im Norden liegt der **alte Handelsplatz Papós** am Ufer des *Papafjörður,* der den Schiffen einen geschützten Ankerplatz bot. Von diesem ehemaligen Handelsort stehen nur noch wenige Grundmauern. Der Ortsname gibt einen Hinweis auf irische Mönche, die hier bereits vor den Wikingern lebten. Man nimmt an, daß Papós bis ins 19. Jahrhundert nicht dauerhaft besiedelt war, sondern nur dann aufgesucht wurde, wenn ein Schiff anlegte, um Waren zu tauschen und zu befördern. Erst 1864 ließ der dänische Kaufmann *Otto Tulinius* hier eine feste Handelsniederlassung errichten, die mit der Gründung des nahegelegenen Höfn jedoch schnell wieder bedeutungslos wurde. Die hölzernen Lagerschuppen wurden in Papós ab- und in Höfn wieder aufgebaut.

Von Papós erreichen wir bald wieder einen Fahrweg, der uns zur Ringstraße (4 Std.) und zum Parkplatz (5 Std.) zurückbringt.

Höfn í Hornafirði

Höfn í Hornafirði liegt auf einer 1km schmalen Landzunge zwischen dem Hornafjörður und dem Skarðsfjördur. Beiden Fjorden vorgelagert sind zwei langgestreckte, schmale Inseln aus Sand, *Suðurfjörur* und *Austurfjörur.* Diese schützen den Ort und seinen Hafen vor dem Unbill des Meeres.

Höfn, „Hafen", hat **1800 Einwohner** und in den letzten Jahrzehnten immer mehr als kleine Industriestadt (Fischverarbeitung) an Bedeutung gewonnen, vor allem nach dem Ausbau der Ringstraße. Industrieanlagen, Sendemasten, große Tanks und Betonbauten bestimmen das Bild Höfns auf der Seeseite. Im Norden dominiert die Eiswelt des Vatnajökull. 1997 feierte man Jubiläum: 100 Jahre Höfn.

Es besteht durch den Hafen, den Flugplatz und die Überland-Linienbusse eine **gute Verkehrsanbin-**

dung an Reykjavík. Wichtige Versorgungseinrichtungen, auch ein Krankenhaus, findet man im Ort. Wer auf der Straße 99 *(Hafnarbraut)* von der Ringstraße kommt, stößt unmittelbar auf den Campingplatz mit der Tourist-Information und der Bushaltestelle *(Jöklaferðir Info-Center,* geöffnet tägl. 7.30–22.30 Uhr). Fährt man weiter, kommt man zum Hafen. Südlich davon erinnert im Vogelschutzgebiet *Ósland* ein Denkmal an die Seeleute, die im Meer ertrunken sind.

Von Höfn aus lassen sich **Touren zum Vatnajökull** (geführte Gletscherwanderungen, Fahrten mit dem Snow-Mobil oder der Schneekatze) oder eine **Bootstour entlang der Küste** unternehmen, bei der man mit etwas Glück auch **Wale** beobachten kann.

Im früheren **Kaufmannshof,** einem 1864 ursprünglich auf Papós erbauten Holzhaus, ist heute das **Heimatmuseum** untergebracht. Hier wird das Leben der Bauern und Fischer in Ostisland dokumentiert. Auch eine naturgeschichtliche Abteilung gibt es.

Praktische Infos

Tourist-Information

Tel. 4 78 17 01, am Campingplatz neben der Busstation, im Sommer täglich von 8–14 und 16–23 Uhr geöffnet; Fahrradverleih, Angeln, Wandervorschläge; Buchung von Gletschertouren

Unterkunft

Hotel Höfn
Tel. 4 78 12 40, 36 komfortable Zimmer, Sauna, Restaurant, Tanz am Wochenende im Winter, ganzjährig geöffnet

Gistiheimilið Hvammur
Am Hafen, Tel. 4 78 15 03, 6 Zimmer

Gästehaus Ásgarður
Am Hafen, Tel. 4 78 13 65; gehört zum Hotel Höfn; Schlafsackunterkunft

Farfuglaheimili Álaugarey, Jugendherberge Nýibær
Hafnarbraut 8, außerhalb vom Zentrum, Tel. 4 78 17 36, 27 Betten, geöffnet 15.05.–30.09.

Campingplatz

Hafnarbraut, Tel. 4 78 10 00, am Ortseingang beim Jöklaferðir Info-Center; komfortabel, Einkaufsmöglichkeiten, Wohnmobil-Stellplätze, Tankstelle, Geldwechsel

Essen & Trinken

Hotel Höfn (s.o.)
Fisch-, Hummer- und Lammgerichte

Restaurant Ósinn
Hafnarbraut 38, Tel. 4 78 22 00, täglich 8–22 Uhr geöffnet, preiswerte Gerichte, Fast Food

Restaurant Víkin
Víkurbraut 2, Tel. 4 78 23 00

Hafnarbuðin, Tel. 4 78 10 95

Restaurant Nesjar, Tel. 4 78 17 79

Restaurant Þorpið
Árnanes, Tel. 4 78 15 50

Busse

Linienbusverbindungen nach Reykjavík (tägl. um 8.30, Ankunft 17 Uhr) und *Egilsstaðir* (ab 8.30, an 13.45 Uhr). Vom 15.06.–09.09. tägliche Ausflugsfahrten *Höfn–Vatnajökull–Jökulsárlon.*

Flüge

Der Flugplatz liegt außerhalb vom Ort; Tel. 4 79 12 50. Täglich Linien-

Eisberge im Gletschersee Jökulsárlón (vgl. nächste Seite)

flüge nach Reykjavík und Egilsstaðir, Rundflüge über den Vatnajökull.

Heimatmuseum

Byggðasafn Austur-Skaftafellasýla
Tel. 4 78 18 33, Hafnarbraut beim Campingplatz, geöffnet von 01.06.–01.09., Mo–Fr 10–12 und 14–17 Uhr

Sonstiges

Schwimmbad
Hafnarbaut 11, geöffnet Mo–Fr 7–14 und 16–21 Uhr, Sa/So 9–16 Uhr

9-Loch Golfplatz

Ambulanz
Vikurbraut, Tel. 4 78 14 00

Apotheke
Hafnarbraut 29, Tel. 4 78 12 24

Ausflüge

Gletschertouren
Veranstalter der Touren ist *Jöklaferðir,* Tel. 4 78 10 00; Zubringerdienste ab Höfn zur Hütte *Jöklasel* am Vatnajökull; Buchung auch bei der Tourist-Information; die Touren mit dem Snow-Mobil oder der Schneekatze kosten von 5300 ISK/Stunde bis zu 20 000 ISK/Tagestour.

Guðbrandur Jóhannsson
Tel./Fax 4 78 17 99, 8 94 16 16, Fahrten im Super-Jeep nach Lónsöræfi

Jökluhreppar,
Bjarni Skarphéðinn Bjarnason
Silfurbraut 15, 780 Hornafjörður, Tel. 4 78 15 67, Fax 4 78 21 67

Route 6 B: Von Höfn nach Skaftafell (136 km)

In **Nesjar** zweigt beim *Edda-Hotel Nesjaskóli* (Tel. 4 78 14 70, Sommerhotel mit 28 Zimmern, Schlafsackplätze, Restaurant) die Straße zum Flugplatz von Höfn ab. Hier gibt es einen Campingplatz, eine Cafeteria und einen Laden. Im Gästehaus *Árnarnes* ist eine Kunstgalerie untergebracht. Das tief in die Berge eingeschnittene *Laxárdalur* kann erwandert werden. **Tip:** Gegenüber dem Edda-Hotel Nesjaskóli kann man bei der ESSO-Tankstelle auf der Wiese zelten (1998 kostenlos, ein Campingplatz soll errichtet werden).

Nach der Brücke über die *Hoffellsá* zweigt eine Stichstraße zur Farm *Hoffell* ab (5 km), die malerisch am Fluß zwischen den Gletscherzungen *Lambatungujökull* und *Hoffellsjökull* liegt. Mineraliensammler schätzen diesen Ort als Fundstelle für Jaspis und Opal. Von der Farm kann man auf einer Piste weiter zum Gletscherrand des Hoffellsjökull fahren. Viele Höfe entlang der Ringstraße – wie *Hrollaugsstaðir, Smyrlabjörg, Flatey, Brúnnhóll* oder *Hólabrekka* – bieten Übernachtungsmöglichkeiten an; oft kann man auch Pferde leihen. Schilder an der Ringstraße weisen auf die Übernachtungsmöglichkeiten hin. Beim Wasserkraftwerk *Smyrlabjargárvirkjun* (1400 kW, 1969 erbaut) zweigt eine Allradpiste ab, die steil über die 17 km lange (F985) Gletschermoräne zur **Hütte Jöklasl** (800 m) am Rand des *Skálafellsjökull* hinaufführt. Hier starten die **Gletscherexkursionen** mit dem Snow-Mobil oder der Schneekatze. Auch ein Skigebiet befindet sich hier.

Praktische Infos

Unterkunft

Gästehaus Árnanes
781 Hornafjörður, Tel. 4 78 15 50, Fax 4 78 18 19; 35 Betten, 17 Schlafsackplätze, ganzjährig geöffnet, Imbiß, Getränke, Reittouren

Fosshótel Vatnajökull
s. Praktische Tips

Gästehaus Hólabrekku
Mýrum, 781 Hornafjörður, Tel. 4 78 10 22, Fax 4 78 22 71, 18 Betten, ganzjährig geöffnet (15.09.–01.06. nur auf Voranmeldung)

Brunnhóll
Mýrum, 781 Hornafjörður, Tel. 4 78 10 29, Fax 4 78 10 79, 17 Betten, ganzjährig geöffnet, Fahrradverleih

Jöklasl
Hütte am Skálafellsjökull, Tel. 4 78 10 01, 4 78 10 00, im Sommer geöffnet; Cafeteria, Snowmobil-Touren; steile Schotterstraße, mit PKW möglich

Smyrlabjörg
Smyrlabjörgum, Tel. 4 78 10 74, Fax 4 78 20 43; 57 Betten, 17 Schlafsackplätze, ganzjährig geöffnet, Angeln

Farfuglaheimilið Vagnsstaðir (Jugendherberge)
Vagnsstöðum, Suðursveit, Tel. 4 78 10 48, Fax 4 78 21 67, im Sommer geöffnet, 12 Betten, Zeltplatz, Angeln, Fahrradverleih

Hrollaugssaðir
Suðursveit, Tel./Fax 4 78 19 05, Tel. 4 78 10 57, im Sommer geöffnet, 28 Betten, 45 Schlafsackplätze, Zeltplatz, Reiten; angegliedert: Farm *Gerði/Hala,* 9 Betten, ganzjährig geöffnet

Eisberge auf dem Jökulsárlón

32 km nach dem Kraftwerk sehen wir direkt an der Ringstraße ein wunderschönes Naturschauspiel. Auf dem **Gletschersee Jökulsárlón** schwimmen riesige Eisberge, die langsam auf Islands kürzestem Fluß (250 m), der *Jökulsá,* ins Meer treiben. Der Jökulsárlón ist nicht zu verfehlen; er liegt nördlich der 1967 erbauten Brükke. Der nahe *Breiðamerkurjökull* kalbt in die „Gletscherlagune", hausgroße Eisblöcke brechen immer wieder vom Gletscher ab und schwimmen auf dem Wasser. Bedenkt man, daß bei einem Eisberg sechs Siebtel unter der Wasseroberfläche liegen, kann man sich die wahre Größe der Gletscherbruchstücke leicht vorstellen. Im Jahr 1890 reichte die 18 km breite Gletscherzunge des Breiðamerkurjökull noch bis 250 m ans Meer heran; heute trennt eine 2,5 km breite Moräne den Gletscher vom Atlantik.

Die eisigen Welten der weiß-blau schimmernden Eisberge kann man auf einem **Bootsausflug** ganz aus der Nähe erleben. In der Cafeteria am Ufer des Sees und unter der Tel.-Nr. 4 78 10 65 bucht man eine der von Juni bis August von 9–20 Uhr stündlich stattfindenden Bootsfahrten. Von Höfn (Buchung bei der Tourist-Information) fahren Zubringerbusse zum See. Die drei Landungsboote *Dreki, Jaki* und *Klaki* sowie ein kleines, wendiges Personenschiff fahren etwa eine Stunde lang zwischen den Eisbergen umher und an den Rand des Gletschers. Da vor allem die Teile der Eisberge unter dem Wasser eine Gefahr für die Boote bedeuten, werden sie per Radar angepeilt. Auf einem Monitor kann man die gesamte Größe eines Eisberges sehen und bekommt auch die beträchtliche Tiefe des Gletschersees (100 m) angezeigt.

Nicht nur auf dem Jökulsárlón, auch auf zwei weiteren Gletscherseen des Breiðamerkurjökull, dem *Breiðárlón* und dem *Fjallsárlón,* schwimmen große Eisberge. Am Ufer des Fjallsárlón kann man wild campen. Die Zufahrt dorthin erfolgt von westlich der Brücke über den Seeabfluß *Fjallsá.* Unmittelbar am See ist die alte Brücke, wo früher einmal die Ringstraße verlief, eingestürzt.

Bis vor wenigen Jahren konnte man am Jökulsárlón und in den Dünen rund um die Seen überall frei zelten. Heute ist das ganze Gebiet touristisch erschlossen und wildes Campen nicht mehr gerne gesehen. Parkplätze für Busse und PKWs wurden angelegt. Die wunderschönen Gletscherseen und ihre Umgebung haben dadurch viel von ihrer ursprünglichen Schönheit eingebüßt.

Wandertip

Eine Rundwanderung (Tagestour) führt auf unmarkierten, aber bequem zu begehenden Pfaden um die drei Gletscherseen des Breiðamerkurjökull herum. Ausgangpunkt der Wanderung ist der Parkplatz am Jökulsárlón. Von dort gehen wir zunächst entlang der Meerseite des Jökulsárlón bis zum Breiðamerkurjökull (2 Std.). Über die Gletschermoräne laufen wir am Rand des Gletschers nach Westen zum Breiðárlón (2 Std.). Wir umwandern diesen auf der Meerseite und kommen in Richtung Ringstraße zum Fjallsárlón (1–2 Std.). Wir folgen dem Seeabfluß zur Ringstraße und gehen auf dieser entlang des

Breiðarmerkursandur oder direkt am Meer (oft recht windig) zurück zum Jökulsárlón (2 Std.). Die gesamte Wanderung ist etwa 26 km lang.

Auf der anderen Seite der Ringstraße erstrecken sich am Breiðamerkursandur ausgedehnte Sand- und Geröllfelder, die mit Moränen durchsetzt sind. Dieses Gebiet verdankt seine Entstehung dem Gletscher und den immer wieder auftretenden Gletscherläufen. Im nördlichen Teil der Erde ist der Breiðamerkursandur aber auch das größte Brutgebiet der Großen Arktischen Raubmöwe oder *Skua*. Wenn diese Vögel ihre Brut bedroht sehen, greifen sie an. Auch vor Menschen machen sie dabei nicht halt. Nehmen Sie sich also bei einer Wanderung zur Küste vor den im Tiefflug heranannahenden Vögeln in acht. Eine Kopfbedeckung schützt vor den schmerzhaften und blitzschnell erfolgenden Schnabelhieben der Skuas.

Moorbirke

Am westlichen Ende des Breiðamerkursandur liegt die kleine Farm *Kvísker;* sie wirkt etwas verloren am mächtigen *Öræfajökull.* Über dieses Gehöft, das nur noch von alten Menschen bewirtschaftet wird, für die es keine Nachfolger gibt, wurde einmal ein Beitrag im deutschen Fernsehen gesendet. 2 km weiter reicht der *Kviárjökull* wieder weit an die Ringstraße heran. Auch er kalbt in einen Gletschersee, auf dem kleine Eisberge schwimmen.

Von dem früher intensiv landwirtschaftlich genutzten Gebiet entlang der Küste ist heute nicht mehr viel zu erkennen. Nur noch wenige Höfe sind übrig geblieben. Schuld daran sind die Vulkanausbrüche und die Gletscherläufe, die den Bauern das Leben schwermachen. Heute nennt man dieses Gebiet *Öræfasveit,* „Ödland". In dem kleinen Ort *Fagurhólsmýri,* wo sich ein Laden und ein Flugplatz befinden, zweigt eine Stichstraße zur Küste ab, die zu einem Kap führt. Vor diesem liegen zahlreiche Sandbänke und kleine Inseln. Dies ist die Stelle, wo *Ingólfur Árnarson,* der erste Siedler Islands, an Land gegangen sein soll. Der Name *Ingólfshöfði* erinnert daran. Es ist überliefert, daß Ingólfur hier seinen ersten Winter verbracht hat, bevor er sich in der Gegend des heutigen Reykjavík niederließ.

Die Ringstraße umrundet in ihrem weiteren Verlauf den *Öræfajökull;* westlich der Straße erstreckt sich das ausgedehnte Schwemmland des *Skeiðarársandur.* Die **Bauernhöfe in**

Hof haben sich voll auf den Tourismus eingestellt. Fast alle **bieten Quartier** und Pferde zum Leihen an. Auch eine **Torfkirche,** die 1883 erbaut wurde und unter Denkmalschutz steht, kann man sich hier ansehen. Nicht weit davon liegt das Gehöft *Gröf,* das bei dem verheerenden Vulkanausbruch des Öræfajökull 1362 verschüttet worden war und wieder ausgegraben wurde. Zu den drei Gletscherzungen *Fjalljökull, Svínafellsjökull* und *Skaftafellsjökull* kann man von der Ringstraße aus hinwandern. *Svínafell,* wo sich eine Tankstelle befindet und Ferien auf dem Bauernhof angeboten werden, kommt in der *Njáll-Saga* vor. Hier soll *Flosi,* ein Akteur dieser Sage, gelebt haben. Wer nicht unbedingt in dem oft überfüllten Skaftafell zelten möchte, findet beim Schwimmbad *Flosalaug* in Svinafell (8 km östlich Skaftafell) einen netten kleinen Campingplatz; 350 ISK/Person.

Es ist noch gar nicht so lang her, da war der Südrand des Vatnajökull zwischen Breiðamerkursandur und Skaftafell noch eines der isoliertesten Gebiete von ganz Island. Im Westen des *Litla Hérað,* des „kleinen Bezirks", bildete der unberechenbare Gletscherfluß *Skeiðará* eine Barriere für den Bezirk *Öræfi.* Die Abflüsse der großen Gletscher waren beinahe unüberwindliche Hindernisse. Die versandeten Küsten eigneten sich nicht als Schiffsanlegeplatz. Die Postreiter kamen nur gelegentlich über den Breiðamerkurjökull hierher. Die Bauern waren beinahe eine Woche unterwegs, um zum nächsten Handelsplatz nach Höfn zu gelangen. Als jedoch zur 1100-Jahr-Feier 1974 die Verbindung der Ringstraße fertiggestellt wurde, änderte sich dies schlagartig. Auch das Gebiet bei Skaftafell gewann an Bedeutung. Damals überbrückte man das Sandergebiet, traf aber auch Vorsorge für den nächsten Gletscherlauf. Man verlegte die Brücke auf schwimmfähigen Pontons. Wenn jetzt die Straße durch die Wassermassen weggerissen werden sollte, könnten zumindest diese Teile der Brücke wiederverwendet werden. Sie treiben auf dem Meer und können an Land gezogen werden. Der nur kurze, aber umso heftigere Gletscherlauf im November 1996 hat die Ringstraße im Skeiðarársandur auf mehreren hundert Meter Länge mitgerissen. Die Schäden an der Ringstraße sind dank heutiger Technik schnell behoben worden, und neue Brücken und Dämme wurden gebaut.

Nationalpark Skaftafell

Ein besonders beliebtes Ziel auch für die Isländer ist der Skaftafell-Nationalpark, den man auf einer 2 km langen Stichstraße von der Ringstraße aus erreicht (Karte auf S.480).

Skaftafell kann bereits auf eine lange Geschichte zurückblicken. Hier befand sich schon zur Zeit der Landnahme im 10. Jahrhundert eine Thingstätte. Die Landschaft wird durch den mächtigen Vatnajökull, seine Gletscherzungen und die umliegenden Berge mit Höhen von 1000–1500 m geprägt. Eine beinahe schon alpine Landschaft erstreckt sich zwischen dem Skeiðarárjökull im Westen und dem Öræfajökull im Osten. Unter diesem Teil des Gletschers verbirgt sich der mit 300 km^2 **zweitgrößte Vulkan Europas,** der

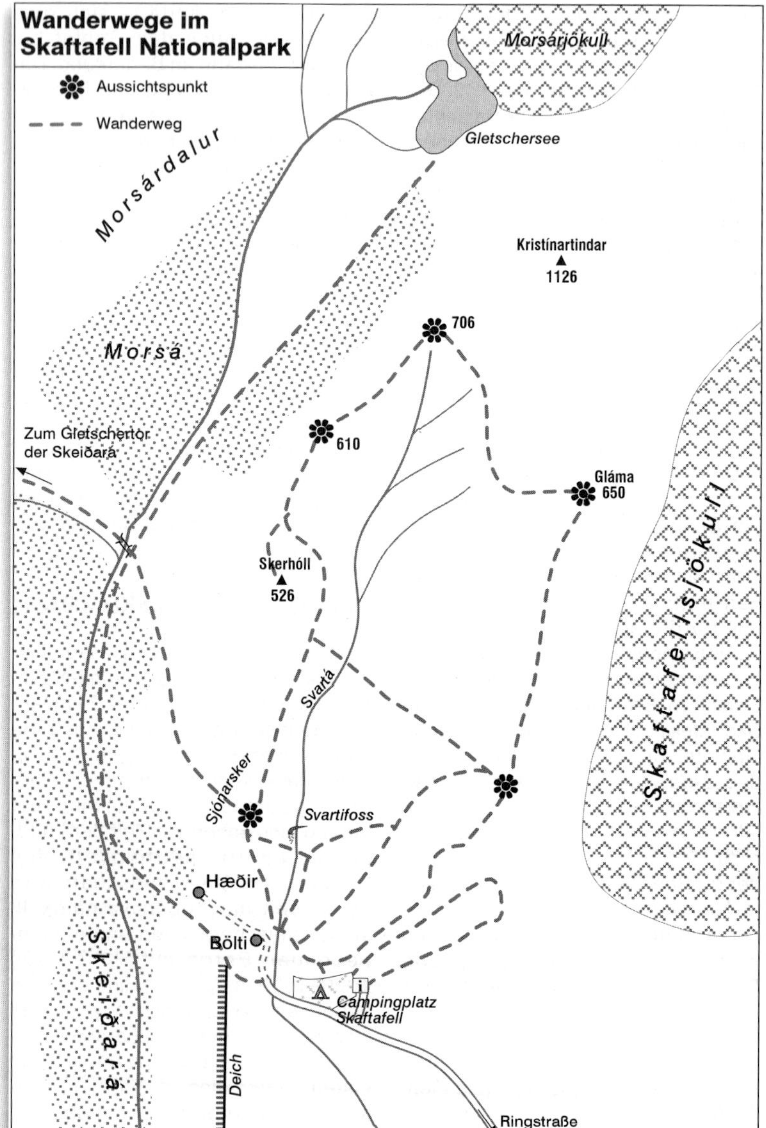
Wanderwege im Skaftafell Nationalpark
Aussichtspunkt
Wanderweg
Morsárjökull
Gletschersee
Morsárdalur
Kristínartindar
1126
706
Morsá
610
Zum Gletschertor der Skeiðará
Gláma
650
Skerhóll
526
Skaftafellsjökull
Svartá
Sjónarsker
Svartifoss
Hæðir
Bölti
i
Campingplatz Skaftafell
Skeiðará
Deich
Ringstraße

2119 m hohe **Hvannadalshnúkur** (der größte ist der Ätna in Italien). Er ist der gefährlichste und unberechenbarste Islands und steht – im Gegensatz zu den anderen Vulkanen – nicht in unmittelbarem Zusammenhang mit dem Vulkanismus am mittelatlantischen Rücken. Der Vulkan war bereits vor 3–4 Millionen Jahren aktiv, aber auch in diesem Jahrtausend brach er schon zweimal aus, zuletzt 1727. Der **Skeiðarárjökull** ist mit einer Fläche von 1600 km² der **größte Talgletscher Europas.** Bis 1940 liefen der Skeiðarárjökull und der Svínafellsjökull zusammen. Bedingt durch die Klimaerwärmung zogen sich die Gletscher zurück und wurden dadurch getrennt. Moränen markieren den Weg ihres Rückzugs.

Die *Skeiðará* hat ihren Ursprung westlich von Skaftafell im Skeiðarárjökull. Im Sommer fließen hier durchschnittlich 200 m³ Wasser pro Sekunde ab. Bei einem der regelmäßig wiederkehrenden Gletscherläufe, die meistens durch die **Grímsvötn** – dies ist das **größte geothermale Gebiet der Erde** – ausgelöst werden, erhöht sich die Wassermenge auf etwa 7400 m³ pro Sekunde. Jedoch kann die Abflußmenge auch um ein Vielfaches höher sein. 1934 z.B. betrug die Wassermenge 45 000 m³ pro Sekunde, und auch 1996 sind 45 000 km³ pro Sekunde abgeflossen. Durch diese Gletscherläufe entstand der Skeiðarársandur, der mit seinen riesigen schwarzen Sand- und Geröllfeldern eine Fläche von 1000 km² bedeckt. Ihren Namen haben die Grímsvötn übrigens aus einer Sage. Demnach gab es einen Geächteten names *Grímur,* der sich zu den Gletscherseen flüchtete. Weil ihm hier ein Riese die gefangenen Fische stahl, tötete Grímur diesen und nahm sich seine Tochter zur Frau. Sie sagte voraus, daß die Seen eines Tages die ganze Umgebung vernichten würden.

Der Reiz von Skaftafell liegt auch in dem hier herrschenden milden Klima. Zwar fällt relativ viel Niederschlag, doch werden die kalten Nord- und Ostwinde von den hohen Bergen und Gletschern abgehalten. Auch Föhn tritt hier häufig auf.

Der **Nationalpark Skaftafell** wurde 1967 gegründet. 1984 wurde er um 1100 km² auf 1600 km² erweitert. Im Park kommen 210 verschiedene Pflanzenarten vor. Waldstorchschnabel, Glockenblumen, Echtes Labkraut oder Waldengelwurz sind besonders bemerkenswert. Im *Bæjarstaðarskógur* gibt es noch Waldreste mit hohen Birken. Durch ein besonders reiches Insektenvorkommen ist ausreichend Nahrung für Vögel geboten. Rotdrosseln, Schneehühner und Bergfinken, aber auch eine nur in Island vorkommende Zaunkönigart trifft man hier an.

Im Sandergebiet lagen früher ausgedehnte fruchtbare Weiden und Wiesen; heute ist es Ödland, wo sich keiner mehr hinverirrt. Das Gebiet heißt nach dem einst größten Hof *Skaftafell.* Die beiden **Höfe Bölti** und **Hæðir** sind heute noch bewirtschaftet. In Skaftafell gibt es einen großen Campingplatz und einen Supermarkt.

Westlich von Bæjarstaðarskógur kommen **heiße Quellen** mit Temperaturen von 70–80°C vor. Ein besonders lohnenswertes Ziel ist auch der **Svartifoss,** der **„schwarze Wasserfall".** Er beeindruckt durch die ihn umgebenden Basaltsäulen, die wie Orgelpfeifen angeordnet sind.

Svartifoss im Skaftafell

Skaftafell ist ein **ideales Gebiet für Wanderer.** Markierte Wege und Holzbrücken laden zu Touren ein. Eine der schönsten Touren zum Gletschertor des Skeiðarárjökull und zurück über die Skaftafellsheiði und den Svartifoss ist auf S.96 beschrieben. Der Naturschutzrat hat ein Faltblatt mit Wanderwegen herausgegeben, das bei der Information des Campingplatzes erhältlich ist.

Wandertip

Eine Tagestour von etwa 6 Std. führt vom Campingplatz zu den Bergen *Gláma* und *Kristínartindar* und im Westen der Skaftafellsheiði über den Aussichtspunkt *Sjónarsker* wieder zurück nach Skaftafell. Auf dem Weg geht man zunächst parallel zum Westrand des Skaftafellsjökull nach Norden. Der Gláma ist ein 650 m hoher Felsvorsprung, von dem der Gletscher zu überblicken ist. Der Weg zweigt hier nach Westen ab und erreicht am Fuß der beiden Gipfel des Kristínartindar (979 und 1126 m) den nächsten Aussichtspunkt. Von hier sieht man in das Moränental *Morsárdalur.* Zum 526 m hohen Berg *Skerhóll* kann man einen kurzen Abstecher machen. Vorbei am Aussichtspunkt Sjónarsker gelangt man wieder zurück zum Campingplatz.

Praktische Infos

Tourist-Information

Skaftafell
Information Þjónustumiðstöð
Tel. 4 88 16 27

Unterkunft

Hotel Skaftafell
Freysnes, Öræfasveit,
Tel. 4 78 19 45, ca. 5 km vom Park

an der Ringstraße gelegen,
21 komfortable Zimmer, Restaurant
Gästehaus Bölti
Tel. 4 78 16 26, am Westende des Campingplatzes, Betten und Schlafsackplätze

Campingplatz

Tel. 4 88 16 27, groß und komfortabel, aber sehr oft auch überfüllt und laut, Supermarkt, Cafeteria, Stellplätze für Wohnmobile, Tankstelle, Bushaltestelle, 700 ISK/Pers.

Busse

Außer den **Linienbusverbindungen** auf der Ringstraße im Sommer (15.07.–01.08.; s. S.62) täglich **Sonderbusse** auf den Routen Skaftafell–Eldgjá–Landmannalaugar–Reykjavík und Skaftafell–Kirkjubæjarklaustur–Laki

Flüge

Jórvík Aviation
Tel. 8 54 23 00 (Skaftafell), 5 62 51 01 (Reykjavík), Rundflüge (Preise pro Person 1998): ab Reykjavík: nach Skaftafell und Jökulsárón (Tagestour mit Aufenthalten, 15 500 ISK), zu den Westmänner-Inseln (Tagestour mit Aufenthalten, 9500 ISK) ab Skaftafell (Rundflüge ohne Aufenthalt): Laki-Krater–Langisjór–Landmannalaugar (9500 ISK), Westmänner-Inseln–Surtsey–Dyrhólaey (12 500 ISK), Vatnajökull (12 500 ISK), Grænalón, Súlutindar, Núpstaðarskógur (4800 ISK), Berge in der Umgebung Skaftafells–Hvannadalshnúkur (4800 ISK), Kvíarjökull–Breiðamerkurjökull–Jökulsárlón (4800 ISK)

Sonstiges

Geführte Wanderungen und Gletschertouren, Wanderungen/Jeep-Touren zu der Stelle, wo 1996 der Gletscherlauf begann; Besteigung des Hvannadalshnúkur

Route 6 C: Von Skaftafell nach Kirkjubæjarklaustur (68 km)

Von Skaftafell fahren wir auf der Ringstraße weiter nach Westen. Im Skeiðarársandur hat sich durch den Gletscherlauf von 1996 die Landschaft verändert. Eine 2 km lange Schotterstraße führt zur Haöldukvísl, dem Gletscherfluß, durch dessen Tal die Wasserfluten damals abflossen. Von einem Aussichtsplateau kann man das neu geschaffene, kilometerbreite Tal vor dem Skeiðarárjökull überblicken. Man sieht die Gletscherabbrüche, wo 1996 das Wasser aus dem Eis hervortrat. Mit dem Geländewagen kann man die Haöldukvísl überqueren und durch den schwarzen Lavasand bis an den Rand des Gletschers fahren. In dem wasserreichen Tal gibt es jedoch viele Weichsandstellen mit Treibsand, so daß man den Weg durch den Sand genau kennen sollte, auf dem man zum Gletscherabbruch gelangt. Die Trasse der Ringstraße verläuft im Skeiðarársandur auf einem 17 km langen Damm und über Brücken aus Beton, Holz und Stahl. Die *Núpsvötn* wurden mit dem Fluß *Súla* vereinigt, um die Wassermassen besser kanalisieren zu können. Etwa 12 km nördlich der Ringstraße liegt *Núpsstaðarskógur,* ein bewaldeter Canyon mit mehreren Wasserfällen. Die beiden beeindruckendsten Wasserfälle *Núpsárfoss* und *Hvítárfoss* liegen an der Stelle, an der sich die beiden Gletscherflüsse jeweils in eine enge Schlucht ergießen. Eine Piste führt entlang der Westseite der Núpsvötn dorthin. Wegen der zahlreichen Furten ist diese Strecke auch mit einem Geländewagen nur bei geringer Wasserführung der Gletscherflüsse befahrbar. Von *Núpsstaður* aus werden im Sommer Exkursionen dorthin angeboten.

Núpsstaður

Hinter der Brücke über die Núpsvötn liegt der markante Felsen *Lómagnúpur.* Bevor Gletscherläufe und die Anhebung des Landes hier die Küstenlinie weiter nach Süden verlagert haben, war das ehemalige Kliff mit 767 m Höhe die höchste Steilküste der Welt.

Das Gehöft *Núpsstaður* ist der erste Ort nach Skaftafell. Er liegt unterhalb des ehemaligen Kliffs *Klaufardrangur.* Einst befand sich dort die Poststation, von der aus die Postreiter den Skeiðarársandur nahe am Rand des Skeiðarárjökull überquerten. Heute ist hier die Kapelle sehenswert, die auf das Jahr 1660 zurückgeht. Zu Anfang dieses Jahrhunderts befand sich hier auch noch ein altes Torfgehöft, das einmal aus neun Häusern bestand. Leider verfallen die alten Torfhäuschen immer mehr.

Die Torfkirche ist die kleinste Islands. Trotz ihrer geringen Grundfläche von nur 6x2,5 m finden 35 Menschen darin Platz. Sehenswert sind auch die kleine Orgel in der Kirche und der Friedhof, der die Kirche umrahmt. Hier liegt der Postreiter *Hannes Jónsson* begraben (1880–1968), der als bester Führer durch den Skeiðarársandur galt.

Im *Brunahraun* zweigen auf beiden Seiten der Ringstraße mehrere Allradpisten ab, die entweder nach Norden in die Berge oder nach Süden durch den Sand zur Küste führen. Nachdem man das Brunahraun durchquert hat, den östlichen Lavastrom, der sich beim Lakiausbruch im Flußbett des *Hverfisfljót* ausbreitete, erreicht man östlich des Hofs *Foss,* der mit seinem Wasserfall *(Fagrifoss* oder *Foss á Síða)* sehr schön anzusehen ist, einen Parkplatz. Von hier kann man zu den bizarren Basaltsäulen *Dverghamrar,* den „Zwergenfelsen", laufen. Sie entstanden durch Lava, die ursprünglich nicht an die Oberfläche gedrungen ist. Das darüberliegende Erdreich wurde vom Wasser abgetragen und legte die Basaltsäulen frei.

5 km vor *Kirkjubæjarklaustur* kommen wir nach *Hörgsland,* wo sich im 17. und 18. Jahrhundert vier Spitäler für Aussätzige befanden. Im 17. Jahrhundert lebte hier der Pfarrer und Dichter *Magnus Pétursson,* der durch viele Volkssagen bekannt geworden ist.

Kirkjubæjarklaustur

Kirkjubæjarklaustur, der einzige größere Ort in den ausgedehnten Sanderflächen der Südküste und **einer der wichtigsten Fremdenverkehrsorte** im Südwesten Islands, nimmt heute eine zentrale Funktion für Verkehr, Handel und die Post ein. Der Ort mit etwa **330 Einwohnern** kann auf eine lange Geschichte zurückblicken. Vermutlich lebten hier schon vor der Landnahme durch die Wikinger irische Einsiedler. Von 1186 bis zur Reformation im Jahre 1550 gab es dort eine **Benediktinerinnen-Abtei,** von der auch der Ortsname stammt. Um das Kloster, von dem heute noch Reste zu sehen sind, ranken sich viele Sagen. Die **Kirche,** 1974 geweiht, erinnert an den Pfarrer *Jón Steingrímsson.* Während seiner „Feuerpredigt" im Jahr 1783 stoppte der Lavastrom aus den Lakikratern, der die Kirche bedrohte, wenige Kilometer vor dem Ort im Flußbett der Skaftá.

Hinter dem Ort erhebt sich die frühere Steilküste. Von dort ergießt sich der Wasserfall über die grasbewachsene Steilwand. Seinen Ursprung hat er im See *Systravatn,* der oberhalb der Felsen liegt. Dorthin führt ein markierter Wanderweg ($^1/_2$ Std. bis zum See), der in der Nähe des Edda-Hotels beginnt. Von dem grasbewachsenen Hochplateau hat man einen herrlichen Blick über die Küste. Fußpfade führen weiter über die Weideflächen der *Klausturheiði* nach *Kleifar,* wo man beim Campingplatz unterhalb des Stjórnafoss wieder auf die Straße 203 kommt (2 Std.).

Eine besondere Attraktion ist **Kirkjugólfið,** der „Kirchenfußboden" an der Straße 203 zwischen Zeltplatz und Ort (Hinweisschild). Er ist durch das einst hier anbrandende Meer und den Gletscherabrieb entstanden. Durch diese Kräfte wurden die Endstücke unterirdischer Basaltsäulen plan geschliffen. Da man von oben auf die Säulen blickt, wird man an einen alten „Kirchenfußboden" erinnert (vgl. Abb. auf S.486). Am Weg zum Kirchenfußboden kommt man an der Lavaformation *Hlidishangur* vorbei.

An Freizeitaktivitäten werden ein Schwimmbad beim Edda-Hotel, Pferdeverleih bei einigen Bauernhöfen und ein 9-Loch-Golfplatz geboten.

Praktische Infos

Tourist-Information

Klausturvegur 10, Tel. 4 87 46 20, Vermittlung von Unterkünften, Angellizenzen, Pferdeverleih, Buchung von Ausflugsfahrten, geöffnet 01.06–31.08.

Upplýsingaþjónustan Kirkjubæjarklaustri
Reisebüro mit vielfältigem Angebot an Exkursionen, Tel. 4 87 46 20, geöffnet 01.06.–31.08. tägl. 9–12 und 13–17 Uhr

Unterkunft

Edda-Hotel, Iceland Hotel
Tel. 4 87 47 99, ganzjährig geöffnet, 150 Betten, Schlafsackunterkunft, Restaurant, Schwimmbad; vor dem Hotel steht die Skulptur *Byrði Sögunnar* von *Magnus Tómasson* (1997), zwei in lange Mäntel gehüllte Menschen, die einen schweren Stein tragen

Hof Efri-Vík
Tel. 4 87 46 94, 70 Betten, Hütten, 5 km südlich von Kirkjubæjarklaustur, Angel- und Reitmöglichkeiten, ganzjährig geöffnet

Hof Hunkubakkar
Tel. 4 87 46 81, 28 Betten und Schlafsackplätze auf dem Hof oder in Sommerhäuschen, 8 km westlich von Kirkjubæjarklaustur an der Straße 206; Reitmöglichkeiten und Jeepverleih, Wandern zur Schlucht *Fjaðrargljúfur,* ganzjährig geöffnet

Camping

Campingplatz Kirkjubær II
Tel. 4 87 46 12, komfortabel, Einkaufsmöglichkeit, Wohnmobil-Stellplätze, Bushaltestelle, Tankstelle

Nýibær
Tel. 4 87 46 78, 6 Schlafsackplätze
Kirkjuhvoll
Tel. 4 87 46 21, 4 87 47 99, Schlafsackunterkunft
Campingplatz Kleifar
Tel. 4 87 46 20, an der Straße 203 beim Sportplatz, 1½ km vom Ort entfernt; einfach, nasse Wiese

Verkehrsverbindungen

Ab Tankstelle Skaftárskáli mit dem **Linienbus** nach Reykjavík (ab 12.45, an 17 Uhr) und über Skaftafell nach Höfn (ab 13.30, an 17 Uhr); auf dem *Fjallabaksvegur nyrðri* über die *Eldgjá* und *Landmannalaugar* nach Reykjavík.

Kunst & Kultur

Kulturzentrum
Kirkjubæjarstofa, Tel. 4 87 46 46, Ausstellungen, Vorträge

Kirkjugólfið in Kirkjubæjarklaustur

Sonstiges

Ambulanz
Skriðuvellir 13, Tel. 4 87 48 00, 8 52 18 06
Bootsverleih
See *Hæðargarðsvatn* (2 km entfernt), Tel. 4 87 46 20, in Betrieb 20.06.–20.08.

Ausflüge

Tagesausflüge von *Austurleið* (Tel. 5 77 17 17) Mitte Juli bis Ende August zur Eldgjá und zur Laki-Spalte, jeweils 9–10 Stunden mit 3–4 Stunden Aufenthalt.
Aussichtsflug
Reynisflug, Tel. 4 87 12 43
Gnúpur, Hannes Jónsson
(Nachfahre des Postreiters), Tel. 4 87 47 85, 20.06.–31.08. tgl. Busfahrten ab Núpsstaður (9 Uhr) nach Núpsstaðarskógur
Hópferðarbílar Hauks Æ. Jónssonar
Tel. 4 87 47 80, 8 93 77 71, Busfahrten in die Eldgjá und zum Mýrdalsjökull

Route 6 D: Von Kirkjubæjarklaustur nach Vík í Mýrdal (80 km)

Wir erreichen rund 5 km westlich von Kirkjubæjarklaustur die Abzweigung der Straße 206, die auf die Piste zu den Laki-Kratern (s. Route 7) und ins Holtsdalur führt. Etwa 1 km hinter der Abzweigung der Piste kommen wir auf der Straße 206 an eine Brücke. Hier öffnet sich die Schlucht *Fjaðrárgljúfur,* die durch den Fluß *Fjaðrá* unterhalb des *Móbergs* geschaffen wurde. Am Weg liegt auch *Hunkubakkar,* die Heimat des Staatsarchitekten *Guðjón Samúelsson* (1887–

1950), der viele berühmte Bauwerke in Reykjavík und Akureyri entworfen hat.

Die nächsten 20 km durchfahren wir auf der Ringstraße das ausgedehnte Lavafeld *Eldhraun,* die „Feuerlava". Es ist beim verheerenden Ausbruch der Laki-Krater im Jahr 1783 entstanden. Im Lauf der Jahrhunderte wurde die Lava mit einem grau-grünen Polster aus Zackenmützenmoosen überzogen. Am Ende des Eldhraun zweigt die Straße 208 von der Ringstraße ab, am Gehöft Gröf die Straße 210 zum Fjallabaksvegur syrðri; wenige Kilometer weiter biegt bei *Búland* der Fjallabaksvegur nyrðri F208 zur Eldgjá und nach Landmannalaugar von der Straße 208 ab. Diese endet wenig später im *Skaftárdalur.*

Das Eldhraun kann man südöstlich der Ringstraße auf der Straße 204 umrunden (60 km). Diese verläuft entlang des *Kúðafljót* zum *Meðallandssandur* und trifft über *Landbrotshólar* in Kirkubæjarklaustur wieder auf die Ringstraße.

Nach Überquerung des Flusses Kúðafljót kommen wir auf der Ringstraße hinter *Hrífunes* (Tankstelle und Campingplatz an der Straße 209) in den *Mýrdalssandur.* Für die Entstehung dieser Sanderfläche sind die Gletscherläufe des Vulkans *Katla,* der unter dem Eis des Mýrdalsjökull liegt, verantwortlich. Beim großen Gletscherlauf im Jahr 1918 verschob sich die Küstenlinie um einen halben Kilometer nach Süden ins Meer. Nach der Brücke über den Gletscherfluß *Skálm* zweigen die Straßen 211 und 212 ab. Diese führen auf einem 16 km langen Rundkurs um die Seen *Holtsvatn* und *Mjóásvatn.* In *Þykkvabæjarklaustur* stand früher ein Kloster. Ganz im Süden steht der Leuchtturm von *Mýrnatangi.*

Fast am Ende des Mýrdalssandur liegt südlich der Ringstraße die ehemalige Vulkaninsel *Hjörleifshöfði.* Eine 2 km lange Sandpiste führt zu dem 231 m hohen Felsen, der sich deutlich von seiner wüstenähnlichen Umgebung abhebt. Er ist nach dem Wikinger *Hjörleif* benannt, der ein Begleiter von Ingólfur Árnarson war. Hjörleifshöfði kann man zu Fuß umwandern (2 Std.). Die ehemalige Steilküste ist von der Brandung unterhöhlt und zu bizarren Formen geschliffen worden.

Der Mýrdalssandur endet am Gletscherfluß *Múlakvísl.* Hinter der Brükke führt die Straße 214 über die Berge zur 217 m hoch liegenden *Höfðabrekkuheiði.* Von dort kann man zum *Höfðabrekkujökull,* einer Gletscherzunge des Mýrdalsjökull, wandern (4 km). Auf der Ringstraße errreicht man nach 5 km *Vík í Mýrdal.*

Vík í Mýrdal

Vík í Mýrdal, die „Bucht im Moortal", ist das **südlichste Dorf des isländischen Festlands.** Der **300-Einwohner**-Ort hat keinen nennenswerten Hafen; der Fischfang spielt keine Rolle. Handel, Dienstleistungen und die Versorgung der landwirtschaftlich geprägten Umgebung sind die Haupterwerbszweige. Auch die Bedeutung des Fremdenverkehrs nimmt immer weiter zu. Das Dorf, das vom Hausberg *Reynisfjall* überragt wird, liegt in einer landschaftlich reizvollen Gegend am Rand des Mýrdalsjökull. An den Ort schließt sich im Süden der schmale, langgezogene **Strand Rey-**

nisfjara aus schwarzem Sand an. Obwohl kein Badestrand, zählt er durch seine Lage vor der Bucht *Dyrhólaós* und dem Gletscher zu den schönsten Europas. Die Erosionskräfte des Meeres nagen jedoch beständig an ihm. Innerhalb von nur drei Jahren wurde er fast 50 m schmäler. Wahrzeichen dieses Küstenstrichs sind die drei spitzen Felsnadeln *Skessudrangar, Landdrangar* und *Langhamrar,* die sich bis zu 66 m hoch direkt vor der Küste erheben. Wenn man der Überlieferung Glauben schenken darf, handelt es sich dabei um versteinerte Trolle, die von der aufgehenden Sonne überrascht wurden, als sie ein gestrandetes Schiff an Land ziehen wollten.

In dem oft ziemlich verregneten und windigen Ort Vík wehte im März 1994 ein starker Sandsturm vom Mýrdalssandur herüber. Der Sturm war so heftig, daß Dächer abgedeckt und Fensterscheiben eingedrückt wurden. Die Sandkörner wirkten wie Schmiergelpapier auf Autolack und Häuserfassaden.

Vík und seine Umgebung haben viele Sehenswürdigkeiten zu bieten. Von hier lassen sich vor allem **Wanderungen** unternehmen. In einer zweitägigen Tour gelangt man zum Mýrdalsjökull und zurück. Auch der Reynisfjall läßt sich besteigen. Der Heiðarvatn ist auf einer Straße zu erreichen. **Rundflüge** über den Gletscher entlang der Küste zum nahegelegenen *Kap Dyrhólaey,* zu den Westmänner-Inseln, nach Landmannalaugar oder über das Þórsmörk werden ebenfalls angeboten. Mit einem Ruderboot läßt sich die Salzwasserlagune Dyrhólaós erkunden; ein Landungsboot fährt entlang der Küste zum Kap Dyrhólaey. Auf dem nahen Mýrdalsjökull können Touren mit der Schneekatze oder dem Snow-Mobil unternommen werden. Auch Angler und Reiter kommen in Vík auf ihre Kosten.

In der Umgebung Víks gibt es mehrere sehenswerte **Höhlen.** *Loftsalahellir* liegt bei *Loftsalir* am Ende des *Geitafjall.* Diese Höhle aus Tuffgestein war bis ins 19. Jh. eine Thingstätte der Bewohner von Mýrdalur. In *Heiðardalur* soll ein Pape namens *Loddi* in der gleichnamigen kleinen Höhle gewohnt haben. An der Küste vor *Reynisfjall* liegt die Höhle *Hálsanefshellir* mit schönem Säulenbasalt. Die Höhle *Þakgilshellir,* die sich auf dem Weideland des Gehöfts *Höfðabrekka* befindet, diente früher den Bewohnern von Mýrdalur als Unterstand, wenn sie ihre Schafe zusammentrieben. In der Höhle sind Zeichen und Zahlen in einen Lavastein geritzt, die auf das 17. Jahrhundert hinweisen. Östlich des Hofes Höfðabrekka liegt *Skiphellir,* die „Schiffshöhle". Von hier fuhren die Fischer früher in ihren kleinen Ruderbooten aufs Meer, bis sich die Küste nach dem Ausbruch der Katla im Jahr 1660 zum Meer hin verlagerte.

Praktische Infos

Tourist-Information

Víkurskáli, Tel. 4 87 13 95;
Buchung der Ausflüge

Unterkunft

Hotel Vík
Klettsvegur, Tel. 4 87 14 80,
einfaches Hotel Garni, nur im Sommer geöffnet, 42 Betten, Bootsfahrten

Hotel Lundi
Tel. 4 87 12 12, Restaurant
Gästehaus Ársalir
Austurvegur 7, Tel. 4 87 14 00, einfache Pension
Hötturinn
Tel. 4 87 13 45, Hütten
Víkursel
Tel. 4 87 14 80, Hütten, Zeltplatz
Hof Höfðabrekka
Tel. 4 87 12 08, 5 km östlich von Vík, Angeln, Reiten, ganzjährig geöffnet
Jugendherberge Reynisbrekka
Mýrdalur, Tel. 4 87 11 06,
25 Betten, 6 km östl. von Vík,
geöffnet 01.06.–15.09.

Campingplatz

Tel. 4 87 13 45, Einkaufsmöglichkeit, Tankstelle, Bushaltestelle

Essen & Trinken

Essen und trinken kann man im **Hotel Lundi**, im **Café Ársalir** und im **Víkurgrill** und **Ströndin** im Austurvegur.

Verkehrsverbindungen

Ab Víkurskáli mit dem **Bus** in Richtung Höfn und Reykjavík; Tel. 4 87 12 30.

Sonstiges

Víkursprjón
Fabrikverkauf, bei der Tankstelle; isländische Wollwaren und Souvenirs, geöffnet tgl. 9–22 Uhr; die Fabrik kann vom 1. OG eingesehen werden
Kunsthandwerk
Café *Ársalir,* Tel. 4 87 14 00,
4 87 14 01; Fahrradverleih
Ambulanz
Tel. 4 87 11 80, 8 52 45 14

Bootsfahren im Landungsboot bei *Mýrdælingur,* Sigtún 10, 870 Vík, Tel. 4 87 13 34, Fax 4 87 13 03

Ausflüge

Gletschertouren auf dem Mýrdalsjökull, Tel. 4 87 13 95; *Trukkaferðir,* Touren zum Heiðarvatn, Fjallabaksvegur syðri u.a. im Unimog-Bus; **Charter- oder Rundflüge** bietet die Gesellschaft *Reynisflug* an; Tel. 4 87 12 43.

Route 6 E: Von Vík nach Hella (108 km)

Kap Dyrhólaey

Auf der Ringstraße erreicht man nach 15 km *Skeiðflötur.* Hier zweigt die etwas holprige Straße 218 nach Süden ab und bringt uns zum **südlichsten Punkt Islands,** dem **Kap Dyrhólaey** (6 km). Den 120 m hohen „Türlochfelsen" kann man selbst von den Westmänner-Inseln aus sehen. Charakteristisches Kennzeichen ist das Brandungsloch des Felsens, das so groß ist, daß man sogar mit dem Boot hindurchfahren kann. Der Felsen im Meer ist vor rund 80 000 Jahren durch einen Vulkanausbruch unter dem Wasser entstanden. Der Felsen und die Dünen entlang der Küste sind für ihren Vogelreichtum bekannt; sie stehen unter Naturschutz. Deshalb ist während der Brutzeit vom 01.05.–25.06. der Zutritt untersagt. In der *Njáll-Saga* ist der Hof *Dyrhólar* der Wohnsitz von *Kári Sölmundarson.* Dort, wo sich heute der Hof *Loftlair* befindet, war früher eine Thingstätte. Oberhalb des Kaps steht ein Leuchtturm aus dem Jahr 1927, der eine bemerkenswerte Aussicht bietet. Folgt man auf dem Weg zur Ringstraße der nach Osten abzweigenden Straße, gelangt man zu einem Plateau, von dem man eine gute Sicht auf die vorgelagerten kleinen Inseln hat. An den Basaltfelsen sind Reste einer Winde zu sehen, mit der die Bauern früher Boote mit Schafen durch die Brandung zu einer vorgelagerten Insel zogen, denn diese bot gute Weidebedingungen. Am Strand ist eine große Lavahöhle mit Basaltsäulen sehenswert.

Auf der Ringstraße kommen wir 5 km westlich zum 284 m hohen Palagonitfelsen *Pétursey*. Ursprünglich war auch dieser einmal eine Insel, die vom Meer umspült war. Die Straße 219 führt um den Felsen herum; eine Piste endet in *Eyjarfjara* am Meer.

Westlich von Pétursey durchfahren wir auf der Ringstraße den *Sólheimasandur*. Vor der Brücke über die *Jökulsá á Sólheimasandi,* Abfluß des Sólheimajökull, führt eine Piste zum Gletscher. Die Zufahrt ist inzwischen so gut ausgebaut, daß diese Strecke auch mit einem normalen PKW befahren werden kann (6 km). Das Eis des Sólheimajökull ist auffällig mit schwarzen Schichten durchzogen, die von den Ascheregen früherer Vulkanausbrüche stammen.

An den Sólheimasandur schließt sich der *Skógasandur* an, der von der *Skógá* gebildet wird, die auf dem *Fimmvörðurháls* zwischen dem *Eyjafjallajökull* und dem Mýrdalsjökull entspringt. Dorthin führt eine Piste, und auch der Fernwanderweg von Landmannalaugar folgt dem Flußlauf. **Skógar** war früher Häuptlingssitz. Heute ist der kleine Ort vor allem wegen des 60 m hohen und 25 m breiten **Skógafoss** bekannt, einem der **schönsten Wasserfälle Islands.** Die Skóga fällt hier über die ehemalige Steilküste. Der Wasserfall steht seit 1987 unter Naturschutz. Unterhalb des Wasserfalls liegt der Campingplatz. Eine Sage berichtet, daß der Landnehmer *Þrasi* einst seine Goldkiste in einer Höhle hinter dem Wasserfall versteckte. Das Gold wurde bis heute nicht gefunden. Þrasi riet damals einer Frau, ihren Sohn auf seinen Namen zu taufen und ihn bis zu seinem 12. Lebensjahr nur mit Schafs- und Pferdemilch großzuziehen. Dann solle er zum Wasserfall gehen, und er würde die Goldkiste finden. Der junge Þrasi kam jedoch zu früh an den Wasserfall – und fand nur den Griff der Schatzkiste. Dieser schmückt heute die Eingangstüre der kleinen Kirche im Heimatmuseum.

Heimatmuseum Skógar

In den teilweise alten, renovierten Torfhäusern sind Gegenstände des täglichen Gebrauchs zu sehen – von den Bewohnern, die an der Südküste gelebt haben. *Þórður Tómasson* trug über die Jahre eine Sammlung unterschiedlichster Geräte und Kulturgüter zusammen, die im Museumsgebäude gezeigt werden. Zwar sind diese Ausstellungsstücke ausschließlich isländisch beschriftet, doch gibt Þórður auch Auskunft in Englisch oder Deutsch. Im Museum kann man sich im *Skógakaffi* auch bei einer Tasse Kaffee und selbstgebackenem Kuchen stärken.

Praktische Infos

Tourist-Information

300 m vom Campingplatz entfernt, Tel. 4 77 88 43, Cafeteria

Am Kap Dyrhólaey

Unterkunft

Edda-Hotel Skógar
Tel. 4 87 88 70, Sommerhotel mit 34 Zimmern, Restaurant; geöffnet 11.06.–31.08.

Hof Drangshlíð
Tel. 4 87 88 68, 21 Betten, 34 Schlafsackplätze, im Sommer geöffnet

Campingplatz

Der einfache Platz liegt beim Wasserfall; Einkaufsmöglichkeit, Bushaltestelle.

Volkskunde- und Heimatmuseum

Byggðasafnið Skógar
Tel. 4 87 88 45, geöffnet 01.05.–30.09. 10–18 Uhr

---

7 km westlich von Skógar zweigt die Straße 242 nach **Seljavellir** ab (3 km). Im Tal liegen einige Bauernhöfe **(Hof Seljavellir,** Tel. 4 87 88 10, Schlafsackplätze, Schwimmbad mit Whirlpools) und das Freibad *Seljavellalaug,* das von einer imponieren-

Heimatmuseum in Skógar

den Bergkulisse eingerahmt ist. Das Bad wird von einer heißen Quelle gespeist. Ganz in der Nähe des Freibads befindet sich ein einfacher **Campingplatz,** der uns besonders gut gefällt (Tel. 4 87 88 10, Bushaltestelle). Geht man etwa eine halbe Stunde auf dem schmalen Pfad talaufwärts, gelangt man zu heißen Quellen und zum alten Freibad, das idyllisch am Fuß eines steilen Hangs liegt. Nur selten verirrt sich heute noch ein Besucher hierher. Wohl deshalb hat jemand in großen Buchstaben „FKK" an die weißgetünchte Mauer gemalt. Aus hygienischen Gründen darf man hier aber nicht mehr baden. Folgt man dem Pfad weiter durch das „Tal, in dem der Teufel sein Süppchen kocht", erreicht man den Rand des *Eyjafjallajökull* (Tagestour). Diese Tour erfordert aber schon ein wenig bergsteigerische Ambitionen, denn es geht im weglosen Gelände steil über die Felsen.

Zurück auf der Ringstraße kommt man zur Siedlung *Steinar,* wo sich südlich der Salzwassersee *Holtsós* erstreckt. Kurz danach zweigt die Straße 246 zum sagenumwobenen Hof *Ásolfsskáli* ab. Der Hof wird von dem 78 km^2 großen *Eyjafjallajökull* überragt. An die Berge unterhalb des Gletschers brandete früher das Meer. Frühere Brandungshöhlen werden heute als Schafställe genutzt.

Am steilen Abfall der *Seljalandsheiði* zur Küste hin liegen der 40 m hohe *Seljalandsfoss* und ein wenig westlicher der gleichhohe *Gljúfurárfoss.* Wer eine kalte Dusche nicht scheut, kann auf einem rutschigen und nassen Pfad hinter dem Seljalandsfoss hindurchgehen. Der Gljúfurárfoss ist von der Straße aus kaum erkennbar. Er fällt hinter einer Felswand in eine enge Schlucht, die nur einen Spalt weit zur Straße hin geöffnet ist. In dem Spalt ist ein großer Felsbrocken verkeilt. Von der Ringstraße führt ein kurzer Fußweg über die Wiese zum Wasserfall. Durch den Spalt kann man in die Schlucht hinein gelangen (Regenkleidung empfohlen). Zwischen den beiden Wasserfällen liegt der kleine Campingplatz *Hamrargarðar.*

Vor der 242 m langen Brücke über den breiten *Markarfljót,* die aus dem Jahr 1933 stammt, zweigt die Straße 249 *Þórsmörkurvegur* ins Þórsmörk ab (s. Route 7). Die Brücke war 1998 wegen Baufälligkeit für den Autoverkehr gesperrt. Von der Brücke sind es noch 22 km bis *Hvolsvöllur.*

Hvolsvöllur

Hvolsvöllur hat etwa **700 Einwohner** und verfügt über alle wichtigen Versorgungseinrichtungen. Erst in den letzten Jahrzehnten wuchs Hvolsvöllur zu seiner heutigen Größe heran. Geprägt wird der Ort durch die landwirtschaftlichen Betriebe in der Umgebung; auch der Fremdenverkehr gewinnt an Bedeutung. Dem Touristen werden Gletscher- und Bergwanderungen sowie Touren mit dem Geländewagen, Reitausflüge und Angeln im Lachsfluß *Rangá* angeboten.

Die Gegend um Hvolsvöllur ist Schauplatz der historischen **Njáll-Saga** (s.a. übernächste Seite). Die Tourist-Information vermittelt Führer, die auf den Spuren des weisen *Njáll* und seines Freundes *Gunnar* Wanderungen zu den Überresten der alten Gehöfte aus der Sage durchführen. Der bekannteste Handlungsort der Njáll-Saga ist der Hof *Bergþórshvoll.* Er liegt im Südwesten des Flusses *Affall.* Hier fielen Njáll und zehn Mitglieder seiner Famile im August 1011 einer Brandstiftung zum Opfer. Sie wurden von *Kári,* der den Flammen entkam, grausam gerächt.

Praktische Infos

Tourist-Information

Tel. 4 87 87 81, Hlíðarendi, Austurvegi 1, Cafeteria, täglich geöffnet, Mini-Supermarkt, Busstation, Tankstelle; Angellizenzen; Saga-Center informiert über die Wikingerzeit

Unterkunft

Hotel Hvolsvöllur
Hlíðarvegur 7, Tel. 4 87 81 87, 29 Zimmer, Schlafsackplätze, Restaurant, Bar, ganzjährig geöffnet

Gästehaus Ásgarður
Tel. 4 87 83 67, ganzjährig geöffnet, Hütten, Schlafsackunterkunft, Zeltplatz

Hvolsskóli, Skóragerði
Tel. 4 87 83 84, 50 Schlafsackplätze, Schwimmbad

Campingplatz Sælabúið Hvolsvelli

Tel. 4 87 87 81, Austurvegur, komfortabel, Laden, Tankstelle, Bushaltestelle

Essen & Trinken

Hótel Hvolsvöllur
Restaurant, Tel. 4 87 81 87

Cafeteria Hlíðarendi
Tel. 4 87 81 97

Kiosk Björg
Tel. 4 87 86 70, Minigolf

Route 6

Gallery Pizza
Hvolsvegur 29, Tel. 4 87 84 40, geöffnet So–Do 11–22 Uhr, Fr, Sa 11–23.30 Uhr

Verkehrsverbindungen

Austurleið
Tel. 4 87 81 45, 5 52 23 00, 5 77 17 17; **Linienbusse** nach Reykjavík, Þórsmörk, Skaftafell, Höfn, Landmannalaugar, Eldgjá, Laki-Spalte

Sonstiges

Ambulanz
Tel. 4 87 81 26, 4 87 84 36
Apotheke
Rangárapótek, Austurvegur, Tel. 4 87 86 30
Saga-Ausstellung Njála
Tel. 4 87 87 81, geöffnet Juni–August 11–19 Uhr, September–Mai Öffnungszeiten in der Tourist-Info erfragen
Kunsthandwerk
Gallery í gangi, Krókatún 3, Tel. 4 87 84 38; *Hjá Öllu,* Hvolsvegur 29, Tel. 4 87 84 41
Supermarkt/Kaufhaus
gegenüber *Hlíðarendi*
18-Loch Golfplatz
(Strandar-Platz) zwischen Hvolvöllur und Hella

Ausflüge

Gletscher- und Bergtouren
Bergþór
Njálsgerði 4, Tel. 4 87 82 43
Fjallabíll, Króktún 8, Tel. 4 87 83 05
Geführte Busausflüge
Njáll-Saga-Touren
Zu den Schauplätzen der Saga, Abfahrten 20.06.–20.08. Mo und Do 11.30 Uhr bei der Tourist-Info/Saga-Center, 2-tägige Touren auf Anfrage

Die Ringstraße führt hinter Hvolsvöllur durch Weideland. Bei guter Sicht kann man im Norden den Vulkan *Hekla* erkennen. Hinter der Brükke über die *Eystri-Rangá* zweigt die Straße 264 nach Norden ab. Nach 12 km erreicht man auf ihr das geschichtlich interessante **Torfgehöft Keldur** mit einer Kirche von 1875 (Museum Keldur, Tel. 4 87 84 58, geöffnet 01.06.–15.09. täglich 10–12, 13–18 Uhr). Die kleinen Torfhäuschen, deren Entstehung auf das 12./13. Jh geschätzt wird, und ein zumindest ebenso alter unterirdischer Gang zum nahen Quellbach wurden 1998/1999 restauriert. Am Bach steht ein weiteres kleines Holzhäuschen, in dessen Innern eine Quelle ist. Die Quellbäche, die hier einem Lavastrom entströmen, schufen ein sumpfiges Weideland. Danach erhielt Keldur seinen Namen *(keldur* = Sümpfe, Morast). Das Torfhäuschen *Keldnasskálinn* zählt zu den ältesten erhaltenen Islandhäusern. Nach dem großen Vulkanausbruch der Hekla im Jahr 1300 bedeckte Lavaasche weite Teile dieses Landstrichs. Die hier besonders heftig wehenden Stürme verteilten den feinen Lavasand über das Gehöft und das Weideland. Die Bauern errichteten deshalb große Schutzwälle aus Lavasteinen gegen die verheerenden Sandstürme. Vielleicht war dies auch der Grund, weshalb der unterirdische Gang angelegt wurde. Keldur ist ebenfalls ein Schauplatz der Njáll-Saga. Die Straße 264 verläuft am Fuß der Hekla durch das Lavafeld *Keldnahraun* nach *Hella.*

Von der Ringstraße biegt 3 km hinter der Zufahrt nach Keldur die Straße 266 in Richtung Süden zum **Hof Oddi** ab. Hier befindet sich die Kir-

Die Sage vom weisen Njáll

Die Sage vom weisen Njáll, die während der Christianisierung Islands im Jahr 1000 spielt, ist die **isländische Volkssage.**

Der christliche Njáll ist allwissend, hat hellseherische Fähigkeiten, kennt alle Gesetze des Landes und gibt weise Ratschläge. Sein Urteil ist stets gerecht. Die Menschen rufen ihn, um Streitigkeiten zu schlichten. Seinem jungen heidnischen Freund Gunnar Hámundarson, dem Führer einer mächtigen Bauernsippe, steht Njáll immer mit seinem Rat zur Seite.

Gunnar wird durch seine streitsüchtige Frau Hallgerður, die sich mit Njálls Frau Bergþóra entzweite, in die Streitigkeiten der Sippen hineingerissen. Darauf rät Njáll Gunnar, möglichst allen Streit zu vermeiden. Dies schürt die Wut einiger aus der Gegensippe. Durch deren blinde Leidenschaft verkehren sich die guten Ratschläge Njálls ins Gegenteil, und die Folgen fallen tragisch auf ihn zurück. Njáll warnt Gunnar davor, einen Totschlag im dritten Glied seiner Blutsverwandtschaft zu begehen, denn dadurch würde sein Geschlecht ausgelöscht werden. Aus Notwehr tötet Gunnar jedoch Þórgeir Otkelsson, den mit ihm blutsverwandten Führer der Gegensippe. Es kommt zu einer Anklage auf dem Alþing. Gunnar wird schuldig gesprochen und geächtet.

Die Blutrache der heidnischen Sippen vernichtet daraufhin Gunnar und seinen Hof Hlíðarendi („Hangende"). Auch die Söhne Njálls werden durch den Untergang Gunnars in den Sippenstreit verwickelt. Ihr Hof Bergþórshvoll wird in Brand gesteckt. Njáll und seine Söhne kommen in dem Feuer um – der weise Njáll aber stirbt unschuldig als Märtyrer. Dieser Märtyrertod des Njáll, der in christlichem Denken stets die Versöhnung predigte, durchbrach bei den Überlebenden der heidnischen Sippen letztendlich den Teufelskreis aus Blutrache und Gewalt und leitete die Versöhnung ein.

Die Akteure und die Handlung der Njáll-Saga sind **historisch verbürgt.** Die Saga wurde um das Jahr 1280, wenige Jahre nachdem sich die Isländer den Norwegern unterworfen hatten, von einem unbekannten Dichter niedergeschrieben. Zitate aus diesem Werk gehören zum allgemeinen Sprachgebrauch. „Fögur er hlíðin" – „Schön ist der Hang", diese Worte Gunnars sind Ausdruck für die Heimatliebe der Isländer geworden. Die beiden durch die Sippenfehde zerstörten Höfe standen einst in der Gegend um Hvolsvöllur.

Route 6

che von Hella und den umliegenden Gemeinden. Sie wurde 1924 errichtet. In der Skaldenzeit war Oddi ein bedeutendes Bildungs- und Skaldenzentrum. Die Priesterschule wurde von dem Gelehrten *Sæmundur Sigfússon* (1056–1133) gegründet, nachdem er von seinem Theologiestudium aus Paris zurückkam. Man nimmt an, daß dieser erstmals nach mündlichen Überlieferungen Edda-Lieder niedergeschrieben hat („Ältere Edda“, vgl. ab S.239). Berühmte Schüler dieser Schule waren *Snorri Sturluson* (1179–1241) und *Þorlákur Þórhollsson,* der von 1178–1193 Bischof von *Skálholt* war und als einziger Isländer heiliggesprochen wurde. Einst befand sich in Oddi auch eines der geistlich-kulturellen und machtpolitischen Zentren Islands. Oddi zählte damals zu den reichsten Höfen des Landes. Man erzählt sich, daß *Sæmundur* wegen seiner „guten Kontakte“ zum Teufel magische Kräfte besaß. Er soll auf dem Rücken eines Seehunds reitend, in den sich der Teufel verwandelt hatte, von Paris nach Island zurückgekehrt sein. Dort angekommen vertrieb er den Seehund durch einen kräftigen Schlag mit einem geheiligten Gegenstand auf den Kopf und rettete so seine Seele. *Ásmundur Sveinsson* hat diese Geschichte in seiner Skulptur „Sæmundur auf dem Seehund“ dargestellt.

Hella

Die Ortschaft, erst 1927 entstanden, liegt am Ostufer des Flusses *Ytri-Rangá.* Heute hat der Ort etwa **600 Einwohner,** die ihren Lebensunterhalt mit Handel, Landwirtschaft und immer mehr auch mit dem Fremdenverkehr verdienen. Hier gibt es ein mit Erdwärme beheiztes Schwimmbad und alle wichtigen Versorgungseinrichtungen.

In der Umgebung Hellas sind zahlreiche Höhlen zu finden, die zum Teil wahrscheinlich schon vor der Landnahme von keltischen Einsiedlern in den Boden aus weichem Lavastaub gegraben wurden und ihnen als Wohnraum gedient haben. Die meisten sind verfallen. Nach Anmeldung bei der Tourist-Information oder dem Hof *Ægissiða* (s.u.) können einige bis zu 6m lange Höhlen besichtigt werden, die auf der Westseite des Flusses auf dem Gelände des Hofs liegen. In die Wände der Höhlen sind Schriftzeichen, Runen und andere Symbole eingeritzt.

Praktische Infos

Tourist-Information Hella

Suðurlandsvegur 1, Tel. 4 87 51 65, Informationen über Wanderungen und andere Freizeitaktivitäten

Unterkunft

Gästehaus Mosfell
Þrúðvangur 6, Tel. 4 87 58 28, 140 Betten, Restaurant, ganzjährig geöffnet, Zeltplatz mit Hütten am Flußufer

Hellirinn
Ægissíða, an der Ringstraße gelegen, Tel. 4 87 51 04, Fax 4 87 51 71, Zimmer, Schlafsackunterkunft, Hütten, Zeltplatz, Angeln, ganzjährig geöffnet

Rangárflúðir
Tel. 4 87 51 56

Gästehaus Leirubakki
Landsveit, in Heklanähe (s. S.498), Tel./Fax 4 87 65 91, geführte

mehrtägige Reittouren nach Landmannalaugar und ins Þórsmörk, Reithalle, Sauna, ganzjährig geöffnet

Camping

Campingplatz Hella Mosfell
Tel. 4 87 58 28, ganzjährig geöffnet, komfortabel, Einkaufsmöglichkeiten, Tankstelle, Bushaltestelle
Campingplatz Hellirinn Ægissíðu
Tel. 4 87 51 04, komfortabel, Einkaufsmöglichkeiten, Tankstelle, Bushaltestelle

Essen & Trinken

Grillskálinn
Tel. 4 87 58 81
Kanslarinn
Dynskálar 10c, Tel. 4 87 51 00
Laufafell
Þrúðvangur 2, Tel. 4 87 58 81
Kökuval
Café, Bäckerei/Konditorei, Þingakálar 4, Tel. 4 87 52 14

Sonstiges

Ambulanz
Tel. 4 87 51 23
Apotheke
Rangárapótek, Tel. 4 87 50 30
18-Loch Golfplatz (Strandar-Platz) wie Hvolsvöllur

Im August wird in Hella alljährlich ein großes **Reitturnier** veranstaltet.

Wolken umhüllen den schneebedeckten Gipfel des Vulkans Hekla

Route 6 F: Von Hella zur Hekla (63 km)

Bei der Tankstelle *Vegamót,* 7 km westlich von Hella, zweigt die Straße 26 nach Norden von der Ringstraße ab. Die Straße verläuft zwischen den Flüssen Þjórsá im Westen und Ytri-Rangá im Osten überwiegend über alte Lavafelder und sandige Ebenen durch unbesiedeltes Gebiet. Der 1491 m hohe Vulkan Hekla ist unser ständiger Begleiter. 6 km hinter der Abzweigung liegt die Sommerschule *Laugaland.* Hier gibt es einen Campingplatz und ein Schwimmbad. 25 km weiter folgt östlich des 336 m hohen *Skarðsfjall* der **Hof Leirubakki.** Dort erhält man Unterkunft und Verpflegung. In der Nähe befindet sich ein Campingplatz, der schön im Birkenwäldchen *Galtalækjarskógur* gelegen ist. Am ersten Augustwochenende findet hier ein Open-Air-Festival statt. Nordwestlich davon erstreckt sich das 8000 Jahre alte Lavafeld **Merkurhraun,** Überrest eines Vulkanausbruchs in der Nähe der *Veiðivötn.* Die Lava legte von dort bis zum Meer eine Strecke von 130 km zurück und bedeckt eine Fläche von 800 km^2. Damit ist das Merkurhraun einer der längsten Lavaströme der Erde.

Wenig nördlich des Campingplatzes zweigt die Straße 268 von der 26 ab. Von dem ehemaligen Gehöft *Næfurholt* oder durch das Tal *Selsundslækur* führen Pfade zur Hekla. Vom Ende der holprigen Pisten in etwa 500 m Höhe benötigt man für den Aufstieg zu Fuß noch 3–4 Stunden. Einen weiteren Zugang hat man von Norden, vom *Landmannaleið* aus.

Die Hekla

Der **bekannteste und aktivste Vulkan Islands** ist die 1491 m hohe Hekla, die „Verhüllte". Ist der Gipfel einmal nicht von Wolken verhangen, sieht man die im Sonnenlicht gleißende Schneekappe des Vulkans. Sein Alter schätzt man auf mindestens 12 000 Jahre. Schon im Mittelalter kannte man diesen Vulkan wegen seiner verheerenden Ausbrüche auch außerhalb Islands. In der Mythologie stellt die Hekla das „Eingangstor zur Hölle" dar und die „Verbindung zur Unterwelt". Wenn man sich dem Berg nähert, soll man das Jammern und Stöhnen derer hören können, die im Fegefeuer schmoren. Die Hekla ist ein **Spaltenvulkan** mit einer 5,5 km langen Eruptionsspalte, der *Heklugjá.* Sie zählt zu den aktivsten Vulkanen Islands. Die vulkanische Tätigkeit der Hekla kann man seit Ende der Eiszeit in fünf Zyklen unterteilen, die jeweils mit äußerst heftigen Eruptionen begannen, explosiv und ohne große Lavaausflüsse. Die Lava trat erst nach Abklingen der explosiven Tätigkeit aus. Diese Vulkanausbrüche dauerten meistens nur ein Jahr. Der erste Zyklus begann vor 6600 Jahren: Er ließ die Lava im Norden und Nordosten, in der Ebene der *Tungnaá* und bei *Vatnaöldur* entstehen. Der zweite Zyklus begann vor 4000 Jahren: Dabei entstand die Lava im Nordwesten, im Tal der *Þjórsá.* Weitere Zyklen waren vor 2800 Jahren, vor 2000 bis 1500 Jahren und im Jahr 1104 n.Chr. Seit dieser Zeit sind **alle Ausbrüche der Hekla aufgezeichnet** (vgl. nebenan). Bei der Eruption im Jahr 1970 flossen zwei Monate lang riesige Lavaströme aus mehreren Kratern, die

Vulkanausbrüche der Hekla seit dem Jahr 1104

Jahr	Art des Ausbruchs
1104	explosiv, nach dem Ausbruch des Öræfajökull im Jahr 1362 zweitheftigster Aschenausbruch
1158	effusiv, Bildung des Efrahvolshraun
1206	schwach
1222	schwach
1300	explosiv, heftig, 500 Menschen verhungern
1341	schwach, jedoch sterben viele Tiere an der ausgetretenen Flußsäure
1389	explosiv, heftig, große Lavaausflüsse aus der Heklugjá-Spalte im Norden
1510	explosiv, sehr heftig, Lavabomben töten einen Mann in 40 km Entfernung
1597	schwach
1636	schwach
1693	explosiv, heftig, viele Tiere sterben an Flußsäure
1766	heftig, dauerte 2 Jahre; nach dem Laki-Ausbruch 1789 der zweitstärkste Lavaausfluß; Lava aus der Heklugjá bedeckt 65 km^2; fünf Höfe werden vernichtet und viele Tiere sterben
1845	starke Lavaausflüsse (25 km^2)
1947	größter Ausbruch des 20. Jhs.; erstmals geologisch untersucht; Asche- und Dampfwolke 27 km hoch, Ascheregen noch in 2860 km Entfernung (Helsinki), Eyjafjallajökull 1 m hoch mit schwarzer Asche bedeckt, Lavabomben von 1 m Durchmesser; 20 Lavaströme fließen aus der Hekla; geförderte Lavamenge wird auf 800 Millionen m^3 geschätzt; 100 Höfe zerstört, viele tote Tiere durch Flußsäure und Kohlensäure, aber zum Glück nur ein toter Mensch
1970	explosiv, heftig, mehrere Spalten öffnen sich, Krater Suðurgígar und Hlíðargígar entstehen; Dampfwolke ist 16 km hoch, viel Flußsäure tritt aus, 7000 Schafe sterben, ausgeflossene Lava bedeckt 18 km^2
1980	explosiv, heftig, starker Lavaausfluß (100 Millionen m^3), Aschewolke 15 km hoch, in 230 km Entfernung ist die Ascheschicht noch 1 mm hoch, ausgeflossene Lava bedeckt 22 km^2, Hekla wächst 30 m in die Höhe
1981	explosiv, heftig, Aschewolke 7 km hoch, drei Lavaströme fließen aus, sie bedecken 6 km^2, der längste ist 4,5 km lang
1982	Fortsetzung der Tätigkeit von 1981
1991	schwach, nur Lavaausflüsse

Eingang zum Stöng-Hof

eine Fläche von 20 km² bedecken. Beim Ausbruch von 1980 gewann der Vulkan 30 m an Höhe. Der bisher letzte Ausbruch begann am 16. Januar 1991. Im **Hekla-Dokumentationszentrum** *(Heklumiðstöðin)* in *Brúarlundur* (Tel. 4 87 65 91, geöffnet 01.06.–31.08. tgl. 10–18 Uhr) kann man sich über den Vulkanismus informieren. Hier gibt es auch einen Souvenirshop und ein kleines Café.

Im *Þjórsátal* westlich der Hekla sind die beiden Wasserfälle *Tröllkonufoss* und *Þjófafoss* sehenswert. Der Tröllkonufoss liegt östlich des Berges *Búrfell* an der Straße 26. Zum Þjófafoss führt etwas südlich davon eine 5 km lange Piste. Die schwarzen Steine inmitten des Flusses sollen der Sage nach von Riesinnen gelegt worden sein, die an dieser Stelle den reißenden *Þjórsá* überquert haben. Wenig nördlich des Tröllkonufoss zweigt der Landmannaleið von der Straße 26 ab (s. Route 7). 15 km weiter erreichen wir die Abzweigung der Straße 32, auf der wir durch das Tal der Þjórsá zurück zur Ringstraße und nach Selfoss fahren.

Route 6 G: Durch das Tal der Þjórsá nach Selfoss (85 km)

Nach der Brücke über die Þjórsá folgt die Straße 32 dem längsten Fluß Islands südwärts. Vorbei am *Bjarnalón,* dem seeartigen Seitenarm der Þjórsá, zweigt im *Þjórsárdalur* hinter der Brücke über die *Fossá* die Zufahrt zum **Hjalparfoss** von der Straße 32 ab. Die Flußarme stürzen 9 m tief in einen Basaltkessel, bevor die Fossá in die Þjórsá mündet. 8 km nordöstlich davon liegt im Þjórsárdalur das Gehöft Stöng. Dorthin führt entlang der Westseite des 414 m hohen Skeljafell eine Straße, die an einem Parkplatz endet. Auf einer Fußgängerbrücke überquert man die *Rauðá* und erreicht nach 200 m das Gehöft. Geländewagen können den Fluß durchfahren.

Der alte Bauernhof Stöng

Stöng liegt im einst fruchtbaren Tal der Þjórsá. Der Hof und das ganze Tal wurden im Jahr 1104 bei dem verheerenden Ausbruch der 18 km südöstlich liegenden Hekla unter einer hohen Ascheschicht begraben. Die Hofruinen wurden 1939 ausgegraben und unter Denkmalschutz gestellt. Die Reste des Langhauses *(skáli)* und drei kleiner Torfrasenhäuser, der Kirche, des Friedhofs, zweier Schmieden und von zwei Nebengebäuden werden für die Nachwelt erhalten; Teile sind überdacht worden.

Das Langhaus war 12x5,85 m groß. In ihm befand sich die zentrale Feuerstelle, an der früher gekocht wurde und deren Abluft für die Beheizung der Räume sorgte. In die Wandseiten waren Alkoven eingelassen, an der Nord- und Westseite Nebenräume angegliedert. Man nimmt an, daß einmal zwanzig Personen auf dem Hof wohnten. Stöng ist frei zugänglich. Anläßlich der 1100-Jahr Feier Islands wurde 1974 das Langhaus rekonstruiert; es ist im **Museum Þjóðveldisbærinn** zu besichtigen (Þjórsárdalur, geöffnet 01.06.–15.09. täglich von 10–12 und 13–18 Uhr, Tel. 4 87 77 13). Das Museum liegt südlich der Straße 32, dort wo die Zufahrt nach Stöng abzweigt.

Auf der Westseite des Þjórsárdalur liegt das **Schwimmbad Þjórsárdalslaug** (geöffnet Mi–So, 10–21 Uhr) unterhalb des Rhyolithberges *Rauðukambar.* Es wird von heißen Quellen gespeist. Die Zufahrt zu dem abgelegenen Bad erfolgt auf der Straße, die knapp 2 km hinter der Brücke über die Fossá nach Norden abzweigt.

Torfhof Þjóðveldisbærinn – Grundriß

(Rekonstruktion des Torfgehöfts Stöng)

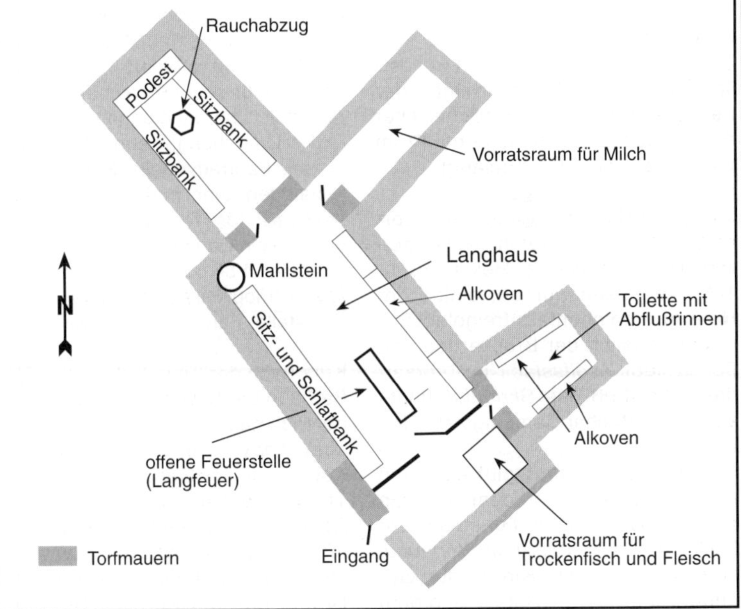

Wandertips

Háifoss

Von Stöng aus führt ein markierter Wanderpfad durch das Fossárdalur zum *Háifoss* (122 m hoch; Hin- und Rückweg 6 Stunden). Der Weg verläuft entlang des *Strangarfjall* ins Fossárdalur, dann auf dem Bachschotter talaufwärts. Der kürzeste und bequemste Weg zum Haifoss führt von einer Piste dorthin, die kurz vor der Brücke über die Þjorsá von der Straße 32 nach Nordwesten abzweigt. Die Piste folgt einer Hochspannungsleitung. Nach 6 km erreicht man den Fluß *Fossá.* Hier biegt ein 1 km langer Fußweg ab, auf dem man flußabwärts zur Schlucht oberhalb des Haifoss gelangt. Man hat von hier den besten Blick auf den Wasserfall und in die tiefe Schlucht.

Schlucht Gjáin

Die Schlucht Gjáin liegt nur 1 km östlich von Stöng. Man geht hinter der Fußgängerbrücke am nördlichen Ufer der Rauðá flußaufwärts, bis man zum Wasserfall *Rauðáfoss* gelangt.

Im Þjórsárdalur fand man die Überreste von zwanzig Höfen, die vermutlich beim Ausbruch der Hekla im Jahr 1104 verlassen wurden; einige der Höfe wurden ebenfalls freigelegt.

7 km südlich der Brücke über die Fossá liegt *Ásólfsstaðir* im Þjórsárdalur. Am Fuß des *Skriðufell* findet sich ein einfacher Campingplatz (Tel. 4 86 60 03).

Am Berg *Hagafjall* gibt es einen **Aussichtspunkt,** von dem aus man das Tal der Þjórsá und das Lavafeld Merkurhraun überblickt. In *Stórinúpur* steht die einzigste Kirche der Gegend. Hinter der Tankstelle und dem Campingplatz von *Árnes* (Tel. 4 86 60 44, komfortabel, Wohnmobil-Stellplätze, Einkaufsmöglichkeit, Tankstelle, Bushaltestelle) ist das Land wieder besiedelt; wir durchfahren Weideland und landwirtschaftlich genutzte Flächen. 8 km weiter mündet die Straße 32 in die Straße 30 ein.

Abstecher nach Flúðir

12 km nördlich der Einmündung der Straße 32 in die Straße 30 liegt *Flúðir.* Der 250 Einwohner zählende Ort zwischen Hvítá und Þjórsá ist dank zentraler Lage in der Nähe zahlreicher Sehenswürdigkeiten – Stöng, Þjóðveldisbærinn, Gullfoss, Haukadalur, Skálholt – zu einem Touristenzentrum geworden. Thermalquellen beheizen hier zahlreiche Gewächshäuser und ein Schwimmbad.

Die Tourist-Information *(Ferðamiðstöðin Flúðir,* Tel. 4 86 67 56 und 4 86 67 66) offeriert Unterkunft in Hütten (je sechs Personen) und vermittelt Übernachtungen auf Höfen der Umgebung; ferner: Angellizenzen, Fahrradverleih, Reiten. Übernachten kann man auch im *Edda-Hotel Flúðir* (Tel. 4 86 66 30, 43 Zimmer); ein Campingplatz ist beim Hotel (Tel. 4 86 66 30, komfortabel, Einkaufsmöglichkeit, Tankstelle, Bushaltestelle, Fahrrad- und Autoverleih).

Kurz nach der Einmündung der Straße 32 in die Straße 30 zweigt die 31 nördlich nach *Laugarás, Skálholt* und zum *Apavatn* und *Laugarvatn* ab. Auch in dieser Gegend gibt es viele Thermalquellen, die den Anbau von Obst, Gemüse, Südfrüchten und Blumen in Gewächshäusern ermöglichen. 5 km weiter liegt der kleine Ort *Brautarholt* am Fuß des *Vörðufell*

(392 m). Hier gibt es Tankstelle und Campingplatz *(Brautarholt á Skeiðum,* Tel. 4 86 55 08/4 86 55 00, komfortabel, Einkaufsmöglichkeit, Tankstelle, Bushaltestelle). 15 km weiter erreichen wir bei einer Tankstelle wieder die Ringstraße. Von hier sind es noch 15 km bis Selfoss. Fährt man von der Einmündung der Straße 30 in die Ringstraße auf dieser ein Stück in Richtung Hella, kommt man nach 2 km zur Abzweigung der Straße 302, die auf der Westseite der Þjórsá entlang verläuft. Auf ihr erreicht man nach weiteren 2 km beim gleichnamigen Gehöft den *Urriðafoss.* Die breite Þjórsá stürzt hier über eine Basaltschwelle. Den besten Überblick über den Wasserfall hat man vom Flußufer, das man auf einem 5-minütigen Fußmarsch über die Wiesen erreicht. Wieder zurück auf der Ringstraße, werden bei *Ullarverslunin Þingborg* (Tel. 4 82 10 27, geöffnet im Sommer 13–18 Uhr) handgestrickte Wollwaren und Souvenirs zum Kauf angeboten. Die Verkaufsstelle im alten Schulhaus aus dem Jahr 1927 wurde von 35 Landfrauen und Schafbesitzern aus der Gegend eingerichtet, die sich zusammengeschlossen haben und die Wollwaren in Heimarbeit herstellen. Bei der neuen Schule gibt es einen einfachen Campingplatz.

Selfoss

Selfoss liegt am Ufer der *Ölfusá* südlich des 551 m hohen Berges *Ingólfsfjall.* Die Stadtrechte erhielt der Ort 1947. Die Stadt wuchs rasch, heute hat sie etwa **4300 Einwohner.** Selfoss ist das Handels- und Dienstleistungszentrum des Südens. Durch die **größte Molkerei Islands** ist die Stadt außerdem für die Milchwirtschaft von entscheidender Bedeutung. In letzter Zeit entwickelte sich der Ort zu einem Bildungszentrum. Selfoss ist auch ein Verkehrsknotenpunkt. Außer den Linienbussen, die auf der Ringstraße verkehren, gibt es Busverbindungen zum Gullfoss, ins Haukadalur, ins Þórsmörk, nach Landmannalaugar und über den Sprengisandur nach Akureyri.

Praktische Infos

Tourist-Information

Upplýsingamiðstöð Suðurlands
Raststätte *Fossnesti,* Tel. 4 82 17 04, Vermittlung von geführten Touren und Unterkünften, geöffnet 01.06.–15.09. täglich 9–20 Uhr

Unterkunft

Hotel Selfoss
Eyravegi 2, Tel. 4 82 25 00, 20 komfortable Zimmer, Restaurant, ganzjährig geöffnet

Pension Þóristún
Þóristun 1, Tel. 4 82 25 00, nur im Sommer geöffnet

Gesthús
Engjavegur, Tel. 4 82 35 85, Holzhäuschen-Kolonie am Campingplatz, jeweils bis zu vier Personen, Küche und Bad, Laden, Hotpots, Fahrrad- und Pferdeverleih

Heimagisting
Skólafellir 7, Tel. 4 82 11 27, 4 Zimmer

Gästehaus Núpur
Austurvegur 7, Tel. 4 82 16 72, ganzjährig geöffnet

Gästehaus Heiðmörk 2a
Tel. 4 82 14 71, ganzjährig geöffnet, Reiten, Golf

Campingplatz

Engjavegur, Tel. 4 82 35 85, komfortabel, Einkaufsmöglichkeit, Wohnmobil-Stellplätze, Tankstelle, Cafeteria, Bushaltestelle, Zelt-, Fahrrad- und Pferdeverleih

Essen & Trinken

Hótel Selfoss
Tel. 4 82 25 00
Restaurant Inghóll
Austurvegur 46, Tel. 4 82 25 85
Gjaín
Austurvegur 2, Tel. 4 82 25 55
Hrói Höttur
Austurvegur 22, Tel. 4 82 28 99
Kaffi-Krús
Austurvegur 7, Tel. 4 82 16 72
Golfskálinn
Tel. 4 82 24 17, 4 82 25 00
Fossnesti
Austurvegur 46, Tel. 4 82 12 66
Cafeteria Shell-Tankstelle
Suðurlandsvegur, Tel. 4 82 30 88
Pylsuvagagninn
Imbiß, Tryggvatorg, Tel. 4 82 21 78
Pizza 67
Tryggvagata 40, Tel. 4 82 22 67
H.M. Café
Eyravegur 15, Tel. 4 82 35 35
Kentucky Fried Chicken
Suðurlandsvegur, Tel. 4 82 34 66
Menam
Eyrarvegur 8, Tel. 4 82 40 99

Museen

Byggða-, Dýra- og Listasafn Árnesinga
Tryggvagata 23, Tel. 4 82 27 03, 01.06.–09.09. tägl. 14–17 Uhr geöffnet

Weitere Heimatmuseen in der Umgebung (Internet: http://www.south.is/husid) sind:

Bruchstelle der nordamerikanischen und eurasischen Kontinentalplatte bei der Almannagjá

Byggdðasafn Árnesinga
Húsinu, Eyrarbakka,
Tel. 4 83 15 04, geöffnet 01.06.–31.08. tgl. 10–18 Uhr
Sjóminjasafnið á Eyrarbakka
Tel. 4 83 11 65, geöffnet 01.06.–31.08. tgl. 13–18 Uhr
Þuríðarbúð á Stokkseyri
Ganzjährig geöffnet nach Vereinbarung unter Tel. 4 83 12 67
Rjómabúið á Baugastöðum
Tel. 4 86 33 69, 4 83 15 04, geöffnet 01.07.–31.08. Sa, So 13–18 Uhr

Sonstiges

Krankenhaus, Ambulanz
Árvegur, Tel. 4 82 13 00
Apotheke
Austurvegur 5, Tel. 4 82 11 77
9-Loch Golfplatz (Svarfhóls-Platz)
Am Ufer der Ölfusa, Tel. 4 82 24 17
Angellizenz für den Fluß Tungufljót
Veiðisport, Tel. 4 82 15 06

Route 6 H: Von Selfoss nach Þingvellir (44 km)

Wir verlassen Selfoss nordwärts auf der Straße 35 und fahren am 551 m hohen *Ingólfsjall* vorbei. Hinter dem Berg überqueren wir den Fluß *Sog* und biegen auf die Straße 36 ab. Vorbei an den Seen *Alftavatn* und *Úlfljótsvatn* erreichen wir nach 15 km den **Þingvallavatn** bei der Bucht *Ölfusvatnsvík.* Hier fließt der Sog aus dem Þingvallavatn ab. Der mit 83 km² größte See Islands ist bis zu 114 m tief und reicht damit unter Meeresniveau. Im See gibt es eine besondere Fischart: Die 15–20 cm lange *vatnsbleika* (Seeforelle) gilt als lokale Spezialität. Im See kommen zwei Forellen- und drei Saiblingarten vor.

Wir fahren am Ostufer des Sees entlang durch das *Miðfellshraun,* bis wir nach 20 km *Þingvellir* erreichen. Von hier kann man die Westseite des Þingvallavatn auf der Straße 360 umfahren. Im Südwesten des Sees liegt das **Geothermalkraftwerk Nesjavellir.** Von dort wandert man auf markierten Wegen durch das einzigartige Thermalgebiet am Fuß des 803 m hohen Vulkans *Hengill,* vorbei an heißen Quellen und warmen Bächen, nach *Hveragerði* (Tagestour).

Þingvellir

Auf einer Hochebene, knapp 50 km nordöstlich von Reykjavík, liegt die **altisländische Thingstätte** Þingvellir, die „Ebene der Volksversammlung". Das 27 km² große Gebiet steht bereits seit 1928 unter Naturschutz – es handelt sich um den ältesten Nationalpark Islands. Alljährlich kommen über 250 000 Besucher in diesen historischen „Park aus Lava". Andere nennen Þingvellir auch die **alte Hauptstadt Islands,** war sie doch neun Jahrhunderte lang (von 930–1789) der Regierungssitz.

Þingvellir liegt im Norden des Þingvallavatn im *Þingvallasveit,* einer 40 km langen und 10 km breiten Talsenke aus Lava. Im Westen wird das Gebiet durch die *Almannagjá,* die „Allmännerschlucht", und im Osten durch die „Rabenschlucht" *Hrafnagjá* begrenzt. Die südliche Begrenzung bildet der Þingvallavatn, die nördliche der 766 m hohe *Ármannsfell* und der 1060 m hohe Vulkan *Skjaldbreiður.*

Þingvellir liegt in der aktiven Vulkanzone Islands. Hier driften am mittelatlantischen Rücken die nordamerikanische und die eurasische

Lithosphärenplatte langsam auseinander, gut erkennbar an den aufgerissenen Spalten der Almannagjá. Wer sich hier breitbeinig über eine schmale Spalte stellt, kann behaupten, mit einem Bein auf dem amerikanischen und mit dem anderen auf dem europäischen Kontinent zu stehen, geologisch zwar nicht ganz richtig, doch seien wir nachsichtig (tatsächlich gehören geologisch die Almannagjá zu Nordamerika und die 5 km entfernte Hrafnagjá zu Europa).

Das ganze Gebiet hat sich seit der Christianisierung vor 1000 Jahren um 40 m gesenkt und 20 m verbreitert. Während eines Erdbebens 1789 sackte der Boden in zehn Tagen sogar um 67 cm ab! Mit derselben Geschwindigkeit, mit der sich das Gebiet senkt, driften die Lithosphärenplatten auseinander. Nach dem Erdbeben wurden große Teile der Wiesen überflutet, und es gab kein frisches Gras mehr für die Pferde. Wohl auch deshalb verlagerte man damals die Thingstätte.

Der Gode *Grímur Geitskór* wählte die Ebene bei Þingvellir für das **erste Alþing im Jahr 930.** Das war das Treffen der isländischen Goden als Vertreter der 13 lokalen Þingverbände und der Familienoberhäupter. Die Ebene bot geradezu ideale Bedingungen: Erstens gab es hier eine gute Akustik, ausreichend Platz, Wasser und Weideland für die Pferde sowie Fische und Brennholz für die Menschen, und zweitens war die Ebene Geitskórs Land. Auf dem Alþing wurden Streitigkeiten geschlichtet, Gesetze erlassen, Recht gesprochen und Urteile gefällt. Die Goden selbst waren jedoch nicht Vollstrecker der Urteile, sondern dies oblag denen, die jeweils Recht gesprochen bekamen; sie erhielten vom Alþing eine Art „Freibrief" für die Ausübung von Gewalt. Die Strafen für Kapitalverbrechen wurden meistens umgehend vor Ort vollzogen.

Das Alþing fand alljährlich während der zehnten Sommerwoche im Juni/Juli statt, und dies während der gesamten Freistaatzeit von 930 bis 1262. Wichtigster Tag war der Donnerstag, „Thors-Tag". Damals versammelten sich bis zu 5000 Menschen. Viele blieben ein bis zwei Wochen und nutzten diese Gelegenheit, um sich im sportlichen Wettkampf mit anderen zu messen, um Verwandte und Freunde zu sehen, Neuigkeiten zu erfahren, Handel zu treiben oder auch um Hochzeiten anzubahnen.

Den Vorsitz beim Alþing hatte der **Lögsögumaður** inne, der „Gesetzessprecher", der für jeweils drei Jahre gewählt wurde. Bis 1118 trug er alljährlich ein Drittel aller Gesetze auf dem **Lögberg,** dem „Gesetzesfelsen", auswendig vor. Ab jenem Jahr wurden die Gesetze schriftlich festgehalten. Die Goden wählten das oberste Gericht, die **Lögrétta.** Auf dem Lögberg weht heute ständig die isländische Nationalflagge.

Als Island der norwegischen Krone zufiel, konnte das Alþing zwar noch Gesetze erlassen, unter dänischer Herrschaft aber wurde es dann praktisch bedeutungslos, im Jahr 1800 schließlich ganz abgeschafft. 1843 kam es zur Wiedereinrichtung des Alþing, diesmal allerdings in Reykjavík. Die Bedeutung als **nationales Heiligtum** behielt es jedoch bei. Alle wichtigen Staatsfeierlichkeiten fanden im Alþing statt: 1874

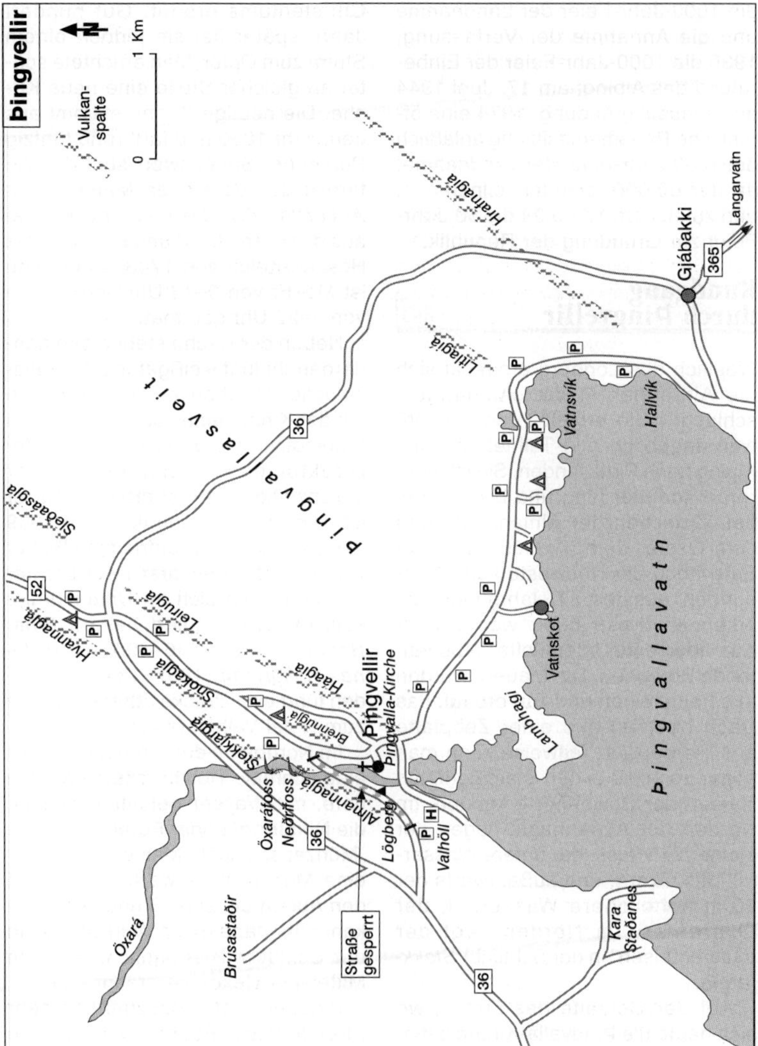
Þingvellir
Vulkan-
spalte
0
1 Km
N
Hrafnagjá
Langarvatn
Gjábakki
365
Litlagjá
Þingvallasveit
36
Sleðaásgjá
52
Hvannagjá
Leirugjá
Hágjá
Snókagjá
Brennugjá
Þingvellir
Þingvalla-Kirche
Stekkjargjá
Öxaráfoss
Neðrifoss
Almannagjá
Lögberg
Valhöll
Vatnskot
Lambhagi
Vatnsvík
Hallvík
Þingvallavatn
Kára
Staðanes
Brúsastaðir
Öxará
Straße
gesperrt

Route 6

die 1000-Jahr-Feier der Landnahme und die Annahme der Verfassung; 1930 die 1000-Jahr-Feier der Einberufung des Alþing; am 17. Juni 1944 die Republikgründung; 1974 eine öffentliche Parlamentssitzung anläßlich der 1100-Jahr-Feier der Landnahme, an der 60 000 Isländer teilnahmen, und zuletzt am 17.06.94 die 50-Jahr-Feier zur Gründung der Republik.

Rundgang durch Þingvellir

Westlich des Lögberg erstreckt sich die Almannagjá, die „Allmännerschlucht". Sie erhielt ihren Namen, weil angeblich alle Teilnehmer des Alþing darin Platz fanden. Sie ist mehrere Kilometer lang und bis zu 40m tief. Zwischen der Almannagjá und dem Öxará, dem „Axtfluß", sind am Berg noch die Überreste von „Wohnungen" aus dem 17. Jahrhundert zu erkennen. Diese „buðir" waren einfache, aber feste Unterkünfte für bedeutende Personen. Die Mauern wurden aus Feldsteinen und Torf erbaut, das Dach bestand aus einer Zeltplane aus Tierhäuten. Teilweise kann man sogar noch die in den Stein geritzten Namen der Bewohner erkennen. Im Norden der Almannagjá liegen der kleine *Neðrifoss,* der untere Wasserfall des Öxará, und flußaufwärts der 20 m hohe obere Wasserfall, der *Öxaráfoss.* Im Norden liegt der „Galgenfelsen" in der Schlucht *Stekkjargjá.*

Auf der Ostseite des Öxará, wo sich heute die Þingvalla-Kirche befindet, stand vermutlich einmal die erste isländische Kirche überhaupt. Wahrscheinlich wurde diese dort im Jahre 1000 nach der Annahme des Christentums erbaut. Gut hundert Jahre später fiel sie jedoch einem Sturm zum Opfer. Man errichtete später an gleicher Stelle eine neue Kirche. Die heutige Kirche stammt aus dem Jahr 1860 und faßt rund fünfzig Personen. Sehenswert sind das Altarbild des dänischen Malers *Niels Anker* (1895), die hölzerne Kanzel aus dem Jahr 1863 und ein silberner Hostien-Kelch von 1743. Die Kirche ist Mo–Fr von 9–18 Uhr und Sa, So von 9–22 Uhr geöffnet.

Neben der Kirche stehen aneinandergereiht fünf weißgetünchte, spitzgiebelige Holzhäuser, die zusammen mit der Kirche eines der beliebtesten Fotomotive sind (s.u.). Hier wohnt der Direktor des Nationalparks, der gleichzeitig auch der örtliche Pfarrer ist. Hinter der Kirche liegt seit 1939 der isländische Ehrenfriedhof. Bisher wurden hier aber erst zwei Dichter begraben, die sich im Unabhängigkeitskampf engagiert hatten: *Einar Benediktsson* (1846–1940) und *Jónas Hallgrímur* (1807–1845). Im Süden führt eine Brücke über den Öxará zum Hotel Valhöll (s.u.).

Im Nordosten der Kirche überquert eine schmale Holzbrücke eine 20 m tiefe, mit Wasser gefüllte Schlucht, die **Nikalosgjá** oder **Peningagjá,** die „Münzenschlucht". Man sagt, wer hier eine Münze hineinwerfe, die er mit den Augen bis zum Grund verfolgen kann, der habe einen Wunsch frei. In der Schlucht Brennugjá wurden im Mittelalter Hexen verbrannt.

Þingvellir ist landschaftlich sehr reizvoll. In der Ebene wachsen viele Pflanzen, und man kann zahlreiche Vögel beobachten. Das Gebiet ist touristisch gut erschlossen, ein Anziehungspunkt nicht nur für ausländi-

Þingvellir am Þingvallavatn

sche Touristen, sondern auch die Isländer kommen gerne hierher. Es gibt mehrere Campingplätze, aber kaum Zimmer. Wer am See übernachten möchte, ist auf ein Zelt angewiesen.

Praktische Infos

Tourist-Information

Informationsstand am Kiosk *Þjónustumiðstöð,* Leirur, an der Kreuzung der Straßen 36 und 52, Tel. 4 82 26 60, geöffnet 01.06.–31.10. Mo–Fr 8.30–20, Sa, So 8.30–22 Uhr; Angellizenzen.

Das **Büro der Nationalparkverwaltung** (Tel. 4 82 26 77) liegt neben der Þingvalla-Kirche; Infos über Geschichte, Wanderwege, Unterkunftsmöglichkeiten

Unterkunft

Hotel Valhöll
Þingvellir, Tel. 4 82 26 22, unter den Felsen der Almannagjá gelegen, im Stil alter Islandhäuser gebaut, 30 Zimmer, Restaurant, Bootsverleih, nur im Sommer geöffnet

Ferðaþjónustan Efri-Brú
Grímsnesi, Tel. 4 82 26 15, 8 53 75 85, Fax 4 82 26 14, 30 Betten, Schlafsackplätze in der nahen Schule; Angeln, Reiten, ganzjährig geöffnet

Nesbúð-Nesjavöllum
Grafningshreppi, Tel. 4 82 34 15, 8 52 02 95, Fax 4 82 34 14, 130 Betten, 130 Schlafsackplätze, Angeln, Bootsverleih, ganzjährig geöffnet

Camping

Im Nationalpark nur an den ausgewiesenen Plätzen; um den See liegen mehrere Campingplätze.

Þingvellir

Tel. 4 82 26 60, größter Campingplatz, einfach ausgestattet, Duschen

Vatnskot

Tel. 4 82 26 60, schön am Ufer gelegen

Bootsfahrten

Kanu- und Ruderbootverleih

Gegenüber vom Hotel Valhöll, 30 Min. 600 ISK

Þingvallavatnssiglingar

1 1/2-stündige Ausflugsfahrten im Motorboot, nur nach Voranmeldung, da viele Gruppen; Tel. 4 82 36 10, 8 54 76 64, Fax 4 82 36 10, Di, Do, Fr 10, 13, 15 Uhr, 1500 ISK, Kinder die Hälfte

Route 6 I: Vom Þingvallavatn zum Geysir und Gullfoss (57 km)

Im Nordosten des Þingvallavatn zweigt bei der Hrafnagjá bzw. bei dem früheren Hof *Gjábakki* die Straße 365 zum Laugarvatn ab. Die Straße führt 6 km durch die Lavafelder *Gjábakkahraun* und *Karhraun,* überquert einen Ausläufer des 826 m hohen Bergrückens *Kálfstindar* und erreicht nach 16 km den Ort *Laugarvatn* am Ufer des gleichnamigen Sees.

Laugarvatn

Der gut 2 km² große **See** Laugarvatn wird von heißen Quellen erwärmt. Nach Einführung des Christentums sollen in der *Vígðalaug* mehrere Men-

Thingvellir am Thingvallavatn, Almannagjá, Lögberg (Gesetzesfelsen mit isländischer Fahne)

schen getauft worden sein. Ihren Namen („Schlacht-Quelle“) hat diese Quelle nach mündlicher Überlieferung aber erst 1550 bekommen, als der in Skálholt hingerichtete Bischof *Jón Árason* vor seiner Beisetzung darin gewaschen wurde.

Der Ort Laugarvatn, der sich in einem Geothermalgebiet befindet, ist Islands bekanntestes Schul- und Erholungszentrum. Hier gibt es eine Internats-, Grund- und Bezirksschule sowie eine Sportschule. Im Sommer übersteigt die Zahl der Touristen die Einwohnerzahl (150 Einwohner) um ein Vielfaches. Am Seeufer gibt es in der Nähe des Edda-Hotels ÍKÍ ein **natürliches Dampfbad** mit Thermaldampf (Tel. 4 86 12 35).

Praktische Infos

Unterkunft

Edda-Hotel Húsmæðraskóli, ÍKÍ
Tel. 4 86 11 54, direkt am See, 27 Zimmer, Restaurant
Edda-Hotel Menntaskólinn, ML
Tel. 4 86 11 18, 87 Zimmer, Schlafsackunterkunft, Restaurant, Angeln, Reiten
Gästehaus Dalseli
Tel. 4 86 12 15, Fax 4 96 12 15, 12 Betten, 12 Schlafsackplätze, ganzjährig geöffnet, Zeltplatz, Reiten, Angeln

Campingplatz

Tel. 4 86 11 55, komfortabel, Einkaufsmöglichkeit, Wohnmobil-Stellplätze, Cafeteria, Tankstelle, Bushaltestelle

Essen & Trinken

Außer in den beiden Edda-Hotels und am Campingplatz bei
Pylsubarinn Trítill
Imbiß, Tel. 4 86 12 49
Lindin
Restaurant, Tel. 4 86 12 62

Sonstiges

Ambulanz, Tel. 4 86 11 71
9-Loch Golfplatz *(Dalbui-Platz)*
Tel. 8 97 77 98
Boots- und Surfbrettverleih
Tel. 4 86 11 19
Reittouren
Efstadalur, Tel. 4 86 11 86
Angellizenzen
Utey 1, Tel. 4 86 11 94;
Laugardalshólar, Tel. 4 86 11 81;
Böðmóðsstaðir, Tel. 4 86 11 82
Minigolf, Tel. 4 86 11 51

Südlich des Laugarvatn liegt der größere **Apavatn** (14 km²). Wohl wegen fehlender warmer Quellen hat der Tourismus an diesem See bislang noch nicht Fuß gefaßt. Im Osten bildet der Seeabfluß *Brúará* den sehenswerten Wasserfall *Dynjandi.*

Von Laugarvatn führt die Straße 37 ins Haukadalur (31 km). Im Norden des Laugardalur erhebt sich der 627 m hohe *Efstaðalsfjall.* Auf seiner Ostseite erstrecken sich der kleine Birkenwald *Efstaðalsskógur* und *Rauðisskógur.* Der Bach Brúará bildet im *Efstildalur* nördlich der Straße 37 (16 km) drei kleine Wasserfälle: *Brúarfoss, Miðfoss* und *Hlauptungufoss.* Dorthin führt eine kurze Piste. 15 km weiter erreichen wir Geysir im Haukadalur.

Geysir

Der Name Geysir wurde erstmals 1647 von dem Skálholter Bischof *Brynjólfur Sveinsson* verwendet, um

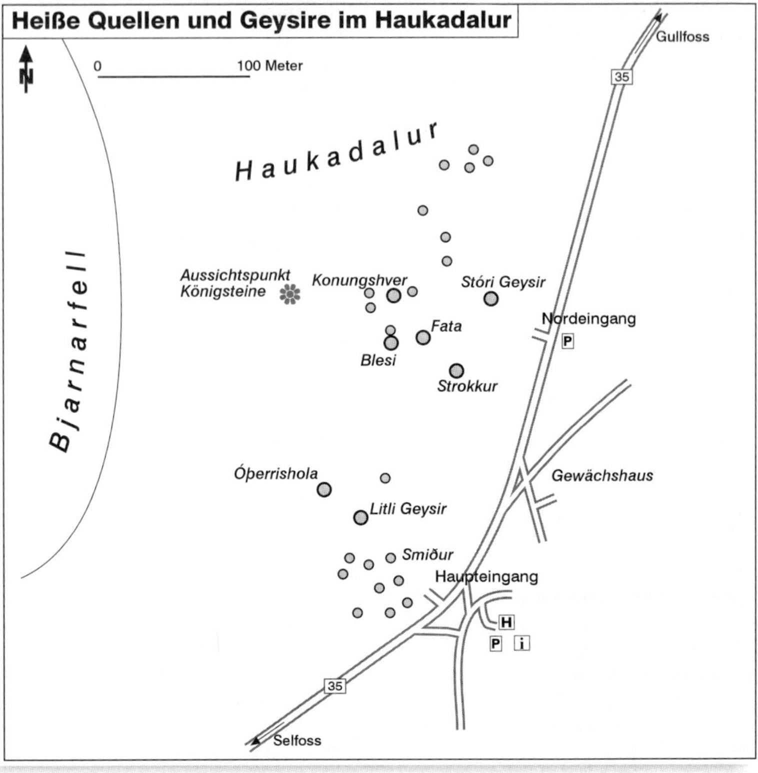

damit eine heiße Springquelle zu benennen. Nach dem **„Großen Geysir"**, dem *Stóri Geysir,* der am Fuß des Rhyolithbergs *Laugarfjall* liegt, wurden alle anderen Springquellen auf der Welt benannt. Doch der Große Geysir hat seine Aktivität schon vor einigen Jahrzehnten eingestellt, nachdem er vermutlich mehrere tausend Jahre lang regelmäßig seinen „Dienst verrichtet" hat. 1294 wurde erstmals in schriftlicher Form über einen Ausbruch des Großen Geysirs berichtet. Heute sind nur noch das Kalksinterbecken mit einem Durchmesser von 14 m und der mit bläulich schimmerndem Wasser gefüllte, kreisrunde Quelltopf sehenswert. Darunter führt ein Schlund 120 m in die Tiefe. Früher schoß hier regelmäßig eine 60 m hohe Fontäne aus Dampf und kochendem Wasser empor. Als die Leistung des Geysirs langsam nachließ, hat man ihn noch einige Male künstlich zum Ausbruch gebracht: durch Absenken des Wasserstands, indem man einen Abflußkanal in das Becken grub, oder durch die Zugabe von Schmierseife. Aus Naturschutzgründen verzichtet man heute auf diese Hilfsmittel. Geologen sind der Meinung, daß der Große Geysir nicht mehr ausbrechen kann, da die Temperatur im Erdinnern abgenommen hat. Aufsteigende Dampfblasen nähren jedoch bei den Besuchern immer noch die Hoffnung, daß der Große Geysir vielleicht doch irgendwann noch einmal aktiv wird.

Der **Strokkur,** das „Butterfaß", ist der „kleine Bruder" des Großen Geysir. Er ist noch aktiv. Alle paar Minuten schießt das Wasser 10–20 m in die Höhe. Bevor das kochende Wasser aus dem Geysir herausspritzt, steigen zuerst große Dampfblasen auf, dann wölbt sich die Wasseroberfläche glockenförmig auf. Den Bruchteil einer Sekunde später schießt das Wasser explosionsartig nach oben. Nach ein paar Sekunden ist das Schauspiel vorbei. Nach einem weniger heftigen Ausbruch sprudelt das Wasser gelegentlich anschließend auch noch ein paar Mal aus dem Quelltopf heraus. Man sagt dann, der Strokkur „köchelt" ein wenig. Nach einem Ausbruch fließt das Wasser in den Quelltopf zurück und verschwindet für kurze Zeit vollständig im Schlund. Einige Minuten später beginnt das Schauspiel von neuem.

Im Haukadalur gibt es mehrere heiße Quellen mit türkisfarbenem Wasser (isl. bláhver = blaue heiße Quelle) und Ablagerungen aus hellem Kieselsinter sowie kleine Geysire, die aber nur ein wenig „köcheln". Von den **Königssteinen** hat man einen guten Überblick über das Thermalgebiet (s.a. Karte nebenan).

Aus dem **Haukadalur,** dem „Tal der Habichte", stammt die neben den *Sturlungern* zweitwichtigste altisländische Sippe, die der *Haukdælir.* Ihre Führer sind schon sehr frühzeitig zum christlichen Glauben übergetreten, ließen eine Kirche erbauen und gründeten um 1100 eine Schule. Das Geschlecht der Haukdælir stellte die meisten Bischöfe. Der Glanz dieser Sippe verblaßte jäh, als ihr letzter Führer, *Gissur Hallson,* vom norwegischen König beauftragt wurde, Snorri Sturluson zu töten.

Praktische Infos

Unterkunft

Hotel Geysir
Tel. 4 86 89 15, 10 Zimmer, Restaurant, geöffnet 01.05.–15.10.
Gästehaus Geysir
Haukadalur III, Tel./Fax 4 86 87 33, Tel. 4 86 89 16,Zimmer und Schlafsackunterkunft, Zeltplatz, ganzjährig geöffnet

Campingplatz Geysir

Tel. 4 86 89 35, komfortabel, Einkaufsmöglichkeit, Tankstelle, Bushaltestelle

---

Auf der Straße 35 erreichen wir nach weiteren 10 km Gullfoss, den „Goldenen Wasserfall".

Der Gullfoss

Der Gullfoss besteht aus **zwei Wasserfällen.** Der obere ist 11 m hoch, der untere 21 m. Gebildet wird er vom Fluß *Hvítá.* Am Wasserfall erinnert ein Relief an die Bäuerin *Sigríður Tómasdóttir* (1871–1957), die Tochter des Bauern von *Brattholt.* Einst gehörte der Wasserfall zum Landbesitz dieses Bauern. Eine englische Gesellschaft wollte erstmals 1907 den Gullfoss kaufen und hier ein Kraftwerk zur Stromerzeugung errichten. Auch später versuchten immer wieder ausländische Firmen, den Wasserfall in ihren Besitz zu bekommen. Es gab bereits Vorverträge, als sich Sigriður mit großem Engagement – und unter der Androhung, sich in den Wasserfall zu stürzen – gegen den Verkauf von „isländischem Boden" einsetzte, denn das Kraftwerk wäre auch das Ende des beeindrukkenden Naturschauspiels gewesen. Heute befindet sich der Wasserfall in Staatsbesitz und steht seit 1979 unter Naturschutz.

Um den Wasserfall richtig erleben zu können, muß man vom unteren Parkplatz an die Kante des *Hvítá-Canyons* laufen (15 Min.). Erst dann sieht man die beiden Kaskaden des Gullfoss in ihrer ganzen Pracht und spürt die kalte Gischt der Hvítá, die hier über insgesamt 32 m in die tiefe Schlucht stürzt. Ein besonderes Erlebnis ist es, wenn sich das Sonnenlicht in den feinen Wassertröpfchen bricht und ein farbenprächtiger Regenbogen über dem Wasserfall steht. Vom oberen Parkplatz beim **Besucherzentrum Sigriðarstofa** führt ein asphaltierter Fußweg (5 Min.) zu einem Aussichtspunkt (Schild *útsýnispallur),* von dem man einen guten Überblick über die beiden Fallstufen hat. Im Besucherzentrum informieren Schautafeln über die Stromgewinnung, die Geologie und den Naturschutz am Gullfoss und entlang der Hvítá. Vom Besucherzentrum sieht man im Nordwesten besonders gut auf den *Eystri-Hagafellsjökull* mit den schroffen Gipfeln von *Jarlhettur, Tröllhetta* (943 m), *Kolhetta* und *Hæstra-Jarlhetta* (1082 m). Beim Besucherzentrum gibt es Toiletten und ein Souvenirshop.

Die **Hvítá,** der „weiße Fluß", ist nach seinem milchigen Wasser benannt. Er entspringt am Langjökull und hat sich unterhalb des Gullfoss eine bis zu 70 m tiefe und 2,5 km lange Schlucht gegraben. Bei Selfoss mündet er in die Ölfusá bzw. in den Atlantik. Früher wurde die Hvítá sogar bis *Skipholt* („Schiffshügel") nördlich von Flúðir von kleinen Handelsschiffen befahren.

Praktische Infos

Unterkunft

Hof Brattholt
Tel. 4 86 89 91, einfach, 13 Betten, geöffnet 01.06.–15.09., Reiten, Wandervorschläge

Campingplatz Hof Brattholt

Einfach, Bushaltestelle

Vom Gullfoss gelangen wir auf der Straße 30 über Flúðir entlang der Ostseite der Hvítá oder auf der Straße 35 entlang der Westseite zur Straße 31 und zu dem alten Bischofssitz Skálholt (40 km).

Skálholt

Im Mittelalter war Skálholt **geistliches und geistiges Zentrum Islands.** Nach Einführung des Christentums im Jahr 1000 wurde auch hier eine Kirche erbaut. Mittelalterliche Schriften berichten, daß *Teitr,* der Sohn von *Ketilbjörn* aus *Mosfell,* hier heimisch war. Sein Sohn *Gissur* soll der Erbauer der ersten Kirche gewesen sein. Dessen Sohn **Ísleifur Gissurarson** war der **erste Bischof von Skálholt** (1056–1080). Bis zum Ende des 18. Jahrhunderts residierten dort insgesamt 32 Bischöfe während der katholischen Zeit und 13 Bischöfe nach der Reformation. Ende des 18. Jahrhunderts wurde der Bischofssitz durch ein Erdbeben größtenteils zerstört. Daraufhin wurde er nach Reykjavík verlegt.

Bischof *Jón Árason* und seine beiden Söhne wurden in Skálholt hingerichtet; ein Gedenkstein östlich der Straße erinnert daran. Insgesamt wurden hier schon elf Gotteshäuser errichtet. Die heutige Kirche wurde nach Plänen des isländischen Architekten *Hörður Bjarnason* 1956 erbaut. Am 21. Juli 1963 konnte sie geweiht werden. Sie erinnert in ihrer Form an eine ehemalige hölzerne Kathedrale aus dem 17. Jahrhundert.

Im 11. Jahrhundert wurde in Skálholt eine bedeutende Klosterschule gegründet, die 700 Jahre später nach *Bessastaðir* verlegt wurde.

Heute ist in Skálholt nirgends mehr etwas von den historischen Gebäuden zu sehen. Die weiß gestrichene neue Kirche wirkt eher nüchtern. An den Wochenenden im Juli und August (Sa 15 und 17, So 15 Uhr) finden in der Kirche Konzerte statt.

Wir fahren auf der Straße 35 nach Selfoss zurück. Kurz vor der Abzweigung der Straße 36 nach Þingvellir liegt links neben der Straße der 3000 Jahre alte **Explosionskrater Kerið.** Sein 55 m tiefer kreisrunder Krater ist mit Wasser gefüllt.

Route 6 J: Von Selfoss nach Reykjavík (38 km)

Hveragerði

Auf der Ringstraße gelangt man 10 km hinter Selfoss nach **Hveragerði.** Die Stadt mit 1600 Einwohnern ist vor allem wegen der intensiven Nutzung geothermaler Energie und wegen ihrer **Gewächshäuser** bekannt. Diese bedecken eine Fläche von über 14 ha. Auch die staatliche Gartenbauschule befindet sich hier. Man kann einige der Gewächshäuser besichtigen, in denen Tomaten, Gurken, Blumen, Bananen, Orangen und andere Südfrüchte angebaut werden *(Græna Höndin,* Breiðamörk 3, Tel. 4 83 46 49, Gewächshaus, Schnittblumenverkauf, Gärtnerei, Souvenirshop, Café). In der **Anlage Eden** kann man in subtropischer Umgebung Kaffee trinken. Hier gibt es außerdem Blumengeschäfte, Galerien, eine Cafeteria und mehrere Souvenirshops. Die Gegend um Hveragerði ist reich an heißen Quellen. Aus zwei

Sigriður Tómasdóttir

Route 6

300 m tiefen Bohrungen wird heißer Dampf gewonnen. Die meisten heißen Quellen sind unspektakulär; *Grýla* und *Litli-Geysir* sind heute kaum noch aktiv. Das Gebiet mit den heißen Quellen wurde touristisch erschlossen: *Hverasvæðið í Miðbænum* (Hveramörk 13, Tel. 4 83 50 62) ist vom 01.06.–31.08. täglich von 13–18 Uhr geöffnet. In der *Manndrápshver* („Quelle, die den Mann tötete") kam im Jahr 1906 ein Mann ums Leben, als er bei Dunkelheit in das heiße Wasser fiel. Man sagt, dies war der Anlaß, die Straßen von Hveragerði nachts zu beleuchten; es war die erste Straßenbeleuchtung Islands. Von der *Önnuhver*, die auch *Ruslahver* („Müllquelle") heißt, wird berichtet, daß der trockengefallene Quelltrichter früher einmal als Müllschlucker diente – bis die Quelle nach einem Erdbeben erneut aktiv wurde und allen Müll wieder ausspuckte. Auf dem durch Wege erschlossenen Gelände sind noch weitere Quellen, wie die *Leirhver*, die *Rauðihver, Bláhver, Gróuhver,* der kleine Geysir *Dynkur,* und *Schlammpötte* zu sehen.

Nördlich von Hveragerði streckt sich am Fuß des Vulkans *Hengill* ein **Hochtemperaturgebiet** aus. Im Winter kann man dort Ski fahren. In den nach Süden anschließenden Tälern *Grensdalur* und *Reykjadalur* gibt es zahlreiche heiße Quellen. Das Wasser der Bäche *Grensdalsá* und *Reykjadalsá* ist an manchen Stellen so warm, daß man darin baden kann. In dieses Gebiet führen herrliche Wanderwege. Aus dem kleinen Geysir *Grýla* beim Fußballplatz wird zwar nur noch selten eine Wasserfontäne herausgeschleudert, er lohnt aber dennoch eine Besichtigung.

Praktische Infos

Tourist-Information

Ferðaþjónusta Suðurlands
Breiðumörk 10, Tel. 4 83 42 80; Plan mit Wanderwegen zwischen Hveragerði und Þingvallavatn erhältlich; vermittelt Mietwagen, Reittouren, Gletschertouren

Unterkunft

Kurhotel Örk
Breiðumörk 1, Tel. 4 83 47 00, 85 Zimmer, Kongreßzentrum, Restaurant, Swimming-Pool, Golfplatz, Tennis, Sauna, Fitneßräume, Organisation von Ausflügen

Hótel Björk
Breiðamörk 25, Tel. 4 83 47 99, Fax 4 83 47 83, 23 Betten, ganzjährig geöffnet; Restaurant

Gästehaus Ljósbrá
Hveramörk 14, Tel. 4 83 45 88, Fax 4 83 40 88, 14 Betten, Schlafsackunterkunft, im Sommer geöffnet

Gästehaus Frumskógar
Frumskógum, Tel./Fax 4 83 41 48, 23 Betten, Schlafsackunterkunft, ganzjährig geöffnet, Sauna, Reiten

Gästehaus Sólbakki
Hveramörk 17, Tel. 4 83 42 12

Jugendherberge Ból

Hveramörk 14, Tel. 4 83 41 98

Campingplatz

Skólamörk, bei der Schule,
Tel. 4 83 40 00, 4 83 42 80

Essen & Trinken

Außer in den Restaurants von Lykillhótel Örk und Hótel Björk auch bei

Eden
Cafeteria, Grill, Austurmörk 25, Tel. 4 83 49 00; viele Reisegruppen

S. 470

Atelier
Austurmörk 21, Tel. 4 83 50 71; kleines Café im Haus der Kunstausstellung
Hverabakarí
Café, Konditorei, Breiðamörk 10, Tel. 4 83 48 79; unser Tip für einen Imbiß in Hveragerði!
Pizza 67
Breiðamörk 2, Tel. 4 83 44 67
Cafeteria der Kurklinik NLFÍ
Grænamörk 10, Tel. 4 83 03 00, nur auf Vorbestellung, vegetarische Kost

Museen & Ausstellungen

Grundarsafn
Eindrücke aus dem Alltag von *Sigríður Kjaran,* Austurmörk 2, Tel. 4 83 42 80, geöffnet Di, Do, Sa, So 14–18 Uhr
Kunstgewerbearbeiten von Sigurður Sólmundarson
Dynskógar 5, Tel. 4 83 43 32
Græna smiðjan
Breiðamörk 26, Tel. 4 83 49 83; isländische Kunstgewerbearbeiten, isländischer Wildkräutertee, isländische Kosmetika
Atelier Hverasvæðið í Miðbænum
Hveramörk 13, Tel. 4 83 50 62, Information zu den Thermalquellen

Sonstiges

Ambulanz
Breiðamörk 19, Tel. 4 83 42 29, 4 83 43 77
Zahnarzt
Breiðamörk 18, Tel. 4 83 49 30
Apotheke
Ölfusapótek, Breiðamörk 23, Tel. 4 83 41 97
Kurklinik NLFÍ
Grænamörk 10, Naturheilverfahren für Patienten mit Herz- und Rückenleiden, Schlamm- und Schwefelkuren

TILBOÐSRETTIR
TOURIST MENU

Touristenmenü-Logo des Isländischen Hotel- und Gaststättenverbandes

9-Loch Golfplatz
Gufudalur, Tel. 4 83 50 90

Es ist geplant, gegenüber dem Café Eden ein Kulturzentrum einzurichten *(Einar-Hákonarson-Center).* Außerdem soll auch in Hveragerði wie in anderen skandinavischen Orten der isländische Weihnachtsmann Einzug halten. Dazu soll ein „Zentrum des Weihnachtsmanns" *(jólasveinn)* geschaffen werden.

Westlich von Hveragerði erstreckt sich die Lavalandschaft *Svinshraun.* Nördlich der Straße liegt die öde *Mosfellsheiði.* Nach 48 km erreichen wir auf der Ringstraße über *Kópavogur* wieder Reykjavík, Ausgangspunkt unserer Islandrundfahrt.

Route 7: Das Hochland

Das sogenannte **Hochland** – die wilde Landschaft aus Gletschern, Lavawüsten und Vulkanen im Landesinnern – übt auf die meisten Islandreisenden noch immer eine magische Anziehungskraft aus. Hier wartet das große **„Island-Abenteuer"**, hier geht man auf „Expedition". Tatsächlich kann im Hochland nur gezeltet oder in unbewirtschafteten Berghütten übernachtet werden. Fast alle Verkehrswege sind nicht asphaltiert, sondern grob geschottert und mit tiefen Schlaglöchern übersät. Nach längerer Trockenheit sind diese Pisten sehr staubig, bei Nässe hingegen mit unzähligen Wasserpfützen durchsetzt und schlammig. Nach der offiziellen Öffnung der Hochlandpisten zu Beginn der Saison sind zumindest die meisten Hauptstrecken ausgebessert und geglättet. Gegen Ende der Saison im August sind jedoch alle Wege im Hochland wieder sehr holprig. Obwohl einige Strecken auch von den **Überland-Linienbussen** befahren werden (vgl. nebenstehenden Plan), erlebt man den Reiz des Hochlandes am besten **mit dem eigenen Auto.** Die Orientierung ist auf den vielbefahrenen Pisten völlig problemlos. Der Streckenverlauf ist stets gut erkennbar und durchgehend markiert. An Verzweigungspunkten leiten

Fortsetzung auf Seite 522

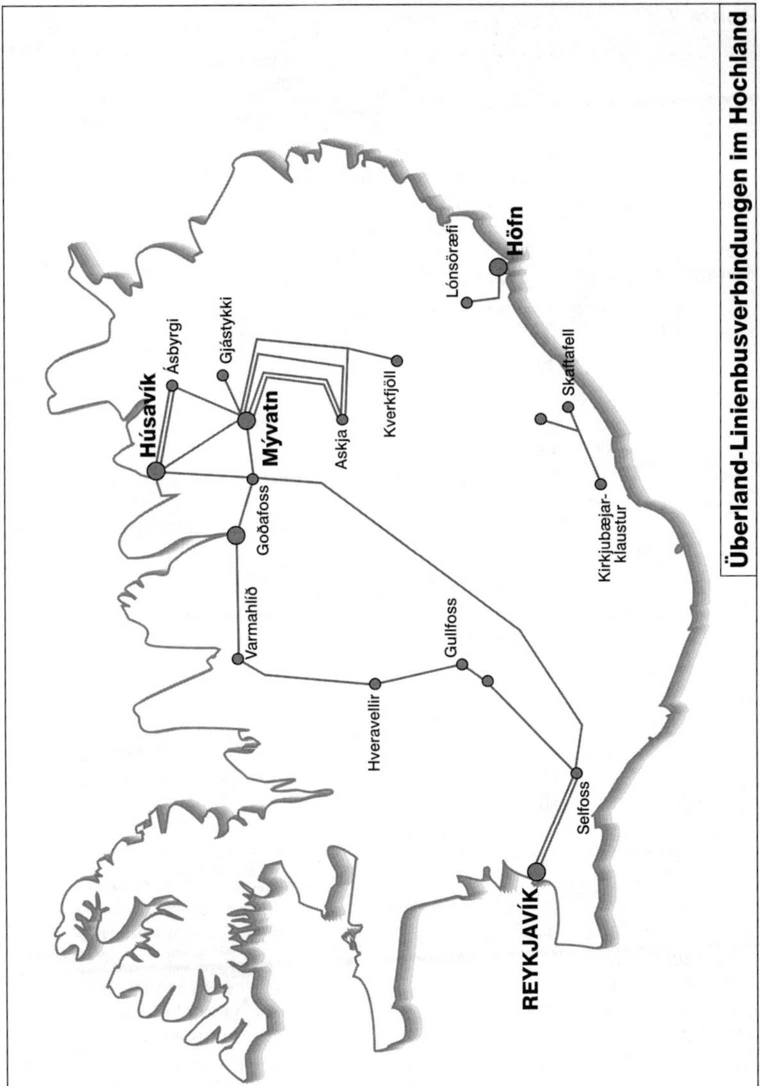
Überland-Linienbusverbindungen im Hochland
Húsavík
Ásbyrgi
Gjástykki
Mývatn
Askja
Kverkfjöll
Lónsöræfi
Höfn
Skaftafell
Kirkjubæjar-
klaustur
Goðafoss
Varmahlíð
Gullfoss
Hveravellir
Selfoss
REYKJAVÍK

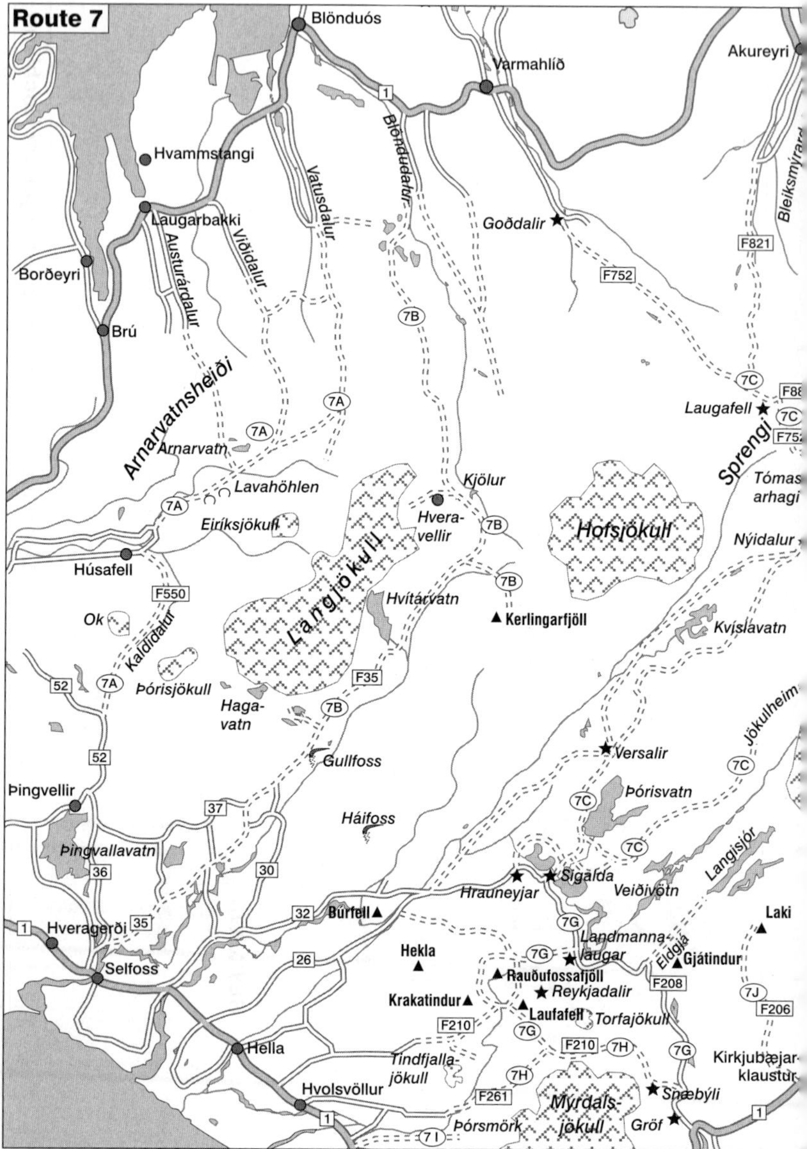
Route 7
Blönduós
Varmahlíð
Akureyri
Hvammstangi
Laugarbakki
Borðeyri
Brú
Vatusdalur
Víðidalur
Austurárdalur
Blöndudalur
Goðdalir
F752
F821
7A
7B
7C
Arnarvatnsheiði
Arnarvatn
Lavahöhlen
Eiríksjökull
Húsafell
F550
Ok
Kaldidalur
Þórisjökull
52
Langjökull
Kjölur
Hvera-
vellir
Hvítárvatn
Kerlingarfjöll
Hofsjökull
Laugafell
Sprengi
Tómas
arhagi
Nýidalur
Kvíslavatn
Jökulheim
Haga-
vatn
F35
Gullfoss
Versalir
Þórisvatn
Þingvellir
37
Háifoss
Þingvallavatn
36
30
Hrauneyjar
Sigalda
Veiðivötn
Langisjór
1
Hveragerði
35
32
Búrfell
Laki
Selfoss
26
Hekla
7G
Landmanna-
laugar
Eldgjá
Gjátindur
Rauðufossafjöll
F208
Reykjadalir
Krakatindur
Laufafell
Torfajökull
7J
F206
F210
7H
Hella
Tindfjalla-
jökull
Kirkjubæjar-
klaustur
Hvolsvöllur
F261
Mýrdals-
jökull
Snæbýli
Gröf
Þórsmörk
7I

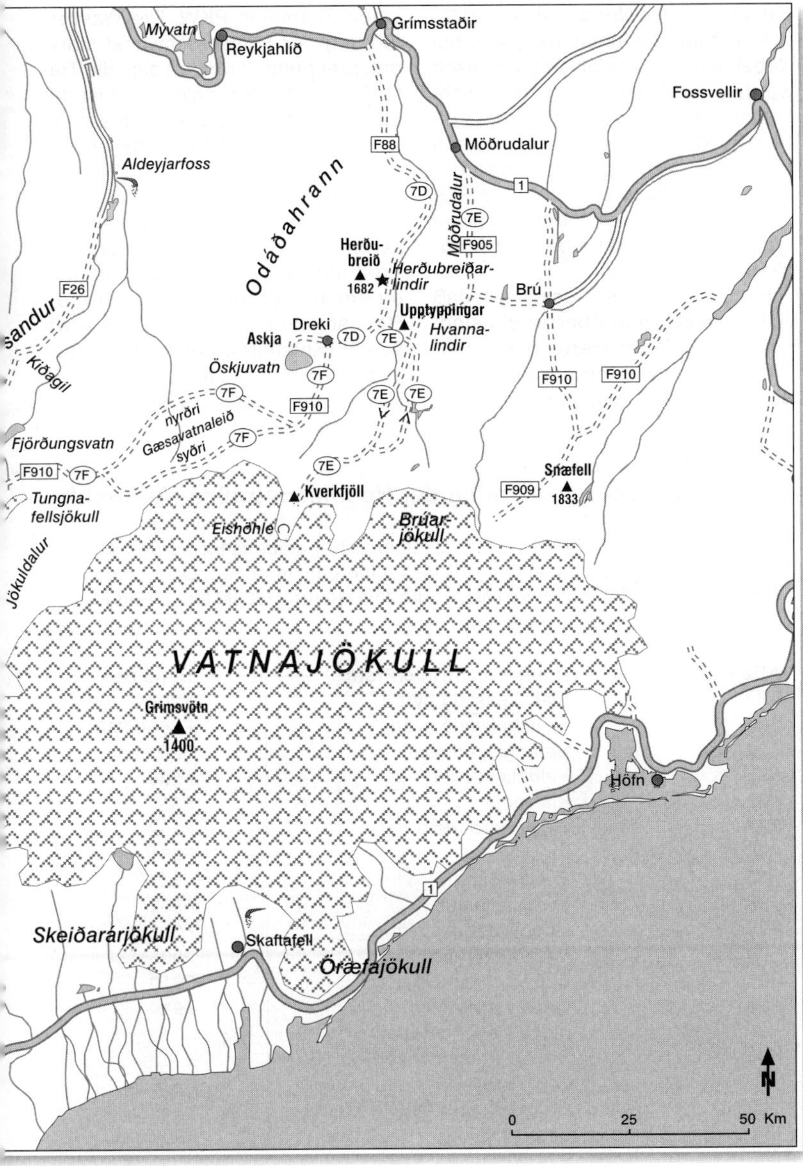
Mývatn
Reykjahlíð
Grímsstaðir
Fossvellir
Möðrudalur
F88
1
Aldeyjarfoss
Odáðahrann
7D
Möðrudalur
7E
F905
Herðu-
breið
1682
Herðubreiðar-
lindir
F26
sandur
Brú
Upptyppingar
Dreki
Askja
7D
7E
Hvanna-
lindir
Kiðagil
Öskjuvatn
7F
F910
F910
7F
nyrðri
F910
7E
7E
Gæsavatnaleið
Fjörðungsvatn
7F
syðri
F910
7F
7E
Snæfell
F909
1833
Kverkfjöll
Tungna-
fellsjökull
Eishöhle
Brúar-
jökull
Jökuldalur
VATNAJÖKULL
Grimsvötn
1400
Höfn
1
Skeiðarárjökull
Skaftafell
Öræfajökull
N
0
25
50 Km

uns Wegweiser. Nur die selten befahrenen Routen können vor allem bei Nebel oder Schneefall problematisch werden. Ihr Streckenverlauf ist nicht immer leicht auszumachen; die hölzernen Markierungspfosten weisen meist nur die grobe Richtung oder fehlen streckenweise sogar völlig. Den „am besten zu befahrenden Weg" muß sich hier jeder selbst suchen.

Für alle Hochlandstrecken gilt, daß viele **Flüsse nicht überbrückt** sind, sondern gefurtet werden müssen. Dies ist das **Haupthindernis** für das Befahren vieler Hochlandpisten mit einem normalen PKW. Die Wasserführung der Flüsse schwankt stark, entsprechend verändert sich die Tiefe der Furten. Normalerweise ist der Wasserstand der Gletscherflüsse am Morgen am niedrigsten, gegen Abend am höchsten. Auch Regen und warmer Wind, der das Eis der Gletscher schmilzt, erhöhen schnell die Wassermenge der Flüsse. Nach unserer Erfahrung sind die meisten Furten in einem trockenen, mäßig warmen Hochsommer nicht tiefer als etwa 50 cm (Knietiefe). Wir erlebten aber auch schon Wassertiefen von über einem Meter, die wir mit unserem Ge-

Alte und neue Bezeichnung der Hochlandstraßen (Auswahl)

Viele Hochlandstraßen sind Mitte der 90er Jahre umbenannt worden. Dabei wurde bei einigen Pisten auch die Streckenführung verändert. Die Namen der Pisten enden meist auf *vegur* (Weg) oder *leið* (Route), wobei beide Endungen wahlweise verwendet werden können.

Alte Bez.	Name der Straße/Piste	Neue Bez.
F22	Fjallabaksleið nyrðri	F208
-	Fjallabaksleið syðri	F261/F210
F28	Sprengisandsleið	F26
F35	Kaldidalsvegur	F550
F37	Kjalvegur	F35
F72	Skagafjarðarleið	F752
F78	-	F881
F82	Eyjafjarðarleið	F821
F98	Kverkfjallaleið	F902
F98	Lindafjallabaksleið	F903
F98	Möðrudalurleið	F905
F98	Upptyppingarleið	F910
F98	Gæsavatnaleið nyrðri (neue Bez. Austurleið)	F910
F98	Gæsavatnaleið (syðri)	-
-	Lakavegur	F206
-	Hrífunesvegur/Öldufellsleið	F209
-	Snæfellsleið	F909

ländewagen durchfahren mußten! Dennoch kann man einige Hochlandstrecken bei vorsichtiger und langsamer Fahrweise durchaus mit einem normalen PKW befahren; für andere hingegen ist ein robuster, großer Geländewagen zwingend erforderlich. Wir geben diese in den nachfolgenden Beschreibungen an. Ein PKW sollte über möglichst viel Bodenfreiheit verfügen und mit „SR"-Reifen ausgerüstet sein. Reifen mit Hochgeschwindigkeitsindex verschleißen auf den Schotter- und Lavapisten viel zu schnell.

Route 7 A: Kaldidalsvegur F550 – Hochlanddurchquerung zwischen Ok und Þórisjökull

Hochlandstraße F550 im Tal des Flusses Geitá

Der Kaldidalsvegur F550 ist mit 40 km Länge die **kürzeste Verbindung zwischen dem Þingvallavatn im Süden und Húsafell im Norden.** Auf diesem Weg ritt man früher aus Nord- und Westisland zum Althing. Bei Trockenheit ist diese Strecke mit einem normalen PKW befahrbar. Die Piste ist zwar holprig und hat einige steile Abschnitte, dafür gibt es unterwegs aber keine nennenswerten Furten. Manche bezeichnen den Kaldadalsvegur deshalb geringschätzig als „Hochland für Anfänger". Die bergige Strecke ist trotz der Ausblicke auf die Gletscher **landschaftlich nicht besonders schön;** das Gebiet ist weitgehend vegetationslos und besteht fast nur aus Geröll und nackten Berghängen. Die Piste führt zwischen dem 1198 m hohen, vergletscherten *Ok* im Westen und dem 1329 m hohen *Þórisjökull* im Osten hindurch. Noch ein wenig weiter westlich begleitet der langgezogene *Langjökull* unsere Fahrt.

Die Piste beginnt 23 km nördlich von *Þingvellir* in der Vulkanlandschaft des 1060 m hohen Schildvulkans *Skjaldbreiður.* Nach 6 km Fahrt auf dem Kaldidalsvegur zweigt eine kurze Stichstraße nach Westen zum **Schildvulkan Ok** ab *(Okvegur).* Nach weiteren 10 km steigt die Piste merklich an, wird rauher und erklimmt die 727 m hohe Paßhöhe *Langihryggur.* Ein wenig nördlich davon liegt *Skúlaskeið.* Eine Sage berichtet, daß der Gesetzlose *Skúli* in dieser Wüste aus Stein dank seines Pferdes *Sörli* seine Verfolger abschütteln konnte, die ihn von Þingvellir bis hierher verfolgten. In Húsafell soll Sörli nach der wilden Flucht tot umgefallen sein. Nach knapp 19 km zweigt eine ausgeschilderte Piste nach

Osten zum *Hádegisfell* ab. Die F35 verläuft zunächst westlich oberhalb des *Kaldidalur* entlang des Bergrükkens *Langihryggur* weiter und führt dann hinunter ins Tal der *Geitá*. Der Fluß wird von den Abflüssen des Þórisjökull, des *Geitlandsjökull* und des Langjökull gespeist. Die drei nahen Gletscher begrenzen unsere Route nicht nur im Osten, sie bestimmen auch das Wetter in dieser Gegend. Das Eis kühlt die Luft, entsprechend häufig bildet sich Nebel. Auch der Schnee bleibt hier länger liegen. Das Kaldidalur ist ein „kaltes Tal", wie es die Übersetzung treffend beschreibt. Nach 35 km führt die Piste steil hinunter in das Tal der *Hvítá*. Nach der Abfahrt zeigt uns der kleine Birkenwald an, daß das karge Hochland durchquert ist. Wenig später mündet die Piste in die Straße 518 ein, die uns rasch nach **Húsafell** bringt. Hier können wir auf dem **Campingplatz** übernachten, dem einzigen auf der Route. Weitere Campingplätze gibt es an der Ringstraße. Hotels bzw. Privatzimmer findet man ebenfalls an der Ringstraße, im Süden auch an der Straße 52.

Fährt man auf der Straße 518 von Húsafell wenige Kilometer in nordöstliche Richtung, zweigt beim Gehöft *Kalmanstunga* eine ausgeschilderte Piste zur *Arnarvatnsheiði* ab. Kurz nach dem Gehöft beginnen auf dieser Strecke die ausgedehnten Lavafelder des *Hallmundarhraun*. Im Westen erhebt sich der 1672 m hohe *Eiríksjökull*, der höchste vergletscherte Tafelvulkan Islands. 7 und 8 km ab Gehöft weisen uns kleine Schilder den Weg zu den großen **Lavahöhlen Surtshellir** und **Stefánshellir.** Die Piste ist bis zu den Lavahöhlen einfach zu befahren (s. Route 2). Wer weiterfahren möchte, erreicht nach 20 km den breiten Fluß *Norðlingafljót*. Spätestens hier endet der Weg für einen normalen PKW. Der Fluß muß für die Weiterfahrt zur Arnarvatnsheiði gefurtet werden.

4-WD-Tips

☆ Hádegisfell

Die Stichstraße zum 1069 m hohen Hádegisfell sollte nur mit einem Geländewagen befahren werden. Die Piste führt zunächst südlich des Kalidalurs an den Rand des Þórisjökull, dann weiter nach Norden. Hier müssen einige Gletscherflüsse gefurtet werden, bevor die Piste nach insgesamt 10 km das *Hádegisfell syðra* erreicht. Der Berg liegt am Fuß des 1390 m hohen *Geitlandsjökull*. Nur wenig östlich davon erhebt sich der 1226 m hohe Berg *Prestahnúkur*.

☆ Arnarvatnsheiði

Die Arnarvatnsheiði ist eine sumpfige und steinige Hochebene mit unzähligen kleinen und **fischreichen Seen.** Sie sind bevorzugtes Wochenendziel isländischer Angelfreunde. An den Seeufern stehen kleine, private Fischerhütten; in einigen können nach vorheriger Anmeldung auch Touristen übernachten. Auf der Hochebene führt ein Netz von nicht markierten, holprigen Wegen zu den einzelnen Seen.

Doch auch die Hauptpiste F578 dorthin hat es in sich. Die erste Schwierigkeit besteht darin, den breiten *Norðlingafljót*, eine breite und stufige Furt, zu durchfahren. Anschließend ist die Piste auf den nächsten 10 km bis zum großen *Arnarvatn* äußerst ruppig und mit kopfgroßen Felsbrocken übersät. Nur wer besonders umsichtig und langsam fährt, erreicht sein Ziel ohne Schrammen am Wagenboden oder gar noch schlimmeren Schäden am Fahrwerk. Auf der moorigen Hochebene besteht bei Nässe auch die Gefahr, sich im bodenlosen Morast festzufahren. Da dieses Gebiet eigentlich nur für Angler interessant ist (Angellizenzen gibt es beispielsweise in Húsafell, hier können auch Schlafplätze in den Hütten reserviert werden) raten wir wegen der schlechten Wegstrecke von einem Befahren ab.

Wer es dennoch wagt, kann anschließend nach Norden zur Ringstraße weiterfahren. Vom *Arnarvatn stóra* sind es bis dorthin jeweils etwa 30 km holprige Piste mit vielen Wasserdurchfahrten. Man kann dabei entweder über das *Austurárdalur* nach *Laugarbakki* an der Ringstraße fahren, oder über die *Viðidalstunguheiði* in das *Viðidalur*, oder über die *Grímstunguheiði* in das *Vatnsdalur*.

Route 7 B: Kjalvegur F35 – Hochlanddurchquerung zwischen Langjökull und Hofsjökull

Der Kjalvegur F35 ist neben dem *Sprengisandsleið* F26 die zweite Route, die von Süden nach Norden quer durch das Hochland führt. Die Piste F35 beginnt im Süden beim Gullfoss. Sie verläuft zwischen dem Langjökull im Westen und dem Hofsjökull im Osten hindurch nach Norden und endet im Blöndudalur nahe der Ringstraße. Etwa auf halber Strecke führen Stichstraßen zum **Sommerskigebiet auf das Kerlin-**

Sommerskigebiet in den Kerlingarfjöll

garfjöll und wenige Kilometer weiter nördlich beim *Kjölur* zu den **heißen Quellen von Hveravellir** und an den Rand des Langjökull.

Die Piste ist vom Gullfoss bis zur Ringstraße insgesamt 185 km lang. Nachdem der bisweilen tiefe Fluß *Seydisá* im Norden überbrückt wurde, kann der Kjalvegur bei günstigen Wetter- und Straßenbedingungen mit einem PKW befahren werden.

Der Kjalvegur war früher der bevorzugte **Reiterweg** quer durch das unbewohnte Hochland. Im Gegensatz zur *Sprengisandur*-Route fanden die Pferde hier genügend frisches Gras und Wasser. Da der Weg über weite Strecken durch die Täler verlief, war man auch weniger den Stürmen ausgesetzt. Die Piste folgt ein wenig östlich dem alten Reiterweg. Sie beginnt beim **Gullfoss.** Nach 13 km zweigt eine Stichstraße nach Westen zum 15 km entfernten **Hagavatn** ab. 9 km weiter führt die Piste steil in ein Tal, in dem ein kleiner Fluß durchfahren werden muß (Wassertiefe 20–30 cm). Wenn man mit dem PKW die Furt und die steile Auffahrt aus dem Tal geschafft hat, dürfte der weitere Weg zu den heißen Quellen keine Schwierigkeiten mehr bereiten.

2 km hinter der Brücke über die *Hvítá* (Km 36) zweigt eine Zufahrt nach Westen zum **Hvítárvatn** ab. Diese Strecke ist nur für Geländewagen geeignet, da zweimal die tiefe *Svartá* durchfahren werden muß. In der Nähe des Sees, auf dem große Eisberge schwimmen, gibt es eine Hütte zum Übernachten; nach insgesamt 10 km trifft die Allradpiste einige Kilometer weiter nördlich wieder auf die F35. Bei Km 64 zweigt die Zufahrt F347 zum Sommerskigebiet auf den **Kerlingarfjöll** nach Osten ab (nur für Geländewagen). Bei Km 70 führt eine holprige Stichstraße durch das *Kjalhraun* zum 1008 m hohen Tafelberg *Kjalfell* (8 km). 3 km weiter weist ein Schild den Weg zum 7 km entfernten „Knochenhügel" **Beinahóll.** Früher führte der Reiterweg mitten durch den ausgedehnten Lavastrom Kjalhraun. Reiter und Tiere waren hier ungeschützt den eisigen Stürmen ausgesetzt. Ende Oktober des Jahres 1780 sollen hier nach einer alten Überlieferung fünf Schafstreiber mitsamt ihrer Herde in einem Schneesturm umgekommen sein. Seither verläuft der Weg weiter östlich. 1970 errichtete man auf dem Beinahóll einen Gedenkstein, der an dieses Unglück erinnert.

Nur wenig weiter erhebt sich im Osten direkt neben der Piste F35 der 653 m hohe Berg *Fjörðungsalda,* der eine herrliche Aussicht auf die umliegenden Gletscher bietet. Dieser höchste Punkt auf der *Kjölur*-Route bildet die Wasserscheide zwischen Süd- und Nordisland. Er gab indirekt dem Gebiet und der Piste den Namen: Als „Kjölur" wird ein Bergrücken bezeichnet, der eine Wasserscheide bildet. Auf dem Berg erinnert ein Denkstein an *Geir Zoðga,* den Gründer des *Ferðafélag Íslands.* Nach 95 km erreichen wir 2 km östlich der Piste **Hveravellir.** Der Weg dorthin ist ausgeschildert und nicht zu übersehen. Bei den heißen Quellen befinden sich eine Tankstelle, eine Hütte mit 70 Plätzen und ein großer Campingplatz. Mit dem Geländewagen gelangt man auf einer Stichstraße (F735) weiter zum **Langjökull** und zur Hütte in den *Þjófadalir* am Fuß des 916 m hohen Bergs Þjófafell.

10 km weiter nördlich auf der F35 erreichen den breiten **Fluß Seydisá.** Die Schmelzwasser vom Langjökull speisen den mehrarmigen Fluß. Nach Regenfällen oder bei besonders warmem Wetter im Hochsommer kann die Seydisá beträchtlich anschwellen. Auf 800 m Länge mußten früher zwei große Flußarme durchfahren werden (Wassertiefe bei Niedrigwasser 40 cm); bei „Hochwasser" kann dieser Abschnitt sogar zu einem einzigen See werden. Die Seydisá ist etwa 100 m vor der alten Furt überbrückt worden, und die wenige Kilometer nördlichere *Kúlukskvísl* ist bei der Piste verrohrt. **Beim Afangafell** werden Übernachtungen, Schlafsackunterkunft, Reiten und Angeln angeboten. Seit dem Bau des Stausees verläuft die Piste hier etwas westlicher und höher als früher und bietet deshalb schöne Ausblicke über die Hochebene *Auðkúluheiði.*

Gegen Ende des Kjalvegur führt der Weg durch die seenreiche *Auðkúluheiði* mit dem großen See *Blöndulón* hinunter in das Blöndudalur. Hier wurde am Fluß Blandá 1991 ein großes Wasserkraftwerk *(Blönduvirkjun)* zur Gewinnung von 50 MWh Elektrizität in Betrieb genommen. Etwa 1 km nach dem Beginn des Stausees hat man von einem **Aussichtspunkt** einen guten Überblick über den neugeschaffenen See. Eine Schautafel informiert über das große Stauseeprojekt. Die vom Hofsjökull kommenden Zuflüsse der Blandá wurden bei *Reftjarnarbunga* gestaut; als Folge wurden Teile der *Auðkúluheiði* überflutet. Zur Stromgewinnung wird das Wasser unterirdisch abgezweigt und anschließend dem Fluß wieder zugeführt. Der Stausee *Blöndulón* bedeckt eine Fläche von 40 km^2. Auf dem weiteren Weg ist der Wasserabfluß vom Stausee sehenswert, wenn ein gewaltiger Wasserschwall durch die Betonrinne donnert, um in einem tiefen Canyon in den See *Þristikla* zu fließen. Ab dem Kraftwerk *Blönduvirkjun* ist die Straße asphaltiert. Beim Hof *Guðlaugsstaðir* wurde hoch über dem Tal der Blandá ein Wäldchen zum Gedenken an *Guðmundar Hannessonar* (09.09.1866–01.10.1946) angelegt. Nach insgesamt 185 km trifft die Piste auf die Straßen 732 (Tankstelle) und 733, auf der wir zur Ringstraße weiterfahren können. In *Húnaver* (ca. 5 km östlich auf der Ringstraße) gibt es einen einfachen Campingplatz und eine weitere Tankstelle.

4-WD-Tips

☆ Hagavatn

Auf holpriger Piste gelangt man ab der Abzweigung von der F35 nach 15 km zum Hagavatn. Das letzte Stück vor dem See ist extrem steil; die Auffahrt auf den Palagonitrücken des *Jarlhettur* besteht aus losem Lavagestein. Ohne Allradantrieb und Untersetzungsgetriebe ist diese Steigung nicht zu schaffen. In der Nähe des Gletschersees steht die Hütte des Ferðafélag Íslands; hier kann auch gezeltet werden. Die Hütte ist Ausgangspunkt für eine interessante Wanderung entlang des Jarlhettur (siehe Wandertips unten).

☆ Kerlingarfjöll

Die Piste zu den Kerlingarfjöll ist etwa 17 km lang. Sie trägt neuerdings die Straßennummer F347. Wegen einiger Furten und der stellenweise tief ausgewaschenen Fahrspur ist diese

Quelltopf mit kochend heißem Wasser vor einer dampfenden Solfatare

Strecke nur mit einem Geländewagen befahrbar. Kurz nach der Abzweigung von der F37 muß der Bach *Fossrófur* durchfahren werden. Danach führt die Piste einen steilen Berghang hinauf. Nach 4 km sehen wir rechts neben der Piste den *Gygarfoss.* Oberhalb des Wasserfalls muß ein Zufluß gequert werden. Die Furt ist zwar nicht tief, aber umso stufiger. Nach einer Brücke, die eine kleine Schlucht überquert, erreichen wir bei Km 9,5 die *Jökugilskvísl.* Der reißende Gletscherfluß hat ein tiefes Bachbett ausgewaschen und steile Ufer aus grobem Geröll aufgeschichtet. Dieser Fluß ist eine Schlüsselstelle auf dem Weg zu den Kerlingarfjöll. Nur im August, wenn hier schon viele Fahrzeuge einen befahrbaren Weg geschaffen haben, ist diese Stelle trotz der knietiefen Furt einfach zu passieren. Nach 11 km erreichen wir die Hütten und die Tankstelle auf dem *Ásgarðsfjall.* Hier kann eine Skiausrüstung geliehen und übernachtet werden. Bis zum **Sommerskigebiet** am Fuß des 1482 m hohen *Snækollur* sind es noch 6 km. Der Weg dorthin wird steiler; das Wasser hat tiefe Rillen ausgewaschen. Nach der Auffahrt auf den Berghang können wir die „Insel aus Feuer und Eis" hautnah erleben. Die Kuppen des 1081 m hohen *Hveradalanúkur,* des 1429 m hohen *Loðmundur* und des *Mænir* (1335 m) bestehen aus farbigem Rhyolith. Der Berg ist vergletschert. Überall dampft es aus kleinen Spalten; die Luft riecht nach Schwefel. Das Solfatarenfeld vor den schneebedeckten Rhyolithbergen ist einmalig in Island!

Etwa 6 km südwestlich von Ásgarðsfjall erhebt sich der Berg *Tindur,* dessen markante Felsnadel *Kerling* dem Gebirge seinen Namen gab. Einer Sage nach soll Kerling ein zu Stein erstarrtes altes Weib sein. Die Kerlingarfjöll sind demnach das „Gebirge der alten Weiber".

Die Piste endet an der Gletschermoräne der Kerlingarfjöll. Hier stehen ebenfalls einige private Hütten. Ein kurzer Fußweg führt auf den Gletscher und zu den Schleppliften. Auch wer nicht Ski fahren will, sollte wegen der großartigen Aussicht über die Gletscherlandschaft hierher kommen. Im Norden sehen wir tief im Tal auf die verzweigten Gletscherflüsse des Hofsjökull. Darüber erhebt sich fahlblau der gewaltige Gletscher. Im Sommer 1998 war der Gletscher hier jedoch weit zurückgegangen, so daß die Lifte stillstanden. 1997 entdeckte man eine leicht zugängliche **Eishöhle** im Gletscher nahe des Skigebiets; sie kann besichtigt werden. Dorthin werden auch Führungen angeboten (1500 ISK). Anmeldung in der Hütte *Ásgarðsá* (Tel. 8 52 42 23).

☆ Langjökull

Mit dem Geländewagen kann man auf der Piste F735 von Hveravellir 15 km nach Westen zum Langjökull und der Hütte *Þjófadalir* fahren. Die Isländer nehmen diesen Weg, um mit ihren breit bereiften Super-Jeeps den Gletscher zu überqueren. Die Piste am *Þjófadalafjöll* entlang zur Hütte ist ziemlich holprig. Bis dorthin ist der Weg leicht zu finden. Die Zufahrten zum Gletscher sind zwar nicht markiert, man kann sie aber einigermaßen gut erkennen. Vor allem an den Wochenenden sind hier viele Isländer unterwegs, denen man zum Gletscher folgen kann.

Wandertips

☆ Hagavatn

Nördlich der Hütte beginnt unsere Erkundungstour des Jarlhettur. Markierte oder gar beschilderte Wege gibt es nicht, sondern nur von vielen anderen Wanderern ausgetretene Pfade. Wir orientieren uns am Tal der *Jarlhettukvísl.* Unser Weg verläuft oberhalb des Tals nach Norden. Der Gletscher *Eystri-Hagafellsjökull* begleitet uns. Der Palagonitrücken des Jarlhettur ist eine 15 km lange Kraterreihe aus zwanzig erloschenen Vulkanen, deren Kegel bis zu 300 m hoch aufragen.

☆ Hveravellir

Die heißen Quellen sind ein **Naturschutzgebiet.** Das mineralienreiche Wasser der insgesamt **dreißig Heißwasserbecken** hat einzigartig gemusterte Kieselsinterablagerungen aus Geyserit geschaffen. Der *Bláhver* ist das schönste „Blauwasserbecken" Islands, sein Durchmesser beträgt 8 m, die Wassertemperatur 90°C. Andere Becken heißen *Grænihver* („Grünes Becken"), *Bræðrahverir* („Brüderbecken") oder *Meyrarauga* („Mädchenauge"). Weithin hörbar ist das Fauchen von aus dem schwefelgelben *Öskjuhólt* („Donnerkegel") austretendem Dampf. In einem künstlich angelegten Pool bei der Hütte kann man im warmen Wasser baden. Auch im Sommer wird es hier auf 672 m Meereshöhe bei Wind empfindlich kalt. Daraus ergibt sich manch eine Situation zum Schmunzeln, wenn die im stellenweise sehr warmen Wasser Badenden schwitzen und die am Beckenrand stehenden Besucher vor Kälte zittern, obwohl sie in dicke Daunenjacken gekleidet sind und meistens noch die Kapuze über den Kopf gezogen haben. Das Geothermalgebiet kann zu Fuß auf einem Weg aus Holzbohlen erkundet werden.

Eine dreistündige Wanderung führt zum 847 m hohen Schildvulkan *Strýtur,* der mitten im Kjalhraun liegt. Der von Moosen bewachsene Vulkan kann leicht bestiegen werden. Sehenswert ist neben der Aussicht über die Lava- und die Gletscherlandschaft sein Einbruchskrater mit dem erstarrten Lavasee am Kratergrund. Auf dem markierten Wanderpfad zum Strýtur kommt man etwa nach 15 Minuten an den Überresten einer eingestürzten **Lavahöhle** vorbei. Die Höhle soll im 18. Jh. dem Geächteten **Fjalla-Eyvindur** als Behausung gedient haben. Er und seine Frau *Halla* haben sich angeblich in der Abgeschiedenheit des isländischen Hochlandes zwanzig Jahre lang vor Verfolgern versteckt, bis Fjalla-Eyvindur die Strafe erlassen wurde. In Hveravellir soll sich Fjalla-Eyvindur von Schneehühnern und Schafsfleisch ernährt haben, das er in den heißen Quellen garte. Als man ihn entdeckte, floh er mit seiner Frau an einen anderen Ort. Wir werden die weiteren Zufluchtstätten im Hochland noch kennenlernen.

Tatsache ist, daß sich in Island um Fjalla-Eyvindur viele Geschichten und Legenden ranken. Die romantische Dichtung *Jóhann Sigurjónssons* hat sicherlich wesentlich zum Bekanntheitsgrad dieses ersten „Aussteigers" beigetragen. Tatsache ist auch, daß *Eyvindur Jónsson* (1714–1782), der später Fjalla-Eyvindur („Eyvindur aus der Wildnis") genannt wurde, ursprünglich wegen Diebstahls geächtet worden war. Im abgeschiedenen Kjölur versammelten sich später weitere Geächtete und beraubten die Reisenden. Die Bauern aus dem Skagafjörður vertrieben deswegen die Geächteten vom Kjölur. 1998 errichtete man in Hveravellir ein kleines Denkmal, das an Fjalla-Eyvindur erinnern soll.

Eine 3- bis 4-tägige Wanderung führt ausgehend von Hveravellir am Langjökull vorbei zum Hvítárvatn. Die erste Nacht kann man im Zelt oder in der Hütte Þjófadalir verbringen. Der Weg führt am nächsten Tag weiter am Rand des Gletschers entlang nach Süden zum *Regnbúðajökull.* Von hier geht es östlich zur Hütte *Þverbrekknamúli.* Am dritten Tag erreicht man den Hvítárvatn und kann in der Hütte von *Hvítárnes* übernachten. Der Weg zum Kjalvegur F35 ist von hier nicht mehr weit. Dort kann man in den Hochlandbus zusteigen (keine Haltestelle, der Bus hält auf Handzeichen) und nach Hveravellir, Akureyri oder Reykjavík zurückfahren.

Praktische Infos

Unterkunft

Einfache Hütten ohne Heizung und Kochgelegenheit gibt es am *Hagavatn* (12 Plätze), bei *Hvítárnes* 4 km östlich des *Hvítárvatn* (30 Plätze), in *Þverbrekknamúli* 15 km nördlich des Hvítárvatn (20 Plätze), in den *Þjófadalir* beim Langjökull (12 Plätze) und in Asgarðsfjall bei den Kerlingarfjöll. Die **Hütten in Hveravellir sind beheizt und haben eine Kochgelegenheit.** Die Verpflegung muß überall selbst mitgebracht werden. Schlafplätze in den Hütten können in Hveravellir oder beim *Ferðafélag Íslands* in

Reykjavík unter Tel. 8 52 71 58 bzw. 5 68 25 33 reserviert werden. Die Hütten beim Ásgarðsfjall können direkt in der Hütte *Ásgardsá,* Tel. 8 52 42 23, reserviert werden. In der Hütte und Cafeteria Ásgardsá kann man übernachten (100 Schlafsackplätze, 2000 ISK incl. Frühstück) und für Hochlandverhältnisse gut und preiswert essen.

Camping

Campingplätze mit sanitären Einrichtungen gibt es in *Hveravellir* und bei den *Kerlingarfjöll.*

Hochland-Bus

Vom 01.07.–31.08. fährt ein Hochland-Bus der Gesellschaft *Norðurleið-Landleiðir* **auf der Kjölur-Route** Reykjavík–Akureyri auch **zu den Kerlingarfjöll;** Hinfahrt: Reykjavík BSÍ-Terminal (9 Uhr), Selfoss (10 Uhr), Geysir (11.15 Uhr), Kerlingarfjöll (14.15 Uhr), Akureyri (19.30 Uhr); Rückfahrt: Akureyri (9 Uhr), Kerlingarfjöll (14.45 Uhr), Geysir (17.45 Uhr), Selfoss (18.45 Uhr), Reykjavík (19.30 Uhr).

Sonstiges

The Highland Outdoor Activity Center

Im Angebot sind geführte Wanderungen zur Eishöhle, Kletter- und Abseilkurse, Gletschertouren und Eisklettern sowie Sport beim Ásgardsfjall an.

Furt durch die Jókulsá

Route 7 C: Sprengisandsleið F26 – Klassische Hochlanddurchquerung zw. Hofsjökull und Vatnajökull

Der 213 km lange Sprengisandsleið F26 – der Weg über den *Sprengisandur* – stellt die **klassische Route durch das isländische Hochland** dar. Sie führt vom *Bárðardalur* in Nordisland nach *Sigalda* im Süden. Die Strecke verläuft zwischen den großen Gletschern *Hofsjökull* im Westen und *Vatnajökull* im Osten. **Abstecher** führen zu den **Wasserfällen Aldeyjarfoss** und **Hrafnabjargafoss,** zu den **heißen Quellen beim Laugafell,** zu den **Veiðivötn** und nach **Jökulheimar** an den Rand des Vatnajökull. Auf halbem Weg machen zwei Furten durch tiefe Gletscherflüsse bei *Tómasarhagi* und *Nýidalur* den Sprengisandsleið für PKWs unpassierbar; durchgehend ist er nur mit einem Geländewagen befahrbar.

Der Sprengisandsleið ist die berühmteste Hochlandroute Islands. Früher war dies der beschwerliche Reiterweg des Bischöfe von *Skálholt,* die von Südisland aus ihre Gemeinden im Nordosten der Insel betreuten. Auch Schafstreiber und ihre Herden benutzten diesen Weg. Die Tiere fanden auf dem weiten Weg durch das vegetationslose Gebiet kaum Futter. Der Weg war gefürchtet: Einsamkeit, böse Geister, Gesetzlose, Stürme und plötzliche Wetterstürze mit eisiger Kälte und Schnee bedrohten die Reisenden. Im Norden bot die 6km lange, schmale Schlucht *Kiðagil* Schutz und Futter für die Tiere, im Süden erst wieder das Land an der Küste. Das alte Reiterlied „A Sprengisandi“ erzählt von einem einsamen Reiter, der durch den sturmgepeitschten Sprengisandur reitet.

1933 durchquerte erstmals ein Auto den Sprengisandur. Heute wird die Route von den meisten Islandreisenden befahren, entweder im Überland-Linienbus, im Auto, mit dem Motorrad oder mit dem Mountain-Bike.

Die Straße 842 zweigt etwa 1 km westlich des *Goðafoss* und der Brükke über den *Skjálfandafljót* von der Ringstraße nach Süden ab. Sie führt 39 km durch das Bárðardalur nach *Mýri.* Bei dem Gehöft *Lækjavellir* (Km 24) gibt es eine Tankstelle. Hinter der 1977 erbauten Brücke über die *Mjóadalsá* beginnt der Sprengisandsleið. 210 holprige, staubige und schlaglochübersäte Pistenkilometer durch die 700–800 m hoch liegenden Kies- und Geröllebenen des Sprengisandur liegen vor uns.

Bei Km 4 zweigt eine 1,5 km lange Stichstraße zum **Aldeyjarfoss** ab. Vom Parkplatz sind es 15 Minuten zu Fuß bis zum Wasserfall. Der Gletscherfluß Skjálfandafljót stürzt hier 20 m tief in einen Kessel aus Basaltsäulen. 3 km oberhalb des Aldeyjarfoss bildet der Skjálfandafljót einen weiteren sehenswerten Wasserfall, den **Hrafnabjargafoss.** Auch dorthin führt vom Sprengisandsleið aus eine ausgeschilderte Stichstraße. Die F26 verläuft westlich unterhalb des langgezogenen *Íshólsvatn* entlang. Zum See führt eine Stichstraße. Nach insgesamt 13 km seit der Brücke über die Mjóadalsá beginnt der eigentliche **Sprengisandur,** der sich bis *Nýidalur* erstreckt. Nach der kleinen Furt durch den Fluß *Fossgilsmosar* (Km 46) verläuft die steinige Piste zwischen den

Bergen *Gvendarhnjúkur* und *Kiðagilshnjúkur* hindurch. Bei Km 49 zweigt nach Südwesten ein 3 km langer Fußweg (Schild „Göngjuleið") in die Schlucht *Kiðagil* ab.

Bei Km 54 passieren wir eine beschilderte Abzweigung nach Norden zu einer privaten Hütte bei den *Bleiksmýrardrög,* einem wasserreichen Gebiet, das von zahlreichen Zuflüssen der *Fnjóska* durchzogen wird, die weiter nördlich durch das *Bleiksmýrardalur* fließt. Auf den folgenden Kilometern müssen mehrere flache Bäche durchfahren werden. Bei Km 63 erreichen wir die beschilderte Abzweigung der Piste F881, die nach 18 km auf die F821 trifft. Auf der F821 sind es dann noch 4 km bis zum **Laugafell** und der Piste *Skagafjarðarleið* F752, die ostwärts durch das Vesturdalur zur Ringstraße führt. Alternativ gelangt man über die *Eyjafjarðaleið* F821 nordwärts durch das *Eyjafjarðadalur* nach Akureyri. Sowohl die Piste Skagafjarðarleið als auch die Eyjafjarðarleið sind nur mit einem Geländewagen befahrbar. Auf der F752 gibt es mehrere, bisweilen tiefe Furten. Die F882 führt stellenweise äußerst steil hinunter ins Eyjafjardadalur, wo ebenfalls mehrere Flüsse gefurtet werden müssen. Bei Nässe sind die abschüssigen und vom Wasser ausgewaschenen Steilstrecken zudem ziemlich rutschig.

Wir fahren auf der F26 weiter durch das Hochland nach Süden. Bei Km 81 erhebt sich im Osten der 969 m hohe Schildvulkan **Fjórðungssalda.** An dessen Fuß erstreckt sich der sichelförmige See *Fjórðungsvatn.* Der Berg bildet den **geographischen Mittelpunkt Islands.** Früher trafen hier die vier Landesteile Islands aufeinander; daher leitet sich auch der Name des Bergs, „Viertelshügel", ab.

Die Piste verläuft am See entlang weiter. Auf der windgepeitschten, steinigen Hochebene wachsen auffallende Polster von Stengellosem Leimkraut, dessen rosarote Blüten weithin leuchten. Am See (Km 85) zweigt die Piste F752 zum Laugafell ab. Diese Zufahrt zu den heißen Quellen und der Hütte ist die interessantere Alternative gegenüber der nördlicher verlaufenden F881. Auf dieser Strecke gibt es jedoch zwei breite und tiefe Furten: die *Bergvatnskvísl* und die *Jökulkvísl.*

Auf der F26 erreichen wir bei Km 89 die Ebene *Tómasarhagi.* Hier zweigt nach Osten die Piste F910 ab. Diese schwierig zu befahrene *Gæsavatnaleið* trifft nach 125 km bei der Hütte *Dreki* auf die *Öskjuleið* F88, die zur Ringstraße östlich des Mývatn zurückführt. Kurz nach der Abzweigung quert die F26 den schnellfließenden Gletscherfluß *Hagakvíslar,* der gefurtet werden muß. Die hohe Strömung spült hier im sandigen Flußbett vielfach eine tiefe Rinne aus, die das Fahrzeug steil ins Wasser eintauchen läßt, so daß die Bugwelle über die Motorhaube schwappen und dem Fahrer für eine Sekunde die Sicht rauben kann. Fahren Sie in dieser Situation langsam mit konstantem Gas weiter! 4 km weiter folgt die zweite gefährliche Furt auf der F26. Vor der Hütte und dem Campingplatz von Nýidalur muß die breite Jökulsá überquert werden. Der mehrarmige Gletscherfluß kann recht tief sein; das Wasser hat außerdem oft quer zur Fahrtrichtung verlaufende Rinnen ausgespült, so daß die Furt auch ziemlich holprig zu befahren ist. In dieser oberschenkeltiefen Furt fahren sich an den Stufen immer wieder Geländewagen und vor allem allradgetriebene Wohnmobile fest, die nicht über genügend Bodenfreiheit verfügen.

Die **Hütten von Nýidalur** (795 m) bieten Schlafplätze für 160 Personen. Viele Reisegruppen, die „das große Hochlandabenteuer" gebucht haben, verbringen hier die Nacht. Dann wird es eng in der Küche und in den Hütten, und 160 Menschen teilen sich die wenigen Toiletten und Waschgelegenheiten... Von Nýidalur aus kann man interessante Tageswanderungen unternehmen, die beispielsweise durch das Jökuldalur, das „Gletschertal", bis an den Rand des *Tungnafellsjökull* führen. Bei den Hüttenaufsehern gibt es ein Faltblatt mit Wandervorschlägen.

2 km südlich von Nýidalur folgen zwei weitere Furten mit knietiefem Wasser. Bei Km 108 trifft von Westen der alte Weg zum Sprengisandur auf die heutige F26. Dieser führt zwischen der Þjórsá und dem Kvíslavatn nach Süden. Die Strecke wird heute kaum noch befahren und ist entsprechend schlecht unterhalten. In *Versalir* mündet diese Piste wieder in die F26. Die westlich der F26 verlaufende Strecke führt nahe an das Gebiet *Þjórsárver* heran, ein flußreiches, 150 km^2 großes Feuchtgebiet südlich des Hofsjökull. Þjórsárver steht unter Naturschutz! Hier brütet die größte Kurzschnabelgans-Kolonie *(Anser brachyrhynchus)* der Welt.

4 km bevor diese Piste wieder in die F26 einmündet, zweigt eine schlecht markierte Allradpiste nach Westen ab. Sie führt zwischen dem 684 m hohen Berg *Kjaöldur* und dem See *Kjalvötn* vorbei nach Süden zu den **Þjórsa-Wasserfällen** *Dynkur* und *Gljúfureitarfoss.*

Vom Berg Kistualda (Km 129) bietet sich ein **überwältigender Rundblick** über den Sprengisandur im Norden, den Kvíslavatn im Südwesten, den Hofsjökull im Westen und den Vatnajökull im Osten. Von der F26 führt eine ausgeschilderte Stichstraße auf den Berg.

Der Sprengisandsleið führt allmählich hinunter ins Tal der *Tungnaá.* Bei Km 147 muß der vorletzte größere Fluß durchfahren werden; die Furt durch die Svartá ist knietief. 3km weiter liegt östlich neben der Piste der See *Þverölduvatn.* Im Westen können wir gut das breite Tal der Þjórsá einsehen. Bei Km 161 erreichen wir nach der Brücke über den Fluß *Stóraverskuður* die **Raststätte von Stóraver** *(Versalir).* Hier gibt es mitten im unbewohnten Hochland seit 1987 eine Cafeteria mit Tankstelle und eine Hütte mit 24 Schlafsackplätzen. 2 km weiter mündet bei Versalir die alte Route des Sprengisnadsleið wieder in die F26 ein. Wir fahren weiter nach Süden. Bei Km 177 überspannt eine Brücke die tiefe Schlucht der *Kedvísl.* 2 km darauf zweigt nach Osten eine 10 km lange Piste (Schild „Þórisos") zum See *Sauðafellslón* ab. Der Weg dorthin verläuft am nördlichen Ausläufer des Þórisvatn entlang.

Nach der ebenfalls knietiefen Furt durch die *Kaldakvísl* (Km 181) liegt das unbewohnte Hochland hinter uns. Zunehmend weiden jetzt Schafe neben der Piste. Der Schotterbelag der Piste wird feiner, die Schlaglöcher bleiben. Östlich liegt der Þórisvatn, der zweitgrößte See Islands.

Raststätte und Tankstelle von Stóraver (Versalir)

Am See-Ende zweigt bei Km 199 eine Piste zu den *Veidivötn* und nach *Jökulheimar* ab. Die Sprengisandsleið F26 endet beim **Wasserkraftwerk in Sigalda** (Km 207). Die Tungnaá wird hier seit 1977 gestaut. Das Kraftwerk erzeugt 150 MWh an elektrischer Energie. In *Hrauneyjar* wird der Fluß wenige Kilometer südlich erneut gestaut und zur Elektrizitätsgewinnung (Kraftwerk *Hrauneyjarfosstöð,* 210 MWh) genutzt. Dadurch entstanden zwei künstliche Seen: der *Hrauneyjarlón* und der *Krókslón.* Hier mündet die F26 nach 213 km in die F208 ein. Diese führt im Westen beim *Hrauneyjarfossstöð* (Raststätte mit Tankstelle) auf die Straße 26, vorbei am Kraftwerk *Búrfell* (210 MWh) nach *Hella* an der Ringstraße; im Südosten verläuft die F208 weiter nach *Landmannalaugar.*

Südöstlich von Hrauneyjar liegen die sehenswerten Wasserfälle des Flusses Tungnaá (vgl. Bild im Farbteil). Umfährt man den Hrauneyjarlón auf der Nordseite, zweigt bei *Þóristungur* 3 km vor dem Kraftwerk *Hrauneyjarfossstöð* eine Piste nach Nordwesten ab. Auf ihr erreicht man nach 3 km den Fluß *Kaldakvísl.* Schafft man hier die Furt, kann man auf diesem Weg ebenfalls zu den Þjórsa-Wasserfällen gelangen.

4-WD-Tips

☆ Laugafell

Am *Fjórðungsvatn* zweigt die Piste Skagafjarðaleið F752 nach Westen zum Laugafell ab. Wegen der Furten durch die *Bergvatnskvísl* (Km 8) und durch mehrere Arme der Jökulkvísl bzw. *Hnjúkskvísl* (Km 20) kann diese Route ebenfalls nur mit einem Geländewagen befahren werden. Die Piste verläuft zunächst durch eine sandige Hochebene und führt dann hinunter ins Tal der Bergvatnskvísl. Nach der Furt fahren wir die folgenden 20 km auf holpriger Piste durch ödes Land aus Geröll und Sand. Die Vegetation ist spärlich. Bei guter Sicht können wir im Osten weit über den Sprengisandur bis zum Tungnafellsjökull und Vatnajökull blicken; im Westen erhebt sich der schneebedeckte, 1782 m hohe Hofsjökull. Hier entspringen viele Gletscherflüsse, wie die Jökulkvísl, die gefurtet werden müssen. Das Gebiet beim Laugafell ist besonders wasserreich und wird von zahlreichen Gletscherflüssen durchzogen. Nach 30 km erreichen wir das 892 m hoch gelegene **Laugafell.** Hier gibt es heiße Quellen, die einen kleinen Pool speisen, eine unbewirtschaftete **Hütte** für 15 Personen und einen Zeltplatz.

Schlucht unterhalb des Staudamms beim Þórisvatn

Vom Laugafell können wir entweder über die F881 zur F26 zurückfahren (Rundfahrt), auf der F821 nach Akureyri und zum Eyjafjörður oder weiter auf der F752 zum Skagafjörður gelangen.

☆ Veiðivötn, Hraunvötn und Jökulheimar

Die Veiðivötn sind ein beliebtes Ausflugsziel der Isländer. Bei den „Angelseen" stehen zahlreiche kleine private Hütten, in denen die Angler das Wochenende verbringen. Das Gebiet besteht aus schroffen Vulkanbergen, zwischen denen etwa fünfzig kleine Karseen vulkanischen Ursprungs liegen. Eine gut befahrbare Piste *(vatnakringer)* erschließt eine erlebnisreiche Rundfahrt durch diese 20km lange und 4 km breite Seenlandschaft. Kurz vor den Veiðivötn zweigt eine beschilderte Piste (nur für Geländewagen) nach Norden zu den Hraunvötn, den „Lavaseen", und nach Jökulheimar ab. Die Hraunvötn sind ebenfalls beliebte Angelseen. Jökulheimar liegt am Rand des Tungnaárjökull, einem Ausläufer des gewaltigen Vatnajökull.

Die beschilderte Piste zu den Veiðivötn (23 km), zu den Hraunvötn (25 km) und nach Jökulheimar (38 km) zweigt am Südende des Þórisvatn von der F26 nach Osten ab. Die Isländer, die über die Straße 26 vom Búrfell kommen, befahren die Strecke zu den Hraunvötn und den Veiðivötn manchmal auch mit dem PKW.

2,4 km nach der Abzweigung von der F26 fahren wir beim Vatnsfell über die Staumauer des Þórisvatn. Die Brücke überspannt eine tiefe Schlucht, durch die das gestaute

Wasser abfließen kann. Die Schleuse ist jedoch meistens geschlossen, so daß wir das Spektakel des gewaltigen Wasserfalls nicht erleben können. 5 km weiter führt die Piste am schwarzsandigen Nordufer des *Fellsendavatn* entlang. Nach dem 822 m hohen Berg *Þóristindur* zweigt bei Km 13,5 eine Sandpiste nach Norden zum Botnavatn ab. Die Piste endet nach weiteren 12 km bei der privaten Hütte in *Botnaver.*

Die Abzweigung bei Km 16,2 zu den **Hraunvötn** und nach **Jökulheimar** kann leicht übersehen werden; das alte Holzschild ist kaum noch lesbar. Die insgesamt 38 km lange Strecke nach Jökulheimar verläuft durch ein Gebiet aus schwarzem Lavasand und Geröll. Nach 8 km ist die Hraunvötn erreicht. In Jökulheimar entspringt aus dem Schmelzwasser des Tungnaárjökull der große Fluß Tungnaá. Die Landschaft dort kann kontrastreicher nicht sein: Lava, schwarzer Sand, hellgrüne Moose, Schnee, blaues Eis und silbrig-graues Wasser wechseln sich ab. Um an den Rand des Gletscher zu gelangen, läßt sich auf der Piste der Gletscherfluß noch ein Stück weit in Richtung Norden umfahren. Die Isländer verbringen gerne das Wochenende in der Hütte und unternehmen von hier aus – geeignetes Wetter vorausgesetzt – mit ihren breit bereiften Super-Jeeps Ausflüge auf den Gletscher.

Auf dem Weg zu den Veiðivötn müssen wir bei Km 19 die *Vatnakvísl* und bei Km 21,5 die *Fossvatnakvísl* überqueren. Vor allem die zweite Furt kann knietief sein. Da das Flußbett außerdem sehr sandig ist, können sich zweiradgetriebene Fahrzeuge hier leicht festfahren. Kurz vor der Furt durch die Fossvatnakvísl zweigt eine alternative Piste zu den Hraunvötn ab. Diese trifft nach 4km wieder auf die zuvor beschriebene Strecke nach Jökulheimar. Nach der Furt haben wir die Veiðivötn erreicht. Die als „Vatnakringer“ ausgeschilderte Piste führt als Rundkurs durch diese Seenlandschaft. Unterwegs müssen mehrere Seeabflüsse gefurtet werden. Geradeaus erreicht man nach 1km **Tjarnakot,** wo es **Hütten,** einen **Zeltplatz** und eine **Tankstelle** gibt. Wer angeln möchte, kann hier auch eine Tageskarte bekommen.

Wandertips

☆ Jökuldalur

Der Wanderweg dieser Tagestour durch das Jökuldalur zur eisigen Schlucht *Kaldagil* verläuft von Nýidalur zunächst 600 m auf der F26 nach Süden. Dort zweigt ein schmaler Fahrweg nach Osten ab. Wir folgen dem Weg bis zum Parkplatz im Tal der Jökulsá. Jetzt geht es auf einem der unmarkierten Pfade talaufwärts, wobei man den Fluß bald durchqueren muß. Die Jökulsá ist hier zwar breit, aber nicht allzu tief – Turnschuhe anziehen, die Hosenbeine hochkrempeln und durch! Auf der gegenüberliegenden Flußseite ist der moosbewachsene Wanderpfad gut begehbar. Nach zwei Stunden erreichen wir die **Schlucht Kaldagil.** Gehen wir in diese Felsenschlucht eine halbe Stunde weit hinein, umgibt uns die beeindruckende Eiswelt des *Tungnafellsjökull.* Ganz an das Eis können wir jedoch nicht herangehen, da das Gelände zusehends schlechter begehbar wird. Zurück gelangen wir auf dem gleichen Weg.

☆ **Göngubrún**

Diese Tagestour zum **Aussichtspunkt** Göngubrún beginnt ebenfalls in Nýidalur und folgt ein kurzes Stück dem Fahrweg ins Jökuldalur. Nach etwa einer Viertelstunde Fußweg zweigt ein ausgetretener, mit Steinmännchen und Holzpflöcken markierter Pfad vom Fahrweg ab und führt den Berghang hinauf. Der Wanderpfad verläuft immer leicht ansteigend, oberhalb des Jökuldalur entlang. Nach knapp einer Stunde sieht man farbige Rhyolithberge und hat von der Höhe eine besonders gute Aussicht auf den nahen Tungnafellsjökull und den *Köldukvíslarjökull,* einen Ausläufer des Vatnajökull. Durch eine langgezogene Mulde und über einen sanft ansteigenden Bergrücken ist schließlich nach 3 Stunden der 1200 m hoch gelegene Aussichtspunkt erreicht. Das Panorama ist grandios! Der Blick reicht im Osten hinüber bis zum Hofsjökull, im Norden über den Tungnafellsjökull zur dunklen Schotterwüste Sprengisandur, im Westen auf das ewige Eis des Vatnajökull und im Süden bis zum *Mýrdalsjökull.* Zurück nehmen wir denselben Weg, der uns immer wieder neue Ausblicke beschert, die wir so auf dem Hinweg gar nicht wahrgenommen haben.

Praktische Infos

Unterkunft

- **Hütte** (160 Plätze) und **Campingplatz** in **Nýidalur** (Tel. 5 68 25 33)
- Raststätte und Schlafsackunterkunft, Tankstelle bei der **Stóraver-Hütte, Versalir** (Tel. 4 87 50 78 und 8 52 21 61)
- **Hrauneyjar,** Raststätte, Tankstelle (Tel. 4 87 77 82, 4 87 50 78)
- **Hütte** und **Campingplatz** beim **Laugafell** (Tel. 8 54 93 02)
- **Hütte** und **Campingplatz** in **Tjarnakot** bei den *Veiðivötn*
- **Wanderhütte in Jökulheimar**

Sonstiges

Kraftwerk Hrauneyjarfossstöð
Im Sommer werktags Führungen nach Voranmeldung,
Tel. 4 80 77 18, 4 80 77 14

Angellizenzen
Kvíslavatn: Raststätte Versalir,
Tel. 8 52 21 61; *Kaldakkvísl* und *Þórisvatn:* Raststätte Hrauneyjar,
Tel. 4 87 77 82

Route 7 D: Öskjuleið F88 – Grímsstaðir (Ringstraße) – Herðubreiðarlindir – Askja

Die Piste Öskjuleið F88, die durch das öde *Odáðahraun* zum *Herðubreið* und zur *Askja* führt, ist ebenfalls eine vielbefahrene Hochlandroute. Seit die früher besonders ruppigen Streckenabschnitte, die über die breiten Lavaströme führen, geebnet worden sind, kann die Piste zügig befahren werden. Seither sind Tagesausflüge vom Mývatn zur Askja und zurück möglich; insbesondere entfällt bei Bustouren die früher notwendige Zwischenübernachtung in *Dreki* oder *Herðubreiðarlindir.* Wegen einiger sandiger Streckenabschnitte und dreier Furten sollte die F88 jedoch nur mit einem Geländewagen befahren werden.

Die F88 zweigt etwa 30 km östlich des Mývatn von der Ringstraße nach Süden ab. Die 103 km lange Strecke zur Askja ist gut markiert und beschildert. Im Westen erhebt sich gleich neben der Piste der Ringwallkrater

Hrossaborg („Pferdeburg"). Trotz seiner Höhe von 426 m ü.d.M. gleicht der Vulkankrater eher einem flachen Hügel, denn er erhebt sich nur 40 m über dem umliegenden Land. Der Kraterrand ist auf der Ostseite geöffnet und über eine Stichstraße zugänglich. Der Krater diente früher als natürlicher Pferch, in den die Pferde hineingetrieben wurden.

Das Land ist bräunlich-grauschwarz und ohne Vegetation. Wir befinden uns am Rand des **Ódáðahraun,** des „Lavafeldes der Missetäter". Diese insgesamt 5000 km² große „Wüste" aus Lavagestein und -sand erstreckt sich von der Ringstraße im Norden bis an den Rand des Vatnajökull im Süden; sie wird im Westen vom Skjálfandafljót und im Osten von der Jökulsá á Fjöllum begrenzt. Wenn es im Ódáðahraun regnet, versickert das Wasser schnell im porösen Untergrund. Der dunkle Boden heizt sich durch die Sonne stark auf. Wer in diesem Gebiet zu Fuß oder mit dem Mountain-Bike unterwegs ist, fühlt sich in der Tat wie in einer Wüste. Auch das Trinkwasser ist knapp, und heftige Sandstürme können das Vorankommen erschweren.

Nach 13 km steht rechts neben der Piste eine Formation aus Basaltsäulen. 2 km weiter fahren wir an einem kleinen See vorbei. Nach knapp 20 km ist das erste große Lavafeld erreicht. Die holprige Fahrspur führt kurvenreich über die Kissen- und Stricklava. Bei Km 30 beginnt das 170 km² große **Naturschutzgebiet Herðubreiðarfriðland.** In ihrem weiteren Verlauf folgt die Piste dem Lauf des gewaltigen Gletscherflusses Jökulsá á Fjöllum. Bei Km 40 muß der Fluß *Grafarlandaá* durchfahren werden. Die Furt ist sandig und 30–40 cm tief. Spätestens hier endet normalerweise die Fahrt für einen zweiradgetriebenen PKW. Flußaufwärts fällt das Wasser treppenförmig über das Lavagestein. An dem kleinen Wasserfall läßt es sich schön rasten.

Bei Km 51 überqueren wir einen 300 m breiten Lavastrom des *Lindahraun.* Der Weg über die Stricklava ist holprig und stufig. Neben der Piste erhebt sich der 1682 m hohe **Herðubreið,** der „Breitschultrige". Dieser einzeln in der Landschaft stehende große Tafelvulkan ist eine markante Landmarke Islands. In der Mythologie ist er der Sitz der Götter, die **Götterburg Asgard.** Der Herðubreið gilt als schönster Berg Islands. Seine steilen Flanken bestehen aus lockerem, brüchigem Lavagestein, das eine Besteigung sehr schwierig und gefährlich macht. Einzig eine Scharte am nordwestlichen Berghang ermöglicht einen Aufstieg. Erstmals stand ein Bergsteiger 1908 auf dem Gipfel des Herðubreið, der ab Mittag oft in eine Wolke gehüllt ist. Wir sagen dann gerne ein wenig schmunzelnd, daß der Herðubreið wieder seine „Schlafmütze" übergestülpt hat und schläft.

Bei Km 55 muß die 40–50 cm tiefe Lindaá, der größte Fluß auf dieser Strecke, gefurtet werden. Das Wasser des Quellflusses ist eiskalt und glasklar. Flußabwärts verzeigt sich die Lindaá y-förmig. Zwischen den beiden Armen liegt eine kleine Insel, die üppig mit Pflanzen bewachsen ist. Ein einfaches Schild an der breiten Furt zeigt, wie der Fluß am besten durchfahren wird: in einem großen

Bogen zuerst auf die Insel zuhalten, dann zum gegenüberliegenden Ufer fahren. Wanderer und Fahrradfahrer (Rad schieben) können diese Furt umgehen. Ein schmaler Fußpfad führt am westlichen Ufer der Lindaá entlang nach *Herðubreiðarlindir.*

Nach 60 km und zwei Stunden Fahrzeit erreicht man **Herðubreiðarlindir,** die „Quellen des Herðubreið". Kurz vor der **Hütte Þórsteinskáli** muß die Lindaá ein zweites Mal gefurtet werden. Am Ufer des klaren Quellflusses stehen große Exemplare der Echten Engelwurz, die hier bis zu 170 cm hoch werden können. Auf den umliegenden Schotterfluren leuchten die rosa Blüten des Arktischen Weidenröschens. Herðubreiðarlindir ist eine „grüne Oase" in der öden Wüste. Hier sprudeln zahlreiche Quellen aus dem Lavaboden und versorgen die Pflanzen mit Wasser.

Auch *Fjalla-Eyvindur* (s. S.530) soll hier den Winter 1774/75 verbracht haben. Seine mit Lavasteinen umschichtete Erdhöhle *Eyvindarkofi* kann etwa 100 m von der Hütte entfernt besichtigt werden.

Hinter Herðubreiðarlindir führt die Piste weiter durch die Lavawüste. Ab Km 70 wird der Boden sandig. Achten Sie hier auf ein kleines Schild mit der Aufschrift „Jökulsá á Fjöllum". 200 m östlich neben der Piste donnert der gewaltige Gletscherfluß in eine schmale, hufeisenförmige Schlucht. Diese Wasserfälle lassen hier einen neuen großen Canyon entstehen, ein Zeichen dafür, daß Island geologisch sehr jung ist und die Umgestaltung des Landes durch die Naturgewalten noch voll im Gang ist.

2 km weiter wendet sich die Piste westwärts zum langgezogenen Bergrücken *Herðubreiðartögl* (1070 m). Hier zweigt auch die Stichstraße ab, die zu einem kleinen Parkplatz im Westen des Herðubreið führt. Von hier aus kann man den Berg besteigen. Erfahrung im Bergsteigen ist jedoch Voraussetzung, denn der Weg zum Gipfel ist nicht einfach.

Mitten in der **Sandwüste Vikursandur** trifft die Piste F88 einige Kilometer westlich des 1084 m hohen Bergs *Upptyppingar* auf die Piste F910 *Upptyppingarleið.* Diese führt ostwärts zur Brücke über die Jökulsá á Fjöllum und weiter zu den Kverkfjöll bzw. durch das Möðrudalur zurück zur Ringstraße. Wir fahren jedoch nach Westen weiter zur Askja. Die nächsten Kilometer der Piste verlaufen durch eine Vulkanlandschaft aus hellem Bimsstein. Dieses leichte vulkanische Gestein ist so porös, daß es auf Wasser schwimmt. Bei Km 95 erreichen wir **Dreki.** Hier steht eine **kleine Hütte** (20 Plätze), und man kann zelten. Bei der Hütte zweigt die Piste F910 *Gæsavatnaleið* ab, die entweder am Rand des Vatnajökull entlang *(Gæsavatnaleið syðri)* oder weiter nördlich durch das hier besonders ruppige Ódáðahraun *(Gæsavatnaleið nyrðri)* zum *Sprengisandur* führt. Nachdem in den letzten Jahren viele Hochlandpisten umbenannt wurden, heißt die nördliche Strecke jetzt neuerdings F910 *Austurleið.* Diese Piste durchquert halb Island vom *Sprengisandur* über *Dreki, Kreppu-tunga, Þríhyrningsvatn* bis *Brú im Jökuldalur.* Hier wendet sie sich nach Süden, führt durch das *Hrafnkelsdalur* bis an den Nordrand des *Snæfell* und endet schließlich in nordöstlicher Richtung weiterführend im *Fljótsdalur* am See *Lagarfljót.*

Die Hütte Dreki steht am Eingang zur **Drachenschlucht Drekagil.** Die Lava hat hier bizarre Gebilde mit Überhängen und Höhlen geschaffen. Wind und Wasser haben riesige Lavabrocken modelliert, so daß manch einer der Gestalt eines Tieres ähnelt oder die Züge eines versteinerten Riesen trägt. Wohl deshalb wird das nahegelegene *Dyngjufjalladalur* das „Tal der Steinriesen" und das *Dyngjufjöll* das „Gebirge der Steinriesen" genannt.

Von Dreki führt eine 8 km lange Stichstraße weiter zur **Askja.** Der Weg dorthin verläuft über den Lavastrom *Vikrahraun.* Auf einem Felsplateau endet die Piste an einem kleinen Parkplatz. Nur zu Fuß kann man weiter über auffallend rote und tief schwarze Lava zur Askja wandern. Selbst im Hochsommer kann hier noch nasser Altschnee liegen oder Neuschnee die schwarze Lava in ein weißes Land verwandeln. Nach einer Stunde sind wir am Ziel.

Die Askja, die „Schachtel", ist ein 50 km² großer Vulkankrater, der im Gebirgsmassiv Dyngjufjöll liegt. Das bis zu 1500 m hohe Gebirge entstand durch mehrere Vulkanausbrüche, die vor ungefähr 1,5 Millionen Jahren begannen. Der 12 km² große **Öskjuvatn** ist der **Kratersee der Askja.** Mit einer Tiefe von 217 m ist er zugleich der **tiefste See Islands.** Der See liegt in einer 46 km² großen Caldera, einem Einsturzkessel. Der See füllte sich jedoch erst in der jüngsten Vergangenheit, als sich kurz nach einem Vulkanausbruch im Jahr 1875 ein Teil der Caldera im Südosten absenkte. Oberhalb des Öskjuvatn ist auf dem Kraterrand eine Pyramide aus Lavasteinen aufgeschichtet. Sie erinnert

Hütte Dreki

an zwei Deutsche, den Geologen *Walther von Knebel* und den Maler *Max Rudloff.* Beide waren am 10. Juli 1907 mit einem Boot auf den Öskjuvatn hinausgefahren und nicht mehr zurückgekehrt. Das Unglück ist bis heute nicht aufgeklärt. In der Steinpyramide befindet sich eine Metallkassette mit Gedenkbuch, in das man sich eintragen kann.

Am oft windumtosten Kraterrand riecht die Luft nach Schwefel. Vor dem Öskjuvatn befindet sich ein weiterer, kleinerer Krater, der **Víti.** Diese „Hölle", was Víti übersetzt heißt, ist mit warmem, schwefelhaltigem grün-grauem Wasser gefüllt. Wer möchte, kann in der „Hölle" baden. Der Abstieg vom 50 m hohen Kraterrand ist jedoch steil und rutschig. Der Víti entstand wie der Öskjuvatn nach einem verheerenden **Vulkanaus-**

bruch im März 1875. Gewaltige Bimssteinmengen wurden bis zu 30 km hoch in die Luft geschleudert, große Weideflächen in Ostisland und bewohnte Täler versanken unter Asche, zahlreiche Höfe wurden zerstört. Viele Bauern verloren ihre Existenz, 10 000 Isländer wanderten damals nach Amerika aus. Auch nach 1875 kam die Askja nicht zur Ruhe. Der bislang letzte Ausbruch war 1961. Aus der Vulkanspalte *Vikraborgir* quoll ein 7,5 km langer Lavastrom und ließ das *Vikrahraun* entstehen. Die Astronauten der NASA trainierten hier für ihre Mondlandung. Die erloschenen Vulkane ähneln in diesem Gebiet sehr den Mondkratern.

Im Vordergrund der Krater Víti, dahinter der Kratersee Öskjuvatn

Wandertips

☆ Besteigung des Herðubreið
Ab der Hütte von Herðubreiðarlindir geht man 12–14 Std., ab dem Parkplatz am Westrand des Herðubreið 5–6 Std. Die Besteigung des Herðubreið bleibt trainierten Bergsteigern vorbehalten. Der Aufstieg kann nur bei gutem Wetter erfolgen; er ist schwierig und wegen des Steinschlags auch gefährlich (lockeres Tuffgestein). Auf dem Hochplateau liegt meist das ganze Jahr über Schnee. Die Schutzhütte am *Bræðrafell,* am Südrand des Schildvulkans *Kollóttadyngja* gelegen, dient ebenfalls als Basis für eine Besteigung. Nähere Auskünfte erteilt der Hüttenwart in Herðubreiðarlindir.

☆ Drachenschlucht Drekagil
Die sehenswerte Schlucht beginnt hinter der Hütte Dreki. Am besten läuft man mit Gummistiefeln im Bett des flachen Baches hinein in die Schlucht. Das Wasser ist nur wenige Zentimeter tief. Dies ist weniger anstrengend als die Kraxelei über die Felsen am Ufer. In der engen Schlucht ist es kalt und düster. Altschnee kann hier auch noch im Hochsommer liegen. Nach einer halben Stunde endet der begehbare Weg am Fuß eines hohen Wasserfalls.

Praktische Infos

Unterkunft

- **Herðubreiðarlindir: Hütte Þórsteinskáli,** 40 Plätze, **Campingplatz,** Tel. 8 54 93 01
- **Dreki: Hütte** mit 20 Plätzen, einfacher **Zeltplatz,** Tel. 8 53 25 41
- **Bræðrafell: einfache Schutzhütte** (15 Plätze) im Süden des Kollóttadyngja; nur zu Fuß erreichbar

Route 7 E: Kverkfjallaleið F902

Seit im Spätsommer 1986 die Brükke über die Jökulsá á Fjöllum eröffnet wurde, ist der Kverkfjallaleið F902 eine interessante Alternative für die Weiterfahrt von der Askja bzw. von Herdubreiðarlindir. Die Strecke führt durch die Lavawüste *Krepputunga* zu den *Kverkfjöll,* einem Vulkanmassiv am nördlichen Rand des Vatnajökull. Ab der Abzweigung der Piste F910 von der Piste Öskjuleið F88 beim Berg *Upptyppingar* sind es bis zur Eishöhle bei den Kverkfjöll 55 km. Der kurze Abschnitt vom Öskjuleið zum Kverkfjallaleið wird in den isländischen Straßenkarten als „Upptyppingarleið" bezeichnet. Das Teilstück der Kverkfjallaleið, das östlich der Krepputunga verläuft, heißt „Lindafjallabaksleið" F903. Der 103 km lange Rückweg zur Ringstraße kann auf dem *Möðrudalurleið* F905 erfolgen, der östlich der Krepputunga nach Norden durchs *Möðrutal* führt.

Nach der Abzweigung des Upptyppingarleið von der F88 13 km östlich der Askja quert die kurvenreiche Piste zunächst ein Lavafeld und führt dann 6 km weit durch eine flache Ebene aus Bimsstein zur Brücke über die Jökulsá á Fjöllum. Die Betonbrükke ist von einem Schafgatter verschlossen, das geöffnet und auch wieder geschlossen werden muß. 3 km weiter mündet die Piste in die Hauptstrecke *Kverkfjallaleið* F902 ein. Geradeaus führt die Piste zum Möðrudalurleið. Wir fahren in Richtung Süden zu den Kverkfjöll. Schon nach wenigen Kilometern umgibt uns tief schwarzer Lavasand. Am Horizont erheben sich dunkle, urweltartig anmutende Vulkankegel. Auf beiden Seiten wird die schmale Schotterpiste von hohen Lavahängen eingerahmt, die rostrot im Sonnenlicht leuchten. Uns erinnert dieser Streckenabschnitt immer wieder an das *Hoggar-Gebirge* in der algerischen Sahara. Die Landschaften ähneln sich. Nur sind in Island die Enfernungen weniger als ein Zehntel so groß.

Bei Km 33 mündet die Piste in den Weg vom Möðrudalur (F905, F910, F903) ein. Hierher werden wir später zurückfahren. Der einsam in der Vulkanlandschaft stehende **Wegweiser** zeigt uns die Entfernungen an: Nach Süden sind es bis zu den Kverkfjöll noch 17 km, nach Norden bis Hvannalindir 12 km und bis zur Ringstraße im Möðrutal 83 km. Ab hier wird die Piste zunehmend schlechter. Tiefe Löcher und Lavabrocken zwingen zum Langsamfahren. Mit Schrittgeschwindigkeit durchfahren wir holpernd die immer wieder unseren Weg kreuzenden Lavazungen. Die Piste steigt an und führt in eine regelrechte Hochgebirgslandschaft hinein. Nach einer letzten Kletterpartie über einen Lavastrom erreichen wir bei Km 50 die **Hütte Sigurðarskáli** bei den Kverkfjöll. Die Gletscher *Dyngjujökull* und *Kverkjökull,* beide Ausläufer des Vatnajökull, liegen zum Greifen nahe.

Von der Hütte führt eine 5 km lange Stichstraße zu einer **Eishöhle.** Vom Parkplatz auf der Gletschermoräne bis zur Eishöhle sind es wenige Minuten zu Fuß. Das Gletschertor der Eishöhle hat gewaltige Ausmaße; es gleicht einer Domkuppel aus blankem, blauem Eis, aus der ein stattlicher Gletscherfluß sprudelt. Die

Eishöhle hat jedoch in den letzten Jahren viel von ihrer Attraktivität eingebüßt, da aufgrund erhöhter vulkanischer Aktivität Verschiebungen im Eis des Gletschers und in der Folge Risse und Spalten aufgetreten sind. Die Eishöhle sollte man inzwischen gar nicht mehr begehen, da immer wieder große Eisbrocken unvorhergesehen von der Decke herabstürzen können. Wie wir schon bei der Wanderung auf S.95 beschrieben haben, fanden wir die Landschaft bei der Eishöhle 1998 stark verändert vor. Auch die Piste dorthin ist durch Geröllabgänge und Schmelzwasser, das Teile der Piste weggerissen hat, stark in Mitleidenschaft gezogen worden, so daß man 1998 nicht mehr ganz bis zur Gletschermoräne fahren konnte.

Der Rückweg führt auf dem Lindafjallabaksleið F903, der F910 und dem *Möðrudalurleið* F905 über *Hvannalindir* durch das Möðrutal zur Ringstraße. Diese Strecke ist einfach zu befahren. Von der Hütte geht es auf der zuvor beschriebenen Piste 17 km zurück bis zu dem Wegweiser. Bis **Hvannalindir** (Km 30) verläuft die F903 dann über eine flache Ebene aus Lava. Wie Herðubreiðarlindir ist auch Hvannalindir eine „grüne Oase“ inmitten der Wüste. Hier entspringt ebenfalls ein Quellfluß namens *Lindaá,* an dessen Ufer die für Island typischen Pflanzen wachsen: Arktisches Weidenröschen, Engelwurz, Wollgras und leuchtend grüne Moose. Hvannalindir ist ein **Naturschutzgebiet.** Einen offiziellen Campingplatz gibt es hier zwar nicht, doch wird geduldet, wenn man auf dem Schotter neben der Piste zeltet. Einfache sanitäre Einrichtungen sind vorhanden, und Trinkwasser kann man aus den klaren Quellbächen schöpfen. Die Hütten gehören zu einer Forschungsstation und sind für Touristen nicht zugänglich.

Auch in der Umgebung von Hvannalindir findet man Reste von Behausungen, die dem Geächteten *Fjalla-Eyvindur* zugeschrieben werden.

Auf der Weiterfahrt muß man hinter Hvannalindir die flache Lindaá zweimal überqueren. Bei Km 41 trifft die Piste wieder auf die Zufahrt F910 zur Askja. 6 km weiter fahren wir an dem kleinen See *Kreppulön* vorbei. Von hier hat man einen schönen Blick auf den Herðubreið. Bei Km 62 führt eine Brücke über den Fluß *Kreppa.* Bei Km 73 zweigt eine wenig befahrene Piste für Allradfahrzeuge nach Süden ab, die durch das *Alftatal* zum Nordrand des *Bruárjökull* führt. Durch das *Vesturtal,* über das *Meljaradfjall* und weiter durch das *Hrafnkelstal* kann man den 1833 m hohen schneebedeckten Vulkan Snæfell erreichen.

Die Schotterstraße ist in ihrem weiteren Verlauf durchs Möðrutal auch für einen zweiradgetriebenen PKW befahrbar. Die zwei Furten bei Km 74 und 76 sind flach, der Untergrund ist steinig. Bei Km 81 beginnt die eigentliche *Möðrudalurleið* F905. Von hier verläuft die F910 weiter in östlicher Richtung. Nach weiteren flachen Furten durch einen zweiarmigen Bach bei Km 97 und einen Bach kurz vor Km 100 trifft die Piste bei Km 103 auf die **Ringstraße.** Wenige Kilometer nördlich liegt das **Gehöft Möðrudalur** in 469 m Höhe über dem Meer. Dies ist **Islands höchstgelegener Bauernhof.** Die kleine Kirche errichtete der Bauer *Jón A. Stefánsson,* der hier von 1880–1971 lebte. Von ihm stammt auch das Altargemälde.

Möðrudalur war früher die zentrale Pfarrgemeinde dieses wenig besiedelten Landstrichs.

Praktische Infos

Unterkunft

- **Kverkfjöll: Hütte Sigurðarskáli** (60 Plätze), einfacher **Zeltplatz** (Tel. 8 53 62 36)
- **Hvannalindir: einfacher Zeltplatz**

Wandertip

Die empfehlenswerte Wanderung zu den heißen Quellen der Kverkfjöll im Hveradalur ist auf S.95 beschrieben.

Route 7 F: Gæsavatnaleið F910 – Askja – Sprengisandur

Von Dreki bei der Askja führt ein Teilstück der F910 *Austurleið* 125 km quer durch das Hochland zum Sprengisandur. Nach etwa einem Viertel der Strecke teilt sich die Piste. Die nördliche Route verläuft durch die ruppigen Lavafelder des Ódáðahraun. Sie wurde 1992 als Alternative zu der ehemals „berüchtigten" Gæsavatnaleið-Piste angelegt. Bevor diese Strecke ihre heutige Bezeichnung F910 Austurleið erhielt, hieß sie F98 *Gæsavatnaleið nyrðri.* Die südlich davon verlaufende Strekke heißt heute noch *Gæsavatnaleið (syðri).* Sie führt entlang des *Dyngujökull,* über den *Úrdarháls,* das *Kistufell* und die *Gæsavötn* zum Sprengisandur. Beide Pisten sind **sehr schwierig** und ausschließlich mit einem robusten **Geländewagen** zu befahren. Selbst bei guten Bedingungen muß man für diese Strecke mit einer reinen Fahrzeit von 8–10 Stunden rechnen; Wetterstürze und dichter Nebel können vor allem auf der südlichen Strecke eine Übernachtung in der Wildnis erforderlich machen. Aus Sicherheitsgründen empfehlen wir, eine komplette Campingausrüstung sowie Lebensmittel und Trinkwasser für zwei Tage mitzunehmen. Wenn Sie nicht über „Expeditionserfahrung" verfügen, raten wir dazu, diese Strecke im Konvoi zu befahren. Melden Sie sich bei der Hütte *Dreki* oder *Nýidalur* ab (und auch wieder an) und erkundigen Sie sich dort nach der Befahrbarkeit der Pisten und dem Wasserstand der Gletscherflüsse. Auf dem Gæsavatnaleið können alle nur erdenklichen **Schwierigkeitsgrade** auftreten: Treibsand, tiefe, reißende Gletscherflüsse, halbmeterhohe Stufen in den Lavafeldern, fehlende Wegmarkierungen, Altschneefelder, Nebel, Schneetreiben und Sandstürme. Verlassen Sie keinesfalls die markierte Piste und fahren Sie nur dann weiter, wenn Sie die nächste Markierung (Holzpfosten) ausgemacht haben! Auf einigen Streckenabschnitten können einzelne Markierungspfosten fehlen; hier müssen sie den weiteren Verlauf der Piste unter Umständen zuerst zu Fuß erkunden.

Der Gæsavatnaleið ist eine Herausforderung für versierte Geländewagenfahrer und Abenteurer. Er gilt als die **schwierigste und gefährlichste aller isländischen Hochlandstrecken.** Wenn überhaupt wird diese Route nur im späten Juli und August zum Befahren freigegeben; liegt im Sommer noch zuviel Altschnee, bleibt sie das ganze Jahr über gesperrt.

Bei der **Hütte Dreki** weist uns ein Schild den Weg nach Süden. Auf den ersten Kilometern fahren wir durch eine flache Ebene aus hellem Bimsstein, der mit Brocken aus schwarzer Lava vermischt ist. Bei Km 7 folgt weicher, schwarzer Lavasand. Auf den nächsten Kilometern umfahren wir den See *Dyngjuvatn,* den wir von der Piste aus aber nicht sehen können. Bei Km 9,7 weist ein Schild zur *Svartá,* die einige Kilometer südöstlich am Fuß des 941 m hohen *Vaðalda* durch eine enge Schlucht fließt und einen sehenswerten Wasserfall bildet. Der Sand wird immer weicher, große Lavabrocken auf der Piste zwingen zum Langsamfahren. Auf den folgenden Kilometern durchfahren wir ein regelrechtes „Wüstengebiet" mit breiten, kniehohen Sandverwehungen. Bei Km 28 erklimmt die Piste einen steilen, sandigen Hang. Danach folgen flach gewölbte Platten aus Kissenlava. Abseits der Piste stehen haushohe, bizarre Gebilde aus Lava. Bei Km 32 gabelt sich der Austurleið. Ein Schild zeigt geradeaus zu den 55 km entfernten *Gæsavötn* („Gæsavatnaleið syðri"). Nach rechts sind es auf dem Austurleið bis Nýidalur 95 km.

Der Gæsavatnaleið nyrðri

Der Gæsavatnaleið nyrðri – so bezeichnen wir dieses **nördliche Teilstück des Austurleið** – führt zunächst nach Nordwesten zu den Bergen *Dyngjufjöllytri* westlich der Askja. Dieser Pistenabschnitt heißt *Dyngjufjallaleið,* „Weg zum Berg Dyngjufjall". Das „üble" Lavastück, das wir mit unserem Fahrzeug „überklettern" müssen, gibt uns einen kleinen Vorgeschmack auf das, was das Ódáðahraun noch bieten wird. Wir fahren an einem langgezogenen Bergrücken entlang; am Horizont erheben sich urwelthaft anmutende, dunkle Lavaberge. Bei Km 44 umfahren wir den 1000 m hohen Berg *Fjallsendi;* an dieser Stelle wendet sich die Piste nach Westen. Nach einem noch gut befahrbaren Stück aus Fladenlava wird es ernst. Eine steile Auffahrt in der Lava folgt der anderen. Äußerst langsam kriechen wir mit unserem Land Rover durch das 5 km breite Lavafeld. Die Piste ist kaum zu erkennen. Für diese Passage benötigen wir eine Dreiviertelstunde. Bei Km 55 ist die Lava zu Ende. Jetzt können wir auf dem Lavaboden „flott" mit 20 km/h weiterfahren. Nach einem steilen Hang, der mit großen Lavabrocken übersät ist, folgt ein Weichsandstück, dann wieder Lava.

Bei Km 60 durchfahren wir ein Tal mit kleinen Seen, eine grüne Idylle in der Wüste. Hier müssen zwei flache Bäche gefurtet werden. 3 km weiter folgt erneut ein schweres Lavastück. Hinter der Lava verläuft die Piste über eine flache Schotterebene. Dann wechseln wieder Lavapassagen mit Weichsand. Bei Km 73 durchfahren wir zwei weitere Bäche. Nach einer Geröllwüste mit kleinen Seen blockieren kniehohe Felsbrocken die Piste. Zwischen den Steinen fließt Wasser. Hier müssen wir durch!

Nach weiteren Steilstücken sehen wir bei Km 84 in der Ferne den Fluß *Hrauná,* den wir aber nicht überqueren werden. Kurz danach folgt dennoch eine steinige Furt. Bei Km 93 liegt die meiste Lava hinter uns. Wir verlassen das Ódáðahraun und fahren über eine Hochebene aus Geröll. Bei Km 100 erreichen wir wieder eine

Auf der Gæsavatnaleið – wo ist der richtige Weg?

beschilderte Weggabelung. Hier mündet der Gæsavatnaleið syðri in unsere Route ein.

Das letzte Viertel des Austurleið ist fahrtechnisch einfach zu bewältigen. Aber jetzt kommen die reißenden Gletscherflüsse.

Den tosenden *Skjálfandafljót* überqueren wir auf einer einfachen Holzbrücke. 3 km weiter folgen die *Langadrag,* breite, mehrarmige Schmelzwasserflüsse des *Tungnafellsjökull.* Insgesamt müssen wir hier drei große Flußarme durchfahren. Bei Niedrigwasser sind die Furten nur knietief. Nach der zweiten Furt führt die Piste im Schotterbett 100 m flußaufwärts, bis man eine flache Stelle durch den dritten Arm erreicht. Nach Regenfällen oder bei warmem Wetter schwellen diese Gletscherflüsse jedoch schnell an und sind dann kaum noch passierbar. Bei höherer Wasserführung ist in dem Gewirr von Flußarmen der genaue Verlauf der Piste nicht mehr zu erkennen. Dann ist die Gefahr groß, daß man die Flußarme an einer zu tiefen Stelle durchfährt oder das Fahrzeug im Wasser an einem Felsen aufsitzt.

Bei Km 106, 114 und 119 müssen weitere zum Teil recht tiefe und schnellfließende Gletscherflüsse gefurtet werden. Die letzten Kilometer der Piste führen bis zur Einmündung in den Sprengisandsleið F26 durch eine moosbewachsene Schotterebene. Die Aussicht in die Weite des *Sprengisandur* und auf die Gletscher entschädigt für die Strapazen im Ódáðahraun. Bei Km 125 erreichen wir in der Ebene *Tómasarhagi* die F26. Bis Nýidalur ist es nicht mehr weit.

Der Gæsavatnaleið syðri

An der bereits erwähnten Gabelung bei Km 32 biegen wir auf den Gæsavatnaleið syðri ab. Die folgenden Kilometerangaben beginnen hier wieder bei Null. Die Piste zu den *Gæsavötn* führt anfangs an einem steilen Sandhang entlang. Danach folgen mehrere ausgedehnte Lavafelder mit Weichsandpassagen. Nach 12 km erreichen wir ein etwa 4 km breites Gebiet aus schwarzem Lavasand, das stellenweise vom Schmelzwasser des nahen Dyngjujökull überflutet ist. In diesem „Schwemmland" können die Schmelzwasser je nach Wetter flache Seen bilden und wieder im Sand versickern. Graue Holzpfosten markieren den Verlauf der Piste, die hier geradewegs durch die „Seen" führen kann. Umfahren Sie nach Möglichkeit die überfluteten Stellen, da der Untergrund im Wasser wie Treibsand wirken kann. Bei Km 16 liegt das Schwemmland hinter uns. Über kniehohe Stufen aus Lava klettert unser Geländewagen den steilen Hang des 1025 m hohen Schildvulkans **Úrðarháls** hinauf. Nach 7km und mehr als einer Stunde Fahrzeit ist der Aufstieg geschafft. Der Úrðarháls ist ein riesiger **Explosionskrater** mit 200–300 m Durchmesser und steilen Wänden aus bröckelnder

See Þveröldavatn im zentralen Hochland südlich des Sprengisandur

Lava. In der Umgebung liegen weitere kleinere Krater. Die Piste verläuft südlich des Úrðarháls. Bei klarer Sicht hat man von hier einen guten Blick auf das Ódáðahraun und auf die Berge des Dyngjufjölls.

Die Piste führt die nächsten Kilometer in 1100 m Höhe über ein Hochplateau aus Lava. Dieser Abschnitt mit seinen zahlreichen steilen Auf- und Abfahrten ist die **höchstgelegene Straße Islands.** Selbst im Hochsommer müssen hier breite Altschneefelder durchfahren werden. Im Süden erkennen wir den 1446 m hohen Tafelvulkan *Kistufell,* im Norden den 1459 m hohen *Trölladyngja.* Die Piste führt immer näher an den großen Gletscher Dyngjujökull heran. Bei Km 44 müssen sogar einzelne Gletscherzungen – oder sind es doch nur Altschneereste – gequert werden. Bei Km 48 erreichen wir die 1190 m hohe Paßhöhe am *Jörðurhryggur,* die mit Steinmännchen gekennzeichnet ist. Die Abfahrt zu den Gæsavötn, den „Gänseseen", ist holprig. Bei Km 57 fahren wir an der verschlossenen, privaten Hütte von Gletscherforschern vorbei. Etwa 20 km südlich ist hier 1996 in der Nähe des 2009 m hohen Bergs *Bárðarbunga* der Vulkan *Loki* unter dem Eis des Vatnajökull ausgebrochen.

Nach insgesamt 64 km trifft der Gæsavatnaleið syðri wieder auf den Gæsavatnaleið nyrðri.

Praktische Infos

Unterkunft

- **Dreki: Hütte** mit 20 Plätzen, einfacher **Zeltplatz** (Tel. 8 53 25 41)
- **Nýidalur: Hütte** mit 160 Plätzen, **Campingplatz** (Tel. 5 68 25 33, FÍ)

Route 7 G: Fjallabaksvegur nyrðri F208 – Landmannalaugar – Jökuldalir – Eldgjá – Ringstraße

Landmannalaugar, das „warme Bad der Landmänner", ist jedes Jahr das Ziel von über 15 000 Besuchern, die hauptsächlich im Juli und August hierher kommen. Entsprechend voll sind in den Sommermonaten die Hütte und der Campingplatz. Nicht nur das vielgerühmte „Bad" in dem warmen Quellfluß, sondern auch die herrlichen Wanderungen auf die umliegenden Aussichtsberge und in die an Farben reiche Landschaft aus Rhyolith und tiefschwarzem Obsidian locken zunehmend mehr Besucher an. Landmannalaugar liegt im breiten Tal des Gletscherflusses Jökugilskvísl. Die sanft geschwungenen Bergrücken aus Rhyolith sind 700–800 m hoch. Der Lavastrom *Laugahraun* besteht aus tiefschwarzem Obsidian, der stellenweise mit Moosen bewachsen ist. Aus der Lava fließt ein 70°C heißer Quellfluß, der sich ein wenig flußabwärts mit einem kalten Gletscherfluß mischt. Dies ist der berühmte **„Badeplatz" von Landmannalaugar.** Das Wasser ließ hier eine grüne Insel entstehen, auf der zahlreiche Pflanzen und Vögel einen bescheidenen Lebensraum finden. Die vielen Besucher gefährden jedoch zunehmend das sensible Ökosystem. In der Umgebung der Hütte und auch am „Badeplatz" hat die Keimzahl des Wassers bereits beunruhigende Werte erreicht. Manche Tümpel sind mit einem dicken Teppich aus Algen bedeckt. Die Pflanzen zersetzen sich, der Gehalt an gelöstem Sauerstoff im Wasser sinkt, und übelriechende Faulgase blubbern an die Oberfläche.

Drei Wege führen **nach Landmannalaugar:** Nordwestlich des 1450 m hohen Vulkans Hekla zweigt beim Kraftwerk Búrfell die Piste Landmannaleið, der „Weg der Landmänner", nach Westen von der F26 ab. Die nur für Allradfahrzeuge befahrbare Strecke führt zur Höhle *Landmannahellir* und durch das *Dómadalur,* wo sie den Namen *Dómadalsleið* erhält. Nach 42 km trifft die Piste beim *Frostastaðavatn* auf die F208, den *Fjallabaksvegur nyrðri,* den „nördlichen Weg über die Berge". Vom Landmannaleið zweigt etwa auf halber Strecke eine kaum erkennbare Piste ab. Sie führt durch das Geothermalgebiet der *Reykjadalir,* der „Rauchtäler", westlich des 1128 m hohen *Hrafntínnusker* nach Süden zum Laufafell (Straße F210) und zum Fjallabaksvegur syðri.

Fährt man auf der F26 vom Kraftwerk Búrfell weiter nach Norden, zweigt die F208 beim See *Hrauneyjarlón* direkt ab. Auf dieser Strecke erreicht man Landmannalaugar nach 35km auch mit einem normalen PKW, wobei man das Fahrzeug wegen zwei tiefer Furten einige hundert Meter vor dem Campingplatz abstellen muß. Am Weg liegen die **Wasserfälle der Tungnaá** *(Hrauneyjarfoss* und *Tungnárfellsfoss)* und der **Vulkankrater Ljotipollur,** zu denen jeweils eine kurze Stichstraße hinführt. Die F208 verläuft von Landmannalaugar weiter nach Süden zur Ringstraße. Diese landschaftlich äußerst schöne Strekke geht durch die wasserreichen *Jökuldalir,* die „Gletschertäler", und zur *Eldgjá.* Wegen der zahlreichen Flußdurchfahrten bleibt diese Piste jedoch geländegängigen Fahrzeugen vorbehalten.

Von Landmannalaugar führt eine 2 km lange Stichstraße zurück auf die F208. Nach der Brücke über die Jökugilskvísl verläuft der Fjallabaksvegur nyrðri an der gestauten Tungnaá entlang. Die Piste ist sandig. Immer wieder müssen flache Bäche durchfahren werden. 7km nach Landmannalaugar verläuft die Piste zwischen dem 730 m hohen Berg *Stórikýlingur* und dem über 900 m hohen *Kirkjufell* hindurch. Eine Stichstraße führt zur **Berghütte Stórikófi** nordwestlich des Stórikýlingur. Nach der Furt bei Km 10 führt die Piste in ein enges Tal, das vom Abfluß des Kirkjufellsvatn gebildet wird. Der knietiefe Seeabfluß muß gefurtet werden. Nach einer Anhöhe führt der *Fjallabaksvegur* steil hinunter in die **Jökuldalir.** Die Piste verläuft über mehrere Kilometer im Schotterbett des Gletscherflusses Jökugilskvísl. Immer wieder müssen in dem Tal breite Flußarme mit knietiefem Wasser überquert werden. Meiden Sie die sandigen Stellen im Wasser. Hier kann Treibsand auftreten. Der genaue Verlauf der Piste ist in den wasserreichen Jökuldalir mit ihren Seitentälern kaum auszumachen. Bei Km 12 verläßt die Piste kurz das Tal und erklimmt den steilen Hang des 699 m hohen *Réttarhnúkur.* Hinter dem Berg geht es erneut hinunter ins Tal, wo wieder einzelne Flußarme überquert werden müssen. Nach der Furt durch die *Skuggafjallakvísl* enden die Jökuldalir (Km 20).

Bei Km 24 zweigt eine 26 km lange Piste zum **See Langisjór** nach Norden ab. Der 779 m hohe Berg

Herðubreið bietet 5km weiter eine gute Sicht auf die **Eldgjá.** Bei Km 31 biegt die 1½ km lange Zufahrt in die hier 5 km lange und bis zu 140 m tiefe „Feuerspalte" nach Osten ab. Kurz vor dem Parkplatz muß die stellenweise sehr tiefe *Norðariófæra* gefurtet werden, die schluchteinwärts den **Wasserfall Ófærufoss** bildet. Bis zu ihrem Einsturz während der Schneeschmelze im Frühjahr 1993 war die Naturbrücke aus Basalt, die den Wasserfall in luftiger Höhe überspannte, ein beliebtes Wanderziel.

Nach der Furt durch die *Strangakvísl* zweigt bei Km 35 eine 8 km lange Piste zum 943 m hohen **Gjátindur** ab. Der Berg liegt oberhalb des Talschlusses der Eldgjá und bieten den wohl **besten Überblick** über die Vulkanlandschaft. Man erkennt, wie sich die Feuerspalte über insgesamt 40 km Länge bis zum *Mýrdalsjökull* erstreckt.

Das *Fjallabak-Hochland* endet bei Km 38. Die Schotterpiste führt jetzt über eine grasbewachsene Hochfläche hinunter ins Tal der Skaftá. Gehöfte tauchen auf. Bei Km 60 endet der Fjallabaksvegur nyrðri. Die F22 mündet in die Straße 208 ein. In *Gröf* erreicht diese die Straße 210, die entweder bei *Snæbýli* zum Fjallabaksvegur syðri oder nach Süden zur Ringstraße weiterführt.

4-WD-Tips

☆ Reykjadalir

Die Piste zu den Reykjadalir zweigt nach der Furt durch die *Rauðufossakvísl* östlich des 769 m hohen Bergs *Sátubarn* nach Süden vom

Landmannalaugar

Landmannaleið ab. Nach einer Ebene aus Sand – 1½ km breit – führt der schmale und ausgewaschene Fahrweg steil einen Berghang hinauf. Nach 5 km bietet ein Hochplateau eine schöne Aussicht auf die schneebedeckte Hekla, die Rhyolithberge der *Rauðufossarfjöll* und über das Tal der Tungnaá. Vom 1000 m hohen Bergrücken *Pokáhryggur*, auf dem zahlreiche glasartige Scherben aus schwarzer Obsidian-Lava liegen, geht es steil hinunter in die Reykjadalir. In diesen verzweigten Tälern gibt es zahlreiche heiße Quellen und Solfataren. Bei Km 10 zweigt eine 5 km lange Stichstraße ab, die durch den Lavastrom *Hrafntinnuhraun* zum *Hrafntinnusker* (Schild) führt. Zu Fuß kann man von hier zu dem Geothermalgebiet am Berg *Hrafntinnusker* und einer Eishöhle wandern. Etwas weiter östlich trifft man auf den Fernwanderweg *Laugavegur*.

In den Reykjadalir müssen erste Quellflüsse des *Markarfljót* durchfahren werden. Nach einer weiteren Furt zweigt bei Km 17 im Tal des Markarfljót eine Piste nach Norden zur Berghütte in den *Vesturdalir* ab. Geradeaus mündet unser Weg beim Berg *Laufafell* (Km 20) in eine Piste ein, die ebenfalls vom Landmannaleið kommt. Auf dieser Strecke können wir in Richtung *Krakatindur* (Schild) entweder zu unserem Ausgangspunkt zurückkehren (Tagestour) oder weiter nach Süden auf dem *Fjallabaksvegur syðri* F210 fahren.

An der Abzweigung bei Km 24 fahren wir links weiter in Richtung *Álftavatn/Hvanngil*. Zahlreiche Furten folgen, die nur in einem trockenen August knietief sind, sonst kann der Wasserstand weitaus höher sein. Die Landschaft bleibt grandios! Bei Km 41 erreichen wir den schöngelegenen *Álftavatn* („Schwanensee"). Hier gibt es eine unbewirtschaftete Hütte zum Übernachten und einen einfachen Zeltplatz. Südlich des Sees verengt sich beim *Torfahlaup* („Torfa-Lauf") die Schlucht des Markarfljót. Auf der Flucht vor seinen Verfolgern soll hier einst ein junger Mann namens *Torfi* zusammen mit einem Mädchen, das er auf seinen Schultern trug, über die Schlucht gesprungen sein.

Durch weitere knietiefe Furten erreichen wir bei Km 47 *Hvanngil*. Auch hier gibt es eine unbewirtschaftete Hütte und einen einfachen Campingplatz. 2 km nach Hvanngil erreichen wir nach der Furt durch die *Kaldaklofskvísl* (Fußgängerbrücke) bei *Hvanngils-Krókur* die Einmündung der Piste F261, die vom bewohnten *Fljótshlíð* über *Emstrur* hierherführt. Die F210 Fjallabaksleið syðri führt weiter in Richtung Osten durch den *Mælifellssandur* (s. S.554).

☆ Langisjór

Die 26 km lange Allradpiste zum Langisjór ist ausgeschildert. Der langgezogene See reicht bis an den Rand des Tungnaárjökull. Beim nahegelegenen Skaftárjökull entspringt die Skaftá. Die Piste endet am südlichen Ende des Sees auf einem Aussichtsplateau. Einige Kilometer südöstlich davon liegt unweit des markanten Vulkankegels *Sveinstindur* (1090 m) eine unbewirtschaftete Hütte im Tal der Skaftá. Eine schlecht markierte, sandige Piste zweigt 3 km vor dem Aussichtspunkt dorthin ab. Der Schlüssel ist beim Hüttenwart in Landmannalaugar erhältlich. Der

S. 520

wenig befahrene Weg zum Langisjór führt zunächst durchs Tal der *Norðariófæra,* deren Zuflüsse gefurtet werden müssen. Weiter geht es den Bergrücken *Grænifallgarður* entlang bis zum See. Die stellenweise ziemlich ausgewaschene Piste führt fast die gesamte Strecke durch schwarzen Lavasand. An den kleinen Bächen wachsen leuchtend grüne Moose, die hier besonders eindrucksvoll zur dunklen Lava kontrastieren.

☆ Eldgjá, Gjátindur

Die Piste zum Gjátindur führt gleich zu Beginn durch die beiden Flüsse Strangakvísl und Norðariófæra. Danach erklimmt die Stichstraße den steilen Hang der Feuerspalte. Der weitere Weg verläuft auf der Höhe und bietet eine herrliche Ausssicht in die Eldgjá und auf den Ófærufoss. Am Fuß des Gjátindur endet die Piste nach 5 km auf einem Hochplateau.

Wandertips

☆ Landmannalaugar

Die schönsten Wanderungen haben wir im Abschnitt „Island zu Fuß" ab S.91 bereits beschrieben: den Fernwanderweg *Laugavegur* nach *Skógar* und die Tagestouren zum *Brennisteinsalda,* auf den *Bláhnúkur* und durch die Schlucht *Brandsgil.*

Weitere erlebnisreiche Touren durch diese einmalige Landschaft führen auf den 916 m hohen **Aussichtsberg Suðurnámur** (1–2 Std.) und zum 1089 m hohen **Berg Háalda** (Hin- und Rückweg jeweils 5 Std.). Empfehlenswert ist auch ein Ausflug zum **Frostastaðavatn,** zum **Norðurnámur** (786 m) und zum **Ljótipollur** im Norden. Der See Frostastaðavatn mit seiner kleinen Felsinsel ist in 3 Std. umwandert. Vom Gipfel des Norðurnámur hat man die beste Aussicht auf das breite Flußtal und die Wasserflächen der gestauten Tungnaá. Nach der steilen Auffahrt zum Ljótipollur, dem „häßlichen Tümpel", lohnt es sich, auf dem Hochplateau den erst im 16. Jahrhundert entstandenen Explosionskrater näher zu erkunden. In dem großen ovalen Krater befindet sich ein 14 m tiefer See. Die senkrecht aufragenden Wände bestehen aus rostroter Lava. Von der Anhöhe hat man auch einen guten Blick nach Westen ins Tal der Tungnaá.

☆ Eldgjá

Vom Parkplatz hinter der Furt (Fußgängerbrücke flußaufwärts) durch die Norðariófæra kann man auf ausgetretenen Pfaden weit in die bis zu 600 m breite Spalte hineinwandern. Den Ófærufoss erreicht man nach einer halbstündigen leichten Wanderung. Bleiben Sie im Tal, das Lavagestein der steilen Wände ist locker und brüchig.

Praktische Infos

Unterkunft

- **Landmannahellir:** Übernachtung in der **Schaftreiberhütte,** Dusche, WC, Angeln, **Campingplatz** (Tel. 4 87 65 98)
- **Landmannalaugar: Hütte** (80 Plätze, Kochgelegenheit, geöffnet 01.07.–30.09.), großer, aber steiniger **Campingplatz,** nach Regen viele Pfützen, Tel. 5 68 25 33 (FÍ); im Juli/August oft überfüllt, viele Gruppen! Seit 1999 gibt es Duschen. Bad im warmen Quellfluß.

- **Camping Sólvangur:** 2 km vor Landmannalaugar an der Straßenkreuzung; zwar einfach, aber ruhiger als Landmannalaugar.
- **Hólaskjól: Hütte** (70 Plätze, Küche, geöffnet 15.06.–31.08.), Dusche, WC, Tel. 4 87 48 40; einfacher **Campingplatz;** liegt 7 km südlich der Eldgjá an der Straße F208. Oberhalb der Hütte sind der Wasserfall und die enge Schlucht der *Syðriófæra* sehenswert. Angeboten werden Reittouren.
- **Álftavatn: Kleine Hütte** am Seeufer mit Kochgelegenheit, geöffnet 01.07.–31.08., **Zeltplatz;** oft ausgebucht; da am Laugavegur gelegen, ist eine Buchung beim Ferðafélag Íslands (Tel. 5 68 25 33) zu empfehlen.
- **Hvanngil: Neue und alte Hütte,** Duschen, WC, Küche, geöffnet 01.07.–31.08., Tel. 4 87 58 38, 8 53 90 81; **Campingplatz;** angeboten werden Reittouren.

Route 7 H: Fjallabaksvegur syðri

Mit der Umbenennung der Hochlandstrecken hat auch der *Fjallabaksvegur syðri,* der „südliche Weg über die Berge", eine andere Streckenführung bekommen. Die mit F210 gekennzeichnete Piste führt heute nicht mehr von *Snæbylí/Skaftártunga* nach *Fljótshlíð* im *Fljótsdalur,* sondern zweigt bei *Hvanngils-Krókur* nach Norden ab, führt am *Álftavatn* vorbei und biegt am Berg *Laufafell* nach *Keldur* bei *Hvolsvöllur* ab, wo sie in die Straße 264 einmündet. Das Teilstück von *Hvanngils-Krókur* bis *Laufafell* haben wir bereits im Rahmen der vorherigen Route beschrieben. In dieser Route fahren wir deshalb von *Snæbylí/Skaftártunga,* das am Ende der Straße 210 liegt, bis *Hvanngils-Krókur* und weiter auf der F261 nach *Fljótshlíð.*

Hinter *Snæbylí* verläuft die Piste 18 km weit durch die *Ljótarstadaheiði* bis zur Abzweigung einer 1½ km langen Stichstraße, die zum **Axlarfoss** führt. Dieser sehenswerte Wasserfall wird von der *Holmsá* gebildet, die hier über eine breite Stufe fällt. 1 km vor der knietiefen Furt (Km 21) durch die mehrarmige Holmsá zweigt die wenig befahrene und sehr holprige Piste Alftakróksleið nach Norden ab. Sie mündet nach 15 km bei der Eldgjá in die F208 ein. Nach zwei Drittel der Strecke muß hier die Syðriófæra gefurtet werden.

Hinter der Furt durch die Holmsá liegt der See *Brytalækir,* zu dem eine Stichstraße hinführt.

Bei Km 26 erreichen wir die Abzweigung der Piste *Öldufellsleið.* Wir umfahren den 667 m hohen Berg *Háalda* im Norden und erreichen bei Km 36 die mehrarmige *Brennivínskvísl* („Branntweinfluß"), die am nahen *Mýrdalsjökull* entspringt. Die Furten in diesem Gebiet sind zwar nicht tief, aber sandig. Der schwarze Lavasand ist weich, Treibsand ist möglich. Fahren Sie deshalb zügig durch den Schwemmsand und bleiben Sie auf der markierten Piste!

Der 791 m hohe Bergkegel *Mælifell* ist besonders markant; seine steilen Flanken aus schwarzer Lava sind auffallend mit grünen Moosen bewachsen.

Die folgenden 12 km führen durch die beeindruckende Sand- und Lavawüste des *Mælifellssandur.* Der Sand ist tiefschwarz. Im Süden leuchtet

Axlarfoss im Tal der Hólmsa

das Weiß des Mýrdalsjökull. Dieses Teilstück kann zügig befahren werden. Bei Trockenheit und starkem Wind können jedoch Sandstürme das Vorwärtskommen und die Orientierung erschweren, zumal die Pistenmarkierung hier lückenhaft ist.

Bei Km 46 erreichen wir *Hvanngils-Krókur.* Wir fahren geradeaus auf der F261 weiter in Richtung *Fljótshlíð.* Auch auf dieser Strecke müssen mehrere Gletscherflüsse durchfahren werden. Die Flußarme der *Bláfjallakvísl* furten wir bei Km 48. Durch die graue Sand- und Lavawüste von *Emstrur,* in der wir beim *Hattafell* (Km 57) erneut einen Fluß furten müssen, erreichen wir beim *Grænafjall* (Km 62) die **Hütte von Mosar.** Nach der Brücke über das *Markarfljót* zweigt eine Piste ab, die am 1462 m hohen *Tindfjallajökull* vorbei auf die F210 führt (15 km). Auch auf dieser Strecke sind mehrere tiefe Furten zu bewältigen.

Wir fahren weiter in Richtung Süden. Die Landschaft wird bergiger. Nach 15 km verlassen wir das Bergland. Bei Km 77 erreichen wir die *Gilsá,* den großen Gletscherfluß, der beim Tindfjallajökull entspringt. Die Furt kann hier bis zu 100 m breit sein. Im Flußbett hat die Strömung oft mehrere oberschenkeltiefe Rinnen ausgewaschen. Nach der Furt verläuft die Piste über dem breiten Tal des *Markarfljót* weiter. Auf der gegenüberliegenden Talseite können wir gut die meist stark befahrene Piste F249 ins *Þórsmörk* erkennen. Darüber erhebt sich der 1666 m hohe Eyjafjallajökull.

Der Fjallabaksvegur syðri bzw. die F261 mündet 10 km weiter beim Hof *Fljótsdalur* in die Straße 261 ein, die über *Fljótshlíð* nach *Hvolsvöllur* an der Ringstraße führt.

Öldufellsleið

Die Piste *Öldufellsleið* führt westlich der Holmsá über *Háalda* und am 818 m hohen *Öldufell* vorbei zur Ringstraße zurück (30 km). Etwa in der Mitte der Strecke müssen mehrere oberschenkeltiefe Arme des Gletscherflusses *Jökulkvísl* gefurtet werden, die am nahen *Öldufellsjökull* entspringen. Ab hier trägt die Piste die Bezeichnung F209 *Hrífunesvegur.* Kurz vor der Ringstraße muß die *Leirá,* der große Gletscherfluß vom Mýrdalsjökull, gefurtet werden. Wegen der tiefen Furten sollte die Öldufellsleið nur mit einem großen und schweren Geländewagen befahren werden.

Praktische Infos

Unterkunft

Campingplätze in *Hrífunes* an der Straße 209 und in *Hvolsvöllur.*

Zur Übernachtung in **Hütten** siehe Route 7 G.

Schlafplätze in den **Hütten von Emstrur und Mosar** müssen beim *Ferðafélag Íslands* (Tel. 5 68 25 33) reserviert werden.

Alte Brücke über den Markarfljót

Jugendherberge
Fljótsdalur, Tel. 4 87 84 98
Bauernhof Smáratún
Im Fljótstal, Tel. 4 87 84 71, 8 53 59 60
Bauernhof Eyvindarmúli
Im Fljótstal, Tel. 4 87 89 42

Sonstiges

Tankstellen in *Goðaland* an der F261 und in *Hvolsvöllur.*

Route 7 I: Þórsmörkurvegur – Brücke über den Markarfljót (Ringstraße) – Þórsmörk

Das **Gletschertal Þórsmörk** liegt in Südisland nördlich des *Eyjafjallajökull* (1666 m) und westlich des *Mýrdalsjökull* (1450 m). Die Straße 249 zweigt 20 km südöstlich des Orts *Hvolsvöllur* – nach der Brücke über den breiten *Markarfljót* – von der Ringstraße ab. Vorbei an den Wasserfällen *Seljalandsfoss* und *Gljúfurárfoss* erreicht man nach 5 km eine Straßenkreuzung, wo die alte Brükke über das *Markarfljót* führt. Wegen Baufälligkeit ist diese Brücke derzeit nicht mehr für Kraftfahrzeuge passierbar. Ab hier beginnt die F249, der *Þórsmörkurvegur.*Eine 29 km lange Stichstraße führt zu den Hütten und Campingplätzen im *Húsadalur,* im *Langidalur* und von *Básar* im *Goðaland.* Vor allem an den Wochenenden (ganz besonders am ersten Augustwochende, dem Bankfeiertag „Verslunnarmannahelgi") geht es hier alles andere als ruhig zu. Lautstarke Disco-Rhythmen aus unzähligen Radios, Gegröle und die aufheulenden Motoren getunter Geländewagen lärmen die ganze Nacht über. Obwohl das Durchfahren der *Krossá* in der Nähe der Hütten nachts von 0.30–7 Uhr wegen zahlreicher Unfälle verboten wurde, gilt das Durchfahren besonders schwieriger Passagen bei vielen jungen Isländern immer noch als Mutprobe. Der inzwischen im Þórsmörk eingerichtete Polizeiposten kann dem nächtlichen Treiben offensichtlich nur schwer Einhalt gebieten.

Die Schotterstraße in das Þórsmörk ist an sich einfach zu befahren, wenn da nicht die vielen tiefen und schnellfließenden Gletscherflüsse wären, die gefurtet werden müssen. Besonders gefährlich und tief können die Furten durch die *Jökulsá* (Km 17), den Abfluß des Gletschersees vom *Gígjökull,* die *Steinholtsá* (Km 19,5), die *Hvanná* (Km 24) und die *Krossá* (Km 29) sein. Für Fußgänger und Radfahrer sind diese Gletscherflüsse überbrückt worden. Über die schmalen Holzbrücken können auch Enduros geschoben werden.

Auch bei Trockenheit endet die Fahrt für einen normalen PKW spätestens am **Lónið,** dem **Gletschersee** des Gígjökull. Der weitere Weg ins Þórsmörk bleibt großen und schweren Geländewagen vorbehalten. Der Gletschersee ist sehenswert, denn auf dem Wasser treiben kleine Eisberge. Der kalbende Gletscher liegt zum Greifen nahe. Dies ist ein beliebtes Fotomotiv: Mit dem Auto kann man auf einer Landzunge ein Stück weit „in den See hineinfahren". Vor dem Fahrzeug schwimmen die weiß-blauen Eisberge auf dem grauen Wasser; im Hintergrund erhebt sich das ewige Eis des Gletschers.

Die Jökulsá, der Abfluß des Gletschersees, ist direkt am See zwar schmal, ihr Flußbett kann aber vom schnell fließenden Wasser ausgewaschen und gefährlich tief eingeschnitten (Wassertiefe 60–80 cm) sein. Flußabwärts gibt es eine breitere, jedoch weniger tiefe Stelle zum Furten (Wassertiefe 50 cm). Die Piste verzweigt sich bei Km 16,6. Rechts geht es zum Lónið (1 km), geradeaus zu dieser Furt (400 m). Auf dem weiteren Weg folgt nun Furt auf Furt. Einige davon können ziemlich tief sein. Die eingangs genannten großen Gletscherflüsse sind 50–70 cm tief. Der gefährlichste jedoch ist die **Krossá.** Herrscht warmes Wetter, läßt das Schmelzwasser vom Mýrdalsjökull die Krossá ebenso schnell anschwellen wie nach starken Regenfällen. Die breite Schotterebene, die von mehreren Flußarmen der Krossá durchflossen wird, verwandelt sich dann hinter der Abzweigung ins Húsadalur (Km 19,5) und vor der Hütte im Langidalur in eine einzige Wasserfläche. Ist die Krossá normalerweise schon oberschenkeltief, so ist sie bei einem höheren Wasserstand schlichtweg unpassierbar. In den Hütten hängen mahnende Fotos von Fahrzeugen, die von den Fluten der Krossá umgeworfen wurden. Eine Fußgängerbrücke führt vor der Hütte im Langidalur 400 m flußabwärts über die Krossá.

Das Þórsmörk ist ein an Farben reiches Tal, das von Birken und Moosen bewachsen ist und von großen Gletschern umrahmt wird. Bei Km 29 endet der *Þórsmörkurvegur* bei der Hütte *Skafjörðsskáli* im Langidalur. Ohne die Krossá überqueren zu müssen, kann man talaufwärts noch ein Stück weiterfahren bis zu der **Hütte** und dem **Campingplatz von Básar** im Goðaland.

Wandertips

Im Þórsmörk findet der Wanderer Gelegenheiten für kurze und längere Wandertouren. Bei den Hüttenwarten im Langidalur und in Básar erhält man die neuesten Informationen und Wegbeschreibungen. Es lohnt sich, in dieser Gegend mehrere Tage zu verweilen. An Werktagen geht es im Þórsmörk ruhiger zu als an Wochenenden. Den schönsten isländischen Fernwanderweg Laugavegur, der von Landmannalaugar über Þórsmörk nach Skógar führt, haben wir im Kapitel „Island zu Fuß" bereits vorgestellt (s. S.94). Besonders schöne Halbtages- und Tageswanderungen führen auf die beiden Aussichtsberge *Valahnúkur* und *Réttarfell,* in die Schlucht *Stakkholtsgjá* und in die Gletschertäler des *Tungnakvíslarjökull* und *Krossárjökull.*

☆Aussichtsberg Valahnúkur

Von der Hütte im Langidalur aus kann man den 458 m hohen Aussichtsberg Valahnúkur in gut 1 Std. besteigen. Der Weg ist zwar steil, aber einfach. Die **Aussicht** vom Gipfel ist **grandios.** Weit reicht der Blick ins Tal der Krossá, zu den eisigen Welten des Eyjafjallajökull und Mýrdalsjökull sowie nach Norden über das breite Tal des Markarfljót.

☆Aussichtsberg Réttarfell

Der 500 m hohe Aussichtsberg liegt westlich oberhalb Básar. Der Weg für die etwa zweistündige Wanderung auf den Berg ist ab Básar markiert. Folgen Sie dem Schild zum Paß *Básuskörð.* Wie beim Valahnúkur reicht auch hier der Blick weit über die Gletscher und in den Talschluß der Krossá. Im Westen erstreckt sich die Schlucht *Hvannárgil,* ein vom Gletscherfluß Hvanná tief ausgewaschenes Tal.

☆Stakkholtsgjá

Bei der Stakkholtsgjá handelt es sich um eine der schönsten vulkanisch entstandenen Schluchten im Þórsmörk. Ca. 1½ km vor der Hütte im Langidalur zweigt ein schmaler Pfad nach Süden von der Schotterstraße ab, der ein Stück weit in die Schlucht hineinführt. Die Schlucht ist wasserreich, die bis zu 100 m hohen, steil aufragenden Wände sind üppig mit grün leuchtenden Moosen bewachsen. Der Pfad endet nach etwa 1 Std. Fußweg am Ende der Schlucht an einem Wasserfall.

☆Tungnakvíslarjökull und Krossárjökull

Die Gletscherzungen Tungnakvíslarjökull und Krossárjökull liegen östlich von Básar. Ein markierter Wanderweg führt in etwa 4–6 Stunden von Básar zum Tungnakvíslarjökull. Die größeren der hier zahlreich der Krossá zufließenden Gletscherflüsse sind für Wanderer überbrückt worden. Folgen Sie ab Básar zunächst der Piste, bis sie nach etwa 2 km im Tal der Krossá endet. Auf einem gut begehbaren Pfad geht es weiter talaufwärts bis zur Gabelung zweier Täler bei *Hestagötur.* Aus dem rechten Tal fließt die *Tungnakvísl* in die von links kommende Krossá. Durch dieses Tal (rechts) steigen wir hinauf zum Tungnakvíslarjökull. Die Quellen der Krossá liegen weiter nördlich bei der Gletscherzunge Krossárjökull. Auch dorthin kann man wandern, vorausgesetzt die Gletscherflüsse führen nur wenig Wasser. Wenn man die Tungnakvísl nicht überqueren möchte, empfiehlt es sich, vom Langidalur aus am nördlichen Ufer der Krossá entlang zu wandern. Auf der Strekke, die anfangs noch befahrbar ist, liegen zwei einfache **Zeltplätze, Litliendi** und **Stóriendi.** Dort wo der Fluß den Berghang umspült, führen höhergelegene Pfade weiter. Den Krossárjökull erreicht man schließlich durch die Schlucht Stóragil. Für diese Wanderung (Hin- und Rückweg) sollten Sie sich ebenfalls einen ganzen Tag Zeit nehmen.

Praktische Infos

Unterkunft & Busse

- **Langidalur:** Kiosk, **Hütte** *(Skagfjörðsskali,* Tel. 8 54 11 90) **und Campingplatz** des *Ferðafélag Íslands;* Busse fahren Mi, Fr und So 8 Uhr ab BSÍ Reykjavík nach Langidalur.
- **Básar: Hütte und Campingplatz** des *Outdoor- und Touring Clubs Útivíst;* Busse fahren Fr und So 8 Uhr ab BSÍ Reykjavík nach Básar.
- **Húsadalur: Hütte** (Tel. 4 87 81 45) **und Campingplatz** der Busgesellschaft Austurleið liegen ein wenig nördlich des Langidalur. Die Überland-Linienbusse aus Reykjavík (Abfahrt BSÍ täglich 8.30 und 17 Uhr) zweigen nach der Furt durch die *Steinholtsá* (Km 19,5) von der Strecke ins Langidalur ab, überqueren die hier besonders tükkische Krossá und fahren den Haltepunkt im Húsadalur an. Auf einem markierten Wanderweg erreicht man von dort die Hütte im Langidalur zu Fuß nach etwa 30 Minuten.

Die aktuellen Rückfahrzeiten aller Busse nach Reykjavík erfragt man am besten bei den Hüttenwarten, da die Abfahrten wetterabhängig sind und es bei Bedarf auch Sonderfahrten gibt.

- **Litliendi** und **Stóriendi** *(Slyppugil Camping):* Die beiden einfachen **Zeltplätze** liegen 2 bzw. 3 km östlich des Langidalur im Tal der Krossá.
- **Straße 249: Campingplatz** *Hamragarðar;* schön zwischen den Wasserfällen *Seljalandsfoss* und *Gljúfurárfoss* an der Straße 249 gelegen.
- **Bauernhof Stóra Mörk III**
  Tel. 4 87 89 03
- **Hvolsvöllur**
  Hotel Hvolsvöllur (einfach, akzeptiert Edda-Gutscheine), Hlíðavegur 7, Tel. 4 87 81 87, Fax 4 87 83 93; **Gistiheimilið Ásgarður** (Zimmer, Hütten, Zeltplatz, Angeln, Reiten), östlich der Kirche, Tel. 4 87 83 67, Fax 4 87 83 87

Route 7 J: Lakavegur – Laki-Krater

6km südwestlich von Kirkjubæjarklaustur zweigt die Straße 206 von der Ringstraße nach Norden ab. Von dieser Straße biegt nach 2½ km die ausgeschilderte Piste Lakavegur F206 zu den 44 km entfernten Laki-Kratern *(Lakagigar)* ab. Der Schotter- und Sandweg ist wegen einiger Furten nur mit Geländewagen befahrbar. Zunächst verläuft er durch ein saftig grünes, hügeliges Weideland. Bei Km 12 muß der *Stjörn* durchfahren werden; die Furt ist knietief. 6 km weiter folgt die *Geirlandsá.* Dieser breite und schnellfließende Fluß ist das größte Hindernis auf der Strecke. Die Furt kann 50 cm tief sein. Danach zweigt rechts eine Fahrspur ab, die ½ km weit flußabwärts zum **Fagrifoss,** dem „schönen Wasserfall", führt.

Ab Km 22 führt die Piste zuerst auf eine schmale Hochfläche, die zwischen zwei Tälern liegt. Nach einer weiteren Furt geht es steil hinunter in ein im Sommer ausgetrocknetes, breites Flußbett. 2 km weit verläuft die Fahrspur durch den angeschwemmten Schotter. Gelegentlich müssen schmale und flache Wasserarme durchfahren werden. Nach diesem Streckenabschnitt verläßt die Piste das Tal und steigt an. Eine Steinwüste beginnt. Kilometerweit holpert der Wagen über Geröll. Bei Km 28 durchfahren wir die knietiefe *Hellisá.* Nach der Furt tauchen die ersten dunklen Vulkankegel auf. 3 km weiter erreichen wir **Kringer,** eine Wegkreuzung. Eine Informationstafel zeigt uns den weiteren Weg an. Wir fahren zunächst geradeaus weiter zu den Laki-Kratern. Vorbei am *Lambavatn* umfahren wir auf dem Rückweg die lange Kraterreihe und kommen nach insgesamt 43 km auf der von Osten einmündenden Piste wieder hierher zurück. Bis zum Beginn des **Naturschutzgebietes Lakagigar** bei Km 40 müssen wir noch einige kleine Bäche queren. Im Naturschutzgebiet erklärt eine Übersichtstafel die Entstehung der Laki-Krater. Die Piste führt mitten hinein in diese Vulkanlandschaft. Kubikmetergroße Lavabrocken liegen ineinander verkeilt. Auf der roten und schwarzen Lava wachsen mattgrüne Moose. Kurvenreich verläuft die Piste im *Varmárdalur* durch den braunen Sand.

Langidalur – Ferdafélag-Hütte an den Wasserarmen der Krossá

Bei Km 48 ist schließlich der große, 812 m hohe **Vulkankrater Laki** erreicht. Hier können wir unseren Wagen abstellen und den Krater zu Fuß erkunden. Die Piste führt noch weiter; hinter dem Krater geht es auf lokkerem Lavasand einen Hang hinauf. Von oben kann man die 25 km lange Reihe aus den 115 moosbewachsenen, dunkelgrünen Kratern besonders gut überblicken. Im Westen leuchtet die graue Wasserfläche des langgezogenen *Lambavatn;* im Nordosten glänzt das Eis des *Síðujökull* im Sonnenlicht.

Wir fahren von unserem Aussichtsplatz wieder hinunter zum Laki-Krater und folgen weiter der markierten Piste zum Lambavatn. $1^1/_2$ km hinter dem Laki-Krater haben wir von einem Plateau eine schöne Aussicht auf den See und die Krater. Nach 2 km zweigt rechts eine Stichstraße zum *Lambavatn* ab. Bei Km 53 zweigt links eine Piste zur Vulkanspalte *Tjarnagigur* ab. Nach der Furt bei Km 61 wird die schmale Piste holprig. Wir überqueren einen Lavastrom. Bei Km 67 erreichen wir eine weitere Abzweigung. Rechts führt eine Piste *(Hrossatungurvegur)* nach *Hrossatungur,* geradeaus geht es nach *Blágil* und *Kirkjubæjarklaustur.* Wir fahren geradeaus weiter. Bei Km 72 sehen wir rechts die Hütten von *Blágil,* zu denen eine Stichstraße führt. Wir halten uns links (Schild Kirkjubæjarklaustur) und erreichen bei Km 74 wieder die Kreuzung bei Kringer. Von hier fahren wir zurück zur Ringstraße.

Hrossatungurvegur

Der 24 km lange *Hrossatungurvegur* führt von der Abzweigung bei Km 67 in Richtung Süden nach *Skaftárdalur,* wo er bei *Búland* auf die Straße 208 trifft. Die Allradpiste ist nur wenig befahren, schmal und wegen der zu überfahrenden Lavafelder sehr holprig. Nach der Furt bei Km 8 quert die Piste das 422 m hohe *Lambafell.* An der Hochspannungsleitung (Hütte) bei Km 14 wendet sie sich nach Osten, vorbei am 564 m hohen *Leiðolfsfell.* Nach 3 km erreichen wir die Furt durch die *Hellisá,* die hier wesentlich mehr Wasser führt als auf der F206. 1 km hinter der Furt verzweigt sich die Piste. Wir empfehlen den Weg nach Süden, wo die Piste nach 6 km bei *Skaftárdalur* endet.

Fährt man von der Furt/Abzweigung geradeaus weiter, trifft man nach 15 km wieder auf die F206. Dieses Teilstück wird selten befahren und ist entsprechend holprig. Die zu querenden Lavafelder sind nicht geebnet und ziemlich stufig. Unterwegs müssen einige Bäche durchfahren werden, die aber meist nur flach sind. Landschaftlich hat diese Strecke nichts Interessantes zu bieten. Sie führt immer an der Hochspannungsleitung entlang.

Praktische Infos

Unterkunft

Blágil
Hütte (18 Plätze), Tel. 4 87 48 40, Fax 4 87 48 42, Zeltplatz, im Sommer geöffnet. Unter dieser Telefonnummer der Gemeinde Skaftárhreppur können auch Übernachtungsplätze in den anderen, meist kleinen Berghütten des Gebiets reserviert werden.

Hotel Edda
(ganzjährig geöffnet) mit Schlafsackunterkunft, Schwimmbad und Restaurant am südlichen Ortseingang, Tel. 4 87 47 99, Fax 4 87 46 14

Hof Efri-Vík
An der Straße 204 (Reiten, Angeln), Tel. 4 87 46 94, Fax 4 87 48 94

Hof Geirland
an der Straße 203, Tel. 4 87 46 77, Fax 4 87 48 15

Hof Hunkubakkar
Mit Hütten an der Straße 206 (Reiten), Tel. 4 87 46 81, Fax 4 87 48 81

Hof Nýibær
$1^1/_2$ km südlich an der Ringstraße, Tel. 4 87 46 78

Camping

Kirkjubæjarklaustur: zwei Campingplätze, *Kirkjubær* am Ortseingang (großer, gut ausgestatteter Campingplatz, Tel. 4 87 46 12) und *Kleifar* neben dem Sportplatz (einfacher Platz, 1,5 km entfernt, Tel. 4 87 46 20, 4 87 48 40). Auf der kleinen Wiese von Kleifar steht nach Regen oft das Wasser. In Sichtweite ist der Wasserfall *Stjórnárfoss.*

Ausflüge mit dem Bus

Austurleið
Tel. 5 77 17 17, Juli und August täglich Busfahrten zu den Laki-Kratern; 01.07.–07.09. auch in die Eldgjá und nach Landmannalaugar, Abfahrt jeweils 9 Uhr in Kirkjubærjarklaustur; 10.07.–21.08. Skaftafell und Jökulsárlón, Abfahrt täglich 8 Uhr.

Gnúpur
Tel. 4 87 47 85, 01.07.–21.08. täglich Busfahrten nach Núpsstaðarskógur.

Hópferðabílar Hauks Æ. Jónssonar
Tel. 4 87 47 80, 8 93 77 71, Busfahrten nach Eldgjá und zum Mýrdalsjökull.

Route 8: Die Westfjorde

Die **Nordwesthalbinsel,** meistens nur die **Westfjorde** genannt, nimmt mit **10 000 km²** über 10% der Gesamtfläche Islands ein. Die Küstenlinie ist insgsamt rund 2000 km lang. Trotz der Größe gehört dieses Gebiet jedoch eher zu den unbekannteren Teilen Islands und liegt nur selten auf der „Standardreiseroute" des Islandtouristen. Viele werden auch durch die enormen Entfernungen abgeschreckt. Doch auch dieses nördlichste „Anhängsel" des Landes hat einiges zu bieten und erschließt ein ganz anderes Island.

Die geringe Einwohnerzahl – hier leben nur **10 000 Menschen,** also 4% der Gesamtbevölkerung – läßt viel Raum für eine großartige Natur. Hier treffen wir auf die größten Vogelfelsen, auf die ergiebigsten Fischgründe, und unzählige Robben tummeln sich an der Küste. Die Vegetation ist vorherrschend subarktisch. Zwar leben Menschen schon seit der Besiedlung Islands in den Westfjorden, doch wurden in den letzten Jahrzehnten viele Höfe und Häuser verlassen. Die Bewohner zogen es vor, in „annehmlichere" Gegenden umzuziehen, wo es vor allem mehr Arbeitsplätze gibt. Die ganze nördliche Landzunge, *Hornstrandir,* ist ohne Straßenanbindung ebenso wie das ganze Binnenland. So gilt der nördlichste Teil der Halbinsel als Tip für Aussteiger und Zivilisationsmüde, die hier wandern können, ohne permanent auf die Spuren menschlicher Zivilisation zu treffen. Ein menschenleeres Gebiet von enormer Weite erwartet Sie!

Die Westfjorde (und die Halbinsel *Snæfellsnes)* verzeichnen einen Anstieg der Touristenzahl, bieten sie doch ein Eldorado für Vogelliebhaber, für Wanderer, die nicht allzu große Ansprüche an eine luxuriöse Unterkunft stellen, und für Naturliebhaber. Wer sich für Fossilien interessiert, sollte sich „Surtarbrandsgil" bei *Brjánslækur* ansehen, eine bekannte **Fundstelle für Pflanzenfossilien.**

Die Westfjorde gehören auch zu den geologisch ältesten Teilen der gesamten Insel. Sie entstanden vor etwa 16 Millionen Jahren, ungefähr zur selben Zeit wie die Ostfjorde. Die Westfjorde bestehen vor allem aus Basalt und lassen die sonst in Island so typischen Lavafelder vermissen, denn aktiven Vulkanismus gibt es hier

Übersichtskarte

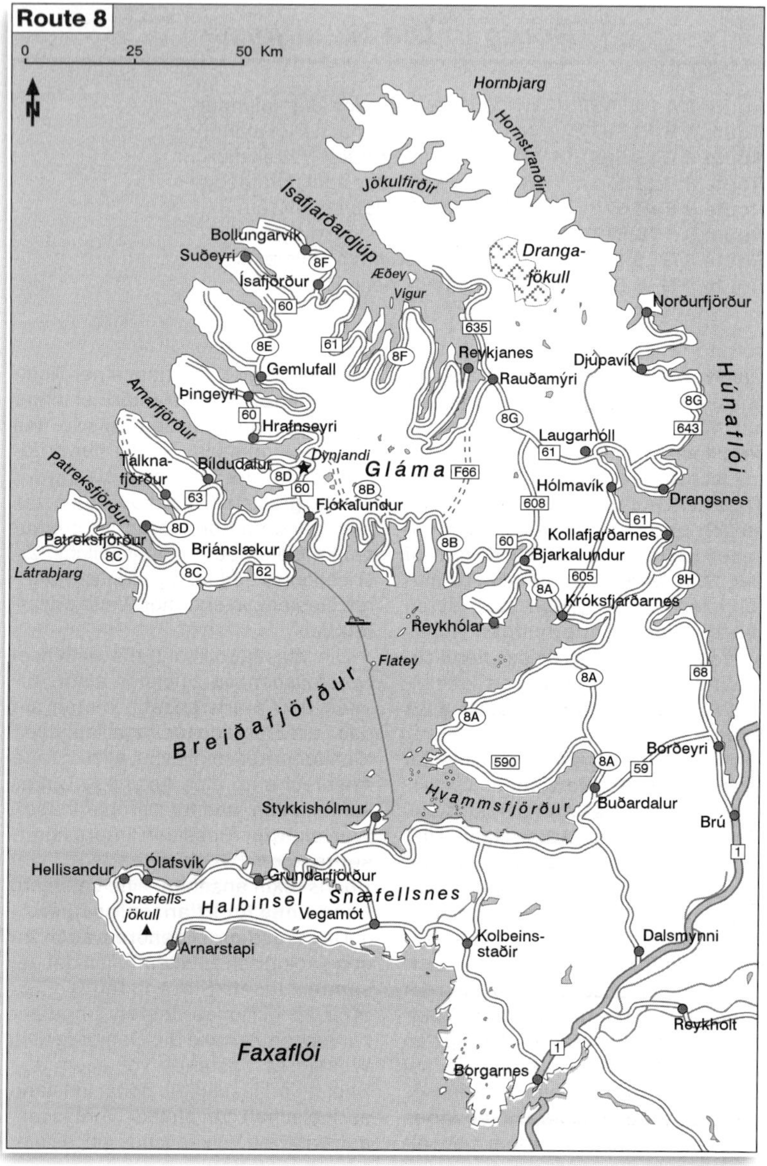

nicht. Die Landschaft wird von weiten Hochebenen geprägt, die teilweise steil zum Meer hin abfallen. Gewaltige eiszeitliche Gletscher haben ihre Spuren hinterlassen, und die tiefeingeschnittenen Fjorde bestimmen das Bild.

Von diesen Gletschern ist heute nur noch ein einziger übriggeblieben, der 160 km^2 große *Drangajökull*. Bis 1900 gab es hier noch einen zweiten Gletscher, den *Glámajökull*. Die zunehmende Klimaerwärmung sorgte jedoch dafür, daß dieser binnen 300 Jahren immer weiter abtaute und schließlich ganz verschwand.

Überlandbusse fahren nur im Sommer von Reykjavík aus zu den Westfjorden. Die übrige Zeit ist man auf das Auto oder Flugverbindungen von *Akureyri* sowie *Reykjavík* angewiesen. Von *Stykkishólmur* auf Snæfellsnes verkehrt die Fähre Baldur über die Insel *Flatey* nach Brjánslækur.

Route 8 A: Von Búðardalur nach Bjarkalundur (89 km)

Wir beginnen unsere Fahrt zu den Westfjorden in Búðardalur und fahren auf der Straße 60, dem *Vestfjarðarvegur* (= Straße zu den Westfjorden), nordwärts.

Búðardalur

Búðardalur verdankt seine Entstehung einem Handelsposten, der 1899 gegründet wurde. Der Ort vergrößerte sich aber nur langsam und hat bis heute **300 Einwohner.** Er ist der Verwaltungssitz des Bezirks *Dalasýsla*. Búðardalur hat berühmte Isländer hervorgebracht. So stammen *Leifur Eiríksson* und *Snorri Sturluson* von hier. Außerdem ist der Ort Schauplatz vieler Sagas, vor allem die *Laxdæla-Saga* soll sich hier zugetragen haben. Im Ort erinnert ein Denkmal an den Gesetzessprecher *Sturla Þórðarson,* der im 13. Jahrhundert lebte, sowie an einen Dichter aus dem 20. Jahrhundert, *Jóhannes Kötlum*. Es gibt im Ort mehrere Geschäfte, eine Tankstelle mit Shop und eine Post.

Praktische Infos

A-Z

Tourist-Information

Vesturbraut 12c, Tel. 4 34 14 10, nur im Sommer geöffnet; Ausstellung regionaler Kunst

Unterkunft

Gästehaus Bjarg
Dalbraut 2, 370 Búðardalur, Tel./ Fax 4 34 16 44, 14 Betten, 6 Schlafsackplätze, Zeltplatz, ganzjährig geöffnet; Restaurant

Dalabúð
Miðbraut 8, Schlafsackunterkunft (Tel. 4 34 11 26) und Campingplatz (Tel. 4 34 11 32); Cafeteria

---

Weiter geht es auf der Straße 60 an der Ostküste des *Hvammsfjörður* entlang. Am Ende des Fjords zweigt die Straße 590 nach Westen ab und umrundet eine kleine Halbinsel (75 km). Die Straße führt erst an deren Südküste *Fellströnd* und dann an der Nordküste *Skarðsströnd* entlang. Wer will, kann auf dieser Strecke die vielen kleinen Inseln im *Breiðafjörður* zählen.

Kurz nach der 590 zweigt die Stichstraße 589 nach Westen ins *Sælings-*

dalur ab. Am Anfang des Tals liegt **Laugar,** ein historischer Ort mit **Überresten eines alten Bads,** einem **Heimatmuseum** und einer Internatsschule. Hier gibt es auch ein Edda-Hotel *(Hótel Edda Laugum,* s.u.) mit Campingplatz sowie ein Schwimmbad *(Sælingsdalslaug).*

Weiter geht es auf der Straße 60 durchs *Svínadalur,* ein tiefes enges Tal, das die Halbinsel vom Festland trennt. Die Straße 590, die die Halbinsel umrundet hat, mündet in *Saurbær* am Talende wieder in die Straße 60 ein. Kurz darauf erreichen wir den *Gilsfjörður.* Oberhalb der Farm *Kleifar* liegt der hohe, schmale Wasserfall *Gullfoss.* Wir fahren nun am Nordufer des Gilsfjörður entlang. Westlich der Straße liegt der Ort *Króksfjarðarnes* auf einer kleinen Landzunge. 8 km weiter gelangt man nach *Bær* am *Króksfjörður.* Der nächste Fjord heißt *Berufjörður;* er ist ein bevorzugtes Brutgebiet für Eiderenten. Zwischen dem Berufjörður und dem *Þorskafjörður* erstreckt sich die Halbinsel Reykjanes. Die Straße 607 führt von *Bjarkalundur* dorthin. Der Hauptort der Halbinsel ist *Reykhólar.* Vor der Küste liegen rund 300 Inseln, Lebensraum für Seehunde und Seevögel.

Westfjorde – Blick vom Berg Sandafell auf den Blakkahorn (558 m)

Reykhólar zählt zu den ertragsreichsten Bauernhöfen Islands, da er die Nutzungsrechte an den vielen kleinen Inseln in der Bucht besitzt. Hier wird Seetang verarbeitet. Auch historisch ist dies ein wichtiger Ort, er wird in vielen Sagas genannt.

Praktische Infos

Tourist-Information

Laden Arnhóll
Hellisbraut 72, Reykhólar,
Tel. 4 34 78 90

Unterkunft

Hótel Bjarkarlundur
Tel. 4 34 77 62
Hof Staður
Auf Reykjanes, Tel. 4 34 77 30

Campingplatz

Tel. 4 34 78 80

Ausflüge

In *Reykhólar* werden **Bootstouren** zur Beobachtung von Vögeln (Tel. 4 34 77 77, 8 53 84 14) sowie **Wanderungen** in der Umgebung angeboten. Im Laden und im Hotel gibt es eine Wanderkarte mit Routenvorschlägen.

Route 8 B: Von Bjarkalundur nach Flókalundur (121 km)

Bjarkalundur liegt auf einer schmalen Landenge zwischen den beiden Fjorden Berufjörður und Þorskafjörður. Der Ort ist Ausgangspunkt für Wanderungen zu diesen Fjorden und in die Berge im Osten; zum 500 m hohen *Búrfell* führt eine steile Piste. Am Ende des Þorskafjörður zweigt die Straße 608 ab, die geradewegs durch die Hochebene *Þorskafjarðarheiði* nach Norden zum *Ísafjarðardjúp* führt.

Wir folgen jedoch weiter der kurvenreichen Straße 60 und wählen damit die wesentlich längere Variante entlang der Fjordküste. Über den 300 m hohen Paß *Hjallaháls* kommen wir an den *Djúpifjörður.* Die Straße führt nun auf dem schmalen Küstenstreifen zwischen den Bergen und dem Meer durch ein dünn besiedeltes Gebiet. In *Skálanes* – am *Gufufjörður* gelegen – gibt es ein kleines Geschäft und eine Tankstelle. Bei *Fjarðarhorn,* einer verlassenen Farm am *Kollafjörður,* zweigt die Piste F66 in Richtung Norden ab. Sie führt zum 25 km entfernten *Ísafjörður,* vom *Fjarðarhornsdalur* hinauf zur 500 m hohen *Kollafjarðaheiði* und hinunter ins *Laugabólsdalur.*

Auf der Straße 60 kommen wir immer wieder an verlassenen Bauernhöfen vorbei, sichtbares Zeichen für die Suche früherer Bewohner nach angenehmeren Lebensbedingungen in anderen Teilen Islands. Auf der Landenge zwischen dem *Vattarfjörður* und dem *Mjóifjörður* zweigt die Straße 609 nach *Skálmarnesmúli* ab. In Richtung Norden führt eine kaum befahrene Piste über die *Þingmannaheiði* und durchs *Þingmannadalur* zum *Vatnsfjörður* (25 km). Etwa auf halber Strecke zweigt von dieser Piste eine weitere ab, die durch ein seenreiches Gebiet (Angelseen) zum *Arnarfjörður* führt (40 km). Nachdem wir den *Mjóifjörður* und den *Kjálkafjörður* umfahren haben, erreichen wir ebenfalls den Vatnsfjörður. Auf der Westseite dieses Fjords liegt *Flókalundur.*

Praktische Infos

Tourist-Information
Im *Hótel Flókalundur*

Unterkunft
Hótel Flókalundur
Vatnsfjörður, 451 Patreksfjörður; Tel. 4 56 20 11, Fax 4 56 20 50, 33 Betten, im Sommer geöffnet, Schwimmbad
Djúpidalur
Reykhólahreppi, 380 Króksfjarðarnes; Tel. 4 34 78 53, 10 Betten, ganzjährig geöffnet, Schwimmbad
Kiðaberg
Tel. 4 34 78 48
Fossá, Tel. 4 56 20 00

Campingplatz
Beim Hotel Flókalundur, geöffnet 15.06.–31.08.

Route 8 C: Von Flókalundur nach Patreksfjörður (62 km)

Flókalundur hat ein Hotel *(Flókalundur,* Patreksfjörður, Tel. 4 56 20 11, 15 Zimmer, nur im Sommer geöffnet, Restaurant) und einen Campingplatz (Tel. 4 56 20 11, einfach, Bushaltestelle, Tankstelle).

In Flókalundur biegt die Straße 60 nach Norden ab. Sie führt über den knapp 450 m hohen Paß *Helluskarð* am Fuß des 700 m hohen *Hornatær* zur Straße 63, die hinter der Paßhöhe nach Westen abzweigt (8 km). Geradeaus gelangt man auf der Straße 60 nach *Dynjandisvogur* (22 km). Dort in der Nähe liegt der beeindruckendste Wasserfall der Westfjorde, der *Dynjandifoss.*

Unsere Route verläuft von Flókalundur auf der Straße 62 weiter an der Küste entlang. Nach 6 km erreicht man den kleinen **Fährhafen Brjánslækur.** Die Breiðafjörður-Fähre Baldur verbindet Brjánslækur mit Stykkishólmur auf der Halbinsel Snæfellsnes. Einen kurzen Zwischenstopp legt sie auf der Insel Flatey ein. Die Fahrzeit beträgt insgesamt 2 Std. und 50 Min., Abfahrt in Brjánslækur ist vom 01.06.–31.08. täglich um 13 und 19.30 Uhr. Möglichst vorherige Autoreservierung unter Tel. 4 38 11 20. In der Nähe des Anlegeplatzes der Fähre Baldur gibt es eine Cafeteria sowie ein Gästehaus.

Etwas nördlich von Brjánslækur gibt es alte Gebäudereste, die von *Flóki Vilgerðarson* stammen sollen, einem der ersten Besiedler, der der Insel den Namen Ísland gab (s.a. S.208). In der Schlucht **Surtarbrandsgil** wurden Pflanzenfossilien aus dem Tertiär gefunden. Diese Versteinerungen dokumentieren die einstmals dichte Vegetation in Island. Die Schlucht ist nur zu Fuß erreichbar und kann in einer Stunde bis zu einem Wasserfall durchwandert werden.

An der Bucht *Barðaströnd* liegt *Rauðsdalur.* Man sagt, daß es hier spukt, seitdem der Geächtete *Sveinn Skotti* hingerichtet wurde. Die schmale Landzunge *Rauðasandur* erstreckt sich vor der kleinen Bucht. Der gelbrote Sand besteht aus Muschelschalen. Vom Rauðsdalur führt ein Wanderweg nach *Latrabjarg,* für den man mehrere Tage einplanen sollte. Der heute aufgegebene Hof *Sjöundá* ist Schauplatz einer Kriminalgeschichte des Schriftstellers *Gunnar Gunnarsson.* In *Birkimelur* gibt es eine Schlafsackunterkunft und ein Schwimmbad, das von einer heißen Quelle gespeist wird. Von *Hagi* aus kann man durch das *Hagadalur* zu dem 543 m hohen Berg *Hagatafla* wandern. Auf der Westseite der Bucht biegt die Straße 62 nach Norden ab. Auf der Straße 611 kann man noch ein kleines Stück an der Küste entlang bis zu dem Gehöft *Hreggstaðir* und der verlassenen Farm *Siglunes* weiterfahren. Die Straße 62 verläuft durch das *Miklidalur* und über die 404 m hohe *Kleifaheiði* zum *Ósafjörður* (13 km), einem Seitenfjord des großen *Patreksfjörður*.

Praktische Infos

Unterkunft

Seltjörn
Tel. 4 56 20 02
Gästehaus Rauðsdalur
Barðaströnd, 451 Patreksfjörður; Tel./Fax 4 56 20 41, Tel. 8 52 70 41, 8 Betten, 8 Schlafsackplätze, ganzjährig geöffnet
Gästehaus Bjarkaholt
Barðaströnd, 451 Patreksfjörður; Tel. 4 56 20 25, 4 56 20 06, Fax 4 56 20 30, 22 Betten, Zeltplatz, ganzjährig geöffnet
Melanes
Rauðasandur, 451 Patreksfjörður; Tel. 4 56 15 94, 8 Betten, geöffnet 01.06.–01.09., nettes Café!

Abstecher zu den Vogelfelsen von Látrabjarg

Die Straße 612 verläuft an der Steilküste des Patreksfjörður entlang, quert die Landzunge und endet nach 43 km an den **Klippen von Látrabjarg.** Nach 9 km zweigt die Stichstraße 614 nach Südwesten ab. Sie führt über den 350 m hohen *Skersfjall* in zahlreichen Serpentinen hinunter in die Bucht *Bæjarvaðall* am *Breiðafjörður.* Im Osten gelangt man am Ufer dieser Bucht zu dem Gehöft *Melanes.* Entlang der steilen Klippen kann man von hier bis zu dem verlassenen Gehöft *Siglunes* wandern (20 km, Tagestour), wo man wieder auf die Straße 611 trifft. Der Weg ist nicht markiert und mit Vorsicht zu begehen. Im Westen führt die Straße 614 zu den Gehöften *Stakkar* und *Lambavatn.* Auch hier kann man entlang der Steilküste auf einem unmarkierten Weg weiterwandern (Halbtagestour) und erreicht nach 8 km eine Piste, die uns zur Straße 612 zurückbringt.

Die Straße 612 führt noch weitere 10 km am Patreksfjörður entlang und folgt dann einer Lagune nach Südwesten. Hier liegt **Hnjótur,** wo es ein kleines **Heimatmuseum** gibt (geöffnet vom 01.06.–15.09. täglich 9–18 Uhr, Tel. 4 56 15 90, und nach Absprache). *Egill Ólafsson* hat Gegenstände aus dem Alltagsleben der in den Westfjorden lebenden Isländer zusammengetragen. Vor dem Museum sind die Nachbildung eines Wikingerschiffes, das 1974 anläßlich der 1100-Jahr-Feier gebaut wurde, sowie ein Trawler aus den 30er Jahren zu sehen.

Am Ende der Lagune zweigt vor *Geitagil* die Straße 615 in den Nordteil der Halbinsel *Fagrihvammur* ab. 20 km weit folgt sie dem groben Küstenverlauf bis *Láginúpur.* An dieser Küste befand sich einmal eines der bedeutendsten Fischfanggebiete Islands. In *Örlygshöfn* kann man in der Schlafsackunterkunft *Fagrihvammur* übernachten.

Die Straße 612 führt von Geitagil weiter zu der kleinen Siedlung **Breiðavík.** Der Strand der Bucht ist mit hellem, feinem Muschelsand bedeckt. Im Ort gibt es ein **Gästehaus,** das sich als die „einsamste Unterkunft Islands" bezeichnet *(Rauðarsandshreppur,* geöffnet vom 01.05.–30.09., Tel. 4 54 15 75, 40 Betten, Angellizenz, Zelt-Möglichkeit).

Hvallátur

5 km westlich von Breiðavík zweigt eine Stichstraße zur Steilküste *Keflavíkurbjarg* und zur Bucht *Keflavík* ab. Wir bleiben auf der Straße 612 und kommen kurz darauf nach Hvallátur. Hier sind wir an dem **westlichsten bewohnten Gebiet von ganz Europa** angelangt. Heute besteht der kleine Ort nur noch aus einigen wenigen bewirtschafteten Farmen, dafür gibt es umso mehr Ruinen. Sie stammen noch aus der Zeit, als es hier eine große Fischersiedlung gab, die während der Hauptsaison des Fischfangs bewohnt war. Bei den Ruinen liegen Steine, die zur Kraftprobe dienen – wer sie heben kann, bekommt seine Muskelkraft in einem Zertifikat bestätigt.

Die Straße endet 6 km weiter in **Bjargtangar.** Ein **Leuchtturm** markiert den **westlichsten Punkt Islands und Europas.** Wenn man sich von hier aus südwärts auf Landsuche begeben würde, würde man erst in der Antarktis fündig werden.

Látrabjarg

In Bjargtangar beginnt Látrabjarg, eine **spektakuläre Steilküste** mit gewaltigen Ausmaßen: Die Küstenlinie ist 14 km lang, die Klippen sind bis zu 450 m hoch. Bewohnt werden die senkrecht abfallenden Felsen von großen Kolonien von Seevögeln, zählt diese sturmgepeitschte Küste doch zu ihren wichtigsten Brutplätzen. Man trifft hier auf die **weltweit größte Ansammlung von Tordalken.** Neben den Lundis (Papageitaucher) gibt es Lummen, deren Zahl auf fünf Millionen Exemplare geschätzt wurde. Früher sammelten die Bewohner der Westfjorde regelmäßig die Eier der Vögel oder fingen die Tiere. Dazu ließen sie sich an Seilen – ähnlich wie auf *Heimaey* (S.322) – die steilen Felsen hinab.

Bei schönem Wetter kommen hier nicht nur die Vogelkundler auf ihre Kosten, auch bei den übrigen Besuchern hinterläßt die Küste wohl einen bleibenden Eindruck. Aber wehe, wenn hier ein Sturm über die Felsen fegt – was häufig vorkommt –, dann ist Standfestigkeit gefragt. Oft ist die beeindruckende Küstenlandschaft auch in dichten Nebel gehüllt, der jeglichen Ausblick verwehrt. Hat man jedoch Glück und kommt bei guter Sicht hierher, kann man im Süden den *Snæfellsjökull* erkennen, der rund 100 km entfernt ist. Nur 278 km trennen uns noch von dem eisigen Land Grönland.

Ende der 40er Jahre strandete an der Küste ein britischer Trawler. Um die Schiffbrüchigen zu bergen, mußte die Rettung über die Steilküste erfolgen. Die dramatische Rettungsaktion sorgte international für Aufsehen. Als man später die Bergung für einen Film nachstellen wollte, strandete erneut ein britischer Trawler und machte den Aufbau von Kulissen und den Einsatz von Statisten überflüssig – ein nicht geplanter Dokumentarfilm entstand. *Látraröst* gilt als die gefährlichste Schiffspassage an der Küste Islands.

Unterkunft: *Kollsvík,* Hütte, Tel. 4 56 15 73, einfach; Gästehaus *Breiðavík,* Tel. 4 56 15 75, Fax 4 56 11 89, Zeltplatz, Angellizenz für den Sauðlaugsdalsvatn; Gästehaus *Fagrihvammur,* Örlygshöfn, 451 Patreksfjörður, Tel. 4 56 15 84, Fax 4 56 16 89, im Sommer geöffnet, Zeltplatz; Campingplatz *Látravík,* geöffnet 01.06.–31.08., einfach, nahe Látrabjarg

Route 8 D: Von Patreksfjörður nach Hrafnseyri (108 km)

Wir fahren vom Ósafjörður auf der Straße 62 weiter nach Patreksfjörður (12 km). Hier endet die Straße 62.

Patreksfjörður

Patreksfjörður zählt mit **800 Einwohnern** zu den größten Orten der Westfjorde. Er liegt auf den beiden kleinen Halbinseln *Vatnseyri* und *Geirseyri* im Patreksfjörður. Im 18./19. Jahrhundert entstanden hier zwei getrennte Siedlungen, die nach den Halbinseln benannt wurden. Man legte einen Hafen an, indem man einen See aushob und eine Verbindung zum Meer herstellte. Im 20. Jahrhundert wurden die zwei Orte zusammengelegt. Knapp 500 m hohe Berge auf der Ostseite der Stadt bilden einen malerischen Rahmen. Sie sorgen aber auch dafür, daß Patreksfjörður im Winter nur wenig Sonnenlicht abbekommt. Benannt wurde der Ort nach dem irischen Nationalheiligen *Patrick.* Dieser Name stammt von den ersten, irisch-keltischen Bewohnern.

Klippen von Látrabjarg

Heute verdienen die Menschen in Patreksfjörður ihren Lebensunterhalt überwiegend mit Fischfang und seiner Verarbeitung. Aber auch hier gewinnt der Fremdenverkehr einen immer höheren Stellenwert. Patreksfjörður bietet den Reisenden alles Wesentliche, ein Kino, Post und Bank, ein Schwimmbad am Hafen, einen Zeltplatz und im Winter Skifahren in den Bergen oberhalb des *Miklidalur.*

Praktische Infos

Unterkunft

Gästehaus Erla
Brunnar 14, Tel. 4 56 12 27,
6 Doppelzimmer

Gästehaus Stekkaból
Stekkar 19, Tel. 4 56 16 75; daneben Stekkar 21 Jugendherberge

Jugendherberge Afahús
Aðalstræti 65, Tel. 4 56 12 80, 8 Betten, Appartements, ganzjährig geöffnet

Campingplatz
Am Gemeindezentrum neben der Bushaltestelle, einfach

Essen & Trinken
Matborg
Eyrargata, Tel. 4 56 15 44, Restaurant, geöffnet Mo–Sa 9–23, So 11–23 Uhr
Café/Bäckerei Nýja bakaríið
Aðalstræti 62, geöffnet Mo–Fr 9–18, Sa 10–16 Uhr
Nonna-Nesti
Aðalstræti 108, Imbißstube an der Tankstelle
Pizza 67
Fast-Food-Imbiß, Aðalstræti 62
Schnellimbiß Albína
Aðalstræti 89

Flüge
Jórvík
Tel. 4 56 11 68, 5 62 51 01, 8 94 03 69, Flüge nach Reykjavík

Linienbusse
Allrahanda
Tel. 4 56 76 30, 4 56 78 30, nach Ísafjörður, Brjánslækur und Látrabjarg, 4x wöchentlich

Sonstiges
Apotheke
Aðalstræti 6, Tel. 4 56 12 22, geöffnet Mo–Fr 10–12, 13.15–18 Uhr

Wasserfall Dynjandifoss

Post/Telefon
Bjarkargata 4
Kfz-Werkstätte
Bei der Tankstelle
Handverkshús
Aðalstræti 45, Kunsthandwerk, täglich geöffnet 14–18 Uhr

Ausflüge

Geführte Wanderungen
Tel. 4 56 12 90, 4 56 12 85 und 4 56 26 47
Bootsfahren

Auf der Straße 63 überqueren wir die 15 km breite Halbinsel und fahren zum Tálknafjörður. Im Fjordende zweigt die Stichstraße 617 zu dem gleichnamigen Ort ab (4 km).

Tálknafjörður

Das Fischerdorf hat **300 Einwohner.** Übernachtungsmöglichkeiten sind vorhanden (s.u.), außerdem gibt es eine Tankstelle und ein Schwimmbad.

3 km nördlich der Stadt hat man Gelegenheit, in der heißen Quelle von *Lítli Laugardalur* ein entspannendes Bad zu nehmen. Die Quelle wurde in drei Becken gefaßt; Dusch- und Umkleidemöglichkeiten sind vorhanden.

Praktische Infos

Tourist-Information

Am Schwimmbad, Tel. 4 56 26 39, geöffnet Mo–Fr 8–21, Sa 10–18, So 10–17 Uhr

Unterkunft

Gästehaus Skrúðhamrar
Strandgata 20, Tel. 4 56 26 31
Gästehaus Hamraborg
Tel. 4 56 25 14
Schlafsackunterkunft
In der Schule, Tel. 4 56 26 39 (Tourist-Info), 4 56 26 49

Campingplatz

Tel. 4 56 26 39, komfortabel, Einkaufsmöglichkeit, Schwimmbad, Cafeteria, Wohnmobil-Stellplätze, Tankstelle, Bushaltestelle

Sonstiges

Handverkshúsið
Strandgata 36, Tel. 4 56 26 87, Kunsthandwerk

Nach dem Abstecher nach Tálknafjörður geht es weiter auf der Straße 63 über den Paß *Hálfdan* (525 m) nach Bíldudalur am *Arnarfjörður.*

Bíldudalur

Der Ort am Ufer des Arnarfjörður besteht bereits seit dem 15. Jahrhundert. Etwa **400 Menschen** wohnen in dem wichtigen Fischerei- und Handelszentrum, in dem Tiefseegarnelen verarbeitet werden. Von Bíldudalur lief zum ersten Mal in Island ein Dampfschiff aus; damit wurde das Ende der Ära der Ruder- und Segelboote eingeläutet.

In Bíldudalur gibt es ein Gästehaus, einen Zeltplatz, eine Cafeteria und ein Postamt.

Praktische Infos

Unterkunft

Gästehaus Vegamót
Tjarnarbraut 2, Tel. 4 56 22 32, 3 Doppelzimmer, Cafeteria

Campingplatz
Neben dem Sportgelände, 300 m südlich des Ortes, einfach, Tel. 4 56 22 32

Íslandsflug
Tel. 4 56 21 77, 8 52 78 90, Flüge nach Reykjavík

Sonstiges
Apotheke
Tjarnarbraut 3, Tel. 4 56 22 77
Ambulanz
Tjarnarbraut 3, Tel. 4 56 21 71
9-Loch-Golfplatz

Die Straße 619 führt am Arnarfjörður entlang nach *Selardalur,* wo man an der Steilküste beeindruckende Felsformationen entdecken kann. In einem kleinen Museum wird das Lebenswerk des Künstlers *Samuel Jónsson* gezeigt, der 1969 starb.

Die Straße 63 führt von Bíldudalur an den drei *Suðurfirðir-Buchten – Fossfjörður, Reykjafjörður* und *Trostansfjörður* – weiter. Am Ufer des Reykjafjörður befindet sich ein von Quellwasser gespeistes Thermalbad. Am Trostansfjörður verläßt die Straße die Küste und mündet am Fuß des Bergs *Hornatær* in die Straße 60 ein. In Richtung Süden kommt man nach Flókalundur zurück.

Wir fahren weiter in Richtung Norden, durchqueren die *Dynjandisheiði* und gelangen an den Fjordarm *Dynjandisvogur.* Hier zweigt eine kleine Küstenstraße (eher Piste) ab, die zur Landzunge Langanes führt.

Dynjandisheiði ist ein **Naturschutzgebiet.** Der beinahe 50 m breite und rund 100 m hohe Wasserfall *Dynjandifoss* oder *Fjallfoss* ist besonders sehenswert. In der Nähe liegen noch einige andere Wasserfälle wie der *Göngufoss,* hinter dem man hindurchlaufen kann. In *Dynjandi* gibt es einen einfachen Campingplatz.

Wir folgen der Straße 60, die sich die nächsten 24 km am Borgarfjörður entlangschlängelt, nach *Hrafnseyri.*

Route 8 E: Von Hrafnseyri nach Ísafjörður (80 km)

Hrafnseyri

Namensgeber des seit dem 12. Jahrhundert besiedelten Ortes ist *Hrafn Sveinbjarnarson.* Er war Gode und wohl auch der erste ausgebildete Arzt in Island. Außerdem wurde hier der bekannte isländische Politiker und Freiheitskämpfer *Jón Sigurðsson* (1811–1879) geboren. Ein Gedenkstein, eine Kapelle und ein Museum erinnern an ihn. Unweit des Ortes wurde ein historischer Hof aus der Zeit der Landnahme entdeckt.

Von Hrafnseyri führt eine schmale Schotterstraße am Arnarfjörður entlang bis zu dem verlassenen Gehöft *Álftarmýri.* Auf einer schlechten Piste kann man immer an der Küste entlang die Nordspitze dieser Halbinsel bei *Hamar* erreichen. Am *Dýrafjörður* trifft die Piste bei *Sveinseyri* auf die Straße 622.

Die Straße 60 überquert auf den nächsten 17 km die Halbinsel. Auf der einsamen, hochgelegenen *Hrafnseyrarheiði* steht eine Rettungshütte. Am Dýrafjörður erreichen wir *Þingeyri.*

Þingeyri

In Þingeyri befand sich einst eine Thingstätte. Heute hat das Fischerdorf, gleichzeitig ältester Handelsplatz des Westteils der Fjorde, **300**

Einwohner. Außerdem gibt es hier einen Flugplatz, eine Tankstelle, Post und Bank sowie einen einfach ausgestatteten Campingplatz. Eine Piste führt auf den 367 m hohen Berg *Sandafell,* von wo aus man die Stadt und die Umgebung gut überblicken kann.

Von Þingeyri verläuft die Straße 622 nach Westen weiter bis Sveinseyri, wo sie in eine Piste übergeht, die die Halbinsel umrundet.

Die Straße 60 führt in östlicher Richtung am Fjordufer entlang. Hinter dem Gehöft *Ketiseyri* überquert sie den Fjord. 3 km hinter der Abzweigung der Straße 624 erreicht man auf dieser **Mýrar.** Hier liegt auf einer Landspitze **eine der größten Eiderentenkolonien** Islands. Die wertvollen Entendaunen werden gesammelt und für etwa 100 DM/kg verkauft. Man kann sich diese Kolonie auch aus der Nähe betrachten – jedoch nur nach vorheriger Genehmigung des Bauern.

Westlich davon kommen wir nach **Núpur,** wo in einem früheren Schulgebäude ein Sommerhotel eingerichtet wurde *(Edda-Hotel Núpur,* Tel. 4 56 82 22, Betten und Schlafsackplätze für 75 Gäste, Cafeteria); hier gibt es auch einen Campingplatz (Tel. 4 56 82 22, einfach, Bushaltestelle).

Die Straße 624 führt weiter durch das *Gerðhamradalur* über die *Sandsheiði* in Richtung Norden und endet 22 km nach Núpur in *Sæból* am Ufer des *Önundarfjörður.*

Kurz vor Mýrar biegt die Straße 60 nordwärts ab und erreicht nach 11 km den Önundarfjörður. Hinter der Brükke über den Fjord zweigt die 7 km lange Stichstraße 64 nach *Flateyri* ab.

Die Gísla-Saga

Am Ufer des Dýrafjörður spielt einer der bekanntesten isländischen Sagas, die Gísli-Saga. Ende des 10. Jahrhunderts, zur Zeit der Christianisierung, nimmt der Held Gísli Súrsson Rache für den Mord an seinem Blutsbruder Vésteinn und tötet Þórgrímur, den Mann seiner Schwester Ásdís. Diese läßt ihren Bruder verfolgen, als sie von dem Tod ihres Mannes erfährt. Dabei wird sie von ihrem zweiten Mann unterstützt. Gísli unterliegt im Zweikampf mit ihm. Ásdís bekennt sich schließlich zu ihrem Bruder und sagt sich von ihrem Mann los.

Die Saga schildert diese Begebenheit spannend und dramatisch. Verfilmt wurde der Stoff unter dem Titel „Útlagin", „Der Geächtete". Der Film war auch im deutschen Fernsehen zu sehen.

Flateyri

Der alte Handelsplatz und Fischerort mit seiner fischverarbeitenden Industrie erreichte seine Blüte in den 60er Jahren. Heute leben in dem Ort **300 Einwohner.** Um die Jahrhundertwende wurde hier zwölf Jahre lang die *Ellefsen-Walfangstation* betrieben, bis diese abbrannte. Die Ruinen sieht man heute noch. Das vom Brand verschonte prachtvolle Wohnhaus der Walfangstation wurde abgebaut und nach Reykjavík gebracht, wo es heute in der Tjarnagata als Gästehaus der Regierung genutzt wird. Auf einer Tafel bei den Ruinen der Station kann man sich über den Walfang informieren. Im Dezember 1995 zerstörte eine große Lawine zahlreiche

Gebäude des Ortes. In Flateyri gibt es einen Flugplatz, eine Tankstelle mit Cafeteria, einen Campingplatz (Tel. 4 56 76 65, komfortabel, Einkaufsmöglichkeit, Bushaltestelle, Tankstelle), ein Schwimmbad und ein kleines Heimatmuseum.

Nach 16 km endet die **Straße 60** kurz vor Ísafjörður. Doch vorher steigt sie noch einmal auf über 600 m Höhe an und zählt damit zu den **höchsten Bergstraßen Islands.** Sie führt hier durch die *Breiðalsheiði.* Hinter dem Paß gelangt man durch das Tungudalur nach Ísafjörður. Hier zweigt auch die Straße 65 ab, die über die *Botnsheiði* (518 m) westwärts nach *Suðureyri* führt. Nach dem Paß führt die 65 steil und kurvenreich hinunter ins *Botnsdalur* und zum schmalen *Súgandafjörður,* wo die Straße nach 17 km in Suðureyri endet.

Suðureyri

Der Ort mit **270 Einwohnern** liegt im Nordwesten des Súgandafjörður inmitten hoher Berge. Es gibt hier ein privates Gästehaus *(Gísli Jónsson,* Rómarstígur, Tel. 4 56 62 62), eine Tankstelle und eine Post. 4 km außerhalb, unweit des Warmwasserbohrlochs, befindet sich ein älteres geothermal beheiztes Schwimmbad. Der Ort lebt ausschließlich vom Fischfang. Sollten die Fangquoten weiter zurückgehen, würde dies wahrscheinlich sein Ende bedeuten.

Wenn man von Suðureyri genau in Richtung Westen wandert, kommt man über einen Küstensaumpfad nach gut 5 km zum äußersten Zipfel der Insel, dem **Kap Sauðanes,** wo ein Leuchtturm steht.

Kurz vor Ísafjörður erstreckt sich das geschützte und fruchtbare **Tungudalur** mit dem gleichnamigen Ort. Dies ist ein beliebtes Freizeitgebiet für die Bewohner von Ísafjörður mit Ferienhäusern in einem Birkenwald und einem Campingplatz, unmittelbar am Wasserfall gelegen. Nicht weit entfernt sind ein Skigebiet und ein Golfplatz. Auch als Ausgangspunkt für Wanderungen eignet sich das Tal.

Die 18 km lange Straße 61 verbindet zwei wichtige Städte in den Westfjorden: *Ísafjörður* und *Bolungarvík.* Zuerst gelangt man nach **Ísafjörður,** das schon seit 200 Jahren als **„Hauptstadt der Westfjorde“** gilt.

Praktische Infos

Tourist-Information

Þingeyri, Fjarðargata 24,
Tel. 4 56 83 04; Ausstellung von Kunsthandwerk

Unterkunft

Gästehaus Vera
Þingeyri, Tel. 4 56 82 32

Gästehaus Alviðra
Südlich Flateyri an der Straße 624,
Tel. 4 56 82 29

Gästehaus Hraun
Flateyri, Tel. 4 56 77 67

Brynjukot
Ránargötu 6, Flateyri,
Tel. 4 56 77 62, 4 56 76 30,
5 Betten, ganzjährig geöffnet,
Zeltplatz

Gästehaus Korpudalur
Kirkjuból, Önundarfirði, Flateyri,
Tel. 4 56 78 08, einfach, im Sommer geöffnet, Zeltplatz; an der Straße 625 gelegen

Gistiskáli Húsverk
Flateyri, Brimnesvegur 4,
Tel. 4 56 76 21

Gewerkschaftshaus Súgandi
Suðureyri, Tel. 4 56 62 31

Linienbusse

Allrahanda
Tel. 4 56 76 30, 4 56 78 30, nach Ísafjörður, Flateyri, Suðureyri und Þingeyri.

Museen

Jón-Sigurðsson-Museum
Hrafnseyri, Tel. 4 56 82 60, geöffnet 17.06.–01.09. täglich 13–20 Uhr; rekonstruierter Geburtshof des Freiheitskämpfers, besteht aus 3 kleinen Torfhäuschen; Cafeteria
Fischereimuseum Flateyri
Hjarðardalur, Tel. 4 56 77 73, geöffnet auf Anfrage

Sonstiges

Ambulanz Þingeyri
Aðalstræti 26, Tel. 4 56 81 22
Ambulanz Flateyri, Tel. 4 56 76 38
Ambulanz und Apotheke Suðureyri
Túngata 2, Tel. 4 56 61 44
9-Loch Golfplatz
Þingeyri, Meðaldalur-Platz

Route 8 F: Von Ísafjörður nach Reykjanes (173 km)

Ísafjörður

Geschichte, Wirtschaft & Kultur

Das Landnámabók berichtet, daß der erste Siedler dieser Region *Helgi Hrólfsson* war, der hier eine Farm errichtete und den Fjord „Harpunenfjord" nannte, nach einer Harpune, die er dort gefunden hatte. Man nimmt an, daß es in der Zeit nach der Besiedlung dort zwölf weitere Farmen mit 200 bis 300 Einwohnern gab. Der erste dauerhafte Handelsplatz ent-

Blick auf Ísafjörður

Fischerdenkmal

stand bereits 1569. Kaufleute der Hanse wählten die Sandbank *Tangi* aus und gründeten hier eine Niederlassung für das nördliche Island, die 1602 von den Dänen übernommen wurde. Der Pfarrhof *Eyri,* der sich früher hier befand, kommt schon in den Aufzeichnungen von Pfarrer *Jón Magnússon* (1645–1690) vor. Ísafjörður ist eine der sechs Städte, die nach Aufhebung des Handelsmonopols 1786 das Handelsrecht verliehen bekamen und damit die wichtigsten Handelszentren des Landes darstellten. Dadurch wuchs Ísafjörður und gewann immer mehr an Bedeutung, bis es im 19. Jh. eine der bedeutendsten Städte Islands war. Bereits zu Beginn dieses Jahrhunderts gab es hier über 1000 Einwohner. Im vorigen und zu Beginn dieses Jahrhunderts war Ísafjörður der Sitz der *Ásgeirverslun-Handelsgesellschaft.* Vermutlich war dies das größte Familienunternehmen, das in Island jemals bestand.

Wegen der reichhaltigen Fischgründe und der natürlich geschützten Lage des Hafens, die durch einen aufgeschütteten Damm weiter verbessert wurde, ist der Haupterwerb der Bewohner die **Fischindustrie.** Anders als in den übrigen Fischerorten wirken sich hier jedoch die abnehmende Bedeutung der Fischerei und die immer stärkere Quotierung existentiell gefährdend aus, vor allem wegen fehlender Alternativen auf dem Arbeitsmarkt. Für die Bewohner spielen außer dem Fischfang der Handel sowie die Fertigung von Elektronikwaagen und Datenerfassungssystemen eine Rolle. **Tourismus** hat auch hier an Bedeutung gewonnen und stellt inzwischen einen wichtigen Wirtschaftsfaktor dar. Touristen sollten die guten Einkaufsmöglichkeiten in den zahlreichen Geschäften nutzen.

Ísafjörður ist das **Gesundheits- und Schulzentrum** der Region. Die Straßen aus dem Süden und dem Osten treffen hier aufeinander; die Stadt ist Knotenpunkt für den Flug- und Schiffsverkehr. Der Flugplatz von Ísafjörður liegt auf der Ostseite des *Skutulsfjörður,* einem Nebenfjord des *Ísafjarðardjúp.*

Etwa **3000 Menschen** wohnen in Ísafjörður. Nachdem es in den vergangenen Jahren einen großen Bevölkerungseinbruch gab, der sich jedoch nicht so drastisch auswirkte wie in den ländlichen Gebieten der Westfjorde, breitet sich die Stadt nun wieder mit neuen Wohngebieten am Fjord und im *Seljalandsdalur* aus.

Ísafjörður liegt **schön** auf der vorgezogenen Landzunge *Eyri,* benannt nach dem gleichnamigen Landnehmer. Der schmale Fjord ist von hohen Bergen umgeben. Doch im Winter bilden die Gipfel ein Hindernis für das Sonnenlicht. Deshalb wird auch am 25. Januar beim „sólarkaffi og pönnukökkur með rjóma", dem traditionellen „Sonnenkaffee und Pfannkuchen mit Schlagsahne", ein Wiedersehen mit den ersten Sonnenstrahlen gefeiert.

In der blühenden **Kulturszene** der Stadt nimmt Musik traditionsgemäß den größten Stellenwert ein. Ísafjörður hat bekannte isländische Musiker hervorgebracht. Es gibt viele Musikliebhaber und eine städtische Musikschule.

Sport spielt hier eine große Rolle, gibt es doch gute Möglichkeiten zum Fußballspielen, Schwimmen und Skifahren. Die Loipen im nahen *Seljalandsdalur* gehören zu den besten Islands und sind beliebt bei Anfängern und Könnern. Im See *Polurinn* kann man kostenlos Forellen angeln.

Sehenswürdigkeiten

Es gibt vier restaurierte, schwarz geteerte **Holzblockhäuser** aus der Zeit zwischen 1736 und 1785. Diese Waren- und Kaufmannshäuser gelten als die am besten erhaltenen dieser Epoche. In dem 1744 als Fischsalzerei erbauten Gebäude befindet sich heute ein **Fischereimuseum,** das zu den beeindruckendsten seiner Art zählt. Hier werden die besonders harten und entbehrungsreichen Lebens- und Arbeitsbedingungen der Fischer auf eindrucksvolle Weise dokumentiert, ihre Werkzeuge und Arbeitsgeräte, mit denen sie keine 300 km vor Grönland dem Meer, der Kälte und dem Sturm trotzten, werden vorgestellt. Das **Tjöruhúsið** aus dem Jahr 1734 ist Islands ältestes Haus.

Praktische Infos

Tourist-Information

Tourist-Information & Reisebüro
Aðalstræti 7, Tel. 4 56 51 21, geöffnet Mo–Fr 8–18, Sa/So 10–14 Uhr. Hier können Sightseeing-Touren und Bootsausflüge gebucht werden.

Hotels

Hotel Ísafjörður
Silfurtorg 2, Tel. 4 56 41 11, ganzjährig geöffnet, Restaurant, Fahrradverleih

Sommerhotel Ísafjörður, Torfnes
Framhaldsskólann, Tel. 4 56 44 85, Betten und Schlafsackunterkunft

Gästehäuser

Gästehaus Austurvegur 7
Tel. 4 56 38 68, Betten, Schlafsackplätze, ganzjährig geöffnet
Föndurloftið
Mjallargata 5,Tel. 4 56 39 70, Betten und Schlafsackunterkunft, Kochmöglichkeit
Schlafsackunterkunft Skíðheimar
Seljalandsdalur, Tel. 4 56 41 36

Camping

Campingplatz
Beim Sommerhotel Framhaldsskólann, Tel. 4 56 44 85, komfortabel, Duschen und Frühstücksraum des Hotels können mitbenutzt werden; Einkaufsmöglichkeit, Bushaltestelle, Tankstelle
Campingplatz
Im Tungudalur, komfortabel

Essen & Trinken

Hotel Ísafjörður (s.o.)
Á Eyrinni und **Gallery Pizza**
Mánagata 1, Tel. 4 56 52 67; am Wochenende Live-Musik
Pizza 67
Schnell-Imbiß, Hafnarstræti 12, Tel. 4 56 33 67

Fähre

Während der Sommermonate verkehrt die kleine Auto- und Personenfähre **Fagranes** in die Seitenfjorde des Ísafjarðardjúp und nach *Djúp, Aðalvík* und *Hornvík/Hornstranðir.* (Mo und Do 8 Uhr, Ankunft 13 Uhr, anschließend wieder Rückfahrt nach Ísafjörður; einfache Strecke 75 DM/ Pers.); Auskünfte und Buchung bei *HF. Djúpbáturinn,* Aðalstræti 1; Tel. 4 56 31 55, 8 53 08 55, im Juli und August ist Vorausbuchung nötig.

Flüge

Flugfélag Íslands und **Íslandsflug**
Linienflüge nach Reykjavík, Akureyri und zu den Orten in den Westfjorden; Tel. 4 56 30 00, 4 56 53 40
Allrahanda
Tel. 4 56 76 30, 4 56 78 30, 8 52 95 54, Linienbusse nach Flateyri–Suðureyri und Þingeyri; Brjánslækur–Patreksfjörður und Látrabjarg; Brjánslækur und Bjarkarlundur, Hólmavík.
Vladimar L. Gíslason
Buszubringer zum Flugplatz, von/ nach Bolungarvík, Tel. 4 56 71 95, 8 52 14 17

Museum & Galerie

Fischereimuseum Byggða- og Sjóminjasafn Vestfjarða
Neðstikaupstaður, Suðurtangi, geöffnet 01.06.–15.09. tägl. außer Mo 13–17 Uhr, Tel. 4 56 44 18
Slunkaríki Kunstgalerie
Aðalstræti 22, geöffnet Di–So nachmittags während der Ausstellungen, Tel. 4 56 47 31

Sonstiges

Krankenhaus, Ambulanz
Hafnarstræti, Tel. 4 50 45 00
Apotheke
Pollgata 4, Tel. 4 56 30 09
Fahrradverleih
Im Hotel Ísafjörður und im Sommerhotel
9-Loch Golfplatz
Im Tungudalur
Langlauf
Im Seljalands- und Tungudalur

Alpinskilauf in den Bergen
Schwimmbad und Sauna
Austurvegur 9, geöffnet 10.06.–18.08. Mo–Fr 7–10, 15–18, 20–21.30 Uhr, Sa 10–16, So 10–12 Uhr
Kino, Diskothek

Ausflüge

Vesturferðir
Aðalstræti 7, Tel. 4 56 51 11, Bootsfahrten in den Westfjorden
Bliki, Hafsteinn Ingólfsson
Tel. 4 56 38 79, 8 52 18 79, Bootsausflüge nach Hesteyri, Aðalvík, und zur Insel Æðey
Konráð und Söhne
Tel. 4 56 36 78, Bootsausflüge zur Walbeobachtung und auf die Insel Vigur

Geführte Wander-, Mountainbike- und Kajaktouren – Auskünfte bei der Tourist-Info.

Nach 18 km erreicht man auf der gut ausgebauten Straße 61, vorbei an dem Ort *Hnífsdalur, Bolungarvík* am Fuß des etwa 600 m hohen, steilen Bergs Traðarhyrna.

Bolungarvík

Das Landnámabók berichtet, daß eine Frau, *Þuríur Sundfyllir,* die erste Bewohnerin von Bolungarvík war. Sie lebte hier in Begleitung ihres Sohnes *Völu-Steinn,* wahrscheinlich um die Mitte des 10. Jahrhunderts, als der Hauptteil der Westfjorde besiedelt wurde. Bolungarvík gilt verschiedenen Quellen zufolge als das **älteste Fischereizentrum Islands.** Ein Bauer aus *Vatnsfjörður* berichtet außerdem, daß der Ort im 12. Jahrhundert die Bewohner der Umgebung vor einer Hungersnot bewahrte. Die älteste erhaltene Aufstellung von Schiffen eines Fischerortes stammt ebenfalls aus Bolungarvík. Sie entstand zwischen 1617 und 1624.

Die Bucht von Bolungarvík öffnet sich direkt zum Nordatlantik, ebenfalls umgeben von einem beeindrukkenden Bergpanorama. Nicht weit entfernt erstrecken sich die Täler *Tungudalur* und *Syridalur.* Das *Hlíðardalur* mündet in das Tungudalur ein.

Unterkünfte für saisonale Wanderarbeiter in der Fischereiindustrie entstanden an der Küste rund um Bolungarvík schon in den vergangenen Jahrhunderten. Der Hafen zählt mit zu den ältesten des Landes. Eine dauerhafte Besiedlung erfolgte aber erst um 1870. Um die Jahrhundertwende entstand hier ein Dorf. 1900 gab es schon rund 90 Fischerboote, als das Zeitalter der offenen Ruderboote zu Ende ging, und der erste maschinengetriebene Dampfer in Island im Frühjahr 1903 aus dem Hafen von Bolungarvík auslief. Die neu eingeführten Maschinen erlaubten den Bau größerer Schiffe, die viel tiefere Fischgründe erschließen konnten. Zuerst aber verhinderte Bolungarvíks vergleichsweise armer Naturhafen, daß der Ort in gleicher Weise an Bedeutung gewann wie andere Fischereizentren. Doch als 1947 noch größere Schiffe eingeführt wurden, hatte sich die Stadt dann doch zu einem Fischereizentrum des Landes entwikkelt, obwohl man lange Zeit bei schlechtem Wetter die kleineren Boote verwendete und die größeren im nahegelegenen Ísafjörður ankerten.

Der Ort gewann ein zweites Mal in der zweiten Hälfte dieses Jahrhunderts an Bedeutung. Die lokale Wirtschaft wurde vielfältiger, obwohl die Fischindustrie immer noch der Haupterwerb war und andere Industrien damit direkt oder indirekt in Verbindung standen.

Bolungarvík wurde 1903 offiziell zu einem Handelszentrum erklärt. Das Domizil des ersten Händlers ist noch erhalten, das **„Norwegische Haus"** stammt aus dem Jahr 1890. Die großen Fischfanggesellschaften sind auch heute noch Familienbetriebe, die schon seit den 20er Jahren bestehen. Stadtrechte erhielt Bolungarvík 1974. Heute zählt es **1100 Einwohner.**

In der Stadt gibt es eine moderne Stadthalle, ein medizinisches Versorgungszentrum sowie ein Schwimm- und Sportzentrum. In der isländischen Sportszene ist Bolungarvík bekannt für seine Schwimmer. Es werden auch Bootsausflüge in die unbewohnten *Jökulfirðir*-Buchten angeboten. Außerdem bestehen Angelmöglichkeiten im Meer, den Flüssen und Seen sowie Wintersportmöglichkeiten in den nahegelegenen Bergen für Langläufer und Alpinskifahrer. Eine Piste führt zum 638 m hohen *Bolafjall,* von dem eine schöne Aussicht zu genießen ist.

Unmittelbar vor der Stadt hat man eine alte Hafenanlage restauriert, die **Landungsstege und Fischerkaten von Ósvör.**

Mit Erdwärme beheiztes Schwimmbad in Reykjanes

Praktische Infos

Unterkunft

Gästehaus Finnabær
Vitastígur 1, Tel. 4 56 72 54; Rest.

Campingplatz

Beim Sportzentrum, Tel. 4 56 75 54; komfortabel, Laden, Cafeteria, Bushaltestelle, Tankstelle

Sonstiges

Restaurierter Hafen von Ósvör
Tel. 4 56 71 72, geöffnet 01.06.–31.08., So 13–16 Uhr und nach Vereinbarung
Krankenhaus, Ambulanz
Miðstræti 19, Tel. 4 56 71 47
Ambulanz
Höfðastígur 15, Tel. 4 56 72 87
Apotheke
Höfðastígur 15, Tel. 4 56 73 14
Drymla
Kunsthandwerk, Skólastígur 3

Ausflüge

Reimar Vilmundarson
Tel. 4 56 70 52, 8 53 69 26, 8 93 69 26, Bootsfahrten nach Jökulfirðir und Hornstrandir; Zubringerdienste für Wanderer

---

Durch das Hlíðardalur – von hier zweigt die Piste zum Bolafjall ab – und durch das *Breiðabólsdalur* gelangt man schließlich nach *Breiðaból,* ganz im Norden der Halbinsel gelegen und Endpunkt der Straße. Nicht weit entfernt lag einst **Skalavík;** die früher ansehnliche Gemeinde ist heute jedoch verlassen.

Von Ísafjörður fahren wir auf der Straße 61 weiter. Vorbei am Flugplatz umfährt man an der Küste den Berghang *Kirkjubólshlíð* und erreicht am äußersten Ausläufer des Fjords den Leuchtturm von *Arnarnes.* 26 km von Ísafjörður entfernt erreicht man *Súðavík,* wo sich ebenfalls einmal eine Walfangstation befand. Der Ort verdankt seine Entstehung dieser Station, die zu Beginn unseres Jahrhunderts von den Norwegern errichtet wurde. Er liegt bereits am Ufer des *Álftafjörður.* Von dort sieht man auf die Insel *Vigur,* die im Ísafjarðardjúp liegt. Am anderen Fjordufer liegt die Insel *Ædey.* Súðavík liegt am Fuß des *Kofri,* eines alten Vulkanschlots.

Im weiteren Verlauf der Straße 61 umfährt man den *Hestfjörður,* den *Skötufjörður* und gelangt schließlich an den *Mjóifjörður.* Nachdem man auch diesen in seiner ganzen Länge umrundet hat, kommt man an zwei kleineren Fjorden, dem *Vatnsfjörður* und dem *Reykjarfjörður,* vorbei. Zwischen diesem und dem sich anschließenden größeren Ísafjörður liegt die **Landzunge Reykjanes.** Auf der Ostseite (Straße 634) gibt es ein geothermal beheiztes Schwimmbad und einen komfortablen Campingplatz. Beide gehören zum **Ferienzentrum Reykjanes** (Tel. 4 56 48 44, Fax 4 56 48 45). Das Hotel (28 Betten, 27 Schlafsackplätze) mit Restaurant ist das ganze Jahr über geöffnet. Das zum Ferienzentrum gehörende **Gästehaus Hveravík** (6 Betten) ist ebenfalls ganzjährig geöffnet, Tel. 4 56 50 52, 4 56 48 44. Das Schulgebäude dient im Sommer als Schlafsackunterkunft.

Übernachten kann man auch im **Gästehaus Djúpmannabúð,** Mjóafirði, Tel. 4 56 48 25, 4 Betten, einfach, Zeltplatz, im Sommer geöffnet; an der Straße 61 gelegen.

Route 8 G: Von Reykjanes nach Hólmavík (92 km)

An der Küste vor Reykjanes sieht man auf den kleinen vorgelagerten Sandbänken und Felsen immer wieder **Seehunde und Robben.** Am östlichen Ufer des Ísafjörður zweigt die schlecht ausgeschilderte Piste F66 nach Süden ab und verbindet die Straße 61 mit der 60. Am Ende des Ísafjörður verläßt die Straße 61 die Küste und wendet sich nach Osten.

Abstecher zum Drangajökull

Kurz vor *Gröf* zweigt die Straße 635 nach Norden von der 61 ab und führt entlang der Küste *Langadalsströnd* zu einigen Gehöften bei *Bæir* am Ausgang des *Unaðsdalur* (44 km). Direkt vor der Küste liegt die **Insel Ædey.** Auf dieser befindet sich einer der Hauptbrutplätze von Eiderenten in Island. Wenn man sich vorher die Erlaubnis beim Bauern einholt, darf man sie auch betreten. Der Bauer fährt bei Bedarf Besucher mit seinem Boot auf die Insel.

Von der Straße 635 zweigen immer wieder kurze Stichstraßen ab, die in die umliegenden Täler und Berge führen. Hinter *Melgraseyri* mit seiner kleinen Kirche führt die Straße 638 in das 3 km entfernte *Laugaland* (warme Quellen). 2 km weiter zweigt an einer Tankstelle eine Stichstraße nach *Skjaldfönn* ab. Von hier aus kann man auf weglosem Gelände entlang der *Selá* durch das *Skjaldfannardalur,* das eine interessante subpolare Vegetation aufweist, bis an den Rand des Drangajökull wandern (Tages-Trekking-Tour, aber herrliche Landschaft!). An der Straße 635 gibt es in *Ármúli* und nach Umfahrung der Lagune *Kaldalón* in Bæir eine **Schlafsackunterkunft.** Auf dieser Strecke kommen wir dem Drangajökull am nächsten.

Der Gletscherfluß *Mórilla* entspringt dem Drangajökull und mündet in den Kaldalón. Vor der Brücke über den Fluß zweigt ein Fahrweg nach rechts ab. Nach 2 km umfährt man in diesem Tal eine Moräne. Hier kann man das Auto abstellen und zu Fuß zum Gletscher wandern.

Vom Kaldalón läßt sich eine bequeme **Halbtagestour** über Moränen und Felsen zu den Gletscherabbrüchen des 851m hohen Drangajökull unternehmen. Als Orientierung dient der Fluß Mórilla, dem wir bis zum Gletscher folgen. Vom Ausgangspunkt geht man zunächst 1/4 Stunde lang durch hügeliges Gelände. Dann verläßt man den Weg und läuft das Tal entlang in Richtung Gletscherzunge. Nach einer Stunde muß man mehrere Moränen überklettern. 150 m höher liegt ein Aussichtspunkt. Steinmännchen weisen nun den Weg zum Gletscher. Je nach Wetterlage und Schneeresten muß man selbst bestimmen, wie nahe man an den Gletscher herangeht. Später kommt man auf demselben Weg zum Ausgangspunkt zurück. Die Gesamtlänge der Tour beträgt ungefähr 8 km, für die man rund 3 1/2 Stunden benötigt.

Wieder zurück auf der Straße 61 bei Gröf fährt man durch ein ausgedehntes Seengebiet mit unzähligen kleinen Wasserläufen, die *Steingrímsfjarðarheiði.* 19 km hinter Gröf ist die Abzweigung der Straße 608 erreicht, die über die ebenfalls seenreiche

Hornstrandir

580 km^2 unbewohntes Land erstrecken sich im nördlichsten Teil der Westfjorde nördlich der Jökulfirðir. Die letzten Bauern verließen hier zu Beginn der 50er Jahre ihre Höfe. Lediglich auf dem Leuchtturm von Látravík gibt es noch einen Bewohner. Am Hornbjarg fällt die Steilküste Kálfatindar 530 m steil zum Meer hin ab. Das Gebiet südlich der Küste Hornstrandir wurde 1975 unter **Naturschutz** gestellt. Es wird im Südwesten vom Hrafnfjörður und im Südosten vom Furufjörður begrenzt. Geologisch gehört Hornstrandir zu den ältesten Teilen Islands. Auch jüngere Lavaschichten sind hier mehr als drei Millionen Jahre alt.

Kein befahrbarer Weg führt durch diese **subpolare Landschaft;** während der Sommermonate fährt eine kleine Personenfähre zu den abgelegenen Fjorden. Sie befördert meist Trekking-Touristen und Individualreisende. Eine atemberaubende Landschaft mit Fjorden und Buchten an steilen, teilweise bis über 500 m tief abfallenden Vogelfelsen lädt denjenigen zu ausgedehnten Wanderungen ein, der einmal eine Zeitlang auf die „Zivilisation" verzichten kann. Vogelfreunde entdecken hier vielleicht sogar den seltenen Gerfalken oder Seeadler. Polarfüchse kommen häufiger vor, und vor den Küsten kann man Wale beobachten.

Hinter dem Gletscher beginnt das „Abenteuer" Hornstrandir

Außer einem einfach ausgestatteten **Zeltplatz** am Anlegeplatz Hornvík gibt es keine ausgewiesenen Übernachtungsmöglichkeiten. Man kann sich aber überall im Gebiet von Hornstrandir aufhalten und auch sein Zelt aufstellen, wo es einem beliebt. Die verlassenen Häuser und Höfe aber dürfen nicht betreten werden. Sie sind immer noch in Privatbesitz. Ausschließlich für den Notfall gibt es auch hier die orangefarbenen Rettungshütten. Einkaufen kann man hier ebenfalls nichts. Wer zu einer Trekking-Tour aufbricht, sollte also gut ausgerüstet und „wildniserprobt" sein: Der gesamte Proviant für alle Tage des geplanten Aufenthalts incl. einer Notration für zwei bis drei weitere Tage, eine wetterfeste Wanderausrüstung und ein wasserdichtes, sturmsicheres Zelt sind unbedingt notwendig. Trinkwasser findet man hingegen überall.

Es kann sein, daß eine Fähre bei schlechtem Wetter ausfällt und man länger als beabsichtigt bis zur Ankunft des nächsten Schiffs bleiben muß. Man sollte sich auf Durchschnittstemperaturen von **8–9°C im Juli und August** einstellen und auch in den Sommermonaten auf **Nachtfröste und Schneefall** gefaßt sein. Innerhalb von einer Stunde kann das Wetter hier völlig umschlagen. Am wenigsten Niederschläge fallen im Mai und Juni; im September und Oktober regnet und schneit es am häufigsten. Der Jahresdurchschnittswert liegt bei 1200–1400 mm Niederschlag. Oft hält sich das Packeis vor der Küste bis weit ins Frühjahr hinein.

Die **Fähre Fagranes,** die in Ísafjörður ablegt, fährt nach Hesteyri, Sæból, Látrar, Atlastaðir, Buðir, Hornvík und Horn.

Wer nicht allein durch das einsame Gebiet wandern möchte, kann auch an einer **organisierten Trekking-Tour** teilnehmen. In der **Spezialkarte** über Hornstrandir 1:100 000 sind alle Wanderwege – davon gibt es sehr viele – eingezeichnet *(Göngukort yfir Hornstrandir,* 1996).

Reisebüro Ferðaskriftstofa Vestfjarða
Hafnarstræti 11, Ísafjörður, Tel. 4 56 34 57, Buchung von organisierten Touren

Fährverbindung
Vom 20.06. bis 22.08. fährt die Fähre Fagranes von Ísafjörður aus (s. S.580). Außerdem kann man mit dem Schnellboot Eyjalín Ausflugsfahrten unternehmen.

*

Þorskafjarðarheiði zum *Þorskafjörður* führt. Nach weiteren 19 km haben wir die große Halbinsel durchquert und erreichen durch das *Staðardalur* den *Steingrímsfjörður* auf der Ostseite der Westfjorde. Hier gabelt sich die Straße. Auf der Südseite des Fjords sind es noch 11 km bis Hólmavík. Auf der Nordseite führt die Straße 643 entlang der Ostküste der Westfjorde 103 km weit nach Norden, bis sie in Norðufjörður endet.

Abstecher nach Norðufjörður

Die Straße 643 überquert die Halbinsel *Drangsnes*. In *Laugarhóll* gibt es bei den warmen Quellen einen komfortablen Campingplatz (18 km). Auf der Straße 645 kann man die Halbinsel Drangsnes auch umfahren und kommt nach einer 29 km langen Rundtour entlang der Küste ebenfalls nach Laugarhóll (Campingplatz *Laugarhóll í Bjarnafirði* (27 km vor Djúpavík, Tel. 4 51 33 80, komfortabel, Schwimmbad, Einkaufsmöglichkeit, Cafeteria, Vermittlung von Privatzimmer). Wir fahren unterhalb des Balafjöll weiter nach *Kleifar* an der Bucht *Kaldbaksvík.* Am Reykjarfjörður liegt **Djúpavík** (45 km). Hier stehen heute außer einer Tankstelle nur noch die Überreste einer großen Fischfabrik. In einem alten Fischerhaus wurde ein Hotel eingerichtet **(Hótel Djúpavík,** Kjörvogi, 522 Árneshreppur, Tel. 4 51 40 37, Fax 4 51 40 35, 16 Betten, 8 Schlafsackplätze, ganzjährig geöffnet, Bootsverleih, Angellizenz.

Nach Umrundung der Halbinsel Reykjarnes enden alle Straßen zwischen dem Ingólfsfjörður und dem Nordurfjörður. Von dem Gehöft Eyri am Ingólfsfjörður können passionierte Geländewagenfahrer auf einer schmalen Piste entlang der Küste zur Landspitze Seljanes und in den *Ófeigsfjörður* weiterfahren. Hier in der Nähe des Drangajökull endet dann wirklich die „zivilisierte Welt". Weiter im Norden ist nur noch Wildnis. Durch diesen Teil der Westfjorde, an der Küste *Hornstrandir* entlang, führen abenteuerliche Trekking-Touren, das Ziel einsamkeitsliebender Individualisten.

Route 8 H: Von Hólmavík nach Brú (116 km)

Hólmavík

Hólmavík ist der Hauptversorgungsort der Region und Verwaltungssitz des Bezirks. Der Ort besteht seit der Jahrhundertwende, auch hier bestreiten die Bewohner ihren Haupterwerb aus dem Fischfang. Es gibt zudem eine kleine Fischfabrik. Aber viele Menschen haben die Region bereits verlassen, so daß der Ort nur noch **400 Einwohner** zählt. Von Hólmavík aus kann ein Bootsausflug in den Fjord unternommen werden. Es gibt ein Hotel, einen Campingplatz, Bank und Post, einen Laden sowie einen kleinen Flugplatz.

Praktische Infos

A-Z

Unterkunft

Hotel Matthildur
Höfðagata 1, Tel. 4 51 31 85, 10 Zimmer, ganzjährig geöffnet, Schlafsackplätze, Restaurant, Tourist-Info

Gasthaus
Borgarbraut 4, Tel. 4 51 31 36

Campingplatz

Am Ortseingang gegenüber der Tankstelle, Tel. 4 51 34 65, komfortabel, Einkaufsmöglichkeit, Cafeteria, Bushaltestelle, Vermittlung von Pferden für Reittouren

Essen & Trinken

Café Rüs
Restaurant-Bar-Pizzeria,
Hafnarbraut 39, Tel. 4 51 35 67,
Fax 4 51 35 57, 15.06.–01.09.
werktags 11.30–01 Uhr geöffnet

Sonstiges

Ambulanz
Borgabraut 8, Tel. 4 51 31 88,
4 51 31 21

Strandakúnst
Kunstgewerbe, bei der Tourist-Information im Hotel Matthildur

Von Hólmavík geht es auf der Straße 61 weiter am Steingrímsfjörður entlang. Nach 7 km führt die Straße 605 auf die Westseite der Nordhalbinsel nach *Króksfjarðarnes.* 14 km weiter erreichen wir *Kollafjarðarnes,* am *Kollafjörður* gelegen. Hier befindet sich eine alte Kirche.

Vom Kollafjörður führt die Straße 69 parallel zur Straße 605 zum *Gilsfjörður.* Nachdem man den *Bitrufjörður* hinter sich gelassen hat, kommt man an den langgestreckten *Hrútafjördur.* Der „Hammelfjord" schneidet die Nordküste Islands fast 40 km tief ein. In der Mitte des Fjords liegt an seiner Westküste *Prestbakki* mit einer kleinen Kirche. Kurz darauf erreichen wir, wo es eine Tankstelle gibt, und 14 km weiter, *Brú* an der Ringstraße.

Die Färöer-Inseln

Praktische Tips von A – Z

Anreise

Die Färöer-Inseln erreicht man von Ende Mai bis Anfang September **mit der Autofähre** *Norröna* der *Smyril Line* (J. Broncksgøta 37, FR-100 Tórshavn, Tel. 31 59 00, Fax 31 57 07) oder **mit dem Flugzeug** von Dänemark, Schottland und Island aus. Der internationale Flughafen der Färöer-Inseln liegt auf der Insel Vágar. *Icelandair* fliegt im Sommer zweimal wöchentlich von Reykjavík und einmal in der Woche von Glasgow. *Atlantic Airways* fliegt zweimal täglich ab Kopenhagen und im Sommer zusätzlich einmal in der Woche ab Billund und Glasgow sowie zweimal wöchentlich ab Århus und Reykjavík. *Maersk Air* fliegt täglich ab Kopenhagen und im Sommer viermal wöchentlich ab Billund.

Der Austernfischer – „Nationalvogel" der Färöer-Inseln

Einreise- & Zollbestimmungen

Informationsmaterial über die Färöer-Inseln erhält man bei:

- **Dänisches Fremdenverkehrsamt**
  Glockengießerwall 2, D-20095 Hamburg, Tel. 0 40/32 78 03, Fax 32 02 11 11.
- **Färöisches Fremdenverkehrsamt**
  (Ferðamannastovan) Gongin, P.O. Box 118, FR-110 Tórshavn, Tel. 31 60 55, Fax 31 08 58. Geöffnet Mo, Mi, Fr 6–17, Di, Do 8–17 und Sa 14–16 Uhr.
- **Kunningarstovan Tourist-Information für Tórshavn**
  Niels Finsens Gøta 13, P.O. Box 379, FR-110 Tórshavn, Tel. 31 57 88, Fax 31 68 31. Geöffnet Mo–Fr 8–17, Sa 10–14 Uhr.
- **Im Internet** kann man aktuelle Infos abrufen unter den Adressen:
  http://www.tourist.fo
  (Färöisches Fremdenverkehrsamt)
  http://www.sleipnir.fo
  (allgemeine Infos)
  http://www.puffin.fo/travel
  (Reiseinfos, Übernachtungsmöglichkeiten)
  http://www.hagstova.fo
  (statistische Daten)

Bürger aus europäischen Ländern benötigen für die Einreise einen gültigen Personalausweis oder Reisepaß; Skandinavier können ohne Paßformalitäten einreisen. Die Färöer verlangen eine „Ausreisegebühr", die bei Transitreisen jedoch entfällt.

Tiere dürfen nicht mit auf die Färöer gebracht werden. Ebenfalls verboten ist aus Umweltschutzgründen die Einfuhr von Getränken in Einwegflaschen oder Dosen. Die persönliche Reiseausrüstung unterliegt keiner Beschränkung (Ausnahme: Waffen, Drogen). Erlaubt sind weiterhin Lebensmittel für den Eigenbedarf bis zu 2500 FKR (färingische Kronen); Reisende älter als 18 Jahre dürfen 2 l Wein und 2 l Bier oder andere alkoholische Getränke von 1 l mit 22–60% Alkohol einführen; Reisende über 15 Jahren 200 Zigaretten oder 250 g Tabak oder 50 Zigarren, 50 g Parfüm und 250 ml Eau de Toilette. Konfekt und Süßigkeiten dürfen bis zu 3 kg eingeführt werden.

Elektrogroßgeräte, Computer, Radio-, Video- und Fernsehgeräte sowie Plattenspieler, CD-Player, Tonbandgeräte und Parabolantennen können nicht zoll- und abgabenfrei eingeführt werden. Ausgenommen sind die „persönlichen" Geräte des Reisenden (z.B. tragbares Radio, Videokamera, Laptop) und solche, die fest im Fahrzeug des Reisenden eingebaut sind.

Wie bei der Einreise nach Island müssen Angelgeräte desinfiziert sein. Fehlt eine amtliche Bescheinigung darüber, müssen die Angelgeräte beim Zoll zurückgelassen werden, bis sie von den färöischen Behörden desinfiziert worden sind.

Auf den Färöer-Inseln gibt es am internationalen Flughafen auf Vágar und dem Fährhafen in Tórshavn keine zollfreien Einkaufsmöglichkeiten, Duty-free-Shops fehlen.

Feste & Feiertage

Außer den üblichen christlichen Feiertagen gibt es folgende Feste und Feiertage:

- 4./5. Juni: *Norðoyarstevna,* Nordinselfest in Klaksvík
- 18. Juni: *Skálafjarðarstevna,* Feiertag in Runavík
- 25./26. Juni: *Jóansøka,* Südinselfest auf Suðuroy
- 9. Juli: *Vestanstevna,* Westinselfest in Sandavágur
- 28./29. Juli: *St. Olavsøka,* Tórshavn
- 29. Juli: *St. Olavstag,* Nationalfeiertag

Geld & Einkaufen

Offizielle Währung ist die **färingische Krone (FKR).** Es gibt dänische und färingische Banknoten, aber nur dänische Münzen. Der Kurs beider Währungen ist gleich. Devisen (dänische Kronen, DKR) erhält man auf den Inseln nicht günstiger als bei den heimischen Banken. Vermeiden Sie es, färingische Kronen auszuführen, denn diese sind zu Hause nur mit Verlust umzutauschen. Wechseln Sie übriges Geld besser auf den Färöer in dänische Kronen. Im August 1999 galt folgender **Wechselkurs:** 100 dänische Kronen = 25,09 DM (Ankauf) und 27,52 DM (Verkauf). Reiseschecks und Euro-Schecks können in allen Banken eingelöst werden. Die gängigen Kreditkarten werden von vielen Geschäften und Hotels akzeptiert.

Typisch färingische **Souvenirs** sind dicke, handgestrickte Wollpullover und andere Strickwaren, außerdem Lederwaren und Keramik. Ein begehrtes Sammelobjekt sind färingische Briefmarken des *Postverk Føroya,* die es erst seit 1976 gibt, nachdem die bis dahin üblichen dänischen Marken ersetzt wurden.

Neuerdings werden auch färöische **Telefonkarten** im Abonnement angeboten. Sammler können diese bestellen bei *Postverk Føroya Frímerkjadeilidin,* FR-159 Tórshavn, Tel. 31 45 77, Fax 31 05 76.

Die **Mehrwertsteuer** (VAT) beträgt 25%. Bücher sind davon befreit. Bei einem Kaufwert der Ware ab 300 FKR (je Geschäft bzw. Rechnung) können sich Touristen die Mehrwertsteuer **zurückerstatten** lassen.

Klima & Reisezeit

Auf den Färöer-Inseln herrscht ein gemäßigtes Meeresklima mit eher milden Wintern und kühlen Sommern. Die Durchschnittstemperatur beträgt im Winter 3,2√C und im Sommer 10,8√C. Obwohl es im Sommer auch 20√C warm werden kann, ist ein Bad im meist nur 10√C „warmen" Atlantik nicht zu empfehlen. Bedingt durch die Insellage können Stürme, Regenschauer und Nebel das ganze Jahr über häufig auftreten. Durchschnittlich regnet es an 280 Tagen im Jahr. Dabei fallen 1200–1700 mm Niederschlag. Das Wetter ist wechselhaft und kann je nach Windrichtung regional sehr unterschiedlich sein. **Beste Reisezeit** sind die **Sommermonate Juni–August** mit ihren hellen Nächten.

Notfall

Polizei-Notruf & Notarzt

Tel. 000

Polizeiwache Politistøð

In Tórshavn, Jonas Brocks Gøta, Tel. 31 14 48, 24 Std. geöffnet. In anderen Orten findet man die örtliche Polizei im Telefonbuch unter *løgrela.*

Der ärztliche Notdienst wird von den drei Krankenhäusern *(Sjukrahús)* der Färöer-Inseln geleistet: *Sjukrahús Tórshavn,* Tel. 31 35 40, im Westen der Stadt, dorthin führt die *J.C. Svabos Gøta; Sjukrahús Klaksvík,* Tel. 45 54 63, im Víkavegur südlich des Hafens; *Sjukrahús Tvøroyri,* Tel. 37 11 33.

Zahnärztlicher Notdienst in Tórshavn, Tel. 31 45 44; sonn- und feiertags nur von 13–14 Uhr erreichbar.

Apotheken

Tórshavn

Im SMS-Einkaufszentrum, R.C. Effersøes Gøta, Tel. 31 11 00, geöffnet Mo–Fr 9–17, Sa 9–12, So 14.30–15 Uhr.

Klaksvík

Klaksvíksvegur, Tel. 45 50 55, geöffnet Mo–Fr 9–12 und 14–18, Sa 9–12 Uhr.

Tvøroyri

Im Zentrum, Tel. 37 10 76, geöffnet Mo–Fr 9–17, Sa 9–12 Uhr.

Außerdem gibt es eine Apotheke in **Runavík.** Medikamente und Verbandsmaterial sind auch in vielen Geschäften erhältlich, in denen Lebensmittel und Gemischtwaren verkauft werden.

Rund ums Auto

Bei Autopannen hilft *Snarhjálp,* Tel. 31 19 05.

Öffnungszeiten

Geschäfte öffnen werktags zwischen 8 und 9 und schließen um 17.30 Uhr. Freitags sind sie bis 19 Uhr offen. Samstags schließen sie meistens schon um 12 Uhr, in den größeren Orten teilweise auch um 14 Uhr.

Im Hafen von Tórshavn

Tankstellen und Kioske sind täglich meist bis 21 Uhr geöffnet, teilweise auch bis 23 Uhr.

Banken sind Mo–Fr von 9–16 geöffnet, Do bis 18 Uhr.

Postämter haben Mo–Fr von 9–17 Uhr geöffnet. In kleineren Orten sind kürzere Öffnungszeiten möglich.

Sprache & Literatur

Die Färinger haben ihre **eigene Sprache.** Die färöische oder färingische Sprache gehört zu den germanischen Sprachen. Sie ist wie Isländisch aus dem Altnordischen hervorgegangen und hat sich bis heute nicht allzu sehr verändert. Es gibt jedoch verschiedene **Dialekte.** Nach der Reformation wurde Dänisch um 1540 alleinige Amtssprache und das Färingische verschwand als Schriftsprache. Färingische Texte konnten nur noch mündlich weitergegeben werden. 1846 schuf *U. Hammershaimb* die heutige färingische Schriftsprache. Seit 1937 wird Färingisch wieder an den Schulen unterrichtet; seit 1948 ist es neben dänisch wieder Amtssprache. Heute sprechen viele Färinger auch norwegisch und englisch. Deutsch wird kaum verstanden.

Die ältesten Nachweise färöischer Literatur sind mündlich überlieferte Lieder, die zum traditionellen Ringtanz gesungen wurden. Auch heute noch werden Teile des 600 Strophen umfassenden *Sjúrðarkvæði* (Siegfriedlied), einer altertümlichen Fassung der germanischen Nibelungensage, gesungen. Die alten Texte wurden 1871–1905 von *S. Grundtvig* und *J. Bloch* in über 8000 Seiten gesammelt und als *Corpus Carminum*

Færensium veröffentlicht. Der erste färöische Roman *„Bábelstornið"* von *Rasmus Rasmussen* (1871–1962) erschien 1909. Die bedeutendsten Schriftsteller und Dichter der Färöer-Inseln sind *Friðrikur Petersen* (1853–1917), *Rasmus Effersøe* (1857–1916), *Jóannes Patursson* (1866–1946), *Mads Andreas Winther* (1871–1923), *Sverre Patursson* (1871–1969), *Jens Hendik Oliver Djurhuus* (1881–1948), *Hans Andians Djurhuus* (1883–1951), *Hans M. Ejdesgaard* (1887–1966), *Rikard Long* (1889–1977), *Poul Joensen* (1898–1970), *Jørgen-Frantz Jakobsen* (1900–1938), *Christian Matras* (1900–1988), *William Heinesen* (1900–1991), *Heðin Brú* (1901–1987), *Martin Joensen* (1902–1966), *Karsten Hoydal* (1912–1990), *Regin Dahl* (geb. 1918), *Jens Pauli Heinesen* (geb. 1932), *Steinbjørn Jakobsen* (geb. 1937) und *Roi Patursson* (geb. 1947). Ihre Arbeiten behandeln oft die Geschichte und Landschaften der Färöer sowie soziale Themen. Moderne Autoren sind die Lyriker *Guðrið Helmsdal Nielsen* (geb. 1941), *Jóanes Nielsen* (geb. 1953) und *Tóroddur Poulsen* (geb. 1958). Prosa schreiben *Oddvør Johansen* (geb. 1941) und *Jógvan Isaksen.*

Strom

Wie in Deutschland **Wechselstrom** mit **220V/50 Hz.**

Telefon

Die **Vorwahlnummer** der Färöer-Inseln ist **00298.** Die gewünschte Rufnummer ist unmittelbar danach zu wählen. **Neue Telefonnummern:** 1998 wurden die bisherigen fünfstelligen Telefonnummern auf sechsstellige umgestellt, wobei den ursprünglichen Nummern je nach Region eine 3 bzw. 4 vorangestellt wurde.

Auf den Färöer-Inseln können **Mobiltelefone** benutzt werden, die der GSM-Norm (Global System for Mobile Communication), etwa dem deutschen D1-, D2- und E-Netz bzw. den Typen NMT 450 und NMT 900, entsprechen.

Für **öffentliche Telefonzellen benötigt man Telefonkarten** (Telekort), die es zu 20, 30, 50 und 100 Kronen gibt. Kaufen kann man diese in den Postämtern, in Tórshavn im Passagierterminal Farstøðin am Hafen, am Flughafen Vágar, in den Fremdenverkehrsbüros sowie in Kiosken bzw. Geschäften, die in der Nähe der öffentlichen Telefonzellen liegen.

Uhrzeit

Auf den Färöern gilt wie in Großbritannien und Island die westeuropäische (WEZ) oder Greenwicher Zeit (GMT): von November bis April 1 Stunde früher und von März bis Oktober 2 Stunden früher als nach mitteleuropäischer Zeit.

Unterkunft

Die Färöer-Inseln wollen kein Land des Massentourismus werden. Die touristischen Einrichtungen und Angebote wie Hotels, Privatzimmer, Bootsausflüge, geführte Wanderungen und Besichtigungen werden jedoch von Jahr zu Jahr weiter ausgebaut. Derzeit verfügen die Färöer über etwa **1800 Betten für Touristen.** In allen wichtigen Orten gibt es zumindest ein einfaches Hotel (siehe auf der nächsten Seite) oder Privatzimmer. Im Sommer sind auf *Streymoy* und *Eysturoy* freie Zimmer rar, solange die Fähre *Norröna* nach Norwegen fährt und die vielen Islandreisenden Zwischenstopp auf den Färöer machen. Hotel- und Privatzimmer sind, gemessen am gebotenen Komfort, teuer. Wer länger bleibt, kann bei den Zimmerpreisen meist einen deutlichen Rabatt aushandeln oder eines der privaten Ferienhäuser mieten. Die Privatzimmer und Ferienhäuser werden von der **Tourist-Information** vermittelt. Dort kann man auch Reservierungen vornehmen. Wir empfehlen, dies grundsätzlich gleich nach der Einreise in Tórshavn zu veranlassen. Dort gibt es zwei Tourist-Informationen, eine in *Gongin* am Hafen, die andere bei der *Niels Finsens Gøta* (s.a. Karte auf S.613).

Campingurlauber finden auf den Färöer viele Möglichkeiten, ihr Wohnmobil abzustellen oder zu zelten. In der *utmark,* dem nicht kultivierten Land, kann man praktisch überall außerhalb der Ortschaften übernachten. Es ist selbstverständlich, daß man dort keinerlei Abfälle oder Spuren seiner Anwesenheit hinterläßt. Beim Zelten sollte man sich auf das naßkalte und stürmische Wetter einstellen und über geeignete Ausrüstung verfügen. Islandfahrer dürften damit aber keine Probleme haben.

Offizielle **Campingplätze** (30–40 DM für Zelt + 2 Pers. + PKW) mit sanitären Einrichtungen gibt es in **Tórshavn** an der Küstenstraße (meist überbelegt von den Islandfahrern), in **Vestmanna** beim Schulzentrum (Campingplatz mit Schlafsackunterkunft), in **Eiði** beim Hotel und in **Gjógv** (unser Tip! Camping und Schlafsackunterkunft in der neuerbauten Jugendherberge *Gjáagarður;* in dem großen grasgedeckten Gebäude ist ein *roykstovan* (vgl. S.620) eingerichtet worden. Wer möchte, kann in einem der Alkoven, einer schrankähnlichen Bettnische, schlafen).

Wer am *Leynavatn* übernachten möchte, muß zuvor die Erlaubnis zum Campen bei der Tankstelle im *Kjollafjørðurdalur* einholen.

Auf Streymoy & Eysturoy

Hotel Føroyar
(4 Sterne, 216 Betten), við Oyggjarvegin, P.O. Box 3303, FR-100 Tórshavn, Tel. 31 75 00, Fax 31 60 19. Dieses zur Best Western-Gruppe gehörende Hotel liegt etwa 2 km oberhalb der Stadt. Man erkennt den langgezogenen Bau leicht an seinem grasgedeckten Dach. Jedes der 108 Zimmer hat Meerblick. Preise: Einzelzimmer mit Du/WC 750 FKR, Doppelzimmer mit Du/WC 900 FKR. Ganzjährig geöffnet.

Hotel Hafnia
(4 Sterne, 76 Betten), Árvegur 4-10, FR-100 Tórshavn, Tel. 31 12 70, Fax 31 52 50. Preise: Einzelzimmer mit Du/WC 725 FKR, Doppelzimmer mit Du/WC 885 FKR. Geschlossen über Weihnachten und Silvester.

Sjómansheimið („Seemannsheim")
(3 Sterne, 52 Betten), Tórsgøta, FR-100 Tórshavn, Tel. 31 35 15, Fax 31 32 86. Preise: Einzelzimmer mit Du/WC 550 FKR, Doppelzimmer mit Du/WC 650–995 FKR. Geschlossen über Weihnachten und Silvester.

Gistingarhúsið Skansin
(2-Sterne Gästehaus mit 22 Betten), Jekaragøta 8, FR-100 Tórshavn, Tel. 31 22 42, Fax 31 06 57. Preise: Einzelzimmer ohne Du/WC 360 FKR, Doppelzimmer ohne Du/WC 490 FKR. Ganzjährig geöffnet.

Gistingarhúsið Undir Fjalli
(2-Sterne Gästehaus mit 70 Betten), Vesturgøta 15, FR-100 Tórshavn, Tel. 31 70 59, 38 70 59, Fax 31 71 08. Preise: Einzelzimmer ohne Du/WC 360 FKR, Doppelzimmer ohne Du/WC 450 FKR. Geöffnet Mitte Juni–Mitte August.

Gistingarhúsið Bládípi
(1-Sterne Gästehaus mit 24 Betten), Dr. Jacobsensgøta 14-16, FR-100 Tórshavn, Tel. 31 19 51, Fax 31 94 51. Preise: Einzelzimmer ohne Du/WC 220 FKR, Doppelzimmer ohne Du/WC 340 FKR. Ganzjährig geöffnet.

Jugendherberge Tórshavn
(100 Betten), Gundadalur, FR-100 Tórshavn, Tel. 31 89 00 oder 31 59 00, Fax 31 57 07. Geöffnet 02.06.–03.09.

Tórshavn Camping
(Campingplatz für 30–40 Zelte, 15–20 Wohnmobilplätze), Yvírí við Strond, FR-100 Tórshavn, Tel. 32 07 39 oder 31 57 88, Fax 31 68 31. Preise: Erwachsene 40 FKR, Kind 20 FKR. Geöffnet Ende Mai–Anfang September.

Jugendherberge Leguhúsið í Nesvík
(Nur für Gruppen in 8-Bett-Zimmern, 96 Betten), FR-437 Nesvík, Tel. 42 25 33, Fax 42 25 44. Geöffnet 01.01.–15.06. und 15.08.–31.12.

La Carreta
(Jugendherberge 20 Betten, 1-Sterne Gästehaus 5 Betten), FR-350 Vestmanna, Tel. 42 46 10,

Jugendherberge in Gjógv

Fax 42 47 08. Preise: Einzelzimmer ohne Du/WC 250 FKR, Doppelzimmer ohne Du/WC 350 FKR. Geöffnet Gästehaus ganzjährig, Jugendherberge 01.06.–31.08.

Hotel Eiði
(3 Sterne, 28 Betten), FR-470 Eiði, Tel. 42 34 56, Fax 42 32 00. Preise: Einzelzimmer mit Du/WC 450 FKR, Doppelzimmer mit Du/WC 550 FKR. Geöffnet 01.05.–01.09. Beim Hotel gibt es einige Aufstellplätze für Zelte und Abstellplätze für Wohnmobile.

Runavíkar Sjómansheim
(2-Sterne Gästehaus, 25 Betten), FR-620 Runavík, Tel. 44 74 20 oder 44 74 72, Fax 44 88 30. Preise: Einzelzimmer ohne Du/WC 265 FKR, mit Du/WC 365 FKR, Doppelzimmer ohne Du/WC 370 FKR, mit Du/WC 460 FKR. Ganzjährig geöffnet.

Gjáargarður
(Jugendherberge und Gästehaus mit 100 Betten), FR-476 Gjógv, Tel. 42 31 71 oder 42 31 75, Fax 42 35 05. Preise: Einzelzimmer mit Du/WC 250 FKR, Doppelzimmer mit Du/WC 350 FKR, 3- und 4-Bett Zimmer mit Du/WC 400 bzw. 450 FKR. Geöffnet 01.05.–01.10. Hier kann man schön zelten (Zelt und 1 Person 50 FKR)! Keine Abstellplätze für Wohnmobile. Verkauf von färöischen Wollwaren. Großer bewirtschafteter Aufenthaltsraum mit Alkoven in den Seitenwänden, die als Schlafräume dienen (ein moderner roykstovan! Pro Person 100 FKR).

Jugendherberge Selatrað
(53 Betten), FR-497 Selatrað, Tel. 31 10 75 oder 44 89 50, Fax 31 07 75. Preise: Einzelzimmer mit Du/WC 250 FKR, Doppelzimmer mit Du/WC 350 FKR. Geöffnet 01.06.–01.09.

Fjalsgarður
(Jugendherberge mit 44 Betten in Zimmern für 2, 4 und 6 Personen, 30 Schlafsackplätze), FR-690 Oyndarfjørður, Tel. 44 45 22, Fax 44 45 70. Preise: Pro Person in Zimmern ohne Du/WC 200 FKR. Geöffnet 01.05.–01.09. Kleiner Campingplatz angeschlossen.

Lonin
(1-Sterne Gästehaus, 3 Betten), FR-478 Elduvík, Tel. 44 49 44. Preise: Doppelzimmer mit Du/WC 350 FKR. Geöffnet 01.04.–01.09.

Kambur
(Schlafsackunterkunft mit 44 Plätzen für Gruppen ab 15 Personen; in einem weiteren Haus gibt es 30 Plätze für Einzelreisende), FR-530 Fuglafjørður, Tel. 31 10 75 oder 44 48 60, Fax 31 07 75. Preise: 60 FKR pro Person. Geöffnet 01.06.–01.09.

Privatzimmer

Vermittlung durch:

Smyril Line
J. Broncksgøta 37, FR-100 Tórshavn, Tel. 31 59 00, Fax 31 57 07.

Tora Tourist Traffic
Niels Finsensgøta 21, FR-100 Tórshavn, Tel. 31 55 05, Fax 31 56 67.

Auf Nólsoy

Kaffistovan
(Gästehaus mit 4 Betten), FR-270 Nólsoy, Tel. 32 71 75 oder 32 70 25, Fax 32 71 76. Preise: Einzelzimmer ohne Du/WC 200 FKR, Doppelzimmer ohne Du/WC 300 FKR. Ganzjährig geöffnet.

Auf Vágar

Hotel Vágar
(3 Sterne, 50 Betten), FR-380 Sørvágur, Tel. 33 29 55, Fax 33 23 10. Preise: Einzelzimmer mit Du/WC 510 FKR, Doppelzimmer mit Du/WC 680 FKR. Ganzjährig geöffnet.

Gistingarhúsið í Bø
(1-Sterne Gästehaus mit 7 Betten), FR-386 Bøur, Tel. 33 30 52 oder 33 34 88, Fax 33 33 88. Preise: Einzelzimmer ohne Du/WC 275 FKR, Doppelzimmer ohne Du/WC 350 FKR. Geöffnet 15.05.–01.09.

Jugendherberge Á Giljanesi
(30 Betten, Zimmer für 2, 3 oder 4 Personen), FR-360 Sandavágur, Tel. 33 34 65 oder 33 29 00, Fax 33 29 01. Ganzjährig geöffnet. An der Küste gelegen.

Auf Mykines

Kristianshús
(Gästehaus mit 10 Betten), FR-388 Mykines, Tel./Fax 31 09 85. Preise: Einzelzimmer ohne Du/WC 195 FKR, Doppelzimmer ohne Du/WC 390 FKR. Geöffnet 01.05.–01.09.
Reðin Leonson

„The Yellow House"
(Schlafsackunterkunft, 25 Plätze), FR-388 Mykines, Tel. 33 26 14 oder 31 21 81, Fax 33 36 14. Geöffnet 01.05.–01.09.

Auf Kunoy, Borðoy & Viðoy

Klaksvíkar Sjómansheim
(1-Sterne Hotel, 70 Betten), Víkavegur 38, FR-700 Klaksvík, Tel. 45 53 33, Fax 45 72 33. Preise: Einzelzimmer ohne Du/WC 270 FKR, mit 460 FKR, Doppelzimmer ohne Du/WC 420 FKR, mit 640 FKR. Ganzjährig geöffnet.

Ferðamannaheimið Ibuð
(2-Sterne Gästehaus, 7 Betten, Jugendherberge, 29 Plätze), Gadðavegur 31, FR-700 Klaksvík, Tel./Fax 45 75 55, Tel. 45 54 03. Preise: Einzelzimmer ohne Du/WC 195 FKR, Doppelzimmer ohne Du/WC 300 FKR. Offen 01.06.–15.09.

Hotel Norð
(2-Sterne Hotel, 30 Betten), FR-750 Viðareiði, Tel. 45 12 44, Fax 45 12 45. Preise: Einzelzimmer mit Du/WC 425 FKR, Doppelzimmer mit Du/WC 485–650 FKR. Ganzjährig geöffnet.

Auf Sandoy

Café 31
(Gästehaus mit 4 Betten), FR-230 Húsavík, Tel. 36 11 16, Fax 36 14 03. Preise: Einzelzimmer ohne Du/WC 180 FKR, Doppelzimmer ohne Du/WC 270 FKR. Ganzjährig geöffnet.

Auf Suðuroy

Hotel Øravík
(3-Sterne Hotel, 22 Betten), FR-827 Øravík, Tel. 37 13 02, Fax 37 20 57. Preise: Einzelzimmer mit Du/WC 500 FKR, Doppelzimmer mit Du/WC 750 FKR. Ganzjährig geöffnet.

Gistinagarhúsið við Á
(2-Sterne Gästehaus, 19 Betten), FR-827 Øravík, Tel. 37 13 02, Fax 37 20 57. Preise: Einzelzimmer ohne Du/WC 300 FKR, Doppelzimmer ohne Du/WC 450 FKR. Ganzjährig geöffnet. Reservierung im Hotel Øravík.

Vallaraheimið Áargarður
(Jugendherberge, 38 Plätze), FR-827 Øravík, Tel. 37 13 02, Fax 37 20 57. Ganzjährig geöffnet. Reservierung im Hotel Øravík.

Hotel Tvøroyri
(2-Sterne Hotel, 21 Betten), FR-800 Tvøroyri, Tel. 37 11 71, Fax 37 21 71. Preise: Einzelzimmer ohne Du/WC 300 FKR, mit Du/WC 450 FKR, Doppelzimmer ohne Du/WC 450 FKR, mit Du/WC 650 FKR. Ganzjährig geöffnet.

Hotel Bakkin
(2-Sterne Hotel, 18 Betten), FR-900 Vágur, Tel. 37 39 61, Fax 37 39 62. Preise: Einzelzimmer ohne Du/WC 300 FKR, Doppelzimmer ohne Du/WC 400 FKR. Ganzjährig geöffnet.

Jugendherberge Vágur
(30 Plätze), FR-900 Vágur, Tel. 37 30 60, Fax 37 34 76. Geöffnet 01.05.–01.10.

Frítíðarhúsið í Lopra
(4 Appartments mit je 4 Betten), FR-920 Lopra, Tel. 37 39 10, Fax 37 39 11. Preise: Appartment/Tag 475 FKR.

Verkehrsmittel

Die öffentlichen Verkehrsmittel auf den Färöer-Inseln sind Busse, Boote und Hubschrauber. Der Busfahrplan *ferðaætlan* (20 FKR) nennt alle Linien und Preise (nur auf Färingisch erhältlich; Orte, Preise und Zeiten sind aber verständlich). Das Linienbusnetz ist gut ausgebaut, angefahren werden praktisch alle Orte der Inseln, sofern diese durch eine Straße zugänglich sind. Auch in die entlegeneren Siedlungen fährt ein Bus meist mehrfach am Tag. Sie können Geld sparen, wenn Sie den Fahrpreis im Bus gleich bis zu ihrem Ziel bezahlen, auch wenn Sie unterwegs den Bus wechseln müssen – ihr Fahrschein behält seine Gültigkeit. Der Busfahrer bringt Sie gegen einen geringen Aufpreis auch zu Zielen, die ein wenig abseits seiner eigentlichen Route liegen. Für Vielfahrer lohnt sich der Kauf der **SL Visitor Travelcard,** die für 4, 7 oder 14 Tage auf beliebigen Strecken der Überlandbusse und Fähren gilt. Die Karte kostet 400, 600 oder 900 FRK. Der **zentrale Busbahnhof** für die Stadtbusse von Tórshavn und die Überlandbusse liegt am nördlichen Ende der *Niels Finsens Gøta* (s.a. Karte auf S.613).

Taxis gibt es in Tórshavn; in den kleineren Orten müssen Taxifahrten meist längerfristig vorbestellt werden. Tankstellen oder die Tourist-Information geben darüber Auskunft. Hubschrauberflüge mit den Linienhubschraubern „Snípan" und „Vípan" (herrliche Ausblicke!) müssen grundsätzlich vorab gebucht werden.

Abgestimmt auf die Ankunft von Flügen fährt der **Bus Nr. 100** vom Flughafen direkt nach Tórshavn zum Terminal *Farstøðin* am Hafen. Von dort gibt es Verbindungen nach *Gamlarætt* **(Bus Nr. 101),** wo die **Fähre Nr. 60 nach Skopun auf der Insel Sandoy** ablegt. Die **Fähre Nr. 7 nach Drelnes auf der Südinsel Suðuroy** fährt am Hafen von Tórshavn ab. Um nach **Klaksvík auf der Insel Borðoy** zu gelangen, fährt man entweder mit dem vom Flughafen kommenden Bus Nr. 100 vom Farstøðin weiter bis Kollafjarðadalur (Tankstelle), wo man in den Bus Nr. 400 nach Leirvík umsteigt oder mit dem Bus Nr. 400 von Tórshavn nach Leirvík fährt. Von dort fährt die Fähre Nr. 50 nach Klaksvík.

Fortsetzung auf Seite 602

Auto- & Personenfähren

Fähre Nr.	Route	Fahrten pro Tag			Dauer
		Mo–Fr	Sa	So	
7	Suðuroy – Tórshavn	1–2	1	2	130 Min.
30	Vestmanna – Oyrargjógv	15	12	13	15 Min
36	Sørvágur – Mykines	1–2	2	2	75 Min.
40	Tórshavn – Strendur – Toftir	3	-	-	55 Min.
50	Klaksvík – Leirvík	10	6	6	30 Min.
56	Klaksvík – Kalsoy	1–2	1–2	1–2	20 Min.
58	Hvannasund – Svínoy – Fugloy	1–2	1	1	75 Min.
60	Skopun – Gamlarætt	6–7	3–5	3–5	30 Min.
66	Sandur – Skúvoy	2–3	1	2	35 Min.
68	Gamlarætt – Hestur	2–3	2	2	15 Min.
90	Tórshavn – Nólsoy	2–4	2	2	25 Min.

Die Fähren Nr. 56, 58 und 66 sind Personenfähren. Preise: Fähre Nr. 7 pro Person 70 FKR, Auto mit Fahrer 150 FKR; Fähre Nr. 36 pro Person 60 FKR, Auto mit Fahrer 80 FKR. Alle anderen Fähren kosten 30 FKR pro Person und 80 FKR pro Auto mit Fahrer. Die Abfahrts- und Ankunftszeiten können sich kurzfristig ändern, so daß man die jeweils gültigen in der Tourist-Information oder im Terminal Farstøðin erfragen sollte.

Die Fähre Norröna verläßt Tórshavn

Buslinien

Die öffentlichen Überlandbusse sind an der Aufschrift der Gesellschaft *Bygdaleiðir* zu erkennen. Auch hier sollte man die aktuellen Abfahrtszeiten in der Tourist-Information erfragen. Die Aufschrift *„hesar dagar er broytt ferðaætlan“* am ausgehängten Fahrplan bedeutet, daß dieser für die folgenden Tage geändert wurde.

Bus Nr.	Route	Fahrten pro Tag Mo–Fr	Sa, So
100	**Tórshavn – Vestmanna**	8–9	4–5
100	**Tórshavn – Vestmanna – Vágar Flughafen**	2	2
Weiterfahrt: Kollafjarðadalur			
101	**Tórshavn – Gamlarætt**	10–11	3–7
Weiterfahrt: von Gamlarætt: Fähre 60 Skopun; Fähre 68 Hestur			
104	**Tórshavn – Kaldbak**	5	3–4
200	**Eiði – Oyrarbakki**	5	3
300	**Bøur – Oyrargjógv**	7	4–5
400	**Tórshavn – Leirvík**	9	6
Weiterfahrt: von Oyrarbakki: Bus 200 Eiði; Bus 202 Tjørnuvík; Bus 205 Gjógv von Søldafjørður: Bus 440 Toftir; von Skálabotnur: Bus 480 Selatrað; Bus 481 Oyndarfjørður			
440	**Toftir – Søldafjørður**	13	8
480	**Strendur – Skálabotnur**	10	6–7
500	**Klaksvík – Viðareiði**	8–9	3–4
Weiterfahrt: von Hvannasund: Fähre 58 Svínoy und Fugloy			
600	**Skopun – Skálavík**	6–7	3–4
Weiterfahrt: von Sandur: Fähre 66 Skúvoy			
506	**Trøllanes – Húsar**	2–3	1–2
601	**Skopun – Dalur**	5–6	2–3
Weiterfahrt: von Sandur: Fähre 66 Skúvoy			
700	**Vágur – Tvøroyri**	9	3–4
Weiterfahrt: von Drelnes: Fähre 7 Tórshavn			
702	**Sandvík – Tvøroyri**	6	2–3
Weiterfahrt: von Drelnes: Fähre 7 Tórshavn			
703	**Fámjin – Froðba**	6	3–4
Weiterfahrt: von Drelnes: Fähre 7 Tórshavn			
704	**Sumba – Vágur**	6	3

Wappen & Flagge

Das Wappen ziert ein Widder auf blauem Grund. Die Flagge zeigt auf weißem Grund ein rotes skandinavisches Kreuz mit blauem Rand.

Bücher über die Färöer-Inseln

Baedeckers Allianz Reiseführer
Dänemark, Färöer, Grönland. Mairs Geographischer Verlag, 1997. Die Färöer-Inseln werden kurzgefaßt auf wenigen Seiten beschrieben.
Gorsemann, Sabine
Die Färöer. DuMont Buchverlag, Köln 1990
Gorsemann, Sabine und
Kaiser, Christian
Färöer, DuMont Buchverlag, Köln 1999
Ritter, Jürgen und **Schacht, Ulrich**
Archipel des Lichts – Leben auf den Färöer-Inseln. DBT im Bertelsmann Verlag, München, 1992

Überblick

Zielsicher fährt die Fähre *Norröna* am frühen Montagmorgen zwischen den steil aufragenden, dunkelgrünen Inseln nach **Tórshavn,** der **Hauptstadt der Färöer-Inseln.** Für alle Reisenden, die mit der Autofähre nach Island fahren, beginnt jetzt ein unvermeidlicher zweitägiger „Kurzurlaub" auf den Inseln im Nordatlantik. Nachdem alle Islandreisenden die Norröna verlassen haben und die vollbeladenen Autos aus dem Bauch der Fähre herausgefahren sind, legt das Schiff zum 625 km langen Abstecher zu den Shetland-Inseln und nach *Bergen* in Norwegen ab. Am Mittwochnachmittag gegen 15 Uhr kommt die Fähre wieder nach Tórshavn zurück. Die Islandfahrer checken erneut ein und fahren ihre Autos an Bord. Um 18 Uhr beginnt die letzte, 475 km lange Etappe nach *Seyðisfjörður.*

Island und die Färöer-Inseln haben Gemeinsamkeiten. Färingisch, die Sprache, die auf den Inseln gesprochen wird, ist mit dem Isländischen verwandt; färingisch verwendet jedoch den Buchstaben *Ø, ø* (= „ö") des skandinavischen Alphabets. Wie im Falle Islands war auch die „Geburt" der Färöer „feurig". Die Vulkaninseln liegen auf dem *Wyville-Thompson-Rücken,* der vor 70 Millionen Jahren aus dem Atlantik aufstieg und quer zum mittelatlantischen Rücken von Schottland über Island nach Grönland verläuft. Auf den Färöer ist heute jedoch die vulkanische Tätigkeit erloschen. Ähnlich wie bei der zerklüfteten und tief eingeschnittenen isländischen Küste ließen die Eiszeiten auch auf den Färöer Täler, Fjorde und Sunde entstehen, welche die aus **18 kleinen Inseln** zusammengesetzte **Inselgruppe** mit ihrer 1117 km langen Küstenlinie mosaikartig zergliedern. Die ständig anstürmende Brandung hat die Küste zerklüftet, die Gletscher haben flache, abgerundete Hochplateaus entstehen lassen. Diese grasbewachsenen, windgepeitschten Flächen sind baumlos und eignen sich nur für die Schafzucht. *Føroya* – Schafsinseln – heißt dieses Land auf Färingisch. 70 000 Schafe gibt es auf den Inseln, außerdem einige Kühe und Pferde. Nur etwa 6% der Fläche ist kultiviert. Hauptsächlich werden Kartoffeln angebaut.

Funningsfjörður auf der Insel Eysturoy

Haupterwerbsquelle der Färinger ist das Meer. Pro Jahr werden 200 000 t Fisch gefangen. Die Fischereiflotte besteht aus zahlreichen kleinen Fischkuttern und 200 Trawlern. An den Küsten brüten Meeresvögel; Papageitaucher sind auch Fleischlieferanten, und Eiderenten werden wegen ihrer Daunen wirtschaftlich genutzt. Landvögel sind selten. Der auffällig schwarzweiß gefiederte **Austernfischer** *(tjalður, Haematopus ostralegus)* mit seinem kräftigen, roten Schnabel und den roten Beinen ist der **„Nationalvogel" der Färöer.** Insekten sind selten auf den Inseln, Stechmücken und Reptilien fehlen völlig. Nur Landsäuger, die einmal von den Menschen auf die Inseln gebracht wurden, leben hier: Hasen, Mäuse und Ratten. In der *utmark* wachsen etwa 400 verschiedene Pflanzenarten; die meisten davon werden jedoch von den freilaufenden Schafen ständig abgeweidet. Auf den nassen, sumpfigen Böden gedeihen Moose, Wollgras und Binsen. Dort, wo in der Umgebung von Siedlungen keine Schafe weiden oder das Land wie in den Schluchten auch für Schafe nur mühsam zugänglich ist, sind Mädesüß, Frauenmantel, Bergweidenröschen, Fetthenne und Engelswurz typisch färingische Pflanzen. Das Färöer-Habichtskraut *Hieracium faeroensis* kommt auf den Inseln endemisch vor.

Die Inselgruppe erhebt sich mit einer Landfläche von insgesamt 1399 km² über dem Meer. Im Norden, Süden und Westen ragen die **Steilküsten** viele hundert Meter fast senkrecht empor. Das 829 m hohe **Kap Kunoy** ist eines der **höchsten Kaps**

der Welt. Der höchste Berg der Inseln, der *Slættaratindur,* ist mit 882 m nur wenig höher.

Die Färöer sind **grüne Inseln.** Es nieselt oft, aber häufiger noch verhüllt **Nebel** die schroffen Klippen. Der Nebel schwächt das Sonnenlicht, mildert die Kontraste und taucht die Inseln in ein märchenhaft verklärtes Licht. In der bizarren Landschaft aus dunkelgrünen Farbtönen läßt ein vergänglicher Lichtspot manchmal ein helles Grün aufleuchten. Das dumpfe Tosen der Wellen unterstreicht die Lichterstimmung. Die Färöer gleichen an manchen Tagen verwunschenen Inseln. Gerade eben noch von einem Nebelschleier verhangen, können die Inseln hinter der nächsten Biegung eines Fjords „erwachen": gleißende Sonne, silbrig funkelndes Wasser und vereinzelt ein weißes Haus im grünen Meer aus Gras.

Nebel hat auf den Färöer **viele Namen.** *Skaðða* verhüllt nur die Gipfel der Berge und dämpft das Sonnenlicht. Im Sommer liegen die Nebelschwaden des *pollamjørki* über dem kühlen Meer, die Berggipfel hingegen leuchten im warmen Licht. Diese Nebel führen zu Lichterstimmungen und Eindrücken, die ein echtes

Bischofssitz Kirkjubøur

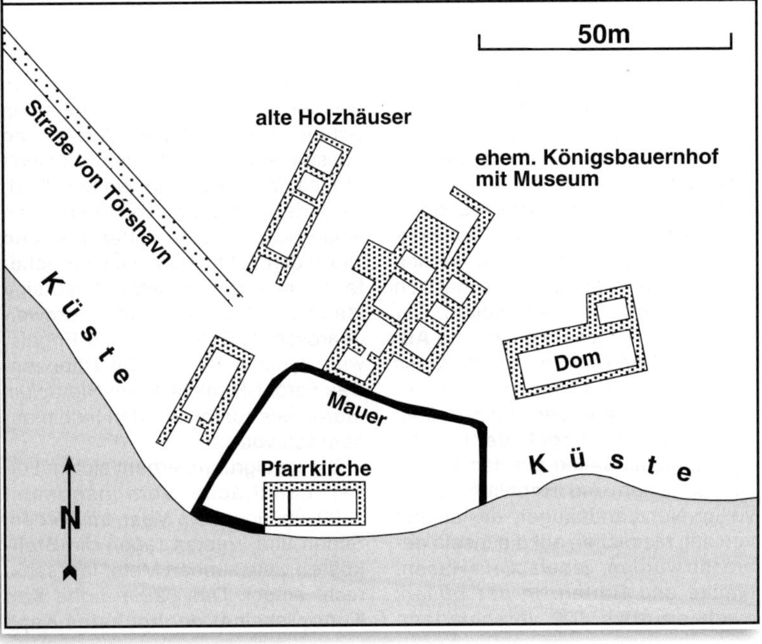

Erlebnis sind. Es gibt aber auch Tage, an denen *mjørki* wirklich alles verhüllt und die Inseln unsichtbar werden für unser Auge und wieder eintauchen in eine dunkle Welt voller Geheimnisse.

Von der Besiedlung bis heute

Die Zeit der **Landnahme durch die Wikinger** ist in der **Färingersaga** aus dem 13. Jahrhundert niedergeschrieben. Der Norweger *Grim Kamban* wird darin als erster Siedler genannt. Er siedelte zur Zeit König *Harald Schönhaars* (860–930) auf die Inseln über. Damals wurden die bislang freien norwegischen Fürsten durch die Zentralgewalt Harald Schönhaars abgabepflichtig; viele Adlige, Bauern und Bürger wanderten daraufhin aus. Nach Überlieferungen des irischen Mönchs *Dicuil* aus dem Jahr 825 waren **irische Mönche** die ersten dauerhaften Siedler, die sich um das Jahr 650 zumeist als Einsiedler auf den Färöer-Inseln niederließen. Diese Mönche brachten Schafe auf die Inseln und gaben ihnen den Namen „Schafsinseln".

Die Färingersaga berichtet weiter von Machtkämpfen, die um das Jahr 1000 zwischen den Sippen des *Sigmundur Brestisson* von der Insel *Skúvoy* und des heidnischen *Tróndur í Gøta* aus *Eysturoy* ausgetragen wurden. Sigmundur Brestisson war zuvor vom norwegischen König *Olav Tryggvason* zum Christentum bekehrt worden. Die Auseinandersetzungen verliefen zugunsten Sigmundurs. Auf der **Versammlung aller freien Bauern,** dem **Thing,** wollte Sigmundur erreichen, daß alle Färinger zum Christentum übertreten und dem norwegischen König folgen. Damit scheiterte er zunächst. Vor dem nächsten Thing überfiel er den Hof seines Gegners Tróndur und nahm ihn gefangen. Vor die Wahl gestellt, den christlichen Glauben anzunehmen oder getötet zu werden, ließ sich Tróndur bekehren. Die anderen freien Bauern nahmen daraufhin ebenfalls den christlichen Glauben an. Die Machtkämpfe zwischen den einzelnen Sippen waren dadurch jedoch nicht beigelegt. Sigmundur und Tróndur kamen in den Kämpfen um. Die Färingersaga endet mit der vollständigen Christianisierung der Färinger. 1035 ernannte der norwegische König *Magnus I.* den Färinger *Leifur Øssurson,* einen nahen Verwandten Tróndurs, zum alleinigen Lehnsherrn über die Inseln. Damit endet die Unabhängigkeit der Inseln.

Der Hof *Kirkjubøur* auf *Streymoy* wurde im 12. Jahrhundert Bischofssitz sowie geistliches und weltliches Zentrum der Färöer-Inseln. Der **Magnusdom** in Kirkjubøur entstand zwischen 1269 und 1308 unter dem Bischof *Erlendur*, wurde jedoch nie vollendet. Es heißt in den alten Überlieferungen, daß Bischof Erlendur allzu rüde beim Eintreiben der für den Bau des Doms notwendigen Abgaben vorgegangen sei und deshalb von den Bauern erschlagen wurde. Die Bauruine ist heute noch erhalten.

Ein Dekret von *Magnus VI.* stellte die Färöer 1271 unter das norwegische Recht *gulating*. Hierin wurde vereinbart, daß Norwegen jährlich zwei Schiffe bereitzustellen hatte, um färingische Waren nach Norwegen zu exportieren. Damit wollten sich die Norweger das Handelsmonopol sichern, das aber in Anbetracht des geringen färingischen Exports wirkungslos blieb. Starke Konkurrenz erfuhren die norwegischen Handelsschiffe von der immer einflußreicher werdenden **Hanse.** Im Jahr 1298 wurde der **„Schafsbrief"** *(seyðabrævið)* erlassen, der 600 Jahre lang Gültigkeit behalten sollte und die weitere Entwicklung der Inseln maßgeblich beeinflußte. Der Schafsbrief regelte alle wirtschaftlichen Fragen der Färöer, die mit dem Binnenhandel zusammenhingen.

Schon lange vor 1361, als die Norweger der Hanse offiziell den Handel mit den Färöer-Inseln erlaubten, dürften Hanseschiffe regelmäßig auf den Färöer gelandet sein. Häufige Mißernten wegen der schlechten klimatischen Bedingungen und die Baumlosigkeit der Inseln führten dazu, daß die Färöer viele Waren des täglichen Bedarfs wie Getreide und Holz im Tauschhandel gegen Wolle importieren mußten: *„Ull er føroyar gull"* – „Wolle ist das Gold der Färöer".

Die Personalunion Norwegens mit Dänemark im Jahr 1380 blieb für die Färöer zunächst ohne Auswirkungen. Im 16. Jahrhundert überfielen mehrfach englische, irische, französische und sogar türkische Piraten die Inseln. Die Bewohner flohen von der Küste in die Berge und errichteten dort befestigte Zufluchtstätten.

In der Reformationszeit wurde Norwegen 1535 protestantisch. Drei Jahre später ließ der regierende dänische König *Christian III.* die Bischöfe der Färöer absetzen und alle Kirchengüter säkularisieren. Über die Hälfte des Landes, das weiterhin abgabepflichtige Pächter bewirtschafteten, wurde so zum „Königsland" *(kongensland)*. Dieser Besitz durfte nicht geteilt oder verkauft werden. Geschwächt durch die Wirren der Reformation konnte die Krone ihre Besitzungen kaum noch verwalten, geschweige denn weiterentwickeln. Seit 1520 und mit Unterbrechungen bis 1665 hatten deshalb Hamburger Kaufleute das Handelsmonopol mit den Färöer-Inseln inne. Sie zogen im Namen der dänischen Krone auch die Abgaben ein. Die freien Bauern mußten ihr Land immer weiter zerteilen und die Parzellen an neue Besitzer verkaufen, um die hohen Abgaben bezahlen zu können. 1579 erhielt der Färinger **Magnus Heinason** für vier Jahre das Handelsrecht. In dieser Zeit ließ er zur Abwehr der Piraten in *Tórshavn* die Schanze *Skansin* erbauen und ein Schiff mit Kanonen ausrüsten. Wegen angeblicher Unterstützung der Piraten wurde Magnus Heinason 1589 in Kopenhagen hingerichtet. Heute gilt der Färinger jedoch als **Nationalheld.**

Die Ausbeutung der färingischen Bevölkerung durch die Hamburger Kaufleute nahm immer schlimmere Ausmaße an. Ausbleibende Warenlieferungen wegen des dänisch-schwedischen Krieges (1657–1669) und eine nachlassende Nachfrage nach färingischer Wolle verschlechterten die wirtschaftliche Lage der Inseln zusätzlich. Der Hamburger *Christoffer von Gabel,* der nie selbst färingisches Land betreten hatte, brachte schließlich durch Ämtermißbrauch und Korruption die Wirtschaft der Färöer völlig zum erliegen. Diese, laut Aussagen von Färingern, „bedrückendste Phase der färingischen Geschichte" endete 1708 mit der Übernahme des Handels durch Dänemark.

Magnusdom in Kirkjuböur auf der Insel Streymoy

Doch auch während der Zeit der Industrialisierung auf dem europäischen Festland blieben die Färöer „vergessene Inseln". Unter dem dänischen Kaufmann *Niels Ryberg* begann 1767 eine 20jährige Phase des unkontrollierten „Freihandels": Die Färöer und insbesondere Tórshavn wurden eine Basis für Schmuggler.

1766 wurde **Poul Poulsen** auf der Insel *Nólsoy* geboren. Gemeinsam mit seinen Brüdern sorgte er Jahre später für den wirtschaftlichen Wiederaufbau der Inseln. Während seine Brüder den Handel auf den Inseln organisierten, betrieb Poul Fischfang und ging auf Handelsreisen: Kohle von der Insel *Suðuroy* war in Europa gefragt. 1805 brachte er den Impfstoff gegen die Pocken auf die Färöer, ein wahrer Segen für die immer wieder von Pockenepidemien heimgesuchten Bewohner. Unter dem Namen **Nólsoyar Páll** wurde Poul Poulsen zu einem weiteren **Nationalhelden.** 1807 brachte er in Kopenhagen eine Petition zur Aufhebung des Handelsmonopols ein. Der gerade ausgebrochene englisch-dänische Krieg ließ diese jedoch scheitern. Im gleichen Jahr hatte sich nämlich Dänemark Frankreich angeschlossen und wurde so in die Auseinandersetzungen Napoleons mit den europäischen Monarchien miteinbezogen. Eine englische Blockade verhinderte den Handel mit den Färöer-Inseln. Nólsoyar Páll starb 1808 beim Versuch, mit einem seiner Schiffe Getreide auf die Inseln zu bringen. Nach der Völkerschlacht von Leipzig im Jahre 1813, in der Napoleon der Koalition von England, Rußland, Österreich, Preußen und Schweden unterlag, und weiteren Niederlagen mußte Napoleon 1814 abdanken. Im gleichen Jahr wurde Dänemark im **Kieler Frieden** gezwungen, Norwegen an Schweden abzutreten, das unter dem schwedischen König *Karl XIV. Johann* in Personalunion dem Land angegliedert wurde. Nur die „unbedeutenden" Inseln Island, Grönland und die Färöer verblieben unter dänischer Herrschaft.

1856 wurde das Handelsmonopol endgültig aufgehoben. Damit konnten sich auch die Färöer wirtschaftlich weiterentwickeln. Der Export von Fischen brachte dem Land einen gewissen Wohlstand, obwohl weiterhin dänische Handelshäuser den Warenaustausch lenkten. Tórshavn entwikkelte sich zum Handelszentrum der Färöer.

Nachdem 1848 in Dänemark eine konstitutionelle Monarchie entstanden war und auf den Färöer 1852 ein Inselparlament *(Løgting)* eingesetzt wurde, entsandten die Färöer auch einen Abgeordneten ins dänische Parlament. Vertärkt strebten die Färöer jetzt nach Eigenständigkeit. 1906 gründeten die Färinger ihre erste Partei, die „Partei der Selbstverwaltung". 1940 landeten im II. Weltkrieg englische Truppen auf den Färöer und verhinderten den Kontakt mit Dänemark. Nach dem Krieg übertrug Großbritannien die Zivilverwal-

Statue des Nationalhelden Nólsoyar Páll (1766–1809)

tung der Inseln dem Løgting. Im **Selbstverwaltungsgesetz von 1948** wurde schließlich zwischen Dänemark und den Färöer festgelegt, daß die Inseln ein **eigenständiger Teil Dänemarks** sind. Die Selbstverwaltung drückt sich auch darin aus, daß die Färöer eine eigene Nationalflagge bekamen. Innenpolitisch hat das Løgting gesetzgebende Gewalt und regelt die wirtschaftlichen Belange der Färöer. Kultur, Verkehr und Industrie unterstehen voll dem Løgting. Das Bildungs-, Gesundheits- und Sozialwesen werden vom Løgting verwaltet. Die Justiz, das Finanzwesen und die Außenpolitik werden aber weiterhin von Dänemark bestimmt. Allerdings gibt es im Strafrecht, Zivilrecht, Familienrecht, Erbrecht sowie in Rechtsangelegenheiten, die Firmen, Banken und Versicherungen betreffen, Abweichungen vom dänischen Recht. Auch bei den Auslandsbeziehungen haben die Färinger ein wesentliches Mitspracherecht. 1992 wurde dem Løgting die Zuständigkeit für die Bodenschätze der Inseln (Kohle, Erdöl und Erdgas) übertragen.

Den färingischen **Staatshaushalt** „teilen" sich die Färöer und Dänemark. Die Bereiche, die dem Løgting ganz unterstehen, müssen von den Färingern auch selbst voll finanziert werden. Polizei und Verwaltung werden von Dänemark unterhalten. Die Einnahmen zur Finanzierung des färingischen Haushalts stammen hauptsächlich aus der Mehrwert- und Einkommenssteuer. Privatvermögen und Grundbesitz der Färinger sind steuerfrei. Mit einer jährlichen Zahlung von 1,2 Milliarden DKR (300 Mio. DM) unterstützt Dänemark die Färöer-Inseln. Dies entspricht 20% des gesamten färingischen Volkseinkommens; 1995 betrug das Bruttosozialprodukt 829 Mio. US-$.

In den 80er Jahren blühte im Gegensatz zu vielen anderen europäischen Ländern die färingische Wirtschaft. In großem Umfang und mit Krediten finanziert wurde in neue Schiffe, Fischverarbeitungsanlagen, großzügige Straßen- und Tunnelbauten, öffentliche Gebäude und Hafenanlagen investiert. Auch viele Häuser wurden damals neu gebaut. Die Netto-Verschuldung der Färöer erreichte 150% des Bruttosozialprodukts (zum Vergleich: die Staatsverschuldung Deutschlands betrug 1997 53% des Bruttosozialprodukts). **1989** mußte ein **Sparhaushalt** eingeführt werden, in dessen Folge die Wirtschaft der Inseln zusammenbrach. Gleichzeitig sank die Menge des gefangenen Fischs, und auch die Preise für Fisch und Schafswolle verfielen. Ein Großteil der Wolle fand auf dem Weltmarkt keine Abnehmer mehr und mußte vernichtet werden. 1992 stürzte die färingische Volkswirtschaft in eine **tiefe Krise,** als eine der zwei großen Banken der Färöer *(Sjóvinnubankin)* zahlungsunfähig wurde. Das Bruttosozialprodukt verringerte sich in nur vier Jahren um ein Drittel. Die Arbeitslosenquote stieg auf 20%, und die Zahl der Auswanderer stieg im Jahr 1994 auf 4,4%. Die Bevölkerungszahl nahm durch die Auswanderungen der Jahre 1989–1994 um 3,7% ab. Die Wirtschaftskrise belastete auch das Verhältnis zu Dänemark, und es wurde laut über die Vor- und Nachteile der färingischen Selbstverwaltung nachgedacht. Die Stimmung in der Bevölkerung der Färöer-Inseln war auf dem Tiefpunkt.

Tórshavn: Kinder in färingischer Tracht am St. Olafsfest

Ohne die Finanzhilfe Dänemarks hätten noch mehr junge Leute die Inseln verlassen, da sie in der Heimat kaum mehr die hohen Lebenshaltungskosten bestreiten und die Hypotheken für die neuerbauten Häuser zurückzahlen konnten. Erst seit man Mitte der 90er Jahre im Meer zwischen Großbritannien und den Färöern größere Ölvorkommen entdeckte, sind die Färinger wieder optimistisch. Seit 1995 steigt auch wieder die **Einwohnerzahl,** die heute bei knapp über **45 000** liegt (1999). 1996 betrug die **Arbeitslosenquote** aber immer noch **10%.** Die Ölförderung gestaltet sich schwieriger als angenommen. Dicke Basaltschichten behindern die Bohrungen, und das Meer ist an dieser Stelle über 1000 m tief. Außerdem sind Unstimmigkeiten zwischen Großbritannien und den Färöern bei der Festlegung der Seegrenzen noch nicht vollständig ausgeräumt.

Die Färöer sind heute eine **parlamentarische Demokratie.** Alle vier Jahre wird das Løgting neu gewählt. Dieses ernennt die Regierung, die aus dem Ministerpräsidenten und mindestens zwei weiteren Mitgliedern besteht. Die im Løgting vertretenen politischen Parteien unterscheiden sich außer in Rechts und Links auch in ihrer Einstellung gegenüber der färingischen Selbstverwaltung. Bei den **Wahlen vom 30.04.1998** errangen die Volkspartei 8 Sitze (1994: 6 Sitze), die Republikanische Partei 8 (1994: 4), die Sozialdemokratische Partei 7 (1994: 5) und die Unionistische Partei 1 Sitz (1994: nicht vertreten). Die Christliche Volkspartei (1994: 2) und Sonstige (1994: 5 Sitze) erzielten 1998 keine Sitze. Regierungschef wurde *Anfinn Kallsberg* von der Volkspartei. Ein Vertreter Dänemarks, der *rigsombudsmand,* vertritt im Løgting die politischen Interessen Dänemarks. Der *sysselmand* vertritt Dänemark auf kommunaler Ebene. Diese politische Verzahnung mit Dänemark hat sich auf den Inseln trotz mancher Krise bewährt. Separationsbestrebungen sind kaum von Bedeutung. Wenn am 29. Juli jedes Jahres das Parlament nach der Sommerpause wieder feierlich eröffnet wird, begeht man in Tórshavn gemeinsam das *Olavsøka,* das **St. Olafsfest.** Dieses Fest ist auch das wichtigste Sportereignis auf den Färöer-Inseln: In kunstvoll verzierten und farbenfroh geschmückten Langbooten, gebaut nach dem Muster der alten Wikingerschiffe, rudern mehrere Mannschaften um die Wette und um die Ehre des Siegs.

Die Inseln der Färöer

45 000 Einwohner leben auf den Färöer-Inseln, ein Drittel davon im Großraum Tórshavn auf der **größten Insel Streymoy** (374 km^2). Streymoy ist seit 1976 mit **Eysturoy** (266 km^2), der zweitgrößten Insel, durch eine Brücke über den schmalen Sund verbunden. Mit Ausnahme der weit im Süden gelegenen Inseln **Suðuroy** und **Sandoy** liegen alle Hauptinseln der Färöer dicht zusammen: Sie sind nur durch zwei Kilometer breite Sunde voneinander getrennt. Die drei großen Inseln des Nordens, **Borðoy, Viðoy** und **Kunoy,** verbindet eine Straße, die auf aufgeschütteten Dämmen verläuft. Auf der drittgrößten Insel **Vágar** liegt der Flughafen der Färöer. Zu allen Inselgruppen sowie zu den beiden großen Inseln im Süden führen Autofähren, die durch ihren kurzen Zeittakt wesentlich zur verkehrstechnischen Erschließung der Inseln beitragen. Jedoch gibt es mancherlei Einschränkung: Wetter, Schiffsausfälle und Streiks. Wegen dieser unvorhersehbaren Hindernisse sollte sich eine Erkundung der Färöer während der zwei Tage des Zwischenstopps auf die beiden Hauptinseln Streymoy und Eysturoy sowie Vágar beschränken. Planen Sie unbedingt reichlich Zeit ein, um wieder rechtzeitig bei der Fähre zu sein!

Tórshavn

Tórshavn wurde **825** von den ersten norwegischen Siedlern, den *Landnámsmenn,* **gegründet.** Die kleine Hauptstadt der Färöer hat heute knapp über **15 000 Einwohner.** Wie die isländischen Orte hat auch Tórshavn ein „buntes“ Stadtbild. Viele Häuser sind mit roten, blauen und grünen Farben angestrichen. Mittelpunkt der Stadt ist der Osthafen *(Eystaravág).* Vom Anleger *Bursatangi* fahren die Schiffe und Fähren zu den anderen Inseln ab. Auch die Fähre *Norröna* legt hier an. Die Linienbusse fahren von der *Hafnargøta* am Rand des großen Hafenparkplatzes ab.

Die **Halbinsel Tinganes** mit der **Altstadt** und den **historischen Lagerhäusern**, die heute teilweise als Regierungsgebäude genutzt werden, ist die spitze Landzunge im Westen. Die kleinen Holzhäuser entlang der schmalen Gasse *Reyngøta* stammen meist aus dem 18. Jahrhundert. Viele der urspünglich hier stehenden Gebäude fielen 1673 dem „großen Brand von Tinganes“ zum Opfer. Erhalten geblieben sind in südwestlicher Verlängerung dieser Gasse nur die *Munkastovan* (13. Jahrhundert), ein flaches Steinhaus mit tief heruntergezogenem Grasdach, und daran anschließend die größere *Leigubúðin* (16. Jahrhundert). In diesen Gebäuden wurden früher die Abgaben der Färinger an Krone und Kirche aufbewahrt. Ebenfalls erhalten sind das auf der gegenüberliegenden Seite der Gasse stehende alte Wachhaus *Portugalið* von 1693 mit seiner rot bemalten Fassade. Weiterhin der Südflügel des *Reynargarður* (um 1630), ein altes Pfarrhaus, und die als Wetter-schutz schwarz geteerte *Stokkastovan,* ein Gebäude der ehemaligen Verwaltung des Handelsmonopols aus dem Jahr 1693. Im ehemaligen Lagerhaus *Bakkapakkhúsið,* das sich an das *Leigubúðin* anschließt, sind heute Regierungsstellen untergebracht. Ganz am äußersten Ende der Gasse steht das *Skansapakkhúsið* aus dem Jahr 1750. Dieses Haus diente früher ebenfalls als Lager, heute sind darin Versammlungsräume der Regierung untergebracht.

An der äußersten Spitze von Tinganes befand sich die **einstige Thingstätte** der ersten norwegischen Siedler. Heute erinnert daran nur noch eine schlichte Tafel.

In der entgegengesetzten Richtung, ein wenig nördlich von Tinganes, beginnt am **Vaglið,** dem **Stadtplatz** und geschäftigen Mittelpunkt der Stadt, das moderne Tórshavn. Hier liegen das Rathaus und das Parlamentsgebäude *(Løgtingið).* In dem kleinen Park vor dem Parlamentsgebäude steht die Büste des Dichters *Rasmus Effersøe,* die 1933 von dem dänischen Künstler *A.M.C. Nielsen* geschaffen wurde. Nicht weit entfernt liegen die Stadtbibliothek *(Byarbókasavnið),* das Postamt und die Tourist-Information *Kunningarstovan.* Etwas südlich steht die **Hafen- oder Stadtkirche** *(Hafnarkirkja).* Die Holzkirche wurde 1788 erbaut und 1865 erweitert. Sie kann täglich von 16–18 Uhr besichtigt werden. Am schlichten Haus der Fischergewerkschaft *Fiskimannafelag,* das an der Kreuzung *Bryggjubakki–Bringsnagøta* steht, sind auf einem Relief Fischer dargestellt, die gerade ihr Boot zu Wasser lassen. Geht man die *Bryggjubakki* in nördlicher Richtung weiter, gelangt man zum Westhafen. Hier steht die Statue des färingischen Nationalhelden *Nólsoyar Páll* (1766–1809, s.o.), die 1995 von *Hans Pauli Olsen* geschaffen wurde. In der Straße *Amtmans Brekka* befindet sich die Residenz des obersten dänischen Verwaltungsbeamten.

Die *Niels Finsens Gøta* verläuft vom Stadtplatz in nordwestlicher Richtung. Sie ist Fußgängerzone und **Einkaufsstraße** der Hauptstadt. Der Brunnen „Tanzende Kinder“ stammt von *Frídtjof Joensen* (1985). Die Bronzeskulptur „Maður og Kona“ (Mann und Frau) wurde 1971 von *Janus Kamban* geschaffen. An der Kreuzung *Steinatún* ist eine Haltestelle der Stadtbusse.

Das große **Einkaufszentrum SMS** liegt wenige Gehminuten nordöstlich der Fußgängerzone in der *R.C. Effersøes Gøta.* Am nördlichen Ende der Niels Finsens Gøta ist der **Busbahnhof** für die Überlandbusse mit Taxi-Station und Cafeteria.

Auf einem Hügel, der ungefähr in der Mitte Tórshavns liegt, steht der **Obelisk Kongaminnið.** Man gelangt von Steinatún in östlicher Richtung dorthin. Er wurde aus Anlaß des erstmaligen Besuchs eines dänischen Königs, 1882 durch König *Christian IX.,* auf den Färöern errichtet. Von der Anhöhe hat man auch einen schönen Überblick über Tórshavn und die Bucht.

Östlich des Hafens thront auf einem Hügel die 1580 erbaute **Festung** *Skansin,* die in ihrer heutigen Form aus dem Jahr 1865 stammt. Von der Festung hat man einen guten Überblick über die Stadt und die im Osten vorgelagerte kleine **Insel Nólsoy.** Im Nordwesten kann man das **Nordi-**

Tórshavn – Stadtplan

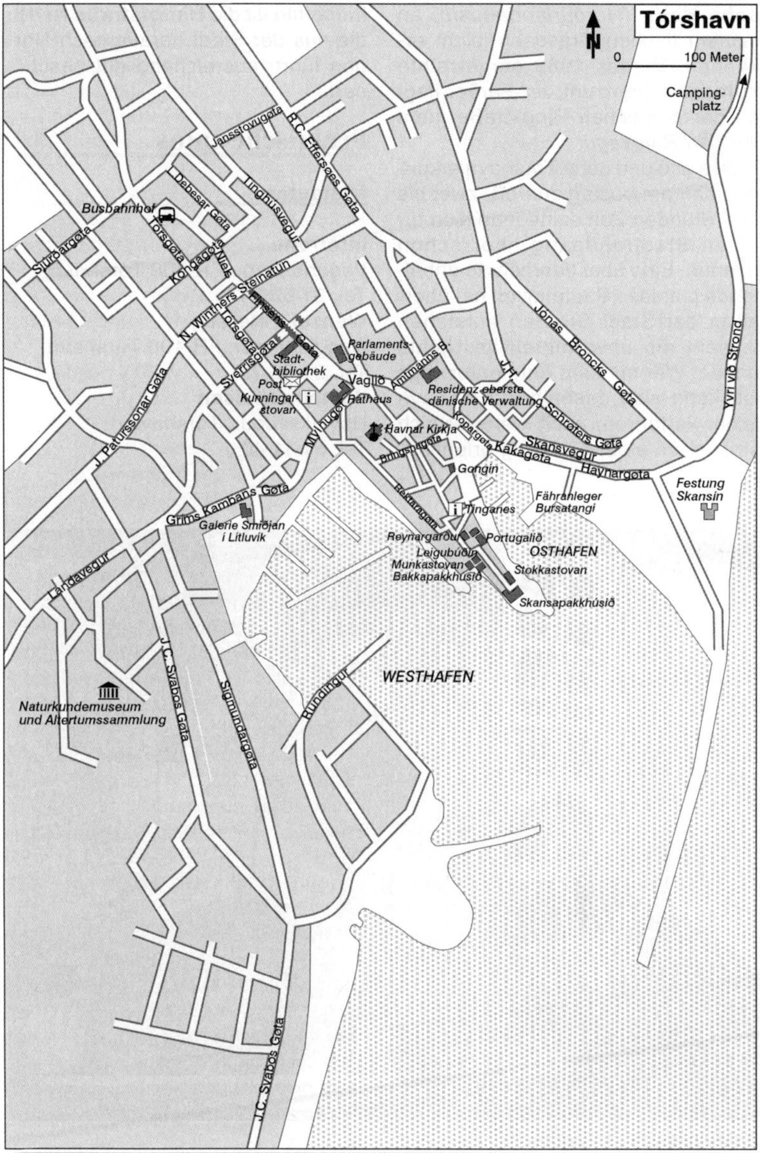

Färöer-Inseln

sche Haus *(Norðurlandahúsið)* an seinem flachen Grasdach leicht erkennen. Dieses 1983 eingeweihte **kulturelle Zentrum** der Färöer liegt an der nördlichen Ringstraße, dem *Norðari Ringvegur.*

Das alte und neue Tórshavn erkundet man am besten zu Fuß, zwei bis drei Stunden Zeit sollte man sich für einen Stadtrundgang aber schon gönnen. Eine über Jahrzehnte anhaltende planlose Bautätigkeit hat überall in der Stadt Straßen entstehen lassen, die unvermittelt im Nichts enden. Wer mit dem Auto unterwegs ist, kann sich deshalb in Tórshavn leicht verfahren, auch wenn er sich strikt nach einer Richtung orientiert. Immerhin ist die **Hauptstraße Nr.10**, die aus der Stadt heraus nach Norden führt, ausreichend gut beschildert.

Praktische Infos

Mietautos

Interrent
Vegurin langi, FR-100 Tórshavn,
Tel. 31 53 54
Wenzel Petersen
Oyggjarvegur, FR-100 Tórshavn,
Tel. 31 38 73
Wilhelm Nielsen
Hoyvíksvegur, Tórshavn,
Tel. 31 11 40

Zeitungskiosk in Tórshavn

Rent a car Tórshavn
Yvri við Strond 101, FR-100 Tórshavn, Tel. 31 78 65 und 28 21 65
Car Hire
Heygnum Míkla, FR-100 Tórshavn, Tel. 31 61 90 und 31 51 86

Fahrradvermietung

Thomas Dam
Niels Finsens Gøta, FR-100 Tórshavn, Tel. 31 14 00
Andrée Andresen
Varðagøta 19, FR-100 Tórshavn, Tel. 31 18 29

Veranstaltungen

St. Olavsfest/Ólavsøka
Das sportliche Fest findet jedes Jahr am **28. und 29. Juli** zur Eröffnung des Parlaments statt. Beide Festtage sind **Feiertage.** Das Festprogramm ändert sich zwar von Jahr zu Jahr etwas, aber meist läuft es folgendermaßen ab: Am 28. Juli wird das Ólavsøka um 14 Uhr mit einer Parade aller teilnehmenden Sportler eröffnet. Um 15 Uhr finden die Ruderbootrennen statt. Um 17 Uhr werden zahlreiche Ausstellungen eröffnet. Um 18 Uhr beginnen Fußball- und Handballspiele. Ab 21 Uhr wird getanzt, traditioneller Ringtanz zu den alten Volksliedern ebenso wie moderne Tänze zu Live- und Discomusik.

Am St. Olavstag, dem 29. Juli, findet um 11 Uhr eine Prozession zur Stadtkirche statt, an der die Mitglieder des Løgting sowie die Persönlichkeiten der Stadt teilnehmen. Um 13 Uhr wird das Løgting offiziell eröffnet. Dabei gibt der Premierminister eine Regierungserklärung über die Politik des kommenden Jahres ab. Um 14 Uhr beginnt eine Reiterparade, die vom Stadtplatz zur Rennbahn führt, wo Pferderennen stattfinden. Ab 14 Uhr wird die ganze Nacht hindurch an vielen Plätzen getanzt und gesungen. Die heiter ausgelassene Stimmung dieser Festtage wird noch verstärkt durch das *ólavsøku gull,* ein Festbier, das speziell zu diesem Anlaß gebraut wird.
Volksmusik-Festival
Dieses Festival moderner Volksmusik der Färöer, der skandinavischen Länder und Schottlands gibt es seit 1984. Es findet jährlich **im Juli** statt. Infos bei Føroya Fólkatónleikara Felag, Reyngøta 12, FR-100 Tórshavn, Tel. 31 48 15, Fax 31 48 25.
Summartónar – Festspiele klassischer und zeitgenössischer Musik der Färöer-Inseln
Im Nordischen Haus, im Kunstmuseum, in Kirchen sowie in zahlreichen Orten der Inseln werden jedes Jahr etwa 50 Konzerte mit färingischen und skandinavischen Künstlern veranstaltet. Veranstaltungstermin ist jeweils **Ende Juni/Anfang Juli.** Infos bei Summartónar, Reyngøta 12, FR-100 Tórshavn, Tel. 31 48 15, Fax 31 48 25.
Tórshavner Jazz, Folk und Blues Festival
Dieses Festival skandinavischer Künstler findet ebenfalls alljährlich **Mitte August** im Nordischen Haus statt. Infos bei Tórshavner Jazz, Folk und Blues Festival, P.O. Box 166, FR-100 Tórshavn, Tel. 31 51 21, Fax 31 02 21.

Museen & Galerien

Listasavn Føroya
(Kunstmuseum der Färöer, auch als *Listaskálin* bezeichnet), Gundadalsvegur 9, P.O. Box 1141, FR-110 Tórs-

havn, Tel. 31 35 79, Fax 31 66 79. Geöffnet täglich 15–17 Uhr. Das Museum wurde 1993 eröffnet. Es zeigt Arbeiten des bedeutendsten färingischen Malers *Sámal Jønsen-Mykines* (1906–1979) sowie Bilder von *Ruth Smith* (1913–1958), *Steffan Danielsen* (1922–1976), *Zacharias Heinesen* (geb. 1936) und *Tummas Arge* (1942–1978) sowie Graphiken von *Elinborg Lutzen* (geb. 1919). Gezeigt werden auch Skulpturen von *Janus Kamban* (geb. 1913) und *Hans Pauli Olsen* (geb. 1957).

Das ganze Jahr über finden hier Sonderausstellungen mit färingischen (Nachwuchs-)Künstlern statt.

Noðurlandahusið
(Nordisches Haus) Im Stadtteil Gundadalur in der Nähe des Kunstmuseums an der nördlichen Ringstraße (Norðari Ringvegur) gelegen. Geöffnet Mo–Sa 10–18, So 14–18 Uhr. Hier finden ebenfalls das ganze Jahr über Ausstellungen und Veranstaltungen mit skandinavischen Künstlern statt. Das Haus wurde 1983 gemeinsam von den Regierungen aller skandinavischen Länder zur Förderung ihrer Kultur errichtet.

Náttúrugripasavn
(Naturkundemuseum) V.U. Hammershaimbs Gøta, geöffnet Mo–Sa 10–12 und 14–16, So 15–17 Uhr. Das Naturkundemuseum hat sich auf die Fauna und Flora der Färöer-Inseln und des Meeres spezialisiert.

Føroya Fornminnissavn
(Historisches Museum) Brekkutún 6, FR-188 Hoyvík, Tel. 31 80 76 oder 31 07 00, Fax 31 22 59, geöffnet im Sommer täglich von 10–16 Uhr. Gezeigt werden archäologische Funde aus der Wikingerzeit und alte Runengravierungen, färingische Trachten, die erste Flagge der Färöer aus dem Jahr 1919, die Anfänge des Fischfangs sowie eine Sammlung alter Ruderboote. Im benachbarten **Freilichtmuseum** kann man sich im restaurierten, alten Hoyvíker Bauernhaus mit seinen Nebengebäuden einen Eindruck darüber verschaffen, wie die Färinger hier früher wohnten und arbeiteten.

Tórshavnar Móttøkuhús & Myndasavn
Offizielles Empfangshaus und Gemäldesammlung des Stadtrates am Stadtplatz (Vaglið), zu besichtigen nach Vereinbarung. Anmeldung in der Tourist-Info.

List Galleri Fríðriksvágur & Smiðjan í Lítluvík
In den beiden Galerien sind zeitgenössische färingische Künstler vertreten, und es werden das ganze Jahr über wechselnde Ausstellungen gezeigt. Die Galerien liegen am Westhafen in der Grims Kambans Gøta. In der Galerie Smiðjan wurde eine alte Schmiede zu einem Ausstellungsraum umgebaut. Da die Öffnungszeiten wechseln, bitte in der Tourist-Information erfragen.

Ausflüge

Nähere Auskünfte und Anmeldungen bei der Tourist-Information.

☆ **Mit dem Schiff**

- Donnerstags um 9 Uhr kann man mit dem Segelschiff Norðlysið eine 3-stündige Fahrt entlang der Küste unternehmen.
- *Hestbjørgini*
  Zu den Vogelfelsen und Grotten an der Küste der Insel *Hestoy.* Mo, Di, Mi, Fr 9 und 14 Uhr, Dauer 4 Std.

- Insel *Nólsoy*
  Di, Mi, Fr 9 und 14 Uhr, Dauer 3–4 Std. Es werden eine Rundfahrt um die Insel Nólsoy mit ihren Vogelfelsen und Grotten sowie der Besuch einer ornithologischen Station angeboten.

☆ **Mit dem Bus**

- Stadtrundfahrt mit Besichtigung von Tinganes und Kunstmuseum, Kaffee im Nordischen Haus, Mo 13 Uhr, Dauer 4 Std.
- Zum alten Kulturzentrum *Kirkjubøur* und *Velbastaður,* Mi 9 Uhr, Dauer 3 Std., Besichtigung des Magnus-Doms, der St. Olavskirche und des Königsbauernhofs.
- *Funningur-Gjógv-Eiði*
  Sa 10 Uhr, Dauer 7 Std.
- Wikingersiedlungen in *Kvívík* und Bauernhof *Dúvugarður* in *Saksun,* Fr 13 Uhr, Dauer 5 Std.
- *Sandoy,* So 9 Uhr, Dauer 8 Std., Ausflugsfahrt mit Bus und Fähre ab Tórshavn zur Insel Sandoy mit Besichtigungen.
- Vogelfelsen von *Vestmanna,* Mi, Sa 13 Uhr, Dauer 5 Std.

☆ **Wanderungen, Ausritte & Angeltouren**

Geführte Halb- und Ganztageswanderungen werden je nach Bedarf durchgeführt. Auch Ausflüge für Reiter werden im Sommer täglich angeboten.

Mo um 14, Di und Do um 19 Uhr startet ein Boot zu Angeltouren entlang der Küste Streymoys.

1996 gab das Fremdenverkehrsamt fünf Broschüren mit dem Titel „Zu Fuß in der färöischen Natur" heraus, in denen die markierten Wanderwege beschrieben sind.

Die Hauptinseln

Streymoy & Eysturoy

Aus Tórshavn heraus führen **drei Straßen:** nach Westen die schmale Stichstraße über *Velbastaður* nach *Syðradalur* und *Kirkjubøur,* wo die Ruine des Magnusdoms steht (vgl. S.605 und auch S.618); nach Norden die Hauptstraße Nr.10, die im Landesinnern über *Kollafjørður* zur Sundbrücke und auf die Insel *Eysturoy* verläuft; schließlich die Küstenstraße über *Kaldbaksbotnur* nach Kollafjørður, die seit Fertigstellung des Straßentunnels zwischen dem Kaldbaksfjørður und dem Kollafjørður durchgängig befahrbar ist.

Die Straße Nr.10 führt durch die öde Hochebene *utmark* im Inselinnern, die oft unter dichtem Nebel verhüllt ist. Wenige Kilometer weiter nähert sich die Straße dem Kaldbaksfjørður und gibt den Blick frei auf die beeindruckende Fjordlandschaft. Auf dem Gipfel des 749 m hohen *Sornfelli* steht eine Radarstation der NATO. Obwohl die Entfernungen auf den Färöer-Inseln gering sind, kommt man auf den kurvenreichen Straßen nur langsam voran. Dafür kann man die Landschaften genießen. Innerhalb weniger Minuten ergeben sich immer wieder neue Aussichten in die Fjorde. Im Kollafjørðurdalur biegt die Straße Nr.40 bei der Tankstelle nach Westen ab und führt bis *Vestmanna.* Nach wenigen Kilometern erreicht man den fischreichen See *Leynavatn;* eine Angellizenz gibt es bei der Tankstelle. Ein Wanderpfad führt durch das nördliche Flußtal zur nahegele-

Kirkjubøur

Außer dem Magnus-Dom gibt es in Kirkjubøur zwei weitere Sehenswürdigkeiten. Die renovierte **St. Olavskirche** stammt aus dem 12. Jahrhundert. Das Innere der Kirche ist schlicht. Das in blau-violetten Farben gemalte Altarbild mit den Fischern stammt von *Sámal Jønsen-Mykines.* Im Historischen Museum in Hoyvík kann eine holzgeschnitzte Marienstatue aus dem 13. Jahrhundert besichtigt werden, die aus dieser Kirche stammt.

Der nahegelegene **Königsbauernhof** wird heute noch bewohnt. Auffallend sind die renovierten und in massiver Blockhausbauweise ausgeführten Häuser, die ursprünglich aus dem 13. Jahrhundert stammen. An einer Außentür des *stokkastovan* ist eine blau-rot bemalte, holzgeschnitze Säule mit einem schwarzen Drachenmotiv sehenswert. Auch an anderen Türen befinden sich Schnitzereien, die meist auffallend rot und blau bemalt sind. Die heutigen Schnitzereien stammen von *Jóannes Patursson* aus dem Jahr 1907. Der stokkastovan kann Mo–Sa von 10–18 Uhr besichtigt werden. Der *roykstovan,* die Rauchstube des Wohnhauses, wird heute noch bewohnt.

genen Schlucht *Stóragjógv,* die für ihre üppige Vegetation bekannt ist.

Nach dem See erreicht die Straße den Ort *Leynar,* das färingische **Zentrum des Grindwalfangs**. Obwohl der Walfang heute weltweit von allen Naturschutzverbänden geächtet wird, bilden die jährlich gefangenen 1000 bis 2000 Tiere immer noch die Lebensgrundlage der Insulaner. Rund ein Viertel des Fleischbedarfs wird dadurch gedeckt. Bei wenigen Walen erhalten nur die beteiligten Fänger ihren Anteil am Fleisch, in einem guten Jahr aber, wenn viele Wale gefangen werden, gibt es Haushaltsanteile für alle Färöer. Im Durchschnitt stehen jedem Einwohner 20 kg Fleisch und 10 kg Speck zu. Die bis zu 6 m langen Grindwale werden im Juli und August von kleinen Booten aus in eine flache Bucht getrieben, wo sie stranden. Der *sysselmand* überwacht den Walfang. Sind genügend Grindwale für den Eigenbedarf gefangen worden, ist jeder weitere Walfang untersagt.

Der nächste Ort an der Straße, *Kvívík,* gehört zu den ältesten Siedlungen der Färöer. 1942 wurden hier die Reste eines Langhauses der Wikinger aus dem 10./11. Jahrhundert freigelegt *(Garður úr víkingaøld).* Die Straße endet in Vestmanna. Für färingische Verhältnisse ist der Ort mit knapp 1400 Einwohnern recht groß. Alle halbe Stunde fährt eine **Autofähre zur Insel Vágar.**

Die umliegenden Seen dienen der Stromgewinnung. Drei Wasserkraftwerke erzeugen hier einen Großteil der elektrischen Energie der Färöer.

Nördlich von Vestmanna liegen die bis zu 600 m hohen Vogelfelsen und die Grotten von *Vestmannabjörgini.* Mit dem Boot kann man durch schmale Meerengen in die tiefen Grotten und Höhlen hineinfahren, die in Millionen von Jahren von der Brandung ausgewaschen wurden.

Praktische Infos

Bootsausflüge zu den Vogelfelsen Vestmannabjörgini

Die **Boote Urðardrangur** und **Barbara** der Familie *Skúvadal* legen vom Hafen Vestmanna täglich um 9.40, 14.25, 17 und 20 Uhr ab. Die Abfahrten sind auf den Bus Nr. 100 abgestimmt, der etwa 1 Std. früher in Tórshavn losfährt. Das 1977 gebaute Holzboot *Urðardrangur* wurde einem alten Wikingerschiff nachempfunden. Es faßt 12 Personen, 1998 wurde es mit einem neuen Motor ausgerüstet. *Barbara* ist ein 1997 für 28 Passagiere gebautes Motorboot. Auf den Schiffen werden färöische Spezialitäten angeboten, z.B. getrocknetes Walfleisch, Fisch und Lammfleisch.

Buchungen in der Tourist-Information, in den Hotels oder bei *Sp/f Skúvadal,* FR-350 Vestmanna, Tel. 42 43 05, Fax 42 42 92.

Das **Taxi-Motorboot Silja** (1990 in Norwegen gebaut, 25 Passagiere) fährt von Vestmanna nach Mykines (Dauer 1 Std.) und über Vestmannabjörgini nach Saksun (30 Min.), Eiði (Dauer 1 Std.) und Gjógv (1 Std. 15 Min.). Das **Motorboot Friðgerð** ist ebenfalls einem Wikingerschiff nachempfunden. Auch es fährt abgestimmt mit dem Bus Nr. 100 täglich um 9.30, 14.30, 17 und 20 Uhr zu den Vogelfelsen und Grotten von Vestmannabjörgini.

Buchungen in der Tourist-Information, in den Hotels oder bei *Palli Lamhauge,* FR-350 Vestmanna, Tel. 42 41 55, Fax 42 43 83.

Hinter Kjollafjørður führt die Straße Nr.10 am *Sundini* entlang nach Norden. Hier steht eine der wenigen alten Holzkirchen der Färöer. Sie stammt aus dem Jahr 1837. Die runden Pontons im Sund dienen der Lachszucht.

Vorbei an den kleinen Orten *Hósvík* und *við Air,* früher ebenfalls eine Walfangstation, erreicht man nach 42 km **Hvalvík.** Sehenswert sind die bunt bemalten Häuser und die kleine Kirche des Ortes, die 1829 aus Kiefernholz erbaut wurde. Das Holz stammt von einem Schiff, das im Fjord vor *Saksun* gestrandet war. Zu diesem Ort führt die Straße Nr.592.

Saksun wird nur von wenigen Familien bewohnt. Der alte **Hof Dúvugarðar** (Taubenhof) in Saksun ist ein kleines **Freilichtmuseum,** das uns die Wohn- und Lebensverhältnisse färingischer Schafzüchter näherbringt. Die Gebäude sind bis zu 200

Das „Felsenpaar" Risin og Kellingin

Färöer-Inseln

Jahre alt. 300 Schafe gehörten einst zu diesem Hof. Das typisch färöische Wohnhaus ist aus Feldsteinen mit einem Dach aus Birkenrinde und Grassoden erbaut worden. Je nach Bedarf wurde es immer wieder umgebaut und erweitert.

Freilichtmuseum in Saksun

Die **Rauchstube (roykstovan)** ist der älteste Raum des Hauses, er stammt in seiner heutigen Form aus dem Jahr 1820. Der Fußboden des roykstovan besteht aus Lehm. Durch eine Luke im Dach gelangt das Sonnenlicht in den sonst fensterlosen Raum, gleichzeitig zieht dadurch auch der Rauch von der Feuerstelle ab. Ursprünglich war dies der einzige beheizbare Raum des Hauses. Mehrere Generationen wohnten hier zusammen, arbeiteten und schliefen. Hier wurde gekocht und gegessen. In den Alkoven schliefen früher die Knechte und Mägde. Im Stall war Platz für sechs Kühe und ein Kalb. Mehrere Höfe „teilten" sich einen Stier.

Um die Jahrhundertwende wurde der **glasstovan,** die bäuerliche „gute Stube", angebaut. Hier schliefen der Bauer und die Bäuerin. Mit einem kleinen gußeisernen Ofen, in den man die Glut aus der Feuerstelle des roykstovan hineinlegte, konnte die Stube ein wenig beheizt werden. Außer zum Schlafen wurde sie nur an Sonn- und Feiertagen genutzt oder wenn Gäste zu Besuch kamen.

Mitte des 19. Jahrhunderts wurde auf der Nordseite ein Gästezimmer angebaut, als in Saksun eine Kirche gebaut wurde. Hier wohnte dann der Pfarrer von Kvíkvík, wenn er in Saksun predigte. Seither wird dieser Raum auch **præstestovan,** „Pfarrerstube" genannt.

Da die Feuerstelle im roykstovan für die vielen Gäste des Hauses nicht mehr ausreichte, baute man eine **Küche** an, deren Feuerstelle auch zum Beheizen der Räume diente.

Die **Außenanlagen des Hofs** bestehen aus Vorratshäusern, den *Hjallar* für Fleisch und Fisch, aus einer Scheune, einer Schmiede und einem Sauerampfergarten. Sauerampfer war früher als Gemüse und Arzneimittel von großer Bedeutung. Das Wasser wurde dem kleinen Bach entnommen. Über einen Kanal wurde eine Mitte des 19. Jahrhunderts erbaute Mühle betrieben. Nahe am Bach befindet sich auch die *barkkulla,* die „Gerberkuhle". In ihr wurden die Wurzelknollen der Blutwurz *(Potentilla erecta)* zermahlen, womit Leder und Häute gegerbt wurden.

Das Museum ist vom 15.05.–15.09. täglich von 14–18 Uhr geöffnet.

Fährt man auf der Straße Nr.10 weiter, kommt man drei Kilometer hinter Hvalvík an die **Sundbrücke,** die den Sundini überspannt. Doch bleiben wir noch ein wenig auf Streymoy und fahren weiter nach Norden bis die Straße Nr.594 in *Tjørnuvík* endet. Etwa auf halber Strecke passieren wir den **größten Wasserfall der Färöer:** Die *Fossá* stürzt in zwei Stufen insgesamt 140 m tief die steilen Wände des Fjords hinunter. Nächster Ort ist das Fischerdorf *Haldarsvík.* Der Bach *Kluftá* hat westlich des Ortes eine tiefe Schlucht mit Wasserfällen gebildet, die man auf einem Pfad erreichen kann. Auf der gegenüberliegenden Seite des Fjords liegt der Ort *Eiði.* Die Straße endet in *Tjørnuvík;* das male-

Saksun – Grundriß eines Roykstovan

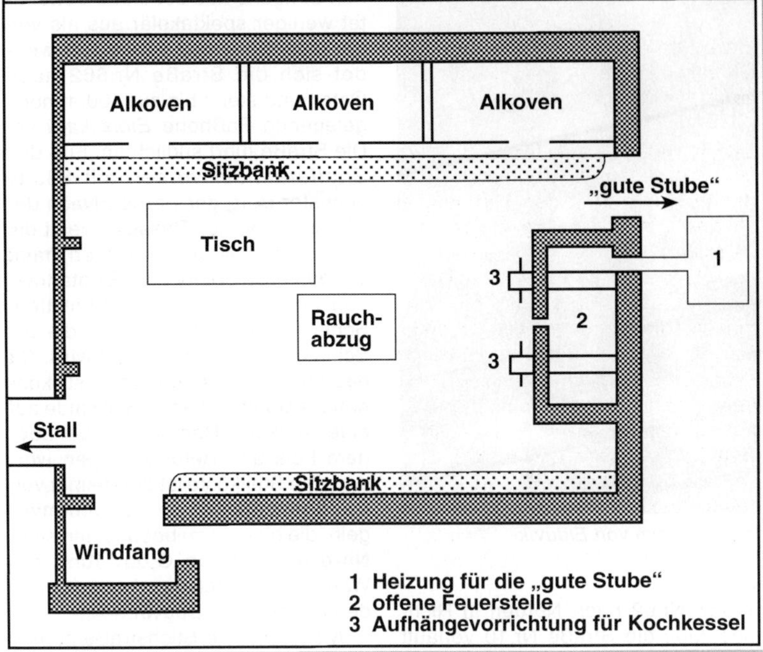

rische Dorf liegt in einer windgeschützten Bucht von Bergen umgeben, von denen kleine Wasserfälle herabstürzen. In der Umgebung des Ortes fand man alte Wikingergräber, deren Beigaben im Historischen Museum in Hoyvík bei Tórshavn ausgestellt sind. Die Fahrt nach Tjørnuvík lohnt sich auch wegen der guten Aussicht auf die beiden Felsen **Risin og Kellingin** (Riese und Trollweib), die im Meer vor der Steilküste des Kaps *Kollur* auf der gegenüberliegenden Insel Eysturoy emporragen. Die Sage berichtet, daß der Riese und sein Trollweib einst Island verließen, weil es dort nichts mehr zu essen gab. Auf den Färöer-Inseln sahen sie, daß dort noch Nahrung vorhanden war. Deshalb wollten sie die einsam im Meer gelegenen Inseln nach Island ziehen. Dies konnte allerdings nur in der Nacht geschehen, denn das Licht der Sonne hätte die beiden Riesen zu Stein erstarren lassen. Der Riese und sein Trollweib vergaßen jedoch bei ihrer anstrengenden Arbeit die Zeit und wurden vom Tag überrascht.

Wir überqueren die Sundbrücke und fahren auf der Insel Eysturoy die

In der Klamm von Elduvík

Straße Nr.62 nach Norden in Richtung *Eiði;* die Straße Nr.10 verläuft durch die utmark und quert die Insel. Auf sie treffen wir später wieder. Mit dem Bau der Brücke und der Anbindung an die Hauptstadt erlebte Eysturoy einen wirtschaftlichen Aufschwung; davon zeugen die vielen neuen Wohnhäuser in den Orten entlang der Straße. Eiði gilt mit seiner Fischfabrik und dem Bau des Wasserkraftwerks beim *Eiðisvatn* als besonders aufstrebender Ort. Dies erkennt man auch an den vielen neuerbauten Häusern. Die zur Küste hin steil abfallenden Wände des 343 m hohen Bergs Kollur sind der Lebensraum vieler Vögel. Tief unten stürmt die harte Brandung an die Küste und nagt beständig am Riesen und seinem Trollweib; die beiden Felsen sehen übrigens aus der Höhe betrachtet weniger spektakulär aus als von der Insel Streymoy. Hinter Eiði wendet sich die Straße Nr.662 nach Osten und steigt bis zur 400 m hoch gelegenen Paßhöhe *Eiðisskarð* an. Die Straße führt südlich am Fuß des *Slættaratindur* vorbei, mit 882 m höchster Berg der Färöer. Nach der Überquerung des Passes zweigt die Stichstraße Nr.632 nördlich nach **Gjógv** im *Daládalur* ab. Hauptattraktion des Ortes ist die 200 m tiefe Schlucht gleichen Namens, die als Schiffsanlegestelle genutzt wird. Da das Meer hier selten ruhig ist, können die Boote mit einer Seilwinde auf eine trockene Rampe aus behauenem Fels und Beton gezogen werden. Die Steilküste ist die Heimat von Papageitauchern und Eissturmvögeln, die hier gut zu beobachten sind. Nordwestlich von Gjógv führt ein Wanderweg durch das *Ambadalur* zu den Klippen von *Búgvin.*

Wir fahren die Stichstraße zurück und biegen wieder auf die Straße Nr.662 ein, die uns schnell nach *Funningur* bringt. Weiter geht es am *Funningsfjørdur* entlang in den gleichnamigen Ort. Zwei Kilometer nach dem Ort mündet die Straße wieder in die Straße Nr.10, die von der Sundbrücke kommt. Von Funningsfjørdur führt eine 7 km lange Stichstraße (Nr.634) zu dem malerischen kleinen Dorf **Elduvík,** das am nordöstlichen Ende des Fjords liegt. Sehenswert sind die alten Häuser und engen Gassen des Ortes; alle Wege sind so eng, daß man sie nur zu Fuß erkunden kann. Wie in Gjógv, wenn auch weniger imposant, befindet sich auch der

Bootsanleger von *Elduvík* in einer Klamm. Auf der nur etwa 3 km entfernten Ostseite dieser Landzunge liegt *Oyndarfjørður.* Mit dem Auto ist der Weg dorthin jedoch wesentlich länger (ca. 24 km); wir müssen über Funningsfjørdur bis zur Straße Nr.10 zurückfahren, dann noch ein Stück nach Süden, bis die Stichstraße Nr.645 nach *Hellur* und Oyndarfjørður abzweigt. In Oyndarfjørður steht eine färingische Holzkirche aus dem Jahr 1838. Sehenswert ist auch das kleine Museum *Víkarhúsini,* ein alter Kaufmannshof. Ein wenig außerhalb des Ortes stehen hinter den neuen Hafenanlagen die **rinkusteinar,** die „Wackelsteine". Die beiden schweren Felsbrocken schwanken seit Jahrhunderten im Takt der Wellen. Ein zwischen den Felsen gespanntes Seil verdeutlicht die mit bloßem Auge kaum wahrnehmbaren Bewegungen. Die Wackelsteine sind weniger ein Naturdenkmal als vielmehr ein Gag, um Touristen in das abgelegene Dorf zu locken.

Den landschaftlich schönsten Teil der Insel mit seinen malerischen alten Dörfern haben wir kennengelernt. Im Osten und Süden Eysturoys dominieren kleine Industriebetriebe und moderne Siedlungen, von denen jede um die 1000 Einwohner zählt. Alle Dörfer liegen am schmalen Küstenstreifen. Die Straße Nr.10 und einige von ihr abzweigende Stichstraßen erschließen diesen Teil der Insel, der auf beiden Seiten des Skálafjørður liegt. Der 16 km lange Fjord ist der längste der Färöer. Wir bleiben zunächst auf der Westseite des Fjords und fahren auf der Straße Nr.69 über *Skáli* nach *Strendur.* Die Wohnhäuser und Industriebetriebe der beiden Orte gehen fast nahtlos ineinander über. Größter Arbeitgeber in *Skáli* ist der Hafen mit der Werft „Skála Skipasmiðjan". In dem Fischerdorf *Strendur* bietet die Spinnerei „Snældan" färingische Wolle und dicke Pullover zum Kauf an. Mit der **Autofähre** können wir nach *Toftir* auf der gegenüberliegenden Seite des Fjords übersetzen. Nordöstlich davon liegt der See *Toftavatn.* In *Glyvrar* können wir im Heimatmuseum *(Bygdasavnið Forni)* erfahren, wie man hier vor 100 Jahren gewohnt und gelebt hat. Die Straße Nr.685 führt uns entlang des Skálafjørður und durch die Orte *Runavík* und *Skipanes* wieder zurück. Von Skipanes aus kann man auf den Stichstraßen Nr.70 und 65 die Ostküste erkunden. In *Suðrugøta* gibt es in der Wollfabrik „Tøtingavirkið" ebenfalls färingische Wollwaren. In *Norðragøta* ist eine alte färingische Dorfgemeinschaft sehenswert **(Blásastova Museum),** die aus der kleinen Holzkirche aus dem Jahr 1833, dem Bauernhof *Blásastova* (Heimatmuseum) und einem Fischerhaus besteht. Hier lebte einst *Tróndur í Gøta* (s. S.605). Die Reste seines Hauses sind noch erhalten. Hinter Norðrugøta gabelt sich die Straße: Die Nr.65 führt nach *Fuglafjørður* am gleichnamigen Fjord, dem Versorgungszentrum der Nordregion, die Nr.70 führt weiter nach *Leirvík.* Eine **Autofähre** ermöglicht hier die Überfahrt über den schmalen *Leirvíksfjørður* nach *Klaksvík* auf der Insel *Borðoy,* dem Zentrum der Nordinseln. Von Leirvík hat man einen besonders guten Blick auf die beiden nahegelegenen Nordinseln *Kalsoy* und *Borðoy.* Leirvík ist der Endpunkt unseres insgesamt etwa 150 km langen Ausflugs auf den Inseln Streymoy und Eysturoy. Über die Straßen Nr.70 und Nr.10 können wir wieder zur Sundbrücke und nach Tórshavn zurückkehren (ca. 70 km).

Praktische Infos

Tourist-Information

Eysturoya Kunningarstova
FR-530 Fuglafjørður,
Tel. 34 48 60, Fax 34 51 80
Eysturoya Kunningarstova
Heiðavegur, FR-600 Saltangará,
Tel. 34 94 49, Fax 34 91 80

Museen

Víkarhúsini Oyndarfjørður
Besichtigung auf Anfrage
Bygdasavnið Forni
Glyvrar, Tel. 44 87 20,
geöffnet Mo, Mi, So 16–19 Uhr
Blásastova Museum
Norðragøta, Tel. 44 17 24 oder 44 21 40, Fax 44 21 89, geöffnet 01.06.–01.09. Mo, Di, Sa, So 15–17 Uhr

Fabrikverkauf färingischer Wollwaren

Snældan
Strendur, geöffnet Mo–Fr 9–17, Sa 10–14 Uhr. Außer einem großen Angebot an Wollwaren werden auch Gebrauchsgegenstände wie Aschenbecher, Gläser und Lampen aus geschliffenem Basalt angeboten.
Tøtingavirkið
„Töting", Suðrugøta, Tel. 44 10 20, Fax 44 20 91, geöffnet Mo–Fr 9–17.30, Sa 10–14 Uhr. Große Auswahl an Jacken und Pullovern aus färingischer Wolle und Shetlandwolle sowie anderen Naturwaren; Souvenirshop, kleines Café.

Die Westinseln

Vágar & Mykines

Die Insel **Vágar** ist wegen des **Flughafens** für die Färöer von besonderer Bedeutung. Sonst aber ist Vágar verkehrstechnisch kaum erschlossen. Nur eine Straße (Nr.40) führt vom Fähranleger in *Oyrargjógv* zum Flughafen bei *Sørvágur* und weiter zu dem kleinen Ort *Bøur* an der Westküste. Wie auf den meisten spärlich besiedelten Inseln der Färöer ist auch auf Vágar der **Hubschrauber** das Verkehrsmittel der Wahl. Relativ preisgünstig erreichen die Bewohner damit schnell die Versorgungszentren der Inseln. Die Flüge sind aber stark vom Wetter abhängig, und so kommt es vor, daß eine Insel bei Nebel oder Sturm tagelang nicht angeflogen werden kann.

Sandavágur ist nach dem Fährhafen Oyrargjógv der erste Ort an der Straße. Ein Denkmal erinnert an *V.U. Hammershaimb,* der die heutige färingische Schriftsprache schuf. In der Kirche aus dem Jahr 1916 wird ein **Runenstein** *(runarsteinur)* aus der Wikingerzeit aufbewahrt, dessen Inschrift besagt, daß hier *Þórkil Ømundarson* aus Norwegen als erster siedelte. Die Straße führt ein kurzes Stück am Ufer des *Vágafjørður* entlang nach *Miðvágur.* Im alten Pfarrhaus *Kálvalið* ist ein kleines **Heimatmuseum** eingerichtet. Das Haus ist auch durch den Roman *„Barbara"* von *Jørgen Frantz-Jacobsen* (1900–1938) bekannt. Darin wird eindrucksvoll das Leben der Pfarrerswitwe *Beinta* beschrieben. Der vom Autor unvollendete Roman ist an den Originalschauplätzen verfilmt worden.

„Auf den Spuren von Barbara" nennt sich eine 3-stündige Busfahrt, die jeden So um 14 Uhr durchgeführt wird. Anmeldung bei der Tourist-Information Vágar am Flughafen in Sørvágur, Tel. 33 34 55, Fax 33 31 00. Das Museum Kálvalið ist den Sommer über täglich von 10–12 und 14–16 Uhr geöffnet.

In der flachen Bucht von Miðvágur werden Grindwale gefangen.

Die Straße verläuft weiter am Ufer des langgezogenen **Sørvágsvatn,** auch *Leitisvatn* genannt. Der 6 km^2 große See ist der **größte Binnensee der Färöer.** Bei der scharfen Rechtskurve am Anfang des Sees sollte man anhalten und die Wanderschuhe schnüren. Eine zweistündige leichte **Wanderung** führt am See entlang nach Süden zum 148 m hohen **Kap Trælanípan** und zu den **Wasserfällen Bøsdalafossur,** in denen sich der Seeabfluß 50 m tief ins Meer stürzt. Eine Sage berichtet, daß die Wikinger einst ihre Leibeigenen, die zu alt zum Arbeiten waren, am Kap Trælanípan ins Meer gestoßen haben.

Am nördlichen Ende des Sees liegt der kleine Ort *Vatnsoyrar.* Zwei Kilometer weiter zweigt die Zufahrt zum Flughafen ab. Nach insgesamt 20 km erreicht man den Hafen *Sørvágur* am 5 km langen *Sørvágsfjørður.* Von hier fährt im Sommer je nach Witterung und Andrang (vorab reservieren!) ein- bis dreimal täglich die *Súlan,* ein kleines Versorgungsboot, das auch Personen befördert, zur **Vogelinsel Mykines.** Bei schlechtem Wetter fährt das Schiff oft auch tagelang überhaupt nicht. Ein Ausflug auf die Vogelinsel (bei schlechtem Wetter grundsätzlich nur mit Zelt, warmem Schlafsack, Campingausrüstung und Verpflegung, sofern man nicht ein Zimmer gebucht hat) sollte deshalb gut vorbereitet werden, um im Notfall auch einige Tage dort verbringen zu können. Auf Mykines wohnen ganzjährig nur wenige Menschen. Die Einheimischen betreiben in der Umgebung des gleichnamigen Ortes ein wenig Landwirtschaft. Wer Glück hat, findet Unterkunft in einem der begehrten Privatzimmer, die aber meist lange im voraus ausgebucht sind. Außer einer kleinen Verkaufsstelle, die nur am Wochenende geöffnet hat – und auch nur dann, wenn der Besitzer gerade anwesend ist – gibt es auf der Insel keine Versorgungsmöglichkeiten. Mykines ist autofrei. Im Sommer zieht es an den Wochenenden viele Färinger auf die Insel, die hier ein Ferienhaus besitzen. Mykines ist ein wahres Vogelparadies. Papageitaucher, Dreizehenmöwen und Baßtölpel brüten auf *Mykineshólmur* in der Nähe des Leuchtturms in den Klippen. Jeder Aussichtspunkt und jede Vogelbeobachtungsstelle muß jedoch im zumeist weglosen Gelände erwandert werden. Markierte Wege gibt es nicht. Eine anstrengende und wegen des glitschigen, nassen Grasbodens nicht ganz ungefährliche Wanderung (8 Stunden) führt über den 560 m hohen *Knúkur* ins *Borgardalur* im Osten der Insel. Hier steht eine kleine Schutzhütte, die nur im Notfall benutzt werden darf. Zur Orientierung empfehlen wir, einen Kompaß mitzunehmen und die Karte Nr.23 (Maßstab 1:20 000) der Färöer-Inseln. Das Boot nach Mykines, ein Zimmer im Gästehaus oder ein Privatzimmer werden am besten bei der Tourist-Information in Tórshavn gebucht.

Vier Kilometer hinter Sørvágur endet die Straße in **Bøur.** Das winzige Dorf mit den engen Gassen, den kleinen grasgedeckten Häuschen, den vielen Blumen und der Holzkirche aus dem Jahr 1865 ist sehenswert. Hier scheint die Zeit still zu stehen. Hinter den nahen Bergen verstecken sich die letzten Häuser der Insel; **Gásadalur** ist bislang nur zu Fuß oder mit dem Hubschrauber zu erreichen. Am Ende der Straße, 3 km westlich von Bøur, beginnt ein steiler und bei Nässe rutschiger Pfad, der über die Klippen nach Gásadalur führt (9 km hin und zurück, 5–6 Std.). Gásadalur besteht aus einigen Höfen, die von der Landwirtschaft leben. Auf diesem Weg wurde früher die Post befördert. Unterwegs hat man herrliche Ausblicke auf die beiden kleinen Inseln *Gáshólmur* und *Tindhólmur* im Sørvágsfjørður. Dorthin werden auch Bootsausflüge ab Sørvágur angeboten. Nordöstlich von Gásadalur liegt der See *Fjallavatn.*

Um Gásadalur und den einst gefährlichen Weg dorthin rankt sich manche Legende. Da es keine Kirche in dem kleinen Ort gibt, wird der Gottesdienst im Schulzimmer abgehalten. Der kleine Friedhof stammt aus dem Jahr 1873. Davor mußten die Toten zur Beerdigung mühsam über die Berge nach Bøur getragen werden. Unterwegs gab es für die Träger etwa auf halbem Weg nur an dem Felsen *Líksteinurin* („Leibesstein") eine Möglichkeit zum Rasten und um ein wenig Schutz vor dem Wetter zu finden. Von der heiligen Quelle *Keldan Vígda* wird berichtet, daß einmal ein noch nicht getaufter, kranker Säugling zum Arzt nach Bøur gebracht werden sollte. Auf dem Weg dorthin verschlimmerte sich sein Gesundheitszustand, und das Kind drohte zu sterben. Kinder aber, die ungetauft starben, galten als verlorene Seelen. So weihte der Pastor, der den Zug begleitete, die Quelle und taufte das Kind mit ihrem Wasser.

Risasporið, der Fußabdruck eines Riesen, soll entstanden sein, als einmal die zwei Riesen von Vágar und Mykines miteinander in Streit gerieten. Der Riese von Vágar sprang von seiner Insel über das Meer nach Mykines. Sein Absprung soll so gewaltig gewesen sein, daß er den heute noch sichtbaren Abdruck hinterließ. Auf Mykines kam es zu einem furchtbaren Kampf der Riesen, wodurch ein Stück der Insel absplitterte und Mykineshólmur entstand. Der Riese von Vágar verlor den Kampf. Um sein Leben zu retten, versprach er drei Dinge: Jedes Jahr sollten die Menschen von Mykines ein Stück Treibholz und einen Wal bekommen. Außerdem sollte die Insel von einem seltenen Vogel besucht werden. Bedingung war jedoch, daß sich die Bewohner nicht über seine Gaben beklagen durften. Als das Stück Treibholz krumm und klein war und der Wal häßlich und einäugig, beklagten sich die Bewohner aber lautstark. Daraufhin kamen diese beiden Gaben nie wieder nach Mykines. Hinsichtlich der Vögel hatten die Bewohner keinen Grund zur Klage; bis heute befindet sich deshalb die einzigste Baßtölpel-Kolonie der Färöer-Inseln auf Mykines...

Tourist-Information

Kunningardiskurin
Flughafen Vágar, FR-380 Sørvágur,
Tel. 33 32 00, Fax 33 31 00

Die Nordinseln

Kalsoy, Kunoy, Borðoy, Viðoy, Svínoy & Fugloy

Die sechs Inseln *Kalsoy, Kunoy, Borðoy, Viðoy, Svínoy* und *Fugloy* werden als **Nordinseln Norðoyar** zusammengefaßt. *Klaksvík* auf Borðoy ist das Zentrum der Nordinseln, die mit der Fähre von Tórshavn (1x täglich) oder Leirvík (10x täglich) auch den Autofahrern zugänglich sind. Die drei größeren Inseln *Kunoy, Borðoy* und *Viðoy* sind durch Straßen miteinander verbunden. Zu den kleineren Inseln fahren regelmäßig Boote, oder man gelangt mit dem Hubschrauber dorthin. Speziell für Touristen werden **Ausflugsfahrten zu den hohen Kaps** angeboten, die man in der Tourist-Information in Klaksvík buchen kann. Aus der ehemaligen Zweigstelle des Handelsmonopols für die nördlichen Inseln hat sich eine moderne kleine Stadt mit 5500 Einwohnern entwickelt. Die meisten Bewohner Klaksvíks leben heute vom Fischfang oder arbeiten im Hafen. Wie in Tórshavn bildet auch hier der Hafen den Mittelpunkt der Stadt. Die meisten Geschäfte liegen in Hafennähe entlang des *Klaksvíksvegur,* der *Biskupsstøðgøta* und der *Nólsoyar Páls Gøta.* Bei „Norðoyar Heimavirki" in der *Biskupsstøðgøta* werden handgefertigte Woll- und Lederwaren verkauft. In der *Kirkjubrekka,* am südöstlichen Ende des Hafens, steht die *Christianskirkjan* (Christianskirche). Sie wurde in traditioneller färingischer Bauweise von

Blick von Eysturoy (Küste bei Gjógv) zur Insel Kalsoy

Abstecher nach Kalsoy

Die Fähre Nr. 56 legt 1–2x täglich in Klaksvík zu der 20minütigen Überfahrt nach *Syðradalur* und *Húsar* auf *Kalsoy* ab. Mit dem Bus oder dem Auto kann man auf der einzigsten, 15 km langen Straße entlang der Ostküste nach Norden bis *Mikladalur* (Einkaufsmöglichkeit, Übernachtung zuvor in Klaksvík klären!) und *Trøllanes* fahren. Vier Tunnel gibt es auf dieser Strecke. Eine **besondere Aussicht** hat man von der Straße gleich nach dem vierten Tunnel: Über dem malerischen Dorf *Trøllanes* erheben sich die steilen Klippen des 820 m hohen Kunoyarnakkur und des 750 m hohen Kap Enniberg auf Kunoy.

Zu Fuß kann man entlang der Küste bis zum Leuchtturm von *Kallur* weitergehen (1 Std.). Die Aussicht auf die Kaps der Nachbarinseln ist grandios! Weit reicht der Blick von den Felsen Risin og Kellingin auf Eysturoy bis zu den Nordinseln. Bei guter Sicht kann man sogar den 550 m hohen Norðberg auf Fugloy ausmachen. Und in Richtung Norden sieht man über den scheinbar grenzenlosen Nordatlantik...

dem Dänen *Peter Koch* entworfen und 1963 geweiht. Form und Baumaterial erinnern an den Magnus-Dom in Kirkjubøur. Eine 4000 Jahre alte germanische Opferschale, die aus Dänemark stammt, dient als Taufbecken. Das Altarbild wurde 1901 von dem dänischen Künstler *Joakim Skovgaard* gemalt. Typisch für färingische Kirchen hängt auch hier ein Ruderboot unter dem Dach. Es drückt aus, daß die Pfarrer früher damit zu ihren oft entlegenen Gemeinden gelangten. In der Nähe der Kirche steht ein Brunnen von *Frídtjoff Joensen* aus dem Jahr 1983. Am Klaksvíksvegur befindet sich die Brauerei „Føroyar Bjør“, in der nahegelegenen Gaststätte „Roykstovan“ wird das färingische Leichtbier frisch aus dem Faß ausgeschenkt, eine Seltenheit auf den Inseln. Hinter dem Anleger der Fähre aus Tórshavn befindet sich das ehemalige Kontor des Handelsmonopols. In dem schwarzgeteerten Holzhaus aus dem Jahr 1838 ist ein **Heimatmuseum** untergebracht; vor allem die alte Apotheke ist sehenswert. Vom zentralen Platz *Vágstún* gelangt man über die *Uppsalagøta* und die *Niðan Horn* zum Huschrauberlandeplatz, ein wenig südöstlich oberhalb der Stadt gelegen. Folgt man dem Schotterweg ein Stück weiter auf den 503 m hohen Berg *Hálgafelli,* wird man mit einem **herrlichen Ausblick** auf die Stadt, die Fjorde und die Inseln belohnt.

Praktische Infos

Tourist-Information

Norðoya Kunningarstova
Nólsoyar Páls Gøta, FR-700 Klaksvík, Tel. 45 69 39, Fax 45 65 86, geöffnet Mo–Fr 8–17, Sa 8–12 Uhr.

Heimatmuseum

Norðoya Fornminnissavn
Klaksvíksvegur, geöffnet Di, Do 14–16, So 16–18 Uhr.

Fahrradvermietung

John W. Thomsen
Nólsoyar Páls Gøta,
FR-700 Klaksvík, Tel 45 58 58.

Von Klaksvík führt die Straße Nr.70 entlang des *Haraldssund* nordwärts. An der Abzweigung zur Insel Kunoy halten wir uns rechts und fahren durch zwei enge, unbeleuchtete Tunnel nach *Viðareiði* auf der Nachbarinsel Viðoy. Nach dem zweiten Tunnel erreichen wir die Häuser von *Norðdepil;* eine Brücke führt hier über den schmalen *Hvannasund.* In demselben Haus (Übernachtungsmöglichkeit, Tel. 45 20 21) kann eine Unterkunft auf der kleinen Insel *Fugloy* reserviert werden. Vom gegenüberliegenden Ort *Hvannasund* auf der Insel Viðoy verkehren Boote zu den Inseln Fugloy und *Svínoy.* Der Südosten der Insel ist unbewohnt. Unsere Fahrt endet nach etwa 20 km in dem Ort *Viðareiði,* dem nördlichsten Ort der Färöer. Von hier hat man eine gute Aussicht nach Westen zur Insel Kunoy mit dem 820 m hohen Berg *Kunoyarnakkur,* dem **höchsten Kap Europas.** Am eindrucksvollsten wirkt das Kap, wenn man sich ihm auf einem kleinen, schwankenden Boot nähert. Das Hotel in Viðareiði organisiert bei Bedarf solche Ausflugsfahrten, die auch das 750 m hohe *Kap Enniberg* am Nordende der Insel Viðoy mit einschließen, das anders kaum zugänglich ist. Auch geführte Wanderungen zu dem 841 m hohen Berg *Villingadalsfjall* werden angeboten. Von Viðareiði führt eine 3,5 km lange schmale Straße in südöstlicher Richtung weiter bis *Dalar.*

Fährverbindung

Ab Hvannasund fährt die Personenfähre Nr.58 jeden Morgen **nach Svínoy und Fugloy,** Mo, Fr auch nachmittags. Die Rückfahrt am gleichen Tag ist oft nicht möglich, deshalb Infos in Hvannasund oder der Tourist-Information Klaksvík einholen (auch die Übernachtung abklären!).

Die Südinseln

Sandoy & Suðuroy

Die beiden großen Südinseln *Sandoy* und *Suðuroy* sind jeweils von Gamlarætt und Tórshavn aus mit der Fähre erreichbar. Verwöhnt von den spektakulären Landschaften des Nordens, erscheinen die Berge auf Sandoy weniger beeindruckend. Der *Tindur* (479 m) ist der höchste Berg. Auch sind die Berge nicht so schroff wie auf den anderen Inseln, ihre Formen sind runder. An der Westküste, die von dem 412 m hohen *Eiriksfjall* überragt wird, gibt es Klippen und Vogelfelsen, bei Sandur und Húsavík sogar zwei kleine Strände. Sandoy ist eine eher ruhige Insel. Die Seen ziehen Angler an.

Die Überfahrt von Gamlarætt nach *Skopun* auf der Insel Sandoy dauert eine Stunde. Unterwegs wird die kleine Insel *Hestur* passiert, die einsam im *Skopunarfjørður* liegt. Von Skopun führt eine schmale Straße (Nr.30) vorbei an den kleinen Seen *Norðara Hálsvatn, Heimara Hálsvatn* und *Sandsvatn* durch das landwirtschaftlich genutzte *Traðadalur* nach *Sandur* (8 km), dem Zentrum Sandoys (650 Einwohner). Vom Hafen fahren Schiffe auf die vorgelagerte Insel *Skúvoy.* 8 km von Sandur entfernt liegt *Húsavík* an der Ostküste. Im **Heimatmuseum á Breyt** sind die Lebensverhältnisse armer Kleinbauern Anfang des 19. Jahrhunderts dargestellt.

Die Schiffsreise zu der lebhafteren südlichsten Insel Suðuroy dauert bei gutem Wetter etwa $2^1/_2$ Stunden. Die Insel ist deshalb nicht auf einer Tagestour zu erkunden. Sie ist gut erschlossen und bietet entsprechende Einkaufs- und Übernachtungsmöglichkeiten. Auf Suðuroy legt die Fähre in dem Ort *Tvøroyri* an. Die langgezogene kleine Stadt mit ihren 2200 Einwohnern ist das Zentrum der Insel. Zur Zeit des Handelsmonopols (1836) befand sich hier ebenfalls ein Außenposten, der die Klippfischproduktion überwachte.

Wir verlassen den Ort und fahren zunächst nach *Trongisvágur* am Ende des *Trongsgisvágsfjørður.* Von hier führen Straßen nach *Sandvík* im Norden (17 km) und nach *Fámjin* (15 km) im Westen. In der Kirche ist die erste Flagge der Färöer, *Merkið* genannt, ausgestellt. Bis *Sumba* im tiefen Süden der Insel sind es 41 km.

Auf der Straße Nr.29 in Richtung Sandvík durchfährt man bald einen Tunnel, hinter dem ein Fahrweg nach rechts zu der einzigen **Kohlegrube** abzweigt, die heute noch auf den Färöer betrieben wird. Die hier außerhalb der Fischfangsaison geförderte Kohle wird stark subventioniert und dient nur dem Eigenverbrauch der Färinger. Zur Zeit der Industrialisierung in Europa waren hier mehrere Gruben in Betrieb; die Kohle wurde von *Hvalba* aus exportiert. Von dieser für die Wirtschaft der Färöer einmal bedeutenden Kohleförderung zeugen heute noch die gut erkennbaren Abraumhalden. Die einzige Töpferei der Südinseln „Føroya Steintoy“ stellt in Hvalba färingische Töpferwaren her.

Nach dem Tunnel führt die Straße steil hinunter ins Tal der *Sandvíksá.*

Nebel über den Färöern – kein ungewöhnlicher Anblick

In der flachen Sandbucht, wo der Bach in den Fjord mündet, liegt der 120 Einwohner zählende Ort **Sandvík.** Von der Bucht hat man eine herrliche Aussicht auf die unbewohnten Inseln *Stóra Dímun* und *Lítla Dímun.* Im grasgedeckten ehemaligen Haus eines Fischers und Bauern aus dem Jahr 1860 befindet sich ein kleines **Heimatmuseum,** das neben diversen Einrichtungsgegenständen auch alte Werkzeuge zur Wollverarbeitung und für den Fischfang zeigt.

Die Straße Nr.20 zweigt in *Trongisvágur* nach Süden in Richtung *Øravík* ab. Sie führt am *Trongsgisvágsfjørður* entlang und bietet eine gute Aussicht auf Tvøroyri. Im Fjord fallen die runden Pontons der Lachszuchtanlagen auf. Øravík, das nur aus einem Gehöft und dem Gästehaus *við Á* (Zimmer, Schlafsackunterkunft, Camping) besteht, erreicht man nach 7 km. Hier gabelt sich die Straße erneut, östlich geht es nach *Fámjin* an der Ostküste. Von dort kann man eine schöne Wanderung zum nahegelegenen *Kirkjuvatn* machen. Wir fahren weiter auf der Nr.20 am Fjord und an den beeindruckenden, schroffen Steilküsten im Westen Suðuroys entlang nach Süden. Über *Porkeri* erreicht man nach 25 km *Vágur* im *Vágsfjørður.* Die Einwohner des Ortes leben hauptsächlich vom Fischfang und der Fischverarbeitung. Der Hafen mit den kleinen Bootshäuschen ist sehenswert. Auch Vágur ist **Fährhafen;** zweimal wöchentlich legt eine Autofähre aus Tórshavn hier an. Die Insel ist hier nur 3 km breit. Nordwestlich von Vágur liegt das *Ryskidalur* mit einem See, in dem man angeln kann. Eine holprige Straße führt zur Bucht *í Botni* an der Westküste. In Richtung Süden kann man auf einem Fahrweg den Aussichtspunkt *Skúvanøs* erreichen.

Praktische Infos

Tourist-Information

Kunningarstovan Suðuroy
FR-800 Tvøroyri, Tel. 37 24 80, Fax 37 18 14

Museen

Sands Bygdasavn
Heimatmuseum Sandur, auf Sandoy; das kleine Museum kann immer besucht werden.

Heimatmuseum á Breyt
Húsavík; auch dieses kleine Museum kann immer besucht werden.

Heimatmuseum Sandvík
Auf Suðuroy; ein Besuch des kleinen grasgedeckten Fischerhauses ist immer möglich.

Sonstiges

Kohlegrube Hvalba
Aktuelle Besichtigungszeiten bei der Tourist-Information erfragen; es werden auch geführte Touren incl. Busfahrt angeboten, Dauer 3–4 Std.

Lopra
Auf Suðuroy; Ölbohrstelle.

Südlich von Vágur nimmt die Besiedlung merklich ab; dafür wird die Küstenlandschaft immer spektakulärer: lotrecht abfallende Klippen, im Meer spitze Felsnadeln und kleine, vorgelagerte Inseln, überall das Gekreische der Meeresvögel, Wind – und in der Luft der Geschmack des Salzwassers. Die Straße Nr.21 erschließt die Südspitze der Insel, die hier höchstens 5 km breit ist. Die Straße verläuft zunächst im Westen der Insel am Vágsfjørður entlang nach *Lopra,* durchquert die schmale Landenge und führt an der Ostküste weiter. Wir empfehlen, hinter Lopra nicht die Route durch den Tunnel zu wählen, sondern die alte, kurvenreiche Straße zu fahren. Immer wieder laden Parkbuchten zum Anhalten ein. Meist sind es zu den steilen Klippen nur wenige Schritte. Doch große Vorsicht ist geboten, denn die nassen, mit Gras bewachsenen Felsbrocken, die man in dem weglosen Gelände überklettern muß, sind sehr glitschig.

Etwa einen Kilometer nach der Abzweigung einer Stichstraße nach *Víkabyrgi* an der Westküste, liegt die senkrecht abfallende **Klippe Beinisvørð.** Sie ist 476 m hoch und damit die höchste Suðuroys. Die Straße endet in der kleinen Siedlung *Sumba* (41 km). Im Meer vor Sumba liegt die schmale Insel *Sumbiarhólmur.* Sumba ist auf den Färöer bekannt geworden durch seine **Volkstanzgruppe,** die auch einige Schallplatten mit traditioneller färingischer Volksmusik herausgebracht hat. Ein Lebensmittelgeschäft und eine einfache Unterkunft laden dazu ein, hier einige Tage zu verbringen und das Land zu erwandern. Bis *Akraberg* am südlichsten Zipfel der Insel sind es nur 3 km. Zwar gibt es auch einen befestigten Fahrweg zum Leuchtturm und zu einem einsam gelegenen Gehöft, doch unternimmt man in dieser herrlichen Landschaft die kleinen Ausflüge besser zu Fuß. So lassen sich die Naturgewalten hautnah erleben.

Anhang

Glossar

A

Aa-Lava: Rauhe Lava aus Blöcken mit scharfkantiger Oberfläche; diese isländisch „apalhraun“ genannte Lava entsteht durch Blasenbildung beim Entgasen der erstarrenden Lavaschmelze bzw. wenn die zähe, entgaste Lava beim Fließen zerreißt und die unregelmäßig geformten Lavabrocken aufeinandergeschichtet werden (Blocklava).

Aktive Vulkanzone: Bereich der Dehnungsfugen am mittelatlantischen Rücken, der sich in zwei 20–40 km breiten Bahnen von der Halbinsel Reykjanes über den Langjökull und von Vestmannaeyjar über den Vatnajökull quer durch Island verlaufend in nordöstlicher Richtung bis zum Axarfjörður erstreckt; Ort höchster vulkanischer Aktivität.

Alþing: Altisländische Versammlung der Sippen in Þingvellir; Ort der Rechtssprechung, des sportlichen Wettkampfes und des Austausches von Neuigkeiten.

Amphitheater: Altrömisches Theater mit großer ovaler Arena und ansteigenden Sitzreihen aus Stein. Im übertragenen Sinn eine Formation aus erstarrter Lava, die in ihrem Aussehen einem Amphitheater ähnelt.

Apalhraun: ↗ Aa-Lava

Asche: Kleinste bei einem Vulkanausbruch herausgeschleuderte Gesteinsteilchen mit einem Durchmesser von 0,1–2 mm werden als **Vulkanasche** bezeichnet.

Asen: das Geschlecht der germanischen Götter

Asthenosphäre: ↗ Erdmantel

B

Basalt: Vulkanisches Ergußgestein aus der Sima-Hülle der ↗ Erdkruste, das sich aus 1050–1250°C heißem, basischem Magma bildet.

Basaltsäule: Säulenförmig erstarrte Form basaltischer Lava. Die Basaltsäulen entstehen stets im rechten Winkel zur Abkühlfläche, d.h. sie verlaufen in den Lavaschichten senkrecht. Schräg verlaufende Basaltsäulen entstehen durch tektonische Verschiebungen der Gesteine.

Besiedlung: Landnahme Islands durch die Wikinger in den Jahren 860–930.

Bims: Bei einer Eruption freigesetztes poröses, lufthaltiges Gesteinsglas, das auf Wasser schwimmt. Bims entsteht im Vulkanschlot aus rasch erstarrtem Lavaschaum, aus dem die Gase nicht mehr entweichen konnten.

Blocklava: ↗ Aa-Lava

Bombe: Bei einem explosiven Vulkanausbruch aus dem Krater geschleuderte Lavafetzen, die sich in der Luft durch Rotation zu kugeligen Gebilden (Größe bis zu über 1 m) verdichten und in der Luft erstarren.

Brekzie: Große Blöcke aus verfestigten, alten vulkanischen Lockerprodukten wie ↗ Palagonittuff

C

Caldera: (span. = Kessel) Einsturzkessel eines Kraters in einem Zentralvulkan. Ein Einsturzkessel entsteht, wenn sich eine Magmakammer unter einem Dach aus erstarrter Lava oder empor gedrückter Landmasse durch Lavaabflüsse schnell entleert und dabei einen großen Hohlraum hinterläßt. Das Gewicht des „Daches" bringt den Hohlraum zum Einsturz.

Canyon (auch „Cañon"): tief eingeschnittenes, schluchtartig verengtes Tal mit steilen Wänden.

Christianisierung: Zeit um das Jahr 1000, in dem die heidnischen Ureinwohner Islands zum christlichen Glauben bekehrt wurden.

Curie-Temperatur: 1895 benannt nach Pierre Curie (1859–1906). Der Magnetismus eisenhaltiger Gesteine bildet sich erst nach dem Erstarren der Gesteinsschmelze aus dem Erdinnern (Magma) unterhalb der sog. Curie-Temperatur von 768°C. Dabei „speichern" die Gesteine den globalen Magnetismus des Erdmagnetfeldes. Erwärmt man das Gestein wieder auf die Curie-Temperatur (Umwandlungstemperatur), verliert es seine Magnetisierung. Der Magnetismus bildet sich beim Abkühlen wieder aus. Das Magnetfeld der Erde hat sich im Verlauf ihrer Entstehung mehrmals umgepolt. Dieser unterschiedliche Magnetismus ist in der erstarrten Lava gespeichert. Der Magnetismus des Vulkangesteins erschwert die Orientierung mit einem Kompaß.

D

Diatomite: Kleinstlebewesen in Süßwasserseen, deren Skelette ↗ Kieselgur bilden.

Doppelspat: Isländischer Doppelspat ist ein klarer und fehlerfreier Kalkspat, der wegen seiner Doppelbrechung des Lichts früher für optische Linsen verwendet wurde.

E

Edda: altisländische Reimdichtung aus mythischen Helden- und Götterliedern.

Edda-Hotel: Internat, das während der Sommermonate als Hotel genutzt wird.

Effusiv: Bezeichnet die aus einem Vulkankrater ausfließende basaltische Lava.

Einsturzkessel: ↗ Caldera

Eiszeit: erdgeschichtliche Periode starker Vergletscherung vor 1 Million – 10 000 Jahren. Die Gletscher formten das Land.

Erdkern: Die innerste Schale der Erde besteht hauptsächlich aus den chemischen Elementen Nickel und Eisen **(Nife-Schale).** Sie reicht vom Erdmittelpunkt in 6371 km Tiefe bis 2900 km. Im Erdkern herrschen Temperaturen bis 5000°C und Drücke bis 3 Millionen bar. Der innere Teil des Erdkerns (6371–5100 km) ist fest, der äußere Teil (5100–2900 km) zähflüssig.

Erdkruste: Als Erdkruste bezeichnet man die feste äußerste Schale der Erde, die sich an den oberen Erdmantel anschließt und Bestandteil der Lithosphäre ist. Die vergleichsweise dünne Erdkruste besteht aus verfestigten vulkanischen und Sedimentgesteinen. Die **kontinentale Erdkruste** ist durchschnittlich 35 km dick. Sie gliedert sich in eine untere und in eine obere Hülle. Die Gesteine der unteren Hülle bestehen hauptsächlich aus den chemischen Elementen Silizium und Magnesium **(Sima-Schale),** die der oberen Hülle sind Granite und Gneise. Sie enthalten vor allem die Elemente Silizium und Aluminium **(Sial-Schale).** Die

ozeanische Erdkruste ist deutlich dünner als die kontinentale.

Erdmagnetismus: Die Erde besitzt ein Magnetfeld. Dieses entsteht wie bei einem Dynamo durch die Bewegung des zähflüssigen äußeren Erdkerns, der „elektrischen Strom" erzeugt, welcher ein Magnetfeld induziert. Entsprechend des Erdmagnetfeldes richtet sich die Nadel eines Kompasses aus. Im Verlauf der Erdgeschichte hat sich das globale Erdmagnetfeld mehrfach umgepolt, d.h. der flüssige Teil des Erdkerns änderte seine Fließrichtung. Dieses globale Magnetfeld wird beim Abkühlen in dem erstarrten magnetischen Gestein gespeichert (↗ Curie-Temperatur).

Erdmantel: Teil des Erdinnern, der an den Erdkern in 2900 km Tiefe anschließt und bis zur Erdkruste in durchschnittlich 35 km Tiefe reicht. Der **untere Erdmantel** – auch als **Sifema-Schale** bezeichnet – erstreckt sich von 2900–250 km Tiefe; er besteht aus Gesteinen, die hauptsächlich die chemischen Elemente Silizium, Eisen und Magnesium enthalten. Die Temperatur beträgt im unteren Erdmantel 1000–2000°C, der Druck 10 000–100 000 bar. Daran schließt sich der **obere Erdmantel** an, der aus der Asthenosphäre und der Lithosphäre besteht. Hier herrschen Temperaturen bis 1500°C und Drücke bis 10 000 bar. Die **Asthenosphäre** ist der zähflüssige und unbewegliche untere Teil des oberen Erdmantels in 250–120 km Tiefe. Darüber liegt die ↗ **Lithosphäre,** die feste Gesteinshülle. Sie besteht aus sieben großen und einigen kleineren Platten aus Basalt **(Lithosphärenplatten),** in welche die Kontinente eingebettet sind. Über Land sind die Lithospärenplatten 20–70 km dick, über den Ozeanen 5–6 km. Die Lithosphärenplatten bewegen sich angetrieben durch ↗ Konvektion wenige cm/Jahr, sie „schwimmen" auf der Asthenosphäre.

Erosion: Abtrag an Boden durch fließendes Wasser, Wind oder das Eis eines Gletschers.

Explosionskrater: tiefer v-förmiger Krater, der bei einem explosiven Vulkanausbruch gebildet wurde.

Explosiv: Vulkanausbruch, bei dem Asche und Lava mit großer Wucht (explosiv) aus dem Krater herausgeschleudert werden.

F

Fjord: schmale, lange, tief eingeschnittene und verästelte Meeresbucht; ein durch die eiszeitlichen Gletscher geschaffenes ↗ Trogtal wurde vom Meer überflutet.

Fladenlava: ↗ Pahoehoe-Lava, deren Oberfläche glatt wie die Wellen eines ruhigen Meeres erstarrt ist.

Flateyjarbók: altisländische, bebilderte Pergamenthandschrift

Frostverwitterung: Wasser dehnt sich beim Gefrieren aus. In Gestein eingedrungenes Wasser sprengt dieses beim Gefrieren auseinander.

Fumarole: Ausströmen von heißen vulkanischen Gasen und Wasserdampf mit einer Temperatur zwischen 400 und 1000°C.

G

Gasthaus: Meist einfaches privates Hotel, vergleichbar mit einer Pension.

Geächteter: Ein auf dem Alþing als „vogelfrei" und rechtlos erklärter Verurteilter, der von jedermann getötet werden durfte. Um ihrem Tod zu entgehen, verließen die Geächteten das Land oder zogen sich in das unzugängliche Landesinnere Islands zurück.

Geothermal: bezeichnet die Wärme aus der Erdkruste.

Geothermale Energie: Nutzung der Wärmeenergie, die aus dem Dampf und heißen Wasser aus der Erdkruste gewonnen wird. Die Wärmeenergie wird auch in elektrische Energie umgewandelt.

Geyserit: helle Ablagerungen aus ↗ Kieselsinter um den Schlot eines Geysirs.

Geysir: heiße Springquelle

Gletscherfluß: isl. jökulsá, Schmelzwasserabfluß eines Gletschers

Gletscherlauf: isl. jökulhlaup; extrem starke Schmelzwasserabflüsse eines Gletschers vermischt mit Eis, Geröll und hausgroßen Gesteinsbrocken. Gletscherläufe entstehen, wenn sich eine mit Schmelzwasser gefüllte Kammer unter dem Gletscher entleert oder wenn ein Vulkanausbruch das Eis schmilzt. Gletscherläufe verwüsten oft große Gebiete.

Gletschermilch: graues, trübes Wasser eines Gletscherflusses, das 2 g/l Gesteinsmehl enthält.

Gletscherzunge: meist langer, zungenförmiger Ausläufer eines Gletschers.

Glutlawine: Wolke aus 600–900°C heißen Gasen und Aschen, die aus einem Vulkankrater schwappt und mit hoher Geschwindigkeit die Hänge hinabfließt.

Gode: Die ersten dauerhaften Siedler Islands waren aus Norwegen vertriebene Adlige. Sie errichteten auf dem Land, wo sie sich niederließen, meist zuerst eine Opferstätte und nannten sich „goði" (= religiöser Führer). Nach der Staatsgründung im Jahr 930 wurde die Machtstellung der Goden, die inzwischen religiöse und weltliche Führer waren, gefestigt. Ihre Bedeutung wuchs. Island wurde in vier Landesviertel unterteilt, wobei jedes Viertel aus drei Thingbezirken bestand. Das Nordwestviertel hatte vier Thingbezirke. Pro Thingbezirk gab es drei Goden („Sippenhäuptlinge"). Jeder Isländer mußte einem Godentum angehören und ihm Steuern bezahlen. Die 39 Goden bildeten die Oberschicht Islands und bestimmten lange Zeit die Politik des Landes.

Golfstrom: Warme Meeresströmung im Nordatlantik, die die Küste Islands umfließt.

H

Handelsmonopol: Zu Beginn des 17. Jhs. bestimmten die Dänen den Handel Islands und schränkten den freien Warenaustausch mit England und der Hanse drastisch ein, um den Absatz eigener Produkte zu sichern. Beispielsweise wurde den Isländern die Seefahrt mit großen Schiffen untersagt; isländische Waren wurden nur noch zu hohen Frachtpreisen mit wenigen dänischen Schiffen exportiert. Island verarmte stark durch das auferlegte Handelsmonopol der Dänen.

Hanse: Entstanden im 12./13. Jh. als genossenschaftliche Vereinigung norddeutscher Kaufleute, wurde die Hanse später zu der dominierenden europäischen Handelsmacht. Zu ihren Mitgliedern zählten über 160 Landesfürsten und freie Städte („Hansestädte"). Ihre Blütezeit war im 15. Jh.; damals besaß die Hanse Kontore in London, Bergen, Oslo, Kopenhagen,

Nowgorod und anderen großen Städten.

Heiße Quelle: Austrittsstelle von heißem Wasser in einem vulkanisch aktiven Gebiet.

Helluhraun: ↗ Pahoehoe-Lava

Hochland: Bezeichnung für das unbewohnte Landesinnere Islands, das durchschnittlich 500–800 m über dem Meeresspiegel liegt.

Hochtemperaturgebiet: Geothermalgebiet, bei dem in 1000 m Tiefe eine Temperatur über 200°C herrscht. Die etwa 25 isländischen Hochtemperaturgebiete liegen alle in der aktiven Vulkanzone entlang des Zentralgrabens. In Hochtemperaturgebieten dampft, zischt und spritzt das heiße Wasser aus zahlreichen Öffnungen, und die Luft riecht nach Schwefel.

Holozän: Epoche der geologischen Zeitskala, die vor 10 000 Jahren begann. Während dieser Zeit haben sich die heutigen Landschaftsformen gebildet.

Hot spot: stationäre Zone im Erdmantel, in der Magma aufsteigt.

Hyaloklastit: ↗ Palagonittuff

I

Íslendingabók: Ari Þórgilsson (1067–1148) verfaßte das „Íslendingabók", das „Buch der Isländer". Inhalt ist die Geschichte der Entdekkung und Besiedlung Islands von 870 bis etwa 1120 und die Annahme des Christentums.

K

Kabeljaukrieg: Kriegerische Auseinandersetzung der Isländer mit Großbritannien im Jahr 1972; Streitpunkt waren die Fangrechte im Atlantik.

Kar: tiefe, schüsselförmige Eindellung in einem Berghang, die durch einen Gletscher entstanden ist.

Kieselgur: lockeres, poröses Süßwassersediment aus den Skeletten abgestorbener Kleinstlebewesen (↗ Diatomite); besteht aus wasserhaltigem Siliziumdioxid (Opal); andere Bezeichnung: Diatomeenerde.

Kieselsinter: Ablagerungen aus feinstkristallinem Quarz um die Austrittsstellen von Dampf oder heißem Wasser in vulkanisch aktiven Gebieten; andere Bezeichnung: Geyserit (Geysirit).

Kissenlava: Fließt Lava unter Wasser oder dem Eis eines Gletschers aus, bildet sich diese für den isländischen Vulkanismus charakteristische kissenförmige Lava aus; Synonym: Pillow-Lava.

Kliff: senkrecht abfallende Steilküste

Kontinentalverschiebung: langsames horizontales Driften der Kontinente, das erstmals durch die Theorie von Alfred Wegener beschrieben wurde. Die Theorie der Kontinentalverschiebung wurde abgelöst durch die moderne ↗ Plattentektonik.

Konvektion: Wärmebewegung, wodurch heißeres Material wegen seiner geringeren Dichte nach oben steigt und kälteres absinkt.

L

Landnámabók: In dem „Buch der Landnahme" sind 400 der ersten Siedler Islands mit ihren Nachkommen aufgelistet und die damaligen Eigentumsverhältnisse dargestellt. Das Landnámabók wurde zwischen dem 12. und 14. Jh. verfaßt.

Lapilli: Die „Steinchen" sind vulkanische Auswurfprodukte mit einem Durchmesser von 2–30 mm.

Lava: Sammelbezeichnung für entgastes Magma an der Erdoberfläche; Lava kann flüssig (glühend heiß) oder fest (erstarrte Lava) sein.
Linearvulkan: charakteristischer Vulkantyp Islands; andere Bez.: **Spaltenvulkan.** Lava fließt oft in großen Mengen aus einer kilometerlangen Vulkanspalte. Der Ausbruch eines Spaltenvulkans kann ↗ explosiv, ↗ effusiv oder gemischt sein.
Liparit: meist helles, saures und kieselsäurereiches vulkanisches Ergußgestein, das vielfach von Begleitelementen intensiv gefärbt wird; Synonym: Rhyolith.
Lithosphäre: ↗ Erdmantel; allgemein die festen Gesteinsschichten des oberen Erdmantels und der Erdkruste
Lithosphärenplatte: ↗ Erdmantel

M

Maar: Im Zusammenhang mit dem isländischen Vulkanismus versteht man unter einem Maar einen niedrigen, trichterförmigen Explosionskrater, der mit Wasser gefüllt ist.
Magma: Sammelbezeichnung für die heiße, gashaltige Gesteinsschmelze im Erdinnern.
Magmakammer: Ort im Erdinnern, wo sich das flüssige Magma sammelt, bevor es an die Oberfläche gelangt.
Magnetit: eisenhaltiges, magnetisches Gestein (chemisch Fe_3O_4)
Mittelatlantischer Rücken: ↗ Plattentektonik
Mitternachtssonne: Nördlich des Polarkreises steht die Sonne im Juni/Juli 24 Std. am Himmel; ein wenig südlich des Polarkreises wird es nur für kurze Zeit dämmrig; oft herrliche Sonnenauf- und -untergänge.
Mofette: Austritte von bis zu 150°C heißem Kohlendioxid, in Island selten.
Moräne: von einem Gletscher mitgeführter Gesteinsschutt, der nach dem Schmelzen des Eises abgelagert wird.
Mythologie: Sagenwelt eines Volkes

N

Nife-Schale: ↗ Erdkern
Nunatak: Fels oder Bergspitze, der/die sich über dem Eis eines Gletschers erhebt.

O

Ostfjorde: Fjorde an der besiedelten Ostküste Islands

P

Pahoehoe-Lava: Fladenlava mit glatter runder Oberfläche; diese isländisch „helluhraun“ genannte Lavaform entsteht, wenn bereits vollständig entgaste Lava erstarrt.
Palagonit: vulkanischer „Glasbruch”; heiße, glasartig erstarrte Lava wird durch Kontakt mit Wasser schlagartig abgekühlt und zerspringt dabei wie Glas; isländische Bezeichnung: „móberg“.
Palagonittuff: verfestigter Palagonit; Synonym: Hyaloklastit.
Photosynthese: Die Photosynthese und die Atmung sind die wichtigsten biochemischen Vorgänge auf der Erde. Die **Photosynthese** ist die Umwandlung von Kohlendioxid und Wasser in Kohlenhydrate (Glucose, Traubenzucker) durch grüne Pflanzen, die dazu die Lichtenergie der Sonne ausnutzen. Als „Abfallstoff” entsteht Sauerstoff. Die **Atmung** kann als „Umkehr” der Photosynthese bezeichnet werden. In ihr „verbrennen” tierische

Organismen die Kohlenhydrate (und andere Substanzen) mit Sauerstoff zu Kohlendioxid und Wasser.

Pillow-Lava: ↗ Kissenlava

Plattentektonik: Geologische Forschungsrichtung, welche die Entstehung von Vulkanen, Gebirgen, Erdbeben und der Verschiebung der Kontinente durch die Bewegung der Lithosphärenplatten erklärt. An den mittelozeanischen Rücken (z.B. mittelatlantischer Rücken) wird an Stellen, wo zwei Lithosphärenplatten aneinandergrenzen, durch ausfließendes Magma ständig neue Landmasse gebildet. An den sog. Subduktionszonen, an denen die Lithosphärenplatten ins Erdinnere abtauchen (z.B. im Pazifik), wird die Landmasse wieder „abgebaut".

Pleistozän: erdgeschichtliche Epoche vor 1 Million–10 000 Jahren; vollständige Vereisung der Nordhalbkugel der Erde (Eiszeit).

Pliozän: erdgeschichtliche Epoche vor dem Pleistozän vor 5–1 Million Jahren.

Pseudokrater: Krater in einem Lavastrom, die durch explosionsartig verdampfendes Wasser entstanden. Dabei floß die flüssige Lava über ein wasserreiches Gebiet (Grundwasser, kleine Seen). Aus Pseudokratern ist nie Lava ausgetreten, sie haben auch keinen Schlot.

Þúfur: klimatisch durch Frostwechsel entstandene Aufwölbungen des Bodens (0,5–2 m Durchmesser, bis 1 m hoch), die meist grasbewachsen sind; andere Bezeichnung: Bülten.

Pyroklastika: Sammelbezeichnung für die lockeren Auswurfprodukte eines Vulkans.

R

Rhyolith: ↗ Liparit

Ringstraße: Straße Nr.1, Islands „Verkehrsader", die entlang der Küste rund um die Insel führt.

Ringwallkrater: Nach einem explosiven Vulkanausbruch bleibt meist ein großer Krater stehen, der ringförmig von einem hohen Wall umschlossen wird. Ringwallkrater bestehen aus Tuffgestein und sind mit Basaltasche bedeckt. Sie ähneln den Mondkratern.

Ringwolke: Bei der Entstehung unseres Planetensystems sammelte sich die Materie in verschiedenen Umlaufbahnen um die Sonne. Aus diesen Ringwolken bildeten sich die Planeten.

Rune: altgermanisches Schriftzeichen; Runen können eine mythische Bedeutung haben.

S

Saga: altnordische Prosa-Erzählform, die ursprünglich nur mündlich überliefert und im 12.–14. Jh. niedergeschrieben wurde.

Sander: isl. sandur; von den Gletscherflüssen angeschwemmte großflächige Sandebenen im Mündungsgebiet, die von zahlreichen Flußarmen durchzogen sind

Schlafsackunterkunft: einfachste Unterkunft in Jugendherbergen, Internaten und Bauernhöfen, meist Schlafsäle mit Doppelstockbetten oder Matratzenlager

Schildvulkan: flacher Vulkankegel, der aus dünnflüssiger, basaltischer Lava gebildet wurde

Schlacke: Sammelbezeichnung für meist explosiv ausgeworfene Lavabrocken.

Schlammpott: Wo der Grundwasserspiegel hoch ist, mischt sich der heiße Dampf einer Solfatare mit dem kalten Wasser und läßt die typischen Schlammpötte entstehen, in denen ein grauer, kochender Brei aus Wasser und Gestein blubbert. In den Schlammpötten hat sich das Wasser mit Schwefelsäure und Salzsäure vermischt und das vulkanische Gestein zersetzt.

Schwarzer Tod: 40%iger isländischer Branntwein aus Kartoffeln (isl. = brennivin svarti dauði).

Schwerkraftkollaps: Die Schwerkraft ist die Anziehungskraft eines Planeten. Bei der Entstehung unseres Planetensystems zogen die schwersten und größten Brocken einer ↗ Ringwolke die kleineren an und vereinten deren Masse in sich.

Sea-floor-spreading: übersetzt die „Spreizung des Meeresbodens"; im Bereich eines mittelozeanischen Rückens, wo zwei Lithosphärenplatten aneinandergrenzen, dringt flüssiges Magma in die Dehnungsfuge zwischen den Platten ein und füllt diese auf. Dadurch entsteht ein Stück neuer ozeanischer Erdkruste, d.h. neuer Meeresboden.

Sediment: Sammelbezeichnung für alle an der Erdoberfläche durch physikalische (Wind, Wasser, Eis), chemische (Ausfällungen, Zersetzungen) oder biologische (abgestorbene Organismen) Vorgänge abgelagerte Gesteinsmasse.

Selbstorganisation:
↗ Zufallstheorie

Sial-Schale: ↗ Erdkruste

Sifema-Schale: ↗ Erdmantel

Sima-Schale: ↗ Erdkruste

Skalde: Isl. Dichter z.Z. der Christianisierung

Skaldik: Isl. Dichtkunst z.Z. der Christianisierung

Solfatare: Ausströmen vulkanischer Gase und Dämpfe mit einer Temperatur unter 400°C.

Sommerhotel: ↗ Edda-Hotel

Spaltenvulkan: ↗ Linearvulkan

Stratovulkan: Unterart eines Zentralvulkans; Stratovulkane bilden ungleichmäßig geformte, meist mehrere tausend Meter hohe Kegel aus Lava und verfestigter Asche, die überwiegend mit Eis bedeckt sind.

Stricklava: wie Stricke verdrillte Form der Fladenlava

Subduktionszone: Zone, wo die Lithosphärenplatten wieder ins Erdinnere abtauchen; an dieser Stelle bildet sich ein Tiefseegraben aus; Ort höchster vulkanischer Aktivität; ↗ Plattentektonik.

Subglazial: unter dem Eis eines Gletschers

Submarin: unter dem Meeresspiegel

Super-Jeep: durch ein höhergelegtes Fahrwerk und große, breite Reifen modifizierter Geländewagen; gut geeignet zum Fahren auf Tiefschnee.

T

Tafelvulkan: charakteristischer isländischer Vulkantyp, der bei einem Vulkanausbruch unter dem Eis eines Gletschers entstand (subglazialer Vulkan).

Tertiär: erdgeschichtliche Periode vor ca. 70–1 Million Jahren. Während dieser Zeit bildeten sich die Gebirge, und der Vulkanismus war besonders aktiv.

Tertiäre Basalte: alte Basalte, die zur Zeit des Tertiär entstanden.

Thingstätte: altgermanischer Ort der Rechtssprechung (↗ Alþing)

Tiefseegraben: ↗ Subduktionszone

Torfgehöft: traditionelles Islandhaus; die Mauern und das Dach bestehen aus Torf, das mit Gras bewachsen ist (Torfrasen). Eine Holzkonstruktion trägt das Haus.
Torfrasenbauweise: ↗ Torfgehöft
Trogtal: von eiszeitlichen Gletschern tief u-förmig ausgeschliffenes Tal
Tuff: Gestein aus verfestigten vulkanischen Lockerprodukten

U

Urkontinent: Vor 250 Millionen Jahren bestand die gesamte Landmasse der Erde nur aus einem einzigen Kontinent (Urkontinent „Pangaea“), der von einem großen Ozean (Urozean „Panthalassa“) umschlossen war.
Urozean: ↗ Urkontinent

V

Vogelfelsen: Nist- und Brutschema der Meeresvögel an den steilen Klippen bzw. auf einzelstehenden hohen Felsen im Meer.
Vulkanasche: ↗ Asche
Vulkanstaub: Kleinste bei einem Vulkanausbruch herausgeschleuderte Gesteinsteilchen mit einem Durchmesser von weniger als 0,1 mm.
Vulkanismus: Sammelbezeichnung für alle Arten vulkanischer Tätigkeit.

W

Westfjorde: Fjorde auf der Nordwesthalbinsel Islands
Wikinger: mittelalterliche Bezeichnung für Skandinavier (Normannen), insbesondere für die vom 8.–11. Jh. die europäischen Küstenstädte und Gebiete plündernden nordischen Seefahrer

Z

Zentralgraben: mit Lava gefüllte „Dehnungsfuge” zwischen den Lithosphärenplatten; ↗ aktive Vulkanzone
Zentralvulkan: auffallend hohes Vulkanmassiv, das entstand, als Lava unterschiedlicher Zusammensetzung aus dem Vulkan ausfloß und einen hohen und steilen Vulkankegel aufschichtete.
Zeolithe: Mineralien aus Natrium-Aluminium-Silikaten
Zufallstheorie: mathematisches Modell, wonach aus völliger Unordnung nach genügend langer Zeit zufällig geordnete Strukturen entstehen können, die ihren Ordnungsgrad immer weiter erhöhen und schließlich Formen und Strukturen ausbilden. Beispielsweise nimmt man an, daß sich durch die Selbstorganisation unbelebter Materie zufällig die ersten primitiven Lebensformen auf der Erde entwickelt haben.

Register

A

B

C

D

E

F

G

I

L

Anhang

M

N

T

Verzeichnis der Hintergrundtexte

Die Autoren

Das Ehepaar Titz bereist Island und die Färöer-Inseln seit vielen Jahren; auch als Reiseleiter waren die Autoren tätig. Bisher haben Barbara und Jörg-Thomas Titz acht Bücher veröffentlicht, darunter ein Sachbuch über Makrofotografie, Fahrradführer und Bildbände. Dieser Reiseführer ist ihr zweites Buch über Island.

Barbara Christine Titz, Jahrgang 1960, studierte Sozialwesen. Sie ist seit 1995 freiberufliche Fotojournalistin und führt ihre Firma TIPHO Bildarchiv. Die Autorin arbeitet außerdem für die Presse und hält Dia-Vorträge. Im Reise-Know-How-Verlag ist auch ihr Reisehandbuch zu Nordtirol erschienen.

Jörg-Thomas Titz, geboren 1956, ist promovierter Chemiker. Er arbeitet ebenfalls freiberuflich als Fotojournalist und Buchautor.

Platz für Notizen

Programmübersicht

Reise Know-How Bücher werden von Autoren geschrieben, die Freude am Reisen haben und viel persönliche Erfahrung einbringen. Sie helfen dem Leser, die eigene Reise bewußt zu gestalten und zu genießen. Wichtig ist uns, daß der Inhalt nicht nur im reisepraktischen Teil „Hand und Fuß" hat, sondern daß er in angemessener Weise auf Land und Leute eingeht. Die Reihe Reise Know-How soll dazu beitragen, Menschen anderer Kulturkreise näherzukommen, ihre Eigenarten und ihre Probleme besser zu verstehen. Wir achten darauf, daß jeder einzelne Band gemeinsam gesetzten Qualitätsmerkmalen entspricht. Um in einer Welt rascher Veränderungen laufend aktualisieren zu können, drucken wir bewußt kleine Auflagen.

RAD & BIKE:

Reise Know-How Rad & Bike sind Radführer von lohnenswerten Reiseländern bzw. Radreise-Stories von außergewöhnlichen Radtouren durch außereuropäische Länder und Kontinente. Die Autoren sind entweder bekannte Biketouren-Profis oder „Newcomer", die mit ihrem Bike in kaum bekannte Länder und Regionen vorstießen. Wer immer eine Fern-Biketour plant – oder nur davon träumt – kommt an unseren Rad & Bike-Bänden nicht vorbei!

Welt

Abent. Weltumradlung (Rad & Bike)
ISBN 3-929920-19-0
Äqua-Tour (Rad & Bike)
ISBN 3-929920-12-3
Auto(fern)reisen
ISBN 3-921497-17-5
CD-Rom Reise-Infos Internet
ISBN 3-89416-658-4
Erste Hilfe effektiv
ISBN 3-89416-689-4
Fahrrad-Weltführer
ISBN 3-9800975-8-7
Der Kreuzfahrtführer
ISBN 3-89416-663-0
Motorradreisen
ISBN 3-89662-020-7
Outdoor-Praxis
ISBN 3-89416-629-0
Die Welt im Sucher
ISBN 3-9800975-2-8
Wo es keinen Arzt gibt
ISBN 3-89416-035-7

Europa

Amsterdam
ISBN 3-89416-231-7
Andalusien
ISBN 3-89416-679-7
Bretagne
ISBN 3-89416-175-2
Budapest
ISBN 3-89416-660-6
Bulgarien
ISBN 3-89416-220-1
Costa Brava
ISBN 3-89416-646-0
Dänemarks Nordseeküste
ISBN 3-89416-634-7
England, der Süden
ISBN 3-89416-224-4
Europa Bike-Buch (Rad & Bike)
ISBN 3-89662-300-1
Gran Canaria
ISBN 3-89416-665-7
Großbritannien
ISBN 3-89416-617-7
Hollands Nordseeinseln
ISBN 3-89416-619-3
Irland-Handbuch
ISBN 3-89416-636-3
Island
ISBN 3-89662-035-5

Europa

Kärnten
ISBN 3-89662-105-x
Kreta
ISBN 3-89416-685-1
Litauen & Königsberg
ISBN 3-89416-169-8
Das Tal der Loire
ISBN 3-89416-681-9
London
ISBN 3-89416-673-8
Madrid
ISBN 3-89416-201-5
Mallorca
ISBN 3-89662-156-4
Mallorca für Eltern und Kinder
ISBN 3-89662-158-0
Mallorca, Reif für
ISBN 3-89662-168-8
Mallorca, Wandern auf
ISBN 3-89662-162-9
Malta
ISBN 3-89416-659-2
Nordspanien und der Jakobsweg
ISBN 3-89416-678-9
Nordtirol
ISBN 3-89662-107-6
Oxford
ISBN 3-89416-211-2
Paris
ISBN 3-89416-667-3
Polens Norden
Ostseeküste/Masuren
ISBN 3-89416-613-4
Prag
ISBN 3-89416-690-x
Provence
ISBN 3-89416-609-6
Pyrenäen
ISBN 3-89416-610-x
Rom
ISBN 3-89416-670-3
Salzburger Land - Salzkammergut
ISBN 3-89662-109-2
Schottland-Handbuch
ISBN 3-89416-621-5
Sizilien - Liparische Inseln
ISBN 3-89416-627-4
Skandinavien - der Norden
ISBN 3-89416-653-3
Toscana
ISBN 3-89416-664-9
Tschechien
ISBN 3-89416-600-2
Warschau/Krakau
ISBN 3-89416-209-0
Wien
ISBN 3-89416-213-9

Deutschland

Hauptsadt Berlin mit Potsdam
ISBN 3-89416-226-0
Insel Borkum
ISBN 3-89416-632-0
Insel Fehmarn
ISBN 3-89416-683-5
Harz/Ost
ISBN 3-89416-228-7
Harz/West
ISBN 3-89416-227-9
Insel Langeoog
ISBN 3-89614-684-3
Mecklenburg/Brandenburg
Wasserwandern
ISBN 3-89416-221-x
Mecklenburg/Vorpommern
Binnenland
ISBN 3-89416-615-0
München
ISBN 3-89416-672-x
Norderney
ISBN 3-89416-652-5
Nordfriesische Inseln
ISBN 3-89416-601-0
Nordseeinseln
ISBN 3-89416-197-3
Nordseeküste Niedersachsens
ISBN 3-89416-603-7
Ostdeutschland individuell
ISBN 3-89622-480-6
Ostfriesische Inseln
ISBN 3-89416-602-9
Ostseeküste/Mecklenburg-Vorpom.
ISBN 3-89416-184-1
Ostseeküste Schleswig-Holstein
ISBN 3-89416-631-2
Rügen und Hiddensee
ISBN 3-89416-654-1
Sächsische Schweiz
ISBN 3-89416-630-4
Schwarzwald
ISBN 3-89416-611-8
Schwarzwald/Nord
ISBN 3-89416-649-5
Schwarzwald/Süd
ISBN 3-89416-650-9
Insel Sylt
ISBN 3-89416-682-7
Thüringer Wald
ISBN 3-89416-651-7

Amerika

Argentinien/Urug./Parag.
ISBN 3-89662-051-7
Atlanta & New Orleans
ISBN 3-89416-230-9
Barbados, St. Lucia ...
ISBN 3-89416-639-8
Canada Ost/USA Nord-Osten
ISBN 3-89662-151-3
Canadas Westen mit Alaska
ISBN 3-89662-157-2
Chile & Osterinseln
ISBN 3-89662-054-1
Costa Rica
ISBN 3-89416-641-x
Dominikanische Republik
ISBN 3-89416-643-6
Ecuador/Galapagos
ISBN 3-89662-055-x
Guatemala
ISBN 3-89416-214-7
Hawaii
ISBN 3-89416-860-9
Honduras
ISBN 3-89416-666-5
Kolumbien
ISBN 3-89662-058-4
Lateinamerika BikeBuch
ISBN 3-89662-302-8
Mexiko
ISBN 3-89662-310-9
New Orleans
ISBN 3-89416-686-x
New York City
ISBN 3-89416-687-8
Panama
ISBN 3-89416-671-1
Peru/Bolivien
ISBN 3-89662-330-3
Radabenteuer Panamericana (Rad & Bike)
ISBN 3-929920-13-1
San Francisco
ISBN 3-89416-232-5
St. Lucia, St. Vincent, Grenada
ISBN 3-89416-624-8
Trinidad und Tobago
ISBN 3-89416-638-x
USA/Canada
ISBN 3-89662-154-8
USA/Canada Bikebuch (Rad & Bike)
ISBN 3-929920-17-4

Amerika

USA mit Flugzeug und Mietwagen
ISBN 3-89662-150-5
USA, Gastschüler in den
ISBN 3-89662-163-7
USA für Sportfans
ISBN 3-89416-633-9
USA - Südwest Natur- und Wanderführer
ISBN 3-89662-169-6
USA-Westen
ISBN 3-89662-165-3
Venezuela
ISBN 3-89662-040-1

Afrika

Agadir, Marrakesch und der Süden Marokkos
ISBN 3-89662-072-x
Ägypten individuell
ISBN 3-89662-470-9
Äthiopien
ISBN 3-89662-043-6
Bikeabenteuer Afrika (Rad & Bike)
ISBN 3-929920-15-8
Durch Afrika
ISBN 3-921497-11-6
Kairo, Luxor, Assuan
ISBN 3-89662-460-1
Kamerun
ISBN 3-89662-032-0
Libyen
ISBN 3-89662-005-3
Madagaskar, Seychellen, Mauritius, Réunion, Komoren
ISBN 3-89662-062-2
Marokko
ISBN 3-89662-081-9
Namibia
ISBN 3-89662-320-6
Simbabwe
ISBN 3-89662-026-2
Tansania Handbuch
ISBN 3-89662-048-7
Tunesien
ISBN 3-921497-74-4
Tunesiens Küste
ISBN 3-89662-076-2
Westafrika - Küstenländer
ISBN 3-89662-002-9
Westafrika - Sahel
ISBN 3-89662-001-0

Asien

Auf nach Asien (Rad & Bike)
ISBN 3-89662-301-x
Bali & Lombok mit Java
ISBN 3-89416-645-2
Bali: Ein Paradies wird erfunden
ISBN 3-89416-618-5
Bangkok
ISBN 3-89416-655-x
China Manual
ISBN 3-89416-626-6
China, der Norden
ISBN 3-89416-229-5
Chinas Osten mit Bejing und Shanghai
ISBN 3-89416-680-0
Emirat Dubai
ISBN 3-89662-094-0
Hongkong, Macau und Kanton
ISBN 3-89416-235-x
Indien, der Norden
ISBN 3-89416-223-6
Israel, palästensische Gebiete, Ostsinai
ISBN 3-89662-451-2
Jemen
ISBN 3-89622-009-6
Jordanien
ISBN 3-89662-452-0
Kambodscha
ISBN 3-89416-233-3
Komodo/Flores/Sumbawa
ISBN 3-89416-060-8
Ladakh und Zanskar
ISBN 3-89416-176-0
Laos
ISBN 3-89416-637-1
Malaysia mit Singapur und Brunei
ISBN 3-89416-640-1
Mongolei
ISBN 3-89416-217-1
Myanmar (Burma)
ISBN 3-89662-600-0
Nepal-Handbuch
ISBN 3-89416-668-1
Oman
ISBN 3-89662-100-9
Phuket (Thailand)
ISBN 3-89416-182-5
Rajasthan
ISBN 3-89416-616-9

Asien

Singapur
ISBN 3-89416-656-8
Sri Lanka
ISBN 3-89416-170-1
Sulawesi (Celebes)
ISBN 3-89416-635-5
Taiwan
ISBN 3-89416-614-2
Thailand Handbuch
ISBN 3-89416-675-4
Thailand: Küsten und Stränden
ISBN 3-89416-622-3
Thailands Süden mit Bangkok
ISBN 3-89416-662-2
Tokyo
ISBN 3-89416-206-6
Vereinigte Arabische Emirate
ISBN 3-89662-022-3
Vietnam-Handbuch
ISBN 3-89416-661-7

Ozeanien

Neuseeland Campingführer
ISBN 3-921497-92-2
Bikebuch Neuseeland (Rad & Bike)
ISBN 3-929920-16-6

Edition RKH

Mallorca, Geschichten aus dem anderen
ISBN 3-89662-161-0
Mallorquinische Reise
ISBN 3-89662-153-x
Yanomami- Massaker
ISBN 3-89416-624-x

Praxis

Kanu-Handbuch
ISBN 3-89416-725-1
Wildnis-Ausrüstung
ISBN 3-89416-750-5
Wildnis-Küche
ISBN 3-89416-751-3

Verzeichnis der Karten

Alexander Mitscherlich
Auf dem Weg zur vaterlosen Gesellschaft

Serie Piper
Band 45

Zu diesem Buch

»Selten hat ein Buch eine so tiefgreifende, nüchterne und gerade deshalb erschütternde Zeitanalyse geboten wie dieses« (Basler Nationalzeitung). Mit dieser Untersuchung, die vor gut 20 Jahren erstmals erschien und den Ruhm des Psychoanalytikers als Zeit- und Gesellschaftskritiker international begründete, hat Mitscherlich ein sozialpsychologisches Paradigma unserer Epoche entworfen: die »Hierarchie der Vaterrolle« zerfällt, die prägenden Vorbilder verblassen. Die daraus entstehenden Konflikte erzeugen neuartige neurotische Verhaltensweisen: Indifferenz dem Mitmenschen gegenüber, Aggressivität, Destruktivität und Angst. Als einen der folgenreichsten Konflikte unserer Zeit bezeichnet Mitscherlich die paradoxe Entwicklung, daß der einzelne immer mehr »subjektive Autonomie« fordert und auch erlangt, zugleich sich aber den bürokratischen und anderen konformistischen Zwängen immer stärker ein- und unterordnen muß. Mitscherlich klagt jedoch nicht einseitig an, er weist auch die Richtung, wie die Spannungen gelöst werden können und das Vakuum der Vaterlosigkeit bewältigbar wird.

Alexander Mitscherlich, 1908–1982. Er studierte zunächst Geschichte, Philosophie und Literatur. Nachdem seine Dissertation über Luther-Darstellungen im 19. Jahrhundert nach Beginn der Hitler-Ära abgelehnt worden war, studierte er Medizin. 1941 promovierte er zum Dr. med. und wurde 1946 Privatdozent für Neurologie, 1952 Prof. für Neurologie und Psychologie an der Universität Heidelberg. Seit 1967 hatte Mitscherlich einen Lehrstuhl an der Universität Frankfurt inne und war dort von 1959–1976 Direktor des von ihm gegründeten Sigmund-Freud-Instituts. 1969 erhielt er den Friedenspreis des Deutschen Buchhandels.

Alexander Mitscherlich

Auf dem Weg zur vaterlosen Gesellschaft

Ideen zur Sozialpsychologie

R. Piper & Co. Verlag
München Zürich

Von Alexander Mitscherlich liegen in der
Serie Piper außerdem vor:
(Zus. mit Margarete Mitscherlich)
Die Unfähigkeit zu trauern (168)

ISBN 3-492-10045-7
Neuausgabe Mai 1973
18. Auflage, 120.–123. Tausend März 1992
(9. Auflage, 52.–55. Tausend dieser Ausgabe)

Umschlag: Federico Luci
Gesamtherstellung: Clausen & Bosse, Leck
Printed in Germany

Inhalt

I Vorläufiges zur Dynamik der Anpassung

Der Mensch, ein extremer Nesthocker

Der Mensch kommt ungebildet und unkultiviert zur Welt. Er ist – wie der Biologe in Anlehnung an tierische Verhaltensweisen sagt – ein *extremer Nesthocker,* das heißt, sein Reifungszustand bei der Geburt ist sehr weit vom Reifungsziel entfernt. Aber im Gegensatz zu den Verhältnissen bei den tierischen Nesthockern (und Nestflüchtern) steht am Ende der Reifungszeit nicht ein perfektes Artwesen, sondern ein mit den sozialen Formen einigermaßen vertrauter und durch Lernen gebildeter Mensch. Er sieht sich in vielen Situationen vor Entscheidungen, die ihm – wie man sagt – keiner abnimmt. Aber es wird ihm doch vieles abgenommen; denn zum größten Teil entscheiden wir uns nach erlernten Mustern, wie sie unser Familienclan, unser Stand, unsere Kultur für uns bereithalten. Es steht uns dabei nur eine rudimentäre artspezifische Ausstattung mit angeborenen Verhaltensweisen zur Verfügung. Feinderkennen, ritualisiertes Paarungsverhalten, Pflegeverhalten den Jungtieren gegenüber, um nur einige markante Beispiele ererbten Verhaltens zu nennen, sind bei uns nicht erblich festgelegt.

Begabungsentwicklung und soziales Milieu

Es ist unbekannt, wie viele menschliche Verhaltensweisen angeboren sind. Sicher ist nur eines, daß sie bei weitem nicht ausreichen, unser Leben unter unseresgleichen zu regeln. Die eigentlichen Regulative unseres Verhaltens, der Kodex des Benehmens, werden langsam erlernt. Angeborene Begabungen und erworbene Fähigkeiten spielen dabei ineinander. Der Genetiker weiß zum Beispiel, daß das Aussehen eineiiger Zwillinge sehr hohe Ähnlichkeit aufweist, und auch mit ihren Begabungen und ihrem sozialen Charakter ist es so. Aber man vergißt über solchen Extremfällen – hier also der Auswirkung einer gleichartigen Keimanlage – zu leicht, wieviel komplizierter das Zusammenspiel von Umwelt und Individuen, die variable Erbbedingungen mitbringen, sich gestaltet. Wieweit sogar *Begabun-*

gen, die uns so schnell als eine unabänderliche, erbbedingte Mitgift erscheinen, durch die Umwelt gefördert oder gehemmt werden können, zeigt eine Untersuchung von Freeman und dessen Mitarbeitern an 125 Geschwisterpaaren, die im Durchschnittsalter von fünfeinhalb Jahren getrennt wurden. Eines der Geschwister wuchs in einer anderen Familie als Adoptivkind auf. Zum Zeitpunkt der Untersuchung hatte die Trennung fünf, zehn oder mehr Jahre gedauert. Die »Ähnlichkeit« der Geschwister hatte nur eine Korrelation von 0,25 gegenüber dem sonst unter Geschwistern anzutreffenden Wert von 0,5; dies »zeigt das Ausmaß, in dem Umweltsunterschiede die Begabung beeinflussen können«[1].

Sehr eindrucksvoll ist in diesem Zusammenhang auch eine Mitteilung von Margaret Mead: Bei den Mundugumor von Neuguinea besteht die Auffassung, daß ein Kind, »dem bei der Geburt die Nabelschnur eng um den Hals geschlungen ist, nach angeborenem und unbestreitbarem Recht als zum Maler bestimmt gilt«[2]. Hier hat eine Kultur »eigenmächtig, aber auf phantasievolle Weise zwei vollkommen beziehungslose Dinge zusammengebracht: den Verlauf der Geburt und die Fähigkeit, verschlungene Muster auf Baumrinde zu malen«. »Wenn wir weiter erfahren«, schreibt Mead, »daß dieser willkürlich hergestellte Zusammenhang so hartnäckig behauptet wird, daß wirklich nur ein auf diese Weise Geborener gute Bilder malen kann, während der normal Geborene nie ein Künstler werden wird, dann erkennen wir die Macht solcher unsinniger Assoziationen, hat die Kultur sie sich erst einmal zu eigen gemacht.« Es wirkt also nicht nur, wie im ersten Beispiel, das Milieu einer Intimgruppe, auf die ein Adoptivkind zufällig stößt, variierend auf die Entfaltung von Anlagen, sondern ebenso ein kollektives Verhalten: Durch die Erwartungshaltung einer Stammesgruppe werden in einem Individuum potentielle Fähigkeiten mächtig gefördert – und bei anderen Individuen gehemmt.

Ganz unbekannt sind auch uns natürlich solche kulturspezifischen Annahmen nicht, die für jedes Mitglied dieser Kultur selbstverständlich sind. Wenn in einer Familie von altem sozialem Status, also zum Beispiel einer Handwerker- oder Bauernfamilie, von der Nobilität ganz zu schweigen, der erste Sohn geboren wird, nimmt die Familiengruppe mit mehr oder weniger Selbstverständlichkeit an, daß er die Stellung und den Beruf des Vaters übernehmen wird. Sehr häufig geschieht das dann auch, wobei der Nachfolger mit mehr oder weniger Geschick in die Fußstapfen des Vaters tritt, sich diesem Erwartungsdruck der Beziehungspersonen beugt, die ihn für dieses bestimmte Amt erzieherisch vorbereitet haben. Beispiele wie diese zeigen die Rolle, welche die soziale Umwelt für die Charakter- und Begabungsentwicklung des Menschen, für den Stil seiner Bildung spielt. Je flexibler, arbeitsteiliger, je mehr von Sachbesitz entbunden und deshalb mobiler eine Kultur ist, desto mehr Chancen hat das Individuum, einer *Neigungswahl* bei der Entwicklung seiner Begabung folgen zu können. Es taucht in einer solchen Gesellschaft erst das Problem individueller Neigung auf. Da unsere Kultur einigen, wenn auch bei weitem nicht den oft vermuteten Spielraum in dieser Hinsicht bietet, sollten wir uns nicht über die eigene Geschichte und die Lage in vielen anderen Kulturen täuschen, in denen mit äußerster Strenge dem einzelnen der soziale Ort angewiesen und sein Verhalten in allen Einzelheiten vorgeschrieben wird.

Die Einbettung in die nähere soziale Umwelt formt aber nicht nur Lebensentscheidungen, Wertorientierung und Verhalten, sie spielt noch in den Formen des Versagens vor sozialen Ansprüchen eine Rolle. Viele Krankheiten zum Beispiel sind offenbar nicht nur von der Konstitution und von Einwirkungen der Natur allein hervorgerufen, sondern werden vom sozialen Milieu mitbeeinflußt. Das gilt vor allem von neurotischen und psychosomatischen Leiden, in denen wir den Versuch einer wenn auch gescheiterten Konfliktlösung durch das Individuum zu erkennen gelernt haben[3]. Sehr eingehende Untersuchungen von Th. Lidz zeigten darüber hinaus den Einfluß der Familienumwelt auf die bisher überwiegend unter erbgenetischen Gesichtspunkten gesehene Krankheit *Schizophrenie*[4]. »Vererbung« ist, wie Luxenburger formulierte, nicht »Schicksal«, sondern »drohendes Schicksal«. Die soziale Umwelt bestimmt in einem heute noch nicht abzusehenden Ausmaß, ob aus der Drohung Wirklichkeit wird; sie kann dazu beitragen, daß anlagebedingte, sozial störende Reaktionsneigungen im Ganzen der Person integriert, im Zaum gehalten werden; sie kann aber auch dazu beitragen, daß sie desintegrierend wirken und antisoziales oder asoziales Verhalten fördern oder »Krankheit« verursachen.

Die definitive und die geschichtsoffene Anpassung

Wir können diesen eben genannten Problemkreis, soweit die Erblichkeit in Frage steht, nur streifen, aber uns dabei an einer Tatsache orientieren: Es gehört offenbar zu den Eigentümlichkeiten seiner Art, daß der Mensch einerseits keine definitive Umwelteinpassung als Erbmitgift besitzt; andererseits hat er aber die außerordentliche Fähigkeit, sich an sehr verschiedene und an sich ändernde, unter Umständen sich rasch ändernde soziale Umwelten anpassen zu können.

Da wir im weiteren den Vorgang der *Anpassung* vornehmlich unter diesen sozialen Gesichtspunkten betrachten werden, also nur *einen* Aspekt dieses Leistungsvermögens herausgreifen, ist es gut, gleich zu Anfang danach zu fragen, was mit *Anpassung* im größeren biologischen Zusammenhang gemeint ist. Nehmen wir ein Beispiel: den Biber. Seine Dammbauten sind bekannt; er staut mit ihnen fließendes Wasser so hoch an, daß die Eingänge zu seiner Burg unter Wasser liegen, womit die Bewohner gegen ihre natürlichen Feinde geschützt sind. Die Bauten und Dämme sind äußerst kunstvoll und umsichtig angelegt. Man kennt Stausysteme, die über siebzig Jahre von dreißig Generationen von Bibern unterhalten wurden[5]. Die Biologie hat Hypothesen, welche die einzelnen Forscher mehr oder weniger befriedigen und die uns erklären, welche Voraussetzungen des Körperbaus oder von Organentwicklungen nötig sind, um überhaupt derartige Leistungen hervorbringen zu können[6]. Das hängt zum Beispiel vom Ausmaß der Entwicklung der Großhirnrinde ab. Ferner hat uns die relativ junge Wissenschaft der Erbgenetik die Verankerung bestimmter Fähigkeiten – eben der arteigentümlichen Verhaltensweisen – in den Genen und deren Anordnung in den Chromosomen gezeigt. Wir wissen, daß Lebewesen in sich Gleichgewichtssysteme (homöostatische Systeme) sind mit unzähligen Rücksteuerungsvorgängen, mit wechselseitigen Beeinflussungen der Organfunktionen untereinander; seit Norbert Wiener spricht man von »kybernetischen Systemen«, aber auch in den Theorien Pawlows spielt das Ineinandergreifen von den Organismus steuernden nervösen Erregungs- und Hemmungsprozessen eine zentrale Rolle.

Dies alles erlaubt einem Lebewesen, sich einer bestimmten Umwelt anzupassen und sich zugleich auch die Umwelt – ein Stück weit jedenfalls – angepaßter zu gestalten. Wir hätten statt des Beispiels der ingeniösen Biber auch das nicht weniger verblüffende der netzbauenden Spinnen oder der hochsozialisierten Insekten wählen können. Dabei geht es immer darum, daß Leben sich konstant zu organisieren bestrebt ist, und zwar auf die einem Lebewesen spezifische *Umwelt* (J. v. Uexküll) hin. Bei dieser Anpassung entwickeln die Lebewesen Fähigkeiten, mit denen sie aktiv ihre Umweltbedingungen zu verbessern trachten. All diese biologischen Anpassungsvorgänge – die sicher nur einen und, wie uns seit Darwin scheint, einen wichtigen Prozeß des Lebens beschreiben – haben eines gemeinsam: Sie vollziehen sich außerordentlich langsam, und sie sind, wie der belgische Paläontologe Luis Dollo nachgewiesen hat, nicht umkehrbar; eine einmal in der Körpergestalt wie in den vererbbaren Verhaltensformen vollzogene Anpassung läßt sich nicht mehr entspezialisieren. Verändert sich die Umwelt, an die ein Lebewesen sich in einem langen Zeitraum (wie man sich vorstellt, auf dem Wege über Mutationen) angepaßt hat, zuungunsten dieses Lebewesens, dann kann die einmal spezialisierte Art ihre Anpassungsform nicht mehr rückbilden und sich erneut anpassen, sondern stirbt im Extremfall aus.

Gelungene Anpassung ist nicht Fortschritt

Dies alles sind zum Teil bestechende Theorien. Wir besitzen für viele Anpassungsvorgänge keine besseren Erklärungsmöglichkeiten. Aber wir sollten uns von einer Vorstellung lösen, die das 19. Jahrhundert vorschnell optimistisch gebildet und verehrt hat, nämlich daß die Evolution, wie sie Darwin gedacht hat, »Fortschritt« bedeute. Das ist ein typischer Anthropomorphismus, ein Hineintragen von Ideen, die wir uns für unsere soziale Welt gebildet haben, in die Lebensprozesse im allgemeinen. »Aufwärts! Fortschritt! Evolution! Insoweit der ›gewöhnliche Zeitgenosse‹ Evolution akzeptiert, tut er es wahrscheinlich, weil diese Theorie sich an die Rockschöße des populärsten aller Götter, des Fortschritts, klammert.« Aber ist Evolution Fortschritt? fragt Garret Hardin in einem ausgezeichneten Kapitel seines Buches *Natur und das Schicksal des Menschen*[7] und zitiert Bertrand Russell: »Ein Prozeß, der von der Amöbe zum Menschen geführt hat, schien den Philosophen augenscheinlichen Fortschritt zu bedeuten – aber ob die Amöbe dieser Auffassung zustimmen würde, ist nicht bekannt.« »Biologen«, meint Hardin, »sind keineswegs übereinstimmender Meinung.« Denn: »Darwins Anpassung ist ihrem Wesen nach nicht fortschrittliche Veränderung, sondern vielmehr ein dynamischer Weg zur Aufrechterhaltung des *Status quo.*« Und der Status quo ist die Erhaltung des Lebens durch Änderung der Lebensbedingungen hindurch. Die Fliegen, die sich dem Insektenmittel DDT »angepaßt« haben, sind genetisch verschieden von dem Typ, der vor Anwendung des Giftes vorherrschte. Sind die gegen DDT widerstandskräftigen Fliegen besser? Unter einer veränderten Umwelt haben sie eine neue Eigenschaft erworben.

Wenn dagegen ein Mensch jeder Schwankung politischer Machtverhältnisse folgt und dabei ohne Gewissenseinspruch bisherige Freunde aufgibt, ist dies zwar anpassungsgewandt, wohl auch vom Standort der Verteidiger der Macht her gesehen eine positive, von der Verläßlichkeit als Tugend aus eine schlechte Eigenschaft.

Kulturelle Anpassung, ein Vorgang selektiver Zuordnung

Die Beispiele zeigen, daß die Anpassungsaufgaben des Menschen in einem Feld widersprüchlicher Maßstäbe geleistet werden. Ist der Schurke am besten gerüstet, den Lebenskampf zu bestehen; und wenn er es sein sollte, ist das für eine Kultur der Menschenachtung eine erwünschte Eigenschaft? Im Falle *der kulturellen Anpassung* drängen sich sofort Fragen auf: Wer ist *besser* angepaßt, der »Primitive« oder der fortschrittlich »Hochzivilisierte«? Was ist »primitiv«? Was ist »fortgeschritten«? Hier kann man doch nur die Gegenfrage stellen: angepaßt woran? Und wo liegt die »Primitivität«, zum Beispiel die mangelhafte Angepaßtheit eines mitteleuropäischen Großstadtbewohners im Angestelltenverhältnis mit Zweizimmerwohnung und typischen Konsumgewohnheiten? Worin ist er weniger primitiv als ein Berg-Arapesch von Neuguinea, also ein Mitglied einer für uns typisch »primitiven«, risikoreichen Kultur?

Ist einer von beiden »angepaßter«? Die Fragestellung ist in sich unrichtig; beide leben, wie Menschen überhaupt, in *selektiver* Zuordnung zu ihrer Umwelt. Natürlich lebt, wie wir seit Jakob v. Uexküll wissen, ein Indianer des Orinoko in einer Welt völlig anderer Inhalte als wir in unserer hochtechnisierten und spezialisierten Industriezivilisation. Jener Primitive und wir sind gleichermaßen angepaßt an unsere Umwelt und weisen charakteristische Anpassungsdefizite auf.

Jede Anpassung an gegebene natürliche und kulturelle Verhältnisse bedeutet Entwicklung und zugleich Hemmung von Fähigkeiten. Unsere Kultur hat großartige Leistungen in der Bewältigung der Naturkräfte vollbracht. Sind ihre Fortschritte im Erkennen der Naturkräfte in uns selbst ebenso groß? Was wir als »primitiv« einschätzen, ist nicht selten das Unbekannte und noch mehr das Unverstandene, das, worin wir uns beim anderen Menschen nicht einzufühlen, einzuleben verstehen. In diesem Sinne halten wir nicht nur die Wilden, sondern auch viele Menschen unserer Kultur für primitiv und werden umgekehrt selbst von anderen so eingeschätzt[8].

Vier Grundkomponenten der Anpassung an die menschliche Mitwelt

Wir können zum Zweck modellhafter Vergegenwärtigung vier Grundkomponenten der Anpassung an die menschliche Mitwelt unterscheiden:

1. Anpassung *passiver* Art an die bestehenden Verhältnisse. Dieser Vorgang ist augenfällig mit Lernen verknüpft, mit Erlernen von Regeln, Vermeidungen, Symbolen, vorsprachlicher und sprachlicher Art.

2. Als Spiegelung dieser *passiven* Anpassung an den status quo der sozialen Lebensformen vollziehen wir eine ebensolche Anpassung nach innen, das heißt, wir formen unsere Triebkräfte und Befriedigungen nach den Forderungen der Außenwelt. »Passiv« in dieser Definition heißt also, daß wir in uns entstehende triebhafte Impulse nicht nur egoistisch, autistisch, sondern nach dem vorgefundenen Verhaltensstil gestalten, in dem oft ein Verzicht, ein Aufschieben, eine Zielvertauschung gefordert werden.

3. *Aktive* Anpassung nach außen erreichen wir dann, wenn es uns gelingt, unsere Mitwelt durch unsere Impulse so weit auf uns einzustimmen, daß sie auf uns eingeht und damit unsere Absichten sich durchzusetzen vermögen.

In der aktiven kulturellen Anpassung zielen wir auf eine Abänderung des sozialen status quo. Wir geben dabei aber nicht den affektiven Kontakt mit den Menschen unserer Gruppe, Klasse, Kultur auf. Man sollte dabei weniger an die umwälzenden gesellschaftlichen Veränderungen denken als an den Alltag, in dem z. B. ein Kind seinen Eltern ein Zugeständnis abringt; Gewerkschaften eine Arbeitszeitverkürzung und ähnliches erreichen. Die Partner bleiben letztlich im Gespräch und passen sich im Lauf der Zeit veränderten Forderungen an; einmal vollzieht der eine, einmal der andere passive, dann wieder aktive Anpassung.

4. Spiegelbildlich entspricht dem die aktive Anpassung nach innen. Wir übernehmen dann nicht blindlings, passiv-gehorsam vorgeschriebene Formen des Verhaltens, sondern modifizieren. Bestimmte Triebregungen gegenüber bestimmten Personen der Mitwelt mögen nach der Idealnorm der Gesellschaft nicht passend sein, wir erlauben es uns trotzdem, sie zu empfinden, in uns wahrzunehmen oder gar zu äußern. Das ist seit dem Spottvers: »Unter den Talaren der Muff von tausend Jahren« im Überschwang geschehen. Wir übernehmen aber mit der Initiative auch eine doppelte Verantwortung – vor uns selber wie vor der sozialen Mitwelt. Denn an unserem Gesamtverhalten kann die Gesellschaft nur ein bescheidenes Maß von Verhaltensabweichung ertragen, wenn nicht der Gruppenzusammenhalt gesprengt werden soll.

Grenzen der sozialen Toleranz bei der Anpassung

Die Wirklichkeit des Lebens in der Gesellschaft wird also von diesen beiden antagonistischen Tendenzen beherrscht. Statt *aktiv* und *passiv* können wir sie auch *assimilativ* und *integrativ* nennen. Wir assimilieren uns unserer sozialen Mitwelt; überwiegt diese Tendenz, unsere Initiative mit den Normen des Sozialverhaltens ganz zu verschmelzen, so verwandeln wir uns in *Sozialautomaten.* Entfalten wir Aktivität, die den Normen mehr oder weniger widerspricht, die aber doch von den Mitspielern übereinstimmend beantwortet wird, so verhalten wir uns integrativ. Aktivität, die ein solches Echo nicht findet, die sich rücksichtslos über die Normen hinwegsetzt und die Eigenart der anderen verletzt, ist antisozial und isoliert den, der so handelt. Hier wird sogleich der Einwand erhoben, daß es im Klassenkrieg auf solche Rücksichtslosigkeit ankomme.

Es gilt die Macht ohne Zimperlichkeit, unter Umständen mit terroristischen Mitteln zu erobern. Erst nach einem erfolgreichen Umsturz der Machtverhältnisse werde auch das Bewußtsein der in ängstlicher *passiver* Anpassung eingeengten Massen weckbar. Zur Verteidigung dieses Arguments stehen gute Gründe zur Verfügung. Auch Gegengründe, etwa, daß die wirklich und die nur scheinbar »befreiten« Massen in der Geschichte bis zur Gegenwart sich neuer Einschüchterung ausgesetzt sahen, die wiederum zur kollektiven *passiven* Anpassung zwangen, oft unter neuer drakonischer Knebelung individueller Versuche der *aktiven* Sozialanpassung.

Sozialpsychologisch mindestens ebenso bedeutungsvoll wie diese großen *Entschuldungen* (oder Versuche dazu) der revolutionären Auftritte sind die unzähligen Rücksichtslosigkeiten, Ausbeutungen der Schwäche des anderen, für die von den Subjekten und den verschiedensten Gruppen mildernde oder ganz und gar entlastende Umstände vorgebracht werden. Sie desintegrieren, gleichsam unbeachtet, mindestens in ihrer wahren Bedeutung unterschätzt, das affektive Gefüge der Gesellschaft. Mit Erik Erikson zu sprechen: es wird »Urmißtrauen« vermehrt und »Urvertrauen« zur Dummheit deklariert.

Die Übergänge zwischen *triebhaftem, normgemäßem* und *ichgerechtem* Verhalten sind fließend. Es handelt sich um eine Folge, in der in steigendem Maße integrative Leistungen gefordert werden. Individuen mit variierender Triebstärke und vielleicht auch unterschiedlicher Stärke der Ichanlagen entwickeln in sozialen Umwelten ebenfalls unterschiedlicher Integrationskraft ein wechselndes Maß an Starrheit, Tabugebundenheit oder Wandlungswilligkeit. Einen entscheidenden Einfluß wird dabei das Ausmaß von Intoleranz, von Forderung nach absolut normgemäßem Verhalten oder von »Anomie« (Durkheim), von Führungslosigkeit, schließlich von echter Toleranz für individuelle Lebensäußerungen ausüben.

Der spezifisch menschliche Anpassungsmodus und seine Dynamik

Angesichts der Vielzahl vergangener und noch bestehender Kulturumwelten zeigt sich, daß der Mensch einen gegenüber anderen sozialen Lebewesen veränderten *Anpassungsmodus* und eine abweichende *Anpassungsdynamik* entwickelt hat. Menschliche Spezialisierung hat die werkzeughafte Differenzierung auf einen Typus von Umwelt hin (Hanglerhand, Schwimmflossen und so weiter) vermieden, statt dessen hat sich eine Spezialisierung in der Unspezialisiertheit (K. Lorenz) vollzogen. Das heißt, die Spezialisierung ist eine der »Werkzeugintelligenz«, eine der Entwicklung der Erfindungsfähigkeiten, welche die Unangepaßtheit im Sinne erbvermittelter Körperwerkzeuge und Verhaltensweisen ausgleicht. Und diese Fähigkeiten sind an Bewußtseinsleistungen geknüpft, obgleich sie nicht allein vom Bewußtsein geleistet werden, wie jeder spontane Einfall beweist.

Zweitens zeigt sich, daß im Vergleich zu anderen arthaften Spezialisierungen, die eben erbgenetisch definitiv sind, in der Menschheitsgeschichte die Anpassungsvorgänge ungleich rascher verlaufen; sie können aber ebenso rasch wieder zerfallen und Neuordnungen weichen. Mit anderen Worten: Die Anpassungsvorgänge affektiven menschlichen Verhaltens in Sozialformen wie in den sozialen Stilen der Bewältigung natürlicher Umwelt sind ungleich oberflächlicher, flüchtiger als bei Tieren[9]. Was beim Menschen biologisch hartnäckig festgehalten wird – wo also eine definitive Spezialisierung erreicht scheint –, ist die primäre Unangepaßtheit. Ob man das als Fortschritt im Sinne der Evolution, das heißt der Erhaltung des *Status quo* lebendiger Organisation auffassen will, bleibt zumindest offen, besonders wenn man an die potentiellen Vernichtungsmöglichkeiten denkt, die uns aus dieser unserer Unangepaßtheit und Werkzeugintelligenz erwachsen sind. Je nachdem wie die uns bekannten Fakten ausgelegt werden, kann man zu sehr gegensätzlichen Schlußfolgerungen kommen.

Wir können uns natürlich nie so weit von unserer subjektiven menschlichen Position distanzieren, daß wir unsere Existenz – sei es die biologische, sei es die intellektuelle – unbeteiligt betrachten könnten. Werturteilen über uns und über andere vermögen wir nicht zu entrinnen, sowohl Vorurteilen über das relativ Bekannte wie über das relativ oder ganz und gar Unbekannte in der eigenen oder in zeitlich oder örtlich abgelegeneren Kulturformen. Wenn wir aber – wie in diesen Kapiteln – von den durch die primäre Unangepaßtheit bedingten spezifisch menschlichen Unsicherheiten sprechen wollen, so sollten wir nachdenklich in unserem Urteil Toleranz üben. Toleranz als Wissensmethodik ist nicht nur Relativierung und nicht Entschuldigung. Glücklich und schuldig können wir immer nur in unserer eigenen Kultur werden. Aber vielleicht können wir Erkenntnis gewinnen für die besonderen Schwächen und Unsicherheiten, denen wir ausgesetzt sind, und Wege zu ihrer leidlichen Bemeisterung finden, wenn wir mehr von den Tatsachen, insbesondere von der Tatsache einsehen gelernt haben, daß dem Menschen nicht gegeben ist, eine »beste« Kultur zu haben, eine, an der er endgültig genesen könnte, und daß das ganz bestimmt nicht die eigene ist. Dafür sind die Würfel im Sinne des Dolloschen Gesetzes gefallen; wir sind endgültig *Spezialisten der Unvollkommenheit*. Der Mensch kommt nicht mit erbgenetisch verankertem Verhalten zur Welt, das ihn in allen entscheidenden Fragen des Lebens definitiv einer Umwelt zuordnet, sondern, wie wir eingangs sagten, ungebildet und unkultiviert. Er ist ein Neuling in jeder seiner Kulturen. Das ist vorerst ein naturgeschichtliches Faktum.

Vielleicht wurde diese Einsicht, Andersartigkeit ertragen zu müssen, erst durch den zivilisatorischen Kosmopolitismus unserer Zeit möglich. Mit der Entwicklung technischer Mittel der Kommunikation, mit dem von der Maschine ausgehenden Zwang zur Nivellierung individueller Leistung und zum weltweiten Konsum der Industrieprodukte durch geschichtlich völlig voneinander gewachsene Kulturverbände brachte er die Notwendigkeit zu neuen Verständigungsformen. Ursprünglich war die Sozialform der Menschen »die der geschlossenen oder exklusiven Gruppe, der Horde oder des Stammes ... Zur geschlossenen Gruppe gehört – beziehungsweise gehörte einst – eine ›Ideal-Norm‹, welche man mit keiner anderen Gruppe gemeinsam hat. Nur die Gruppenangehörigen sind in die Ideal-Norm des Menschseins eingeweiht, nur sie sind Träger der Aufgabe, welche echte Menschenwürde verleiht. ›Inuit‹ nennen sich zum Beispiel die Eskimos, das heißt ›wir Menschen vor allen‹. Während die Angehörigen der exklusiven Gruppe Repräsentanten der Ideal-Norm sind, trifft alle anderen das Odium der Un-Würde: Sie kennen und erfüllen nicht des Daseins Aufgabe. Noch in den Bezeichnungen ›Barbar‹, ›Ketzer‹, ›Heide‹ – von den modernen, vorwiegend politisch getönten Ausdrücken ganz zu schweigen – ist der Gegensatz zur Ideal-Norm zu spüren, die ›Norm der Un-Würde‹.«[10] Da wir alle mit unseren Phantasievorstellungen noch im ethnozentrischen beziehungsweise gruppenzentrischen Denken verharren, gehört auch dies zu den zeittypischen »Demütigungen«, die wir zu verarbeiten haben, daß Neger, Chinesen, Juden, Kommunisten im gleichen Bewußtsein des Besitzes der Idealnorm leben und uns von der ihren her zu verachten geneigt sind. Ganz offen scheint zu sein, welche Merkmale der Exklusivität in der Zukunft den Charakter des Tabus erhalten werden, wie sich überhaupt die Funktion der ehemals räumlich abgeschlossenen (zum Beispiel Stammes-)Gruppe in die kosmopolitische Industriezivilisation übertragen wird. Denn es ist auch unter diesen geschichtlich neuartigen Bedingungen nicht zu erwarten, daß ein *consensus omnium* zu einer einzigen Idealnorm zustande kommen wird. Das ist schon deshalb nicht zu erwarten, weil der Triebüberschuß, der im Affektiven der Motor des dauernden Umbaus der sozialen Welt ist, immer einen »Gegner« braucht. Der unablässige Versuch, die durch das kulturelle Zusammenleben zur Unterdrückung verurteilten Triebimpulse doch noch zum Zug kommen zu lassen, hat sich bisher in der Menschheitsgeschichte in den furchtbarsten gegenseitigen Verfolgungen entladen. Es ist nicht leicht, einzusehen, wieso sich an dieser primären Natur des Menschen durch eine einheitliche Zivilisation – das heißt eine allen gemeinsame Technologie und die von ihr erzwungenen Anpassungen – etwas ändern sollte.

Eine neue Funktion des Lebens: im Menschen verwirklichtes Bewußtsein

Eine neue Funktion des Lebens ist im Menschen verwirklicht: Leben, das seiner selbst bewußt, innewerden und Leistungen des Lebendigen kontrollieren, lenken, gestalten kann. Damit steht das Bewußtsein in einem dialektischen Verhältnis zu älteren biologischen

Funktionen, etwa ihrer erblichen Gestaltetheit, denen die Charakterisierung unbewußten, sich wie selbstverständlich aufnötigenden Verhaltens zuzusprechen ist. Die Reichweite des Bewußtseins liegt offenbar nicht endgültig fest; sie schwankt von Individuum zu Individuum, von Kultur zu Kultur, und es ist kaum zu bezweifeln, daß sie sich im Lauf der überblickbaren Geschichte gegen den Bereich der unbewußt wirkenden seelischen Prozesse hin vorgeschoben hat. Und zwar besonders intensiv dort, wo der Binnenbereich der Kultur die natürliche Umwelt mit der, wie Alfred Weber sagt, zweiten Natur einer technischen Welt am stärksten überdeckt.

II Anpassung und Einsicht: Stufen der Bildung

Sozialer Verzicht und Triebüberschuß

Die Kultur der Gegenwart ist von diesen soeben genannten Prothesen der technischen Ausrüstung nicht trennbar. Ihr zweites Moment ist die absolute Vermehrung der Menschheit in einer nicht abgeschlossenen Progression und die Bildung neuer Kulturräume relativer Einheitlichkeit. Sie überspringen landschaftliche, nationale Grenzen und Sprachgrenzen und orientieren sich am Stand der technischen Ausrüstung und den mit ihr verknüpften sozialen Wert- und Ordnungsvorstellungen.

Rivalität, wechselseitige feindliche Einschätzung, die Tendenz zur Binnenorientierung, zum Abschließen vor störenden Einflüssen von außen, wiederholen sich aber in diesen Großgesellschaften vorerst ebenso wie in der Feindschaft zwischen religiösen oder nationalen Kulturgruppen in der Vergangenheit. Die Vernichtungsmittel – und das ist die geschichtliche Neuheit – haben jedoch einen Grad der Wirksamkeit erreicht, der den Fortbestand der Menschheit gefährden kann. Kriegswunden wurden bisher durch langsames Überwachsen der Generation ausgeglichen. Wenn jetzt die Schädigung der Erbsubstanz als Kriegsfolge näherrückt, dann ist jener Punkt erreicht, wo die biologischen Prozesse – dieses Überwachsen der Generation – die Wunden nicht mehr ausgleichen können. Dann sind wir bei einem Punkt irreparabler Zerstörung der Erbsubstanz angelangt, die eine Fortdauer der menschlichen Kultur in Frage stellen würde.

Eine Reaktionsbereitschaft im Menschen hat also alle technischen Entwicklungen und sozialen Umschichtungen bisher unverändert überdauert: sein aggressiver Triebüberschuß. Es gelingt den so verschieden gearteten sozialen Zusammenschlüssen der Menschen offenbar nicht, die Verzichte auf unmittelbare Triebbefriedigung, die jedes Leben in der Gesellschaft fordert, ausreichend durch befriedigende Erfahrungen des gesellschaftlichen Daseins selbst aufzuwiegen. Statt dessen widerfahren der Triebnatur im Raum der Gesellschaft »Schicksale«, das heißt, sie unterliegt unter anderem kollektiven Zwängen, die sie regressiv an die Ausgangssituation der Kultivierung zurückführen: Die ursprünglich rücksichtslose Triebäußerung, die, psychologisch formuliert, über das »Objekt«, das heißt den Mitmenschen, gebieten will, stellt sich in Krisenlagen und Konflikten partiell wieder her. Wer mehr soziale Macht hat, befriedigt seine Wünsche leichter im Binnenraum seiner Gesellschaft, und wer weniger Macht hat, dem steht die Hoffnung offen, daß er seine unbefriedigt und unsozialisiert gebliebenen Triebwünsche an kollektiv bezeichneten, gebrandmarkten Individuen und Gruppen außerhalb der eigenen befriedigen darf.

Der aggressive Triebüberschuß

Jede Gruppe legt ihren Mitgliedern Verzichte auf. »Verzichten müssen« macht feindselig. Feindseligkeit stört den inneren Zusammenhalt der Gruppe. Um nicht zu neuen Verzichten zwingen zu müssen, eröffnen die Gruppen dem einzelnen Wege, auf denen er seine Feindseligkeiten ausagieren darf. Das wird in späteren Abschnitten genauer zu verfolgen sein. Im Moment behalten wir nur die Tatsache im Auge, daß Kriege, wie wir sie in unablässiger Folge erleben, auf einen reaktionslabilen, leicht aufzuwiegelnden aggressiven Triebüberschuß verweisen, zu dessen Befriedigung Weltanschauungen, Religionen und soziale Ideologien die rational sich gebärdende Begründung zu liefern haben. Den Fortschrittsoptimismus, der sich in dieser Beziehung an Naturforschung und Technisierung knüpfte, hat sich als ungerechtfertigt erwiesen. Vielleicht zeigt sich im Gegenteil in der gegenwärtigen Situation eine den menschlichen Ordnungsformen immanente Tendenz in besonderer Deutlichkeit: der Umschlag von sinnvollem in *wahnhaftes* Handeln. Das Ausmaß von paranoischer Realitätsverkennung, welches das politische Bewußtsein der Gegenwart durchsetzt, ist kaum zu überschätzen. Hier liegt der Zündstoff, der zur immer vollständigeren Destruktion der menschlichen Errungenschaften und des Lebens überhaupt führen könnte.

Mit Selbstvorwürfen und Selbsteinschätzungen, die sich als Offenbarungen geben – etwa, der Mensch sei »böse« von Natur oder die eigene Rasse sei die »höchste« –, ist wenig gewonnen. Statt dessen müssen wir die prüfbare Kenntnis über den Menschen zu mehren suchen, die uns die Motive seiner »Bosheit«, seines Allmachtglaubens aus dem Zusammenspiel von gesellschaftlicher Situation und naturhaften Bedürfnissen besser verstehen lassen; »besser« kann in diesem Zusammenhang nur heißen: leidenschaftsloser. Der Mensch ist sich selber ein wissenschaftliches und nicht mehr nur ein philosophisches Problem. Wenn Wissenschaft auch nicht die Sinnorientierung allein übernehmen kann, so vermag sie jedenfalls dem philosophischen Reflektieren die Eigenart seines Gegenstandes faktisch genauer vorzustellen.

Wachstum und Bildung

Da uns menschliches Wesen nur als gesellschaftlich geformtes und damit als gebildetes bekannt wird, müssen wir zuerst einige Unterscheidungen an jenen formenden Vorgängen treffen. Jeder kann zu dem, was er jeweils ist, nur durch *Bildung* geworden sein. Und der *Bildungsprozeß* beginnt beim Menschen einzigartig früh, in einer Periode, die bei den ihm verwandten Tieren noch als intrauteriner *Wachstumsprozeß* verläuft.

»Wachstum« und »Bildung« haben gemeinsam, daß sie dynamische Entwicklungsvorgänge sind. Während Wachstum auf ein definitives Ziel hin geschieht – die Verwirklichung der arthaften Gestalt –, ist Bildung zwar ebenfalls Aneignung einer Gestalt, als des Habitus einer Gruppe oder Gesamtgesellschaft, aber diese Gestalt ist keineswegs in sich als Ziel arteigentümlich festgelegt. Die Konstante ist demnach die *Aneignung*, nicht der angeeignete Inhalt. Die Bildbarkeit des Menschen ist offen für die unterschiedlichsten Inhalte, welche die soziale Mitwelt anbietet; zugleich ist sie eine Fähigkeit, sich nicht nur passiv bilden zu lassen, sondern *sich selbst zu bilden*. Und damit schließt sie die Möglichkeit zur Transzendierung, zur Überschreitung der angebotenen Bildungsinhalte in Richtung auf die Wahrheit ein. Da Wahrheit – sehr kursorisch formuliert – ein Symbol für ein Definitivum ist, dem man sich nur annähern, das man nicht erreichen kann, ist Bildung in diesem Aspekt dynamisch, unabgeschlossen und unabschließbar. Pragmatisch bedeutet das, daß ich durch Bildung versuchen kann, den Täuschungen über die Welt, über die anderen und vor allem über mich selbst zu entgehen.

Bildung ist Koordination des Suchens

Schon wegen der außerordentlichen Gefahr der Täuschungsmöglichkeiten – vor allem über sich selbst – kann Bildung im menschlichen Leben nie abgeschlossen sein. Es gibt eine abgeschlossene Schulbildung, aber es gibt keine abgeschlossene Bildung und Selbsterziehung. Der Gebildete ist als ein Mensch zu charakterisieren, der seine jugendliche Ansprechbarkeit auf Neues und Unbekanntes behalten hat. Er ist auf der Suche nach Wissen und nach den Methoden, Erfahrung zu prüfen. Was er über die Welt und den Menschen, seine Geschichte erfährt, soll ihn der Wahrheit über sich selbst nähern. Die Wahrheit über sich selbst hat man nicht, man sucht sie und ist unbefriedigt bis zum Ende des Lebens.

Die dynamische Definition von Bildung sagt uns, daß sie *Suchbewegung* und zunehmend *koordiniertes Suchen* ist. Wo sie in ein der Befragung unzugängliches, selbstgewisses »Wissen« umschlägt, hebt sie sich selbst auf. Alles dogmatisch Gewisse ist das Ende der Bildung (davon werden wir auch die religiöse Bildung nicht ausnehmen). Der Bildungsphilister ist so ungebildet wie der, der gar nichts weiß.

Wenn man Bildung in diesem Sinn als ein Begehren, als Wissensdurst versteht und nicht allein mit der Kategorie des Wissensbesitzes – so angenehm dieser auch ist – messen will, muß man erkennen, daß die Bildung unter Menschen eine Rarität, mindestens eine Kostbarkeit ist und daß die Gesellschaften sehr Verschiedenes dafür beziehungsweise sehr Intensives dagegen tun, daß eine solche Bildung unter Menschen entstehen kann.

Die Faktoren, die zum Festfahren der Bildung (zum Beispiel einem »Bildungs-l'art pour l'art«) führen, sind vielfältige. Alle enden damit, daß Vorurteile den weiteren Erkenntnisweg versperren. Die Intensität des Erkenntniswunsches und die Intensität des Suchverbotes, etwa in geheiligten Tabus, liegen miteinander im Kampf. Wo das vom Kollektiv verhängte Verbot, zu suchen und zu fragen, stärker ist, wird Angst im Fragenden erweckt. An dieser Stelle endet

Bildung und beginnt »sozialer Gehorsam« als Richtschnur des Verhaltens. Breite oder Enge der Bildung, das Fortdauern des Bildungshungers oder sein Erlöschen hängen sowohl von der Begabungsstärke des einzelnen als auch ebenso von der gruppenspezifischen Einstellung ab, und zwar von der Bereitschaft, die eigenen kollektiven Urteilsschemata kritisch ins Bewußtsein rücken zu lassen. Keine Gesellschaft ist hierin sehr tolerant, was wiederum mit der Aufgabe zusammenhängt, die Individuen durch Anerkennung dieser Werte in die Gruppe eingegliedert zu erhalten.

Betrachtet man diese Einschüchterung des einzelnen bei seinen Versuchen, den Dingen, vor allem den sakrosankten Selbstverständlichkeiten in der eigenen Familie, im eigenen Stand, in der Politik und so weiter auf die Spur zu kommen, so kann man sich nicht einem Eindruck verschließen: Es gibt offenbar sehr viel mehr Menschen, die durch früh übernommene Vorurteile in ihren Neigungen zerstört und in ihrer natürlichen Neugier, in ihrem Suchen nicht angesprochen oder gar niedergeschrien wurden, als von der Anlage her unbegabte und unbewegliche.

Drei Bildungsebenen

Erst nach diesem Versuch, das dynamische Element der Bildung hervorzuheben, können wir jetzt weitere Unterscheidungen an ihr treffen. Man wird eine im Leben des einzelnen frühe, vorkritische, relativ bewußtseinsarme Bildung von einer zunehmend des kritischen Bewußtseins sich bedienenden unterscheiden können. *Imitation* und fraglose Erfahrung stehen am Anfang unseres Weges. Es folgen *Identifikationen* mit Vorbildern, denen wir nachstreben, sowohl in Sachkenntnis wie in der Eigenart ihrer Selbstgestaltung und im Umgang mit anderen Menschen. Schließlich können wir diese unsere Entwicklung begleitenden Aneignungen, bei denen wir Vorbildliches in unser Wesen einbilden, nochmals ein Stück weit in der Richtung auf *Selbstverwirklichung* überschreiten.

An welche Fähigkeiten kann der Bildungsanspruch anknüpfen, und welche Äußerungsformen der Persönlichkeit sollen geformt werden? Beim Wort »Bildung« denkt man zuerst an die intellektuellen Fähigkeiten des Erlernens von Sachwissen; *Sachbildung* wird am leichtesten assoziiert, wenn man von einem gebildeten Menschen spricht. Die *Bildung der Affektäußerungen* im Sinne einer Selbstformung des Verhaltens – zuerst in Identifikation und schließlich in einer ungehinderteren Selbsterfahrung – ist ein zweiter unerläßlicher Bildungsweg, den wir zurücklegen müssen. Mit der Affektbildung eng verknüpft, aber doch nicht mit ihr identisch ist die *Sozialbildung*. Damit ist unsere Fähigkeit gemeint, die Andersartigkeit der mit uns lebenden Menschen kritisch aufnehmen, anerkennen und uns auf ein gemeinsames Leben mit ihnen einstellen zu können.

Diese Formel ist freilich trügerisch, obgleich sie die kooperativen Leistungen in der »Sozialbildung« beschreibt. Denn sie berücksichtigt nicht die aktuellen Machtverhältnisse, das faktische Übergewicht der Bräuche, der wertenden Einschätzungen und des kollektiven Zwanges, sich auf sie einzustimmen. Die passive Anpassung zur Konformität wird meist mit wenig Einfühlung in die Eigenwelt des anderen erzwungen, in die individuelle Variante und ihre probierenden Versuche, sich zu entfalten. *Erziehung* ist unendlich öfter Terror als Führung zur Selbständigkeit. Die unüberschaubare Vielschichtigkeit und Widersprüchlichkeit der gegenwärtigen Großgesellschaften wird in der öffentlichen Meinung kunstvoll verdeckt und verniedlicht. Die öffentliche Meinung gibt sich aufgeklärt, aber in Wahrheit übt sie eine andere Funktion aus (wie seit je): über die Abgründe, das heißt über Widersprüche, Unkenntnis, das Sinnlose vieler Anstrengungen hinwegzutäuschen, aber doch zugleich so viel Angst zu erwecken, daß sich das Individuum zur Masse hält.

Die dialektische Funktion, die Erziehung erfüllen sollte

Die Mittel der Vernichtung, zu deren Anwendung die öffentliche Meinung wieder einmal aufrufen könnte, sind jedoch so gefährlich, für die biologische Substanz so zerstörerisch geworden, daß Wege gefunden werden müssen, die Methoden der Erziehung zu ändern. Erziehung muß in sich selbst eine dialektische Funktion erfüllen: Sie muß in die Gesellschaft einüben und gegen sie immunisieren, wo diese zwingen will, Stereotypen des Denkens und Handelns zu folgen statt kritischer Einsicht. Eine der wichtigsten Aufgaben der

Gesellschaft liegt darin, eine öffentliche Meinung zu schaffen, die sich durch Gegensatz und Alternative auf ihre Entscheidungen vorbereitet. »Soll öffentliche Meinung legitim jene Kontrollfunktion ausüben, welche ihr seit Locke die Theorie einer demokratischen Gesellschaft zuschreibt, dann muß sie selbst in ihrer Wahrheit kontrollierbar sein.«[1] Dieser Aufgabe sollte die Sozialbildung in unserem Kulturbereich dienen; in ihr muß jener Schritt über den Wiederholungszwang der Geschichte hinaus in eine neue *Ordnungsstruktur* des Sozialen erarbeitet werden, ohne dessen Vollzug unsere Freiheit sich entleeren wird. Gegen eine solche Forderung ist mit dem massiven Widerstand der Institutionen zu rechnen.

Die tradierten Religionen orientieren das Ziel ihrer Erziehung am Einüben in den Glauben, und die machtstarken autoritären Ideologien und ihre Machtkörper übertreffen sich selbst im selben Glaubensfanatismus. Unzweifelhaft haben sie in das tägliche Leben von Abermillionen Menschen Erleichterungen gebracht. Wer vor ein paar Jahrzehnten noch nichts weiter als ein passiv Geschichte erleidender Analphabet war, hat keinen Grund, sich den Kopf über die Wahrheit der Theorien zu zerbrechen, die ihm zu einem menschenwürdigeren Dasein verholfen haben. Die Asynchronie der Geschichte weist uns aber einen anderen Platz an; für uns steht die Frage offen, ob der Glaubensgehorsam, den wir so lange in der Geschichte praktiziert haben, jenen Grad der Differenzierung gültig beantwortet, der sich im geschichtlichen Prozeß in unserem Kulturraum hergestellt hat. Es gibt genügend traditionalistische Kräfte in unserer Gesellschaft, die keinen Grund für eine Revision der Bildungsaufgaben sehen. Fatalerweise treffen sie sich in der Methodik – nämlich dem Einschwören des Individuums auf unantastbare Tabus, im Setzen von Denkhemmungen der kritischen Vernunft – mit ihren geschworenen Gegnern, die aus anderen Bewußtseinsinhalten die gleiche Glaubensgewißheit ableiten und mit der statistischen Majorität der manipulierten Öffentlichkeit den Beweis der Richtigkeit antreten. Man muß sehr genau zu unterscheiden lernen, daß eine Revolution, wie zum Beispiel die russische, zu materiellen Erleichterungen führen kann, daß sich aber die Methoden der Herrschaftsform, der sie zur Macht verhilft, in ihrer inneren Struktur vorerst nur wenig von denen unterscheiden, die sie abgelöst hat.

Es ist eine der Leitideen bei den Überlegungen, die in diesem Buch angestellt werden, zu zeigen, daß die Erhaltung der Freiheit im gegenwärtigen Augenblick der Geschichte nicht nach der Repetition der Erziehungsmaximen der Vergangenheit, sondern nach einer Revision der *Bildungs-* und *Erziehungspraxis* verlangt. Nur wenn es uns gelingt, den Terror, den Erziehung im Raum unserer Gesellschaft – unbemerkt, gleichsam als soziale Selbstverständlichkeit – ausübt, weiter ins Bewußtsein zu bringen und zu überwinden, können wir hoffen, uns gegen den so vorzüglich ausgeübten und erfolgsprämiierten Ideologiezwang jener Geschichtsmächte zu behaupten, denen das Individuum als Entscheidungsort der Freiheit ein Dorn im Auge ist. Eine Gesellschaft, die sich darin einig ist, die Wahrheit ihrer Grundlagen zu erforschen, und die korrigiert, was der Prüfung nicht standhält, immobilisiert sich dadurch nicht. Sie ist eben nicht dem Tausendfüßler gleich, der über der Besinnung auf den Rhythmus seiner Beinbewegungen heillos ins Stocken gerät. Der Mensch stolpert, wenn er *nicht* nachdenkt und nicht nachdenkend entscheidet, was als nächstes kommt – er stolpert so in sein persönliches wie in sein kollektives Unglück. Alte Freiheitsideale werden uns nicht beschützen, wenn wir sie nicht neu an der Wirklichkeit erproben. »Freiheit« ist ein Stück der Wahrheit, auch sie haben wir nicht für immer und nicht als Gewißheit; wir müssen sie mit viel Eingeständnis und Überwindung von Angst neu erfahren, um sie verteidigen zu können. Kehren wir jetzt aber nochmals zu den drei Bildungsaspekten zurück, um vorbereitend zu klären, was jeder von ihnen für die umrissene historische Aufgabe leisten kann.

Sachbildung

Es ist nicht einfach, die Sach*kenntnis* der Fachleute von der Sach*bildung* abzugrenzen. Wer alles über das »Hildebrandslied« oder alles über die »Syphilis« oder den »Benzolring« weiß, kann damit berufstauglich sein, aber er braucht deshalb nicht ein Gebildeter zu sein; denn sein Sachwissen kann ohne Beziehung zu seiner Selbstwahrnehmung und ohne gestaltenden Einfluß auf sein soziales Verhalten bleiben. Wieweit Fachbildung auch der Wahrheitssuche und nicht überwiegend pragmatisch der Existenzsicherung dient, hängt vom Überdauern der Neugierhaltung, von der Entwicklung der Gefühlsfähigkeit, hängt von der Art ab, wie Begabung in jedem einzelnen gefördert wurde, zum Beispiel, ob es ihm gelingt, über die momentanen Anforderungen seiner Karriere hinaus den Blick offen zu behalten, Interesse zu verspüren. Gelungene Sachbildung trägt ohne Zweifel zur Sinnorientierung bei, aber sie ist eine ihrer Voraussetzungen, nicht die Sinnorientierung selbst.

Affektbildung

Affektbildung ist etwas davon wesentlich Verschiedenes. Vielleicht läßt sich mit »Affektbildung« am besten die »Kultiviertheit« eines Menschen umschreiben. Er soll sich in dem von seiner Kultur vorgeschriebenen Verhaltensstil und dennoch persönlich ausdrücken können.

Wissensdrang hat in dieser Form des Gebildetseins die eigene Person in *actu*, im Augenblick der Handlung erreicht. Ein solcher Mensch will wissen, wer er ist, wie er sich verhält, wenn er erregt ist; er will auch in der Erregung ein Gefühl für sich und ein Gefühl für den Partner behalten. In den Affekten erfahren wir innere Triebregungen im Zusammenspiel oder im Zusammenprall mit den Objekten der Außenwelt, die zur Milderung der Triebspannung verhelfen können. Wir sind gierig, hungrig, zornig, liebesverlangend. Diese inneren Gestimmtheiten entsprechen unseren in diesem Augenblick ungesättigten Triebwünschen. Wie verhelfen wir solchen Wünschen zur Befriedigung? Dafür gibt es kein arteigenes, eingeborenes Verhaltensmuster wie bei den sozial lebenden Tieren, sondern unser Verhalten wird *gruppenspezifisch* nach affektiven Verhaltensmustern bestimmt. Die soziale Mitwelt sagt uns, was wir tun müssen, dürfen, nicht dürfen, was absolut verboten ist und wie wir uns zu benehmen haben.

Die *arteigenen* Verhaltensmuster der Tiere bestimmen deren ganzes Verhalten in den Drangstimmungen der Paarung, der sozialen Rangkämpfe, dem Beutetier oder dem Feind gegenüber. Aus diesen Verhaltensweisen gibt es kein Entrinnen. Tiere können zwar auf der Nahrungssuche Entdeckungen machen, aber in ihrem sozialen Verhalten müssen sie sich starr nach arteigenen Verhaltensmustern benehmen, die sie nicht variieren können. Die Kohlmeisen in England zum Beispiel sind bei der Nahrungssuche zu der Entdeckung gekommen, daß unter dem Deckel der Milchflaschen auf den Fensterbänken sich ein als Nahrung beliebtes süßes Fett befindet. Das haben die englischen Kohlmeisen eine von der anderen gelernt. Sie haben ihr Sachwissen erweitert, aber keine englische Meise und auch keine andere Meise könnte sich in dem Verhalten ihren Artgenossen gegenüber auch nur im geringsten ändern. Etwa im Vollzug des Paarungsverhaltens gibt es keinerlei Möglichkeit individueller Gestaltung; jedenfalls können wir nichts dergleichen erkennen.

Die an Affekte geknüpften *kultur-* und *gruppenspezifischen* Verhaltensweisen, die dem Menschen anerzogen werden, sind demgegenüber sehr viel ungesicherter und unendlich kurzlebiger. Seit den Tagen des Ibykus hat sich das soziale Verhalten der Kraniche nicht geändert. Bei den Menschen aber gibt es kein Gebot, kein Tabu, kein Gesetz, das nicht übertreten würde; auch die schärfste Strafe kann davor nicht schützen. Die Motivierung solcher groben Verstöße sind Triebwünsche, die von den Lernvorgängen in der sozialen Gruppe nicht aufgefangen wurden, die also nicht in der Gruppe nutzbar gemacht worden sind und die auch der einzelne nicht kontrollieren kann, die durch ihn hindurch geschehen, gewissermaßen in einem Kurzschluß, in dem das Ich mehr oder weniger ausgeschaltet ist. Das Ich und das Gewissen des Menschen – beide vermögen sie nicht zu verhindern. Hier kommt der Triebüberschuß, den die Gesellschaft nicht auf ihre Ziele abzulenken vermochte, zum Zuge.

Im einzelnen mögen diese Vorgänge sehr kompliziert sein; sie alle sind die Folge davon, daß wir keine ausreichende Verhaltenslenkung durch eingeborene Steuerungen ererbt haben. Wir lernen individuell die Gesetze des Verhaltens in unserem sozialen Bereich. Aber moralische Gesetze sind veränderlich. Sie werden durch gesellschaftliche Prozesse, etwa die Änderung der Produktionsgrundlagen, zur Wandlung gezwungen. Andererseits wirkt auch die Suche nach dem »Glück«, nach einem Zustand unbedrohter und entspannter Freiheit, als dauernde Gegenkraft gegen das Joch der sozial diktierten Verzichte. Moralen werden übertreten. Ihre Veränderlichkeit und die Neigung, oft der Zwang, sie zu verletzen, hängen strukturell zusammen. Solcher Zwang mag bald stärker aus den veränderten Grundlagen der Gesellschaft kommen, denen die Moral sich noch nicht angepaßt hat, bald mehr aus den ungebärdig gebliebenen oder anarchisch gewordenen Triebgrundlagen des Individuums. Der Kriminelle, der die Gesetze übertritt, ist dafür ein extremes Beispiel. Auch wir, die wir nicht kriminell sind, haben zahllose Affekte, in denen wir sehr triebgelenkt handeln, einem Triebbedürfnis ohne Ansehen des Eigenwertes des anderen zur schnellen Befriedigung verhelfen und in denen unser Verstand dann nichts anderes tut, als diesen Tatbestand mit Argumenten zu beschönigen. »›Das habe ich getan‹, sagt mein Gedächtnis. ›Das kann ich nicht getan haben‹ – sagt mein Stolz und bleibt unerbittlich. Endlich gibt das Gedächtnis nach.« (Friedrich Nietzsche[2])

Nietzsche beschreibt hier zwei Funktionen des Ichs: die Realitätsprüfung und ihre Erinnerungsspur als Leistung des kritischen Ichs: »Das habe ich getan«, und die Realitätsverleugnung, die Verdrängung, die das gleiche Ich im Dienste der Selbstbehauptung, des Sozialprestiges, der Aufrechterhaltung der sozialen Rolle vornimmt: »Das kann ich nicht getan haben.« Die Tätigkeit dieses Ichanteils ist der Selbstbesinnung weitgehend, wenn auch nicht prinzipiell entzogen.

Unser Ich vermag offenbar unter den Argusaugen der sozialen Mitwelt und des Gewissens, als der verinnerlichten Mitwelt, die Genauigkeit seiner Wahrnehmung, die nackte Wahrheit, die Einsicht in das wirkliche, triebgelenkte Verhalten nicht festzuhalten; weil eben angsteinflößende Konflikte mit äußeren Richtern und mit dem inneren Richter des Gewissens drohen. Der Intellekt, das heißt das bewußte, verstandeslogische, kritische Ich, ist offenbar nicht ungestört Herr im Hause. Es trachtet, den Konflikt mit den Gesetzes- und Verbotsvorschriften zu vermeiden, und gibt sich – formalistisch vereinfacht gesprochen – dazu her, Motive zu erfinden, die nicht egoistisch, sondern altruistisch klingen. Dadurch entsteht eine innere Entfremdung in uns selbst, nämlich zwischen der rationalisierenden Täuschung über unsere eigenen Handlungsmotive und den Triebbedürfnissen, welche die Handlung tatsächlich erzwangen. Die Grade solcher inneren Entfremdung oder Spaltung zwischen den wirksamen, aber zur unbewußten Wirksamkeit gezwungenen Triebregungen und den rationalen Scheinbegründungen, die den

Ansprüchen des Glaubens, der Ideologie, der Gewohnheiten genügen, sind schwankend; sie können sehr groß sein. Die Entfremdung kann auch nur einzelne Triebregungen betreffen, die besonders stark durch die Gruppenhaltung abgewertet und tabuiert sind.

Freud hat sehr deutlich zwei Arten von sozialer Äußerung unterschieden. Einmal das »kulturheuchlerische« Verhalten[3], in dem nur oberflächlicher Konformismus erreicht wird. In ihm verhalte ich mich so lange sozial, als zum Beispiel ein äußerer Richter aufpaßt; meine egoistischen Triebregungen setzen sich aber sofort durch, wenn – Gelegenheit macht Diebe – niemand mehr da ist, der mich kontrolliert. Die zweite Verhaltensweise ist verführungsbeständiger; sie ist stärker an die Forderungen der Mitmenschlichkeit gebunden, sie stellt einen höheren Grad der »organisierten Kultureignung« dar. Diese auch in großen Triebspannungen und Erregungen nicht aussetzende Besonnenheit deutet auf eine starke Organisation der kritischen *Ichleistungen,* die sich nicht zur Rationalisierung – das heißt zur Scheinbegründung – mißbrauchen lassen. Romain Rolland hat diese *aequanimitas,* diesen Gleichmut eines fühlenden Menschen, in hohem Maße besessen. Deshalb sind seine Tagebücher aus den Jahren 1914 bis 1919[4] ein Dokument von größter Bedeutung. Vielleicht keine andere Quelle hat so unerbittlich festgehalten, wie 1914 bis in die höchsten Ränge der geistigen Aristokratie hinein ein vollkommener Zusammenbruch der Realitäts- und Selbstkontrolle auf beiden Seiten der Kriegführenden stattgefunden hat.

Wir finden also beim Menschen kein biologisch, das heißt erbgenetisch festgelegtes Sozialverhalten. Statt dessen erlernt er *gruppen-* und *kulturspezifisch* seine Triebkontrolle. Er lernt, daß man mit den Triebanlagen sozial angepaßt umgehen muß, um in einer kulturell erträglichen Weise leben zu können. Nur unter dieser Voraussetzung kann langsam aus Aggressivität, das heißt »blindem«, sozial nicht geprägtem Drang, Aktivität in gekonnter Leistung werden, aus purem Sexualdrang eine liebende mitmenschliche Beziehung.

Eine gleichsam stumme Alternative zur flagranten Verletzung der Sozialgebote ist die *Überanpassung.* Hier ist das »Gewissen« zu einer so bedrohlichen Kraft angewachsen, daß es auch die feineren individuellen Abweichungen der moralischen Entscheidung unterbinden und das Individuum starr automatisiert handeln lassen will. Die psychische Situation ist dann durch einen Gewissensterror ausgezeichnet, der mit der Erweckung unerträglicher Schuldgefühle und Schuldangst ausgeübt wird. Diese formale Rechtgläubigkeit, Rechtschaffenheit, Konformität steht aber einer Vermenschlichung als wachsender Freiheit der Entscheidung ebenso im Wege wie das Unterworfensein unter blinde Triebdiktate. Bei genauerer Analyse findet sich im Überangepaßten häufig ein geheimes »Ausschweifen« in recht unverhüllter Art, noch häufiger ist seine Rechtschaffenheit durchsäuert mit sadistischen Triebbefriedigungen, die jede Verfeinerung der mitmenschlichen Beziehungen erst gar nicht aufkommen lassen. Die Trostlosigkeit eines solchen »Sittenrichters« und des »Sittenbrechers« haben viel miteinander gemein.

Affektbildung kann also nur heißen, daß die Konflikte zwischen den unausweichlichen inneren Drangerlebnissen und den sozialen Normen gemildert werden, daß wir eine *innere Toleranz* für den Umgang mit Konflikten entwickeln, die wir erleben, und bestrebt sind, das »Gedächtnis« im Sinne des Nietzsche-Wortes gegen jene Vergeßlichkeit zu sichern, die uns von uns selbst entfremdet. Die Kultur der Affekte ist das eigentlich schwerste Bildungsziel. Mehr von sich selbst, von der Wirklichkeit über sich selbst als Triebwesen zu wissen ist nur in schmerzhaften Erfahrungen zu erreichen. Nietzsche setzt die oben zitierte Stelle mit folgenden Worten fort: »Man hat schlecht dem Leben zugeschaut, wenn man nicht auch die Hand gesehen hat, die auf eine schonende Weise – tötet.« Und schon bei Pascal heißt es: »Niemals tut man so vollständig und so fröhlich das Böse, als wenn man es mit gutem Gewissen tut.«[5] Dieser Satz beschreibt die komplette Vorurteils-Blindheit, über die wir, was die Vergangenheit betrifft, schon so oft selbstsicher gelächelt haben, zum Beispiel über die Menschen, die Hexen verbrannten; aber man wird zugeben müssen, daß sich solches Geschehen unverändert und vervielfacht in unserer Zeit und unter unseren Augen abgespielt hat und abspielt.

Wir haben jetzt einige Voraussetzungen für die Definition des Bildungsbegriffs gewonnen. Bildung hat eine vielfältige und oft nicht klar abgrenzbare Bedeutung. Ein gebildeter Mensch ist jemand, der Kenntnisse erworben hat, aber zugleich auch in seiner Triebhaftigkeit, seiner Affektivität »kultiviert« ist, »Manieren« hat – wie unsere Großeltern noch in einem umfassenderen Sinn als dem bloßer Etikette zu sagen pflegten; er soll sich in dem von der Kultur vorgeschriebenen Verhaltensstil persönlich ausdrücken können. Im Deutschen haben wir noch das etwas sentimental stilisierte Wort der »Herzensbildung«, das wieder durch die Zusammensetzung von »Herz« gleich »Affekt«, »Gemüt«, »Leidenschaft« und »Bildung« gleich »Formung«, »Gestalt« beziehungsweise »Gebildetsein« gleich »Erzogensein« auf diesen Aspekt der affektiven Bildung verweist. Ein Gelehrter allein braucht kein Gebildeter zu sein, ein hochbegabter und erfolgreicher Fachmann auf irgendeinem Gebiet schon gar nicht. Die Aufmerksamen unter den sogenannten »Gebildeten« sind oft überrascht, welche Einsicht, welche Abgewogenheit des Urteils, welche Sicherheit in sich selbst sogenannte »einfache Leute« besitzen können. Affektbildung ist also kein Klassen- oder Kastenprivileg, sie ist auf den verschiedensten Ebenen der Berufsvorbildung erreichbar. Das wird so leicht übersehen, weil man Bildung meist sehr gruppenzentrisch denkt, nur die gruppeneigenen Merkmale sieht und gelten läßt.

Man spricht dann zum Beispiel von einem ungebildeten Menschen, wenn er eine bestimmt komponierte »Allgemeinbildung« vermissen läßt, oder noch sorgloser schon dann, wenn er einer niederen sozialen Sphäre angehört als man selbst. Bildung zu haben, als gebildet angesehen zu werden ist mit Prestige verbunden, und dieses Prestige reserviert man gern für sich und seinesgleichen – das heißt für die Eigengruppe. Nach gelungenen Revolutionen ist die Abwertung der Bildung der bisher führenden Schichten und die Einsetzung eines neuen Bildungstypus sehr deutlich. Wir können daraus einen interessanten Hinweis entnehmen, wie gruppenabhängig das Bildungsgeschehen in der Breite ist und wie wenig es vorerst tolerant zu stimmen braucht. Einfühlen und Eindenken in die Wertungen fremder Gruppen stellt die meisten Menschen vor eine unlösbare Aufgabe. Die Relativierung der eigenen Gruppennormen, die damit vollzogen werden muß, erweckt so viel Angst und Schuldgefühl, daß der einzelne dem gewöhnlich nicht gewachsen ist. Nur die kollektiven Umschwünge zu neuen Gruppenwerten vollzieht er leichter. Die soziale Verteilung des Sachwissens hat sich in der Neuzeit gänzlich geändert. Hier hat sich eine »Fundamentaldemokratisierung«[6] vollzogen. Die auf magischem Denken begründeten Privilegien, die mehr noch in der Kasten- als in der Klassengesellschaft unüberspringbare Schranken darstellen, sind im Hinblick auf Wissensbildung eingeebnet. Affektive Bildungskontakte über die Grenzen der eigenen sozialen oder politischen Provinz hinaus stellen uns immer noch vor die größten Schwierigkeiten des Erlebens und Erfahrens. Ein in diesem Sinne ungebildeter Minister oder Wirtschaftsführer sind schließlich keine Ausnahmen, und Reisende, die wenig vom Fremden am Menschen, der ihnen außerhalb des gewohnten Umkreises begegnet, verstehen, sind eher die Regel. So reist man auch leichter zu Landschaften, Sehenswürdigkeiten, wie Baudenkmälern, Museen und so weiter, als zu den leibhaftigen Bewohnern dieser Landschaften und Städte. Die Sprachgrenzen zeigen deutlich genug die Unauflösbarkeit des Problems. Einerseits sind die historisch gewachsenen Gruppen sprachgetrennt (und damit entschieden kommunikationsgehindert), andererseits ist dieses Sonderwachstum ein Ausdruck der Fülle der Gestaltungsmöglichkeiten auch im affektiven Verhalten. Die wachsende Weltzivilisation bringt wohl eine Einebnung dieser Vielheit zu wenigen Hauptstilen der Gruppenbildung mit sich, wobei viel von der geschichtlichen Fülle (bei kleiner Menschenzahl in den Gruppen) der Masse und ihren Lebensrechten geopfert werden muß. Welche neuen Differenzierungen im Wachstum zur Massenhaftigkeit, welche Gliederungen der Massen selbst noch geschaffen werden, ist ganz unklar. Das Massendasein erfordert keine sehr tiefe affektive Einstimmung vom einzelnen; er wird vielmehr von kollektiv sich ausbreitenden Stimmungen (Unlust, Resignation u. ä.) erfaßt. Dabei hat er gegenwärtig nur die beschränkte Möglichkeit, seine Triebspannungen, vor allem die aggressiven, in *gekonnter* Aktivität auszuleben.

Sozialbildung

Bisher haben wir von der *Sach-* und *Affektbildung* (oder *Gemütsbildung*) gesprochen. Im folgenden widmen wir uns der *Sozialbildung,* in welcher die affektiven Verhaltensweisen der einzelnen

Mitglieder aneinander Form gewinnen. Hier entscheidet sich der soziale Stil einer Gruppe. Hier wird das Gewissen geformt, und hier wurzeln auch Vorurteile aller Art. Was in der Sittenerziehung absichtlich angestrebt wird, die Sachkenntnisse und vor allem die Affektäußerungen in den Gruppenstil einzufangen, geschieht im Medium des täglichen Zusammenlebens wie von allein.

Die Problematik der *Sozialbildung* wird uns in den weiteren Kapiteln immer wieder beschäftigen. Im Augenblick soll nur ein leicht zu beobachtendes Phänomen herausgegriffen werden, und zwar die allgemein tief verankerte Ablehnung jeder strukturkritischen Annäherung an die großen Gruppenbildungen, etwa der Schule und schulähnlichen Institutionen, der politischen Körperschaften, unter ihnen vor allem der Parteien und ihrer Bürokratien. Am ehesten werden noch betriebspsychologische Untersuchungen gestattet, weil sich hier ökonomische Überlegungen zu Worte melden; obwohl auch im Bereich industrieller Organisationen immer noch eine psychologiefeindliche Einstellung vorherrscht. Persönliche Erfahrung, gesunder Menschenverstand scheinen zur Bewältigung der Lage auszureichen. Notwendigkeiten, zwingende Umstände, sachliche Erfordernisse treiben hier ihr Wesen, als wären sie Naturgesetze ohne Bezug zu psychischen Erfahrungen, zu inneren Vorgängen im Menschen, der das Gruppenmilieu zu bewältigen hat. Als hätte man sich diesen Regulationen mit Umsicht, Schläue, Taktik anzupassen und als spielten persönliche Strebungen neben solcher »Sachlichkeit«, Dienlichkeit, bei pflichtschuldigem Gehorsam, bei Strebsamkeit und Unterordnung, im Kräftespiel der Gruppe keine Rolle; als gäbe es keinen rücksichtslosen Ehrgeiz, keine Angst, als seien erlebte Enttäuschung, Aufsässigkeit keine natürlichen Regungen, sondern gleichsam strafwürdige Abirrungen. Sie werden in der offiziellen Darstellung schlicht verleugnet oder mit Autorität unterdrückt, wie die schlechten Gewohnheiten der Kinder, wie kriminelle Neigungen. Was übrigbleibt, ist das Vorstellungsskelett eines konformistischen Verhaltensaggregates mit einer gewissen bedauerlichen Störungsquote durch normunfähige Individuen.

Gruppenpsychologie ist für den Lehrer, wenn dabei die Auswirkung seines Verhaltens auf das »Klassenziel« untersucht werden sollte, lange eine unbekannte und abgelehnte Wissenschaft geblieben. Praktisch wäre eine gruppenpsychologische Selbstanalyse der Lehrer zur Erforschung der wirksamen Verhaltenselemente im Lehrkörper durchaus nicht unmöglich. *Study groups*, Forschungs- und Lehrgruppen dieser Art sind in der dynamischen Gruppenpsychologie wohlbekannt. Eine solche Selbstuntersuchung der Wirkung ihrer Haltungs- und Wertstereotype aufeinander und auf ihre Schüler würde in der Regel vom durchschnittlichen Lehrergremium einer Schule mit Entrüstung abgelehnt werden.

Daß die Wissenschaft von der Politik etwas mit den Gesetzen affektiven Gruppenverhaltens, mit Verhaltensstereotypen, Vorurteilsverankerung und ähnlichen seelischen Prozessen zu tun haben könnte, kann man aus Studienplänen und Publikationen nur selten entnehmen; und wenn, dann meist nur in der herabsetzenden globalen Behauptung von »Massenseele«, »Vermassung« und ähnlichem. Was bewegt einen Politiker zu seiner Parteiwahl, was zur Wahl seiner Mittel, wie stellt sich ihm als erlebender Persönlichkeit die Welt dar, wo ist seine Entscheidung von umsichtiger, distanzierter Realitätseinschätzung, wieweit von seiner Erziehung, sozialen Herkunft, seiner eigenen Charakterproblematik bestimmt? Fragen, die tabu zu sein scheinen, weil sie, wie wir in späteren Kapiteln sehen werden, mit dem Rollenprestige in Konflikt geraten. Einen Lehrer, einen Professor, einen Minister, Industriellen auf seine kooperativen Fähigkeiten in der Gruppe hin zu untersuchen wird als eine Art grober Ungehörigkeit und nicht als Hilfe für die Gesamtgruppe angesehen. Man hat eben das Zeug zu einer führenden Position oder nicht; daß dabei aber oft die störendsten persönlichen Eigenschaften »von oben« ertragen werden müssen und nicht die besten Eigenschaften »unten« mobilisiert werden, wird fatalistisch hingenommen. Die Bemerkung E. H. Eriksons[7], es stecke immer eine besondere Psychologie hinter einer ausdrücklichen Antipsychologie, trifft im allgemeinen zu, im besonderen auf die deutsche Situation; hier nimmt die Relation von Befehlen und Gehorchen einen höchsten Wert der Sittenerziehung ein. Diesem Aspekt der Sozialordnung wird dann die erwähnte Interpretation der sachlichen Notwendigkeit zuteil, mit der man sich weit über den Niederungen der Psychologie weiß.

Soziale Bildung wird in Gesellschaften relativer Rollenstabilität, überschaubarer und wenig bezweifelter Machtverhältnisse ein Eingewöhnungsvorgang sein, der unausweichlich in Stagnation und Repetition des Gleichen übergeht, sobald der einzelne seine Persönlichkeit mit der definitiven Rolle verschmilzt. Unsere gesellschaftliche Situation läßt sich – auch bei ausgesprochener Vorliebe für die Erfolge restaurativer und traditionalistischer Tendenzen – nicht als gesichert bezeichnen, wenn man etwa als Vergleich das gesellschaftliche Selbstgefühl des Bürgertums auf der Höhe seiner imperialen Strukturbildungen heranzieht. Zwar funktioniert die Gesellschaft trotz einer durch Vermehrung und Produktions- und Verwaltungskomplizierung außerordentlich erhöhten Interdependenz. Bei allem Recht zur Klage mögen die Mißstände nicht größer sein, als sie eben bei der Unvollkommenheit menschlicher Einrichtungen immer fühlbar werden. Was die eigentliche Beunruhigung schafft, ist die Konkurrenzierung unserer grundsätzlichen Wertorientierung durch rivalisierende aufstrebende neue Gesellschaftsordnungen, die sich alle der gleichen naturforschenden Technik als Werkzeug bedienen. Sie werden, wenn nicht heute, so doch in absehbarer Zukunft, den gleichen materiellen Lebensstandard anbieten. An welchen gemeinsam erfahrenen Werten wird in einem zukünftigen Zeitpunkt, wenn die Angleichung der materiellen Befriedigungsmöglichkeiten eingetreten ist, unsere Gesellschaft sich orientieren, und welche wird sie als *kollektive Identität* verteidigen? Wobei »verteidigen« weder ein defensives noch ein aggressives Gewalthandeln bezeichnen muß, sondern ebenso einen Vorgang der inneren Sicherung im Sinne der Erhöhung der Kultureignung bedeuten kann, das heißt eines Beharrens auf kritischer Prüfung der Wirklichkeit und auf der gesellschaftlich garantierten Freiheit dazu. Es läßt sich jetzt schon voraussehen, daß viele Mitglieder unserer Gesellschaft nicht für die religiöse Glaubensgewißheit und viele andere nicht für die Besitzordnung auf die Barrikaden steigen, um so weniger als die Machtkämpfe, von denen hier die Rede ist, ganz im Gegensatz zur öffentlichen Meinung in Wirklichkeit nicht durch Drohgebärden und kriegerische Auseinandersetzungen, sondern vielmehr durch Angleichung administrativer Praktiken, durch Werbefeldzüge und Sprach- beziehungsweise Symbolkorruption (zum Beispiel des Wortes »Freiheit« oder »Frieden« oder »Partei« und »Parlament«) entschieden werden.

Es wäre doch unrealistisch, um nicht zu sagen töricht, nun zu glauben, man könne vom Mann auf der Straße, der weder hungert noch friert, weder um seine Altersversorgung bangt noch auf die Nutzung seiner Begabungen verzichten muß, sondern in Maßen am Überfluß teilhat, verlangen, rot für rot zu erklären, wenn seine Gesellschaft gebietet, daß er rot grün nenne. Es muß schon ein entschlossener Wahrheitskämpfer sein, der einer Konvention um den Preis des Verlustes von Brot und Stellung entgegentritt; und die Konvention muß schon drückend sein, damit er anderen mit seiner Opposition Mut macht. Aber müssen denn die Konventionen für das Identitätsgefühl des sozial geborgenen einzelnen in den Überflußgesellschaften drückend sein? Welcher Hunger wird hier und welcher dort trotzdem ungestillt bleiben?

Stellt man die Fragen einer Sozialpsychologie so, dann muß man sich damit bescheiden, daß wir sie nur insoweit behandeln können, als die Konstante in diesen unabsehbaren Entwicklungen in Frage steht: die menschliche Natur selbst mit ihrer offenen, unabgeschlossenen Anpassungsfähigkeit.

So wichtig, so unersetzlich uns der Halt ist, den uns im Augenblick das System von Werten (und Vorurteilen) unserer Gesellschaft gibt, so müssen wir doch auch unser kritisches Bewußtsein aufrufen, das uns sagt, wie vergänglich menschliche Ordnungen sind, wie die natürlichen Triebkräfte des Menschen das Bestehende immer wieder unterhöhlt und zugleich zur Etablierung neuer Ordnungen beigetragen haben. Nennt man dies ein »kritisches Bewußtsein«, so ist es durchaus kein Katastrophenbewußtsein; aber dieses kritische Bewußtsein kann uns die Einsicht nicht ersparen, daß jene Leistungen, die zur Entfaltung des Bewußtseins in der Geschichte geführt haben, gegen die Aushöhlung nicht besser gesichert sind, als es Sozialordnungen waren, die überwiegend einem magischen Denken entsprangen. Wir wissen um die Paradoxien, an die uns die Erfahrungen der Psychoanalyse gewöhnt haben, daß sowohl im einzelnen wie in Kollektiven ein hoher Grad technischer Fähigkeit und Findigkeit – also Sachkenntnis, vielleicht sogar Sachbildung – und magische Weltorientierung durchaus gleichzeitig nebeneinander bestehen können. Ein Staat, in dem es gemäß der Orwellschen Vision höchst rational und höchst wahnhaft zugleich zugeht, ist keine Utopie, sondern ein Gebilde mit einer Fülle historischer Anklänge und mit hohem Grad der Wahrscheinlichkeit einer oder vieler Wiederholungen.

Der Gewinn dieser unserer Überlegung ist aber trotz aller Einsicht in die Relativität sozialer Werte nicht gering. Die Alternative, die sich geschichtlich immer wieder herstellen wird, ist in sich doch wieder eine Konstante, die an die Existenz des Menschen geknüpft ist. Sie lautet nicht, ob diese oder jene Ordnung »besser«, »möglicher« – »besser«, »nützlicher« für wen? – ist, sondern ob und wo sie »wahrer« und wo sie »unwahr« ist. Unter Wahrheit verstanden wir ein Symbol, an dem sich der Erkenntniswille, die kritische Ichleistung mißt, keinen endgültigen Besitz, dessen wir in einem überhistorischen Sinn habhaft werden könnten. Übt, fordert also eine Gesellschaft in ihrer Sozialbildung von ihren Mitgliedern die Akte kritischer Wahrheitssuche: gegen eigene Affekte, gegen Magie, gegen Allmachtswahn, oder macht sie ihnen dabei Angst, um sie im Zaum, in Gehorsam zu halten? Das wird die entscheidende Wahlfrage sein, die auch in der Überflußgesellschaft über ihren Rang entscheidet. Aber, um es zu wiederholen: Woher soll der so abhängige Mensch dieser unserer Mammutgesellschaften den Impetus, die Kraft nehmen, um die Wahrheitsfrage zu stellen, wenn seine Gesellschaft diese Frage nicht oder nur in genau abgezirkelten Grenzen vorsieht? Wo ist der Unterschied zwischen Personenkult in offen totalitären Systemen und in solchen, die sich neben totalitären Bereichen auch andere der kritischen Freiheit erhalten haben? Es ist sicher kein prinzipieller Unterschied, sondern einer der Begrenzung. Solche Grenzen verwischen sich aber rasch in der Geschichte.

Wir haben in dieser Apologie für Wahrheit nicht einer ihrer physischen Grenzen gedacht: des Hungers. Je deutlicher er als Körpergefühl ein Großkollektiv begleitet, desto wesenloser wird der Einfluß der Wahrheit. Die pädagogische Absicht dieses Buches ist es, dem antipsychologischen Affekt in unserer Sozialbildung entgegenzuarbeiten. Unsere Prämisse beruht darauf, daß nur die Stärkung wachen, kritischen Denkens das Erlöschen der europäischen Tradition verhindern kann. Diese Tradition verlangt seit den Anfängen der Aufklärung Selbstverantwortung neben dem kollektiven Gehorsam – ehrfurchtsloses Fragen angesichts von Tabus, welche fragwürdige Herrschaftsansprüche sichern. Hier liegt die Chance des einzelnen, mehr zu sein als ein »Knoten oder ein relativ ausgezeichneter Punkt in einem superindividuellen Netzwerk« (Gardner Murphy[8]). Es mag eine seltene Lebenslage sein, die diesen Einsatz erfordert, aber es muß in ihr legitim sein, sich gegen die herrschende Meinung zu entscheiden, ohne von Tod und Ächtung bedroht zu werden. Wir sehen voraus, daß um diese Freiheit der Entscheidung hinter den großen ideologischen Auseinandersetzungen gerungen werden wird.

Bildung, ein Kompositum

Bildung ist also ein Kompositum, ein Zusammengesetztes aus Formungsvorgängen ganz verschiedener Art. Unterscheiden wir zusammenfassend zweierlei Markantes an ihr: Sie enthält das Ergebnis von Lernvorgängen auf der Ebene der Intelligenz, im gröbsten Stoffaneignung. Pures lexikalisches Wissen empfinden wir mit Recht als einseitige, fragmentarische Bildung. Die andere Forderung, daß Inhaltswissen mit Kritik verbunden sein müsse, um wirkliche Bildung zu verraten, weist auf einen zweiten Bildungsweg, den wir durchlaufen: die Formung, die unsere Affekte und unser affektives Verhalten erfahren, und zwar gruppen- und kulturspezifisch. Vieles Wissen, das wir aufspeichern, vor allem das geschichtliche, ist in hohem Maße mit Werturteilen verknüpft. Sie sind das Ergebnis einer affektiven Reaktion auf Vorgänge in der Welt, und an ihnen entzünden sich die Affekte von neuem. Auf diese Weise standen affektive Vorurteile und das in ihnen enthaltene Scheinwissen von jeher erfolgreich einer prüfbaren Sachkenntnis im Wege. Auf dem Gebiet der alltäglichen Menschenkenntnis und Menschenbeurteilung ist das augenfällig genug. Wir beobachten, »daß sich die scharfsinnigsten Menschen plötzlich einsichtslos wie Schwachsinnige benehmen, sobald die verlangte Einsicht einem Gefühlswiderstand bei ihnen begegnet, aber auch alles Verständnis wiedererlangen, wenn dieser Widerstand überwunden ist«[9].

Ein Vorurteil ist in der Regel die vorgebildete Form, in der sich Gefühlsregungen einordnen, die den *Status quo* bedrohen. Der Vorgang der Überprüfung eines Vorurteils erschüttert erst einmal den

Status quo, untergräbt ein Stück weit unsere eigenen sozialen Selbstverständlichkeiten, weil ja auch den fremden Einstellungen, die das Vorurteil abtun will, eine faszinierende Sicherheit anzumerken ist. Erkennendes Eindringen in das bisher Unverstandene leitet den so quälenden Vorgang einer drohenden Selbstentwertung ein, den wir – und das ist die ökonomische Funktion des Vorurteils – möglichst noch vor den schmerzlichen oder unlustbereitenden Erfahrungen fast reflexhaft beenden. Für nichts anderes vermögen wir so zahlreiche Begründungen zu mobilisieren, als wenn es darum geht, die mit unserem Selbstgefühl verbundenen Wertungen aufrechtzuerhalten und dabei die Wertorientierung der »Fremden« abzulehnen.

Als gutes Beispiel für die unbewußte affektive Gebundenheit auch wissenschaftlicher Interpretation eines Phänomens bietet sich abermals die Schizophrenie an. Sie galt lange und gilt noch für eine beträchtliche Gruppe psychiatrischer Forscher als eine organische Psychose, das heißt als ein Prozeßgeschehen, das sich unbeeinflußt von Konflikten mit der sozialen Mitwelt durchsetzt. Nun ist sicher die Schizophrenie vorerst eine Sammeldiagnose für eine Reihe psychopathologischer Erscheinungen. Hinter dieser beschreibenden Zusammenfassung verbirgt sich eine Vielzahl von Entwicklungswegen, die in diesen Verband von Symptomen einmünden. Einmal mag es eine besonders niedrige Belastbarkeit des Individuums für die unvermeidlichen Enttäuschungen des Lebens sein, also ein konstitutionelles Element, das vorherrscht; das andere Mal eine, wie Lidz nachwies, sehr spezifische psychische Entbehrungssituation in der Kindheit. Zwischen überwiegendem somatisch-psychischem Entgegenkommen und extremer psychischer Belastung durch soziale Faktoren liegt ein breites Mischungsspektrum. Diese Alternative wird aber mit der Annahme, eine schizophrene Erkrankung sei primär (wenn auch unbekannten) organischen Ursprungs abgelehnt. Die Hartnäckigkeit, mit der diese Theorie durch Jahrzehnte verteidigt wurde, hat nicht ihren Ursprung in unvoreingenommenem wissenschaftlichem Denken, sondern in der unbewußten Abwehrhaltung derer, die mit Geisteskranken umzugehen haben. Wenn die Wahninhalte gar keinen Bezug zu unserer sozialen Realität haben, wenn sie keinen Konflikt widerspiegeln, der von einzelnen nicht anders als mit einer wahnhaften Verleugnung der Realität beantwortet werden kann, dann kann der Arzt, wie der Mitmensch überhaupt, zu dieser höchst beunruhigenden Krankheit als purer Verrücktheit, als sinnlosem Zerfall der geistigen Persönlichkeit ungestörte Distanz halten.

An der Einschätzung dessen, der mit unserer sozialen Welt zerfallen ist (und das gilt auch für viele Kriminelle), sind demnach nicht nur Erkenntnis-, sondern auch Abwehrvorgänge beteiligt. Sie stützen das psychische Gleichgewicht der Gesunden, die dadurch Sicherheit über alle rationalen Beweismittel hinaus zu besitzen glauben[10]. Aber das kann nur gelingen, wenn die Abwehr als solche unerkannt bleibt; die Theorie von der Schizophrenie als einer *rein* organisch bedingten Erkrankung – ohne Mitbedingungen in der sozialen Mitwelt – liefert die unverdächtige Aussage; die affektive Heftigkeit, mit welcher sie gegen andere Auffassungen verteidigt wird, verrät den unbewußten Zusammenhang. Auch bei weniger erschütternden Krankheiten ist es ein unbeliebtes Vorgehen, das persönliche Leben und seine Ereignisse in einem Wirkzusammenhang mit der Krankheit zu sehen[11]. Die Widerstände, die sich gegen ein ruhiges Durchdenken dieser Möglichkeit bei vielen Ärzten und wahrscheinlich der Mehrzahl ihrer Patienten erheben, sind irrationaler Art. Eine amerikanische Untersuchung an einer psychiatrischen Klinik zeigte, daß zwischen der jeweiligen Schulrichtung der diagnostizierenden Psychiater und der Häufigkeit der von ihnen festgestellten Schizophrenien beziehungsweise Psychoneurosen (also erlebnisbedingten Erkrankungen) eine eindeutige Beziehung bestand[12].

Das hier herangezogene medizinische Beispiel ließe sich durch nicht wenige vergleichbare aus anderen Forschungsgebieten, aus der Politik und so weiter in Gegenwart und Vergangenheit ergänzen.

Geprüftes Urteil, Sicherheit in der Beurteilung der Wertvorstellungen der eigenen Kultur, weiter Horizont für das, was in anderen Kulturen hohe Achtung erfährt, das sind Eigenschaften der Reife, einer *Bildung*, in welcher die Affekte im Wahrnehmen zurücktreten können und dadurch unser Bild von der Welt nicht im Augenblick des Wahrnehmens bereits stören und verzerren. Die Funktion der Affekte in diesem Augenblick ist *Abwehr* des Unbekannten, Fremden. Denn Fremdes, das mit Macht ausgestattet erlebt wird, stört das Gleichgewicht, erweckt Angst.

Die Vorurteile, die mit dem Affekt verschmelzen, dienen also der Erhaltung des Gleichgewichtes. Auf die Komplexität des Vorganges werden wir später noch mehrfach zurückkommen. Insgesamt sind die Fähigkeiten der *Affektkontrolle* und der *Distanzierung* von Gefühl, das sich automatisch mit Werten einstellt, Eigenschaften, die nicht leicht zu entwickeln, deshalb selten sind. Aber es sind die Eigenschaften, auf die es in einer Welt der Massengesellschaften, die über ihre eigene Vernichtung bestimmen kann, ankommt – zukünftig noch mehr als heute.

Affekte und die Abwehr des Fremden

Ein Blick auf die Sozialgeschichte zeigt, daß Affekte im Gruppenleben eine doppelte Auswirkung haben. Sie einen die Gruppe und dienen der Abwehr des Fremden. Ihnen gegenüber erweist sich das intellektuelle Neugierverhalten als lange Zeit unterlegen. Das Bekanntwerden sozialer Gruppen untereinander erfordert meist Generationen. Man denke an die Erbfeindschaft benachbarter Familiengruppen und auch an die zwischen Völkern. Ein Krieg zwischen Bayern und Preußen war vor hundert Jahren noch möglich, ein vergleichbarer Zwist scheint heute innerhalb der westeuropäischen Völker kaum noch stattfinden zu können. Aber welcher Preis wurde für diese Angleichung bezahlt! Zudem scheint sie nur dadurch erreichbar, daß sich die aggressiven Handlungsbereitschaften auf andere Objekte verschoben haben. Der Begriff der Nähe ist relativ. Zwischen den sozialen Wertskalen der Franzosen und Deutschen entsteht langsam wechselseitige Duldung; die Unterschiede werden nicht mehr als bedrohlich ausgelegt. Im gleichen Augenblick entstehen aber neue Polarisierungen der Macht, etwa zwischen der westlichen Welt und Rußland oder China. In ihnen erleben sich die Partner erneut als Feinde, als unverständlich, erhalten abstoßende Züge, die sie wechselseitig an sich wahrnehmen, und diese Wahrnehmungen sind emotionell im höchsten Grade besetzt. Diese Spannungen treten an die Stelle der gemilderten alten, so daß man hier einen Hinweis darauf erhält, wie in ihnen der ungesättigte, Unlust bereitende Triebüberschuß, der im eigenen Kulturbereich entsteht, auf den jeweiligen Feind abgelenkt wird. Das erklärt gewiß nicht alle Motivationen solcher Feindverhältnisse, wohl aber ihre zählebige, irrationale Eigenart. Sie entstehen eben nicht nur aus faktischen Interessenkonflikten, sondern aus emotionellen Bedürfnissen des menschlichen Gruppenlebens, insbesondere aus den Versagungen der eigenen Gruppe. Die affektiven Reaktionen darauf suchen sich außerhalb zu entladen und werden zu solcher Entladung auf gruppenspezifische Sündenböcke abgelenkt.

Lebte der Mensch in einer endgültigen Anpassung an die Umwelt, so gäbe es keine Wertsysteme und keine Konflikte zwischen seinen Triebansprüchen und den Verhaltensnormen, welche ihm die jeweilige Gruppe, der er zugehört, vorschreibt; und auch keine Versagungen mit dem aus ihnen folgenden Bedürfnis, einen Schuldigen außerhalb der eigenen Gruppe zu suchen, das heißt, ihn sich durch Projektion zurechtzumachen. Alle Phantasien von Endzuständen der Geschichte haben gemeinsam, daß sie ein konfliktfreies Gruppenleben entwerfen. Die wirkliche Geschichte ist bis jetzt noch nie so gewesen. Vielmehr ist Kultur ein Ideal, das wir nur mühsam und unvollkommen erreichen und nie endgültig. Die kleinste Verführung kann die guten Vorsätze, die erreichte Anpassung an die Wertnormen bei vielen Menschen umwerfen. Ein zufälliges Beispiel: Ein Soldat reist im Zug. Er sucht die Toilette auf. Wenige Minuten später entdeckt er, daß er dort seine Brieftasche mit allen Ausweisen und einer größeren Summe Geldes vergessen hat. Er stürzt zurück – die Brieftasche ist nicht mehr da. Der Schaffner geht mit ihm von Abteil zu Abteil durch den ganzen Zug, ohne Erfolg. Gelegenheit macht Diebe, sagt das Sprichwort. Beschreiben wir den Vorgang psychologisch, so heißt das: Die Entdeckung der fremden Brieftasche mit dem Geld hat für den Finder eine Versuchung bedeutet. Die Kulturnorm sagt ihm, er habe fremdes Eigentum zu respektieren. Seine eigenen egoistischen Triebwünsche stehen damit offenbar in einem sogleich weckbaren Konflikt. Indem er sich rücksichtslos über ein Gebot hinwegsetzt, vermag er sich eine mühelose Triebbefriedigung zu verschaffen. Das Gewissen, diese innere Repräsentanz der gültigen Gebote einer Gesellschaft im Individuum, vermochte sich gegen die in der Versuchungssituation erwachte Triebspannung nicht durchzusetzen. Jener diebische Finder erwies sich in diesem Augenblick als ein Kulturheuchler.

Das alles zwingt uns, den Grad der organisierten Kultureignung, den unsere bisher entwickelten Erziehungsformen herbeizuführen vermochten, nicht zu überschätzen. Vieles in den pädagogischen Provinzen wirkt wirklichkeitsfern und spiegelt die Wunschbilder der Erzieher wider, nicht aber ihr Vermögen, der Lage gerecht zu werden. »Menschenkenner und Philosophen«, meint Freud, »haben uns längst belehrt, daß wir unrecht daran tun, unsere Intelligenz als selbständige Macht zu schätzen und ihre Abhängigkeit vom Gefühlsleben zu übersehen. Unser Intellekt, sagen Menschenkenner, könne nur verläßlich arbeiten, wenn er den Einwirkungen starker Gefühlsregungen entrückt sei; im gegenteiligen Falle benehme er sich einfach wie ein Instrument zu Händen eines Willens und liefere das Resultat, das ihm von diesem aufgetragen sei. Logische Argumente seien also ohnmächtig gegen aktive Interessen, und darum sei das Streiten mit Gründen, die nach Falstaffs Worten so gemein seien wie Brombeeren, in der Welt der Interessen so unfruchtbar.«[13]

Auch der Dieb unserer Geschichte hat ein Sprichwort bei der Hand. »Aus Schaden wird der Verlierer klug werden«, mag er sich gesagt haben, als er die Brieftasche einsteckte. Mit solchen Scheinargumenten heuchelt der Intellekt vor dem Gewissen. Und die Schnelligkeit, mit welcher der Diebstahl sich ereignete, mag zeigen, wie gefährdet das kulturelle Verhalten allerorts und allezeit ist, wie rasch ein Konflikt zwischen den egoistischen, rücksichtslosen Triebstrebungen und ihren Beschränkungen durch die Moral einer Gruppe erweckt werden kann.

Das wichtigste Kennzeichen der *Bildung* ist demnach folgendes. *Gebildet* ist ein Mensch, der in affekterregenden Lebenslagen über eine einigermaßen beständige Selbstsicherheit im Umgang mit den eigenen Triebregungen verfügt. Der Mord ist die stärkste Verletzung unserer Gruppenmoral; er wird am schärfsten geahndet, und immer wieder wird diese Ahndung in den Kriegen, die wir führen, außer Kraft gesetzt. »Was keines Menschen Seele begehrt, braucht man nicht zu verbieten, es schließt sich von selbst aus. Gerade die Betonung des Gebotes: Du sollst nicht töten, macht uns sicher, daß wir von einer unendlich langen Generationsreihe von Mördern abstammen, denen die Mordlust wie vielleicht noch uns selbst im Blute lag.« Daraus folgert Freud: »Die ethischen Strebungen der Menschheit, an deren Stärke man nicht zu nörgeln braucht, sind ein Erwerb der Menschengeschichte ...«[14] Die Mühsal der Anpassung, des Erwerbs einer Bildung, die hungrigen Trieben ein Stück ihrer Bewältigung läßt und sie doch mitmenschlich erträglich macht – das alles ist ein Unterfangen auf schwankendem Grund.

Geschichtlicher Wandel und Informationszwang

Das erste Fazit unserer Überlegungen, was *Anpassung* im Hinblick auf *Bildung* sei, zeigt, daß sie von zwei Organisationsformen in uns bewerkstelligt wird, die Adolf Portmann als »erblich fixierte Struktur der Erhaltung« und als »Zuwendungsstruktur« formuliert. »Zuwendung«, affektiver Kontakt spielt bei allen höheren Lebewesen eine wichtige Rolle. Er beruht immer auf einem Ineinandergreifen relativ unveränderlicher Momente, der Erbkoordination, und veränderungsfähiger Komponenten. Portmann illustriert die verschiedenen Mischungsformen »von Fixiertem und Offenem« im tierischen beziehungsweise im menschlichen Verhalten an einem einfachen Beispiel. Die am Tage fliegenden Zugvögel orientieren sich bei ihren großen Herbst- und Frühjahrswanderungen nach dem Sonnenstand. »Sie fliegen zu jeder Tagesstunde in einem ganz bestimmten Winkel und ›rechnen‹ also die Wanderung der Sonne in ihre Bewegung ein.« Auch wir können die gleiche Methode der Orientierung anwenden, aber unter ganz anderen Voraussetzungen. »Ein kompliziertes Orientierungssystem, über Kontinente hinwegleitend, in einem Fall völlig ererbt, in unserm Dasein aber mühsam durch Generationen von Kenntnissen und durch gewaltige Anstrengungen unseres Geistes individuell erworben.«[15] Nicht nur unsere räumliche Orientierung beruht auf einer »offenen Erbstruktur«, das gleiche gilt für fast alle schwierigen Orientierungsaufgaben, vor die wir uns gestellt sehen, vor allem, wenn wir uns unserer sozialen Umwelt zuwenden. Der mächtige Triebanteil unseres Wesens drängt auf Befriedigung der Lebensbedürfnisse. Die triebhafte vitale Unruhe ist im menschlichen Dasein nicht durch Erbkoordinationen in der Zuwendung zur Außenwelt fest eingefangen, gleichsam ritualisiert. Die Rituale, Zeremonien, Gesetze, ja, die Gewohnheitsformen unseres alltäglichen Verhaltens sind in kollektiver Einstimmung *ge-*

setzt und müssen individuell erlernt werden. Das schwierigste Stück dieses Lernens liegt in der Befolgung des Erlernten.

Unsere Rituale sind geschichtlich – im Sinne erinnerbarer Zeiträume – und sind wandelbar. Die Instanz, welcher die Formung und Koordinierung der Zuwendung zu unserer mitmenschlichen Umwelt, zur Welt überhaupt zufällt, ist im psychologischen Sprachgebrauch das »Ich«. Um es zu wiederholen: Das »Ich« als regulative Instanz des Verhaltens – das ja und nein sagende Ich – ist eine neue Funktion des Lebendigen, die den Menschen charakterisiert. Man kann deshalb sagen, daß seine Leistungen in einem ungleich größeren Ausmaß als bei den Tieren auf *Informationszwang* (P. Brückner) beruhen. Die Appetenz zum Unbekannten, das Neugierverhalten, das auch bei den Tieren, besonders im Jugendalter, stark ausgeprägt ist, muß beim Menschen länger wachbleiben, wenn ihm nicht Irrtümer, unter Umständen todbringende Irrtümer unterlaufen sollen.[16] Da er sich selbst unbekannt genug ist, findet er in Vorurteilen aller Art Halt. Der prinzipiell nicht auflösbare Konflikt liegt in der Funktion dieser Vorurteile: Welche sind verläßlich, welche irrtümlich – aber beruhigend? Die Aufgabe des Ichs bleibt unabgeschlossen.

Aspekte des Ichs

Bei der Schwierigkeit, ihres Gegenstandes habhaft zu werden, ist in der Psychologie die Gefahr der Verdinglichung, der unzulässigen Vereinfachung ihrer Begriffe besonders naheliegend und schwer zu vermeiden. Wenn wir soeben vom Ich als Instanz sprachen, so können wir das nur im Sinne einer Annäherung an etwas tun, was wir selbst als Wirklichkeit erfahren. Aber wir dürfen dabei nicht vergessen, daß dieses Ich keineswegs gleichbedeutend ist mit dem, was wir von uns selbst bewußt als »ich bin ...« wissen. Die Reaktionen unseres Partners in einem Gespräch können uns zeigen, daß wir an uns selbst mancherlei nicht beobachten, nicht wahrnehmen können – zum Beispiel eine Fülle von affektiven Tönungen unseres Verhaltens – was anderen augenfällig ist. Wenn Freud[17] deshalb feststellt, daß vieles am Ich unbewußt bleibt, »gerade das, was man den Kern des Ichs nennen darf«, so verweist uns dies auf seelische Prozesse, die in ihrer Wirkungsweise dem vererbten Verhalten ähnlich sind, auf Äußerungsweisen, die das Individuum zwar erworben hat, zu denen es aber dann nicht mehr *kritisch* beeinflussend oder doch nur nach großer Anstrengung Stellung nehmen kann; sie geschehen vielmehr[18]. Und doch ist dieser Unterschied der entscheidende, daß wir im Gegensatz zu den Tieren lernen können, unser soziales Verhalten kritisch, reflexiv zu kontrollieren und zu verändern.

Das »Ich« hat sich genetisch aus dem »Es« entwickelt, jener Gesamtheit psychischer Vorgänge, die zum organismischen Leben gehören und denen – nimmt man den evolutionistischen Standpunkt ein – als Regulativ des Verhaltens eine arterhaltende Funktion zufällt. Die realitätskritischen und selbstkritischen Leistungen des Ichs sind demgegenüber außerordentlich jung. Sie sind an die Erscheinungsform des Lebens in der Art »Mensch« geknüpft. Der Mangel an erbgenetisch festgelegten Auslösungen für ein *artspezifisches* Verhalten wird durch *gruppenspezifisch* erworbene Verhaltensweisen ersetzt. Die Tatsache, daß den Kulturunterschieden keine »taxonomische« Bedeutung im Sinne der Biologie, sondern eine »zufällige«, »provinzielle« Rolle zufällt, verlangt nach einer psychischen Leistung, welche die so tief voneinander unterschiedenen Verhaltensstile untereinander verstehbar macht und Orientierung erlaubt. Für diese Aufgabe der Orientierung in der Unterschiedlichkeit humaner Verhaltensweisen sind die Ichleistungen unerläßlich. Die Reichweite des Bewußtseins als Voraussetzung der kritischen Erfahrung der Realität wird für Gesellschaften wie die unsere, in der sich die Umweltverhältnisse wie die Strukturierung der Gesellschaft rasch verändern, von immer wachsender, möglicherweise arterhaltender Bedeutung.

Wir kennen nicht die *Ursachen*, wohl aber einige der *Bedingungen* für die »noch rätselhaften Eigenarten unserer Offenheit« zur Selbstwahrnehmung und Selbstgestaltung unseres Verhaltens, eben der *Ichleistungen*. Die wichtigste dieser Bedingungen ist die, an den höheren Säugetieren gemessen, verkürzte Tragzeit im Mutterkörper. Das neugeborene Kind ist, verglichen mit den Säugetierjungen, gestalthaft und in den Funktionen seines Verhaltens, wie wir andeuteten, unreif. Seine uterine Wachstumsperiode sollte nach Bolk[19], Portmann und anderen vergleichsweise 20 bis 22 Monate dauern. Das erste Lebensjahr des Menschen bezeichnet Portmann deshalb als »die Zeit des sozialen Uterus«, wo die soziale Gruppe »den Mutterkörper zu vertreten und die Rolle des mütterlichen Leibes zu übernehmen hat«. In dieser Zeit reifen die Fähigkeiten zu »aufrechter Haltung, Sprache und einsichtigem Weltverhalten« aus, also die leib-seelischen Voraussetzungen des menschlichen Daseins. Um Portmann zu zitieren: »Die Zweiteilung unserer wesentlichen Entwicklungsperiode der Frühzeit ist nicht irgendein beliebiger Zufall. Die Ausbildung der menschtypischen Merkmale, die wir eben nannten, steht in schroffstem Gegensatz zum Entwicklungsweg aller höheren Säuger. Während bei den letzteren sich alle wesentlichen Züge in der Eintönigkeit und Geborgenheit des mütterlichen Leibes heranbilden, im Ausreifen von fixierten Erbanlagen, so geschieht bei uns die Entwicklung gerade der wesentlichen Züge in einer ausgesprochenen Mischung von Reifungsprozessen und Lernvorgängen ... die Eigenart dieser extrauterinen Frühperiode ... entspricht der Besonderheit der humanen Weltbeziehung, die wir die geistige oder weltoffene nennen.«[20]

Die Konsequenz dieser biologischen Voraussetzungen ist, daß wir uns vom frühesten Lebensanfang an nur bilden können im Wechselspiel mit unserer menschlichen Mitwelt. Das Erlernen des Verstehens anderer Ich-Wesen ist die Voraussetzung unseres so begrenzten Selbstverstehens und rückt deshalb in den Mittelpunkt unserer humanen Aufgaben. Reifung zu einem Wesen, das sich als ein von anderen abgegrenztes Ich zu erleben vermag, setzt also ein hohes Maß von Anpassung voraus. Erst wenn ich mich lernend anzupassen verstehe, erfahre ich mich, hingebend an den anderen und empfangend von ihm. Ob und wieweit dieser Vorgang durch die Gefühlserfahrungen, die mit ihm verknüpft sind, offen bleibt, gerne vollzogen oder gemieden wird, das ist eigentlich der Maßstab für die tatsächliche Humanität, die einer erreichen konnte.

Wir wollen jetzt die biologisch verankerten und die gesellschaftlich übermittelten Anteile des menschlichen Verhaltens gegeneinander abwägen. Insbesondere soll uns im Hinblick auf Verständnis und Mißverständnis das Phänomen der sozialen Rolle beschäftigen. Die Dialektik, die unser soziales Verhalten beherrscht, wird dabei noch deutlicher hervortreten; wir lernen Rollen und werden von ihnen geführt. Sind wir in diesem Zustand aber eigentlich Individuen – so wie unsere Ethik dieses Wort versteht? Oder gehört dazu noch eine weitere Leistung, deren unsere Seele fähig ist: die Selbstvergewisserung, das kritische Zurücktreten, das Besinnen und Bedenken des eigenen Rollen- und Triebverhaltens?

III Der Instinkt reicht nicht aus – die Evolution zum Bewußtsein

Evolution zum Bewußtsein

Die menschliche Freiheit, nach der die letzten Sätze des vorangehenden Kapitels fragten, schien bisher ein philosophisches, ein humanistisch-ethisches Problem. Damit lag es bei aller traditionellen Hochachtung für die Philosophie im Schatten mächtiger Handlungsbereiche des sozialen Lebens, die unbehindert von solcher Reflexion sich vollziehen. Die Erkenntnisse der Naturforschung in diesen Jahrzehnten haben die Fragestellung aber überraschend und jetzt viel unausweichlicher aktualisiert. Da den Naturwissenschaften mit ihrem unmittelbaren Bezug auf Lebensfragen in unserer Gesellschaft die führende Rolle zugefallen ist, setzen sich ihre Konzeptionen ungleich direkter in gesellschaftliches Bewußtsein um; oder, vorsichtiger ausgedrückt, sie beunruhigen dieses Bewußtsein stärker, weil die enthaltene Problematik zugleich anschaulich mit den Vitalfragen verknüpft ist.

Für die Naturforschung, besonders die Evolutionslehre, wird aber die im Menschen verwirklichte Fähigkeit zur bewußten, selbstentscheidenden Existenz deshalb so bedeutungsvoll, weil sich in ihr eine neue Stufe der Fortentwicklung des Lebendigen markiert. Wahrscheinlich ist es keine Überspitzung, wenn man sagt, daß alte theologische Definitionen vom Menschen als Ebenbild Gottes im Bezugsrahmen naturwissenschaftlicher Theorien eine neue Formulierung erfahren, in den Fragen nach Freiheit und Verantwortung ebenfalls enthalten sind. Sehr im Unterschied zu platten Auslegungen des Evolutionsgedankens um die Jahrhundertwende mit primitiv mechanistischen Vorstellungsmodellen zeigte sich jetzt ein ganz anderes Bild. Nachdem durch biologische Modifikationen eine bewußte Weltorientierung bei gleichzeitiger Entbindung von erbgenetisch fixierten Verhaltenszwängen ermöglicht war, konnte dem auf der funktionellen Seite nur entsprechen, daß dieser bewußten Weltorientierung eben die große Last der Entscheidung, der Verhaltenssteuerung zufiel. Damit verschärfte sich bei genauer Betrachtung die Verantwortlichkeit in einem konsequenten, geschichtlich verfolgbaren Entwicklungszug zu einem Verantwortungs*bewußtsein*, das auf sich selbst gestellt ist. Von Verschärfung kann man deshalb reden, weil die Evolutionslehre als Teil einer analytischen Naturforschung kaum mit einem Gottesbegriff vereint werden kann, wie ihn die personalistisch konzipierten Gottesideen der überlieferten Religionen vermitteln. Dabei soll betont werden, daß es in diesem sozialpsychologischen Zusammenhang nicht auf die Höhen und Feinheiten theologisch-philosophischen Denkens ankommen kann, sondern nur darauf, wie und in welcher Gestalt religiöse Ideen die Breite des gesellschaftlichen Bewußtseins, das heißt das religiöse Bewußtsein des durchschnittlichen Menschen der Zeit, erreichen, was von ihnen tatsächlich seelisches Erlebnis wird und wie es das Verhalten bestimmt. Und hier kann kaum angezweifelt werden, daß Gott, wie er gelehrt wird, ein persönlicher Gott ist.

Das Dilemma zwischen Mythologie und Forschung

Nimmt man aber die Aussagen der Naturwissenschaften ernst, ihre Vorstellungen von der Entwicklung des Lebens bis hin zu dem Moment, in dem Leben seiner selbst bewußt wird, so kann man nicht gleichzeitig dem Weltplan einer Schöpfungsmythologie anhängen – es sei denn um den Preis einer sehr tiefen Spaltung der Person. Dieses Dilemma wird mit bewundernswertem Mut von theologischen Denkern behandelt, etwa von Teilhard de Chardin. Die psychologische Schwierigkeit, die von den Naturwissenschaften heraufbeschworen wurde, liegt darin, daß die Projektion der Verantwortung auf einen anthropomorphen Gott unmöglich ist; sosehr die Theologie das Absolute und das absolut Andere der Existenz Gottes betonte, für die seelische Wirklichkeit blieb er ein ansprechbares, also ein verwandtes Wesen. Der Weg dieser sprachlichen Verständigung – die am stärksten im Gebet sichtbar wird – und damit die Delegierung der Verantwortung nach dem Vorbild eines Kind-Vater- oder Kind-Eltern-Verhältnisses ist unmöglich geworden, ohne daß die Ent-Täuschung gleichzeitig durch sichere neue Verhaltensanweisungen wettgemacht würde. Für die große Zahl der Menschen bedeutet diese Einsicht ein so bedrückendes Erlebnis, daß sie ihr regressiv, also durch irrational gesteuertes Verhalten, zu entgehen versuchen. Sie nehmen die Spaltung vorerst hin, leben einerseits als Nutznießer der biologischen Naturerkenntnis, wirken unter Umständen selbst aktiv an ihrer Erweiterung mit und unterwerfen sich andererseits – scheinbar widerspruchslos – einer theologisch begründeten Moral und nehmen Glaubenswirklichkeiten hin, die aus der rationalen Welterfahrung nicht bestätigt werden können.

Nun ist das *credo quia absurdum* gewiß kein neues Paradox: Die Demut vor der unendlichen Größe des Weltganzen ist eine Haltung, die durch die erweiterten Kenntnisse, die wir errungen haben, eher verstärkt als verringert wird. Das Paradox des *credo quia absurdum* trifft aber gar nicht *diesen* Sachverhalt, sondern einen komplexen sozialen Herrschaftsanspruch, nämlich den der Glaubensverpflichtung an eine sich als definitiv verstehende Heilslehre, die ein Kernstück der herrschenden sozialen Autorität darstellt.

Bewußtsein und soziale Integration

Zwei Konsequenzen sind unvermeidlich. Zuerst: Rationales Denken erobert sich immer neue Bereiche der Anerkennung. Auch die Natur des Menschen, seine gesellschaftlichen Institutionen und Werte erwiesen sich der rationalen Analyse zugänglich. Die Erkenntnisse, die wir auf diesem Wege gewonnen haben, sind ein für allemal für unsere Orientierung in der Mitwelt unentbehrlich. Aussagen, die sich auf rationales Denken gründen, schließen das Einverständnis in sich, daß man sie an der Beobachtung der Wirklichkeit nachprüfen und korrigieren darf. Der rationale Erkenntnisprozeß ist dynamisch und unabgeschlossen. Soweit die kritische Methode reicht, entzieht sie jenen gesellschaftlichen Ordnungsmächten den Boden, die einen Anspruch auf absolute Gültigkeit erheben, also nicht geprüft werden dürfen. Entsprechend diesem Anspruch, Wahrheiten zu repräsentieren, die der Kritik überlegen sind, haben solche autoritären Institutionen ihre Genealogie immer wieder auf göttliche Akte zurückgeführt. Einspruch gegen sie wird damit zum Sakrileg. Die Erziehungspraxis sucht durch Festigung von Denkhemmungen diesem Konflikt vorzubeugen.

Die zweite Konsequenz betrifft das affektive Verhalten. Rationale Kritik ist keineswegs, wie neomythologische Autoren verkündet haben, affektfeindlich. Verständige Einsicht ist kein Widersacher der »Seele«, aber sie steht der Affektlogik im Wege. Die metaphysisch sich begründenden Autoritäten nützen aber für ihre Herrschaftsansprüche gerade diese Affektlogik; mit anderen Worten, sie lassen rationalisierendes Denken – nicht rationales – zu, wo egoistische Rücksichtslosigkeit begründet werden soll.

Kritisch rationales Denken hat keine metaphysische Sicherheit zu bieten, aber es wird in ihm um Einsicht gerungen, wo starke Triebwünsche oder Schuldängste am Werk sind und – nach den allgemeinen Anschauungen – ein sich von selbst verstehendes, wenn auch wertwidriges und rohes Verhalten zur Entlastung nahelegen. Die Möglichkeit zu solcher Kontrolle sollte man als sozialen Sicherungsfaktor nicht unterschätzen.

Die Konsequenz dieser Konsequenzen ist also, wie die Menschheit ohne Projektion ihrer gruppenspezifischen Sozialordnungen – zum Beispiel ihrer Familienstruktur mit einer unbestrittenen väterlichen Autorität – auf Maßstäbe der Weltordnung auskommen wird. Wie wird eine in diesem Sinne *vaterlose Gesellschaft* aussehen, eine Gesellschaft, die nicht von einem mythischen Vater und seinen irdischen Stellvertretern kontrolliert wird?

Man könnte die Frage leichter als ein Zukunftsproblem auf sich beruhen lassen, wenn in der langen Epoche der vatergelenkten Gesellschaften nicht soviel vom Triebgeschehen im Menschen unterdrückt worden wäre; die repressiv behandelten und verdrängten Triebwünsche blieben dabei vom Einfluß des kritischen Ichs ausgespart und brachen periodisch als mehr oder weniger rücksichtslose Mächte zerstörerisch, mörderisch in den sozialen Ordnungsraum durch. Verbunden mit den technischen Prothesen der gegenwärtigen Zivilisation kann diese Taktik der Sozialisierung der Spezies als ganzer das Leben kosten. Dies ist der Grund, warum die psychische Spaltung, von der soeben die Rede war, in der Gegenwart eine Gefahrenquelle erster Ordnung bedeutet. Sie zu verleugnen wäre ein Stück der neurotischen Bewältigungsversuche der Realkonflikte, nicht eine dem kritischen Bewußtsein angemessene Haltung. Alles spitzt sich also auf die Frage zu, ob die durch die Evolution geschaffenen Bewußtseinskräfte zur vollen Entfaltung kommen, ehe die zugleich erfolgte Instinktentbindung katastrophal wirkt.

Die verbindliche Autorität, die den Verhaltenskodex vorzeichnet, wird in einer weniger repressiven, weniger durch magisches Denken geleiteten und *integrationsstärkeren,* bewußtseinsstärkeren Gesellschaft eine andere Funktionsgestalt angenommen haben, als es jetzt unserer Vorstellung zugänglich ist. Es kam aber für unsere Überlegungen darauf an, soziale Ordnungen überhaupt nicht allein in die perspektivische Fluchtlinie der historischen Prozesse im engeren Sinne, sondern auch in die der Lebensentwicklung zu stellen. Die Autoritäten der mythischen Traditionslinie reichen nicht mehr aus, um eine soziale Integration der Massengesellschaft zu bewerkstelligen. Die letzte Auskunft heißt mit ihrer Hilfe immer Diktatur.

Evolution wird ihrer selbst bewußt

Verweilen wir deshalb noch etwas bei den Deutungen, die uns die Theorie der Evolution überläßt. Zuerst muß man sich vor Augen halten, daß »der Begriff Evolution heute nicht allein eine Theorie über bestimmte Prozesse in der Welt des Lebendigen bezeichnet, sondern eine der entscheidenden Dimensionen, innerhalb deren biologisches Denken sich vollzieht«.[1] Julian Huxley sieht in der Vergangenheit zwei kritische Phasen des Entwicklungsgeschehens: den Übergang von anorganischen zu biologischen Prozessen und dann den zweiten Schritt von der biologischen zur *psychosozialen* Stufe der Entwicklung. Diese ist zuerst im subhumanen Bereich durch die Formierung der arteigenen angeborenen Verhaltensweisen, der Instinkte des alten Sprachgebrauchs, gekennzeichnet, dann mit dem Auftreten des Menschen durch Bewußtsein und individuelles Erlernen der sozialen Verhaltensstile. »Heute, im Menschen des 20. Jahrhunderts, wird der Evolutionsprozeß seiner selbst bewußt und untersucht sich selbst mit der Absicht, seinen zukünftigen Verlauf zu bestimmen.«[2] Diese Stufe ist nunmehr deutlich durch *zielgerichtete* Tendenzen charakterisiert, während die Finalität der Entwicklungsvorgänge in den außerhumanen Evolutionsprozessen umstritten blieb. Wenn Evolution im Menschen ihrer selbst bewußt und in Grenzen lenkbar wird, verliert die Skepsis gegen ein teleologisches Denken, jedenfalls für diesen Bereich des Lebens, ihren Sinn. Es muß im Gegenteil den Zielvorstellungen volle Aufmerksamkeit zuteil werden. Die Verantwortung für Entscheidungen wächst mit dem gesteigerten Bewußtsein für die eingeschlossenen Konsequenzen.

Man kann Vererbung ebenso wie die Bildungsvorgänge in der Gesellschaft funktionell als System der Nachrichtenübermittlung verstehen. »In der subhumanen Welt geschieht die Übermittlung dessen, was wir in einem allgemeinen Sinn ›Information‹ nennen können, durch die Weitergabe von Erbeinheiten oder Genen, die in den Samenzellen enthalten sind ... Der Mensch allein hat eine extragenetische Weise der Übermittlung entwickelt, und zwar bis zu einem Grade, in der diese zur genetischen in Konkurrenz tritt, ja sie an Bedeutung überflügelt.«[3] Auch Waddington benützt wie Portmann das Beispiel des Fliegens, um den Übergang von einer Leistungsform zur anderen anschaulich zu machen: »Der Mensch erwarb die Fähigkeit zu fliegen nicht durch eine bemerkenswerte Änderung im Satz der Gene, die der Art zur Verfügung stehen, sondern durch die Übermittlung von Informationen auf Grund eines Speicherungsmechanismus des sozialen Lehrens und Lernens.« Das führte dazu, daß im Bereich der menschlichen Geschichte immer mehr »ein *soziogenetischer* oder psychosozialer Mechanismus der Evolution den biologischen, allein von den Genen abhängigen, überlagert und oft überwältigt. Der Mensch ist nicht nur ein Wesen, das bedenkt und spricht und deshalb eine vernünftige Mentalität entwickelt hat, die anderen Lebewesen fehlt. Seine Fähigkeit des systematischen *(conceptual)* Denkens und Kommunizierens hat ihm einen völlig neuen Mechanismus für den allerfundamentalsten biologischen Prozeß, den der Evolution, in die Hand gegeben.« Entbindung von der genetisch verankerten Information und Entfaltung der »soziogenetischen Übermittlung von Information durch Lehren und Lernen«[4] bezeichnen also eine *dritte kritische Phase* im Evolutionsprozeß.

Die Lösung dieser wahrhaft brennenden Probleme ist also mit der Kultivierung, das heißt mit der fortschreitenden Bewußtseinskontrolle der soziogenetischen Verhaltenslenkung, verknüpft.

Konvergenz der Erkenntnisse

Es ist interessant zu sehen, wie die Forschungsergebnisse aus verschiedenen Disziplinen zu konvergieren beginnen. Sigmund Freuds dynamische Psychologie fügt sich ausgezeichnet zu den Einsichten der Evolutionstheoretiker. Freuds Vorstellung, daß sich das Ich aus dem Es entwickelt habe, ist eine Aussage über ein Früher und ein Später. Das Es, der ganze Bereich unbewußter Seelentätigkeit, gehört entstehungsgeschichtlich zur subhumanen Phase der *psychosozialen* Entwicklung, in welcher die genetisch vermittelten Informationen instinktiver Art das Verhalten bestimmen. Das Auftreten des Ichs, der bewußten seelischen Leistungen, geschieht aber nicht mit einem Schlag und so, als ob die neue Informationsform die geschichtlich ältere auslöschen würde. Die Ichleistungen addieren sich in sehr langsamen Prozessen zu den bestehenden Informationssystemen und verändern sie dabei auch zum Teil. In diesem Sinn ist Freuds Feststellung, daß der entscheidende Teil des Ichs unbewußt bleibt, von großer Bedeutung. Die sozialen Lernprozesse verlaufen weitgehend unter der Schwelle des Bewußtseins und beginnen vor allem in der individuellen Entwicklung in der frühen Jugend, während die kritischen Bewußtseinsfähigkeiten noch schwach ausgebildet sind. Dazu kommt noch, daß, was wir die Affekt- und was wir die Sozial*bildung* genannt haben, in sich die Tendenz zu Verlaufsschablonen, zu einer Automatisierung zeigen. Sie fallen also in einen vorbewußten oder ganz unbewußten Erlebnisbereich zurück und entziehen sich damit mehr oder weniger der kritischen Entscheidung des Bewußtseins. Das Über-Ich oder Ichideal, das Freud einmal »eine Stufe zum Ich«[5] nannte, ist seinerseits als Niederschlag der Erfahrung sozialer Autorität eine Integrationsstelle unseres Verhaltens, die größtenteils unbewußt Informationen empfängt und gibt. Auch diese Vorstufe des Ichs ist vom Bewußtsein her nur schwer zu beeinflussen.

Zwei Ebenen der Gegenläufigkeit sind zu unterscheiden: Durch die intellektuellen Ichleistungen werden machtvolle Prothesen geschaffen. Die technische Ausrüstung ermöglicht zum erstenmal in der Geschichte, den Lebensunterhalt der Menschen in zunehmender Freiheit vor Entbehrungen auf der Vitalebene zu sichern. Damit ist für das kritische Ich die Voraussetzung geschaffen, einen wachsenden Anteil der Triebenergie binden und seinen Zielen unterstellen zu können. Die technischen Prothesen werden aber selbst wieder deutlich.

Auf der Stufe des »Über-Ichs« ist die gleiche Gegenläufigkeit am

Werk: Auch im Über-Ich werden Triebregungen gebunden und auf die Ziele und den Verhaltensstil der Gesellschaft ausgerichtet. Ohne ein wie selbstverständlich wirkendes inneres Orientierungsvermögen können wir uns nicht unter unseren Mitmenschen bewegen. Aber diese Selbstverständlichkeit macht uns zugleich schwach, wenn es gelingt, uns – unwissentlich – für destruktive Tendenzen zu organisieren, die irgendwo in der Gesellschaft entstehen. Wir selbst werden dann durch unsere Partnerschaft am Kollektiven (die durch die Einflüsse des Über-Ichs geschieht) zur gefährlichen Prothese für ichfremde Strebungen. Alles das läuft darauf hinaus, daß wir die Koexistenz von Organisationsstufen unseres Verhaltens und unseres Selbstverständnisses hinnehmen müssen, die aus verschiedenen Epochen der Kulturentwicklung herrühren, aber wir müssen versuchen, sie uns so deutlich wie möglich einzugestehen.

Die protestantische Linie

Wir dürfen dabei aber nicht übersehen, daß unser historischer Moment seine spezifischen Aufgaben stellt. Zu ihnen gehört die realitätsgerechte Bewältigung neuer Situationen, für die entweder die geschichtliche Vorerfahrung fehlt oder – ebenso wichtig – die nicht nach tradierten Lösungsentwürfen behandelt werden dürfen, wenn nicht unabsehbare Katastrophen die Folge sein sollen. Am dringendsten wird also die Erweiterung unserer kritischen Bewußtseinsleistungen verlangt. Einsicht, Reflexion soll *mehr* von unserem Verhalten bestimmen, als es bisher in der großen Breite des sozialen Lebens der Fall war.

Das kann nur durch Erziehung geleistet werden. Das Dramatische der Situation besteht darin, daß es gerade die überkommenen Erziehungsformen sind – der defiziente Modus der Affektbildung im Verhältnis zur hochentwickelten Sachbildung –, die einer solchen Bewußtseinserweiterung im Wege stehen. Entsprechend wird die *Sozialbildung* in der Gleichzeitigkeit der motivierenden Organisatoren unseres Verhaltens weithin von archaischen Modellen der Äußerung bestimmt. Das bedeutet die Vorherrschaft von Stereotypen des Wertens und Affektäußerns gerade dort, wo die Sachprüfung und Selbstprüfung immer unerläßlicher werden. Die ehrwürdigsten Institutionen, die solche Orientierungssysteme vermitteln, sind die Barrieren gegen eine Bewußtwerdung der veränderten Lage. Die historische Gestalt, die sie einmal erlangt haben, erweist sich – wie ein genetisch vererbtes Verhaltensmuster – als nicht anpassungsfähig an neu entstandene Wirklichkeit. Auch hier scheint eine Rückbildung zu größerer Plastizität und neuer Ansatz der Differenzierung nicht möglich. Ihre Sensibilität erfaßt nicht mehr die neuen Konfliktstoffe, wie irgendein definitives Sinnesorgan sich nicht mehr einem neuen Reizbereich anzupassen vermag. Wie das Auge nur einen begrenzten Wellenbereich des Lichtes wahrnimmt, so ordnen historisch gewachsene Organe der Gesellschaft nur einen bestimmten Ausschnitt potentieller Kombinationen aus jenen Faktoren, aus denen menschliches Verhalten sich selbst gegenüber und im sozialen Raum erwächst.

Das stetig dichtere Zusammenrücken der Menschen zwingt ihnen Konformitäten des täglichen Zusammenlebens auf. Zugleich wird aber in jener Entscheidungsebene, die den Alltag überdauert (aber doch auf ihn zurückwirkt), die Kultivierung *protestantischer* Fähigkeiten in der großen Zahl der Lebenden gefordert, um korrigierend die Trägheitsreaktionen der gesellschaftlichen Einrichtungen beeinflussen zu können. *Protestantisch:* das kann nichts anderes heißen als Verteidigung eines neu erworbenen Stückes kritischer Denkfreiheit gegen den Konformitätszwang von außen und gegen die Angst von innen. Unter diesen Umständen ist die Sache selbst und das Wort in die Geschichte gekommen; es gibt keinen Grund, es nicht zur Kennzeichnung der weiterlaufenden Stadien der Bewußtseinsentwicklung mitzunehmen. Denn wie zur Zeit der großen religiösen Protestanten geht es mit der Aufklärung – *post tenebras lux* steht über dem winzigen Kirchenfenster der ruinierten protestantischen Kapelle in *Les Baux* – zugleich um Einüben der Eigenverantwortung in Erlebnisbereichen, die bisher der Autorität überlassen waren, ob sie nun als personal göttliche, als sozial gottwohlgefällige, als väterliche oder vaterähnliche mit persönlicher gefärbten Kritikverboten auftritt.

Ein Wort hat, nach kurzer Aufwertung in der Kulturpolitik der fünfziger Jahre unseres Landes, erneut einen besonders abwertenden Beiklang erhalten; das Wort »liberal«. Was hier mit Verachtung getroffen werden soll, ist aber nicht Liberalität, sondern Scheinliberalität. Es besteht in der Tat guter Anlaß zu dieser Unterscheidung. In der sogenannten »freien Welt« formiert sich immer deutlicher der Mißbrauch liberaler Garantien für ein jeweiliges politisches Alibi. Institutionen wickeln zwar formal ihre Aufgaben unter Beachtung liberaler Grundsätze ab, um danach ungerüht autoritär zu urteilen und zu verfahren. Diese Bemäntelung tatsächlich autokratischer Praxis hat die Liberalen alten Stils überrumpelt. Das heißt aber nicht, daß die Sache selbst, das Prinzip der Liberalität, über holt wäre. Die Erfahrung hat uns gezeigt, daß die gegenwärtig diese Welt bevölkernden Menschen offenbar auf sehr unterschiedlicher geschichtlicher Erfahrung zu »letzten Gewißheiten« gekommen sind. Nur mit einem außerordentlichen Ausmaß liberaler Toleranz wird sich ein universales Zusammenleben einrichten lassen, das nicht fortwährend durch von Menschen herbeigeführte Katastrophen überschattet ist. Wer Liberalität denunziert, muß sich im klaren sein, daß er der psychosozialen Evolution entgegenarbeitet.

Die Unschärfe menschlicher Rollen

Aus der Optik der großen evolutiven Entwicklungslinien und Zusammenhänge müssen wir jetzt in die Nähe der sozialen Umwelt zurückkehren. Das Bild, das sich hier dem erlebenden Teilnehmer bietet, ist oft verwirrend vielfältig und monoton in einem. Das verwirrende Element rührt aus den Überraschungseffekten aktueller Situationen her. Die weitgehende Entbundenheit von wirklich eindeutig zwingendem, vorgegebenem Verhalten läßt Trieb-, Interessens-, Glaubens-, Macht-, Gefühls-, Urteils- und Vorurteilsdivergenzen entstehen, deren Kombination in szenischen Auftritten zu unerschöpflichen Varianten der Interaktion führt. Die Monotonie trägt die Rollengebundenheit der Akteure zum Spiel bei; sie ist doch ungleich stärker, als die Selbsteinschätzung es wahrhaben möchte.

Den Rollen, Rollenstereotypen, dem Rollenstatus und ähnlichen Aspekten eines Verhaltens, das aus Imitations-, Identifikations- oder, wie es in der neueren Literatur häufig heißt, Introjektionsvorgängen entstanden ist, hat das Interesse der theoretischen wie empirischen Soziologie der letzten Jahrzehnte in großem Umfang gegolten. Wir müssen bei unserer Absicht bleiben, die ontogenetischen Prozesse im Annehmen der Rollen zu verstehen, also bei der Absicht, zu analysieren, welche Rolle die »Rollen« im menschlichen Leben spielen. Wir können nur Stichproben geben und müssen es dem Leser überlassen, sie durch weitere Empirie anzureichern. Ein gewisser Zickzackkurs zwischen menschlichem und tierischem Rollenverhalten ist ebenfalls nicht zu vermeiden.

Die Unschärfe menschlichen Rollenverhaltens wird sich in unseren Bemühungen widerspiegeln. Man könnte die überspitzte Formulierung benützen: je rollensicherer, desto unmenschlicher, subhumaner; je deutlicher als Mensch, desto begrenzter als Exekutor einer Rolle zu fassen. Aber auch diese Alternative ist zu verführerisch, um die Problematik genau zu treffen. Denn auch die humane Freiheit, kritische, rationale Distanz gewinnen zu können, ist nicht absolut frei. Sie muß diese Leistung aus dem Standort irgendeiner Rolle her vollbringen. Ichreifung setzt Anpassung voraus.

Rollen werden signalisiert

Unser erstes Beispiel kann das gleich dartun. Die Fülle der Wahlmöglichkeiten zum Beispiel in beruflicher Hinsicht und bei der Befriedigung der alltäglichen Konsumbedürfnisse gibt dem einzelnen ein ausgeprägtes Freiheitsgefühl im Sinne: ich kann wählen. Schon in Fragen ihrer politischen Orientierung zeigen sich die Menschen wesentlich umweltabhängiger, meinungsgebundener. In seine Religion wird das Individuum in den allermeisten Fällen hineingeboren und bleibt in ihr. Aber selbst die Angebotsfülle der Waren ist nach Preisklassen geordnet, die nicht nur objektive Schranken je nach dem Einkommen des einzelnen darstellen. In einer großen Klinik fuhr der Chef jahrelang einen Wagen der mittleren Preisklasse, die Assistenten entsprechend billigere. Als der Chef sich endlich entschloß, einen Wagen zu kaufen, der in der Konsumnorm seinem sozialen Status entsprach, konnten sich seine Mitarbeiter mit einem Seufzer der Erleichterung die ihnen gemäßen Marken der mittleren Qualität kaufen, die er bisher besetzt gehalten hatte. In den Vereinigten Staaten, wo die strenge puritanische Klassenhierarchie auch die säkularisierte industrielle Großgesellschaft weiter strukturiert, ist es eine selbstverständliche Erwartung, daß die Sekretärinnen der direktorialen Spitze ihre Kleider von den besten Konfektionshäusern beziehen, die Sekretärinnen der Abteilungsleiter von den nächstbilligeren und so weiter. Auf dem Sektor prestigevermittelnder Güter besteht also eine strenge Spiegelbildlichkeit zu den neuen Statusschichtungen. Nicht nur im Sprichwort »machen Kleider Leute«; Autos, Klubs, Restaurants, Wohngegenden sind nicht nur Annehmlichkeiten, sondern essentielle Bestandstücke der Selbstvergegenwärtigung. Sie definieren nicht nur den Rollenstatus für andere, sondern für das Individuum selbst.

Die Abgrenzung der Eigenständigkeit, der individuellen Freiheit des einzelnen von seiner Rollenhaftigkeit ist im alltäglichen Umgang nicht einfach. Man muß dabei wissen, was man unter Eigenständigkeit, Freiheit verstehen will. Unsere Wesensbestimmung war die Geübtheit, sich innerlich vor Entscheidung und Handlung zu den Ansprüchen, Grenzziehungen, Wertmarkierungen der Rollen und so weiter, auch bei Affektdruck, distanzieren zu können. Hinzufügen muß man, daß die Distanzierung auch den eigenen Gefühlen gegenüber gefordert ist, daß wir uns zum Beispiel die Angst eingestehen, die ein abweichendes Verhalten in uns erwecken kann.

Selten oder nie handelt es sich in den alltäglichen Entscheidungen um einen eindimensionalen Bezug zur Umwelt. Der Klinikleiter, der die vernünftige Überlegung anstellt, daß für ihn ein Gebrauchswagen ausreicht, muß zugleich ein anderes Rollenprivileg für sich beansprucht und in *»non-verbal communication«* durchgesetzt haben, nämlich daß es nicht schicklich ist, wenn einer seiner Mitarbeiter einen teureren Wagen fährt, weil das die Rangordnung verwirrt. Und selbst wenn es ihm gleichgültig gewesen sein sollte, weil in seiner inneren Orientierung dem Auto keine Rangsignalisierung zukommt – seine Mitarbeiter konnten sich trotzdem nicht wie er dieses Stück Freiheit zu eigen machen und die Wahl nach ihren Möglichkeiten und Neigungen treffen.

Besitz als Signalapparat

Die Welt der industriellen Güter ist Neuland, an dessen Erweiterung unablässig gearbeitet wird. Es ist deutlich genug, daß die libidinöse Besetzung dieser Güter hoch ist und daß ihr Besitz entsprechend als Bereicherung des Selbstgefühls empfunden wird. Zugleich sieht man, wie dieses Neuland mit den gleichen seelischen Vorgängen wie jeder historisch ältere Besitz dem Ich zugeschlagen wird, das heißt, die neuen Besitzinhalte erfüllen unverändert die Funktion der Rolleneinordnung, der Statuierung des einzelnen. Ob er durch diesen Besitzzuwachs freier geworden ist, weil es ihm gelingt, die Güter ihrem Gebrauchswert entsprechend zu handhaben, bleibt mindestens fraglich. Die Elektrizität im Hausgebrauch zum Beispiel hat tatsächlich, da jedermann verfügbar, ihren Signalwert verloren, ist reines lebenserleichterndes Hilfsmittel geworden. Der Obolus, der dafür entrichtet werden muß, ist erträglich. Von der Unzahl anderer sogenannter Gebrauchsgüter (Autos, Teppiche, Wohngegend und so weiter) kann man das nicht sagen. Und es scheint auch utopisch, ein technisches Elysium zu erwarten, in dem diese Verringerung der libidinösen Besetzung einmal eintreten wird, so daß die Industrieprodukte gleichsam unbemerktes Inventar geworden sind.

Die Entwicklung der industriellen Gesellschaft zeigt nämlich das Gegenteil. Mächtige gesellschaftliche Prozesse ergreifen die neuen Güter und geben ihnen neben dem Gebrauchswert eine *Symbolbedeutung* für die Herausarbeitung des Status und der sozialen Rolle in dieser Sozietät. Zwar gibt es die natürlichen Unterschiede der Menschen, ihre Begabungsdifferenz, speziell die Fähigkeit, die Begabung *ichsynton* zu entfalten; letzteres ist eine Freiheitsleistung, die kaum vorschriftsmäßig geübt und entfaltet werden kann (wenn sie auch nie ohne den sozialen Kontext als Hintergrund vollziehbar ist). Es scheint aber keinem Zweifel zu unterliegen, daß dieser Individualitätsbegriff – schon in der Vorstellung – eine seltene Ausnahme darstellt. Die große Zahl der Menschen hat eine durchaus rollengeprägte Auffassung ihrer Eigenheit; ihre Selbstvorstellung ist, könnte man die Rollenmerkmale und die Prestigebesitztümer ablösen, ziemlich vage. Die Bedeutung der Verhaltensrollen und der Attribute der Rollenmarkierung als Leitlinien für das Identitätserlebnis und als Aufbaustoffe der Selbstgefühle kann kaum überschätzt werden.

Bemerkenswerterweise geht die Sozialpsychologie diesem Problem eher aus dem Wege. Es kann bei einer Analyse nur herauskommen, daß der Individualitätsbegriff, den unsere Kultur pflegt, ein außerordentlich idealisierter und faktisch hohler ist. Die Gretchenfrage wäre, welche Funktion diese Idealisierung für die Gesellschaft ausübt. Es handelt sich doch im wesentlichen um eine Beruhigung des Individuums, um Verführung zu Gruppenphantasien von persönlicher Macht und Größe. Bestechung mit Besitz oder Macht, die innerhalb der Gruppe Rang und Prestige geben, verleiht der Verführung Nachdruck. Schon daß man die tatsächlich etwas gruppenunabhängigere Existenz gern als Außenseiter, Bohemien, Diogenesnatur, Asket, also mit Zügen einer zweifelhaften Vereinsamung beschreibt, verweist auf die Schwierigkeiten, denen sich das Individuum gegenübersieht. Zunächst muß immer, wo von Individualismus und individueller Freiheit die Rede ist, geklärt werden, ob es sich nicht um ein Produkt der Selbsttäuschung, des falschen Bewußtseins handelt.

Das heroisierte Individuum wird letztlich immer als Diener der Gesellschaft stilisiert, auch wenn es bei Lebzeiten qualvoll unter ihr gelitten hat. Hofstätter[6] paraphrasiert die schon erwähnte Bemerkung von Gardner Murphy[7]: »Wir könnten vielleicht zu einer Definition der Individualität im Rahmen sozialer Zusammenhänge gelangen; das Individuum wäre dann der Knoten oder ein relativ ausgezeichneter Punkt in einem superindividuellen Netzwerk. Eine solche Betrachtungsweise liegt jedoch unseren gegenwärtigen kulturellen Neigungen fern.« Wissenschaft kann sich kaum von dem leiten lassen, was »unseren Neigungen«, das heißt unserem Gruppenhabitus, gefällig ist. Geht man der Frage aber tatsächlich nach, wie es etwa Werbepsychologen höchst effektvoll getan haben, dann bestätigt sich, was Hofstätter und Murphy vorsichtig in den Konditionalis setzen. Von dem Idealentwurf seiner selbst, wie ihn der bürgerliche Hochindividualismus aufgebracht hat, ist der »Mann auf der Straße« außerordentlich weit entfernt. Er ist bis in Nuancen seiner affektiven Einstellungen gruppengelenkt, begnügt sich mit der Rolle, Medium verschiedener Gruppenforderungen zu sein, hat weder Neigung noch Verständnis für selbständige Entscheidungen[8]. Das Motiv, warum die Sozialpsychologie an diesem Punkt so zögernd mit ihrer Aussage ist, mag hauptsächlich darin liegen, daß man von den Fakten rasch und unausweichlich zur Haltlosigkeit des ideellen Überbaus kommt. Denn im Regelfall ist das Individuum erschöpfend charakterisiert, wenn man die Gruppen kennt, deren Schnittpunkt es ist. Dem Vorwurf solcher »niederziehenden« Kritik setzt sich niemand gerne aus, denn die Machtmittel kollektiver Ächtung haben auch in der Moderne nichts an Gefährlichkeit verloren. Trotzdem bleibt es dabei, daß das Ich seine fragile Leistung nur dann – letztlich für eine Gesellschaft von etwas freierem Geist – vollbringen kann, wenn ihm nicht nur die Kritik der Tatbestände erlaubt ist, sondern auch die der Tabus, die nichts weniger wollen, als ihm vorschreiben, wie es sich zu verstehen habe.

Rollenverhaftung hindert die Einfühlung

Anknüpfend an den Gedanken der dritten kritischen Phase der Evolution von den subhumanen soziogenetischen Mechanismen der Verhaltenslenkung zu den Stufen des Bewußtseins, läßt sich nur folgern, daß die Rollenidentifizierung, der wir alle uns mehr oder weniger nicht zu entziehen vermögen, ein Verhaftetsein in genetisch älteren Ordnungsformen anzeigt. Gäbe es die bewußte Orientierung als Möglichkeit nicht und wäre sie keine Forderung, die aus der Entwicklung des Lebens selbst gestellt würde, dann wäre die menschliche Gesellschaft nicht, was sie ist. So aber läßt individuelles Leben, das in Rollenhaftigkeit erstarrt, eine Kommunikationslücke. Ein sehr eindringliches Beispiel, das dies besser als eine abstrakte Darstellung fühlbar machen kann, sind die Gespräche zwischen Erwachsenen und Kindern.

Das Kind ist noch nicht mit den Rollen der Gesellschaft vertraut, es ist schon deswegen viel individueller als die es umgebenden Erwachsenen. Die Art, wie diese sich nun zu ihm herunterbeugen und mit ihm sprechen, zeugt oft von einem erschütternden Mangel an Einfühlungsvermögen. Sie projizieren ein Rollenbild des Kindes – wie es die Gesellschaft übermittelt – auf das vor ihnen stehende Wesen. Der gekünstelte Tonfall, die zur Schau getragene Affektiertheit, die falsche Verständnisinnigkeit mit den Interessen des Kindes, mit seiner Spielwelt – all das soll die faktische Unfähigkeit der Kommunikation überspielen. Und noch der verständnislose, ablehnende Blick des Kindes wird mißdeutet.

Zugleich ist das Kind, das die sozialen Formen lernen muß, um die Verständnisdistanz zwischen sich und der Umwelt zu überbrükken, auf diese Vorbilder angewiesen. Es *muß* sich mit ihnen identifizieren und verliert dabei mehr und mehr seine Suchfreiheit.

Zugleich bleibt aber über all die inneren Auseinandersetzungen mit den introjizierten Verhaltensvorbildern hinweg ein Bewußtsein des Mangels, des Unvermögens. Im rückschauenden Gespräch Erwachsener fällt häufig die Äußerung: »Meinen Vater – oder auch: meine Mutter – habe ich eigentlich nie gekannt.« Selbst in der familiären Gesellschaft überschattet das *Rollenverhalten* zwischen Eltern und Kindern häufig die Verständigung über die individuelleren Züge des Kindes, sein unfertiges, suchendes, unsicheres, dann wieder selbstsüchtiges, aufrührerisches Verhalten, mit dem es sich über sich selbst und die anderen zu vergewissern sucht. Diese Äußerungen werden entweder allzu schnell in Rollenschablonen eingebaut oder unterdrückt oder – was nicht weniger schlimm ist – passiv, ohnmächtig von den Eltern hingenommen, gleichsam gar nicht bemerkt. Zwischen brutalem Zwang und achtloser Unbeteiligtheit liegt die Streuungsbreite der Mißverständnismöglichkeiten. So kann der Vater heftige oder milde Autorität für die Kinder sein, aber was er denkt, welche Ängste ihn bedrücken, welche Versagungen er ertragen muß, welchen Verführungen er erliegt oder welcher er sich erwehrt, das kommt fast nie zur Sprache zwischen Eltern und Kindern, denn es paßt nicht zur Schematik der Elternrolle, es »gehört sich nicht«. Dieses »Vater kennt keine Angst, keine Versuchungen, hat immer recht« und so weiter kehrt in der idealisierten Imago einer konfliktfreien Persönlichkeit wieder, die als Vorbild absoluter Normtreue dem fehlbaren Individuum vorgesetzt ist. Wobei in der kleinen Distanz der Intimgruppe Kontakt mit dem anderen und Wissen um den anderen verlorengeht, mindestens zum Verstummen gebracht wird; ein Wissen, dessen Pflege das Individuum für seine Selbstfindung eigentlich nötig gehabt hätte, wie aus dem bedauernden Rückblick hervorgeht.

Es wird aber noch ein anderes Moment ausgeblendet, die Tatsache nämlich, daß der Mangel an Erbkoordinationen des Verhaltens Mißverstehen unausweichlich einschließt. Der soziale *Rollenzwang* ist wie der *Informationszwang* (Lernzwang) eine an die Erweiterung der Lernfähigkeit gebundene Kompensation fehlender angeborener arteigentümlicher Verhaltensschemata. Diese Schemata sind, soweit sie sich auf das soziale Verhalten beziehen, wie erwähnt, in der Tierwelt erblich besonders starr fixiert. Lernerfahrungen des tierischen Individuums erstrecken sich nicht auf seine sozialen Kundgaben. Mißverständnisse, wie etwa bei den völlig geschlechtsgleichen Kolkraben, sind selten; hier kann es vorkommen, daß ein Männchen ein anderes anbalzt. Umgekehrt kann man in der menschlichen Sozialwelt beobachten, daß manche Rollen sozial in höchstem Maß zur Starrheit verfestigt werden, gerade um situative Einfühlung zu verhindern, die Mißverständnisse aufklären will, aber zugleich verwirrend wirken könnte. Das gilt für alle straffen Befehlsverbände bis hin zur Diplomatie. Der Rollenträger soll die aktuelle Situation schematisiert erleben. Auf jede Abweichung von der vorgezeichneten Verhaltensweise durch Mitspieler reagiert er wiederum nach vorgeschriebenem Ritual: Er sucht konformes Verhalten zu erzwingen, verhängt Strafen, unternimmt Demarchen und so weiter. Hier läuft der Lernprozeß letztlich auf seine Aufhebung hinaus.

Triebe überwältigen leicht das erlernte Rollenverhalten

Wenn man das Wort »Instinkt« in dem vagen Sinn verwendet, wie es die Gebrauchssprache tut (»Mein Instinkt sagt mir, daß ...«), dann kann man formulieren, daß dieser Instinkt, den wir wissenschaftlich als triebhaftes Geschehen bezeichnen, dem Menschen zwar die *Richtung* auf Objekte aufzwingt, daß aber das triebhafte Verhalten in seinen Einzelheiten nicht mehr mit dem des Partners sicher verzahnt ist. Zuweilen liest man in der Zeitung von einer Mutter oder einem Vater oder beiden Eltern, die ihr Kind zu Tode geprügelt haben oder es verkommen und verhungern ließen. Wir fragen uns dann entsetzt, wie so etwas möglich sei. Sicher sind diese Extremfälle selten, und man kann sich schwer einfühlen, wie eine Mutter – mehr noch als ein Vater – so tief gegen ihre »natürlichen« Gefühle verstoßen oder so bar dieser Gefühle sein kann, daß ihr die Not des eigenen Kindes nicht das Herz rührt und sie es gegen alle Gefahren schützt. Bedenkt man die zahllosen Situationen, in denen dem Kind barsch die Rede abgeschnitten, in denen es mit Drohungen oder Schlägen zum Gehorsam gezwungen, einer reizbaren Gestimmtheit des Erwachsenen unterworfen wird, und bedenkt man dazu, daß kaum ein Mensch sich von diesem Machtmißbrauch ganz befreien kann, dann führt eine lange Ergänzungsreihe affektiver Äußerungen bis zu den Extremen hin; sie sind zwar nach dem Gesetz auszusondern, aber sie haben viel Ähnlichkeit mit mittleren Erfahrungen einer großen Zahl von Kindern. Wobei noch anzufügen ist, daß die Führungsschwäche, die Abwendung vom Kind, sozusagen die passive Verständnislosigkeit der Erwachsenen, eine dem autoritätseingeschüchterten Kind an pathologischer Qualität gleichwertige chaotische Verfassung fördert.

Allemal geht es nicht um überraschende äußere Gefahren, die dem Kind drohen, vielmehr wird das Verhalten von Mutter, Vater oder späteren Autoritäten zu einer permanenten Gefahrenquelle für das Kind. Dranghafte Gewalttätigkeit oder achtlose Selbstbezogenheit stören eine gleichmäßige, schützende Gefühlsbeziehung, auf die das Menschenkind in seiner verlängerten Jugendzeit angewiesen ist. Die Reste eingeborener Pflegeinstinkte, die sich als Gefühle für das Kind kundgeben, können also, wie die Erfahrung lehrt, leicht von anderem triebhaftem Verhalten überwältigt werden, in dem zum Beispiel das Kind zum Objekt ungezügelten Hasses wird oder aus tiefer Gleichgültigkeit sich selbst überlassen bleibt. Wir müssen uns nur an Rousseau, den Aufklärer, den Verkünder eines natürlichen Menschentums, erinnern, von dem es zugleich heißt, er habe sechs seiner Kinder im Findelhaus abgegeben[9], um einen Eindruck von dem chaotisch anmutenden Gegeneinander von Triebkräften zu erhalten, das sich in der menschlichen Seele zutragen kann.

Wer viel Gelegenheit hat, mit Menschen über ihre Kindheit zu sprechen, erfährt vom Widerschein der Erlebnisse dieser Zeit. Es wiederholen sich etwa die Schilderungen, wie grausam der Vater kleine Vergehen zu strafen pflegte; manche dieser Szenen sind in die Erinnerung als Bilder einer brutalen Exekution eingegangen. Das

Strafritual empfindet das Kind in der Ohnmacht seiner Lage als überwältigendes Erlebnis seiner Schande, seiner Schuld; es sieht sich ausgestoßen, der Liebe und des Schutzes der Eltern beraubt. Der strafende Elternteil – ist es die Mutter, so trifft dies das kleine Kind noch unmittelbarer – bekommt im ungehemmten Zuschlagen eine unmenschliche, dämonische Gestalt und Gewalt. Wer dies von Kindern selbst erfährt und dann mit den Eltern spricht, wird leicht meinen, die Sache sähe, auch jenseits der Beschönigungsversuche, viel harmloser aus. Aber hier trügt der Augenschein. Denn das Kind kann sich noch nicht in die Welt des Erwachsenen einfühlen. Dazu fehlt ihm die Erfahrung. Nur der Erwachsene kann sich, wenn auch meist mühsam, in die Erlebniswelt des Kindes zurückversetzen. Das Kind kennt die Überlegungen, die Welt des Erwachsenen noch nicht, es erlebt *unmittelbare Situationen*, nämlich das ungleiche Kraftverhältnis, das tatsächlich, wie die Extremfälle zeigen, zu einer Tötung des Schwachen führen kann. In der brutalen Strafprozedur empfindet es ungemilderte Todesangst, von der sich die wütenden, strafenden Eltern keine Rechenschaft abzulegen pflegen. Vielmehr beschwichtigen sie sich, wenn überhaupt, mit der Bemerkung, sie hätten es nicht so gemeint. Was sie meinen, ist für das Kind, das einem Erwachsenen begegnet, der »außer sich« ist, unerkennbar. Es erlebt nur den Zustand des »Außersichseins« des anderen. Der andere ist dann nicht mehr der Vertraute, sondern ein dämonisch Fremder. Er erweckt Angst, Todesangst, die sich noch dadurch zum äußersten steigert, daß für das Kind jetzt ja die natürliche Fluchtbahn in der Gefahr, der Schoß der Mutter, der Schutz des Vaters, verlegt ist, da diese sich plötzlich in Fremde verwandelt haben. – Durch die *Verfremdung in affektiver Erregung* wird für das Erlebnis des kleinen Kindes die bekannte Rollenidentität aufgespalten; aus einem bekannten Wesen wird schlagartig ein furchterregend unbekanntes. Das Kind kann überhaupt die Rollenidentität noch nicht sicher festhalten; man muß sich nur daran erinnern, wie weniger Handgriffe es bedarf, um sich vor einem Kind zu verkleiden und für es unerkennbar zu werden.

Mit der Verfremdung im Affekt ist ein sehr wichtiges soziales Grunderlebnis charakterisiert. Für die normale Entwicklung des Kindes sind Beziehungspersonen von konstantem Aspekt gefordert.

Verfremden sie sich periodisch unter bestimmten Reizsituationen, so wird das Kind eben jene Gespaltenheit als Identifikationsangebot übernehmen müssen. Hier sehen wir wieder das Traditionsgeschehen in seiner bewußtseinsfernen Form am Werk. Das hat noch eine folgenschwere Implikation. Das Kind wird nicht weniger von der Plötzlichkeit und Fremdheit der eigenen Triebregungen und Körpervorgänge (etwa einem Schmerz) geängstigt als durch Affektstürme von außen. Die Einpassung seiner Vitaläußerungen in ein »Körper-Ich« (wie in die Regeln der Gruppe) ist noch nicht gesichert; in der altersgemäßen Erfahrungsarmut erscheinen sie ebenso bedrohlich, unheimlich, verfolgend wie viele der unbekannten Vorgänge der Umwelt. Die Introjekte unbeständiger Vorbilder verbinden sich in bewußtseinsentlegenen seelischen Prozessen mit den ängstigenden Leiberfahrungen. So wird der außer sich geratende Erwachsene zum Vorbild primitiven Rollenverhaltens, in dem sich das Kind von eigenen Triebimpulsen zu entledigen sucht. Aber weil *quod licet Jovi, non licet bovi* ebenfalls ein Rollenschema ist, wird das Kind für diese Angleichung bestraft.

Rolle und Maske

In kurzer Zusammenfassung heißt das: Die *Rolle* ist eine Funktionsgestalt des Verhaltens anderen gegenüber. Jede *Rolle* ist ein Stück Maske, ein Vorgeformtes, das sich der einzelne (aktiv) assimiliert oder dem er sich (passiv) anpaßt. Behält man das Bild noch einen Augenblick bei, dann sind es zwei Situationen, in denen sie fallen kann. Einmal im Augenblick des Überwältigtseins von Affekten – beziehungsweise von Triebwünschen, die durch die Affekte repräsentiert werden –, zum anderen, wenn das individuelle Gewissen und das individuelle Ich, das kritische Selbstbewußtsein also, in einer Konfliktsituation den Menschen zwingen, hinter der Maske hervorzutreten und auf eine Situation spontan, improvisierend, überlegen oder überlegt – jedenfalls aber nicht stereotyp und routiniert, rollengerecht – zu antworten. Im ersten Fall schwinden jene Kontrollkräfte (die wir dem Ich zusprechen müssen), und bisher Abgewehrtes verwirrt die Rollenschematik; im zweiten Fall jedoch ist es die Konzentration der Ichleistungen, durch die es gelingt, die vorbewußten und unbewußten Reiz-Reaktionsschemata, im Werten wie im Handeln, zu verändern.

Unter allen denkbaren Kombinationen und Assimilationsformen zwischen individuellen Anlagen und vorgegebenen Rollenmustern nimmt die Genauigkeit der Informationsverarbeitung, zu der ein Individuum fähig ist – also seine feste Identität in der ihm verbundenen Mitwelt –, einen hohen Rang ein. Aber wir dürfen auch dieses Bild nicht zu einfach zeichnen. Die Festigkeit der Identität kann ihrerseits mit hohen Opfern verknüpft sein, welche die Organisation des psychischen Apparates, im vorliegenden Fall das Über-Ich, dem Individuum abfordert. Das wird immer zutreffen, wenn der Mensch seine Identität, sein Selbst, gegen heftige Triebzwänge (und ihre Organisation durch primitive Introjekte) zu verteidigen hat. Das Klammern an »Rollen« ist dann als Abwehrvorgang zu verstehen. In den benützten Rollenschemata pflegen jene Werturteile, jene Vorurteile enthalten zu sein, die das Ich braucht, um den »inneren Schweinehund« niederzuhalten, wie die Soldatensprache mit dem ganzen Abscheu des funktionierenden Rollenmenschen formuliert. Aber das Ich erschöpft sich in der Stabilisierung solchen zwanghaften Rollenspiels. Verhaltenszwänge (auch wenn sie nach innen gerichtet sind wie Denk- und Phantasiezwänge) sind Extreme und Karikaturen der Rollentreue, in der es gelingt, innere Triebregungen sowohl abzuwehren als auch zu befriedigen. Das Musterbeispiel dafür ist die Funktionseinheit von *Angst* und *Wiederholungszwang;* sie ist zwar das innerste Motivationsgeschehen jeder Rolle, aber auch der ungezählten pathologischen Zwangszüge, denen man im Alltag begegnet bis hin zur eigentlichen Zwangskrankheit.

Im Gegensatz dazu verweisen Unzuverlässigkeit, Untreue, Affektausbrüche auf eine schwache Ichkontrolle und damit auf eine fragmentarische Identität. Das die Realität prüfende Ich geht leicht in einem »Lust-Ich« verloren, das sich sozial rücksichtslos der Befriedigung in einer Reizsituation überläßt.

Sowohl der rigide Rollenzwang im Dienste eines Über-Ichs, das sich der vernünftigen Kontrolle entzieht, wie der von Rücksicht in die Erlebniswelt des anderen wenig behinderte Triebzwang bestehen in den Charakteren häufig nebeneinander. Die schroffen

Übergänge vom einen zum anderen Verhalten (vom »Über-Ich-gesteuerten« zum »Es-gesteuerten«) gefährden im sozialen Kontakt die beruhigte Ichentwicklung während der Wachstumsphasen mit ihren natürlichen Krisen. Die Gefahr steigert sich dann, wenn dieses Nebeneinander soziale Anerkennung findet und als angesehener Rollentypus gebilligt wird. Die Imago einer autoritären Persönlichkeit, die als Perversionsform der Autorität so weit verbreitet ist, läßt sich sehr genau mit diesem Alternieren zwischen Zwanghaftigkeit und Affektausbruch kennzeichnen. Wenn beide Züge, der eine als Strenge, der andere als Stärke, von der Gesellschaft idealisiert werden, hat sich ein für das Wachstum der Ichkräfte ungünstiges Klima hergestellt; im Rückblick auf die Stufen der Evolution kann man sagen, daß Verhaltensweisen gefördert werden, die sich schon bewußtseinsfern zur Struktur verfestigen. Regression in diesen Zustand und Fortdauer solcher archaischen Regulation des sozialen Verhaltens vermengen sich in der Einzel- wie der Kollektivgeschichte. Die Charakterentwicklung verläuft dann, genau besehen, *rollensynton* und nur partiell oder gar nicht *ichsynton.*

Wir können den Gang unserer Überlegungen jetzt nicht so weit unterbrechen, daß wir ein volles Bild der seelischen Wachstumsvorgänge geben, wie sie sich unter dem Einfluß autoritär strukturierter Mitwelt vollziehen. Die psychoanalytischen Erfahrungen haben gezeigt, daß dabei frühinfantile paranoide Ängste durch sich verfremdende Vorbilder eine starke Affektbesetzung erfahren und als definitive Welteinstellungen in den Charakter eingehen. Das hat zur Folge, daß vielleicht ein Leben lang infantile Schutzmaßnahmen gegen eine fremd und bedrohlich bleibende Außen- und Innenwelt nicht aufgegeben werden können. Ein wichtiger Entlastungsweg von diesen Ängsten ist dann ebenfalls eine infantile Schutzmaßnahme: die Projektion eigener störender oder gefährlicher Gefühle nach außen. Die Vorurteilsbereitschaft hat hier ihre Wurzel.

Die Verklärung der Vergangenheit

Eine idealiter gedachte Beziehung zwischen Kind und Erwachsenem ist also frei von allzu schroffen Stimmungsumschwüngen und Affekthandlungen. Völlig wird sich – ohne neue krampfhafte Haltungsstarrheit – dieses Ideal nie erreichen lassen. Glücklicherweise ist die Belastbarkeit des Kindes für Schwankungen des affektiven Klimas nicht gering. Förderlich sind sie freilich nicht für die Herstellung einer Zone des Vertrauten und Bekannten. Für die Entwicklung dessen, was Erik Erikson das »Urvertrauen«[10] nannte, ist eine solche Zone des Bekannten, gleichsam als Rückendeckung bei aller weiteren Welterfahrung, nicht zu entbehren.

Ein Merkmal des gestörten Urvertrauens ist leicht zu entdecken. Manche Menschen sprechen von ihrer Kindheit als einer Zeit, in der alles gut, schön, golden war. Nun soll nicht die Tatsache verleugnet werden, daß es viele Menschen gibt, die eine überwiegend schöne Kindheit hatten, was immer heißt, daß sie mit Eltern lebten, die sich in ihre Welt, ihre Interessen, Nöte, Ängste einfühlen und sie verstehend behandeln konnten. Aber oft hört man diese Mär einer konfliktlosen Kindheit von Menschen, die durch die Starrheit ihres Charakters auffallen, die allerlei Schwierigkeiten im Leben haben, unter Ängsten und körperlichen Beschwerden leiden – unglücklich und unzufrieden in ihrer Haut sind. Ihre Schilderung wirkt unglaubwürdig. Forscht man dann weiter, so enthüllt sich, oft langsam und unter großer Schuldangst, ein ganz anderes Bild. Härte, Verständnislosigkeit, die sie erlitten, kindliche Einsamkeit kommen hervor. Die Not war so groß, daß sie in der Rückschau in der Form der Idealisierung abgewehrt, verleugnet werden mußte.

Die Verklärung ist also das Ergebnis einer Entstellung der Wirklichkeit, indem nämlich der spätere Erwachsene – wie schon das Kind selbst – dadurch einen Entlastungsversuch unternimmt, daß es sich mit dem Angreifer, mit der übermächtigen Strafinstanz identifiziert. Das so verlorene Kind empfindet sich als wertlos und die Eltern in ihrer Härte als gut. Sie haben ihm unzählige Male gesagt, daß sie es gut mit ihm meinen – und sie meinten es wohl tatsächlich, soweit sie sich davon Rechenschaft abzugeben vermochten, gut. Schließlich verwirft das Kind alle unmittelbaren Erinnerungen, in denen es einsam war und ihm die Eltern verständnislos Todesangst bereitet und keine Hilfe bedeutet haben. Es empfindet sich als schlecht, die Härte der strafenden Eltern als berechtigt. Wenn Vater oder Mutter strafen, so strafen sie, weil ich so schlecht, so böse, unfolgsam, faul, nachlässig bin. Sie haben recht. Im nächsten Schritt der Erinnerungstäuschung sind sie dann die guten Kinder der Eltern, so nämlich, wie diese Eltern *erwarteten*, daß ihre Kinder sein sollten, so daß sie nicht »außer sich« geraten müssen.

Dieses überwältigte Einstimmen bekommt dem Kinde schlecht. Freilich, der Kindheitskonflikt scheint gelöst: Wenn man nur gute Eltern hatte und selber gut, gehorsam war, muß die Kindheit schön gewesen sein. Alle Not und Pein fällt dem Vergessen anheim oder wird aktiv aus der Erinnerung verbannt, verdrängt. Aber die Wirklichkeit dieser anfänglichen Lebenserfahrungen, die eine kaum überschätzbare Kraft besitzen, verliert deshalb nicht ihre fortdauernde Wirkung. Hinter dem, was in der »Identifizierung mit dem Angreifer«[11] abgewehrt wird, bleibt das Erlebnis, wie es wirklich war, als Erinnerungsspur erhalten. Es bestimmt weiterhin nicht nur seelische Abwehrvorgänge, mit denen der heranwachsende Mensch seine Angst und seine ohnmächtigen Haßgefühle der Kindheit sich verbergen kann, es formt vor allem seine *Erwartungshaltung*. Überall, wo er später mit ihm Überlegenen oder Unterlegenen zusammentreffen wird, werden sich die alten Vorerfahrungen, verborgene, nicht überwundene Ängste, störende Wünsche aus ungeschlichteter Ambivalenz, hervorzudrängen suchen. Die Wiederkehr des Gleichen hebt an. Ein wahrer Teufelskreis, denn der in seiner Kindheit so behandelte Erwachsene wird später, ohne daß er sich dessen je so einfach bewußt wird und bewußt werden kann, auch an seinen Kindern »rächen«, was er als Kind erlitt, wie wohl einst seine Eltern das gleiche mit ihm taten. Hier stoßen wir erneut auf die *Tradition affektiver Verhaltensweisen.* Wenn sie zu früh in der kindlichen Entwicklung aufgenötigt wurden, haften sie seither zu fest und bleiben in vielen Lebenslagen unerschütterbares Reaktionsmodell. Das Ich hat gelernt, sich ihnen zu beugen.

Die überforderte Frau

Die geringe Entwicklung erbvermittelter Schemata des Sozialverhaltens beim Menschen erlaubt also Mißverständnisse selbst in der primären Zweierbeziehung von Mutter und Kind. Die Konflikte werden besonders tief sein, wenn in der Mutter die pflegerischen Tendenzen von anderen Triebregungen (besonders selbstbezogenen, narzißtischen) durchkreuzt werden. Die Idealisierung der Mutterrolle in den Tabus der Gesellschaft weist darauf hin, daß die Mutter-Kind-Beziehung für die Arterhaltung durch soziale Regeln intensiv gesichert werden muß, außerdem, daß diese Sicherungen oft nicht genügen und vom Ideal die Mängel verdeckt werden müssen.

Dazu kommt, daß gesellschaftliche Prozesse die Mutter-Kind-Beziehung lockern. Das trifft nicht nur auf die stetig zunehmende Einbeziehung der Frau in die industrielle Lohnarbeit und den wachsenden Lebensstandard zu. Dieser wird längst nicht mehr nur von Wünschen nach Vitalsicherung angetrieben, sondern zu einem guten Teil von konformistischen Zwängen der *Statussicherung;* zu ihr trägt das Signalisieren mit dem Besitz prestigevermittelnder Konsumgüter bei. Die Akzentverschiebung vom Grundbesitz zum Besitz mobiler Konsumgüter in der großen Breite der Bevölkerung vollzieht sich aber parallel zu der Verwandlung der Familienverhältnisse unter dem Einfluß der Industrieproduktion und der Urbanisierung. Die Kleinfamilie (Eltern/Kinder) lebt oft auf engstem Raum, relativ insulär, zellenhaft neben gleichen anderen Familien. Das erzwingt eine engere Zusammenpferchung und bringt damit eine stärkere Belastung der emotionellen Beziehungen zwischen Mutter und Kind mit sich. Verglichen etwa mit den dörflichen Verhältnissen, von denen man, ohne sie zu beschönigen, sagen kann, daß sie durch Jahrtausende eine relativ konstante Umwelt boten, ist der Aktionsraum des Bekannten und gefühlshaft Vertrauten für das Stadtkind wesentlich geschrumpft. Die Ausweichmöglichkeiten auf Mitglieder der weiteren Familie sind geringer. Mit anderen Worten, die ganze ambivalente Gefühlsspannung des Kindes konzentriert sich überwiegend auf die Mutter, die sich dadurch oft überfordert fühlt und ihrerseits ambivalenter dem Kind gegenüber wird. Zudem ist Kinder zu haben eine Unterbrechung der Arbeitstätigkeit, eine Schwächung der Wirtschaftskraft der Familie und bringt die Mutter wieder in größere finanzielle Abhängigkeit. Damit erfährt sie aber, gemessen am gesellschaftlichen Trend zur Bestimmungsfreiheit (in Freizeit und Konsum), Bindungen, die sie als hartes, oft ungerechtes Opfer empfindet. Das Kind wird mehr oder weniger zum Objekt, an dem sie ihre Unlustspannungen ausläßt. Diese unserer Gesellschaftsentwicklung immanente Belastung der

Mutter-Kind-Beziehung zu bagatellisieren oder gar durch madonnenähnliche Überhöhung zu verleugnen, daß die Mutter oft ungeduldig und gereizt ist, sich an ihre Pflichten gefesselt fühlt, mag zwar einem konservativen Wunschdenken genügen, erleichtert aber weder Müttern noch Kindern das Leben. Es erspart freilich der Gesellschaft, sich zu ändern.

Es wäre aber einseitig, die Spannungen zwischen Mutter oder Eltern und Kind nur auf diese aktuellen und zweifellos verschärfenden Umweltveränderungen zu beziehen. Den unersättlichen Forderungen des Kindes gegenüber sind Versagungen unvermeidlich. Die besten, aufopferndsten Eltern müssen damit in der Phantasiewelt des Kindes auch »böse« Aspekte erhalten. Die Verwöhnung, mit der die Eltern, um sich selbst zu beruhigen, übergroßen Ansprüchen nachgeben, erschwert den Sozialisierungs- und Reifungsvorgang auf ihre Weise nicht weniger als die Vernachlässigung.

Tierexperiment ad hominem

Kehren wir nochmals zu den Anfangsgedanken dieses Kapitels zurück. Für die subhumane Evolution gilt, daß die festen Regulationsmechanismen des Instinktverhaltens auf eine relativ konstante Umwelt bezogen sind, vielmehr sich in ihr entwickelt haben. Mit der menschlichen Natur tritt die Fähigkeit zur aktiven Umweltveränderung auf. In den letzten Jahrzehnten kommt sie in explosiver Weise zum Zuge. Unstabile Triebregulation, bewußte Realitätseinsicht, Werkzeugintelligenz und damit Fähigkeit zum lenkenden Verändern der Umwelt greifen ineinander. Das Experiment mit Tieren kann die Störungen des biophysischen Gleichgewichts, die von nun an unvermeidlich sind, erschütternd deutlich machen. Die *patterns of behaviour*, die kulturellen Verhaltensmuster, sichern vor einer allzu großen Dissoziation zwischen triebunsicherem Individuum und Umwelt. Wenn der Experimentator die Umwelt eines Tieres willkürlich ändert, wozu das Tier aus sich nicht fähig ist, stellt er künstlich eine solche Dissoziation, eine menschentypische Situation her. Und es ist erstaunlich zu sehen, wie sich zum Beispiel bei Primaten dann Reaktionen zeigen, die uns aus der menschlichen Psychopathologie so wohlbekannt sind. Dann nämlich, wenn das abnorme seelische Verhalten als der Versuch zu bewerten ist, einer extremen Erlebnisbelastung Herr zu werden. Überrascht Angst und Verzweiflung das menschliche Kind in früher Jugend, wenn die Hirnreifung und damit die Differenzierungen zu höheren psychischen Leistungen noch in vollem Fluß sind, dann stimmen die Reaktionen des Kindes mit solchen bei Tieren vergleichbarer Entwicklungshöhe weitgehend überein. Nur erleben wir sie beim Tier erst, wenn das menschliche Experiment störend in die natürliche Umwelt eingreift, während sie in den Entwicklungsstationen des Menschen nunmehr natürlicherweise, das heißt kulturbedingt, unvermeidlich vorkommen.

Die Versuchsreihen an Rhesusaffen, die der amerikanische Psychologe Harry F. Harlow[12] durchführte, haben dazu die interessantesten Illustrationen beigebracht. In seinen Experimenten konnte er zeigen, wie das Jungtier im Erlebnis der Gefahr elementar triebhaft zur Mutter drängt. Die Versuchsanordnung erlaubte aber, über diese allbekannte Tatsache hinaus sehr viel weiter zu sehen. Harlow trennte die Rhesusjungen bei der Geburt von den Müttern entweder vollkommen, oder er gab ihnen Ersatzmütter. Das waren Drahtgestelle von der Größe des erwachsenen Tieres mit einem dem Muttertier ähnlichen Kopf. Harlow arbeitete dabei mit zwei verschiedenen Ersatzmüttern; bei den einen war über das Drahtgestell ein Frotteestoff gezogen, die anderen waren nackte Attrappen aus Drähten. Brachte man nun in beiden Attrappen als nährende Brust eine Flasche mit Sauger an, so kümmerten sich die Äffchen um die Drahtmutter überhaupt nicht, solange die stoffbezogene Mutter Milch gab. Hatte diese keine Milch, so gingen sie zum Trinken zu dem Drahtgestell und kehrten bald wieder zur Stoffmutter zurück. Auch von ihren neugiergeleiteten Forschungen im Käfig kamen sie immer wieder zu ihr, besonders aber wenn irgend etwas auftauchte, was ihnen Gefahr zu verheißen schien. Es war damit klar, daß das permanente Bindungselement ein wärmender Fellkontakt war. Der Trinkkontakt ist an die Periodik der Hungergefühle geknüpft. Entfernte man zum Beispiel die Stoffmutter aus dem Käfig und versetzte die Jungen in Angst, so erstarrten sie einfach, ohne zur nahrungsspendenden Drahtmutter zu fliehen. »Diese Beobachtungen«, sagt Harlow, »legen nahe, daß auch der Mensch nicht von Milch allein leben kann.« Denn zieht man solche Rhesuswaisenkinder nur mit einer Pseudomutter aus Draht auf, »so suchen sie diese und ihren Sauger in Zeiten der Furcht nie auf, sondern werfen sich statt dessen auf den Boden, verbergen den Kopf in den Armen und schreien in Verzweiflung«. Für eine normale Entwicklung ist die Wärme und der Schutz des »sozialen Uterus« unerläßlich.

Die Versuche Harlows führen aber noch weiter. Läßt man Rhesusjunge gänzlich ohne Mutter und Mutterersatz aufwachsen und bietet ihnen im achten Monat eine Stoffmutter an, so reagieren sie nicht mehr auf sie. Das veranlaßt zu dem Schluß, daß die Möglichkeit zur Entwicklung des spezifischen affektiven Sozialkontaktes, den wir mit den Worten »Liebe zur Mutter« umschreiben, nur in einer beschränkten, definierbaren Periode besteht. Die Erfüllung der Bedürfnisse, die sich mit der Gestalt der Mutter verbindet, muß in den Erfahrungen dieses Lebensabschnittes gegeben sein; Harlow meint dabei für den Rhesusaffen die Zeit zwischen erstem und viertem, für den Menschen die Spanne zwischen drittem und zwölftem Lebensmonat. Danach ist eine »Prägung«, wie sie zuerst Konrad Lorenz in seinen Versuchen mit Enten gezeigt hat, in dieser Richtung nicht mehr möglich. »Hat das Kind in dieser Zeit nicht zu lieben gelernt, so wird es niemals lieben können.«

Diese Übereinstimmung der affektiven Bedürfnisse bei Tier- und Menschenkindern wird durch Beobachtungen gestützt, die René Spitz[13] schon vor den Harlowschen Versuchen anstellte. Spitz beobachtete in einem Säuglingsheim (eines Staates, der aus verständlichen Diskretionsgründen nicht genannt wird) Kinder während ihres ersten Lebensjahres. Diese Säuglinge wurden, was diätetische und hygienische Betreuung anlangt, einwandfrei versorgt. Die Mütter jedoch waren abwesend, und jede Säuglingsschwester hatte zwanzig Kinder zu versorgen, so daß ihr die Zeit fehlte, einen »affektiven Kontakt« herzustellen. Die Kinder wurden nicht aufgenommen, herumgetragen, gewiegt; es konnte ihnen nicht beruhigend und liebevoll zugeredet werden, wie die Mutter dies vor und nach dem Stillen tut.

Der Kausalnexus scheint gesichert, daß als Folge dieser Behandlung eine erschreckend hohe Sterblichkeit, reaktive (anaklitische)

Depressionen und eine allgemeine Entwicklungsverlangsamung auftraten. Eine Verwöhnungsproblematik scheint es für die Zeit des »extrauterinen Frühjahres« (Portmann) offenbar nicht zu geben. In dieser Zeit darf das Kind alles verlangen und braucht nichts dafür zu leisten. Frühzeitige Gewöhnungs- und Erziehungsmethoden nach dem Lohn-und-Strafe-Prinzip sind hier vom Übel. Die besondere frühgeburtliche Exponiertheit des Menschenkindes fordert eine Betreuung, die Unlustspannungen auf vielen Wegen rasch beseitigt. Die Menschenmutter muß bei Unlusterfahrungen jederzeit als Refugium verfügbar sein wie die Rhesusmutter, sonst wächst Mißtrauen. Nur durch die Sättigung seiner Bedürfnisse in diesem Verhältnis »primärer Liebe«[14] zwischen Mutter und Kind erwirbt das Kind Grunderfahrungen des sozialen »Urvertrauens« als ältester Grundlage seines Welterlebnisses.

Erik Erikson[15] sieht in der Bewältigung dieses »Konfliktes zwischen Urvertrauen und Urmißtrauen« eine Aufgabe, die den Menschen in der Auseinandersetzung mit seiner Umwelt lebenslang beschäftigt. Nur wo er in diesem Widerstreit sich aus der Sicherheit eines erlebten Urvertrauens entscheiden kann, werden seine affektiven Beziehungen – in der Sprache der Psychoanalyse: seine Objektbeziehungen – Konstanz erlangen können; das ist aber wohl die güntigste Voraussetzung für eine unbehinderte Intelligenz- und Ichentwicklung, für ein in der Erwachsenheit fortdauerndes Neugierverhalten. Dabei »scheint die Summe von Vertrauen, die den frühesten Erfahrungen des Kindes entstammt, nicht absolut von der Quantität der Nahrung und Liebe, sondern von der *Qualität* der mütterlichen Bindung abzuhängen. Das Vertrauensgefühl des Kindes zur Mutter wird durch eine Pflege erweckt, die mit der einfühlenden Befriedigung der individuellen Bedürfnisse des Kindes zugleich auch ein starkes Gefühl von persönlicher Verläßlichkeit innerhalb des erprobten Rahmens ihrer Umwelt vermittelt. Hier formt sich die Basis des Identitätsgefühles ...«[16], also jenes Gefühles der eigenen Konstanz und Verläßlichkeit. Wer nicht die Erfahrung des Vertrauens sammeln konnte, dem gelingt es offenbar nur schwer, sich selbst über die Entwicklungskrisen hinweg immer deutlicher als identisches Wesen zu begreifen.

Aus den Beobachtungen von Harlow wie von Spitz geht hervor,

daß Entbehrungen im sozialen Gefühlsaustausch in der frühesten Jugend nicht nur die aktuelle Gefahr des Zusammenbruchs der psychosomatischen Regulationen, einen emotionellen Hungertod heraufbeschwören, sondern daß sie auch, wenn dieser äußerste Fall nicht eintritt, irreparable Verödungen der Kontaktfähigkeit hinterlassen. Die Affen, die unter menschenähnlichen Bedingungen insofern aufwachsen, als ihnen ein Verlust der Mutter zustößt, den sie in ihrer Umwelt nicht überleben würden, oder die auf eine Mutterattrappe angewiesen sind, die in etwa einer ihrem Kind entfremdeten Menschenmutter gleichgesetzt werden kann – diese Affen entwickeln im späteren Leben seelische Reaktionsdefekte, die menschlichen aufs Haar gleichen. Wir müssen hinzufügen, daß diese Defekte beim Menschen durch die spezifischen Ichleistungen, etwa durch Einsicht, nicht korrigiert werden können. Diesen Verödungen gegenüber ist Einsicht machtlos.

Die weiteren Verlaufsbeobachtungen Harlows haben in unmittelbar experimenteller Weise die psychoanalytischen Entwicklungstheorien bestätigt, in denen die formierende Bedeutung früher emotioneller Erfahrungen für die gesamte seelische Weiterentwicklung postuliert wurde. Das ist bekanntlich lange genug als absurd bestritten worden, um so heftiger, je mehr die regulative Kraft unbewußter seelischer Prozesse geleugnet wurde. Nach dem, was sich mit den Experimentaltieren Harlows weiter zutrug, ist die Skepsis gegen die psychoanalytische Theorie von der infantilen Traumatisierung als Grundlage späterer seelischer und leibseelischer Abartigkeit kaum noch aufrechtzuerhalten.

Harlows Rhesusaffen sind inzwischen, wie er unlängst mitteilte[17], zu physisch voll gereiften Tieren in bestem Zustand herangewachsen. Aber trotzdem zeigen sie keinerlei Neigung zu einem Paarungsverhalten. Auch wenn man sie in eine größere Gruppe normal aufgewachsener Tiere bringt, ändern sie ihre Interesselosigkeit nicht. Weder zeigen sie spontanes Sexualverhalten, noch antworten sie auf Annäherungsversuche anderer Tiere in adäquater Weise. Harlows These, daß ein Kind rechtzeitig lieben gelernt haben müsse, um später liebesfähig zu sein, ist durch die konsequente Auslöschung der sexuellen Erregbarkeit des geschlechtsreifen Tieres belegt. Harlow nimmt an, daß es sich dabei um einen Folgezustand der Mutterlosigkeit handelt. »Auf irgendeinem uns noch unbekannten Weg übermittelt die Mutter dem Kind die Fähigkeit zu normalem Geschlechtsverhalten.«[18]

Aber mehr noch: Es gelang Harlow (1961), ein mutterlos im Drahtkäfig und mehrere mit Attrappen aufgezogene Weibchen schließlich zur Paarung zu bringen; wenn auch ihr Verhalten nicht dem wilder Affen glich, so wurden sie doch trächtig. Zwei der Tiere gebaren Junge. Sowohl das ganz mutterlos aufgewachsene Tier wie das mit einer Stoffattrappe aufgezogene verhielten sich »völlig teilnahmslos« beziehungsweise »reagierten überhaupt nicht auf ihr neugeborenes Kind, obwohl das Kind normal auf sie reagierte«. Sie sahen nie auf das Kind, »sondern starrten ins Leere«. Die mutterlos aufgewachsene Mutter »wischte das Kind von ihrem Bauch oder Rücken ab in derselben gleichgültigen Art, mit der sie Fliegen abwischen würde.« »Ihr Verhalten zeigte eine auffallende Ähnlichkeit mit dem eines völlig affektlosen schizophrenen Menschen.«

Das Experiment reproduziert also künstlich, wie wir zuvor sagten, den Dissoziationsvorgang in der Verschränkung instinktgesicherter Verhaltensweisen, hier den zwischen Mutter und Kind. Im tierischen Leben kommt diese Dissoziation natürlicherweise nicht vor; für den Menschen ist sie natürlich und wird durch die sozialen Verhaltensmuster korrigiert, aber eben nicht in eindeutiger, Mißverständnisse ausschließender und auch nicht in konstanter Weise. Die Normen der Säuglings- und Kleinkindpflege wechseln von Ort zu Ort, von Zeit zu Zeit. Faßt man jetzt die Experimente von Harlow und die Beobachtungen von Spitz ins Auge, so wird wieder unterstrichen, daß für das Tier die angeborene Regulation seines Sozialverhaltens ausreicht – für den Menschen nicht. Ein Blick auf die Vielzahl der Störungen seiner Liebesfähigkeit bis hin zu den Perversionen, auf die Ausbrüche und versteckten Wege aggressiver Antisozialität, kurz, auf die Zahl schwerer und schwerster neurotischer und psychotischer Erkrankungen beweist die außerordentliche Störbarkeit, in die sich Leben in der *condition humaine* hineinentwickelt hat. Die Herausforderung, seiner selbst bewußt zu werden, schließt also gerade die sorgsame Einfühlung in die Anfänge des menschlichen Lebens ein, in denen nur eine Seite, die der Erwachsenen, einsichtig handeln kann.

Die Problematik endet aber nicht bei den individuellen Schicksalen, die durch das Mißgeschick früher Entbehrungen getroffen werden; etwa dann, wenn eine neurotische Mutter ihr Kind aus ihren eigenen Entwicklungsdefekten heraus nicht verstehen *kann*. Die kulturspezifischen Verhaltensnormen selbst können neurotische Verformungen *en masse* herbeiführen. Greifen diese Handlungsanweisungen – etwa, dem Kind »nichts durchgehen« zu lassen, es zu früh strafend zur Sauberkeit zu dressieren und ähnliches – sehr stark in die frühesten Sozialkontakte ein, dann ist der Prägungseffekt nahezu definitiv. Wenn Zärtlichkeit nicht als Verhaltensmöglichkeit erlebt wurde, kann offenbar nur unendlich schwer gelernt werden, später aggressive und sexuelle Triebregungen zu sublimieren. Man sagt etwa, es sei einem Menschen nicht gegeben, zärtlich zu sein; es wurde ihm aber nicht von der Natur, sondern von der Mitwelt nicht gegeben.

Das läßt dann später die missionarischen »Umerziehungsversuche« individueller und kollektiver Art oft so fruchtlos scheitern. Daß man ein Volk, das der grausamsten Planungen gegen andere und einer besinnungslosen Durchführung fähig war, gern »bekehren« will – zu weniger blindem Ausleben seiner binnenkulturell offenbar nicht zu sättigenden Triebspannungen –, das ist rational wohl verständlich. Bedenkt man den Hohn, die mitleidige Herablassung, mit der heute öffentlich und privat in unserem Land von der an uns nach dem zweiten Weltkrieg versuchten *reeducation* gesprochen wird, dann wird einem die wahrhaft tragische Ohnmacht des Geistes gegen den Ungeist bewußt. In einem solchen allenthalben wieder hervorsprießenden Hochmut schwingt keine Einsicht in die Motive dieses kollektiven Außersichseins mit, das dadurch noch besonders rätselhaft wird, daß zugleich die Sachintelligenz den mörderischen Zielen so erfolgreich unterworfen werden konnte. Man ist einfach der Meinung, niemand habe das Recht, uns etwas zu lehren, die anderen sollten besser vor der eigenen Tür kehren. Vielleicht kann man nicht einmal sagen, daß dieser Hochmut eine psychische Reaktionsbildung gegen die Demütigung einer vollkommenen Überwältigung ist. Es scheint, wie bei den mutterlosen Affen des Experiments, kollektive Charakterprägungen zu geben, die fühllos und unzugänglich für das Erlebnis großer Bereiche der sozialen Wirklichkeit machen. Der affektive Appell, der von ideologisch markierten Gruppen von Mitmenschen etwa von mißachteten Minoritäten kommt, erreicht dann das Individuum nicht mehr; ihrer Not gegenüber verhält es sich wahrnehmungsblind. Wir sprechen dann etwa von Hartherzigkeit und erinnern uns des trostlosen Elends, das viele Kinder in den Anfängen des industriellen Kapitalismus traf, als man nichts dabei fand, Zehnjährige zu einem Arbeitstag von zehn oder zwölf Stunden in den Fabriken zu zwingen[19]. Nur haben sich solche Defekte der Sozialisierung im Lauf der Zeit doch korrigiert; Sklavenausbeutung, in deren Nachbarschaft die Ausbeutung der Frau in vielen patriarchalen Herrschaftsformen sich vollzieht, gehört bei uns mehr und mehr der Vergangenheit an, in großen Bereichen der Erde ist sie voll entwickelt geblieben. Wenn auch an ihre Stelle oft die Versklavung der ideologisch Verfemten getreten ist, ist es abzusehen, daß diese Formen der sozialen Achtlosigkeit für das Geschick des anderen nicht mehr lange eine rationalisierende Rechtfertigung finden werden. An diesem Wachsen einer humanen Umgangsform mit Schwachen haben wohl primär weniger psychische Verfeinerung der herrschenden Schichten Anteil als ökonomische gesellschaftliche Entwicklungen. Solange es ein ländliches Proletariat gibt, werden die Dienstboten wenig geachtet; übersteigt die Nachfrage das Angebot von Hilfskräften, ändert sich Lohn und Behandlungsart. Hier werden Verhaltensänderungen erst einmal erzwungen, ehe die achtsamere Art des Umgangs einem inneren Bedürfnis entspräche. Es ist überhaupt ernsthaft zu fragen, ob wirkungsvolle Änderungen in der Richtung mitmenschlicher Rücksichtnahme nicht immer zuerst durch Machtzuwachs des Unterdrückten erzwungen werden. Verschleiert man sich solche Erfahrungen gerade im Umgang mit der eigenen Gesellschaft nicht, so wird man sich der Schwierigkeiten einer tiefer reichenden Umerziehung erst voll bewußt. Aus der individuellen Psychoanalyse wissen wir, welches Ausmaß an Geduld, Zeit, Erfahrung und therapeutischem Geschick notwendig sind, um Charakterstrukturen zu ändern. Dabei wäre alles vergeudete Liebesmüh, wenn nicht auf seiten des Patienten ein Leidensdruck bestünde. Dieses peinvolle

Erlebnis des unüberwindlichen Versagens, eines quälenden Symptoms, kann aber in Kollektiven abgefangen werden, wenn die Mitglieder sich mit ihren Defekten identifizieren und sie zu Tugenden erheben. Wir deuteten dies am Beispiel der autoritären Persönlichkeit an, in der affektive Unbeherrschtheit und zwanghafte Strenge als Ausdruck der Kraft und Herrschaftsfähigkeit umgedeutet werden. So ist es auch mit der Selbstgefälligkeit, mit der wir jede Umerziehung durch die Sieger abgelehnt haben. Wir vergessen dabei erstens, daß ihr Realitätskalkül besser war als das unsere, sonst hätten sie nicht gesiegt; zweitens, daß ihr soziales Gewissen stärker entwickelt war als das unsere, sonst hätten sie nicht die Tendenzen bei sich überwinden können, die danach drängten, uns ebenso auszurotten, wie wir es mit dem jüdischen und slawischen »Untermenschen« vorhatten; schließlich drittens, daß das Gedächtnis der Unterdrückten ein längeres ist als das unsere, das der Unterdrücker und Nutznießer; denn der Unterdrücker ist, solange er ein Herrschaftsgleichgewicht halten kann, bestätigt, der Unterdrückte in seiner Identität aufs schmerzlichste getroffen.

Nach dem Scheitern der Umerziehung in Deutschland blüht die alte Identität buchstäblich aus den Ruinen. Nichts scheint den tradierten Gefühlshabitus und seine Darstellungsformen berühren zu können – wir greifen nur einiges heraus, was national verbreitet ist: selbstbezogen naiv, im Umschlag lakaienhaft, sachtüchtig und energisch, angstvoll, wenn dem Spott begegnend, weil ohne Selbstironie, sentimental, in den Überzeugungen (Rollen) urernst, hingerissen von der nackten Gewalt. Wenn man die Reaktionsbereitschaften genauer betrachtet, findet man, von der praktischen Tüchtigkeit abgesehen, daß Empfindungen, Stimmungen vorwiegen, die kindlich sind. Das soll heißen, sie sind noch nicht vom Bewußtsein, von abwägender Kritik, ernüchternder Einsicht in die Relativität der eigenen Fähigkeiten berührt. Selbstgefühl und Weltgefühl verschmelzen noch leicht in Allmachtsphantasien; und nur die mimosenhaft empfindliche Reaktion gegen jede Kritik (zum Beispiel den Versuch einer Belehrung) zeigt die Schwäche der mehr erträumten als erreichten Identität.

Natürlich sind es brutale Reduktionen, mit denen man sich zu den Zügen eines »nationalen Charakters« vorarbeitet. Man will damit ja nicht eine Kultur in ihrer ganzen Fülle beschreiben, sondern hier und jetzt Anhaltspunkte für die Konstanz gewisser Reaktionsbereitschaften aussondern, die sich als gefährlich, wenigstens als störend im Alltag, im übernationalen Kontakt erwiesen haben und die von Lernvorgängen sichtlich unbeeinflußbar sind.

Bevor wir einen Deutungsversuch wagen, wollen wir an einem Beispiel zeigen, daß andere kollektive Einstellungen leichter und rascher veränderbar sind; vielleicht hilft uns der Kontrast im Verständnis weiter. Das viktorianische Zeitalter war von einer heute so wenig einfühlbaren Prüderie beherrscht, wie uns die Morde an wehrlosen Menschen durch unsere Landsleute in dieser unserer eigenen Lebenszeit uneinfühlbar sind. Und doch hat damals Prüderie gegen alles, was an Sexualität erinnern konnte, wie bis vor kurzem der Abscheu vor »Untermenschen« die Empfindungen kollektiv so vorgeformt, daß die meisten Individuen diese Regungen als durchaus »natürlich« und selbstverständlich empfanden. »Der viktorianische Mensch hielt sich für kultivierter als die Menschen des vergangenen Jahrhunderts.«[20] Diese Einschätzung leitete er von seiner Verachtung der Sexualität ab. So finden wir den Widerspruch eines hohen Selbstgefühls bei grober Entdifferenzierung des geschlechtlichen Verkehrs, der nun aller Möglichkeiten einer zwischenmenschlichen Verständigung beraubt war. »Die Tiere hatten ihre Brunst, aber der Mensch – der edle, ernste, vernunftbegabte – sollte für die Nachkommenschaft sorgen, ohne sich zu solch unzivilisiertem Verhalten zu erniedrigen. Kurz gesagt, der viktorianische Mensch sah die Sexualität nicht sosehr als Sünde, sondern als etwas Bestialisches, Verachtenswürdiges an.«[21] Nun, diese Verachtung ist abgeklungen; sie hat in den *roaring twenties* ihren Gegenschlag in hektischer Geschlechtsanarchie gefunden und ist teils zu einer kleinbürgerlichen Moralität, teils zu einer Auffassung verlaufen, in der Geschlechtsgenuß nahe dem Genuß anderer Konsumgüter rangiert, weder poetisch verklärt noch gewissensbelastet, einfach langweilig. Das Ganze verrät nicht gerade eine hohe Kultur der sexuellen Beziehungen. Aber die Ausdrucksformen haben sich doch im Lauf weniger Jahrzehnte sehr tief geändert. Taylor sieht wohl mit Recht die Motivation dafür im Zusammenhang mit Veränderungen in der paternistischen Struktur unserer Gesellschaft. Der viktorianisch-bürgerliche Mann ist in ihr, dem Rollenzwang gehorchend, vateridentifiziert. Damit befindet er sich in bezug auf seine Mutter in einem Konflikt, den Freud mit dem Begriff des Ödipuskomplexes beschrieben hat: »Er hat das Gefühl, als habe sie ihn durch ihre Beziehung zu seinem Vater sexuell verraten. Der mittelalterliche Paternist antwortete auf diese Regungen damit, daß er sich eine völlig reine, ideale Mutter vorstellte, die niemals sexuelle Beziehungen unterhielt, und versuchte, alle Frauen zur gleichen Reinheit zu nötigen. Gleichzeitig aber hielt er sie ihrem Wesen nach für böse. Er wünschte sie als Jungfrau, aber vermutete in ihr die Hexe. Der viktorianische Paternist fühlte den gleichen Konflikt. Da er ihn aber nicht durch die Vorstellung einer göttlichen Jungfrau zu lösen versuchte, war er gezwungen, die Weiblichkeit in zwei Kategorien einzuteilen: in ›gute‹ Frauen, die kein sexuelles Empfinden besaßen, und in ›schlechte‹, die es wohl hatten.«[22] Taylor bringt sogar einen Beleg aus dem Bereich der medizinischen Literatur bei, der zeigt, wie weit kollektive Voreingenommenheit die postulierte wissenschaftliche Unvoreingenommenheit durchdringt. W. Acton schrieb in seinem Buch über *Die Funktionen und Störungen der Zeugungsorgane,* es sei »eine gemeine Beschimpfung«, zu behaupten, Frauen wären sexueller Gefühle fähig.

Was folgt aus unserem Beispiel eines wandlungsfähigen Verhaltenshabitus? Wir finden, daß sich die Verleugnung auf die Zeichen der *genitalen* Sexualität bezog. Insofern herrschen Reaktionsbildungen gegen Erfahrungen vor, die schon einem volleren Realitätserlebnis zugehören. Es ist der erlebte Konflikt der Rivalität mit dem Vater um den Besitz der Mutter, der nicht aufgelöst wird, sondern zu den skurrilen Ansichten jener Epoche Anlaß gibt. Es müssen Tendenzen in der Gesellschaft wirksam sein, die diesen immer gegenwärtigen Konflikt mit den ersten Liebesobjekten zeitspezifisch sehr verschärfen. Man wird sie zum Beispiel in der durch die industrielle Entwicklung anarchisch verschärften Konkurrenz mit der mit ihr verbundenen Angst zu suchen haben, die auch die Sohn-Vater-Rivalität unbewußt als besonders gefährlich erscheinen läßt. Das von beiden libidinös besetzte Streitobjekt, Mutter und Frau, wird dabei tabuiert. Dieser Kompromiß sichert einen oberflächlichen Ausgleich der Interessen, aber keinen Erlebnisfortschritt.

Die Tabuierung des Objektes wird um so notwendiger, als die genitale Reifung mit der Pubertät die prägenitalen Fixierungen und eine Kette neurotischer Abwehrmaßnahmen aus der Kindheit erneut aktiviert. Die viktorianische Sexualvermeidung ist im Wesen eine kollektive Sexualneurose vom Typ der Hysterie. Die Enttäuschungen der infantilen Sexualstrebungen gerinnen gleichsam zur starren Erwartungshaltung, aus der heraus späteren Erlebnissen sexueller Art begegnet wird.

Nun kann es keinem Zweifel unterliegen, daß neben den hysterischen Merkmalen die gesamte Gesellschaftsstruktur auch noch Züge einer prägenitalen (analen) Neurotisierung trägt. Unter Belastung ist ein Ausweichen und Rückweichen von einer neurotischen Haltung in die andere zu beobachten. Das neurotische Elend unserer Zeit liegt in der Präokkupation mit Geld und Sexualität. Das anale Besitzstreben kompensiert die sexuelle Versagung; andererseits sichert der Besitz den Genuß der »schlechten« Frauen.

Die nationalen Eigenheiten der Gefühlskälte und ihrer sentimentalen Verdeckung, von denen wir zuvor sprachen, müssen andere, ältere und direktere Wurzeln zu unbewußten Prozessen haben, die nicht so leicht zu erschüttern, durch Geschichte zur Wandlung zu bewegen sind. Mit anderen Worten: Die traumatisierenden Einflüsse müssen vor dem fünften bis sechsten Lebensjahr, der »Hochblüte« des ödipalen Konfliktes, liegen. Es wäre eine falsche Vorspiegelung, wenn wir behaupten würden, wir hätten eine sichere Deutung für diese Tatsache anzubieten. Wir haben nur zwingende Gründe – die wir aus der individuellen psychoanalytischen Erfahrung ableiten –, die Motive in sehr frühen Erfahrungen zu suchen, die relativ gleichförmig bei einer großen Zahl von Individuen unserer nationalen Sozialkultur sich wiederholen. Sie müssen dann mit Verhaltensmustern in Zusammenhang gesehen werden, die sehr selbstverständlich sind und sich deshalb einer kritischen Reflexion bisher entzogen haben. Erinnern wir uns an die Beobachtung von Harlow, daß elternlos aufgezogene Rhesusaffen später die Mutter nicht mehr annehmen, daß also jeder affektive Austausch, auch der primärste, zwischen Mutter und Kind, zu seiner Zeit gelernt werden muß und daß die Entbehrung der Mutter das herangewachsene Tier unfähig zum Vollzug und Verständnis von Geschlechtsäußerungen macht, ja sogar unempfindlich für die Lebenszeichen des eigenen Kindes, so darf man mit einiger Wahrscheinlichkeit vermuten, daß auch beim Menschen später als unkorrigierbar sich erweisende Verhaltensformen Resultate von verpaßten Lernerfahrungen sind, die nur in einem bestimmten Augenblick der Entwicklung gemacht werden können und später nie mehr nachzuholen sind.

Wie gesagt, es handelt sich hier um Schlüsse aus dem Tierexperiment und aus der Beschäftigung mit einzelnen Kranken auf kollektive Verhaltensweisen. Wir können dem Kritiker, der all unsere Konstruktionen als Spekulationen abweisen will, nicht mit fester Überzeugung und guten Beweisen begegnen. »Es sind eben nur Vergleichungen, mit denen wir uns um das Verständnis des sozialen Phänomens bemühen, die Individualpathologie gibt uns kein vollwertiges Gegenstück dazu«, sagte Freud[23] mit der ihm eigenen Vorsicht.

Das Experiment, wenn man so will, das aus diesen Vergleichungen nahegelegt wird, ist demnach die Änderung der Früherziehung des Menschen im Sinne der Konstanz affektiver Zuwendung, von der wir oben sprachen. Das käme einer Humanisierung gleich: erhöhtes Bewußtsein für die Eigenart des Partners – hier des Kindes – beim Vollzug gefühlsgeleiteten Verhaltens. Keine »Entgleisung« darf hier flach rationalisiert werden, denn noch wissen wir nicht mehr als dies, daß kaum eine fahrlässige, kurzschlüssige affektive Handlung ohne (vielleicht definitive) Folgen bleiben wird.

Die Ethnologie hat uns mit euphorischen und depressiven, verschwenderischen und paranoisch mißtrauischen Kulturen bekannt gemacht. Unsere psychologischen Einsichten legen uns die Vermutung nahe, daß neben den Bedingungen der materiellen Umwelt die eingeübten Sitten, und von ihnen besonders die Erziehungspraktiken, diese Vielfalt der menschlichen Milieus zur Entwicklung brachten. Wir sprachen von der Dissoziation von Subjekt und Objekt in der bewußten Existenz. Obgleich die Pflegeinstinkte zu den relativ starken Instinktfragmenten in der menschlichen Natur gehören, sind sie nicht gegen den Einfluß von Stimmungen und Konflikten mit anderen Triebneigungen ausreichend gesichert. In stark kollektiv lebenden Kulturen entwickelt sich die Beziehung zwischen Kind und Mutter, beziehungsweise ihren Ergänzungsfiguren im Sippenverband, überwiegend kollektivkonform. Hier kann das Individuum traumatisierenden Momenten, die im sozialen Muster mitbedingt sind, kaum entgehen. Mit zunehmender Vereinzelung der Lebensformen ist der Schutz gegen die individuell neurotischen Einflüsse nicht gewährleistet, weil jetzt die Sicherung durch kollektive Handlungsanweisungen fehlt. Das Korrektiv der Vereinzelung sind zunehmend die wissenschaftlichen Anschauungen und ihre Verbreitung. Nicht mehr die Sippe, sondern ein Buch oder eine Beratungsstelle sagt der Mutter, wie sie ihren Säugling zu behandeln habe. Aber die Empfehlungen der Wissenschaft sind raschen Änderungen unterworfen und zudem im Bereich der Anthropologie sicher nicht frei von Statusvorurteilen, was nicht nur durch das Zitat W. Actons über die Sexualgefühle der Frau zu belegen wäre.

Da es ein Irrtum ist, die gesellschaftliche *Vereinzelung* unserer Zivilisation einfach mit *Individualisierung* im Sinne einer Verstärkung der Ichfunktionen im Zusammenspiel mit den Triebregungen gleichzusetzen, ist die Lage kritischer als in den Zeiten geschlossener Sippen-, Stammes- und Provinzialkulturen. Die neuen Kollektive werden entsprechend von modischen Gefühlstendenzen geleitet, die David Riesman[24] mit dem Terminus *»otherdirected«* (außengeleitet) bezeichnet. Diese Unsicherheit der Orientierung, der nur ein rasches Einschwenken in das gerade Übliche bleibt, scheint als kulturelle Übergangsform unvermeidlich. Die Stabilisierung kann nur in einer echten Individualisierung, nämlich in der Stabilisierung der kritischen Ichleistungen gegenüber einer rasch sich ändernden Umwelt gesucht werden. Wenn die These der Evolutionslehre von der nunmehr dem Bewußtsein zufallenden Lenkungsaufgabe stimmt, dann muß dieses Bewußtsein lernen, zu sehen und zu beurteilen, was es sich – in der Erziehung – antut, solange es in der frühen Kindheit erst als Potentialität vorhanden ist.

Es scheint sich auch für die psychische Organisation der Frühzeit zu erweisen, was überhaupt für den embryonalen Organismus gilt: Sie ist gegen toxische Einflüsse besonders ungeschützt. Manche Erziehungsformen wirken offenbar toxisch. Das Instinktverhalten reicht beim Menschen nicht zur Lebensführung aus; vieles erlernte Sozialverhalten schützt ihn nicht vor folgenschwerer Torheit. Wenn man sich vor Augen hält, daß die Beeinflussungen, die in das »extrauterine Frühjahr« fallen, die basalen Hemmungen und Förderungen darstellen, die in allen weiteren Entwicklungsstufen fortwirken, daß also menschliches Schicksal so früh entschieden wird, dann ist freilich der Versuch der *reeducation* Erwachsener zum Scheitern verurteilt, so menschenfreundlich seine Absicht sein mag. Damit ist zugleich aber die Schwierigkeit der Korrektur kollektiver Wert- und Vorurteile überhaupt bezeichnet, soweit sie mit der frühen Genese der Charakterentwicklung in Bezug stehen. Die Alternative ist jetzt die, ob nur Revolutionen mit dem Aspekt des mythischen Vatermordes, also Vorgänge, die eine sehr tiefe Spur im Seelenleben eines Kollektivs hinterlassen, eine Stärkung der Ichleistungen mit sich bringen können oder ob die bisher erreichte Bewußtseinshöhe genügt, um eine schrittweise progrediente Entfaltung der integrativen Vernunft zu sichern – ehe die vom Menschen heraufbeschworene Zunahme der Radioaktivität die *Species homo sapiens* nicht gerade auslöscht, so doch mindestens die genetische Substanz unabsehbar schädigt. Es ist ein Wettlauf mit der Zeit. – Ob die Partialsozialisierung des Menschen, wie sie im Äon der Vaterherrschaft sich vollzogen hat, mächtig genug ist, die aggressiven Triebüberschüsse, die sich in den gegenwärtigen Kulturformen bilden, rechtzeitig zu neutralisieren, kann wohl niemand voraussagen.

IV Von der Hinfälligkeit der Moralen

Triebsteuerung schafft Identität

Die Verfestigung der *Ichleistungen*, von der soeben die Rede war, meint einen Reifungsvorgang. In ihm wächst das Identitätsgefühl des Menschen, und diese seine *Selbsterinnerung* ist dann nicht mehr so leicht durch dranghaft erlebte Impulse und durch äußere Reize zu überrumpeln. Diese Einübung der Kontrolle über unsere Triebregungen im Miteinander des sozialen Lebens nannten wir *Affektbildung*. Der Grad unserer Selbsteinsicht ist um so höher, je weniger es unseren Affekten gelingt, am Ich vorbeizulaufen und damit direkten Einfluß auf Urteilsbildung und Handlung zu gewinnen. Soweit die Integrationskraft des Ichs reicht, verliert man den Kopf nicht, das heißt, man vermag sich in seinem Verhalten treu zu bleiben, wie unterschiedlich und wie erregend die Lebenslagen auch sein mögen, in denen man sich befindet. *Identität* ist also Stabilität sowohl des sozialen Verhaltens als auch der Selbsteinsicht.

Alle derartigen Versuche einer Begriffserklärung bleiben freilich unvollständig und abstrakt, solange wir nicht Maßstäbe finden, um die geglückte *Identität* von ihren Pseudoformen zu unterscheiden. Denn es ist nicht leicht, im täglichen Leben auseinanderzuhalten, was an der »Persönlichkeit« eigentlich uneinsichtige Konsequenz, das heißt Starrheit ist – aus der Angst entsprungen, von inneren Drängen und äußeren Verführungen in ein unbekanntes Dunkel fortgetrieben zu werden – und was einsichtig konsequentes, überlegenes Verhalten, das die Augen nicht verschließen und die Ohren nicht verstopfen muß, um in Zweifeln sich entscheiden zu können. Mit dem Wort *Identität* ist also zugleich die Fertigkeit gemeint, sich durch Integration neuer Erfahrungen wandeln zu können.

An einer früheren Stelle[1] war schon kurz von der lebenslangen Beunruhigung der inneren Stabilität des Menschen durch seine Triebnatur die Rede. Triebe, sagten wir dort mit einem Worte Freuds, erleiden ein Schicksal. Besonders nachdrücklich werden sie an den Wendepunkten der individuellen Entwicklung geformt. Der Schritt der genitalen Reifung etwa fordert vom Ich neue Modi der

Steuerung, denen ebenso neue Forderungen zur Anpassung von der Mitwelt her korrespondieren. Zu den notwendigen Voraussetzungen bei der Identitätsbildung des jungen Menschen gehört es, wie Erik Erikson formulierte, »daß er sich sozusagen beantwortet fühlt und daß ihm die Gemeinschaft Funktion und Stand zuerkennt als einer Person, deren allmähliches Wachsen Sinn hat – und zwar vor allem in den Augen der Menschen, die Sinn für ihn zu haben beginnen«[2].

Am Anfang des Lebens steht – unvergessen – die rasche Befriedung der Unlust. Langsam, oft nicht langsam genug, wächst der Druck aus der Mitwelt, die dem Kinde auferlegt, Unlust ertragen zu lernen, befriedigungsverheißende Ziele weiter hinauszustecken und sie im Auge zu behalten, auch wenn rascherer, aber verpönter Lustgewinn winkt.

Ein solches Training zu Triebaufschub, zur Askese verschiedener Härte – und das ist Kultur – ist für ein alleinlebendes Wesen undenkbar, weil es unnötig wäre. Erst die Notwendigkeit, mit anderen teilen zu müssen, fordert den Verzicht; aber nur dort kann mit dem Verzicht ein *Sinn* verknüpft, kann Verzicht selbst befriedigend erlebt werden, wo die Mitwelt Bedeutung für den einzelnen hat, oder sagen wir unverhohlen: wo er Grund hat, diesen und jenen Menschen zu lieben. Die konkrete Erfahrungsgrundlage für ein Erlebnis, in dem es gelingt, so tiefe Widersprüche zu vereinen, darf nicht wegdisputiert und wegidealisiert werden. Nicht, wer die Menschheit, wer die Partei oder sonst eine Abstraktion, nicht, wer allein die Madonna oder ein anderes Numinosum liebt, ist kultiviert, sondern wer erst einmal *einen* Menschen lieben kann, durch alle Spannungen ambivalenter Erlebnisse hindurch, die er mit ihm haben wird.

Ein Verzicht, der befriedigt

Ein Aspekt der menschlichen Konstitution ist also durch das soeben beschriebene Triebschicksal gekennzeichnet: Trotz Verzicht auf egoistische Triebbefriedigung kann Entspannung erlebt werden. Erreichbar ist solche Lösung der Spannung nur auf dem Wege der Partizipation am anderen, den ich liebe. Was ihm durch meinen

Verzicht zuteil wird, vermag ich identifizierend und doch mit dem Bewußtsein der Distanz mitzuempfinden, und nur ein solcher Verzicht befriedigt. Vielleicht ist das überhaupt das Kerngeschehen jeder *tätigen Liebe.* Jedenfalls könnte man die Verliebtheit umgekehrt damit beschreiben, daß ich den anderen liebe, weil er zu erfüllen scheint, was in meiner Phantasie als ein Ideal vorgezeichnet war. Insofern es mir gelingt, ihn unter *meinem* Erlebnishorizont zum Mithandeln zu bewegen, bestärkt er vorerst nur mich in meinen ichbezogenen Phantasien. Er wird Mittel und Zweck der Befriedigung meiner selbst. Fängt der Mitspieler an, eigenständige Forderungen an mich zu richten, so erlischt häufig rasch genug die Stimmung der Verliebtheit.

Ein Verzicht, der nicht befriedigt

Man tut aber gut, solche Unterscheidungen mit leichter Hand und tolerant zu handhaben. Die primären, egoistischen Zuwendungsformen und die später erworbenen mischen sich auch noch beim reifen, liebesfähigen Menschen. Die natürliche und berechtigte Tendenz zur Befriedigung eigener Wünsche steht bei ihm in leidlichem Einklang mit der Achtung der Wünsche, die der andere empfindet. Allzu großem Altruismus mißtraut man besser, ebenso dem ins Auge springenden Narzißmus. Das Problem solcher Triebmeisterung in tätiger Liebe stellt sich für das instinktregulierte Verhalten der Tiere überhaupt nicht. Hier entscheidet, das ritualisierte Pflegeverhalten bei der Aufzucht ausgenommen, die Ranghöhe des Individuums in der Gruppe über das Ausmaß der Befriedigungsmöglichkeiten. Wer schwächer ist, kommt später an die Reihe. Der Regulator ist die Gewalt. Niemand kann bestreiten, daß dieses die subhumanen Vergesellschaftungen beherrschende Regulationsprinzip trotz des Evolutionsschrittes zum Bewußtsein als mächtiges Erbgut weiterhin das menschliche Gruppenverhalten durchdringt. Nur zu einem bescheidenen Teil ist es der menschlichen Kulturarbeit gelungen, den Triebverzicht nicht nur zu erzwingen, sondern mit dem Erlebnis sozialen Sinnes zu verbinden. Es wird viel masochistische Perversion in den Moralen gefordert, andererseits werden aber auch beträchtliche Prämien sadistischer Genugtuung überall dort gewährt, wo es heißt: *du sollst* lieben, achten, ehren, gehorchen und so weiter, zum Beispiel, indem man Gehorsam gewaltsam erzwingen darf. Wenn ich aber nie erlebt habe, daß ein anderer einfühlend in mich einen Verzicht geleistet hat, der für ihn sinnvoll war, kann ich ihn nicht gut so achten, wie das Moralgesetz es mir befiehlt. Ich bin dann auf die anschaulichen Erfahrungen aus dem Gewaltprinzip angewiesen; und hier achte ich, weil ich fürchte. Hier reiße ich nur darum nicht an mich oder zerstöre nicht, weil ich die Drohung spüre, selbst zerstört zu werden. Allein daß das Vergeltungsdenken das Strafrecht bis zum heutigen Tag beherrscht, zeigt die Macht subhumaner Triebäußerungen (beim Rechtsbrecher und beim Rechtswahrer); es zeigt, wie liebesarm die erfahrene Mitwelt als ganze, nämlich als Gesellschaft ist.

Der Verzicht unter dem Druck der Gewalt kann nicht befriedigen; er hält für Strecken gehorsam, mehr nicht. Das Defizit an »Liebesbefriedigung«, das wäre unsere These, ist in solchem Ausmaß aber nicht ein Faktum, das als naturbedingt hinzunehmen wäre. Die Vorherrschaft des lieblosen Gewaltdenkens gehört vielmehr zu einer Umwelt, in der die Deckung vitaler Grundbedürfnisse schwerfällt und periodisch oder dauernd materielle Armut die große Menge drückt. Armut ist das Produkt einer begrenzten Kulturentwicklung.

Kollektive Strukturänderungen des Selbstbewußtseins

Die unaufhaltsamen Sozialrevolutionen der Gegenwart sind an die technisch erreichbar gewordene Befreiung von Armut geknüpft; sie richten sich zugleich gegen die zugemutete Heuchelei, auch noch mit demütig ergebener Haltung Rangprivilegien in der Gesellschaft hinnehmen und anerkennen zu sollen, die aus Zeiten nackter Not und aus der Sozialordnung durch nackte Gewalt herrühren. In der kollektiven Strukturänderung des *Selbstbewußtseins* vollziehen sich bei genauerem Hinsehen viel differenziertere Vorgänge als bloße Rivalitätskämpfe zwischen alten und neu aufstrebenden Machtgruppen. Die technisierte Überflußgesellschaft muß sich neue Moralorientierungen suchen. Die Nöte, die zu den archaischen Gebotsformen geführt haben, sind weitgehend überwunden. Sicher euphorisiert die Befreiung von Hunger, Seuchen, schwerster körperlicher Arbeit und dem harten Druck, den die oberen auf die niederen Klassen ausübten; aber daß sich permanente Pubertätsflegelei, anarchische Ansprüchlichkeit und ängstliche Einfügung in neue Statusgewohnheiten oft im Verhalten ein und derselben Person mischen, scheint nicht nur die immer wieder beklagte Entsittlichung anzuzeigen, sondern überhaupt die Tatsache, daß die Dinge in der Tiefe in Fluß geraten sind – und zwar unterhalb der Ebene, die die bestehenden Moralen trägt. Gemäß der lockeren Verknüpftheit von »Trieb« und (»Befriedigung« verheißendem) Objekt in der menschlichen Natur kann eben jede Störung der Gewohnheiten nur auf einer breiten Front von *Versuch* und *Irrtum* ausgeglichen werden, ehe in neuen Bräuchen Richtungsgewißheit erlangt wird. Denn »so reinlich und so zweifelsohne«[3], wie die Tugendwächter es verkünden, vermag sich nicht einmal die überdressierte Sozialperson zu entscheiden, wenn alles im Zenit rühmlicher Selbstzufriedenheit steht.

Für die Völker, die aus rein agrarischen Sozialformen mit einem Sprung – also ohne historische Vorbereitung – in den Besitz der technischen Prothesen gelangen, ist dieser Umschwung ein Belastungsmoment, das gar nicht überschätzt werden kann. Infolge dieses unvorbereiteten Wandels steigt mit der Ausbreitung der rationalen Technik konsequenterweise das Gefahrenmoment irrationaler Reaktionen. Die politische Sorge der führenden technischen Mächte nimmt also nach der Peripherie ihrer Einflußbereiche hin zu. Der Europäer hat sich im Laufe von Jahrhunderten an die Durchrationalisierung seines sozialen Raumes (und seiner Landschaften) gewöhnen können; er hat sich mit einem Sicherheitsverlust abgefunden, gegen den das irrationale Lebensgefüge eben wegen seiner magischen Gewißheiten Schutz bietet. Max Weber hat diese »Domestikation«, wie wir sagen können, in rationalen Prozessen genau gesehen. Es sind Prozesse, die zugleich für den einzelnen immer verworrener und unbekannter werden. Max Weber konnte noch schreiben: »Kein normaler Konsument weiß heute auch nur ungefähr um die Herstellungstechnik seiner Alltagsgebrauchsgüter, meist nicht einmal darum, aus welchen Stoffen und von welcher Industrie sie produziert werden. Ihn interessieren eben nur die für ihn praktisch wichtigen Erwartungen des Verhaltens dieser Artefakte.« Etwa, daß das Antriebsaggregat eines Autos so beschaffen ist, daß es nicht auf der Autobahn den Dienst versagt. »Der ›Wilde‹ weiß von den ökonomischen und sozialen Bedingungen seiner Existenz unendlich viel mehr als der im üblichen Sinne ›Zivilisierte‹.«[4] Hier bahnen sich aber neuerdings Tendenzen an, die die Angst vor den unheimlichen Produkten der Zivilisation überwinden helfen. Der Konsument sucht nach Informationen über die Substanzen und den Herstellungsprozeß seiner Konsumgüter.

Die technisch-naturforschende Gesellschaft hat einen dialektischen Prozeß in Gang gesetzt. In ihm schreitet die Rationalisierung aller Handlungs-, Verwaltungs-, Forschungspraktiken stetig fort; zugleich werden diese rationalen Gebilde der Produktion, der Bürokratie, Gesetzgebung und so weiter für die Lebenserfahrungen des einzelnen ebenso stetig »verfremdet«; er gehorcht unmittelbaren Weisungen und fragt sich, wer und ob jemand überhaupt die Rationalität dieser Prozesse zu integrieren vermag. Wahrscheinlich ist das in der Tat nur sehr bruchstückhaft möglich, weil das Zivilisationsgeschehen eine Größenordnung angenommen hat, in der es sich nach Art von Naturprozessen anonym reguliert. Nur unterscheidet es sich von der ersten Natur dadurch, daß unablässig unerwartete Nebeneffekte sich bemerkbar machen. Insektizide stören beispielsweise das Habitat von Vögeln und Schmetterlingen. Die frühzeitige Beobachtung solcher Nebenwirkungen ist die dialektische Gegenposition zur technischen »Fortschrittsdynamik«.

Fragen der Größenordnung

Die übergroßen Dimensionen der Massenorganisationen erzeugen das Kernproblem für die Sozialisierung des Menschen in der rationalen Gesellschaft. Max Weber fährt nach dem oben zitierten Satz fort: »Und es trifft dabei nicht universell zu, daß das Handeln des ›Zivilisierten‹ durchweg subjektiv zweckrationaler ablaufe. Dies liegt vielmehr für die einzelnen Sphären des Handelns verschieden: ein Problem für sich.«

In Sozialformen, die auf magischem Denken beruhen, wird der

Triebanteil im Verhalten traditionell ritualisiert und eingefangen. Die Techniken der Einübung geschehen in einem relativ gleichbleibenden Bezugsrahmen. Wie verhält sich das in der technisierten, zweckrationalisierten Massengesellschaft, die scharf trennt zwischen einem Alltagsleben, dessen Instrumentarium voraussehbar funktioniert, und einem »Privatleben« emotionell bestimmter Entscheidungen, die sich zwar auch in der Spielbreite einer Vorauserwartung bewegen sollen, für die aber die Sinnorientierung schwer zu finden ist? Ihre Inhalte sind weitgehend herübergenommen aus historischen Traditionen der magischen Orientierung.

Der Konflikt der Ansprüche läßt sich klarmachen, wenn man zwei Weisungen, denen gehorcht werden soll, nebeneinanderstellt. Da gibt es das Gebot der Sparsamkeit. Sparsamkeit als Alternative zur »Verschwendung«, auch nur zum unbeschwerten Lebensgenuß, konnte zum kollektiv verpflichtenden Gebot erst werden, als infolge der wirtschaftlichen Entwicklung in einer relativen Breite der Gesellschaft das Nötigste zur Erhaltung und Reproduktion des Lebens gesichert war, also in der »klassischen« bürgerlichen Gesellschaft. Wie immer Sparsamkeit auch im einzelnen motiviert werden mochte, immer enthielt sie sowohl ein Moment der Vorsorge für die »Stürme des Lebens« wie eines der Sicherung mühsam erworbener Unabhängigkeit. Gespart wurde in den mittleren Einkommensklassen ferner, weil der Erwerb überdauernder Güter den Verzicht auf die Befriedigung der raschen, kleinen Bedürfnisse voraussetzt; bei den Unternehmern, weil Sparsamkeit Geld oder sonstige Werte bereitstellt, die zur Expansion der Produktionsmittel, also zum progredienten Erzeugen von Gütern erforderlich waren. Das Lebensinteresse daran, Besitz zu erwerben und zu mehren, bildet also mit der Treue zum Erworbenen, dem schonenden Umgang mit Besitz und mit dem Gebot der Sparsamkeit eine traditionelle bürgerliche Trias. Hinzu kommt die »anale Präokkupation« des Bürgers mit Besitz (die freilich ihre Vorläufer im bürgerlichen Besitzstreben hat). In dieser Überlieferung des bürgerlichen Verhältnisses zum Besitz steht das Gebot der Sparsamkeit noch heute, und es wird auch dazu genutzt, dem herwanwachsenden Kind das Verzichten auf rasche Triebbefriedigung zu lehren. Je stärker aber das Einüben von Verzicht in den Vordergrund rückt, um so mehr wird das

Motiv, zu sparen, von der Vorstellung des Opfers überlagert und endlich davon verdrängt.

Die hier geschilderte Einstellung und mit ihr auch das Gebot der Sparsamkeit steht, obwohl für den einzelnen fraglos noch immer von Wert, den Interessen der Wirtschaft und damit denen der gegenwärtigen Gesellschaft strikt entgegen. Das Gebot der Sparsamkeit stellt in einer notwendig auf Verschleiß eingerichteten Wirtschaft der Vollbeschäftigung und des Wohlstands ein retardierendes Moment erster Ordnung dar. Wer spart, handelt aus Eigennutz, dem Interesse aller entgegen – so erscheint es jedenfalls. Hat also das Sparen (über die dadurch ermöglichten Investitionen) zur Steigerung der Produktivität beigetragen, so zwingt die Steigerungsrate der industriellen Fertigung dazu, ein genau gegenteiliges Verhalten zu fordern. Es deutet sich also so etwas wie eine Weisung zur Verschwendung an, weil nur rascher Konsum die Produktion in Gang hält und erst diese die Lebensgrundlagen der Massengesellschaft sichert.

Die volle Hingabe an die Konsumwelt in allen Schattierungen befriedigt nicht nur die irdischen Gelüste des einzelnen; es heißt auch, dies sei moralisch, weil es den Wohlstand aller fördere. So hat sich also die Möglichkeit ausreichender Ernährung, Behausung, Erziehung der Massen mit deren Wohlstand, das heißt mit der Produktion auch vital überflüssiger Güter, untrennbar verknüpft. Die Existenzsicherung der vielen und das »Seelenheil« für den einzelnen, wenn er es an den weltverneinenden Moralen seiner Religion bemißt, stehen hier in schroffem Widerspruch miteinander.

Damit berühren wir einen Aspekt der Schizophrenisierung, der Persönlichkeitsspaltung, der durch das Nebeneinander tradierter und neu entstandener Verhaltensforderungen bewirkt wird. Nicht weniger beunruhigend ist, daß die »einzelnen Sphären des Handelns«, die sich auf die *Selbstdarstellung* und auf die Erfüllung eines *Ichideales* beziehen, weitgehend von den viel älteren subhumanen Phantasiegehalten des Gewalthandelns, eines egozentrischen Sozialphantoms der eigenen Allmacht, besetzt geblieben sind. Die neue Spielform, in der sich diese innere Verfassung in einer sozialen Rolle zur Geltung bringt, sind die Techniker der großen Verwaltungsgebilde, die »Manager«.

Beschönigung oder Fatalismus?

Natürlich steigen solche Phantasiegehalte selbst nicht zum bewußten Denken auf; der einzelne wird ihrer vielleicht für Augenblicke in einem zwielichtigen Hintergrund seiner Selbstwahrnehmung inne, dann setzt aber die »Rationalisierung« ein, so wie die Psychoanalyse diesen Begriff benützt. Sie meint damit Beschönigung. Es werden für ein im Kern *triebbestimmtes* Handeln scheinbar schlüssige Begründungen gefunden, deren Inhalt mit den überlieferten moralischen Geboten übereinstimmt. Wer sich in der beruflichen Konkurrenz etwa mit anrüchigen Methoden einen Vorteil verschafft, beruft sich vor seinem Gewissen auf den darwinistischen Kernspruch vom *survival of the fittest*. Er kann sich ebenso auf die puritanische Auffassung berufen, daß Erfolg ein Zeichen der Gottwohlgefälligkeit sei. Dieser Sieg der Tüchtigkeit ist aber nur die *Camouflage* des Gewaltprinzips der Horde in einer nach bürokratischen Regeln geordneten Gesellschaft. Der pseudorationale Überbau solchen Verhaltens versetzt das kritische Bewußtsein in eine Position der Ohnmacht, die durch idealistische Versicherungen keineswegs verbessert wird, weil diese nur jene Raffinierung darstellen, in der das Anrüchige nicht riecht.

Die Gesamtkonzeption der herrschenden Moral ist tief durchdrungen von der (weitgehend unbewußt bleibenden) Absicht, bestehenden Gewaltprivilegien den Anschein der Rechtmäßigkeit zu verleihen. Von der *kritischen Vernunft* her betrachtet, nimmt sich die Moralität, wie sie getätigt wird, höchst *atavistisch* aus; der einzelne fragwürdige Verstoß, die schlichte Gemeinheit, die einer begeht, findet ihn wohl vorbereitet, er verfügt über eine gute Abwehrroutine gegen schlechtes Gewissen und kann sich dabei auf die Doppelmoral berufen, wie sie gang und gäbe ist. Der Spruch »Nicht ärgern, nur wundern« mag dann häufig die wahrhaft stoische, rationale Reaktion und das einzige sein, was der besseren Einsicht in praxi übrigbleibt.

Auch diese Fähigkeit, nicht fatalistisch, sondern gelassen zu ertragen, gehört zu den asketischen Eigenschaften des Menschen, der sich eine höhere Kultureignung erworben hat. Er verleugnet nicht die Existenz der Triebansprüche, er idealisiert ihren Bereich nicht zu ästhetischer Unschuld; er bezweifelt nur, daß ihnen in den bestehenden Gesellschaftsformen der bestmögliche Weg der Befriedigung geboten wird. Deshalb handelt es sich auch nur scheinbar um einen »Fatalismus« – wie es sich bei dem Streben nach *humaneren*, also *bewußtseinskontrollierteren* Gesellungsformen im Affektiven nicht um die Verfolgung einer »Utopie« handelt. Auch beim Gebrauch des Wortes »Askese« muß der Sinngehalt zurechtgerückt werden. Es geht diesmal nicht um die Glorifizierung des Verzichtes im Lichte jenseitiger Erfüllungen, sondern um die Verzichte auf »billige« Befriedigungen, weil sie höchst diesseitig auf Kosten der Rechte anderer gehen; und freilich auch auf Kosten einer differenzierteren *Selbsterfahrung*.

Wenn der »Zivilisierte« die aktuell oft schwer erträgliche Ohnmacht auf sich nimmt, sich brutaler, anrüchiger Gegenzüge zu enthalten, so kann er das selbstverständlich auch aus Verpflichtung an religiöse Wertsetzungen tun. Dabei ist nur einer Begleiterscheinung dieser religiösen Orientierungen zu gedenken. Den Massen wurden in den Andersgläubigen, Heiden und so weiter normunwürdige Wesen – kaum als »volle« Menschen kenntlich – angeboten, denen gegenüber dann doch wieder das Gebot mitmenschlicher Achtung außer Kraft gesetzt wurde. Die Frage geht dahin, ob eine auf Gehorsam, untilgbare Sündenschuld und Angst vor der Ächtung gegründete Sozialisierungsform aus sich heraus nicht so beschaffen sein muß, daß sie des Sündenbocks aus innerer Notwendigkeit bedarf, und zwar wegen des unerfüllbaren Ausmaßes an geforderter und erzwungener *Triebverleugnung*, besonders aber keineswegs nur auf sexuellem Gebiet, und wegen der »Erniedrigung« der *Triebhaftigkeit* überhaupt zu einer wesensmäßig schmutzigen, *bösen* Seite des menschlichen Daseins. Wir müssen hier wieder daran erinnern, daß es nicht darauf ankommen kann, theologische Gegenrichtungen gegen diese Triebverketzerung nachzuweisen – das wäre einfach –, sondern darauf, daß diese milderen Auffassungen mindestens in den letzten Jahrhunderten sehr wenig Anteil an der kollektiven *Bewußtseinsbildung* hatten. Für den schmutzigen Trieb bietet sich dann eben das schmutzige »Objekt«, der Sündenbock, der kulturell Mindergeachtete, der unzivilisierte »Wilde«, die »schlechte Frau« und so weiter an. Ein langsam historisch werdendes

Beispiel wird dabei nur zu leicht vergessen: der faule Arbeiter. Der Arbeiter muß faul und dumm sein, sonst könnte die Ausbeutung gegen ihn nicht so gewissenlos, gewissensbefreit vor sich gehen. Und sekundär bleibt dem Arbeiter auch kein anderer Weg offen, als wirklich »faul«, das heißt interesselos zu werden, weil er ausgebeutet wird.

Der Kulturzwang zur bösen Tat

Der Ansatz zu einer zeitentsprechenden Moral läge also in einer Erziehung zur Enthaltung von billiger Triebbefriedigung. Das kann wohl nur erreicht werden, wenn im kollektiven Bewußtsein die Triebkonstitution des Menschen mit weniger Vorurteil gesehen wird und zu ihrer Kultivierung nicht die Mittel der Erniedrigung und Gewalt in erster Linie aufgeboten werden. Außerdem muß es dieser Moral gelingen, die in ihr überlieferte paradoxe Angst vor dem »Wohlstand« (»Armut adelt«) zu überwinden. Sie muß anleiten, den Überfluß sinnvoll handhaben zu können; denn durch die technische Ausrüstung ist es möglich geworden, ihn jedem zu vermitteln, ohne daß lebenswichtige Güter deshalb anderen vorenthalten werden müßten (vorausgesetzt, daß die Wachstumsrate der Weltbevölkerung in Zukunft nicht ihre Ernährungsmöglichkeit übersteigt). Die sinnvollen Verzichte können in der neuen Moral nicht mehr aus der Beschränktheit durch Armut und nicht durch Triebabwertung an sich begründet werden. Da niemand in einer Gesellschaft gelebt hat, die in ihrem Bewußtsein die Änderung der Lebensbedingungen einzuholen vermochte, welche die zweckrationalen Techniken hervorgebracht haben, ist ihre Moralität schwer vorauszusagen. Vermutlich wird sie stärker als bisher auf der Anerkennung der Wirklichkeit des Mitmenschen als Individuum beruhen. Mit anderen Worten: Neben dem *Rollenbewußtsein* wird ein höherer Grad von *Selbstbewußtsein* sozial steuernd wirken. Unvermeidlich wird das Individuum aber die Notwendigkeit der Identitätsentwicklung als Grundlage der Kommunikation anerkennen müssen.

Denn je undurchsichtiger die Rationalität des Zivilisationsprozesses wird, desto weniger helfen »Tabus« und »moralische Anforderungen«, welche die *Triebnatur* des Menschen und seine Fähigkeit zur *Selbstverantwortung* despektierlich einschätzen. Solche Tabus waren in überschaubaren Gruppen praktikabel, wo man ihre Einhaltung erzwingen konnte. Um dem in jedem denkbaren materiellen Überfluß notwendigen Verzicht im mitmenschlichen Dasein unmittelbar, Aug in Auge, Haut an Haut, seinen Sinn zu verleihen: dazu kann im »Dickicht der Städte« nur eine Anweisung zu einer »Hier-und-Jetzt-Humanität« verhelfen. Erreichbar ist das; aber es setzt die genannte Fähigkeit voraus, die Dinge und sich selbst anders sehen zu lernen. Hauptsächlich dadurch, daß das Ich zur Wahrnehmung, zur tatsächlichen Anerkennung der *Triebnatur* erzogen, über ihre Bedürfnisse aufgeklärt wird; daß es auf besserem Fuß mit sich selbst als einem triebhaft bedürftigen Wesen lebt und dies alles auch im anderen anzuerkennen fähig ist.

Freilich ist es einfach, »Zärtlichkeit« zu fordern; es leuchtet ein, daß sie friedvoller ist als »Roheit«. Aber weiß man, wie sie erreichbar wird, und wie steht es dann mit all den Prämien auf Roheit, die gleichzeitig und verführerisch verteilt werden? Seit den Tagen der *Amphiktyonen,* jener kultisch-politischen Verbände, die im frühen Griechenland auf Ritterlichkeit im Kampf, auf Schonung des Gegners sich vereidigten, sind die Versuche einer Fusion der erotischen und der aggressiven Triebkräfte immer wieder von Entmischungsvorgängen vernichtet worden, die ganze Gesellschaften ausgetilgt haben oder das Leben in der Gesellschaft zur Qual machten. »Zärtlichkeit« ist eine prägenitale, eine Frühform der Sexualität; sie muß in der Frühzeit menschlicher Entwicklung gelehrt und gelernt werden. Sie ist die anfängliche Äußerungsform des sexuellen Triebverlangens und damit der primitiven Aggressivität im Entwicklungsgang zugeordnet; beide zusammen ermöglichen diese Aktivität des Kindes.

Erst in dieser Fusion bahnt sich Weltverständnis an, statt bloßem Einfahren bedingter Reflexe. Die frühe Vereinigung beider Triebrichtungen in *einer* Handlung schafft die Erfahrungsgrundlagen dieser in ihrer Stabilität bedrohten Legierung oder Fusion. Sie muß in den Entwicklungsstufen immer wieder neu gefunden und vollzogen werden.

Andererseits ist Triebentmischung ein Anzeichen der gestörten Reifung. Denn *Reifung* heißt fortschreitendes Vermögen zu stabilerer Integration der beiden Grundkomponenten des Triebverlangens in einer wachsenden Zahl von Verhaltensweisen und den ihnen zugrunde liegenden »Einstellungen« und »Urteilen«. Trifft einen der Anteile unter normalen Lebensbedingungen eine scharfe Verzichtforderung, so kann er nicht gelebt, nicht erlebt, sondern muß abgewehrt, verdrängt werden. In gleichsam anonymen Ausgleichsvorgängen schafft die Gesellschaft dann aber sich selbst Situationen, in denen es erlaubt ist, das Verdrängte auszuleben. Die Aggression etwa gegen die Autorität in der eigenen Gruppe wird immer streng geahndet; die gleiche Aggression gegen Autoritäten fremder, feindlicher Gruppen erhält den Lorbeer, wenn sie gelingt. Solche Ausnahmesituationen werden geradezu unvermeidlich, wenn die Gesellschaft zu nachdrücklich zur Verdrängung zwingt und dadurch dem Ich die Möglichkeiten entzieht, Triebregungen zu steuern. Sowohl die primär ungenügend gemischte wie die unter starker Erregung sich entmischende Triebäußerung sind also nicht Ausdruck der natürlichen, angeborenen Bosheit des Menschen, sondern Ausdruck einer *Reifungsstörung* unter dem Einfluß der gesellschaftlichen Bräuche.

Die Zahl der Menschen, die konstitutionell den Kulturanforderungen nicht gewachsen sind, scheint ungleich geringer als die jener, die aus ihrem Sozialschicksal heraus liebesunfähig wurden. Die Lernmöglichkeit im affektiven Bereich – etwa das Erlernen der zärtlichen Verhaltensform und des Wählens dieser Verhaltensform im Umgang mit den Objekten – ist offenbar auf bestimmte frühe Lebensabschnitte beschränkt. Sind diese *Prägungsperioden* ungenützt verstrichen, so ist manches Verhalten, wie uns unsere eigenen Lebenserfahrungen vielfältig zeigen, kaum noch erlernbar. Die Erwartungshaltung den Objekten der Welt gegenüber hat sich in ihren Grundzügen dann so verfestigt, daß fundamentale Korrekturen im Charakter kaum noch gelingen. Vor allem werden sie auch vom Individuum selbst gar nicht erstrebt, weil es sich mit der Weise, in der es sich in die Welt eingelebt hat, identisch fühlt – auch wenn es mit dieser Weise gar nicht in allem zufrieden ist.

Wie diese Vorstufen der *Identität* sich im einzelnen bilden, ist noch keineswegs klar. Aber wir haben doch schon einige Einsicht gewonnen. So wird Zärtlichkeit ursprünglich sicher entscheidend durch das Organ der Haut erfahren. Die Haut ist als »erogene Zone« in den ersten Lebensjahren ein stärkstens erlebnisbesetztes Organ der Kommunikation (Freud nennt sie »die erogene Zone κατ' εξοχην«[5]). Durch sie werden »Lust-« und »Unlusterfahrungen« vermittelt, die für das Kind weitgehend Welterfahrungen schlechthin sind. Auch die zitierten Affenversuche Harlows zeigten diese biologische Funktion aufs eindrücklichste. Grunderfahrungen der Beruhigung, der schützenden Wärme, Nähe und Sicherheit geschehen durch Hautempfindungen. Umgekehrt ebenso die Erfahrungen von Unlust, Schmerz und Isolierung, wenn das Organ bei mangelnder Zuwendung überhaupt nicht oder fühllos »angesprochen« wird. Widerfährt einem Kind durch Hautempfindungen mehr schmerzhafte Unlust als lustvolle Geborgenheit, dann widerspricht die prägende Realerfahrung gröblich den späteren Forderungen nach einem zarten, rücksichtsvollen, »verfeinerten« Sozialverhalten. Die Triebfusion kann dann höchstens andressiert werden und wird in »Konfliktsituationen« leicht zerfallen. Das »feine Benehmen« wird sich als kulturheuchlerische Fassade erweisen.

Die Moralen sind Setzungen für das triebhafte Verhalten; wenn sie seine biologischen Entwicklungsschritte gröblich ignorieren, müssen sie übertreten werden. Damit nicht genug: Die Defizite in den frühen Befriedigungen lassen die später einsetzenden psychischen Prozesse – die bewußten *Ichleistungen* – ohne die elementaren Vorerfahrungen, in denen gegensätzliche Triebstrebungen befriedigend verschmolzen werden konnten. Die so bedingten Entzweiungen im Menschen dann wieder verzweifelt als seine angeborene Schwäche denunzieren zu wollen ist ein Fatalismus, der auf einer irrtümlichen Voraussetzung beruht. Dieser Irrtum aber ist der Grundpfeiler für die These, nur Gewalt halte den Menschen in Ordnung, denn er sei ein rohes Wesen.

Die *Identitätsgefühle* des Menschen sind demnach nicht ein Erstes, Angeborenes. Sie formen sich im Raum der Kultur. Wo die Gruppen- und Gesellschaftsordnung Sinnlichkeit stark abwertet und dies schon den prägenitalen Triebäußerungen gegenüber zeigt, eben weil sie *Aggression* und *Libido* nur an bestimmte Rollenprivilegien gebunden zulassen will – also keinesfalls beim Kind, das sexuell rein und gehorsam zu sein hat, wenn es nicht als früh verderbt, wild und böse gelten soll –, kann auch das erwachsene Individuum seine Trieberfahrungen nur mit vielen Kniffen in sein Identitätsbewußtsein einbeziehen. Für sein Triebverhalten wird der Mensch dann nur schwer die Dauerhaftigkeit des Gedächtnisses erringen. Er hat vor allem von Anfang an, daß heißt schon in der prägenitalen Phase seiner Sexualität, keine angemessenen Handlungsanweisungen für ein von der Gesellschaft gebilligtes Verhalten empfangen, in dem er also seine Triebwünsche so ausdrücken darf, daß sie angenommen und befriedigt werden.

Diese Einbeziehung der Trieberfahrungen in das *Identitätsgefühl* ist es aber, die eine Vereinheitlichung der Persönlichkeit, eine echte Identitätsfindung erst möglich macht, unter den Versuchungen des täglichen Lebens ein Verhalten zu verhindern vermag, das in faktischer Schuld endet, in Mißachtung, Härte, banaler Gemeinheit und Mord »mit gutem Gewissen«. Die Schuldangst vor der *negativ* tabuierten Triebhaftigkeit bereitet diesen destruktiven Tendenzen den Weg. Denn *Verleugnung* der Triebhaftigkeit bewirkt nicht Integration, sondern »Desintegration« der *Identität*, zwingt Triebverlangen auf Umwege; zum Teil mögen es wertvolle sein, zum Teil unvermeidbar die grausamen und gewalttätigen, unter denen die Menschheit leidet. Triebverleugnung läßt es nur zu einer *Partialsozialisierung* des Menschen kommen. Das Nichtsozialisierte ist dann aber – um es noch einmal zu wiederholen – keineswegs das »Natürliche« an ihm, sondern das unter den Kulturzwängen Entstellte.

Triebverleugnung, wie sie weitgehend in unserer Moral erzwungen wird, ist auch nicht identisch mit den kulturnotwendigen Triebverzichten. »Verleugnung« im Sinne des »Nicht sein kann, was nicht sein darf« ist ein infantiler Modus des Umgangs mit der Welt. In den Moralen, wie sie in der Breite gelebt werden, wird der Mensch psychisch infantil gehalten, um ihm den schweren Verzicht leichter abfordern zu können. Es ist mehr als zweifelhaft, ob die Menschheit bei dieser Moral die Krisen der Zukunft meistern wird. Sie ist zu sehr an den Zwang zur bösen Tat gekettet. Wir werden also zeigen müssen, daß eine Moral, die zu einem Anwachsen der Verantwortung im Ich statt zu einem Verharren unter den Geboten im Über-Ich erzieht, vom soziogenetischen Prozeß der Evolution gefordert ist.

Hoffnung gehört zur »Offenheit« des Menschen

Dem Skeptiker, der solchen Gedankengängen entgegenhält, daß »Gewalt« eben doch das einzige probate Mittel einer durchschnittlichen Ordnung sei und eine liebesbewußtere und grausamkeitsbewußtere Kultur nur eine Denkmöglichkeit mit wenig Hoffnung auf Verwirklichung, wird man in der Tat nur eben diese *Hoffnung* als ein *Prinzip*[6] entgegenhalten können. Denn Hoffnung ist die psychische Korrespondenz zu der biologischen Offenheit der menschlichen Natur. Freilich hat auch der Hoffende seine Zweifel, da es durchaus offenbleibt, ob die Stimme der Vernunft auf selbständige Prozesse in der Gesellschaft *gestaltenden* Einfluß nehmen kann (wie etwa auf die zunehmende Arbeitsteiligkeit und die damit verbundene Einschläferung der Verantwortung). Nur wenn wir den anfänglich geäußerten Gedanken beibehalten, daß es zu unseren rationalen Möglichkeiten gehört, zweckmäßige Ordnung mit einem Sinnverständnis der Ordnung zu verbinden, sind wir gegen den »Pseudorationalismus« gefeit, der den Sinn des Daseins kurzerhand mit der gewandten Festigung irgendwelcher und irgendwem dienlicher Herrschaftsverhältnisse erklärt. Andererseits ist die Gesellung der Ohnmächtigen unter dem »Prinzip der Hoffnung« noch immer das Feuer der Geschichte gewesen, von dessen Energie sie angetrieben wurde. Ohnmacht als definitive Hoffnungslosigkeit kann nur in erzwungener Perversion der Gefühle zu einem Schicksal umgedeutet werden, das zu ertragen allein schon dem Ohnmächtigen die Gewißheit der »Größe« verleiht. So zu argumentieren liegt nahe, wo eine in den Frühstadien der Welterfahrung durch Roheit vorgeprägte Vernunft die Prinzipien der Gewalt später einfach verachten möchte. Den Widerspruch, daß Gedanken die Welt bewegen, daß aber gedankenarme Gewalt das gleiche tut, kann man nicht durch einen Rückzug aus der sozialen Welt in »Klöster« irgendwelcher Art schlichten. »Es widerspricht sicherlich gerade in Deutschland tiefsitzenden Selbstverständlichkeiten, aber ein Soziologe kommt nicht um die Einsicht herum, daß Ideen aus sich selbst heraus wenig Chancen haben. Sie brauchen Menschen, die sich für ihre Verbreitung einsetzen, die ihnen bei der Durchsetzung helfen, Menschen, die selbst wieder untereinander diese ihre Wirksamkeit koordinieren. Der bloße literarische Schreib- und Leseverkehr hat dabei eine nur sekundäre Bedeutung. Vorstellungen wie, die Ideen Rousseaus oder Voltaires hätten ›sich in Frankreich verbreitet‹ und hätten schließlich ›zur Revolution geführt‹, sind weltfremd; sie unterstützen den Irrtum, als ob die eigentlich bewegenden Kräfte in der Geschichte die Schriftsteller wären. Man muß stets nach den konkreten Verbänden suchen, die sich die Propagierung von Ideen, ihre Durchsetzung und Demonstration zum Ziel machen.«[7]

Unter den Prinzipien der Gesellung kommt jenes spät, welches von der vernünftigen Einsicht in die Konstitution der menschlichen Existenz ausgehen will. Dabei wird die Geduld nicht wenig beansprucht. Bei der Analyse der Verhältnisse stoßen wir immer wieder auf psychische Abwehrvorgänge gegen infantile Schädigungen, die dauernd nachwirken; etwa auf automatisierte Denkhemmungen und Vorurteilsfixierungen (besonders dort, wo der einzelne sich moralisch gesichert fühlt), denen mit keinem Argument beizukommen ist. Die starren Tabu- und Vorurteilsdressate, welche die jeweilige Gesellschaft einübt, sind wie bei individuellen neurotischen Entwicklungen als kollektive »Kompensationsversuche« gegen jene traumatischen Schädigungen anzusehen, welche diese selbe Gesellschaft im Beginn des Lebens bei ihren Mitgliedern setzt. Unter solchem Dressatzwang lernt das Ich, sich die eigenen Triebregungen in der vielfältigsten Weise entstellt zum Bewußtsein zu bringen, wenn es sich nicht überhaupt darin als Meister zeigt, sie zu verleugnen oder zu verkennen. Das mindert zwar nicht die Spannungen in der Gesellschaft noch die im einzelnen, aber diese Abwehrleistungen sichern leidlich den Vollzug der Lernprozesse im Umgang mit dem »Wissensstoff« und dem »Verhaltensinventar« der Gesellschaft. Von allen Möglichkeiten rationaler Vergewisserung werden dann nur jene sozial anerkannt, die sich gesellschaftlich vorgezeichneten Zielen zuwenden.

Die vielfältigen Glaubensanweisungen aber, in welchen die Gesellschaft ihren Sinn proklamiert, bleiben für die rationale Kritik *tabu*. Die Glaubensinhalte, heißt es, seien mit anderen psychischen Fähigkeiten zu »erfühlen«; sie werden je nachdem mit Seele, Gemüt, Rassen-, National-, Standesgefühl und so weiter umschrieben. Mein Rassen- oder Nationalgefühl, mein religiöses Gefühl schreibt mir dann vor, wie ich mich selbst und wie ich Fremdes wahrzunehmen, zu deuten und zu beurteilen habe, und zwar unbezweifelbar und definitiv. Diese Verschlossenheit gegen abweichende Erfahrungen ist das Anzeichen für die Fortdauer infantiler Abwehrhaltungen gegen die Realität. Die ursprüngliche Unempfindlichkeit von Kindern gegenüber Rassenmerkmalen ist wohlbekannt. Ein ungünstiger Kultureinfluß, der solche Unterschiede als Wertunterschiede betont, »Ekel«, »Angst«, »Haß« mit ihnen verknüpft, kann das Kind leicht dazu bringen, bisher befriedigende Beziehungen zu Rassenfremden von einem gewissen Augenblick an nur noch durch diese Bewertung entstellt erleben zu können. Man muß aber diese Umstimmung unter einem Dressatzwang im Gesamtvollzug der Erziehung sehen. Sie kann nur dort ihre unheilvolle Festigkeit erlangen, wo harte, verständnislose Repressionen das Triebleben überhaupt treffen; wo also humane Freundlichkeit Aug in Auge, Haut an Haut etwas Unbekanntes oder rasch Verwischbares bleibt. Solche Erfahrungen haben – wie wir sahen – ihren definitiven Einfluß, wenn sie in die umschriebene »Prägungszeit« fallen; Gläubigkeiten und Aberglauben, Vorurteile und mancher nicht mehr auflösbare Charakterzug stammen aus dieser Zeit. Sie sind die psychische Antwort auf einen Druck von außen, und zwar die Antwort mit den typischen Mitteln eines »seelischen Apparates«, der noch nicht zu seiner vollen Differenzierung gekommen ist, der aber doch mit dem, was ihm zur Verfügung steht, das Gleichgewicht zwischen den Ansprüchen von innen und denen von außen zu halten bestrebt ist. Ist die Schicksalslage ungünstig, dann kommt freilich die Offenheit der menschlichen Natur später nicht mehr zum Zuge und bleibt das »Prinzip Hoffnung« auf vage, irreale Phantasien beschränkt, bleibt der Ausschnitt aus der Wirklichkeit, der zur Orientierung des Verhaltens dienen kann, schmal. Er ist auf die Wahrnehmung des kollektiv Vorgezeigten eingeengt. Auch die »Hoffnung« ist dann domestiziert, unverbindlich.

V Exkurs über die Triebdynamik

Triebverlangen und Schuldangst

Das Wort »Trieb« ist ein *modus operandi,* der für die Erkenntnis vieler Lebensäußerungen kaum entbehrlich, jedenfalls bisher nicht durch einen besseren ersetzt ist. Für uns ist er wie die Einführung der Null oder anderer mathematischer Symbole ein Hilfsmittel der Arbeit, die man ohne solche Chiffren nicht oder nur auf umständlichen Umwegen zu leisten vermag. Das gleiche gilt für einige andere im folgenden verwendeten Begriffe wie »Reiz«, »innerer Reiz«, »Reizquelle«.

An uns selbst und an anderen können wir *Gestimmtheit* und *gestimmtes Handeln* beobachten. Von dieser Beobachtung schließen wir auf eine Reizquelle, die wir »Trieb« nennen. *Triebbestimmtes* Verlangen und Realität – gewährend oder versagend – erzeugen die »Gestimmtheit«.

Die Triebe selbst sind, wie die meisten unserer organischen Prozesse, für unsere Selbstwahrnehmung unerkennbar. Freud hat eine Reihe von Merkmalen am Triebgeschehen beschrieben, die für das Verständnis menschlichen Verhaltens von so grundsätzlicher Bedeutung sind, daß wir das für unsere Überlegungen Wichtigste wenigstens gerafft darstellen wollen.

Wir unterscheiden *Triebquelle, Triebobjekt* und *Triebziel.* Als Triebquelle sind biologische Vorgänge im Organismus anzusehen. Eine Reihe von somatischen Prozessen wird seelisch als Reiz erlebt. Diese Repräsentation eines biologischen Geschehens im Psychischen ist das, was in der psychoanalytischen Theorie als »Trieb« bezeichnet wird. Er ist charakterisiert durch seine »Herkunft von Reizquellen im Inneren des Organismus«, durch sein »Auftreten als konstante Kraft«; damit erlangt er für das Individuum eine »Unbezwingbarkeit durch Fluchtreaktionen«[1]. Das Dranghafte der Triebäußerung, die Unmöglichkeit, diesem Erlebnis auszuweichen, vielmehr die Notwendigkeit, im Drang Leben verwirklichen zu müssen, ist damit als das entscheidende Merkmal an der Dynamik des Triebgeschehens gekennzeichnet.

Nun gibt es keinen »blinden« Instinkt, wie er im Sprachgebrauch lebt. Das Adjektiv »blind« bezeichnet nur die verzweifelte, dranghafte Suche nach dem geeigneten Objekt in der Welt, das dem Drang erlauben würde, ein befriedigendes Ziel zu erreichen, nämlich »Aufhebung des Reizzustandes an der Triebquelle«. Somit ist ein Trieb, der sich psychisch als Erlebnis des Mangels, als Unlust bemerkbar macht, nicht ohne ein Objekt denkbar, das den Mangel befriedigend beheben kann, ebensowenig wie wir etwa einen Wunsch ohne Suche nach Inhalten verspüren können. Natürlich kann das angemessene Objekt eines Triebes im Lauf der psychischen Entwicklung für das Bewußtsein verlorengehen, zum Beispiel verdrängt, verleugnet werden. »Es gibt Triebe, die subjektiv ein Bedürfnis ausdrücken, aber nicht das Bewußtwerden der Gegenstände einschließen, die geeignet sind, sie zu befriedigen.«[2]

Das tierische Verhalten ist mehr oder weniger *objektfixiert* und *verhaltensritualisiert.* Der Zwang organischer Bedürfnisse, die zum Beispiel als Hunger erlebt werden, setzt die Suche nach dem Objekt in Gang, und zwar verhält sich das Tier dabei *artspezifisch;* es sucht nach den Objekten, von denen es nach eingeborener Kenntnis weiß, daß sie seinen Hunger zu befriedigen vermögen. Es herrscht also strengste Objektbindung und ein festgelegtes Verhalten bei der Objektsuche. Die angeborene *Merkmalkenntnis* für die Außenwelt bestimmt überhaupt das Bild der relevanten Welt, die damit Umwelt wird. Bestimmte Farben (etwa des Sperrachens) oder akustische Signale, bestimmte gestalthafte Konfigurationen (etwa die Federstellung am Kopf des Elterntieres) oder Bewegungsgestalten (etwa Balzverhalten) wirken als »Auslöser«; das heißt, diese Merkmale setzen ein für eine Art charakteristisches Verhalten in Gang, mit dem das Tier im Umgang mit dem Objekt seine Triebspannung befriedigt. Im sozialen Kontakt ist es diese Gegenseitigkeit, in der Merkmale des einen für den anderen das befriedigende Objekt signalisieren.

So komplex in vielen Fällen beim Menschen dieser Vorgang verlaufen mag, in wie sublimen Formen sich »Triebspannung« oder »-befriedigung«, »Enttäuschung« bekunden mögen, die primitiven Äußerungen des Sozialkontaktes, etwa die Nutzung des Sexualpartners ohne »Ansehen der Person«, zeigen, daß der Struktur nach für den Menschen die gleiche Lebensgesetzlichkeit gilt, wie sie anderen Organismen innewohnt. Das Besondere der menschlichen Konstitution ist einmal die Auflockerung der Beziehung zu Triebobjekten – es können zum Beispiel Ersatzobjekte an die Stelle der ursprünglichen treten; zum anderen die weitgehende Rückdrängung arteigentümlicher sozialer Verhaltensweisen und ihre Ersetzung durch wandelbare *kulturspezifische* Verhaltensmuster; schließlich die außerordentliche Erweiterung der Lernfähigkeit. Bei alledem handelt es sich um einen Bedingungszirkel; es ist uns unmöglich zu sagen, welche Entwicklungsschritte das Geschehen eingeleitet haben. Die Progression durch Lernen schreitet weiter; die menschlichen Kulturen in ihrem gegenwärtigen Zustand verlangen eine Unter- und Einordnung des biologisch anonymen Triebgeschehens in eine *Umwelt*, die den anfänglichen Lebensformen der Menschheit sehr unähnlich geworden ist.

Das Triebziel ist entspannende Befriedigung. Die biologische Triebstruktur, die auf zeitlich rasche Verminderung der Spannung drängt, trifft jedoch auf die Konkurrenz anderer seelischer Leistungsweisen, und zwar der *Ichleistungen* und *Über-Ich-Forderungen*, die wiederum untereinander konkurrieren. Sie unterliegen einem anderen Entspannungsrhythmus und sind der Gegenspieler bei der Regulierung des Triebgeschehens; ohne die kritische Kraft des Ichs ist Anpassung an unsere vielschichtige Sozialwelt nur sehr beschränkt möglich und für das Schicksal des einzelnen wie seiner Gruppe mehr und mehr gefährlich. Das lange Gedächtnis, das die Kulturen für ihre großen Liebenden, Helden, Weisen bewahren, die Hochschätzung ihres Wesens und Schicksals in den Dichtungen der Völker ist ein sinnfälliger Beleg dafür, daß die Vereinigung von triebgelenktem Verhalten – egoistischer Art – mit einem Verhalten, das dem anderen und den Idealen der jeweiligen Kultur genügt, nicht leicht gelingt.

Der *Moderator* des Triebverlangens ist, je weiter sich ein Kulturterritorium gegen die natürlichen Gefahren zu sichern versteht, nicht mehr »Realangst«, sondern überwiegend »Schuldangst«, das heißt die Angst vor Verletzung der gesetzten Wertnormen dieser Kultur. Im Lauf der Geschichte waren es sehr verschiedene Inhalte, die Schuldangst erweckten. In den Frühkulturen – mit Spuren bis in die eigene gegenwärtige Kultur hinein – ist sie als Angst vor

Göttern und Dämonen naturnahe; Rituale und Tabus sind Sühne für Verstöße gegen das Territorium von Naturgöttern, die mit Naturereignissen strafen. »Schuldangst« und »magisches Denken« gehören insgesamt der magischen Kosmologie an. Die Schuldangst des modernen Menschen enthält ein viel breiteres Spektrum der Mißbilligung durch Mitmenschen und ihres Liebes- und Achtungsentzuges; es wird nur noch in der Ferne mit der Götterstrafe gerechnet. »Wenn das Ich seine Schwächen einbekennen muß, bricht es in Angst aus, Realangst vor der Außenwelt, Gewissensangst vor dem Über-Ich, neurotische Angst vor der Stärke der Leidenschaften im Es.«[3] Die Nachbarschaft der »Gewissensangst« mit der neurotischen ist dadurch bedingt, daß beide dem Durchbruch von Triebkräften wehren wollen, die im Rahmen der Gesellschaft scheinbar zerstörend wirken müßten; denn die »neurotische Angst« hält an den Kontrasten der infantilen Erlebnisse fest. Die Größenrelation vom Kind zum Erwachsenen und zur Fremdwelt ist einerseits erdrückend, andererseits spiegeln sich die Allmachtsphantasien in der gewaltigen Überschätzung der eigenen Triebmächte, denen im Schulderleben geradezu weltvernichtende Kraft zugetraut wird.

In der Schuldangst ist ein Sozialproblem ersten Ranges enthalten. Die Frage lautet, ob man prinzipiell und dauernd durch Weckung von Schuldgefühlen erzieht, oder nur in bestimmten Phasen der Entwicklung und bei realen Anlässen; ob also Schuldangst als ein intermediär in Gang gesetztes oder ein definitives Sozialisierungsprinzip behandelt wird. Einsicht in die wahren Notwendigkeiten mindert Angst in jedem Fall. Das Verhältnis von »Angst« und »angstfreier Einsicht« zeigt den Entwicklungszustand der Mitglieder einer Gesellschaft an, den jeweiligen Fortschritt von der Unterwerfung unter *ichfremde* »Über-Ich-Gebote« (und passiver Hinnahme faktischer Herrschaftsverhältnisse) zu einsichtigem Verhalten gegen die eigenen Triebansprüche wie gegen die sozialen Beschränkungen, die nun freilich ihrerseits einer ungehemmten Befragung unterworfen werden.

Erstarrungsformen

Die biologischen Prozesse wirken als dauernde Reizquelle. Sie durchlaufen die Phase der Befriedigung, auf die ein neues Gestimmtwerden durch Bedürfnis folgt. Erst wenn diese organischen Prozesse erlöschen, zum Beispiel im Zyklus der Hormonausschüttungen, verschwindet die innere Reizquelle und die ihr zugehörige Objektsuche.

Die Intensität des Dranges zeigt sich in der Unruhe, in welche er das Individuum zu versetzen vermag. Das »Maß der Arbeitsanforderung«, das er stellt, ist auf das Ziel gerichtet, »den Reizzustand an der Triebquelle« aufzuheben[4]. Im Verhalten des Menschen ist deutlich zu erkennen, daß die Fixierung des Triebes, diese »besonders innige Bindung an das Objekt«, lockerer geworden ist. Das setzt ihn instand, Objekte zu finden, die einer ursprünglichen Triebbefriedigung sehr fremd sind. Er findet sie mit Hilfe der Ichfunktionen (dem im Lernen sich organisierenden Neugierverhalten). Sie ermöglichen ihm die Orientierung in der kulturellen Symbolwelt. Die »Beweglichkeit«, die das *triebhaft* bestimmte Verhalten damit erlangen konnte, ist die funktionelle Voraussetzung jeder höheren geistigen Entwicklung.

Tritt aus individuell erlebten traumatischen Erfahrungen eine frühe und allzu strenge Fixierung eines Triebverhaltens an ein gefundenes Objekt ein, dann ist damit der weitere Lernvorgang für diesen Bereich der Erfahrung abgeschnitten. Der Fetischist, der Hörige im Bereich sexueller Triebhaftigkeit, der Monomane in der Ausrichtung seiner aggressiven Impulse – »Die Juden sind an allem schuld« – sind leicht erkennbare Beispiele. Die Wiederholung des gleichen tritt an die Stelle des kulturell für die Reifungsperiode gewünschten Aufgebens alter und des Neusuchens befriedigender Objekte. Bleibt diese Suchbewegung aus, so ist damit die neurotische Fehlentwicklung, das Abirren in eine Sackgasse der Genügsamkeit, bezeichnet.

Es fällt nicht schwer, die Züge dieser zu früh die Entwicklung blockierenden Fixierung auf befriedigende Objekte auch im Stil der jeweiligen Kulturen wiederzufinden. In solcher Fixierung wird der einzelne in seinem Gruppenstil zum Beispiel auf ein Autoritätsbild geprägt, dem lebenslang die Züge einer kindlichen Sicht auf den leiblich und geistig überlegenen Vater anhaften werden. Diese Einstellung kann nur gegen die Konformität des Verhaltens der Mehrheit korrigiert werden. Derartige Fixierungen gehören zur Mannigfaltigkeit kollektiver Lebensformen; vom Innern einer Gruppe her betrachtet, empfinden wir sie als »normal«, als selbstverständlich. Erst dort, wo Überlegenheit – worin immer sie bestehen mag – auch dann Anerkennung findet, wenn sie *inter pares* erlebt wird, wenn sie nicht infantil gebliebene Verhaltensschemata wie *Unterwerfung* oder *Rebellion* auslöst, haben wir Grund, anzunehmen, daß im Gruppenstil diese Fixierung auf ein infantiles Autoritätsschema vermieden werden konnte.

Die infantile Festigung von sozialen Verhaltensweisen, so daß sie ein für allemal »sitzen«, ist ein weitverbreitetes Erziehungsideal. Die Erzieher, die sich dieser Methode bedienen, berufen sich dabei auf das Argument, daß Klugheit im Sinne von selbständiger Orientierungsfähigkeit den meisten Menschen mangele. Dieser Schluß ist nicht stichhaltig, denn er geht vom Zustand aus, wie er gegenwärtig ist. Man muß jedoch zuerst die Entstehung der Verhaltensmuster untersuchen und fragen, ob bei ihrer Einübung – ohne heroische Anstrengung vom einzelnen zu verlangen – der Weg zur Reflexion, zur wägenden Überlegung offengelassen wird. Oder baut die Erziehung auf der Maxime auf, daß Autorität eine Einrichtung der Welt ist, an die das Ich Fragen zu stellen nicht befugt sei? Trifft das letztere als immanentes Prinzip der Sozialordnung zu – wie es auch ideologisch zu rechtfertigen versucht werden mag –, dann darf man sich nicht wundern, wenn aus natürlicherweise neugierigen Kindern keine klugen Erwachsenen werden.

Die Möglichkeit, überlegenes Wissen, hervorragende Leistung nicht in untergründiger Verbindung mit alten Phantasiegehalten verknüpfen zu müssen, sondern aus der aktuellen Situation begreifen und daneben einkalkulieren zu können, daß der in einer bestimmten Aufgabe Überlegene nicht überall überlegen sein kann, nicht blinde Anerkennung fordern darf, nicht zuletzt, daß auch der Unterlegene in der sozial untergeordneten Rolle eine der Rücksichtnahme würdige Erscheinung bleibt – diese relative Erniedrigung der Autorität ist alles andere als respektlose Nivellierung. Zwei Entwicklungen haben zusammengewirkt: der Evolutionsschritt einer Lockerung der triebhaften Bindungen an die Objekte und der weitere Schritt der Reifung, in dem die kindlichen Vorbildfiguren nicht unzulänglich im Über-Ich weiter wirkend belassen, sondern vom kritischen, einsichtigen Ich der Prüfung unterworfen werden. Das hat nicht nur Freiheit von diesen alten Fesseln, sondern ebenso die Notwendigkeit gebracht, angemessene neue soziale Formen und Verpflichtungen zu finden. In psychologischer Einschätzung erscheinen bisher die Intelligenzleistungen, denen wir das kulturelle Inventar verdanken, ungleich besser entwickelt als die Intelligenzleistungen, die sich auf die Sozialisierung des affektiven Menschen, auf die soziale Erzeugung einer Affekt- oder Gemütsverfassung richten. Die erschreckende Begegnung mit seiner Triebnatur hat nachhaltiger als alle Schrecken der Welt sonst seine Ichfähigkeiten gelähmt.

Die Abwehrleistung gegen diesen Schrecken ist die Einübung in Gewohnheiten, welche die Erziehung besorgt. Im Gewohnten erlischt meist die Frage. Insbesondere auch die Frage nach der Herkunft der Gewohnheit selbst. Aber Selbstverständnis aus der Gewohnheit ist trügerisch, denn Gewohnheit verdeckt die Unlust ihres Zustandekommens. Das ist ihre ökonomische Ersparnis, unter Umständen aber auch ihre fatale Intelligenzlosigkeit. Die Analyse der Rituale bis hin zum neurotischen Zwang kann uns zeigen, welches Gleichgewichtssystem zwischen den *aggressiven* und *libidinösen* Triebansprüchen und den integrativen Kräften des Psychischen (Über-Ich und Ich) erreicht wurde; brutaler formuliert: auf wessen Kosten die Gewohnheit geht und wie hoch diese Kosten sind.

Kollektiv geübte Gewohnheiten der sozialen Regulation sind das Gegenbild zur angeborenen instinktiven Handlungsanweisung. Für die wissenschaftliche *Sozialpsychologie* ist es wichtig zu erkennen, welche Praktiken, welche Begleitumstände diese erlernten Objektbeziehungen in unkorrigierbaren Gewohnheiten erstarren lassen. Am Ziel seiner Reifung beruhigt sich das Individuum ohnehin, nachdem es vorübergehend in der Entwicklung Objektbindungen aufgegeben hat, bei endgültigen Objektbeziehungen und bei einer Wiederholung des gleichen in vielen Verhaltensbereichen. Es kann also nur darum gehen, den Grad der Beweglichkeit elastischer und die Gleichgewichtslage zwischen Triebobjekt und Realitätsprüfung für neue Erfahrungen offenzuhalten. Damit tritt der Anspruch auf wissenschaftliche Prüfung der praktischen, »erprobten« Methoden der Erziehung und erzieherischen Frühindoktrinierung in die Machtsphäre der ältesten sozialen Institutionen ein, der Kirchen, soweit sie Erziehungsanstalten sind, und der Schule, soweit sie noch die Tendenzen zur Heranbildung von Untertanen nicht überwunden hat. Denn diese Einrichtungen vermitteln Tradition nicht vorwiegend als Wissensgrundlage, sondern vollziehen unausgesprochen die affektive Formung des Menschen auf den Gebrauch dieses Wissens hin. Institutionen – wie etwa die Katholische Kirche und die ihr in der Erziehungspraxis so verwandte russische Pädagogik – wissen, daß man sich so früh wie möglich, also in der günstigsten Prägungszeit, des Menschen annehmen muß, um diese absolute Bindung eines »Gefühls-Gehorsams« an das vermittelte Wissen zu erlangen. Die Tendenzen einer Erziehung zur Einsicht sind insofern dieser Erziehungspraxis konträr, als sie die Erweckung von Schuldangst, soweit es uns möglich ist, in der Führung des Kindes zu meiden suchen. Die affektive Zuwendung läuft nicht auf eine Besitznahme des Kindes hinaus, sondern auf die Freilassung zu eigener Initiative. Die Aufklärung – das heißt solche Anwendung der kritischen Intelligenz auf den Menschen selbst – kann freilich für sich beanspruchen, daß ihre Arbeit an den Quellen der Angst nicht ohne Einfluß auf diese Institutionen geblieben ist. Aber die Kulturarbeit, welche unsere Epoche zu leisten hat, wird noch lange von dieser Auseinandersetzung bestimmt bleiben.

Triebverschränkung

In dieser Skizzierung einiger Fundamente einer allgemeinen *Triebtheorie* ist als nächstes ein Vorgang zu erwähnen, den wir nach Alfred Adler *Triebverschränkung* nennen. Das nämliche Objekt dient gleichzeitig mehreren Triebwünschen als Ziel. Auch in der Tierwelt sind solche Vorgänge zu sehen. Etwa in der Futtersuche des Altvogels für seine Nestlinge. Hier ist das dranghafte Verhalten der Selbsterhaltung, das sich in der Futtersuche kundgibt, mit Pflegeinstinkten verknüpft und in deren Dienst gestellt. Instinkthandlungen, die der Arterhaltung dienen (das Füttern des Jungvogels), verschränken sich über ein Stück Weges hin mit Regungen der Selbsterhaltung des Individuums. Das auf Futtersuche befindliche Elterntier folgt seinem Hungerbedürfnis, aber die Triebbefriedigung wird dann von einem anderen Drang teilweise gehemmt, das Tier frißt das gefundene Futter nicht, sondern bringt einen großen Teil davon den Jungen. Diese Triebhandlung ist aktuell die übergeordnete.

Beim Menschen bewirkt eine Vielzahl erlernter kultureller Verhaltensmuster solche Hemmungen der unmittelbaren Triebbefriedigung. Entsprechend sind es nicht mehr einfache Richtungskonflikte der Triebhaftigkeit, die wir beobachten, sondern Konflikte zwischen mehr oder weniger differenzierten seelischen Organisationsbereichen, in denen sich Triebenergien strukturieren. Die Mutter, die ihrem Kind Nahrung gibt, obgleich sie selbst Hunger verspürt, tut dies nicht aus einem Verhaltenszwang heraus, der die Bewußtseinsebene nicht erreicht und deshalb keine Alternative kennt, sondern in Überwindung der Konflikte zwischen eigenem Bedürfnis und Gewissenspflicht. Letztere knüpft sicher an Residuen angeborener Verhaltensschemata an, hat sich aber erst lernend gefestigt. Da aber die menschliche Kindheit lange währt und voll von Situationen ist, in deren Bewältigung das Gewissen keineswegs automatisch funktioniert, sondern in Unentschiedenheit ein Entschluß zu fassen ist, gibt es eine Fülle von Entscheidungen in subjektiver Freiheit. Es mag im einen Fall eine für das Kind erträgliche Zumutung sein, wenn die Eltern ein paar Stunden weggehen (wenn »Urvertrauen« das »Urmißtrauen« überwiegt); im gegenteiligen Fall wird »Verlassenheitsangst« heraufbeschworen, die traumatische Spuren hinterläßt. Der zugrunde liegende Konflikt zwischen Triebbedürfnissen, die der eigenen Person gelten, und solchen, die das Kind berücksichtigen, und ihre mangelhafte Verschränkung ist dann leicht aufzufinden. Überängstlichkeit und Unempfindlichkeit für das kindliche Erleben sind die zwei Extreme, die uns zeigen, wie schwer Triebverschränkung zu erreichen ist.

Triebfeindlichkeit

Einer der entscheidend wichtigen Beiträge der Psychoanalyse zur *Triebtheorie* war die Entdeckung der die biologische Reifung begleitenden *Triebentwicklung*. Wenn wir also von »Triebbefriedigung« sprechen, müssen wir das auf den jeweiligen Reifungsgrad bezogen denken. Dabei fällt besonders ins Auge, wie unterschiedlich es uns bisher gelungen ist, über die *libidinöse* und die *aggressive* Triebreifung Klarheit zu gewinnen. Die gegenwärtige Theorie bietet jedenfalls vorerst nur ein differenziertes Entwicklungsschema für die Reifungsstadien der Sexualität mit ihren *prägenitalen* Phasen – der *oralen, analen* und *phallischen* Dominanz – und dem schließlichen Einmünden in die *genitale* Sexualität. Es sei dabei erinnert, daß Begriffe wie »Oralität« in hohem Grade *termini technici* sind, die es hier nicht zu erläutern gilt. Sie benennen eine für ein bestimmtes Alter charakteristische Form der *libidinösen* Triebbefriedigung, indem sie das jeweilige Organ, das diese Befriedigung vornehmlich vermittelt, als *pars pro toto* hervorheben. »Orale Phase« heißt also nicht, daß Befriedigung lustvoller Art nur durch den Mund, sondern daß sie dominant durch den Mund erfahren wird. Zur »oralen Phase« gehört die Gesamtphysiologie des knappen ersten Lebensjahres, die hohe Empfindlichkeit der Hautwahrnehmung als eines Kontaktorganes, Geruchssignale, Gehörseindrücke, das verfließende, jedenfalls noch nicht scharf begrenzte Körperschema, globale, undifferenzierte motorische Mitbeteiligung im Affektausdruck und vieles mehr.

Eine ähnlich differenzierte Entwicklungsschematik für den aggressiven Triebanteil besteht nicht. Er erscheint nach der Definition an den Bereich der Willkürmuskulatur geknüpft; seine Reifung schreitet gleichmäßig ohne den *erogenen Zonen* vergleichbare Vorzugsbereiche fort. Die noch treffendste Unterscheidung ist die zwischen archaischem, das heißt ungekonntem, dem Gegenstand unangemessenem Zugriff und der gesteuerten, gekonnten Aktivität.

Dabei bleibt grundsätzlich zu bedenken, daß diese Schematik eine Orientierungshilfe bieten soll und keine Realitätsbeschreibung darstellt. In der Wirklichkeit treten beide Triebanteile gemeinsam in Erscheinung und fließen im Verhalten zusammen. Dabei kann (und muß) ein *libidinöser* Triebimpuls sich der aggressiven Fähigkeiten bedienen, wie auch andrerseits aggressive Impulse »Libido« an sich zu reißen vermögen.

Wichtig wird die theoretische Unterscheidung vor allem im Hinblick auf die Empfindungen. An ihnen können wir sehr wohl entdecken, welche Impulsquelle die führende ist – sowohl in der Empfindung, die man (in einer mitmenschlichen Situation) von sich selbst hat, wie in den Empfindungen, die das Verhalten anderer in uns hervorruft.

Von diesen Wahrnehmungen und Empfindungen haben wir auch für unsere Überlegungen auszugehen. Auf sie und nicht auf den abstrakten Begriff »Trieb« richten sich die erzieherischen Praktiken; an den »erogenen Zonen«, an den motorischen Äußerungen spielen sich die Realerfahrungen im Kontakt mit der Mitwelt ab. Diese starken Gefühlseindrücke schaffen das eigene Körperbild wie das soziale Weltbild eines Menschen; sie legen – wie weit seine Entwicklung, sein Können ihn von den Schauplätzen des Lebensbeginns wegführen mögen – die Erwartungshaltung in neuen Begegnungen, die Grundstimmung, das körpernahe Selbstwert- oder Selbstunwertgefühl für immer fest. Von den Geschehnissen während der Triebreifung wird der Aufbau des organisierenden Bereiches des Seelischen, der Aufbau des Ichs, in jedem Augenblick mit beeinflußt.

Um das zärtliche Verhalten als Beispiel zu nehmen: Wo es kulturell minder geachtet wird, unterbleibt eine Form der Triebbefriedigung, in der *aggressive* Triebwünsche von *libidinösen* gemildert werden und eine ganz bestimmte, eben die zärtliche Äußerungsform annehmen[5]. Es entfällt damit aber ebenso die Icherfahrung, die aggressive und sexuelle Regungen bremsen und in einer neuen Verhaltensgestalt – der Zärtlichkeit – vereinen kann. Weil die Erinnerungsspuren dieser Leistung fehlen, kann später in Situationen, die ein solches Verhalten nahelegen würden, auf sie nicht zurückgegriffen werden. Je intensiver diese Neigungen in der Kindheit verdrängt werden mußten, je stärker die Reaktionsbildung dagegen ist – zum Beispiel Abscheu vor Weichlichkeit –, desto weniger können zärtliche Gefühle später erlernt, überhaupt erlebt, geschweige denn kundgegeben werden. Es ist ein häufiges Mißverständnis, zu glauben, »Gefühle« und »Gefühlsausdruck« stünden in einem Bedingungszusammenhang, erst entstehe ein Gefühl und dann werde es geäußert. Die Einheit ist eine viel engere. Ohne einen vorgeprägten Handlungsentwurf, ein inneres Handlungsschema können viele unserer differenzierten Gefühle gar nicht in dieser feineren Unterschiedlichkeit empfunden werden. Gefühl ist immer zugleich auch Gehaben oder wenigstens ein innerer phantasierter Vollzug des Gefühls.

Die Formung der zu den Triebimpulsen gehörenden Gefühle in sozialem Gehaben will früh erfahren sein, um später gekonnt zu werden. Auf der Basis solcher primärer Identifizierungen werden die Triebforderungen dann mehr und mehr auch in der Einflußsphäre bewußtseinsnaher seelischer Kräfte gestaltet. Es werden neue Äußerungsformen geschaffen, die neben der unmittelbaren *Triebbefriedigung* auch eine *Ichbefriedigung* gestatten. Das gilt natürlich nicht nur von den Lust vermittelnden Erfahrungen, sondern ebenso von den »spartanischen Tugenden« der Schmerz- und Angstbewältigung, wobei das Ich die natürlichen Fluchtreaktionen aus der Unlust verursachenden Situation verhindert. Es wäre aber eine Überschätzung dieser Ichleistungen, sie dem Triebgeschehen einfach überzuordnen und dem Glauben anzuhängen, das Ich könne sehr frei über der Triebwelt schalten und walten. Das ist *in nuce* der Irrtum jeder idealisierenden Verklärung des Menschen (die in Tat und Wahrheit mit dem Abwehrmechanismus der Verleugnung arbeitet). In Abwandlung des Kantischen Satzes »Begriffe ohne Anschauung sind leer« kann man sagen: Ein Ich ohne die Erfahrung der im Selbst wirkenden *libidinösen* und *aggressiven* Triebregungen (und ihres speziellen Gehabens) wäre leer; Triebimpulse schaffen erst die Verbindung zur Welt und lassen zugleich das Ich sich selbst erfahrbar werden. Die Bändigung des Triebanspruchs durch das Ich ist ein Vorgang, in dem kontinuierlich darum gerungen wird, welche der seelischen »Instanzen« aktuell die Führung übernimmt. Nur in seltenen Augenblicken wird man finden, »daß der Trieb ganz in die Harmonie des Ichs aufgenommen, allen Beeinflussungen durch andere Strebungen im Ich zugänglich, nicht mehr seine eigenen Wege zur Befriedigung geht«[6]. Viel häufiger muß sich das Ich, wie wir an unseren Beispielen erkennen können, der Triebwünsche durch Ausschließung erwehren. Um einen sozialpolitischen Vergleich zu wählen: Es unterdrückt Minderheitswünsche, oder es überspielt sogar mit taktischem Geschick sehr machtvolle Strömungen – wie es umgekehrt diesen primär egoistischen Strebungen den Mantel idealer Absichten umhängen kann.

In unserer Kultur wird die Abwehrtaktik des Ichs stark gefördert. Das mag mit einer langen Kulturgeschichte der Triebfeindlichkeit gegen libidinöse, speziell gegen genital sexuelle Regungen zusammenhängen. Ihr letzter Gipfel war die viktorianisch-bürgerliche Sexualmoral bis zum Ersten Weltkrieg. Mit dem Zusammenbruch der bürgerlichen Vormachtstellung in der Gesellschaft ist diese zwischen Verleugnung der Sexualität und Roheit ihrer Befriedigung schwankende Moral zusammengebrochen. Das hat zu einer Befreiung von Tabus geführt, die viel Muffigkeit gelüftet hat. Was folgte, war aber keineswegs gekonnte Beherrschung eines Triebanteils, sondern vorerst tiefe Ratlosigkeit und ein Rückzug von den Objektbesetzungen, der sich in der Flüchtigkeit und Wahllosigkeit der erotischen Kontakte bekundet. Tieferliegend wirken aber »Über-Ich-Fragmente« aus der langen Tradition weiter, von denen der sexuellen Freude, als humaner Möglichkeit, das schlechte Gewissen, ein totales Sündenbewußtsein entgegengehalten wird. Totales Sündenbewußtsein soll heißen, daß die Sexualität als die Wurzel des Bösen, Dämonischen im Menschen gilt und deshalb zu meiden ist. Tabus mit solchem Anspruch verhindern, daß ein ganzer Bereich der Person *ichnahe* erlebt werden darf. Alle Merkmale sexueller Notlage und Verirrung werden dann mit Schrecken und Abscheu beantwortet. Es ist von hohem Interesse, zu sehen, daß unsere Kultur eine vergleichbar heftige Ekelschranke gegen die abartigsten Äußerungen des Aggressionstriebes nicht besitzt. Man bedenke, zu welcher rücksichtslosen Strenge im Urteil unsere Gesellschaft sexuellen Perversionen gegenüber bereit ist und wieviel Entschuldigungen bei politisch-ideologisch begründeten Untaten größten Ausmaßes geltend gemacht und akzeptiert werden.

Das Wort »Triebfeindlichkeit« sollte allerdings nicht überall dort schlagwortartig verwendet werden, wo die Kultur Triebeinschränkungen fordert, denn sie kann immerhin den humanen Ausweg der *Sublimierung* anbieten. »Verdrängungsneigung« einerseits und »Sublimierungsfähigkeit« andererseits nennt Freud einmal – in seiner Studie über Leonardo – »die organische Grundlage des Charakters, über welche erst sich das seelische Gebäude erhebt«[7]. »Sublimierungsfähigkeit« meint, daß wir unter dem Einfluß der *Ichfunktionen* das Triebverlangen auf Objekte ablenken können, die dem Triebwunsch ursprünglich fremd waren, denen aber nun durch die Vermittlung des Ichs Lust abgewonnen werden kann. Für dieses Stück der Harmonisierung des Es und des Ichs können wir von

»Ichbefriedigung« sprechen. Aus den Vorgängen der *Verdrängung* und *Sublimierung* hat sich die Kultur der Menschen so unterschiedlich von allen Staatenbildungen des Tierreichs entwickelt. »Die Beobachtung des täglichen Lebens der Menschen zeigt uns, daß es den meisten gelingt, ganz ansehnliche Anteile ihrer sexuellen Triebkräfte auf ihre Berufstätigkeit zu leiten. Der Sexualtrieb eignet sich ganz besonders dazu, solche Beiträge abzugeben, da er mit der Fähigkeit der Sublimierung begabt, das heißt imstande ist, sein nächstes Ziel gegen andere, eventuell höher gewertete und nichtsexuelle Ziele zu vertauschen.«[8] Diese Anforderung, ursprüngliche gegen kulturspezifische Befriedigungen auszutauschen, wird also jede Kultur, insbesondere eine Kultur hoher Spezialisierung, an ihre Mitglieder stellen müssen. Wegen dieses Anspruches kann sie aber nicht schon als triebfeindlich bezeichnet werden. Die Verzichte in der Triebgestaltung sind graduell verschieden von denen, die eine triebfeindliche Gesellschaftsordnung abfordert. Triebfeindlichkeit kann man dort beobachten, wo der gesamte Bereich einer Triebäußerung negativ bewertet und auch der Kern primärer Befriedigungswünsche – etwa die sexuelle Lust – von dieser Einschätzung betroffen ist, so daß auch die Zeugung nur schlechten Gewissens vollzogen werden kann.

Konservativismen

»Sublimierung« ist ihrem Wesen nach eine Leistung der *Ichorganisation.* Sie ist eine Abwehr gegen den Anspruch des Es, daß allein ihm die Lenkung des Verhaltens zustehe; aber sie ist keine bloß unterdrückende Maßnahme wie etwa »Verdrängung« und »Verleugnung«. Von einer *kollektiven* Triebfeindlichkeit wird man erst dort sprechen können, wo eine »fast völlige Unterdrückung des realen Sexuallebens« – oder der Aggressivität – gefordert und damit das Individuum zu Abwehrformen gezwungen wird, die – im Gegensatz zur Sublimierungsleistung – dem Triebgeschehen keinen Anteil am Verhalten gewähren und es von seinen primären Objekten und Zielen abtrennen wollen. Diese überspannten Ideale und Entwürfe eines Menschenbildes der Enthobenheit vom Triebgrund sind dann gerade nicht »die günstigsten Bedingungen für die Betätigung der sublimierten sexuellen Strebungen«[9]. Denn die *Ichorganisation* muß nun viel Kraft für Unterdrückung, Abspaltung und so weiter aufwenden, anstatt sich der Kräfte des Triebgrundes integrierend bedienen zu können. Es muß aber auffallen, wie bereit die Menschen sind, sich den größten Selbstmarterungen im Dienst solcher triebverneinender Lehren zu unterwerfen. Man wird nur folgern können, daß diese Entsagungen ihnen ein besonderes Ansehen in ihrer Gruppe verleihen. Der Verlust des Selbstwertes infolge Mißbilligung durch die Gruppe oder durch das Gewissen stellt das noch größere Übel dar im Vergleich zu den Verzichten auf Lust, die sie deshalb zu ertragen bereit sind.

Wie alle übrigen Begabungen schwankt auch diese »organische Grundlage des Charakters«, die Fähigkeit zu sublimieren. Der *Gruppenstil*, die *Gruppenmoral*, die sich einmal herausgebildet haben, wecken aber offenbar im Individuum Fähigkeiten, die es nur auf diesem besonderen Hintergrund seiner Kultur entfalten kann. Was wir von den *Mundugumor* erwähnten, denen die Umwicklung durch die Nabelschnur bei der Geburt als ein Zeichen für die malerische Begabtheit des Kindes gilt und die eine solche vorausgesetzte Begabung dann planvoll fördern, trifft für alle anderen kulturellen Gefüge ebenso zu; sie befähigen den einzelnen zu Leistungen, die ihm in anderer Umgebung fremd und nicht einmal erstrebenswert erscheinen würden.

Der Heilige, der ein hohes Maß von Umwandlung seiner sexuellen und aggressiven Bedürfnisse vollbringt, ist – wenn er wirklich Anspruch auf Weisheit erheben kann – freier von den Werturteilen seiner Gruppe. Das zeigt sich etwa beim Leben eines Eremiten – vorausgesetzt, daß die Gesellschaft seine Klause noch als zu ihrem Territorium gehörig anerkennt. Wenn das nicht der Fall ist, reflektiert sich in ihm auch nicht mehr Gesellschaft. Was ihm als Gefahr droht, ist eine Verstärkung seines »sekundären Narzißmus«. Mit diesem Begriff ist gemeint, daß die Libido, die von den Objekten draußen in der Welt (hier unter asketischer Idealbildung) abgezogen wird, auf das Ich selbst zurückgenommen wird. Das Ich wird zum Objekt der libidinösen Besetzung; »Objektlibido« setzt sich in »Ichlibido«[10] um. In pathologisch-extremer Weise vollzieht sich das als Weltverlust in der Schizophrenie; aber zum Beispiel auch, neurotisch milder, in den vielen Individuen unserer Gegenwart, die alle Möglichkeiten der sexuellen Befriedigung haben, aber doch nicht »lieben« können, aus Gründen, die wir gerade andeuteten. Der Triebverzicht, den der Heilige leistet – in höchster Form im Leben Buddhas verwirklicht –, ist eine Entsagung von der Welt, die doch immer das eigene Heil im Auge behält. Geht man solchen Triebschicksalen nach, so offenbaren sie wieder das »Offensein« der menschlichen Natur zur Anpassung an denkbar heterogene Umwelten, aber eben auch, wie unmöglich es ist, die Triebnatur abzuschütteln, und welch langer, von der Gesellschaftsordnung begünstigter Übung es bedarf, um gelingende Formen der Annäherung des Triebgeschehens an das Ich zuwege zu bringen. Oberflächlich sieht es immer so aus, als bezahle der Triebbereich die Zeche der Kultivierung; man muß sich aber nur des Spektrums individual- und gruppenpathologischer Phänomene erinnern, um zu sehen, daß in ihnen der ungebändigte Triebanspruch das Ich zur Selbstentfremdung zwingt. Auch das Ich muß also unter Umständen die Zeche der Kultivierung zahlen.

Den Triebäußerungen haftet ein hohes Maß von Konservativismus an, den Charaktergewohnheiten ebenso. Der Konservativismus der Triebäußerungen ist aus der langen Evolution des Lebendigen zu verstehen, in der »Triebbedürfnis« und »Triebobjekt« in Instinkten so fest miteinander verknüpft waren. Auch im menschlichen Triebverhalten finden wir diese Beharrlichkeit wieder. Hat ein Triebbedürfnis einmal ein befriedigendes Objekt gefunden, so sucht es sich dieses zu erhalten. Man denke an die Vorliebe der Kinder für bestimmte Speisen, Spiele oder ein Spielzeug oder etwa an das Rauchen. Das Kind versucht in der Wiederholung und Beibehaltung des gleichen Vorganges die gleichen lustbringenden Empfindungen zu erlangen, die es schon einmal erfahren hatte; es scheut die Unlust neuer Erfahrungen, die nicht so sicher wie die erprobten Befriedigung versprechen. Gerade diese Tendenz zur Beibehaltung eines konstanten Objektes und seiner Besetzung mit Interesse sucht die Erziehung zu nützen. Es wird dabei unter Umständen eine »Fixierung« gesetzt, »eine besonders innige Bindung des Triebes an das Objekt«, die nicht mehr einfach im Zuge der Entwicklung auflösbar ist, sondern eine sekundäre reflexhafte Autonomie gewinnt. Heftige

Reaktionen, die das Kind von der erstrebten Triebbefriedigung abschrecken sollen, tun das unter Umständen so nachhaltig, daß das ursprüngliche Triebobjekt nicht nur aufgegeben und ein Ersatzobjekt gesucht wird, sondern überhaupt die Erfahrungen mit einem Triebbereich gemieden werden. Es bildet sich dann eine im wahrsten Sinne unfreiwillige Interdependenz von »Ich« und »Triebverlangen«. Das Ich muß mit Unnachgiebigkeit abwehren, das Verlangen bleibt unbeirrt bestehen. Die Abwehr wird habituell und verrät sich in Zukunft durch starre Züge des Charakters, in denen sowohl die Angst aus dem Abgewehrten gemieden wie das Ersatzobjekt festgehalten wird.

Terminologisches

Wenn wir hier im Sinne der von Freud geschaffenen Terminologie von »Objektbesetzung« und von einer für diesen Vorgang benötigten Energie, der »Objektlibido«, sprechen, so ist das eine der in wissenschaftlicher Begriffssprache häufig anzutreffenden Verkürzungen des Ausdrucks. Genaugenommen kann man, wie Calvin S. Hull[11] sehr treffend bemerkt, nur »eine Wahrnehmung, Erinnerung, den Eindruck eines Objektes, nicht das Objekt selbst« besetzt halten. »Ähnlich kann man auch nur Wahrnehmung, Erinnerung, die Vorstellung, die man von sich selbst hat, und nicht dieses Ich selbst besetzen. Wenn deshalb Freud von Objektbesetzung und Ichbesetzung oder von Objektwahl und Narzißmus spricht, so meint er die Aktivierung einer Wahrnehmung, einer Erinnerung oder eines Gedankens, die sich auf ein äußeres Objekt beziehen oder auf das Selbst.« So ist zum Beispiel *Identifikation* »die Verwandlung einer Besetzung, die der Wahrnehmung eines Objektes gilt, in eine solche des Selbst«. Begriffe werden immer erst aus dem Gedankenzusammenhang, aus dem sie erwachsen, zugänglich. Das Gebiet der wissenschaftlichen Psychologie verlangt nach einer Begriffssprache, die sowohl dem immateriellen Charakter unseres *Erlebens* gerecht wird, wie die Tatsache berücksichtigt, daß das »Erleben« auf der Leistung materieller, das heißt hirnorganischer Prozesse aufruht. Beides sehen wir »mit unseren Augen« an, das heißt mit all den Voreingenommenheiten, die uns kulturell und aus den Verarbeitungen unserer eigenen Lebenslage entstanden sind.

Das organische Geschehen bringt die Triebbedürfnisse mit sich, sie repräsentieren sich auf mannigfache Weise in unserem Erleben, als »Phantasien«, »Gestimmtheiten«, »dranghafte Erfahrungen« und so weiter. Nur wenn man diese für unsere *Reflexion* unüberbrückbare Kluft zwischen seelischem Erleben und somatischen Prozessen bedenkt und die andere Tatsache, daß sie gemeinsam Geschehnisse des Lebens des Organismus sind, kann mit psychologischen Begriffen sinnvoll umgegangen werden. Sie sind Versuche, aus einem in seiner Gesamtheit unendlich aspektreichen Geschehen *Wirkungszusammenhänge* herauszuheben. Häufig erliegen wir der Gefahr, einander gar nicht zugeordnete oder einander nicht ausschließende Aspekte aneinander zu messen und zu bewerten. Die Ursache dafür ist meist, daß die Diskussion nicht um der Erkenntnis willen geschieht als vielmehr zur Verteidigung von »Objekten«, die der jeweilige Forscher besetzt hält und die er hochschätzt. Daher bemühen sich manche, die einmal zu einer fixierten Auffassung eines angebotenen Begriffes gekommen sind – die ihm zwar Gewalt antut, ihn aber für libidinöse oder aggressive Bedürfnisse gut handhabbar macht –, gar nicht mehr um sein Verständnis im Zusammenhang einer Theoriebildung. Gerade auch für Meinungskundgaben im wissenschaftlichen Bereich gilt der allgemeiner formulierte Satz Freuds: »Ich weiß aber auch, daß Einschränkungen und nähere Bestimmungen beim großen Publikum wenig nützen: die Menge hat dafür wenig Raum in ihrem Gedächtnis und behält von einer Behauptung doch nur den rohen Kern, schafft sich ein leicht zu merkendes Extrem.«[12]

Identifizierung und Gebot

Innige Bindungen an früheste Objekte, welche Befriedigung, Schutz, Geborgenheit spenden, also an Mutter, Vater und andere relevante Personen der Umwelt, entstehen ganz natürlich aus der Intensität der Kontakte. Der Vorgang der *Identifizierung* und die langsame Entstehung eines Über-Ichs, eines Gewissens, aus diesen Identifikationen sind ihre Folge. Mit wechselnd heftiger Hingabe folgen Bindungen an weitere Vorbildfiguren; jede trägt dazu bei, daß durch die Identifizierung mit ihr im heranwachsenden Menschen

Fixierungen der Objektbesetzung eintreten. Dadurch stabilisiert sich die Art und Weise, mit der ein Triebbedürfnis sein unmittelbares oder ein vorläufiges Ziel erreicht.

Triebobjekte und der Modus der Triebbefriedigung werden also variierend im jeweiligen Stil einer Kulturgruppe dargeboten oder tabuiert. Selbst für die natürlichsten und nächsten Beziehungen der Menschen untereinander, die zwischen Eltern und Kind, herrscht nicht eine durchgängige, erblich festgelegte Verhaltensweise. Zu einer harmonischen Atmosphäre zwischen Eltern und Kind tragen beide Teile bei. Um das zu erreichen, muß es auch den Eltern gegeben sein, sich mit den Kindern identifizieren zu können, statt ihre narzißtischen Bedürfnisse auf sie zu projizieren; nur so haben die Kinder, durch alle stürmischen Phasen der Zu- und Abneigung hindurch, in den Eltern Vorbilder, an die sie sich halten können. Die Selbstgerechtigkeit der Erwachsenen – mißlungener Ausgang ihrer eigenen Kindheitsnöte – verdeckt sich oft die Bedeutung dieser wechselseitigen Beeinflussung. Wir werden später im Kapitel über den Gehorsam die *einseitige Kommunikation* vom befehlenden Starken zum Schwachen, dem der Gehorsam abgezwungen wird, behandeln. Herrscht diese Form des sozialen Kontaktes vor, so gelingt Erziehung nur als Dressur durch Strafe und Belohnung. Sicher spielen dabei auch Identifizierungsvorgänge ihre Rolle. Die Eltern sehen im Kind das Objekt, das ihren enttäuschten Wünschen, ihren Idealvorstellungen von sich selbst nachkommen soll; ein Teil ihres moralischen Über-Ichs verwirklicht sich am gehorchenden Kind. Erst dann und nur darum vermögen sie es zu lieben[13]. Umgekehrt unterwirft sich das Kind, um der Liebe der Eltern nicht verlustig zu gehen, deren Übermacht und baut sein Ideal seiner selbst identifizierend nach dem Prinzip *Übermacht-Ohnmacht* sadistisch-masochistisch auf. Aktivität und Passivität der Anpassung nach außen und innen geraten dadurch in extreme Formen. Die schroffe Ambivalenz der Gefühlsäußerungen, die natürlicherweise zum kindlichen Erleben gehört, verschwindet scheinbar; denn da sie nicht geduldet wird, muß das Kind sie mit einem hohen Verbrauch an psychischer Kraft verdrängen und verdrängt halten. Das fällt ihm besonders schwer, denn: »Im Stande der Unreife und ungeklärten Identität haben die Affekte einen gewaltsamen, sadistischen oder masochistischen Zug.«[14] Unter dem Druck der Verbots- oder Verwöhnungslast gerät das Kind zu »Stille«, »Artigkeit« oder zu aufsässigem »Trotz« und »Zerstörungslust«. Überwiegt die eine oder die andere Seite, so daß sie zu einem dominierenden starren Verhaltenshabitus wird, so ist die Sozialisierung des Kindes offensichtlich nicht geglückt. Das aufsässige Kind ist das störendere, aber deshalb nicht unbedingt das gestörtere. Der primäre aggressive Impuls gegen die verbietenden oder schwach wirkenden Eltern zerstreut sich, kaum oder nur mühsam vom eigentlichen Objekt abgewendet, in dessen Umgebung. Beide Richtungen der Entwicklung sind Reaktionsbildungen auf Identifikationskonflikte, deren das Kind sich nicht zu erwehren vermag. Es weicht in die Überanpassung oder in reaktiv geschürte Destruktivität aus. Beides wirkt zwanghaft und schränkt den Entscheidungsspielraum des Ichs ein, noch ehe diese Fähigkeit recht zum Zuge gekommen ist.

Wir sprachen von der fast unbegrenzten Möglichkeit des Menschen, sich Objekte zur Triebbefriedigung zu wählen und sie mit Libido zu besetzen oder sie auch von Objekten abzuziehen, denen natürlicherweise unsere Liebe gilt. Diese Freiheit macht es möglich, daß selbst in der zur Arterhaltung unmittelbar erforderlichen Beziehung zwischen Eltern und Kind die *libidinöse* Zuwendung fehlen kann. Dem tragen die sozialen Gebote erstaunlich genau Rechnung. Es heißt nicht »Du sollst Vater und Mutter lieben«, sondern »ehren«; Elternliebe kann sich entfalten oder nicht, je nach der Liebesfähigkeit der Eltern; gefordert wird deshalb als Pflicht die Anerkennung ihrer *Herrschaftsrolle*. Die Gebote appellieren also ausdrücklich an ein zu *erlernendes* und nicht an Reaktionen aus einem spontan sich entwickelnden Verhalten. Das *ehrende* Verhalten soll liebesanalog verlaufen. Diese Gebotsforderung zeigt wieder die prekäre Grundlage der gesellschaftlichen Normen. Einerseits ist ohne sie mitmenschliches Leben unmöglich, andererseits kann das Realverhalten (zum Beispiel der Eltern) so sein, daß ihm die Ehre nur um den Preis der Unaufrichtigkeit gezollt werden kann. Aus der zitierten Feststellung Freuds, daß das Triebobjekt »das variabelste am Trieb, nicht ursprünglich mit ihm verknüpft« ist, könnte man aber immerhin nicht nur Kindespflichten, sondern auch Elternpflichten ableiten und ebenso apodiktisch als Gebot einsetzen. Die Formulierung »Du sollst deine Kinder ehren« wäre immerhin ein beherzigenswerter Satz. Aber er läuft den Urvorstellungen einer paternisierten Gesellschaftsordnung zuwider. So entwickelt sie sich eher zu einer *vaterlosen* Defektform als zu einer Differenzierung des Rollenstereotyps der Mächtigen. In einem solchen der Einsicht näheren Rollenverhalten würde dann die Anerkennung der Freiheit, je nach der Entwicklungsstufe des Menschen, eine substantielle Anforderung an die väterliche (und mütterliche) Macht darstellen.

Über die Umstände, die eine Liebeszuwendung auslösen oder verhindern, warum untaugliche, enttäuschende Liebesobjekte oft so zäh festgehalten, naheliegende Objekte in ihrer Bereitschaft zur Erwiderung der Gefühlszuwendung nicht erkannt werden, darüber ist uns bei weitem nicht genug bekannt. Da der Ausdruck der *Sympathie* und *Antipathie* so eindrucksvoll mit Sinneswahrnehmungen belegt wird (man kann jemanden nicht riechen, sehen, seine Stimme nicht hören, man schreckt vor einer Berührung mit ihm zurück, weil sie widerlich ist), ist anzunehmen, daß das *affektive Gestaltsschema*, das später die Gefühlsregungen der *Sympathie* und *Antipathie* erweckt, sehr früh in den ersten zwischenmenschlichen Erfahrungen gebildet wird, in einer Lebenszeit intensivster Sinneseindrücke bei noch mangelhaften Ichleistungen und dem Vorherrschen magischer Konstruktionen zwischen den einzelnen Erfahrungen.

Der Eintritt in »schicksalhaft« empfundene Begegnungen – und die Begegnung mit dem eigenen Kind ist der schicksalhaften eine – ruft also Vorerfahrungen wach, die aus dem Bereich unbewußter Erinnerungen stammen. Zwar löst der Anblick des kleinen Kindes (das »Kindchen-Schema« von K. Lorenz) eine Reihe von offensichtlich angeborenen Verhaltensantworten aus: Behutsamkeit, Zärtlichkeit, die Neigung zu füttern und so weiter. Jedermann sind diese spontanen Reaktionen und Empfindungen bekannt. Aber sie beherrschen, wie wir am Beispiel fehlender Zärtlichkeit zeigten, nicht kontinuierlich das Verhalten, vielmehr wissen wir auch ohne spektakuläre Konflikte zwischen Eltern und Kindern, daß Kinder vom Augenblick der Konzeption an gehaßt werden können. Es wird dann auf sie meist die »Imago« des ungeliebten Geschlechtspartners übertragen. Der oft gehörte Trost einer unglücklichen Schwangeren gegenüber, sie möge abwarten, bis das Kind geboren sei, dann würde alles anders, dieser Trost trifft zwar manchmal zu – das »Kindchen-Schema« entfaltet seine Wirksamkeit –, öfter aber auch nicht. Das Kind wird von der Mutter oder vom Vater oder auch von beiden weiter abgelehnt. Der Konflikt zwischen der fehlenden libidinösen Besetzung und der sozialen Forderung ist deutlich. Die Liebe zum Kind wird zwar von der Gesellschaft gefordert und erwartet. Das liebesanaloge Verhalten, das unter solchem Gebot dann zustande kommt, wird aber vom Kind »verstanden«. Der Sympathiekontakt kann nicht geheuchelt werden. Zudem kann sehr viel von aggressivem Triebüberschuß – also von Triebbedürfnissen, die noch frei von Objektbindungen sind, ein Objekt suchen – unter Berufung auf soziale Werte als Härte, Strenge, Sauberkeits-, Ordnungsanspruch in der Erziehung des Kindes abgesättigt werden. Oder es findet in den Eltern eine Reaktionsbildung statt gegen ihre eigenen aggressiven, den sozialen Forderungen widersprechenden Grundgefühle, die ihnen Schuld erwecken. Sie verwöhnen das Kind aus unbewußter Schuldangst.

Ambivalenz und Entzweiung

Allein in der Eltern-Kind-Beziehung kann aber, wie E. H. Erikson gezeigt hat, das Gefühl des »Urvertrauens« im Kind erweckt werden; im unglücklichen Fall kann sie ebenso »Urmißtrauen« stiften. Weil wir immer wieder einer idealisierenden und sentimentalisierenden Auffassung begegnen, so als sei es »unnatürlich«, wenn zwischen Eltern und Kindern Unfriede ausbricht, sei eine Andeutung der Richtungen versucht, aus denen Konfliktstoff kommen kann.

Als natürlich ist anzusehen, daß jede affektive zwischenmenschliche Beziehung aus den beiden Triebanteilen gespeist wird, also in sich ambivalent ist. Dabei kann die Gefühlseinstellung, die jeweils vorherrscht – besonders beim Kind –, in rascher Folge umschlagen. Kulturbedingt ist das Ausmaß, in welchem Hilfe beim Schlichten zwischen den widerstreitenden Triebkräften *libidinöser* und *aggressiver* Art gewährt wird. Die Dialektik des »Sowohl-als-Auch« der Gefühle ist ein konstitutionelles Merkmal unseres seelischen Lebens. Die Akzentuierung des Erlebens beim Umgang mit den Objekten ist gruppen- und zeitgebunden, vor allem, in wieweit ein »Entweder-Oder« der Gefühlseinstellung erzwungen wird. Den Widerstreit zwischen angeborenen Tendenzen zu einem Pflegeverhalten und egoistischen Strebungen wird man demnach überall antreffen. Was den Eltern an Befriedigung eigener Wünsche durch deren Unterordnung unter die Sorge für das Kind entgeht, vermag starke Feindseligkeit und aggressive Gereiztheit zu erwecken. Es handelt sich also um einen Kampf zwischen narzißtischer libidinöser Besetzung der eigenen Person und dem im Pflegeverhalten geforderten teilweisen Aufgeben dieser libidinösen Besetzung. Das jeweilige soziale Verhaltensmuster sucht diesen Konflikt zu dämpfen und eine Triebverschränkung zu bewirken. Die vielfältigen aus der Ethnologie bekannten Erziehungspraktiken – und, besser bekannt, die unserer eigenen Kultur – sind oft von großer Roheit und demonstrieren *ad oculos,* daß der »Ambivalenzkonflikt« unvermeidbar ist und seine Milderung gerade auch in den kollektiven Verhaltensmustern nicht gelingt. Man scheut sich eher, das auszusprechen, weil den Gewohnheiten, wie Pascal sah, solche Autorität anhaftet. Man muß es aber aussprechen, um der Verklärung des Menschengeschlechtes auszuweichen: Viel kollektives Ritual, viele von der Gesellschaft gestützte Meinungs- und Lebensformen sind ebenso krankhaft, wie Einzelpersonen krankhaft sein können. Der Vorzug eines Verstehens der Triebdynamik ist es, daß wir diese lähmenden, verkrüppelnden, quälerischen, aber doch sanktionierten Gebräuche als Inhalte eines historischen Panoptikums, als Abstrusitäten (vornehmlich natürlich der fremden, nicht der eigenen Brauchtümer) nicht mehr einfach hinnehmen müssen, sondern daß wir uns langsam die Erkenntnismittel erarbeiten, um zu verstehen, was in ihnen geschieht.

Weiterer Konfliktstoff zwischen Eltern und ihren Kindern entsteht, wenn diese mehr oder weniger eingestanden oder unbewußt gehaßt werden, weil sie einen abgelehnten Teil der eigenen Person verkörpern und in ihrem Verhalten szenisch darstellen. Also in ihrer Haltung, ihrem Aussehen Schwächen und Mängel anschaulich machen, an denen Mutter oder Vater selbst gelitten und für die sie sich später blind gemacht haben. Auf die unvorhergesehene Wiederbegegnung in den eigenen Kindern reagieren sie haßvoll. Dies ist wahrscheinlich der häufigste Störfaktor. Durch ihn wird die Möglichkeit einer *positiven* Identifizierung mit dem eigenen Kinde eingeschränkt; das Kind widerspricht dem Ichideal, das man in sich selbst als Reaktionsbildung gegen die eigene Schwäche errichtet hatte.

Zu dieser Störung der Beziehung durch Haß gibt es das Gegenbild der Scheinliebe, die man nicht zu Unrecht – im Sinne des Nachäffens – Affenliebe nennt. Wir haben oben schon angedeutet, daß die Liebe zum eigenen Kind in hohem Maße die Züge narzißtischer Selbstliebe tragen kann. Es ist das jene »überwältigende« Liebe eines oder beider Eltern, die das Kind in die Verwirklichung ihres Ichideals hineinzwingen und damit die symbiotische Einheit, die organisch begonnen hat, übermäßig verlängern, in Lebensabschnitte hinein, in denen sie durch das Autonomiestreben des Kindes überwunden sein sollte.

Schließlich wäre es verfehlt, neben den psychologisch faßbaren Vorgängen auch die Einflüsse zu vergessen, die aus der Veränderung der ökonomischen und der Produktionsverhältnisse stammen und sich auf die affektive Stimmung zwischen den Generationen auswirken. In vorwiegend bäuerlichen Kulturen sind Kinder Kapital, natürliche, billige Hilfskräfte, eine Sicherung für das Alter; in der modernen Industriegesellschaft verzehrt ihre immer länger dauernde Ausbildung Kapital, die Alterssicherung ist weitgehend auf Institutionen übergegangen; jede Generation muß die Sicherung für sich selbst schaffen[15]. Wenn dies einerseits Freiheiten für das Individuum gebracht hat (etwa eine größere Freiheit der Berufswahl), so wird doch andererseits mehr Aufopferung, mehr Altruismus verlangt, die dem Menschen nicht widerspruchslos abzuverlangen sind. Die Entfremdung zwischen den Generationen als eine Tatsache hat gewiß viele Quellen, sicher aber auch die primitive, daß man weniger materiellen Nutzen von seinen Kindern hat, daß die Eltern und Kinder je eigene Wege gehen.

Über die Frage, ob »Aggression« als ein primäres, *zyklisches* oder ein reaktives, *regulatives* Geschehen aufzufassen sei, ist viel diskutiert worden[16]. Die Entscheidung ist so schwierig, weil wir menschliche Äußerungen der Aggression erst in einem Stadium bemessen können, in dem sie sich koordiniert zu äußern vermögen, das Kind also über die Willkürmotorik einigermaßen verfügen kann. In diesem Zustand zeigt es aber längst nicht mehr »reine« Triebäußerungen, sondern es reagiert immer auch auf die Umwelt. Freuds

Beobachtungen zwangen ihn zu dem Schluß, daß eine primäre Aggressivität anzunehmen sei. Er hat mit seiner Postulierung des Todestriebes viel Widerstand erweckt. Wir schließen uns Freuds Auffassung an. Als theoretische Grundsatzfrage braucht uns diese Problematik hier aber nicht zu beunruhigen[17]. Entscheidend ist, daß wir »Aggression« in allen Kulturformen der Menschheit begegnen und daß es ihnen sehr verschieden gelingt, sie zu besänftigen.

Für die jeweilige aktuelle Situation gibt den Ausschlag, wieviel »Aggression« (Destruktionsneigung) mit »Libido« legiert ist – so daß sie zu produktiver Aktivität sich wandeln kann – und wieviel, ob primärer oder vor allem sekundär geweckter, *Aggressions-, Destruktionsüberschuß* in die Handlungen einfließt. Im Modelldenken bleibend, kann man folgern, daß starke sexuelle Frustrierungen zu einem Anwachsen der »Destruktionsneigung« führen müssen, und zwar weil die unterbleibende libidinöse Entspannung den in ihr immer enthaltenen aggressiven Triebanteil nicht mitaufzehren kann. Schließlich stellt sich der Zustand her, daß die im sozialen Raum noch eher möglichen aggressiven Handlungen die libidinöse Entbehrung ersetzen müssen, sekundär selbst libidinisiert werden und damit an aggressiv-bösartiger Stärke gewinnen. Zum theoretischen Ansatz, den wir im Moment benützen, also nur so viel, daß in allen triebgespeisten Lebensäußerungen sich *Mischungsformen* beider Triebrichtungen finden. Greifen wir das früher benützte Beispiel der Reaktion auf das Weinen des Kindes wieder auf. Verschiedene Mütter, sagten wir, antworten verschieden auf das Weinen ihrer Kinder. Wir können dies jetzt genauer formulieren: Die verschiedenen Mütter handeln aus verschiedenen Ausgangslagen. Diese werden unter anderem durch folgende Faktoren bestimmt: durch Intensität oder Schwäche der angeborenen Triebstärke und durch die *sozial* geförderte oder geschwächte Bereitschaft zu *libidinösen* Objektbesetzungen im allgemeinen und zu einer im Pflegeverhalten im besonderen; durch das Verhältnis, in dem Libido (primär und sekundär) *narzißtisch* fixiert oder zur Besetzung von Objekten verfügbar ist; durch die Sicherheit, in der sich *libidinöse* und *destruktive* Triebtendenzen legiert haben, so daß kein unverhältnismäßiger Überschuß ungesättigter *destruktiver* Triebspannungen die libidinöse Objektbindung gefährdet. Diese Legierung entscheidet darüber, wie sich aus neuen Triebquellen (den Organprozessen der Schwangerschaft und Stillzeit) entstandene Pflegebedürfnisse im Verhältnis und in Konkurrenz zu anderen Triebbedürfnissen durchzusetzen vermögen. Aber auch die der Schwangerschaft und Geburt vorangegangene Art der Charakterentwicklung, das Vorwiegen einer sich assimilierenden oder einer aktiv integrierenden Anpassung wird die Mutter darin leiten, wie *stereotypbestimmt* oder wie *spontan* sie auf das Signal »Weinen« zu reagieren vermag. Angeborene Anlagequalitäten der Ichentwicklung entscheiden neben den Umwelteinflüssen mit, ob die Züge einer *aktiven integrativen* oder einer *passiven* Anpassung überwiegen. Das steht wiederum in Zusammenhang mit den Abwehrmechanismen, deren sich das Ich bedient, und welchen Aufwand von »Gegenbesetzungen« es zu leisten hat. Unter »Gegenbesetzung« verstehen wir die Besetzung jener Reaktionsweisen, die das Verdrängte von seiner Wiederkehr abhalten sollen. Wenn eine Mutter zum Beispiel in ihrer Kindheit »Anlehnungsbedürfnisse« (Wünsche nach Hautnähe, sanfter Zuwendung, sorglicher Verwöhnung und so weiter) nicht zeigen durfte, weil der Gruppenstil das als »weibisch«, schwächlich abwertete, kann sie nur durch Forschheit und Leistung die gesuchte Anerkennung erreichen. Sie wird dann diese Reaktionsbildung oft mit ihrem ganzen Verhalten, als eigensten Charakterzug geradezu, verschmelzen. Die undiskutierbare Ablehnung eines gegenteiligen Verhaltens verweist uns dann auf die Heftigkeit der Gegenbesetzung.

Diese Einengung mütterlicher Entscheidungsfreiheit führt uns auf das Verhältnis zurück, in dem verfügbare Objektlibido und narzißtische, zur Aufrechterhaltung des eigenen Charaktergleichgewichts benötigte Libido zueinander stehen. Dieses Mischungsverhältnis entscheidet darüber, ob das Ich auf Grund des Umgangs mit der Welt in leidlich unbefangener Realitätseinsicht entscheiden kann oder ob ihm Realität überhaupt erst durch die Brille der Ideologie erscheint. Diese stellt aber vielfältig selbst eine *kollektive* »Reaktionsbildung« dar. Wegen des Schutzes in der Konformität mit den Voreingenommenheiten der vielen braucht eine solche Entstellung der Wirklichkeit nie zu einer Frage an die Kritikfähigkeit zu werden. Die entstellte Wirklichkeit erscheint unreflektiert als *die* Wirklichkeit schlechthin.

Selbst eine derart modellhafte Vereinfachung läßt aber noch erkennen, wie komplex die Bedingungen sind, die in der Mutter-Kind-Beziehung zusammenwirken, einer Beziehung, die ungleich stärker als andere durch ein natürliches Triebobjekt und durch Reste angeborenen Instinktverhaltens bestimmt wird. Ein solcher Versuch der Analyse erhellt, an wieviel Stellen und durch welche Triebkonflikte selbst diese innig mit der Arterhaltung verknüpfte soziale Beziehung störbar ist, wie leicht der Sinn der sozialen Gebote aus unbewußten Triebforderungen entstellt und in sein Gegenteil verkehrt werden kann. Nichts anderes als das sollte diese Skizze zum Ausdruck bringen, nämlich die Leichtigkeit, mit der aus der Ambivalenz der Gefühle eine Entzweiung der Menschen folgen kann.

Die inneren Objekte

Kehren wir jetzt zu dem mit dem Begriff »Fixierung« bezeichneten Vorgang der »besonders innigen Bindung des Triebes an das Objekt« zurück. Hier ist nachzutragen, daß es für das Erleben nicht nur *äußere*, sondern auch *innere Objekte* gibt, die womöglich mit noch größerer Konstanz besetzt gehalten werden als die Objekte der Außenwelt. Nicht unbegründet könnten wir schließen, daß den spezifischen Merkmalen am äußeren Objekt, die das tierische Verhalten »auslösen«, ein Gehalt eingeborener, *innerer*, in der Phantasie sich repräsentierender Objekte entspricht und diesen wiederum das unter Triebspannung gesuchte *äußere* Objekt. Auch für den Menschen ist die Existenz solcher *Imagines*, Archetypen, angenommen worden. Wir müssen uns klar darüber sein, daß wir hier spekulativ interpolieren; eine solche Annahme ist möglich, aber nicht nötig. Was wir direkt beobachten können, ist nur der Erwerb innerer Objekte in den Vorgängen der Identifizierung oder Introjektion. Wiederum einem Denkmodell folgend, können wir solche Introjekte als die *Gestaltungsanreger* für den affektiven Umgang mit den Objekten ansprechen. Auf die Situation des Kindes angewandt, vollzieht sich der Prozeß folgendermaßen: Es sieht sich in ein soziales Feld einbezogen, in dem ihm Gefühle entgegengebracht und mehr oder weniger befriedigende Gewährungen für seine Wünsche zuteil werden. Unausweichlich wird es aber auch Verwehrungen,

Versagungen hinnehmen müssen. Kulturspezifisch kommt das in einer mehr oder weniger großen Bereitschaft zum Ausdruck, die Folgsamkeit durch physische Strafen oder durch Entzug der bestätigenden Gefühlszuwendung zu erzwingen. Das Kind erlebt demnach den gleichen Menschen in sehr verschiedenen affektiven Situationen. Diese komplexe Erfahrungsgestalt wird es allmählich »introjizieren«, was als die noch frühere und primitivere Vorstufe der Identifikation anzusehen ist. Das Kind formt sein Verhalten unbewußt kongruent mit diesen ersten Objekten in all ihrer Widersprüchlichkeit.

Im späteren Identifikationsvorgang ist viel mehr von beabsichtigter Imitation enthalten. Aber auch die Identifikation geschieht weit über die Reichweite bewußter Absicht und nicht etwa als reiner Willensakt. Deshalb ist die Verwendung der Worte »Imitation« oder »Nachahmung« nur dann gerechtfertigt, wenn man sich klar darüber ist, daß ihre Wurzeln in unbewußten Vorgängen liegen und von den anfänglichen »Introjektionsvorgängen« und ihrem Ergebnis, den »Introjekten«, beeinflußt werden. Das »Introjekt« war zuerst von draußen erlebte Handlungsgestalt; schließlich erzwingt es von innen eine Einstimmigkeit des Handelns und Wertens mit dem Vorbild. Je früher das Introjekt gebildet ist, desto hartnäckiger erhält sich sein Einfluß. Die Distanz zu dem so übernommenen eigenen Handeln bleibt meist minimal. Da es in den frühen Zeiten der Kindheit keine entfalteten Ichleistungen gibt, wirken die Introjekte als die Organisatoren des Triebverhaltens. Sie wirken zwingend – im Guten wie im Schlechten. Es spiegelt sich im Verhältnis des Introjektes zum Ich das tatsächliche Machtverhältnis der Erwachsenen zum Kind. Schließlich bilden alle diese oft so heterogenen *introjizierten* Objekte die innere Befehlsquelle des Über-Ichs. Entsprechend den früheren Wurzeln dieser Gestaltungsvorgänge überwiegen bei weitem die unbewußt bleibenden Erfahrungen und Prägungen. Zur Klärung der archaischen Struktur dieser Anfänge des Über-Ichs muß bedacht werden, daß die *introjizierten* Objekte natürlich nicht ganze Personen sind, wie wir sie später erleben, sondern »Partialobjekte«, das heißt Reaktionen oder Befehlssignale, die noch in ganz unklarer Weise zu ganzen Objekten geordnet werden.

Der normale Entwicklungsfortgang führt dann von den Teilobjekten zur Wahrnehmung ganzheitlicher Objekte und zur Identifikation mit ihnen. Wenn wir aber zwischenmenschliche Beziehungen genauer beobachten, dann finden wir, daß in ihnen die Partner zwar intellektuell fähig sind, den anderen als Person, als ganze Erscheinung zu registrieren, daß aber viele ihrer Reaktionen erkennen lassen, wie stark sie emotionell in der Entwicklungsstufe der »Partialobjektbeziehungen« stehengeblieben sind. Sie können dann in der Tat jemanden nicht »riechen«, oder sie sehen in ihm nur einen Partner, der oral verwöhnen oder sexuell befriedigen soll; über diese Aspekte hinaus sind sie kaum fähig, sich von ihm ein breiteres Gesamtkonzept zu bilden.

Das zeigt uns, daß es den später einsetzenden Ichtätigkeiten zwar gelungen ist, soziale Funktionstüchtigkeit herzustellen; in einem oberflächlicheren pragmatischen Sinne werden Techniken der Daseinsfristung beherrscht, die emotionellen Erfahrungen aber nicht von der Vorherrschaft der primitiven Organisationsstufe befreit. Über diesen Ausgang entscheidet überwiegend – von extremen Begabungsvarianten abgesehen – die Intensität, mit der von außen der Introjektionsvorgang erzwungen und mit Angst verknüpft wurde. Je größer die Angst, desto weniger Möglichkeit, sich später diesen Charakterzügen, Reaktionsautomatismen kritisch und erkennend zu nähern oder sie zu ändern.

Introjektion und *Identifikation* sind die frühesten Formen, in denen soziale Bindungen hergestellt werden. Identifikationsvorgänge begleiten die Jugend und reichen bis weit in die Reifezeit hinein. Ihre Wichtigkeit für den Zusammenhalt einer Gesellschaft geht aus dem Schicksal jener Individuen hervor, die ohne ausreichenden emotionellen Kontakt in ihrer frühen Kindheit geblieben sind und denen zu schwache Angebote zur Bildung von Introjekten gemacht wurden, so daß sie später starke Schwierigkeiten zeigen, nachhaltige Identifikationen vorzunehmen. Sie werden zu Einzelgängern oder Feinden der Gesellschaft. Wobei die genauere Untersuchung dann jeweils doch zeigt – abgesehen von »Imbezillen« und manchen sehr abartigen Naturen, in denen eine Legierung der Triebtendenzen aus vielleicht angeborenen Konstitutionseigentümlichkeiten nicht zustande kommt –, daß auch bei Antisozialen, im weitesten

Sinne, eine »Über-Ich-Bindung« stattgefunden hat, daß sie nur besonders archaische Formen behalten hat, die für die Meisterung der Triebbedürfnisse in einer differenzierten Sozialwelt nicht genügen.

Nach diesen Überlegungen muß unsere Frage dahin gehen, wie *ökonomisch* eine Gesellschaft sich dieser Aufgaben der primären Sozialisierung ihrer Glieder entledigt, wie groß bei diesem Einpassungsvorgang die »Fehlquote« schlecht angepaßter Individuen oder, von den Interessen der Gesamtgesellschaft her gesehen, die Quote störender Gruppen ist. Dabei bedarf es zum Verständnis dieses Prozesses der sozialen Angleichung eines genaueren Bildes von der sozialen Wirklichkeit. In einer ziemlich abgeschlossen lebenden Gruppe, deren *ökonomische* Bedingungen und Techniken der Lebensfristung relativ konstant sind, wird auch der Sozialstil »traditionsgeleitet« (D. Riesman) sein. Dort ist es sehr eindrucksvoll, wieviel rituelle Gestaltung den Weg des Menschen zur Reifung hin begleitet. Unsere Kultur ist in dieser Hinsicht von einer kaum zu überbietenden Dürftigkeit. Das Individuum einer solchen traditionsgeleiteten Gesellschaft wird wenige Anlässe haben, in denen es nicht mit den durch Generationen erprobten Handlungs- und Wertungsnormen sich zurechtfinden kann. Natürlich wird die Ichentwicklung von starken kollektiv kontrollierten Bräuchen und der sie widerspiegelnden inneren Instanz des kollektiv gestalteten Über-Ichs überschattet sein; aber das muß nicht bedeuten, daß sich beide, Ich und Über-Ich, nicht in einer *syntonen* Charakterstruktur finden können. Das Individuum ist fest in den Banden seiner Kultur gehalten, es teilt die typischen Freuden und Leiden mit allen anderen im Bewußtsein, daß die Ahnen ebenso gelebt haben. In solchen Kulturen ist die Formung des eigenen Verhaltens durch innere Objekte kollektiver Gültigkeit besonders eindeutig. Das gezeigte Sozialverhalten wird nicht durch einen mehr oder weniger ausgedehnten Bereich eines *Privat*lebens und in ihm geltender Wertorientierung kontrastiert. Die Stagnation von Entwicklungsprozessen im *sozioökonomischen* Bereich scheint es mit sich zu bringen, daß auch im *sozio-kulturellen* des Gruppenlebens eine Beruhigung und Stabilisierung eintritt. Alle Individuen der Gruppe teilen für die meisten in ihrem Leben vorkommenden Situationen die gleichen Meinungen und handeln aus ihnen. Der individuelle Charakter in den feineren affektiven Tönungen wird deshalb nicht vermißt werden; aber das Typische ist doch das Vorherrschende.

Je größer der Umfang staatlich geeinter Gruppen ist, desto größer kann die Distanz von »Subkulturen« in ihm sein, die in einem Herrschaftssystem zusammengefaßt sind. Staatliche Organisationen brauchen aber diese Subkulturen in ihrem Lebensstil nicht tiefer zu berühren. Es liegt darin die Weisheit oder Kurzsichtigkeit solcher staatlich übergreifender Konstruktionen begründet, bis zu welchem Grad sie die tradierten Stile der Subkulturen (z. B. politischer oder religiöser Minoritäten) unberührt zu lassen vermögen. Wenn sich aber in einer Gesellschaft in der Zone der am stärksten tabuierten Werte, den religiösen Glaubensinhalten, Spaltungen vollziehen (wie etwa in der Reformation), dann treten angsterregende Entfremdungen von der tradierten Lebensform ein. Der traditionsgefestigte Verschmelzungsvorgang der Triebtendenzen in den allen gemeinsamen und bekannten Verhaltensmustern bricht auseinander und macht neuen dynamischen Prozessen Platz. Bisher Vertrautes wird plötzlich fremd und feindselig.

Ungewöhnliche und starke Erregungen wirken störend auf die gewohnte Lenkung durch die inneren Objekte, die sich im Über-Ich vereinen. Normalerweise läßt die Kultur den ungesättigten Triebbedürfnissen *Intermediärziele,* vor allem den aggressiven. Sie bietet etwa – wie Malinowski[18] beschrieben hat – eine Phase der *Promiskuität* vor der endgültigen Bindung an oder *ritualisierte Kampfspiele.* Soweit es nicht gelingt, die überschießenden Triebäußerungen im Lebensbereich der Gruppe unterzubringen, sucht die Gruppe sie nach außen, von den affektiven Beziehungen innerhalb der Gruppe wegzulenken. *Jagd, Fehde* sind die üblichsten Formen der Befriedigung aggressiver Tendenzen jenseits der Gruppenbildung, und insofern sie kollektiv ausgeübt werden, verstärken sie zugleich die Identifikationen und libidinösen Bande in der Gruppe. Verwandelt sich aber plötzlich ein Teil der Gruppenmitglieder in »Andersgläubige«, dann entlädt sich mit ungewöhnlicher Heftigkeit, weil durch sehr nahegerückte Fremdheitsangst verstärkt, das bisher abgelenkte »Aggressionspotential« innerhalb der Gesellschaft, zwischen ihren streitenden Teilen. Religionskriege, Ketzerverfolgungen, Bürgerkriege sind die Konsequenz.

Die Aggressionen, die so ungehemmt einem Fremden, einem anderen Wertsystem gegenüber sichtbar werden, sind nicht selbstverständlich. Man könnte sich dieser Fremdheit gegenüber auch interessiert, wohlwollend oder gleichgültig verhalten. Wenn dies nicht geschieht, so deshalb, weil das Bild des Fremden jetzt, binnengesellschaftlichen Spannungen folgend, *projektiv* besetzt wird. Die »Projektion« verhindert eine unvoreingenommene Wahrnehmung. Die unbewußt verlaufenden seelischen Vorgänge in solcherart vorbereiteten Begegnungen sind rascher als die kritische Leistung des Ichs. Da Projektion immer Abwehr eigener verdrängter, verleugneter Regungen ist, handelt es sich nicht einfach um Realangst, wenn einem ein Fremder oder eine fremde Wertordnung sogleich als feindlich begegnet, sondern um die Abwehr gegen eigene unerträgliche Gefühle von Wertlosigkeit, die im Binnenraum unserer uns angestammten Erfahrungswelt, im Umgang mit den uns bekannten Personen und im Messen an unserer eigenen Wertordnung entstanden sind. Ketzerverfolgung beispielsweise ist dann immer auch Verfolgung der eigenen Ketzerei, der eigenen Verstöße, Flucht vor eigenen Schuldgefühlen – wie das Nichtlieben des eigenen Kindes der Ablehnung entspricht, die unser Über-Ich unser Ich fühlen läßt.

Die Geschichte der Ketzerverfolgungen bietet alle Schattierungen dieser von Konventionen entbundenen Roheit und zeugt im Erfindungsreichtum der Peinigungen und Folterungen für die Eigenart der Phantasien, welche die Lenkung übernehmen, wenn die Zügelung durch Über-Ich und Ich erlahmt. In der Folterung des Feindes – sei es Fremder oder Entfremdeter – wird ein Stück der Natur der »Primärprozesse« sichtbar. Unter ihnen versteht Freud jene Abfolge seelischer Leistungen, die sich unter der »Herrschaft der unbewußten Denkgesetze«[19] vollziehen. Im beschriebenen Reifungsfortschritt zu realitätsvertrauten Über-Ich- und später zu Ichleistungen werden diese primären durch Sekundärvorgänge gehemmt, die ihnen den Zugang zur Motorik, zur Handlung verlegen. In der erschreckendsten Weise treten sie wieder hervor, wo die Gesellschaft in der Bezeichnung eines Sündenbocks übereinstimmt, dem gegenüber alle Milderungen der Affektentäußerung durch Sekundärleistung der Gesittung außer Kurs gesetzt werden.

Aber dies sind wiederum, wenn auch nicht gerade seltene, Extreme der Kulturentfremdung. Der normale Alltag, in dem wir leben, führt uns feinere, verborgenere, in ihrer Absicht und Wirkung nicht weniger grausame Beispiele dieses Schwankens zwischen *sekundärprozeßgelenktem* Verhalten und *primärprozeßhaftem* Geschehen vor Augen. Dabei kann der Psychoanalytiker immer wieder beobachten, wie ingeniös lange Ketten von Sekundärvorgängen schließlich auf die Befriedigung einer Triebspannung auf der Ebene der Primärvorgänge hingelenkt werden. Und da sowohl *libidinöse* wie *destruktive* Elemente die Oberhand gewinnen können, mag darin einer der Anlässe gesucht werden, die Freud zur Postulierung auch eines »Todestriebes« genötigt haben.

VI Ich und Ichideal

Gute Vorbilder und schlechte Folgen

> »Willst du ein allgemeines gerechtes Auge werden? So mußt du es als einer, der durch viele Individuen gegangen ist und dessen letztes Individuum alle früheren als Funktionen braucht.«
>
> Friedrich Nietzsche[1]

Zweifelhafter Ahnenkult

Die vorangegangenen Überlegungen geben uns die Möglichkeit, weiter in die Vorgänge der Identifikation einzudringen. Wir leben nicht in einer stagnierenden, überwiegend traditionsgelenkten Gesellschaft. Das muß die Identifikationsvorgänge beeinflussen. Wir leben auch nicht in einer überschaubaren Gesellschaft, deren Sozialprozesse in einem Binnenraum sich regulativ einspielen. Vielmehr überschichten sich fortgesetzt die Einflüsse von Subkulturen – man denke nur an die Ausbreitung des Jazz. Sie bringen neben dem Fortschreiten technisch-ökonomischer Entwicklungen eine ständige Relativierung *gruppenspezifischer* Traditionen mit sich. Die Orientierung an den Vorbildtypen der Ahnen, wie sie in einer traditionsgelenkten Gesellschaft selbstverständlich geschieht, ist kaum praktikabel. Das Motiv für das Festhalten an Traditionselementen ist weniger in der Hilfe zu suchen, die sie bei der Bewältigung des täglichen Lebens gewähren würden. Im Gegenteil, hier versagen sie oft und hemmen häufig genug die Einsicht in die Forderungen des Tages. So etwa behindert die Tradition der verschiedenen Nationalismen zäh die übergreifenden Orientierungen. Das Anklammern an die Tradition, die dabei ihren Bezug zur Rhythmik des Lebens verliert und immer mehr den Charakter eines starren »Zwangsrituals« annimmt, geschieht vielmehr aus Angst vor der so tief veränderten Umwelt. Eine Sinnorientierung im Rückblick auf Geschichte ist in dem Augenblick außerordentlich erschwert worden, in dem Umwälzungen stattfanden, die jeden einzelnen Gegenstand, mit dem man hantiert, veränderten, und nicht nur etwa politische

Herrschaftsverhältnisse. Diese zahllosen »Neuheiten« hatten aber die Eigenart an sich, daß sie entweder gar nicht oder nur in einer sehr entfernten Weise an bisher bekannte Werkzeuge erinnerten; ein Turbinenkraftwerk ist für das Erlebnis etwas vollkommen anderes als die Mühle am Bach (auch wenn dabei die gleiche Wasserkraft genützt wird). Das Rad eines Automobils ist etwas anderes als das an einem Eselkarren. Turbine, Eisschrank, Radioapparat haben keine Geschichte, aber sie absorbieren die Aufmerksamkeit der Menschen, die durchaus Geschichte haben, in Produktion und Benützung. Wenn wir so den Hiatus zwischen den *Einrichtungen* der menschlichen Gesellschaft vor und nach dem Ereignis der permanenten technischen Revolution betonen, reden wir nicht einer flachen Traditionslosigkeit das Wort. Freilich hat sie sich tatsächlich hergestellt, etwa in den Vereinigten Pionierstaaten Nordamerikas, als dort die »unbegrenzten« Möglichkeiten genützt werden konnten, weil ihnen wenig Traditionen und Institutionen im Wege standen. Diese »geschichtslose Werktätigkeit« (und die zu ihr gehörige *partialtriebhafte, ichferne* Lustbefriedigung) hat aber längst die alten Kulturräume durchdrungen und überall dort, wo Ballungen der industriellen Technik sich entwickelten, Stadt, Landschaft und Menschen das Gesicht gegeben. Wir wohnen der langsamen Veränderung dieser »Werks-« und »Verwaltungskultur« durch Prozesse bei, deren Maßstab die ästhetische Verwirklichung der Produkte ist, und zwar nicht mehr in Anlehnung an Bekanntes. Die Wehklage über den Traditionsverlust, die von anderen Ufern, aus der »Vorzeit« kam, erreichte zunächst ebensowenig den Industriekapitän, dessen Schlote die Landschaft verdüsterten, wie seine Arbeiter, die im Schatten dieses Qualms werkten und lebten. Aus dieser Zeit stammt die fatale terminologische Unterscheidung zwischen Zivilisation (für die ungebildeten Massen) und Kultur (für die »feinen Leute«). Auch der Rückzug in den romantischen Ästhetizismus – wie er sich im Museum symbolisiert – ist in sich selbst nichts anderes als das Eingeständnis des Traditionsverlustes im wirklichen, alltäglichen Leben. Für den sonntäglichen Kirchgang mag das in großer Breite ebenso gelten; man besucht, aus Statusgründen, ein religiöses Museum. Goethes Auftrag »Was du ererbt von deinen Vätern, erwirb es, um es zu besitzen« ist also nur bei Aufbietung aller

Scharfsicht zu erfüllen. Es geht nämlich darum, festzustellen, was vom *Ding* und *Wissensbesitz* der Vergangenheit tatsächlich erbbar und was erbwürdig erscheint, was zu einem Pfund werden kann, mit dem sich wuchern läßt, und was zu einem Mühlstein um den Hals werden könnte. Wir wollen in äußerster Kürze antworten. Der *tradierte* Besitz, der »Signalbesitz«, wie wir früher sagten, materiell und geistig, wird fortwährend umgeschichtet, neu verteilt – und verwüstet. Das geschieht vor unseren Augen in Prozessen von äußerster Heftigkeit. Hier ist also wenig stabile Substanz im Erbe zu erwarten. Das Bedürfnis nach Auskunft von der Geschichte her muß sich auf anderes richten. Das können nur Vorerfahrungen bei der Lösung typischer, geschichtskonstanter Konflikte sein. Den Fundus dieses Wissens haben wir als Affekt- und Sozialbildung beschrieben. Wo es gelungen ist, in szenischer Deutlichkeit und unverwechselbar die Triebnatur der Ichnatur des Menschen zu unterstellen, kann Geschichte Handlungsanweisung für das Hier und Jetzt geben. Natürlich kann sie sich auf vielen anderen Wegen durch das Erbe der Institutionen aufzwingen, aber hier wird sie schwerlich zu adäquaten Lösungen befreien. Es sei an folgende Verse von Matthias Claudius erinnert:

»'s ist leider Krieg – und ich begehre,
Nicht schuld daran zu sein!
. . . . . .
Was sollt' ich machen . . .
Wenn tausend, tausend Väter, Mütter, Bräute
So glücklich vor dem Krieg,
Nun alle elend, alle arme Leute,
Wehklagten über mich?
. . . . . .«

Umgekehrt heißt es im »Preis der Liebe«[2]: »Wenn ich mit Menschen- und mit Engelszungen redete und hätte der Liebe nicht, so wäre ich ein tönend Erz oder eine klingende Schelle.«

Die beiden Beispiele sprechen diese Verantwortung des Ichs zeitlos gültig aus. Szenisch unmittelbar gibt das jüdische Sprichwort seine Handlungsanweisung: »Wenn einer sagt: töte, oder ich werde dich töten – laß dich töten.«

Solche Tradition zu beschwören ist zwar nicht romantischer Rückblick – der Kritiker mag eher einwenden, es sei nur von einer Tradition utopischer Hoffnung die Rede –, aber es ist auch nicht die volle Wirklichkeit in ihr beschrieben. Die volle Wirklichkeit ist nämlich, daß die *Konformitätszwänge* – so wie unsere Erziehung sich nun einmal abspielt – die Struktur des individuellen Charakters häufig so festlegen, daß die Widerstandskraft des Ichs gegen »Kollektivstimmungen« und »-handlungen« wie gegen die eigenen Triebneigungen keine nennenswerten Resultate erbringt. Wir haben dieses Thema des Individuums als Rollenwesen im 3. Kapitel[3] schon einmal skizziert und verfolgen es jetzt weiter. Dabei wird der Sozialpsychologe mit dem, was er als charakteristisch antrifft, sich zu beschäftigen haben. An diesen charakteristischen Verhaltensweisen das pathologische Element sehen zu dürfen, ist seine Freiheit, die er mit dem anthropologischen Entwurf verteidigen wird, den er als gültig anerkennt.

Motivationskonflikte

Im Augenblick haben wir *Motivationskonflikte* im Blickfeld, die aus dem Nebeneinander langer Traditionsübung und neu entstandener Lebensformen herrühren; und außerdem aus der Ausweitung der Kenntnisse über die Lebensweise nachbarlicher oder weit entfernt lebender Sozialgruppen. Der Begriff der »Entfernung« hat sich auch in dieser Hinsicht relativiert. Eigenes und Fremdes rücken näher aneinander; der Aufforderung zum Vergleich zwischen Eigenem und Fremdem können wir – so ungeübt wir uns darin auch zeigen mögen – nicht mehr leicht ausweichen. Wo wir nämlich sehen, daß wir auch anders leben könnten, ohne damit der Normunwürde zu verfallen, richtet sich unser Interesse regelmäßig zuerst auf die *Gewährungsseite* in der Lebensweise einer ins Blickfeld geratenen Fremdgruppe, auf das, was man dort darf, was dort erlaubt ist und was man im eigenen Stil verwehrt bekommt. Das wäre aphoristisch mit einem Filmtitel anzudeuten: »Ein Amerikaner in Paris«. Aber auch die Italiensehnsucht des bürgerlichen Jahrhunderts gehört hierher. Die im kulturellen Synkretismus leicht verwildernden Sitten – worüber die Puristen immer wieder Klage führen –

haben darin ihre Ursache, daß die Verhältnisse der Tradition entlaufen sind und daß die Gesellschaft ihre Glieder nun erst recht nicht zu »Versagungen« überreden kann, die sie offenbar schon früher nie tiefer übernommen hatten. In dieser Einsicht in die Relativität der Sitten zeigt sich die »Offenheit« der menschlichen Konstitution bis zur chaotischen Richtungslosigkeit; das heißt, es werden neue seelische Gleichgewichte auf Zeit gesucht und gebildet, befreitere, krampfhaft formale, auch widerspruchsgeladene – oder es wird das Gleichgewicht für längere oder kürzere Perioden im Leben der einzelnen wie der Gruppen oder der Gesellschaft als ganzer verloren. In Deutschland hat man zweimal in einer Lebensspanne eine solche Phase »nach dem Zusammenbruch« erlebt.

Was werfen diese Überlegungen für das uns immerfort bewegende Thema ab, welche Bedeutung inneren Objekten für die Charakterentwicklung und damit für das Handeln zukommt? Identifikationen vollziehen sich anfänglich mit Menschen der unmittelbaren Umgebung; später gewiß auch mit Helden aller Art (von Werther bis zu den Pin-ups), aber sie erreichen nie jene umfassende Bedeutung, mit der die ersten, leibhaftigen Vorbilder zu prägen vermögen. Diesen selbst haftet aber die Unvollkommenheit der Bändigung ihrer Triebansprüche an; gelänge solche Bändigung vollkommen, so würde das – wie wir sahen – »heißen, daß der Trieb ganz in die Harmonie des Ichs aufgenommen, allen Beeinflussungen durch die anderen Strebungen im Ich zugänglich ist, nicht mehr seine eigenen Wege zur Befriedigung geht«[4]. Aber davon pflegen die Menschen im allgemeinen und – wenn wir sie nicht idealisieren – auch unsere bedeutendsten Vorbilder nur einen Teil zu erreichen. Vielmehr gehören zum Charakter gerade jene früh eingeschlagenen Wege der Triebabwehr, also Automatismen des *Handelns* und *Wertens* ohne eingehende Kenntnis der Realität, sei es der eigenen inneren Triebstrebungen, sei es der Außenwelt. In diesem Zusammenhang sei an Nietzsches Wort erinnert: »Jeder ist sich selbst der Fernste.« Zu all unserem moralischen Verhalten gehört mehr oder weniger eine Beimischung »doppelter Moral«. Wir befriedigen eigene Triebwünsche an Objekten in einer Weise, die nicht moralgerecht ist, billigen aber Mitmenschen (zum Beispiel unseren Kindern) ein gleiches nicht zu; von ihnen wird vollkommene Moral gefordert.

Wie man Gebote umgehen kann

Die Variationen dieses Doppellebens sind unerschöpflich. Die Ausblendung der zweifelhaften oder unzweifelhaft unmoralischen Verhaltensweisen aus unserer bewußten Selbsteinschätzung hat eine besonders unangenehme Konsequenz. Bei den Introjektions- und Identifikationsprozessen, die das Verhalten eines heranwachsenden Kindes bestimmen, werden nicht nur die Über-Ich- und Ichanteile eines Vorbildes *verinnerlicht* (das, was wir selbst an uns als Vorbild genommen haben wollen), sondern das Ganze der Verhaltensgestalt, wie sie sich der Erfahrung darbietet. Wenn also das Doppelleben eines Vorbildes sehr ausgeprägt ist, wenn der Teil der Persönlichkeit, welcher die gutgeheißenen Normen überspringt und unmittelbare Triebbefriedigung erstrebt, sehr sichtbar bleibt – auch wenn das Ich ihn nicht wahrhaben oder wenn es ihn beschönigen will –, dann wird dieser abgewehrte Teil der Vorbildfigur nicht weniger *introjiziert* als der »offizielle«. Es geschieht sogar etwas sehr Peinliches: Er wird mit besonderer Intensität festgehalten. Das ist leicht verständlich, denn in ihm erwächst den gleichen präkulturellen Befriedigungswünschen des jungen Individuums im Vorbild ein wichtiger Verbündeter. Seine eigenen, von der Moral beschränkten Strebungen finden in der Art, wie sich Verbotenes beim Vorbild durchzusetzen vermag, einen Schlüssel, wie man Gebote umgehen kann. Der Vater, der den Kindern Zurückhaltung und Bescheidenheit predigt, um dann bei Tisch sich als erster das beste Stück zu nehmen, übermittelt beides: die Norm und den Trick, wie man sie umgeht. Das erklärt die Haltbarkeit gerade der Identifizierungen mit den (von der gesellschaftlichen Norm aus beurteilt) »negativen« Zügen eines Vorbildes. Oft wird jemand bei einiger Aufmerksamkeit für sein eigenes Verhalten entdecken, wie Züge eingewoben sind, die etwa vom Vater stammen und die der Betreffende an diesem gerade besonders ablehnt; denn in der »Ohnmachtsposition« haßt das Kind diese Doppelmoral, ohne sich tatsächlich in seinem Verhalten dagegen wehren zu können. Es haßt aber auch die verbietende Seite seiner inneren Objekte und ist von seinen Triebwünschen beunruhigt, weil sie Konflikte mit der offiziellen Moral versprechen. Gegen diese Unruhe steht ihm – unfreiwillig – der ungebändigte

Triebaspekt in der Vorbildfigur bei; dessen Handlungsanweisung lautet: Richte es auch so ein, und du wirst ein Stück Lust erlangen. Das ist, in einer Kurzform ausgedrückt, die Begründung, warum gute Vorbilder zuweilen böse Folgen zeitigen. Die Idee, ein gutes Vorbild zu sein, mag aus einer sehr selbstverborgenen Eigeninterpretation stammen; sie mag von Nachbarn, Arbeitskollegen, Vorgesetzten, vom Pfarrer bestätigt werden, weil der Sozialkontakt mit ihnen auf der offiziellen Ebene bleibt. Glieder der Familie, nahe Freunde haben oft ein ganz anderes Bild als das, das ein Mensch von sich selbst und die Öffentlichkeit von ihm hegt.

Die Einsicht in diese doppelte Motivationskette unseres Verhaltens – die bewußte und die unbewußt wirkende – stellt eine Vermehrung unserer Erkenntnislast dar. Für das nach Bestätigung verlangende Bewußtsein ist es peinigend, sich davon Rechenschaft geben zu müssen, daß der Widerstreit zwischen *präsozialen*, egoistischen Triebwünschen und *moral-konformem* Verhalten .nicht ein für allemal schlichtbar ist. Es kostet nicht wenig Mut und Überwindung, ihn immer wieder zum Bewußtsein zuzulassen, auch und vor allem dann, wenn sich unser Verhalten uns als besonders selbstverständlich und gerechtfertigt darstellt. Erst diese höchst unbequeme Übung im Umgang mit sich selbst kann uns in die Position einer *relativen* Freiheit der Entscheidung bringen. Natürlich werden alle Anhänger anthropologichser Theorien, welche die Freiheit des handelnden, konkreten Menschen nicht als späte Entfaltungs*möglichkeit*, sondern als Anzeichen einer Begabung, die sich souverän durchsetzt, ansehen, dadurch brüskiert sein, daß wir diese als unstörbar erachtete Reifung zur Freiheit in Zweifel ziehen. Wer nicht, um einen Glaubenssatz zu retten, den unbefangenen Blick auf die Wirklichkeit opfert, kann keinen Moment darüber im Zweifel sein, wie schwer es uns allen fällt, unser Triebverlangen, die Forderungen der Autoritäten draußen und der inneren Autorität des Über-Ichs einigermaßen in Ausgleich zu bringen. Die Gewohnheit, auch die Gewohnheit der Selbsttäuschung, deckt vieles zu; in Wahrheit ist der Ausgleich immer Stückwerk. Die Abneigung gegen solchen Realismus hat zu den ungezählten Entstellungen beigetragen, welche der psychoanalytischen Theorie widerfahren sind bei ihrem Bestreben, den Triebanteil der menschlichen Natur nicht verkleinert zu sehen[5].

Es bleibt aber noch die Frage zu behandeln, durch welche seelischen Fähigkeiten es dem Individuum überhaupt möglich wird, »Stellung zu nehmen«, also sich den Machtansprüchen auf die Gestaltung seines *Denkens*, *Entscheidens* und *Handelns* zu stellen. Es muß einen archimedischen Punkt außerhalb geben; wir verknüpfen diese Funktion der Distanzierung mit dem Ich, dem wir das aktuelle Einspracherecht und damit die Einsprache*möglichkeit* einräumen. Wir müssen unsere Andeutungen über die Triebtheorie jetzt noch um einige Aspekte der »Ich-Psychologie« ergänzen. Ohne sie bliebe das entworfene Bild menschlichen Verhaltens sehr unvollständig.

Das Ich verwandelt Energie

Wieder ging Freud von der Ganzheit des seelischen Geschehens aus und traf *phylogenetische* Unterscheidungen. Der unbewußte Grund – im späteren Werk das »Es« genannt – ist sicher ein basaleres Leistungselement des Lebendigen als das Über-Ich und das noch jüngere entscheidungsbewußte Ich. Die spezifischen Kulturleistungen sind an die Funktionen des Ichs und Über-Ichs geknüpft. Aber diese beiden »organisierten«[6] Anteile des Seelischen haften im Es, das der Energiespender aller psychischen Vermögen ist. Eine von Freud gegebene funktionelle Definition des *Ichbegriffes* spricht das klar aus: »Im Auftrag des Es beherrscht das Ich die Zugänge zur Motilität, aber es hat zwischen Bedürfnis und Handlung den Aufschub der Denkarbeit eingeschaltet, während dessen es die Erinnerungsreste der Erfahrung verwertet. Auf solche Weise hat es das Lustprinzip entthront, das uneingeschränkt den Ablauf der Vorgänge im Es beherrscht, und es durch das Realitätsprinzip ersetzt, das mehr Sicherheit und größeren Erfolg verspricht ... Was das Ich zum Unterschied vom Es ... ganz besonders auszeichnet, ist ein Zugang zur Synthese seiner Inhalte ...« Das *Ich* »entwickelt sich von der Triebwahrnehmung zur Triebbeherrschung, aber die letztere wird nur dadurch erreicht, daß die Triebrepräsentanz in einen größeren Verband eingeordnet, in einen Zusammenhang aufgenommen wird«[7].

Wie man sich auch immer die Energievorgänge im Seelischen vorstellen mag, auch sie sind Bestandteile des Lebendigen und damit des Energiehaushaltes des Gesamtorganismus. Nach der Definition fällt den Ichleistungen die organisierende Aufgabe zu. Dazu bedürfen sie eigener Kraftquellen, die von den Vorgängen im Es relativ unabhängig sind. Das heißt, das Ich muß geradezu in der Lage sein, die eigenen Kräfte gegen die des Es einzusetzen. Wo ich abwehre, brauche ich Energie, wo ich integriere, ordne, ebenso. Erst in neuerer Zeit wurden die vielfachen Beobachtungen über diese psychische Instanz des Ichs in ein theoretisches Konzept eingeordnet. H. Hartmann[8] spricht davon, daß dem Ich *neutralisierte* libidinöse und aggressive Energie für seine Schlichtungsarbeit zwischen den Triebstrebungen des Es, den »Über-Ich-Forderungen« und dem Verlangen des Selbst, sich zu entfalten, zur Verfügung steht. Die Bedeutung des Wortes »neutral« verweist auf die freiere Verwendbarkeit der Kraft. Sie ist vom Dienst, libidinösen und aggressiven Strebungen möglichst rasch zur Befriedigung zu verhelfen, entbunden. Statt dessen verwendet das Ich seine Energie zur Realitätsprüfung, zur Distanzierung von den Reizen der Außen- und der Innenwelt. Die Distanzierung schafft aber erst den breiten Winkel der Wahrnehmung, zum Beispiel die freiere Einfühlungsmöglichkeit in den anderen, den ich dann nicht mehr naiv mit meinen narzißtischen Wünschen verbunden, sondern als ein anderes Selbst zu sehen vermag. So gelangen auch die im Ich gebundenen Energien trotz des Verzichts auf ältere Formen der Sättigung zur befriedigenden Entspannung. Wir nannten dies[9] einen Verzicht, der befriedigt.

Wie für alle anderen Begabungen müssen wir auch für die *Ichbegabung*, als konstitutionelle Basis der *Ichentwicklung*, angeborene Variationen des Leistungspotentials annehmen. Je nach diesem Leistungspotential wird es dem Ich leichter oder schwerer gelingen, in seinem »Feld« sich Energie anzueignen und zu neutralisieren. »Das Ich ist nicht nur Ergebnis der Erfahrung allein, sondern einer Erfahrung, die in einem vorbereiteten Organismus geschieht.«[10] Die »Heredität« seelischer Leistungen gewinnt aber für den Sozialpsychologen nur im Zusammenwirken mit den sozialen Einflüssen Bedeutung. Er will erfahren, unter welchen gesellschaftlichen Bedingungen es zu einer Förderung oder zu einer Hemmung der *Ichreifung* kommt. Auch wenn wir sicher sind, darüber bei weitem nicht genug zu wissen, so lassen sich doch einige wichtige Voraussetzungen für eine Wirkung in der einen oder anderen Richtung nennen.

Wiederum können wir des Ichs selbst nicht ansichtig werden; wir erschließen es aus seinen Leistungen. Die Fähigkeit zur bewußten Einsicht in Wirkungszusammenhänge und zu produktiven Ordnungen ist zentrales »Ich-Merkmal«. Produktive Ordnung will besagen, daß Konflikte bewußt erlebt und nicht ohne Voraussicht entschieden werden. Wenn ein Naturforscher sich der kausalen Logik verpflichtet weiß und zugleich einer Offenbarungsreligion wie dem Christentum anhängt, *ohne* dies als Konflikt zu empfinden und zu tragen, wird sein Ich diesem Widerspruch wohl nicht gewachsen sein. Ein unbewußter »Ichanteil« wehrt den Konflikt ab, der ja eine stetige Angstquelle ist, verleugnet den Widerspruch und begnügt sich etwa mit der recht unverbindlichen Feststellung, jenseits seines empirischen Forschungsbereiches zwinge die Wirklichkeit zur Annahme eines Paradieses. So kommt es zu einem *double think* (Orwell), bei dem die beiden Erlebnisbereiche sich scheinbar nicht berühren, nichts miteinander zu tun haben. Zeichen einer gereiften Ichentwicklung wäre jedenfalls das Bewußtsein, daß hier ein Konflikt besteht, und die Fähigkeit, im Bewußtsein des Konfliktes zu leben, wenn eine Entscheidung nicht gefunden werden kann.

Einfühlung: Voraussetzung der Ichentwicklung

Die psychoanalytischen Beobachtungen haben uns darüber aufgeklärt, daß die Voraussetzung der Reifung zur genitalen Sexualität in einem nicht allzu grob gestörten Durchlaufen ihrer prägenitalen Entwicklungsformen besteht. Ebenso wissen wir, daß für das Heranreifen der Ichleistungen Vorerfahrungen unerläßlich sind, zu denen die prägenitalen Befriedigungen gehören. Wenn wir jene Ichfunktionen ins Auge fassen, die das Verhalten des Individuums in den möglichen sozialen Konflikten beeinflussen, so können wir von ihnen sagen, daß ihre Entfaltung von der Art der zwischenmenschlichen Beziehungen beeinflußt wird, in die wir alle während unserer prägungsfähigsten Frühzeit einbezogen waren. Versuchen wir, drei bedeutsame Stadien zu nennen:

1. Wir müssen uns zunächst fragen, ob die inneren Beziehungen des Kindes zu Menschen und Gegenständen seiner Umwelt, die

libidinösen Objektbesetzungen, von der emotionellen Haltung der Beziehungspersonen gefördert werden und ob diese gleichzeitig die aggressiven Bedürfnisse tolerieren. Das, was unter Liebe zum Kinde eigentlich zu verstehen ist, kann man psychologisch als verständnisvolles Einfühlen in seine Bedürfnisse beschreiben. Diese »Empathie« erlaubt es dem Erwachsenen, die unvermeidlichen Forderungen und Verbote für das Erleben des Kindes auszugleichen und zugleich die eigene affektive Erregtheit zu kontrollieren. Die Wechselseitigkeit von »Erziehung« und »Selbsterziehung« ist die Voraussetzung jeder Förderung der *Ichfunktionen.*

2. Nur diese Toleranz, die nicht durch zu große Beimengungen von ungesättigten, unbemerkt einfließenden aggressiven Bedürfnissen der Erwachsenen beunruhigt ist, ermöglicht *Introjektionen,* die das natürliche Ohnmachtserlebnis des Kindes nicht auch noch dämonisieren. Das heißt: Der Aufbau des Über-Ichs vollzieht sich nicht im Stil eines Terrorsystems, läßt dem Ich den Spielraum der Ambivalenz und zwingt es nicht zu *traumatischen* Fixierungen an bestimmte Abwehrmechanismen. Dadurch verbraucht es nicht zuviel Energie in Gegenbesetzungen gegen die bedrohlichen inneren Triebregungen. Vielmehr bleiben die Organisationsleistungen des Ichs plastisch, für neue Erfahrungen zugänglich.

3. Damit ist die Voraussetzung geschaffen, daß sich die Differenzierung des Ichs vom Es nicht zu einer unüberbrückbaren Spaltung ausweitet. Vielmehr bleiben »Über-Ich-Forderungen« und »Es-Antriebe« für das Erleben verwandte, mindestens nicht gänzlich unvereinbare Vorgänge.

Unter diesen Voraussetzungen kann sich dann vor allem zweierlei entwickeln: »Wahrnehmung«, »Denken«, »Erinnern«, also die realitätsprüfenden Anstrengungen, werden nicht zu stark von den jeweils aktuellen Triebbedürfnissen und von den Geheißen des Über-Ichs beunruhigt. So kann es dem Ich gelingen, Energie für seine Zwecke zu binden. Darüber hinaus vermag es die Bereitschaft zu *libidinöser* Objektbesetzung für seine integrativen Aufgaben zu nutzen. Mit anderen Worten: Ein Mensch, der sich mit »Leidenschaft« oder dauerndem Interesse auch an schwierigen Aufgaben versucht und der zugleich die Realität angemessen einzuschätzen lernt, kann Lust aus diesen Tätigkeiten gewinnen – und zwar ausgesprochene »Ich-Lust«. Er wird die momentane Unlust aus dem Es, die nicht zu vermeiden ist, wo Befriedigungsaufschub verlangt wird, besser hinnehmen. Ein gutes Gegenbeispiel sind die Lernschwierigkeiten vieler Kinder. Ihnen gelingt es nicht, »Interesse« aufzubringen, das heißt, das Neugierverhalten im Ich zu organisieren und über die Klippen der Unlust des Lernens zu bringen. Es kommt nur eine ungenügende *libidinöse* Besetzung der Ichleistungen zustande; die Kluft zwischen den auf sofortige Befriedigung zielenden »Es-Wünschen« und den »Über-Ich-Forderungen«, die Verzicht und Unlust des Lernens diktieren, ist breiter. Das Ich kann zwischen den beiden seelischen Bereichen nicht vermitteln, es ist ihm offenbar nicht gelungen, sich seelische Energie neutralisierend anzueignen, es unterliegt vielmehr den Forderungen primärer Triebrepräsentanzen. Im Tagträumen, Trödeln, im zerstreuten Verlieren des Zieles kann man diese Lustlosigkeit für »Arbeit« bei Kindern sehr unmittelbar beobachten. Die Motivation dazu liegt entweder in einem diktatorischen Über-Ich, das aber nicht verinnerlicht ist, sondern als reale Befehlsperson außen bleibt und nur so lange wirkt, als diese Person Aufsicht ausübt, oder in einer Verwahrlosung, in der nie so viel *libidinöse* Zuwendung erfahren wurde, daß das Kind hätte lernen können, einem anderen zuliebe Unlust auf sich zu nehmen, was die Vorstufe eines toleranten oder zuverlässigen »Über-Ich-Aufbaus« ist. Sehr oft wirken beide schädigenden Momente zusammen. Die unausweichliche Identifikation mit dem *negativen* Anteil des Vorbildes schwächt dann die frühen Stadien der *Ichentwicklung* von vornherein und läßt es nicht zu einer produktiven inneren Ordnung zwischen Ich und Es und Ich und Über-Ich kommen.

Die Mitläufer

Unser Gedankengang zielt also auf die Dialektik zwischen *Triebkräften* und *Ichkräften*. Beide sind ohne einander hilflos. Aber doch auf sehr verschiedene Weise. Noch recht primitive Ichleistungen können einen Menschen sozial unauffällig »funktionieren« lassen; er kann dabei recht gut seine Triebbedürfnisse befriedigen. Was hätte auch sonst einen der größten Psychologen, Friedrich Nietzsche, zu dem bitteren Aperçu veranlassen können: »Die meisten Menschen halten sich offenbar für gar keine Individuen; das zeigt ihr Leben.«[11] Individuen in Nietzsches Wortgebrauch sind denkende, selbständig entscheidende Menschen – Menschen mit einer gelungenen *Ichentwicklung*. Fragen wir weiter: Wenn sie keine »Individuen« sind, was sind sie dann? Die Antwort kann nur sein: Besser oder schlechter funktionierende Gruppenwesen, die ohne die massiven Handlungsanweisungen ihrer Gruppen »außer sich« geraten. Die Welt im allgemeinen, ihre Umwelt und die verschiedenen Arten des Dranges, die sie in sich erleben, halten sie mit Angst und durch Schuldgefühle so unter Druck, daß sie vor jedem selbständigen Durchdenken ihrer Lage zurückschrecken. Gerät gar die Gruppenmoral ins Wanken, dann sind sie vollends nicht imstande, in aktiver Angepaßtheit an die Gruppe dazu beizutragen, daß vernünftige Lösungen gesucht werden. Sie »laufen mit«, und wie die Geschichte aller Zeiten bis zur Gegenwart beweist, bis zu einem *Paroxysmus der Unvernunft*[12].

Was heißt aber »Unvernunft«? Es ist das Vorherrschen primärprozeßhaften Triebgeschehens ohne den Segen der Realitätskontrolle. Was die individuelle Erziehung dem Kind zuteil werden läßt, Anweisungen, wie es seine Triebwünsche mit den realen Verhältnissen in erträglichen Einklang bringen kann, dazu sind Kulturen, trotz sichtbarer Zeichen denkerischer Leistungen, in manchen Augenblicken des Weltgeschehens nicht in der Lage. Die Desintegration der schwachen Ichleistungen in der großen Menge nimmt ihren Lauf, wenn sie sich in den politisch entscheidenden Gruppen vorher vollzogen hat.

Das Ich bleibt der gefährdetste Bereich im seelischen Geschehen. In solchen Augenblicken ist die Versuchung, »Mitläufer« zu sein oder zu werden, womöglich noch unwiderstehlicher als die zu einer einsamen Gebotsübertretung, etwa, zu stehlen. Darin wird ein zwingender Verhaltenszug der in Gruppen existierenden Lebewesen, sei es Tier oder Mensch, erkennbar. Der drohende Verlust des Gruppenkontaktes ist ein erschreckendes Erlebnis und löst panische Angst und jede erdenkliche Anstrengung aus, die Übereinstimmung wiederzufinden – nur nicht die zu einer besonnenen Kontrolle der Lage. Der Konflikt des Individuums, das die Verhaltensweise der anderen nicht billigt, würde durch solche Besonnenheit nur noch verstärkt werden. Die freiwillige Isolierung von der Gruppe – im Sinne der Grabinschrift Friedrich Adolf von der Marwitz': »Wählte Ungnade, wo Gehorsam nicht Ehre brachte« –, mindestens die Enthaltsamkeit von affektiven Erregungen, in denen sie sich befindet, gehört offenbar zu den allerschwersten *Kontrolleistungen* des Ichs[13]. Die mittelalterliche Strafe der Ächtung zeigt, daß die Gefahr, die dem Individuum bei Verlust der Gruppenzugehörigkeit droht, Tod heißt. Und das wissen selbstverständlich diejenigen, die die große Menge zu manipulieren verstehen, genau.

Eine Folge des Paternismus

Das Schrumpfen der *Ichleistungen* unter dem Druck starker Erregung – insbesondere wenn sie sich kollektiv mitteilt – ist seit alters gut beobachtet und reichlich beklagt worden. Man erinnere sich etwa des Schillerschen Distichon:

»Jeder, sieht man ihn einzeln, ist leidlich klug und verständig;
Sind sie in corpore, gleich wird euch ein Dummkopf daraus.«

Le Bons *Psychologie der Massen* baut auf dieser unzweifelhaften Tatsache auf. Aber erst mit Freuds *Massenpsychologie und Ich-Analyse*[14] beginnen wir, die dynamischen Gesetzlichkeiten dieses Geschehens besser zu verstehen. Hat sich das Ich schwach entwickelt – durch Einschüchterung und fehlende Einfühlung in die kindlichen Bedürfnisse –, dann kann jede von außen kommende Autoritätsverstärkung oder ebensogut eine Verheißung von Lustgewinn durch Verleugnung von Autorität die *Ichintegration* lähmen. Die Anfälligkeit des Individuums wie des Kollektivs für derartige Regressionen auf eine primitive Organisationsebene gibt den Stand der erreichten Kultureignung an. Nun scheinen die *tradierten Vatergesellschaften* – das heißt die bestehenden Kulturordnungen – frühe Introjekte zu begünstigen, die zu primitiven Reaktionen wie »Angriff« – »Flucht«, »Gehorsam« – »asozialer Egoismus« bereits dann führen, wenn mäßige Erregungen erweckt werden.

Die im Sozialisierungsprozeß erzielte *Ichreifung* ist durchschnittlich gering, die Widerstandsschwelle des Ichs gegen Überflutung durch innere Triebansprüche und Diktate von außen bleibt niedrig.

Den Grund dafür suche man aber nicht in der Natur, in der natürlichen »Ichschwäche« des Menschen, sondern in den Bedingungen, welche die gesellschaftlichen Herrschaftsverhältnisse von der typischen Familenstruktur bis zu den im größten Stil administrierten Befehlsverbänden einer Ichentwicklung stellen. Der unmündige Charakter des »Menschen der Menge« und die kollektive Gängelung, die er erfährt, stehen nicht in einem einseitigen Ursache-Wirkungs-Zusammenhang: Weil der Mensch entscheidungs-, kritikschwach sei, werde ihm befohlen. Er wird auch kritikschwach gehalten, damit ihm befohlen werden kann. Eine andere Form des Zusammenlebens stößt schon in der Phantasie auf Abwehr; sie sich vorzustellen heißt, an die heiligsten Güter der Menschheit rühren, zum Beispiel an dieses, daß der Mächtige das Recht hat, den Schwachen auszubeuten, ihn der eigenen Vorherrschaft anzupassen. Das läßt sich leicht am Charakter als dem Oberbegriff für typische Reaktionsweisen des einzelnen verfolgen. Sie allein genügen aber nicht zum Rückschluß auf das Wesen eines Menschen; man muß dazu auch etwas vom Vorentwurf wissen, den jeder von sich selbst hat, und wie es zu ihm kam.

Das Wort »Charakter« wird im außerwissenschaftlichen Sprachgebrauch häufig mit Vorstellungen von Erblichkeit, von angeborener, möglichst urwüchsiger Kraft oder verächtlicher Schwäche verbunden. Demgegenüber sagt Freud, »daß jenes schwer Definierbare, das man Charakter heißt, durchaus dem Ich zuzuteilen ist«[15]. Charakter wächst nicht aus einer Erbanlage heraus wie Augenfarbe oder Dichte des Haarwuchses; auch Charakter ist höchstens »drohendes Schicksal«.

Ichideal im offenen sozialen Feld

Jeder Mensch ist sich nicht nur der, der er im gegenwärtigen Augenblick ist, er besitzt auch deutlicher oder verschwommener ein Bild von sich, das ihm als Ideal seiner selbst erscheint. In ihm wird wiederum die Art seiner Angepaßtheit erkennbar. Bei dem einen herrschen Züge einer Verwöhntheit vor, die ihm als Lohn seiner passiven Unterwerfung zuteil wird – er erntet gefällig die Früchte seines Konformismus; ein anderer sieht sich auf Grund ungewöhnlicher

Leistung, kühner Unternehmungen, zähen Fleißes in der Gunst seiner Mitmenschen. Das *Ichideal* kann realistisch oder von den Allmachtsphantasien der Kindheit genährt sein. In seinem *Ichideal* erlebt der Mensch phantasierend die Zukunft, die ihm Befriedigung versagter Wünsche und die Anerkennung seiner Entbehrungen und Anstrengungen bringt. Diese »Idealbildung« beginnt in der frühen Lebenszeit, wenn der Sohn den Wunsch hat, wie der Vater, und die Tochter, wie die Mutter zu werden; sie stellt sich später weitgehend auf die Idealbilder der sozialen Klasse ein, zu der das Individuum gehört. Die Individuen einer vitalen, um Aufstieg bemühten unteren Klasse der Gesellschaft werden aber auch viele Züge aus dem Erscheinungsbild der Oberklassen in ihr *Ichideal* aufnehmen.

Die Bedeutung des Ideals, das einer von sich selbst hat, beurteilen wir danach, ob es einen merklichen Einfluß – und welchen – auf seine konstanten Verhaltensweisen ausübt, die wir mit »Charakter« meinen. Oder in einer auf die Dynamik des Verhaltens zielenden Formulierung: Steht das *Ichideal* mit den spezifischen organisierenden Ichleistungen in naher Beziehung, geht von ihm eine Zielbestimmung aus, die sowohl *realitäts*gerecht wie *ich*gerecht ist, oder decken diese Phantasien Repräsentationen sehr ichferner Primärvorgänge des Seelischen, sind sie also ein Zeichen der Schwäche eines organisierenden Ichs? Der Bürger einer kleinen Gemeinde kann das Ideal beruflicher Geschicklichkeit, glücklicher sexueller Befriedigung, eines Vaters kräftiger Kinder und eines in der Gemeinde angesehenen Mitgliedes haben. Er bleibt mit der Idealbildung in gesteckten Bahnen. Die Entwicklungskonflikte seiner Kindheit haben nicht zu einem Rückzug aus der ihm gegebenen Realität und einem phantastischen Ersatz in ihr nicht erreichbarer Bestätigungen geführt. Folgt er dagegen dem gesellschaftlichen Trend zur Großstadt, hat er die Vorstellung, sein »Glück« in fernen Ländern versuchen zu müssen, in einer vagen Phantasie von Reichtum, der ihm die kontinuierliche Befriedigung aller Bedürfnisse verschafft, dann verrät dies die Bildung und Fortdauer eines infantilen *Ichideals,* das als Leitbild zum Scheitern verurteilt ist, wenn das Ich nicht einer Realitätsanpassung an die neue Umgebung fähig ist.

Es sind natürlich viele Variationen denkbar. Stellen wir uns vor, es handele sich bei dem oben zitierten Bürger um einen griechischen

Fischer: Die Geschicklichkeit im Fischen nützt nichts, wenn die Fischgründe erschöpft sind. Der Entschluß, in die Fremde zu gehen, kann durchaus mit der Hochschätzung einer gewissen Kühnheit im *Ichideal* übereinstimmen. Schließlich kann ein »gruppenspezifisches Ideal«, das man zu seinem *Ichideal* macht, an sehr einfachen und übersichtlichen gesellschaftlichen Zusammenhängen erworben sein; bei der Versetzung des Individuums von einem Fischerdorf in ein Zentrum der Automobilindustrie kann dieses *Ichideal* trotzdem seine sinnorientierende Bedeutung erhalten, und es wird dies um so mehr, je stärker strukturiert die realitätseinschätzenden Ichfunktionen sind, je angstfreier das Ich zu lernen und lernend sich aktiv und passiv anzupassen vermag. Ist dies alles nicht gelungen, so *desintegriert* das Ich unter Verführungs- und Notlagen; das Über-Ich wird sich dann als starre Befehlsinstanz erweisen, die dem Ich im aktuellen Konflikt nicht die Entscheidung zu signalisieren vermag, die einerseits traditionell moralgerecht und andererseits den neuen Gruppenstandards konform ist. Dann gerät das *Ichideal* in die Rolle eines Spenders von Phantasietrost und von irrealen Wunscherfüllungsträumen.

Das Beispiel soll nicht mehr leisten, als zu verdeutlichen, daß Ichideal und Über-Ich nicht identisch sind. Das letztere ist aus den Ansprüchen der Gesellschaft gebildet und verlangt nach ihrer möglichst vollkommenen Erfüllung. Das Ichideal kann einen solchen Zustand des Gelingens vorwegnehmen. Sein Hauptinhalt ist durch die Befriedigung der Selbstachtung in einer Rolle bestimmt, die das Individuum je nach seinem Erlebnishorizont sich selbst gewählt hat. In einer Gesellschaft, die sich in relativ wenigen Rollen von traditioneller Art differenziert hat, macht die Formung des Ichideals wenig Schwierigkeiten. In Gesellschaften mit einer großen Breite beruflicher und sozialer Rollen und großen Statusunterschieden liegt der Fall anders.

Die *Rollendifferenzierung* ist in unserer Gesellschaft an Unterschiede der Begabungsrichtung geknüpft. Die Befreiung von ökonomischer Not und von gruppen- oder sogar kleingruppenzentrischen Denkzwängen hat eine Fülle von Begabungsvarianten zum Zug und zu sozialem Prestige gebracht. Die statische Sozialstruktur, die fatalistisch hingenommen werden mußte, fand eine dynamische

Gegentendenz, die dem einzelnen einen relativ großen Bewegungsspielraum zwischen Leistungsrollen eröffnet hat. Damit wird aber die *Ichidealbildung* nicht einfacher. Nicht nur hat jeder den Marschallstab im Tornister, was heute heißt, er hat die Chance, auf allen möglichen Ebenen des *establishment* – etablierter sozialer Machtgruppen – mitspielen zu können; es fällt ihm zugleich auch die Möglichkeit, scheitern zu können, in reicher Vielfalt zu. In diesen Fällen des Mißlingens, des Zurückbleibens hinter Idealentwürfen des Erfolges, verfestigt sich die *regressive*, realitätsabgewandte Neigung jeder Ichidealbildung. Dem phantastisch aus der Wirklichkeit entfernten Ideal entspricht im Verhalten regelhaft das Ressentiment, das noch einmal verhindert, Erreichbares zu erreichen.

Da dieser Fehlzirkel ein wichtiges Ingrediens neurotischer Charakterentwicklung ist – das Ideal, das im Dienste passiv phantasierter Ersatzbefriedigungen steht, statt als Vorentwurf *aktiver*, realitätsgerechter »Selbstverwirklichung« mit all ihren Enttäuschungen zu wirken –, sei dies an zwei Beispielen erläutert. Sie zeigen zweierlei: in der Gegenwart wirksame *soziale* Vorbedingungen, die zu einem Scheitern der Anpassung führen, und zugleich einige der Voraussetzungen, warum gute Vorbilder so oft schlechte Folgen zeitigen können.

Guter Rat ist unerläßlich

Die folgenden Beispiele sollen also nicht zum Verständnis individueller Pathogenese beitragen; das liegt nicht im Bereich dieses Buches. Vielmehr sollen sie zeigen, wie gesellschaftliche Antagonismen zur psychischen Struktur werden.

Ein vierzigjähriger Mann, von Beruf Friseur, mit gutgehendem Geschäft, im Vorstellungsstereotyp seiner Nachbarn ein »besorgter Familienvater«, fühlt den Zwang, seine Kunden mit dem Messer oder der Schere zu verletzen. Aus Angst vor diesen ihm unverständlichen Impulsen kann er seinen Beruf kaum noch ausüben, sucht immer häufiger im Alkohol Linderung seines Zustandes. Die erste Mitteilung, die er dem Arzt nach der Schilderung seiner Beschwerden über sich selber macht, klingt seltsam. Er schiebt die ganze Krankheit auf den Umstand, daß er als der älteste Sohn eines Friseurs nach dem Beschluß der ganzen weiteren Familie das väterliche Geschäft übernehmen mußte, während er selbst damals Lokomotivführer werden wollte. Gewiß kein ungewöhnlicher Berufswunsch; andere Kinder wollen Förster, Zuckerbäcker, Kapitän oder Weltraumpilot werden. Etwas anders nimmt es sich aus, wenn ein Vierzigjähriger an diesem Wunschbild weitergrübelt. Noch dazu, als sich herausstellt, daß er diese Berufswahl wohl hätte treffen können, wenn er es nur »ernstlich darauf angelegt hätte«. Aber was sagt diese Phrase? Sie setzt einen »Willen« voraus, den der Kranke nicht aufbrachte. Er ist nicht ohne Energie in seinem ihm aufgezwungenen Beruf; es fehlt ihm also nicht an »Willenskraft«. All diese Worte, die so leicht zur Beurteilung von Menschen verwendet werden, sagen doch wenig. Was hat sich *de facto* abgespielt, wenn man die Geschichte dieses Mannes zurückverfolgt? An die Eltern erinnert er sich in einer fast unpersönlichen Weise, er verwendet Worte wie »streng«, »ordentlich«, »fromm«; sie hätten nur Arbeit gekannt, wenig Zeit für die Kinder gehabt. Daß das Zusammensein mit ihnen Freude und Befriedigung für beide, Kinder und Eltern, bedeuten kann, ist eine Erfahrung, die er nicht erlebt zu haben scheint. Genau diese gleichsam unzulängliche Fremdheit ist in der »Über-Ich-Struktur« des Kranken zu erkennen. Wie ihm die Eltern durch die Jahre der Kindheit hindurch Fremde geblieben sind, so erlebt er auch die über seine Entschlüsse bestimmende innere Instanz als diktatorisch. Er kann sich ihr nicht entziehen. Sie übergeht seinen »Herzenswunsch«, Lokomotivführer zu werden, ebenso wie die Eltern es taten. Die Übereinstimmung zwischen der Forderung der Eltern und seines Über-Ichs ist bei weitem größer als die zwischen diesem Über-Ich und dem Selbst des Kranken, repräsentiert in den Ansätzen zu einer selbständigen Organisation im Ich, wie sie sich im Ideal des Lokomotivführers widerspiegeln. Dabei ist dieses Ideal doch nicht ausgefallen, es ist ein respektabler Beruf aus der gleichen sozialen Ebene wie der des Vaters. Aber selbst damit kann er sich nicht gegen die als geschlossen erlebte Front der Interessen der Erwachsenen durchsetzen. Der Wunsch, Lokomotivführer zu werden, reicht so weit in seine Kindheit zurück, als er sich ihrer überhaupt zu erinnern vermag. Damit wird der »halluzinatorische« Anteil der Bindung an diese Rolle deutlich – für seine Phantasie *ist* er als

Lokomotivführer er selbst. Diese Rolle entspricht der phantasierten *Identifizierung* mit einem Großen, der über mächtige Kräfte sicher verfügt. Es ist eine kraftvollere Figur als die des Vaters. So kann man schließen, daß das Kind in diesem Traum die in der Wirklichkeit erlebte Ohnmacht und Unterlegenheit unter den Befehlen des Vaters zu einem Phantasieerlebnis seiner gewaltigen Macht umgekehrt hat. Bildlich gesprochen: Aus einem Strom vergessener und verdrängter Phantasien ragt das Bild des Lokführers als ein Inbegriff des Widerstandes heraus. Es ist das Ergebnis einer Bearbeitung dieser Phantasien, so daß sie vor der Selbsteinschätzung bestehen können.

Erinnern wir uns aber des Krankheitssymptoms, des Impulses nämlich, die Kunden zu verletzen, vielleicht zu töten, so erfahren wir in ihm die Wiederkehr des Verdrängten. Es bestätigt sich auch in diesem Fall die theoretische Annahme, daß ein vom Ich abgewehrter Impuls deshalb nicht seine Energie verliert, solange er nicht sein Ziel erreicht hat. Und es wird jetzt auch zweierlei verständlicher: warum der Kranke den Kinderwunsch nicht vergessen und auf ihn verzichten kann und warum er ihn nicht verwirklichen konnte. Die Bearbeitung aller aufständischen *(ödipalen)* Wünsche in dem Ichideal des Lokführers ist eine bedeutende Leistung; es ist der Versuch, sie in einer sozialen Rolle annehmbar zu machen. Es besteht Grund zu der Annahme, daß dem Kranken, hätte sich seine Familie verständnisvoll gezeigt, hätte sie seinen Plan unterstützt, die Bändigung seiner Triebwünsche besser gelungen wäre, daß er ohne das qualvolle Erlebnis, durch ganz *ichfremde* Impulse von innen her überwältigt zu werden, sein Leben hätte führen können. Die starre Forderungshaltung, der er in der Gruppe jedoch begegnete, ihre mangelnde Einfühlung hat das vereitelt. Das Ichideal bleibt bestehen, denn es ist die Organisationsform, in der die feindseligen, aggressiven, sozial noch nicht gebändigten »Es-Wünsche« wegen der Summe unverziehener und unverzeihlicher Frustrationen lebendig geblieben, aber in eine soziale Rolle produktiv umgesetzt sind. Sie können sich und müssen sich hinter dem Schild dieses vernünftigen Ideals verbergen.

Der Kranke konnte das Ideal aber nicht verwirklichen und damit die »Es-Wünsche« integrieren, weil die Ablehnung, die er fand, sein unbewußtes Schuldgefühl verstärken mußte. Sehr vereinfacht ausgedrückt: Die Tatsache, daß man ihm den Berufswunsch nicht zugestand, heißt für das innere Erlebnis, daß man ihn nicht liebte wegen seiner Aggressivität. Auch der Bändigungsversuch im Ideal des Lokführers wird verworfen. Die Berufshoffnung wird zum Symbol einer Befreiung aus der Übermacht der Primärgruppe und von den Schuldangst erweckenden Introjekten. Hier scheiterte der Kranke. Er mußte dem Wunsch der Eltern sich beugen, ihren Plan für sein Leben annehmen, um seine unbewußten Schuldgefühle zu mindern. Das Über-Ich wird in der Unterwerfung als fremde, dem Ich vorgesetzte Macht weiter verstärkt. Statt ihm zu einer Stärkung des Ichs bei der Organisation der »Es-Antriebe« zu verhelfen, leitete das Gruppenverhalten ihn dazu an, nach diesem Stil der unpersönlichen Kontakte, der unzugänglichen Befehle sein Über-Ich zu bilden und ihm zu gehorchen, um damit gruppenfähig zu bleiben.

So ergibt sich also das scheinbare Paradoxon, daß es die eigenen, vom Über-Ich bewirkten Schuldgefühle sind, die dem Kranken verboten haben, Lokführer zu werden. Wenn wir sagen, die *eigenen* Schuldgefühle, so wird dabei freilich die Schwäche des Ichs im Ganzen seiner Person, seiner selbst deutlich. Die »Einverleibung der frühen Elterninstanz als Über-Ich« (Freud) hat sich als ein unüberwindliches Machtpotential der inneren Entfremdung erwiesen. Längst sind die Eltern gestorben, längst ist ihre äußere Autorität geschwunden, trotzdem kann sich der Kranke aus der Vorherrschaft nicht lösen; sie ist zu einem strukturierenden Bestandteil seines Charakters geworden.

Das Beispiel ist sicher ein nicht ungewöhnliches für die unbeabsichtigte Wirkung »gut gemeinter« Vorbildlichkeit. Es macht aber auch das genetische Prinzip der Charakterbildung als solches deutlich. Denn auf diese und sonst auf keine Weise vollzieht sich die Stabilisierung der affektiven Beziehungen der Menschen untereinander. In der unglückbringenden Kombination seiner persönlichen Ichanlagen mit dem allzu schroffen Druck seiner Familiengruppe ist unser Kranker ein Grenzfall, nach seiner Charakterstruktur aber ein Modellfall des Erziehungsvorganges in einer autoritären Sozialgruppe.

Im ersten Kapitel verwiesen wir auf die in verschiedenen Gruppenmilieus getrennt aufwachsenden Geschwisterpaare; es wäre denkbar, daß unser Kranker in einer Umwelt, in der weniger die Kollektivnormen, das »man« vorgeherrscht hätten, nicht in einen so hilflosen Leidenszustand geraten wäre. »Das beste Pferd braucht eine Peitsche, der klügste Mensch einen guten Rat«, heißt ein jüdisches Sprichwort[16]. Der gute Rat war es, der dem Kranken fehlte. Genauer, eine Erziehung, die sein Ich beraten und nicht nur sein Über-Ich verstärkt hätte.

Der aufgeklärte Funktionär

Das bezeichnet den Grund, warum wir die Krankengeschichte im Zusammenhang mit unseren Überlegungen angeführt haben. Sie soll als Beispiel dafür dienen, wie ein Mensch zur Sozialisierung seines Verhaltens in einer Weise angehalten wurde, die den Ansprüchen unserer Gesellschaft nicht mehr genügt. Daß sich autoritäre Lenkung so auswirkt, ist nicht bedeutungslos, wenn wir bedenken, daß sie variiert in ungezählten Familien sich wiederholt. Sie gehört zu einem Traditionsstil durchgängig *paternistischer* Art, der an einer relativ hohen Unabhängigkeit durch Bodenbesitz orientiert ist. In neuen Sozialverhältnissen ist er »überlebt«, das heißt, er bereitet nicht auf eine Bewältigung der Konfliktquellen in einer mobil gewordenen Sozialordnung vor, die durch einen relativ hohen Grad von Abhängigkeit (Interdependenz) gekennzeichnet ist. Mächtig ist man dementsprechend als Funktionär, als Verbands-, Gewerkschafts-, Parteiführer und so weiter. Auch wenn dieser neue Leittyp der Gesellschaft noch häufig »Funktionsmacht« mit »Feudalmacht« in seinem persönlichen Auftreten verwechselt, so ist dies ein Anachronismus. Das Selbstverständnis der Schlüsselfiguren in der technisierten Großzivilisation darf sich nicht an einer abgewandelten Form des mehr oder weniger aufgeklärten Absolutismus, sondern muß sich an einer tatsächlich geschichtsneuen Form des *aufgeklärten Funktionärs* orientieren.

Zwei Entwicklungslinien sind durch die verfolgbare Geschichte der Menschheit hindurch als Konstanten erkennbar: daß sie in geometrischer Progression anwächst, daß aber der Anteil des Ichs am seelischen Geschehen nur sehr viel langsamer wächst. Das Ich beschreiben wir als die Leistungsnorm, die es uns erlaubt, uns in der Fremdheit – und das bezieht sich zunehmend auf ein Leben unter fremden Menschen – zu orientieren. Die Entfaltung von *Ichkräften* war für die herrschende Schicht immer ein stärkeres Erfordernis als für die große Menge; sie geschah auf Kosten der Massen. Heute brauchen die Massenmenschen selbst ein Orientierungsvermögen statt blinder oder fatalistischer Gefolgstreue an die »Imagines« von Vätern, die nach der Struktur der Gesellschaft gar nicht mehr die ordnende »Potestas« haben können, die ihnen die konservative Phantasie zuschreiben will.

Das Ich ist nicht nur unersetzliche Kraft, welche die Triebkräfte bändigen muß, nachdem sie den Verhaltensritualen der vorindustriellen Epochen entwachsen sind; es muß sich mit seiner hemmenden Vernunft zwischen die verfügbar gewordenen Energiequellen und ihre Nutzung durch die primären Triebwünsche stellen. Die Angst vor einem Atomtod der Menschheit ist nur die eine Seite, die Lust, der Machtrausch, ihn herbeiführen zu können, ist die verborgenere andere. Den aggressiven Tendenzen winken großartige Ziele. Wer Länder bis zum Verschuß der letzten Patrone in Trümmer sinken sah, wird der Hoffnung abschwören, die intelligente Findigkeit habe das Es in fühlbarer Weise realitätsfreundlicher werden lassen. Als ältester Grund der Seele stellt es noch immer jene Kraft der Triebwünsche dar, die im Kurzschluß – unter Umgehung des Ichs – ihre Ziele zu erreichen suchen. Überdies ging die Erwartung, Ich und Es wären sich nähergerückt, von falschen Prämissen aus. Denn unsere Kultur behandelt nach wie vor die Triebwünsche verständnisarm; bald provoziert sie infantile Abwehr, bald stimuliert und billigt sie deren primitive Befriedigung. Keine der älteren Sozialformen hatte eine Machtausstattung, die der unseren vergleichbar war. Keine bedurfte so zwingend der Vernunft, das heißt entwickelter Ichleistungen bei jedermann. Dieser Unterschied ist es, der eine Orientierung an tradierten Ordnungsformen nur recht beschränkt fruchtbar erscheinen läßt.

Aus unseren Überlegungen folgern wir deshalb die Notwendigkeit, einen *Erziehungsstil* zu entwickeln, der sich schon in den frühesten Entwicklungsschritten des Menschen seiner »Ichbedürfnisse« annimmt. Dies ist der Erkenntnisbeitrag, den die Psychoanalyse zur Lehre vom Menschen geleistet hat: Wir haben mit der Stärke der Triebregungen und der Art, wie sie ans Ziel zu kommen trachten, als einer überhistorischen Macht zu rechnen und deshalb die Notwendigkeit sozialer Zwänge, welche ein Leben in der Gruppe erst möglich machen, anzuerkennen. Worum es geht, ist, welche Art von Sozialzwängen den Triebzwängen entgegengestellt wird. Dabei stehen weniger Ausmaß und Inhalt dieser Sozialzwänge zur Debatte als vielmehr das Maß von Einsicht, an das sie geknüpft sind und dessen Entwicklung sie trotz Zwang zulassen. Sollen es äußere Zwänge bleiben, von der Art der »Lohn-Strafe-Dressate«, sollen es innere Zwänge bleiben, die im Über-Ich spiegelbildlich diese »Dressate« fortsetzen, oder soll der *Zwang der Einsicht,* also die Bewältigung der sinngebenden Entscheidungen durch Ichleistungen das Ziel sein? Wir verstehen die letztere Entwicklung als die historische Herausforderung, welche die Evolution zum Bewußtsein nach sich zieht. Von hier aus betrachtet sind viele unserer überkommenen Orientierungsschemata des Verhaltens unzeitgemäß geworden. Die soziale Wirklichkeit ist anders als die ideologisch gefärbten Bilder, die uns von ihr angeboten werden. Sie stammen aus einer Vergangenheit, die so vergangen ist, daß die Berufung auf sie nicht mehr einer Klärung der Gegenwart förderlich ist, sondern einem angstvollen Abwehrvorgang gegen die Wirklichkeit gleichkommt. Die rasch und nach unvorhersehbaren Richtungen verlaufenden Erfindungs-, Machtverschiebungs- und sozialen Umordnungsvorgänge sind angsterregend. Ebenso angsterregend ist das Verblassen eindeutiger Rollenvorbilder und die chaotisch anmutende Wirkung unvereinbarer Introjekte. Die Stätte der Angst, sagt Freud, ist das Ich. Es muß sehr stark sein, um diesen Angstquellen gewachsen zu bleiben. Das aber bleibt die einzige Hoffnung in einer entfesselten Zeit.

Väter, die von den Söhnen lernen können

Die Gruppendynamik, die Art, wie die Gruppe ihr Gleichgewicht findet, wie sie die primär *egoistisch-kulturindifferenten* Interessen ihrer Glieder integriert, wird bei Förderung der »Ichbedürfnisse« und »-leistungen« freilich anders aussehen als bei den Taktiken der

Erziehung zur Sozialmoral, die bisher ausreichen mochten, wenn sie auch nicht vor den entsetzlichen Durchbrüchen des Todestriebes schützen konnten. Stellen wir das zum Schluß noch einmal an einem geglückteren Gegenbeispiel zu unserem Kranken dar.

Ein Autoschlosser hat einen Sohn, dessen Leidenschaft das Verschlingen von Büchern, das »Studieren« ist und dem die praktischen Dinge nicht so leicht von der Hand gehen wollen wie dem Vater. Soll diese Neigung und das zu ihr gehörende *Ichideal* ernst genommen werden, so wird von beiden, vom Vater und vom Sohn, eine aktive Anpassungsleistung gefordert. Der Vater muß die Andersartigkeit der Interessenrichtung beim Sohn sehen und anerkennen lernen. Das wird ihm schwerfallen, wenn er etwas anderes mit dem Sohn vorhatte. Sein Leitbild, sein Ichideal, kennt nicht die Freuden, die der Sohn empfindet, wenn er hinter Büchern sitzt. Der Sohn hat keine geringere Aufgabe zu lösen. Er muß hinnehmen lernen, daß er mit den Stärken des Vaters in mancher Hinsicht nicht konkurrieren kann, wie er es natürlicherweise möchte. Er muß lernen, sein eigenes Leitbild zu verwirklichen. Muß wegen dieses Autonomiestrebens des Sohnes die Gruppenbindung verlorengehen? Durchaus nicht, im Gegenteil: Der wechselseitige Respekt beider füreinander wird die *libidinöse* Bindung und damit das Familiengleichgewicht stärken. Die Güte des Vaters, der dem Sohn die Initiative und Autonomie läßt, wirkt fördernd auf die Ichreifung beider. Jeder löst die seinem Alter entsprechende Reifungsaufgabe; der Sohn, indem er sein eigenes »Ichideal« als Ergebnis seiner bisherigen Charakterstrukturierung findet, der Vater, indem er lernt, sein Kind nicht als Funktion seiner narzißtischen Strebungen anzusehen, sondern seine Eigenart anzuerkennen. Damit stärkt der Vater den eigenen wie den Verantwortungssinn des Sohnes mehr als mit aller Besserwisserei aus Lebenserfahrungen, mit denen der Sohn in seiner gegenwärtigen Lage nichts anzufangen weiß. Die Autorität des Vaters, um nur einen Zug herauszuheben, bekundet sich mehr in der Verläßlichkeit und Ausgeglichenheit, die aus *seiner* Tätigkeit zu erkennen ist, als in dem Übergriff, daß der Vater den Sohn zwingt, das gleiche zu tun wie er. Die Identifikation mit dem Zug »Verläßlichkeit« ist besser gesichert, wenn dem Kind die Wahl des Objektes, an dem es sich als verläßlich erweisen kann, überlassen bleibt. So unterstützt die Erziehung eine Reifung, die verhindert, daß das Über-Ich zu einer Übermacht wird, welche dem heranwachsenden Menschen keinen Spielraum läßt, wie dies aus der Lebensgeschichte unseres verhinderten Lokomotivführers abzulesen war.

Dieses erzieherische Vorgehen erfordert eine innere Distanzierung von den eigenen Strebungen im Ich. Bei weniger mobilen, weniger berufs- und statusdifferenzierten Kulturen als der unseren werden sich diese Aufgaben der Selbstüberwindung, um dem anderen den Weg zu seiner Wahl der Lebensgestaltung freizugeben, in solcher Schärfe gar nicht stellen. Die Übernahme der äußeren *Rollenmerkmale* des Vaters durch den Sohn wird sich dort viel fragloser abspielen. In unserer Kultur aber muß ein neues, sozial konformes Verhalten – auf Grund einer neuen Einsicht – sich erst herausbilden, nämlich die Wahrnehmung und Anerkennung der Autonomie bereits in der *Rolle des Kindes.* Diese Bereitschaft muß ihrerseits zu einem sozial gefestigten »Rollenmerkmal« der Eltern werden. Ein bloßes Gewährenlassen des Kindes, also ein passiv sozial integratives Verhalten der Eltern, sollte nicht mit der Förderung der Ichbedürfnisse verwechselt werden. Die große Variabilität der Begabungsrichtungen, die als potentielle Anlagen im Menschen vorhanden waren, ehe sie in der Unzahl der Fachgebiete kultureller Tätigkeiten evoziert wurden, macht die alte Form der Vorbildlichkeit in den meisten Fällen hinfällig. Man kann dann nicht mehr vom Vater das Handwerk erlernen, statt dessen aber die Voraussetzungen eines verläßlichen Verhaltens, wo immer man handeln mag. Die Fähigkeit, *Vorbildlichkeit vom jeweiligen Rolleninhalt losgelöst* vermitteln zu können, macht die geglückte Beziehung zwischen Vater und Sohn in unserem Beispiel aus. Mit dem Erlebnis, in seinen *Ichbedürfnissen* verstanden zu sein – auch wenn er sich ganz anderen Gegenständen, Tätigkeiten zuwendet als der Vater –, erwirbt der Sohn eine Lebenserfahrung, mit der er immer, in jedem Beruf, in jeder sozialen Stellung, etwas anzufangen vermag und die ihn nicht zuletzt davor bewahren wird, einst den eigenen Kindern unter allerlei rational klingenden (in Wahrheit rationalisierenden) Begründungen das bestreiten zu wollen, was ihm selbst nicht zuteil wurde.

Erziehung zur Ichstärkung

Es kann keinem Zweifel unterliegen, daß die Erziehung zur *Ichstärkung* in dem Gesamt von tradierten und aktuell wirksamen Stereotypen unserer Gesellschaft schwach, sehr schwach gesichert ist. Das wird nicht durch den Kult der Persönlichkeit, als höchstes Glück der Erdenkinder, widerlegt. Das *Persönlichkeitsidol* hat zu viele Merkmale des Autokratischen, Sonderlinghaften, starr Rebellischen, um als geglückte Form der Ichreifung angesprochen zu werden, die im Zusammenhang mit allen Triebneigungen erfolgt wäre. Es haftet ihm zuviel von ungelöster Infantilität an, als daß es mit dem Brustton kultureller Verantwortlichkeit bis zum Überdruß immer wieder beschworen werden dürfte. Man erinnert sich des Goetheschen Spruches: »Es gibt problematische Naturen, die keiner Lage gewachsen sind, in der sie sich befinden, und denen keine genug tut. Daraus entsteht der ungeheure Widerstreit, der das Leben ohne Genuß verzehrt.«[17] Manche dieser »problematischen Naturen« haben den Anspruch auf höchste Auszeichnung als Persönlichkeit erhoben. Er wurde ihnen geglaubt – und sie haben sich doch als Ungeheuer in Familie, Beruf, Schule, Staat erwiesen. Das sollte zu denken geben.

Es könnte doch sein, daß unter den Bedingungen, die in unserem Lande die Erziehung beherrschen, in ungezählten Fällen neurotische Erkrankungen wie die unseres Friseurs »den mildesten Ausgang unter allen Möglichkeiten der Situation«[18] darstellen. Die weniger milde wäre dann die, daß ihn grandiose Ideen, denen das ganze Volk huldigt, an einen Posten stellen, wo er keine Skrupel, wie beim Haarschneiden und Rasieren seiner Kunden, zu empfinden braucht. Wo anders sollten die Organisatoren und Exekutoren der Schrekkenstage hergekommen sein, ob sie Handlungsreisende oder Professoren waren, als aus der Heerschar der neurotisch Kranken, jener, die die Umstände dahin förderten, daß sie ihre mühsam aufrechterhaltene »Kulturheuchelei« abschütteln konnten? Die bedrückende Zahl solcher üblen Folgen »guter« Vorbilder macht an der Brauchbarkeit der letzteren zweifeln. Solcher Zweifel ist kein Sakrileg mehr, wenn man die Friedhöfe Europas sich vergegenwärtigt.

Ganz offensichtlich reichen die Wunder, die wir im Technischen vollbringen, nicht aus, um unsere Liebesbedingungen untereinander festigen zu können. Es wäre wieder einer der fahrlässigen Optimismen, zu glauben, daß die Entwicklung zu inhumanen Reaktionen, die wir in diesem Kapitel in einigen ihrer Entstehungsbedingungen zu klären versuchten, nicht aus dem Nährboden unserer selbstverständlichen Gewohnheiten wieder nachwachsen muß. Und zwar so lange, als wir sie nicht mit den Fähigkeiten des Ichs durchforschen. Was die Sozialpsychologie dazu beitragen kann, ist nicht wenig. Sie sagt uns, daß damit nicht im Großen, im Massenhaften, nicht *von oben* begonnen werden muß, sondern ganz bei *uns selbst,* bei der Art, unsere Kinder so zu lieben und auch zu ertragen, daß sie uns auf glücklichere Weise lieben, auf weniger verbitterte und achtlose Weise ertragen können, als wir ihnen dies bisher möglich machten. Das ist ein nicht unbedeutender Spielraum, in welchem wir das Schicksal korrigieren können.

VII Der unsichtbare Vater

Identifikationen schaffen das Verhaltensrepertoire

Auf dem Wege unserer Überlegungen sind wir immer wieder auf die überragende Bedeutung der primären Familiengruppen für die individuelle Sozialisierung und damit für die Verfassung der Gesamtgesellschaft gestoßen. Wenn wir zunehmend zu verstehen lernen, wie sich hier Menschen aufeinander einstellen und warum das so und nicht anders geschehen muß, nach der Art ihrer Beziehungen, so haben wir gleichsam im Grundmodell die Möglichkeiten erfaßt, die einer Kultur überhaupt in ihren affektiven Kontakten und bei der Bewältigung zwischenmenschlicher Konflikte offenstehen. Zu einem besonders wichtigen Merkmal wird dabei, welche Gefühlsregungen nur von oben nach unten (und umgekehrt) geäußert und welche wechselseitig gezeigt werden dürfen.

Unsere Methode, die den genetischen Zusammenhang einerseits der seelischen Entwicklung, andererseits der einander folgenden sozialen Rollen und deren Interdependenz erarbeiten will, erschließt uns einen Weg, den Pluralismus der Verhaltensgestaltung, die wir im Leben antreffen, aus anfänglichen, einfacher überschaubaren Gefühlsbezeichnungen ableiten zu können. Die Verhaltensweisen, die ein Mensch in Lebenslagen zeigt, die für sein Empfinden einander ähneln, nennen wir typisch für seinen Charakter. Sie korrespondieren dem Schicksal, das seine Triebentwicklung in der Mitwelt erfahren hat, und der Ichreifung, die unter diesen Voraussetzungen eintreten konnte. Wieweit ist er fähig, die Außenwelt angemessen aufzunehmen, also die Motive seiner Mitmenschen richtig einzuschätzen, objektive Zusammenhänge zu begreifen? Wieweit kann er Konflikte seiner eigenen Triebregungen, also seine Ambivalenz ertragen? Wieweit kann er Konflikte mit der Mitwelt riskieren, und wieweit sind diese Konflikte sinnvoll? Wieweit kann das, was ihm selbst sinnvoll erscheinen will, unter dem Einfluß der Vorurteile seiner Gesellschaft, im Konflikt mit seinem Über-Ich festgehalten werden? Mit anderen Worten: Wieweit ist sein Protest von Realitätseinsicht und wieweit von Realitätsentstellung, von mangelnder

Einsicht in die eigenen unbewußt bleibenden Motive geleitet? Diesen Fragestellungen begegnen wir, wenn wir wissen wollen, warum ein Mensch an seinem Arbeitsplatz kontaktlos bleibt, warum er diese Partei vor jener bevorzugt, warum er Freunde hat oder nicht, warum er ruhelos von einer Sexualbeziehung zur anderen irrt oder gar keinen Weg zum anderen Geschlecht findet, warum er sich schnell zum großen Haufen schlägt oder kühlen Abstand auch dort halten kann, wo die kollektiven Erregungen ihn aufsaugen wollen. Warum ist ein einzelner gierig, neidisch, oder warum kennt er seine Grenzen und kann es sich in ihnen einigermaßen friedlich einrichten? Alle diese Fragen, die auf das *Verhalten* des Individuums in der Gruppe, auf *Einstimmung* in Gruppentendenzen, auf die *Abgrenzung* der Eigenform des Lebens vom Stil, den die Gruppe im allgemeinen vorentworfen hat, hinzielen, sind echte Fragen der Sozialpsychologie.

Der Psychoanalytiker wird sich Bescheidung auferlegen müssen. So interessant es ist, eine Psychologie der »Parteibildung«, des »nationalen Bewußtseins« oder nur des einer abgegrenzten Klasse oder Berufsgruppe zu erarbeiten, zuerst muß der Modus der »Verhaltensprägung« erforscht werden, in dem Menschen aufgewachsen sind, bis sie sich befriedigt oder unbefriedigt an der Religion, der Arbeitsordnung, der Politik ihrer Regierung zeigen, bis sie zu geselligen oder eigenbrötlerischen Menschen werden.

Die »psychoanalytische Methode« ist eine *genetische*. Sie unterstellt nicht anders als jede Naturwissenschaft die Hypothese, daß späteres Geschehen von früherem bedingt wird; sie ist deterministisch. Aber im seelischen Geschehen sind die Bedingungszusammenhänge nicht leicht zu verfolgen, weil nur ein geringer Teil des psychischen Lebens die Schwelle des Bewußtseins überschreitet. Zum Teil bleibt es ihm für immer unzugänglich. Freud nannte diesen Teil des Seelischen das »System Ubw.«. Zum Teil ist es durch Anstrengung vom Bewußtsein ausgeschlossen, darf deshalb seine Schwelle nicht überschreiten.

Die haltbare kulturelle Eingewöhnung ist unabdingbar daran geknüpft, ob neben der Repression gleichzeitig einem Teil der Triebbedürfnisse direkte Befriedigungen gewährt werden. Natürlich wird es einen großen Unterschied ausmachen, ob die Triebgewährungen in einem fühlbaren Zusammenhang mit den Triebverzichten bleiben oder ob die *repressive* Seite die »offizielle« Moral verkörpert, die *gewährende* irgendwie als »inoffiziell«, als geringerwertig angesehen wird, kurz, welche Bereiche des Trieblebens überhaupt Wertschätzung, welche Verachtung trifft. Letztlich wird in aller kulturellen Unruhe der Menschheit – und das ist in jedem einzelnen Menschen – darum gerungen, ob das, was uns die Gesellschaft an Unterdrückung und Verzichten auf Lust auferlegt, »gerecht«, notwendig oder willkürlich, durch Vorrechte Privilegierter bedingt sei.

Von der Natur der ersten und frühen gefühlshaften Zuwendungen hängt es ab, welches Verhaltensrepertoire sich ein Mensch später durch eine Folge von Identifikationen aneignen kann; zweitens, wieweit er seine eigene innere Erlebniswelt wahrnehmen darf, wie er mit ihr umzugehen lernt. »Identifikationsangebote« sind Schicksal, und zwar gesellschaftliches, veränderliches – und veränderbares; in »Triebstärke« und »Ichanlagen«, einschließlich vieler Begabungsvarianten, wiegt dagegen erbgenetisches Schicksal vor.

In der Vielfältigkeit menschlicher Lebensläufe verfolgt der Sozialpsychologe auch den Prozeß der »Erschließung« und »Hemmung« gegebener Erbanlagen in der jeweiligen Gesellschaft. Wir sollten nicht vergessen, daß diese Erkenntnisversuche in einer nachprüfbaren Form, das heißt als Wissenschaft, nicht weit zurückreichen. Und es ist interessant genug, daß die Erforschung der Vererbungsgesetze wie die der Regelhaftigkeit menschlicher Verhaltensformen späte Wissenschaften sind. So stark hat die Vorstellung einer Ausnahmeposition des Menschen, seiner Gottähnlichkeit, nachgewirkt, daß Darwin und Freud in die Galerie der antichristlichen Verführer eingereiht wurden. Dabei konnte Darwins Lehre der Evolution schließlich noch eher als die Lehre Freuds vom »psychischen Determinismus« den affektiven Widerstand gegen sie überwinden. Die Lehre der Vererbung von Eigenschaften – wie weitreichend determinierend sie auch immer sein mag – war schließlich als Beruhigungsmittel des schwachen Ichs gegen die Macht des Es zu brauchen. »Vom Vater hab ich die Statur, des Lebens ernstes Führen, vom Mütterchen die Frohnatur und Lust zu fabulieren.« Weil die psychoanalytische Entwicklungslehre eben diesen Schicksalszwang relativiert auf eine »Traditionsform« des Verhaltens, an der wir handelnd, verantwortlich beteiligt sind, mußte sie und muß sie unbequem bleiben.

Was haben wir eigentlich vom Vater, außer – möglicherweise – der Statur, und was erwerben wir von ihm? Was geschieht in der emotionellen Kommunikation mit ihm, und welche soziale Aufgabe ist an diese Beziehung geknüpft? Den Vater kann man bewundern; man kann bei ihm geborgen sein oder ihn fürchten – schließlich ihn mißachten. Man kann in verschiedenen Augenblicken alles zusammen tun. Neben diesem so schwankenden Gefühlsbezug gibt es aber den zweiten: Vom Vater kann man *lernen,* man kann von ihm eingeführt werden in die Praxis des Umgangs mit den Dingen, oder man entbehrt ihn dabei.

Hier sei angefügt, daß wir in diesem Kapitel nur *eine* soziale Beziehung, die zwischen Vater und Sohn, behandeln. Sie steht beispielhaft für die anderen Verhältnisse in der Familiengruppe: zwischen Vater und Tochter, Sohn und Mutter, Tochter und Mutter, zwischen Bruder und Schwester, zwischen den Söhnen und nicht zuletzt auch zwischen Vater und Mutter selbst. Wenn wir gerade die Kommunikation von Vater und Sohn herausgegriffen haben, so hat dies seine Ursache in der gesellschaftlichen Sonderstellung dieser Beziehung in einer *paternistischen* Gesellschaft. An der Veränderung, welche die gesellschaftlichen Prozesse in diesem Verhältnis erzwungen haben, kann man mit besonderer Deutlichkeit ablesen, wie die *paternitäre* Gesellschaftsordnung sich selbst in eine kritische Lage manövriert hat. Aus ihr wird sie nicht mit dem gleichen festgegründeten Bewußtsein einer unumstößlichen Ordnungsform hervorgehen, das der hinter uns liegende Äon besaß.

Die affektive und die sachbezogene Entfremdung

Je vielfältiger sich eine Zivilisation entfaltet, in desto mehr Situationen übernehmen andere die Lehraufgabe des Vaters – bis es schließlich den Lehrer als selbständigen Beruf gibt. Lehrer verkörpern dabei genaugenommen Aspekte des *fehlenden Vaters.* Die Forschungen über das Lernversagen (in Schule, Lehre, wie überhaupt im Anpassungsprozeß an das Leben) haben gezeigt, daß der Lernprozeß mit der Tönung der emotionellen Beziehungen zwischen

Kind und Welt der Erwachsenen eng verknüpft ist. Die »Vater-Kind-Beziehung« kann also von zwei Einbruchstellen her gelockert oder gänzlich aufgehoben werden: vom *affektiven* und vom *sachbezogenen* Kontakt her, wobei beide immer fördernd und hemmend ineinandergreifen. Am Anfang steht allerdings die Beziehung zur Mutter. In ihr gelingt oder mißlingt die Herstellung des »Urvertrauens« (E. H. Erikson[1]) – ganz von der Geborgenheit, von dem Einklang bewußter und unbewußter gemüthafter Zuwendung abhängig, die das Neugeborene empfängt. Sobald aber Autonomiestreben und Initiative (zwischen dem dritten und fünften Lebensjahr) erwachen, also ein Ich sich zu bilden beginnt, spielt die *Unterweisung* und wie affektiv sie geleitet wird für die Entwicklung des Charakterkernes, das heißt des Grundmusters von Verhaltensweisen, die bestimmende Rolle.

Die anfängliche Form der zwischenmenschlichen Beziehungen sind die unbewußten Introjektionsvorgänge. Handlungsmuster der Urfiguren Mutter und Vater werden übernommen und verinnerlicht. Mit der fortschreitenden Entfaltung und Integration des seelischen Geschehens schließen sich diese primitiven Introjekte zur identifizierenden Übereinstimmung mit dei Verhaltensgestalt des Vorbilds zusammen – oder bleiben, im ungünstigen Fall, als isolierte, zwanghaft wirkende Reaktionsform erhalten. Die Erfahrungen in den psychoanalytischen Behandlungen haben gezeigt, daß im menschlichen Verhalten diese aus der identifizierenden Nachahmung entstehenden Reaktionen durch einen starken Zwang zur Repetition ausgezeichnet sind. Er rührt daher, daß sie *bewußtseinsfern* und der Wahrnehmungskontrolle schwer zugänglich ablaufen. Wobei wir nochmals auf die erwähnte Tatsache hinweisen müssen, daß gerade auch im Bewußtsein besonders stark abgelehnte Züge an den Erziehungspersonen in den Aufbaukern der eigenen Persönlichkeit übernommen werden.

Bei der Formulierung »unsichtbarer Vater« läge es nahe, an Projektionen, etwa an einen imaginierten allmächtigen Gottvater, der unsichtbar überall zugegen ist, zu denken. Diese Assoziation sei im Augenblick ausgeklammert. Eine zweite Vorstellung wird an den verlorenen Vater, im Sinne des physischen Verlustes, denken. Aber auch diesen Vater, den der Krieg getötet hat, der in Scheidung oder Niezustandekommen der Ehe verlorengeht, meinen wir nicht, wenn wir von seiner Unsichtbarkeit sprechen. Es ist vielmehr an ein Erlöschen des *Vaterbildes* zu denken, das im Wesen unserer Zivilisation selbst begründet ist und das die unterweisende Funktion des Vaters betrifft: Das *Arbeitsbild* des Vaters verschwindet, wird unbekannt. Gleichzeitig mit diesem von geschichtlichen Prozessen erzwungenen Verlust der Anschauung schlägt die Wertung um. Der hymnischen Verherrlichung des Vaters – und des Vaterlandes! – folgt in der Breite ein »sozialisierter Vaterhaß«[2], die »Verwerfung des Vaters«[3], die Entfremdung und deren seelische Entsprechungen: »Angst« und »Aggressivität«[4].

Die vorgefaßte Meinung, die paternitäre Ordnungsform sei gleichsam das unumstößliche Strukturprinzip jeder Gesellschaft, wird leicht dazu führen, diesen Entfremdungsvorgang zwischen Vätern und Söhnen zu bagatellisieren. Die auffallende Unzugänglichkeit vieler Jugendlicher, ihre provokatorischen Allüren, ihre Indifferenz für alles, was den Älteren wertvoll war, ihr Leiden unter einer Einsamkeit, die sie in hektischem Erlebnishunger zu übertönen suchen – kurz, der schwere und lange Verlauf der Adoleszenzkrise geht dann als psychopathologisches Phänomen auf das Konto der Jugendlichen. Bei ihnen liegt das Übel, zu dessen Erklärung hauptsächlich Vererbungsmythologien (der Tunichtgut im Stammbaum) ins Feld geführt werden. Die heiklere Frage, ob nicht etwa die Lebensgewohnheiten der Familie an diesem überraschenden Ergebnis, daß gute Vorbilder so bedauerliche Folgen zeitigen, schuld sind, bleibt ausgeklammert. Ausgeklammert bleibt auch die logischerweise daraus folgende Frage, inwieweit gesamtgesellschaftliche Prozesse an der Gestaltung der familiären Lebensgewohnheiten mitwirken. Die affektive Fixierung auf das tradierte Modell einer Gesellschaft, in der Väter vorherrschen, vorleben, erschwert es so, die Realität zu beobachten, in der von solcher Sinnfälligkeit wenig geblieben ist.

Die Auswirkungen eines unsichtbar gewordenen, erloschenen *Vaterbildes* sind in dem mexikanischen Film *Los Olvidados (Die Vergessenen)* sehr eindrucksvoll dargestellt. In der erschreckenden Fabel, die hier aus richterlichen Dokumenten rekonstruiert wird, stehen sich zwei verlassene Jugendliche gegenüber. Der eine ist der halbwüchsige Bandenführer, erbarmungslos asozial, ein Prototyp des gewissensunkundigen, von Anfang an nicht »angesprochenen« Menschen, des vital starken Täters, der am Ende wie ein reißendes Tier durch einen Schuß zur Strecke gebracht wird. Ihm wird ein acht- oder zehnjähriger Indianerjunge entgegengestellt, der von seinem Vater in die große Stadt mitgenommen wird. An einer Straßenecke heißt ihn der Vater auf seine Rückkehr warten – aber er kehrt nicht wieder. Man erlebt nun mit, wie dieser schon durch und durch kulturgeprägte Knabe sich in der großen fremden Stadt behauptet, wie es ihm gelingt, freundliche Kontakte herzustellen, bis schließlich auch er in Gewalten, die ihm allzu fremd sind, ein erschütterndes Ende findet.

Der Bandit des Films steht unter dem Gesetz unaufschiebbarer Triebwünsche; er besitzt keinen außertriebhaften, verläßlichen Standort, von dem aus er sich zu erkennen oder gar zu lenken vermöchte. Seinen Vater hat er nie gekannt, seine Mutter hat ihn ausgesetzt. Er lebt durch ein gewalttätiges Schmarotzertum. Man könnte genauer sagen, er besitzt kein der Kultur dienstbares Ich, sondern nur eines, das den Trieben gehorcht. *Sozialbildung* wurde ihm nie zuteil. Insofern er Umwelt wahrnimmt, sich selbst behauptet, steht dies alles im Dienst des eigenen Triebgeschehens, vollkommen rücksichtslos. Das »Kultur-Ich« haben wir als die seelische Entwicklung beschrieben, die von ersten primitiven »Introjekten« (anfänglichen Erfahrungsprägungen) zur bewußten Vergegenwärtigung von Mitmenschen fortschreitet. Erst ein Erlebnis, unmittelbar verstanden worden zu sein, Liebe erfahren zu haben, macht Rücksicht möglich. Frühe Introjekte sind Urbilder der Trieberfahrung, bevor sie die Ichentwicklung integrierend beeinflussen kann. Ich und Umwelt sind hier noch nicht gestalthaft voneinander abgegrenzt; je nach den somatischen Reizerlebnissen herrschen Gestimmtheiten vor, die nach vegetativem Rhythmus einander ablösen. Diese vorgestalthafte, präsoziale Getriebenheit von vegetativem Drängen und das Aufgehen in »Entweder-Oder-Reaktionen« wie »Angriff–Flucht« kennzeichnen den Banditen. Zweifellos vereinfacht diese Darstellung, selbst bei einem so extremen Typus, ungebührlich. Immerhin haben sich in ihm auch höhere Leistungen der Realitätsbewältigung vollzogen – etwa die sprachliche Kommunikation. Die archaischen Introjekte reißen aber immer wieder die Vorherrschaft an sich. Die Entwicklung schritt nicht zu sozialisierenden Identifikationen fort, die als Grundlage die Zuwendung von verständnisvollen, zuverlässigen Gestalten der Umwelt haben. Solche Mitmenschlichkeit war in seiner Umwelt nicht verfügbar. Das Vorbild, ohne welches menschliche Entwicklung nicht denkbar ist, wurde dann bei legendären »Helden« gefunden, die stark und furchtlos sind. Dieses heldische Vorbild, als Gebilde der Phantasie, unterscheidet sich in einem wesentlichen Zug von einem tatsächlich erlebten: Es verbietet nicht, verlangt nicht hier und jetzt eine Selbstbescheidung, Selbstkontrolle. Statt dessen verbindet es sich, ohne daß ein Einspruch – von außen oder von innen – erfolgte, mit den Halluzinationstendenzen der primären Triebwünsche, mit seelischen Primärvorgängen. Alle Begabungen, die an diesem jungen Menschen unter günstigeren Bedingungen zur Entwicklung hätten kommen können, gerieten dabei in den Dienst dieser Phantasiebildungen. Sie spiegeln sich in einem Selbstbewußtsein, das sich omnipotent unzerstörbar wähnt. Auch an Hitler ist diese gescheiterte Sozialentwicklung bis in die Einzelheiten verfolgbar. Der Kern seiner Gefolgschaft waren Gleichgestimmte, das Faszinosum der Wirkung brachte der regressive Anschluß an diese Phantasien der Unzerstörbarkeit zuwege, das Verständigungsmittel war der präverbale Erregungsschrei.

Den anderen Knaben des Films hat das erste Jahrzehnt seines Lebens in bäuerlich traditionsgefestigter Familie schon ganz in eine Form geprägt. Er ist gewissenskundig, aber noch mehr – und darauf kommt es hier an –, er ist in der Lage, *an die Hand zu gehen.* Er hat eine Menge Fertigkeiten, die zum Vater oder zur väterlichen Welt gehören, abgeschaut und erlernt, und mit ihnen schlägt er sich nun, nach einer kurzen Phase schmerzüberwältigter Verlorenheit, tapfer durch den dichtesten menschlichen Dschungel.

An diesem Modell exemplifiziert, hätte also das reale Erlebnis des Vaters im Kinde zwei Spuren hinterlassen. Ein Entfaltungsschema geordneten Verhaltens, das wir *Gewissen* (»Über-Ich«) nennen, wäre angelegt, und zweitens: Ein Stück *Bewältigungspraxis* des Lebens wäre vom Vater auf den Sohn übermittelt worden. In sozialen Verhältnissen, in denen der Bestand an jahreszeitlich gebundenen Aufgaben gleichförmig durch die Generationen hindurch weitergegeben wird, scheint diese bildende Seite der Erziehung kaum der Beachtung wert. Sie ist dann eine Art sozialer Selbstverständlichkeit. Erst wenn diese Bewältigungspraxis dauernden Revolutionen unterliegt, wird sie zum Problem. Besteht dann noch die Revolutionierung der Praktiken des tätigen Lebens in einer *Fragmentierung* der Arbeitsleistung und in einem Anwachsen »nichtanschaulicher« Sozialleistungen – wie sie zum Beispiel die ganze Verwaltungsarbeit darstellt –, so ist die Folge davon ein Defizit an Anschaulichkeit. Für den heranwachsenden Menschen bedeutet das ein Defizit an *Sozialbildung*. Dieser Mangel – und dies wäre die These unserer Überlegungen – bleibt nicht ohne Rückwirkungen auf die gesamte Formung und Prägung der jeweiligen Generation der Söhne durch ihre Väter.

Hier sei an die Entwicklung der anthropologischen Theorie innerhalb der Psychoanalyse erinnert. Freud stieß bei der Analyse seelischer Inhalte auf die Spuren einer kulturellen Entmachtung oder Deformierung urtümlicher, triebhafter Anlagen des Menschen. Er verstand die Charakterentwicklung, die gemeinhin als ein fatalistisch hinzunehmendes Geschehen erschienen war, gerade als den Ausdruck der Bewältigung oder Überwältigung des vitalen Triebgrundes durch die Kultur. Die Triebnatur schien Freud dabei die stärkere, weil konservativere. Auf Umwegen und aus Hintergründen beunruhigt sie trotz der durch die Geschichte sich hinziehenden Anstrengungen, bleibende kulturelle Ordnungen zu stiften, weiterhin auf die entscheidendste Weise das Verhalten der Menschen. Vieles, was rational einleuchtet, ist bei genauerer Betrachtung nur »Rationalisierung« zur Befriedigung *präsozialer,* egoistischer Triebwünsche. Dem Ich fällt die Aufgabe eines Advokaten zu, der ein Alibi zu konstruieren hat, das zwar viel erklärt, aber das eigentliche Motiv kaschiert.

Magisches Denken und Konservativismus

Freuds Kulturanalyse begann mit der Berücksichtigung des Triebmomentes in systematischer Beobachtung, wie sie vor ihm nicht erreicht war. Ludwig Binswanger sagt, »daß Freud die Erfahrungsgrundlagen des Verstehens statt durch sporadische durch systematische Beobachtung in ungeahnter Weise erweitert und geordnet« habe[5]. Die Ergänzung, die dieser Ansatz erfahren mußte, brachte die spätere *Ichpsychologie.* Durch das Werk Freuds wird deutlich, wie die Freiheit, sich im Gegebenen neu zu entscheiden, ein Zeichen komplexer seelischer Leistung ist. In ihr verbinden sich unbewußt wirkende Triebansprüche und Befriedigungsphantasien mit Realitätseinsicht, mit Lenkung der verfügbaren Objektlibido zu zweckentsprechendem Handeln. Das Ich sorgt für die Verwirklichung, Übung, Ausübung und schließlich Institutionalisierung seiner Leistungen. In der Neuzeit überwiegen diese Erfindungs- und Institutionalisierungsprozesse immer mehr die älteren des ritualisierten Verhaltens, die sich von höherer Eingebung abstammend wissen und einer magischen Denkordnung entspringen. Ihr gegenüber hat das Ich nur die Aufgabe der Aufbewahrung im historischen Bewußtsein.

Der *Konservativismus,* den die Gesellschaften auch unter dem Druck von Revolutionen nicht verlieren, wurzelt in der Haftfähigkeit der ersten Identifikationen, das heißt im Fortleben dieser zu frühen Lebensabschnitten gehörenden *magischen* Erfahrungsweise neben der später sich entwickelnden, die mehr von der Kritikfähigkeit des Bewußtseins geleitet wird. Gesellschaften bestehen aus Individuen, die alle diese Erlebnisentwicklung durchlaufen haben. Ein gut Teil *magischen Denkens* bleibt – im Über-Ich verankert – als Regulativ des Welt- und des Selbstverständnisses erhalten. Gerade die *patriarchalen* Strukturanteile unserer Gesellschaft sind eng mit dem *magischen Denken* verbunden. In seiner Weltauslegung ist das Macht-Ohnmacht-Verhältnis zwischen Vater und Sohn, Gott und Mensch, Herrscher und Beherrschten das »natürliche« Ordnungsprinzip. Die historische Entwicklung ist jedoch durch ein Erstarken der Bewußtseinsleistungen gekennzeichnet, die das Macht-Ohnmacht-Verhältnis relativieren, etwa in kritischer Einsicht. Die Abhängigkeit des Sohnes erscheint dann wie der Herrschaftsanspruch des Vaters als eine Zuständlichkeit auf Widerruf. Sie kann überholt werden und braucht sich nicht durch alle Altersabschnitte nach dem ersten Muster der Kindheit zu wiederholen. Einem Lebensabschnitt, in dem man sich an größeren, dann immer auch physisch mächtigen Autoritäten ausrichten muß, kann eine Gesellung der Gleichberechtigten folgen, die sich auf gleicher Ebene achten. Das ist der immanente Gehalt der Aufklärung. Von ihr inspirierte Vorgänge wie die Nachforschung und die auf Naturforschung beruhende Technokratie oder die Anerkennung der Gleichberechtigung der Geschlechter vor dem Gesetz lösen aber nicht einfach ältere Verhaltensformen der Gesellschaft ab, sondern legieren sich mit ihnen, wie im einzelnen das *vernünftige* Denken das *magische* nicht ganz und gar auslöscht, sondern bestenfalls überwiegt. Es wäre eine ideologische Vereinfachung, dieses langsame Vordringen der bewußten Kritik an den *magischen* Denkgewohnheiten des »paternistischen Äons« schlechthin für eine Garantie einer »besseren« Form des Zusammenlebens zu halten. Wir können nicht mehr sagen als dies, daß die gesellschaftlichen Prozesse die *Väterkultur* mehr und mehr funktionslos gemacht haben und daß viele Anforderungen, die an den einzelnen gestellt sind, nicht nach dem Muster der Vorbildverinnerlichung und unveränderten Vorbildwiederholung bewältigt werden können. Er befindet sich in einer Werksgemeinschaft höchster Komplexität; daß sie mit so großem innerem Verlust arbeitet, hängt damit zusammen, daß die institutionalisierten Mächte unserer Gesellschaft immer noch durch ihre Prägungen die Permanenz des infantil natürlichen Gehorsams auf Lebenszeit erweitern wollen, statt auf seine Überwindung zur Selbstverantwortung unter »Brüdern«, Gleichverantwortlichen hinzuarbeiten.

Vereinfachend wären wenigstens drei Einflüsse zu nennen, aus denen die Kulturentwicklung gespeist wird (die Faktoren der natürlichen Umwelt und die der technischen Einrichtungen im weitesten Sinn lassen wir im Augenblick beiseite, ohne ihre Rückwirkung auf menschliches Verhalten zu vergessen): Im Prozeß, den wir »Kultur« nennen, wirken die biologische Anlage und ihre individuellen Variationen, ferner die affektiven zwischenmenschlichen Beziehungen, in denen der Triebanlage ein Schicksal, nämlich das ihrer Formung im Charakter, zuteil wird; schließlich wird dieser Prozeß vom gruppenspezifischen Umgang mit dem Bestand der kulturellen Leistungen bestimmt. »Umgang« heißt nicht nur Praxis (und Konsum), sondern es setzt die Fähigkeit des Handhabens voraus, und diese verlangt *Lernen.* Daß Lernfähigkeit und Lernrichtung von der Anlage und vom Milieu abhängen, ist ebenfalls klar.

Was der methodischen Untersuchung bedarf, ist ein anderes Problem: Was kommt beim Lernen heraus? Ein Dressurakt durch Setzung bedingter Reflexe? Eine Wissensmehrung unter Abspaltung der libidinösen Befriedigung, so daß Wissen nur als Zweck- und Schutzleistung fungiert? Auf diese Weise vermittelt es über Umwege aggressive Befriedigung im Kampf um Prestige – der verbreitetste Typus. Oder *Lernen* und *Wissen* als Ichbereicherung, als Kultivierung der Spielbreite im affektiven Kontakt? Sicher mischen sich diese Ebenen des Lernens und die Anwendung des Wissens. Es handelt sich jedoch um eine aufsteigende Linie der Kultiviertheit, und man möchte bei der Betrachtung eines Menschen der Geschichte oder eines Menschen, mit dem man umgeht, wissen, wo sie abbricht.

Kulturgeschichtlich ist nun zu bedenken, daß der größte Teil des *kultischen* und *praktischen* Wissens an die Überlieferung durch die Väter und Vaterfiguren geknüpft war. An der Erfüllung dieser Aufgabe bewährte sich das Ansehen des Vaters. Es war *augenscheinlich* kontrollierbar. Im Beieinandersein, Miteinanderarbeiten vermittelte sich das Wesen, die Art, wie er mit Stoff und Regel umging, das erreichte Maß seiner Übersicht und wo die Grenzen seiner Fähigkeiten liegen mochten – kurz, wohin er in der aufsteigenden Linie der Kultivierung gelangt war.

Die Entleerung der Autorität

Die fortschreitende Arbeitsfragmentierung im Zusammenhang mit maschineller Massenproduktion und einer komplizierten Massenverwaltung, die Zerreißung von Wohn- und Arbeitsplatz, der Übergang vom selbständigen Produzenten in den Stand des Arbeiters und Angestellten, der Lohn empfängt und Konsumgüter verbraucht, hat unaufhörlich zur Entleerung der *auctoritas* und zur Verringerung der innerfamiliären wie überfamiliären *potestas* des Vaters beigetragen. Es ist interessant genug, daß eine so kluge Analyse der amerikanischen Kultur, wie sie uns der Engländer Geoffrey Gorer gegeben hat[6], mit einer Analyse der »Verwerfung des Vaters« beginnt. Das sieht so aus, als ob in Amerika als einem Land, in dem sich die Söhne an die Stelle des Vaters gesetzt haben, die Freudsche These von den Anfängen der Kulturentwicklung, wie er sie in *To-*

tem und Tabu gegeben hat, eine exemplarische Bestätigung erfahren hätte. Doch müssen wir hier der historischen Wahrheit zuliebe einen nicht unwichtigen Zusatz machen. Es ist nicht so, als ob heute die amerikanischen Söhne noch eines symbolischen Vatermordes und seiner rituellen Beschwörung in der Totemmahlzeit bedürften, die sie immer wieder an ihre Untat erinnert und jeden von ihnen abschreckt, in die Rolle des getöteten Vaters einzutreten. Vielleicht herrschte jener Geist, solange es noch eine *western frontier* gab. Im System der kulturellen Verhaltensmuster Nordamerikas ist es inzwischen zu einer schlichten *Verachtung des Vaters* gekommen. Die heutige amerikanische Kultur wird nicht mehr durch eine Rivalität mit dem Vater bewegt, die aus der Ambivalenz zwischen »Vaterverehrung« und »Vaterhaß« ihr Gefälle bezöge; es geschieht vielmehr etwas, was ganz anderswo zentriert ist und nebenbei auch eine recht wenig affektbetonte Nichtbeachtung des Vaters in sich einschließt. Zweifellos lag der Anlaß der amerikanischen Kulturentwicklung in der Auflehnung gegen das despotische England. Was sich dann aber nach der Trennung in Amerika vollzogen hat, war der Vorgang des *Sichüberantwortens an neue Praktiken der Lebensbewältigung*, die schließlich die Wirksamkeit eines Inbegriffs der kulturellen Traditionsmacht, die *potestas* des Vaters selbst, ungestraft paralysieren konnten – ungestraft jedenfalls durch die Väter selbst.

»Die Schaffung eines Amerikaners«, sagt Gorer, »verlangte, daß der Vater sowohl als Vorbild wie als Quelle der Autorität verworfen wurde.«[7] »Vater wußte es nie am besten.« »Und als sich die Mutation einmal herausgebildet hatte, wurde sie beibehalten: Wie viele Generationen immer einen Amerikaner von seinen eingewanderten Vorfahren trennen mögen, er verwirft seinen Vater als Autorität und Vorbild und erwartet, daß seine Söhne ihn verwerfen.« Die subtile Analyse Gorers ist trotz allem zu Generalisierungen gezwungen. In altbesiedelten bäuerlichen Gegenden Amerikas nämlich, wie zum Beispiel in Pennsylvanien, finden sich durchaus Gruppen, in denen sich religiös verankerte *Sozialnormen* weitgehend erhalten haben. Wie die Schilderungen John Gunters[8] deutlich machen, hat hier ein Europa der vorrevolutionären Epoche überdauert, das an seinem Ursprungsort längst von späteren sozialen Wirklichkeiten überdeckt wurde. Manche der *Pennsylvania Dutch* stehen noch unter dem Diktat der väterlichen Autorität wie die Bauernsöhne in dem Jahrhundert vor dem Eindringen der maschinentechnischen Revolution. Es ist also nicht das Abschütteln der Bevormundung durch die *auctoritas* des alten Europa, die in Amerika diesen schockierenden Zerfall der Vaterautorität mit sich gebracht hat, sondern es ist nach interessanten Ansätzen einer eigenen Stilentwicklung der Prozeß der ungehemmten Ausbreitung der maschinentechnischen Organisation mit ihrem Diktat der ununterbrochenen Umstellung der Lebensbewältigungspraktiken, der solches hervorrief. Die technische Entwicklung vollzog und vollzieht weiter die Auflösung jahrhundertelang tradierter handwerklicher Produktionsformen und »Lebensstile«. Der an sie geknüpfte *Konservativismus* als Stil sozialer Erfahrung kann nicht aufrechterhalten werden. Wo man sich dem erfindungsbeschleunigten Fortschritt der technischen Zivilisation anvertraut, dort zerfällt die Hierarchie der alten Sozialordnungen bis in die Aufbauelemente der Familie hinein. Eigentlich ist es eine Selbstverständlichkeit, daß sich nicht der Vergesellschaftungsmodus des arbeitenden Menschen allein verändern kann, sondern daß alle anderen Vergesellschaftungsmodi mitergriffen werden.

Der klassenlose Massenmensch

Von den am geschichtlichen Horizont versinkenden alten Sozialordnungen und vom gewohnten Menschenbild her betrachtet zeigt sich eine Entwicklung, bei der man sicher mit Ernst Michel »Züge der sozialen Defektstruktur der industriellen Gesellschaft«[9] vorfinden wird. »Defekt« ist aber historisch immer nur etwas Relatives. Man muß das Abhandengekommene zusammensehen mit spezifisch differenzierten, gepflegten und sozial hochgeschätzten neuen Eigenschaften, die sich anstelle von älteren entwickelt haben. Dafür müssen wir den Blick schulen, statt das Richtmaß aus dem Museum unserer Geschichte zu entnehmen. Wobei noch besonders zu beachten ist, daß das Museum das »Schöne«, das »Gelungene« aufbewahrt, aber nicht ohne weiteres verrät, welche Rolle es im Ganzen der sozialen Wirklichkeit seiner Zeit spielte. Allzu unbeschwerte Rückbesinnungen können da in die Legende führen.

Da die verbindliche, anschauliche väterliche Unterweisung im tätigen Leben fehlt, hier also keine verläßliche Tradition mehr besteht, orientieren sich die Altersgenossen aneinander. Die *peer group*, das heißt die Gruppe der Altersgenossen in Schule und Nachbarschaft und im Beruf, wird zur Richtschnur des Verhaltens. Das gilt für Erwachsene wie Kinder; und ganz konsequent machen die Eltern den Kindern Vorwürfe nicht sosehr wegen Verletzung von Geboten *(inner standards)* als dann, wenn es ihnen nicht ausreichend gelingt, ihre Beziehungen zu den anderen Kindern gut zu gestalten und »populär« unter ihnen zu sein[10].

Von diesen Beobachtungen her hat sich David Riesman zu einer neuen »Kulturtypologie« vorgetastet. Neben dem Typus des *traditionsgelenkten* Menschen (»tradition-directed«) unterscheidet er die Typen des »inner-directed«, das heißt des vorwiegend *gebotsgebundenen* Menschen, und des »other-directed«, das heißt des durch die *Konformität* mit seinen Gruppengenossen gelenkten Menschen, der zugleich der Durchschnittsbürger der neuen Mittelklasse ist, wie sie die technische Massenzivilisation heraufgebracht hat.

Natürlich handelt es sich in dieser neuen Zivilisationsumgebung wie zu allen Zeiten um den Vorgang der Schaffung von *Konformität*. Gegenüber dem *traditionsabhängigen* Gruppenmenschen und Gruppenstil besteht die »Konformität« des *gebotsgelenkten* Individuums – etwa der europäisch-bürgerlichen Geschichtsepoche – »weniger in der ununterbrochenen Ermahnung zum Gehorsam der Sitte gegenüber als vielmehr im Gehorsam gegenüber einem ins Innere aufgenommenen Kontrollsystem, das dem Individuum von seinen Eltern und anderen erwachsenen Autoritätspersonen in der Kindheit eingepflanzt wurde«[11]. Der Typus des gruppenabhängigen »other-directed« Menschen wiederum ist »darauf vorbereitet, mit einem ziemlich raschen sozialen Wandel fertig zu werden und ihn in der Verfolgung seiner individualistischen Wünsche auszubeuten«. In einem sehr anschaulichen Vergleich spricht Riesman davon, daß bei diesem neuen Menschentyp, der bei seiner massenhaften Verbreitung der Typus des modernen, man möchte sagen *klassenlosen Massenmenschen* ist, die Lenkung »anstelle durch lebenslang gültige Ziele, auf die man sich hinbewegt, durch *Radar* erfolgt«. Dabei kann ein dauernder Richtungswechsel erfolgen: Denn zum

Lebensraum des »other-directed« gehört der überraschende Zuruf neuer kurzfristiger Ziele, die er schnell ergreift und aufgibt. Auch diese Art der Beeinflussung wird natürlich von Kindheit an gelernt. Durch sie entsteht dann neben anderem jenes Bild eines *vaterverachtenden,* technischen Progressisten, der in sich keinen Anspruch auf »Entwicklung« vorfindet, sondern für den es gewissermaßen nur noch zwei Kategorien der Beurteilung gibt: ein soziales »In-Form-Sein«, Populärsein, und ein Vergessen-, Übergangen-, Wertlossein. Der Begriff des Reifens als kollektiv anerkannte Ausformung beginnt zu verschwimmen.

Sehr deutlich sieht Riesman die außerordentlichen Gefahren dieses Lebensstils. »Die Charakterstruktur vieler Menschen der Gegenwart macht sie gespannt, verkrampft und ängstlich, wenn sie nicht durch ihren Radar die letzten Nachrichten vernehmen. Entsprechend breiten sich seelische Zwänge, die man als neurotisch ansehen würde, wenn sie nur bei einem einzelnen Menschen zu beobachten wären, auf ganze Gruppen aus, deren Anpassung am sozialen und beruflichen Erfolg im übrigen ganz in Ordnung erscheint.«[12] Es deutet sich hier ein tiefer Wandel im Strukturaufbau der Gesellschaft an. also in dem, was funktionell die Menschen aneinander bindet.

Kehren wir aber noch einmal zu dem Ausgangspunkt unserer Überlegungen zurück, nämlich zu der Frage, was überhaupt menschliches Verhalten unter seinesgleichen bestimmt. Auf der einen Seite, sahen wir, sind es elementare, anlagemäßig verankerte *Triebgeschehnisse,* die innere Spannungen erzeugen, teilweise zum Bewußtsein gelangen und über Handlungen einer Entspannung zustreben. Auf der anderen Seite sind es zwischenmenschliche Erfahrungen. Aus ihnen stammt das Erlernen von Verhaltensmustern und Fertigkeiten, in denen die vitalen Antriebsmächte gebunden, zur gruppenspezifischen Ausdrucksweise stilisiert, miteinander kombiniert oder unterdrückt werden. Folgt man der psychologischen Literatur, so werden im wesentlichen immer wieder die *emotionell* prägenden Faktoren, das Stimmungsklima, analysiert und für die Erklärung der jeweiligen Charakterentwicklung – als den spezifischen Ausdrucksformen eines Individuums – herangezogen. Hier sei aber nochmals an den kleinen Peón des Films erinnert. Er war Mitglied der traditionsgelenkten Gesellschaft, für welche die bäuerlichen Gruppen immer die markantesten Vertreter waren. Aber ist es hier nur eine Frage des »affektiven Kontaktes«, daß ein Kind so sicher, so unbeirrbar, trotz seiner Ängste auch in der fremdesten Umwelt und in allem kindlichen Schmerz sich zurechtfindet?

Das Schreckgespenst »Vater«

»Durch Anschauung werden wir gebildet, durch Worte erzogen«, sagt Carl J. Burckhardt[13]. Verfolgen wir das Leben eines Kindes aus dieser bäuerlichen Traditionswelt, so finden wir, daß es ganz unabhängig von dem jeweiligen Standort und affektiven Klima, in dem sich das Geschehen zuträgt, in der Lage ist, das Leben von Vater und Mutter in Gänze anschaulich vor sich zu haben. Keine der wichtigen Lebenspraktiken der Großen seiner Welt vollzieht sich unanschaulich, für das Kind nicht erfahrbar. Es wächst deshalb ganz natürlich in ein den Jahreslauf und den Lebenslauf gliederndes, traditionsgesichertes Wissen hinein, dessen einzelne Stücke unmittelbar vorgelebt, vorgemacht und nachvollziehbar sind. Vergleicht man diese Welt mit der unseren, so sind in der Geschichte zwei Stufen der Entfremdung beobachtbar. Zuerst wird die Arbeitswelt von der Welt des familiären Lebens weggerissen. Das wird als Ereignis schon in der Romanliteratur der ersten Hälfte des 19. Jahrhunderts erlebt. Für das Kind ist die für die Lebensfristung wichtigste Lebenspraktik, die Berufsausübung des Vaters, nicht mehr unmittelbar anschaulich. Aber vielleicht kann der Vater noch davon berichten und Teile seiner erlernten Handfertigkeiten im Milieu der Familie zur Anschauung bringen. Für die Väter, denen der nächste Schritt der Technisierung den Beruf bestimmt, die in Verwaltungen tägig sind, ist nicht einmal dies mehr möglich, da ihr Beruf keinerlei Anschaulichkeit mehr in sich birgt und also auch von ihm, außer Ärger und Büroklatsch, nichts mehr in die familiäre Welt mit nach Hause gebracht werden kann.

Dann aber taucht der Vater häufig nur noch als ein Schreckgespenst in der Welt des Kindes auf. Jedenfalls ist dies so in unserem vom *väterlichen* Autoritätsgehaben durchsäuerten Kulturmilieu, während in dem in der Vaterverachtung fortgeschritteneren Amerika der Vater eher parodistisch gesehen wird.

Ein für zahlreiche vergleichbare Fälle stehendes Beispiel: ein 35jähriger Student ist schon zweimal bei seinen Studienversuchen gescheitert. Er ist aufs schwerste gehemmt und hat vollkommen die Möglichkeit verloren, sich auf seine Arbeit oder auf irgendein sonstiges Ziel in der Welt zu konzentrieren. Sein Vater war ein Beamter, der lebenslang darunter litt, daß er kein Abitur gemacht hatte, aber täglich mit Kollegen und Vorgesetzten zusammenarbeiten mußte, die diese Auszeichnung genossen hatten. Der Patient hatte noch einen Bruder. Beide Söhne wurden vom Vater trotz ihrer sehr schlechten Schulleistungen mit unnachgiebiger Strenge zum Abitur gepeitscht. Die vital blasse, zwangsneurotisch eingeengte und unter dem von Ressentiments geladenen Regime des Vaters depressiv gewordene Mutter klagte am Abend dem Vater alle Sünden der Söhne, worauf dann die väterliche Strafexpedition ins Kinderland erfolgte. So folgte ein Tag dem anderen, sie lebten in ständiger Angst vor den Denunziationen der Mutter und der immer strafbereiten Strenge des Vaters. Charakteristisch genug sind die wenigen glücklichen Erinnerungen des Patienten an seinen Vater mit den kurzen Stunden gemeinsamer Bastelarbeit verbunden. Aber in dieser Hinsicht gab es eben keine zusammenhängende, verbindende Tätigkeit, vielmehr stand ganz die *Leistungsdressur* als Leitmotiv über der Jugend dieser Kinder. So war die Schulzeit eine Qual, eine Folge von Autoritätskonflikten mit den Lehrern (die, wie so häufig, die niedergeprügelte Ambivalenzhaltung dem Vater gegenüber auszukosten hatten). Je schärfer die väterliche Forderung, desto unüberwindlicher die Lernhemmung. Der einzige positive Beziehungspunkt zwischen Vater und Sohn war das Interesse für Technik. Das bestimmte schließlich die Berufswahl. Im Praktischen recht geschickt, scheiterte trotzdem das Studium des jungen Mannes an seiner völligen Arbeitsunfähigkeit. Entgegen seinen Begabungsmöglichkeiten erfährt er einen aus seinen unbewußten Introjekten und ihrer Abwehr gemischten elementaren Widerstand gegen alles Geordnete und sich aus innerer Konsequenz selbst ordnende Wissen. Seine Arbeitsunfähigkeit war der ihm verbliebene Weg der Rache am Vater und zugleich die Selbstbestrafung für diese von seinem dressatgehorsamen Gewissen als unerhört erachtete Rache. Der Vater seinerseits war ganz und gar narzißtisch mit seinen Söhnen identifiziert; sie waren nicht mehr als Werkzeuge, mit denen er sein Ideal erreichen wollte. Ihr Versagen bedeutete eine unmittelbar ihn selbst treffende narzißtische Kränkung.

Die chaotische innere Verfassung des jungen Mannes, der noch einmal ein Beispiel für die »guten« Absichten des Vorbildes und seine »schlechten Folgen« ist, kann man in Kürze schwer darstellen. Ein primitiv-sadistisches Über-Ich entwertet die Leistungen, zu denen das Ich fähig wäre. In diesem Über-Ich ist die unbewußte Projektion des Vaters auf den Sohn festgehalten. Sein fanatischer Wunsch, die Söhne möchten es weiter bringen als er, ist auch Abwehr gegenteiliger zerstörerischer Wünsche: Niemand darf so vollkommen, so mächtig werden, wie er sich in seinen Allmachtsphantasien sieht. Das in der magischen Frühzeit angelegte Über-Ich exekutiert diesen unbewußten Wunsch gegen den Sohn, und es erweist sich, daß er der stärkere Wunsch ist als der bewußte. So kann eine von primitiven aggressiven Impulsen unbelästigte libidinöse Zuwendung kaum aufkommen. Für den Sohn bedeutet dieser Mangel an liebevollem väterlichem und mütterlichem Halt, bei gleichzeitigen intensiven Ansprüchen, ein unerträgliches Anwachsen des Gefühls, nicht zu genügen, also eine tief in die unbewußten Prozesse reichende Verstärkung von Schuldgefühlen. Im Erleben des Kindes heißt es dann, daß die harte Strenge des Vaters die Vergeltung für aggressive Wünsche gegen ihn ist. Diese lassen sich aber gar nicht vermeiden, nicht in der liebevollsten Erziehung. Sie werden aber unbeherrschbar, wo die Verbotsstärke die Einfühlung weit überwiegt. Ein solches Kind erfährt kein »Urvertrauen«, und es hat dann später keinen sicheren Standort, von dem aus es seine Autonomie entwickeln könnte. Ein solcher Mensch kommt vom Szenarium seiner schreckenserfüllten Kindheit nicht los; die Rivalitäts- und Schuldgefühle bleiben sein einziger affektiver Inhalt. So sagt der Patient z. B. über seine Störung, die ihn an der Aneignung mathematischen Wissens hindert: »Mathematik ist der geistige Ausfluß männlicher Autorität.« Er hat männliche Kraft nur auf eine perverse, masochistische Weise fürchtend lieben gelernt; das bringt ihn in keine Position, in der er aus Identifikationen heraus liebend lernen und lernend lieben könnte. (Entsprechend der Arbeitshemmung sind natürlich auch die sexuellen Triebregungen verwirrt und schuldbelastet.)

Der zitierte Fall ist in seiner Art gewiß kein seltenes Beispiel des traurigen Ausgangs von Erziehungsbemühungen, die nie von dem Gedanken einer Selbsterziehung des Erziehers durchkreuzt wurden. Er steht aber auch für einen typischen Generationskonflikt der *verwalteten* Großgesellschaft. Solange in der Kindheit und Jugend ein gemeinsames Arbeitsfeld für Vater und Sohn gegeben ist, besteht die Chance eines Ausgleiches selbst ungezügelter väterlicher Aggression. Denn es teilt sich in der »Vorarbeit«, die er leistet, noch etwas von der beglückteren Seite des Vorbildes mit, nämlich jener Bereich der Person, in der ihr eine Verschmelzung von Lust, Freude an der Sache und am Können mit den aggressiven Strebungen gelungen ist. Ist der väterliche Zugriff nicht gekonnt, so ist das eine Erfahrung, die relativ schuldfrei erlebt und als Ansporn verarbeitet werden kann. Solche Erfahrung hatte der Kranke nicht, er hatte nur ein *emotionelles Vaterbild*. Sein Kontakt erstreckte sich auf jenen Aspekt des Vaters, in dem die ungesättigte Destruktionsneigung vorherrschte. Aus diesem Bild hatte er das eigene innere Leitbild aufzubauen, und das war so irritierend, daß eine beruhigte Sachorientierung nicht gelang.

Ambivalenzkonflikte

In mehr oder weniger deutlicher Ausprägung finden sich vergleichbare Störungen bei so vielen Jugendlichen, daß man sie als zeittypische Erscheinungsbilder (der relativen Wohlstandsgesellschaft) bezeichnen kann; bald mögen »Wurstigkeit«, Interesselosigkeit, bald Verantwortungsscheu oder Verantwortungslosigkeit im Vordergrund stehen. Diese Haltungen lassen sich nur unzureichend mit der Formel »Pubertätskonflikt« zur Deckung bringen und als solche verständnisvoll ansehen. Mindestens muß man sich dann klar darüber werden, daß die Pubertät dieser Jugendlichen sehr gedehnt verläuft und oft bis weit in die zwanziger Jahre sich erstreckt und daß sie von besonderer chaotischer Verwirrtheit zeugt. Die natürliche »Identitätskrise« im Übergang von Kindheit zur Erwachsenheit scheint eine bei weitem stärkere Erschütterung der Persönlichkeit mit sich zu bringen, als dies in traditions- oder innengelenkten (das heißt Über-Ich-bestimmten) Gesellschaftsordnungen der Fall ist. Wenn wir darin einen zeittypischen Ablauf einer Wachstumskrise erblicken, müssen wir die speziellen Bedingungselemente dieser gehäuft auftretenden Störungen aufzeigen. Gerade das ist aber schwer, weil man sich nicht mit Urteilsstereotypen, wie sie die vulgäre Kulturkritik – und nicht nur sie – verwendet, zufriedengeben kann. Sicher ist es wieder ein Determinationsbündel, das bestimmte typische oder mindestens gehäuft auftretende psychische Verfassungen bedingt. Aber sie entziehen sich vielfach einem exakten Nachweis. Es sei versucht, einige der psychodynamischen Bedingungselemente anzudeuten.

Die Schwierigkeiten der *Pubertätskrise* liegen in dem neuen Aufflammen der Ambivalenz der Gefühlseinstellungen. Der Jugendliche ist zwischen den konträren Gefühlen zu ein und derselben Person hin- und hergerissen. Man hört von ihm die schroffsten und schwankendsten Urteile über andere, aber ebenso kann man beobachten, wie seine Selbsteinschätzung oft rasch von Überheblichkeit in ängstliches Verzagen umschlägt, bis er langsam mit dem Wachsen seiner *Ichkräfte* wieder zu einem ausgeglicheneren Verhältnis zu sich selbst und den ihm wichtigen Mitmenschen kommt. Der Ausweg, den er vorher aus dieser Qual suchte, ist der, daß er die eine, die negative Seite in der Beziehung zu den alten Beziehungspersonen – den Eltern – beläßt, die positive Seite auf neue idealisierte Vorbildfiguren überträgt.

Diese ambivalente Zerrissenheit der Pubertät besitzt eine Vorstufe in der Gefühlskrise des *ödipalen Konfliktes* um das fünfte Lebensjahr, wenn das Kind in peinvollem Zwiespalt Zärtlichkeit und Eifersucht, Bewunderung und neidvollen Haß den beiden Eltern gegenüber in äußerster Heftigkeit erlebt. Verschiedene Kulturen werden mit dieser ersten und zweiten der großen *Identifikationskrisen* des heranwachsenden Menschen auf verschieden geschickte und tolerante Weise fertig. Es ist kaum noch zweifelhaft, daß die Reaktionsmuster, die sie jeweils anwenden, über den affektiven Tenor entscheiden, der hier und dort vorherrscht.

Aber Menschen leben nicht allein in den direkten *affektiven* Bezügen untereinander. Sie leben in einer *Umwelt*, und zwar in einer affektiv sehr bestimmt gefärbten und begrenzten Umwelt. Das heißt, sie übertragen, je mehr ihre körperlichen Fähigkeiten reifen, einen Teil ihrer Gestimmtheit auf die Dinge, mit denen sie umgehen, und auf ihre Gestaltung. In einer relativ wenig arbeitsteiligen Welt liegen die Dingbezüge und die Bezüge zu Mitmenschen in ein und demselben Handlungsraum. Der Umgang mit Menschen und Werkzeugen ist sinnfällig miteinander verbunden; das Kind geht an der Hand zum Platz der Tätigkeit und lernt dort an die Hand gehen. Der *Wechselbezug* des Interesses von Mensch zu Mensch zu einem von Mensch zu Mitding ist eine unmittelbare Erfahrung. Es ist wahrscheinlich keine Sentimentalität, in diesen Erfahrungsgrundlagen – bei denen ja zugleich die Gestaltung der Landschaft selbst durch Arbeit mitvollzogen wird – den Ursprung jenes Zugehörigkeitsgefühls zu suchen, den das Wort »Heimat« symbolisiert. Daß dieses Wort in der Tat die sentimentalste Ausbeutung erfahren hat, politisch wie industriell, kann nur die Anhänglichkeit an eine Vergangenheit anzeigen, die sich als geglückt widerspiegelt und doch verlorengegeben werden muß. Das Heimatgefühl des Städters beruht natürlich auf den gleichen Erfahrungen des langsamen Bekanntwerdens des unheimlichen und fremden Raumes; aber es ist doch (prinzipiell) sehr viel mehr Unbekanntes, nie Vertrautes in den Häusern, Straßen, Vierteln einer Stadt verborgen als in dem Dorf, dessen Leben sich in der angrenzenden Landschaft ausbreitet.

Nun wäre es bestimmt ein verträumter Irrtum, die bäuerliche Welt zu verklären – ihre dörfliche Enge und Inzucht, ihre rigideste Konformität und Besitz- beziehungsweise Selbstbewußtseinsstaffelung, die lastende Körperarbeit, die Gefühlsstumpfheit und den Aberglauben. Und doch hatte sie – je ferner sie uns rückt, je mehr die Technisierung die Bauernwirtschaft zu einem sich spezialisierenden Wirtschaftszweig neben anderen umformt – in allem permanenten Elend eine Chance, den Ambivalenzkonflikt produktiv zu schlichten. Eben durch diesen einheitlichen Handlungsraum. Die Rivalität mit dem Vater konnte in einer außerverbalen, aber direkt anschaulichen Konkurrenz mit ihm, im Umgang mit Werkzeugen ausgetragen werden. Der Sohn konnte dem Vater auf dessen eigenem Feld vorpflügen und beweisen, was er konnte. Diese direkte Konkurrenz, die zur Bewältigung der affektiven Gespanntheit beitrug, brauchte nicht den direkten Ausdruck, den Streit; sie konnte auf dem Umweg über eine beiden Partnern gleichvertraute Tätigkeit geschehen.

Die Trennung der väterlichen von der kindlichen Welt in unserer Zivilisation läßt eine derartig anschauliche Erfahrung auf beiden Seiten nicht zu; das Kind weiß nicht, was der Vater tut; der Vater nicht, wie das Kind in seinen Fertigkeiten heranwächst. Eine selbstgebaute Scheune ist auf eine andere Weise zum Besitz geworden als ein Eisschrank oder ein Automobil.

Die Identifikationswege verlaufen in der hochspezialisierten Arbeitswelt sicher sehr verschieden von denen in der bäuerlichen und handwerklichen. Die Identität ist für das Kind schwierig zu finden, weil es zuviel seinen Phantasien über den Vater überlassen bleibt, statt ihn in einer Welt erfahren zu können, in der es ihn durch Mittätigkeit kennenlernt. Für den Jugendlichen in der Identitätskrise der Pubertät wiederholt sich diese Verlassenheit. Er kann seine *Identität* nicht leicht in *Rollen* finden, die schon der Vater oder die Vorväter innehatten, sondern muß sich in einer Berufsvielfalt, die er kaum überschaut und keinesfalls aus eigener Kindheitserfahrung kennt, orientieren und entscheiden. Alles das muß ihm das Gefühl der Vereinsamung geben und legt ihm den Schluß nahe, daß der Vater schwach, unfähig ist, daß man mit ihm nicht rechnen kann. Umgekehrt fühlen die Väter eine verständnislose Verschlossenheit an den Söhnen, die es schwer oder unmöglich macht, das rechte Wort im rechten Augenblick zu finden.

Wir haben damit zu einem Teil die spezifischen Verständigungsschwierigkeiten zwischen den Generationen in unserem Kulturaugenblick verstehen gelernt. Wir wissen deshalb noch nicht, wie wir sie bessern könnten. Aber mehr noch, unsere Kritiker könnten uns an das Elend der »Vater-Sohn-Feindschaften« gerade in der bäuerlichen Welt, an die gefühlsrohe Ausbeutung der Kinder durch die Eltern, an die Lieblosigkeit der Jungen gegen die Alten erinnern, wenn diese erst einmal aufs Altenteil gekommen waren, an lebenslanges Mißtrauen, an pedantischen Neid, um uns zu helfen, unsere eigenen Hilflosigkeiten im rechten Licht der menschlichen Unvollkommenheit zu sehen. Aber leider ist uns ein solcher Hinweis auf die Sackgassen der humanen Entwicklung, die sich, wo immer wir die Geschichte betrachten, auftun, auch zu nichts anderem nutz, als daß wir mit unseren Hoffnungen bescheiden bleiben. Die Frage nach der *Rolle* des Vaters und den spezifischen Entbehrungen des Kindes im gegenwärtigen gesellschaftlichen Prozeß ist damit nur durch Kontraste deutlich geworden.

Wurzeln der Aufstiegsmanie

Wir sehen aber, daß es nicht genügt, hier nur von einem Leiden des Kindes an der Unsichtbarkeit des Vaters zu sprechen – und viele Tendenzen zeigen an, daß die Mutter ihm bald in sein Reich der Schattenhaftigkeit nachgefolgt sein wird –, sondern wir müssen ins Auge fassen, daß zugleich der Vater selbst unter einer Arbeit leidet, die es ihm nicht gestattet, seine eigene persönliche Fertigkeit, sein individuelles Talent, Geschick und Ausdrucksbedürfnis in ihr unterzubringen. Er arbeitet für Lohn, nach Zeit oder Stückzahl, aber er arbeitet »spurlos«, das heißt, nichts am gefertigten Stück, nichts am Bedienungsgriff oder Aktenfaszikel verrät das Individuum, das mit ihm umgegangen ist. Im Ablauf eingewöhnter Tätigkeiten hält das für den Arbeitenden ein dauerndes Gefühl des Enttäuschtseins wach. Er ist leidend in ein Tun – wie bewußt oder unbewußt auch immer – verstrickt, das sich als unzugänglich für seine Gestaltungs- und Ausdrucksbedürfnisse erweist. Die Folge muß eine Verstärkung aggressiver Gespanntheit sein. Das hier wachsende Ressentiment kann, so wie die arbeitsteilige Welt nun einmal beschaffen ist, nicht in ihr selbst aufgefangen werden. Sie ist frustrierend an sich. Spurhafte Arbeitsmöglichkeiten sind in ihr nur für eine Minderheit gegeben. Deshalb vermag auch die höchste Lohnskala die Unzufriedenheit des Gemüts mit den Arbeitsbedingungen der voll mechanisierten technischen Arbeitswelt nicht auszugleichen. Die Spannungen übertragen sich vielmehr zu einem erheblichen Teil auf die affektiven Beziehungen zu den Partnern am Arbeitsplatz. Deshalb die große Sorge um das »Arbeitsklima«. Oder sie werden in den affektentlastenden Amüsements, Sportveranstaltungen und so weiter, aufgefangen. Beides, die *Sympathie-* und *Antipathiegruppen,* die sich in Werkhallen und Büros bilden, gegeneinander intrigieren und klatschen, wie auch der Zwang, unterhalten zu werden auf irgendeine (möglichst prestigegewährende) Weise, sind als *Ersatzfunktionen* für die Frustrierungen in der Arbeit zu werten.

Wir möchten noch einmal betonen, daß dies die spezifische *Notsituation* unserer Zivilisationsbedingungen ist; frühere Lebensformen hatten andere Enttäuschungen, andere Beschränktheiten zu bestehen. Im Rückblick erscheinen wie selbstverständlich die unzugänglich gewordenen Befriedigungen. Die Nöte werden ausgeblendet, weil sie das Gefühl der Unzulänglichkeit, der Unfähigkeit, eine beständige Ordnung zu finden, als bedrückende Erkenntnis verstärken würden.

Beispielhaft zeigte sich der Geltungsverlust der spurhaften Handarbeit in der Lebensgeschichte eines jugendlichen Quartalssäufers und Wegläufers (»Poriomanen«). Er war der Sohn eines Schlossers und einer aufstiegsbesessenen Mutter. Sie hatte keine Ruhe, bis der Vater kleiner Beamter geworden war. Seine Werkzeuge wurden auf dem Speicher verstaut. Als der Sohn so weit herangewachsen war, daß er Freude am Basteln hätte finden können, verschenkte, ungeachtet seines Schmerzes darüber, die Mutter das Werkzeug aus dem Hause. Zum Sohn bemerkte sie, sie habe sich lange genug »mit einem Kerl mit ungewaschenen Händen« ärgern müssen, *er* solle einmal einen besseren Beruf ergreifen. Es ist wieder so, wie vorher schon angedeutet: Die persönliche Neurose fügt sich kollektiv verbindlich werdenden Anschauungen ein, der *white collar,* der Aktenmensch, gilt mehr als der »primitive« handwerkende Mensch.

Man kann solche Geltungen gewiß nur richtig in den Zusammenhängen ihrer Entstehung würdigen. Das Weltalter der Bedrücktheit, der Fesselung des Menschen an die Arbeit aus Leibeskräften ist die Vorgeschichte der verheißungsvollen Befreiung durch die Maschinenkräfte. Der Optimismus, mit dem die Menschheit den Prozeß des Maschinenbauens fördert, läßt ermessen, wie sehr sie unter dem Joch der alten Arbeit ächzte. Die oben umrissene Lebensentwicklung, die zum Scheitern zwingt, zeigt die neugewachsene Problematik, die Metamorphose des Elends, das wiederum nicht als nur privates spürbar wurde.

Den Soziologen interessiert mehr die Durchschnittsreaktion, das Allgemeine an solchen Fällen, und inwiefern sich das Sozialklima unter solchem Wandel der Verzahnung von *Hoffnung* und *Realität* verändert. Den »Feld-Anthropologen« – und als solcher fühlt sich der psychoanalytisch tätige Arzt – bewegen die in der Einkleidung der individuellen Situation sich in zahlloser Variation wiederholenden gleichen *Entfremdungsvorgänge*. Eine 21jährige, unehelich geborene Angestellte, die ein Leben ziemlich nahe der Prostitution führt, wird von nächtlichen Angstanfällen geplagt, bei denen sie das Gefühl hat, als wäre jemand da, der sie umbringen könnte. Sie sagte von sich selbst: »Es ist mir, als ob irgend etwas von mir, was ich nicht kenne, was aber zu mir gehört, irgendwo in der Welt sich herumtreibt.« Und es zeigte sich, daß dies Phantasien über den unbekannt gebliebenen Vater waren. Die Entbehrung nährt das affektive Weitersuchen nach der zu gleicher Zeit auch als sehr bedrohlich (weil eben unbekannt) empfundenen Vaterfigur. Zugleich wird eine eigentliche Partnerwahl nicht geleistet, was wiederum auch damit zusammenzuhängen scheint, daß insgesamt die *Objektlibido* keinen festen Halt, nicht in Mitmenschen, nicht in Dingen, die durch ihre Liebe wertvoll geworden wären, gefunden hat. Das Leben wird als »sinnlos« empfunden.

Der Verlust dieser Sachbezogenheit fördert jedenfalls in hohem Maße jene höchst paradoxe Reaktion, die an der den Handwerker verachtenden Mutter soeben schon zu beobachten war; nämlich, daß immer mehr Menschen in die Berufe der *abstrakten* Arbeitsleistung – »abstrakt« im Sinne von »nicht-anschaulich« – drängen und diese in der höchsten Arbeitsteiligkeit des Wirtschaftens und Verwaltens auch bereitgehalten werden. Die »Kopfarbeiter« sind aber längst keine geistige Landschaften überblickenden Enzyklopädisten mehr, sondern *white collars*, Fachleute, die ein höchst partikuläres Wissen in ebenso arbeitsteiliger Weise wie bei der Fließbandarbeit in Funktion setzen. In einer Studie über *Leitbilder des gegenwärtigen deutschen Familienlebens* berichtet Gerhard Wurzbacher deshalb auch von einer »stark ausgeübten elterlichen Verfügungsgewalt«, um durch das Kind »all die nicht erfüllten elterlichen Bildungswünsche, Aufstiegshoffnungen und Prestigeansprüche zu verwirklichen«[14]. In seiner kulturspezifischen Ausformung ist dieses Verhalten deutscher Eltern natürlich dem der Eltern des »other-directed« amerikanischen Kindes gleichzusetzen. In beiden Fällen haben die Eltern den Wunsch, daß die Kinder nicht ihr eigenes Leben nachvollziehen möchten: Sie forcieren sie deshalb zu Leistungen, die ihnen Aufstieg, Fortschritt, erhöhten Lebensstandard, erweiterte Bedürfnisbefriedigung versprechen. Diese Überforderung des Kindes entspringt der eigenen Beziehungslosigkeit zum Beruf, der sich in den »Job« verwandelt hat. Die Mobilität des radargesteuerten Konformisten (eine Phantasie, die auch in Orwells *1984* vorkommt) läßt ihn angepaßt erscheinen an die Erfordernisse einer in neuen Schwerpunkten sich organisierenden technischen Massenzivilisation. Sie zeigt aber zugleich auch seine Heimatlosigkeit, seine mangelnde libidinöse Objektverankerung im sozialen Ort an.

Verlängerte Wachstumskrisen – ungestillter Identifikationshunger

In der psychoanalytischen Anthropologie wird der *kulturschaffende* Konflikt der Geschlechterfolge mit dem Wort »Ödipuskomplex« umschrieben. Damit gelangt, wie wir zeigten, ein Kernkonflikt in den affektiven Beziehungen zwischen Kind und Erwachsenem zur Anschauung, ein Konflikt, dessen Bewältigung die Grundlagen der Kultureignung des Kindes schafft und – vom Ende der Entwicklung her gesehen – beurteilen läßt, ob und wie der Erwachsene diesen Weg weiterbeschritten hat oder wie weit er zurückgeblieben ist.

Viele Anzeichen sprechen dafür, daß zu diesem im »Ödipuskomplex« beschriebenen *Generationskonflikt* in unserer Sozialordnung eine neue Notlage für das Kind hinzugekommen ist. Die Arbeitswelt der Großen ist unzugänglich geworden, in Fabrikbetrieben und Büros ist kein Platz für Kinder. Sie sind vom identifizierenden Beobachten und Lernen ausgeschlossen. Nun besteht aber, wie wir sahen, eine enge Verschränkung von affektiver *Gestimmtheit* und *Lernfähigkeit*. Diese Funktionseinheit ist in der bisherigen Menschheitsgeschichte eigentlich nie ernstlich gefährdet worden. Erst in unserer gesellschaftlichen Wirklichkeit geschieht die weitgehende Trennung; symbolisch ausgedrückt, die Einheit von Vater als Temperament und Vater als Meister wird zerteilt. Es bleibt der Vater als Temperament, dessen Gestimmtwerden und Gestimmtsein nicht kontinuierlich erfahren wird, sondern das aus der alltäglichen Abwesenheit überraschend auftaucht, und es geht verloren die affektiv getragene Unterweisung (mit allen Vergewaltigungsgefahren), die den Dingen einen heimatlichen Charakter gibt. Den Zusammenhang von Sacherfahrung und affektivem Kontakt in seiner negativen Spiegelung zeigt der Traum eines achtzehnjährigen scheiternden Schülers. Er ist unehelicher Sohn eines Künstlers und einer Fabrikarbeiterin. Seine Mutter hat ihm die Wahrheit seiner Herkunft vorenthalten. Seinen Vater kannte er nur als einen gelegentlich auftauchenden »Onkel«, bei dem er froh ist, wenn er wieder weggeht. Strafe und Verwöhnung haben das Kind ganz an die Mutter gebunden und es von der Realität abgehalten, wo immer sich diese fordernd oder verlockend präsentiert. So wächst der Knabe, unbeliebt bei den Kameraden, als »Tagträumer« heran, neidisch Kindern gegenüber, die einen Vater haben. Wie weit die Not dieses jungen Menschen aber über die *ödipalen* Ängste hinausreicht, eine von keinem guten Vaterbild gemilderte Schutzlosigkeit, ein Ausgesetztsein in der Fremdwelt ist, zeigt die Selbstdarstellung im Traum:

»Ich war an einem Kreuzweg; starker Verkehr. Ich sah in einem schwarzen Auto einen schwarzgekleideten alten Mann mit einem Totenschädel als Kopf. Er raste auf mich zu, ich wich aus, da fuhr er auf ein anderes Auto auf. Als ich das Unglück sehen wollte, war nur ein Sandhaufen auf der Straße. Ich ging dann einen langen Weg, kam in einen Park und sah Goldfische in einem Brunnen. Dann sah ich auf dem Grund des Brunnens eine Stadt liegen und hörte Glocken läuten. Ich steckte die Hand ins Wasser, erschrak furchtbar, denn als ich den Arm herauszog, war die Hand ab. Ich floh und sah, der Alte verfolgte mich, richtete eine Pistole auf mich, ich sah noch einen Feuerstrahl aufblitzen und verlor dann die Besinnung.«

Was der Traum darstellt, ist die in großer Heftigkeit fortdauernde *Ödipusproblematik*. Und es könnte sein, daß dies ein generell zu erwartender Ausgang wäre, wo der »Temperament-Vater« nicht auch der »Meister-Vater« ist, an dem man sich messen lernt und der damit die dämonisch übermächtigen verstümmelnden Züge verliert, mit denen ihn die Kindheit ausgestattet hatte.

Auch der »tote« Vater bleibt im unbewußten Erlebnis eine bedrohliche Macht. Die Welt selbst aber wird ohne seine Anleitung völlig unzugänglich und unberechenbar. Auf tückische Weise ändert sie fortwährend die Gestalt und produziert unheimliche Überraschungen. Wie immer die persönliche Gleichung dieses Traumes in verschiedenen Ebenen der Bedeutung (etwa der Verstümmelungsgewalt des Vaters) lauten mag, es geht hier nur um die *wahnähnliche* Weltverarbeitung, um die *absolut* gewordene Unverläßlichkeit, Fremdheit und Bedrohlichkeit von Mensch und Ding. Das Leiden, in solcher Grundstimmung der Welt ausgeliefert, ihren Mächten preisgegeben zu sein, keine beschwichtigende und begütigende Erfahrung zu besitzen – das Leiden in dieser Grundstimmung kann man mit dem Wort »Kaspar-Hauser-Komplex«[15] anzudeuten versuchen.

Kaspar Hauser bietet sich, wie seine Vorgeschichte auch gewesen sein mag, als Prototyp eines Menschen mit von Geburt an verarmten Beziehungen zu einer kulturellen Menschenwelt an. Eine seiner Ratlosigkeit und Stumpfheit entgegengesetzte Figur – aber ebenso verlassen wie er, nur erregt – war der Bandit in *Los Olvidados*. Kaspar Hauser steht dann für ein *passives* Verharren in sprachloser unentwickelter Phantasiewelt, also in den seelischen Primärprozessen. In ihnen hat die Außenwelt nichts als unmittelbaren Reizcharakter für die auf der Suche nach Sättigung befindlichen Triebwünsche, noch nicht aber den komplizierten *Signalwert* der kulturellen Symbole. Zugespitzt formuliert: Welt ist im Primärprozeß genießbar, oder sie *ist* nicht. Es gibt hier kaum Angst, sondern nur Unlust. Auf dieses *primärprozeßhafte* Welterleben stellen sich viele der »künstlichen Paradiese« unserer Zeit mit technischer Perfektion ein. Nach diesen Paradiesen sucht der Gegentypus des rücksichtslosen Aggressiven, dem die Außenwelt ebenso dschungelhaft fremd bleibt. Das Parasitäre, Unproduktive ist beiden Verlassenen gemein. Sie haben die Entwicklung zum ödipalen Konflikt, der eine Konstanz der Beziehungen in der präödipalen Kindheitsperiode voraussetzt, nie erreicht. Aber erst das Durchleiden der ödipalen Erlebnisse mit ihrer voll entwickelten Ambivalenz der Gefühlsbeziehungen ein und derselben Person gegenüber schafft die Voraussetzung für die Entfaltung der Sekundärprozesse, durch die wir Kulturmenschen werden. Das stürmische, ungezügelte Lieben und Hassen des Lebensbeginns muß sich in menschlichen Beziehungen festigen und formen, um als *Aktivität* und *Interesse* auf die Dinge in der Welt übergehen zu können. »Triebhypertrophie«, wie sie der Bandit beispielhaft darbot, ist, wie Konrad Lorenz sagt, eine »domestikationsbedingte Veränderung des Verhaltens«. Mit dem Blick auf den apathischen Kaspar Hauser können wir im gleichen Sinn von »Phantasiehypertrophie« sprechen. Beide Entartungen sind realitätsunkundig. Aber es ist nicht zweifelhaft, daß sie »domestikationsbedingt« sind. Sie entstehen am Auflösungspunkt der kulturellen Bindungen und entlassen das Individuum nicht in einen rousseauschen Naturzustand, sondern in ein Triebchaos.

Es kann weiterhin nicht zweifelhaft sein, daß diese gegenwärtigen »Defekte« zwar ein spezifisches Gesicht haben, umschriebenen Erlebnisverlusten entsprechen (wie dem Verlust eines Zusammenarbeitens in einer spurhaften Tätigkeit), aber sie sind gewiß nichts gänzlich Neues in der Geschichte. Die Patienten, von denen die Rede war, scheiterten an der Welt, die sie antrafen; aber vor ihnen sind andere Menschen an anderen Verlassenheiten, Roheiten, Unverstand auch in großer Zahl gescheitert. Um das einer banalen Kulturkritik entgegenzuhalten: Die Kultur des Menschen war immer in Gefahr, zuweilen gerade dann, wenn die Menschen meinten, alles sei in Ordnung. Leiden haben immer auch die Wirkung, zur Beendigung des Leidens herauszufordern. Sie erwecken in den Mitleidenden, die dieses Mitleids fähig geblieben sind, Initiative. Es wäre eine einseitige Darstellung, wenn nicht auch die Spuren aufgesucht würden, in denen die *vaterlos* werdende Menschheit die Welt, die sie sich geschaffen hat und die nicht mit einem Hinweis auf die Lebensformen der Vergangenheit »bekannt« gemacht werden kann – in der vielmehr Altbekanntes fortwährend aufgelöst wird –, neu zu ordnen, in neuen Objektbeziehungen sich vertraut zu machen sucht. Manche Eigentümlichkeiten der zeitgenössischen Kunst sind in dieser Hinsicht aufschlußreich. Kunst ist immer Deutung; Deuten entwirft Ordnung. Zudem verschränken sich in der künstlerischen Hervorbringung innig *Phantasie* und *Technik*, also genau das, was so vielen Menschen in ihrer Tätigkeit verwehrt bleibt.

Entväterlichung in der überorganisierten Gesellschaft

Die Fertigstellung der Produkte in der langen, unpersönlichen Kette der technischen Fertigungsvorgänge schließt den Menschen aus dem Erlebnis des Produzierens zunehmend aus. Es ist also der Konsument ganz anders an das Produkt gebunden oder von ihm entbunden als früher, wo es ein Stück Selbstdarstellung mittrug. Die »Gegenstände« der Kunst unserer Tage machen genau diese Lage anschaulich: Die fertigen Objekte an sich sind uninteressant geworden, das Bedürfnis nach Mitteilung geht zum nicht endgültig Gestalteten, wie das in der naturalistischen Kunst der Fall war. Sie bedeuten nur insoweit etwas, als sie ein Neugierverhalten im Künstler anstoßen. Eine große Hingabe an handwerkliches Experimentieren mit Möglichkeiten, dem Stoff neue Effekte abzugewinnen, läßt unmittelbar erkennen, daß man dem Gemachten nicht zuversichtlich vertraut, aber selber einen Weg finden möchte, der *Phantasie* und *Können* verbindet. Diese Befreiung von traditionellen Aussageformen ist also eine *Entväterlichung*. Was hier in einer Mischung von Unartikuliertheit und ästhetischem Raffinement geschaffen wird und fasziniert, ist herausfordernd neu, ebenso neu wie die Abdrängung aus den leidenschaftsgetragenen Bezugsformen zu Mitmensch und Mitding der Vergangenheit. Das Selbstgefühl, das es erlaubt, die subjektiv eroberte Anschauungswelt in der künstlerischen Form zu objektivieren, läßt die neue Not des Menschen in der ihm angemessenen Weise anschaulich, unmittelbar werden – und nimmt damit etwas von der Angst. Die *vorgenitale*, fast *präverbale* Angst des Kaspar Hauser ist eine andere als die des Robinson, des Columbus und der Männer der imperialen Welterschließung, die ihren Katechismus des Glaubens und Wirtschaftens im Gepäck hatten. Kaspar Hauser hat in anderer Weise von vorne angefangen. Er ist nicht ausgezogen, sondern ausgesetzt.

Die Überlegungen laufen darauf hinaus, daß dieser Vorgang der Entfremdung, der Auflassung objektlibidinöser Bindungen an die Umwelt, der zuweilen wie ein schizophrener Weltverlust aussieht, langsam als *Entfremdung von alten Vaterländern* in jedem Sinne erkennbar wird. Offenbar entstehen dadurch neue Spannungsverhältnisse des Individuums zur Gesellschaft. Wir wissen aus der Studie von Karl Bednarik[16] um das »kühle Verhältnis des jungen Arbeiters zum Staat«. Er ist zu einem »ewig nur fordernden und nehmenden Sohn geworden, dem sein sehr auf Distanz gerückter Vater nur deshalb nicht völlig gleichgültig ist, weil er dessen Ermahnungen und Verfügungen doch zumindest anhören muß, um sie besser umgehen zu können«. Damit erreichen wir nun auch den

Zugang zum Verständnis eines anderen Zerrbildes des modernen Maschinenuntertanen, nämlich das des perfekten Asozialen, des »Vergessenen«, von dem zu Anfang die Rede war. Hemmung, Konzentrationsverlust, Kontaktverlust mit der Materie, die angeeignet werden soll, ist offenbar nur die eine Seite der Reaktion; die andere bestünde in einer ungezügelten Aggressivität, Destruktivität, Anspruchlichkeit, mitmenschlichen Indifferenz. Alles dies sind nicht Züge eines angeborenen schlechten Charakters, sondern Folgen des Milieus, die nunmehr zahlenmäßig sehr breite Bevölkerungsgruppen erreichen und von denen man, sobald man dem einzelnen begegnet, ganz und gar, wie Riesman dies andeutete, wird sagen müssen, es handle sich um eine *neurotische Verhaltensweise.* Denn wenn wir auch zu Anfang von der historischen Relativität jedes sozialen Verhaltens gesprochen haben, so bezog sich dies auf die inhaltliche Gestaltung, auf den Ausdrucksstil, auf die Interessenrichtung, nicht aber auf Vorgänge puren Bezugsverlustes. Vor allem nicht auf den Vorgang der Rückverwandlung von Aktivität in Aggressivität. Aggressivität ist dann neurotisch denaturierte Leistungsfähigkeit des Menschen. Neurotische Väter sind die beste Voraussetzung für die Erzeugung neurotischer Söhne. In ihrem Gestaltungsvermögen entmachtete, den Großteil ihres Lebens in den Schattenbereich der einseitigen Berufsausübung verbannte Väter erfüllen neben der »humanen«, gemüthaft ausgleichenden auch noch die zweite Aufgabe nicht, nämlich den kulturellen Umgang mit den Dingen vorzumachen, eine anschauliche Lebenspraxis zu vermitteln. Der Erfolg hiervon sind das Heer der Aufstiegsneurotiker und die Riesenkollektive »Vergessener«, die hordenweise auf der Suche nach Ersatzbefriedigungen sind. Die Beispiele Kaspar Hauser und der Bandit sollten nicht darüber hinwegtäuschen, daß das Aufwachsen in Vergessenheit nicht klassengebunden ist, in allen Schichten häufiger und häufiger vorkommt, also ein »trend« der gesellschaftlichen Verhältnisse ist. Der »indirekte Protest gegen die überorganisierte Vater-Welt« (Bednarik) kann »Angst« heißen, kann »Sucht« heißen und wird in vielen Fällen einfach »Stumpfheit« sein; diese Entwicklung aufzufangen ist eine spezifische Aufgabe des Kultivierens, die jetzt gestellt ist.

In einer Szene tief traumhaften Absteigens in die Erinnerung begegnet in Eugène Ionescos *Opfer der Pflicht*[17] der Sohn dem Vater. Die Mutter, vom Vater verlassen, hatte dem Sohn gesagt: »Du wirst verzeihen müssen, mein Kind, das ist das Schwerste ... Du wirst leiden, wenn du nicht gut bist, wenn du nicht verzeihst.« Und dann der Sohn zum Vater: »Vater, wir haben uns nie verstanden ... Du warst hart, du warst vielleicht nicht allzu bösartig. Es ist vielleicht nicht dein Fehler. Nicht dich, deine Gewaltsamkeit, deinen Egoismus haßte ich. Ich hatte kein Mitleid mit deinen Schwächen. Du schlugst mich. Aber ich war härter als du. Meine Verachtung hat dich viel stärker geschlagen. Meine Verachtung hat dich getötet ... Immer leidet der Rächer ... Wir hätten gute Kameraden sein können ... Ich hatte unrecht, dich zu verachten. Ich bin nicht mehr wert als du ... Schau mich an. Ich sehe dir ähnlich ... Wenn du mich anschauen wolltest, würdest du sehen, wie ähnlich ich dir bin. Ich habe alle deine Fehler ...« Die Klage des Vaters beginnt mit den Sätzen: »Mein Kind, ich vertrat Geschäftshäuser. Mein Beruf zwang mich, auf der ganzen Erde umherzuirren, vom Oktober bis März war ich in der nördlichen Hemisphäre und vom April bis September in der südlichen Hemisphäre. So gab es in meinem Leben nur Winter ...« Die Monologe von Vater und Sohn, die sich nicht zu sehen, nie zu verstehen vermögen, zwischen denen es nur ein Ermatten des Hasses und daraus ein »Verzeihen wider Willen« gibt, wiederholen in verdichteter Schärfe die Situation, die wir in diesem Kapitel in einigen ihrer Bedingungen zu analysieren versuchten.

VIII Gehorsam – Autonomie – Anarchie

Gehorsam und Auflehnung

> »Ich wolt lieber einen todten,
> denn einen ungezogenen Sohn haben.«
>
> Martin Luther, Tischreden, Blatt 66

Gehorsam ist so notwendig, wie er ganz offenbar nicht selbstverständlich ist. Er ist der stärksten und unversieglichen Leidensquellen eine. Über seine Notwendigkeit und sein Ausmaß gibt es unendlich viel Gedachtes, Geschriebenes, Dekretiertes. Um ihn zu finden, ist selten sanft gehandelt worden. Die Destruktion, als Genuß erlebt, ist die treueste Verbündete des Gehorsamsgebotes. Von diesen Dioskuren steht der eine im Licht der Rechtlichkeit, der andere befriedigt dabei ganz anderes – die Lust der Unterwerfung, oft im tiefen Schlagschatten, manchmal auch nur vom Halbschatten gnädig gedeckt.

Die Gesetzbücher sind der Niederschlag des religiös, bürgerlich, proletarisch, faschistisch für Recht Befundenen, dem zu gehorchen ist. Daneben läuft unaufhörlich die gewitzte Beobachtung der Menschen untereinander; da gehen die Lust, zu gehorchen, und die, anzukreiden, die Liaison ein; Sitte, Anstand, Prestige sind die direkteren Helfer zum mittleren konformen Verhalten, auch wenn die eine Partei die Werte der anderen nur in Anführungszeichen gesetzt anerkennen will. Der Widerwille steigt, wo sich eine Stimme für das Ungehorsamsrecht erhebt.

Recht zum Ungehorsam? Das kann doch nur ein so unglaublicher Sonderfall sein, daß es sich nicht lohnt, solche Situationen ernstlich ins Ordnungsbewußtsein aufzunehmen. Wann sind eigentlich »Vormünder« so schlecht, daß ihnen der Denkzettel des Ungehorsams gebührt? Im Rechtsmodell ist das vielleicht nicht allzu schwer zu präzisieren – aber in der unwürdigen Lage selbst gehört kälteres Blut, als die meisten haben, dazu, sich der Paragraphen zu erinnern, die von Würde handeln, von der Würde des Schwächeren. Man arrangiert sich auf den krummeren Wegen.

Und doch brauchen wir das Modell, das den Übergang von der Pflicht, zu gehorchen, zu der anderen Pflicht, Gehorsam zu verweigern, deutlich machen kann. Der eine Fall ist noch einfach: Widerstand fühlt sich im Recht, wo Macht zu etwas zwingen will, was nach dem Gesetz Unrecht ist. Wie aber, wenn das als Recht, als Anstand Erkannte selbst Unrecht, Gewohnheitsfessel wird? Welches Selbstbewußtsein möchte da nicht schwanken und täte gut daran, seinen Widerstand sorgsam zu prüfen, ehe es ihn proklamiert? Querulatorisches, Wahnsinniges, Utopisches, Verblendetes mischt sich unversehens und überzeugungsgeladen in den Einspruch der Einsicht.

Ungehorsam, so verteidigt sich die Einsicht, kann das höhere Recht vertreten. Wer setzt aber dieses Recht in die höhere Achtung der Gesellschaft ein? Und wie setzt er sich gegen die herrschende Macht durch – die durch kein wahrhaftiges Argument zu erschüttern ist? Blutig? Wann kann Einsicht sich der brutalen Mittel bedienen, um sich Gehorsam zu erzwingen – und ist da nicht gleich wieder der Bruder im Dunkel dabei? Ist es ein Naturrecht, dem zu gehorchen ist, und wo endet es? Da die Tiere ihrer Natur gehorchen müssen – besonders wo sie in Gesellschaft leben –, kann eine solche Grundlage der Folgsamkeit auch für uns nicht fehlen. Aber wo kann man sie mit Sicherheit und unwiderleglich auffinden? Wie kommt überhaupt das typische menschliche Recht, das allemal eine *Konvention* darstellt, »gesetzt« ist, zustande? Es beruht nicht auf Naturordnung allein, wie wir sie bei den Tieren finden, sondern auf einer Gesellungsordnung, die zwar verlangt, als naturgegeben, als gottgewollt, selbstverständlich und damit als gerecht angesehen zu werden, die aber doch des Vergehens, des Verfalls in der Geschichte unendlich rascher sicher ist als die gewordenen Naturordnungen der anderen Lebewesen. Die Vögel gesellen sich und nisten unverändert gleichförmig in den Ruinenstädten unserer Vergangenheit und in den Häusern, die wir noch bewohnen.

Sind wir zu gehorsam, gleichsam zu leichtfertig im Einschwenken auf dekretiertes Verhalten? Fehlt uns die Zivilcourage? Oder, und wo, sind wir zu wenig gehorsam? Was ist die Ursache dieses Zerfalls von Gehorsamsordnungen in der Geschichte? In welchem sozialen Zusammenhang, in welcher Rolle könnten wir allzu destruktiv-rücksichtslos, gesetzes- und gehorsamsverachtend, in welcher zu untertänig, devot, gehorsamsversessen sein? Was wirkt befreiend in der Ordnung und was versklavend?

Um solche Fragen in den Situationen des Lebens, in denen sie sich uns aufdrängen, beantworten zu können, müssen wir das gehorsame oder ungehorsame Verhalten in den Bedingungen und Dimensionen seines Anfangs untersuchen; von den typischen Situationen der Ohnmacht in der Kindheit aus müssen wir genau im Auge behalten, in welchen sozialen Konstellationen später analoger Gehorsam gefordert und geschuldet wird – wo er sich dann sozusagen »wie von selbst« aufdrängt. Wer darf ihn fordern? Einfach der physisch oder ökonomisch Überlegene, der Ältere, der Erfahrenere, der Vertreter der numinosen Mächte? Im Einzelfall wird es immer auf die Einsicht in die Interdependenz der Ansprüche auf Herrschaft ankommen. Je vielgestaltiger in sich eine Gesellschaft ist, um so länger der Weg, auf dem das Individuum erlernt, sich von der relativ einheitlichen Gehorsamssituation der Kindheit zu der Bewältigung überschichteter, vielheitlicher Gehorsamsansprüche hinzufinden. Es sind oft widersprüchliche Impulszentren, von denen Befehle ergehen – bald draußen in der sozialen Welt, bald in der eigenen Brust und im eigenen Kopf. Wir benötigen Einsicht in die Struktur und in die Dynamik des Gehorsams, um die Befehlsverarbeitung, die schließlich zu Botmäßigkeit oder Unbotmäßigkeit führt, besser zu verstehen; das heißt, wir werden die Konfliktebenen zu untersuchen haben, die im gehorsamen Verhalten gelöst oder vermieden werden. Vielleicht enthüllt sich dabei, daß es zwar unzählige aktuelle Einkleidungen, aber doch eine überschaubare Zahl von Grundkonflikten gibt, die in diesen Vorkommnissen des Lebens angesprochen werden.

Das Gehorsamsproblem ist offenbar der Angelpunkt jeder Sozialordnung, der tierischen wie der menschlichen, obgleich man beim instinktgelenkten Verhalten der Tiere nicht von »Gehorsam« im humanen Sinne sprechen kann, weil der *Konflikt* fehlt, in dem wir uns zur Folgsamkeit entscheiden oder widerstreben. Das Tier ist sozial absolut, seiner Potenz entsprechend, den Schemata seines angeborenen Verhaltens pflichtig; der Mensch ist nach seinem Habitus nahezu absolut konfliktfähig – er vergißt es nur mehr oder weniger.

Strukturell ist Gehorsam ziemlich genau bestimmbar: Er signalisiert ein ungleiches Machtverhältnis. Am Anfang steht Furcht vor der Übermacht eines Zwingenden. Die Vorwegnahme der Bedrohung, die man in Wirklichkeit erfahren hat, führt zum Gewohnheitsgehorsam. Es bedurfte aber des immer wiederkehrenden Erlebnisses der Ohnmacht, der Angst vor der Strafe, um Gehorsam als »Haltung« entstehen zu lassen. Die Gewohnheit des Gehorsams dient der Ökonomie, sich Unlust zu ersparen; sie hilft dem Schwachen, relativ ungeschoren davonzukommen. Mag an die Erfüllung des gelernten Gehorsams auch Unlust geknüpft sein, sie ist meist geringer als die Angst eines erneuten Abtastens, bis wohin man eigene Wünsche und Bedürfnisse in den bestehenden Machtverhältnissen und gegen sie verfolgen darf.

Das Bild, das wir mit dem Wort Gehorsam verknüpfen, stammt aus unserer eigenen Frühzeit, als wir zu gehorchen lernten. Wir sehen eine befehlende oder verbietende Person und eine zweite, die gehorcht. Dabei wird leicht die innere Erfahrung des Schwächeren übersehen: Er sucht zu erreichen, was ihm ein anderer vorenthält, und er tut dies unter dem Anspruch seiner eigenen gebieterischen Antriebe. So betrachtet, prallen also zwei Gehorsamsforderungen aufeinander: ein innerer Wunsch, der Erfüllung verlangt, und der Befehl, der uns von außen trifft und dieses Verlangen verwehrt.
Dieses einfache Konfliktverhältnis gilt freilich nur für die erste Lebenszeit des Menschen. In unserer Entwicklung erreichen wir kompliziertere Gehorsamsstadien. Wir unterscheiden drei Ebenen eines echten Gehorsams, nämlich *Trieb-, Lern-* und *Gewissens-Gehorsam,* und eine vierte, in der man den Begriff gleichsam nur noch apostrophiert verwenden kann: den *Ich-»Gehorsam«*. Am anschaulichsten wird die Definition dieser Botmäßigkeiten gelingen, wenn die Konflikte dargestellt werden, die sie uns auferlegen und die sie uns ersparen wollen.

Triebgehorsam

Die älteste Stufe ist der Triebgehorsam. Das Triebbedürfnis meldet sich durch Unlust und verlangt sofortige Befriedigung. Es gibt vorerst noch keine innere Instanz, welche eine Befehlsverarbeitung leisten könnte, die etwa fähig wäre, einen Aufschub der Befriedigung zu erreichen. Der Triebwunsch besetzt vorerst unmittelbar alle Austrittswege, die ihm offenstehen und auf denen das Bedürfnis nach außen signalisiert werden kann. Sobald ein Wesen über seinen Bewegungsapparat zu verfügen beginnt, strebt es zu den Objekten, welche die Unlust beseitigen. Man denke an die Suchbewegungen des Säuglings nach der Brust, eine angeborene Bewegungsform, die nach dem Triebobjekt gerichtet ist. Vom Instinkt ist generell zu sagen, daß in ihm nach eingeborenem Wissen vorgegebene bekannte Objekte gesucht und gefunden werden. Unter dem Anspruch des Dranges verhält sich das Tier triebgerecht; das meint, daß – etwa im Zustand des Hungers – eine innere Unlusterfahrung ein instinktgeleitetes Verhalten auslöst. Erst in hoher Trieberregung läuft das damit gekoppelte Verhalten ohne äußere Reizung, ohne Gegenwart des Objekts im »Leerlauf« ab. Es ist sinnvoll, hier von absoluter Pflichtigkeit, von »blindem« Gehorsam zu sprechen, weil dem Tier keine Möglichkeit offensteht, sich diesem Verhaltenszwang zu entziehen. In vielfacher Weise sind die instinktiven Verhaltensweisen der Individuen untereinander zu sozialem Verhalten verzahnt. So löst die Anordnung der Kopffedern einer Reiherart, die bei Annäherung an das Nest auffällig gezeigt werden, das Sperren der Nestlinge aus.

Beim Menschen liegt die Mehrzahl der Objekte, welche Befriedigung versprechen, wie wir sahen, nicht so unabänderlich und unvertauschbar fest. Seinen Triebwünschen können viele Objekte Entspannung bieten. Um überhaupt in diesem Sinne wahlfähig zu werden, bedarf es einer langen Lernschulung. Trotzdem setzen sich viel häufiger, als es den Augenschein hat, Triebwünsche in Richtung auf ihre primären, das heißt rasche Befriedigung bietenden Objekte durch. Die egoistischen Triebbedürfnisse bedienen sich jedoch der Tarnung, indem sie sich mit komplizierten Situationen gleichsam maskieren. Es ist erstaunlich, wie rasch das Ich im Dienst der Triebbefriedigung rational klingende Rechtfertigungen liefert. Jedermann kann das mit Selbsterfahrungen belegen.

Das Triebverlangen ist also im Kern starr geblieben; was sich übergeordnet zu ihm entwickelt hat, sind einmal die seelischen Fähigkeiten, befriedigende Objekte finden zu können, die unter

Umständen weitab vom ursprünglichen Triebziel liegen, zum anderen die damit verknüpfte Fähigkeit, in manchen Triebbedürfnissen Aufschub zu ertragen. Zwischen primären Triebbedürfnissen und sekundären kulturellen Befriedigungsformen stellt sich ein Gleichgewicht her, das aber immer *labil* bleibt.

Die Verschiebung im energetischen Geschehen der menschlichen gegenüber der tierischen Individualität ist deutlich. Dem neuen Organisationsbereich des Ichs gelingt es, Triebenergie an sich zu binden, sie zu »neutralisieren« (Heinz Hartmann) und in eigenen Zielsetzungen zu verwenden. Aber ein erheblicher Rest unserer Bedürfnisse verharrt weiterhin in der Bindung an triebnahe Objekte; wir sind nicht imstande, diesen Bedürfnissen uns allzu weit zu entziehen. Dieser kategorische Charakter der Triebforderungen hat immer wieder zur Auflehnung gereizt. Spartanische Lebensweise, Askese sind Beispiele dafür. Solche Unbotmäßigkeit genießt zumeist einen sich fast reflexhaft einstellenden Respekt. Die hedonistische und epikureische Verfeinerung des Bedürfnisses zum Genuß – was bekanntlich auch mit Bescheidung und bescheidenen Mitteln sich verträgt und ohne Ich-Lenkung gar nicht gelingen kann – wird jedenfalls in unserer Kultur nicht gleich hoch bewertet.

Das ist eigentlich ein auffälliges Phänomen, dessen Erklärung beim ungesättigten Triebüberschuß zu suchen ist. Die reichlichen Triebverzichte, die langen Aufschübe der Befriedigung, die eine hochspezialisierte Leistungskultur verlangt, um ihre Ziele zu erreichen, frustrieren in vieler Hinsicht. »Frustration« heißt unfreiwillige Entbehrung; dies erweckt zugleich Angst und setzt Aggression zur Abwendung des Zustandes frei. Hier ist Aggression also quasi ein regulatorisches Bedürfnis, wenn auch auf einer primitiven Stufe. Denn Aggression dieser Art hat ausdrücklich den Zusammenhalt mit libidinösen Regungen verloren und erscheint als Mißgunst, Brotneid. Solche unzufriedene Gespanntheit überschattet schließlich die Fähigkeit zum Genuß überhaupt. Einfache Befriedigung genügt dann nicht mehr. Man kann es nicht genießen, in der Sonne zu liegen, sondern man muß dabei ein illustriertes Journal lesen und gleichzeitig ein Transistorgerät laufen lassen. Der übergroße Anspruch auf Befriedigung entspringt einem verdeckt bleibenden Entbehrungserlebnis. Eben deshalb kommt es offenbar zu keiner befriedigenden Entspannung. Der Anteil an aggressiver Gier durchkreuzt permanent die regressive Beruhigung auf Zeit, die in jeder libidinösen Befriedigung liegt. Die frustrierenden Aspekte unserer gesellschaftlichen Gesamtsituation erregen das Triebverlangen der Einzelindividuen mächtig, der Triebgehorsam bringt aber, weil Angst und angstbeschwichtigendes Verhalten dominieren, weniger Lust ein als Erschöpfung auf Zeit. Das üppige Angebot an Genußmitteln, das für unsere Zeit so charakteristisch ist, genügt zwei Funktionsbereichen sehr verschiedener Art, dem einen offen, dem anderen larviert. Die Werbung zum Genuß gibt sich naiv und verheißt Verringerung der unlustvollen Bürden. Die verborgenere Dynamik, die ihr erst den durchschlagenden Erfolg verschafft, ist ganz anderer Herkunft. Sie entsteht aus der Angst, welche die Frustrationserlebnisse der Massenexistenz hervorrufen. Der einzelne muß für sie wenig gewappnet sein, sonst bliebe unerklärlich, warum diese Angst so heftig abgewehrt werden muß. Das süchtige Aufgreifen der Ersatzfreuden ist nur als Reaktionsbildung gegen eine Angst zu erklären, die vom Ich nicht beherrscht werden kann. Triebgehorsam und Angstreaktionen verschmelzen in Verhaltensweisen, denen in aller Vielfalt das eine gemeinsam ist, daß sie für das kritische Ich weithin unzugänglich bleiben. Sie sind durch gesellschaftliche Prozesse erzeugt, ihr Vollzug wirkt konformitätssteigernd; aber sie erfüllen auch den Tatbestand eines pathologischen Triebgehorsams und eines chronisch pathogenen Angstzustandes.

Lerngehorsam

Mit dem Triebgehorsam ist die dem biologischen Geschehen am nächsten stehende Form des Gehorsamsverhaltens umrissen. Die nächste Stufe ist der Lerngehorsam. In ihm erwirbt der Mensch seine Anpassung an jene Bedingungen der Umwelt, welche die Möglichkeit einer Triebbefriedigung in der Gesellschaft in Aussicht stellen. Er gewöhnt sich an die Restriktionen und die tatsächlichen Machtverhältnisse. Die ersten Ichleistungen vollziehen sich mit dem Aufbau eines Gefüges verfügbarer Erinnerungen. In ihnen erscheint *gestimmte Außenwelt*. Gestimmt durch das vorherrschende Bedürfnis des Erlebenden und durch die Antworten, die sein Verhalten (je nach der Gestimmtheit der anderen) auslöst.

Ein bisher autonomes Befehls- und Gehorsamssystem trifft auf Verwehrungen, die so nachdrücklich Unlust bringen wie das unerfüllte Triebverlangen. Der Konflikt der Pflichtigkeit beginnt, und durch diesen Konflikt zwischen Gehorsamstendenzen wird für den Menschen »Realität« in dem für ihn eigentümlichen Sinn erst geschaffen. Solange in der frühesten Lebenszeit die Äußerungen des Triebwunsches rasche Befriedigung bewirken, ist die Welt eine geschlossene Einheit, die von Stimmungen durchwaltet sein mag, sie ist aber nicht gegenständlich distanzierte Realität.

Das Gelernte beginnt als Steuerungsvorgang des Verhaltens zu wirken. Dem Kinde gelingt es langsam, diesen Lenkungen gegen das Gefälle seines Begehrens zu gehorchen. Die mit Partnern verknüpfte Situationserinnerung an Versagungen wird in einer Wiederholung, in der es gerne seinen Triebwünschen folgen würde, belebt und wirkt nun von innen, als sei der verbietende Partner zugegen. Das dreijährige Kind sieht, allein in der Küche, einen Korb mit Bananen. Es umstreicht ihn sehnsüchtig. Schließlich sagt es laut: »Otto darf nichts nehmen.« Es spricht zu sich, als hätte die Mutter dies ihm im Augenblick gesagt. Die Unlust der drohenden Strafe oder der zürnenden Haltung der Mutter siegt über die Gehorsamsforderung der Gier, welche die verbotene Frucht erregt hat. Gegenüber dem »blinden«, unwidersprochen zur Geltung drängenden Gehorsam seiner Triebnatur ist dieser zweite Lerngehorsam an Rücksicht im unmittelbaren Wortsinn, das heißt an rückblickende Erinnerung gebunden. Dieser erfahrungsbedingten Verhaltenssteuerung sind die Tierarten bis zu den einfach strukturierten hin fähig. Der Lerngehorsam bahnt aber beim Menschen weitere Möglichkeiten zur Befehlsverarbeitung an. Das Kind lernt vorerst, die eigenen Triebwünsche zu beherrschen, ihren Zwang zu durchbrechen. Ob es weiter lernen wird, das Gelernte, den äußeren Befehl, sich so zu eigen zu machen, daß es ihn auch zu reflektieren, zu steuern lernt, so daß die psychische Entwicklung in dieser Hinsicht nicht bei dem Erwerb bedingter Reflexe stehenbleibt, das hängt vom Stil der Erziehung ab: nämlich davon, ob die äußere Befehlsautorität sich ebenso diktatorisch gebärdet wie die innere der Triebwünsche seit dem Anfang des Lebens. Überwiegt diese Erfahrung, dann beobachten wir, wie das Individuum Spielball blinden Gehorsams bleibt; einmal unterliegt es den Triebtendenzen, einmal den erlernten Verhaltensweisen, je nachdem, welche Befehlsquelle im Augenblick stärker ist. Aber der Spielraum einer ichgerechten Entscheidung bleibt eng.

Im Lerngehorsam beginnen wir uns auf den anderen einzurichten, ihn unbewußt zu imitieren. Dies ist die erste Form unseres Realitätskontaktes über die von den Trieben erregten Affekte und Phantasien hinaus. Wenn das Nachahmen zu einem Einfühlen wird, macht es mit dem Eingefühlten bekannter. Das kann aber nicht ein einseitiges Geschehen bleiben. Die Einfühlung muß auch erwidert werden. Diese Wechselseitigkeit und ihre Störungen werden die weitere Entwicklung des Menschen entscheidend beeinflussen. Solange das Kind in völliger Hilflosigkeit der Mutter anvertraut ist, fühlt diese sich in seine Triebbedürfnisse ein, versteht, wenn das Kind ihnen gehorsamspflichtig wird. Die Mutter gehorcht den kindlichen Triebbedürfnissen mit und ermöglicht dadurch erst ihre Befriedigung. Diese Nähe zum Kind kann sie sehr wohl verlieren, wenn ihrer Einfühlungsmöglichkeit – sei es aus persönlicher Gestörtheit, sei es aus Folgsamkeit gegenüber kulturellen Verhaltensmustern – Grenzen gesetzt sind. Erlangt dann das Kind die ersten physischen Möglichkeiten zu autonomem Verhalten, so wird nicht mehr allein von der Mutter, sondern auch vom Vater und der übrigen Umgebung Einfühlung nunmehr ganz anderer Art verlangt. Alle, die mit dem Kinde leben, müssen seine Selbständigkeitsstrebungen achten, anerkennen, unterstützen und beschränken lernen; denn der Konflikt zwischen Triebgehorsam und Lerngehorsam in der Identifizierung mit dem fordernden, verwehrenden Erwachsenen ist für das Kind äußerst quälend. Nicht umsonst ist uns die Erinnerung daran später fast völlig verlorengegangen. Es ist dies ein Beispiel der Entlastung durch Verdrängung. Das Verdrängte mag im Lauf der Entwicklung nach und nach seine unbewußt weiterwirkende Kraft (seine Besetzungsenergie) verlieren; im weniger glücklichen Fall kann es sie aber auch ein Leben lang fast unvermindert behalten. Über diesen Ausgang – nämlich ob eine »Fixierung« an die verdrängten Inhalte entsteht oder nicht – entscheidet sicher einzig die Tatsache, wieweit die Verzichte im Bereich des Triebgehorsams durch erreichbar gebliebene unmittelbare Triebererfüllungen aufgewogen wurden. Wie oft könnte also dem Kinde auferlegtes Leiden vermindert werden, wenn die Erwachsenen sich besser einzufühlen verstünden, das heißt, wenn ihr eigenes Entwicklungsschicksal die unverstellte Wahrnehmung der kindlichen Welt noch zuließe. Aber die Triebzwänge, denen sie selbst als Kinder gehorchen wollten, mögen ihnen so unnachgiebig verleidet worden sein, daß sie jede Erinnerung daran, die später durch das Verhalten ihrer eigenen Kinder heraufgerufen wird, phobisch meiden. Das vereitelt jenes Mitfühlen mit Erfahrungen und Notlagen des Kindes, das ihm hilfreich sein könnte.

Ambivalenz

Hier taucht erneut das große Problem der Ambivalenz auf. Soweit Menschen zu Objekten unserer Triebstrebungen werden, können sie diese Trieberwartungen nie in einer so vollkommenen Weise befriedigen, wie diese es in ihrer Unersättlichkeit und Rücksichtslosigkeit erstreben. Der Partner selbst muß sich ja am Leben erhalten und eigenen Triebbedürfnissen gehorchen. Der Erwachsene hat zuweilen ein berechtigtes Ruhebedürfnis, während es das Kind nach motorischer Entladung drängt. Mehr oder weniger milde wird das Kind dann zur Ruhe angehalten. Immer wieder entstehen Situationen, in denen ein Triebobjekt nicht als nur befriedigend erlebt werden kann. Auch die beste, gewährendste Mutter gewinnt phasenhaft für das Kind den Aspekt der bösen Mutter, der Hexe, wenn sie sich unausweichlich nach dem Realitätsprinzip dem Kinde gegenüber versagend verhalten muß. Sie wird aber auch zu einem bösen Objekt durch die Projektion des Kindes selbst. Dieses vermag sich anfänglich nicht in die Eigenwelt des Objektes einzufühlen, also dessen Subjekthaftigkeit anzuerkennen. Es ist ganz und gar von seinen eigenen Triebbedürfnissen besetzt, und wo das Objekt ihnen nicht voll und ganz genügt, wird die Enttäuschung als Qualität dem Objekt zugeschrieben, nicht aber der unangemessenen Überforderung.

Diese archaische Ambivalenz dem Objekt gegenüber konstelliert aber ein für allemal unser Verhältnis zu solchen Menschen und Dingen, die wir in unserem Leben mit Interesse, Liebe, mit Leidenschaft besetzt halten und die infolgedessen eine entscheidende Rolle in unserem Erleben besitzen. Im Lerngehorsam werden wir gezwungen, einen großen Teil der ambivalenten Regungen zu unterdrücken, seien es Regungen libidinöser, seien es solche aggressiver Art. Die sozialen Rollen, die uns die Gesellschaft anbietet, haben dementsprechend nicht Raum für ein volles Ausleben der Ambivalenz. Unsere Fähigkeit, ambivalente Gefühle in uns selbst zu schlichten, hängt freilich entscheidend davon ab, mit wieviel Rücksicht oder Rücksichtslosigkeit uns in der frühesten Zeit unseres Lebens begegnet wurde. Je rollengebundener die Eltern selbst waren, desto schärfer und zugleich anonymer wird das introjizierte Elternvorbild als Gewissen alle unsere unerlaubten aggressiven oder libidinösen ambivalenten Regungen zensieren. Können Eltern jedoch toleranter für die ambivalenten Gefühle ihrer Kinder sein, dann erfährt das Kind, daß es den gleichen Menschen lieben und hassen kann, und damit, daß nicht nur der andere zwei Gesichter haben kann, sondern daß es selbst zwiespältige Gefühle hegt.

Viel Pseudogüte, die diesen Ambivalenzkonflikt zu verharmlosen bestrebt war, hat an der Erziehung der letzten Generation mitgewirkt. Sie hat vielfache gesellschaftliche Wurzeln, die aber alle mehr oder weniger unmittelbar mit der Auflehnung gegen die zerbröckelnde bürgerliche Vatervorherrschaft in Zusammenhang stehen. Da ist die Emanzipation der Frau zu nennen als direktestes Anzeichen der Schwächung der Vatervorherrschaft; wiederum steht dieses Selbständigwerden mit Interessen der Wirtschaft in lebhafter Interdependenz, die ohne berufstätige und »konsumaktive« Frauen nicht auskommt. Das Wegwenden der Interessen der emanzipierten Frau aus der Familie mit Kindern in einem Alter, in dem sie aktiver und stetiger Zuwendung bedürfen, beschwört einen Interessenkonflikt herauf, der vielfach durch passives Gewährenlassen und Verwöhnung mit Geschenken beschwichtigt wird. Die Emanzipation der Frau bringt aber ihr selbst nicht nur Freiheit von der (als monoton empfundenen) Familie, sondern im Wandel der Herrschaftsverhältnisse neue Sklaverei; sie wird zum Beispiel in den Diktaturen zwangsrekrutiert, um kriegsfähige Männer in Verwaltung und Produktion zu ersetzen, wobei ihr dann mehr oder weniger die Kinder im Doppelsinn des Wortes »abgenommen« und von Institutionen versorgt werden, womit eine Entwicklung erreicht ist, in der Kompensationsversuche von der Art der zweifelhaften Güte überholt sind, weil entweder definitive Entfremdung oder aber echte Gefühlsannäherung als Widerstand gegen Ein- und Übergriffe der Staatsorgane die Antwort ist.

In Gesellschaften, die in der Tradition des feudalen und bürgerlichen Paternismus geblieben sind, macht sich die Schwächung der familienväterlichen Diktatur über das Kind noch darin bemerkbar, daß die Gesellschaft über den Kopf des mehr oder weniger unsichtbar gewordenen Vaters hinweg (und ebenso über den Kopf der ihrer Emanzipation folgenden Mutter) viel unmittelbarer auf das Kind einzuwirken versucht als früher, wo sie den Weg über die Familie nahm, die doch in dieser und jener Hinsicht (zum Beispiel unter Glaubensminoritäten) der Gesellschaft Widerstand leisten konnte. Die Schule spielt eine ungleich breitere Rolle als früher, ebenso die Massenkommunikationsmittel (wie Fernsehen). Gegen sie findet sich in der Familie oft kein Gegenpol, an dem diese Beeinflussung einer Kritik unterzogen würde, überhaupt Auseinandersetzungen fruchtbarer Art stattfänden, die alle Mitglieder der Familie interessieren.

Die schwächliche Nachsicht der folgenden Generation gegenüber entstammt aber auch einem zunehmenden, aber vagen Unbehagen und Schuldgefühl, in einer der tradierten Bekanntheit entschlüpfenden Welt dem Kind ebensowenig wie sich selbst eine innere Ordnung vermitteln zu können, was von vielen Menschen regressiv mit einem Rückzug auf egoistische Befriedigung ihrer Triebwünsche beantwortet wird. Weil dieses aus narzißtischer Interesselosigkeit am anderen und aus Hilflosigkeit gemischte Gewährenlassen wie Güte aussieht und sich unversehens mit Errungenschaften fortschrittlicher Erziehung vermengt, lohnt es, hartnäckig die zwei Grundtatsachen, an denen keine Gesellschaft vorbeikommt, zu betonen: Sie muß auch versagend ihren Gliedern gegenüber sein, muß sie lehren, Versagungen zu *verarbeiten,* ohne sich dabei von sich selbst zu entfremden, also weder nur passiv sich anzupassen noch sozial zu ignorieren; und sie muß lehren, wie Gruppen mit der durch diese Versagungen erregten Ambivalenz der Gefühlseinstellung fertig werden, wie sie sich produktive Lösungen durch Sublimierung erarbeiten können. Dazu wird nicht zuletzt gehören, daß man den Gehorsam nicht als Selbstverständlichkeit ansieht und nicht als Dressat durch *einseitiges* Kommunizieren vom Befehlenden zum Gehorchenden erzwingt, sondern *bewußte* Rücksicht auf den Schwächeren nimmt. Der jetzt noch Schwächere soll aber einst kraftvoll, nicht unangemessen anspruchsvoll werden.

Die verstörende Strafe

Wo das Kind hartem, brutal gebieterischem Verhalten der Erwachsenen begegnet, verfällt nicht alles der Verdrängung; die Erinnerung bleibt voll von Szenen solcher Erfahrung; sie bestimmt geradezu als Erwartungshaltung das Bild, das ein Mensch von der sozialen Mitwelt hat. Wie wir früher sahen, löst das Dasein des Kindes oft ungestillte Rachebedürfnisse in seinen Eltern aus. Die natürliche Aggressionshemmung dem Schwächeren gegenüber – als ein angeborener Verhaltensautomatismus – wird von einem anderen Automatismus, der »Radfahrerreaktion«[1], überlagert, das heißt von dem Bedürfnis, Aggression, die man aus dem Umgang mit Stärkeren aufgespeichert hat, »nach unten« loszuwerden. Hier handelt es sich wiederum um ein angeborenes Entlastungsverhalten in aggressiver Triebspannung, das sich automatisch durchzusetzen vermag. Auf dem Hühnerhof ist diese »Hackordnung« ein ausreichender Regulator der Gruppenordnung; in der menschlichen Gesellschaft wirkt sie als ein subhumaner Störfaktor der Gruppenbildung. Mag dies als ein eindrucksvolles Beispiel dafür gelten, daß die Reste angeborenen Instinktverhaltens keineswegs zum Guten wirken müssen, wo sie im menschlichen Verhalten zum Zuge kommen. Die *kulturelle* Aggressionshemmung durch Einfühlen und Einsicht, der die Ideologie der herrischen Überlegenheit und Strafgewalt entgensteht, ist demnach kein zu Ende gebrachtes Kapitel der Humanisierung. Nur in einem sozialen Milieu, in dem Machthaben und Machtausüben in einem kritischen Bewußtsein sich reflektieren, kann Aggression sich mit Libido so legieren, daß ein breites Feld der Interessen offensteht. In ihm verlieren die Äußerungen primärer Triebenergie die Vorherrschaft und nimmt entsprechend gekonnte Aktivität zu. Das bezieht sich nicht nur auf die Fähigkeit zu fachmännischer Erfahrung *(skill)*, sondern mehr noch auf die andere zu einem gekonnten Gefühlsumgang.

Ohne diesen mildernden libidinösen Einschlag, über den das Ich zu verfügen gelernt hat, wird sich Brutalität als eine echte krankhafte Störung, als Symptomtradition, durch Generationen fortsetzen. Von krankhafter Störung können wir deshalb sprechen, weil rücksichtsloses Triebverhalten, an dem kein Lernprozeß gestaltend mitwirkt, in unserer menschlichen Gesellschaft pathologische Bedeutung erlangt. Wenn Luther sagt, er wolle lieber einen toten als einen ungezogenen Sohn haben, so hören wir ihn wenig später:

»Man sol die Kinder nicht zu hart steupen; denn mein Vater steupet mich einmal so seer, das ich ja flohe und ward ihm gram, bis er mich wieder zu jm gewehnete.«[2] Und: »Meine Eltern haben mich gar hart gehalten, das ich auch drüber gar schüchtern wurde. Die Mutter steupte mich einmal um einer geringen Nuß willen, das das Blut hernach flos, und jr ernst und gestreng Leben, das sie mit mir füreten, das verursachtete mich, das ich darnach in ein Closter lieff und ein Mönch wurde; aber sie meinetens hertzlich gut, sed non poterant discernere ingenia, secundum quae erunt temperandae correctiones. Quia man muß also straffen, das der Apffel bei der Ruten sey.«[3]

Luther beschreibt die verstörende Strafe, die wir auch von unseren Haustieren kennen, zum Beispiel vom handscheu gewordenen Hund, der langsam wieder an seinen Herrn »gewöhnt« werden muß. Den Befreiungsversuch von diesem Regiment gibt Luther auch an: Er überantwortete sich auflehnend einer anderen »ordo«. Schließlich spricht er davon, daß die Eltern es »hertzlich gut« gemeint hätten. In diesem Zugeständnis läßt sich der Versuch des Verzeihens, wie ihn auch Ionesco geschildert hat, erkennen, wie auch der andere Versuch, das eigene Introjekt dieser Eltern in sich selbst zu rechtfertigen, also die Härte, eher einen toten als einen ungehorsamen Sohn haben zu wollen. Wenn auch keiner der angeführten Sätze im Text einen bewußten Zusammenhang vertritt, so erkennen wir doch, daß sie eine unbewußte Kohärenz repräsentieren. Dabei zeigt sich, wie Angst und unvereinbare Empfindungsgegensätze den Erwerb eines Lerngehorsams erschweren, so daß nur das Fortlaufen in eine Umwelt, die weniger einschüchternd erscheint, Entlastung bringen kann. Die drakonischen Strafen knebeln die Autonomiebestrebungen des Kindes und erregen es zugleich in höchstem Maße.

Dieses Weglaufen, Wegwandern scheint mit der Psychologie der Reisesehnsucht, insbesondere der modernen Reisewut die Motive zu teilen. Als Achtzigjähriger schreibt Freud an Romain Rolland über »die Enge und Armseligkeit unserer Lebensverhältnisse in meiner Jugend«. »Die Sehnsucht zu reisen war gewiß auch ein Ausdruck des Wunsches, jenem Druck zu entkommen, verwandt dem Drang, der soviel halbwüchsige Kinder dazu antreibt, von Hause durchzugehen. Es war mir längst klargeworden, daß ein großes Stück der Lust am Reisen in der Erfüllung dieser frühen Wünsche besteht, also in der Unzufriedenheit mit Haus und Familie wurzelt.«[4]

Unverstand und Brutalität, die wir in der Kindheit erfahren, hinterlassen für immer Spuren in unserem Charakter. Wir sind eingedenk des früher erwähnten Pascalschen Satzes: »Niemals tut man so vollständig und so gut das Böse, als wenn man es mit gutem Gewissen tut.« Jetzt ermessen wir die ganze Schwierigkeit der Orientierung durch das Ich, die im Verhalten der Erwachsenen und der Kinder zutage tritt. Das »Böse« ist für die Eltern Luthers das moralisch gerechtfertigt Gute. Für das kindliche Ich entsteht die unendlich lebenserschwerende Aufgabe, zwei unvereinbar antagonistischen Introjekten als Zentren seiner Verhaltenssteuerung zu gehorchen: dem Introjekt, das Gehorsam fordert und sich darauf beruft, es »hertzlich gut« zu meinen, und dem anderen, das unersättlich strafend, demütigend gegen das Selbst vorgeht, unversöhnlich bleibt, einschüchtert und den Selbstwert zerstört. Das sind die Aspekte des entarteten Gewissens, dessen Gehorsamsforderung nicht von Einsicht gelenkt ist, sondern wiederum ein unzugängliches Absolutum darstellt.

Man vergegenwärtige sich die Erkenntnisforderung, die dem Kind gestellt ist, wenn es die strafende Hand, die seinem Triebgehorsam wehrt, als die herzlich gute verstehen soll. Dabei verschwindet im Verhalten dessen, der die strafende Hand zeigt, das Herzliche im Rohen; psychologisch gesprochen: Seine Aggressivität wird zwar libidinisiert; aber es stellt sich keine Legierung der Triebäußerung her, in der beide Seiten – wie in einem chemischen Prozeß – ihre Qualitäten *ändern*, eben aus der primärprozeßhaften auf die Stufe der Sekundärprozesse gelangen. Dies ist einer der wichtigsten Unterschiede an den Triebschicksalen. Die Aggression, welche die

Libido gleichsam an sich gerissen hat, die aber unverwandelt bleibt, unterscheidet sich von fühlloser Grausamkeit, sie liegt näher beim Sadismus. Als voll entwickelte Perversion mag Sadismus selten sein, als halb oder ganz unbewußt bleibendes Befriedigungsstreben kommt ein an diese Perversion anklingendes Verhalten unendlich häufig vor.

Genau besehen, rührt auch die Erziehung mit Zuckerbrot und Peitsche, dem Apfel neben der Rute, nicht aus der Einfühlung in das Kind her. Sie nutzt zwar – als Dressat, als bedingten Reflex also – die Lernfähigkeit des Kindes aus, Lust zu vermeiden, welche Strafe nach sich zieht, aber sie beläßt es bei einem Erfahrungsautomatismus, der nicht mit Einsicht verknüpft wird. Das Kind muß von da an Gerechtigkeit mit Strafe und Belohnung verwechseln. Diese Einengung ist nicht verschieden von der Einhürdung des Viehs, das der elektrische Schlag des Drahtes abschreckt, sich nach dem saftigeren Gras jenseits der Umzäunung gelüsten zu lassen.

Es ist interessant festzustellen, daß Luther bei der Annäherung an eine kritische Reflexion der Erziehungsprinzipien seiner Eltern die Sprache wechselt und sich des rationalen Mediums des Lateinischen bedient – »non poterant discernere ingenia« – sie hatten nicht die geistige Fähigkeit der Unterscheidung, sie blieben damit dem Automatismus der eigenen Verhaltensstereotype ausgeliefert.

Starres und entwicklungsoffenes Gewissen

Unsere Wege zur Einsicht, unsere Einübung zur Selbstkontrolle in den sozialen Kontakten vollzieht sich gleichsam eingehüllt in Affekte, die uns von anderen Menschen entgegenkommen. In allen modernen Lernmethoden hat diese Verflechtung von Stofflernen mit dem Kennenlernen der affektiven Reaktionen der Mitwelt Beachtung gefunden. Was die psychoanalytische Erkenntnis hier noch hinzuzufügen vermag, wurde mit dem Begriff des »Introjektes« angedeutet; er meint, daß in sehr frühen Etappen der Erfahrung eine Forderung, der wir in der Umwelt begegnen, während wir unseren Bedürfnissen folgen, zu einer »inneren Stimme« zu werden vermag. Sie ist uns aber so zu eigen geworden, daß es uns schwerfällt, sie wieder als etwas Distantes, einen Befehl oder ein Verbot zu erleben und dialektisch mit ihr umzugehen; die Introjekte werden Teile des Selbst, des ganzen Charakters, und halten das Ich so fest umklammert, daß es ihm kaum oder gar nicht gelingt, zu ihnen in kritischen Abstand zu gelangen. Wir fühlen das oft im Umgang mit anderen, wenn wir auf Eigenheiten aufmerksam werden, die wir dem Partner nicht sagen können, weil er darauf nicht realitätsgerecht antworten könnte. Es sind dies die blinden Flecke der Selbstwahrnehmung; werden die Inhalte, die sie verdecken, gleichsam mit Gewalt dem Bewußtsein aufgezwungen, so reagieren wir mit Panik, Depression oder bilden sofort Projektionen, das heißt, wir übertragen das an uns selbst Unerträgliche auf den anderen und rechtfertigen damit die Selbsthaßgefühle, die er in uns erweckte, als Fremdhaß. Schon manche auch innige Freundschaft ist durch die Verletzung der Grenzen dieser Blindheit in Feindschaft umgeschlagen.

Das Selbsttätige, »eigentlich Unbegreifliche«, wie der Beobachter feststellt, den plötzliche, unerwartete Reaktionen des bisher vertrauten Partners befremden, rührt von der Macht der archaischen Introjekte her, die dem Selbst zwar innewohnen, ihm aber ebenso urfremd geblieben sind. Wir haben dann in einem Entwicklungsaugenblick, in dem uns kritische Distanz noch gar nicht möglich war, die Haltung der anderen uns selbst gegenüber angenommen und begonnen, uns nach ihrem Muster zu zensieren. Ein Mensch, der in seiner Kindheit unausgesetzt wegen seiner Ungeschicklichkeit gescholten und verlacht, der wegen seiner Übertretungen geprügelt oder moralisch verdammt wurde, wird diese Tendenz als Selbstkritik üben und Reaktionsbildungen dagegen errichten – und er wird sie kräftig an andere Opfer weitergeben. Einmal wird er unsicher in seinem Selbstvertrauen, scheu bleiben und ewig ein »schlechtes Gewissen« mit sich herumtragen; oder er wird alles ins Gegenteil verkehren, anmaßend und gewissenlos sich gebärden, also gleichsam einen panischen Fluchtversuch in der entgegengesetzten Richtung unternehmen. In jedem Fall wird es seinem Ich nicht gelingen, Schwäche und Stärke getrosten Sinnes hinzunehmen. Denn es fehlte ihm ein einfühlendes Verständnis, das ihm »Brücken«, Lösungsvorschläge, seinen Kräften entsprechend, anbot und damit den Weg zu einem erträglichen Gewissen frei machte.

Mit der Formulierung »gutes Gewissen« wird auf ein *operatives*

Moment des psychischen Apparates gezielt, auf die Fähigkeit, in Interdependenz aktiv zu sein; vom Es wie von der Außenwelt durch Vermittlung des Ichs »Nachrichten« aufzunehmen und zu verarbeiten. Ein solches Gewissen arbeitet dann realitätsnahe am Gesamtverhalten der Person mit. Dem aus frühen Introjekten sich diktatorisch aufbauenden Gewissen fehlt diese Kommunikationsfähigkeit; es ist an starre Vorentscheidungen gebunden, von Lernprozessen nach den ersten Prägungen fast abgeschnitten. Sein Einfluß ist stark, aber im aktuellen Verständnis der Lage unter Umständen einsichtslos. Es ist bereit, die Welt als solche wie die Selbstachtung des Individuums lieblos zu erniedrigen.

Mit dem Fortschritt vom puren Triebgehorsam zum Lerngehorsam tut sich also eine Alternative auf. In einer kurzen Lernphase, die mit definitiven Prägungen von groben Verhaltensstereotypen für alles, was Affekte erweckt, endet, kann eine unduldsame innere Instanz, die absolute Forderungen stellt, kann ein terroristisches Gewissen erworben – oder aber es kann in langem Lernprozeß eine in sich entwicklungsfähige Gewissensbildung in Gang gesetzt werden. Das Über-Ich stellt dann eine Instanz der Selbstvergewisserung, des Messens an Vorbildleistungen, Wertnormen dar. Dies geschieht zwar konsequent, aber tolerant. Das Gewissen vermag sich zunehmend seiner eigenen Geschichte und der Fragwürdigkeit eigenen Verhaltens zu erinnern. Womit es die Sicherheit erwirbt, sich selbst verzeihend zu begegnen und anderen verzeihen zu können. Das macht aber erst eine Moral möglich, die man leben kann, ohne in die heuchlerische Verleugnung der doppelten Moral gezwungen zu werden.

Für das Verständnis der Entwicklung zum starren, gleichsam anonymen oder zum entwicklungsoffenen Gewissen müssen wir noch einmal bei einigen seelischen Vorgängen anknüpfen, die wir im letzten Kapitel behandelt haben und die sich gleichzeitig mit der Gewissensbildung vollziehen. Lernen ist an Vorbildlichkeit geknüpft, an einen Menschen, der etwas vormacht. Der Lernvorgang ist aber in seinem Beginn in der Kindheit eine *Einheit* von Erlernen des *Umgangs mit Sachen und mit Menschen*, oder genauer, mit menschlichen Affekten. Der Akzent liegt in der Anfangszeit sicher auf der affektiven Beziehung; wie sie sich stabilisiert, davon hängt ab, wie lustvoll oder unlustvoll sich die Aneignung der Fertigkeiten und Kenntnisse, die von uns verlangt werden, gestaltet. Von den Vorbildern hängt aber nicht nur ab, welches Gewissen wir in uns durch Introjektion und Identifikation aufbauen, sondern auch, welches *Ideal* wir von uns selbst zu entwickeln vermögen. Treffen unsere Triebregungen, unser Liebesverlangen und unsere Aggressivität, auf eine Beziehungsperson, welche die eine oder die andere oder beide Äußerungen streng zurückweist und dabei keinen Weg vorwärts weist, wie im Zusammenleben diese Regungen erlebt, weitergeformt werden können, so bleibt dem schwachen, ungefestigten Ich nur die kräfteverzehrende Aufgabe, diese Regungen soweit als möglich zu verdrängen. Erst wenn dies gelungen ist, hat sich ein Kind so weit angepaßt, daß es die Anerkennung findet, die sein Leben in der Beziehung zu den Erwachsenen erträglich gestaltet.

Der Anpassungsvorgang ist aber auch diesmal vielschichtig. Trotz oberflächlichem Einschwenken auf die Angebote der Erwachsenen kann das Kind an seinen »Idealen«, das heißt an den Repräsentationen seiner unerfüllten Triebwünsche, festhalten und sie in den Möglichkeiten magischen Denkens ausbauen. Die Größenphantasien unseres Friseurs lebten nicht nur in seinem Ideal, sich als Lokomotivführer zu erleben, weiter, sie traten auch in dem von ihm so schreckhaft erlebten Wunsch, seine Kunden zu verletzen, zutage; die Phantasie, Herr über Leben und Tod zu sein, ganz nach eigenem Ermessen handeln zu können, ist die direkte Wiederholung des infantilen Erlebnisses der Omnipotenz der Erwachsenen. In der Phantasie ist der spätere Erwachsene erlebnishaft immer noch das gleiche Kind, sieht die Welt unverändert in Dimensionen primärer Wunschbefriedigungen. Die Angst, welche diese Phantasien und Impulse hervorrufen, zeigt die Ohnmacht des Ichs an, sich über diese anfängliche Erlebnisebene hinwegsetzen zu können. Die Introjekte urtümlich über Gesetz und Rücksicht erhabener »Großer« machen sich, unangreifbar für spätere rationale Korrektur, als »Zwänge« geltend. Die Entdeckung der Wirksamkeit solcher primitiver Ideale ist für das Selbsterlebnis kein einfacher Schritt.

Das kindliche Ichideal wird sich andererseits auch daran formen, wieweit ihm die Unterdrückung seiner spontanen Triebwünsche und insbesondere seiner ambivalenten Gefühlsregungen gelingt; es wird diese Wünsche aus der Identifikation und im nächsten Schritt aus seinem Gewissen als schlecht verurteilen. Sein Ideal von sich selbst wird sich dann nach dem Grad der gelungenen Verdrängung bemessen. Die Karikatur davon ist der erfolgreiche, überangepaßte Ja-Sager.

»Die Verdrängung«, sagt Freud, »geht vom Ich aus; wir können präzisieren: von der Selbstachtung des Ich.«[5] Diese Selbstachtung ist der Reflex der Achtung, die man in der Mitwelt erfahren hat. Wir haben oben erneut betont, daß auch ein früh entstandenes Ichideal oft ein ganzes Leben hindurch unkorrigierbar bleiben kann und daß das nicht unverständlich ist, wenn wir bedenken, daß es tief mit den Abwehrvorgängen verbunden entsteht, etwa aus der »Verkehrung ins Gegenteil« verdrängter Bedürfnisse entstanden sein kann. Der Mutige, Unternehmungsfreudige, der viel Risiken auf sich nimmt, überspielt vielleicht Geborgenheitswünsche, die ihm in der Kindheit als Schwäche gedeutet wurden und ihm Liebesverlust brachten, wo er auf ihrer Erfüllung bestehen wollte. Erst an dem Beigeschmack der Arroganz, der zwanghaften Sucht, sich immer und überall hervortun zu müssen, kann man erkennen, wie sich ein abgewehrtes Unwertgefühl doch noch verrät.

Alle Abwehrmechanismen, deren sich das schwache Ich bedient – etwa Verkehrung ins Gegenteil und Verdrängung –, gehören in einen infantilen Entwicklungszustand der seelischen Organisation. Sie prägen sich tief ein und automatisieren gleichsam das seelische Gleichgewicht, das in diesem Lebensabschnitt noch weitgehend dem Triebverlangen gehorchen will. Wie hoch der Preis ist, der für ein solches Gleichgewicht dann entrichtet werden muß, wenn keine weitere Entwicklung mehr daran rühren darf, zeigen die vielen Ausgänge in Neurosen, die keineswegs einen Leidensdruck mit sich bringen müssen. Im Gegenteil, die klinischen Symptomneurosen – etwa eine Platzangst oder ein Zählzwang und so weiter – können noch die blandere Verlaufsgestalt, die Charakterneurosen, bei denen die seelischen Leistungen weitgehend der Abwehr dienen müssen, die schwerere anzeigen. In letzterem Fall mag der einzelne seine krankhaften Beschränktheiten noch mit einem halb naiven Stolz als seine Eigenarten (und keineswegs als Unarten) reklamieren.

Sublimierung und Ichentfaltung

Die alternative andere Lösung – wenn wir einen Augenblick blanke Gegensätze konstruieren – wäre die Anleitung, Triebwünsche weniger zu verdrängen als vielmehr zu *sublimieren*. Vor allem würde die tolerantere, einfühlendere, einfallsreichere Führung eines Kindes aus dem Triebgehorsam in den Lern- und Gewissensgehorsam kein so dämonisiertes, sich selbst so allmächtig wie das Vorbild wähnendes Ichideal hervorrufen. Ein Vorbild, das nicht seine bare physische und intellektuelle Überlegenheit ausnützt, indem es überwältigt, wird auch nicht in diesem wirklichkeitsfernen Sinn idealisiert. Es geht, wie man sieht, nicht darum, Ideale als solche in Frage zu stellen, sondern um die Erkenntnis, wieweit ein Vorbild »menschlich«, nah, erreichbar, in einer altmodischen Wendung »lieb und teuer« ist oder wieweit es einem Entwurf des magischen Denkens entstammt, irreal, einseitig, verklärt, unerreichbar, überfordernd bleibt. Das »hohe« Ideal (zu dem immer eine ebenso »tiefe« ambivalente Gegenidealbildung, also eine Verteufelung gehört) scheint ein schlechterer Ausgang der Erziehung als ein *pragmatisches Ideal*, eines, mit dem man umgehen und in größerer Freiheit und unmittelbarer Achtung des Mitmenschen aufwachsen kann.

Die Klippe der Erziehung – jedenfalls soweit wir unsere eigene Sozialwelt im Auge behalten – liegt in der Entscheidung: *Sublimierung* oder *Triebunterdrückung*. Verstehen die Erzieher die anfängliche Natur des Menschen genügend, vermögen sie sich in seine Wünsche einzufühlen, können sie die notwendigen Versagungen und damit die notwendigen Verdrängungen durch die Brücken zu einer befriedigenden Sublimierung mildern und damit der Ichentfaltung dienen, oder können sie das nicht? Sublimierung und Ichentfaltung hängen in einem unmittelbaren Bedingungsverhältnis zusammen. Ohne die Fähigkeit zu sublimieren kann das Ich nicht eine bewußtere Entscheidungsfreiheit überhaupt als Möglichkeit erfahren.

In der Sublimierung der Triebwünsche und ihrer Affekte wirkt Lerngehorsam; aber es ist ein gemilderter Gehorsam, denn es wird ihm ein Stück weit Befriedigung primärer Triebwünsche gelassen, ohne daß diese sofort mit Schuldangst besetzt werden müßten. Etwa: Ein Kind, das sich bemüht, nicht zu naschen, soll auch Anerkennung finden und etwas von der verbotenen Süßigkeit erhalten. Es wird dann als Erwachsener nicht in unablässigem Kampf um »Existenz«, Sicherheit, Besitz verstrickt sein, ohne die innere Erlaubnis zu haben, sich auch etwas zu »gönnen«. Wie schwer der psychologische Tatbestand dabei zu beschreiben ist, kann daraus entnommen werden, daß diese innere Unfähigkeit zum primären Triebgenuß ebenso als puritanische Angst vor sinnlicher Freude wie als suchthaftes Verfallensein an »Ersatzbefriedigungen« (Konsumgewohnheiten aller Art) auftreten kann.

Die Extreme berühren sich hier nicht nur, sie haben die gleiche Bedeutung in der psychischen Ökonomie; die Unfähigkeit zum Genuß ist nur verschieden bewußtseinsfern. Dem Entspannungserlebnis geht in den Reifungsstadien nach der ersten Phase im »sozialen Uterus«, in der Geborgenheit der Mutter-Kind-Einheit, die Arbeit des Ichs voraus. Die Ausdauer in dieser Arbeit schafft erst den subtileren Bezug mit der Wirklichkeit, in dem wir Dinge und Menschen näher kennenlernen. Für das »Kulturbewußtsein« vieler Menschen klingt die Feststellung ketzerisch, daß es gerade unsere »Ideale« sind, die wenig von dieser Icharbeit verraten. Wo Idealisierung des magischen Weltverständnisses den widersprechenden Tatsachen zum Trotz sich durchsetzt, ist sie das Merkmal eines Prozesses, der in umgekehrter, regressiver Richtung verläuft. Wunschdenken entwirft eine Deutung – ein Selbstbildnis, ein Führerbildnis, ein Porträt nationaler Tugenden und ähnliches; diese Entwürfe geschehen im Dienst von Es-Vorgängen, die sich mit solcher Idealisierung die Voraussetzungen für ihre Sättigung zu schaffen bestrebt sind. Das Ich, das dann die Materialien herbeischaffen muß, mit denen das Wunschdenken sich als gerechtfertigt durch die Wirklichkeit ausweist, ist zum Agenten der primitiveren seelischen Organisationen geworden. Ganze Bibliotheken mit historischen Darstellungen belegen diese Untertänigkeit des Ichs: wie überhaupt die Geschichtsforschung, wo sie sich ans Deuten macht, so recht die Ohnmacht des Ichs zeigt, sich in den »Machtkämpfen der Motive«[6] zurechtzufinden. Motivforschung, die an den Phänomenen nicht die Herkunft aus infantilen Idealbildungen im Dienst mächtiger, unbewußt bleibender Triebansprüche und aus Idealen unterscheiden kann, die auf kritischen Ichleistungen beruhen, trägt sicher wenig zur Wissenschaft von geschichtlich sich entscheidenden Menschen bei, auch wenn sie sich auf den großen »Apparat« der wissenschaftlichen Geschichtsschreibung stützt.

Was für die Geschichtsschreibung im großen, gilt ebenso für die Art, wie wir uns selber »biographieren«. Wir sehen unser Verhalten gerne idealisiert und im Falle des Scheiterns »tragisch«, auch dort, wo es natürlich egoistisch, mehr noch, wo es angstgeleitet und gesteigert rücksichtslos ist. Auch der Zynismus, der Ideale als Selbstbetrug verhöhnt, macht sich ein Ideal der tieferen Einsicht, der furchtlosen Vorurteilsfreiheit zu eigen. Und in der Tat: Die großen Ideale verlangen viel von uns, aber sie verraten nicht, wie man ihnen nachkommt – ohne Lüge. Von den Lügen sind die beklagenswertesten die, welche wir vielleicht ein ganzes Leben lang nicht bemerken, weil wir mit ihnen verbissen das infantile Ideal verteidigen, dem wir hörig bleiben. Mit den Worten Freuds: »Die Idealbildung steigert ... die Anforderungen des Ichs und ist die stärkste Begünstigung der Verdrängung; die Sublimierung stellt den Ausweg dar, wie die Anforderung erfüllt werden kann, ohne die Verdrängung herbeizuführen.«[7]

Das Denken und Streben des Menschen ist so lange »offen«, plastisch, als es dem Ich gelingt, die Warum-Frage zu stellen, ohne daß die Antwort schon vorher feststeht. Ein in die dogmatische Ebene gebannter Lerngehorsam, ein unüberwindlich erlebtes *pattern* schneidet den Faden einer Entwicklung zum kritischen Ich hin, das ja und nein sagen kann, frühzeitig ab. Die Festigkeit der Verdrängung aller Regungen, die dieses System der Ideale – und ihrer Gegenbilder, der Unwert-Normen – erschüttern könnten, zementiert die Infantilität des Charakters. Auch durch die biologischen Reifungsschritte kann oft dieses seelische Definitivum nicht mehr in Fluß gebracht werden. Wir dürfen auf eine außerordentlich heftig erlebte Angst schließen, die dem Individuum zu drohen scheint, wo es diese Idealnormen befragt; Befragung ist für das Erlebnis schon Verletzung, solange die magische Erfahrungsstruktur die Antworten gibt. Viel von der Mimikry mit kollektiven Idealnormen, die das Selbstverständnis so häufig beherrscht, muß als halb naiver Beschwichtigungszauber verstanden werden. Für Sublimierung im affektiven Bereich bleibt dabei nur ein schmaler Spielraum.

Anpassungsgewandt, wie wir sind, gelingt es uns aber trotz solcher – von einem späteren Reifungsstadium her gesehen – »unzeitgemäß« gewordener Hilfsmittel in der sozialen Orientierung, uns in die verschiedenartigsten kulturellen Umgebungen einzufügen, in sie hineinzuwachsen; allen ist gemein, daß sie von uns fordern, den Gehorsam gegen unsere Triebwünsche einzuschränken und zu lernen, uns die geltenden Regeln des Verhaltens zu eigen zu machen. Dabei zeigt es sich, daß der Durchschnitt der Menschen zweifellos ein großes Maß an Verdrängung der unerwünschten Ambivalenz ertragen kann, ohne daß der Fortgang der Persönlichkeitsentwicklung vom Infantilgehorsam zum realitätskritischen, wirklichkeitsangemessenen Verhalten zwangsläufig verlegt würde. Freilich bedarf es einer günstigen sozialen Konstellation, eines Appells, damit das Individuum sich zu neuen Anstrengungen im Verständnis seiner selbst und der Mitwelt herausgefordert fühlt; und freilich dürfen soziale Ansprüche gegenüber der vitalen Entwicklungsenergie des Individuums nicht von vornherein in ein Mißverhältnis geraten, sei es der Überforderung, sei es der Verwöhnung. In diesen Fällen kann dann die Möglichkeit der oben beschriebenen Entwicklung zum realitätskritischen Verhalten sehr eingeschränkt oder definitiv aufgehoben sein.

Ganz allgemein gilt, daß die aus der sozialen Umwelt stammenden Gehorsamsforderungen dem jeweiligen Entwicklungsalter des einzelnen angepaßt dosiert werden müssen, um ihm die Zeit zur Verarbeitung der Ambivalenz zu lassen. So wird die Mutter im ersten Lebensjahr des Kindes überwiegend gewährend sein müssen. Auch dann erleidet das Kind von seinen eigenen, noch ganz als fremd und überwältigend erlebten Triebwünschen her genügend Enttäuschungen. Vermehrt die Mutter – etwa durch vorzeitige Sozialforderungen, eine verfrühte Sauberkeitsdressur oder übermäßige Einschränkung des Bewegungsdranges – diese Enttäuschungserlebnisse, so werden die ambivalenten Gefühle des Kindes für die Mutter gesteigert; sie wird dann heftiger als böses, versagendes Objekt erlebt, als es nach den in dieser Periode unvermeidlichen Konflikten notwendig wäre. Es ist zu vermuten, daß eine solche Mutter selbst wenig Einfühlung in ihr Kind zeigt und auch ohne Kritik für intolerante Erziehungspraktiken ist, die man ihr empfiehlt. Eine Mutter, die eifriger dressiert als führt, wird der Erfahrung nicht gewachsen sein, daß ihr Kind sie auch ablehnt. Die Gefühlsambivalenz des Kindes ruft unbewußt in ihr die Erinnerung an eigenes Leiden hervor, das durch solche »Unart« heraufbeschworen worden war. Weil sie damals zu intensiver Verdrängung gezwungen war, kann sie jetzt nicht mehr erinnern, statt dessen »agiert« sie, das heißt, sie bleibt auf der Linie der infantilen Abwehr, indem sie nach einer Idealnorm – wie ein Kind sein sollte – sich orientiert. Die Erfahrungen der Wirklichkeit verwirren sie, das »Stereotyp« von Folgsamkeit ist die einfachere, ambivalenzfernere Ausrichtung. So übertragen sich die Vorerfahrungen, vielleicht die Fehlentwicklungen der Mutter unausweichlich in ihrem Verhalten auf ihr Kind.

Regressive Idealisierung

Freud hat darauf hingewiesen, daß »das Über-Ich des Kindes eigentlich nicht nach dem Vorbild der Eltern, sondern des elterlichen Über-Ich aufgebaut« wird; das Über-Ich wird damit »zum Träger der Tradition, all der zeitbeständigen Wertungen, die sich auf diesem Wege über Generationen fortgepflanzt haben«[8]. Am Beispiel des unsichtbar werdenden Vaters haben wir darzustellen versucht, welche Veränderungen im Integrationszentrum Über-Ich dadurch eintreten, daß Leistungserfahrung und Stimmungserfahrung im Umgang mit dem Vorbild so weit auseinandertreten und die erstere zunehmend verarmt. Daraus resultiert eine Schwächung der Objektbeziehungen und Flüchtigkeit der Identifizierungen, die ihren Niederschlag in den größeren gesellschaftlichen Vorgängen findet. Freilich ist es eine Rückkopplung kollektiver und individueller Entwicklungsprozesse, aus der die psychische Verfassung des Individuums entsteht. Die Trennung von Arbeits- und Wohnplatz schafft die Entfremdung in der Familiengruppe, die Identifikationslockerung macht den einzelnen anpassungsgeschmeidiger, aber auch kritik- und verantwortungsscheuer. Das wieder treibt Bemächtigungspraktiken im sozialen Großraum hervor, die eine Verfassung des einzelnen zur Voraussetzung haben, in der die Inhalte des Über-

Ichs leicht austauschbar sind. Erinnert man sich der Eide, die einem heute Sechzigjährigen im Laufe seines Lebens abgenötigt werden konnten und die er meist widerspruchslos leistete, so erkennt man einen fast attrappenhaften Charakter der Über-Ich-Leistungen. Diese Leichtigkeit, mit der Ideale vertauscht werden können, verrät einen regressiven Zug, dem die Masse der Menschen unterliegt. Das Über-Ich ist dann erneut nicht mehr deutlich von äußeren Instanzen, den herrschenden Figuren, Ideologien und so weiter, getrennt als eine innerpsychische Instanz; die Situation ähnelt wieder dem Zustand in den ersten vier bis sechs Kindheitsjahren.

Damit ist das eigentliche Merkmal der »Kulturheuchelei« angedeutet. Die Kulturforderung ist nicht assimiliert, mit dem Ich leistungsverknüpft, sondern ihr wird nur zeitweilig gehorcht. Der »außengelenkte« Mensch in der Riesmanschen Terminologie darf kein Über-Ich bleibender Inhalte haben. Oder genauer: Seine inneren Leitwerte entwickeln sich nicht *evolutionär*, sondern sie werden katastrophisch aneinandergereiht, wie die katastrophengeborenen Ideologien es fordern. Das mag im Prinzip seine Gültigkeit in allen Zeiten gehabt haben, und nur die Häufung dieser Um- und Zusammenbrüche in kurzem Zeitraum kann als Besonderheit unserer Epoche gelten. Aber solche Häufigkeit der Neuorientierungszwänge hat eben doch qualitative Auswirkungen auf die Strukturierung der Charaktere, die sie zu bewältigen haben. Ganz zu schweigen von der eigentlichen Frage: Was ist vorgängig oder dominant, die rasante und vielfach inkohärente sozioökonomische und sozio-politische Entwicklung oder die regressive (oder retardierte oder überhaupt geschwächte) Fähigkeit, Objekte festzuhalten, das heißt libidinös besetzt halten, erinnern zu können? Sicher spielt darin eine Vielzahl von Wechselbeziehungen eine Rolle. Eben deshalb sollte die Rechenschaft, die wir uns geben, mißtrauisch gegen ideologisch primitive Vereinfachungen bleiben.

Die Unruhe in der sozialen Wertorientierung hat also sicher außerpsychologische Gründe genug. Der Widerspruch, jedenfalls in der westlichen Welt, zwischen experimenteller Neugier im Technischen und einem Hang, »große alte Männer« zu idealisieren und sie zu Führern zu wählen, enthüllt nochmals die regressiven Bedürfnisse des Ichideals. Es grenzt offenbar nahe an einen Bereich von magischen Größenphantasien, der seinen Einfluß auf das Verhalten nicht eingebüßt hat. Andererseits wurde das Ichideal vieler Zeitgenossen an Erwachsenen erworben, die prinzipiell alles besser wußten und wenig Verständnis für das suchende, fehlbare Kind, für den schwachen Menschen zeigten. Jedenfalls ist das typisch für die Kommunikationsform zwischen Erwachsenen und Kind und Jugendlichen in unserer Gesellschaft. In der unübersichtlichen Massengesellschaft hat diese autoritäre Form der Eingewöhnung in das soziale Feld aber eine unerwartete Antwort gefunden, nämlich eine Verstärkung der Abhängigkeitsstrebungen und eine Bejahung der Unmündigkeit. Das faktische Gegenbild zu den für unsere Zeitläufte charakteristischen Helden der Massen sind die initiativearmen »Frühpensionäre«, die in ihren Wohlfahrtsstaaten nie flügge werden wollen.

Diese Feststellung ist – um es zu wiederholen – zwar insofern eine ungebührliche Kulturkritik an bestehenden Verhältnissen, als gewiß so materielle Fakten wie die Urbanisierung, die Konzentration auf Großbetriebe mit hoher Fragmentierung der Arbeit und Verantwortung entscheidend auf die Reaktionsbildungen der von diesen Prozessen Betroffenen einwirkten. Trotzdem: Es hieße die Eigengesetzlichkeit des Seelischen unterschätzen, wenn man nicht die Mitwirkung seelischer Vorgänge am Zustandsbild, wie es ist, in Rechnung stellen wollte. Dazu müßten wir uns bemühen, die *Motive* dieser regressiv-passiven Haltung mit ihrem Hintergrund von unverbindlichen Phantasien und unpersönlichen (eben massenhaft und fast wahllos vollzogenen) Genüssen besser aus den prägenden Früherfahrungen zu verstehen, statt immer nur gesellschaftliche Prozesse *unmittelbar* anzuschuldigen. Zunächst einmal ist selbst der sogenannte »Überbau« der Gesellschaft (ihr Wertsystem, ihre Theorie von sich selbst, ihre Rechtsverhältnisse und so fort) nicht einfach vom »Unterbau«, den Produktionsverhältnissen, linear abhängig, sondern beider Verhältnis zueinander ist selbst ein dialektisches. Dann ist daran zu erinnern, wie vieles »Gesellschaftliche« durch elterliche Haltungen, Erziehungspraktiken, Affektlagen und so weiter dem Kinde *vermittelt* wird. Diese Vermittlung in der kindlichen Prägezeit ist zu analysieren; wenn die Vermittlerfunktion der Familie zu schrumpfen scheint, muß untersucht werden, wer dann diese Rolle übernimmt. Überhaupt ist zu untersuchen, wie und wo »Gesellschaft« in ihren einzelnen Verhaltensgestalten zur psychischen Struktur wird und auf Grund welcher psychischer Vorbedingungen (welcher Vorerfahrungen) diese Einwirkungen erst zur Geltung kommen können. Der rasche, unbedachte Rekurs auf Gesellschaft oder gar auf deren materielle Faktoren (als »Sündenbock«) kann sogar zu einem Alibi ermuntern: Wenn die Subjektivität des Menschen so ganz aus der Rechnung ausgelassen wird, kann das dem Subjekt hinterrücks gerade jene Passivität einräumen, die eine Änderung der Verhältnisse ewig aufhalten müßte. Tun wir dies doch, dann geben wir mit der Dialektik von Selbst und Welt auch das Selbst auf; das funktionierende Individuum erscheint dann als bloßer Spielball seiner Wirtschaft, als ein Knotenpunkt von Herrschaftsverhältnissen, Moraldiktaten und anderen Kraftlinien. Sicher ist es all diesen Bedingungen seiner Existenz pflichtig. Aber an ihnen und in ihnen müssen wir prinzipiell auch die Wirkung psychischer Impulse sehen (zum Beispiel die enorme Steigerung des Neugierverhaltens der Generationen, welche die moderne Naturforschung hervorbrachten, oder die erhöhte Ansprechbarkeit für Herausforderungen zum Rivalisieren) und dabei nicht vergessen, daß diese Bedingungen und Umstände aus den offenen Möglichkeiten der Selbstverwirklichung des Menschen hervorgegangen sind. Sie verraten sowohl die Merkmale neuer Formen der Sublimierung, wie sie auch Reaktionsbildungen auf mitgeschleppte unbewältigte Vergangenheit – individueller und kollektiver Art – sind. Die Marxsche Gesellschaftskritik sieht dies in aller Deutlichkeit. Weil der Anthropologie, die sie voraussetzt, aber die Dimension eines psychischen Determinismus *eigener* Qualität noch fehlt, ist sie an dieser Stelle undialektisch; sie operiert vorwiegend mit einem Begriff des Menschen, in dem dieser das Produkt seiner materiellen sozialen Bedingungen ist. Das stimmt in vielen Zügen, reicht aber zur Wesensbestimmung nicht aus. Vor allem ist es uns versagt, einen eschatologischen Zustand zu entwerfen, auf den diese Natur kraft ihrer Eigenart hinstrebt. Das Merkmal menschlicher Natur ist ihre Unabgeschlossenheit. Den Widerschein davon erfahren wir in der Unzulänglichkeit der sozialen Ordnungen. Diese Unzulänglichkeit kann man aber nicht ihrerseits allein für die »Unreife« der in ihnen

Lebenden verantwortlich machen. Damit ist keine dieser sozialen Ungerechtigkeiten entschuldigt, vielmehr die Aufgabe gestellt, sie zu korrigieren – freilich mit dem Wissen um unausbleibliche neue Beschränktheit. Die menschliche Natur ist in einem spezifischen Sinn »historisch« geworden; sie vollzieht Naturgeschichte in menschheitsgeschichtlichem Zusammenhang. Gerade dieses Faktum erahnen wir in seinen Bedingungszusammenhängen mehr, als wir darüber sicher Bescheid wüßten.

Regressive Idealisierung und erhöhte Willigkeit, zu gehorchen, bei Lockerung dauerhaft bindender Beziehungen zu Dingen, Mitmenschen, dauerhafter Anerkennung von Werten, Verhaltensformen, charakterisieren die psychologische Verfassung in den Massengesellschaften, und zwar unabhängig von den politischen Ausrichtungen, die in ihnen herrschen. Es handelt sich hier offenbar um ein Entwicklungsprodukt des Anschwellens der Bevölkerungszahlen und der Veränderung der Arbeits- und Lebensbedingungen, die dieser sprunghaft gewachsenen Bevölkerung erst das Dasein ermöglicht. In einer spezialistisch organisierten Großgesellschaft mit rascher Wandlung des technischen Produktionsinventars spielt Gehorsam eine nicht geringere, wahrscheinlich eine bedeutendere Rolle als in einer statusgefestigten, in begrenztere Funktionsräume gegliederten Gesellschaft. Die Gefahr des überorganisierten Sozialgebildes, in dem durch Lerngehorsam total dressierte und total manipulierte »Mengenteilchen« erzeugt werden, ist oft genug beschworen und auch in die Praxis umzusetzen versucht worden. Wenn auch die Bäume solchen Wunschdenkens nicht in den Himmel wachsen werden und die Ängste des Individuums vor einem Selbstverlust im Kollektiv übertrieben sein mögen, die Gefahren zu solcher Entwicklung sind die spezifischen Gefahren dieser unserer Gesellschaftsordnung.

Die Gegenkräfte, die den einzelnen verfügbar sind, liegen in der Erweiterung des Bewußtseins für Gehorsamsforderungen, die mit dem Anspruch auf Selbstverständlichkeit auftreten. Anarchie, die sich an vielen Orten (und ganz natürlicherweise im Verhalten vieler Jugendlicher) zeigt, ist die primitive Form der Durchkreuzung der Einschnürung des Aktionsspielraumes durch Verwaltung und dranghafte Nähe in den situativen Massen, zwischen denen sich unser

Leben abspielt. Aber nur eine Steigerung des Bewußtseins für diese Massenexistenz, der wir nicht entfliehen, die wir aber doch rücksichtsvoller handhaben können, läßt uns die regressiven Bedürfnisse verstehen und wenigstens ihnen entgehen.

Könnte man zudem mit der verfeinerten begrifflichen Unterscheidung der Gehorsamsformen Beobachtungen auf den verschiedensten Schauplätzen anstellen – zum Beispiel den Lernhabitus der Schüler zum Verhaltensstil ihrer Familien in Bezug setzen oder gleicherweise erforschen, welcher Ermessensspielraum einem Richter oder welche innere Entschlußfreiheit einem Kabinett tatsächlich nach der Charakterstruktur seiner Mitglieder (und nicht nur nach *esprit de corps* oder Gruppenaffekt) bleibt –, dann hätte man eine neue Dimension des Verstehens der sozialen Wirklichkeit, aus der Geschichte entsteht. Die Verwobenheit der drei genannten Gehorsamstypen untereinander und mit den Institutionen der Gesellschaft, die auf sie zugeschnitten sind und die an so unterschiedlichen Gehorsam appellieren, würde dann deutlich. Wir besitzen aber erst noch höchst bruckstückhafte Ansätze solcher sozialen Feldforschung, die uns diese Fragen beantworten könnte. Sie wird uns aber die konzisere Beantwortung der Frage erlauben, warum gerade in diesem historischen Augenblick die Neigung zu regressiver Idealbildung, zu passiv fordernder Unterwürfigkeit und Abhängigkeit von den Institutionen der Gesellschaft und zu anarchischen Lebensäußerungen massenhaft hervortritt.

Die Stätte der Angst

Das Sozialverhalten der Tiere ist auf einer einzigen Ebene, nämlich dem Gehorsam gegen angeborene arteigene Verhaltensweisen, geregelt. Das Verhalten des Menschen wird in der sozialen Ebene durch die Dreiheit von *Triebgehorsam*, *Lerngehorsam* und *Gewissensgehorsam* reguliert, und außerdem ist er fähig, in allen Ebenen ungehorsam zu sein. Sein Gewissensgehorsam stabilisiert nach innen, gegen die Triebansprüche, und nach außen, gegen die Sozialansprüche, seine Entscheidungen. Der Gewissensgehorsam wirkt dadurch konfliktdämpfend. Freud hat, wie Robert Waelder[9] treffend bemerkte, das Ich als eine »problemlösende Instanz« beschrieben und damit ein »teleologisches Konzept« angewandt. »Das Ich beherrscht den Zugang zum Bewußtsein wie den Übergang gegen die Außenwelt.«[10] Es kann dies wirkungsvoll nur tun, wenn es die Gefahrensituation vorauszusehen vermag. Dazu ist es aber nur imstande, wenn es die Erinnerung heraufruft. Die Analogie des Gegenwärtigen und des Erwarteten zum Erinnerten bestimmt also die Voraussicht, deren das Ich fähig ist. Waren die affektiven Begleiterscheinungen der Erfahrung sehr angsterweckende, so wird das Ich auch in der Zukunft den schmalen Weg wählen, auf dem es relativ unbehelligt geblieben ist. Es wird seine Entscheidungen mit den Vorentscheidungen der leitenden Beziehungsfiguren, des »man«, der Tabus und so weiter, akkommodieren. Dabei muß immer wieder darauf hingewiesen werden, daß diese Ichleistungen – wie auch ein großer Teil der Über-Ich-Forderungen – unbewußt verlaufen; daß die integrative, steuernde Tätigkeit des Ichs nicht mit dem Bewußtsein gleichzusetzen ist.

Je intensiver also die Formen des Lern- und Gewissensgehorsams an Angsterlebnisse gebunden sind, desto mehr wird sich die Funktion des Ichs in Abwehrleistungen erschöpfen, die dem Bewußtsein entzogen bleiben. Denn das Ich ist die »Stätte der Angst«[11]. Angst bewirkt aber nicht nur einen Rückzug von der äußeren, sondern ebenso einen Rückzug von den Erlebnissen der inneren Welt. Folgen wir einen Augenblick der Gepflogenheit, unter »Trieb« alle spontanen Lebensäußerungen im Verhalten zu verstehen (Spieltrieb, Schmucktrieb und viele ähnliche), so müssen wir mit Erich von Holst feststellen, daß »Furcht ein Trieb ist, der in der Natur ... schon in kleinen Dosen alle anderen Triebe in Schach hält« und »daß eine langanhaltende Unterdrückung schließlich zu Atrophie natürlicher sozialer Verhaltenstendenzen führen kann ...«[12]. Wir haben dieser Einsicht, die auf der Erforschung des tierischen Verhaltens beruht, nur hinzuzufügen, daß Furcht beim Menschen eine kompliziertere Struktur aufweist als bei den Tieren; hier sind es nicht Feindschemata, die automatisch in Furcht alle anderen Aktivitäten stillegen, vielmehr kann eine ungleich größere Anzahl sozialer Erfahrungen in sekundären Lernvorgängen Gefahrenmomente anzeigen. Furcht vermag sich assoziativ auf nebensächliche Begleitumstände auszubreiten, die gleichwohl die Gefahr symbolisieren können. In reiferen Ichleistungen können solche Furchtquellen wieder abgebaut werden. Dann wagt sich Aktivität wieder hervor und bewältigt eine angstvoll tabuierte Situation. Die bedingten Reflexe, die in frühen Angstbelastungen entstanden sind, können aber gerade die spätere Entwicklung der Ichleistungen so schwächen, daß sie verkümmern.

Angsterweckung als Herrschaftsmittel

Nach unserer Auffassung erweckt unsere Kultur, die für mehr und mehr Menschen Anpassungs-, also Lernleistungen bis ins Alter notwendig macht, in ihren bisherigen Erziehungsformen im großen Durchschnitt viel zuviel und völlig unnötig Angst in der frühen Kindheit und blockiert damit das Lernen. Die Einfühlung in das Kleinkind und in den Jugendlichen in den Krisen der Pubertät ist die unterentwickeltste Sozialbeziehung in unserer Gesellschaft. Die Überforderung des Kindes mit Lerngehorsam für soziale Stereotype auf der einen und die Ahnungslosigkeit, mit der man seinen altersgemäßen Bedürfnissen und Nöten auf der anderen Seite gegenübersteht, sind noch direkte Auswirkungen der in ihrem Wertgefüge unerschütterten Standesgesellschaft der vortechnischen Epoche. Hier herrscht weiterhin der Glaube, in der Kinderstube verstehe sich alles von selber. Die Erwachsenen – Eltern, Lehrer und sonstige Wohlmeinende – legen sich keine Rechenschaft darüber ab, daß das, was sie für selbstverständlich, natürlich, schicklich und so weiter halten, dem Ausdruck ihrer eigenen Folgsamkeit gegenüber erlernten Standardvorschriften entspricht. Vorschriften und Folgsamkeit sind nicht in den Bezirk kritischer Prüfung geraten. Die große Zahl kindlicher Neurosen, die mannigfaltigsten Verwahrlosungserscheinungen (am heftigsten in der Pubertät beziehungsweise der ganzen Periode der Adoleszenz), deren Auftreten sich ganz von den Lebensbedingungen der Elendsquartiere abgelöst hat und die »besten Familien« nicht verschont, muß stutzig machen. Wie sehr aber die Klischees der Idealisierung des Kindes, der Mutterliebe, der gottgewollt problemlosen Familie die Politik bestimmen, kann man daraus ersehen, was alles einer Förderung des seelischen Wachstums des Kindes bei uns vorgeht. Man wird eher den

Straßenbau und natürlich den Wehretat, selbst die Schul- und Hochschulerziehung fördern, ehe man die Lebensfragen des Menschen vor dem Schuleintritt oder vor dem Eintritt in die definitive Rolle des Erwachsenen bedenkt. Hier wirken die haftfähigsten Tabus. Jedermann ist bereit, sich einer körperlichen Untersuchung für den Abschluß einer Lebensversicherung zu unterziehen, zu einer Versicherung des Lebenserfolges seiner Kinder aber glaubt er, keine menschliche Hilfe nötig zu haben. Wir müssen uns die Frage stellen, wie lange eine Gesellschaft, die so weit von der stabilisierenden Sicherheit generationsüberdauernder sozialer Wert- und Verhaltensordnungen sich entfernt hat, sich diese Blindheit, dieses Festhalten an Verhaltensformen, die nach dem Verlust ihrer Voraussetzungen zu *Leerformen des Verhaltens* geworden sind, noch wird leisten können. Wolfgang Hochheimer meint, daß es »unsere habituelle anthropologische Gesichtsfeldeinschränkung« ist, die uns immer wieder zu erstauntem Kopfschütteln zwinge, »wie es zu jenem Krieg kam, wie jemand nur so sein konnte – wie man uns so täuschen konnte, wie abgrundböse, schlecht und gemein unsere Feinde doch sind« und so weiter. Statt dieser auf Denkhemmung beruhenden Naivität wäre es besser, »all dieses als ›unverständlich‹ Abgeschobene in anthropologische Realbilanz aufzunehmen«[13].

Aber hier schließt sich ein Zirkel: Lerngehorsam verlangt Aneignung der Techniken, des pragmatischen Stils der Gesellschaft und Abweisung der störenden primären Triebwünsche. Die Erziehung führt das in der Breite *par force* herbei, aber es gelingt ihr nur eine Partialsozialisierung. Um den Grad dieser durch Repression erzwungenen Angleichung geht es aber. Zuviel Repression im Verhältnis mit zuwenig Anfangs- und Grundbefriedigung der primären Triebspannungen schafft einen großen Verdrängungsbereich und verlangt viel Energie zur Abwehr des Verdrängten. Der Einzelne und das Kollektiv sind durch diese innere Lage gezwungen, Entlastungswege für die abgewehrten Neigungen zu schaffen. Die wichtigsten sind Projektionen des im eigenen Selbst Unerträglichen auf Fremde und Reaktionsbildungen, etwa suchthaft gesuchte Ersatzbefriedigungen. Da niemandem eine volle Sublimierung und eine ganz die Triebwünsche befriedigende Lebensführung gelingen kann – weil niemand in einer idealen Gesellschaft lebt –, sind die

Übergänge von »normaler« zu krankhaft gesteigerter Suche nach einem Mittel oder Medium, das an primäre Triebbefriedigungen anschließt, fließend. Pathologisch Anmutendes wird in Gesellschaften lange Perioden hindurch als »normal« betrachtet. Diese Voreingenommenheiten erschweren uns, die »anthropologische Realbilanz« auch nur einigermaßen täuschungsfrei aufzustellen. Aber auf sie hinzuarbeiten bleibt die entscheidende Forderung gegenüber allen anthropologischen Ideologien – die eigentliche Forderung an die psychologische Wissenschaft.

Lassen wir uns also weder von einer Ideologie ganz einfangen, die den Menschen durch seine sozialen Umstände erklärt sieht, noch von der anderen, die im wahrsten Wortsinn von einem herrschenden Menschenbild ausgeht (also vom Selbstideal der herrschenden Schicht oder der, die zur Herrschaft kommen will) und das Nicht-Stimmige dann konsequent entweder zur Ausbeutung oder »Ausmerze« freigibt, dann werden uns auch die gegenwärtig so starken regressiven Prozesse in der Über-Ich-Formung etwas verständlicher. In der großen Masse breitet sich die Neigung zu passivem, sozialkonformem Verhalten aus, oder vielleicht war sie immer die Form der Sozialisierung, die dem »kleinen Mann« allein offenstand. Dann wird sie nur offenbarer und ungenügend, wo kritische Selbständigkeit neben reibungslosem »Funktionieren« im gleichen Sozialraum eigentlich unerläßlich und kritisches Bewußtsein das einzige Korrektiv gefährlicher Überwältigung durch das technische und bürokratische Inventar geworden ist. Hätten wir bessere Erkenntnismethoden, breitere Erfahrungsgrundlagen für die Aufstellung einer »anthropologischen Realbilanz« der sozialen Kräfte, die den gegenwärtig in unserer Gesellschaft lebenden Menschen »erzeugen«, dann würden wir besser verstehen, warum die Menschen ihre Steuerung nicht mehr von der »Innenleitung« – aus einem Über-Ich –, sondern von der »Außenleitung«, von den jeweiligen Herrschaftsverhältnissen mit ihren modischen und ideologischen Strömungen empfangen. Der Umstand, daß es massenhaft zu einem »Gesichts-Verlust« kommt, wenn sich die Herrschaft ändert, wäre dann weniger unverständlich. Man könnte sich manche negative Kulturkritik ersparen, die ohnehin meist auf eine reaktionäre, von der jeweiligen Ideologie geschützte Selbstüberschätzung hinausläuft, wenn man in

Rechnung stellte, daß die Gesellschaft heute, wie wir schon andeuteten, sehr viel unmittelbarer auf das Individuum einwirkt als in früheren Zeiten, in denen ihm ein Rückzug auf Familie und Sippe oder ein räumliches Ausweichen (Emigration) erfolgreicher möglich war. Von den Ansätzen einer psychologisch-anthropologischen Wissenschaft aus können wir vermuten, daß die beobachtbaren regressiven Entdifferenzierungen aus den »Umständen« insofern herrühren, als sie unaufhaltsam bisher gewohnte Formen der Menschenbehandlung unmöglich machen. Das bedeutet aber nicht, daß dies unabänderliche Wirkungen sind. Im Gegenteil werden wir nur auf die Tatsache verwiesen, daß die Trägheit der Verhaltensstile uns dazu verführt, im »Als-ob« zu leben. Dieses »Als-ob« zeigt seine schärfsten Konsequenzen in der subjektiven Empfindungs-, Geschmacks-, Wertungsautonomie. Was aber dem einzelnen als Autonomie erscheint, erweist sich in der psychologischen Analyse häufig als Anarchie; eine Anarchie, die von schwachen Objektbindungen herrührt und diesen Menschen, dieses Ziel rasch aufgreift und ebenso wieder fallen läßt. Die Wurzeln der Fähigkeit, haltbare Objektbeziehungen herstellen zu können, reichen in die Lernerfahrungen der frühen Kindheit zurück, in eben jene Zeit, in der zugleich auch die Gegenkräfte gegen die Bindung an Objekte, die Triebäußerungen, die das Objekt nur als Mittel zum Zweck kennen, noch unbeherrscht sich durchsetzen wollen. Die *Haltung* des Vorbildes, nicht seine bloßen Worte lassen das Kind erfahren, wie das Objekt sich langsam von der Rolle, Mittel unserer Zwecke zu sein (das heißt, unsere primitiven Triebbedürfnisse zu befriedigen), zu einem vertrauten Inhalt unserer Welt wandeln kann. Der andere bereichert uns dann nicht nur dadurch, daß er für die Dauer unserer eigenen Vitalbedürfnisse in Erscheinung tritt und nach deren Absättigung das Interesse einbüßt, sondern er gewinnt die Züge des von uns unterscheidbaren anderen Selbst, dessen Eigenlebendigkeit uns anspricht, unser Mitfühlen erregt.

Die kompensatorische Gegenleistung gegen den tatsächlichen Objektverlust ist die idealisierende Überhöhung eben der Objekte (und Objektbeziehungen), die im tatsächlichen Verhalten nicht »erkannt« werden. Zum Beispiel idealisieren wir die Familie in ihren historischen Erscheinungsformen. Wir tun so, als ob die bäuerliche, handwerkliche, bürgerliche Familie eine ideale Gesellungsform gewesen wäre, in der das Objekt nicht auch, unter Umständen vornehmlich, Mittel zum Zweck, Gegenstand der Ausbeutung und gerade nicht Mitmensch und autonomes Wesen gewesen wäre. Wir tun so, als ob diese idealisierte Familie unverändert Oase in der urbanisierten Industriegesellschaft sein könnte, als ob sie noch wirklich wäre, obgleich sie in dieser Idealform kaum, jedenfalls nicht typische Wirklichkeit war. Infolgedessen verpassen wir die Chance, in einer sorgfältigen Analyse die Formen des Zusammenlebens – der Eltern untereinander und der Eltern mit ihren Kindern – unter den *gegebenen* gesellschaftlichen Umständen zur Bilanz zu bringen. Diese Bilanz wäre aber unter anderem Voraussetzung für die sinngemäßere Nutzung eines Überflusses, den frühere Zeiten nicht gekannt haben. Die Angstbeengung, die in jeder Tradition sowohl aufrechterhalten wie in der Befolgung der Gebote beschwichtigt wird, steht uns auf Schritt und Tritt im Wege. An die Umstände sind immer harte Interessen geknüpft, man kann ihnen nur entgegentreten, wenn man die Angst überwindet, die zu ihrer Wahrung erweckt wird. Die ideologisch manipulierte Angst ist kein Schutzmechanismus der Arterhaltung, sondern eine zweifelhafte Taktik, die man am besten mit Zweifel abwehrt.

Der Ich-»Gehorsam«

In unserer Erörterung fehlt noch jene späteste Form des Verhaltens, die wir Ich-»Gehorsam« nannten. Manche der Voraussetzungen für seine Entwicklung sind bereits angeklungen. Die Phasen des Trieb- und des Lerngehorsams müssen ohne allzuschwere Einschüchterung der Triebwünsche und ohne allzu angstbesetzte Einengung der Bereiche, auf die sich Lernen erstreckt, durchlaufen sein. Unter diesen Bedingungen erhält sich das Neugierverhalten und gibt sich nicht zu leicht mit dogmatisch definitiven Antworten zufrieden. Psychologisch gesprochen: Die Dynamik der Ichentwicklung darf nicht zu sehr von der Abwehr ambivalenter innerer *Triebrepräsentanzen*, also widerstreitender Wünsche, Affekte, Phantasien, belastet sein, wenn es zu einer breiten Einmündung der seelischen Reifungstendenzen in ein gefestigtes, bewußtes, kritisches Ich kommen soll. Die Anlagefaktoren zu einer solchen Entwicklung interessieren in unserem Zusammenhang nur insoweit, als wir die Begabungsverschiedenheiten der Menschen auch in dieser Hinsicht nicht in Frage stellen. Sehen wir von Extremen der Hoch- und Unterbegabtheit ab, so fällt im breiten Bereich der »Normalität« die Verschiedenheit der Begabungen nicht derart ins Gewicht, daß an ihr die Evolution zu breiterer kritischer Bewußtheit scheitern müßte. Die psychoanalytischen Erfahrungen zeigen im Gegenteil, daß sozialen Prägungsvorgängen eine überragende und oft definitive Bedeutung zukommt. Die Entwicklungstendenzen zu einem stärker bewußtseinsgelenkten Verhalten werden durch sie zum Veröden gebracht. Wie wir darstellten, ist die Begründung darin zu suchen, daß im Gesamtgeschehen der Evolution die Bewußtseinsentwicklung – im Sinne eines Besitzes der *Art* – einen biologisch noch schwach gesicherten Vorgang darstellt. In der *Individual*entwicklung entfaltet sich das kritische bewußte Ich spät – viel später, als die soziale Erziehung einsetzt; diese versperrt vielmehr allzu häufig den normalen Fortschritt zu dieser Reifung.

Wir knüpfen hier noch einmal an die Bedenken an, die man immer wieder zu hören bekommt und die besagen, der Appell an die »Vernunft« des Menschen sei zwecklos, weil nur wenige ihrer teilhaftig wären – also brauche man sichere Verhaltensschablonen, scharfe Gesetze, eine strenge Erziehung im Sinne der Setzung zuverlässiger bedingter Reflexe. Diese Kritik zäumt das Pferd beim Schwanz auf. Das gegenteilige Argument kommt der Wahrheit näher: Weil die Sozialisierung des Menschen unserer Gesellschaft teils verbietend, teils achtlos geschieht und die haltgebenden Kontakte fehlen, weil dem Kinde von frühester Jugend an Schuldgefühle eingeflößt werden, ohne daß ihm zugleich guter Rat und eine sanfte Hand zuteil würden, die ihm zeigen würden, wie man Schuld vermeidet und wie man überhaupt zu unterscheiden lernt, wo Schuld und wo ein Einschüchterungsversuch vorliegt, schließlich: weil eine arbeitsteilige Sozialstruktur den verengten Spezialisten braucht, der nur auf einem kleinen Sektor kritisch denken, sonst aber in unauffälligem Konformismus Gehorsam zeigen soll – weil diese Einflüsse sich überschichten und verwirren, vermag die Mehrheit der Menschen nicht vernünftige Möglichkeiten zu verwirklichen, deren sie potentiell fähig wäre.

Das erprobte System, frühzeitig »Denkhemmungen«[14] zu setzen, das durch Jahrhunderte von den herrschenden Gruppen als Erziehungsleitsatz für die Massen entwickelt wurde, wird gegenwärtig mit Hilfe der Massenmedien, ihrer Art der Nachrichtenaufbereitung, mit Hilfe des Einschleifens von Konsumgewohnheiten auf allen Ebenen erfolgreich fortgesetzt. Man kann wohl ohne Überspitzung sagen: Hätte sich nur eine einzige politische Instanz der Kenntnisse der Psychoanalyse zum Zweck kritischer Ich-Stärkung mit solchem Eifer angenommen, wie es die Wirtschaft mit dem Ziel der Konsumsteigerung (bei gleichzeitiger Übertölpelung der Kritik) tat, so sähe unsere politische Landschaft anders aus. Zum Beispiel würde ein wesentlicher Faktor der Angst vor der östlichen Welt gemildert werden, wenn die innere Befehls-, Gehorsamstruktur weniger ichfremd und damit weniger ähnlich der autokratischen Ordnung des Ostens – und unserer eigenen Geschichte – wäre. Die Fähigkeit zur Kritik der eigenen Sache, die bei der eigenen Person und sonst nirgendwo beginnen muß, ist die Basis der Ich-Stärkung gegen Angst. Nur wer dem Prinzip der Denkhemmung früh unterworfen wurde, neigt dazu, die eigene Unvollkommenheit dem anderen anzuhängen – und darüber ziemlich gewiß die Wahrung der eigentlichen Chancen zu verpassen.

Erziehung, die beim Vermitteln des Lerngehorsams und der Prägung eines absolutistischen Gewissens stehenbleibt, fördert den partiellen Infantilismus der Menschen, hindert sie an der Entwicklung eines *persönlichen* Gewissens, dessen Entwicklungsvoraussetzung das *Erlebnis der Nähe* ist. In der Identifizierung mit Vorbildfiguren muß deren eigenes Bemühen um Erkenntnis, deren eigene Einsicht in Fehlbarkeit und ihre Aufrichtigkeit vor den Zweifeln, die uns nicht erspart bleiben, nahe erlebt werden, um nahegehen zu können.

Einfühlung und Distanz

Das Erlebnis der Nähe setzt die Überwindung des Triebgehorsams voraus, in dem der andere immer nur Funktionswert – und nicht mehr – für mich hat, ein Mittel zum Zweck meiner Befriedigung ist. Wo das Aufsuchen des Mitmenschen, wie auch immer vor uns selbst begründet, aus diesem Motiv erfolgt, bleibt der andere fremd; und indem wir uns in der Rechenschaft über unsere Motivation betrügen, bleiben wir uns dunkel. Mit großer Scharfsicht hat Goethe in einem Brief diesen Unterschied formuliert zwischen Einsicht (und damit Annäherung) und einem autistisch triebhaft motivierten Verhalten, das sich im Überwurf der mitmenschlichen Rücksicht versteckt: »Und was das gute Herz, den trefflichen Charakter betrifft, so sage ich nur so viel: wir handeln eigentlich nur gut insofern wir mit uns selbst bekannt sind; Dunkelheit über uns selbst läßt uns nicht leicht zu, das Gute recht zu tun, und so ist es denn ebenso viel, als wenn das Gute nicht gut wäre.« Charakterologisch können wir die Selbstgewißheit, mit der an der Rationalisierung festgehalten wird, als »Dünkel« bezeichnen. Goethe fährt entsprechend fort: »Der Dünkel aber führt uns gewiß zum Bösen, ja, wenn er unbedingt ist, zum Schlechten, ohne daß man gerade sagen könnte, daß der Mensch, der schlecht handelt, schlecht sei.«[15]

Die Struktur und die Wirkungen eines Vorbildes sind immer hintergründiger, als es beiden, dem Vorbild selbst und dem, der ihm folgt, einsichtig wird. Man identifiziert sich mit dem Vorbild, das einem gegeben ist; und der Vorgang dieses Übernehmens von Einstellungen, Reaktionen, Gewohnheiten und so weiter schließt die unbewußt vermittelte Verhaltensweise ebenso ein wie die, auf deren Übertragung es dem Vorbild bewußt ankommt. Man übernimmt also zuerst einmal auch seinen »Dünkel« und andere Formen der Selbstverborgenheit, die es anbietet. Nur wenn wir selbst bereit sind, uns über die »blinden Flecken« unserer Selbstwahrnehmung belehren zu lassen – nur aus dieser Bereitschaft können wir die Vorbedingungen einer Erziehung zum Ich-»Gehorsam« schaffen. Die Einfühlung in das Kind im Zustand seiner mangelhaften intellektuellen und gemüthaften Reifung wird die vorschnelle Anwendung von Maßstäben der Erwachsenen-Moral zurückhalten.

Diese Einfühlung bringt einen affektiven Kontakt zuwege, in dem die Eigenregungen des Kindes nicht unterdrückt werden. Dazu ist notwendig, daß das Neugierverhalten des Erwachsenen nicht in unbezweifelbare Gewißheitshaltung erstarrt ist. Neugier ist ein Anzeichen für Objektinteresse; aggressive und libidinöse Strebungen binden sich am Gegenstand dieses Interesses. Neugier ist die triebbedingte psychische Voraussetzung jeder Sublimierung. In der Fähigkeit zur sublimeren Triebbefriedigung sahen wir aber die Möglichkeit, zur kritisch-bewußten Ichleistung zu gelangen. Auf diesem Wege fließt dem Ich Energie zu, die es »neutralisieren«, »speichern« und für die konstante Ausübung seiner großen Leistungen des Wahrnehmens und Denkens verfügbar halten kann.

Der Ich-»Gehorsam« ist deshalb nur noch bedingt als Gehorsam anzusehen, weil bei ihm in den Konfliktsituationen das reflexartige Verhalten aus übernommenen Dressaten in den Hintergrund tritt zugunsten einer Synthese von intellektueller Realitätsbeurteilung und Einfühlung in das Objekt, in den anderen oder in das andere. Zu den geistigen Fähigkeiten des Menschen gehört seine Gabe zu kritischem Abwägen *vor* dem Urteil, *vor* der Handlung. Zu seinen affektiven Fähigkeiten gehört es, sich vom anderen stimmen lassen zu können, mit ihm mitzufühlen; auf diese Weise wird er ein Stück weit wie der andere, aber er kann das wiederum bedenken. Dann lernt er den anderen besser kennen. Ohne dieses Bedenken würde er nur mit ihm konformer, gleichgestimmter.

Solche Einstimmung vollzieht sich aber schon in den subhumanen Gruppenbildungen der Schwärme und Herden. Die Möglichkeit, in Situationen mit affektivem Appell gleichzeitig zur *Einfühlung* und zu reflexiver *Distanz* fähig zu sein, zeichnet einsichtiges Verhalten aus. Grundsätzlich ist in den Entscheidungen, die wir in dieser Verfassung treffen, die Triebfeder nicht mehr der Druck eines ungleichen Machtverhältnisses der Partner. Triebverzicht oder Triebbejahung, Übernahme einer vorgezeichneten Rolle oder deren Ablehnung, Erfindung einer neuen Lösung werden vor der Entscheidung wägbar – wenigstens ist dem Ich eine solche Möglichkeit der Mitbestimmung eingeräumt; und zwar nicht nur in den wenig affektiv besetzten Bagatellentscheidungen des Alltags, sondern dort, wo intensive Trieberregung, wo strikte, an die Angsterweckung appellierende Forderungen aus der sozialen Umwelt das Ich bedrängen.

Was ist die Konsequenz unserer Erörterungen? Die Gehorsamsansprüche haben eine ganz verschiedene Herkunft; es gibt ererbte biologische Nötigungen und tradierte soziale Forderungen. Ein Teil von ihnen wandert gleichsam als regulativer Mechanismus in das Innere des Menschen ein und vertritt das Über-Ich, als Gewissen;

die Wertschätzungen der Gesellschaft. Sehr genau beschreibt Nietzsche[16] diesen tradierten Gewissensgehorsam: »Der Inhalt unseres Gewissens ist alles, was in den Jahren der Kindheit von uns ohne Grund regelmäßig *gefordert* wurde, durch Personen, die wir verehrten oder fürchteten. Vom Gewissen aus wird also jenes Gefühl des Müssens erregt (›dies muß ich tun, dieses lassen‹), welches nicht fragt: warum muß ich? – in allen Fällen, wo eine Sache mit ›weil‹ und ›warum‹ getan wird, handelt der Mensch *ohne* Gewissen; deshalb aber noch nicht wider dasselbe. – Der Glaube an Autoritäten ist die Quelle des Gewissens: Es ist also nicht die Stimme Gottes in der Brust des Menschen, sondern die Stimme einiger Menschen im Menschen.« Wo ein solches Gewissen gut funktioniert, sichert es die praktische Anpassung und kaschiert mehr oder weniger erfolgreich die Szenen kollektiver Gewissenlosigkeit. »Alle sogenannten praktischen Menschen«, sagt Nietzsche wenig später, »haben ein Geschick zum Dienen: das eben macht sie praktisch, sei es für andere oder für sich selbst. Robinson besaß noch einen besseren Diener, als Freitag war: das war Crusoe.«

Erziehung zur Unsicherheit – Exkurs über den Unionsgedanken in der Politik

Die soziale Realität der dichtbevölkerten Erde ist unbequem, denn der Konflikt ist ihr integrierender Bestandteil. Zwar strebt die Gesellschaft nach Gleichgewichten, aber die Mittel, mit denen sie das zu erreichen sucht, bringen unweigerlich Konflikte mit herauf. An dem einen Ende der Skala menschlicher Gesellschaften steht das totalitäre Machtsystem, das jeden Ausdruck des Widerstrebens mit den Mitteln der Gewalt zu unterdrücken sucht. Am anderen Ende finden wir das Gewährenlassen des *laisser faire*, das aber niemals zur Freiheit führen kann, weil in ihm der Stärkere wieder den Schwächeren ohne Ansehen seiner Argumente zu überwältigen versuchen wird, so daß sich bald der Zustand heftigster Konflikte und als Endeffekt ihre brutale Unterdrückung herstellen wird. Die Vielzahl der Kompromißbildungen führt neben den einigermaßen befriedigenden auch eine Fülle kurzsichtig getroffener Entscheidungen und kurzlebiger Zustände schmerzhaft vor Augen.

Mit unserem wachsenden Einblick in die Vielzahl der historisch entstandenen und gleichzeitig lebenden Gesellschaften wird die Sicherheit einer gruppenzentrischen Weltsicht erschüttert. Zugleich nehmen wir noch an einem anderen Vorgang teil, der sich erstmals in der Geschichte abspielt, und zwar dem Eindringen von Leitideen, denen sich keines der bestehenden politischen Gebilde zu verschließen vermag, ob sie nun staatlich organisiert sind oder auf ethnischen, sprachlichen, religiösen Gemeinsamkeiten beruhen mögen. Die wirksamsten dieser Ideen sind das Postulat von der nationalen Autonomie und das von der Teilhabe an den technischen Fortschritten und der Erschließung neuer Wohlstandsquellen. Nun beobachten wir aber in der Gegenwart, wie sich unter der Devise nationaler Autonomie Zonen menschlichen Elends etablieren, über die Erde hin verstreut, denen gegenüber wir mit ebensolcher Ohnmacht geschlagen zu sein scheinen wie einst gegenüber Hunger und Pest. Der Einfluß der westlich aufklärerischen Idee vom Selbstbestimmungsrecht der Völker trifft an manchen Orten auf autochthone soziale und politische Traditionen, die keineswegs vor dieser Idee kapitulieren, sondern sie auf internationaler Ebene vorerst zur Erpressung verwenden und sie damit in ihren puren Unsinn verwandeln.

Die Vorstellung von der Selbstbestimmung der Völker über ihre Lebensform gehört zum Überbau des gesellschaftlichen Denkens unserer Zeit, aber es hat dort auch Fetischcharakter angenommen, weil man bei allen ein gleiches Problembewußtsein für die Sache der Menschheit als ganzer voraussetzt. Immerhin müssen wir im Auge behalten, daß die Leitidee von der nationalen Autonomie, aus welch komplexen Gründen auch immer, eine derartige Faszination entwickelt hat, daß wir mit ihr als einem Konfliktstoff allererster Ordnung in der für uns voraussehbaren Zukunft zu rechnen haben. Die Macht, mit der sich diese Wünsche Geltung zu verschaffen vermögen, erweckt in den bisher herrschenden politischen Gebilden Angst, deren Spuren man am Phänomen einer kollektiven Denkhemmung erkennen kann. Es sind bisher wenig Gedanken aufgetaucht, die dazu helfen könnten, die Autonomie nationaler Gebilde wirkungsvoll einem System sozialer Verantwortung auf der internationalen Ebene einzuordnen. Selbst dort, wo sich solches Gemeinbewußtsein zu entwickeln beginnt – wie in den Ansätzen zur europäischen Integration, das heißt unter Völkern mit langen Erfahrungen in ambivalenten Kontakten, und in den Vereinten Nationen –, hat es ein tiefgestaffeltes System affektiver Widerstände zu überwinden. An Begriffen wie »nationale Würde«, »Volkstum« und so weiter orientieren sich Identitäts- und Selbstwertgefühle weit über das vernünftige Maß hinaus; sie enthalten nicht nur egoistische Ängste der Selbsterhaltung, sondern auch Rechtfertigungsversuche der »Eigenart« mit allen ihren präsozialen und partial sozialisierten Verhaltenszügen.

Der »Stolz«, mit dem man es hier zu tun bekommt, erweist sich dann nicht nur als Ausdruck für die geleistete Selbstverwirklichung, sondern auch als die Bereitstellungsform aggressiver Entladungen, wenn man ihn berührt. Die Unwürde, unter Fremdherrschaft oder in imperialen Ordnungszusammenhängen leben zu müssen, ist etwas, was mit diesem Stolz unvereinbar ist. Die Reaktion auf lange Ausbeutung ist ein Selbstgefühl, welches das der bisherigen Unterdrükker zu übertrumpfen sucht. Das verhindert den Ausgleich eines quasi eingefrorenen Konfliktzustandes. Wenn sich dann in ganzen Kontinenten (wie etwa Südamerika) chronische Anarchie einnistet, wenn in Haiti oder Albanien das endemische Elend von archaischem Terror verstärkt wird, dann kann kein Mitgefühl und keine vernünftige Einsicht daran etwas ändern, weil es eben (noch) keine Organisationsform gibt, die der nationalen Selbständigkeit etwas hineinzureden hätte.

Die Idee der nationalen Besonderheit ist mit den verschiedensten Entwicklungsstufen des Gruppenbewußtseins und mit den unterschiedlichsten sozialen Konfliktformen eine ideologische Einheit eingegangen, die für unsere Kräfte, mit kritischer Besinnung schlichtend zu wirken, unzugänglich zu sein scheint. Jeder der bestehenden Staaten erhebt den gleichen Anspruch auf politische »Mündigkeit«. An den Aufgaben jeder Kleingruppe (Familie, Schule, Produktionsgruppe) würde diese Forderung sich rasch als absurd herausstellen. Den Großgruppen gegenüber erscheint der Anspruch produktiver Einordnung wie eine Beleidigung des Selbstwertes. Es gibt keinen internationalen Umgangsstil der Mäßigung, der wie alle Stile Zwänge in sich schließen müßte, denen die tonangebenden Gruppen vorbildlichen Nachdruck verleihen müßten. Da die Großmächte jedoch fast durchgängig keineswegs größere Reife in der Bewältigung internationaler Konflikte an den Tag legen, tragen sie dazu bei, daß ein brutaler Irrationalismus – Vietnam! – zum internationalen Verhaltensstil wird. Der aufgeblasene Nationalismus der Kleinen ist die Ohnmachtsgeste der Hilflosigkeit in Machtkonstellationen übernationaler Art, in denen der Kleine entdeckt, daß er so einflußlos bleibt, wie er es in den Zeiten des Kolonialismus war.

So kommt es, daß die alten Nationen, denen die Errichtung der untergehenden imperialen Systeme gelungen war, keine überzeugende, d. h. problemlösende Autorität mehr besitzen. Sie gleichen Eltern, die sich mit ihren adoleszenten Kindern in Dauerfehde befinden, erpreßt werden, weil ihre Doppelmoral nicht zu verhüllen ist. Die der Adoleszenz vergleichbaren Entwicklungskrisen kollektiver Gebilde scheinen aber um so krisengefährdeter, je weniger Ambivalenz in der Periode bis zur gewaltsamen Erlangung der Autonomie geschlichtet und in inneren Leitbildern organisiert wurde. Die rivalisierenden paternitären Konstruktionen der imperialen Kolonialmethode waren offenbar keine gute Vorbereitung für die Autonomie, nicht der beste Initiationsritus.

Wenn irgendein Slogan irreführend ist, dann doch der von der »Völkerfamilie«. Denn es gibt kein Volk, das bereit wäre, seine »Kindlichkeit« und »Unmündigkeit« freiwillig anzuerkennen. Andererseits ist die Schwäche imperial paternistischer Strukturen seit dem Niedergang der Donaumonarchie und des englischen Empires sinnfällig. Aber es gibt nicht nur die Auflösung in nationale Eigenbrötelei. Gegenüber dem partikulären Nationalismus hat doch auch der *Unionsgedanke* seine Anziehungskraft erwiesen. Der Union der vereinigten Sowjetrepubliken ist es gelungen, die zaristische Vielvölkerherrschaft in einem neuen Gemeingefühl zusammenzuhalten, und nur an ihren westlichen Rändern, wo sich russischer Imperialismus (alten Stils) auf Bereiche vorschob, die vorher anderen Imperialgebilden angehörten, und wo eine politische Tradition langer Hand zur Selbstbestimmung vorherrscht, entstand ein Gürtel von Satelliten, die im Stil nackter Machtherrschaft eingegliedert gehalten werden. Das älteste dieser Unionsgebilde, das sich aus dem Konflikt mit der monarchisch-imperialen Herrschaftsform entwickelt hat, die Vereinigten Staaten, war zugleich das glücklichste, weil es mit seinem Staatsaufbau und seiner Gesellschaftsordnung im wahrsten Sinne des Wortes auf Neuland beginnen konnte, ohne gewachsene Traditionen überschichten zu müssen.

Die Analogie der Geschichte von Gruppen, die sich Institutionen geschaffen haben, mit individuellen Reifungsvorgängen mag in vieler Hinsicht hinken; in einer Hinsicht trifft sie zu. Gruppen, die einen hohen Grad von dezentralisierter Bewußtseinskontrolle, also einen hohen Grad kritikfähiger Mitglieder besitzen, schaffen sich an Stelle der älteren, pyramidal hierarchischen Struktur eine, in der auch die horizontale Annäherung in sachlichen wie affektiven Beziehungen stark entwickelt ist. Der Abschnitt der Geschichte, an dessen Beginn wir teilnehmen, leitet das Ende der Vorherrschaft paternitärer Herrschaftsgebilde ein, es zeichnet sich eine Epoche der vaterlosen Gesellschaft – umfassender: einer Gesellschaft, die der Vormundschaft entwachsen ist – in vielen Einzelerscheinungen ab. Was von den alten Ufern aus wie anarchische Entzügelung sich ausnimmt, kann auch als Probierhandeln auf der Suche nach neuen Lösungen gedeutet werden. Eine hohe Empfindlichkeit gegen Weisungen höheren Orts hat sich allgemein entwickelt. Das Bewußtsein, die Verantwortung für eigenes Handeln dann aber auch nicht mehr dort hinaufprojizieren zu können, hinkt dieser Empfindlichkeit für Autonomie deutlich nach. Das mag mit der immanenten Gegenläufigkeit der Sozialprozesse im Zusammenhang stehen. Der zeittypische Konflikt – er läßt sich als der Zentralkonflikt ansprechen – liegt doch in dieser Widersprüchlichkeit von Streben zur subjektiven Autonomie in den sinngebenden Entscheidungen des Lebens und andererseits der Notwendigkeit, sich bürokratischen Überorganisationen, spezialistischer Einschränkung der Verantwortlichkeit einordnen zu müssen und dabei einen oft unangemessenen Anspruch auf soziale Fürsorge zu entwickeln. Dieser Zug zum Pensionärsdasein ist der regressive (und zugleich verzweifelte) Kompromiß mit überdimensionierten, unübersichtlich verflochtenen Unternehmungsballungen und Institutionen, auf deren Politik Einfluß zu gewinnen aussichtslos erscheint. Die neue Entmündigung wird verführerisch mit Versorgungsanspruch bezahlt.

Die Vielheit partikulär gewachsener Staaten, die nie zuvor Kontakte in einem gemeinsamen Geschichtsbewußtsein hatten, stellt unermeßliche Anforderungen an die Geduld des kritischen Bewußtseins und an die Fähigkeit, intelligente Lösungen im Miteinanderleben zu finden. Es verriete wenig Einsicht, zu erwarten, daß diese Prozesse der *horizontalen Sozialisierung* der Menschheit nicht die Zeiträume beanspruchen müssen, mit denen man bei echten Evolutionsvorgängen zu rechnen hat. Das klingt quietistisch und ist *de facto* ein schwacher Trost; für den besonders, dem die Möglichkeit einer kritischen Auseinandersetzung mit sich und seiner Gesellschaft im Erfahrungshorizont erschienen und eine Forderung geworden ist, die sich nicht durch die Berufung auf überlieferte Gewißheiten beruhigen läßt.

Wir begegnen auf zwei Ebenen dem Unvorhersehbaren. Die technische Entwicklung verspricht kaum im voraus kalkulierbare Entdeckungen und Möglichkeiten; vor allem wegen der unerwarteten Nebeneffekte. Die Anstrengungen, einen Mann auf den Mond zu setzen, scheinen verrückt, wenn man sie und das praktische Ergebnis aneinander mißt. Vielleicht dachten die Zeitgenossen von Kolumbus über dessen Absichten ebenso. Die andere Dunkelheit liegt über den Richtungen, welche die Anpassung an die technischen Ausrüstungen einschlagen wird. Die Ungleichzeitigkeit des Geschichtsbewußtseins der heute gleichzeitig Lebenden und eine gleiche Technik Nutzenden muß die Folge haben, daß in weiten Bereichen der Erde zwischen raschen Lernprozessen (in denen man die Steuerung eines Autos erlernt) und Reifungsvorgängen (wie der Ablösung von magischen Erlebnisweisen) sich eine außerordentliche Spannung im einzelnen entwickelt.

Die Ablösung von bekannten Lebensformen und die Übernahme von Techniken ohne Vertrautheit mit dem geschichtlichen Hintergrund, auf dem sie sich entwickelt haben, muß elementare Angst aktivieren. Je weniger die alten Verhaltensmuster Sicherheit zu geben vermögen, desto stärker die regressiven Tendenzen und in ihnen der Durchbruch primitiver Triebäußerungen, insbesondere aggressiver Art. In vielen von alter Zwangsherrschaft befreiten staatlichen Neugründungen hat sich denn auch sofort ein massiver Strukturverfall der Gesellschaft und ein Rückschritt auf hordenähnliche Terrororganisationen vollzogen. Die sogenannten »Militärdiktaturen«, die allerorts im Gefolge erlangter nationaler Freiheit aufschießen und sich in Rivalitätskämpfen ablösen, stellen keineswegs eine dem Menschen natürliche Sozialordnung dar, die angeblich tierischem Gruppenleben vergleichbar ist. Diktaturen sind im Gegenteil für den Menschen typische Alarmstufen eines in Unordnung geratenen, aggressiver Anarchie zutreibenden Sozialsystems.

Das unerwünschte aggressive, grausame Verhalten der Menschen untereinander scheint neueren Datums zu sein, wenn man in Zeiträumen der Evolution denkt, und mit dem Seßhaftwerden der Menschheit in Zusammenhang zu stehen. Vergleiche unmittelbarer Art zwischen tierischem und menschlichem Gruppenverhalten verlieren immer mehr an Überzeugungskraft, weil wir uns klar darüber werden, daß unsere Verhaltensbeobachtungen an Tieren sich zunächst auf Artefakte (z. B. Verhalten unter Zoobedingungen) bezogen. Menschliches Sozialverhalten, insbesondere menschliche Aggressivität verlangt die Aufklärung ihrer Motive und Absichten aus der menschlichen Kondition.

Es muß dem gutgläubigen Humanisten schmerzlich sein, der mit Seuchensanierung, Bodenverbesserung, Verbreitung der Kunst des Lesens und Schreibens eine Beruhigung der menschlichen Nöte eingeleitet sah und der jetzt die Welt in vollem Aufruhr erlebt – es muß ihm schmerzlich sein, zu sehen, daß gerade durch eben diese Instrumente der intelligenten, findigen Vernunft alte soziale Gleichgewichte (und Notstände) in höchste Unordnung geraten. Wenn dies aber die Situation ist, daß überraschende, paradoxe Folgen die kalkulierten Absichten durchkreuzen, dann kann die Konsequenz in diesem nicht mehr aufhaltbaren Konfliktgeschehen nur in einer Erziehung zum Ertragen von Unsicherheit – in Robert Mertons Formulierung: *education for insecurity* – liegen. Denn es erwies sich, daß nicht nur der idealistische, sondern auch der pragmatische Humanismus der westlichen Tradition nicht dagegen gefeit ist, schönfärberischen und wunschdenkenden Utopien zu verfallen. Vielleicht kann dieser Humanismus auch das Absterben der alten parlamentarischen Demokratie – der höchsten Stufe bewußter Konfliktbehandlung in Gruppen, welche die Geschichte bisher kannte – nicht verhindern. Wir stehen ratlos vor der kompakten Herrschaft der »Verbände« und ihrer autoritären Regressivität, die sich selbst als soziale Verantwortlichkeit versteht.

Das weltweite Feld sozialer Konflikte und der unaufhaltsame Prozeß der technischen Perfektion erfordern eine Erziehung, die es jedem einzelnen möglich macht, sich effektiver in diesen vielfältigen Unsicherheiten zu orientieren, ohne seine Identität leichterhand zu verlieren. Das entspricht dem, was wir früher aus der Dynamik der individuellen Reifung als die Möglichkeit zu einem Ich-»Gehorsam« beschrieben haben, dessen Organisationskraft den blinden Trieb- und kritiklosen Über-Ich-Gehorsam seinen Absichten einzuordnen vermag. Das Gruppenfeld, in dem sich jeder bewegen muß, ist von denkbar antagonistischen Kräften beherrscht. Die paternistischen Sicherungen laufen mehr und mehr leer. Ihre Sinngebung paßt nicht mehr auf die real zu vollziehenden Entscheidungen. Die Spielregeln einer Brüdergesellschaft sind andererseits über die ersten Entwicklungsansätze noch kaum hinweggelangt und stellen deshalb noch kein verbindliches, zwingendes Verhaltensinventar dar. In diesem Übergangsbereich entscheidet sich das Schicksal jedes einzelnen. Die Würfel fallen aber nicht nur für heute, sondern zugleich für eine Gegenwart, die ihre Zukunft vorentscheidet.

Postskriptum: Der Befehlsverband

Das Geschick der einzelnen in dieser sozialen Welt ist nicht nur selbstgezimmert. Es vollzieht sich in der Gruppe der Mitlebenden und unter dem Druck der aktuellen Konflikte, die sie beherrschen. Die Gruppe, in die man geboren ist, ist zuerst einmal Schicksal. In sich selbst können aber Gruppen eine arme oder reiche Dialektik für die Strebungen ihrer Glieder entwickeln. Obwohl das Gruppengeschehen immer aus dem Einklang oder Vielklang oder aber der Dissonanz der Verhaltensbeiträge der einzelnen entsteht, sind die Variablen an diesem Doppelprozeß der Verhaltensgestaltung unfaßbar groß.

Jedenfalls sind die Funktionen, die dem einzelnen in der Gesellschaft zufallen, verschieden stark konfliktgefährdet. Vom ungestörten Vollzug mancher Aufgaben mag das Schicksal der ganzen Gruppe abhängig sein. Für ihre Durchführung wird deshalb unbedingter Gehorsam gefordert. Der Umfang der Aufgaben und ihre Dauer mag es nötig machen, sie einem Befehlsverband (wie dem des Militärs) zu übertragen. Die Existenz der kirchlichen Orden beweist aber, daß zum Beispiel auch Glaubensaufgaben nach diesem militärischen Vorbild erfüllt werden sollen. Keine Gesellschaft kommt, wie wir des öfteren betonten, ohne Zwänge aus. Die entscheidende Frage ist nur, ob diese Befehlsverbände gleichsam als Modelle für die Erledigung mehr oder weniger aller Aufgaben innerhalb der Gesellschaft gelten.

Die Einschränkung absoluter Gehorsamsforderungen ist traditionalistischen Institutionen, die ihre Herrschaft in diesem Stil ausüben, immer ein Dorn im Auge. Es sei dabei nicht bestritten, daß diese »konservativen« Ansprüche auch biologischen Bedürfnissen nach einem Gleichgewicht der vitalen Strebungen dienen und konflikteindämmend wirken. Solange die Sinngebung der Befehlsoberen als verpflichtend erlebt wird, hängen nicht nur die Privilegierten, sondern auch die »Befehlsempfänger« an solch eindeutiger Verteilung der Verantwortung. Wer revolutionären *Ideen* allein schon eine Befreiung von unbilligen Gehorsamslasten zutraut, wird sich durch reiche Erfahrungen in unserer Geschichte enttäuscht sehen. Was wir zu unseren Lebzeiten beobachten konnten, war doch, daß neue Herrschaftsordnungen, die solche Freiheiten zu bringen versprachen, kaum waren sie an die Macht gelangt, sofort wieder ein Gleichgewicht zu ihren Gunsten durch die Errichtung neuer Befehlsverbände herzustellen suchten. Die prätendierte Unfehlbarkeit, die sich dann immer breitmacht und die die Sicherheit der Väter übertrumpfen will, ist in Wahrheit eine Reaktionsbildung auf die tatsächliche Unsicherheit der Lage. Auch ein anderes Zeichen beweist dies: die ins Paranoische gesteigerte Angst vor Verfolgern. Um ihnen zu entgehen, wird sogleich ein externalisiertes Gewissen etwa in Form einer unfehlbaren Partei und ihrer geheimen, alles wissenden Polizei etabliert. Der Bürger wird in die Infantilsituation zurückversetzt, in der die Großen ihn scheinbar unausgesetzt beobachten und sogar seine Gedanken zu lesen vermögen.

Die Erziehungsmethode, die jetzt einsetzt, schleust den heranwachsenden Menschen von einem Befehlsverband zum nächsten, erweckt in ihm die krankhafte Gewißheit, alles zu wissen, wenn er sich total der alles wissenden herrschenden Gruppe unterordnet. Die Kunst solcher Staatsführung besteht dann darin, die libidinösen Zuwendungen zur Idealisierung der Favoriten auszunützen und die aggressiven Impulse auf Sündenböcke zu übertragen. Da es sich um Befehlsordnungen hoher Strenge handelt, erreicht die Aggressivität immer den Grad sadistischer Übersteigerung. Der Unterdrückte wird schließlich zu einem Grad der Identifizierung mit dem Unterdrücker gezwungen – auf dem Umweg über dessen idealistische Überhöhung –, daß er in dieser Identifikation sogar die Erniedrigungen, die er selbst erleidet, wenn er zum Opfer wird, mit ihm mitgenießen muß. Die Geständnisse, die in der Stalinistischen Ära erpreßt wurden, machten diesen Vorgang zu einem öffentlichen Zeremoniell wie früher die Inquisitionsverfahren. Ist es herrschenden Gewalten mit dieser Technik einmal gelungen, auch die intellektuellen Zweifel durch die Übermacht einer Heilsgewißheit, die sie sich zusprechen, zu brechen, so erlangen sie nicht nur Kadavergehorsam, sondern jene intellektuelle Servilität, die auf den Außenstehenden an totalitären Systemen vielleicht noch abstoßender wirkt als die brutale Gewaltausübung.

Das Wesen und die Berechtigung des Befehlsverbandes liegen darin, daß er funktionell untergeordneten Aufgaben – auch wenn sie vital wichtig sind – dient und daß er sich selbst nicht sinngebende Funktion zuspricht. Wo diese Grenze überschritten wird, wo also Sinngebung und Befehlstreue in eins fallen, stellt sich der Zustand der Hörigkeit her. Hörigkeit enthält immer ein hohes Maß von Haß, das aber am idealisierten (und zugleich enttäuschenden, quälenden) Objekt nicht erlebt werden darf; vielmehr wendet sich der Haß gegen die eigene Person, die sich zu seiner Befriedigung in die Selbsterniedrigung gezwungen sieht.

Die Erfolge dieser Taktik der Menschenbehandlung sind unbestreitbar, und sie stellen quantitativ noch immer die Erziehung zur Selbstachtung des Menschen in den Schatten. Man würde alte Institutionen der Zwangsherrschaft ungerecht behandeln, wenn man nicht zugäbe, daß ihre Gegenpositionen gegen eine Erziehung zur Ich-Stärkung langsam von neuen Befehlsverbänden in der Welt übernommen werden. Aber selbst in diesen Verzerrungen der Herrschaftsweise, die ohne eine psychopathologische Deformation der

Herrschenden nicht denkbar ist, findet sich noch diese untergründige Wandlung des Bewußtseins: Orwell sprach mit intensiver Genauigkeit vom »großen Bruder«, nicht vom »großen Vater«. Auch die vaterverleugnende Brüdergesellschaft wird sich des Satzes Bert Brechts zu erinnern haben: »Ich brauche vielmehr einen neuen großen Brauch, den wir sofort einführen müssen, nämlich den Brauch, in jeder neuen Lage neu nachzudenken.«[17]

IX Exkurs: Vom geahnten zum gelenkten Tabu

»Tabu« ist ein polynesisches und damit ein sehr fremdes Wort. Es ist zu erwarten, daß sein verschwenderischer Gebrauch in unserer Umgangssprache es nicht unverändert in seinem Sinn gelassen hat. Man kann Wörter nicht importieren wie Pfeffer und Bananen. Dabei bezeichnet »tabu« einen Bereich des Heiligen, Unantastbaren, der uns so bekannt ist wie allen anderen Kulturen. Ein Tabu verletzen heißt ein Sakrileg begehen, zu deutsch: freveln. Vielleicht hat dieses Wort mit seinem faszinierenden Klang deshalb Eingang in alle Sprachen der westlichen Welt gefunden, weil es das Unheimliche mit fremdem Klang signalisiert. Das Gegensatzwort »noa« – was dem profan Alltäglichen entspricht – kam trotz Gauguin nicht in unseren Wortschatz, wahrscheinlich, weil der Alltag in Oklahoma oder Reutlingen nicht die spezifischen Qualitäten von »noa-noa« besitzt. Aber tabu ist überall tabu, wenn auch sehr Verschiedenes tabuiert wird.

Der Medizinstudent, der zum erstenmal den Präpariersaal mit seinen zerstückelten Leichen betritt und gegen Schwindel-Ekel zu kämpfen hat, wird Zeuge einer Tabuverletzung und weiß, daß von ihm erwartet wird, selbst das Tabu zu übertreten. Hier wird die »heilige Scheu« vor den Toten durch ein Tun verletzt, das sich zwar auf hohe Absichten berufen kann – den Tod zum Helfer des Lebens zu machen –, sich aber dabei keineswegs so gewiß ist, daß nicht elementare Gefühlsregungen den bewußten Vorsatz durchkreuzen könnten. Offenbar ist das, was geheiligt ist, auch gefährlich, und was gefährlich ist, auch verlockend. »Die Berührung ist der Beginn jeder Bemächtigung, jedes Versuches, sich eine Person oder Sache dienstbar zu machen.«[1] (Freud) Das erste Menschenpaar, das den Apfel pflückte, verletzte das Tabu. Die Abgrenzung eines verbotenen Bezirkes gehört ebenso uralt zur Lebensart des Menschen wie der Wunsch, in den heilig-unheimlichen Bereich einzudringen. »Das Tabu ist ein uraltes Verbot, von außen (von einer Autorität) aufgedrängt und gegen die stärksten Gelüste des Menschen gerichtet. Die Lust, es zu übertreten, besteht in deren Unterbewußtem fort; die Menschen, die dem Tabu gehorchen, haben eine ambivalente Einstellung gegen das vom Tabu Betroffene.«[2] Womit Freud eine

Dialektik beschreibt, die sich als schwer zugänglich erweist. Es ist leichter, den Studenten, der selber leichenblaß geworden ist, während sich sein Blick auf die geöffnete Bauchhöhle, auf die bloßliegenden Nerven und Gefäße richtet, als eine »empfindsame Seele« zu beschreiben, als die sich jagenden Erlebnisse und Phantasien zu erkennen, mit denen die Übelkeit oder Ohnmacht verbunden sind. Er kennt sie selber nicht; ein Geschehen übermannt ihn. Aber dieser Empfindsame ist kein bloßer Nervenschwächling, denn auch die Abgebrühten und Stärkeren haben mit der gleichen Abscheu und Angst zu kämpfen, sie vermögen sie nur besser zu verbergen. Noch kein menschlich Gezeugter und Geborener ist vor die Leiche eines Mannes oder einer Frau getreten, gar mit der Absicht, Hand an sie zu legen, ohne daß das Unheimliche zugegen war: die Angst vor dem Zorn des Gottes oder der Götter, vor einer Rache für sein Tun, die ihn selbst zum Toten macht.

Das Geschehen spinnt sich weiter. Der tabuverletzende Student wird Arzt, vielleicht Chirurg. Und nun wird sein primärer Frevel tabuiert: Niemand außer ihm selbst darf das Tabu »Körperverletzung« (der »Operation«) ungestraft ausüben. Das rationale Argument, daß er ein Handwerk gelernt habe, das ihn in den Stand setzt, unter Abschätzung der Gefahr korrekt *(lege artis)* zu handeln, und daß er deshalb des Privilegs würdig ist, mag auf sich beruhen. Es zielt auf die formalen, technischen Inhalte des Geschehens. Aber man braucht sich nur derer zu erinnern, die gern Arzt geworden wären und Intelligenz und Geschick dafür besessen hätten, aber nicht über die Schwelle der Anatomie treten konnten, weil eine innere Abwehr übermächtig war, um zu verstehen, daß hier noch ein anderer Auslesemodus am Werk ist. Denn man braucht neben Talent und Übung noch ein weiteres – den Mut, den unwiderstehlichen Antrieb, das Tabu zu übertreten, um zu einer Gilde gehören zu können, der die Verletzung nicht nur verziehen wird, der man vielmehr unbewußterweise die eigenen Gelüste nach Tabuverletzung ein Stück weit überträgt. Das gilt ebenso für die »unbekannte Meere befahrenden Entdecker« der Vergangenheit wie für die Raumfahrer der Zukunft. Es ist immer eine anfänglich sozial keineswegs hochgeachtete Gruppe, die das Tabu verletzt, den tabuierten Raum so weit entdämonisiert und sicher macht, daß auch die

Mehrheit ihn zu betreten wagt. Dabei spielt sich ein kollektivpsychologisch höchst interessanter Vorgang ab. Die in passiver Scheu Beharrenden können weiterhin, in ihrem Unbewußten phantasierend, das Tabu verletzen. Jene, die es faktisch übertreten, müssen diese Triebwünsche ins Bewußtsein aufnehmen und an der Realität erfolgreich kontrollieren lernen. Erst dieses wechselseitige Verhältnis von passivem Tabugehorsam bei den einen und aktiver Tabuverletzung bei den anderen erzeugt den Fortschritt, ein ursprünglich für alle gültiges Tabu übertreten und zugleich ein sozial abgegrenztes neues schaffen zu können. Wobei die unser Bewußtsein erschreckenden und verführenden Triebkräfte sich mit dieser Bändigung nie endgültig zufriedengeben. In mancher differentialdiagnostischen Überlegung mit dem Hintergrund »operieren – nicht operieren« entscheidet das »Temperament« des Operateurs, wie man sagt; was genauer heißen muß: die Fähigkeit oder ihr Mangel, in realitätsgerechtem Urteil dem eigenen Triebwunsch widerstehen zu können. Wie unerläßlich die soziale Kontrolle historisch errungener Freiheiten bei der Verletzung uralter Tabus ist, zeigten die Verbrechen des Dritten Reiches, in denen ein kollektiver Durchbruch zerstörerischer Phantasien die straflose Tabuverletzung vorgaukelte. Ein Mann wie jener Dr. Rascher, der in Dachau mit pseudorationaler Begründung Morde beging, deren Verlauf er mit ärztlichen Meßgeräten genau aufzeichnete, konnte diese frevelhafte Tabuverletzung nur so lange vollziehen, als ein Verbrecherkollektiv sie ermöglichte und mitgenoß, ein Kollektiv übrigens, das wie jedes menschliche sich sofort neue Tabus schaffen mußte, etwa das sakrosankte Idol des Führers oder die Rasseschranken, mit denen es seine Opfer tabuierte. Denn wie viele Urworte – und ein solches muß tabu sein – umschließt es auch den Gegensinn: Auch das unrein Gewordene ist tabu. Tabu ist der »Unberührbare«, der Kaiser auf dem Thron von Byzanz oder Peking, tabu ist der Paria aus der Kaste der Unberührbaren, der *outcast*, der Geächtete. Zur Eigenart der Urworte gehört auch, daß man sie nie voll umschreiben kann – man »weiß«, oder besser gesagt, ahnt ihren Sinn. Es bleibt ein Rest von direkter, nicht zu paraphrasierender Mitteilung in ihnen erhalten. Sie sind erhalten gebliebene Zeugnisse des magisch-animistischen Denkens.

Das Tabu ist deshalb nie genau von den Gesetzen, Usancen, Übereinkünften abzugrenzen. Alle wirksamen sozialen Bindungen haben etwas von der furchterregenden Hintergründigkeit, die das Tabu verschließt. Eine »Etikette« ist kein Tabu im strengen Sinn, obgleich sie viel gemein mit ihm hat, zum Beispiel, daß auch unwissentliches Übertreten, weil man sie nicht beherrscht, als Verletzung und Beleidigung empfunden wird. Das bloß administrativ geschaffene Gesetzesrecht steht – zur Verzweiflung der Steuer erhebenden Finanzminister – dem Tabu fern, das Naturrecht, normativ übergeordnet, steht ihm sehr nahe, wie die Anstrengung beweist, nach den tabuvernichtenden Greueln der Diktaturen unserer Zeit eine Charta der Menschenrechte zu errichten.

Doch ist außer dem – zwar in seiner Reichweite außerordentlich schwankenden, aber überall gültigen – Inzesttabu in den verschiedenen Kulturgruppen sehr Verschiedenes von Tabuschranken geschützt. Dafür steht keine andere Erklärung offen als die, daß den »stärksten Gelüsten« des Menschen nur eine prinzipielle Schranke, aber keine inhaltlich genau festgelegte entgegengesetzt ist. Seine Triebe sind nicht definitiv objektgebunden und zyklisch reguliert; er lebt von einer geschichtlichen Anpassung zur nächsten und schafft sich zugleich die zur Anpassung herausfordernden neuen Lebensbedingungen. So bleibt nicht aus, daß sich Tabus aus der Ferne kurios und abstoßend ausnehmen können, tangiert man aber die lebenden, so hört der Spaß auf. Das Unzügelbare, gefährlich Zerstörerische, das in Ritualien, welche das Tabu reinigen sollen, gebannt wird, beobachten wir an jedem einzelnen. Dabei kommt es zu den seltsamsten Opfern und Kompromissen, deren Vollzug dem Fremden unnachfühlbar bleibt und die doch der Erhaltung des seelischen Gleichgewichtes dienen. Die Legion der neurotischen Symptome wiederholt mikrokosmisch die Unzahl der vom Tabu gebotenen kollektiven Bräuche.

Wenn wir distanziert vom »Rassenwahn« der Nazis oder von dem abstoßenden Hochmut der Forderung nach »Apartheid« sprechen, so sind wir tabuindifferent oder gegen solche Tabus feindlich eingestellt, wie es in Andersens Märchen von des Kaisers neuen Kleidern dargestellt ist. Wir sehen dieses Stück Realität unbedroht, entdämonisiert. Womit nicht gesagt ist, daß wir die ganze Welt als

Spielwerk ansehen. Der bloße Tabuverneiner ist ein Narr, der das Fürchten noch nicht gelernt hat, der die Welt nicht versteht – oder wahrscheinlich genauer: der die Furcht um keinen Preis in sich hochkommen lassen darf, weil sie sein schwaches Ich in Panik hinwegschwemmen würde. Realitätskritik, die auf Nachdenken und Nachprüfen beruht, kommt immer rasch mit Tabus verschiedener Herkunft ins Gehege. Aber schon das Verbotene zu denken ist ein angstauslösender Schock; oft fordert das vorwegnehmende Phantasieren einer Tabuverletzung mehr Mut als die spätere Handlung.

Utopisten sind oft große, oft kindische Träumer, die in verschlossene Bezirke eindringen und sich einbilden, sie wären deshalb dort schon Herrscher. Da träumt Henry Miller, als sei der Traum nicht die List der Triebnatur vor dem Bewußtsein, sondern die Erleuchtung *per se:* »Im Traum kommt der adamitische Mensch zum Leben, der eins ist mit der Erde, eins mit den Sternen, der mit gleicher Freiheit durch Vergangenheit, Gegenwart und Zukunft streift. Für ihn gibt es keine Tabus, keine Gesetze, keine Konventionen. Auf seinem Wege wird er nicht durch Zeit, Raum, physische Hindernisse oder moralische Erwägungen behindert. Er schläft mit seiner Mutter so natürlich wie mit irgendeiner anderen. Wenn er mit einem Tier des Feldes seine Lust befriedigt, fühlt er kein Widerstreben. Er kann seine eigene Tochter mit gleicher Wonne und Befriedigung nehmen.«[3] Das Interessanteste an solchen Einfällen ist ihre Stereotypie. Sie finden sich larviert in allen Eschatologien. Die Wiedertäufer wie die russischen Revolutionäre sahen sich an der Schwelle zum adamitischen Menschen. Man schwärmt von den Sternen, aber hienieden sollen die sexuellen Tabus verschwinden; bei Henry Miller, zeitgenössisch belesen, frivol sentimental, ist es blank das Tabu des Inzests und der Sodomie. So unzählige Male sie übertreten wurden, haben sie doch als schärfere Beschränkungen des zügellosen, den Primärprozessen nahen und den irdischen Folgen abgewandten Phantasierens Zeiten und Kulturen überdauert. Sie sind Menschheitstabus. Wie tief das Mißtrauen gegen ihre Verletzung reicht, zeigt das Symbol des »Ödipus«. Auch Nichtwissen schützt nicht vor der Ahndung, denn der unbewußte grenzenlose Triebanspruch, der nicht vor der Mutter noch dem Leben des Vaters haltmacht, ist der eigentliche Feind, gegen den der Bann gerichtet ist.

Die Utopie der tabulosen Gesellschaft krankt daran, daß sie von Menschen mit Trieben ausgedacht ist, für deren Sättigung es – wie wir sahen – keine festgelegten Grenzen gibt. Und doch tut die Utopie so, indem sie die Last des Zwangs und der Beschränkung als Voraussetzung der Gesellung einfach verleugnet. Der adamitische Mensch, das paradiesische Wesen vor dem Sündenfall (oder nach der fabulierten Wiedergutmachung), ist aber kein Mensch. Glück und Frevel liegen für den Menschen nahe beisammen, oft verschmelzen sie zur Untrennbarkeit. Dies spiegelt sich wider im Erlebnis des Zweifelns, des Zwiespalts, der Ambivalenz. »Es ist leicht festzustellen, daß der psychische Wert des Liebesbedürfnisses sofort sinkt, sobald ihm Befriedigung bequem gemacht wird«, bemerkt Freud, vielleicht überraschend für jene, die ihn nur als Zerstörer der viktorianischen Sexualtabus kennen. »In Zeiten, in denen die Liebesbefriedigung keine Schwierigkeiten fand, wie etwa während des Niederganges der antiken Kulturen, wurde die Liebe wertlos, das Leben leer, und es bedurfte starker Reaktionsbildungen, um die unentbehrlichen Affektwerte wiederherzustellen. In diesem Zusammenhang kann man behaupten, daß die asketische Strömung des Christentums für die Liebe psychische Werte geschaffen hat, die ihr das heidnische Altertum nie verleihen konnte.«[4]

Zwar haben wir Wellen der Aufklärung erlebt, in denen es sich uns zeigte, daß das Tabu trotz seiner Berufung, von Gott gesetzt zu sein, unseren eigenen Gegenkräften gegen Triebkräfte entspringt, die solche Zügelung nur unwillig ertragen. Aber mit der Säkularisierung, mit dem Ausblick auf so viele Tabus der Erdenrunde und Geschichte, mildert sich nicht der Zwang, eigenen gehorchen zu müssen. Die Tragik – die wieder vom Komischen und bloß Traurigen untrennbar ist – wird nur noch deutlicher. Befriedigung ohne Hemmung zeugt Unglück; Hemmung ohne Befriedigung nicht weniger. Und auch das dogmatisch oder ideologisch vorentworfene Gleichgewicht hat den fatalen Stich der Langweiligkeit, der es nicht als reinen Glückszustand erscheinen läßt.

Ein Rückblick auf die Geschichte, auf die lokale und zeitlich begrenzte Gültigkeit der meisten Tabus macht noch etwas klar. Das jeweilige Tabu ist eine Einzelerscheinung einer Gruppenordnung, es gehört zu ihren Gewissensbestandteilen. Trotz der Wortbedeutung, daß das Gewissen das unumstößlich Gewisse aufzeigt, erweist sich Selbstverständliches nur als solches im Umkreis anderer Gewißheiten, einer Verständigungsskala, auf die man eingeübt sein muß. Und das läßt sich die Familie, die Stammes-, die Religions- oder Ideologiegemeinschaft angelegen sein. »Die Einpflanzung von Überzeugungen muß das Hauptanliegen in der Gestaltung des Erziehungssystems des Landes sein.«[5] Diese Praxis ist vielleicht das einzige, was die nachkolumbianischen Einwohner der Vereinigten Staaten mit den Stammeskulturen der vorkolumbianischen Zeit gemeinsam haben. Aber wo liegt die Grenze zwischen Wahn und Einsicht, zum Beispiel, wenn man nur an die gesetzlich verankerten Sexualtabus im Strafgesetzbuch Kaliforniens denkt?

Man kann auch den gedrängtesten Exkurs über das Phänomen Tabu nicht abschließen, ohne der Tatsache zu gedenken, daß das Tabu ja nicht bloß als Wissen, als Verbot da ist, sondern daß es ausgeübt wird. Wenn die Grundfunktion des Tabus darin zu suchen ist, daß es Wünsche von der Befriedigung ausschließt, dann wird die unvermeidbare Folge sein, daß denjenigen, die auf die Einhaltung der Gesetze achten, Macht zuwächst. Es ist bemerkenswert, daß die ältesten gesellschaftlichen Institutionen sich an die Existenz von Tabus anlehnen. Die Priester wachen über die rituelle Reinigung, schließlich geht auf sie die alleinige Macht über, von sündhaften Verstößen zu befreien. Je unausweichlicher der Verstoß des Individuums gegen das Tabu, desto sicherer die Herrschaftsgewalt des Priestertums. Da wir zugleich im Schatten der Tradition wie in einer bisher unbekannten Massengesellschaft leben, umgeben uns Tabus in historischer Schichtung. Daß sich dabei die Herrschaftsform funktionell wenig wandelt, zeigt die Identität von Ketzerprozessen des Mittelalters und des Terrorismus der Gegenwart. Je mehr das Individuum in einem Geflecht von Interdependenzen ausweglos gefangen ist, desto mehr wird es Tabugeboten überantwortet. Die Konsumgesellschaft hat die ihren, und so weit sie auch vom Heiligen abliegen mögen, ihre Verletzung bleibt gefährlich. Da diese Tabus einem sehr raschen Wandel unterliegen, ist die »Anpassung« selbst zum obersten Tabu geworden, dessen Befolgung die Argusaugen der Kommunikationssysteme überwachen. Es gehört zu den erschreckenden Einsichten, daß die Menschen sich in der Regel ungleich rascher, unmittelbarer und verläßlicher durch die Gleichheit ihrer Tabus als durch kritisches Urteil verstehen.

In dem Gedränge der surrogathaften Wunschbefriedigungen, in der Anreizung der Unersättlichkeit der Triebbedürfnisse und der kartellierten oder monopolisierten Tabuierungsvorgänge bleibt die Kurzlebigkeit dieser Tabus das Zeichen der Wirksamkeit des Unbewußten. Seine Befriedigung ist nicht einfacher geworden. Jede Aufklärung muß die Hoffnung hegen, daß endlich ihr Tabu errichtet wird: das Tabu der Toleranz. Das ist so schwer erreichbar, weil Tabu und Toleranz sich auszuschließen scheinen. So bleibt nur zu hoffen, daß wenigstens für glückliche Augenblicke diese Vereinigung der Gegensätze gelingt.

X Rollen

Mit der Ehre unvereinbar

Psychologisch ist es nicht allzu schwer einzusehen, warum einmal entstandene Tabus und Regeln befolgt und verteidigt werden, auch wenn die Regelung, die sie treffen, dem Außenstehenden keineswegs einleuchtet. Die zwingende Kraft der Identifikation hält bei gemeinsamen Tätigkeiten, in der Verfolgung gemeinsamer Ideale, die Gruppen zusammen. Man könnte von einer »Klebrigkeit« der Rollen sprechen. Das Schulkind gibt nur widerwillig Gewohnheiten des Kleinkindes auf, in die es sich eingelebt hatte. Der alternde Mensch stirbt oft daran, daß seine Rollengewohnheiten mit der Pensionierung plötzlich funktionslos werden. Ihm fällt es schwer, sich zur Ruhe, wie es dem jungen Menschen bitter ankommt, sich zur Arbeit zu setzen; der neue Rollenhabitus ist beiden unvertraut. Neuen Identifizierungsansprüchen kann nur mit einer Änderung der Fließgleichgewichte zwischen Es, Über-Ich und Ich genügt werden. Der Aufforderungscharakter, der im Angebot einer neuen Rolle liegt, muß gleichzeitig mit den Ichidealen vereinbar sein, eine »Zukunft« öffnen. Weit dunkler als das individuelle Aufnehmen und Ablegen von Rollen ist uns bisher der Vorgang des Entstehens dieser überindividuellen »Stilmomente« des Verhaltens geblieben. Aber auch vom Umfang, in dem sie das Selbstbewußtsein eines Menschen bestimmen, geben wir uns keine ausreichende Rechenschaft.

Eine junge Frau hat in der Ehe drei Kinder geboren. Als sie zum viertenmal schwanger ist, wird ihr Mann unter politischen Verdächtigungen verhaftet und verschwindet in einem Zuchthaus. Sie flieht mit den Kindern, lebt durch Jahre hin in Lagern, erträgt die Unbill. Schließlich kehrt der Mann wieder, und beide bauen sich mit großem Fleiß eine neue Existenz auf. Diese Frau leidet an der sexuellen Indifferenz ihres Mannes. Es kommt ihr nicht in den Sinn, diese Entbehrung in Worte zu fassen, mitzuteilen, und es ist ihr unmöglich, um den Mann zu werben. »Es gehört sich nicht, daß eine Frau sich einem Manne anträgt.« Alle äußeren Nöte, die beide nicht voneinander zu entfremden vermochten, haben ihnen aber die

Aufgabe, sich in geschlechtlicher Intimität zu verstehen, nicht zu erleichtern vermocht. Das Rollenstereotyp, wie »man« sich als Frau zu verhalten hat, ist eine nicht überwindbare Fessel geblieben; das »man« und das Selbstbewußtsein sind zu einer nicht trennbaren Einheit geworden.

Eine Studentin schläft mit ihrem Freund, dieser auch mit anderen Bekannten. Darüber werden ausführliche Gespräche geführt. Der Jargon ist, wie es die Gruppe der Gleichaltrigen im Augenblick fordert, dem Dirnen- und Zuhältermilieu entnommen. Die Prozedur dieser Kommunikation erinnert an den indianischen Marterpfahl; die Ehre verlangt es, bei keiner Pein auch nur einen Muskel zu verziehen.

Die beiden so extremen Verhaltensweisen haben doch ein Gemeinsames: Sie sind nicht individuell, sondern rollentypisch. Was in der Rolle der Frau als »Geliebte« jeweils markierend gezeigt und gefühlt werden darf, mag wechseln, nicht die zwingende Verpflichtung der Rolle als solcher. Wir haben früher[1] hervorgehoben, daß diese Rollenverhaftung die Einfühlung in die aktuelle Verfassung des anderen hindert. Auch der Ehemann unseres ersten Beispiels lebt offenbar in einer Rolle und hat mit ihr seine individuellen Konflikte. Es ist also eine doppelte Rollenverhaftung, die hier die Einfühlung der Partner unmöglich macht.

Gemessen an der Vielzahl unserer Gefühle, Gedanken, Wünsche, die wir introspektiv erleben, dürfen in der Rolle nur die situationsgerechten, die kollektiv vorgeschriebenen in Erscheinung treten. Wenn die Rolle das Verhalten so weitgehend bestimmt, daß auch sehr deutliche konkurrierende und kontrastierende Empfindungen nicht gezeigt werden dürfen, so verweist dies auf eine unreife Verfassung der Persönlichkeit, die nicht imstande ist, den infantilen Zwang zur Identifizierung durch eine individuelle Ausdrucksprüfung und einen persönlichen Entschluß zu durchbrechen.

Je mehr nun der aktuelle Konflikt den Tabubereich »Ehre« einbezieht, desto geringer wird gewöhnlich der Spielraum, der dem Individuum bleibt. Das Erlebnis, sich in seiner Ehre zu kränken (wenn man »sich anbietet« oder Ekel zu erkennen gibt), trifft unmittelbar den Kern des Selbstgefühls und des Selbstbewußtseins. Man steht in Gefahr, seine Bekanntheit mit sich selbst, seine Identität und deren Wertschätzung zu verlieren. Es zeigt sich das scheinbare Paradox, daß das Überschreiten eines Tabus in Richtung auf eine freiere Verständigung über sexuelle Wünsche und im zweiten Fall der Rückzug von einer schonungslosen Banalisierung des Sexuellen in intimeres Erleben aus dem gleichen Motiv nicht gelingen: weil das Ichideal dies nicht zuläßt. Das Ichideal fällt hier mit einem von der Gruppe vorgegebenen Rollentypus zusammen, der in das Über-Ich aufgenommen wurde und dort, so fremd er ist (weil der Stellungnahme unzugänglich), doch die Funktion ausübt, das Selbstsein zu vermitteln. Viele Gruppenmoralen unterstreichen diesen Tatbestand noch, indem sie betonen: Du bist nichts – deine Gruppe (dein Clan, dein Volk) ist alles; also entwickle kein kritisches Ich, sondern sei Rolle, alles andere bringt dir Schuld.

Kollektive Suchhaltungen

Wir haben als Beispiel herausgegriffen, was eine Gruppe jeweils als typisches weibliches Verhalten anerkennt. In ihrem Rollenrepertoire hält sie selbstverständlich einen passenden Gegentypus »Mann«, »Geliebter« bereit. In der Rollenverzahnung stützen sich die beiden Verhaltensmuster. Die wesentlich dunklere Frage – um es zu wiederholen – ist die nach der Entstehung der Rollenmuster: warum etwa in kurzen Zeiträumen das die Sexualität einschränkende Kollektivtabu von gerade dieser anderen Rolle, die Promiskuität fordert, gefolgt wird. Alle Vereinfachungen, die zur Analogie des Pendelausschlages in der einen und dann in der Gegenrichtung Zuflucht nehmen, treffen doch höchstens eine Komponente des Sachverhaltes, sobald man das Leben des einzelnen genauer untersucht. Denn es zeigt sich in beiden Verhaltensweisen eine mangelhafte Fähigkeit, die biologischen Bedürfnisse dem Ich so einzufügen, daß ein Gleichgewicht sich herstellt, dem man die Bewältigung der individuellen Lebenslage anmerkt. Es ist anzufügen, daß beide Frauen neurotisch erkrankten, und dies in einem verfolgbaren Zusammenhang der Unvereinbarkeit der Rollenzwänge mit den Anforderungen, die ihr kritisches Ich stellte. Es konnte in seinem Entwicklungsstadium solche Forderungen zwar anmelden, vermochte sie aber nicht durchzusetzen. In diesem Sinn fassen wir die neurotische Erkrankung auch als fehlgeschlagenen Protest gegen eine Kränkung durch die Gesellschaft – eben ihre Rollenbesetzung – auf. Sie ist regressiv, soweit wir vom Symptom reden, protestantisch progressiv, soweit es um das Erlebnis des Konfliktes geht. Denn ihn kann das scheinbar »besser« angepaßte Individuum gar nicht mehr erleben. Es lebt die kollektive Neurose ohne Anzeichen persönlichen Unbehagens mit.

Die Summe dieser im Ich der Gruppenmitglieder bewußt nicht artikulierten Frustrierungen schlägt sich aber doch in einer kollektiven Suchhaltung, in einer Bereitschaft zu neuen Übereinkünften bindender Art nieder. Sie sind eines der Motive für das Auflassen gewohnter Verhaltensweisen und das Einschwenken in neue Verhaltensstile. Sind die gesamtgesellschaftlichen Prozesse relativ repetitiv, geht wenig Beunruhigung von ihnen aus, so werden Frustrationen im Psychischen lange ertragen, ohne die Traditionsformen zu sprengen; gerät die ökonomische Grundstruktur mit den Produktionsverhältnissen ins Wanken, so setzen diese Unsicherheitsfaktoren eine Gehabensänderung offenbar leicht in Gang. Dieses Prozeßgeschehen ist uns dann einigermaßen verständlich (und bleibt keine *Selbst*verständlichkeit, die in Wahrheit nicht begriffen wird); Aufstieg und Niedergang großer Gruppen machen es sinnfällig, daß Umstrukturierung in den Produktionsverfahren in einem Fall unmittelbar Lebensangst, im anderen eine mächtige libidinöse Erwartung provozieren muß. Steigende Anspruchshaltung, die Tendenz, ohne Aufschub auf Triebbefriedigung zu drängen, und Vitalangst erkannten wir als kollektive Es- und primitive Ichreaktionen in der Verfassung unserer Kultur.

Das Grenzbedürfnis der Gruppen

Menschen dieser neuen Gruppen und Subkulturen gelingt es, Tradition zu entwickeln, sich über Generationen zu erhalten; manche verfallen rasch, manche sind Variationen über das gleiche Thema, etwa die Adoleszenz, das für eine bestimmte Zeit Gleichaltrige in seinen Bann zieht. Diese passageren Gruppen lösen sich dann aber wieder auf, weil die Mitglieder in neue Gruppen eingehen. Sobald eine neue Generationswelle sich wieder gleichen Problemen gegenübersieht, wandelt sie das Thema nach ihren Motiven und in einen neuen Komment ab. Immer ist aber zu beobachten, daß diese Gruppenbildungen, ob im großen oder kleinen, ein eigenes *Grenzbedürfnis*, eine scharfe Unterscheidung zwischen innen und außen, erstreben. Dabei verdient als psychologisch besonders interessant die Tatsache hervorgehoben zu werden, daß diese Abgrenzung nur scheinbar allein nach außen hin erfolgt. Die Eingliederung in die Gruppe bedeutet auch die Anerkennung einer im einzelnen verlaufenden Grenzscheide: zwischen dem, der er allein für sich selbst und im Umgang mit sich selbst, und dem, der er im Gruppenkontakt ist. Die soeben erwähnten beiden Frauen zeigten uns, daß sie in ihren nicht als rollentypisch anerkannten Bedürfnissen ihren Partnern gar nicht bekannt werden konnten. Aus einer intensiven *Berührungsfurcht* verbargen sie jenen Teil ihres Wesens, der nicht in der Rolle aufgeht; dieser Teil selbst wird, weil nicht artikulierbar, für das Selbsterleben des Individuums ein störender Fremdbereich.

Gruppen mit einem in längerer Geschichte entwickelten starken Eigenbewußtsein, mit einer ausgeprägten kollektiven Identität, sind wenig bereit, abweichende Lebensgewohnheiten zu tolerieren. Sie entwickeln deshalb auch meist heftige Intoleranz und kollektive Berührungsfurcht mit Außengruppen. Fremdes Verhalten wird mißbilligt, schließt stillschweigend aus. Aber auch dem Teil der Persönlichkeit der Gruppenglieder, der sich nicht rollentypisch kundzugeben vermag, wird große Wachsamkeit gewidmet. Der »Spion«, jener Spiegel, von dem aus man die Straße hinter den Vorhängen beobachten konnte und den man zuweilen noch an Schweizer Häusern antreffen kann, ist ein Symbol dieser unausgesetzten Wachsamkeit. Der »große Bruder« Orwells ist keine Fiktion, es gab ihn immer, zuweilen ist er lästig genug, aber harmlos; zuweilen wächst er sich in offenen Verfolgungswahn im Gruppeninneren aus. Um ein harmloses Beispiel zu geben: Der Milchkonsum gehört in den USA zu den Verhaltensweisen, nach denen man die Tugend öffentlich bemessen kann. Was tut eine Familie, in der Vater, Mutter und Kind, sogar der Hund Milch verschmähen? Jeden Morgen steht die obligate Flasche vor der Tür. Der Vater faßt endlich einen Entschluß, sucht den Milchhändler auf und bestellt die Lieferung ab. Dieser beantwortet das etwa mit dem gleichen Mienenspiel, mit dem in einer strenggläubigen Gemeinde der Beamte auf dem Rathaus einen Kirchenaustritt zur Kenntnis nimmt: Ein subversives Element hat sich verraten, man weiß, was man von so einem Bürger zu halten hat.

In alte Gruppen wird jeder Neuling nur nach einer Phase langen Mißtrauens aufgenommen. Das Akzeptiertwerden setzt die Bereitwilligkeit zum Ablegen der mitgebrachten und das Übernehmen der vorgefundenen Orientierungen voraus; und auch dann bleibt noch ein Rest von Verachtung für den »Eingebürgerten«. Nur sehr wenigen Sozialgebieten ist ein wirklich tolerantes Nebeneinanderleben eigenzentrierter Gruppen in einer umfassenden Einheit gelungen. Der Egoismus und die gruppenzentrische Orientierung muß dann noch einmal von der Bereitschaft zu einer umgreifenden Einstimmung auf Ziele, die allen wichtig sind, überwunden werden. Wir haben diesen Vorgang schon an der Entwicklung von ethnozentrischem Vaterlandsideal zum Unionsdenken angedeutet. Aber auch zwischen diesen Unionen bilden sich neue Grenzlinien für Fremdheit.

Da die Reaktion der sozialen Berührungsfurcht fast ubiquitär anzutreffen ist, muß ihre Motivation im Prozeß der Sozialisierung, im Vorgang der Einpassung des Neukömmlings in bestehende Gruppenverhältnisse zu suchen sein, nicht aber in den je eigentümlichen und besonderen Inhalten, an die sich das Individuum anzupassen hat. Wir sehen diese Xenophobie, diese Furcht vor dem Fremden, darin begründet, daß abweichende Lebens- und Urteilsgewohnheiten das mühsam aufrechterhaltene Gleichgewicht zwischen Versagungen und Gewährungen der eigenen sozialen Ordnungen zu stören drohen. Besondere Mißbilligung findet dann etwa eine eheliche Verbindung über die Schranken der eigenen Sozialgruppe hinweg oder auch die Ausübung eines Berufes, der nicht als standesgemäß gilt[2]. Die starke Binnenorientierung der Stände, Kasten, Klassen, Konfessionen, aber auch der Berufsgruppen mit langer Traditionsordnung – von den Binnenorientierungen der Sprachgruppen zu schweigen – erweckt ein Sicherheitsgefühl, das nur in der Reizbarkeit gegen Abweichungen etwas von der Anstrengung verrät, die es kostet, durch Konformität seiner selbst gewiß zu sein. Das Fremde ist nicht nur draußen, sondern auch im Individuum stets gegenwärtig. Die Mühe, welche die tonangebenden Schichten auf die erzieherische Beeinflussung des jungen Menschen, auf seine Indoktrinierung mit der Moral und dem gebilligten Verhaltenskodex aufwenden, beweist uns, daß bei dieser kultivierenden Einpassung »bedingte Reflexe« eingeschliffen werden; was nichts anderes bedeuten kann als die Organisierung des Individuums auf einer psychischen Ebene, die das kritische Ich weitgehend ausschaltet. Das potentielle Ich jedes einzelnen wird damit zum Feind und Fremden erklärt, jede von ihm ausgehende »Aufklärung« erfährt erst einmal den Widerstand durch die *communis opinio.*

Regression en masse

Nun hat jede neugebaute Straße, jedes neue Verkehrsmittel, die Ansiedlung von Industrien und Verwaltungen diese Statistik der Gruppenorientierung an vielen Stellen mit revolutionärer Gewalt aufgebrochen. Einst durch Tabus verwehrtes Verhalten ist ubiquitär geworden. Neue Tabus kämpfen mit den alten. Dieses Verschwimmen der Gültigkeit von Handlungsanweisungen, Ritualen, hat aber unleugbare Anzeichen der Desorientierung mit sich gebracht. Wenn wir uns der Tatsache erinnern, daß die Triebstruktur des Menschen sich in allen kulturellen Wandlungen, die sie immerfort speist, zugleich nicht ändert, dann verweisen uns die Desintegrationszeichen auf die biologische Ebene der Regulation. In den für jede Gruppe spezifischen Bindungen an ein Verhaltensgefüge definitiver Rollen kommt offenbar auch in der humanen Existenz eine biologische Gesetzlichkeit zum Ausdruck. Die arteigene Lebensform des Menschen ist die eines Gruppenwesens, für das alle Gesetze gelten, nach denen sich auch im außerhumanen Bereich lebensfähige Formen der Kooperation und Koexistenz herstellen und zu erhalten trachten. Nur der Absolutheitsgrad der Bindung an diese Gesetze hat sich gelockert. Der Zerfall feinerer Strukturierung, der sich im einzelnen durch regressives, primordiales Verhalten kundgibt, ist auch an Regressionen in der Gruppenebene ablesbar, in einer Primitivisierung der Ideen in den Befehlsverbänden bis herunter zur Bandenbildung und in einer Verengung des Horizontes mehr und mehr auf die Egoismen der eigenen Gruppe. Verwirrend ist nur, daß sich diese Orientierung am Prinzip des »Von-der-Hand-in-den-Mund-

Lebens« durchaus mit weitgespannten Bürokratisierungen verträgt. Bürokratien sind *formale* Organisationen; sosehr sie ihre Techniken vor der Öffentlichkeit zu verbergen suchen – was Max Weber[3] so klar gesehen hat –, sosehr sie sich um ein Eigenleben bemühen und ihren Gruppenegoismus entfalten, es steckt nicht mehr in ihnen als das Administrieren. Sie verwalten, das »Kapital« kommt anderswoher. Sie können deshalb dem Terror ebenso perfekt dienen wie einer Gesellschaft freieren Zuschnitts. Da die Bedeutung der Administration mit dem Wachstum der Sozietäten und ihrer Unternehmungen mehr als Schritt gehalten hat, ist der geheime Einfluß, den sie ausübt, enorm gestiegen. Daher auch der Wunsch der Politiker, der »Gouverneure«, sie ideell nach Bekenntnis und nicht nur nach Leistung in ihre Hand zu bekommen.

Manager und Apparatschik

Als das beunruhigende, geschichtlich konstante Moment auf der biologischen Ebene erkannten wir die Fragmentierung der Instinktausrüstung, der im Psychischen als korrigierende Kraft sehr verschiedenartige Ichleistungen gegenüberstehen. Von diesen haben wir jetzt eine, nämlich die der Werkzeugintelligenz, noch einmal ins Auge zu fassen. Kultur ist, von der Sprache bis zu den Instrumenten, Werkzeug-Kultur. In der industriellen Phase der Entwicklung hat sich gegenüber früheren Kulturformen eine Kettenreaktion angebahnt, eine außerordentlich gesteigerte Interdependenz der Werkzeuge untereinander. Das industrielle Gut setzt seinerseits eine »Werkzeug-Industrie« voraus, eine wachsende Zahl von Zwischenwerkzeugen. Ihre Verfügbarkeit stellt insgesamt den Stand der Industrialisierung eines Landes dar. Mit der Auffächerung in der technischen Produktion (und natürlich in der ihr vorausgehenden naturwissenschaftlichen Forschung) läuft eine neue Verfügbarmachung, Verdinglichung des Menschen und seiner Bedürfnisse parallel. In der Verwaltung wird das sächliche wie das menschliche Produktionspotential mit der gleichen Werkzeugintelligenz geplant.

Die Rückwirkungen dieser Selbstinduktion des Technisierungsvorganges auf die bestehenden Sozialverhältnisse waren weder beabsichtigt noch vorausgesehen. Der Vorgang der Auslöschung alter Gruppenordnungen durch neue erfolgt jedoch, wie wir gerade an der jüngeren Geschichte Rußlands beobachten können, auch im Falle rücksichtsloser und terroristischer Machtpolitik nicht mit einem Schlage und in kurzer Zeit. So hat sich offenbar die Attacke auf den Besitz als Signalmittel als ein höchst zweischneidiges Unternehmen erwiesen. In welch sozial-pathologische Bahnen auch immer die Besitzverhältnisse im Laufe der feudalen und bürgerlichen Epoche geraten sein mochten, wie aufreizend die Lage war und ist, Besitz bleibt, auch als menschlicher Besitz, ein Abkömmling der biologischen Funktion des Eigenterritoriums der höher organisierten tierischen Individualität – er kann nicht durch ein Dekret aufgehoben werden, vielmehr löst die Verletzung eingeübter Besitzorganisation vorerst in der Gesellschaft eine Angriffs- und Fluchtreaktion *(fight-flight-reaction)*[4] aus. Auch wenn sie zu einem Umsturz der bestehenden Besitzverhältnisse führt, so folgt darauf sogleich wieder eine neue Besitzgliederung, eine neue Territorialverteilung. Das zunehmende Verschwinden der Anschaulichkeit des Besitzes als Machtinsignium hat keineswegs zu einer Verringerung des Besitz- und Machtstrebens geführt. Besitz ist nicht mehr ruhender (Landbesitz), sondern funktionaler Positionsbesitz in den Apparaten geworden. Der ausschlaggebende Besitzer heißt hier Manager, dort »Apparatschik«. Das Werkzeug, das er bedient und das er mit seiner Intelligenz perfektioniert, heißt Bürokratie.

Ist der Umsturz einmal ins Rollen gekommen, so leisten die tradierten Sozialgruppen mit ihren Institutionen Widerstand oder suchen alte Herrschaftsverhältnisse auf die neue Produktionsform zu übertragen. Diese erste Phase ist in unserer Welt noch keineswegs abgeschlossen. In Ländern wie Südamerika oder Saudiarabien gelang die Retardierung um den Preis zunehmender sozialer Desintegration. Das Selbstgefühl der in der industriellen Arbeit benötigten Menschen drängt jedoch beharrlich auf die Zuerkennung eigener Mitspracherechte. Zugleich stellt sich heraus, daß die neu errichteten Verhältnisse immer hinter der Idealbildung, die im Umsturz führend war, zurückbleiben. Neue Formen der Knechtschaft sind aber mit dem Selbstgefühl deshalb leichter zu verbinden, weil die privilegierte Schicht, die sich zu etablieren beginnt, aus den eigenen Reihen hervorgegangen ist und ihr Machteinfluß nicht den Beigeschmack von Fremdherrschaft hat. Als solche wurde aber, wegen der sozialen Berührungsfurcht, die sie zeigten, das Regime der herrschenden Klassen in der Feudalgesellschaft und das kapitalistisch-imperiale Bürgertum erlebt.

Gehorsamsbereitschaft und Terrorneigung

Die Formulierung dieses neuen Selbstgefühls und seiner Ansprüche wird mehr und mehr von Ideologien beeinflußt, die mit Naturforschung und Industrialisierung gewachsen sind und die faktische Verschiebungen der Machtpositionen gleichsam als Entwürfe einer Sinngebung überhöhen. Da die industrielle Technik unaufhaltsam nicht allein die tradierten Techniken der Werkzeugherstellung und -anwendung, sondern ebenso die Sozialisierungstechniken der überkommenen Gruppenordnungen außer Kraft setzt und weil sich bedeutende neue Machtantagonismen entwickelt haben, ist aus diesen Prozessen ein Kraftbewußtsein der Massen – und ein Ohnmachtsbewußtsein der in alten Ordnungsvorstellungen Beharrenden – entstanden. Diesem Selbstbewußtsein korrespondieren allerdings neue Unlusterfahrungen, und es ist nicht die geringste Aufgabe der Ideologien (wie der tradierten Konfessionen), sie verleugnen zu helfen oder ihre Überwindung in besserer Zukunft zu versprechen.

Das ominöse Wort »Masse« benützen wir hier nur zur Bezeichnung der quantitativen Zunahme der Bevölkerungszahlen, ohne wertenden Unterton. Massen dieses Ausmaßes sind eine neue geschichtliche Erfahrung. Sie stellen neue Anforderungen an die Werkzeugintelligenz; es werden Techniken der Vorsorge für ihre Lebensbedürfnisse verlangt. Dabei tritt die Rücksichtnahme auf die Sonderformen hervorgebrachter Stile in der Bedürfnisbefriedigung zugunsten eines konformierenden Planens *en masse* zurück.

Das Angebot der Schaufenster sieht dann doch ganz anders aus als das »Lokalkolorit« der Vergangenheit. Das Leitmotiv bleibt die Planung, in welcher der einzelne als numerische Einheit, bestenfalls als »Typ«, als Statusrepräsentant auftaucht. Es ist inzwischen erprobt, daß man Massen in derartigen Typisierungen ansprechen und die einzelnen zum Beispiel als Verbraucher oder Wähler derart »sächlich« einplanen kann. Das spielt ohne Zweifel den Massenplanern aller Art neue Machtvollkommenheit zu, die sich dann auch in der jeweiligen Ideologie ausdrückt, kann aber nicht darüber hinwegtäuschen, daß all diesen Planungen vorerst wenig geschichtliche Erfahrung entspricht. Die vorzüglichste technische Planung ist nicht alles; ihrer Unvollkommenheit korrespondiert deshalb ein oft dumpf erlebtes, in jedem Fall schwer zu verbalisierendes Gefühl der Unsicherheit, das zu regressiver Gehorsamsbereitschaft und zu ebenso regressiver Terrorneigung geführt hat. Das Auftreten von archaischen Formen der Gewaltherrschaft, ausgerüstet mit den modernsten Werkzeugen, von Führervergottung und Dämonisierung der konkurrierenden Außengruppen ist ein sinnfälliger Beweis für diese Rückschrittlichkeit auf sozialer Ebene, wo gleichzeitig vielleicht auf großartige Weise das Programm der »Elektrifizierung« vorangetrieben wird.

Nicht ohne Absicht schildert unsere Übersicht diese Lage in dürren Worten, ohne sie an kontrovers beurteilten Phänomenen zu belegen. Da wir den Versuch unternehmen, wenigstens einige der Bedingungszusammenhänge zwischen der Verfassung der Gesellschaft und der ihrer Einzelmitglieder etwas schärfer zu fassen, müssen wir uns um kritische Distanz von den aktuellen Konflikten, die mit hoher emotioneller Erregtheit ausgetragen werden, bemühen. Wir behalten unsere Leitthese im Auge, daß in all diesen Versuchen der Neuordnung die Herausforderung spürbar ist, die von der Evolution zum Bewußtsein ausgeht; auch die Entfaltung der Werkzeugintelligenz ist ein Teilvorgang in diesem Prozeß. Zugleich können wir uns kaum verhehlen, wie die Rolle immer noch ist, die diese Herausforderung heute spielt. Das Selbstbewußtsein, das uns erlaubt, jenseits der Rollenorientierung unser Handeln zu ordnen, also eine Einsicht in die Dynamik der psychischen Prozesse verrät, ist nach wie vor ein schwaches Ingrediens im Weltgeschehen. Jeder Optimismus liefe hier auf eine wunschdenkende Entstellung der Wirklichkeit hinaus. In einer Terminologie, die noch nicht zwischen »Masse« und »Gruppe« trennt, hat Freud die Möglichkeit beschrieben: »Jeder Einzelne ist ein Bestandteil von vielen Massen, durch Identifizierung vielseitig gebunden, und hat sein Ichideal nach den verschiedensten Vorbildern aufgebaut. Jeder Einzelne hat so Anteil an vielen Massenseelen, an der seiner Rasse, des Standes, der Glaubensgemeinschaft, der Staatlichkeit und so weiter, und kann sich darüber hinaus zu einem Stückchen Selbständigkeit und Originalität erheben.«[5]

Eine Enttäuschung

Die große Enttäuschung, die das 20. Jahrhundert durchlebt, ist in der Einsicht zu fassen, daß technische Perfektionierung zwar viele Bequemlichkeiten und »Freiheiten von« – zum Beispiel »Freizeit« als Freiheit von Arbeit – mit sich bringt, daß uns jedoch jenes »Stückchen Selbständigkeit« nicht gleichzeitig mit der besseren Ausrüstung zufällt. Wenn wir uns noch einmal der beiden Frauen erinnern, so demonstriert die Studentin ein außerordentliches Maß von Unbefangenheit dem lange tabuierten Sexualbereich gegenüber; die knapp zehn Jahre ältere Mutter mag sie darum beneiden. Aber unversehens ist die Jüngere in eine neue Rollenfesselung geraten, die sie in ihrer Selbständigkeit – in einer »Freiheit zu« – nicht um einen Schritt weitergebracht hat. Die »Freiheit von« wird nicht zu einer Erleichterung für das Ich, das nun zu entscheiden wüßte.

Wir beobachten also, daß die Möglichkeit zur kritischen Durchdringung der eigenen Lage unentwegt dem Übernehmen von Rollen und stereotypen Vorurteilen geopfert wird. Die Zwänge, die hier wirken, entstammen älteren Evolutionsstufen und geschichtlich langen Epochen: Sie konkurrieren übermächtig mit der bewußteren Entscheidung. Das Erlebnis der Gefahr des Kontaktverlustes zu den übrigen Gruppenmitgliedern, sobald wir uns zögernd und selbständiger verhalten, beruht auf Vorerfahrungen, die sich im Aufbau unserer psychischen Person niedergeschlagen haben. Die überragende Rolle, welche das Über-Ich bei unseren Entscheidungen im sozialen Feld ausübt, ist dafür das deutliche Anzeichen. Seine Befehle erfolgen unbewußt und rasch, überrumpeln das Ich, das schon deshalb schwerfälliger ist, weil es sich in Alternativen und Widersprüchen zurechtfinden muß; solche Widersprüche sind in kollektiv gültigen Wertungsstereotypen und Handlungsanweisungen gar nicht mehr oder noch nicht fühlbar.

Die Lebenslage ist zudem für den Zeitgenossen durch ein »Nicht mehr« und ein »Noch nicht« erschwert; im Gleichgewicht der Sozialordnungen, in denen er lebt, wird er schon von den Bedingungen einer industrialisierten Massenkultur zur Anpassung gezwungen, während noch eine gleichzeitige Mitsteuerung aus überlieferten Werthorizonten und ihren Überwachungsorganen erfolgt. Das vermehrt die innere Inkohärenz der Individuen, denen in einer solchen Etappe der Geschichte die Last der Entscheidungen zufällt. Unser naiver Fehlschluß von der somatischen Einheit der Person auf eine ebenso einheitliche seelisch-geistige Persönlichkeit kann uns zu großen Fehlerwartungen verleiten. Zuflucht zur schrecklichen Vereinfachung, zur Idealisierung und Verteufelung sind denn auch die summarischen Verzerrungen der Wirklichkeit, denen wir im großen und kleinen allerorts begegnen. In Wahrheit reicht auch die Annahme von »zwei Seelen« in der Brust nicht zur Beschreibung des Tatbestandes aus. Vielleicht kommen wir der Sache näher, wenn wir von »Momentpersönlichkeiten«[6] sprechen, mit denen wir es häufig zu tun haben, Menschen also, die von den situativen Bedingungen ihre Impulse entlehnen und sich ebenso wie diese proteushaft ändern, ohne daß die einzelnen Momente zu einer einheitlichen Geschichte zusammenwüchsen. Geschichte setzt Gedächtnis voraus; dieses scheint unter den extremen Anforderungen unserer Großzivilisation auf das Fachwissen beschränkt zu sein; es entspricht ihm kein ebenso geschärftes Gedächtnis für die eigene Affektgestalt, für das Selbst, für die unumgänglichen Krisen und Brüche seiner Entwicklung.

Kleine Verhältnisse und Überfluß

Es würde eine unzulässige Einschränkung des Begriffs der Rolle bedeuten, wenn er nicht das Zugeständnis enthielte, daß er mit jenem »Stückchen Selbständigkeit und Originalität«, wo es errungen wird, also mit einer distanzierenden Einsicht funktionell zu verbinden wäre. Einsicht in die Alternativen der Entscheidung muß nicht schon die Funktion der Rollensicherheit und der Rollenverzahnung stören. Keine Rolle kann – ohne Vergewaltigung der Wirklichkeit – einen Schlüssel für alle Situationen bieten, die dem begegnen mögen, der in ihr steckt. Wer sich so in ihr verstecken will, versteckt in der Rolle sein Selbst. Bis zur Groteske verzerrt zeigt sich dieses Verstecken des Selbst unter Umständen an der Rolle des Richters, der sich in seinen Gesetzen definiert wähnt und auf diese Weise die Wirklichkeit beugt. Die faktische Unsicherheit des Rollenverhaltens in einer Welt nicht vorausgesehener Konfliktsituationen befördert aber den ängstlichen Rückzug in stereotypes Handeln und Urteilen von trostloser Originalitätsarmut.

Der außerordentliche Reibungsverlust in der von Mammutbürokratien gelenkten Großgesellschaft wird oft beklagt. Darin wird aber die Erfahrungsarmut in der Handhabung neuer Lagen sichtbar; Genügsamkeit mit der Rolle heißt hier vermehrte Scheu vor Verantwortung, die vage nach »oben« delegiert wird. Das fördert eine Phantasiearmut, der es nicht einfällt, auf angemessenere Lösungen zu sinnen.

Lösungen werden dann auch »oben« – wo man ängstlich auf die Reaktionen der Massen achtet – nur auf der Generallinie erprobter »kleinerer Verhältnisse« der Vergangenheit gesucht. Die Ausgabenkontrolle der öffentlichen Hand zum Beispiel, die Hellmut Becker und Alexander Kluge[7] in ihrer Auswirkung auf die Kulturpolitik analysiert haben, erfolgt nach den Prinzipien des absolutistischen Kleinstaates, und der wiederum überträgt auf seinen Zuschnitt das Bild eines paternitären »Haushalts«. Schon die Übernahme dieses Wortes auf Sozialzusammenhänge, die nichts mehr mit Familie und Familienbudget zu tun haben, ist verräterisch und bestätigt das angstvolle Anklammern an Herkömmliches. Natürlich muß jede Sozietät ihre Bilanz in Ordnung halten; es wären dabei aber Formen der Verantwortlichkeit denkbar – etwa gruppeninterne Kontrollen –, die eine außerordentlich reibungsärmere Arbeit für diese Gruppen versprächen. Das würde aber erweiterte Selbstverantwortlichkeit und Absprachen auf horizontaler Ebene, zudem eine weit größere Offenheit der Ausgabenkontrolle und deren Verantwortung einschließen. Beides ist der prinzipiell hierarchisch strukturierten Bürokratie verhaßt. In ihr manifestiert sich auf die zäheste Weise die paternistische Organisation, ein Abhängigkeitsverhältnis von einem Vater, der geben oder verweigern kann nach seinem Gutdünken und dessen Einkommens- und Vermögensverhältnisse den übrigen Familienmitgliedern mehr oder weniger Geheimnis bleiben. Die parlamentarischen Haushaltsdebatten haben deshalb für die Öffentlichkeit etwas von Entscheidungen aus guten oder schlechten Launen des Vaters »Staat« (das ist die Bürokratie) an sich, der gerade dadurch seine Macht bestärkt, daß er die einzelnen Gruppen wie feindliche Brüder um seine Gunstbeweise sich zanken läßt. Sollte ein »Haushaltsexperte« diese Schematisierung der emotionellen Seite einer Administration, die sich ganz nüchtern-sachlich gibt, als ein mehr kindisches als kindliches Vorgehen aburteilen, so möchten wir uns nicht durch seine rechnerischen Fähigkeiten bestechen lassen, sondern würden vorziehen, etwas über ihn als Person zu erfahren. Wir würden zum Beispiel gern die Gefühle kennen, die gewiß sorgenvoll-väterlichen, aber doch auch seine Potenz genießenden Gefühle, die ihn bewegen, wenn er mit den »Bittstellern« verhandelt. Wir brauchen uns aber gar nicht auf hohe und »höchste« Ebene zu begeben; jeder Aufsichtsbeamte, der von einem anderen Auskunft über die Notwendigkeit eines Telefongespräches verlangt und verlangen kann, übt väterliche Aufsichtspflicht aus. Auf diesem Weg, und nur auf ihm, wird Ordnung gestiftet, zur Verantwortung erzogen oder Schuld zugesprochen. Die kleinen Verhältnisse der vergleichsweise armen Staaten der Vergangenheit werden auf eine »Überflußgesellschaft« übertragen, deren »Armut« ganz anderswo drückt – etwa in der zeitlichen Überlastung ihrer Spitzenkräfte; die geheimen Befriedigungen aus der Identifikation mit dem mächtigen Vater sind die wirksamste Abwehrkraft gegen eine zweckentsprechendere Verteilung der Kompetenzen.

Daß dabei in den Falten einer gigantischen Maschinerie – der Vater-Staat-Maschine und aller privaten, die ihr nachkonstruiert sind – ein gigantischer nutzloser Verschleiß (verursacht durch praktizierte, der Kontrolle entschlüpfende Verantwortungslosigkeit) stattfindet, ist wohlbekannt. Die Einsicht sitzt am kürzeren Hebel; es fehlt die Erfahrung möglicher Befriedigung in einer neuen Rollenverteilung, wie sie die Sachlage erfordern würde. Sich die Gesellschaft als eine der Erwachsenen – also dem Prinzip nach Gleichverantwortlichen – auch nur zu denken löst ein Schwindelgefühl aus; und weil man schwindlig wird, kann das Ganze nur ein Trug, ein Schwindel sein. Auch hier meldet sich wieder die Angst vor Kontaktverlust in einer Umgebung, die emotionell so grundlegende

Neuorientierung verlangt. Zu tief hat das Urbild des Erziehungs-, sprich Befehlsschemas der väterlichen Vorherrschaft die Idealbildung jedes einzelnen geprägt. Lebenslang an hierarchische Verhältnisse gewöhnt, kann er sich selbst nur wieder in der Rolle eines »Herrschers« vorentwerfen und sucht dem mit Eifer nachzukommen. Die Wege, die er dabei geht, sind ausgetreten. Der Gedanke, daß die Gesellschaft in sich eine Reifungsskala verwirklichen könnte von der familiären Gruppe zu Zusammenschlüssen, in denen der Unionsgedanke Gleichaltrige bindet, ist erst in wenigen Ansätzen verwirklicht. Vielleicht ist die heftige Ablehnung, welche die Gewerkschaftsbewegung – die *labour unions* gefunden hat (auch unter den Arbeitern!), nicht nur im Ökonomischen zu suchen, sondern darin, daß es das Ordnungsbewußtsein der Bürgerväter (und das nach diesem Vorbild geformte Selbstideal der unteren Klassen) als freche Provokation empfand, wenn sich die »Brüder« gegen den Vater fordernd zusammenschlossen. Wir können vermuten, daß der tatsächliche Vollzug der Gleichberechtigung von Mann und Frau – also eine kollektive Rollenprägung von gleichem Gewicht, nicht von spiegelbildlicher Gleichheit – der paternitären Herrschaftsform den Todesstoß versetzen wird. Aber erst wenn die Früherziehung des Menschen nicht mehr von der Vatergestalt überschattet bleibt – die Frau trat zeitlebens nie aus diesem Schatten hervor –, bietet sich die Möglichkeit eines Rollenspiels, in dem die Vaterrolle nicht auf allen Schauplätzen des Lebens imitiert werden muß, sondern Autorität sich aus horizontalem Messen der Kräfte ergeben wird. Die Protest- und Forderungshaltung nach oben ist ohnehin zu einer Gebärde nach einem fiktiven Partner geworden, weil dort eben kein »Besitzer«, sondern ein Funktionär sitzt, der, wenn er heruntersteigt oder -fällt, sich von gleichen Maßen zeigt wie die, die ihn »androhen«, wie man in der Verhaltensforschung sagt.

Klärendes zur Aufklärung

Unsere bisherigen Beobachtungen lassen sich dahin summieren, daß alte Rollenschemata eine Lebensdauer über die tiefgreifenden Änderungen der sozialen Wirklichkeit hinweg beweisen; obgleich sie dann nicht mehr Funktionen im Dienst einer lebenden, sondern einer vergangenen Ordnung vollbringen lassen – ihr Schema wird festgehalten, weil die Unlust, Neues, Störendes erfahren zu müssen, die Neugier auszulöschen vermag. Die Einsicht geht aber weiter: Die Rolle selbst ist eine Schutzfunktion, auf die das Individuum als Halt nicht verzichten kann, solange ihm die Welt jenseits der festgelegten Begegnung fremd und drohend bleibt. Im Rollenverhalten beruhigt sich die Regung der Neugier, oft wird sie von der diktierten Gewißheit erdrückt. Rollen können festgefügten Ordnungen angemessen sein; wenn die Fundamente erschüttert sind, treten die bizarrsten Rollenmuster auf, in denen regressiv Angstlinderung gesucht wird. Das hat zur Folge, daß gerade dort, wo das soziale Experiment, der Schritt nach vorwärts, die Aufgabe der Zeit wäre, das Entscheidende (die Institutionen) beim alten bleibt und die Unruhe sich ziellos in flüchtigen Rollenbindungen verzettelt. Die Originalität im Umgang mit Atomen ist jedenfalls ungleich größer als die im Umgang mit Emotionen. Die Werkzeugintelligenz überwiegt die Selbsteinsicht; hier liegt die große Spaltung, die früher einmal zwischen der Triebnatur und dem Gewissen verlief. Sie geht jetzt mitten durch die Region des Ichs selbst. Wieder zeigt sich, wie wenig die emotionelle Reifung mit dem Aufschwung der Technik und Naturbeherrschung Schritt gehalten hat. Trotzdem werden unsere Entscheidungen unter dem Einfluß der neuentstandenen sozialen Wirklichkeit unaufhaltsam von der großen Alternative angezogen; mehren sie unser Bewußtsein von uns selbst oder verdecken sie es, fördern oder hindern sie die Tendenzen der *Bewußtwerdung?*

Evolution zum Bewußtsein heißt *Aufklärung.* Der Bedeutungsgehalt des Wortes hat sich entscheidend geändert. Im klassischen Gebrauch kündigte er die Leistung einer souverän gedachten »Vernunft« an. Rückblickend erscheint uns die Souveränität, die von den Aufklärern der Vernunft zugesprochen wurde (ebenso wie die Geistsouveränität des deutschen Idealismus), sehr zeitgebunden vom Bild des absoluten Herrschers, des Souveräns, beeinflußt. Entsprechend wird auch *unser* anthropologisches Konzept von der gesellschaftlichen Lage mitbestimmt sein, in der wir denken, und zwar vom wachsenden Eingeständnis, daß nur eine funktionierende Interdependenz aller produktiven Elemente der Gesellschaft diese am Leben erhalten kann. Deshalb nehmen wir auch nicht zu einem abstrakten Vernunftbegriff Zuflucht, sondern sprechen von einem Ich, das seiner selbst kritisch innewerden kann, sei es zu dem, was es erlernt hat, sei es zu dem, was es wahrnimmt, im Selbst empfindet, fühlt. Das Ich hat seine Geschichte, in der es sich unablässig den Triebkräften widersetzt, dabei Regeln und Gebote seiner Gesellschaft zu Hilfe nimmt, oft unterliegt, lange dient, ehe es zu weiter reichender eigener Initiative fähig wird. Von Vernunft zu sprechen, die sich im Menschen wie eine Anlage mit festem Reifungsziel zu einer Endgestalt auswächst, käme uns wie ein romantischer Größentraum vor. Er hat sich in manchen Sätzen der Theologie und vor allem zu unserem Unglück im herrschenden Rechtsdenken als epochaler Irrtum erhalten; weshalb dieses Denken praktisch wenig zur Integration einer neuen Gesellschaft, viel aber zur Erhaltung ihres Zustandes der Desintegration und Verwirrtheit beigetragen hat und beiträgt. Die Justiz, wie sie sich praktiziert, ist keine staatserhaltende, sondern sich selbst erhaltende Bürokratie; und sie ist die gefährlichste von allen – wie sie bewiesen hat. Es steckt in ihr nichts mehr von der schöpferischen Kraft, das Rechtsbewußtsein zu verbalisieren – einen Rechtsspruch im wahren Sinn des Wortes zu fällen –, sondern sie administriert ein fiktives Rechtsbewußtsein, das durch herrschende Ideologien und deren »Selbstverständlichkeiten« gesetzt wird und gerade nicht aus der Suche nach Grundrechten am Fall hervorgeht.

Aufklärung, als Aufklärung über den Menschen, bedeutet also in der zeitgenössischen Formulierung Einsicht in die Abhängigkeit der »Willensentscheidungen« von den Vorgegebenheiten der Triebkonstitution und von den Triebschicksalen, wie sie sich unter den Bedingungen der sozialen Mitwelt gestalten. An die Stelle einer im Menschen sich selbst verwirklichenden Vernunft tritt also der Versuch, in beharrlicher Analyse zu erforschen, wieviel Vernunft zu zeigen ihm seine Welt eigentlich gestattet. Die großen Regulative sind nach wie vor die kollektiv gültigen Gestalten der Rollen, die Muster des Ausgleichs der Triebansprüche und ihres Widerparts, der gesellschaftlichen Notwendigkeiten – oder doch, was die Gesellschaft jeweils für notwendig hält. Das Verhalten in der Rolle geschieht also durch einen fortwährenden Rückgriff auf Vorurteile.

Das fordert uns dazu heraus, die dynamischen Vorgänge bei der Übernahme einer Rolle beziehungsweise der Summe von Vorurteilen, die sie bestimmen, so genau wie möglich der Einsicht zugänglich zu machen.

Der gesicherte Vorwand

Die sozialen Rollenschemata, von denen man in den modernen Gesellschaftswissenschaften spricht, sind komplexe Gehorsamsgestalten. Indem wir sie übernehmen, erhalten wir einen Orientierungsraster der sozialen Welt und verbindliche Handlungsanweisungen, uns in ihr zu verhalten. »Das Funktionieren der Gesellschaft beruht auf dem Bestehen von reziproken Verhaltensmustern zwischen Individuen oder Gruppen von Individuen. Solche reziproken Verhaltensmuster sind sozial institutionalisiert (formalisiert) als Status-Rollen.«[8] Der Begriff Status-Rolle *(status-role)* stammt von Talcott Parsons.[9] »Status« wird als eine Position in einem bestimmten Sozialgefüge definiert, die »von demjenigen, der sie gerade innehat, abgelöst betrachtet werden kann« und die »eine Sammlung von Rechten und Pflichten« darstellt.[10] R. K. Merton spricht von einem *status-set,* um die verschiedenen sozialen Positionen, die ein Individuum innehat, anzudeuten, und von *status-sequence,* um die chronologische Reihenfolge der Positionen zu bezeichnen, die der einzelne im Laufe seines Lebens erreichen und verlassen kann. »Status in Aktion« heißt also Rollenspiel, oder mit weniger freundlichem Anklang an das spielerische Verkleidungselement und mit mehr Akzent auf der Würde, welche die Position verleiht, »normatives Verhalten«. Je mehr die sozialen Situationen im einzelnen, die aktuell möglichen Konflikte von diesem normativen Verhalten geregelt werden, je reibungsloser der wechselseitige Austausch im Rollenverhalten ist, desto stabiler die soziale Lage im ganzen. Das Problem, das die Evolution zum Bewußtsein ebenso wie die Unübersichtlichkeit der bestimmenden Einflüsse in den Großgesellschaften stellt, kann *in nuce* formuliert werden: Wie gelingt es, ein reziprokes Verzahnen der Rollen und der Statuspositionen herzustellen, das nicht allein oder überwiegend einem hierarchischen Vorstellungsmodell folgt? Weisung von oben und Befolgung in den tieferen sozialen Positionen ist eine Ordnungsidee, deren Einwegsystem, wie wir zeigten, nicht mehr ausreicht. Reichere und zu den Normen auf allen Ebenen beitragende Initiativen, die eine Integration durch Absprache finden, wären die alternative Leitidee. Sie setzt eine Veränderung im Selbst wie im Verantwortungsbewußtsein jedes Gruppengliedes voraus. In der psychodynamischen Formel hieße das: Verringerung der absolutistischen Macht des Über-Ich, zu dessen Geboten und Handlungsanweisungen das Ich in der Rolle des gehorsamspflichtigen Befehlsempfängers steht; Stärkung der Ichleistungen, sowohl in der Handhabung der Triebimpulse und ihrer Abkömmlinge, der Affekte, wie in der Fähigkeit, den Forderungen der Mitwelt gerecht werden zu können ohne zu blinde Folgsamkeit ihren Tabus gegenüber. Das aber setzt eine *Kultur der Erziehung zur Selbständigkeit* voraus; wobei wir Selbständigkeit auch darin sehen, sich in den anderen einfühlen zu können, statt ihn vorwiegend an seinen Rollenattributen zu erkennen und nur als Auslöser eigenen affektiven Verhaltens zu sehen.

Nun kann man es schlecht bei den Rollendefinitionen belassen, wie sie von der Soziologie erarbeitet wurden. Psychologisch können wir von Rollen nicht sprechen, ohne uns jener »Doppelrollen« zu erinnern, die wir immer auch spielen. Es sind nicht nur Agenten und Spione, nicht nur Intriganten und Heuchler, die so zwiegesichtig handeln. Am besten wird man der Rollenproblematik gewahr, wenn man untersucht, wie sie sich zum *Vorwand* verhält. Der Polizist, der einwandfrei seinen Dienst versieht und im Zug der Geschäfte auch einmal eigenhändig einige tausend »Staatsfeinde« gemordet hat, schwamm für diese Strecke seines Lebens auf der Höhe seiner Zeit – und nicht, wie uns die Moralisten hinterher einzureden bemüht sind, in deren Schlamm. Rollen zum Vorwand exzentrischer Gelüste zu benützen ist eine konstante Versuchung – in manchen historischen Augenblicken gelingt die Überrumpelung auf allen Ebenen. Ein feinsinniger Generalfeldmarschall, der seinem Stab als erfahrener Kunstführer durch die Kathedralen Frankreichs diente, hat doch einen Armeebefehl wie diesen wenn nicht verfaßt, so doch unterschrieben: »Der Soldat ist im Ostraum nicht nur ein Kämpfer nach den Regeln der Kriegskunst, sondern auch Träger einer unerbittlichen völkischen Idee und der Rächer für alle Bestialitäten, die deutschen und artverwandtem Volkstum zugefügt wurden. Deshalb muß der Soldat für die Notwendigkeit der harten, aber gerechten Sühne am jüdischen Untermenschentum volles Verständnis haben.«

Mit dem Sieg der Versuchung, Argumente vorzubringen, die nur ein Vorwand sind, schlägt das Privileg in seinen Mißbrauch um. Die Störbarkeit der positiven Funktionen einer Rolle ist ungleich schneller herbeizuführen, als wir uns dessen meist bewußt sind. Denn die präverbale Brutalität sucht sich in den institutionalisierten Rollen ihr Sprachorgan. So weit entfernt unser Denken sich von seinen Anfängen vollziehen mag, wir müssen die zähen Widerstände der Triebkräfte unter der Oberfläche der Kultur immer wieder in die Realbilanz einsetzen: Das Privileg gründet von Anfang an auf der Körperkraft und erst lange danach auf der Klugheit. Die mühsam und partiell Sozialisierten sind immer, »gedrillt zur Barbarei« (Jürgen Habermas), bereit, mit einer »Wachablösung« die Schlappen auszugleichen, die der Verstand der Triebsehnsucht beigebracht hat. Die Wege und die Ziele der Rache, auf welche die unbezwingbare Triebnatur sinnt, werden aber von den Restriktionen, von der immanenten Grausamkeit der Gesellschaft vorgezeichnet. In dieser Reaktionskette, in der Grausamkeit versteckter oder unverhohlener weitergegeben wird, etabliert sich der Wiederholungszwang der Geschichte. Dabei werden wir dann auch jener Zwillingsrollen voll ansichtig, welche die Momentpersönlichkeit so konfliktfrei zu spielen vermag. Auf dem einen Schauplatz beugt sie sich schärfster Restriktion im Befehlsverband, auf dem anderen ergeht sie sich in zügelloser Vernichtungswut, und beides rationalisiert sie mit idealem Pathos. Die Triebverzichte im Rollenzwang dort werden durch die unbeschnittene Triebbefriedigung hier im Gleichgewicht gehalten. Wenn in der Uniform im Kader das eigene Gesicht verschwimmt, so in Mord und Schändung die Wirklichkeit des anderen; er wird zum Fetischding für den autistischen Drang.

Das Übersteigen der Rolle

In solchen Automatismen masochistischer und sadistischer Art gehen Es und Über-Ich eine so feste Bindung ein, daß dem Ich nurmehr die niedere Dienstleistung bleibt, den Vorwand plausibel zu machen.

Weil aber diese Regressionen ohne eine erzieherische Vorformung der Person so gar nicht denkbar wären, hat es keinen Sinn, wo sie auftreten, nur auf die Psychopathologie solcher Täter einzugehen. Der kollektiven Verantwortung, die jede Gesellschaft trägt, in der sich solches ereignet, ist nicht auszuweichen. Sie hat diese Naturen durch ihr System bereitgestellt.[11] Der Exzeß ist einer Inflation vergleichbar; die Währung bleibt die gleiche.

Auf der Skala möglicher Verhaltensweisen ist die Gegenposition die der erlernten Ichkontrolle. Alle Identifikation ist Übernahme von Vorgefundenem. Es will gelehrt sein, wie dieses ursprünglich ichfremde Verhalten nachdenkend erfahren und bejaht oder verneint werden kann; es will gelehrt sein, einen Status so einzunehmen und eine Rolle so auszuüben, daß das Stückchen Selbständigkeit zu einem festen Besitz wird, mit dem wir zu operieren vermögen. Das logisch klingende Argument, unsere kritische Selbständigkeit sei schwach und ängstlich, wenn sich einmal der große Terror verbreitet, ist ziemlich zwecklos. Wo Selbständigkeit ein Funktionselement der Gesellschaft ist, das hierarchischen Zwangsdiktaten in der »Friedenszeit« wehrt, können wir erwarten, daß sich die Chancen des »Vorwands« für einen blinden Ausbruch der Triebnatur verringern – was immer auch voraussetzt, daß mit dieser Selbständigkeit die Angst vor der Triebhaftigkeit abnimmt. Wo zur Selbständigkeit erzogen wird, ist Einfühlung möglich, weil ein uferloser Tabuzwang gebrochen ist. Wo Einfühlung gefordert wird, ist Toleranz die nächste Folge: Wo Einsicht möglich wird, schließt sie die Einsicht in die Triebnatur ein und eine Selbstidealisierung als ein Wesen aus, das sich triebfrei wähnt und Triebwünschen den Charakter des »Niedrigen«, »Sündigen« zuschreibt.

Aber auch die Einsicht in unsere Gebundenheit an Rollen kann bei einer neuen Spaltung, diesmal in offiziell und privat, enden; und was ist das, »privat«, welche Rolle spielt man hier? Auch die »Privatrolle« ist gesellschaftlich vorgegeben. Der nächste Schritt der Entwicklung bringt uns dazu, die Reflexion im »Engagement« fortzusetzen: es vollzieht sich darin, daß Einsicht, jenes Stückchen geistiger Selbständigkeit, sich auch im Rollenverhalten bemerkbar zu machen beginnt. Die Rolle als überindividuelles Verständigungsmittel kann nicht aufgegeben werden; wohl aber läßt sich die Art, wie sie ausgeübt wird, modifizieren, je nach dem Stand der Selbstkontrolle des Individuums. Beispielhaft läßt sich das an der Rolle des Richters im Strafprozeß beobachten. In der Begegnung von einsichtigem Verhalten und Rollenverhalten muß jede Rolle eine neue Verwirklichung erfahren, und im besten Fall wird diese Verschmelzung von Rolle und Einsicht vorbildlich für einen zukünftigen Abschnitt der Geschichte werden.

Solches Übersteigen der Rolle und des *set of roles,* die wir ausüben, setzt ein lebenslanges Bemühen voraus; denn wir sind uns der Ausstrahlung des Habitus, den wir in den Rollen entwickeln, auf scheinbar entfernte, »private« Entscheidungen im vollen Umfang nie bewußt. Auf eine Umfrage über die Todesstrafe antworteten alle Ordinarien für Chirurgie unserer Hochschulen im bejahenden Sinn. Die Reaktion darauf, das sei zu erwarten gewesen, beweist uns doch nur, daß wir unbewußt die Wirkkraft der Hauptrolle, die einer innehat, keineswegs unterschätzen und den individuellen Spielraum daneben recht klein bemessen – jedenfalls solange wir nicht selbst gemeint sind. Es geht jetzt nicht um eine Entscheidung darüber, was richtig und was falsch ist, ob man die Todesstrafe bejaht oder nicht, sondern um das Unisono der Antwort. Warum sollte die Berufswahl Chirurgie vorentscheiden müssen, wie ein Chirurg sich zur Frage des Strafmaßes für einen Akt schwerer asozialer Aggression verhält? Ein Zwang zur Einmütigkeit scheint doch hier nicht das Selbstverständliche zu sein, auch wenn er uns so selbstverständlich erscheint. Die einheitliche Antwort bringt aber, da sie wirklich erfolgt ist, die umfassende Prägungsgewalt der Rollen zutage. Der Hinweis, daß eben nicht jedermann, sondern nur ein bestimmter Begabungstypus sich für Chirurgie entscheidet, ist auch nicht überzeugend. Die psychogenetische Konstruktion ist denkbar, daß das Neugierverhalten dessen, der später Chirurg wird, von Anfang an sehr stark von aggressiven Impulsen geleitet wurde; das wäre seine Erbmitgift. In einem langen Lernprozeß ist es ihm jedoch gelungen, Aggressionen zu einer für seine Rolle spezifischen Aktivität, in »skill« zu verwandeln. Warum sollte diese Lernfähigkeit bei der geforderten »feinen Hand«, bei der Zügelung des Tatendrangs durch diagnostische Genauigkeit enden? Eine weitere Konstruktion ist wohl nicht zu weit hergeholt. Die gleichförmige Bejahung der Todesstrafe macht uns auf die starke Gegenbesetzung des Ichs gegen andrängende aggressive Wünsche aufmerksam. In der Berufsrolle müssen sie streng kontrolliert und geformt werden. In der Entscheidung über Leben und Tod für den Verbrecher eröffnet sich die Möglichkeit, durch phantasierende Identifikation mit dem Tötenden schuldfrei (weil durch die Gesellschaft sanktioniert) ein kleines Stück Befriedigung für die präsozialen Triebwünsche zu erlangen. Nehmen wir an, daß dies die Motivation in etwa trifft, so beweist das nur nochmals die Allgegenwärtigkeit der Triebgrundlage unter dem Niveau, das wir im sozialen Status erreicht haben.

Rollen sind, wo sie nicht zu einer bandenhaften Gruppenstruktur führen, vorgegebene Techniken der Triebmeisterung für ein Leben in der Gesellschaft. Aber sie haben eine gleichsam augenzwinkernde Lebenserfahrung auf ihrer Seite, die davon weiß, daß auch unter moralischer Prämisse eine Menge unverfeinerter, egoistischer Triebwünsche unterzubringen sind. Und darin nicht zuletzt gründet die Rollengenügsamkeit der Menschen. Eine größere Bewußtheit dafür, wer wir als Rollenwesen und wer wir als »Selbst« sind, und für die Verführung, die Rolle als Vorwand auszunutzen, steigert in manchen Lagen sicher die *Verzichte,* die wir leisten müssen. Das wird nur gelingen, wenn dies Verzichte sind, die zu *befriedigen* vermögen. Kein Zweifel, daß uns diese Möglichkeit vielfach durch die Art und Weise, wie wir in unsere Rollen eingeübt werden, verschlossen wird.

XI Vorurteile und ihre Manipulierung

»Freedom is a very great reality.
But it means, above all things,
freedom from lies.«

D. H. Lawrence[1]

Grundrechte – die Antithese zum Vorurteil

Die Macht der Vorurteile über die Menschen ist so riesengroß, daß jeder Versuch, sich ihren Einfluß zu vergegenwärtigen, hinter der Wirklichkeit zurückbleibt. Jede psychologische Theorie des Vorurteils ist immer noch Verharmlosung; es ist viel schlimmer. Übertreibung ist hier leider kaum möglich. Unser Alltag ist voll von Entscheidungen, die durch Vorurteile erzwungen werden. Der Abstand zwischen einer denkbaren und wünschbaren Wirklichkeit, in der die Menschen sich der Vorurteile, die sie voneinander trennen, entledigt haben, und der Wirklichkeit, wie wir sie erfahren, wird offenkundig, wenn wir uns der Verfassung moderner Staaten erinnern. Ihre Grundrechte sind die stärksten Antithesen zur Tradition herrschender Vorurteile. Sie sind der Ausdruck äußerster Anstrengung, ihrer innezuwerden und sie zu vermeiden. So formuliert der Artikel 3 des Grundgesetzes für die Bundesrepublik Deutschland: »1. Alle Menschen sind vor dem Gesetz gleich. 2. Männer und Frauen sind gleichberechtigt. 3. Niemand darf wegen seines Geschlechtes, seiner Abstammung, seiner Rasse, seiner Sprache, seiner Heimat und Herkunft, seines Glaubens, seiner religiösen oder politischen Anschauungen benachteiligt oder bevorzugt werden.«

Ein Rechtsstaat, der sich zu solcher Vorurteilsfreiheit bekennt, wird damit zur aufgeklärten Gegenmacht gegen herkömmliche Vorurteilsordnungen aller Art. Zugleich fällt ihm aber auch die Sicherung dieser Grundrechte zu, deren zwiespältige Funktion es doch ist, auch Vorurteile zu beschützen wie andererseits ihrer rücksichtslosen Ausbreitung entgegenzutreten. Vorurteile zu haben ist kein Vergehen; sie militant auf den Lebensbereich anderer auszudehnen ist eine widerrechtliche Freiheitseinschränkung anderer, die unser aller Alltag vergällt. Der Große Brockhaus definiert »Grundrechte« als das »unantastbare und unveräußerliche Recht auf Freiheit von staatlichem Eingriff oder Zwang, die jedem einzelnen kraft seiner menschlichen Natur zustehen; sie werden vom Staat nicht verliehen, sondern sind von ihm anzuerkennen und zu gewährleisten«.

Aber wie weit reicht die Mäßigung der Vertreter des »Rechtsstaates«, nach solcher Einsicht zu handeln, und wie weit handeln seine Bürger im Bewußtsein solcher Freiheit und Verpflichtung zur Toleranz? Oder berichten uns Grundgesetze mehr von Augenblicken der Einsicht, in denen sich ihre »Väter« der Leitung durch ihr kritisches Ich, der Einfühlung in die Wirklichkeit des anderen überließen? Bleiben diese Einsichten nicht auf die Situation eines »Konklave«, fern vom Getriebe der Welt, beschränkt, ohne daß es gelingt, durch sie die Gemüter der Zeitgenossen leidenschaftlich zu bewegen? Die Macht der Interessen, die dem Triebgrund der Menschen näher sind, erniedrigt solche Grundsätze leicht zu Papier, das geduldig ist. Die Diskrepanz zwischen den Denkmühen der Verfassungsstifter und den geringen inneren Voraussetzungen der Bürger, sich ichgerecht zu verhalten und Vorurteile und Egoismen durchbrechen zu können, auch wenn ihre Interessen gefährdet scheinen, kann nur mit Trauer festgestellt werden. Es bleibt uns darin aber kein Ausweg. Wir müssen als Ich-Wesen von den Zuständen, wie sie sind, ausgehen, ohne entmutigt zu werden, müssen Ziele durch Phasen der Enttäuschung festhalten. Der Staat sind wir, auch wenn die faktische Verfassung des Staates uns von der Teilnahme an dessen Geschäften immer mehr ausschließt. Es ist trotzdem in unsere Macht gegeben, seine Grundrechte zu beachten und damit am Bewußtseinszustand, in dem die Gesellschaft lebt, mitzuwirken. Dieser Bewußtseinszustand ist das eigentliche gesellschaftliche Medium; die rechtliche Verfassung des Staates läuft immer auf einem im Grundkonzept höheren Niveau. Ihre ideale Forderung zielt auf Meisterung der Eigensucht. Ob dies leere Worte bleiben oder immerhin Orientierungsgrundlage wird, das hängt von der *Bewußtseinsfreundlichkeit* oder *-feindlichkeit* der Gruppen, die den Staat bilden, ab. In einem autoritären Gefüge wird es von vornherein schwer sein, der Vorurteile habhaft zu werden, denn sie fallen weithin mit dem Diktum der Autorität, an dem nicht gezweifelt werden darf, zusammen.

Der Satz »Alle Menschen sind gleich« ist selbst das Musterbeispiel eines Vorurteils. Die Einsicht aber, daß sie vor dem Gesetz gleich zu behandeln seien, stellt eine Leistung dar; sie muß sich gegen eine Kette herrschender Vorurteile durchsetzen, die bis in graue Vorzeit zurückreicht. Darin zeigt sich die Kraft des in Evolution wachsenden Bewußtseins. Die Forderung nach Rechtsgleichheit macht den Abstand der menschlichen von den tierischen Gesellschaften deutlicher. Es hat Jahrtausende in Anspruch genommen, um diese Einsicht in rechtsverbindlichen Gesetzen zu formulieren. Erst 1861 sprach der Zar Alexander II. durch Manifest 23 Millionen leibeigener Bauern die persönliche Freiheit zu. Bis dahin waren sie »erbuntertänig«, gehörten mit Kind und Kindeskindern der Grundherrschaft; ihr Leibherr war zugleich ihr Gerichtsherr. In Deutschland begann Baden immerhin schon vor der Französischen Revolution, nämlich 1783, mit der Aufhebung der Leibeigenschaft; es dauerte aber noch bis zur Revolution 1848, bis die Bauernbefreiung abgeschlossen war. In Ländern, in denen sich eine absolutistisch regierende Feudalaristokratie erhalten hat, ist heute noch trotz aller Deklarationen der Menschenrechte Sklavenhandel im Schwange. Es ist ein langer Weg, der vom Tod des *Spartakus* (71 vor Christus) über die *Magna Charta Libertatum* (1215), die *Habeas-Corpus-Akte* (1679), die *Bill of Rights* (1689), die Erklärung der Rechte Virginiens (1776) – in der zuerst der Satz von der natürlichen Gleichheit, Freiheit und Unabhängigkeit als »angeborenen, unveräußerlichen und unentziehbaren Rechten des Menschen« erscheint – und die Französische Revolution bis hin zu unserem Grundgesetz führte. Daß dieser Versuch, die Rechtsfreiheit des einzelnen zu sichern, *de facto* nicht abgeschlossen ist, spiegelt sich auch in der Stimmenthaltung der Sowjetunion und einiger anderer Staaten beim Beschluß der »Erklärung der Menschenrechte« durch die Vereinten Nationen am 10. Dezember 1948 wider.

Ein Vorurteil kann erst dann dem Denken als solches erscheinen, wenn es gelingt, seine Herkunft zu entziffern. Der Grundsatz von der Rechtsgleichheit der Menschen oder von ihrer Gleichberechtigung in Glaubensdingen konnte erst dort aufgestellt werden, wo die Begründungen, die für ihre Ungleichheit gegeben wurden, nicht mehr haltbar schienen. Das bedeutet aber für die Privilegierten des

Status der Ungleichheit einen Umsturz der Weltordnung, in der ihnen (von Gottes Gnaden, durch Geburt) die Bevorzugung vor dem Gesetz garantiert war. Die Verwirklichung des Gedankens der Rechtsgleichheit ist deshalb als Machtfrage ersten Ranges an eine Geschichte von Revolutionen und Gegenrevolutionen geknüpft. Jede Auseinandersetzung über kollektiv geteilte Vorurteile ist aber nicht nur ein zähes Ringen um äußere Macht, sondern auch um innere Gewißheiten. Wer sich zu Gruppenvorurteilen bekennt, gewinnt aus ihnen Sicherheit, und zwar innerlich erfahrene Sicherheit über die »höhere« Ordnung, auf der seine Machtansprüche und sein sozialer Status beruhen, mag er sich dabei auf einen mythisch begünstigten Stammbaum, auf seine blonden Haare oder sonst ein Merkmal für ihn offenkundiger Überlegenheit berufen. Umgekehrt zwingt der Druck der Vorurteilsbefangenheit den Unterprivilegierten, sich mit den Merkmalen seiner Unwürde abzufinden.

Zwei Gesichtspunkte lassen sich trennen. Einmal die *ökonomische Funktion*, die das Vorurteil im seelischen Geschehen erfüllt. Im Befehlsverhältnis, das zwischen einem übernommenen Vorurteil und dem Ich entsteht, spiegelt sich ein bestehendes Herrschaftsverhältnis in der Außenwelt wider. Das Vorurteil besorgt die reibungslose Einpassung in diese Staffelung der Subordination; es erspart dem Ich den Konflikt der Abweichung oder gar Auflehnung. Zum anderen gilt es, den Anteil der Vorurteile an der *Steuerung der psychodynamischen Prozesse* zu beachten. Damit ist die Rolle gemeint, welche Vorurteile aktiv bei der Stabilisierung des seelischen Gleichgewichts spielen. Ein im Kollektiv verbreitetes Vorurteil muß bei seiner Ausbreitung von jedem Individuum übernommen werden und wird nun in jedem eine in vielem gleiche, in manchem verschiedene Wirkung ausüben. Es mag im einen Fall sich mit anderen Vorurteilen oder mit Triebüberschüssen, die nach Entladung suchen, verbinden oder im anderen relativ unbesetzt bleiben und wenig Beziehung zu den wichtigen Lebensproblemen gewinnen.

Vielfach erkennt man aber in einer ziemlich gleichbleibenden Besetzungsintensität, die zentralen Vorurteilen einer Gruppe zufließt, und in den Reaktionen, die sie im Charakter hervorrufen, unverkennbar den Zuordnungsmodus von Individuum und Gruppe; die Herrschaftsstruktur, ihre relative Toleranz, Härte, Enge, Triebverleugnung setzt sich dann mehr oder weniger tief in die Charakterstruktur des einzelnen hinein fort, so daß man das Sprichwort abwandeln kann: »Sage mir, welche Vorurteile du hast, und ich sage dir, in welchem Herrschaftstypus du zu Hause bist.« Vorurteile repräsentieren also einen bedeutsamen Aspekt des Gehorsams, einen Aspekt, der weit in die Sphäre unbewußter psychischer Regulationen hineinreicht.

Vorurteilsgehorsam

In Fortsetzung früherer Überlegungen in Kapitel VIII erkennen wir in der Vorurteilsbefangenheit das Ergebnis des Lern- und Gewissensgehorsams. An ein gefestigtes Vorurteil ist eine von ihm gesteuerte Reaktionsbereitschaft geknüpft. Sie behandelt ihren Gegenstand, als ob er aus eigener Erfahrung bekannt sei; in Wirklichkeit sind es äußere oder introjizierte Autoritäten, die solches Urteil vorschreiben. Im Endeffekt verstummt der Zweifel, ob sie recht haben. Wo Gewißheit herrscht, *kann* man nicht zweifeln. Diese *Einschränkung des Könnens* ist der springende Punkt. In zahllosen Situationen verfahren wir nach solcher Orientierung. Stückweise ist die Welt in Vorurteilen gleichsam apriorisch gegeben. »Sicheres Wissen« setzt sich gegen kritisches Bedenken dieses »Wissens« durch – häufig selbst gegen drastisch widersprüchliche Eigenerfahrung des einzelnen. Der oft erwähnte Antisemit, der seine persönlichen jüdischen Freunde gegen Diffamierungen in Schutz nimmt, ohne doch das Vorurteil als solches korrigieren zu können, ist ein Beispiel hierfür. Die Pseudologik, mit der Widerspruch verkittet werden soll, verführt dann wieder zu dem Sprichwort: Sie sind die Ausnahmen von der Regel. Die Randzone dessen, was als Vorurteil gelten darf, ist überdies verschwimmend; Aberglaube und Heilsgewißheiten, wahnhafte Systeme mit verschiedensten Inhalten und hohe Ideale, nicht zuletzt wissenschaftliche Obersätze sind hier mit gleicher Unbefangenheit zu untersuchen.

Der Vorurteilsgehorsam verrät also insbesondere durch die Affekte, die ihn begleiten, etwas von der seelischen Gleichgewichtslage einer Gesellschaft und von den Mitteln, mit denen sie aufrechterhalten wird. Vorurteilstreue kann sich ebenso mit Friedfertigkeit wie mit zerstörungsbereiter Aggressivität vertragen. Es macht demnach einen erheblichen Unterschied aus, von welchen Triebanteilen Vorurteile besetzt gehalten werden: von libidinösen oder aggressiven. Und noch weiter: Fördert eine Vorurteilshaltung (etwa das Gebot unbedingter Gewaltlosigkeit, das mit metaphysischen Prämien und Strafen verknüpft ist) eine Legierung der beiden Triebkomponenten, oder fördert sie eine Entmischung (indem etwa das Tabu Gewaltlosigkeit die intensive Verdrängung der aggressiven Seite statt einer Integration bewirkt)? Zugegebenermaßen überwiegt der Vorgang der Entmischung und schürt den Unfrieden der Welt. Das Machtpotential, mit dem sich vorurteilsgesteuertes Denken in den Massengesellschaften Nachdruck zu verschaffen vermag, verdrängt weitgehend den Impuls, sich urteilend zu vergewissern, und zwar geschieht dies auf allen Statusebenen. Auch die begleitenden Gefühle bleiben unbefragt, weil die Wertung, die das Vorurteil enthält, sie selbstverständlich macht. Zähe Wachsamkeit ist erforderlich, um die Situationen herauszufinden, in denen wir uns durch Vorurteile betrügen können – und das ist nicht jedermanns Sache und ihm nicht einmal vorzuwerfen, weil er sich nicht zur Redlichkeit angehalten sieht, wenn er sich zwischen manipulierten Nachrichten und Informationslücken nicht anders als auf den suggerierten Wegen zurechtfindet; und dies ist auch kein Anzeichen für die beschränkte Verbreitung von Verstand unter den Menschen, allenfalls eines für die mangelhafte Erziehung, ihn zu benützen.

In den psychodynamischen Vorgängen sind Vorurteile also dadurch ausgezeichnet, daß die in ihnen vermittelten Vorstellungen Besetzungsenergie auf Dauer an sich zu binden vermögen. Dabei ist sicher der libidinöse Triebanteil stark beteiligt – Vorurteile sind uns lieb, wir lassen nicht gerne von ihnen; diese libidinöse Besetzung bahnt aber häufig aggressivem Verlangen den Weg. Das Objekt, dem ein Vorurteil angeheftet wird, kann dann für den Haß, für überschießende, nach Entladung suchende Aggressivität leichter erreichbar werden. Wenn man die narzißtische Triebbefriedigung im Auge hat, so erweist sich die Benützung von Vorurteilen oft als eine geradezu ideale Lösung des Ökonomieproblems; beide Triebanteile finden Befriedigung (auf Kosten des verfremdeten, vorurteilshaft verzerrten Objektes).

Damit haben wir ein wichtiges Kriterium gewonnen. Durch eine vorurteilshaft übernommene Meinung kann ein einfacher Irrtum verdeckt werden. Sind wir in der Lage, das einzusehen und zu korrigieren, so hingen wir nicht eigentlich einem Vorurteil, sondern nur einem vorläufigen Urteil an. Unsere Meinung war nicht mit Triebenergie besetzt, spielte in unserer inneren Ökonomie keine bedeutungsvolle Rolle. Die Beseitigung von Sachirrtümern fängt aber an, uns schwer zu werden, wenn unser Prestige mit der irrtümlichen Auffassung verwoben war, das heißt, wenn unsere narzißtische Besetzung eine Erniedrigung zu erfahren droht.

In der praktischen Rechtsfindung fällt die Trennung von Urteils- und Vorurteilsfunktion noch erheblich schwerer. Unsere Rechtsbücher sind durchsetzt von Vorurteilen, die nichts mit einer Rechtsordnung – im Sinne unseres Grundgesetzes etwa –, aber alles mit der psychischen Ökonomie der Gruppen zu tun haben, denen es gelungen ist, ihre Vorurteilshaltung bis zum kodifizierten Recht zu erheben. Die grotesken Verbote, mit denen unter puritanischem Einfluß zum Beispiel sexuelle Äußerungen verfolgt wurden, so daß ein Kuß in der Öffentlichkeit ein strafwürdiger Tatbestand war, zeigen uns, daß auch kollektive Neurosen, ja Perversionen zu Rechtsgrundsätzen werden können. Ihre Absurdität ließe sich bündig beweisen; damit käme man aber nicht nur mit ungeschriebenen Tabus, sondern mit dem niedergelegten Recht in Konflikt, also der sichersten Verstärkung, die ein Vorurteil erfahren kann.

Wir erinnern uns nochmals an Pascals Erkenntnis, daß die abstoßendsten Handlungen als tugendhaft gegolten haben und daß »die Gewohnheit allein das ganze Recht macht«; in ihr liege die »mythische Grundlage seiner Autorität«. Vorurteil läßt sich also sehr genau als Urteilsgewohnheit ohne zureichende Begründung, unter Umständen aber verknüpft mit einer peinlichen Verfahrens-, wenn nicht »Halsordnung«, definieren. Das ins Gewicht fallende Vorurteil wird durch den Zwang motiviert, den neurotisch fixierte Abwehrvorgänge ausüben. Unbestreitbar tragen auch die närrischsten Gesetze auf ihre Weise dazu bei, das Gleichgewicht der Interessen zu wahren, und es fällt dann schwer, sie aus den Verflechtungen mit vernünftigen Einrichtungen herauszulösen.

Besetzte Vorurteile sind also Teilstücke des Vorganges, in dem sich das Ich mit der Herrschaftsart in der sozialen Welt wie mit der Triebherrschaft zu arrangieren sucht. Die Methode ist primitiv; psychologisch hat sie den Rang der neurotischen Symptombildung. Die wichtigste Konsequenz ist die, daß das Ich sich in Abwehrvorgängen schwächt, statt sich in Integrationsleistungen stärken zu können. Die Anstrengung, abzuwehren, was hinter Vorurteilen verborgen bleiben soll, die Vermeidung angstbereitender Einsicht in Wirklichkeit, die in der ersten Begegnung immer fremd erscheinen wird, schwächt die Kräfte des Ichs und macht es doppelt unwillig, das Verborgene ans Licht zu bringen – ein Teufelskreis. Die Geschichte der Naturwissenschaften mit ihrem Kampf gegen mythische Autoritäten hat uns die gewaltige gewohnheitszerstörende (und damit soziale Ordnungen untergrabende) Macht des Ichs bewiesen, eines Ichs, das sich nicht mehr in Abwehr erschöpft, sondern das »analysiert«. Das laute Argument – das freilich wieder ein Vorurteil ist – gegen jede Form von Analyse menschlichen Verhaltens verschweigt allerdings gern, daß mit Analyse immer auch auf neue Ordnungsgefüge verwiesen wird. Das Ich als Abwehrkraft gegen aus dem Unbewußten wirkende Triebwünsche zu benutzen, ist bequemer, als seine Kräfte zur Erforschung der Realität einzusetzen, vor allem, wenn es um die Natur des Menschen selbst geht.

In der dem Menschen arthaft gegebenen »Weltfremdheit« ist der Trost der Vorurteilsgewißheit für die lange Jugendzeit des einzelnen unentbehrlich; wenn man die Analogie nicht scheut, kann man ein Gleiches für die Jugend der Menschheit annehmen. Bei mildester Beurteilung läßt sich sagen, es sei mit den Vorurteilen wie mit spezifischen Drogen: In verträglichen Dosen erleichtern, in toxischen ruinieren sie das Leben dessen, der sich ihrer bedient. Der Psychologe und der Soziologe haben es freilich bei der Bestimmung der Toxität viel schwerer als der Pharmakologe; sie können die schädlichen Wirkungen nicht an der relativ genau bestimmbaren Schwankungsbreite physiologischer Reaktionen messen, sondern müssen sie an den höchst wandelbaren Interdependenzverhältnissen, die in den einzelnen Gesellschaften herrschen, bestimmen. Der Areopag der abgelebten Götter beweist, daß die Menschen zwar immer ein Bewußtsein der eigenen Schwäche hatten; wie sie aber sich mit dem Unbekannten, mit dem gewaltig und gewalttätig Überlegenen zu arrangieren versuchten, das schwankte zwischen Kühnheit der Ausforschung und Verdeckung des Unbekannten durch Projektion, zwischen Milde und drakonischer Grausamkeit sich selbst und anderen gegenüber, in so hohem Maße, daß man die Konsequenz ziehen darf, keine Lösung lasse sich verallgemeinern, ja wäre ernstlich wert, verallgemeinert zu werden. Der Schwierigkeit der Aufgabe kann man aber nicht entlaufen; die herablassende Betrachtung der Vorurteile der Vergangenheit bereitet nicht genügend auf ein sorgfältiges Studium derer vor, an denen wir selbst Gefallen fanden und finden[2].

Sehr konträr zu den Präambeln der Verfassungen sagt Bernard Shaw: »Wir müssen der Tatsache ins Auge blicken, daß die Gesellschaft auf Unduldsamkeit gegründet ist. Es gibt ganz offenkundig Fälle eines Mißbrauchs der Unduldsamkeit, aber sie sind für unser eigenes Zeitalter genauso kennzeichnend wie für das Mittelalter.«[3] Unduldsamkeit und Unwissenheit korrespondieren miteinander; zuweilen stellt sich jener gerade erwähnte Teufelskreis her, indem Unwissenheit die Unduldsamkeit fortwährend verstärkt. Die menschlichen Gesellschaften sind so unduldsam, weil sie so unwissend über sich selbst sind – sich selbst so unwissend halten. Die Bedeutung der Unduldsamkeit für die soziale Ökonomie läßt sich, wie wir betonten, auf eine biologische Wurzel zurückverfolgen: Es wird in ihr ein Gleichgewicht in den Gruppen verteidigt; ohne ein solches Gleichgewicht zerfällt soziales Leben in Anarchie. Das jeweilige Vorurteil, an dem festgehalten wird, soll gegen Störungen aus der fremden Um- und Innenwelt absichern. Die Absicherung geschieht meistens nicht durch ein einzelnes, sondern durch ein ganzes *Vorurteils-Geflecht.* Seine Herkunft liegt in den Identifizierungsvorgängen, mit denen wir uns unserer Mitwelt anpassen. Identifizierung beschreibt Freud als »die Angleichung eines Ichs an ein fremdes, in deren Folge dieses erste Ich sich in bestimmten Hinsichten so benimmt wie das andere, es nachahmt, gewissermaßen in sich aufnimmt«[4]. Identifikationen sind unerläßlich zum Finden der eigenen Identität. Entwickelt sich aber eine so starre Bindung an das fremde Ich, daß sie nicht wieder gelöst werden kann, so bildet sich eine falsche Identität, eine falsche Persönlichkeit, die in ihrer Entwicklung blockiert ist. Das Wort »falsch« gilt es abermals mit großer

Vorsicht zu handhaben. Uns allen haften ungelöste Bindungen aus Identifikationen an. Worauf wir abzielen, ist die Feststellung der neurotischen, kranken Bindungsform, der Hörigkeit, die sich in Vorurteilen, die wir nicht abzuschütteln vermögen, äußert.

Pseudologik

Die Pseudologik, mit der Vorurteile sich begründen, verfügt über ein schier unerschöpfliches Arsenal von Argumenten; oft eignet ihnen viel Schlagfertigkeit, die dem Gegenargument das Wort abschneidet. Der geschickte Demagoge beherrscht diese Technik manchmal vollendet; er hat die Lacher auf seiner Seite, wobei er seinen Hörern die Unlust der Realitätsprüfung erspart und ihnen den Genuß zuspielt, sich mit dem »Sieger« identifizieren zu dürfen. Diese Spitzfindigkeit, die oft keine solche, sondern eigentlich eine »Plumpfindigkeit« ist, stellt doch ein erstaunliches Leistungsvermögen dar, das uns nur deshalb so selbstverständlich erscheint, weil wir es so leicht praktizieren oder wenigstens nachempfinden können. Jeder erinnert sich an das eigene Staunen über die Ausreden, die ihm als Kind und Schüler einfielen, wenn Gefahr im Anzug war. Not macht erfinderisch. Wieso eigentlich? Wir haben früher hervorgehoben, daß Angst die differenzierteren psychologischen Vorgänge lähmt und primordiale Reaktionen wie Angriff und Flucht provoziert, im Extrem zur Panik führt, deren Gerichtetheit an den Tropismus der einfachst strukturierten Lebewesen anklingt. Hier aber sehen wir, daß Angst Ichleistungen, wie etwa die Kombinatorik mit Daten der Realität, anregt. Der Widerspruch läßt sich auflösen. Das Ich kombiniert tatsächlich in der Lüge – und seinem Gehalt nach ist manches Kollektivurteil eine solche – nicht eigentlich mit den Gegebenheiten der Realität, sondern mit Wünschen, mit Vorstellungen, wie die Realität sein könnte. Wenn die Prämisse stimmte (daß die anderen »angefangen« haben), wäre die Konsequenz (daß ich mich verteidigen mußte und dabei der andere ein blaues Auge davontrug) eine schuldfreie Handlung. Aber so pflegt es in Wirklichkeit nicht zu sein, wenn Pseudologik die Vorurteile zu sichern sucht. Wo sie im Spiel sind, steht das Ich vor der Aufgabe, faktische Schuldangst und Vergeltungsfurcht abzuwehren und abzuwenden.

Seine Konfabulation ist motorischer Flucht zu vergleichen. Es unterliegt rücksichtslosen Triebwünschen und muß das, was tatsächlich geschehen ist (oder geschehen soll), mit den Normen der Realität in Einklang bringen. Es gilt also zwei Angstquellen zu vermeiden: (innere) Triebangst und (äußere) Sanktionsangst. Das Vorurteil erleichtert diese Lage bedeutend. Es läßt ein bestimmtes Maß von Triebbefriedigung zu (gegen einen *outcast* etwa oder ein subordiniertes Objekt) und gibt die Erklärung, warum diese Handlung keine strafwürdige ist, so daß Vorurteile, die diese Funktion besorgen, dem Ich Abwehr ersparen. Sie stützen das Ich in seiner Aufgabe, Lust zu sichern und Unlust zu vermeiden. Auf eine fatale Weise stärken sie das Selbstgefühl, ohne dabei das Ich zu stärken. Das Ich vollbringt etwas, wozu es fähig ist – nämlich zu denken –, aber dies geschieht nicht in eigener Sache, sondern im Auftrag unbewußt bleibender Motivation und mit sozusagen »vorgekauter«, kollektiv akzeptierter Tarnsprache. Auf diesen Dienstcharakter vieler Ichleistungen waren wir schon mehrfach gestoßen.

In der Auslegung, welche die Wirklichkeit durch überzeugende, in Wahrheit aber wenig stichhaltige Begründungen der Vorurteile erfährt, ist das Gefahrenmoment entschärft. Reale, als gerecht geahnte Vergeltung für reale Schuld soll abgewehrt werden in einem Beweis, der die Notwendigkeit faktisch einseitiger, egoistischer Triebbefriedigung vernebelt. Bei dieser Unternehmung kann sich das Ich zuweilen auf ganze Gruppen von Vorurteilen, die sich gegenseitig in der Beweiskette stützen, berufen. Das wird um so leichter geschehen, je selbstverständlicher sich Vorurteile unserem Bewußtsein präsentieren; und das wird immer dann der Fall sein, wenn sie eine weite kollektive Verbreitung genießen und mit gebilligten Affekten gegen gebilligte Objekte verschmelzen.

Instrumente der Herrschaft

Es gäbe keine Vorurteile, wenn wir in der Lage wären, alles zu bedenken und dann zu beurteilen. Unsere Urteilskraft ist jedoch in zwiefacher Hinsicht begrenzt. Wir erleben zeitgenössisch eine unabsehbare Fülle von Ereignissen, in denen fortwährend entschieden wird. Man käme zu nichts, wollte man alles nachprüfen. Nicht weniger fällt ins Gewicht, daß wir selbst im Umkreis unseres persönlichen Lebens Unvorhergesehenes, Neues zu entscheiden haben und daß auch da – mit dem Eingeständnis: »In solch einer Situation war ich noch nie« – unsere Urteilskapazität oft nicht ausreicht. Nicht selten fehlt uns auch der Mut, diese Kapazität auszunützen. Mut können wir in diesem Zusammenhang als Konsistenz der Ichstruktur bezeichnen; es gelingt dem Ich, sein Objekt gegen Einsprüche des Über-Ichs und des Es und natürlich auch gegen die Einschüchterungen aus der sozialen Mitwelt festzuhalten und nach eigenen Maßstäben urteilend mit ihm umzugehen. In den meisten Entscheidungen greifen wir aber – wie wir schon im ersten Kapitel sahen – unvermeidlich auf Konventionen, Sitten, auf die Erfahrungen und Entscheidungen der Spezialisten zurück und überantworten uns ihrem Urteil. Wir vertrauen gewohnten Regeln und Signalen und suchen uns damit das Überraschende vertrauter zu machen. Das braucht noch nicht zu bedeuten, daß wir damit Vorurteilen im Sinne von Fehlurteilen verfallen; freilich kann dies eintreten. Fremde *Sachurteile*, die ich übernehme, machen mich zwar abhängig, aber doch in einer Weise, die in jeder arbeitsteiligen Welt unvermeidlich ist. Mit der Übernahme fremder *Affekturteile* steigt das Gefahrenmoment der Täuschung rapide. Arbeitsteilung heißt notwendigerweise Erfahrungs- und dann Urteilsteilung. Arbeitsteilung kombiniert mit vielfacher Nötigung zur Übernahme pauschaler Affekteinstellungen ist die denkbar gefährlichste gesellschaftliche Konstellation. Es ist die Situation, in der wir leben.

Die andere Grenzlinie für unsere Urteilskraft ist nicht dieser Mannigfaltigkeit äußerer Ereignisse zugewandt, sondern umgekehrt der relativen Monotonie unserer Triebansprüche und der Wege, die wir zu ihrer Befriedigung beziehungsweise ihrer Unterdrückung einschlagen. Um noch einmal die Mutfrage aufzugreifen: Wir wagen es nicht, uns die Motive unseres eigenen Handelns einzugestehen. Aus dieser Scheu heraus projizieren wir auf Mitmenschen und Institutionen. Wir verlagern dann erschreckende Einsichten, deren wir kurz in uns selbst innegeworden sind, nach außen und sind beglückt, daß nicht wir, sondern andere brutaler, barbarischer, infamer Motive fähig sind. Aber auch für dieses durch Projektion gleichsam gereinigte Selbstbildnis *(self image)* suchen wir Anlehnung, indem wir Körperschaften oder individuelle Vorbilder unserem purifizierten Eigenideal gleichsetzen und sie nun der ungestörten reinen Vernunft für fähig halten. Diese Abwehr gegen kritische Selbst- und Fremdbeobachtung ist ein häufigeres und permanenteres Geschehen in unserem Leben als die besonnene Urteilsbildung.

Es ist eine banale Wahrheit: Wir blicken den Dingen und Menschen nicht gern mutig ins Auge. Die Banalität dieser Einsicht wird aber hintergründiger, wenn wir einzusehen lernen, warum das so ist – nämlich weil unsere kritische Urteilsfähigkeit umklammert wird von Affekturteilen, emotionell geladenen Vorurteilen, auf die wir nicht ohne die Gefahr eines Einbruchs von heftiger Angst verzichten können. Der erste Schritt mißlingt meist schon: einzusehen, daß die Angst aus Einschüchterungen und Strafandrohungen der Kindheit stammt, daß die Realität an den Stellen, an denen wir Angst zeigen, oft gar nicht so gefährlich ist. In den Vermeidungsängsten, die wir aus der Kindheit mitschleppen, haben sich magische Vorstellungen erhalten. Sie haben ihre Besetzung nicht abgegeben und bedrohen unverändert in ihrer Irrationalität das kritische Denken, sobald es sich ihnen nähert. Die Abwehr gegen die Triebseite unseres Wesens gestaltet sich aber, wie wir sahen, in Entsprechung zum System der jeweiligen gesellschaftlichen Werturteile. Da die offenkundige (oft nur die denkende) Verletzung der Urteilsstereotype die Drohung des Status- und Prestigeverlustes und damit Einbuße an Selbstwert heraufbeschwört – da also Existenznot droht –, zieht sich das Ich von der Prüfung solch gefährlicher Realität zurück und sucht Sicherheit in Vorurteilen. Ist viel Angst vor magischen Drohungen im Spiel, so verdichten sich Vorurteile zu den großen Tabus.

Aber das Ich hat noch eine weitere Aufgabe zu bewältigen. Es muß diesen schwächlichen Rückzug gegen seine Selbstachtung verteidigen. Das geschieht durch einen ingeniösen Schritt der Anpassung: Das Ich anerkennt die Tabus als seine Ideale. Das ist die List der dienenden Vernunft, um das Lustprinzip wiederherzustellen. Mit kritischer Einsicht schiene es nicht unmöglich, zu einer befriedigenden Besitz- und Verantwortungsteilung zu kommen oder die Rassen- und Minoritätenprobleme mancher Gesellschaft von den auf ihnen lastenden Projektionen zu befreien; es erschiene nicht unmöglich zu durchdenken, wie die Auswirkungen irrationaler Ereignisse durch Einsicht abgefangen werden könnten, also zum Beispiel, welche Grenzen nach einem verlorenen Krieg anzuerkennen sind, um der Verstrickung in neue Projektionen und Gegenprojektionen mit dem Ausgang in Gewalthandeln vorzubeugen. Es gelingt nicht; und zwar deshalb, weil die Vorurteilsbildung die schnellere psychische Leistung ist. Sie geschieht, ehe das Denken sich einmischen kann. Die affektive Einstellung zu diesen Problemen folgt egoistischen Interessen, auch wenn dieser Tribut an das Lustprinzip sich als äußerst kurzfristig erweisen sollte. Hier übernehmen wir also, wenn wir uns auf angebotene Beurteilungen der Lage verlassen, nicht sachlich abgewogene Fremdurteile, sondern einseitige Fehlurteile. Wobei zuzugestehen ist, daß die Realitätsprüfung, wenn sich einmal mächtige kollektive Stimmungen entwickelt haben, ein heroisches Unterfangen werden kann – praktisch jedenfalls zur Nutzlosigkeit über lange Strecken verdammt.

Die Pseudologik der *toxischen* Vorurteile enthüllt sich als Instrument der Herrschaftsverhältnisse. Deren primordial bewußtseinsfeindlichen Untergrund sollte man nicht aus den Augen verlieren, seinen Einfluß nicht zu gering einschätzen. Herrschaftsverhältnisse sind Machtverhältnisse und als solche keineswegs an aufgeklärten Verstand gebunden. Die uralte Gebärdensprache der Macht probiert auch in den kompliziertesten Gesellschaftsformen noch ebenso wie einst in Sippe und Horde aus, wer stärker und wer schwächer ist. Die Pseudologik arbeitet im Dienst des Arrangements jener Gruppen, denen die herrschenden Verhältnisse bevorzugte Erfüllung ihrer Triebwünsche garantieren. Solche Gruppen interpretieren, lange unangefochten, die Welt so, daß es deren immanenter Sinn ist, sie – diese Auserlesenen – zu bevorzugen. Die Manipulierung der Vorurteile soll sie gegen Einsprüche sichern, die von benachbarten Mitspielern kommen könnten. Da dieser Vorgang der Manipulierung weit tiefer als die bewußte Rechenschaft reicht, kann man nicht von Taktik sprechen, sondern eher von einer Dynamik, die wie ein »roter Faden« die geschichtlichen Ereignisse durchzieht.

Wir werden auf den Einwand gefaßt sein müssen, daß in unserer Analyse das geistige Moment zu kurz komme und wir auf dem Wege seien, den Menschen auf ein Triebwesen zu reduzieren, die

Geschichte auf Treiben und Getriebenwerden. Das Wort »Reduktion« ist hinzunehmen, und zwar in dem Sinne, daß jede analytische Durchdringung eines komplexen Tatbestandes auf ein neues System von Wirkungen stößt – im vorliegenden Zusammenhang auf die permanente Mitwirkung dem Bewußtsein weithin entzogener Triebkräfte. Sie sind die biologischen Prinzipien unserer Existenz, in der es nur gelingt, einen Teil von ihnen in bewußte Freiheit umzusetzen. Der animale Teil wird (meist in vorbewußt bleibender Abhängigkeit zur etablierten Herrschaft, zum Beispiel in den Vorstellungen, die über »Kulturträger« kursieren) regelmäßig geringschätzig behandelt; auch wo man sich dem irdischen Treiben hochmütig entziehen will, wo von Geist, Geistwesen, Sinngebung und anderem gesprochen wird, als wären diese freie Verfügbarkeiten, sieht es nicht besser aus. Der fatale Rückfall kommt dann bei anderer Gelegenheit, bei welcher nämlich diesen gleichen hochgeistigen Menschen selbstverständlicherweise zugemutet wird, daß sie sich darauf beschränken, ein »tapferes«, »starkes« Raubwesen zu sein, das den Mitmenschen im Auftrag dieses »höheren Geistes« für eine »gerechtere Sache« vernichtet. Das ist dann plötzlich mit seiner Ehre vereinbar. Der Anmutung, Geist solchermaßen der politischen wie der gesellschaftlichen Einwirkung entzogen zu sehen, geben wir weder in der einen noch in der anderen Richtung nach, auch wenn dies uns den Vorwurf eintragen sollte, »Geist« käme in unserer Realbilanz zu kurz. Wenn wir einen roten Faden verfolgen, so heißt das doch, daß wir *einen* Zusammenhang aufklären wollen und uns dabei nicht so allmächtig wähnen, zu glauben, wir hätten alles gesagt. Es ist schließlich nicht aller Tage Abend und nicht absehbar, ob nicht eine freiere Interdependenz zwischen älteren Organisationsstufen und geschichtsjüngeren ein Gleichgewicht herzustellen vermag, dem wir das Attribut »gerecht« nach kritischer Prüfung und nicht nach ideologischem Wunschdenken zusprechen können.

Die Rede von der Ohnmacht des Geistes ist doch die billig klagende Devise, die auf der Rückseite der Verkehrsmünze steht, die obenauf die stolzen Embleme des »freien Geistes« trägt. Diese Paradoxie ist zwar ehrwürdig, aber man muß sie nicht für alle Zeiten als bare Münze nehmen. Vielmehr kommt es auf die Entwicklung einer Methodologie an, geradezu pragmatischer Faustregeln, nach denen wir zu unterscheiden lernen, ob wir es mit Pseudologik oder mit echter zu tun haben. Ordnung muß sein, aber keine menschliche Ordnung ist die beste; einer gerechten Ordnung am nächsten kommt die, welche viel kritisches Ich zuläßt, sich den Abwehrmechanismen auf die Spur zu setzen weiß, den »Ich-Gehorsam« den Tabus vorordnet. Mit diesen Ansätzen zu einer Methodologie der Entlarvung fragwürdiger Herrschaftsansprüche (und ebenso fragwürdiger Versponnenheit in Trostwelten) suchen wir nach den Meßwerten eines analytischen Verfahrens in der Sozialpsychologie, welche die pure empirische Untersuchung nicht zu liefern vermag. Idealistische und pessimistische Sozialphilosophie haben ihr Arrangement getroffen. »Die pessimistische Philosophie wurde zur Rationalisierung des beunruhigenden Zustandes der Wirklichkeit. Sie half dazu, das Ausbleiben der vom technischen Fortschritt erwarteten Erleichterungen aufs Wesen der Welt zu schieben, anstatt das heraufziehende Unheil aus einer Verfassung der Gesellschaft herzuleiten, in der die Technik den Menschen über den Kopf gewachsen ist.«[5] Die technische Entwicklung hat das Selbstverständnis des Menschen nur darin geändert, daß er sich potenter fühlen konnte. Der feine Druck auf den Gashebel, der Pferdekräfte zur Wirkung bringt, hat eine nahe Verwandtschaft zum Traumerlebnis, in dem ich fliege. Die Einsicht in die Motive, die mich seit je bewegen und die mein Verhalten bestimmen, wird durch die Prothesen, deren ich habhaft werde, nicht vermehrt. Im Gegenteil, die Gefahr der zweckgelenkten Selbsttäuschung ist eher gewachsen, denn mit der industriellen Technik sind auch die »Humantechniken« gewachsen. Die Überredungskünstler rücken in alten und neuen Rollen dem kritischen Ich zuleibe; ausgerüstet mit den Kenntnissen der Verhaltensforschung und dynamischen Psychologie, halten sie das Individuum gefügig. Erkenntnis, so erkennt man, ist nicht das alleinige Privileg reiner Geister, sondern nicht selten ein Berufsgeheimnis tüchtiger Inhaber von Rollen.

Vorurteile lassen sich um so besser manipulieren, je sicherer sie eine realistische Anthropologie mit einkalkulieren. Das ist zum Allgemeinwissen der Manager aller Schattierungen geworden; hier ist der Psychologie ein wahrhaft epochaler, Erfolg verheißender Durchbruch gelungen. Für das ungeübte Ich verdunkelt sich die

Lage jedoch gerade dort, wo ihm alles plausibel vorgesetzt wird. Die platte Erklärung des »nichts als« macht die Welt ebenso unzugänglich wie die Dämonologie mit ihren unbetretbaren heiligen Bezirken. Trotzdem bleibt die Chance bestehen, der bewußten oder unbewußten Verführung zu entkommen. Sie liegt in der Entfaltung der kritischen Ichfähigkeiten und ihrer konsistenten Organisierung. Denn sie ist das einzige Mittel, jene Tabubereiche aufzuspüren, in denen die Pseudologik die Tatbestände verschleiert. Es gilt, jene Stellen aufzufinden, an denen der Nabelstrang der Interessen in die gleichsam schattenlose Welt der Konformitäten einmündet. Die Kunst, Vorurteilslogik an echter zu messen, kann aber am erfolgreichsten in der Beobachtung des eigenen Verhaltens geübt werden. Das wieder setzt voraus, daß die Gesellschaft lehrt, wie man Identifizierungen aufgibt, wann und welche, und wie man durch sie hindurchgeht, um in Nietzsches Formulierung ein »allgemeines gerechtes Auge« zu werden.

Die Vorurteils*bereitschaft* ist also kein kleineres Problem, als die Vorurteile selbst es aufgeben. Wird Vorurteilsbereitschaft schon in der Kindheit und Jugend gefördert, solange das »weltfremde« Wesen Kind natürlicherweise auf Identifikationen angewiesen ist, so schwindet die Erfahrung, ein Selbst sein zu können, nach den gesellschaftlichen Normen überhaupt eins sein zu dürfen. Identifizierungen fallen um so heftiger aus, je mehr sie zugleich die Angst verringern müssen, die vom *Vorbild* erweckt wird. Furchtkollektive haben deshalb die unbändigste Vorurteilsneigung. Toxische, unauflösliche Vorurteile kann man demnach als Ergebnis der *Überidentifizierung* bezeichnen. Schon die feinste Unsicherheit erregt Unlust, in ihr regrediert das Individuum zur Mimikry, zur Einsfühlung mit dem Vorbild. Wird Unlust zu ertragen nicht gelehrt oder wird jeder Nonkonformismus mit brutaler Strafe bedroht, so ist die Vorurteilsbereitschaft schließlich der letzte Ausweg, um Reste des Lustprinzips zu retten.

Wann immer man sich zum Urteil anschickt, bringt dies anfängliche Unsicherheit des Nichtwissens mit sich. Dieses Eingeständnis, vorerst nicht zu wissen, entfremdet uns aber von den vielen, die an dieser Stelle offenbar keine Probleme sehen. Unterlegenheitsangst ist ein starkes Motiv (wenn nicht eines der stärksten), bei konfliktsparenden Gewißheiten von Vorurteilscharakter Zuflucht zu nehmen. »Es sieht so aus«, beschreibt Hofstätter diese Situation, »als trügen die Menschen eine quälende Scheu vor dem ›Ich weiß nicht!‹ in sich, als wäre ihnen kaum irgend etwas so peinlich, als einzugestehen, daß sie etwas nicht wissen. Ich glaube, daß wir damit die Wurzel aufgedeckt haben, aus der das sonderbare Phänomen der öffentlichen Meinung sprießt: Mit dem Schwebezustand des erlebten ›Ich weiß nicht‹ sind innere Spannungen verknüpft, die sich nach der Anerkennung irgendeiner Patentlösung sofort sehr verringern.«[6] Aus dem »indifferent gespannten Zustand«[7], in den wir geraten, wenn wir in einem Konflikt, in einer Notlage ratlos sind, befreit das Vorurteil; es gibt Richtung und Handlungsweisung, schließt den Zweifel aus. Die ungesättigten Bedürfnisse, denen ein Ziel winkt, binden sich fast augenblicklich mit den Gewißheiten und Hoffnungen, die das Vorurteil verspricht, und die Angst verringert sich. Das demagogische Rezept liegt deshalb, wie Hofstätter hervorhebt, in einer künstlichen Steigerung des Gefühls der Ungewißheit, bevor die Lösung angeboten wird. Die verstärkte Angst erniedrigt die Schwelle der Regressionsbereitschaft. Die Neigung, sich bis zur psychischen Symbiose zu identifizieren, wächst.

Sacrificium intellectus

Die paternistische Gesellschaftsordnung hat sich des Vorurteils weidlich zu bedienen gewußt. Ihre sozial strukturierenden Vorurteilsgewißheiten konvergieren in der religiösen Glaubenshaltung, im Glauben an einen Vatergott, und empfangen von dorther die Segnung. Die Trennung in ein profanes Sachwissen, das korrigierbar ist, und ein sakrales Wissen, welches das *sacrificium intellectus* in dieser Welt verlangt, ist nicht alt. Bis zu den großen Entdeckern der Naturgesetze hatte das profane Weltwissen den niedrigeren Rang. An der Spitze der Prestigeskala standen die Inhaber von Rollen, deren Weihe oder Geburtsprivilegien sie in unmittelbarere Nähe zu dem Vatergott brachten als den gemeinen Mann. Es ist hier nicht abzuhandeln, wie diese Autoritätshierarchie auch nach der Unabhängigkeitserklärung der Vereinigten Staaten, nach den

Ansätzen der reformatorischen Bewegungen und der Französischen Revolution und durch die permanente Revolution unseres Naturwissens hindurch untergründig fortdauert. Trotzdem gehen die Prestigeverluste des sakralen Wissens und seiner Vertreter unaufhaltsam weiter.

Die Szene hat sich insofern geändert, als die Auflehnung gegen den Vater die zentrale Bedeutung verloren hat. Die religiöse Despotie hatte religiöse Häresien geboren – bis hin zum fanatischen Atheismus –, die ihr in nichts an Unduldsamkeit nachstanden. Wo wir heute noch diese Antithese zum absoluten Autoritätsanspruch des Vaters antreffen, ist sie ein Anachronismus. In rastloser, oft absichtsloser Weise haben die gesamtgesellschaftlichen Prozesse, die zur industriellen Massengesellschaft führten, das Bild des ehrwürdigen, allwissenden, allesbestimmenden Vaters zerstört. Alle Anzeichen sprechen dafür, daß die paternistischen Konstruktionen in Staat und Kirche das Erleben der Millionen kaum noch berühren, keine Anteilnahme mehr erwecken. Reste des magischen Denkens erfahren freilich in unserer Zeit eine kräftige Verstärkung. Sektierertum als Ausdruck von Gruppenneurosen und ebenso zu bewertende Idealbildungen überdimensionierter Art ziehen teils dauernd, teils für Augenblicke viele in ihren Bann[8]. Aber viele sind in Millionenbevölkerungen immer noch wenige. Die »grauen« Massen der riesigen amorphen Städte sind indifferent für alles, was von einer Vaterautorität seinen Anspruch herleitet.

Der Staat wird zwar gewohnheitsmäßig immer noch als »Vater Staat« angesprochen. Die passiv fordernde Einstellung zu ihm läßt aber ein tieferes Abhängigkeitsverhältnis erraten: Man legt sich ihm an wie einer Muttergottheit mit ungezählten Brüsten. Da staatliche und private Unternehmungen immer mehr ineinanderfließen, der verantwortliche Mann immer weiter in die Ferne rückt, gewinnt die technische Landschaft den Rang der Natürlichkeit. Konjunkturen und Krisen werden nur vordergründig als »gemacht« empfunden, als Ergebnis von Entscheidungen im Raum der Gesellschaft. Sie haben in der Phantasiewelt der Gehalts- und Lohnempfänger etwas von Wetterlaunen an sich. Sie werden wie die fetten und die mageren Jahre, welche die Muttergottheit zuteilt, empfunden und mit euphorischer oder dysphorischer Stimmung beantwortet, nicht mehr wie noch in der Zeit der Klassenkämpfe als Herausforderung zur Sozialkritik. Es wird auf technische Vervollkommnung, nicht auf Bewußtseinsänderung gedrungen; man traut der Perfektion der Technik die Herstellung eines Brutklimas zu. Nur wenige empfänden es wie Henry Miller als *airconditioned nightmare*.

Vom Staat zur Verwaltungsgottheit

Sosehr sich Politiker und Unternehmer darum bemühen, das paternitäre Prinzip am Leben zu erhalten – auch die Gewerkschaften brauchen es als Kontrahenten für ihre Zwecke –, die Millionen der Untergebenen sind an ihm nicht mehr interessiert, sie leben in anderen Stimmungen. Ihrer Erwartungshaltung ist selbständiges Leisten, kämpferische Konkurrenz als Ziel des Lebens fremd; und die Verhältnisse sind so, daß das ein Ziel mit wenig realen Chancen geworden ist. Deshalb haben auch zum Beispiel Lohnkämpfe nicht mehr den Charakter der harten Auseinandersetzung mit einem harten Vater; die Regression geht tiefer, sie läßt die Struktur des Über-Ichs, der Pflicht, der Verantwortung, der Beschränkung hinter sich. Es wird reichlich produziert und reichlich an der Brust getrunken. Was erstrebt wird, ist die Dämmerhaltung von Sattheit. Ansprüche werden auf einer Ebene vertreten, die das differenzierte Welterleben überflüssig macht. Mit diesem veränderten Erlebnishintergrund beschreiben wir nicht Zustände, die sich definitiv festhalten ließen, auf die man den Finger legen und sagen könnte: dies ist es und jenes. Stimmungen haben dieses Vage, wir sind ihnen unterlegen, aber wir können sie nicht einfach lokalisieren wie einen Wundschmerz. Trotzdem sind diese ungreifbaren Gestimmtheiten eine Grundverfassung: Je nachdem, in welcher wir uns befinden, sehen wir die Welt mit »anderen Augen«, sehen wir geradezu eine andere Welt. Stimmungen sind überflutende Vorgänge, sie sind spezifische und zugleich unspezifische (das heißt nicht lokalisierte) Reaktionen auf die Umweltbedingungen im ganzen. Ihr Zustandekommen beruht auf einer »Nachrichtenverarbeitung« innerer Bedürfnisse und der »Verhältnisse« zu einem Globaleindruck, zu Empfindungen, die an Affekte und Hoffnungen anklingen. Wobei sich natürlich Zirkelschlüsse herstellen, welche den Stimmungen größere Deutlichkeit und Dauerhaftigkeit verleihen, sie stabilisieren können. Das paranoide, euphorische, depressive, aggressive Gesamtklima einer Kultur ist leicht zu spüren und schwer überzeugend darzustellen. Die Grundstimmung regressiv-passiver Glückserwartung etwa muß sich auch dann nicht verlieren, wenn hier und dort Aktivität und Initiative gezeigt werden können. Auch das depressive Individuum ist nur in den extremen Zuständen von seiner Verstimmung völlig gelähmt; in der mittleren Stimmungslage, die depressiv überschattet ist, nimmt es aktiv teil, aber seine Tätigkeit, seine Erlebnisfähigkeit ist gleichsam depressiv, verzagend, anklagend und klagend eingefärbt.

Die Ausbreitung einer Verlangenshaltung von frühinfantiler Gestimmtheit, der Rückzug aus der Vaterwelt der artikulierten Leistung und ihrer Risiken kann – wenn sich das als ein hervorstechendes kollektives Merkmal entwickelt – keine andere Motivation haben als die Entwertung all der Eigenschaften, die einmal die Vaterkultur getragen haben. Wenn gesamtgesellschaftliche Prozesse der Initiative wenig Chance geben, weil die Struktur der Produktionsverhältnisse die Masse der Unselbständigen braucht und erzeugt, dann ist, um nur diesen einen Punkt herauszugreifen, Rivalität nicht mehr im Stil der Entfaltung von Eigeninitiative zu befriedigen, sondern sie wird zu Neid und »Bettelhaltung«, wie wir sie bei den Nestlingen gegenüber der fütternden Elternfigur beobachten. Mag dies das Elend der Beamten und ihres Strebertums gewesen sein, seit es eine hierarchisch gegliederte Beamtenschaft gibt – jetzt ist es das Elend der verbeamteten Massen. Es ist nicht ein Schicksal unter anderen, die ebenso auf die Stimmung Einfluß haben; es ist das Haupt-, das entscheidende Schicksal. Damit hat sich aber die Szene gründlich gewandelt.

Das Entstehen einer neuen, gleichsam homogenisierten Abhängigkeit ist eine Parallelentwicklung zu der Auflösung der Vaterwelt und ihres Instrumentariums. Dieses ist ersetzt durch einen »Park« selbsttätig produzierender Maschinen; die Energiequellen, welche die Geschäftigkeit in Gang halten, und ihre Steuerung bleiben aber im Vagen – wie für den Säugling Milch fließt, er aber nicht die Frage stellen kann, woher sie kommt. Er verlangt lediglich imperativ, daß sie fließe. Es ist leicht, aber es wäre voreilig, diese Charakterisierung als ziemlich billige Analogie abzutun. Das hieße die Kontinuität psychischer Prozesse unterschätzen. Regression ist ein Rückgriff auf Erlebnisweisen, die hinter den später erworbenen weckbar bleiben und dann, wenn Not zu ihnen zurücktreibt, wieder voll erfahren werden können. Zwar dient Regression einem Ausweichen vor der Wirklichkeit, aber sie leitet zur Wiederbelebung von Wirklichkeiten, die einmal erfahren wurden und jetzt in der Stimmung beschworen werden. Das führt zu einem intensiven »Doppelleben«; zwar spielt sich die Argumentation auf der Bewußtseinsebene mit den mehr oder weniger rationalen Symbolen der Verkehrssprachen ab, aber simultan wird die Erfüllung von Erwartungen, die nicht aus rationalem Kalkül stammen, erhofft. Die Ausnützbarkeit der Vorurteilsbereitschaft, der Stimmbarkeit, wird zum Beispiel in den Slogans der Lohnpolitik oder in der Werbestrategie rücksichtslos praktiziert; man hat es gelernt, sich diesen Erwartungen einer diesseitigen Kompensation der erfahrenen Unlust recht geschmeidig anzupassen.

Wir sind, wie wir schon im Kapitel über den »unsichtbaren Vater« andeuteten, weit davon entfernt, das Ausmaß der Wirkungen zu überblicken, welche die absolute Bevölkerungszunahme und die Anpassung an die Industriezivilisation auf unsere Konstitution mit sich gebracht haben. Das Überleben von Institutionen wie Familie, Kirche, Nation als Ordnungshütern kann keineswegs darüber hinwegtäuschen, daß diese Gebilde die heute in unseren Ländern lebenden Menschen zentral nahezu nichts mehr angehen. Die Besetzung, die sie libidinös erfahren, nähert sich immer mehr dem Nullwert. So hören wir etwa, daß nur noch knapp ein Prozent der protestantischen Bevölkerung mit dem Sonntag die Vorstellung eines Festtages verbindet, zu dem der Besuch der Kirche gehört. Man kann dabei nicht übersehen, daß die modernen Propagandaformen, deren sich die Kirchen bedienen, daran gar nichts ändern. Sie wecken vielleicht jenes nicht tiefer gehende Interesse, das Werbung auch sonst anzusprechen vermag; obgleich es sicher ist, daß das Gros der Kirchenmitglieder an einem gut geschriebenen Testbericht eines neuen Autotyps ungleich mehr Gefallen findet, als es mit einer Sonntagspredigt anzufangen weiß. Wir stellen das weder ironisch noch als eine rühmenswerte Angelegenheit fest; aber wir stellen es fest. Es handelt sich überdies um eine allgemein bekannte Tatsache. Aber sie hat noch kaum die ihr gebührende Nachdenklichkeit – frei von retrospektivem Wunschdenken – gefunden.

Antworten auf große Kränkungen

Für den »oralen« Charakter der Regression (der das »anale« Sicherheitsstreben der paternistischen Gesellschaft mit ihrem Wohlgefallen an gehäuftem Besitz und Leistung ablöst) sind die neuen Vorurteilsgewohnheiten aufschlußreich. Sie kreisen um den Komplex »Lebensstandard« und was dazu gehört. Gegenüber der eher asketischen Genußfeindlichkeit des Besitzbürgertums mit seinem Denken in Zinseszinsen bringt die Konsumlust eine heitere und entspannende Note in das alltägliche Leben. Für moralische Bedenken, die zu der Wertorientierung des traditionalistischen Strebens einer Vatergesellschaft gehören, in welcher das Familienoberhaupt die Sicherungen selbst schafft, ist nach Wellen der Besitzzerstörung und -entwertung kein Gehör mehr zu finden. Die Abhängigkeit aller »Landeskinder« von Renten und Pensionen gibt dem Staat die Kennzeichen der Ur-Mütterlichkeit; es wird deshalb auch eine Willfährigkeit gegenüber den Geboten dieses Staates erwartet, die eher in die Kinderstube gehört. In der bürgerlichen Gesellschaft gipfelten die Konflikte um das Nachfolgeproblem, die jüngere rang mit der älteren Generation um die Übernahme der *auctoritas,* um ihre Rollenprivilegien, von denen das höchste die Verfügung über den Besitz war. In der industriellen Massengesellschaft wird um eine ganz andere definitive Sicherheit gerungen: Definitive Sicherheit bedeutet lebenslangen Anspruch auf Versorgung. Das erzeugt eine völlig verschiedene öffentliche Meinung darüber, was als lebenstüchtig gilt. Tüchtig ist, wer sich möglichst früh seinen Platz an den Brüsten der Verwaltungsgottheit sichert. Notwendigerweise bringt dies eine »Artigkeit« der Landeskinder zuwege, die noch einer Gesellschaft fremd war, in der sich feudal-aristokratische, bürgerliche und proletarische Herrschaftsansprüche begegneten.

Im Besetzungsgehalt alter Vorurteile spiegelt sich dieser Umschlag ebenso deutlich wie in der Art der neuen. Man hängt sein Herz nicht mehr an etwas, was nicht in irgendeiner Form leibliche Befriedigung schafft oder was Spielzeugcharakter hat. Wo es gelingt, mit den Mitteln der Vorurteilsmechanik ein neues technisches *gadget* zu lancieren, ist ein neuer Absatzmarkt erschlossen. Denn sofort bemächtigt sich das Prestigestreben dieses technischen Spielzeugs, vom Photoapparat bis zur Hausbar am eigenen Swimmingpool. Entsprechend der Sättigungskurve bei Sinnesreizung erlischt das Interesse bald und muß durch neuere Objektangebote wieder gereizt werden[9]. Auch hier ist der Unterschied zur paternistischen Gesellschaft mit ihren Idealen der Beständigkeit bei gleichzeitiger Frustrierung im körperlich-sinnlichen Genuß eindrucksvoll.

Die Vorurteile in der Konsumgesellschaft schwanken modenhaft, aber sie erneuern sich ungebrochen. Sie reichen nicht tief, aber die Bereitschaft, ihnen immer wieder zu folgen, sitzt fest. Hektische Beweglichkeit in der Befriedigungssuche und gähnende Langeweile im Zustand des Sattseins sind zwei Zustandsformen, zwischen denen die Zuständlichkeit des Konsumenten schwankt, sobald er aus der Unlust des Produzierens entlassen ist.

Diese Skizzierung eines Zustandes, in dem die meisten Inhalte von außen zugeführt werden und der durch einen weitgehenden Rückzug der Libido auf narzißtische Besetzung des Körper-Selbst gekennzeichnet ist, haben wir versucht, um die Intensität des regressiven Verhaltens noch einmal deutlich zu machen. Es ist eine Folge des Verlustes einer Umwelt, an der viele Generationen geformt hatten, im Verlauf einiger weniger Jahrzehnte. Die Charakterformung, welche zu der Welt vor dem Einbruch der Menschenflut und der Entwicklung von modernem Naturwissen und seiner Nutzung gehörte, also die Charakterstruktur in der paternitären Gesellschaft, soll jetzt nicht untersucht werden. Es geht um die relative Konstanz der Antworten auf neue Grundbedingungen des Daseins, die einen neuen Typus erzeugt haben, den man durch die individuellen Varianten hindurch erkennt. Numinose und profane Herrschaftsformen hatten eine Einheit hergestellt, die alle etwas anging. Die Aufklärung in ihren vielfältigen Aspekten hat diese Einheit zerbrochen; sie ist jetzt für die Millionen nur noch an rätselhaften Spuren und in einer fast unverständlichen Sprache ahnbar. Wiederbelebungsversuche, in denen ein Zurück zur Vergangenheit ersehnt wird, müssen scheitern, denn der Evolutionsschritt zu einer größeren Bewußtheit läßt sich nicht rückgängig machen. Die Symbolsprache, der sich die Religion bisher bediente, kann nicht mehr zu verstehen sein in einer Welt, der die Anschauung verlorengegangen ist, aus der die Bilder stammen. Es ist sehr zweifelhaft, ob damit jener Erlebnisbereich, den bisher das Wort Religion deckte, verschüttet wird. Das hängt von anderen Entwicklungslinien ab, die nicht regressiv verlaufen, sondern in denen das wachsende Bewußtsein sich ausdrückt.

Die moderne Naturforschung hat den Menschen nicht nur siegessicher und unabhängig gemacht, sie hat ihm auch Kränkungen zugemutet, die seine stärksten Gefühle verletzten. Freud[10] nannte drei solcher Kränkungen, die mächtige Vorurteilsbarrieren durchbrachen: die *kosmologische* durch Kopernikus, der die Erde aus ihrer zentralen Stellung entfernte; die *biologische* durch Darwin – der Mensch ist »aus der Tierreihe hervorgegangen, einigen Arten näher, anderen ferner verwandt«; schließlich die *psychologische* durch den Nachweis unbewußter Seelentätigkeit, die dem vernünftigen Ich die Herrschaft über das Selbst streitig macht. »Denn diese Seele ist nichts Einfaches, vielmehr eine Hierarchie von über- und untergeordneten Instanzen, ein Gewirre von Impulsen, die unabhängig voneinander zur Ausführung drängen, entsprechend der Vielheit von Trieben und von Beziehungen zur Außenwelt, viele davon einander gegensätzlich und miteinander unverträglich.« Diese Reihe narzißtischer Kränkung verlangt nach Bewältigung. Wir sehen, wie nebeneinander regressive und progressive Versuche verlaufen. Verleugnung setzt ein, es bleibt bei der Spaltung in ein Naturwissen und den Vatergott im Himmel oder bei der philosophischen Überhöhung der menschlichen Existenz. Die provokatorischen Einsichten werden mit dem Abwehrmechanismus der »Isolierung« eingekapselt, es wird ihre Beziehung zum Ganzen unseres Wissens durchschnitten, oder es werden Pseudoversöhnungen von der Art *Die Bibel hat doch recht* angeboten. Eine andere Abwehrform, die vulgärere, ist der Rückzug der Interessen aus der Konfliktzone, Apathie allen Versuchen gegenüber, einen Zusammenhang der wirkenden Ordnungsprinzipien aufzufinden. Das drückt sich in den beschriebenen Formen der passiven, vegetativen Anlehnung und in anarchischen Protesthaltungen aus, wo die Befriedigungsquelle nicht ausreichend fließt. Bis in das Verhalten während der Wachstumskrisen hinein ist das zu verfolgen. Die ungesteuerten Stimmungs- und Affektschwankungen, die uns als Pubertätsflegeleien bekannt sind, nehmen zuweilen die Form gruppenhaft vollzogener blinder Wutausbrüche *(temper tantrums)* an, wie sie das Protestverhalten des *kleinen* Kindes kennzeichnen.

Die *progressive* Verarbeitung der Kränkungen fordert demgegenüber zu einer neuen Formulierung heraus, in der die Begrenztheit und die Unendlichkeit des Wißbaren anerkannt wird. Denn für ein *sacrificium intellectus* besteht keine Notwendigkeit. Von dieser Form der mündigen Gläubigkeit spricht etwa Max Planck in einem seiner letzten Briefe vom 18. Juni 1947: »In Beantwortung Ihres Schreibens vom 10. Juni 1947 kann ich Ihnen mitteilen, daß ich selber seit jeher tief religiös veranlagt bin, daß ich aber nicht an einen persönlichen Gott, geschweige denn an einen christlichen glaube.«[11] Nach unseren vorangegangenen Überlegungen kann es nicht als eine »Herabsetzung« religiöser Erfahrung als solcher verstanden werden, wenn wir die Lehren einer Gotteskindschaft als »Kinderglauben« bezeichnen. Das Kind erlebt ein präverbales Sicherheitsgefühl bei der Mutter, ein neues, an Lebenspraktiken orientiertes beim Vater; beide Sicherungen sind in wirklichen Personen inkarniert; aber nichts spricht dafür, daß die »Welt« nach Analogie der menschlichen Gesellung, der menschlichen Familie »regiert« wird. Unsere ersten Erfahrungen von Ordnung sind freilich an menschlich-gesellschaftliche Ordnungen geknüpft; wie notwendig Mutter und Vater in ihren sehr verschiedenen Rollen für ein glückliches Aufwachsen des Kindes sind, haben wir gegenüber gesellschaftlichen Tendenzen, die sie zum Verschwinden bringen, immer wieder zu belegen versucht.

Ohne eine in der Person des Vorbilds unmittelbar erfahrene Sicherheit wird kein Mensch die größere Unsicherheit ertragen lernen, die bewußtes Denken heraufbringt. Eben dieses bewußte Denken muß sich jedoch das Analogiedenken zwischen Unbekanntem, Erkenntnistranszendentem und der Herrschaftsweise eines »wissenden Vaters« versagen. Es muß auf Vorurteilssicherung verzichten.

»Im Kampf um das Gute«, schreibt Albert Einstein, »müßten die Lehrer der Religion die innere Größe haben und die Lehre von einem persönlichen Gott fahren lassen, das heißt auf jene Quelle von Furcht und Hoffnung verzichten, aus der die Priester in der Vergangenheit so riesige Macht geschöpft haben.« Seit Jahrhunderten sind wir Zeuge, wie nach der Befreiung von der Leibeigenschaft nun um die religiöse Befreiung des Menschen gerungen wird. Die religiöse Indifferenz der Massen zeigt nur die Last dieser Aufgabe. Max Plancks und Albert Einsteins Religiosität entstammt nicht mehr dem Gewissensgehorsam, sondern dem »Ich-Gehorsam«. Unzweifelhaft vollzieht sich hier ein Fortschritt zu einer vaterlosen Gesellschaft; nicht zu einer, die den Vater töten muß, um sich selbst zu bestätigen, sondern zu einer, die erwachsen wird, die von ihm Abschied zu nehmen weiß, um auf eigenen Füßen zu stehen.

Fortschritt muß auch diesmal nicht optimistisch verklärt werden; es hat keinen Sinn zu sagen, erwachsen sein sei fortschrittlicher als Kind sein. Man ist das eine und das andere in seiner geschichtlichen Zeit. Wenn wir die pathologischen Symptome unserer Gesellschaft so leidenschaftslos wie die früherer Zeit einschätzen, so werden wir zweierlei Vaterlosigkeit zu unterscheiden wissen: eine Gesellschaft, die den Vater verliert, solange ihre Kinder seine Rolle für den Aufbau ihrer Identität bräuchten wie eh und je (und die ohne ihn mutterabhängig auf Lebenszeit blieben) – und eine, die den Vater besitzt, aber in der die Väter eine Identität mit sich selbst erreicht haben, die ihnen die Lösung vom Vatervorbild und vom ausschließlichen Denken in Kategorien der Vaterherrschaft ermöglicht. Nur diese Gesellschaft kann dann Bereiche entwickeln, in denen sie sich als mündig, als selbständig suchend erfährt.

Vorurteil und Gewissen

Kehren wir nochmals zu den Vorurteilen zurück, die stark an das Gewissen gebunden sind. Eine soziologische Untersuchung an 400 Studenten, die Gordon W. Allport[12] in seinem Buch über die Natur des Vorurteils erwähnt, konnte nachweisen, daß bei den Studenten, in deren Erziehung Religion eine betonte Rolle spielte, eine weit höhere Neigung zu Vorurteilen überhaupt bestand – zum Beispiel zu Rassenvorurteilen, zu Vorurteilen Minoritäten gegenüber – als bei jenen, in deren Jugend religiöse Forderungen in milder Form oder gar nicht erhoben worden waren. Allport warnt jedoch vor der Verallgemeinerung; es gibt auch innerhalb der tradierten Glaubensformen einen starken Zug zur (echt christlichen) Toleranz. Die Untersuchung müßte also eigentlich weitergeführt werden und uns darüber belehren, ob diese Vorurteile ohne »Prinzipienreiterei«, wie Fontane sagte, in einen friedfertigen Charakter einbeschlossen sind oder ob sie den Vorwand für sadistische Aggression schaffen.

In der Breite überwog freilich in der religiösen Erziehung zum absoluten Gehorsam die erbarmungslose Strafdrohung. Das muß zu einer traumatischen Fixierung an infantile Abwehrmanöver führen mit der nun schon zur Genüge erläuterten Folge einer Neigung zu aggressiv rohem *acting-out*.

Es ist die Kehrseite dieses autoritären Stils gläubiger Sozialisierung des Menschen, daß sie ihn nicht lehren kann, die Ambivalenz seiner Gefühle zu schlichten. Die Triebintegration im Ich ist durch die archaischere Form der Triebabwehr, durch Mechanismen der Verdrängung, Verleugnung, Projektion behindert. Diese Mechanismen festigen sich vor der Ichreifung und bleiben ihr entzogen. Dem trägt diese Form der Religion auch Rechnung. Neben den Heilsverheißungen gehörte in der Vergangenheit auch die Lenkung der Grausamkeit zu den Praktiken jener Institutionen, welche die religiösen Tabus verwalteten.

Diese Methodik haben die innerweltlichen Religionen der Staatsideologien mit neuem Schwung belebt. Sie manipulieren mit höchstem Erfolg, weil sie die Abhängigkeit der Individuen in der zu höchster Arbeitswilligkeit entwickelten Kultur in ihre Rechnung einbeziehen. Mit der gebilligten Enthemmung der verdrängten und deshalb realitätsblind gebliebenen Aggression gegen den Sündenbock wird die Verlockung erweckt, als könnte das passiv-domestizierte Staatskind doch noch das Ideal der aktiven Stärke erreichen.

Leidenschaft oder doch die rücksichtslose, opferbereite Hingabe an die Erfordernisse der Kriegführung bei den deutschen Soldaten des Ersten und Zweiten Weltkrieges muß ihre Wurzel in einem Lebensüberdruß aus den Erfahrungen des Friedens gehabt haben, wo soviel passive Unterordnung ohne den Reiz des Abenteuers, also des Reifens durch Protest, verlangt wurde, wo das Bedürfnis nach Abenteuer und Risiko um so mehr fehl am Platz war, als sich neuartige Abhängigkeitsverhältnisse mit noch intakten paternistisch autoritären Knebelungspraktiken effektvoll verbündeten. Martin Wangh[13] hat auf die spezifischen Folgen der Entbehrung des Vaters, der im Felde steht und idealisiert wird, und auf die schwere narzißtische Kränkung hingewiesen, wenn dieser Vater als Verlierer zurückkehrt. Er verweist auf die Studie von Leslie T. Wilkins[14], »die statistisch eindeutig zeigt, daß die englischen Kinder, die während der schlimmsten Kriegsjahre drei bis fünf Jahre alt waren, in ihrem 8. und ihrem 17. bis 20. Lebensjahr eine beinahe 40 % höhere Verbrechensrate zeigten als die entsprechenden Friedensgenerationen«. Wenn das auf erschwerte Anpassung an die soziale Ordnung, auf Störungen im Aufbau des Über-Ichs verweist, so folgt daraus, daß diese Kriegsgeneration nun aus ganz anderen Gründen als der von einem sadistischen Über-Ich unterjochte Mensch – sobald materielle Krisen entstünden – eine intensive Ansprechbarkeit auf Vorurteile zeigen wird, deren Inhalte versprechen, daß die narzißtische Kränkung (die nationale Schande, von der man betroffen ist, inkarniert in der des Vaters) ausgewetzt werden kann.

Konfrontation mit dem Vorurteil über sich selbst

Wir können kurz resümieren: Ein Vorurteil läßt sich nicht wollen; bestenfalls kann man wollen, es nicht zu haben. Man hat es, ehe man davon weiß. Die seelischen Geschehnisse der Identifikation, die es hervorbringen, sind älter als die kritischen Reflexionsmöglichkeiten; sie laufen weiter, auch wenn das kritische Bewußtsein sich entwickelt hat. Mit Vorurteilen wird die passive Anpassung nach der sozialen Umwelt hin in den von ihr vorgeschriebenen Formen der Triebäußerung vollzogen. Im Ich melden sich, wenn es an die Aussagen der Vorurteile rührt, je nach der Besetzungsenergie, die sie an sich gebunden haben, Unlust und Angst. Die Schädlichkeitsgrenze ist immer dann erreicht, wenn Angst die Versuche einer selbständigen Orientierung an der Realität unterbindet.

In der Entwicklungsgeschichte des einzelnen dient das Vorurteil, vielmehr ein System miteinander verbundener Vorurteile, in zweierlei Hinsicht seinen Bedürfnissen. Alle Verhaltensorientierungen, die durch Identifikation erworben werden, enthalten in bunter Mischung praktisches Wissen und die gruppenspezifischen wie die individuellen Vorurteile, denen das Vorbild anhängt. Durch ihre Übernahme wird das affektive Verständnis mit den unmittelbaren Vorbildfiguren wie den Gruppengliedern im allgemeinen hergestellt. Die Einhaltung schützt das kritikschwache Kind vor den feindlichen Regungen der Mitwelt. Vorurteile setzen der spontanen Reaktionsbereitschaft Grenzen, geben Handlungsanweisungen. Zwar stärken sie nicht die kritischen Fähigkeiten des Ichs, wohl aber das Selbstgefühl, wenn es Anerkennung findet in der Befolgung dessen, was rechtens, anständig, erwünscht, gesichert, unzweifelhaft, allgemein anerkannt ist. Setzt keine Erziehung zur Befragung der Welt, wie sie ist, ein, das heißt, sind die Vorbilder selbst nicht fähig, solche Frage zu stellen, so entwickelt sich ein Vorurteilsgehorsam, der Reifung abschneidet. Die Anpassung schlägt dann die Richtung auf den Sozial-Automatismus hin ein.

Dies wäre der eine Wirkungszusammenhang. In einem anderen dient das System der Vorurteile der Entledigung des Triebüberschusses, den die Verhaltensnormen durch Repression erzeugen. Mit ihrer den magischen Denkvorgängen nahen apodiktischen Sicherheit schaffen die Vorurteile nicht nur das Gefühl für das Richtige, Gute, das in das Eigenideal aufgenommen wird, sondern ein ebenso sicheres Gefühl für das Böse, das fremden Objekten eignet. Auf dieses Fremde darf sich die überschüssige Affekterregung, die im Raum der eigenen Gruppe nicht offen an Objekte gebunden, geschweige rücksichtslos an ihnen befriedigt werden darf, ungehemmter ausleben. Häufig ist es so, daß durchaus sanfte und zuvorkommende Menschen, denen man, wie man sagt, so etwas gar nicht zugetraut hätte, zu uneinfühlbaren Grausamkeiten diesem vorurteilshaft als böse erklärten Fremden gegenüber fähig sind. Die Beispiele sind unserer Epoche gewiß nicht erspart geblieben.

Das Wichtigste vom psychologischen Standpunkt aus ist hierbei der Vorgang des Fremd*machens* der Objekte, die ein feindliches, aber auch idealistisch überhöhendes Vorurteil trifft. Sie sind vielleicht absonderlich oder weichen vom Gewohnten ab, aber man könnte sie ohne die Hinderung des Vorurteils besser kennen- und verstehenlernen. Das darf aber nicht geschehen, weil sie Mittel zum Zweck geworden sind. Wären solche Objekte mit einer magischen Aura gefährlicher, unberechenbarer Fremdheit nicht im Raum, so verlören die drängenden aggressiven Bedürfnisse die Aussicht auf Befriedigung. Dem »gezeichneten« Fremden gegenüber darf die Phantasie in Greueln schwelgen. Da die großen Antipoden des Triebgeschehens, *Libido* und *Destrudo,* auch in der Entmischung (die der aus Frustrierung entstandenen Aggression den Vortritt läßt) nie ganz die Bindung aneinander verlieren, da sie sich auf das gleiche Objekt richten, findet man im Haß verzerrt die sexuelle Gier als die andere überschießende Triebmacht[15].

Das Ausmaß, in dem die Norm-Unwürde über Fremde, *out-groups,* verhängt wird, steht in Wechselbeziehung zum Ausmaß des Triebüberschusses, den die Restriktionen in der eigenen Gruppe, der *in-group,* erzeugen. Das Ausmaß unkompensierbarer Frustrierungen im Binnenraum der eigenen Gruppe entscheidet über die Stärke des aggressiven Triebüberschusses und des drängenden Erlebnisses, ihn binden zu müssen (»Gäbe es keine Juden, so müßten sie erfunden werden«). Ein dialektisches Geschehen nimmt seinen Lauf. Eine Gruppe von Vorurteilen erzwingt die Repression und schafft den von Befriedigung ausgeschlossenen Drang; eine zweite Gruppe schafft die Ersatzobjekte für seine Befriedigung und trifft auf die Bereitschaft, den Triebüberschuß in der vorgezeichneten Richtung zu kanalisieren. Die gleichen ökonomischen Prinzipien gelten auch für den libidinösen Triebüberschuß. Unbefriedigte Zärtlichkeit und genitale Sexualität binden sich ebenso leicht an Ersatzobjekte, die nun umgekehrt ihrer Natur »ent-fremdet«, dem eigenen Wesen gleichgesetzt werden. Wer den Stellenwert eines Hundes für die emotionellen Bedürfnisse manches Besitzers kennt, den Reden gelauscht hat, die an das Tier gerichtet werden, wird diese Verkennung deutlich vor Augen haben. Der sentimental angleichenden wie der zerstörungsbereiten fremdmachenden Verkennung wohnt die gleiche Vorurteilsdynamik inne.

Schließlich die hochbesetzten, das heißt mit starken Affekten erlebten und an das Gewissen gebundenen Vorurteile. Sie haben eine innige Beziehung zum Gefühl der Identität, zur inneren Wahrnehmung unserer selbst, die uns sagt: Das bin ich, und so will ich bleiben. Das Individuum verwächst mit diesen Vorurteilsgebilden, die hohes Ansehen in der Gesellschaft genießen und sich verschränkend stützen, oft widerspruchslos und erlebt sich besonders befriedigt als ein Selbst in der Haltung, die sie fordern. Vielleicht ist niemandem das vage Gefühl der inneren Entleerung, der Hilflosigkeit unbekannt, das sich einstellt, wenn uns eine Begegnung oder ein Erlebnis auf die Spur solch zentraler Vorurteilsgebundenheit bringt. Vermag unser denkendes Ich mit den Argumenten, die unsere bisherige Gewißheit erschüttert haben, Schritt zu halten und sich von ihnen überzeugen zu lassen, so folgt der angstvollen Leere – in der man sich beraubt fühlt – ein neues Gefühl der Befreiung, ein neues Identitätserlebnis.

Unsere Wesensbestimmung der Identität geht vom Gefühl aus, in welchem der einzelne sich seiner selbst vergewissert; sie beschränkt sich nicht unbesehen auf eine *social identity* im Sinne unauffälliger Angepaßtheit, ungestörter Arbeits- und Genußfähigkeit und wie die Vektoren einer statistischen Methode zur Bestimmung des sozial »Gesunden« heißen mögen. Gelingende Konformität schafft gewiß ein Selbst- und Identitätsgefühl; es steht lebensgeschichtlich am Anfang. Identität, wie sie hier für das reife Individuum gefordert wird, entsteht aber durch *aktive* Anpassung nach außen und innen. Das bedeutet, daß die Es-Kräfte wie die erworbenen Stereotype des Wertens und Verhaltens einer aktiven kritischen Kontrolle unterzogen und aus ihr heraus modifiziert oder aufgegeben werden. Da Leben aber ein Fließgleichgewicht in der Zeit ist, also in den verschiedenen Altersphasen neu eingespielt werden muß, wird solches nur gelingen, wo errungene Stabilitäten in neu zu findende – zu erfindende – übergeführt werden können. Das Sicherheitsgefühl im Gebrauch infantiler Abwehrmechanismen und das Identitätsgefühl, das aus ihnen stammt – und das zu seiner Zeit unvermeidbar ist –, muß den Fließgleichgewichten einer bald in Brüchen verlaufenden, bald kontinuierlichen Ichentwicklung geopfert werden. Die Identität mit dem Vater muß gefunden sein, um zu ihrer Zeit überwunden, durch Identifizierungen in der horizontalen Ebene ergänzt und abgelöst zu werden. Und schließlich verlangt das »Stückchen Selbständigkeit und Originalität« seinen angemessenen Raum im Selbstgefühl und hofft auf Anerkennung und Freundschaft.

Nicht als ob das Ich alle Gewohnheiten, die von Identifizierungen herrühren, abzustreifen vermöchte noch das sollte, aber doch, daß es einen fortschreitenden Einfluß auf sie gewinnt. Wo unter Umständen sehr wichtige Bereiche des Charakters von dieser Entwicklung zu wachsender Wahrnehmungssensibilität für sich und andere und von der Herausforderung, adäquate Anpassungs*weisen* zu finden, ausgeschlossen bleiben, kann man von einem partiellen Entwicklungsstillstand, von einer toxischen Immobilisierung durch Vorurteilswirkung sprechen.

Unser Charakter, das heißt das uns charakterisierende Verhalten, das wir an den Tag legen, wird durch die Integrationsleistung des *ganzen* Ich, seiner unbewußten wie seiner (schmäleren) bewußten Anteile, bestimmt. Selbstwahrnehmung und Wahrnehmung der Außenwelt sind miteinander verschränkt; der Grad der Genauigkeit unserer Wahrnehmung der mitmenschlichen Umwelt hängt von dem Grad der Genauigkeit unserer Selbstwahrnehmung ab. Die Wahrnehmungsverfälschung der mitmenschlichen Wirklichkeit rührt immer von einem Nichtwahrhabenwollen der Vorgänge, die wir in uns erleben, her. Statt in uns wähnen wir sie nun im anderen am Werk. Niemand ist von der Angst frei, die wir dann erleben, wenn wir dieser unheimlichen Tatsache der affektiven Verfälschung im Wahrnehmen innewerden. Daraus rührt der Widerstand her, dessen Bearbeitung ein zentraler Inhalt des psychoanalytischen Verfahrens ist. Die Konfrontation mit den vorurteilshaften Selbsttäuschungen ist oft von so viel Angst signalisiert, daß ein massiver Widerstand jeden solchen Versuch verhindert. Was noch einmal den ungeheuren Einfluß zeigt, den Vorurteile für die Lebensökonomie des Menschen haben. Unterrichtet man sich bei denen, die sich überlegen, ob sie sich einer Psychoanalyse unterziehen sollten, so hört man gleichförmig von dieser Angst des Selbst-, das heißt des Identitäts-Verlustes: Was wird aus mir, welcher Unbekannte werde ich dann sein?

Das Beispiel der Psychoanalyse ist nur eines unter vielen, obgleich es besonders eindrucksvoll ist, weil die Zwecksetzung hier deutlich ein Dienst am Individuum ist, das von beengenden oder krankhaften Störungen befreit werden soll. Ähnliche Abneigungen spüren aber die meisten, besonders junge Menschen, solange sie noch mit den Überlegungen spielen, welchen Beruf sie ergreifen könnten. Die

Wahl fällt oft sehr schwer, vor allem, wenn man die Erwägungen des praktischen Fortkommens einen Augenblick zurückstellen kann. Es geht dann um die Wahl einer in vieler Hinsicht endgültigen Identität, um die Beschränkung des Selbstideals, ohne doch sich selbst dabei aufzugeben. Die Ablehnung dessen, was man nicht will, ist dann schneller klar als die Findung dessen, wonach man sucht, um eine neue Identität zu gewinnen, die sich von der bisherigen abhebt, aber doch ihr einen Wert beläßt. Oft ist es der Zwang als solcher, der gemieden wird, weil das Selbst bisher in ihm sich unterdrückt sah. Der Eintritt in den Jesuitenorden, in eine Militärakademie, in den Beamtenstand zum Beispiel ist vielen eine Vorstellung, die ihnen unerträglich erschiene. Die Abneigung richtet sich dabei gegen die »Zucht«, die in solchen Gemeinschaften gefordert wird; psychologisch gesprochen heißt das: gegen den Zugriff auf ihre Identität, die nach einem Modell, einem Idealtypus gebildet werden soll. In den beispielhaft genannten Verbänden wird in der Tat die Wertwelt und der Handlungsspielraum, der an den Grenzen des Erlaubten festhält, dem einzelnen weitgehend vorgeschrieben. Er soll seine Identität innerhalb festgefügter Lebensregeln finden. Die »freien Berufe« versprechen ihm dagegen mehr »Freiheit«. »Das psychologische Elend der Masse«[16] beginnt dort, wo die Beschränkung im grauen Alltag des Funktionierens der Freiheit, der Selbstentdeckung wenig Raum läßt. Das Individuum wird dann seiner »Natur« beraubt, ohne daß ihm dafür auch nur das Ideal einer *Gruppenidentität* geboten würde, das ihm Sozialprestige einbrächte.

Das Ausgeschlossenwerden aus Gruppen – und damit auch aus ihren entschlossen verteidigten Vorurteilen – setzt seinerseits wieder Vorurteile in Gang. So neigt der, welcher bestimmte Gruppen als unvereinbar mit seinem Identitätsentwurf ablehnt, dazu, sie nun in einem Pauschalvorurteil abzuwerten. *Die* Jesuiten gelten ihm dann als verschlagen und zu allem fähig, *den* Offizier sieht er dünkelhaft und kadavergehorsam, *den* Verwaltungsmann als trockenen Paragraphenreiter. Geht man diesen vorurteilsgesteuerten Aversionen nach, so ist es erstaunlich, wie man in ihrer Motivation weniger sachlichen Erwägungen über den unleugbar vorhandenen Zwang etwa in den strengen Orden begegnet als vielmehr phobischen Ängsten aus traumatischen Erfahrungen der Kindheit. Es ist wie mit einem Gang in den Keller, vor dem man in der Kindheit solche Angst hatte und den man auch später nicht offenen Auges als Erwachsener aufsuchen kann. Vielmehr wird alles, was assoziativ an ihn anklingen könnte, als gefahrdrohend gemieden. In Parenthese sei hinzugefügt, daß gar nicht bestritten wird, welche unerfreulichen und pathologischen Verformungen des Menschen Orden, Cliquen, sogenannte »Eliten« bewirken können. Um die Diskussion dieser Gefahren geht es aber nur von ungefähr, wo infantile Erfahrungen in bereitliegende Kollektivvorurteile einschmelzen.

Kurze Apologie des Klatsches

Dem bleiernen Gewicht der Vorurteile entrinnen wir offenbar nur in entschlossener Raffung unserer Gegenkräfte. Aber kein Thema kann so »tierisch« ernst sein, daß nicht auch die Satire sich an ihm versuchen könnte. Der Klatsch gibt dieser Erwartung recht. Er ist gleichsam der Clown, der groteske Imitator der höheren Kunst, mit Vorurteilen umzugehen.

Je weniger Macht wir in uns verspüren, uns von Konventionen befreit verhalten zu dürfen, desto versteckter der Ausweg, auf dem wir uns rächen. Im unauffälligen Alltag wird mit kleiner Münze bezahlt. Eine solche ist der Klatsch und das, was in ihm dem anderen angehängt wird. Im Klatsch spricht man nicht von Tatsachen schlechtweg, sondern zugleich immer von den Affekten, die sie in uns erwecken. Die Bemühung richtet sich nicht auf Verständnis, sondern auf den Erwerb von Genuß. Nicht, wer der Beklatschte ist, soll erforscht werden, sondern es wird ausgekostet, was man ihm zutraut. Dazu verhilft das Vorurteil über ihn.

Klatschfreudigkeit ist die Kehrseite der unverwundenen Enttäuschung über all die »Angstlust«, die *thrills*, die uns entgangen sind. Sobald ich einen »Haken an der Sache« gefunden habe, kann ich meine Unlust an ihr aufhängen; und das gibt mir obendrein noch das Prestige, »besser« zu sein, weil ich nicht wage, was der andere tat oder getan haben soll. Das Bedürfnis, solchermaßen Prestigeskalen zu erfinden, um an ihnen Enttäuschungen in Macht zu verwandeln, ist sicher unersättlich. Wie ein Beamter hinter seinem Schreibtisch einen Besucher, der eine Dienstleistung von ihm wünscht, ohne aufzuschauen eine Weile warten läßt, als sei jener ein »Schnorrer«, das will erfunden und das will ausgekostet sein. Der Genuß steigert sich, je schneller der andere »einschnappt« und wütend wird. Der Klatsch gehört zu diesen Genußformen eines Hochmuts, für den in Tat und Wahrheit so gar kein realer Anlaß gegeben ist.

Die »Fundamentaldemokratisierung« in den Massenverbänden verwirklicht sich unter anderem auch in schrankenloser Zudringlichkeit. Der Klatsch ist längst kommerzialisiert und wird als technisch wohlaufbereiteter »Dienst« verkauft. Die »Klatschtante« gehört zu den Funktionären der Kommunikationsindustrie. Das spiegelt die Konstanz eines zeitlosen Bedürfnisses in der Anpassung an den Prozeß der Urbanisierung wider. Da Nachbarn und Passanten mehr und mehr anonym werden, kann man über sie nicht klatschen. Das Dorf, die Kleinstadt haben ihre eigenen Klatschanlässe. In den Büros und in Zirkeln aller Art blüht aber trotz Presseklatsch der selbsterfundene unvermindert fort. In ihm geschieht die Entfremdung, die dem großen Sündenbock widerfährt, in feinerer Nuancierung. In großer Wahrnehmungsschärfe werden alle Regelverstöße – oder was so ausgelegt werden kann – registriert und mit den bereitliegenden aggressiven Bedürfnissen zu »Nadelstichen« verarbeitet. Das Vokabular der Vulgärcharakterologie wird zu handlichen Vorurteilen aufbereitet: Ehrgeiz, Hinterlist, Feigheit und so weiter werden zu Ganzurteilen über einen Menschen, der so zur Zielscheibe wird.

Wir sprechen zwar von Klatschbasen und tun so, als sei das Klatschen eine besondere Leidenschaft der Frauen. Wer Ohren hat zu hören, wird das als männliche Projektion erkennen; vor einem gerechten Urteil erweisen sich Mann und Frau als gleichermaßen hinfällig vor den Verlockungen des Klatsches. Beide Geschlechter wollen, in der Phantasie wenigstens, sowohl das Unbotmäßige, das Lasterhafte, Verbotene miterleben wie die Strafe dafür auskosten. Mag der Klatsch lästig sein, zuweilen gefährlich giftig, wo er sich bis zum »Rufmord« steigert: Er ist ein Ventil, das die Menschen in den Fesseln ihrer Gesellschaft nicht entbehren können und das noch Schlimmeres, das große Vorurteilsunisono, verhütet. Zudem ist daran zu erinnern, daß es auch den idealisierenden Klatsch gibt, den, der aus einer kollektiven Verliebtheit entspringt und sie fördert. Auch er ist nicht nur auf Mädchenpensionate beschränkt; weltweit stehen auch ihm beflissene Multiplikatoren zur Verfügung.

Am üppigsten gedeiht das aggressive Klatschbedürfnis in »engen« Gruppen mit hoher wechselseitiger Kontrollmöglichkeit für das Einhalten der Regeln, also in Dorfgemeinschaften, in Wohnbezirken des eingesessenen Bürgertums der Städte, in Sekten, Orden, in den Büros der Verwaltungen. Im Grunde ist es gleichgültig, worüber geklatscht wird; Hauptsache, es läßt sich ein gemeinsames Opfer ausfindig machen. Die Intensität der Beteiligung geht parallel der eigenen affektiven Frustrierung, der die Gruppe als ganze nicht zu entgehen vermag und die sie sich nicht eingesteht. Vielmehr ist emsiges Klatschen das Mittel, ein wenig das Elend der Welt, in der man lebt, zu vergessen. Die Macht des Ohnmächtigen ist die üble Nachrede. Wo libidinöse Erfüllungen das Ich stärken und die primären Triebwünsche tolerabel gesättigt werden, verringert sich das Verlangen nach aggressiver Verschwörung im Klatsch. Darum ist es immer wieder so, daß der Freiere gerade deshalb zum Klatschopfer werden muß.

Die relative Harmlosigkeit des banalen Klatsches liegt darin, daß die Opfer nicht feststehen, keine Permanenz haben wie die großen Sündenböcke. Jeder hat das Vergnügen, in der Nachrede eine flüchtige Verstärkung seiner *in-group*-Beziehung (wir sind die Besseren) und eine Möglichkeit zur dosierten Triebentlastung zu erfahren; er kann aber ebenso für eine Weile das Opfer werden. Diese leicht weckbare Vorurteilsbereitschaft ist allerorts anzutreffen, nackt und unverhüllt treibt sie auch in den erlauchtesten Gremien ihr Spiel. Im Snobismus, im sarkastischen Bonmot bringt sie dazu noch eine beachtliche Steigerung des narzißtischen Genusses und – wenn man die Kunst beherrscht, die Lacher auf seiner Seite zu haben – Prestigegewinn. Auch hier dient das Ich willfährig dem Luststreben.

Die erfolgreiche Anpassung im Bereich der Allgemeinbildung an ein intellektuell anspruchsvolles Milieu zieht, wie wir schon früher sahen, keineswegs die affektive Reifung, die Schärfung der Selbstwahrnehmung zwangsläufig nach sich. So gewinnt man, wenn man die Unausrottbarkeit des Klatsches bedenkt, erneut einen Einblick in den Charakter als eine ziemlich lockere Verbindung von Vektoren der Reaktionsbereitschaft. Dem Betrachter (und der geschärften

Selbstwahrnehmung erst recht) scheinen sie oft gar nicht zusammenzupassen. Sie markieren Plateaus der Entwicklung, die in sehr weit auseinanderliegenden Zeitabschnitten eines Lebens erreicht wurden. Da wir alle gern klatschen, offenbart sich darin unsere Neigung, die vernünftigeren Formen unseres Zusammenlebens regressiv zugunsten primitiver Genüsse aufzugeben. Und da wir am Klatsch so viel Freude haben, ist es fraglich, ob wir überhaupt so erwachsen sein wollen, daß wir auf ihn ganz verzichten möchten; zu viel Vergnügen ginge dabei verloren.

XII Massen – oder: Zweierlei Vaterlosigkeit

Von der ödipalen Rivalität zum Geschwisterneid

Das ominöse Wort »Masse« ist mehrfach in unserem Text aufgetaucht. Im allgemeinen Wortgebrauch markiert es längst weniger eine Quantität als eine Qualität. Wo von Masse gesprochen wird, ist es dringend geboten, sich des emotionalen Zustandes jenes zu vergewissern, der mit dem Wort engagiert umgeht. Er schwankt zwischen triumphierender Identifizierung, einem inflationären Wir-Gefühl (wir, die siegreichen Massen der Revolution, die siegreichen Heere, die siegreiche Partei) und Angst in ihren Schattierungen von Resignation bis zum Erlebnis bedrohlicher Ausgeschlossenheit. Einmal geht das individuelle Erlebnis ozeanisch in der Massenrichtung und -gestimmtheit auf, das andere Mal fühlt sich der einzelne würgend von einer unabsehbaren Übermacht umklammert.

Da das Schicksal der Vaterlosigkeit – sowohl im Sinne des Verlustes erster Beziehungspersonen wie im Sinne der Aufgabe, dem Vater zu entwachsen – von den Gesellschaften unserer Zeit ertragen und gestaltet werden muß und da Gesellschaft heute eine Gesellschaft von Massen ist, wollen wir unsere sozialpsychologischen Überlegungen mit dem Versuch schließen, einiges zur Klärung des Begriffs »Masse« als einer die Affekte bewegenden Realität beizutragen.

Je nach der Bejahung oderVerneinung meiner Zugehörigkeit zu einer Masse empfinde ich sie als mächtig oder mich als ohnmächtig. Der Politiker, der Majoritäten auf seiner Seite weiß, stattet sie mit Einsicht aus; aus der Kongruenz der Ziele schließt er auf die »Richtigkeit« seiner Absichten und empfindet sich als legitimiert. Sein Opponent will gerade diesen Schluß nicht gelten lassen und findet sich unverstanden, die Masse unzugänglich für eine, wie er meint, bessere Einsicht. Infolgedessen gehört es inzwischen zur List, vielleicht Arglist des politischen Spezialisten, die Trends der öffentlichen Meinung abzutasten, um nach ihnen seine Versprechungen zu formulieren. Von einem politischen »Programm« kann hier kaum noch die Rede sein, eher von einer Karussellbewegung, in welcher die öffentliche Meinung einem politischen Versprechen nachläuft, das der Versprechende aus ihr selbst extrahiert. Das politische Geschehen entfernt sich dabei mehr und mehr vom Realitätsprinzip; entsprechend wird eine Reihe von Tätigkeitswörtern der Varieté-Artistik zur Kennzeichnung des politischen Geschehens verwandt: Der eine jongliert mit Zahlen oder Fakten, der andere »stiehlt die Show«, und irgend jemand befindet sich meist in seiltänzerischer Geschicklichkeit auf »Gratwanderung«. Der »Illusionist« wäre die beste Kennzeichnung des angepaßten Politikers der »Demokratie ohne Freiheit«[1]; er beherrscht perfekt die Technik der Manipulation, gibt sich keine Blöße und täuscht vollkommene Wunschbilder für greifbare Wirklichkeit vor. Das ist gewiß eine gehässige Vereinfachung, aber es handelt sich nicht um eine gefällige Analogie, sondern um eine echte Übereinstimmung in den Methoden des Truges. Natürlich gehören wir alle, die wir uns solche Auftritte bieten lassen, mit zur Szene. Erst ein regressionswilliges Publikum von Kindern gibt dem Zauberer die Bestätigung, daß seine Tricks als Wirklichkeit ankommen. Das betrübliche Fazit muß dann lauten, daß der Demagoge – denn das ist der Zauberer in der politischen Rolle – die Erfolgsfigur in einer Gesellschaft werden muß, deren Phantasien zu einem »Staat, der von selbst läuft«[2], zu einer spendenden Muttergottheit zurückdrängen.

Massen geben dem begehrlichen Streben in den Interessenkonflikten, die es heraufbeschwört, einen Echoaffekt. Vollziehe ich die kollektive Erregung mit, symbolisiert im Schrei der Akklamation oder im Pfiff der Verachtung, dann trägt mich das Echo; höre ich die Äußerung von außen, so erschreckt sie mich als überspülende Brandung, in der die Artikulation, die Einzelmerkmale verschwinden. Dieses Erlebnis ist keineswegs an die Gebärden erregter aktueller, sichtbarer Massen geknüpft; auch wenn in allen Zeitungen das gleiche steht, wenn jede Berührung eines Themas die gleiche Reaktion in meinen Partnern hervorruft, stellt sich die Wirkung des Echoeffektes ein. Auf vielen Wegen der Massenkommunikation werden in uns fortwährend Grundstimmungen aktiviert, die uns »massierbar« machen. Die Angebote müssen aber, um Erfolg zu haben, auf eine Stimmungsbereitschaft treffen. Diese, als eine permanente nervöse Reizbarkeit, quittiert das Erlebnis, daß wir auf allen Plätzen unserer Tätigkeit von Massen konkurriert werden.

Die Massengesellchsaft mit ihren Arbeitsaufforderungen in Abhängigkeit, unter Ausschluß der spurhaften, selbstverantwortlichen Leistung, schafft ein Riesenheer von rivalisierenden, neidischen Geschwistern. Ihr Hauptkonflikt ist nicht durch die ödipale Rivalität, die mit dem Vater um die Privilegien des Genusses von Macht und Freiheit ringt, bezeichnet, sondern durch Geschwisterneid auf den Nachbarn, den Konkurrenten, der mehr bekommen hat. Gegenüber der bäuerlichen, feudalen, bürgerlich-kapitalistischen Gesellschaftsform ist das eine gesamtgesellschaftliche Veränderung der Lage, deren Auswirkungen – wenn man sie sich einmal zum Bewußtsein gebracht hat – nirgends mehr übersehen werden können, weil sie überall anzutreffen sind. Dazu kommt, daß die Massen der Industriegesellschaft nicht mehr in einem Zustand dauernder vitaler Gedämpftheit »vegetieren«, nicht mehr von Unterernährung und Seuchen bedrückt werden. Ihr Triebüberschuß entspricht einer guten Kondition und sucht sich in horizontalen Übergriffen auf den konkurrierenden Nebenmann zu befriedigen. Daß die Gesellschaft gleichzeitig von der Idee des »Aufstiegs« fasziniert ist, scheint uns kein Gegenbeweis zu sein. Man will aufsteigen – das heißt aber, man will in erster Linie Vergünstigungen erlangen, nicht Verantwortung übernehmen. »Man muß nur Ansprüche haben, aber Stellung beziehen, das muß und möchte man nicht.«[3] Die Hierarchie in Betrieb und Verwaltung ist keine, die bis in die alten Höhen der väterlichen Entscheidungsgewalt hinaufreicht. Wer dort hinauf geschoben wird, erträgt das meist schlecht. Es ist sehr bezeichnend, daß sich dafür eine Signatur gefunden hat: die Managerkrankheit. Sie ist weniger eine Lokaldiagnose als die Beschreibung eines typischen Zusammenbruchs unter typischer sozialer Belastung.

Die interessierten Agenten

Anlehnungshungriges Neidverhalten ist das Strukturmerkmal unserer Konkurrenzgesellschaft. Es hat durch das Entstehen der verwalteten Massen das paternistische Rivalitätsideal abgelöst. Die kausale Folge ist, daß sich die alten Rollen der Verantwortlichkeit immer weiter auflösen und durch fiktive Verantwortungsträger besetzt werden. Auch im Maß einer Korruptionsbereitschaft, die dem Vaterstaat der bürgerlichen Epoche unbekannt war, im Verschwimmen eindeutiger Vorstellungen über Bestechlichkeit zeichnet sich die Schwächung des Verantwortungsbewußtseins ab. Der innengeleitete Inhaber eines öffentlichen Amtes war freilich an eine hierarchische Territorialordnung gebunden. Seine Rücksicht schwächte sich den Mindergeachteten gegenüber ab, wurde vom allgemeinen Ausbeutungswunsch überlagert, aber das hätte nicht der persönlichen Bereicherung Vorschub geleistet. Von einer solchen Identifikation mit einem Ordnungsprinzip, das Würde verleiht, auch wenn die Gehälter spartanisch sind, kann in den industriellen Massengesellschaften nicht mehr die Rede sein. Der Demagoge – es wird immer schwerer, Politiker neben ihm zu finden – und der Interessenrepräsentant (der Mann der »Lobby«) haben solide Vorstellungen von dem Gewinn, den ihnen der Job abwerfen soll; sie selbst fühlen sich nicht verantwortlich, sondern als interessierte Agenten von Gruppen- oder Massenforderungen.

Gewiß hat dieses Ringen um die Erfüllung von partikulären Ansprüchen das Leben jeder Gesellschaft mitbestimmt. Es waren diesen Ansprüchen aber im Wortsinn natürliche Grenzen gesetzt. Die offene Bewegung der Produktivität und der menschlichen Reproduktivität, bei der der Anstieg der Wachstumsrate der Bevölkerung vorerst immer noch die Vermehrung des Sozialproduktes übersteigt, hat jedoch zu einer neuen Orientierung des Begehrens geführt. Seine Qualität selbst ist eine andere geworden; in Anschauung der selbsttätigen Maschine gelangt die Phantasie zur Erwartung selbsttätiger Befriedigung. Und dies um so mehr, als die industrielle Arbeit, einschließlich der Verwaltungsarbeit, wegen ihrer Monotonie und Einseitigkeit zermürbend langweilig ist. Der Demagoge mit den »Wahlversprechen« und der Lobbyist sind die Repräsentanten der gereizten Grundstimmung, die den Enttäuschungen folgt, aber sie sind keine Katalysatoren der Ansprüche. Sie vertreten keine Ordnung, sondern bedrückende Verhältnisse.

Vielleicht trifft diese Beschreibung ein zentrales Moment der gegenwärtigen Massengesellschaften sowohl soziologisch wie psychologisch: Massen haben Zustände mit sich gebracht; sie finden in den überlieferten Ordnungen nicht mehr Platz, und zwar weniger in den räumlichen Verhältnissen als in der Gestimmtheit, den Erwartungen. Es entsteht ein Ordnungsdefizit im Sinne einer Orientierungsschwäche, die zur Regression in sehr archaische Erfahrungen der Befriedigung zurücktreibt, in die Märchenordnung des »Tischlein, deck dich«, in die Stillordnung. Die Evolution zu einem Bewußtsein, das diesen Ansprüchen gewachsen wäre, hinkt der Wachstumsrate der Massen nach; es ist dem kritischen Bewußtsein noch nicht gelungen, eine Massenordnung zu finden, die der Herausforderung zur Regression durch die Zustände gewachsen wäre.

Beziehungsarme Kindheit – lebloses Alter

Leistungsanspruch, Angst vor Überflügeltwerden und Zurückbleiben durchdringen den ganzen Erlebnisbereich des Individuums in der Massengesellschaft. Die Angst vor dem Altern hat panisches Ausmaß; das Alter selbst wird zu einem Lebensabschnitt großer Verlassenheit ohne Reziprozität mit den jüngeren Generationen. Es ist eine bittere Ironie, daß sich zugleich das durchschnittliche Lebensalter um Jahrzehnte verlängert hat. Die Anstrengung, um jeden Preis jung zu bleiben, gehört zu den regressiven Charakterzügen. Die ewige Jugend ist ein imaginiertes Ideal; da die Interdependenz nur in der Geschwisterrivalität erfahren werden kann, fällt man einfach ohne Nachklang aus, wenn man ein gewisses Alter erreicht hat. Man möchte leben, ohne zu altern; und man altert in Wirklichkeit, ohne zu leben.

Noch scheinbar entfernte Verhaltensgewohnheiten verweisen auf die Kontaktstörung zwischen den Altersstufen. Ein mächtiger Trend in jenen Kliniken, die als Geburtszentren fungieren, zielt auf die Rationalisierung der Stillperiode. Flaschenstillung ist rascher, gleichförmiger, arbeitsparender als Bruststillung. Die große Quote von Müttern, die leicht durch den Betrieb dazu gebracht werden können, ihre Säuglinge nicht selbst zu stillen, beweist, daß die Zustände stärker sind als das Bedürfnis, eine Ordnung, hier eine naturbedingte, zu vollziehen. Die Auflösung des Sozialkontaktes am Anfang und am Ende der Lebensspanne haben die gleiche Wirkursache, die narzißtische Regression, zu der die Zustände in der Hauptperiode des Lebens – als Arbeits- und Genußvollzug – herausfordern. Zu den Ordnungsverlusten gehört also auch das Fehlen eines Identitätsmodelles, in dem eine Transformation des Ichs in ein alterndes enthalten wäre. Die Monotonie des Berufsdaseins läuft damit nach der Pensionierung weiter – im Leerlauf. Der »Pensionierungsbankrott«[4], psychisch und physisch, ist keine naturgegebene Alterserscheinung, sondern das Produkt gesellschaftlicher Bedingungen, die eine Selbstentfremdung in der Anpassung übermächtig erzwingen. Jedenfalls sind sie offensichtlich mächtiger als die kritischen Widerstandsleistungen, deren das Individuum fähig wäre – vorausgesetzt, sie fänden als eine Alternative die Unterstützung der gleichen Gesellschaft. Die Schrumpfung des affektiven Kontaktes nach dem alten Menschen hin ist in sich ein Entdifferenzierungsvorgang der gesellschaftlichen Struktur. Sie gehört zum Typus der Gesellschaft moderner Dauermassen, die eine Amnesie für alles nicht homogen Funktionierende entwickeln. Die frustrierte Kindheit wird vergessen, die Existenz des Alters verleugnet.

Dem Individuum im »besten Alter« wird es schwer zu verwirklichen, wie man sich begnügt und definitive Begrenzungen findet, sich in ihnen einlebt, weil sein Territorium, auf dem sich solche mehr statische Lebensführung abspielen könnte, dauernd von Umbauvorgängen, von Expansionen unterwandert wird. In der neuesten Phase dieser Entwicklung verstärkt das Bewußtsein, einer rapide wachsenden Gesamtbevölkerung anzugehören, die Angststimmung; die Massen Chinas, Japans, Indiens, Südamerikas sind aus länderkundlichen Ziffern durch die Massenkommunikationsmittel zu anschaubarer Wirklichkeit geworden. Werden diese Menschenmassen auf die Dauer zu ernähren sein? Wird Raum, und welche Art von »Raum«, für den einzelnen bleiben? Wird die Umwelt unheilbar vergiftet durch die Bedürfnisse dieser Massen? Solche Gedanken erwecken in uns – wie unklar auch immer – ein Gefühl der Bedrohung durch so viele Geschwister. Fremde Massen schränken unsere »westlichen« Prärogative immer fühlbarer ein. In unseren Eigenerfahrungen besorgen das die Konkurrenten aus den eigenen Massen.

Der Distanzeffekt

Eine andere Assoziation ist mit der Lenkbarkeit der Massen verknüpft. Wenn es irgendeinen Sinn hat, von »Vermassung« zu sprechen, so doch nur diesen, daß unsere Regressionsneigung über unsere kritische Einsicht und Umsicht siegt, daß wir einstimmend uns der Richtung, dem Befehl von außen überlassen – indifferent für widersprüchliche Eigenbeobachtungen in der Realität. Das Faktum selbst: die Möglichkeit, in einer unabsehbaren Zahl von Menschen gleichartige affektive Regungen und Gestimmtheiten zu erzeugen, bei gleichzeitigem *abaissement du niveau mental* – das heißt Einschläferung des kritischen Vermögens und des Gewissens –, dieses Faktum selbst wird als unheimliche Bedrohung empfunden, solange wir uns der Narkose zu entziehen vermögen. Es ist also ein *Distanzeffekt,* der neben dem *Echoeffekt* die Massenhaftigkeit für unser Erleben so beunruhigend macht.

Der Distanzeffekt stellt sich ein, sobald ich vieler einzelner gewahr werde, die eine gleiche Bewegung vollziehen, auch gleiche Denkbewegungen, und deren Gleichheit mir den Eindruck des Automatischen erweckt. Im Grunde ist die reflexhafte Unfreiwilligkeit bezeichnend für jeden Vollzug von Vorurteilsweisungen; das Erlebnis der Gefahr rührt aus dem Unisono her. Gelingt es mir nicht, unbeeinflußt zu bleiben, oder bin ich in einer Lage, in der mich eine solche massierte Äußerung nicht kalt lassen kann, dann neige ich in der Abwehr ebenfalls zur Simplifizierung: Ich schließe von der augenblicklichen Gleichförmigkeit der Äußerungen auf eine globale Gleichheit derer, die eine Masse bilden. Das ist die Falle, in die Massenpsychologie allzuoft geraten ist. Der Distanzeffekt wird zu einem Werturteil mißbraucht. Das massenhafte Reagieren bekommt die Qualifizierung eines gleichsam natürlichen Übels, dem die »anderen« verfallen sind; aber es bleibt eine unerklärliche, weil scheinbar wieder einmal natürliche Tatsache, daß ich frei von diesem Übel bin. Wer je gegen seinen Willen in Massenflutungen geraten ist – zum Beispiel in einen Verkehrsstrom –, kann jedoch feststellen, daß die Homogenität keineswegs eine so einheitliche zu sein braucht. In der bedrängenden Masse der Verkehrsteilnehmer erlebt jeder einen Distanzeffekt: Er sieht die Masse der anderen, für sie ist er aber auch ein Massenteilchen.

Sehen wir die Vermassung als einen unausweichlichen Reaktionsmodus an, der bei einer bestimmten Erregungsschwelle oder unter Dauerreizen einsetzt, so geben wir den dialektischen Anspruch des »Ich-Gehorsams« auf, wir landen dann bei einer Pseudobiologie, bei einem Pseudoindividualismus und den operationellen Tricks, Vermassung zu dirigieren. Massen, das heißt große Zahlen von Einzelnen im Zustand der Vermassung, sind aber ein Produkt der gesellschaftlichen Verhältnisse; unzweifelhaft sind es Reaktionsbereitschaften der unreifen psychischen Organisation, die eine Vermassung – also ziemlich fahrlässige Anpassung an Trends, an »Richtungen« – ermöglichen. Ungewohnte, fremde Verhältnisse setzen Schutzfunktionen in Gang, die im subhumanen Bereich ihre Vorformung erfahren haben (wie etwa die Flucht-Angriffs-Alternative). Es ist aber an die Tatsache zu erinnern, daß jede Umwelt anfänglich für den Menschen eine fremde war, daß die Gewohnheit die Bekanntheit schafft. Die Gewohnheit, durch kritisches Denken den Umweltraum der zweiten, technischen, von Massen bevölkerten Natur zu durchdringen, ist noch nicht geübt. Wo Kulturkritik diesen Fortschritt hemmt, ist sie selbst ein Opfer regressiven, ängstlichen Zurückweichens und keine Hilfe. Die Mimikry der Vermassungsvorgänge hat zwar eine starke phylogenetische Wurzel; aber sie ist nicht die ganze Biologie des *homo socialis,* sein kritisches Vermögen gehört ebenfalls zu ihr. Erst durch die kritischen Fähigkeiten wird aus Zuständen Ordnung.

Die massenfeindliche Kulturkritik übersieht, daß im Verlust der kritischen Distanz, im Vorgang der Selbstentfremdung immer auch ein Schmerz- und Unlustelement enthalten ist. Die quälende Scheu vor dem »Ich weiß nichts«[5], welche die Ohnmacht der Selbstbehauptung fühlbar werden läßt, zeigt uns, daß die Selbstamputation des kritischen Denkens in den Vorgängen der Vermassung keine reine Freude ist. Das in seiner Kritik gelähmte Individuum, jener Invalide aus hohem sozialem Druck, ist freilich sprachlos für seinen Konflikt geworden – vielleicht unansprechbar. Wenn wir einen Bekannten immer wieder im toxischen Rausch antreffen, kämen wir kaum auf den Gedanken, daß er ihn aus überschäumendem Lebensgefühl sucht. Wenn Massen von einzelnen in Denkhemmung automatisieren, ist es wenig verständig, eine biologische Defektstruktur, eine konstitutionelle Abhängigkeitssucht zu diagnostizieren, statt diese Suchtform, wie jede andere, auch in den gesellschaftlichen Zuständen bedingt zu sehen. Denken ist ein weites Feld libidinöser Befriedigung; der Mensch gibt es nicht ohne Grund auf.

Verletzung des Eigenterritoriums und Triebentmischung

Die perspektivische Täuschung, daß vom Blickpunkt eines jeden aus die anderen zur Masse gehören, bringt uns wieder zum Thema: zur horizontalen Aggressionsbereitschaft, zur Geschwisterrivalität. Da der moderne Mensch tatsächlich in vielen Situationen auf anonyme oder fast anonyme andere trifft, die durch keine Merkmale einem gesicherten Status zuzuordnen sind, die ihm aber den Weg in der einen oder anderen Hinsicht verlegen, wird er diffus auf Aggression gestimmt. Sie wird nur unvollkommen durch manipulierte Devisen gerichtet. Die immer neue Reizquelle ist die dauernde Verletzung dessen, was der einzelne jeweils als sein Eigenterritorium am Wohn-, Arbeits-, Erholungsplatz, im Verkehr erlebend beansprucht. Noch hier ist der Rückzug in den illusionären Eigenraum (und das gleichzeitige aggressive Eindringen in fremde Privatbereiche) sinnfällig zu beobachten, wenn jung und alt mit dem tönenden Transistorgerät im Arm spazierengeht. Das Minimalterritorium gehört sicher zu den biologischen Voraussetzungen des emotionellen Gleichgewichts; die Deformation der Existenz in Slums und Massenlagern belegt das zur Genüge, und es gibt viele neue Slums in den Wohnburgen, die sich um die Produktions- und Verwaltungszentren lagern.

Umgekehrt kann die massenhafte Enge durchaus lustvoll gesucht werden, wenn wie in den Besuchermassen der Stadien der Echoeffekt der Gleichgestimmtheit das eigene Gefühl hinreißend weitet. Um das Bild im übrigen nicht in großdimensionierten Klischees gesellschaftlicher Vorgänge erstarren zu lassen, muß noch angeführt werden, daß keiner der vermassenden, konformisierenden Vorgänge ohne Enantiodromie – ohne Gegenläufigkeit – sich vollzieht. So üben die Mittel der Massenkommunikation keineswegs nur den verdummenden Einfluß aus, den sie sicher auch ausüben, auf den sie die massenfeindliche Kulturkritik aber zu Unrecht reduziert. Es gibt eine Fülle von Nachrichten, die der echten Information dienen und das alternative, liberale, tolerante Denken anregen. Es gibt neben den verantwortungslos »hingehauenen« Stadtrandsiedlungen mustergültige Beispiele eines gestaltenden Durchdringens von Großwohnräumen. Wir müssen dies anerkennen, weil sonst unsere

Kritik die Situation verzerrt. Gäbe es tatsächlich keine Gegenbeweise gegen den immanenten Sog zur Verelendung im lieblos-komfortablen Massenmilieu, dann erst hätte die Kritik keinen produktiven Sinn mehr. Dem ist aber nicht so, auch wenn die »Zustände« bedenklich genug sind.

Wir halten also fest, daß das quantitative Moment, das in jedem Erlebnis von »Masse« enthalten ist, die Grenzen unseres sinnlichen Auflösungsvermögens anzeigt. Gerät das Individuum in ein Erlebnisfeld, dicht besetzt mit unbekannten, unvertrauten, aber gleichgestimmten Individuen, so erscheinen ihm die Vielen als Masse, um so mehr, wenn die Einheitlichkeit etwa durch Uniform noch betont wird. Das Verschmelzen *de facto* sehr unterschiedlicher Vieler zu einer homogenen Erlebnisgestalt, die sich im einzelnen bildet, bezeichneten wir als Distanzeffekt. Je weiter ich mich in meiner eigenen Gestimmtheit vom Inhalt, der eine größere Zahl von Menschen eint, entfernt befinde, desto eher werden sie für mich zur Masse. Es ist dann regelhaft zu beobachten, daß vom Erlebnis »Masse« Triebwünsche erregt werden und daß diese sich ihr gegenüber sehr leicht entmischen. Zumal wenn in der Begegnung Angst miterweckt wird. Die Ambivalenz der Gefühle, die alle unsere Beziehungen zu anderen auszeichnet, verschiebt sich dann nach den Extremen stärkster Bejahung und aggressiver Verneinung. An den Reaktionen vieler Verkehrsteilnehmer kann man gut beobachten, wie die libidinösen Triebanteile im Zustand feindseliger Erregtheit ins Ich zurückgenommen werden und die narzißtische Besetzung verstärken. Ich bin mir dann der Liebste, Nächste – meine Aktionen werden dadurch aggressiver, rücksichtsloser. Diesen Entmischungsvorgang beobachten wir überall, wo eine große Zahl annähernd Gleichgestellter – Einzelner von gleicher Prestigehöhe – um Vorrechte kämpft; eine typische Geschwisterrivalität, die sofort aufhört, wo eine Figur auftaucht, die für dieses Feld ein höheres Prestige besitzt; um bei unserem Beispiel zu bleiben: etwa eine Streife der Verkehrspolizei.

Es ist jedoch fraglich, ob die Polizei noch als väterliche Machtrepräsentation oder nicht vielmehr in einem viel ungreifbareren Regulationszusammenhang empfunden wird. Sicher ist der Polizist (ähnlich dem Lehrer) für viele ein Projektionsschirm für aggressive Gefühle, die aus ihren Erlebnissen im Umgang mit Beziehungspersonen der Familie stammen. Mit den Behörden, die ähnliche Restriktionen verhängen, verhält es sich anders; sie werden als Widerstände empfunden, die ein dumpfes Unbehagen wecken, das sich nicht eigentlich an einen anschaubaren übermächtigen einzelnen heften kann. Es ist ein System, das in buntem Wechsel Widerwillen und Ansprüchlichkeit weckt. Aber was das für ein System ist, welche Grenzen es hat, was echter Übergriff und was notwendiger Auftrag ist, das verbleibt in vager Ungewißheit. Man tritt zu ihm meist auch nur durch Formularverkehr und Zahlung in Kontakt.

Hier ist an einen Prozeß zu erinnern, den Dahrendorf[6] die »Arbeitsteilung der Herrschaft« nennt: »In entwickelten Industriegesellschaften sind wir gegenwärtig, ganz unabhängig vom Sozialcharakter ihrer Bürger, Zeugen einer Entwicklung, die man vielleicht als eine weitgehende Arbeitsteilung der Herrschaft beschreiben kann. Wie die Arbeitsteilung der industriellen Produktion hat diese Entwicklung zur Schaffung zahlreicher Spezialistenpositionen geführt, deren jede nur geringe Spuren des Prozesses trägt, zu dem sie gehört.« Arbeitsteilung der Herrschaft ist ein in dieser verwickelten Aufgliederung ziemlich neuartiges soziales Phänomen. Die Arbeitsteilung der Produktion begleitet die Geschichte; Manufakturen gab es bereits in den Kulturen des Zweistromlandes. Die Herrschaftsverhältnisse waren, ob im alten China oder noch in der ersten Welle der industriellen Revolution mit ihren Kohlenbaronen und Eisenbahnkönigen, an Personen, an personengebundene Macht geknüpft. Wo die letzten Reste feudaler Reminiszenzen getilgt sind, wo sich neue Herrschaftskasten an der Macht befinden, kommt diese Macht nicht von ihnen, sondern sie verwalten ein (meist ihnen selbst, sicher dem abhängigen einzelnen) unentwirrbares Machtpotential, eine aus vielen Interessenkanälen gespeiste Machtflutung. Alle Beschreibungsversuche laufen darauf hinaus, diese die Gesellschaft bestimmenden Herrschaftseinflüsse (entsprechend der in unserer Sprache enthaltenen vorindustriellen anschaubaren Welt) als Geschehnisse, die Naturprozessen ähnlich sind, für das Erleben faßbarer zu machen. »Kein identifizierbarer Einzelner übt ›die Macht‹ aus, und doch wird Macht beziehungsweise Herrschaft ausgeübt, und wir können Menschen angeben, die an ihrer Ausübung nicht teilhaben.«[7]

Vaterlosigkeit ersten und zweiten Grades

Es sind die großen Zahlen der in der arbeitsteiligen Produktion Beschäftigten, die uns durch den Distanzeffekt als »Massen« erscheinen. Der entindividualisierten »Masse« entspricht auf der Herrschaftsseite des ebenso antlitzlose »System«. Wir wachsen aus den Machtverhältnissen der Kindheit, die an Personen gebunden sind, in die unfaßbaren hinein, unter denen sich unser konformes Arbeitsleben, die Lebensepoche unserer definitiven Charakterbildung abspielt. Halten wir dieser zweiphasigen Erfahrung die einheitliche der paternistischen Großstrukturen entgegen – in denen dem Vater die Beziehung zum Lehr- oder Arbeitsherrn, zum Landesherrn bis hinauf zum Monarchen folgte –, so können wir die bestehenden System-Herrschaften in aller Prägnanz als den Zustand einer vaterlosen Gesellschaft bezeichnen. Wo »kein identifizierbarer Einzelner« die Macht in Händen hält, besteht dem Prinzip nach eine Geschwistergesellschaft.

Gerade auf diesen Zustand ist die Gesellschaft nicht vorbereitet. Er hat sich als ein unbeabsichtigtes Nebenprodukt der zu höchster Zergliederung vorangetriebenen Spezialisierung eingeschlichen. Inzwischen ist er zum Hauptproblem geworden, dem die Produktionsverhältnisse unterzuordnen sind, wenn wir von Zuständen zu einer Ordnung finden wollen. Denn eine bedrohliche Rückwirkung hat die Primärgruppe der Gesellschaft ergriffen. Die emotionalen Beziehungen und die Herrschaftsstruktur der Familie werden in den Stil der unverbindlichen Fraternisierung und der Einebnung überzeugender Rangunterschiede einbezogen. Offenbar stellt die Arbeitsteilung der Herrschaft eine echte geschichtliche Herausforderung an unsere *produktiven*, aktiven Anpassungsfähigkeiten (gegenüber einem bloß passiven Verfallensein an Geschehendes) dar. *Diese* Vaterlosigkeit werden wir zu bewältigen haben. Die Vater- und Mutterlosigkeit der Kindheit aber, welche die nämlichen gesellschaftlichen Prozesse verfügen, kann nichts heilen. Ein Individuum, das keine primäre Möglichkeit hatte, sichere Objektbeziehungen zu bilden, seine Ambivalenz am gleichen Partner einigermaßen zu schlichten, wird in jene ungewissen Gefühls- und Einbildungsflutungen geraten müssen, die in der klassischen *Massenpsychologie* Le

Bons beschrieben sind, als wären es Konstitutionsgegebenheiten und nicht Folgen der Blindheit der Gesellschaft für die Praxis, mit der sie sich selbst hervorbringt.

Die fortschreitende Spezialisierung hat, wie wir früher sahen, zur Vaterlosigkeit des ersten Grades geführt, zum Unsichtbarwerden des leiblichen Vaters oder, weniger einseitig pointiert: zur Schwächung der ersten Objektbeziehungen überhaupt. Der Eingriff des technischen Routinebetriebes schon in die früheste Mutter-Kind-Beziehung ist nicht weniger folgenreich als das Verschwinden des Hand-in-Hand-Handelns zwischen Vater und Kind. Der zweite Grad der Vaterlosigkeit löst die personale Relation der Machtverhältnisse überhaupt auf: Man kann sich, obwohl man sie ungemildert erfährt, »kein Bild« von ihnen machen. Das vaterlose (und zunehmend auch mutterlose) Kind wächst zum herrenlosen Erwachsenen auf, es übt anonyme Funktionen aus und wird von anonymen Funktionen gesteuert. Was es sinnfällig erlebt, sind seinesgleichen in unabsehbarer Vielzahl.

Es ist, wie wir betonten, nicht schwer, die phylogenetische Wurzel der Verstärkung narzißtischer und aggressiver Triebäußerungen in allen Pferchungserlebnissen zu entdecken. Der zufällige Nachbar, der in mein Minimalterritorium gedrängt wird, muß zum Eindringling, zum Feind werden, der Angriffsbereitschaft oder Angriff auslöst. Ungeachtet der Tatsache, daß wir uns dabei überfordern, verlangt das Zusammenleben in dranghafter Enge, daß wir unsere affektiven Altreaktionen (die Angriffs-Flucht-Tendenzen) unterdrücken – das gilt auch für den Bereich der Konkurrenz in spezialistischer Enge. Unweigerlich reichert sich durch diese Abwehr unbewußte aggressive Spannung an; sie wird durch das libidinöse Frustrationserlebnis, im Alltag auf gleich aggressiv Gestimmte zu treffen, weiter verstärkt.

Die Massenveranstaltungen, die eine emphatische libidinöse Befriedigung versprechen, sind für die Ökonomie des seelischen Daseins deshalb ein Gegenmittel. Hier kann das Individuum freiwillig sein Eigenterritorium öffnen, den Nachbarn als Freund sich nahe aufrücken lassen. Der Distanzeffekt verschwindet, eine massenhafte Partizipation eint. Die Aggressivität wird – etwa beim Verfolgen von Wettkämpfen – identifiziert entlastet. Wir sollten jedoch an diesem Gemeinschaftserlebnis, das in den Festen aller Zeiten seine Vorläufer hat, den Ersatzcharakter nicht übersehen. Sicher verweisen Feste – mit ihrem großartigen Erlebnis, von den realen Pflichten des Alltags und den allzuscharfen Gewissensforderungen entlastet zu sein – auf die Bedrückungen, von denen das Fest für kurze Zeit befreit; und sicher ist dies auch die ökonomische Funktion der Großveranstaltungen unserer Zeit. Ihre Häufigkeit, die an keinen natürlichen Rhythmus gebunden ist, und die Süchtigkeit, mit der ihnen zugesprochen wird, zeugen für ein erhöhtes Bedürfnis nach Zuständen der Nähe, auch wenn es eine anonyme und momentgebundene bleibt. Der Mangel an stabiler gewachsenen ersten Objektbeziehungen, das kalte Klima in den Familiengruppen, in denen man sich wenig oder nichts zu sagen und tatsächlich kaum etwas miteinander zu tun hat, lenkt die affektiven Erwartungen zu den stimulierenden Massendarbietungen.

Ein echter *circulus vitiosus* hat sich entwickelt. Das in die spezialisierte Produktion, an Massenarbeitsplätze verbannte Individuum, das zu einem Ort der Bekanntheit, nach einem »Zuhause« drängt, an dem es sich in seinen Ichstrebungen, in seinen Konflikten und Hoffnungen wie in seinen Triebwünschen anerkannt und angenommen fühlen darf, auch auf die ebenso persönlichen Bedürfnisse der Partner trifft und mit ihnen umgehen kann – dieses Individuum wird offensichtlich im Raum seiner Intimbeziehungen nicht gehalten, sondern wieder zurück an die Plätze massenhaften Genusses gedrängt. Die große Erkenntnisaufgabe setzt aber erst ein, wenn wir solches Verhalten nicht moralisch abtun und uns in dem Irrtum wiegen, wenn er nur wollte, wenn er nur interessierter wäre (oder wie der Vorwurf sonst lauten mag), dann könnte der einzelne schon ein beschauliches und inhaltsreiches Privatleben führen. Wenn irgend etwas, so hat doch die Ausbreitung des Fernsehens widerlegt, daß die Masse der einzelnen über ihre Entschlüsse disponieren und sich einfach über die gesellschaftlichen Gegebenheiten hinwegsetzen könnte. Fug und Unfug liegen beim Fernsehen so nahe beieinander wie bei jedem anderen Instrument, dessen ich mich bediene. Unfug entsteht aus der Benutzungsweise. Wie die Darbietungen nicht als Information, sondern als illusionäre Befriedigung erfahren werden, wie sich der einzelne zu Hause vom Zuhause ablenken läßt, das ist nicht dieser ingeniösen Erfindung, sondern sowohl den Abonnenten wie den Agenten in die Schuhe zu schieben. Die Widerstandslosigkeit, mit der man sich abends befluten läßt, hängt mit den Anforderungen zusammen, denen man tagsüber ausgesetzt war. Die aufreibende, aber spurlose, oft monotone Arbeit hinterläßt keine Probleme, die es weiter zu bedenken lohnte, wohl aber eine Irritation, die ein Verlangen nach Kontrasterfahrungen weckt, nach einer neuen Reizung, mit der die vorherige entspannt wird. Wie die Primärgruppen sich nun einmal unter den Teilungen von Arbeit, Verantwortung und Macht in der Mehrheit entwickelt haben, ist die Fähigkeit zu einem differenzierten intellektuellen und emotionalen Kontakt, zur Entfaltung einer zärtlichen oder angeregten Atmosphäre verkümmert. Man verhält sich auch im privaten Lebensbereich passiv anlehnend, erwartet die Lieferung von Stoff, der zu illusionärer Ab- und Ausschweifung geeignet ist; und dieser Nachfrage genügt die Industrie, hier die Nachrichten- und *fiction*-Industrie.

Um es wieder und wieder zu sagen: Es geht uns nicht um die Darstellung von Bedauerlichem, geschweige um den moralischen Selbstgenuß, zu zeigen, in welche Sackgasse wir geraten sind, sondern um das Sammeln von Erkenntnisgrundlagen für eine Veränderung der gesellschaftlichen Verhältnisse. Wenn man die Gesellschaft verändern will, muß man erst einmal ihre Veränderbarkeit methodisch untersuchen, also dieses zwanghafte Ineinanderwirken von objektiven, eben den gesellschaftlichen Lebensbedingungen und ihren affektiven Rückwirkungen, schließlich beider Einfluß auf unsere Bewußtseinsbildung.

Hier wird uns klar, daß die modernen ideologischen Massenbewegungen unter der gleichen psychodynamischen Perspektive als Spannungsentlastungen zu verstehen sind. Eugène Ionesco hat in seinem Stück *Die Nashörner* den Umschlag des Erschreckens aus dem Distanzeffekt in ein lustvolles Aufgehen in neue Massenidentität beschrieben. Zerfallen solche ideologisch geeinten Massen dann aber katastrophisch, wie etwa die des Nationalsozialismus, so stellt sich retrospektiv der Distanzeffekt mit großer Stärke wieder her. Ein hilfloses Unvermögen macht es den ehemaligen Massengliedern fast unmöglich, sich an ihre Nashorn-Periode, an ihre damaligen

Urteile, Hoffnungen, Überzeugungen zu erinnern und sich rückblickend in die Wertorientierung einzufühlen, die für sie bestimmend war. Man kann hier nicht schlechtweg von simuliertem Schwachsinn sprechen. Mit dem Verlust der Massenidentität wurde ein Stück Erinnerung verloren. Die Analogie zur Amnesie für die Jahre der Kindheit, aus der nur Erinnerungsbruchstücke hervorragen, ist deutlich. Auch die Unwilligkeit, sich als zeitliches Wesen zu verstehen und das vom jeweiligen Alter geforderte Verhalten zu erlernen, wovon wir oben sprachen, klingt hier an. Die Identifizierung mit dem »Führer«, mit den Massenidealen, die er einsetzt, ist jedesmal hintergründig ein von großer Angst begleiteter Vorgang der Zwangsanpassung (auch wenn das Individuum sehr »folgsam« sich einordnete oder jubelte). Massendiktatur setzte eine Gruppendiktatur fort. Harte Gehorsamsbedingungen der Frühzeit schaffen Dressatanpassung und eine Identität, die über diese erste Stufe der erzwungenen Identifizierung nur in schwächlichen Versuchen hinausgelangte. Verschärfung der Gehorsamsforderungen in der Gesamtgesellschaft führen dann zu massenhafter Regression auf diese Ebene des Dressatgehorsams. Die Orientierung bleibt starr vorurteilsgebunden, das Ich erschöpft sich in pseudologischen Begründungen. Fällt der Gebotsdruck dann in sich zusammen, so versteht der einzelne sich selbst nicht mehr; er ist sich so fremd, wie die Macht es war, die ihn zum angepaßten Verhalten antrieb.

Träumerisches Ichideal

Die eruptive Ausbreitung massenhaft vollzogener Dressatanpassung führt noch einmal vor Augen, wie die infantilen Erfahrungen fast unausweichlich die Grenzen der späteren Entwicklungsmöglichkeiten abstecken. Auch ein auf den ersten Blick »sanfter« Druck, hinter dem aber die unerbittliche Drohung des Liebesentzuges steht, kann die gleiche einschüchternde Identifikation bewirken wie die harsche Prügelpädagogik; beide lassen die Neugier, die Neigung, zu suchen, erstarren und disponieren dazu, daß einmal übernommene affektive Verhaltensmodelle und Vorurteilshaltungen nicht wieder aufgegeben werden können. Als Folge bleibt das Selbstverständnis vage; den spärlichen Zügen der selbständigen Ichentwicklung korrespondiert dann ein realitätsfernes Ichideal. Es bildet sich aus den Größenphantasien, welche die Ohnmacht kompensieren müssen. In diese träumerische Wirklichkeitsverkennung fügt sich der idealisierte »Führer« mühelos ein. Es ist uns jetzt aber auch verständlich, warum das Führeridol, das doch so frenetisch verehrt worden war, nach seinem Kollaps spurlos von der Bildfläche verschwinden konnte, wenn das auch gewiß nicht dagegen sichert, daß ein neu auftauchendes nicht mit ähnlicher Emphase begrüßt werden könnte. Das Vorbild war ein unerreichbar idealisierend überhöhtes; es forderte zu einer passiv-femininen, anbetenden Anlehnung, nicht zur Rivalität, zur Auseinandersetzung heraus.

Der kindliche Wettstreit mit dem Vater führt zur Verinnerlichung seiner Wertorientierung im Gewissen. Die realen Erfahrungen mit ihm bestimmen voraus, wie im weiteren das soziale Feld erfahren werden kann. Insbesondere die emotionale Einstellung zur Berufswelt und das Engagement für die Gesellschaft im allgemeinen werden so strukturiert. Die prägenden Einflüsse der Mutter sind die älteren; sie entstehen in der intimsten Zwei-Personen-Beziehung. Sosehr sich durch die Entwicklungen in der spezialisierten Großgesellschaft die Berufsrollen von Mann und Frau angleichen mögen, es bleibt ein natürlicher, biologisch bedingter Unterschied. Soweit Nützlichkeitserwägungen diesen Unterschied verwischen wollen, bedingen sie unweigerlich eine pathologische Entwicklung des einzelnen. Andere gesellschaftliche Einrichtungen können die Intimsphäre zwischen Mutter und Kind niemals gleichwertig ersetzen; Urvertrauen erwirbt das Kind nur im Umgang mit ihr und sonst mit niemandem.

Die schmerzlichen Erfahrungen der Ambivalenz der Gefühle, den ersten Konkurrenzkonflikt, der beispielhaft für alle späteren bleibt, erfährt man später im Umgang mit Mutter und Vater; alle Substitutionen für sie sind weniger, als diese sein können – wenn nicht deformierendes gesellschaftliches Schicksal sie untauglich dazu macht. Es gibt keinen Ersatz für die Vaterbeziehung. Versteht der Vater seine Rolle und weist er dem Kind die seine an, dann kann es ihm die Ansätze zu seiner eigenen planenden Weitsicht absehen und auch, wie man Fehlschläge erträgt. Der Vater muß frustrieren, aber er kann es auf eine nicht ersetzbare Weise, in der Forderungen versöhnlich bleiben. Es sind die wechselseitigen glückenden Gefühlsbindungen zwischen Mutter, Kind und Vater, für welche Vater wie Mutter die Erlebnisvoraussetzungen schaffen, die es ihnen erlauben, erziehend zu fordern und mit den Forderungen zu versöhnen.

Die Störungsmöglichkeiten in diesem Gefüge haben wir zur Genüge erörtert. Zu wiederholen bleibt nur, daß eine zentrale Aufgabe der Gesellschaft darin besteht, sich die einzigartige Situation des menschlichen Kindes bewußt zu machen. Die zentrale Aufgabe für die Erkenntnis liegt bei den humanen Aufgaben der Erziehung. Im Ausüben der sozialen Verantwortung – als Vater, Mutter, Lehrer, Richter und so weiter – müssen wir eines einfühlenden Umganges mit dem Kind und seiner schicksalhaften Position fähig sein. Wissen wir um seine Abhängigkeit und tiefste Beeinflußbarkeit, dann erfahren wir erst seine nicht entfremdeten Bedürfnisse und können unsere Führungsaufgabe ahnen, es zum kritischen Bewußtsein hinzuführen. Die These in all unseren Ideen zur Sozialpsychologie ist, daß die Gesellschaft sich selbst dazu erziehen muß, alle Interessen, die mit diesem Erziehungsziel konkurrieren, *ihm unterzuordnen.* Das ist gewiß keine kleine Aufgabe, jedoch ist an sie die Frage des Überlebens der spezifisch humanen Lebensordnung in den Räumen der vaterlosen Großgesellschaften geknüpft. Daß wir von diesem Ziel weit entfernt sind, ist einer der Gründe für die massenhafte Nivellierung und emotionelle Ratlosigkeit, die zu übersehen fahrlässig wäre – man kann sie vielmehr kaum übertreibend darstellen. Umgekehrt muß der Ruf zurück zu alten Ordnungsstilen als rettender Sicherheit – etwa dem Stil der bäuerlichen oder der bürgerlichen Familie – wirkungslos verhallen. Wenn die Vaterlosigkeit (bis hin zu den tradierten religiösen Versprechungen) in arbeitsteiligen Herrschaftsverhältnissen ertragen und durch kritische Einsicht ersetzt werden muß, in der Kindheit kann ein Leben ohne väterliches Vorbild ebensowenig wie eines ohne Nähe der Mutter folgenlos ertragen werden. Die Familienstruktur in einer im großen Rahmen sich geschwisterlich strukturierenden Gesellschaft wird freilich neue Ordnung und Sicherung *erwerben* müssen, zum Beispiel ein besseres Gleichgewicht, eine echte Gleichwertigkeit von Mann und Frau. Wir haben es also mit zweierlei Vaterlosigkeit zu tun – sie so präzise wie möglich zu verstehen ist das Mittel gegen eine

Sozialpathologie, in der Vater und Mutter überhaupt als die Grundmarkierungen des Lebens unter Menschen verschwinden.

Der spurlos verschwindende »Führer«

Haben wir den Vater sinnfällig in der Beziehung zur »Welt« draußen wie zu Mutter und Geschwistern erlebt, so begleitet er uns als inneres Objekt im Leben, wenn wir längst seinem unmittelbaren Einfluß entwachsen sind. Der versprechende und terroristisch bedrohende Massenführer ersetzt nicht eigentlich den vorhandelnden Vater; er ist viel eher – so überraschend das scheinen mag – in der Imago einer primitiven Muttergottheit unterzubringen. Er selbst gebärdet sich dem Gewissen überlegen und fordert zu einer regressiven Gehorsams- und Bettelhaltung heraus, die zum Verhaltensstil des Kindes in der präödipalen Phase gehört. Versagt er, so wird er aufgegeben wie ein unrentabel gewordenes Bergwerk; Treue kann er nicht wecken, wenn er keine Furcht mehr einflößt, keine Versprechungen mehr einlöst. »Ubi bene . . ., das langt; der Rest des Spruches (. . . ibi patria) ist überflüssig.«[8] Die Bindung an den »Führer« hat (trotz lautester Gelöbnisse) nie die konfliktreiche Stufe der Gewissensbildung und Gewissensbindung erreicht.

Zwar soll und muß eine zu enge Identifizierung auch mit dem Vater und Meister aufgegeben werden, wenn wir einem Selbst zustreben; der Unterschied zu dem Verschwinden eines Massenideales ist aber sinnfällig. Den Vater überwinden wir, im guten, indem wir liebend und verständnisvoll auf ihn als auf einen Menschen mit seinen eigentümlichen Zügen und Schwächen zurückblicken; im schlimmen, indem wir ihm hassend verbunden bleiben, mit dem Wunsch, nicht so, sondern anders zu sein. In jedem Fall bleibt er in uns, ist spürbarer, bejahter oder gemiedener Teil unserer eigenen Geschichte. Wir sind durch die Identifizierung mit ihm im Sinne Nietzsches hindurchgegangen, er bleibt für immer Teil unseres Wesens. Wie anders ist der Ausgang der Identifizierung mit dem scheiternden Massenführer, an dem doch alle hingen wie an einem glorreichen Vater, solange er Macht besaß und mit Zuckerbrot und Peitsche herrschte! Plötzlich will man an ihn nicht mehr erinnert werden; niemand, so scheint es, hat etwas mit ihm zu tun gehabt.

Mit den Uniformen zog man dieses Stück Selbst, dieses Stück Eigengeschichte aus, als wäre es nicht gewesen. Es ist aber auch nicht zutreffend, zu behaupten, eine Identifizierung habe überhaupt nicht stattgefunden, die Massen hätten lediglich eine heuchlerische Anpassung an ein Polizei- und Terrorsystem vollzogen. Denn es läßt sich nicht leugnen, daß zahllose einzelne durchaus mit den Zielen, Wertsetzungen, Vergünstigungen und auch den disziplinären Methoden dieses Systems einverstanden waren und sie auch dann bejaht haben, wenn sie in vertrautem Kreise oder allein mit sich waren; trotzdem identifizierten sie sich nach dem Zusammenbruch nicht länger, was doch in der Geschichte große Volksführer trotz ihres Scheiterns bewirken konnten. Statt dessen löschten nach dem Ende des Nazisystems oder ähnlicher Typen der Massenherrschaft auch die Überzahl der bisher Gläubigen ihre Erinnerungen als etwas Kompromittierendes aus. Ihr Gedächtnis gab nach. Aber gab es wie in dem zitierten Satz Nietzsches ihrem »Stolz«, ihrem Selbstwertgefühl nach? Oder gab es einfach unter den Anpassungsforderungen einer neuen politischen Ordnung nach? Das legt den Schluß nahe, daß auch diese neue Ordnung auf dieselbe Gleichgültigkeit treffen würde, wenn sie die Versorgungswünsche nicht mehr fleißig erfüllte. Der Riesmansche Typus des »Außengeleiteten« wäre psychologisch als das Produkt sozialpathologischer Vorgänge zu verstehen, durch welche es ihm nicht mehr gelingt, Urvertrauen gegen Urmißtrauen (im Sinne Erik Eriksons) zu verteidigen. Er hat nie feste Objektverbindungen erfahren; er ist Opportunist, nicht aus Schwäche des Charakters, sondern weil seine Charakterentwicklung überhaupt nicht zur Stabilität gediehen ist. Er ist von präödipalen Wünschen, von äußeren Reizbedingungen beherrscht, ohne sie zu einem Gedächtnis – im Sinne des Bewußtseins, ein Selbst zu sein – ordnen zu können. Er verfügt eben nicht über Introjekte, auf welche er in Situationen, die augenblickliche Verzichte fordern, blicken könnte und die ihm in Konflikten Halt geben würden. Er lebt nach dem Alles-oder-Nichts-Gesetz von Reiz und Reaktion in momentanen Empfindungen – wie der Säugling zwischen Hunger und Sattheit. Die Zielvorstellung »Entbehrung, um zu ...«, wie sie noch die Kämpfe des Proletariates um seine sozialen Rechte bestimmt hatte, ist nicht mehr vollziehbar.

Primäre Vaterlosigkeit könnte die aufgeklärte Demokratie mit ihrer vernünftigen Gewaltenteilung, mit ihrer Grundlage eines individuellen Selbstbewußtseins zu etwas Imaginärem werden lassen. Die neuralgischen Punkte der zeitspezifischen Massen von »Niemandskindern«[9] liegen dort, wo ein geschichtsunempfindliches Dasein in seinen augenblicklichen Zuständen eines vegetativen Wohlbefindens gestört wird. Dahrendorf[10] formuliert den Sachverhalt soziologisch: »Der innengeleitete Mensch braucht die Demokratie als ein Gerüst für den Ausdruck seiner Interessen, Werte und Ideen. Der außengeleitete Mensch kann in einer Demokratie leben, aber er braucht sie nicht. Er braucht die Gesellschaft, und solange die Gesellschaft ihm die Richtung und die Sicherheit gibt, die er in sich selbst nicht findet, ist es für ihn eine relativ gleichgültige Frage, wie die politischen Institutionen aussehen, in denen er lebt.« Diese politische Indifferenz erinnert uns an den Ausgang der Harlowschen Versuche mit Rhesusaffen; an die Liebesunfähigkeit der mit Ersatzmüttern aufgezogenen Individuen, deren Erlebnisvermögen nicht über sie selbst hinausreichte. Liebesunfähigkeit im menschlichen Bereich heißt auch Unfähigkeit, primäre Triebregungen in Interessen, in die Teilhabe am gesellschaftlichen Geschehen umzusetzen, heißt Festklammern an den Versorgungsquellen und Protest, wo sie zu spärlich fließen, ohne Rechenschaft über ein soziales Geben und Nehmen.

Der Motivationshintergrund der Ablösung von Vorbildern und der Vorgang der Neuorientierung kann also außerordentlich verschieden sein. Im einen Fall nimmt das Individuum seine Vorgeschichte in neue Reifungsphasen mit, im zweiten Fall reift es überhaupt nicht; die Änderung kommt von den Zuständen, an sie erfolgt eine passive Adaptierung. Für Fehlschläge macht kein Gewissen haftbar. Höchstens fällt eine neue äußere Instanz, zum Beispiel eine Entideologisierungsbehörde, ein Reinigungstribunal, das Gerichtsurteil. Ihm unterwirft sich der Angeklagte so passiv widerwillig, wie ein Kind eine Strafe hinnimmt, die es für ungerecht hält. Es bleibt bei der Erlebnisverarbeitung eines Macht-Ohnmacht-Verhältnisses als einer Selbstverständlichkeit. Echte Reflexion ist als Möglichkeit noch nicht entdeckt. An ihre Stelle wird das, was plötzlich Schuld geworden ist, projiziert; an den »Führer« sollte man sich halten, nicht an das seinen Befehlen gehorsame Staatskind.

So stoßen wir auf allen Wegen unserer Überlegung auf die Spuren des regressiven Verhaltens und entdecken dabei, daß die Regression in den massenhaft vollzogenen Anpassungsleistungen in unserer Gesellschaft sehr tief reicht, das heißt sehr frühe Erlebnis- und Verhaltensformen wiederbelebt. Die Sicherung der Triebbedürfnisse erfolgt durch Gefügigkeit, versprochen wird der totale Schutz. Auf ihn wird aber mit insistenter Ansprüchlichkeit gepocht. Das scheinbar Paradoxe – was aber in Wirklichkeit nur ein unverbundenes Nebeneinander des schlecht integrierten seelischen Apparates darstellt – entdeckt man darin, daß diese Gefügigkeit auch zu heroischen Leistungen befähigt, zum Beispiel zum Ertragen eines totalen Krieges, zum phantastischen Ausdauern an den Wüsten- oder Eisfronten.

Wir können das Thema nicht weiter verfolgen, nur eine Bemerkung sei angefügt, die wir dem Ärgernis der genauen Beobachtung schuldig sind. Betrachten wir die Kriegsleistungen der deutschen Soldaten, so waren sie organisiert, angeleitet von einem Offizierskader, das in seinen Spitzen durchaus von der Tradition der Innenlenkung geprägt war. Es ist aber nicht so, daß diese in der Linie europäischer Heer- und Kriegsführung stehende Schicht von Generälen einfach überlagert gewesen wäre von den paramilitärisch an die oberste Spitze gelangten Demagogen; oder daß neben der ordentlichen Heerführung eine doppelte Nebenbewegung herlief, die fanatische Ordensmentalität der SS als Elitetruppe und die zweite fanatische eines triebenthemmten Verbrechertums in der gleichen SS-Organisation. So einfach ist es gerade nicht. Die Mentalität einer sich heroisch geeint erlebenden Spezialtruppe mit ihrer den Gegner entindividualisierenden Vernichtungswut und einem rasenden Ausrottungswunsch sind offenbar die zu den gegenwärtigen Sozialprozessen näher zugeordneten Ausdrucksformen; die Ausbildungs- und Kampf- beziehungsweise Folterungsmethoden der GPU und der »Paras« beweisen das in Ost und West. Die verbliebenen Reste an Ritterlichkeit, als Gewissenspflicht auch im Kampf, werden aufgebraucht, der Typus dieses Offiziers stirbt mit den anderen Typen des »innengelenkten« Zeitalters ab.

Aber auch das geschieht nicht in der Weise, wie eine Rasse ausstirbt; die Fäulnisprozesse erscheinen an den Vertretern des korrekten Generalstabes selbst. Sie infizieren sich im Kontakt mit der neuen Denkweise – der Pseudologik im Dienst primärprozeßhaften Triebgeschehens. Als Beispiel gelte der am 10. Oktober 1941 von Generalfeldmarschall von Reichenau erlassene Armeebefehl: »Der Soldat muß für die Notwendigkeit der harten, aber gerechten Sühne am jüdischen Untermenschentum volles Verständnis haben ... Hierdurch entstehen auch für die Truppe Aufgaben, die über das hergebrachte, einseitige Soldatentum hinausgehen ...« Generalfeldmarschall von Manstein sekundierte am 20. November 1941: »... das jüdisch-bolschewistische System muß ein für allemal ausgerottet werden.«[11] Hier beobachten wir, wie uralte Kastenvorurteile gegen Juden und Sozialisten, die bisher durch die Gewissensorganisation einigermaßen in Schach gehalten waren, Anschluß an die Verheißungen der Massenideologie finden. Die restriktiven strengen Berufsrituale enthielten selbst ein gutes Stück Dressaterziehung, waren aber auch überhöht durch eine zugleich erfolgte Gewissensbildung. Dieser Druck des Über-Ichs hält dem Sog der aufs höchste erregten Triebwünsche nicht stand. In einer vorwiegend vom Über-Ich geleiteten Gesellschaft hätte niemand den Gedanken des Ausrottens, der ungehinderten Aufhebung des Tötungsverbotes zu Ende zu denken gewagt; der nie zur koordinierten Gewissensbildung aufgestiegene Massenführer, als Exponent der zahllosen gewissensunkundig gewordenen einzelnen, kann dies und kann danach handeln lassen. Dieser festlich-triumphalen Befreiung vom Über-Ich widerstanden dann auch Generäle nicht. Es ist demnach nicht so, daß eine Rasse ausstürbe: Eine Klasse von Rollenträgern ruiniert sich vielmehr selbst. Wir haben deshalb in Korrespondenz zu einer Sozialstruktur, die durch den verantwortungsentbundenen, weisungsgebundenen einzelnen *en masse* dominant bestimmt wird, im Ausnahmezustand des Krieges den auf Totalvernichtung ausgerichteten Spezialisten zu erwarten. Die Trainingsmethoden der eigenen Kader stellen hier ein Maximum an »Härte« dar, das heißt eine Dressaterziehung, die an die masochistische Toleranzgrenze geht, um damit eine Höchstleistung aggressiv-sadistischer Enthemmung – als Lustausgleich für die vorher zugefügte Unlust – vorzubereiten[12].

Auch diese Techniken sind nicht gerade harmlos, sie lassen den alten »Schliff« als geradezu pubertantische Kriegsspielerei erscheinen. Aber sie stehen doch in einer sehr direkten Beziehung zum Vorgang der Vermassung als einem Hörigwerden und der damit verknüpften intensiven Steigerung des Hasses. Wenn schon die Prototypen der innengeleiteten Charakterstruktur überlaufen, um wieviel weniger fällt es dem ansprüchlichen Anlehnungsgewohnten schwer.

Der Massenführer erlebt *alle* als Masse, das ist sein Distanzeffekt; er duldet nicht, daß irgendeiner neben ihm nicht von ihm abhängt oder ein inneres System von Verantwortung entwickelt, womit doch ein Konfliktbewußtsein, Skrupel, ein Ringen um gerechte Lösung heraufbeschworen würde. Was der Massenführer und sein System will, sind möglichst konfliktfreie Totaldressate, undialektische Bahnungen der Reaktion auf gegebenen Reiz hin. Die Verantwortung der Führung bleibt beim Führer, der alles weiß. Das Ich der Vielen verharrt in infantiler Unterschlupfhaltung. Jede Verantwortung ist nur delegiert; so sagte z. B. Hermann Göring: »Ich habe kein Gewissen. Mein Gewissen heißt Adolf Hitler.«[13] Der letzte »Missionar« des Systems kann noch in einem quasi priesterlichen Auftrag am Glanz der Führergröße teilhaben.

Der Rückfall vom Gewissen auf den »Führer«, der es ersetzt, ist jedoch ein Phänomen, das sich nicht auf die Zustände in Massendiktaturen beschränkt. Der »außengeleitete« Mensch der Epoche, in der die Arbeitsteilung der Macht vorherrscht, ist auf psychischen Infantilismus eingestimmt. Dieser aus primärer Entwicklungshemmung und Regression gemischte Zustand ist vorläufig die stärkste und einheitlichste Antwort auf die Provokationen, die von einer zutiefst veränderten Umwelt und Gesellschaft ausgehen. Das Individuum wächst nicht, von seinen persönlichen Vorbildern gelenkt, in ein System von Werten, Ideen, Geboten hinein. Vielmehr ist es die manipulierte Übereinkunft um ihrer selbst willen, die das Bild bestimmt. Ein in den Absichten durchaus inhomogenes Feld von Interessen formt flüchtig die vorherrschenden Markierungen, an denen die Momentpersönlichkeiten ihre Übereinstimmung justieren. Dabei bleibt es erstaunlich, wie einzelne, in vielen Charakterzügen und Neigungen durchaus als Individuen erkennbar, in bestimmten affektbesetzten Bereichen, die sie in Konflikte mit der Gesellschaft bringen könnten, zu Echowesen werden. Vielleicht ist es gerade diese Diskrepanz zwischen Entwicklung zur faßbaren Einzelpersönlichkeit und einem Rollenwesen, das Stichworte leicht lernt und ebenso leicht wieder vergißt, was für die Masse der einzelnen in dieser Zeit so kennzeichnend ist. Aber vielleicht liegt gleichzeitig gerade in dieser nicht auslöschbaren, weil auch von den Funktionen der Gesellschaft geforderten Schulung der kritischen Intelligenz der Ansatzpunkt, an dem die Evolution des Bewußtseins sich weitervollziehen kann. Dafür muß eine Wendung der Suchrichtung erfolgen, von der außermenschlichen Natur zur Natur des Menschen. Es braucht uns dabei nicht ungebührlich zu verdrießen, daß simultan Interessenten aller Art an den Prozessen der Selbsterkenntnis ihre Privatgewinne erzielen. Das war bei allen errungenen Einsichten in Naturgeschehen der Fall; die »Humantechniker« in den politischen und industriellen Werbebüros können nur den erschrecken, der dieser Nutzung sich nicht voraus weiß.

Die ökonomische Bedeutung der Idole

Ohne den Prozeß der Identifizierung kann keine Gruppenbildung geschehen. Entsprechend den drei Impulszentren des psychischen Geschehens kann sich die Identifizierung vorwiegend auf die Es-Wünsche, das Triebverlangen eines oder vieler anderer, erstrecken oder auf die Gewissens-, die Über-Ich-Anforderungen; schließlich auf die Ichleistungen. Gruppenbildungen werden je nach der Hauptebene der jeweiligen Identifizierung ein sehr verschiedenes Gesicht zeigen. Verbände mit starker Über-Ich-Identifikation haben in der Geschichte die längste Lebensdauer, die stärkste Fähigkeit zur Traditionsbildung bewiesen. Vorherrschende Identifizierung mit akuten Triebwünschen charakterisiert die akuten rebellischen Gruppen, die sowohl eine Revolution wie eine Mobreaktion vollziehen können. Ihre Lebensdauer war kurz bemessen. Nach unseren Überlegungen hat sich hier durch den Umbau der Sozialstruktur, die massenhafte Zunahme der Abhängigen vom anonymen System der Arbeits- und Herrschaftsteilung, Entscheidendes geändert. In einer Gesellschaft, deren kollektive Lebensbedingungen Enttäuschungen setzen, die von der großen Zahl ihrer Glieder mit regressiven Verhaltensweisen beantwortet werden, kommt eine *chronisch* wirksame Aufforderung zur Identifizierung mit den Es-Wünschen zum Zuge. Dieses Triebverlangen, das Massen eint, wird nicht gegen bestehende kollektive Über-Ich-Gebilde aufständisch durchgesetzt; es wirkt vielmehr als Dauerreiz zu einer spiralig ansteigenden Anspruchshaltung, einer »Nivellierung nach oben«[14], zu einer Forderung nach steigendem Lebensstandard. Die wachsende Produktionskraft der industriellen Revolution setzt diese wirksamen Es-Wünsche nicht mehr unter den Kompressionsdruck, dem sie in den auf Ausbeutung beruhenden Herrschaftsformen der vorindustriellen Welt zu begegnen hatten. Sie vermag viele Begehren der Vielen auch schrittweise zu erfüllen; aber es bleibt weitgehend bei Ersatzbefriedigungen. Wo sich heute Revolutionen gegen noch bestehende archaisch-paternistische Privilegienherrschaft erheben, orientieren sie sich am Lebensstandard der industriellen Massenzivilisation; er erscheint als Befreiung – und ist es tatsächlich. Das neue Elend des Daseins in den technischen Zivilisationsräumen ist noch keine ahnbare Erfahrung, wo das alte Elend mächtig geblieben ist.

Es gilt jedoch den in größeren Gruppenbildungen sich vollziehenden Grundvorgang der Identifizierung noch genauer zu analysieren. Identifizierung heißt: Wir errichten das Objekt, mit dem wir uns gleichfühlen wollen, in uns. Dazu bedarf es einer aus der Vielzahl hervorragenden Person. Wer nun zum Führer wird, hängt keineswegs allein von überragenden Qualitäten einer Person ab, sondern mindestens ebenso von den Bedürfnissen der Gruppe. Worin strebt sie nach Vereinheitlichung: in der unmittelbaren Erfüllung eines kollektiven Triebwunsches, in der Erfüllung dieses Wunsches im Einklang mit den anerkannten moralischen Regeln – oder gar in der kritischen Realitätsprüfung der jeweiligen Erfüllbarkeit oder Unerfüllbarkeit der Wünsche? Ordnen wir das Identifizierungsbedürfnis in dieser Reihenfolge, dann wird in ihr der Führer zunehmend wirklicher, ein echtes *Objekt* der Außenwelt, ein Partner der Gruppe, mit dem mindestens dem Prinzip nach sich über Konflikte und Probleme kommunizieren läßt, der mit sich reden läßt, dessen Wesen nicht darin besteht, daß er gemäß der Selbstidealisierung und cäsarischen Vergottung, die er erfährt, »einsame Entschlüsse« zu fassen hat.

Auch in primitiven Moralen, in denen nur eine *Triebumkehr* geleistet, etwa sexuelles Verlangen durch dessen aggressive Verfolgung ersetzt wird, besteht noch ein Primat der Es-Impulse. Die Objekte der Umwelt sind hier noch vorwiegend Mittel zum Zweck der Befriedigung drängender Bedürfnisse beziehungsweise Widerstände dagegen. Das ist in den Entwicklungsschritten des einzelnen zu einer dem Ich vertrauteren Moral gut zu beobachten. Noch im Aufsteigen zu prestigegewährenden Rollen erhält sich oft zäh die Legierung präsozialen Triebverlangens mit ichfremdem Moralverhalten und steht einer humanen Verwaltung der Rolle im Wege. In solchem Entwicklungszustand herrscht die Identifizierung als »die ursprünglichste Form der Gefühlsbindung an ein Objekt«[15] vor. Fixiert uns die Lebensweise der Gesellschaft, das Gesamt ihrer Einflüsse übermächtig an diese Form des Sozialkontaktes, so verhindert dies das Fortschreiten zu reiferen Objektbindungen. So kann etwa die Erfahrung der Partnerschaft als ein Erlebnis, in dem sowohl Distanz wie Gemeinsamkeit gegeben sind, nicht aufkommen. Vielmehr wird Identifizierung »auf regressivem Weg zum Ersatz für eine libidinöse Objektbindung«[16]. Das erklärt uns nochmals das spurlose, von erstaunlich wenig Trauer begleitete Verschwinden von Massenführern. In der Idealisierung, die sie vorher erfahren hatten, war es zu keiner dem Objekt geltenden libidinösen Beziehung, sondern nur zur »Verliebtheit« gekommen. Dieses Geschehen ist nicht ichgesteuert, sondern vollzieht sich als objektblinder Durchbruch intensiver Triebwünsche. Merkmale des Objektes verschmelzen mit den Projektionen, die von der eigenen starken Triebspannung eingegeben werden. In der Verliebtheit sehen wir keine Personen, sondern Merkmale. Der verliebtheitsähnliche Starkult ist dafür ein ausgezeichnetes Beispiel. Die stark oral-regressiv getönte Sexualerwartung der Anlehnungssüchtigen unserer Zeit richtet sich etwa auf Frauenidole mit Riesenbrüsten. Sie wirken als überoptimale Attrappen, als »Auslöser« der triebhaften Zuwendung.

Die Ökonomie dieser gesteigerten Identifikationsbereitschaft läuft auf eine imaginierte Verschmelzung eines undeutlich erfahrenen Selbst mit dem Wunschbild hinaus, dadurch, »daß das Objekt so behandelt wird wie das eigene Ich, daß also in der Verliebtheit ein größeres Maß narzißtischer Libido auf das Objekt überfließt«[17].

Die Selbstidealisierung wird etwa durch die Führeridealisierung sozial glaubhaft und verstärkt. »Das Objekt hat sich an die Stelle des Ichideals gesetzt.«[18] Im Distanzeffekt treten die individuellen Züge des einzelnen Gliedes einer ideologisch geeinten Masse zurück; was als übereinstimmend hervortritt, ist dieser Vorgang, daß sich die Vielen des gleichen Objektes zur Befriedigung ihrer narzißtischen Strebungen bedienen, es »an die Stelle ihres Ichideals gesetzt und sich infolgedessen in ihrem Ich miteinander identifiziert haben«[19]. Der hohe Grad von Zufälligkeit, der solche Vorbild- oder Führerwahl bestimmt, wird verständlicher, wenn wir uns die Parallelität zum Vorgang des individuellen Verliebens klarmachen. Konsequenterweise sind auch die Versuche, ein charakterliches Modellbild des Führers solcher Massen zu entwerfen, deren einendes Band die narzißtischen Triebbedürfnisse sind, gescheitert. »Auf Grund der bis heute vorliegenden Erkenntnisse muß festgestellt werden, daß es trotz intensiver Bemühungen nicht gelungen ist, weder eine Art Generalfaktor ›Führerbegabung‹ noch eine eindeutig definierte mehrdimensionale Eigenschaftskonstellation als spezifische Faktoren ausfindig zu machen. Daß sich beim Studium kleiner Gruppen in annähernd vergleichbarem Rahmen hinsichtlich des Trägers der Führer-Rolle eine Reihe von Merkmalen mit signifikanter Häufigkeit gefunden haben, zum Beispiel energisch, selbstbewußt, intelligent, wortgewandt, ausdauernd und Menschenkenntnis, besagt noch recht wenig. Es lassen sich zu viele Ausnahmen und Gegenbeispiele aufzählen, bei denen einzelne, ja alle der genannten Eigenschaften fehlen. Mit unterschiedlicher individueller Zusammensetzung der Gruppen, verschiedener Gruppenstruktur, anderer Aufgabe und Situation wird die Übereinstimmung immer geringer. Auch im Hinblick auf die ›charismatischen‹ Führer ist keine Einheitlichkeit zu erzielen, ganz abgesehen davon, daß dieser von Max Weber historisch konzipierte Typus bestenfalls als singuläre Ausnahmeerscheinung existiert.«[20]

Der Rollencharakter des Idols, des *pin-up*, des Führers, ist demnach nicht weniger von der primären überragenden Qualität eines einzelnen bestimmt als von den Bedürfnisspannungen, die ein bestimmter herrschender Gesellungstypus erzeugt. Alle Formen wirkungsvoller Propaganda spielen sich deshalb zuerst auf die Erwartungen ein und bauen entsprechend die Leitbilder auf, in welchem Sektor der Heldenerwartung diese auch liegen mögen.

Den »primären Massen« im Sinne Freuds, von denen wir bisher gesprochen haben, eignet also, daß sie ein aus Frustrationen, aus Entwicklungshemmungen aufgebautes träumerisches, omnipotentes Ichideal in den Leitbildern verkörpert erfahren. Das Besondere unserer Lage zeichnet sich dadurch aus, daß im Erleben der sozialen Umwelt diese Form der idealisierenden (und ebenso der verketzernden) Objektbeziehung einen immer deutlicheren Vorsprung gewinnt und daß die auf realem, ambivalentem Umgang mit den anderen beruhenden Kommunikationen eine zunehmend schwächere emotionelle Besetzung erfahren. Diese Umschichtung konnte kaum ausbleiben, denn die libidinöse Objektbesetzung verlangt ein konstantes, fühlend zugewandtes Objekt; erst in dieser Form des Zusammenlebens kann sich Identifizierung zur Partnerschaft entwickeln, die das Erlebnis einer klaren Trennung von Ich und Objekt zur Voraussetzung hat.

Die Schwächung und vor allem Entdifferenzierung der emotionellen Beziehung in der Familiengruppe, der Zwang zur mechanisiert-spurlosen Arbeit fördern aber den libidinös-aggressiven Triebüberschuß, wie sie andererseits einem Fortschritt von der Identifizierung zur Partnerbildung (zur Entwicklung von Objektlibido also) entgegenwirken. Weil dies Prozesse sind, die ebenfalls eine nach oben gerichtete Nivellierung erzeugen, weil die Ränge der einflußreichen Rollen von ihnen nicht ausgenommen sind, entsteht eine in allen Ebenen der Gesellschaft merkbare Affektverarmung im direkten sozialen Kontakt, überhaupt ein emotioneller Rückzug aus der Verbindlichkeit der Leistung und die Bereitschaft zu illusionärem Rückzug auf narzißtische Idealbildungen. Diese Vorgänge sind dann noch einmal, wie eine Armee von ihrem Troß, gefolgt von vielfältigen Angeboten, an denen sich das träumerische Ichideal ergötzen kann. Die Pointe dieser Wechselwirkungen liegt in der Entdifferenzierung der psychischen Struktur der Vielen bei gleichzeitiger höchster Differenzierung der Organisation in Produktion und Administration. Wir haben also eine simultane Gegensätzlichkeit, die in dieser Schärfe historisch keine Vorläufer kennt, zu bewältigen.

Beispiel eines Ordnungsgedankens

Rückblicke auf geschichtlich gewordene Ordnungsleistungen können die Suchbewegung in den schwer erkennbaren Verflechtungen gegenwärtiger Sozialprozesse nicht ersetzen, aber sie können auf historisch noch nicht erschöpfte Ordnungs*gedanken* aufmerksam machen. Wir waren davon ausgegangen, daß die Nivellierung der Anspruchs- und Gehorsamshaltung in regressiven Tendenzen begründet ist. Nun spielt der Gehorsam bei der Bildung unseres deutschen Nationalcharakters seit je eine überragende Rolle. Nicht selten hat er sich dabei an irrealen Anspruchshaltungen gleichsam träumerisch entspannt, zuweilen freilich haben beide sich unheilvoll verbunden. Nur in der Ausnahme, nicht im Leitbild erscheint Gehorsam in diesem nationalen Habitus als Ich-»Gehorsam« – in der Regel vielmehr als eine Synthese aus Trieb- und ziemlich ichfremdem Moral-Gehorsam. Entsprechend vollzieht er sich in einer Gruppenstruktur, in der Befehlsverbände das Gesicht bestimmen. Die Warum-Frage und die Weil-Begründung werden zumeist als Verstöße gegen das Tabu gewertet. Die Gehorsamsleistung *an sich* nimmt den höchsten Rang unter den Werten ein; gleichgültig, ob die jeweilige Situation sie tatsächlich fordern mag oder ob sie geradewegs das nicht tut. Das bedeutet Einengung des Gewissens auf die Erfüllung der Gehorsams*funktion* und damit Anerkennung absoluter Vormacht- und Vorrechtsverhältnisse und der Vorbildlichkeit des Befehlenden. Zugleich entbindet sie den Gehorchenden von der Verantwortung dem Gehorsams*inhalt* gegenüber.

Dies ist gewiß einer der entscheidenden Gründe, warum uns die Bewältigung unserer wirklich der Warum-Fragen würdigen »unbewältigten Vergangenheit« gar kein eigenes Bedürfnis werden konnte. Wir sind lediglich durch die Insistenz, mit der unsere ehemaligen Gegner auf sie zurückkommen, irritiert. Da Befehlsverbände zur Lösung fast aller sozialen Aufgaben das Muster abgeben, kann der einzelne soziale Ordnung nur in hierarchisch gegliederten Gebilden erleben. Die Erziehung, vornehmlich die Selbsterziehung zur verbindlichen Kommunikation auf der horizontalen Ebene, die Frage und begründete Antwort ermöglichen, wird zu einem eminent wichtigen Problem.

Margaret Mead[21] hat diesem Thema im Zusammenhang mit der Frage der Kollektivschuld sehr interessante Überlegungen gewidmet. Schuld, wie wir sie verstehen, ist ein inneres Erlebnis, das seine Prägung vorwiegend in der jüdisch-protestantischen Mittelklasse der Europäer gefunden hat. In anderen Kulturen zentriert sich das Erleben des Individuums in Situationen, die es mit den gesellschaftlichen Geboten in Konflikt bringen, in anderen Erfahrungen. In der japanischen Gesellschaft etwa steht das Erlebnis der Scham weit im Vordergrund. Kollektive Verantwortung und Kollektivschuld definiert Mead als »individuelles Schulderleben für das Verhalten der Gruppe, besonders der Nation«. Ein solches Schulderleben wird es freilich nur dort geben, wo uns der *Inhalt* des Gehorsams, der zu Schuld führte, zum bewußten Erlebnis und zum Problem werden kann; wo die Gehorsamsfunktion als Wert jedem Inhalt übergeordnet bleibt, kann Schuld oder Scham nur aus dem Verstoß gegen sie erwachsen. Die Gesellschaft muß dem Individuum deshalb die Möglichkeit geben, sich nach Kräften eines *konstruktiven Ungehorsams* bedienen zu dürfen. Sie muß die kritischen Fähigkeiten stärken, damit überhaupt erst einmal der Gedanke gedacht werden darf, daß auf allen Ebenen des sozialen Lebens Unsinn entstehen, geduldet und verbreitet werden kann. Aber damit nicht genug, es darf nicht bei der Geschwisterohnmacht bleiben, wenn die Eltern Dummheiten begehen; der einzelne muß sich als gleich erwachsen wie seine Oberen fühlen, er muß sich üben, die prägnante Warum-Frage zu stellen und zu beurteilen, ob die Weil-Begründung, die er erhält, stichhaltig ist. Daraus muß er unter gegebenen Umständen die *Pflicht* zum Widerspruch, gar Widerstand ableiten. Bei der Schwierigkeit zur objektiven Information stellt das eine der großen Aufgaben für ein mündiges Leben in der Gesellschaft dar.

Der Sozialorganisation Englands scheint hier eine Vereinigung der Gegensätze von notwendiger Botmäßigkeit und ebenso notwendiger Unbotmäßigkeit geglückt zu sein. Dort ist der Staatsbürger der Gesellschaft in zwiefacher Weise verbunden: Er fühlt sich persönlich verantwortlich, weil er die Freiheit besitzt, seiner Kritik jederzeit Ausdruck zu geben und ihr etwa durch die Wahl eines Abgeordneten oppositioneller Richtung ins Parlament Nachdruck zu verleihen. Aber er bleibt darüber hinaus gruppenidentifiziert mit der Nation, die sich in der Monarchie symbolisiert. »Das macht es für ihn möglich, zweierlei zu tun: sowohl die peinlichst genaue Wahl zu treffen, ob er zum Beispiel einer außenpolitischen Handlung zustimmt oder sie ablehnt, als auch die volle Verantwortung zu übernehmen für die getroffene Entscheidung. Was einschließt, daß er sich aktiv und effektiv mitschuldig fühlt für eine nationale Politik, die er mißbilligt.« Mit anderen Worten: Er könnte, wenn seine Regierung durch einen Sprecher erklären ließe, wie es etwa die deutsche durch den Generalgouverneur für Polen, Hans Frank, tat: »Grundsätzlich werden wir nur mit dem Deutschen Volk Mitleid haben, mit sonst niemandem auf der Welt« – er könnte sich also niemals von einer solchen Erklärung und der Verantwortung für die Handlungen, die daraus folgten, distanzieren.

Die Verhaltensorientierung unseres Landes, der autoritäre, Widerspruch nicht zulassende Charakter ihrer Institutionen machte das möglich. Schuld ist hierzulande nicht an das Unterlassen einer kritischen Prüfung geknüpft, sondern allein an die Verletzung der Gehorsamspflicht. Wenn jemandem an seinem Ort, in seiner Stellung, sei es als Soldat, sei es als Zivilist, etwas befohlen wird und er führt es pflichtgemäß aus, so ist das *ipso facto* moralisch und anerkennenswert. »Gehorsam und Konformität werden belohnt; jede Initiative zur Abweichung von der auferlegten Pflicht oder jede Übernahme individueller moralischer Verantwortung werden nicht belohnt.« Das bedeutet aber, »daß der Einzelne sich von persönlicher Schuld absolviert fühlen darf, wo er in kollektiven Akten mithandelt«. Die Richtigkeit dieser 1948 gegebenen Analyse hat sich durch die Verteidigungsargumente aller jener, die wegen ihrer Schuld im Dritten Reich angeklagt wurden, als durchaus stichhaltig erwiesen. Kaum je erklärte sich einer für schuldig; schuldig waren nur die Oberen, die Befehlenden.

Die englischen Institutionen scheinen auf glücklichere Weise den Kompromiß zwischen Widerstandsrecht und überindividueller Gehorsamspflicht und Verantwortlichkeit zu ermöglichen. Der Akzent liegt dabei auf der Institutionalisierung der Sonderrechte der Individuen. Erst wenn sie als individuelle Privilegien, losgelöst von Standes- oder Klassen- oder Kastenprivilegien, anerkannt und im

Selbstbewußtsein der Gesellschaft verankert sind, wird sich ein geschärfteres Wahrnehmungsvermögen für die Frage entwickeln, wo Ungehorsam ein sozial destruktives Verhalten ist und wo Gehorsam zu einem solchen wird. Die Antipathie der parlamentarischen Demokratie gegenüber, die sich etwa in dem Wort vom Parlament als »Schwatzbude« ausdrückt (und die natürlich auch durch die Unfähigkeit gehorsamsgewohnter Abgeordneter zu echter Nutzung der parlamentarischen Möglichkeiten genährt wird), bezeugt eine geringe Einschätzung des Kompromisses. Zugleich beweisen die Zerfallsformen der Demokratie ihre spezifische Schwäche, das Überwiegen egoistischer Einzelinteressen. So ist es vielleicht nicht sehr verwunderlich, daß in Ländern, in denen die individuelle Ichentwicklung erst seit jüngerer oder jüngster Zeit *soziale* Konsequenzen haben darf, die Ungelenkigkeit in horizontal-demokratischem Denken und Handeln von allen Anhängern autoritärer Ordnungsformen als Beweis der Unbrauchbarkeit des Systems selber dargestellt und politisch ausgenützt wird. Alle Spielformen autoritärer Regimes scheinen dann die Voraussetzung zu bieten, zur »guten alten Zeit« zurückzukehren, während sie doch in Wahrheit die Unfähigkeit spiegeln, sich vom weniger guten, das sie mit sich führte, abzulösen.

Wir haben das englische Beispiel der doppelten Identifizierung als einen noch nicht verbrauchten Ordnungsgedanken erwähnt. Er stellt einen Kontrast zur doppelten Vaterlosigkeit dar. Das System der englischen Staatsordnung als oberste Ebene der Sozialstruktur verbindet die Geschwistergesellschaft der erwachsenen Bürger mit der Erfahrung gemeinsamer Verantwortung, die sich symbolisch im Königshaus darbietet. Wenn wir mit Robert Heiss[22] unter Symbol »eine verdichtete Anschauungsform eines Erlebnisvollzuges« verstehen, dann werden wir nicht dem Mißverständnis erliegen, daß der konstitutionellen Monarchie gegenüber dem Parlament nur eine Repräsentationspflicht oberflächlicher Art zukommt. Sie macht vielmehr als Symbol die gemeinsame Abkunft vom gleichen Vater anschaubar. Sie verbürgt eine kollektive Identität, die Legitimität *aller* Kinder. Das Objekt, das der einzelne Bürger im Symbol dieser Monarchieform aufnimmt, ist von der Ambivalenz der Triebregungen distanziert – sie wird auf anderen institutionellen

Ebenen und im Alltag ausgetragen; die »verdichtete Anschauungsform« betrifft die gemeinsame Herkunft und Verantwortung. Die Anschaubarkeit des Symbols muß ebenfalls eine tiefe phylogenetische Wurzel haben; es mag in den arteigentümlichen »Auslösern« als Orientierungspunkt seinen Vorläufer haben. Jedenfalls begegnen wir dem Symbolwunsch auch in den vielfältigen Idolen wieder. An der englischen Staatsform besticht die Abhebung der Funktion der Monarchie vom partikularen Machtstreben, das sich in der Geschichte der paternistischen Herrschaft doch im autoritären Vater symbolisiert. Demgegenüber sind die Inhalte, die es zur verdichteten Anschauung zu bringen gilt, geändert. Der englische Monarch hat die Rolle des »aufgeklärten« Vaters einzunehmen, seine Aufgabe liegt nicht im Durchsetzen eines unbeschränkten Herrschaftsanspruchs, seine Existenz garantiert vielmehr die Legitimität der alternativen Strebungen der Geschwister bis zu dem Grenzbereich, in dem sie den Zusammenhalt der nationalen Gruppeneinheit gefährden würden. Die symbolische Repräsentanz würde aber unzutreffend beschrieben, wenn ihr Präventivfunktion zugesprochen würde. Es geht nicht um die Abschreckung an Grenzen des Verhaltens, sondern um eine immanente Funktion des Symbols – als inneres Objekt –, durch welche die Charakterstruktur der Gesamtgruppe mitgeformt wird – etwa in dem von Margaret Mead erwähnten Fall, daß sich auch der, welcher in der Einzelentscheidung abweichender Meinung ist, bei Aufrechterhaltung seines kritischen Einspruchs der kollektiven Verantwortung nicht entziehen will.

Die Sicherung der individuellen Meinung, der Strebungen und Ideale durch ein kollektives Über-Ich, dem die Wachsamkeit für Toleranz ebenso wie für Einheit anvertraut ist, hat in der politischen Vergangenheit Englands bis hin zur Auflösung seines Weltreichs einen politischen Realismus hohen Ranges zur Folge gehabt. Auch die Neigung, es bei pragmatischen Einzelentscheidungen zu belassen und nicht von Idealnormen abzuleiten – also von der Stimme eines realitätsfernen Über-Ichs sich nicht beunruhigen zu lassen –, mag in diesen Zusammenhang gehören. Es schien uns wichtig, den Ordnungsgedanken, der in dieser Instanzentrennung und ihrer symbolischen Verdichtung zum Ausdruck kommt, alternativ zu den Symbolbildungen der regressiv bestimmten Massengesellschaften zu erwähnen. Ihre Symbole sind identifizierende Übereinstimmung in Triebsehnsucht; die symbolischen Ausdrucksformen für kollektiv gültige Über-Ich-Forderungen sind in den Prozessen der Arbeits- und Herrschaftsteilung verblaßt. Selbst ein letztes Symbol, das noch affektive Beteiligung erweckt, die Freiheit, entleert sich zusehends. Denn »Freiheit von ...« hat auch den Aspekt der Verlassenheit; bei ihr erschöpft sich aber das Freiheitsbewußtsein; das Individuum drängt zurück in Bindungen und lehnt sich regressiv allerorts an. »Freiheit zu ...« läßt sich nicht auf der Triebebene allein verwirklichen, sie verlangt Partizipation, Teilnahme und ein anschaubares Symbol für den Rahmen, in dem sie sich verwirklichen soll. Dieses Symbol zieht dann die Aufmerksamkeit auf sich. Damit wird das Individuum stimuliert, die narzißtische Entwicklungsstufe zu verlassen und die Fähigkeit zu entwickeln, Objekte zu lieben. Objektlibido heißt Teilnahme, Interesse, vielleicht leidenschaftliches Interesse in einem Partnerschaftsverhältnis, gleichgültig, ob es sich auf die unbelebte Umwelt erstreckt (die sich dann unter meinem Interesse »belebt«) oder auf mitmenschliche Bindungen.

Es dürfte klar sein, daß wir von England nicht gesprochen haben, um die Monarchie als Lösung für das Schicksal einer doppelten Vaterlosigkeit des Menschen unserer Massenkultur zur empfehlen. England selbst dürfte die größten Schwierigkeiten erwarten, seinen bisher verbindenden Ordnungsgedanken in den industriellen Revolutionswellen und ihrer die Sozialstruktur umformenden Macht als verbindlichen Erlebnisinhalt festzuhalten. Es ging uns um die Struktur der Massengesellschaft und um die Frage, von welchem Ansatzpunkt aus eine Gegenbewegung zur Regression ihren Ausgang nehmen könnte. Es genügt, wenn dabei klar wurde, daß das Warten auf erlösende »große Männer«, mit Samuel Beckett zu sprechen, ein »Warten auf Godot« ist. Die Bewußtseinsleistung, die eine Situation kritisch zu ändern vermag, muß vom einzelnen, von den Gruppen, in denen er sein Leben vollzieht, aufgegriffen und angeregt werden, ehe sie die Ebene erreicht, in der kollektive Erlebnisverdichtungen geschehen. Dafür steht das englische Beispiel ebenfalls, denn in ihm wurde die Symboländerung vom autoritären Herrscher zum aufgeklärten, einenden Vater mit mehr Konsequenz erkämpft als an anderen Orten. Blicken wir auf die Jahrhunderte zurück, die dieser Vorgang erforderte, so kommt uns die tröstliche Einsicht, daß wir auch für die Lösung der Probleme, die uns drükken, Geduld üben und in Generationen denken müssen. Zu quietistisch wird uns das freilich nicht stimmen können; denn durch die fortwährende Technisierung unserer Umwelt ist ein bisher unbekannter Zeitfaktor wirksam geworden. Bisher haben sich geschichtliche Prozesse in einer vergleichsweise konstanten, naturähnlichen, evolutionsähnlichen Geschwindigkeit vollzogen. Jetzt ist es gerade die unabsehbare progressive Veränderung dieses Naturhintergrundes, die uns des sicheren Grundes beraubt, von dem aus wir vorausdenken könnten.

Die Bindungsangst der Geschwister

Das Vorhandensein anschaubarer Symbole verweist darauf, daß sich soziale Prozesse um einen Organisationskern, von dem eben die Symbole künden, im Gleichgewicht halten. Je sicherer eine an das Symbol geknüpfte Rolle vom augenblicklichen Inhaber getrennt werden kann, desto stabiler ist die Ordnung. Als Beispiel mag neben der Monarchie auch das Papsttum gelten. Der hektische Eifer, mit dem allerorts Führer-, Präsidenten-, Marschallbilder in Amts-, Schul- und schließlich Wohnstuben verteilt werden, entspringt dem Wunsch nach Signalsetzung, der als erster Schritt die Symbolisierung einleitet. Der Verdichtungsvorgang im Symbol läßt sich nicht willkürlich herbeiführen. In den großen Symbolen scheinen Trieb-, Gewissens- und Ich-Wünsche zur Vereinigung gebracht; und wenn nicht dies, so doch wenigstens in ein Ordnungsgefüge zueinander, das beruhigend auf den, der des Symbols kundig ist, wirkt. Symbole sind also das Kennzeichen solcher Schlichtung, ihr Dasein setzt im täglichen Leben Richtmaße. Die kleinen, vergänglichen Symbole verdichten weniger; sie sind dann eher der *Fata Morgana* vergleichbar, den überoptimalen Attrappen aktueller Triebbedürfnisse libidinöser oder aggressiver Art. Aber auch Über-Ich-Symbole tauchen immer wieder auf; bedeutende Staatsmänner können in Zeiten schwerer Prüfung diese Rolle einnehmen. Es ist interessant genug, daß das kritische Ich als Symbol faßlicher Art kaum aufzufinden ist. Es spricht sich aus, geht mit Symbolen um, bleibt aber es selbst. Ein noch nicht geordneter Zustand (sein Symbol ist Chaos) und ein Zustand, in dem die Konstanten der sozialen Ordnung nicht mehr untrennbar auf eine zeichenhafte Stellvertretung angewiesen sind, bilden die beiden Endpunkte einer Ergänzungsreihe; das breite Mittelfeld ist auf Symbolrepräsentanz angewiesen, um sich in Ordnung zu versetzen.

Dem Beispiel der Monarchie wollen wir noch eines folgen lassen, in dem ein Ordnungsversuch – und zwar einer ohne die Symbole der väterlichen Autorität – gescheitert ist. Er führt uns zugleich vor Augen, daß in der vaterlos gewordenen Massengesellschaft eben jener Verdichtungszustand der symbolfähigen Ordnung noch nicht erreicht ist. Am Ende des Ersten Weltkrieges brach in Mittel- und Osteuropa die Vaterordnung der Kaiser- und Zarenzeit zusammen. Für die in diesen Staaten erzogenen Menschen standen Kaiser und Zar »in der Mitte zwischen überirdischer Vatergestalt und menschlichen Trägern dieser Rolle«[23]. In Deutschland, Österreich und Rußland folgte in der verwirrten Zeit der militärischen Niederlage, des Hungers das kurze Zwischenspiel der Arbeiter- und Soldatenräte. Der Spartakusaufstand in Berlin im Januar 1919 dauerte eine Woche und endete mit der brutalen Ermordung Rosa Luxemburgs und Karl Liebknechts, zwei politische Morde, die gleichsam zum Schulbeispiel sowohl der faschistischen wie der Säuberungsmorde der folgenden Jahrzehnte wurden. Die Räterepublik in Bayern währte knapp einen Monat, die in Ungarn vier Monate. Dann war der »böse Spuk« zerstoben; in einer modernen Weltgeschichte[24] hat dieses Zwischenspiel es nicht einmal zu einem Stichwort im Sachregister gebracht. Allein in Rußland ging aus der Herrschaft der Räte ein neues Staats- und Gesellschaftssystem hervor, das in jahrzehntelange innere Machtkämpfe verstrickt blieb, über denen schließlich eine neue Vaterfigur mit einer der grausamsten Diktaturen der Geschichte Ordnung schuf. Was Stalin ablöste, ist immer noch weit genug von den Hoffnungen entfernt, die in den Völkern 1918 lebten und die den Anstoß zu den Versuchen einer Geschwisterherrschaft über den Ruinen des Gottesgnadentums bildeten. Freuds Bemerkung, die Abstammung von einer langen Ahnenreihe von Mördern liege uns im Blute, wird von der Geschichte seit dem

Ende des Ersten Weltkrieges um ein weiteres Stück dieser Genealogie belegt.

Wenn wir Selbstverständlichkeiten auf der Spur bleiben, muß uns auffallen, daß Usurpatoren wie Kemal Atatürk zwei Millionen Armenier, von der Weltöffentlichkeit kaum registriert, in den Wüstentod schicken konnte; daß unter Stalins Regiment Millionen in einer Schreckensherrschaft umkamen, die keinem Bürger die Sicherheit ließ, von Verbannung oder Todesurteil verschont zu bleiben; daß Hitler rundum verwandte Quislinge bei seinen Ausrottungspraktiken fand. Welchen Abscheu auch immer diese Taten retrospektiv finden mögen – sie konnten geschehen; es gab gegen sie kein kollektives Symbol des Widerstandes, an das sich die geknechteten Massen halten konnten. Auch als Perverse, als Sadisten blieben diese Führer im Vektor, den das Vaterbild deckt; und so ist auch das öffentliche Bewußtsein bereit, ihnen eine zwischen Bewunderung und Entsetzen schwankende Anerkennung als makabre Größen zu erweisen.

Sehr verschieden davon mutet der unbändige, eindeutige Haß an, den sich die idealistischen Köpfe, die für ein uniertes Rätesystem kämpften, etwa die beiden Anführer des Spartakusaufstandes, Rosa Luxemburg und Karl Liebknecht, zuzogen. Die Ungelenkheit all dieser Versuche, etwas völlig Neues zu verwirklichen, steht hier nicht in Frage; gemessen an den kolossalen Irrtümern, die sich immer in der Geschichte zutragen, mutet sie kindlich harmlos an. Und doch löste sie dieses Unisono eines Verdammungsurteils aus. Im Rätesystem wurde, wie Paul Federn in einer Studie schon 1919 sah, »der Sicherheitsgewinn der uralten Wunscherfüllung«, von einem mächtigen Vater abzuhängen, in Frage gestellt. Denn die Kinder sind es seit je nur gewohnt, »unter der Zucht des Vaters und aus Scheu vor ihm sich zu vertragen«. Wenn auch die staatliche Einordnung bisher der der Familie analog war, so bleibt die beachtenswerte Tatsache, daß »nicht die gesamte Familie an dem sozialen Teil der sittlichen Entwicklung in gleichem Ausmaß beteiligt« war. »Vielmehr ist es die Stellung des Kindes zum Vater, die die Grundlage alles Autoritätsrespektes in ihm bildete.«[25] Der Zusammenbruch der Vaterautorität setzt gleichsam automatisch die Suche nach einem neuen Halt gebenden Vater in Gang. Der Versuch, einen anderen sozialen Bezug des familiären Gefüges an seine Stelle zu setzen, etwa eine Geschwisterordnung, erweckt eine tiefe Angst, deren Reaktion die irrationale Haßeinstellung gegen den ist, der solche Konsequenz vorschlägt. Die Schwäche des Vaters soll dadurch ungeschehen gemacht werden, daß ihm ein neuer mit unverbrauchter Stärke folgt.

Dieser Wiederholungszwang muß aber noch eine tiefere Wurzel haben. Wir tappen hier noch weitgehend im dunkeln. Trotzdem sei eine Andeutung gewagt, die vielleicht ein besseres Verständnis des psychodynamischen Geschehens, der permanenten Revolutionen unserer Epoche und des mit ihnen einhergehenden Brudermordes erlaubt. Wir haben mehrfach auf eine entscheidende Funktion der Beziehung zum Vater hingewiesen: Sie ist ambivalent, und sie schlichtet Ambivalenz. Der Vater wird als gewährender und versagender erlebt, die Ambivalenz der Gefühle wird an ihm ausgetragen und zur (wie weit auch immer glückenden) Ordnung gebracht. Umgekehrt sind die Gefühle des Vaters zum Kind ebenfalls spürbar ambivalenter Natur; sehr vereinfacht formuliert: Er liebt im Kind seine eigene Leistung, und er neigt zur Unterdrückung des heranwachsenden Konkurrenten, der ihm seine Position streitig machen kann. Am politischen Geschehen der Gegenwart haben die Rivalitätskämpfe zwischen Revolutions- und Parteiführern und damit die Vater-Sohn-Problematik wie die Rivalitäten der Söhne untereinander einen bedeutenden, möglicherweise den ausschlaggebenden Anteil. Es sei deshalb im Augenblick die Frauenfrage ausgeklammert und nur dieser Konfliktbereich untersucht. Er ist einer zwischen dem gleichen Geschlecht. Die homosexuelle Beziehung zwischen Vater und Sohn wird von den kulturellen Tabus zur Sublimierung gezwungen. Diese Tabus gehören zu den am tiefsten gesicherten. In unserem Bewußtsein liegt es den Söhnen am fernsten, unverhüllt sich äußernde Sexualwünsche dem Vater gegenüber zu erleben. Selbst in der Geschichte der manifest Homosexuellen sind sie selten (ungleich seltener jedenfalls als eine negative ödipale Einstellung, in der sich der Sohn als die vom Vater zärtlich geliebte Tochter imaginiert). Wir überschauen die Gründe für den intensiven Grad der Unterdrückung solcher Wünsche nicht. Bei der Bisexualität unserer Anlage wäre es aber höchst erstaunlich, wenn sie im Verhältnis von Vater zu Sohn und umgekehrt gar keine Äußerung zeitigen sollte.

Die Bisexualität unserer Anlage erfährt in der Kultur ihre Richtung; auf das Gegengeschlecht werden die direkten sexuellen Beziehungen fixiert, und außerdem erfolgt die Anweisung, wie eine desexualisierende Verwandlung der gleichgeschlechtlichen Neigungen zu erreichen ist. Daß diese Anweisungen nicht zum vollen Erfolg bei allen Mitgliedern der Gesellschaft führen, wissen wir. Zu den Grundaufgaben der Sozialisierung des Menschen gehört die sichere Einübung in seiner Geschlechtsrolle; er wird nicht als bisexuelles Wesen sozial erkennbar, sondern eindeutig als ein auf seine männliche oder weibliche Rolle geprägtes. Aus der psychoanalytischen Erfahrung wissen wir ferner, daß diese Rolleneinpassung eine viel schwierigere ist, als es nach dem definitiv signalisierten Rollenhabitus erscheinen mag. Wir wissen aber auch um die innere Entfremdungsangst, die Angst vor einer Diffusion des Rollenstatus, wenn die abgewehrten, nicht echt und sicher sublimierten bisexuellen Regungen im Bewußtsein zugelassen werden sollen. Auch dort, wo sie agiert werden, in Männerbünden, Vereinen und ähnlichem, verhindern intensive Angst- und Ekelschranken ein klareres Bewußtsein um die Wurzeln des Vergnügens, das in männlichen Gemeinschaften empfunden wird. Die »sittliche Entwicklung« dieses Teils der sozialen Beziehungen ist – im Gegensatz zur Antike, zu den vorderasiatischen Kulturkreisen etwa – in unserem Kulturkreis durch repressive Tabus reguliert und nicht durch einen Umgang, in dem die sublimierenden Leistungen voll als solche erlebt werden dürfen. Das mag den rüden, zotigen Umgangston vieler solcher Männergemeinschaften bestimmen, an dessen Zustandekommen die Angst vor homoerotischen Regungen entscheidend beteiligt ist.

Das paternistische Herrschaftsbild, wie wir es kennen, übt demnach einen entscheidenden Einfluß auf die Art und Weise aus, wie sich die sexuelle Identität unter der Repression der bisexuellen Neigungen bildet. Bricht dieses Vaterbild in sich zusammen, wie etwa das der Feudalaristokratie und Monarchie des Ersten Weltkrieges, so muß dies eine weit hinter das Bewußtsein reichende Triebunruhe schaffen. Die als allerstärkste Selbstverständlichkeit empfundene Rollensicherheit wird durch den Verlust der Orientierung am Vater erschüttert. Die Beziehung der Söhne untereinander wird intensiviert und um den Teil der libidinösen wie aggressiven Bindungen an den Vater verstärkt.

Offenbar wird die Annäherung an eine stärker erotisch getönte Beziehung am schlechtesten ertragen, weil ihr die bewußtseinsfernsten Bindungen an die Geschlechtsrolle entgegenwirken. Statt dessen tritt die Neidproblematik mit aller Gewalt hervor; sie wird nicht mehr von der Vaterautorität gezügelt. Es kommt uns jedoch darauf an, wenigstens die Vermutung auszusprechen, daß die aggressive Neidhaltung der nunmehr ungehemmt rivalisierenden Brüder durch die angstvolle Abwehr libidinöser Bindungen aneinander verstärkt wird. Wir kennen eine andere Abwehrform homosexueller Wünsche: den Don-Juanismus, der sich durch unablässige heterosexuelle Objektwahl die primäre Richtung der Neigung verbergen muß. Ein ähnliches Ausweichen vermuten wir auch in den mit sadistischen Foltermethoden verknüpften Kämpfen der Linientreuen gegen die Abweichler innerhalb der Militärjunten und ähnlicher Machtgruppen, die sich an die Stelle der tradierten Vaterautorität setzen, ohne schon ein neues sicheres Autoritäts- und Vorherrschaftsgefüge gefunden zu haben. Gerade die unerschöpfliche Erfindungskraft in der Mißhandlung des Konkurrenten, seine tiefe Erniedrigung und Genuß an diesen Prozeduren scheint uns auf die so pathologisch veränderte Wiederkehr des verdrängten libidinösen Wunsches zu verweisen.

Fügt man dieses Zurückschrecken schon vor den Versuchen zu einer Befriedigung versprechenden Horizontalsozialisierung mit den Regressionsvollzügen auf die orale Befriedigungsstufe zusammen, wie wir sie in der passiv-femininen Anspruchshaltung des einzelnen – in den faktisch des Vatersymbols beraubten Massen – beschrieben haben, so erhalten wir einen Eindruck zutiefst erschütterter Identitätsvorstellungen. Der Weg in die vaterlose Gesellschaft ist vorerst weit wirkungsvoller gelenkt von regressiven Ängsten als von kritischer Einsicht.

Das letzte Stück unseres analytischen Versuches zeigte, wie unser Bemühen um ein Verständnis des Ausbruchs manischer Grausamkeiten an allen Enden der Welt auf die primärsten Sozialisierungsprozesse in der Gesellschaft hinführt. Das alles machte uns auf unsere erschreckende Unkenntnis der Bedingungen aufmerksam, unter denen sich »Kultureignung« in der Gesellschaft entwickeln kann, und auf die allezeit und immer wieder unterschätzte Gewalt der Triebnatur. Das bleibt übrig, auch wenn man den zuletzt versuchten Konstruktionen nicht glaubt folgen zu können. Die Gesellschaft rechnet zu leicht mit einem domestizierten Wesen Mensch. Die großen Wenden der Geschichte beweisen uns, daß nichts an seiner kulturellen Anpassung definitiv ist. Es gibt keine Humanität von instinktiver Qualität. Die Antwort, die wir zu geben versuchten, läuft zur Frage zurück, wie sich die primäre Struktur der Gesellschaft, ihre Familienform, sittlich derart entwickeln läßt, daß sie nicht nur von der paternitären oder matriarchalen Vorherrschaft bestimmt wird. Erst wenn sich in ihr neben dem psychologischen Schutzbedürfnis des Kindes und dem ebenso natürlichen Herrschaftsvorrecht der Eltern ein sittliches Symbol für die Union, die sie auch darstellt, bilden wird, kann man hoffen, daß die vaterlose nicht mehr als die schreckliche Zeit erlebt wird. Dann wird sich auch ein Kriterium für die unumgänglichen Ordnungsaufgaben finden, an denen man regressives Verhalten als solches besser messen kann. Die menschliche Würde muß früh respektiert werden, wenn sie die Richtschnur in Verhältnissen bleiben soll, die wir jetzt noch gar nicht kennen.

Dem Unionsgedanken von den kleinsten bis zu den weltweiten Gruppen fällt es zu, die gleiche Integration von Trieb, Gewissen und Ich zustande zu bringen, wie es die großen Symbole der Vaterschaft taten. Da der Unionsgedanke vom kritisch-toleranten Ich ausgeht, steht zu erwarten, daß Geschwisterordnung weniger starr rollengeprägt, weniger von unbewußter Ambivalenz bestimmt sein wird als Sozialordnungen der Vergangenheit.

Da die Massen aus der Stummheit, aus der erzwungenen vegetativen Passivität zum Sprechen gebracht werden müssen, liegt es nahe, daß in der Sprache selbst und nicht außersprachlich sinnlich diese Symbolsetzung der vaterlosen Welt sich vollziehen wird. Das wäre ein weiterer Schritt in der Evolution zum Bewußtsein.

XIII Nachwort und Dank

»Alle Emanzipation ist Zurückführung der menschlichen Welt, der Verhältnisse auf den Menschen selbst.«

Karl Marx[1]

Emanzipation

Die treibende Kraft, die den Autor bewegte, diese Gedanken niederzuschreiben, war der Wunsch nach Emanzipation. Ausgehend von der Einsicht, daß die menschlichen Moralen hinfälliger Art sind, ist Emanzipation der Versuch, in einem nicht so leicht einzuschüchternden Bemühen der subjektiven Eigenwelt und ihres Verhältnisses zur bestehenden Gesellschaft bewußt zu werden. Der eigene Charakter wie die zu Institutionen geronnenen Einrichtungen der sozialen Umwelt können gleichermaßen zur Fessel werden, sowohl für die Einsicht selbst wie für die Aktionen, die einer besseren Einsicht zu folgen hätten. Beide, Charakter und soziale Objektwelt, erzeugen den Eindruck, als sei Welt in ihnen als etwas Definitives gegeben, mindestens liege es nicht in der Reichweite des Individuums, hier etwas zu verändern. In Wahrheit wird diese Stabilität des Charakters und der Gesellschaft fortgesetzt unterwandert; als Individuum altere ich in der Zeit und habe diesen Vorgang zu bewältigen, während die Gesellschaft durch den Einfluß neuer Erkenntnis- und Produktionsmittel, die ihre Struktur verändern, beunruhigt wird. So sind wir fortwährend als »Selbst« und als Rollenwesen in Anpassungsvorgängen engagiert. Die Notwendigkeit, uns anpassend zu verändern, wird dort zum Konflikt, wo wir nicht zu lernen verstehen, sondern dem steigenden Druck sozialer Zwänge mit Rückzug auf infantile Anpassungsformen begegnen wollen und die damit verbundene Vermehrung der Abhängigkeit in Kauf nehmen.

In keiner Zeit haben sich die Verhältnisse auf dem Sektor der »Materialbehandlung« so rapide verändert wie in der unseren. Es ist unserer Werkzeugintelligenz gelungen, potentielle kombinatorische Möglichkeiten der Natur zu evozieren und die synthetisierten

Stoffe unseren Zwecken einzugliedern; mehr noch, viele gelungene Synthesen haben neue Zielvorstellungen inspiriert. Zu gleicher Zeit haben sich die Bedingungen des Zusammenlebens in allen Gruppen von Grund auf geändert; keine ist davon ausgenommen geblieben. Die Anpassungsleistungen, die dadurch notwendig geworden sind, haben das kritische Vermögen der einzelnen wie der Institutionen offensichtlich überfordert. Die regressive Anpassung im Sinne des Erleidens eines Schicksals überwiegt die Durchdringung der neuentstandenen Sozialräume mit konstruktiven Ordnungsgedanken; eine Folge der psychischen Regression ist es gerade, daß die Ansprechbarkeit für Konzepte, die eine aktive, selbst gestaltende Anteilnahme verlangen, nicht auf eine Suchneigung in den Massen treffen. Ihres moralischen Beigeschmackes entkleidet, ist die Formulierung anwendbar: Man läßt sich gehen, wie man »es« gehenläßt. Damit ist ein Desintegrationsvorgang beschrieben. Die Spaltungslinien sind vielfältig: zwischen verschwenderischer Sachproduktion und Sterilität in der Findung angemessener Lebensformen; zwischen organisierter Anspruchshaltung und quasi neurasthenischem Versagen vor Bindung an Verantwortungen; zwischen diffusem Absorbiertwerden durch den »Betrieb« und »leidenschaftlicher Lebensbewegung« (Viktor v. Weizsäcker); zwischen einem Identitätsbild, das der Lebenszeitlichkeit des Menschen Rechnung trägt, und einem Omnipotenzideal ewiger Genußfreude; überhaupt zwischen Können und einer Beschränkung, die man sich selbst wählt und sinnvoll empfindet. (Nach all dem verschleiernden Gebrauch, der mit dem Wort »Sinn« getrieben wurde, wagt man freilich kaum noch, es zu verwenden.)

Solche Diskrepanzen haben natürlich bestanden, solange es eine Geschichte menschlicher Kulturen gibt; wir meinen, daß die Akzente in der unseren um einige Nuancen härter geworden sind. Der springende Punkt ist die Gegenläufigkeit der Prozesse. Auf der einen Seite: beschleunigte Progression in der Bevölkerungszunahme wie in der Entwicklung von Techniken zu ihrer Versorgung; auf der anderen: Stagnation oder verstärkte Regression in der psychischen Anpassung an diese veränderte Gesellschaft. Es entsteht daraus eine Verwirrung der Orientierung. In konfliktgeladenen Situationen bestimmen *Ich-Fragmente* die Entscheidung des einzelnen; solche in sich widerspruchsvolle Einstellungen koexistieren in ihm und machen ihn Interesseneinflüssen gegenüber kritikschwach und wehrlos. Die Arbeitsteiligkeit der Herrschaftsverhältnisse bewirkt, daß diese Schwächung des kritischen und integrierenden Ichs auch die Schicht derer erreichen konnte, die Macht in Händen haben.

Die regressive Anpassung ist ein Vorgang, der in allen Statusebenen der Gesellschaft zu beobachten ist; das verleiht ihr den Charakter einer geschlossenen Massengesellschaft. Insofern aber in der Anpassung die regressiven Tendenzen überwiegen, stellt sich in der Gesellschaft ein Gleichgewichtssystem her, das nur einseitig entwicklungsoffen bleibt; es widersetzt sich der kritischen Untersuchung der Verhältnisse und der Unlust, die diese mit sich bringt. Das Engagement bleibt situationsbezogen, momentan; die Entscheidung richtet sich nach dem rasch erreichbaren Lustgewinn. Es kommt ein Balancement zwischen konformistischen Einpassungen zustande, die nur Fragmente der Person etwas angehen; die übergeordnete kritische Integration dieser widerspruchsvollen Aktionen bleibt schwächlich. Damit ist aber ein Hauptkriterium einer pathologischen Persönlichkeitsentwicklung gegeben. Stellt sie ein ziemlich konformes Schicksal in der Masse dar, so sind wir berechtigt, von Sozialpathologie zu sprechen. Die Aufgabe der Emanzipation liegt dann in der Analyse des Zirkels von sozialen Bedingungen und seelischen Reaktionsbildungen auf diese. Um uns befreien zu können, müssen wir erst die Bedrängungen namhaft machen, die sich die Gesellschaft selbst erschaffen hat, die sie aber in ihrem Bewußtsein vorerst nicht zuzulassen bereit ist. Erst die sorgfältige Durcharbeitung dieses Feldes von sozialem Druck und die Beantwortung, die er im Verhalten findet, schafft einen Ansatz, von dem aus Zustände sich zur Ordnung strukturieren lassen.

Zur Methode

Die Beobachtungsmethode, die diesem Buch den Stoff geliefert hat, ist die psychoanalytische Behandlung seelisch und körperlich Kranker. Der Autor stützt sich also auf ein beschränktes Beobachtungsgut. Er hält dies aber nicht für einen Nachteil, vertritt vielmehr die Auffassung, daß die von ihm untersuchte Gruppe in hohem

Maße zu Repräsentativaussagen über die Bedingungen berechtigt, unter denen in der gegenwärtigen Gesellschaft die soziale Einpassung, die Entwicklung des individuellen Charakters wie des Verhaltens erfolgt. Wesentlich mehr krankhafte Verhaltensweisen, als ursprünglich zu vermuten war, verraten, daß sie einer Zuspitzung der Lage Ausdruck geben, in der wir alle aufwuchsen und leben; sie heben hervor, was allgemein ist.

Die psychoanalytische Therapie bietet außerdem zwei Vorteile. Die Beobachtungssituation in ihr ist konstant, was eines der Grunderfordernisse jeder Experimentalsituation ist. Außerdem ist in dieser Zweierbeziehung Analysand/Analytiker die Beobachtungsdauer ungleich kontinuierlicher als in allen vergleichbaren Forschungsansätzen. Insgesamt sind rund 30 000 Stunden der Erfahrung in solcher Zweipersonenbeziehung der Rohstoff dieses Buches. Nun hat es, und das bringt zum zweiten Vorteil, eine besondere Bewandtnis mit dieser Beziehung. Man sagt gerne, sie sei künstlich, nicht dem Leben verbunden, und was sie hervorbringe, sei dementsprechend ein Artefakt der Erfahrung. Es läßt sich nicht abstreiten, daß sie herbeigeführt ist und daß wir sie nicht antreffen wie die Produktions- oder Herrschaftsverhältnisse. Aber wird die Familie etwa nicht auch gegründet, und ist sie nicht durch die unterschiedlichsten Bedürfnisse herbeigeführt? Soll man sagen, daß das menschliche Leiden, das einen anderen anspricht, nicht das Bedürfnis weckt, es zu verringern, und ist deshalb die Beziehung zwischen dem Leidenden und dem, der Linderung versprechen kann, eine künstliche? Ist sie nicht vielmehr eine der natürlichsten, die überhaupt zu denken ist? Vorausgesetzt allerdings, daß wir diese Beziehung nicht sich selbst entfremden, sie mittels technischer Apparate verwalten und sie in der Praxis stumm und sprachlos machen. Die Medizin der Zeit ist einer Verführung, nämlich ihrem Neid auf die Naturwissenschaften erlegen, die es mit Objekten zu tun haben, denen keine sprachliche Möglichkeit gegeben ist. Sie hat sich der Technik der Organdurchleuchtung überlassen. Die Durchleuchtung des Verhaltens als Ausdruck seelischen Geschehens schien ihr peinlich, nicht wissenschaftlich. Sie hat vergessen, daß aus der Natur des Menschen seine Sprachfähigkeit nicht ausgeklammert werden kann. In der übrigen Naturforschung erhalten wir nur Antworten auf jene Fragen, die wir gestellt hatten. Der Mensch kann von allein sprechen – wenn man ihn nur läßt. Das klingt banal und ist es tatsächlich; was aber nicht heißt, daß diese banale Chance für Diagnose und Therapie ausgeschöpft worden wäre. Hier hat die Psychoanalyse eine Entdeckung gemacht, die auf der Straße lag; man mußte sie nur finden. Das Faktum bleibt, daß die Mehrheit der Ärzte sich immer noch nicht bücken mag.

Wollen wir die Mitteilungen des Kranken, einschließlich der nichtsprachlichen im Organbereich, als Mittel der Erkenntnis benützen, so ergibt sich eine einfache Überlegung. Es gilt, eine Beziehung besonderer Art zu schaffen; denn hätten die Bedrückungen und Ängste des Individuums in den zwischenmenschlichen Kontakten, die es antraf oder sich schuf, erlebt *und* geäußert werden können, so hätte sich der leidvolle Umweg der Symptombildungen erübrigt. Die distanzierte, aber teilnehmende Beziehung in der therapeutischen Situation schafft die Vorbedingungen für die Rückkehr zum Erlebnis wie zu seiner sprachlichen Mitteilbarkeit. Damit ist der zweite Vorteil dieser Beobachtungsmethode angedeutet: Für sie werden sowohl die ursprünglichen Erfahrungszusammenhänge wie die Antworten, das heißt die Bearbeitungsweise, die sie provozierten, zugänglich. Wir gewinnen einen Einblick in die Genese des Zustandes, wie er ist, und lernen verstehen, mit welchen Mitteln, um welchen Preis ein Gleichgewicht zwischen dem Kontext der Forderungen der sozialen Umwelt und dem Kontext der psychischen, unter Umständen der psychosomatischen Organisation erhalten wird.

Die in diesem Buch entwickelten Gedanken sind die Kondensierung von Erfahrungen im sprachlichen Umgang mit Kranken, die unter den verschiedensten neurotischen Symptombildungen litten. Natürlich beruht die Erfahrung des Autors nicht darauf allein. Er ist selbst ein einzelner der Massengesellschaft; aber er dankt es seinen Kranken, daß sie ihn zwangen, einer Fülle von »Selbstverständlichkeiten« und Unverständlichkeiten seine Aufmerksamkeit zuzuwenden, und daß sie in der therapeutischen Arbeit manchen Zusammenhang erhellen konnten. Unser Verständnis für Verhaltensweisen, die wir fortgesetzt im täglichen Leben antreffen, erweitert sich beträchtlich, wenn wir eine Ergänzungsreihe von neurotischen Symptomen hinzunehmen, in denen das Alltägliche in Verstärkung, Vergröberung, Verzerrung erscheint. Im neurotischen Geschehen spiegelt sich neben der individuellen Kraft zu Anpassung und Widerstand auch die gesellschaftliche Verhaltensnorm. Der Fortschritt, den die Psychoanalyse gebracht hat, besteht darin, daß wir nicht mehr von den offensichtlichen Mißständen ausgehen, nicht mehr von den Anlässen allein, in denen uns ein »Unbehagen in der Kultur« bewußt wird, sondern daß wir den noch nicht und den nicht mehr bewußten Motiven dieses Unbehagens *nachgehen*. Der Neurotiker leidet mehr als der Wohlangepaßte; in vielem leidet er aber am Gleichen, was in der Angepaßtheit stumm geworden ist. Diese vegetative Sprachlosigkeit, zu der gesellschaftliches Dasein unter den Herrschaftsverhältnissen regrediert, ist ein zentraler, der Forschung würdiger Tatbestand, denn er ist das große Hindernis für die Emanzipation.

Trotzdem kann der Autor einen Einwand gegen seine Methode nicht übergehen. Er zielt auf die Unzulänglichkeit des primären Materials, das heißt der Mitteilungen der Kranken. Methodisch also darauf, daß die dynamische Feldbeziehung, die sich hier zwischen zwei Menschen herstellt, keinem kontrollierenden Dritten zugänglich ist. Darauf ist zu antworten: Die Zweipersonenbeziehung Patient/Arzt ist die *conditio sine qua non* für das Auftauchen gerade der Inhalte, die unser Verständnis für die Entwicklungsgeschichte eines Charakters als eines Verhaltenshabitus so außerordentlich erweitert haben. Die Gründe, warum das so ist, warum etwa ein dritter Beobachter nicht eingeführt werden kann, müssen in diesem Zusammenhang auf sich beruhen bleiben. Lange therapeutische Erfahrungen haben bestätigt, daß die Einführung eines Dritten das affektive Feld grundsätzlich verändert; wir müssen uns nur an den Schritt von der frühesten Zweipersonenbeziehung zwischen Mutter und Kind zu der Vielpersonenbeziehung in der ganzen Familie oder an das Eindringen eines Dritten in eine Liebesbeziehung erinnern, um in etwa zu verstehen, daß die Patient-Arzt-Beziehung ihre ungestörte Abgeschlossenheit verlangt, um die spezifische Aufgabe zu lösen, die in ihr gestellt ist.

Wenn dem so ist, dann muß ein Kontrollsystem für die Beobachtungsergebnisse entwickelt werden, das den Arbeitsbedingungen angemessen ist, und darf nicht umgekehrt mit der Voraussetzung zur Beobachtung manipuliert werden. Die Kontrolle, die sich anbietet, ist die Nachprüfung in vergleichbarer Situation, also die empirische Bestätigung oder Korrektur auf lange Sicht. Aber natürlich diffundieren Einsichten, die im Behandlungsraum gewonnen wurden, auf Forschungsgebiete, die mit anderen Methoden arbeiten. In diesem Sinn hofft der Autor, eine Reihe von Ideen zur Sozialpsychologie mitgeteilt zu haben, die nun im soziologischen, im pädagogischen Bereich, in dem der Gesetzgebung und der politischen Wissenschaften als Anregungen aufgegriffen werden könnten. Wie sie tatsächlich für diese Arbeitsbereiche »übersetzt« werden können, das ist eine Frage der Verständigung zwischen den Wissenschaften, also eines der methodologischen Hauptprobleme unseres spezialisierten Wissens.

Nebenbei darf erwähnt werden, daß jedes der hier behandelten größeren Themen sich aus Konflikterfahrungen ergab, die regelhaft in der Behandlung auftauchten. Der (gewiß vorläufige) Katalog von Ideen, der hieraus entstand, zeigt immerhin, wieviel Einsicht in relevante Zusammenhänge der einzelne herzustellen vermag, wenn ihm die Möglichkeit dazu geboten wird. Gelingt solche Einsicht, so führt sie zur Emanzipation in zweifacher Richtung. Wir beginnen unsere Natur anders, weniger definitiv zu sehen, als es unser Charakter (und unsere Symptomatologie) uns zu verstehen gab; und wir können auch die Natur der Gesellschaft anders sehen, ihre »Verhältnisse auf den Menschen selbst« einsichtiger beziehen als zuvor.

Verfremdung gegen Entfremdung

Um neue Methoden der Selbstvergewisserung als Mittel der Emanzipation von den Zuständen, die uns mit sich zu schleifen begonnen haben, wird an verschiedenen Plätzen gerungen. Sie knüpfen immer an die Konflikte an, die dem kritischen Bewußtsein zur Durcharbeitung zufallen, die es als veränderbares Geschehen aus der Masse des Schicksalhaften auszusondern lernt. Am Ende unserer Überlegungen sei eine solche Methode erwähnt, in der sich die Konvergenz des kritischen Vorgehens auf Schauplätzen, die weit auseinanderliegen, offenbart. Wir meinen Bert Brechts »neue Technik der Schauspielkunst, die einen Verfremdungseffekt hervorbringe«[2].

Die gesellschaftlichen Herrschaftsverhältnisse, die wir antreffen, entfremden uns unserer Möglichkeit, eine Identität zu finden, indem sie ein Abwehrverhalten stabilisieren gegen Regungen und Neigungen, denen das System der Herrschaft keine Befriedigung, sondern Strafe in irgendeiner Form verheißt. Die psychische Organisation vermittelt zwischen äußerem und innerem Zwang zugunsten der Bestrebungen des Lustprinzips; sie erspart Unlust, indem sie auf einer Wahrnehmungs- oder Erfahrungsstufe, die unterhalb des Bewußtseins liegt, abwehrt und dort diese Abwehr organisiert. Kontroverse Impulse aus der Triebsphäre wie kontroverse Nachrichten von außen werden in der einen oder anderen Form verleugnet. Dadurch entsteht ein gereinigtes Perzeptionsfeld, das widerspruchsfreier als die Realität selbst ist, wenn wir als »Realität« das verstehen, was uns bewußte *und* unbewußte Wahrnehmung mitteilt. Die Lücken, die durch die Zurückweisung von Wahrnehmung entstehen, werden durch Pseudologik verdeckt. Ihre täuschenden Aussagen sind durch eine hohe affektive Besetzung geschützt; an sie zu rühren weckt Mißbehagen und oft Angst in einer Stärke, der das kritische Ich nicht gewachsen ist. Brechts Einfall war es, durch eine neue Technik der schauspielerischen Darstellung diese Entfremdung zum Bewußtsein zu bringen; er ließ die Entfremdung durch ein Verhalten des Schauspielers fühlbar werden, das einen »Verfremdungseffekt« hervorruft. Diese von Brecht vorgeschlagene Darstellungskunst des Schauspielers und das Verhalten des Arztes in der psychoanalytischen Behandlung sind sehr nahe verwandt. Für beide ist der Satz gültig: »Da es sich nicht um seine eigene (des Schauspielers oder des Arztes) Rolle handelt, verwandelt er sich nicht völlig, er unterstreicht das Technische und behält die Rolle des bloß Vorschlagenden bei.« Für den Arzt heißt das: Er fühlt sich ein, aber er macht sich nicht das Schicksal des Kranken zu eigen, er agiert nicht für und mit ihm. Von der Tätigkeit jedes mitfühlenden, aber in kritischer Distanz verharrenden Beobachters menschlichen Rollenverhaltens läßt sich sagen: »Das Selbstverständliche wird in gewisser Weise unverständlich gemacht, das geschieht aber nur, um es dann um so verständlicher zu machen.

Damit aus dem Bekannten etwas Erkanntes werden kann, muß es aus seiner Unauffälligkeit herauskommen; es muß mit der Gewohnheit gebrochen werden, das betreffende Ding bedürfe keiner Erläuterung.«[3] Das Verfahren bedeutet also eine methodische Suche nach der Alternative. Denn zu jedem angebotenen Verhalten gehört eine vorangegangene Entscheidung, deren Motive vorerst unklar sind. Brecht nennt diese Technik der Darstellung, in der ständig fühlbar bleibt, was nicht getan wird, »Fixieren des Nicht – Sondern«. Die Absicht, welcher der Autor in der Darstellung einiger Ideen zur analytischen Sozialpsychologie treu zu bleiben bemüht war, läßt sich auch als Technik des »Verfremdungseffektes« bezeichnen, als die Absicht nämlich, dem Leser »eine untersuchende, kritische Haltung gegenüber dem darzustellenden Vorgang zu verleihen«[4]. Soweit dies gelang, hat das Buch seinen Zweck erfüllt.

Persönlicher Dank

Das Beste, was einem Autor widerfahren kann, sind die passionierten ersten Leser, die seinen Gedanken folgen, aber ihren kritischen Eigensinn dabei nicht aufzugeben bereit sind, also den Verfremdungseffekt dem Buch selbst gegenüber zur Anwendung bringen. Zweien bin ich zu außerordentlichem Dank verbunden: Dr. Peter Brückner für die Vielzahl seiner Korrekturvorschläge, die sowohl die gedankliche Linie wie die minuziöse Beachtung des Details betrafen; sodann meiner Mitarbeiterin Käte Hügel; sie wurde nicht müde, die vielen Entwürfe ins reine zu bringen, nicht nur im Sinne der Leserlichkeit, sondern ebenso der Lesbarkeit. Dr. Alfred Lorenzer hat die Korrekturen gelesen und die Register erstellt; auch diese Hilfe habe ich dankbar angenommen.

Die Möglichkeit zu einer längeren Arbeitspause, befreit von den täglichen Pflichten der klinischen Arbeit, verdanke ich der großzügigen Unterstützung des *Foundations Fund for Research in Psychiatry*. In dieser Phase habe ich unschätzbare Hilfe und Anregungen von Dr. Paula Heimann und Dr. Michael Balint erhalten. Dr. John Klauber und Dr. Pierre Turquet bin ich seither freundschaftlich und in der Forschung verbunden; auch ihre Anteilnahme an meinen Ideen hat auf den vorangegangenen Seiten ihren Niederschlag gefunden.

Die kontinuierliche Hilfe, die mir die Freunde Dr. Willi Hoffer, Professor Piet Kuiper und Professor Fritz Redlich gewährt haben, gehört zu den Glücksfällen des Lebens. Vor allem Fritz Redlich danke ich für die milde Geduld, mit der er mich in vielen Entmutigungen angesichts der unabsehbaren Verflochtenheit der Probleme zur Ausdauer anspornte.

In ungezählten Diskussionen war es mir möglich, an den Arbeitserfahrungen meiner wissenschaftlichen Mitarbeiter in der Klinik teilzunehmen und von ihnen zu lernen. Im Gefühl der Verbundenheit, das gemeinsame Forschung entstehen läßt, sage ich ihnen herzlichen Dank.

Das Buch wäre aber überhaupt nicht ohne ein langes gemeinsames Erfahrungsammeln und Nachdenken mit meiner Frau, Dr. Margarete Mitscherlich-Nielsen, entstanden. Ihr möchte ich es denn auch widmen.

Anmerkungen

I Vorläufiges zur Dynamik der Anpassung

1 Zitiert nach Peter R. Hofstätter *Psychologie.* Frankfurt 1957, S. 20
2 Margaret Mead *Geschlecht und Temperament in primitiven Gesellschaften.* Hamburg (rde) 1959, S. 7.
3 Vgl. die ausführliche Untersuchung von Manfred Pflanz *Sozialer Wandel und Krankheit.* Stuttgart 1962
4 Vgl. Theodor Lidz *Zur Familienumwelt des Schizophrenen.* Stuttgart 1959
5 G. Pilleri *Biber.* »Umschau« 60 (1960), S. 420
6 Zu der größeren Frage, welche Entwicklungsformen tierischen Verhaltens sich mit Bedingungen des menschlichen überschneiden, welche gleichartigen Grundlagen, Erbkoordinationen beide teilen, vgl. etwa K. Lorenz *Die angeborenen Formen möglicher Erfahrung.* »Zeitschrift für Tierpsychologie« 5 (1943), S. 235; Otto Köhler *Vorformen menschlicher Ausdrucksmittel im Tierreich.* »Universitas« 9 (1954), S. 59
7 Garret Hardin *Nature and Man's Fate.* London 1960, S. 66 f.
8 Der Begriff »primitiv« ist also ein weiterer der gleich zu erwähnenden Normaussagen über den Un-Wert. Siehe S. 25 f.
9 Wenn wir hier oder später von »Tieren« schlechthin sprechen, so sind wir uns der Fragwürdigkeit solcher Simplifizierung bewußt. »›Das Tier‹ gibt es nicht, beziehungsweise es ist eine denkbar unbiologische Konstruktion des menschlichen Geistes!« Es wurde vielmehr »als Gegensatz zur Ideal-Norm des Menschen *das* Tier konzipiert«. (Rudolf Schenkel *Lebensformen im sozialen Feld und menschliche Sprache.* »Homo« 10 [1959], S. 130)
10 Rudolf Schenkel, a.a.O., S. 129

II Anpassung und Einsicht: Stufen der Bildung

1 Theodor W. Adorno *Meinung, Wahn, Gesellschaft.* »Der Monat« 159 (1961)
2 Friedrich Nietzsche *Jenseits von Gut und Böse.* Stuttgart 1959, S. 78
3 Sigmund Freud *Zeitgemäßes über Krieg und Tod.* Gesammelte Werke, Bd. X, S. 336: »Es gibt also ungleich mehr Kulturheuchler als wirklich kulturelle Menschen, ja man kann den Standpunkt diskutieren, ob ein gewisses Maß von Kulturheuchelei nicht zur Aufrechterhaltung der Kultur unerläßlich sei, weil die bereits organisierte Kultureignung der heute lebenden Menschen vielleicht für diese Leistung nicht ausreichen würde.«

4 Romain Rolland *Zwischen den Völkern.* Stuttgart 1954
5 Blaise Pascal *Pensées.* §, 895.
6 Karl Mannheim *Mensch und Gesellschaft im Zeitalter des Umbaus.* Leiden 1935, S. 18 ff.
7 Erik H. Erikson *Young Man Luther.* New York 1958, S. 36
8 Vgl. Kapitel III, Fußnote 1
9 Sigmund Freud, a.a.O., S. 339
10 Siehe Alexander Mitscherlich *Neurosen und Psychosen als soziale Phänomene.* In: »Arzt im Irrsal der Zeit«. Göttingen 1956
11 Alexander Mitscherlich *Hindernisse in der sozialen Anwendung der Psychotherapie.* »Psyche« VIII (1954); C. de Boor *Widerstände gegen die psychosomatische Behandlung.* »Psyche« XII (1958)
12 Pasamanik, B. Dinitz and Lefton *Psychiatric orientation and its relationship to diagnosis and treatment in a mental hospital.* »Am. J. Psychiatry« 116, 1959 (zitiert nach M. Pflanz, a.a.O., S. 320)
13 Sigmund Freud, a.a.O., S. 339
14 Ebenda, S. 350
15 Adolf Portmann *Der biologische Beitrag zu einem Bild vom Menschen.* Festvortrag Regensburg 1958
16 Über die neue Dimension der Veranwortung für gefährliche Irrtümer, die mit der Entwicklung von Computern erreicht wurde, vgl. Joseph Weizenbaum, *On the Impact of the Computer on Society.* Science, 176, 1972, 609 ff.
17 Sigmund Freud *Gesammelte Werke,* Bd. XIII, S. 18
18 Natürlich ist das »Ich« kein vom Biologischen abgehobenes »geistiges« Zentrum. Biologische Prozesse (Anlageentfaltung und physiologische Leistungen des Organismus) und bewußte wie unbewußte Vorgänge des seelischen Lebens (deren Korrelation zu physiologischen Vorgängen weitgehend unfaßbar geblieben ist) bilden vielmehr die Einheit der Lebensvorgänge, denen wir *Aspekteinsichten* abgewinnen. Dieses Ineinandergreifen erbbedingter Anlagefaktoren mit seelischen Integrationsleistungen meint Freud, wenn er sagt: »Man ist versucht, ... die Triebstärke auch für die Ausbildung ... der Ichveränderung verantwortlich zu machen, aber es scheint, daß diese auch ihre eigene Ätiologie hat, und eigentlich muß man zugestehen, daß diese Verhältnisse noch nicht genügend bekannt sind.« (*Gesammelte Werke,* Bd. XVI, S. 64) Dem »Ich« haftet die Herkunft aus dem »Es« an – »Es und Ich ursprünglich eins« –, und es scheint deshalb keine mystische Überschätzung der Erblichkeit«, wenn dem »noch nicht existierenden Ich« in den Anfangszeiten des Individuums »Entwicklungsrichtungen vorgeschrieben sind«. (Ebenda, S. 86)
19 L. Bolk *Das Problem der Menschwerdung.* Jena 1926
20 Adolf Portmann, a.a.O.

III Der Instinkt reicht nicht aus – die Evolution zum Bewußtsein

1 C. H. Waddington *The Human Animal.* In: »The Humanist Frame« (Herausgeber Julian Huxley). London 1961, S. 70. Vgl. auch die ausführliche Darstellung des Autors *The Ethical Animal.* London 1960
2 Julian Huxley, ebenda, S. 7
3 C. H. Waddington, ebenda, S. 72
4 Ebenda
5 Sigmund Freud *Gesammelte Werke,* Bd. XIII, S. 144 ff.
6 Peter R. Hofstätter *Einführung in die Sozialpsychologie.* Stuttgart/Wien 1954, S. 356
7 Gardner Murphy *Personality.* New York 1947
8 Einen ähnlichen Gedankengang vertritt auch Marcel Mauss in *Sociologie et Anthropologie.* Paris 1950, S. 289 ff.
9 Ferdinand Lion *Jean-Jacques Rousseau – Selbstbildnis.* Zürich 1960
10 Erik H. Erikson *Kindheit und Gesellschaft.* Stuttgart 1961
11 Anna Freud *Das Ich und die Abwehrmechanismen.* London 1946, S. 125 ff.
12 Harry F. Harlow *Basis Social Capacity of Primates.* In: »The Evolution of Man's Capacity for Culture« (Herausgeber J. N. Spuhler). Detroit, Wayne State University Press, 1959
13 René A. Spitz *Anaclitic Depression.* The Psychoanalytic Study of the Child, Bd. II, 1946, und *Die Entstehung der ersten Objektbeziehungen.* 2. Auflage Stuttgart 1960
14 Michael Balint *Die drei seelischen Bereiche.* »Psyche« XI (1957/1958), S. 321
15 Erik H. Erikson *Wachstum und Krisen der gesunden Persönlichkeit.* Stuttgart 1953, S. 21
16 Ebenda
17 »Arch. of Exper. Med.« I, 1961
18 Vgl. auch den Bericht von W. Rudolf. »Medizinische Klinik« 11 (1961)
19 Siehe Helmut Moll *Kinderarbeit im 19. Jahrhundert.* »Ärztliche Mitteilungen« 46 (1961), S. 2257–2259
20 G. Rattrey Taylor *Wandlungen der Sexualität.* Düsseldorf 1957, S. 184
21 Ebenda
22 Ebenda
23 Sigmund Freud *Gesammelte Werke,* Bd. XIV, S. 367
24 David Riesman *The Lonely Crowd.* New Haven 1950; deutsch: *Die einsame Masse.* Hamburg (rde) 1958

IV Von der Hinfälligkeit der Moralen

1 Kapitel II, S. 23 f.
2 Erik H. Erikson *Das Problem der Identität.* »Psyche« X (1956) S. 125
3 Georg Büchmann *Geflügelte Worte.* 1879

4 Max Weber *Über einige Kategorien der verstehenden Soziologie.* In: »Soziologie, weltgeschichtliche Analysen, Politik« (Herausgeber J. Winckelmann). Stuttgart 1956, S. 149 f.
5 Sigmund Freud *Gesammelte Werke,* Bd. V, S. 69
6 Vgl. dazu Ernst Bloch *Das Prinzip Hoffnung* (Frankfurt 1961) und unter mehr klinischen und pragmatischen Gesichtspunkten: Alexander Mitscherlich *Die Chronifizierung psychosomatischen Leidens* (»Psyche« XV [1961], S. 1–25)
7 Arnold Gehlen *Anthropologische Forschung.* Hamburg (rde) 1961, S. 77

V Exkurs über die Triebdynamik

1 Sigmund Freud *Gesammelte Werke,* Bd. X, S. 212
2 S. L. Rubinstein *Grundlagen der allgemeinen Psychologie.* Berlin (Ost) 1959, S. 626
3 Sigmund Freud *Gesammelte Werke,* Bd. XV, S. 84
4 Sigmund Freud *Gesammelte Werke,* Bd. X, S. 212
5 Das »zentrale, entscheidende Wesensmoment« der Zärtlichkeit scheint in der »sorgenden, das Dasein des Kindes bestätigenden und behütenden Anwesenheit zu liegen; und weil sie sich am ursprünglichsten und unmittelbarsten in der leiblichen Berührung, sodann in der sprachlichen Äußerung manifestiert, deshalb nimmt jene den ersten Platz innerhalb der Weisen der das Zärtlichkeitsbedürfnis stillenden Bekundungen ein. Dieser primäre Sinn bestimmt auch die Wahl der berührenden Organe: des Mundes und der Hände ... wobei in der oralen Funktion, bzw. in der ihr entsprechenden Empfänglichkeitsbereitschaft die Ernährung als fundamentalste vitale Form der Lebenserhaltung unverkennbar mitwirkt.« (Hans Kunz *Die Aggressivität und die Zärtlichkeit.* Bern 1946, S. 77 f.)
6 Sigmund Freud *Gesammelte Werke,* Bd. XII, S. 67
7 Sigmund Freud *Gesammelte Werke,* Bd. VIII, S. 209
8 Ebenda, S. 144
9 Ebenda, S. 206
10 Sigmund Freud *Gesammelte Werke,* Bd. XI, S. 465
11 In: *Handbook of Social Psychology,* Bd. II, S. 147
12 Sigmund Freud *Gesammelte Werke,* Bd. V. S. 25
13 Siehe auch Horst-Eberhard Richter *Eltern, Kind und Neurose.* Zur Psychoanalyse kindlicher Rollen. Stuttgart 1963. Richter ist den Vorgängen der Projektionen der Eltern auf das Kind in seiner Untersuchung nachgegangen und belegt sie mit eindrucksvollen Beispielen.
14 Edith Weigert *Die Rolle der Sympathie in der Kunst der Psychotherapie.* »Psyche« XVI (1962)
15 Vgl. René König *Soziologie der Familie.* In: Gehlen/Schelsky *Soziologie.* Düsseldorf 1955, S. 149 ff.

16 Vgl. Hans Kunz, a.a.O., oder Peter Brückner *Inhaltsdeutung und Verlaufsanalyse im Rorschachversuch*. Köln 1958, S. 49 ff.
17 Vgl. Alexander Mitscherlich *Aggression und Anpassung I*. »Psyche« X (1956); *Aggression und Anpassung II*. »Psyche« XII (1958). Dort ist das Problem ausführlicher dargestellt.
18 Bronislaw Malinowski *Mutterrechliche Familie und Ödipuskomplex*. In: »Eine wissenschaftliche Theorie der Kultur«. Zürich 1949, S. 209 ff.
19 Sigmund Freud *Gesammelte Werke*, Bd. XIV, S. 313

VI Ich und Ichideal

1 Friedrich Nietzsche *Unschuld des Werdens*, Bd. II, Stuttgart 1957, S. 25
2 1. Korinther, 13, 1
3 S. 64 f.
4 Sigmund Freud *Gesammelte Werke*, Bd. XVI, S. 69
5 Vgl. z. B. Peter R. Hofstätter *Einführung in die Sozialpsychologie*, a.a.O., S. 229: »Als Freud seine Patienten sah, gab es in der gehobenen Gesellschaft Wiens keinen Nahrungsmangel; man hatte genug zu essen und zu trinken, zu rauchen und zu heizen; allein in sexueller Hinsicht bestand bisweilen eine Notlage. Aus dieser Situation stammt die Libido-Lehre, dic den einzigen Bedarfs-Deckungs-Mangel, der eine bestimmte Bevölkerungsgruppe plagte, zur Antriebskraft des Lebens schlechthin stempelte. Wir können dies heute nur mehr als eine groteske Verallgemeinerung empfinden, die man gewiß nicht wagen würde, den hungernden Massen Asiens anzubieten.« – Nach dem Vorangegangenen mag der Leser entscheiden, was »grotesk« ist: diese Bewertung, die den Ausgangspunkt einer Theoriebildung – den aktuellen empirischen Befund, den sie zum *Anlaß* hat und an dem sie demonstriert – mit der *Reichweite* der Theorie gleichstellt; oder ob in der Tat das, was sie zur Erkenntnis menschlichen Verhaltens im allgemeinen beigetragen hat, »grotesk« ist. Natürlich ist keine Theorie über den Menschen zu finden, die allen an ihm beobachtbaren Phänomenen gerecht wird, und so werden wir in der Sozialpsychologie scheinbar und echt kontroverse Aussagen hinnehmen müssen. Aber man darf sich zur Wehr setzen, wenn der Witz auf Kosten der nachgeprüften Wahrheit geht.
6 In bezug auf die Abwehrleistungen des Ichs, zum Beispiel die Verdrängung, sagt Freud an einem bestimmten Entwicklungspunkt seiner Theoriebildung, daß die Tatsache entscheidend sei, »daß das Ich eine Organisation ist, das Es aber keine; das Ich ist eben der organisierte Anteil des Es« (*Gesammelte Werke*, Bd. XIV, S. 124). Er hebt demnach die Funktionsverschiedenheit der seelischen Vorgänge ab. Unbewußte, der Triebquelle nahe Prozesse haben die Tendenz zur sofortigen Entladung, sind reflexähnlich, während die Realitätsprüfung durch Leistungen zustande kommt (*Wahrnehmung*, *Denken*, *Lernen*, *Erinnern*),

die ganz anders geartet sind und nicht einer jeweils bestehenden Triebspannung ohne Rücksicht auf das Ganze zur Befriedigung verhelfen wollen. Durch Ichleistungen sollen vielmehr die Triebbedürfnisse in den Gesamtvorgang des Lebens integriert werden. Und doch bleiben auch sie in enger funktioneller Verbundenheit mit den Vorgängen des Es: »Der Anschein des Widerspruchs kommt daher, daß wir Abstraktionen zu starr nehmen und aus einem komplizierten Sachverhalt bald die eine, bald die andere Seite herausgreifen.« (Ebenda)

7 Sigmund Freud *Gesammelte Werke*, Bd. XV, S. 82 f.

8 Heinz Hartmann *The mutual influences in the development of Ego and Id. Psa.* »Study of the Child«, Bd. VII (1952); deutsch: *Die Entwicklung des Ichs und Es in ihrer Wechselwirkung.* »Psyche« IX (1955/56)

9 Vgl. S. 97

10 Calvin S. Jull, a.a.O.

11 Friedrich Nietzsche *Wir Philologen.* Stuttgart 1956, S. 535. Nietzsche fährt fort: »Die christliche Forderung, daß *jeder* seine Seligkeit und diese *allein* im Auge habe, hat als Gegensatz das allgemeine menschliche Leben, wo jeder nur als ein Punkt zwischen Punkten lebt, nicht nur ganz und gar Resultat früherer Geschlechter, sondern auch im Hinblick auf kommende lebend ... So sehen wir auch hier, wie zahllose Menschen eigentlich nur als Vorbereitung eines wirklichen Menschen leben ...«

12 Vgl. Alexander Mitscherlich *Leitwert Pflicht – Gehorsam.* In: Hartenstein und Schubert, »Mitlaufen oder Mitbestimmen«. Frankfurt 1962

13 Vgl. Alexander Mitscherlich *Meditationen zu einer Lebenslehre der modernen Massen.* »Merkur, München, März und April 1957

14 Sigmund Freud *Gesammelte Werke,* Bd. XIII. Die Arbeit ist auch enthalten in: S. Freud *Das Unbewußte.* Frankfurt 1960

15 Sigmund Freud *Gesammelte Werke,* Bd. XV, S. 97

16 Scholem Alejchem *Tewje, der Milchmann.* Wiesbaden 1960, S. 43

17 Sprüche in Prosa, Abt. 2

18 Sigmund Freud *Gesammelte Werke,* Bd. VIII, S. 114

VII Der unsichtbare Vater

1 Erik H. Erikson *Wachstum und Krisen der gesunden Persönlichkeit.* Stuttgart 1952, S. 13

2 Karl Bednarik *Der junge Arbeiter von heute.* Stuttgart 1952, S. 50

3 Geoffrey Gorer *Die Amerikaner.* Zürich 1949

4 Vgl. auch Franz L. Neumann *Angst und Politik.* Tübingen 1954

5 Ludwig Binswanger *Erfahren, Verstehen, Deuten in der Psychoanalyse.* In: »Almanach der Psychoanalyse«, 1927, S. 127

6 Ebenda

7 Ebenda, S. 30

8 John Gunter *Inside America.* New York 1946
9 Ernst Michel *Das Vaterproblem heute in soziologischer Sicht.* »Psyche« VIII (1954)
10 David Riesman *The Lonely Crowd.* New Haven 1950, S. 22; deutsch: *Die einsame Masse,* Hamburg (rde) 1958
11 David Riesman *Faces in the Crowd.* New Haven 1952, S. 5
12 Ebenda, S. 485
13 Carl J. Burckhardt *Über den Begriff der Heimat.* Rede in der Paulskirche in Frankfurt am 26. 9. 1954
14 Gerhard Wurzbacher *Leitbilder gegenwärtigen deutschen Familienlebens.* 2. Aufl. Stuttgart 1954, S. 215
15 Alexander Mitscherlich *Ödipus und Kaspar Hauser.* »Der Monat«, Jg. 3 (1950)
16 Karl Bednarik, a.a.O., S. 50
17 Fischer-Bücherei, Nr. 413, S. 32 f.

VIII Gehorsam – Autonomie Anarchie

1 Adolf Remane *Das soziale Leben der Tiere.* Hamburg 1960, S. 129
2 Martin Luther *Tischreden,* Blatt 442 b
3 Ebenda, Blatt 457 b (»..., aber sie konnten die Geister nicht unterscheiden, nach denen die Strafen bemessen wären. Darum...«). Zitiert nach *Dr. Martin Luthers Pädagogischen Schriften* (Herausgeber J. Chr. G. Schumann). Wien/Leipzig 1884, S. 273 ff.
4 Sigmund Freud *Gesammelte Werke,* Bd. XIV, S. 256
5 Sigmund Freud *Gesammelte Werke,* Bd. X, S. 160
6 Hans Thomae *Der Mensch in der Entscheidung.* München 1960
7 Ebenda, S. 162
8 Sigmund Freud *Gesammelte Werke,* Bd. XV, S. 73
9 Robert Waelder *Basis Theory of Psycho-Analysis.* New York 1960, S. 169
10 Sigmund Freud *Gesammelte Werke,* Bd. XIV, S. 122
11 Vgl. Freud *Gesammelte Werke,* Bd. XIV, S. 171: »Die Angst ist ein Affektzustand, der natürlich nur vom Ich verspürt werden kann. Das Es kann nicht Angst haben wie das Ich, es ist keine Organisation, kann Gefahrensituationen nicht beurteilen. Dagegen ist es ein überaus häufiges Vorkommnis, daß sich im Es Vorgänge vorbereiten oder vollziehen, die dem Ich Anlaß zur Angstentwicklung geben; in der Tat sind die wahrscheinlich frühesten Verdrängungen, wie die Mehrzahl aller späteren, durch solche Angst des Ichs vor einzelnen Vorgängen im Es motiviert.« Im übrigen haben wir auch »keinen Anlaß, dem Über-Ich irgendeine Angstäußerung zuzuteilen«.
12 Erich v. Holst *Probleme der modernen Instinktforschung.* »Merkur« (1961), S. 913 ff.
13 Wolfgang Hochheimer *Probleme einer politischen Psychologie.* »Psyche« XVI (1962), S. 6

14 Vgl. Freud *Gesammelte Werke*, Bd. XIV, S. 371: »Wer sich einmal dazu gebracht hat, alle die Absurditäten, die die religiösen Lehren ihm zutragen, ohne Kritik hinzunehmen und selbst die Widersprüche zwischen ihnen zu übersehen, dessen Denkschwäche braucht uns nicht arg zu wundern. Nun haben wir aber kein anderes Mittel zur Beherrschung unserer Triebhaftigkeit als unsere Intelligenz. Wie kann man von Personen, die unter der Herrschaft von Denkverboten stehen, erwarten, daß sie das psychologische Ideal, den Primat der Intelligenz, erreichen werden?« In diesen Zusammenhang gehört die für die Psychopathologie so eminent wichtige Hemmung der kindlichen Sexualforschung. Die Tatsache des Geschlechtsunterschiedes ist für das Kind eines der ersten brennenden Probleme, auf die es bei seinen neugiergeleiteten Weltforschungen stößt. Wird es hier nicht einfühlend für sein Verständnisvermögen befriedigt, statt dessen mit Verbotsängsten geschreckt, so hat dies weitreichende und fortwirkende Auswirkungen auf die Fähigkeit, Denken als Mittel zur Orientierung in der Umwelt zu benützen und zu entwickeln.

15 Goethe an Knebel, 8. 4. 1812; zitiert nach J. W. Goethe *Briefe*. München 1958, S. 662

16 Friedrich Nietzsche *Menschliches, Allzumenschliches*, II, Abt. 2. § 52. Stuttgart 1954, S. 204

17 Bert Brecht *Der Jasager. Der Neinsager*. Frankfurt 1955, S. 245

IX Exkurs: Vom geahnten zum gelenkten Tabu

1 Sigmund Freud, *Gesammelte Werke*, Bd. IX, S. 44

2 Ebenda, S. 45

3 Henry Miller *Die Welt des Sexus*. Hamburg 1960, S. 137

4 Sigmund Freud *Gesammelte Werke*, Bd. VIII, S. 88

5 J. W. Studebaker, U. S. Commissioner of Education

X Rollen

1 Siehe Kap. III, *Rollenverhaftung hindert die Einfühlung*, S. 69

2 Vielleicht sollten wir uns aber auch mitten im Umbau der sozialen Bühne einen dialektischen Weg offenlassen. Die Bemühung um das Verständnis vergangener oder vergehender Ordnungen, auch wo wir sie für uns selbst als nicht mehr verbindlich erachten, kann uns nur helfen, unseren Blick für Ordnung im menschlichen Dasein selbst zu schärfen. So schreibt der gewiß nicht unweise Theodor Fontane 64jährig an seine Frau einige Sätze, die einen guten Widerpart zu unserem Gedanken abgeben: »Ich bin in nichts ein Prinzipienreiter und so recht einer, der ein Verständnis und meist auch ein *liking* für Ausnahmefälle hat. Das hebt aber den alten Satz nicht auf: Besser ist besser. Je älter ich werde, je mehr bin ich für reinliche Scheidungen; Haar apart und

Kotelett apart. Jude zu Jude, Christ zu Christ und natürlich auch Protestant zu Protestant. Geschieht das nicht, so heißt es immer einmal: ›Richtiger alter Jude, richtiger alter Katholik etc. ...‹ Das Unheil, das Lessing mit seiner Geschichte von den drei Ringen angerichtet hat, um nur *einen* Punkt herauszugreifen, ist kolossal. Das ›Seid umschlungen, Millionen‹ ist ein Unsinn. Hoheitsaufgaben, die doch nicht gelöst werden können, verwirren die Menschheit nur.« (Theodor Fontane *Briefe an seine Familie*. Berlin 1905, S. 71 f.)

3 Max Weber *Wirtschaft und Gesellschaft*. Tübingen 1922, S. 671

4 Vgl. Wilfred R. Bion *Experiences in Groups*. London 1961

5 Sigmund Freud *Gesammelte Werke*, Bd. XIII, S. 146

6 Vgl. Robert Presthus, *Individuum und Organisation*, Frankfurt 1966, S. 176 f.

7 Hellmut Becker und Alexander Kluge *Kulturpolitik und Ausgabenkontrolle*, Frankfurt 1961

8 William F. Knoff, »Amer. J. Psychiat.« 117 (1961), S. 1010

9 Talcott Parsons *The Social System*. Glencoe (The Free Press) 1951

10 Ralph Linton *The Studie of Man*. New York (Appleton-Century-Crofts) 1936

11 Vgl. dazu Alexander Mitscherlich, »Einleitung« zu Mitscherlich/Mielke *Medizin ohne Menschlichkeit*. Fischer-Bücherei, Nr. 332

XI Vorurteile und ihre Manipulierung

1 *A Propos of Lady Chatterley's Lover and other Essays*. Penguin Books, Nr. 1668, S. 81

2 In einer Zeit intensiv konkurrierender Herrschaftsformen mit dem von ihnen jeweils überwachten Ensemble von Vorurteilen gerät das gehorsame Individuum leicht in Konftikte, in denen es umkommt. Margret Boveri hat dieses Thema in ihren Büchern *Der Verrat im XX. Jahrhundert* (Bd. 1–4, Hamburg [rde] 1958–1960) an einem großen Material dargestellt.

3 Bernard Shaw *Die Heilige Johanna*, Vorwort. Berlin 1925, S. 61

4 Sigmund Freud *Gesammelte Werke*, Bd. XV, S. 69

5 Max Horkheimer *Schopenhauer und die Gesellschaft*. In: Max Horkheimer und Theodor W. Adorno *Sociologica II*. Frankfurt 1962, S. 116

6 Peter R. Hofstätter *Die Psychologie der öffentlichen Meinung*. Wien 1949, S. 3

7 Ebenda, S. 9

8 »Es ist auch nicht schwer, in all den Bindungen an mystisch-religiöse oder philosophisch-mystische Sekten und Gemeinschaften den Ausdruck von Schiefheilungen mannigfaltiger Neurosen zu erkennen. Das alles hängt mit dem Gegensatz der direkten und zielhemmten Sexualstrebungen zusammen.« (Sigmund Freud *Gesammelte Werke*, Bd. XIII, S. 159 f.)

9 Vgl. Alexander Mitscherlich *Die Metapsychologie des Komforts.* »Baukunst und Werkform«, April 1954
10 Sigmund Freud *Gesammelte Werke,* Bd. XII, S. 7 ff.
11 Zitiert nach Alfred Krämer, »Ärztliche Mitteilungen« 46 (1961), S. 1962
12 Gordon W. Allport *The Nature of Prejudice.* Cambridge (Mass.) 1954, S. 451
13 Martin Wangh *Psychoanalytische Betrachtungen zur Dynamik und Genese des Vorurteils, des Antisemitismus und des Nazismus.* »Psyche« XVI (1962), S. 273–284
14 Leslie T. Wilkins *Delinquent Generations.* Home Office Studies in the Causes of Delinquency and the Treatment of Offenders. Her Majesty's Stationary Office. London 1960
15 Vgl. dazu etwa Aldous Huxley *Die Teufel von Loudon* (München 1955) oder das reiche Material in G. Rattrey Taylor *Sex in History* (deutsch: *Wandlungen der Sexualität.* Düsseldorf 1957)
16 Sigmund Freud *Gesammelte Werke,* Bd. XIV, S. 475

XII Massen – oder: Zweierlei Vaterlosigkeit

1 Ralf Dahrendorf *Gesellschaft und Freiheit.* München 1961, S. 321 ff.
2 Ebenda
3 Carl Linfert *Unbekümmerte Besitzer, oder: Wie lebt man von Ansprüchen?* »Der Monat« 146 (1962), S. 7
4 K. H. Stauder *Über den Pensionierungsbankrott.* »Psyche« IX (1955), S. 481–497
5 Peter R. Hofstätter, a.a.O.; vgl. Kap. XI, S 309
6 Ralf Dahrendorf, a.a.O., S. 349
7 Ebenda
8 Carl Linfert, a.a.O., S. 11
9 Alexander Mitscherlich *Niemandskinder.* »Die Neue Zeitung«, 3. 5. 1946
10 Ralf Dahrendorf, a.a.O., S. 344
11 Léon Poliakov und Josef Wulf *Das Dritte Reich und die Juden.* Berlin 1961, S. 113
12 Vgl. zum Beispiel Jürgen Habermas *Gedrillt zur Barbarei* (»Die Zeit«, 7. 9. 1962): »Unsere Gesellschaft ist in ihrer Struktur auf einen Verkehr angewiesen, der an gewisse Spielregeln der Humanität gebunden ist – die Züchtung terroristischer Subkulturen könnte sie sich auf die Dauer nicht leisten. Es gibt keine Barbarei auf Raten. In *einem* Bereich geduldet, wird sie *alle* ergreifen.«
13 Hermann Rauschning *Gespräche mit Hitler.* Zürich 1940, S. 77
14 Peter Härlin *Massenzivilisation gegen Vermassung.* »Frankfurter Allgemeine Zeitung«, 18. 1. 1955
15 Sigmund Freud *Gesammelte Werke,* XIII, S. 118
16 Ebenda

17 Ebenda, S. 124
18 Ebenda, S. 125
19 Ebenda, S. 128
20 Kurt Lukasczyk *Zur Theorie der Führer-Rolle.* »Psychologische Rundschau« XI (1960), S. 185
21 Margaret Mead *Collective Guilt.* International Conference on Medical Psychotherapy, August 1948
22 Robert Heiss *Allgemeine Tiefenpsychologie.* Bern 1956, S. 199
23 Paul Federn *Zur Psychologie der Revolution: Die vaterlose Gesellschaft.* »Der österreichische Volkswirt«, 11. Jg. (1919), S. 571 ff. und 595 ff.
24 *Historia Mundi,* Bd. 10 (»Das 19. und 20. Jahrhundert«)
25 Paul Federn, a.a.O.

XIII Nachwort und Dank

1 MEGA (Marx/Engels *Gesamtausgabe*), 1. Halbbd. Frankfurt 1927, S. 599
2 Bert Brecht *Neue Technik der Schauspielkunst,* »Versuche« Heft 11, Frankfurt 1951, S. 91 ff.
3 Ebenda, S. 102
4 Ebenda, S. 91

Personenregister

Sachregister